2024年重庆经济展望

2024 CHONGQING ECONOMIC OUTLOOK

重庆市综合经济研究院
重庆市经济信息中心　编著
重庆统筹城乡发展研究中心

中国经济出版社
CHINA ECONOMIC PUBLISHING HOUSE

·北京·

图书在版编目（CIP）数据

2024年重庆经济展望／重庆市综合经济研究院，重庆市经济信息中心，重庆统筹城乡发展研究中心编著．--北京：中国经济出版社，2023.12
　　ISBN 978-7-5136-7598-7

Ⅰ．①2…　Ⅱ．①重…②重…③重…　Ⅲ．①区域经济-经济预测-重庆-2024　Ⅳ．①F127.719

中国国家版本馆CIP数据核字（2023）第237097号

审图号：渝S（2019）045号

策划编辑　姜　静
责任编辑　郑　潇
责任印制　马小宾
封面设计　任燕飞工作室

出版发行　中国经济出版社
印 刷 者　北京富泰印刷有限责任公司
经 销 者　各地新华书店
开　　本　889mm×1194mm　1/16
印　　张　35
字　　数　1000千字
版　　次　2023年12月第1版
印　　次　2023年12月第1次
定　　价　198.00元

广告经营许可证　京西工商广字第8179号

中国经济出版社 网址 www.economyph.com 社址 北京市东城区安定门外大街58号 邮编 100011
本版图书如存在印装质量问题，请与本社销售中心联系调换（联系电话：010-57512564）

版权所有　盗版必究（举报电话：010-57512600）
国家版权局反盗版举报中心（举报电话：12390）　　服务热线：010-57512564

编辑委员会

主办单位： 重庆市综合经济研究院　重庆市经济信息中心　重庆统筹城乡发展研究中心

顾　　问： 易小光

主　　编： 丁　瑶

副 主 编： 黄利军　余贵玲（常务）　邓兰燕　罗丛生

编　　委： 丁　瑶　黄利军　余贵玲　邓兰燕　熊　艳　郭汉林　苟文峰
　　　　　　熊　姝　朱　燕　李　权　张　峰　曹　亮　李　荣　杜　婷
　　　　　　幸雅妮　李雪梅　赵炜科　罗丛生　裴　多　李　林　苏　凡
　　　　　　张海荣　王　凯　张　超　张　佳

主　　研： 易小光　丁　瑶　黄利军　余贵玲　邓兰燕　苟文峰　熊　姝
　　　　　　李　权　张　峰　曹　亮　李雪梅　赵炜科　罗丛生　裴　多
　　　　　　李　林　苏　凡　陈　可　陈　殊　成秋明　邓吉敏　贺诗倪
　　　　　　黄建洪　贾静涛　简华球　蒋安玲　黎　慧　李　俊　李　霞
　　　　　　罗宇航　莫　平　邱　婧　曲　燕　施小兰　孙茂曦　王春宇
　　　　　　王　利　王志军　夏　月　夏梁颖　熊　姝　杨　梅　杨琇涵
　　　　　　张　超　张　佳　赵　飞　赵　伦　郑秋霞　郑淑媛　邹於娟

特约撰稿单位及撰稿人：

　　　　国家信息中心　张宇贤　王远鸿　牛　犁　程伟力　闫　敏
　　　　　　　　　　　邹蕴涵　陈　彬
　　　　重庆市经济和信息化委员会　王　刚　赵俊远　余　菲　柏　潇
　　　　　　　　　　　　　　　　　胡　睿　马改妮
　　　　重庆市市场监督管理局　周家鹏
　　　　重庆市规划和自然资源局　张艺扬　吴长飞
　　　　重庆市知识产权局　周建超　李　薇
　　　　重庆生产力促进中心　杨　艳
　　　　国家统计局重庆调查总队　刘　航
　　　　重庆两江新区管委会　欧阳建明
　　　　重庆市各区县（自治县）发展和改革委员会、万盛经济技术开发区发展改革局
　　　　西部各省（自治区）、各直辖市信息中心

序

2023年以来，世界政经形势复杂多变，全球经济处于紧缩状态，国际贸易投资低迷，增长格局呈现不平衡性。我国在以习近平同志为核心的党中央坚强领导下，坚持稳中求进工作总基调，完整、准确、全面贯彻新发展理念，加快构建新发展格局，着力扩大内需、促进开放、提振信心、防范风险，加强逆周期调节，出台实施了一批针对性强的政策举措，社会预期持续改善，风险隐患持续化解，国内经济保持恢复向好态势，但稳定回升的基础还需继续巩固。在此宏观背景下，重庆深入贯彻落实习近平总书记重要指示精神和党中央、国务院决策部署，扎实开展习近平新时代中国特色社会主义思想主题教育，持续强化"稳进增效、除险清患、改革求变、惠民有感"工作导向，深入实施成渝地区双城经济圈建设"一号工程"，加快推动西部陆海新通道、数字重庆建设，聚力构建"33618"现代制造业集群体系和"416"科技创新战略布局，力促民营经济高质量发展，着力防范化解重大风险，经济持续回升向好，现代化新重庆建设开局良好、起步稳健。

2024年，重庆经济发展将面临诸多新的机遇，但外部环境更趋复杂严峻。从国际看，地缘政治冲突趋于复杂，全球发展不确定性增大，世界经济增长仍处于相对紧缩状态，贸易保护主义和贸易摩擦风险增强，将不利于重庆对外贸易与投资。从国内看，我国将围绕构建新发展格局、推动高质量发展，统筹发展和安全，积极主动适应和引领新一轮科技革命和产业变革，全力推动新型工业化，加快形成新质生产力，着力推进乡村振兴和促进区域协调发展；加大宏观经济政策逆周期调节力度，督促政策落地见效，优化营商环境，全力提振企业信心和市场信心，推动经济实现质的有效提升和量的合理增长。面对国内外经济环境变化，重庆将以习近平新时代中国特色社会主义思想为指导，全面贯彻落实党的二十大精神，牢牢把握高质量发展这个首要任务，加快推动成渝地区双城经济圈、西部陆海新通道、数字重庆建设，切实推动"33618"现代制造业集群体系、西部金融中心、国际消费中心城市等落实落地，优化构建科技创新生态，着力扩大高水平对外开放，大力推动民营经济高质量发展，积极培育新业态新模式，激发市场新需求新活力，扎实推进社会主义现代化新重庆建设，促进经济平稳健康增长。

年度"重庆经济展望"是重庆市综合经济研究院（重庆市经济信息中心）围绕建设一流智库目标，秉承"把脉经济形势，服务政府决策"宗旨，与合作机构历经多年打造的拳头产品，是社会各界了解国内外政治经济环境，把握重庆宏观经济运行趋势、行业发展动态的重要载体和窗口，对服务重庆经济社会发展起到了重要的智力支撑作用，出版30余年来持续得到社会各界的好评和肯定，是一部了解重庆、宣传重庆的重要典藏。

《重庆经济展望》编委会
2023年12月

目　录

序 1

综合卷·宏观篇

之一：2023 年世界经济形势分析及 2024 年展望 2
之二：2023 年中国宏观经济形势分析及 2024 年展望 7
之三：2023 年西部地区经济运行分析及 2024 年展望 15
之四：2023 年成渝地区双城经济圈建设情况及 2024 年展望 21
之五：2023 年重庆市经济运行分析及 2024 年展望 29

综合卷·比较篇

之一：2023 年北京市经济运行分析及 2024 年展望 42
之二：2023 年天津市经济运行分析及 2024 年展望 50
之三：2023 年上海市经济运行分析及 2024 年展望 55
之四：2023 年四川省经济运行分析及 2024 年展望 62
之五：2023 年贵州省经济运行分析及 2024 年展望 70
之六：2023 年云南省经济运行分析及 2024 年展望 77
之七：2023 年陕西省经济运行分析及 2024 年展望 82
之八：2023 年甘肃省经济运行分析及 2024 年展望 88
之九：2023 年青海省经济运行分析及 2024 年展望 100
之十：2023 年宁夏回族自治区经济运行分析及 2024 年展望 107
之十一：2023 年新疆维吾尔自治区经济运行分析及 2024 年展望 114
之十二：2023 年内蒙古自治区经济运行分析及 2024 年展望 119
之十三：2023 年广西壮族自治区经济运行分析及 2024 年展望 124

综合卷·专题篇

之一：2023 年重庆市农村经济运行分析及 2024 年展望 132
之二：2023 年重庆市工业经济运行分析及 2024 年展望 137

之三：2023年重庆市投资形势分析及2024年展望 …… 143
之四：2023年重庆市消费商贸形势分析及2024年展望 …… 150
之五：2023年重庆市对外开放与区域合作情况及2024年展望 …… 156
之六：2023年重庆市财政金融运行分析及2024年展望 …… 162
之七：2023年重庆市社会事业发展情况及2024年展望 …… 168
之八：2023年重庆市就业创业发展情况及2024年展望 …… 174
之九：2023年重庆市信息化发展情况及2024年展望 …… 180
之十：2023年重庆市生态绿色发展情况及2024年展望 …… 187
之十一：2023年重庆市社会信用体系建设情况及2024年展望 …… 192
之十二：2023年重庆市物价形势分析及2024年展望 …… 198
之十三：2023年重庆市民营经济发展情况及2024年展望 …… 203
之十四：2023年重庆市市场监管环境形势分析及2024年展望 …… 208
之十五：2023年重庆市自然资源开发利用分析及2024年展望 …… 212
之十六：2023年重庆市城乡居民收入状况分析及2024年展望 …… 216
之十七：2023年重庆市创新发展情况及2024年展望 …… 220
之十八：2023年重庆市知识产权发展情况及2024年展望 …… 224
之十九：2023年重庆两江新区经济运行分析及2024年展望 …… 227
之二十：2023年重庆市推进西部陆海新通道建设情况及2024年展望 …… 232
之二十一：2023年中新（重庆）战略性互联互通示范项目建设情况及2024年展望 …… 237
之二十二：2023年中国（重庆）自由贸易试验区建设情况及2024年展望 …… 242

产业卷·第一产业篇

之一：2023年重庆市农业发展及2024年展望 …… 248

产业卷·第二产业篇

之一：2023年重庆市第二产业发展及2024年展望 …… 256
之二：2023年重庆市高技术、战略性新兴产业发展及2024年展望 …… 262
之三：2023年重庆市汽车摩托车产业发展及2024年展望 …… 268
之四：2023年重庆市电子信息产业发展及2024年展望 …… 274
之五：2023年重庆市装备制造业发展及2024年展望 …… 280
之六：2023年重庆市生物医药产业发展及2024年展望 …… 283
之七：2023年重庆市材料工业发展及2024年展望 …… 286
之八：2023年重庆市消费品工业发展及2024年展望 …… 290
之九：2023年重庆市能源工业发展及2024年展望 …… 293
之十：2023年重庆市建筑业发展及2024年展望 …… 299

产业卷·第三产业篇

- 之一：2023年重庆市第三产业发展及2024年展望 …… 306
- 之二：2023年重庆市金融业发展及2024年展望 …… 313
- 之三：2023年重庆市物流业发展及2024年展望 …… 318
- 之四：2023年重庆市房地产业发展及2024年展望 …… 323
- 之五：2023年重庆市文化旅游产业发展及2024年展望 …… 329
- 之六：2023年重庆市住宿和餐饮业发展及2024年展望 …… 334
- 之七：2023年重庆市健康服务业发展及2024年展望 …… 339

区域卷·主城都市区篇

- 之一：2023年主城都市区经济运行分析及2024年展望 …… 346
- 之二：2023年渝中区经济运行分析及2024年展望 …… 352
- 之三：2023年江北区经济运行分析及2024年展望 …… 357
- 之四：2023年沙坪坝区经济运行分析及2024年展望 …… 361
- 之五：2023年南岸区经济运行分析及2024年展望 …… 367
- 之六：2023年九龙坡区经济运行分析及2024年展望 …… 371
- 之七：2023年大渡口区经济运行分析及2024年展望 …… 375
- 之八：2023年北碚区经济运行分析及2024年展望 …… 379
- 之九：2023年渝北区经济运行分析及2024年展望 …… 384
- 之十：2023年巴南区经济运行分析及2024年展望 …… 388
- 之十一：2023年涪陵区经济运行分析及2024年展望 …… 392
- 之十二：2023年长寿区经济运行分析及2024年展望 …… 396
- 之十三：2023年江津区经济运行分析及2024年展望 …… 400
- 之十四：2023年合川区经济运行分析及2024年展望 …… 404
- 之十五：2023年永川区经济运行分析及2024年展望 …… 408
- 之十六：2023年南川区经济运行分析及2024年展望 …… 413
- 之十七：2023年綦江区经济运行分析及2024年展望 …… 419
- 之十八：2023年大足区经济运行分析及2024年展望 …… 422
- 之十九：2023年璧山区经济运行分析及2024年展望 …… 426
- 之二十：2023年铜梁区经济运行分析及2024年展望 …… 430
- 之二十一：2023年潼南区经济运行分析及2024年展望 …… 434
- 之二十二：2023年荣昌区经济运行分析及2024年展望 …… 445
- 之二十三：2023年万盛经济技术开发区经济运行分析及2024年展望 …… 450

区域卷·渝东北三峡库区城镇群篇

之一：2023 年渝东北三峡库区城镇群经济运行分析及 2024 年展望 ………………………………… 456
之二：2023 年万州区经济运行分析及 2024 年展望 ………………………………………………… 462
之三：2023 年开州区经济运行分析及 2024 年展望 ………………………………………………… 468
之四：2023 年梁平区经济运行分析及 2024 年展望 ………………………………………………… 472
之五：2023 年城口县经济运行分析及 2024 年展望 ………………………………………………… 476
之六：2023 年丰都县经济运行分析及 2024 年展望 ………………………………………………… 480
之七：2023 年垫江县经济运行分析及 2024 年展望 ………………………………………………… 485
之八：2023 年忠县经济运行分析及 2024 年展望 …………………………………………………… 492
之九：2023 年云阳县经济运行分析及 2024 年展望 ………………………………………………… 497
之十：2023 年奉节县经济运行分析及 2024 年展望 ………………………………………………… 503
之十一：2023 年巫山县经济运行分析及 2024 年展望 ……………………………………………… 507
之十二：2023 年巫溪县经济运行分析及 2024 年展望 ……………………………………………… 512

区域卷·渝东南武陵山区城镇群篇

之一：2023 年渝东南武陵山区城镇群经济运行分析及 2024 年展望 ……………………………… 518
之二：2023 年黔江区经济运行分析及 2024 年展望 ………………………………………………… 524
之三：2023 年武隆区经济运行分析及 2024 年展望 ………………………………………………… 528
之四：2023 年石柱土家族自治县经济运行分析及 2024 年展望 …………………………………… 532
之五：2023 年秀山土家族苗族自治县经济运行分析及 2024 年展望 ……………………………… 537
之六：2023 年酉阳土家族苗族自治县经济运行分析及 2024 年展望 ……………………………… 542
之七：2023 年彭水苗族土家族自治县经济运行分析及 2024 年展望 ……………………………… 547

综合卷
宏观篇

之一：2023年世界经济形势分析及2024年展望

一、2023年世界经济主要特征分析

（一）服务业成为全球经济复苏的重要动力，制造业发展停滞不前

从美国的情况来看，2023年前三季度服务消费分别拉动GDP增长1.40个、0.44个和1.62个百分点，商品消费的贡献依次为1.14个、0.11个和1.08个百分点，由此可见服务消费对经济增长的贡献显著高于商品消费。从前三季度的情况来看，更是远远高于私人固定资产投资。

表1 2023年美国服务、商品及私人固定资产投资对GDP的贡献（%）

时间	服务消费	商品消费	私人固定资产投资
第一季度	1.40	1.14	0.53
第二季度	0.44	0.11	0.90
第三季度	1.62	1.08	0.15

数据来源：美国经济分析局。

欧盟27国前两季度GDP同比分别增长1.1%和0.4%，其中第三产业增加值分别贡献了1.32个和0.6个百分点，与此形成鲜明对比的是，工业增加值分别贡献了0和-0.15个百分点。换言之，经济增量全部来源于服务业，工业则拖累了经济增长。

日本前两季度GDP同比增速分别为2%和1.6%，家庭消费同比分别增长2.8%和0%，其中国内服务消费支出同比分别增长4.4%和2.1%。另外，非居民家庭国内直接购同比分别增长60.9%和8.1%，这部分消费主要表现为国外游客在日本的消费，一般计为旅游收入。由此可见，日本服务业对经济复苏同样发挥了至关重要的作用，尤其是在第二季度，商品消费出现负增长，服务消费成了消费增长的稳定器。

从我国的情况来看，前三季度服务业增加值同比增长6.0%，拉动GDP 3.2个百分点，对经济增长贡献度达到61.5%，远超之前几年40%左右的水平。

第二季度欧盟工业增加值出现负增长，其他发达经济体也不景气。美国第一季度工业生产总值同比增长0.21%，但第二、第三季度分别下降0.34%和0.24%。第一季度日本工业生产指数同比下降1.3%，第二季度虽然上升了1.1%，但从环比数据来看，前两季度分别下滑3.1%和1.3%。由此可见，服务业与工业的分化成为2023年全球经济的一大特征。

（二）发达国家通货膨胀高位回落，新兴和发展中经济体仍然存在较大压力

2023年，发达国家的通货膨胀开始高位回落，9月美国和日本的消费者价格指数同比分别上涨3.7%和3%，10月欧元区则回落到2.9%，需要指出的是，尽管发达经济体通货膨胀已经放缓，但仍高于央行调控目标。

对其他经济体而言，仍然表现各异。9月，澳大利亚通货膨胀水平为5.2%，环比上涨1.2%，且自2020年9月以来持续环比上涨。澳大利亚经济学者认为由于住房、电力、食品等国内成本上升，通胀问

题正变得越来越本土化。澳大利亚并非个案，新兴和发展中经济体通货膨胀 2022 年低于发达国家，但 2023 年则高于发达国家，2023 年 9 月印度、巴西、南非和俄罗斯通货膨胀率依次为 5%、5.2%、5.5% 和 6%。另外，土耳其和阿根廷两国仍然处于恶性通货膨胀状态，9 月通货膨胀率分别达到 61.5% 和 138.3%。

紧缩性货币政策抑制了总需求，对遏制通货膨胀固然产生了积极作用，但其他结构性因素的消失或弱化同样产生了积极作用，且这些结构因素同货币政策并无关联。

一是全球供应链的修复。全球供应链断裂肇始于芯片的供不应求，但 2022 年下半年开始，全球芯片出现供给过剩现象，由此导致物价回落。同时，海运是供应链的重要环节，疫情后海运成本急剧下降立竿见影地遏制了物价上涨。

二是能源及粮食价格的回落及稳定。本轮通货膨胀发端于能源价格的上涨，国际能源价格迅速传递到世界各国，随着能源价格的回落及相对稳定，同时考虑基数效应，能源与粮食对物价上涨的影响逐步弱化。

三是刺激性财政政策的退出。为应对疫情，欧美等发达国家出台了一系列财政刺激政策，大量资金以补贴、减税和失业救济等形式直接进入家庭和个人账户，由此导致个人消费需求激增。疫情后，刺激政策逐步退出，自然弱化了总需求。

（三）就业市场持续繁荣，高就业率与经济低增长并存

2023 年全球经济的另一个显著特征是就业市场的持续繁荣。8 月，欧盟 27 国的失业率为 5.9%，为 2000 年有该项统计指标以来的最低水平，9 月日本失业率仅为 2.6%，10 月美国失业率虽然有所上升但也只有 3.9%。新兴和发展中经济体就业压力高于发达国家，但也有明显改善的现象，例如 9 月巴西失业率为 7.7%，创 2015 年 3 月以来的最好水平。不过，在就业市场持续繁荣的同时增速却相对较低，尽管美国经济表现较好，但国际货币基金组织（IMF）预计 2023 年全年增速在 2.1% 左右。出现这种背离现象的原因是多方面的，下面以美国为例探讨。

一是服务业的快速发展促进了就业的增长。服务业尤其是生活性服务业多为劳动密集型产业，能够较多地吸纳就业人员，劳动生产率较低导致行业增加值增长速度有限。

二是新冠疫情期间流失的工作岗位回归正常，这样也导致就业激增。

三是劳动参与率下降。2023 年 10 月，美国劳动参与率为 62.7%，而 2019 年同期为 63.2%，下降了 0.5 个百分点，其中 55 岁以上的劳动参与率为 38.6%，比 2019 年同期下降了 1.7 个百分点，这说明越来越多的人退出劳动力市场。

四是从全统计口径来看，失业率下降就没有那么明显。美国失业率一共有 U1 至 U6 六大统计口径，而美联储所参考的失业率一般指 U3 失业率。U6 包括没有积极寻找工作的人和那些想要寻找全职工作的兼职人员，10 月 U6 失业率为 7.2%，比 2022 年同期高出 0.5 个百分点。

（四）全球商品贸易增速远逊经济增速，贸易区域化趋势进一步强化

2023 年 9 月，世界贸易组织（WTO）发布的《2023 年世界贸易报告》预计全球商品贸易量将增长 0.8%，不及 4 月预测（增长 1.7%）的一半，更是远远低于 3% 的全球经济增速。同时，WTO 的报告指出，各区域之间的内部贸易增长比区域外的贸易增长要快 4~6 个百分点，说明供应链缩短，贸易区域化、碎片化的趋势进一步强化。长期以来，全球商品贸易增速都比 GDP 增速快 1 倍，从而成为拉动全球经济增长的重要力量。目前出现与历史相背离的现象，迫切需要探其究竟。WTO 表示，全球商品贸易增速放缓的确切原因尚不清楚，但通货膨胀、高利率、美元升值和地缘政治紧张局势都是导致增速放缓的因素。

作者认为，除了上述因素之外，还有如下原因。

一是全球需求结构可能在发生重大变化。上文的分析指出，消费者对服务需求的增速明显超过商品需求，商品需求的相对下降直接影响制造业发展，自然也会影响全球商品贸易。WTO的报告也指出，全球服务贸易不在该报告的分析范围之内，同时指出2023年第一季度全球商业服务贸易同比增长9%。这也在一定程度上印证了本文的观点，未来服务需求可能强于商品需求。

二是去全球化及贸易制裁的累积效应导致贸易增速下降。2018年3月美国总统向全球发起贸易战，最后将矛头指向中国；新一届美国政府要求限制中国获得半导体和其他领域的先进技术，并争取包括日本和一些欧洲国家在内的合作伙伴参与它们所谓的"去风险"战略。这直接导致了中国对全球芯片、光刻机等高技术产品进口的急剧下降。同时，美国的贸易制裁加快提升了我国芯片产业的自给能力，进一步导致了我国进口需求的下降。

三是疫情和地缘政治促进了生产的本地化。疫情期间防疫抗疫产品供不应求，工业基础较强的发达国家加快了本地化生产步伐，疫情后自然降低了对相关产品的进口需求。俄乌战争让欧洲国家意识到能源独立的重要性，也在加快非化石能源的生产，从而减少能源进口。

四是再工业化及产业回流降低了商品贸易。美国前总统奥巴马曾提出再工业化的口号，虽然并无实质进展，但也起到了一定作用。与此同时，日本等国也出现产业回流现象，规模虽然不大，但减少了中间及最终产品的进出口，边际效应相对较大。

（五）金融市场表现出较强的韧性，高科技发展对经济复苏形成较强支撑作用

在"2022年世界经济形势分析及2023年展望"中，我们的结论之一是："全球金融体系相对稳健，即使出现动荡，也不会达到爆发金融危机的程度。换言之，金融与资本市场仍然是支持未来经济复苏的重要力量。"经过一年的时间，这一判断得到了印证，2023年伊始，美国和欧洲银行业均出现危机，但很快缓和，对全球经济的发展并没有形成较大冲击。

金融是现代经济的血液，金融和资本市场的繁荣一方面扩大了财富效应，从而推动了消费的增长；另一方面，稳定的融资市场促进了经济尤其是高科技企业的发展。这在美国表现得尤为突出，更多的风险资本以及更发达的债务和股票市场，使得美国高科技公司较其欧洲同行更容易获得扩张资金，而欧洲企业则更加依赖银行。因此，美国拥有蓬勃发展的科技行业和大量成功的创新公司，而欧洲鲜有此类公司。反过来，美国高科技企业的发展不仅推动了经济的复苏，也促进了金融和资本市场的繁荣，形成了良性循环，这也使得2023年美国经济表现迥异于其他发达国家。

二、2024年世界经济发展影响因素分析及展望

（一）2024年全球经济发展的主要影响因素分析

1. 货币政策具有滞后效应，累积效应将在2024年陆续显现

经济理论表明，货币政策具有滞后效应，著名经济学家弗里德曼的研究结论是，货币政策实施后，市场经济活动需要长达24个月才能做出反应。2022年3月16日，美联储将基准联邦基金利率水平提升0.25个百分点，此后17个月内连续加息11次，将基准联邦基金利率区间上调至5.25%~5.5%。如果按照24个月的滞后期，2024年3月之后历次加息的累积滞后效应将陆续显现。笔者认为，24个月的滞后期只不过是历史统计规律，并非严格的一一对应关系，实际上在2023年下半年滞后效应已经初见端倪。例如，德国第三季度GDP同比和环比均出现下降，9月和10月美国失业率连续两个月上升，房地产投资早

已明显下滑。

2. 发达经济体政府债务压力加大，未来财政支出空间受限

政府借贷成本飙升使高额债务成为2023年经济关注焦点。国际金融协会（IIF）的数据显示，2023年上半年全球债务增加了10万亿美元，达到创纪录的307万亿美元，其中逾80%来自发达经济体。预算争论损害了美国的信誉，使其失去AAA评级。意大利2.4万亿欧元的债务是欧洲焦点，穆迪将其评级为比垃圾级高一级，前景为负面。英国、美国和意大利的债务接近或高于产出的100%。人口老龄化、气候变化以及乌克兰危机和中东战争等地缘政治风险意味着未来将面临巨大的支出压力。因此，2024年发达国家用于支持实体经济发展的财政空间非常有限。

3. 货币政策将从抑制总需求转向扩大供给

2023年，发达国家通货膨胀得到了有效控制，通过上文分析可以看出，这并非货币政策一家之功。新结构学派认为，针对结构性通货膨胀，不宜采用紧缩性货币政策，而应通过调整结构、增加供给来消除结构性因素，在促进经济增长的同时化解通货膨胀压力。2024年仍将面临一定通货膨胀压力，但主要是结构性的，同时考虑到利率已经上升到较高水平，这为货币政策腾出了空间，未来的货币政策应该是通过降低利率、扩大投资实现结构调整，从而促进经济增长。

4. 全球贸易有望触底反弹

《2023年世界贸易报告》的数据显示，尽管有一些碎片化特征，但纵观2022年，国际贸易仍在蓬勃发展，这意味着去全球化的言论总体上没有得到数据支持。WTO总干事恩戈齐·奥孔乔-伊维拉指出，2023年全球货物和服务贸易量"仍然相当可观"，约为31万亿美元，"就连中国与美国、中国与欧盟之间的贸易也相对强劲"。WTO认为，随着通胀放缓和利率开始下调，对商业周期较为敏感的行业应该会趋于稳定和反弹，预计2024年，全球贸易增长将恢复到3.3%。

5. 全球经济仍然具有较大投资与政策空间

尽管面临着诸多困难，2024年全球经济仍然具有较大的投资与政策空间。2023年德国经济表现落后，下面以该国为例分析。一是具有较大投资空间，二十年来德国在数字基础设施、教育系统、高速公路和公共住房等领域的投资都严重不足，邻国奥地利数字化程度也远高于德国。这不仅是政府层面的问题，消费者和企业多年来也一直在增加储蓄、延缓投资。因此加大公共部门和私营部门的投资力度将有利于德国经济发展，从而替代出口成为新的增长引擎，并降低地缘政治冲突的负面影响。二是减轻税收负担。德国是欧盟国家中企业税率第二高的国家，仅次于葡萄牙。减轻税收负担有助于增加企业投资和居民可支配收入。三是优化监管模式。更加灵活的就业市场管理规定有利于释放更多劳动力潜力，甚至可以缓解影响近一半德国企业的技术工人短缺问题。另外，从全球视野来看，如果2024年能实现从"逆全球化"向"再全球化"的转变，世界经济将会再上新台阶。

（二）2024年全球经济增长趋势判断

从以上分析可以看出，2024年全球经济发展有利因素明显增多，通货膨胀压力下降排除了滞胀的风险，贸易复苏有望引领经济增长，大多数国家尚具有较大投资与政策空间，金融与科技仍有望一如既往地支持经济复苏。不过，长期累积的财政货币问题仍将制约全球经济发展，由此导致2024年世界经济仍处于周期调整之中。

2023年10月IMF发布了《世界经济展望报告》，预计2024年全球经济增长2.9%，与2023年的3%基本持平；2024年发达经济体增速下滑到1.4%，比2023年下降0.1个百分点；2023年新兴与发展中经

济体经济增长4%，与2024年持平。全球货物与服务贸易增速将出现明显回升，预计2024年增长3.5%，比2023年提高2.6个百分点。全球通货膨胀压力继续下降，预计2024年全球消费者价格指数将上涨5.8%，比2023年回落2.3个百分点，其中发达国家将由2023年的4.6%回落到3%，处于温和可控水平。

三、政策建议

2023年是全球经济发展比较困难的一年，但仍不乏亮点，我国应借鉴各国成功经验，促进我国经济健康平稳发展。

（一）顺应时代变化，积极促进服务业发展

从上文分析可以看出，在全球经济下行的背景下，服务业已成为大多数国家经济稳定的重要力量。改革开放以来，我国始终高度重视制造业的发展，服务业发展则相对滞后。由于服务业大多是富民工程，对地方税收的贡献相对较弱，重视力度相对不够。在当前世界经济发展模式下，我国需要更新观念，在保持制造业国际竞争力的同时大力发展服务业。一是充分发挥地方积极性，因地制宜发展各具特色的服务产业，同时要做好规划，避免服务业的重复建设。例如，2023年10月，东盟与日本一致同意加强合作来创造出可持续旅游景点，其中强调了防止"过度旅游"措施的重要性，这对我国也具有借鉴意义。二是着力解决制约服务业发展的诸多问题。三是加快服务业对外开放。近年来，我国服务业部分领域开放度有所提高，但整体开放发展水平仍有待提升。

（二）探索中低速经济增长下的就业模式

2023年全球低增长与低失业率并存的现象说明，扩大就业不一定依赖于经济高速增长。世界经济将在较长时间内处于低速增长状态，在此背景下应借鉴国际经验，探索经济增速放缓情景下的就业模式。服务业是劳动密集型产业，大力发展服务业自然有助于扩大就业。除此之外，建议如下：一是采取灵活的就业政策，国际经验表明，僵化的用工制度短期内可以保护劳工利益，但长期看则有严重的副作用；二是用人机构取消制约就业的各种歧视性条件，如年龄、性别等；三是限制过度加班，过度加班减少了工作岗位，也影响了职工身心健康，与经济发展的目的相悖。

（三）积极融入全球三大制造业中心，"拉近缩短"地理空间距离

在"2020年世界经济形势分析及2021年展望"中，我们的结论与政策建议之一是"经济区域化趋势初见端倪，我国应警惕经济全球化向区域化趋势转变，做好应对工作"。2023年WTO的报告也指出区域化趋势进一步强化，由此可见这一趋势是难以逆转的。鉴于此，建议如下：一是应积极融入全球三大制造业中心，继续积极加强与欧洲制造业中心的合作；以开放的心态看待产业向东南亚国家的转移，深化与东亚制造业的合作；加快与墨西哥的经济合作，争取深度融入北美制造业中心。二是进一步加强"一带一路"国际合作，"缩短"地理距离，推动经济全球化发展。三是广泛采取数字技术，"拉近"空间距离。

[国家信息中心　程伟力]

之二：2023年中国宏观经济形势分析及2024年展望

2023年以来，面对复杂严峻的国际环境和艰巨繁重的国内改革发展稳定任务，在以习近平同志为核心的党中央坚强领导下，各地区各部门坚决贯彻落实党中央、国务院决策部署，精准有力实施宏观政策调控，我国国民经济持续恢复向好，生产供给稳步增加，市场需求持续扩大，展现出强大的韧性和活力，能够完成全年经济社会发展预期目标任务。展望2024年，在宏观政策加力增效、新动能加速培育、改革开放红利加快释放等因素的推动下，宏观经济运行将呈"前稳后高、平稳向好"走势，有效需求稳步扩大、生产供给更趋均衡、物价水平温和回升、经济增长质提量增，预计全年GDP将增长5%左右。

一、2023年我国宏观经济运行主要特征

在外部环境复杂严峻、国内多地遭受洪涝等自然灾害、重点领域风险防范化解向纵深推进等情况下，我国经济运行持续恢复向好，实属不易。前三季度，我国GDP同比增长5.2%，快于2022年3%的增速，快于疫情三年平均4.5%的增速，也快于美国、欧元区、日本、巴西、俄罗斯、南非等经济体，在世界主要经济体中保持领先地位。政策组合拳持续显效、低基数等因素推动第四季度经济持续稳定回升，预计2023年GDP增长5.3%左右。

（一）经济运行持续恢复向好

一是服务业恢复快于工业，成为经济恢复的"主引擎"。疫情防控平稳转段后，服务业快速恢复，前三季度，服务业增加值同比增长6%，较疫情三年同期4.1%的平均增速加快1.9个百分点。服务业对经济增长的支撑作用显著增强，服务业增加值对GDP增长的贡献率为63%，拉动GDP增长3.3个百分点。工业生产稳步恢复，1—10月，规模以上工业增加值同比增长4.1%，较疫情三年同期5.5%的平均增速放缓1.4个百分点。其中，装备制造业增加值同比增长6.0%，快于全部工业增速1.9个百分点；电气机械和器材制造业、汽车制造业增加值同比分别增长13.6%和11.3%。农业生产稳中趋缓，前三季度，第一产业增加值同比增长4.0%，较疫情三年同期4.7%的平均增速放缓0.7个百分点。

二是国内需求恢复好于国外需求，消费成为经济稳定增长的"压舱石"。线下消费场景有序恢复，扩内需促消费政策持续显效，消费特别是服务消费需求快速释放。1—10月，社会消费品零售总额同比增长6.9%，服务零售额同比增长19.0%；金银珠宝、体育娱乐用品等升级类商品零售总额同比分别增长12.0%和9.9%。前三季度，居民人均消费支出同比增长9.2%，其中，服务性消费支出同比增长14.2%，占居民人均消费支出的比重为46.1%，同比上升2个百分点。消费对经济增长的拉动作用显著增强，最终消费支出对经济增长的贡献率达到83.2%，拉动经济增长4.4个百分点。投资需求稳定增长，1—10月，固定资产投资同比增长2.9%，基建和制造业投资支撑作用增强，房地产投资延续下滑态势。大项目投资带动作用增强，计划总投资亿元及以上项目投资同比增长9.9%。前三季度，资本形成总额对经济增长的贡献率为29.8%，拉动经济增长1.6个百分点。外部需求明显减弱，1—10月，货物贸易出口同比增长0.4%，同比放缓11.6个百分点。共建"一带一路"拓展经贸合作空间，我国与共建"一带一路"国家进出口额同比增长

3.2%，占进出口总额比重提升至46.5%。外贸结构逐步优化，产业链更长、附加值更高的一般贸易进出口额占进出口总额比重为64.9%，同比提高1.1个百分点；民营企业进出口额占比为53.1%，同比提高3.1个百分点。前三季度，净出口对经济增长的贡献率为-13.0%，拉动经济下降0.7个百分点。

三是物价水平低位运行。居民消费价格温和上涨。受猪肉、鲜菜等食品价格回落较多，国际大宗商品价格下跌，供给情况有所改善，有效需求不足等因素影响，居民消费价格小幅上涨。1—10月，CPI同比上涨0.4%，涨幅同比放缓1.6个百分点，扣除食品和能源的核心CPI同比上涨0.7%。工业生产者价格持续下跌。受国际大宗初级产品价格回落传导至国内，工业品市场供大于求等因素影响，工业品价格持续走低。PPI同比下降3.1%，由1月的下降0.8%扩大至6月的下降5.4%，此后降幅有所收窄。其中，生产资料PPI同比下跌4.0%，生活资料PPI同比上涨0.1%。

（二）创新动能不断成长壮大

一是新产业新产品快速成长。我国产业发展高端化、智能化、绿色化特征更加明显。高端装备制造、新一代信息技术等产业快速成长，前三季度，规模以上航空航天器及设备制造业、电子工业专用设备制造业、智能消费设备制造业增加值分别增长18.9%、27.4%和10.2%；现代服务业快速成长，信息传输、软件和信息技术服务业，租赁和商务服务业增加值同比分别增长12.1%和9.5%。绿色低碳转型步伐加快，1—10月，新能源汽车、太阳能电池等新能源产品同比分别增长26.7%和63.7%；风电、太阳能、核电等清洁电力占发电总量的17%，同比提高1.3个百分点。

二是新业态新模式活力彰显。投资领域中，1—10月，高技术产业投资同比增长11.1%。其中，航空航天器及设备制造业、医疗仪器设备及仪器仪表制造业投资同比分别增长19.0%和16.7%；科技成果转化服务业、专业技术服务业投资同比分别增长37.3%和29.1%。清洁电力投资增长超过40.0%，占全部电力供应投资比重超过85%。消费领域中，直播电商、即时零售、"云"看展、VR试衣等新销售模式日趋活跃，智能消费产品需求不断增加。根据商务大数据监测，1—10月，我国直播销售额超2.2万亿元，同比增长58.9%，占网络零售额的18.1%。外贸领域中，"新三样"成为出口亮点，1—10月，以电动载人汽车、锂电池、太阳能电池为代表的"新三样"出口额同比增长38.0%。前三季度，贸易新业态快速成长，跨境电商进出口额同比增长14.4%。

（三）区域城乡发展更趋协调

一是区域发展差距缩小。我国区域协调发展战略、区域重大战略深入推进，区域发展平衡性协调性得到增强。前三季度，有17个省区市GDP增速快于全国，其中中西部、东北地区共占了12个，特别是增速最快的前6个省份中有5个是西部省份。考虑到2022年受疫情影响较大，从两年平均增速看，东、中、西及东北地区GDP 2023年前三季度两年平均分别增长4.0%、4.5%、4.3%和3.0%，区域发展差距在缩小。

二是城乡发展差距缩小。我国新型城镇化战略稳步推进，进一步释放新型城镇化过程中的内需潜力，把推进新型城镇化与推进新型工业化结合起来，加快补齐城市安全韧性短板，推进以县城为重要载体的新型城镇化建设。城市群建设成效显著，县城补短板强弱项扎实推进，城乡居民收入差距进一步缩小。前三季度，城乡居民人均可支配收入分别实际增长4.7%和7.3%，城乡居民收入倍差由上年同期的2.57缩小至2.51。

（四）基本民生保障得到改善

一是就业形势总体稳定。7月底中央政治局会议提出，要把稳就业提高到战略高度通盘考虑，兜牢兜实基层"三保"底线，扩大中等收入群体。积极落实落细就业优先政策，支持企业减负稳岗，帮助重点群体就业创业。前三季度，全国城镇调查失业率为5.3%，同比放缓0.3个百分点；城镇新增就业1022万人，同比多增21万人，完成全年目标任务的85%。第三季度末，外出务工农村劳动力总量18774万人，同比增长2.8%。

二是居民收入增速有所加快。随着国民经济持续恢复向好，就业形势总体改善，居民收入保持较快增长。前三季度，全国居民人均可支配收入同比实际增长5.9%，同比加快2.7个百分点，不仅快于经济增速0.7个百分点，也快于疫情三年同期4.4%的平均增速。

三是民生投入持续增加。完善义务教育经费保障机制，延续实施助学贷款免息及本金延期偿还政策。稳妥实施企业职工基本养老保险全国统筹，提高医疗卫生服务能力，支持做好困难群众救助工作。1—10月，全国一般公共预算支出同比增长4.6%。其中社会保障和就业、教育支出同比分别增长8.7%、5.0%，重点民生领域支出得到较好保障。

（五）重点领域安全有效保障

一是粮食安全基础稳固。2023年以来，国家继续提高早籼稻和小麦最低收购价，增加产粮大县奖励资金，出台支持大豆生产等政策，有效调动了农民种粮积极性。2023年秋粮面积增加了700多万亩①，大面积单产提升有效对冲了"烂场雨"、洪涝、干旱等灾害影响，全国面上增产弥补了河南、黑龙江、河北等局地的损失，全年粮食产量将继续保持在6500亿公斤以上。

二是能源保障有力有效。国内能源稳定生产奠定了能源安全基础，1—10月，原煤、原油、天然气产量分别同比增长3.1%、1.7%和6.1%。圆满完成迎峰度夏电力保供，日发电量三创历史新高，全国统调电厂电煤库存持续保持近2亿吨的历史高位水平；发电量同比增长4.4%，其中火电、风电、太阳能、核电同比分别增长5.7%、10.8%、12.5%和5.3%。能源进口有效保障能源安全，煤炭、原油和天然气等能源产品进口9.5亿吨，同比增长30.2%。

二、经济运行中面临的主要矛盾

当前，我国经济回升向好的基础还有待夯实，内生动力还有待增强，社会预期还有待改善，一些企业经营困难，房地产、地方债、金融等重点领域风险隐患较多，结构性就业矛盾较为突出。

（一）企业生产经营仍较困难

经济恢复存在较多不确定难预料因素，企业经营仍面临成本上升、订单不足、债务压力等困难。一是经营成本持续走高。尽管主要大宗商品价格在2022年创阶段性新高后逐步回落，但价格水平仍显著高于2019年，给企业带来较大成本负担。2023年1—10月，布伦特原油期货、东北亚液化天然气现货、澳大利亚动力煤现货的均价分别较2019年同期分别上涨28.7%、148%、124%。截至9月底，工业企业每百元营业收入中成本为85.07元，较2019年同期提高0.73元。特别是中小微企业处于产业链末端，叠加国内劳动力成本刚性上升，成本压力更为严峻。二是终端销售比较疲软。服务消费强但商品消费弱、消费人气旺但人均支出少的特征依然存在，导致企业终端产品销售不佳。第三季度末，工业企业产销率为96.8%，低于2019年同期98%、2020年同期97.7%和2021年同期97.8%的水平。2023年10月，中国制造业PMI新订单指数再次回落至荣枯线以下，中国非制造业新订单指数连续6个月在荣枯线之下，表明企业市场需求仍然不旺。三是面临流动性风险。企业应收账款拖欠问题较为严重，甚至有大量应收账款来自各级政府部门和国有企业，导致部分企业资产负债表健康但流动性不足、难以正常运营。第三季度末，工业企业应收账款平均回收期为63天，高于2019—2022年同期分别为8.4天、8.4天、11.8天和9天。

---

① 1亩≈666.67平方米。

（二）房地产市场仍在调整

我国房地产市场经过20多年的长周期繁荣，正在进行重大转型调整，住房需求的中枢水平、住房市场交易结构以及业务模式都正在进行深刻变化，部分房企经营困难，特别是一些龙头房企债务风险有所暴露。一是房地产企业经营风险显性化。在行业发展长周期繁荣背景下，部分房地产企业长期"高杠杆、高负债、高周转"经营，资产负债快速扩张，叠加疫情冲击等，房地产企业经营风险显性化并向行业扩散，房地产金融风险不容忽视。1—10月，商品房销售面积在上年同期大跌22.3%的基础上再降7.8%。Wind数据显示，前三季度A股105家上市房企合计实现净利润同比下降14.1%，亏损房企数量和整体亏损规模双双增加。二是房地产市场预期发生变化。我国房地产市场供求关系的重大变化，以及受就业收入增长难度加大等因素影响，居民对未来预期转弱，对于增加中长期负债较为谨慎，购房处于观望阶段。同时，房企对市场的预期依然较弱，保持谨慎甚至收缩的策略导致投资意愿不足。1—10月，房地产开发投资同比下降9.3%，房屋新开工面积同比下降23.2%。三是房企融资难问题依然突出。面对房地产市场低迷和债务爆雷等状况，银行等融资方已经从之前的被动控制涉房融资转向主动降低涉房融资，以规避市场风险从而降低呆坏账风险，房企融资难问题仍在持续。据克而瑞数据，前三季度，80家典型房企的融资总量同比下降25%。

（三）地方债务压力仍然较高

在外部环境复杂严峻、国内经济波动恢复、房地产市场深度调整等国内外各种复杂因素的影响下，地方政府债务压力明显加大。一是偿债高峰抬升还本付息压力。Wind数据显示，2023年地方政府债券到期偿还额为2.96万亿元，为五年来第二偿债高峰，还本付息压力依然较大，特别是部分债务率较高的地区风险较为突出。二是地方隐性风险显著上升。受公司盈利能力弱、现金流差等因素影响，城投有息债务风险显著上升，地方广义债务风险进一步加大，有18个省份的广义债务率超过300%，有些地方甚至超过400%。三是地方专项债项目实际收益不及预期加大债务偿付压力。江苏省审计厅报告显示，被抽查的346个政府专项债券项目，有255个资金平衡方案收益没有达到预期的50%；广西审计厅报告显示，5个园区专项债券项目实际运营收益不足预期的30%。

（四）就业结构性矛盾仍然突出

就业总量压力有所缓解，但结构性就业压力依然较大。从群体看，青年就业难问题突出。2023年高校毕业生数量再创历史新高，前三季度大学毕业生集中进入劳动力市场，进一步加大青年群体就业压力。在企业招聘需求疲弱、灵活就业的"蓄水池"作用减弱、就业市场供需不匹配问题较大等因素影响下，青年就业压力仍处高位。智联招聘大数据显示，曾经为应届生提供56%就业机会的互联网、房地产和教育培训行业目前仅能提供约26%的岗位。从行业看，工业领域就业压力较大。工业企业特别是制造业企业普遍面临销售不旺、资产负债表修复偏慢等问题，招聘需求明显放缓，用工需求规模缩减。前三季度，工业企业平均用工人数累计同比下降3.4%，降幅分别大于2021年、2022年同期3.2个和2.3个百分点。截至10月，制造业PMI从业人员指数已连续8个月处于荣枯线以下。

（五）金融风险隐患仍然较多

在内外部复杂因素叠加交织的情况下，我国金融领域风险隐患依然较多。一是中小金融机构风险依然存在。在分散经营能力较弱、自身造血能力偏弱、风险管理能力脆弱、公司治理能力薄弱等因素影响下，中小银行、保险、信托等机构金融风险依然较大，特别是长期与地方融资平台高度绑定的中小银行承担了较多隐性债务。二是信用风险仍在显现。借款人因公司经营不善、失业等原因导致还款困难的情况集中出现，金融机构面临的信用风险显著上升。银行业信贷资产登记流转中心有限公司数据显示，第三季度不良贷款转让成交额创下新高，成交金额约391亿元，其中信用卡不良资产批量转让业务的占比由

2023年上半年的不超过3%骤升至第三季度的24.7%，显示出银行资产质量在承压。三是汇率市场仍存超调风险。在国内经济修复出现波动、中美利差倒挂、资本外流压力等因素影响下，人民币汇率贬值压力较大。离岸汇率受美联储货币政策和金融市场波动影响更为直接，没有波幅限制，其贬值幅度相对更大，在岸汇率通常会跟随离岸汇率波动，容易造成汇率超调风险。

三、2024年经济运行的内外部环境

展望2024年，外部环境依然复杂严峻，重点领域风险隐患依然较多，但内外部环境存在不少有力支撑条件，推动我国经济平稳运行的积极因素在增多。

（一）2024年国际经济环境

从国际看，世界进入新的动荡变革期，正在经历大调整、大分化、大重组，不确定、不稳定、难预料因素增多。一是全球经济延续"三高一低"态势。国际货币基金组织（IMF）秋季报告预计，2024年全球CPI将上涨5.8%，远高于疫情前20年3.9%的平均水平，美欧等国家（地区）大幅加息后处于高利率水平，大规模刺激政策使得全球债务居高不下，全球经济将增长2.9%，大幅低于疫情前20年3.8%的平均增速。二是大国博弈依然激烈。新兴市场和发展中国家快速崛起，国际力量对比向更加均衡的方向发展，而美国努力维持其霸权地位，奉行"美国优先"，引发了发达国家与新兴市场和发展中国家在全球治理组织架构、决策机制、权利分配等方面的深度博弈。三是地缘政治局势动荡不定。乌克兰危机胶着化、巴以冲突加剧等重大地缘局势动荡，不仅冲击初级产品稳定供应，推高能源原材料价格，而且威胁全球产业链供应链稳定，干扰正常国际经贸合作。

表1 世界及主要经济体经济增长预测（%）

指标	实际年均		预测	
	2000—2019年	2020—2022年	2023年	2024年
世界经济	3.8	2.3	3.0	2.9
发达经济体	1.9	1.3	1.5	1.4
美国	2.1	1.8	2.1	1.5
欧元区	1.4	0.8	0.7	1.2
日本	0.8	-0.4	2.0	1.0
新兴经济体	5.5	3.0	4.0	4.0
中国	9.0	4.5	5.4	4.6
印度	6.9	3.3	6.3	6.3
俄罗斯	3.7	0.2	2.2	1.1
巴西	2.4	1.5	3.1	1.5
南非	2.7	0.1	0.9	1.8
世界贸易量	4.8	2.4	0.9	3.5
世界消费价格	3.9	5.5	6.9	5.8
石油价格	6.3	16.2	-16.5	-0.7

数据来源：IMF《世界经济展望》秋季报告。

但是，外部环境也存在多方面有利于我国经济发展的因素。一是全球科技发展进入加速期。全球科技革命和产业变革处于加速突破期，大模型、人工智能、新能源车等新技术取得重大突破，新一代信息技术、量子计算、生物技术、智能制造等新产业新技术大量涌现，数字技术与实体经济深度融合，提升高端化、智能化、绿色化发展水平。二是货币政策紧缩进入见顶期。美欧等国家（地区）通胀水平高位回落，货币政策紧缩具有叠加效应和滞后效应，美欧央行加息接近尾声，货币政策紧缩周期趋于结束，对经济增长的抑制作用逐步减弱。三是乌克兰危机影响进入弱化期。乌克兰危机处于胶着状态，国际社会对其关注度趋于减少，危机所引发的全球能源和粮食供应短缺状况逐步缓解，对产业链供应链稳定的影响在逐步消退，对全球经济的影响逐步减弱。四是中美经贸关系进入暂时缓和期。自2023年6月以来，美国国务卿布林肯、财长耶伦、总统气候问题特使克里、商务部长雷蒙多、参议院多数党领袖舒默、加州州长纽森等先后访华，令中美关系有所回暖。11月，国家主席习近平赴美国举行中美元首会晤，同时出席亚太经合组织第三十次领导人非正式会议。中美加强高层交流互动，中美经贸关系短期内趋向缓和。但2024年是美国总统大选年，下半年随着选举临近，中国因素仍是选战的重要话题，中美关系难有根本性改善。

（二）2024年国内经济环境

从国内看，宏观经济运行的风险挑战仍然较多。房地产市场调整仍是影响经济增长、财政增收、金融稳定、企业经营的重要挑战之一；地方政府债务压力较大，化解存量、遏制增量债务任务仍较重；经营主体元气恢复仍面临市场需求不足、经营成本上升、企业效益不佳等困难挑战。经济增长仍将呈现一定的曲折性、复杂性。

但也应看到，有多重积极因素支撑我国经济平稳向好。一是政策效应。2023年扩大内需、房地产政策优化、一揽子化债方案、活跃资本市场、促进民营经济发展等政策组合拳的叠加效应将持续释放；第四季度增发的1万亿元国债中有5000亿元结转2024年使用，特别是增发国债使得财政赤字率达到3.8%，突破了赤字率3%的"约束"，打开了政策空间，强化了政策更加积极的预期。2024年财政货币政策将会进一步加力增效，保持必要的财政支出强度和合理的货币流动性。二是转型效应。2023年9月，习近平总书记在新时代推动东北全面振兴座谈会上指出，积极培育新能源、新材料、先进制造、电子信息等战略性新兴产业，积极培育未来产业，加快形成新质生产力，增强发展新动能。我国超前布局建设数字基础设施，加快高端芯片、关键基础软件、人工智能、大数据、云计算等重点领域研发突破和迭代应用，协同推动技术创新和商业模式创新，产业升级发展、数字技术应用拓展、绿色转型深化的效果持续显现，创新引领作用不断增强。新冠疫情催生了在线教育、视频会议、远程诊疗、网络游戏等数字经济、智能制造、生命健康等领域并加速发展。数字经济与实体经济深度融合，数字技术赋能传统产业转型升级，催生新产业新业态新模式，为经济发展增添新活力。三是改革效应。2024年是深化改革的关键之年，将进一步深化科技体制、财税体制、全国统一大市场建设、国企体制、收入分配体制等改革。贯彻落实中央金融工作会议提出的"加快建设金融强国"目标，深化金融体制改革，着力打造现代金融机构和市场体系，改革完善金融监管体制，建立"化债""管债"长效机制、金融与房地产良性循环机制等。新一轮经济体制改革的制度红利将逐步释放，进一步激发经济活力、创造发展机遇、增强增长动力，推动我国经济走向更高质量、更可持续的发展。四是开放效应。围绕服务构建新发展格局，以扩大规则、规制、管理、标准等制度型开放为重点，聚焦投资、贸易、金融、创新等对外交流合作的重点领域深化体制机制改革，完善配套政策措施，将会把我国对外开放提高到新水平。第三届"一带一路"国际合作高峰论坛成功举办，与"一带一路"沿线国家投资经贸合作将进一步加强。第六届中国国际进口博览会圆满收

官,与相关国家和地区的经贸合作将不断深化。中国国际服务贸易交易会已连续举办九届,服务贸易创新发展迈出新步伐,将培育外贸出口新增长点。五是缺口效应。根据测算,"十四五"时期我国经济潜在增长率为5.5%左右。当前,我国实际经济增速与潜在经济增速存在一定产出缺口,随着新冠疫情、地缘政治、极端天气等重要影响因素逐步消除,我国经济增速向潜在经济增长率逐步回归。

四、2024年我国宏观经济保持平稳向好态势

展望2024年,我国宏观经济运行将呈"前稳后高、平稳向好"走势,各季度之间增速波动趋缓,经济增长率将向潜在增长水平回归,预计全年GDP增长5.0%左右。

(一)生产供给更趋均衡

工业生产稳步加快。新质生产力加快形成,制造业数字化转型持续推进,智能制造工程深入实施,传统产业改造提升蹄疾步稳。5G、智能网联汽车、新材料等新兴产业加快发展,人工智能、人形机器人等未来产业加快布局,50个规模300亿元以上轻工特色产业集群加快培育。在国内需求逐步回暖、一系列稳增长政策效应加快释放的带动下,国内工业生产有望稳步加快。预计2024年规模以上工业增加值增长4.8%左右。

服务业生产较快增长。"云"看展、VR试衣等消费新模式不断涌现,直播电商、即时零售等商业新业态蓬勃发展。"创意市集""山野露营"等消费场景不断迭代升级,推动文化、旅游、体育、住宿、餐饮等生活性服务业快速增长。数字经济、商务租赁快速发展带动生产性服务业加快发展。服务业高水平开放持续深化,服务业开放领域进一步拓宽,外资准入负面清单合理缩减,服务贸易保持较快增势。但城乡居民收入和消费能力的恢复需要一个过程,服务业增长潜能释放也受到一定制约。预计2024年服务业增加值增长5.4%左右。

(二)有效需求稳步扩大

投资增速有所回升。各地出台政策打造先进制造业集群,通过开展新一轮大规模技术改造赋能传统产业焕发新生机,强化要素保障支撑等将有力推动制造业投资企稳回升。同时,各地积极谋划储备和实施一批重大项目、专项债发行保持较大规模、国有土地出让收入有望改善等对基建投资产生提振作用。此外,首付比例降低、存量房贷款利率下降、实施"认房不认贷"、换购住房退还个人所得税延续实施等系列调整优化政策将有利于释放购房需求,同时国家加快保障性住房、城中村改造和"平急两用"公共基础设施等"三大工程"建设,房地产投资降幅有望逐步收窄。但也应看到,利润下降、预期偏弱、政策感受"温差"等仍对制造业投资构成下行压力;部分地区财政增收困难、重大项目储备不足、地方债务风险高企将制约基建投资增长后劲;就业收入预期短期内难以明显改善、部分房地产开发企业仍面临债务压力与流动性风险等将抑制房地产投资改善幅度。预计2024年固定资产投资增长4.8%左右。

消费需求回归常态化增长。各地区各部门围绕稳定大宗消费、扩大服务消费、促进农村消费、拓展新型消费、完善消费设施、优化消费环境等,出台了一系列恢复和扩大消费的政策举措;2023年城乡居民可支配收入的较快恢复,为消费需求释放打下较好的基础;新型消费、服务消费和升级类消费将保持快速增长势头。但也应看到,疫情三年导致中低收入群体的收入普遍受损,其风险偏好的修复需要较长时间。同时,在收入预期不稳的情况下,居民仍然具有较强的预防性储蓄动机,叠加居民部门杠杆率上升影响,消费潜力的释放将受到一定制约。预计2024年社会消费品零售总额增长5.2%左右。

外贸出口仍然承压。全球经济复苏仍面临持续挑战,外部需求仍显疲弱,美国联合盟友对华围堵打压、推动产业链供应链加速重构,存在订单转移和产能转移的双重挑战,欧盟"碳关税"生效、启动对

华新能源汽车反补贴调查等使得外贸出口增长压力依旧不减。但我国加快对外贸易创新发展，积极推进国际经贸合作，大力开拓"一带一路"沿线及中东、中亚、拉美和非洲等新兴市场，对相关国家出口也有望加快增长。预计2024年货物出口下降2.0%左右，降幅较上年有所收窄。

（三）物价水平稳步回升

居民消费价格温和上涨。从食品价格看，猪粮比价持续偏低，生猪养殖亏损导致不少养殖户减少生猪存栏，生猪出栏量将下降，市场供过于求局面将逐步扭转，带动猪肉价格上行；粮食生产保持稳定，粮价平稳运行；厄尔尼诺现象持续，极端天气频发或将导致鲜菜价格出现阶段性上涨。从非食品价格看，欧佩克考虑将减产措施延续到2024年底，将对油价产生较强支撑，国内居民出行、旅游、餐饮活跃度进一步提升，带动相关服务价格走高。预计2024年CPI上涨1.5%左右。

工业生产者出厂价格逐渐回升。鼓励民营经济、促消费、稳地产政策密集出台，有望提振内需，促进房地产投资企稳，带动钢铁、水泥、玻璃等工业品价格上升；海外进入加息尾声，叠加供应维持相对偏紧状态，将支撑原油、有色金属等大宗商品价格保持坚挺，工业品价格整体呈逐渐回升走势。预计2024年PPI上涨0.5%左右。

表2　2023—2024年中国主要宏观经济指标预测（%）

指标	2023年前三季度实际	2023年预测	2024年预测
GDP	5.2	5.3	5.0
第一产业	4.0	4.0	3.8
第二产业	4.4	4.6	4.7
第三产业	6.0	6.0	5.4
规模以上工业增加值	4.0	4.3	4.8
固定资产投资	3.1	3.0	4.8
房地产开发投资	-9.1	-9.3	-3.5
社会消费品零售总额	6.8	7.5	5.2
出口（亿美元）	-5.7	-4.0	-2.0
进口（亿美元）	-7.5	-4.5	-2.5
居民消费者价格	0.4	0.4	1.5
工业生产者出厂价格	-3.1	-3.0	0.5

［国家信息中心　张宇贤　王远鸿　牛犁　闫敏　邹蕴涵　陈彬］

之三：2023年西部地区经济运行分析及2024年展望

2023年，在国际形势复杂严峻、全球经济复苏乏力的背景下，我国经济总体呈恢复向好态势。西部地区经济运行与全国态势基本一致，经济增长向好态势逐步巩固。预计2023年西部地区GDP增长6%左右，增速略高于全国平均水平。

一、2023年西部地区经济运行分析

（一）总体情况

2023年以来，西部各省市坚持稳中求进工作总基调，深入贯彻落实国家战略部署，聚焦高质量发展，围绕"一带一路"建设、西部大开发、长江经济带发展、黄河流域生态保护和高质量发展，促进"新型工业化、信息化、城镇化、农业现代化"同步发展，生产供给稳步增加，市场需求持续恢复，城乡区域协同发展，经济增长恢复整体好于全国，向好发展态势逐季持续巩固。1—9月，西部地区各省份GDP总和约193204亿元，同比增长5.3%，略高于全国平均水平（5.2%），但增长格局不平衡；经济总量约占全国GDP总量的21.2%，与上年同期持平。分省份看，8个省份的GDP增速高于全国，其中西藏、内蒙古领跑西部地区。

表1 2023年前三季度全国及西部各省份GDP构成及增速

全国及西部省份	地区生产总值		第一产业增加值		第二产业增加值		第三产业增加值	
	绝对量（亿元）	增速（%）	绝对量（亿元）	增速（%）	绝对量（亿元）	增速（%）	绝对量（亿元）	增速（%）
全国	913027	5.2	56374	4.0	353659	4.4	502993	6.0
内蒙古	16882	7.2	823	7.4	8377	8.2	7682	6.3
广西	19654	3.9	2410	4.6	6490	3.2	10754	4.1
重庆	22244	5.6	1430	4.3	8830	6.1	11984	5.4
四川	43387	6.5	4947	3.8	15202	5.8	23238	7.7
贵州	15348	4.8	2114	3.6	5425	4.8	7809	5.1
云南	21746	4.4	2399	4.5	7510	2.6	11837	5.5
西藏	1629	9.8	117	10.4	636	12.0	875	8.5
陕西	23681	2.4	1360	3.6	11169	1.1	11152	5.4
甘肃	8635	6.6	1256	5.8	2895	6.3	4484	6.9
青海	2696	5.6	207	4.2	1128	5.2	1361	6.2
宁夏	3750	6.4	270	7.3	1738	8.0	1742	4.9
新疆	13552	6.1	1714	6.2	5379	6.0	6458	6.1

注：本表格绝对量数值采用取整处理。

数据来源：国家统计局及各省份统计信息网或各省份人民政府网。

（二）主要特点

1. 生产供给持续增长，产业保持恢复向好态势

2023年以来，西部地区工业增长压力较大、服务业快速复苏、农业稳步增长，供给端整体向好的态势逐步巩固。一是工业在转型中承压增长。各省市聚焦现代化工业体系建设，加快推动传统优势产业延链补链强链，积极培育战略性新兴产业，工业增长新动能持续壮大。从增速看，1—9月，除陕西（-1.5%）外，其他省份的工业增加值增速均高于全国平均水平（4.4%），其中西藏（14.7%）、宁夏（9.6%）、青海（8.2%）、内蒙古（7.6%）的增速靠前。从工业门类和产品看，云南、广西等地的计算机、电子等高新技术制造业保持较快增长，重庆、四川等地的新能源汽车、智能手表、光伏和锂离子电池、工业机器人、服务机器人、单晶硅和多晶硅等产品持续较快增长，内蒙古、广西、青海、宁夏等地的煤炭、糖、化学肥料、天然气、电力、有色金属等资源型工业产品保持全国领先优势。二是服务业加快恢复。疫情后，受抑制的服务业需求迅速反弹，整体增长速度恢复明显好于工业。接触型集聚型行业景气持续改善，居民出行需求充分释放，旅游业持续火爆，住宿餐饮、文化旅游、体育和娱乐业等明显复苏，如1—9月广西旅游接待人数6.49亿人次、旅游收入6831.33亿元，新疆、甘肃旅游接待人数分别为2.14亿人次、3.03亿人次，人数已经超过或恢复到2019年同期。服务业新兴领域发展向好，信息传输、软件和信息技术服务业，租赁和商务服务业增速快于服务业总体水平，如四川的服务业增加值增长7.7%，其中，信息传输、软件和信息技术服务业增长9.6%，租赁和商务服务业增长12.2%。但房地产市场持续低迷，商品房销售同比整体下降，重庆（-19%）、陕西（-18.6%）、广西（-18.6%）、云南（-14%）降幅较大。三是农业经济保持稳定。各省份克服不利天气因素影响，粮食和重要农产品综合生产能力不断升级、保障有力，农村一、二、三产业融合发展态势明显，农业增加值增速稳定。1—9月，内蒙古（7.4%）、宁夏（7.3%）、新疆（6.2%）、甘肃（5.8%）等9个省份农业增加值增速高于全国增速（4%）。

2. 市场需求逐步恢复，但增长不均衡态势明显

消费持续加快恢复，但投资增速回落，进出口形势严峻。一是消费持续较快增长。疫情解封后，各省份出台消费促进政策，消费迅速修复，拉动经济增长的"主引擎"作用凸显。从增速看，1—9月，西部地区消费增速整体加快，青海（13.1%）、新疆（12.9%）、四川（9.2%）等7个省份社会消费品零售总额增速高于全国平均水平（6.8%）。从消费门类看，粮油、食品类等生活必需品消费明显回落，衣着类、化妆品类、金银珠宝类与出行相关的消费增速明显加快，家电、建筑及装潢材料类住房相关消费品增速较低。从主要领域看，网上零售等消费保持较快增长，传统汽车消费有所放缓，新能源汽车消费增长较快，如内蒙古、重庆、陕西、四川等地新能源汽车零售额分别增长139.7%、69.8%、68.2%、67.2%。二是投资有所放缓。由于民间投资信心不足、基建投资增速下降、房地产投资降幅扩大、制造业投资需求较弱等因素叠加影响，西部地区固定资产投资同比增速放缓，对经济增长的贡献率有所减弱。分省份看，西藏、内蒙古、新疆、甘肃、宁夏、四川、重庆投资增速仍高于全国平均水平（3.1%），但广西、贵州、云南、陕西、青海5省份的投资均明显下降。三是对外贸易增长分化。受国际环境复杂严峻、全球经济增长乏力等因素影响，2023年以来我国对外贸易的复苏不及预期，西部地区进出口形势喜忧参半。在东部沿海省份海洋贸易低迷的情况下，西部的西藏、新疆、内蒙古等内陆边境省份的陆路贸易逆势大涨，广西对东盟地区物流贸易成为增长亮点，与"一带一路"合作伙伴进出口额保持较快增长。陕西、甘肃、重庆、四川、云南等省份的进出口总额同比有所下降，货物和服务净出口对经济增长的拉动作用明显减弱。

表2　2023年前三季度全国及西部各省份投资、消费、进出口增长变化情况

全国及西部省份	固定资产投资（不含农户）增速（%）	社会消费品零售总额		进出口总额	
		绝对量（亿元）	增速（%）	绝对量（亿元）	增速（%）
全国	3.1	342107	6.8	308021	-0.2
内蒙古	26.2	3781.1	5.1	1379.9	29.2
广西	-13.2		1.5	4981.5	18.4
重庆	3.6	11200	7.4	5416.4	-12.5
四川	5.1	18940.6	9.2	6873.6	-6.0
贵州	-4.9		6.8	480.4	6.8
云南	-8.8	8503.2	7.0	1913.3	-23.0
西藏	57.5	632.1	18.8	76.5	126.3
陕西	-8.7	7790.7	3.1	2962.9	-17.3
甘肃	6.7	3255.2	9.2	382.4	-12.2
青海	-7.9	828.8	13.1	34.5	19.7
宁夏	7.2	955.3	-2.3	155.7	-5.7
新疆	9.1	2763.6	12.9	2528.4	47.3

数据来源：国家统计局及各省份统计信息网或各省份人民政府网。

二、存在的主要问题

（一）产业升级仍然困难、实体经济经营压力较大

西部地区长期面临传统经济结构升级和绿色发展的压力，尤其是资源型工业发展转型压力较大。新冠疫情发生后，西部地区经济增长持续承压，产业转型与结构升级面临阵痛和挑战，实体经济面临的经营困难明显增多。2023年放开疫情管控后，服务业增长有所恢复，但工业增长的压力依然较大，特别是中小民营企业依然面临市场需求不足、生产成本上涨等不利因素，西部企业的亏损状况还没有明显改善。截至8月末，西部省份亏损企业数量增速整体高于全国，半数省份仍超10%，8个省份亏损企业亏损总额增长20%以上。

（二）投资增长压力较大、消费增长仍有隐忧

目前，西部地区正处于新型城镇化、工业化加速发展期，投资、消费等潜在增长空间大，但也面临一定稳增长压力。一方面，受房地产投资大幅下滑、基础设施投资增长乏力影响，加之民间投资信心不足、增长下降，1—9月西部地区投资增长为-0.4%，低于全国平均水平（3.1%），更是远远低于东部地区（5.4%）。随着财政收支矛盾加剧及政府投资类项目面临土地、资金等多重制约加大，短期内基础设施投资增长后劲不足、房地产投资增长形势依然严峻，给西部地区经济增长带来较大挑战。另一方面，由于西部各省份城乡居民收入水平仍然低于全国平均水平，消费对经济增长的支撑作用还有待增强，部分省份消费恢复不及预期，1—9月宁夏、广西、陕西、内蒙古4个省份的社会消费品零售总额增速低于全国平均水平，内需潜力仍不能充分释放。

（三）政府收支压力突出、居民收入增长缓慢

西部地区是我国重要的生态安全屏障，承担了大量生态保护、生态屏障建设任务，比如长江经济带绿色发展、黄河流域生态环境保护等，都关系全国高质量发展大局。近年来，受经济增速持续放缓影响，西部省份财政自给保障能力有所减弱，特殊的山地地貌地质造成西部自然灾害多发频发，导致西部地区在民生事业、生态保护等底线保障方面支出压力持续加大。同时，西部地区还是我国巩固脱贫成果、推动乡村全面振兴的薄弱区域，经济增长放缓对收入增长的影响更为明显，居民增收致富的速度放缓、难度更大。截至9月，西部各省份城乡居民人均可支配收入水平均低于全国平均水平，部分省份甚至还低于全国增速。

（四）东盟市场开拓力度不够、外贸进出口形势严峻

自中欧班列、西部陆海新通道运营以来，西部地区加快走向对外开放的前沿，极大改变了我国对外开放和贸易格局。2023年，借助中欧班列，西部地区西北部分省份对欧盟市场的进出口增长较快，但部分省份依然负增长。同时，由于西部陆海新通道建设存在一些突出短板和薄弱环节，如内部集疏运体系不健全、货物通关"最后一公里"还存在障碍、物流和组织运营整体效率不高等，西南地区对东盟市场贸易货物去程运量不大、回程货源不足等问题仍较突出，西部陆海新通道对区域物流贸易带动能力亟待增强。1—9月，西部地区有6个省份进出口总额负增长，分别是云南（-23.0%）、陕西（-17.3%）、重庆（-12.5%）、甘肃（-12.2%）、四川（-6.0%）、宁夏（-5.7%）。

三、2024年经济运行环境及展望

（一）全球经济增长形势严峻

2024年，全球经济仍将处于相对收缩状态，发展格局不平衡、贸易保护摩擦依然存在。据相关机构预测，2024年全球经济增长将在2.4%~2.9%。国际地缘政治冲突和安全局势依然紧张，各国宏观政策协调难度加大，全球股市、汇市、债市、大宗商品市场将面临较大波动风险，特别是疫情以来各国紧缩性货币政策对全球经济增长的不利影响仍将持续，经济增长的不确定性依然较大。同时，WTO预测2024年全球贸易增长约为3.3%，将明显高于2023年增长水平，国际贸易形势将有所好转，可能给我国西部地区带来贸易投资新机遇，有助于发挥好西部陆海新通道在国家"一带一路"建设中的独特区位优势，加强西部地区与东盟等"一带一路"合作伙伴和国内重点城市经济合作，有利于承接国际国内产业转移，更好融入国家双循环新发展格局。

（二）国内经济保持稳定复苏态势

2024年，我国将突出稳就业、稳增长，强化巩固经济复苏增长的宏观政策工具，有序有效释放国内消费和投资对全国经济增长的拉动作用，确保经济稳定复苏，增速恢复到合理增长区间。同时，国家在区域战略方面，也将更加重视中西部内陆地区在构建新发展格局中的战略支撑作用，大力提升内陆地区现代化综合水平。西部地区将抓住中国式现代化建设重大机遇期，在国家构建新发展格局背景下进一步扩内需、强开放，持续推动区域的经济结构转型和产业优化升级，加快释放巨大的内需、开放潜在市场空间。

（三）西部经济有望恢复常态增长

2024年，西部地区经济增长基础将更加牢固，有望恢复常态化较快增长态势。随着共建"一带一路"持续推进，RCEP带来的贸易红利将会持续释放，特别是中欧班列的持续优化和西部陆海新通道建设加

快，西部地区对欧盟和东盟市场的对外开放深度以及外向型经济发展水平会加快提高。国家区域重点战略将继续深化，长江经济带建设、黄河全流域高质量发展、成渝地区双城经济圈建设，将促进西部重要经济区、城市群功能升级和产业发展转型，加快释放内需增长潜力。同时，中国式现代化目标的实现也要求国家在基础设施、生态环境等短板领域给予西部地区政策和资金倾斜，给促进投资恢复增长带来有利条件。

综合分析，2024年西部地区经济将保持稳定增长的态势，西部投资、消费增长速度将有所加快，出口形势恢复向好将拉动西部重点支柱产业保持较快增长，促进居民就业增收，预计2024年西部地区经济增速将保持在5.5%左右。

四、对策建议

（一）加快构建现代化特色产业体系

一是推动制造业绿色发展。以绿色制造业为先导，推动工业、建筑、交通等领域清洁低碳转型，优化煤炭、天然气、石油、煤层气等能源的清洁高效利用，发展绿色、低碳高端装备制造，推动优势特色产业向价值链的中高端环节攀升，打造一批具有国际竞争力的绿色低碳循环经济制造业集群。二是培育数字经济。抢抓国家"东数西算"布局的重大战略机遇，挖掘制造业、服务业与数字技术融合的潜力，推进传统产业数字化改造，延长能源利用清洁化、矿产加工精深化产业链，推动装备制造业由自动控制向智能集成转变，培育壮大数字经济，打造具有西部特色的数字经济集群。三是推动服务业功能升级。推动"互联网+教育""互联网+医疗"等新业态发展，加快发展农村电商、跨境电商。发挥生态、民俗等旅游资源优势，深化信息共享、行业监管、公共服务等方面国际合作，提升旅游服务水平。

（二）积极扩大投资、消费等内需潜力

一是加大基础设施和生态领域投资。补齐交通、水利等传统领域、农村地区的基础设施建设短板，加快布局5G、物联网、工业物联网等信息基础设施，前瞻谋划、适度超前布局重大科技基础设施和产业技术创新平台。深入实施重点生态工程，推进国家公园体系建设，加强防灾减灾基础设施建设，筑牢国家生态安全屏障。二是提振汽车、家居等大宗消费。完善消费政策工具，重点聚焦汽车、家居、电子产品等领域，疏堵点解难题，积极策划出台一批促消费的措施，推动汽车消费由购买管理向使用管理转变，促进新能源汽车消费，畅通二手车流通，发展绿色智能家居消费，加快释放大宗消费潜力。三是推动体育休闲、文化旅游等服务消费。创新消费场景，顺应电子商务、移动支付等互联网技术应用在西部地区快速增长的态势，以城市群（圈）建设为着力点，发展新消费，支持直播电商、即时零售等新业态新模式健康发展，鼓励各地打造更多的商旅文体融合消费新场景，促进老字号创新发展，发展夜间经济，打造消费新的增长点。

（三）稳步提高区域协调、城乡融合发展水平

一是提升西南、西北发展的协调度。加快西部地区国家中心城市和城市群、都市圈建设，推动成渝城市群、关中城市群一体化发展。提速建设成渝地区双城经济圈，带动西南地区重点城市集聚发展要素、升级产业结构。加快建设关中平原城市群，依托"米"字形高铁网和关中城际铁路网，整合科创资源构建研发—孵化—产业协同发展模式以及产城融合模式，引领西北地区经济转型升级、技术创新扩散。二是加快推进以人为核心的新型城镇化。持续推进新型城镇化建设，培育发展县域经济，以区县城作为城乡融合发展重要载体，加快推进区县城公共服务、市政环卫、产业配套等设施提级扩能，重点关注农业

转移人口落户较多城市和特色城镇建设，强化市政基础设施、教育医疗和保障性住房等保障设施建设，丰富县域非农就业岗位，扩大城镇就业质量和规模，提高居民收入。三是全面推进乡村振兴。建设高水平粮棉油糖等重要农产品生产基地，支持发展特色化的设施农业。因地制宜发展乡村特色产业，拓宽农民增收致富渠道，提高农牧民收入和消费能力。统筹城乡市政公用设施建设，促进城镇基础设施向周边农村地区延伸，建设好富有西部特色的宜居宜业和美乡村。

（四）持续深化面向东盟等国际市场的改革开放

一是共建西部陆海新通道。强化西部陆海新通道与中欧班列、长江黄金水道、国际航空等通道高效协同，聚焦通道运输能力、经济协同发展、通道贸易规模、通道服务效率、通道数字赋能，加快构建综合服务体系，优化运输组织结构、提升通关时效，降低通道综合物流成本，加密海外仓的网络，推动西部地区更好融入海上丝绸之路。二是共拓东盟市场。抓住RCEP实施机遇，依托西部陆海新通道，深化东盟等国际贸易往来、扩大双向投资、推动制度型开放，吸引越南、老挝、缅甸、泰国、柬埔寨、印度尼西亚、马来西亚等重点国家和地区积极参与，提升利用国内国际两个市场两种资源能力，强化"通道+经贸+产业"联动，以通道带动经贸合作，以经贸合作促进通道能级提升，持续推动开放型经济高质量发展。三是优化运营环境。深化"单一窗口"西部陆海新通道平台、"一带一路"信息共享交换平台建设，促进企业通关和物流作业一站式办理。加强与东盟国家海关检验检疫合作，扩大与东盟国家检验检疫证书联网核查。强化沿线海关之间在执法监管、便利通关、信息共享、产业培育等方面的互助协作，凝聚支持西部陆海新通道建设发展的合力。

[重庆市综合经济研究院（重庆市经济信息中心）宏观经济研究课题组
主研：易小光　丁　瑶　余贵玲　苟文峰　赵炜科
执笔：赵炜科]

之四：2023 年成渝地区双城经济圈建设情况及 2024 年展望

2023 年以来，川渝两地全面贯彻落实党的二十大精神，深入学习习近平总书记关于成渝地区双城经济圈建设的重要指示批示精神，重庆明确把双城经济圈建设作为市委"一号工程"和全市工作总抓手总牵引，四川坚持把双城经济圈建设作为现代化建设总牵引，聚焦"一体化"和"高质量"两个关键，更好统筹国内国际两个大局，更好统筹发展和安全，推动经济持续恢复，产业结构不断优化，粮食能源安全得到有效保障，经济回升向好的态势更趋明显。1—9 月，双城经济圈地区生产总值 5.91 万亿元，同比增长 6.2%，较上年同期回升 4.0 个百分点。

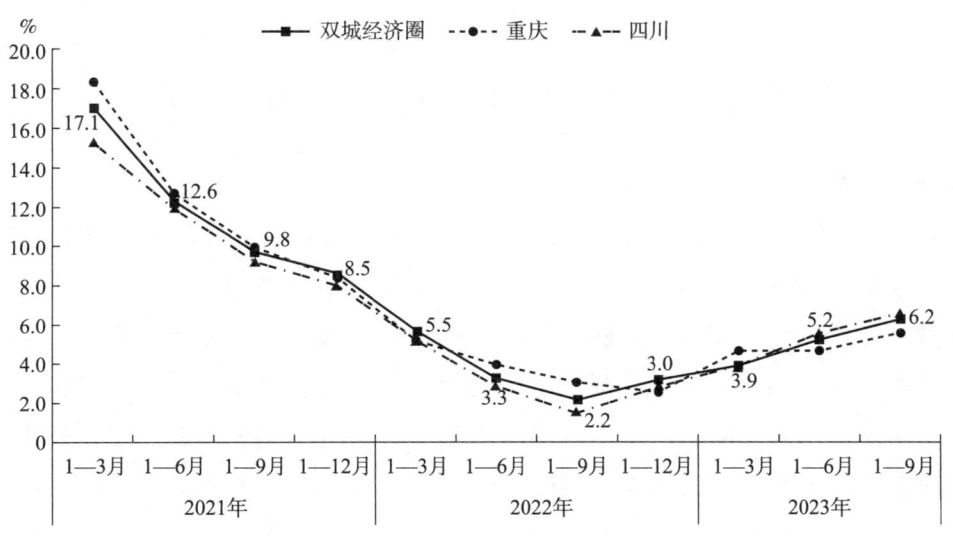

图 1　2021 年以来双城经济圈以及重庆、四川 GDP 同比增速（季度走势）

一、2023 年双城经济圈经济运行和建设情况

（一）区域发展格局持续优化

坚持"一盘棋"思维和一体化发展理念，共同推动合作项目事项落地见效，区域发展合力不断增强。一是双核发展能级持续提升。全面落实"1+5"合作协议，推动跨境公路运输联盟等一批标志性、引领性合作项目加快建设，第一批 34 个合作项目事项累计完成 22 个，引领作用日益突出。1—9 月，重庆主城都市区、成都市分别实现地区生产总值 17112.77 亿元、16114.3 亿元，同比增长 5.5%、6.7%。二是成渝主轴和两翼协同发展步伐加快。两省市分别出台《重庆市先进制造业发展"渝西跨越计划"（2023—2027 年）》《中共四川省委　四川省人民政府关于支持川中丘陵地区四市打造产业发展新高地加快成渝地区中部崛起的意见》，共同推动成渝中部地区高质量发展、打造新时代战略大后方的重要支撑。地处成渝北翼、南翼的川渝 10 个毗邻地区合作功能平台全部启动实施，万达开、川南渝西两个国家级平台总体方案

获国家发展改革委批复，川渝高竹新区累计入驻企业196户、投产88户，合广长协同发展示范区三峡综合物流枢纽等项目加快建设，泸永江融合发展示范区合江·江津（珞璜）等产业合作示范园区建设有序推进。

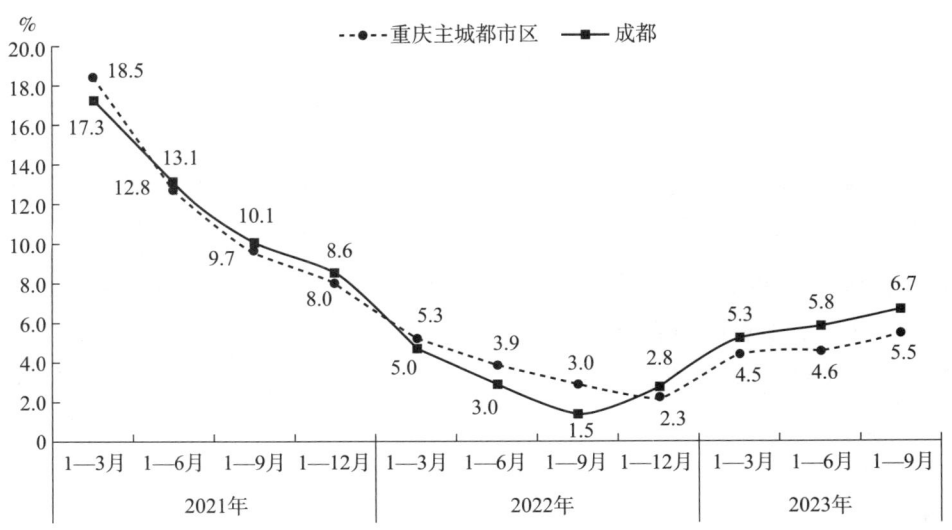

图 2　2021 年以来重庆主城都市区和成都 GDP 同比增速（季度走势）

（二）基础设施网络不断织密

交通、能源、水利等基础设施加快建设，双城经济圈建设基础支撑能力不断夯实。一是一体化综合交通运输体系加快构建。成渝中线、成达万、渝西等高铁提速建设，渝湘高铁重庆至黔江段、渝昆高铁形象进度过半。重庆江北国际机场T3B航站楼及第四跑道工程加快建设，成都天府国际机场与双流国际机场实现"两场一体"高质量运营。大内高速建成投用，梁开、江泸北线等高速公路加快建设，建成及在建川渝省际高速公路通道达到21条。稳定开行嘉陵江干支联运集装箱班轮，乌江白马、涪江双江等航电枢纽加速推进，川渝共建万州新田港二期工程加快建设，铁公水联运枢纽港口体系基本成型。二是水利基础设施加快建设。渝西水资源配置工程加快建设，藻渡水库、三坝水库等开工建设，川渝东北一体化水资源配置工程、引大济岷引水前期论证工作稳步推进。三是能源保障持续改善。推动源网荷储一体化建设，外电入川渝项目建设加快推进，川渝特高压项目全面启动，国家天然气（页岩气）千亿立方米级产能基地建设持续推进。1—9月，川渝天然气产量突破500亿立方米。

（三）现代产业体系加快构建

聚焦先进制造业、现代服务业、数字经济、现代高效特色农业，产业合作共建水平明显提升。一是制造业高质量发展势头良好。成渝地区电子信息先进制造集群四大类21个实体项目加快建设，先进光量子信息技术研究平台等4个平台投入运营，成渝"氢走廊""电走廊""智行走廊"提质扩容，长寿经开区、自贡沿滩高新区等15个园区入选第二批双城经济圈产业合作示范园区。1—9月，重庆、四川规模以上工业增加值同比增长5.7%、6.8%，分别较全国平均水平高1.2个、2.3个百分点，带动双城经济圈第二产业增加值实现2.19万亿元，占GDP比重达到37.1%。二是数字经济蓬勃发展。国家数字经济创新发展试验区建设进入评估验收阶段，全国一体化算力网络成渝国家枢纽节点建设加快推进，联合发布数字赋能先进制造城市机会清单,设立成渝数字经济企业公共服务平台。工业互联网标识解析顶级节点接入二级节点45个,注册量超过250亿个,累计解析量超160亿次,接入企业节点2.2万余家。三是现代服务业加快培育。数字人民币试点稳步推进,双城经济圈发展基金首批子基金落地,规模超过60亿元。重庆成为西部首个五型国家物流枢纽城市,泸州成功纳入2023年港口型国家物流枢纽建设名单,重庆巴南、四川绵阳入选2023年国家骨干冷链物流基地建设名单。1—9月,双城经济圈第三产业增加值达3.21万亿元,同比增长7.0%,较上年同期提高5.4个百分点。四是成渝现代高效特色农业带建设步伐加快。泸永江100万亩优质粮油及稻田综合种养产业带、明月山粮油(糯稻)产业园加快建设,两省市夏粮产量576.6万吨,生猪出栏4216.8万头。1—9月,双城经济圈第一产业增加值达5093.95亿元,同比增长3.9%,较全国平均水平高0.3个百分点。

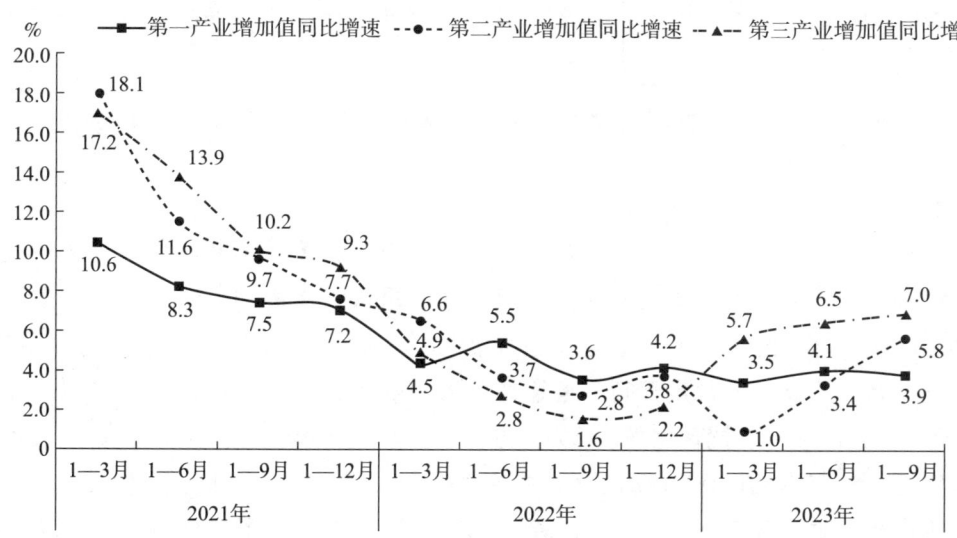

图3　2021年以来双城经济圈第一、第二、第三产业增加值同比增速(季度走势)

(四)投资消费潜力持续释放

川渝两地出台了一系列稳投资、促消费的政策措施,投资、旅游、餐饮、批零均实现恢复性增长,内生增长动能持续恢复。一是有效投资持续发力。川渝两地协同推进基础设施、现代产业、科技创新、文化旅游、生态环境和公共服务等领域重点项目建设。1—9月,双城经济圈共建重大项目248个,完成年度投资2853.5亿元,同比增长72.2%,实现年度计划的84%,超时序进度9个百分点,带动重庆、四川固定资产投资分别增长3.6%、5.1%,较全国同期分别高0.5个、2个百分点。其中,工业投资增速分别达到12.2%、23.1%,较全国同期分别高6.2个、16.9个百分点。二是消费逐步回升向好。在成渝双城消费节、百万职工游巴蜀等系列节庆营销活动带动下,旅游、餐饮、住宿等消费持续回升。中秋国庆双节期间,重庆、四川分别接待过夜游客231.82万人次、5691.02万人次,较疫情前的2019年分别增长14.8%、11.2%,分别超过全国平均水平10.7个、7.1个百分点。网络经济、夜间经济、首店经济等消费新业态加快培育,重庆16个夜间经济示范创建集聚区、成都100个夜间经济示范区加快打造。1—9月,双城经济圈实现社会消费品零售总额2.73万亿元,同比增长8.6%,较全国高1.7个百分点。

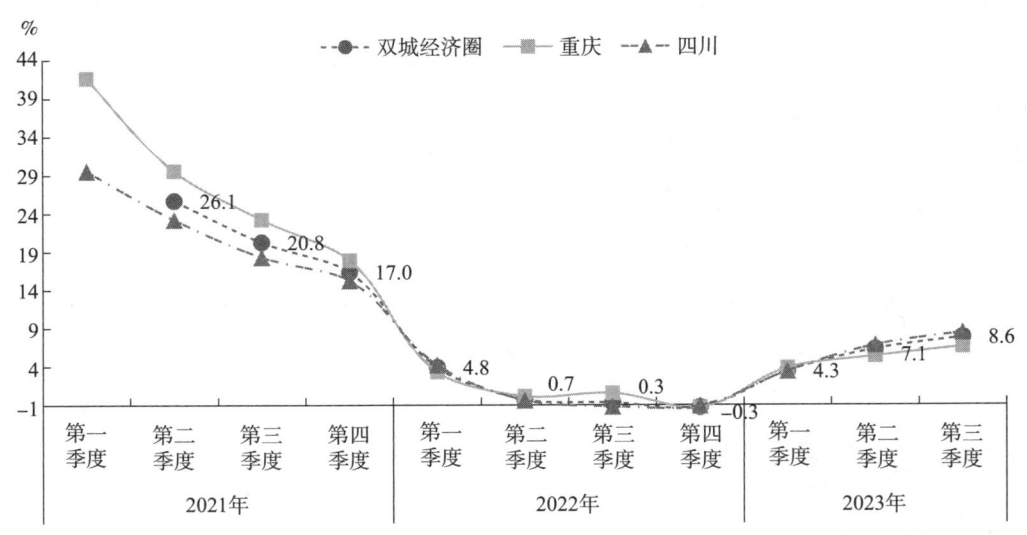

图 4 2021 年以来双城经济圈以及重庆、四川社会消费品零售总额同比增速（季度走势）

（五）改革开放步伐不断加快

对外开放大通道、大平台、大枢纽建设加快推进，要素市场化改革不断深化，改革开放各项工作取得新成效。一是对外开放大通道加快拓展。西部陆海新通道重庆无水港项目建成投用，中老泰马四国铁路班列实现贯通，四川西部陆海新通道（老挝）物贸集散中心在万象揭牌，中缅新通道（曼德勒—成都）公铁联运班列成功开行。中欧班列稳定开行，运输线路覆盖欧亚超 40 个国家 100 个节点城市。1—9 月，中欧班列（成渝）开行 4384 列，同比增长 6.8%，占全国总量约 30%。二是开放平台能级不断提升。联合发布 8 个创新案例，认定内陆国际物流分拨中心暨"一带一路"进出口商品集散中心示范基地 5 个、示范项目 8 个。重庆成功举办智博会、西洽会，智博会签约重大项目 84 个，合同额达 2138.6 亿元；西洽会签约投资额超 2900 亿元。四川成功举办西博会，签约项目平均投资规模超 13 亿元。三是改革创新不断取得新突破。双城经济圈总结 27 条跨区域协作经验做法上报国家，其中 18 条在全国复制推广。重庆绿色金融创新改革试验区、成都市普惠金融服务乡村振兴改革试验区启动建设，联合推进成渝外债管理便利化试点、本外币合一银行结算账户体系试点，支持成渝两地企业共同参与一次性外债登记试点总额达到 215 亿美元。

（六）公共服务共建共享加速

川渝两地协同深化公共服务领域政务服务改革，优质公共服务和产品供给不断增加，共建共享水平持续提升。一是基本公共服务标准化便利化建设加快。共同确定就业、社保、人才等领域 32 项区域标准化协同试点事项，实现川渝同标办理。成渝双核间实现 1 小时高铁直达，日均开行 125 对。持续推进住房公积金互认互贷、互认互提，累计办理转移接续超过 4 万人次，金额突破 6.5 亿元。二是教育就业服务水平持续提升。共同推动成渝卓越工程师创新研究院试点建设，推动重庆大学与四川大学、电子科技大学联合实施高等教育综合改革。举办首届"巴蜀工匠"杯乡村振兴技术技能大赛，开展川渝就业创业导师服务团、"川渝合作·职等你来"联合网络招聘等活动，线上线下提供岗位超过 100 万个。三是卫生养老事业互促互办提速。推进川渝 291 家二级及以上公立医院 112 项检查检验结果互认，1726 家医疗机构实现川渝电子健康卡"扫码就医"，累计跨省市用卡 62 万余次，跨省异地就医直接结算突破 400 万人次，医疗总费用 33.5 亿元。养老保险关系转移资金定期结算共惠及 4.45 万人次，累计完成养老、工伤待遇资格就地认证 22.7 万人次。

二、值得关注的问题

（一）产业发展下行压力增大

受全球消费需求疲软、发达经济体脱钩断链等因素叠加影响，双城经济圈产业发展承压前行。一是工业经济增长乏力。受外需下滑、订单外流以及产品结构不优、竞争力不强等因素影响，双城经济圈电子、汽车两大主导产业产量下滑幅度高于全国。1—9月，双城经济圈微型计算机生产1.06亿台，同比下降21.4%，较全国平均水平低0.3个百分点；汽车产量229.62万辆，同比下降1.2%，较全国平均水平低5.8个百分点。二是住宿和餐饮业等部分服务业恢复缓慢。受居民收入增速下降、消费预期减弱、消费信心不足等因素影响，住宿和餐饮业等服务业恢复不及预期。1—9月，重庆、四川住宿和餐饮业增加值同比分别增长9.1%、11.8%，较全国平均水平分别低5.3个、2.6个百分点。

（二）内需恢复动力仍需加强

当前，房地产投资增速下行，居民就业增收乏力，消费预期减弱，消费增长后劲不足。一是投资增长压力较大。受财政收入放缓、债务空间约束、房地产市场调整等因素影响，基建投资和工业投资发展后劲不足，房地产投资持续低迷，民间投资信心不足。1—9月，重庆、四川房地产投资同比分别下降15.7%、21.3%，较全国同期分别低6.6个、12.2个百分点。二是居民消费动力下降。受居民人均可支配收入增速降低等因素影响，家庭及个人消费趋于谨慎，人均旅游消费偏低，游客"打卡"不"刷卡"、"特种兵旅行"现象普遍，商圈、景区等消费场景面临"人流旺、消费低"的窘境。相较于2019年，中秋国庆双节期间，重庆、成都接待游客数量分别增长14.8%、12.2%，而市场消费总额仅分别增长7.9%、6.8%。

（三）外贸外资形势不容乐观

受国际复杂局势影响，世界经济衰退风险上升，国际需求大幅萎缩，外贸企业面临订单不足压力，招商引资困难增大。一是外贸企业进出口稳增长压力逐步凸显。受美西方打压、发达国家经济体增速放缓明显、国外客户购买力下降等影响，外贸企业普遍反映获取订单难度加大，新签短单和小单占比较高，产业链外迁、订单外流加剧。1—9月，重庆、四川进出口同比分别下降12.5%、6.0%。其中，机电等主要产品贸易大幅下滑，重庆、四川机电产品出口额同比分别下降9.7%、5.9%，进口额同比分别下降18.8%、24%，对双城经济圈进出口影响较大。二是外商投资意愿不足。国际地缘政治博弈更趋复杂激烈，印太经济框架、半导体四方联盟等推动全球供应链"去中国化"，俄乌、巴以等地缘冲突持续影响外商投资积极性。同时，汽车、食用油等部分行业因国家部委"窗口指导"导致大项目到资困难，加之美元加息和国内投资回报周期较长，企业投资意愿不足。

三、2024年运行环境分析及展望

（一）国际形势依然复杂多变

全球经济整体复苏缓慢，呈"冷热不均"的格局，美国经济将继续保持温和扩张，欧洲与日本经济增长乏力，以中国、印度、越南为代表的亚太经济体将保持稳定复苏势头。10月IMF预计2024年全球经济增长2.9%，较7月预测值下调0.1个百分点，仍远低于疫情前水平。从全球地缘政治看，俄乌冲突、巴以冲突等局势动荡，正加剧全球安全和发展的不确定性，将对全球经济增长、跨境贸易投资造成阻碍，引发原油、粮食等大宗商品价格震荡，双城经济圈建设新时代战略大后方、打造粮食物资储备基地和战略备份基地的需求更加紧迫。从全球贸易格局看，随着 RCEP 进入全面实施新阶段，东南亚、南亚等新兴市场将成为全球贸易增长的重要动力，数字贸易、绿色贸易等新产业、新业态、新模式蓬勃发展，将为双城经济圈加快构建开放型经济新体制、建设改革开放新高地注入强大动力。从全球产业转移看，全球产业链供应链进入重塑期，在发达国家再工业化战略以及"友岸外包""近岸外包"政策持续推动下，全球产业向欧美发达国家回流以及向东南亚、墨西哥转移趋势更加明显，将对双城经济圈承接国际产业转移造成一定冲击。

（二）全国经济将持续回升向好

面对复杂的全球形势，我国将加快构建新发展格局，创新和完善宏观调控，激发经营主体活力，促进经济保持稳定健康增长。生产力布局持续优化，深入实施以都市圈、城市群为载体的区域协调发展战略，在西南地区布局产业备份基地、粮食和物资储备基地，启动特大城市城中村改造工程，推动新一轮住房改革，有助于双城经济圈争取国家更多战略性资源布局，加快形成与京津冀、粤港澳、长三角共同牵引的国家区域发展"第四极"。与此同时，郑州等都市圈发展规划相继获批，长江中游城市群持续发力，双城经济圈面临的竞争也会更加激烈。全方位对外开放步伐持续加快，陆续发布《关于进一步优化外商投资环境　加大吸引外商投资力度的意见》《关于建设更高水平开放型经济新体制　促进构建新发展格局的意见》等政策文件，有助于双城经济圈发挥面向东盟前沿阵地优势，依托西部陆海新通道高质量发展，以更大力度吸引和利用外商投资，以更高质量推动贸易创新协调发展，持续深化金融、投资、贸易、物流等对外开放重点领域体制机制改革，着力提升制度型开放水平。科技强国和制造业强国加快建设，创新驱动发展战略深入实施，统筹推进国际科技创新中心、区域科技创新中心建设，加快制造业技术创新体系建设，有助于双城经济圈积极主动融入全球创新网络，汇聚全球创新发展资源，打造具有国际领先水平的创新创业生态，为双城经济圈建设具有全国影响力的科技创新中心、世界级先进制造业集群提供重大机遇。

（三）双城经济圈发展活力足

长江经济带发展、新时代西部大开发、西部陆海新通道建设等国家重大战略和"一带一路"倡议在成渝地区叠加共振，对双城经济圈建设将产生巨大的集成效应，在国家发展大局中的战略地位也将逐步提升。重大规划深入实施，国家及两省市出台的"7+13"专项规划体系逐步完善，有助于双城经济圈加强顶层设计，系统把握国家战略考量，更好地服务国家区域发展大局，更好地服务内陆改革开放大局，更好地服务长江经济带绿色发展大局，更好地服务促进共同富裕大局。重大项目滚动接续，两省市持续推动共建项目加快实施，推动中新互联互通项目实体化运作，有助于将成渝地区双城经济圈建设战略转化为实际行动，促进川渝协同发展，激发成渝地区市场活力，增强成渝地区长远发展后劲。重大改革政策持续深化，探索经济区与行政区适度分离改革、区域市场化一体化建设加快推进，双城经济圈便捷生活行动、"川渝通办"政务服务等事项深入实施，有助于双城经济圈一体化高质量发展。重大平台持续赋能，川南渝西融合发展、万达开统筹发展等 10 个毗邻平台建设深入推进，"渝西跨越计划"深入实施，有助于推动成渝中部地区高质量发展，破解双城经济圈中部塌陷问题。"一县一策"推动山区库区高质量发展，有助于全市域融入、全方位推进双城经济圈建设，为双城经济圈高质量发展注入新动能、拓展新空间。

（四）2024 年运行趋势展望

展望 2024 年，随着富有巴蜀特色的国际消费目的地、西部金融中心、西部国际交往中心、具有全国影响力的科技中心等加快建设，双城经济圈一体化发展动能更加强劲，经济实力更强、发展活力更足、国际影响力更大，在全国的发展位势将不断提升，服务国家区域发展大局、内陆改革开放大局、长江经济带绿色发展大局、促进共同富裕大局能力持续增强。预计2024年，双城经济圈经济增速保持在6.0%左右，高于全国和西部平均水平。

四、对策建议

（一）推动现代产业体系提质增效

一是培育拓展世界级先进制造业集群。积极拓展成渝氢走廊、电走廊、智行走廊等"三走廊"应用场景，提质增效"芯屏器核网"优势产业。聚焦人工智能、空天信息、生命科学等领域，协同研究出台推动成渝地区未来产业发展的支持政策，共同完善"成渝地区双城经济圈制造业图谱"，制定招商清单、补缺清单、替代清单、培育清单等，协同招商引聚龙头企业以及优质工业项目，高质量承接国内外先进制造业。二是推动现代服务业能级实现更大提升。依托成渝国家网络安全产业园、成渝地区工业互联网一体化发展示范区等"国字号"平台，引育软件产业企业和人才队伍，完善成渝地区软件与信息服务产业生态。加快建设国家绿色金融改革创新试验区、普惠金融服务乡村振兴试验区、成渝金融法院等牵引性功能平台，推动在绿色金融、数字金融、普惠金融等重点领域落地一批标志性项目、取得一批标志性成果。三是提速建设成渝现代高效特色农业带。加快建设优质粮油、生猪、蔬菜、中药材、柑橘、柠檬、全球泡（榨）菜等特色产业带（基地），协同创建农业产业强镇、全国"一村一品"示范村镇，合力共建"川渝粮仓"。共同培育"川菜渝味"品牌，大力发展预制菜、特色食品加工业，加强对"四川泡菜""安岳柠檬""峨眉山茶""蒙顶山茶""巫溪洋芋"等已列入中欧地理标志互认产品的品牌进行重点宣传推广及开发利用。

（二）稳投资促消费激发内需活力

一是加快推动有效投资落地见效。抢抓"十四五"规划中期评估窗口期，聚焦交通、产业、生态、水利、能源、城乡、开放等重点领域，联合谋划一批重大项目，共同争取纳入国家项目储备库。发挥248个合作共建项目示范引领作用，聚焦基础设施、棚户区改造、城市更新、制造业技术改造等领域，做好重大项目调度管理，对项目推进过程中卡点难点问题早发现、早协调，情况复杂、协调难度大的事项早报告、早研究，全力推动重大项目建设提速提效，确保有效投资放量增长。二是创新举措促进消费恢复提振。聚焦夜间经济、假日经济，积极创建国家级夜间文化和旅游消费集聚区，开展智慧商圈、智慧商场、智慧商店示范创建，引领商圈创新转型发展。丰富拓展成渝双城消费节活动，成立成渝双城消费服务联盟，合力搭建两地消费载体、经营主体、特色产品、精品文旅宣传推介和对接交流平台，宣传推广两市消费新场景、新业态、新模式、新热点，打造"成渝消费"全新IP。着眼于促进经济发展和就业机会的增加，深入实施经营增收、就业增收、惠农增收、财产增收、以城带乡等促增收计划，推动双城经济圈城乡居民收入的稳步增长，带动消费市场加快恢复。

（三）协同扩大全方位高水平开放

一是高水平推进开放通道建设。发挥西部陆海新通道物流和运营组织中心作用，加强与南宁、钦州等城市对接协作，共同建设跨区域平台，共同拓展南向国际市场。加快中欧班列集结中心示范工程建设，完善集装箱中心站功能，推进次级节点建设，开辟"一带一路"沿线国家和地区等重点区域国际新线路，拓展冷链产品品类及运输范围，共同争取带电产品铁路运输试点等政策支持。二是高质量推进开放平台建设。加快推动川渝自由贸易试验区协同开放示范区建设，探索开展陆上贸易规则、物流金融、多式联运等改革。引导成渝两地企业共同参与中新（重庆）战略性互联互通示范项目建设，继续扩大金融、科技、医疗、贸易和数字经济等领域开放。创新模式共同举办智博会、西博会、西洽会等重要国际展会，提升成渝地区国际资源要素链接能力。三是推动高标准市场体系建设。探索经营主体跨区域迁移"无障碍一次办"、跨省市公平竞争审查交叉互评，深入开展"川渝开放合作区"虚拟地址注册登记。推进重庆国家级绿色金融改革创新试验区、成都国家级普惠金融服务乡村振兴改革试验区建设，探索建立跨省市联合授信机制。四是打造国际一流营商环境。深化政务服务"川渝通办"，推动跨省市通办提质扩面，推动商贸流通、对外合作等领域电子证照跨区域互认共享。推动信用体系协同发展，共同开发信用应用场景，促进公共信用信息平台互联互通，推动守信激励和严重失信主体名单共享互认。

（四）推动重大政策事项协同发力

一是优化协同合作机制。共同争取国家将双城经济圈建设从城镇化工作暨城乡融合发展工作部际联席会议双城经济圈专题协调会议纳入中央区域协调发展领导小组，跻身于京津冀、长三角、长江经济带、黄河流域生态保护和高质量发展、粤港澳大湾区、海南自由贸易港等一系列区域重大战略比肩看齐的"国家队"，以更高规格、更大力度对成渝地区重大部署、重大规划、重要政策、重点项目给予大力支持。借鉴长三角生态优先绿色发展一体化先行区经验，探索以渝西一体化高质量发展为重点指导经营主体设立开发者联盟，构建毗邻合作市场化新模式和新机制。联合发布成渝地区双城经济圈一体化指数，争取打造更多标志性成果。二是大力促进重点领域协同。全面落实《成渝地区产业协同招商战略合作协议》，积极探索制定财政、税收、金融、土地、要素保障等方面招商引资政策，努力实现毗邻区域招商同推进、产业同发展、园区同建设、财税同分享、人才同培养。以强化科技创新资源的增量投入为重点，共同争取重大科技基础设施和国家实验室布局、国家科技创新基地建设、国家科技重大专项实施等国家战略科技力量在成渝地区双城经济圈优化集中布局。三是完善资源要素保障机制。探索研究川渝毗邻地区合作功能平台试行跨区域统一指标、收储、出让机制以及跨区域交易。借鉴长三角、粤港澳大湾区发展经验，进一步加大向上对接力度，争取国家在地方政府专项债额度、中央预算内投资等方面向成渝倾斜。发挥成渝地区双城经济圈发展基金放大效应，大力撬动社会资本和金融资本投入成渝地区双城经济圈建设。

[重庆市综合经济研究院（重庆市经济信息中心）
重庆市推动成渝地区双城经济圈建设研究中心课题组
主研：易小光　丁　瑶　邓兰燕　曹　亮　李　林　贾静涛
执笔：贾静涛]

之五：2023年重庆市经济运行分析及2024年展望

2023年，全球政经形势更趋复杂严峻，发展不确定性明显加大，国内经济加强宏观调控，切实激发经营主体活力，经济呈明显恢复态势。重庆持续强化"稳进增效、除险清患、改革求变、惠民有感"工作导向，全面加强经济运行调度，加快推动成渝地区双城经济圈、西部陆海新通道建设，聚力打造"33618"现代制造业集群体系，全面提升创新驱动能级，力促民营经济高质量发展，着力防范化解重大风险，经济延续恢复性增长态势，景气指数波动上行，预计2023年重庆GDP同比增长6.2%左右。

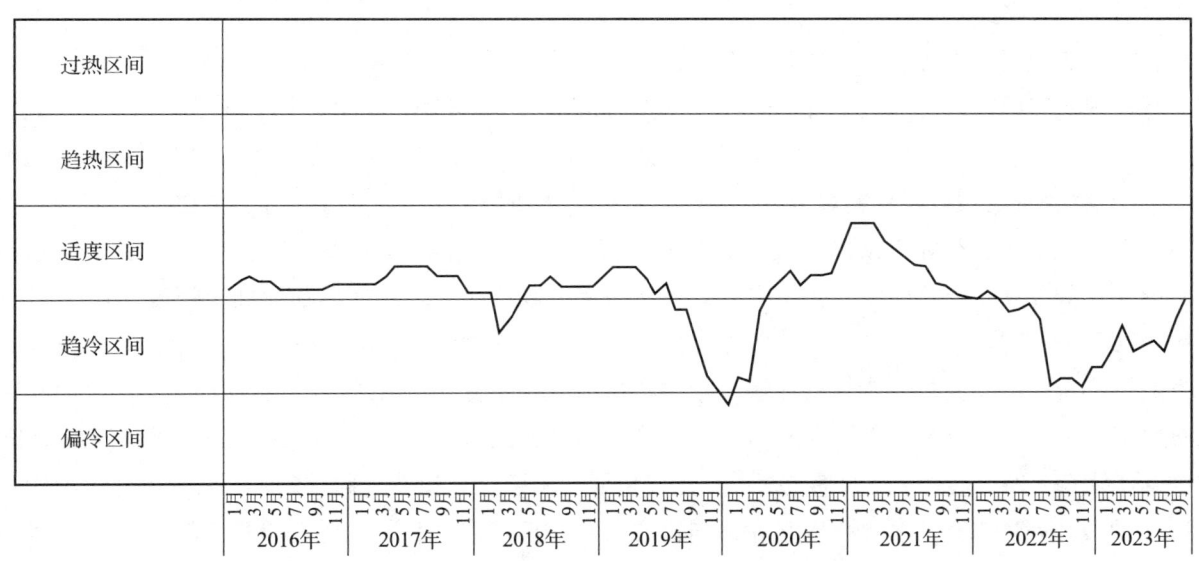

图1 重庆宏观经济景气动向监测趋势

一、2023年重庆市经济运行特征

（一）三次产业运行平稳

前三季度，重庆第一产业总体稳定，第二产业运行平稳，服务业稳步恢复，对全市经济增长的贡献率分别为5.2%、43.0%和51.8%。

农业生产保持稳定。重庆狠抓农业生产保供给，全力稳政策、稳面积、稳产量，农业运行总体平稳。1—9月，重庆第一产业实现增加值1429.67亿元，同比增长4.3%，高于全国0.3个百分点。粮食生产总体稳定，预计全年粮食播种面积和产量分别为3038万亩、1094万吨，粮食总产量较上年略有增长。重点农产品供给较好，1—9月生猪出栏1419.8万头，同比增长4.0%，蔬菜、水果产量分别达1814.03万吨、345.9万吨，同比分别增长4.5%、6.5%。大宗农产品价格涨跌互现，9月粮油综合均价、蔬菜零售价格同比分别下跌1.4%、10.8%。生猪、猪肉价格企稳回升，猪粮比价由6月的4.62∶1回升至9月的5.37∶1，生猪养殖亏损程度逐步减轻。农资价格总体平稳，第40周（9月25日至10月1日）农资均价为6.0元，同比上涨0.6%，较6月末微涨0.03元。

工业生产稳步回升。重庆加快打造"33618"现代制造业集群体系，着力抓订单、抓调度、抓增量、抓服务，工业经济保持稳定增长。1—9月，重庆第二产业实现增加值8830.19亿元，同比增长6.1%。在稳生产促经营政策影响下，重庆规模以上工业总产值、规模以上工业增加值分别同比增长1.9%、5.7%；其中，规模以上工业增加值增速分别高于上半年和全国同期2.2个、1.7个百分点。重点产业增加值"六增二降"，材料、汽摩、消费品、能源等产业支撑较好。在重庆钢铁、长安汽车、赛力斯等行业龙头企业带动下，材料、汽车、摩托车、消费品、装备产业增加值分别同比增长10.5%、5.9%、12.6%、6.8%、4.0%，较上半年提高1.6个、1.2个、4.0个、1.6个、4.4个百分点，其中材料产业对规模以上工业增加值贡献率达41.8%。能源工业同比增长8.0%，低于上半年1.2个百分点。由于市场需求放缓、上年基数较高等因素叠加制约，电子、医药产业增加值分别同比下降0.8%、8.1%。"33618"现代制造业集群体系建设加快，其中，在阿维塔、长安深蓝、问界新M7等新车型上市带动下，新能源汽车产业增加值同比增长10.2%；以AI及机器人为代表的战略性"新星"产业培育加快，服务机器人、工业机器人产量分别同比增长94.8%和18.6%。

服务业稳步恢复。重庆深入推动服务业扩大开放综合试点等改革探索，促进新业态新模式发展，服务业运行实现稳步回升。1—9月，重庆第三产业实现增加值11984.02亿元，同比增长5.4%，高于上半年0.4个百分点。生产性服务业总体稳定。金融业平稳运行，9月末金融业资产规模8.3万亿元，同比增长6.2%；直接融资发展较好，新增境内上市企业7家，居西部第1位，企业债券融资达2275亿元，同比增长18.7%。数字服务行业发展态势良好，1—9月实现软件业务收入2405.16亿元，同比增长14.1%，高于全国0.6个百分点；西部数据交易中心累计交易额突破3亿元。交通运输业加快恢复，1—9月货运量同比增长2.7%，高于上半年2.0个百分点；邮政行业运行较好，快递业务总量同比增长21.6%。生活性服务业持续恢复。商业综合体打造加快，渝中印象城正式营业、江北中寰万象城启动招商，中秋国庆假期解放碑、观音桥跻身全国最火商圈前五。文旅市场加快回暖，1—9月重庆接待过夜游客7832.32万人次，同比增长82%，"十一"假期重庆民宿预订量居全国第二。随着《封神榜》《孤注一掷》等影片热映，1—9月重庆影院票房收入10.78亿元，同比增长63.1%。住宿和餐饮业发展势头较好，1—9月实现增加值451.51亿元，同比增长9.1%，较上年同期提升7.8个百分点。

（二）需求动力有所好转

前三季度，重庆投资低位回升，消费稳步增长，外贸降幅收窄，最终消费、资本形成和区域净流出对重庆经济增长的贡献率分别为56.6%、43.6%和-0.2%。

投资增速低位回升。重庆积极落实系列稳投资政策举措，深入实施"抓项目促投资"专项行动，投资运行保持回升态势。1—9月，重庆固定资产投资同比增长3.6%，自5月以来逐月回升，高于全国同期0.5个百分点，在全国排第16位，较上半年提升4位。其中，民间投资增速由上半年的-8.6%收窄至-4.0%。市级重点项目加快推进，百亿级项目带动显著。1—9月，市级重点项目完成投资3584亿元，投资进度达到81.4%，快于预期目标1.4个百分点，其中百亿级项目投资对全部重点项目投资增长贡献率达22%；重庆共建成渝地区双城经济圈重大项目年度完成投资2853.5亿元，同比增长72.2%。基建、工业投资较快增长，房地产开发投资降幅持续收窄。在城建、农林水利、能源等领域项目带动下，基建投资同比增长9.3%，较上年同期高1.3个百分点。随着新能源汽车相关项目、大型能源项目等加速在渝布局，工业投资增速由上半年的8.8%提升至12.2%，较全国同期高3.2个百分点；其中汽车、能源产业投资增速均超20%。1—9月，基建和工业投资合计拉动整体投资增长6.1个百分点。随着"保交楼"工作有序推进,房地产开发投资降幅由5月低点(-23.1%)收窄至15.7%。

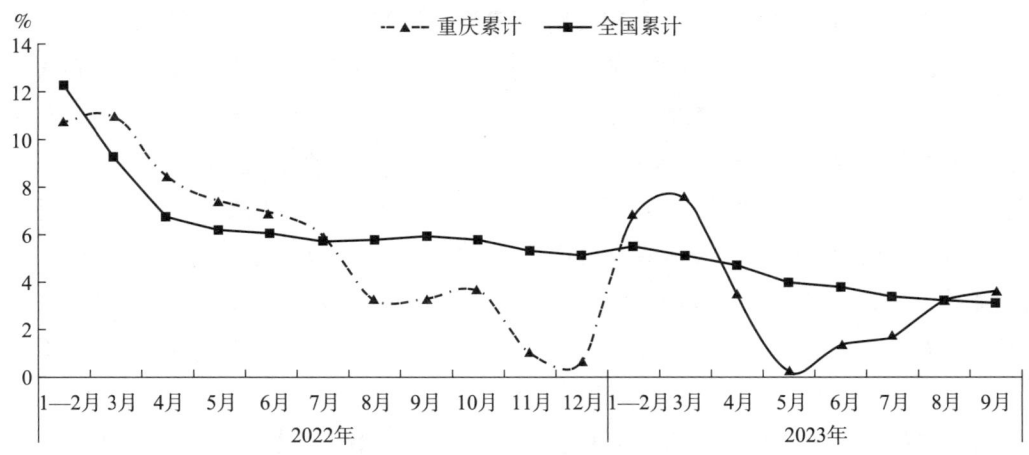

图2　2022年以来重庆及全国投资增长情况

消费运行稳步恢复。重庆聚焦国际消费中心城市建设,积极实施"巴渝新消费"八大行动,加快落实系列促消费政策,消费市场稳步恢复。1—9月,重庆社会消费品零售总额11227.70亿元,同比增长7.4%,达到2022年以来最高水平,高于全国同期0.6个百分点。服务消费改善明显。随着系列促消费政策及活动落地,服务消费活跃度提高,1—9月重庆餐饮收入、限额以上住宿业单位客房收入分别同比增长18.9%、21.0%,高于商品零售额增速13.4个、15.5个百分点。商品消费表现分化,基本生活消费恢复加快,升级类、可选类消费增长较低迷。刚性消费保持稳定,粮油食品、中西药品零售额分别同比增长9.4%和11.1%,快于社会消费品零售总额增速2.0个、3.7个百分点。可选类、升级类消费表现疲弱,受居民就业、收入预期不足等影响,化妆品、金银珠宝、体育娱乐用品等可选类商品零售额持续负增长;受房地产市场持续低迷影响,家电、家具、建材等相关消费仍较低迷,零售额分别同比增长-0.7%、1.1%和-4.7%;在新能源汽车热销带动下,汽车零售额同比增长4.8%,较全国同期高0.2个百分点,其中新能源汽车零售额同比增长69.8%,占全市限额以上汽车类商品的比重由上年同期的18.3%提升至29.6%。线上消费持续活跃,1—9月限额以上单位实现实物商品网络零售额669.34亿元,同比增长25.0%,拉动社会消费品零售总额增长1.3个百分点。

外贸进出口降幅收窄。重庆深入推进西部陆海新通道建设,全力打造高能级开放平台,推动外贸外资转型升级,对外贸易积极改善。1—9月,重庆实现外贸进出口总值5416.3亿元,同比下降12.5%,降幅较上半年收窄2.5个百分点,但仍低于全国同期12.3个百分点。其中,出口降幅高位收窄、进口降幅持续扩大。出口方面,在汽车、蓄电池等优势产品带动下,出口降幅由年初的18.2%逐步收窄至9.5%。其中,汽车出口增势强劲,1—9月同比增长50.3%,拉动出口总值增长2.0个百分点;但电子产品出口持续低迷,笔记本电脑、手机、平板电脑出口分别同比下降15.5%、5.6%和63.2%。进口方面,在上游需求减少及国产替代等因素影响下,进口同比下降18.2%,降幅较上半年扩大0.4个百分点。其中,受美国对华芯片管制、集成电路需求减少等因素影响,电子元器件进口同比下降14.9%;受益于玖龙纸业等龙头企业加快原料补库存带动,纸浆进口同比增长90.6%。对主要贸易国进出口持续下降。对欧盟、美国进出口降幅进一步分别加深至16.4%和22.4%,与全国趋势基本一致;对东盟进出口降幅由上半年的18.6%小幅收窄至15.0%。利用外资继续下滑。受美国投资禁令、美联储加息和产业外迁等因素制约,1—9月重庆实际使用外资3.9亿美元,同比下降68%,大幅低于全国同期水平(-8.4%)。

（三）财政金融总体稳定

财政收支稳定增长。重庆加力提效实施积极财政政策，统筹财力强化重点和薄弱领域支持，财政运行总体平稳有序。1—9月，重庆一般公共预算收入、税收收入分别完成1681.92亿元、1080.31亿元，同比增长13.9%、18.8%，保持两位数较快增长；但收支缺口较上半年扩大555.53亿元。从主要税种看，受上年留抵退税的低基数效应影响，以及制造业、交通运输业等行业企稳回升支撑，增值税同比增长71.6%，是税收增长的主因；个人所得税同比增长0.3%，年内实现首次正增长；受工业企业利润下滑等因素影响，企业所得税同比下降14.8%，降幅自6月以来持续扩大。在土地市场低迷影响下，国有土地出让收入同比下降24.6%，连续23个月负增长。一般公共预算支出同比增长2.2%，低于上年同期1.7个百分点，其中卫生、农林水、社保等领域支出较快。1—9月重庆累计发行专项债1213.54亿元，同比下降3.5%。

存贷款保持基本稳定。重庆积极落实"智融惠畅"工程，强化对普惠金融、科技创新、绿色发展等领域支持，融资总量保持平稳增长。9月末，重庆人民币存、贷款余额分别为5.25万亿元、5.48万亿元，同比增长8.8%、8.6%，较上年同期低0.7个、高0.8个百分点；分别低于全国同期1.4个、2.3个百分点。贷款平稳增长，增速自8月达到高点后略有放缓，但仍维持年内较高水平。其中，在蚂蚁系消费贷款业务向重庆集聚等因素带动下，短期贷款同比增长18.4%，自4月以来保持两位数较快增长。但受个人住房贷款减少、企业融资需求不足等影响，中长期贷款增速由第一季度的6.5%放缓至5.9%。存款小幅放缓，增速逐月回升至5月后波动下行，回落至2022年11月以来较低水平。其中，由于企业总部资金归集，非金融企业存款增长乏力，同比增长5.6%；政府存款延续负增长态势，同比下降3.2%。在个人定期存款稳定增长带动下，住户存款同比增长15.3%，是支撑存款增长的主力。

（四）就业双创形势平稳

就业形势稳中承压。重庆持续强化就业优先导向，不断丰富和发展更加积极的就业优先政策，稳就业政策效应不断释放。1—9月重庆城镇新增就业59.56万人，完成全年目标任务99.3%；9月城镇调查失业率为5.3%，较6月回落0.2个百分点，总体呈稳中有降之势。重点群体就业压力大，其中应届高校毕业生达到33.6万人，同比增长10.2%，部分高校毕业生就业去向落实率大幅低于往年。经营主体继续多增。在营商环境优化、创业扶持政策力度加大等带动下，1—9月净增经营主体24.3万户，同比增长55.5%。创新动能持续巩固。重庆加快推进"416"科技创新战略布局，深入实施"双倍增"行动计划，重组形成全国重点实验室8个，以合作共建方式新增全国重点实验室2个，新增国家级科技企业孵化器3家，新增科技型企业11642家，同比增长27.1%，石柱、丰都入选全国第二批创新型县（市）。

（五）区域经济特色突出

重庆聚焦成渝地区双城经济圈建设，着力推动主城都市区强核提能级及渝西地区、山区库区高质量发展，区域经济发展特色不断彰显。主城都市区极核引领作用不断彰显。主城都市区对全市GDP贡献率达75.7%，是高质量发展的重要支撑。中心城区服务业、投资、城市建设亮点显著，1—9月中心城区社会消费品零售总额占全市比重接近45%，住宿业、餐饮业营业额分别同比增长21.2%、12.7%，带动重庆服务消费稳步增长；在交通、能源等领域基础设施建设以及半导体、集成电路等产业投资加快拉动下，中心城区基建投资同比增长18.3%，高于全市平均水平9.0个百分点，高技术产业投资占固定资产投资比重达13.3%，对投资增长支撑作用显著；"两江四岸"治理提升取得积极成效，建成开放公共滨水空间10余个，滨江贯通工程、延伸工程有序推进。主城新区工业增长势头强劲，规模以上工业增加值同比增长8.7%，引领重庆工业经济增长；其中，随着"渝西跨越计划"深入实施，渝西制造业一体化发展加快，绝大部分区县规模以上工业增加值增速均超过全市平均水平。渝东北三峡库区城镇群投资、绿色工业增长较快。1—9月，片区投资同比增长10.4%，高于全市增速6.8个百分点。随着先进材料、中药材等产业加快发展，万州、忠县、城口、巫山等区县规模以上工业增加值增速均超过全市平均水平，其中，万州、城口分别同比增长25.8%、16.6%，分列重庆第1位、第2位。渝东南武陵山区城镇群生态工业、文旅融合发展较好。1—9月，片区规模以上工业增加值同比增长7.4%，高于全市水平1.7个百分点，黔江金洞风电场项目、武隆页岩气开发有序推进。随着"文化+旅游"等模式发展加快，彭水接待游客数量、旅游综合收入分别大幅增长61.5%、63.8%，农文旅融合持续深化。

（六）价格指数低位运行

重庆着力保供稳价，引导物价水平保持总体平稳。1—9月，CPI、PPI、PPIRM分别同比增长0.0%、-2.2%和-2.8%，总体呈走低态势。CPI中八大类商品和服务价格指数"三涨一平四降"。受上年同期猪肉价格逐步走高影响，食品烟酒价格涨幅由上半年的1.7%降至-0.1%；衣着、教育文化娱乐、其他用品及服务价格指数不同程度上涨；居住、生活用品及服务、交通通信价格指数仍在低位，分别同比下降0.1%、0.1%和1.5%；医疗保健价格指数同比持平。工业品价格持续低迷。2023年以来，国际大宗商品价格下行、市场需求不足与上年同期基数较高等因素影响下，PPI、PPIRM同比降幅逐步扩大，企业生产经营持续面临需求弱、利润低等多重压力，投资扩产信心受到较大制约。

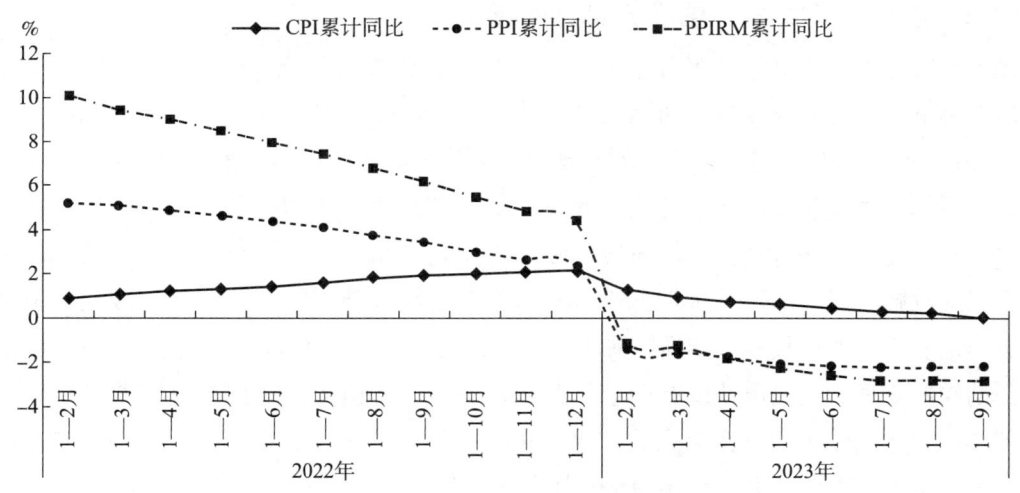

图3　2022年以来重庆CPI、PPI、PPIRM同比变化情况

二、存在的主要问题

（一）投资增长形势严峻，基建投资制约增大

投资增长的政策、市场、资金等制约因素增多，后续增长动力支撑不足。一是基建投资增长后劲堪忧。随着财政收支矛盾加剧及政府投资类项目、PPP项目清理力度加大，部分在建及年内计划启动的基建项目受到影响，重庆基建投资两年平均增速由年初的18.4%放缓至8.6%。同时，在政府债务化解、专项债审批趋严等背景下，区县有额度债难发、投资观望等现象更为突出，不利于基建投资稳定增长。二是房地产投资形势依然严峻。房地产仍处于下行周期，在短期购房需求改善不明显、商品房库存积压多等因素叠加背景下，供需两端购置能力及信心疲弱。1—9月，重庆成交51宗住宅用地，仅分别为2022年、2021年、2020年同期的56.0%、18.9%和21.3%，将制约后续房地产开发投资增长。三是工业投资

后劲不足。受市场需求低迷、工业利润下滑等因素影响，制造业企业经营趋向紧缩保守，企业投资意愿偏弱。1—9月，重庆新开工工业项目个数仅同比增长3.8%，低于上年同期2.5个百分点；工业投资大项目支撑不足，重庆在建百亿级大项目仅7个，与四川30多个相比差距较大。同时，国家碳达峰碳中和目标下能耗双控趋紧，随着部分区县能耗空间见顶，工业项目引进更加困难。

（二）消费恢复不及预期，极化现象较为明显

重庆消费市场呈中低端消费乏力、高端消费供给不足的格局。一是消费市场总体疲软。居民消费信心仍处于修复阶段，全国城镇储户倾向于"更多消费"的占比仅24.5%，较倾向于"更多储蓄"居民占比低33.5个百分点①，不愿消费、谨慎消费问题尚未明显解决。截至9月末，超过2500家限额以上商贸企业停业。二是居民消费能力不足。1—9月，全市居民人均可支配收入同比增长5.1%，处于近五年来低位，家庭及个人消费趋于谨慎，商圈、景区等消费场景疫情后出现人流回旺、消费降低的现象。三是高端消费外流较为突出。高端消费供给不足，全市有国际品牌的高端购物中心仅4个，每个购物中心国际品牌30个左右，与周边城市同类型购物中心（国际品牌在百个以上）差距较大。同时，重庆首店引进政策（补助100万元）与成都（最高奖励300万元）、深圳（最高补助500万元）等城市相比吸引力不足，首店数量仅为成都的41%、上海的46%、北京的70%，据市商务委调研，成都太古里高端消费中10%的顾客来自重庆。

（三）对外贸易下行收缩，电子产品影响突出

在国际需求不足、市场竞争加剧等背景下，重庆对外贸易结构性矛盾更加突出。一是笔电、通机等优势产品贸易大幅下滑。受美西方打压和笔电订单转移等影响，1—9月重庆笔记本电脑出口额同比下降15.5%，集成电路进口额同比下降14.5%，对重庆进出口影响较大。同时，重庆作为全国重要通机出口基地，受美国"双反"调查等因素影响，隆鑫、宗申等通机出口大幅下滑。二是对外贸易结构不优。全球贸易版图深度调整，重庆对外贸易仍未能适应国际需求变化和跟上全国出口升级步伐，仍以中低端产品出口为主，笔记本电脑、汽车出口单价均低于全国水平。虽然"新三样"出口增长较快，但出口规模较小，对重庆进出口的支撑作用较弱。如新能源汽车出口占全市比重仅5.9%，低于全国18.5个百分点。三是外贸企业预期较弱。虽然人民币贬值有助于提升出口竞争力，但远小于生产链转移和供应链分散对商品出口的抑制作用。重庆外贸企业普遍反映在手订单减少、新签短单和小单占比较高，产业链外迁、订单外流加剧，对外贸企业影响较大，市场预期总体弱于往年。

（四）工业经济动能不足，企业经营依然困难

重庆尚未形成产业多元化支撑格局，工业经济运行的韧性不足。一是主导产业引擎作用不强。汽车、电子两大支柱产业遭遇发展困难，电子产业增加值连续11个月负增长，仁宝、旭硕等企业产值降幅均超过10%。汽车产业转型升级、提质增效较慢，1—9月，重庆汽车产业增加值、汽车产量分别同比增长5.9%、-4.3%，均低于全国水平（11.4%、4.6%）；其中7月以来汽车产量环比均呈下降走势。二是工业新动能培育滞后。重庆工业迭代升级较慢，以先进材料、生物医药、元宇宙等为代表的主导产业、特色优势产业、未来产业规模较小，对工业经济促进作用有限。如新能源汽车产量占全市汽车产量比重为14.5%，低于全国水平15.3个百分点，传统产业调整和结构升级仍相对较慢。三是企业物流及用能成本涨幅较大。重庆高速公路收费高于四川毗邻区域20%以上；工业到户电价、燃气价格分别同比上涨10%、20%左右，其中，工业气价由上年的2.5元/米^{3}上涨至3.08元/米^3，高于东部省市（2.6~2.8元/米^3），

---

① 数据来源：人民银行《2023年第二季度城镇储户问卷调查报告》。

更高于四川省（1.6~1.8元/米³）；工业电价较四川省高0.2元/千瓦时左右，削弱了企业市场竞争力。

（五）社会就业矛盾突出，青年就业较为困难

随着经济就业吸纳能力减弱，促进充分就业压力不断增大。一是实体经济就业吸纳能力减弱。重庆实体经济发展总体欠佳，就业弹性呈回落趋势，2021年、2022年分别为-0.06%、-0.55%，经济对就业带动作用不足。9月重庆调查失业率高于全国平均水平，同时新登记失业人数达到42.2万人，同比增长14.9%，就业压力明显增大。二是部分行业用工需求减少。1—9月，重庆房地产业、制造业、建筑业招工岗位数分别减少24.02万个、9.69万个、4.72万个，其中建筑业求人倍率仅为0.15。三是重点群体就业压力较大。2023年以来，重庆高校毕业生再创新高，新增户籍未就业大学毕业生2.37万人。重庆市人社局监测企业认为9月经营状况不佳的占比达16.4%，对农民工就业影响较为突出，房地产领域农民工尤为困难。

三、经济运行环境分析及预测

（一）世界政经形势复杂多变

地缘政治冲突趋于复杂，全球发展预期不确定性明显上升，加之全球经济仍处于相对紧缩状态，增长格局的不平衡性和分化态势将更加凸显。IMF（10月）预计2024年全球经济增长2.9%，较7月预测值下调0.1个百分点，仍远低于疫情前水平。发达经济体增长明显放缓，美国经济受到高利率、高债务侵蚀影响，欧元区仍面临能源转型困境、高通胀等冲击，日本经济持续疲软、通胀导致加息压力上升；新兴市场韧性较强，以印度、中国为代表的亚太经济体将保持稳定复苏势头，但多数经济体仍受到外需不足、全球流动性趋紧、贸易投资流动减弱、债务成本上升等制约，经济增长将受到拖累。全球地缘政治形势趋于复杂，俄乌冲突、巴以冲突等局势动荡，以及美国主导的大国博弈、集团对抗，不仅将导致全球化加速碎片化、产业链供应链分割加剧，对全球贸易和投资流动造成极大阻碍，也将导致原油、粮食等大宗商品价格震荡，引发新一轮能源和粮食危机，增加金融市场脆弱性。面对逆全球化趋势和地缘政治动荡，全球通胀高企、货币紧缩仍将延续，分化格局下全球宏观政策协调难度也将持续加大，难以形成共促全球经济恢复合力。我国在科技、产业、金融、地缘政治等领域，面临美国及其欧洲、印太盟友的围堵打压，但"一带一路"国际合作仍面临广阔发展空间。

（二）我国经济向高质量发展聚焦

2024年，面对复杂的全球形势，我国将以构建新发展格局为主导，对外坚持开放，对内加强和优化宏观调控，着力激发经营主体活力，力促经济保持稳定健康增长，经济将延续恢复性增长态势。相关机构预测2024年GDP同比增长5.0%左右①。财政政策将继续优化和延续税费优惠政策，加大民生领域财政支出；万亿国债增发、地方债额度提前下达、专项债使用扩围等，将助力加快地方投资步伐。货币政策加强"总量+结构"调控，针对重点行业、民营企业、科技创新的信贷支持力度将持续增大，资本市场、外汇市场管理将有所加强。产业政策聚焦构建现代化产业体系，将系统推进新型工业化，推动产业链供应链安全稳定；制造业领域外资准入限制全面取消，关键核心技术突破、战略性新兴产业和未来产业发展将获重点支持，新质生产力培育将加快。就业政策在拓宽青年就业渠道、支持企业稳岗扩岗、加大技

---

① 根据IMF（4.2%，10月）、世界银行（4.4%，10月）、经合组织（4.6%，9月）、IFF（5.0%，10月）、重庆市综合经济研究院（5.0%，10月）综合预判。

能培训等方面将继续细化落实。全面深化改革稳步推进，国企改革将推进战略性重组和专业化整合，更大力度布局战略性新兴产业；服务业扩大开放将获政策支持，围绕民营经济发展的制度性改革将持续深化。区域政策将统筹发展大局，系统推进京津冀协同发展、长江经济带发展、粤港澳大湾区建设、长三角一体化发展、黄河流域生态保护和高质量发展等战略对接联动，城市群、都市圈城市间一体化进程将有所加快，成渝等将成为我国战略大后方布局的重点区域。

（三）重庆经济发展潜力较大

重庆正处于经济恢复和产业转型升级的关键时期，将聚焦高质量发展，加快推动成渝地区双城经济圈建设走深走实，推动西部陆海新通道建设，持续深耕科技创新、先进制造、现代服务、民营经济等领域发展，经济动能将不断增强。从发展潜力看，成渝地区双城经济圈十项行动加快清单化、事项化、项目化推进，渝西地区一体化发展进程加快，将促进产业集聚、内生动能增强；西部陆海新通道加强通道运输、通道贸易、经济协同等建设，有助于重庆强化以通道带物流、经贸和产业发展；"33618"现代制造业集群体系打造提速，"链主企业+创新载体+领军人才+产业基金"科技创新生态加快构建，将助力优质产业招商项目、高能级创新平台引进集聚，推动重庆产业结构迭代升级；西部金融中心建设加快，一批功能性中心和分支机构有望在渝设立，绿色金融、科创金融、贸易金融等将迎来较快发展；数字重庆建设全面推进，将赋能重庆经济转型和提质增效；国企改革聚焦重组整合、转型发展、做大做强，国企功能布局将进一步优化，民营经济发展支持政策将持续细化实施。

但重庆经济发展也将面临一定挑战和困难。一是制造业集群能级不高、领军型企业数量偏少、控制产业链关键环节极为缺乏，优质产业项目招引面临激烈的区域竞争，电子产业链外迁风险依然存在；二是能源、物流、土地等要素成本长期高于四川等地，不仅挤占本地企业盈利空间，也面临周边地区虹吸效应；三是高端创新资源集聚不足，重大科技基础设施、高能级创新平台、科技领军人才仍较缺乏，研发经费投入强度仍低于全国；四是区县之间统筹协调机制、差异化发展格局尚未形成，资源比拼内耗现象仍较突出；五是区县政府债务压力加大，但财力增长有限、化债能力较弱，统筹债务管控与经济发展的平衡较难。

（四）2024年经济预测

根据《重庆市宏观经济预警系统》《重庆市宏观经济短期预测系统》，结合国内外形势及宏观政策背景，综合分析判断，经过全社会共同努力，力争实现2024年全市GDP增长5.5%左右，全口径工业增加值、固定资产投资、社会消费品零售总额、外贸进出口分别同比增长6.8%、3.0%、7.0%、5.0%左右，居民消费价格指数同比增长2.5%左右。

四、对策建议

（一）持续扩大有效投资，强化经济内生动力

加大项目储备与推进力度，全力提振市场投资信心，充分发挥有效投资关键作用。一是全力推进重大项目建设与储备。深入推进"抓项目促投资"专项行动，持续强化用地、用能等要素保障，加快推动在建、新开工、前期"三张清单"市级重点项目建设。积极争取国家特别国债额度支持，增强区县基础设施项目建设资金保障能力。及时跟进国家投资政策，结合重庆经济社会发展需求，加大合规项目储备力度，并积极争取更多城市燃气、供排水等城市更新项目纳入国家支持范围。此外，尽快明确PPP项目整改路径，给予区县明确指导。二是激发民间投资活力。加快落实国家和重庆促进民间投资政策措施，

建立民间投资项目常态化沟通机制，拓宽民间资本参与重大项目细分领域，加大重点领域项目推介力度。三是着力稳定房地产开发投资。落实落细国家房地产支持政策，加大房企纾困专项再贷款等政策执行力度，强化"白名单"房企融资支持，提振房企投资信心。同时，有序推进土地出让、"保交楼"等工作，促进房地产开发投资稳定运行。

（二）充分挖掘消费潜力，推动消费持续恢复

加快提振传统消费，不断增强居民消费能力，多措并举推进消费提质扩容。一是稳定传统消费。适时加大新能源汽车首次购车补贴优惠，引导金融机构开发线上化、定制化汽车消费金融产品。落实落细优化住房套数认定、新购住房再交易管理等政策，加快推进城中村改造试点，深入挖掘保障房、农房改造等方面的住房消费需求。鼓励区县对消费者购买通过绿色产品认证的智能家电、手机及电脑等电子产品给予数字人民币红包、立减补贴等优惠。完善传统消费配套设施，加快停车场、公共充电桩等设施建设，健全县乡村三级物流配送体系。二是大力培育新型消费。加快构建沉浸式演艺空间、文旅商融合特色旅游目的地等新场景，打造世界音乐节、表演艺术节等夜间节会IP。积极增设一批特色免税店，加大对国际品牌来渝开设首店、旗舰店、体验店的资金支持，促进中高端消费集聚。加快解放碑—朝天门、观音桥等知名商圈提档升级，积极打造陆海国际中心、中环万象城等消费新地标，推动街区更新，全面推进智慧商圈（步行街、特色商业街）试点示范创建，增强智慧营销、智慧管理、智慧服务水平。三是提升居民消费能力。壮大中等收入群体，提高技能型劳动者薪酬待遇，解决好拖欠中小企业账款、农民工欠薪等问题，稳定居民收入预期。向中低收入人群发放消费券或现金直补，提高居民消费水平。

（三）加快拓市场优服务，促进外贸回稳提质

助力企业拓展国内外市场，推动外贸平稳运行。一是积极开拓国内外市场。充分发挥中新互联互通项目、西部陆海新通道等开放平台和通道优势，瞄准东南亚、非洲、南美洲等新兴市场，支持企业以合作或自建等方式，打造一批展示展销中心、集散配送分配中心、国际采购中心、售后服务网点和备件基地，加大补贴、培训支持。加快推动内外贸一体化，由商务委牵头推动举办内外贸产品产销对接会等展会活动，畅通外贸企业出口转内销渠道。二是着力壮大外贸新业态新模式。推广大足龙水五金城发展经验，鼓励区县根据自身产业特性发展专业市场，促进市场采购贸易发展。持续扩大服务业开放试点、跨境电商综试区等政策叠加效应，大力推进"跨境电商+产业带""保税+"服务贸易发展。三是持续改善外贸企业服务。加大中小外贸企业服务保障，强化金融、跨境结算、信息咨询、商事法律等支持。借鉴深圳、上海经验，鼓励企业通过人民币跨境计价结算进行汇率避险；探索推广国际贸易"单一窗口"线上融资增信申请模式，对优质外贸企业试点批量主动授信。

（四）不断抓招商促生产，巩固工业增长动能

支持企业拓市场、稳订单、保生产，着力提高招商引资质量效益，增强工业经济后劲。一是助力企业放量拓市场。支持电子企业加强与汽车企业供需对接，在磋商洽谈、资金、政策等方面给予重点企业一对一帮扶，推动企业加快研发生产汽车芯片、车用软件、汽车电控等产品，拓展电子产品订单。支持问界新M7、阿维塔12等新能源汽车新品加快上量上市，推动车企将优质车型落地重庆生产。二是强化产业链精准招商和产业创新。由市级牵头，建立市区联动、园区协同招商机制，以产业链分工协作为纽带，根据各区县资源禀赋，确立2~3个特色主导产业，以产业园区为载体，加大"链主企业"和上下游优质企业的引进培育。借鉴江苏经验，由全国重点实验室发起设立电子信息、高端制造相关领域联盟，协同攻克关键核心技术，同时完善企业、高校、科研机构联动机制，促进科研成果转化落地。三是强化工业生产能源要素保障。加快川渝1000千伏特高压交流工程、疆渝±800千伏特高压直流输电工程等通道建

设，进一步拓宽外购煤电渠道，扩大外电入渝规模。进一步完善分时电价机制，加大对重点工业企业用能补贴力度，降低企业用能成本。

（五）加大企业帮扶力度，打造优质营商环境

加强企业融资、用工、运输保障，提升为企服务效能，增强企业发展活力。一是畅通企业融资渠道。围绕"专精特新""独角兽"等高成长企业，创新开发知识价值信用贷、商业价值信用贷等信用类信贷产品。抓住注册制改革契机，大幅优化发行上市条件，支持优质民营企业通过公司债券、资产支持证券等产品实现融资，进一步畅通民营企业融资渠道。二是推动企业降本增效。继续延长阶段性缓缴社保、制造业中小微企业缓缴税费等惠企政策，降低企业经营成本。加强西部陆海新通道与中欧班列、长江黄金水道联动，继续实行"公转铁"增量补贴政策，提高大宗货物铁路运输比重，减少企业运输成本。三是营造国企、民企联动发展的良好氛围。加快推动国企战略性重组、市场化整合，强化国企在战略性新兴产业领域的引领功能，推动民企与国企、央企合作，在集成电路、新型显示、先进材料等领域共同打造一批国家战略性新兴产业集群。大力弘扬企业家精神，营造尊重企业家的浓厚氛围。

（六）着力扩大就业容量，营造稳定社会环境

加大企业稳岗支持力度，着力促进高校毕业生等重点群体就业，推动就业形势稳定向好。一是助力企业稳岗扩岗。支持国有企业岗位扩容，挖掘机关事业单位编制存量，提升就业吸纳能力。积极采取以工代赈等方式，开发乡村公益性就业岗位，促进农民就近就业。鼓励平台经济、夜市经济等新业态发展，加强零工市场建设，支持多渠道灵活就业。大力推广"直补快办"等模式，推动社会保险补贴、一次性吸纳就业补贴等政策加快显效。二是多措并举促进高校毕业生等青年群体就业。面向登记失业青年和未就业毕业生，集中开展线上线下专场招聘活动，推动求职青年与企业用人需求精准对接。加大就业见习组织力度，引导有需求的青年以实践促就业。三是以创新创业带动就业。深入实施重点群体创业推进行动，扩大"渝创渝新"创业创新大赛品牌影响力，定期举办大学生、青年人才、留学归国人员等各类赛事，持续落实各类创新创业支持政策，以人才创新创业带动高质量充分就业。

表1　2023年、2024年重庆主要经济指标预测表

指标	2022年实际		2023年预测		2024年预测	
	绝对额（亿元）	增速（%）	绝对额（亿元）	增速（%）	绝对额（亿元）	增速（%）
1.地区生产总值	29129	2.6	31100	6.2	33430	5.5
#第一产业	2012	4.0	2100	4.2	2230	4.0
第二产业	11694	3.3	12300	6.7	13220	6.3
##工业增加值	8276	2.9	8740	6.2	9440	6.8
第三产业	15423	1.9	16700	6.0	17980	5.0
2.固定资产投资	—	0.7	—	6.5	—	3.0
3.社会消费品零售总额	13926	-0.3	15120	8.5	16180	7.0
4.外贸进出口总值	8158	1.98	7500	-8.0	7880	5.0
#出口	5245	1.5	4910	-6.4	5280	7.5
5.一般公共预算收入	2103	-2.5	2355	12.0	2425	3.0

续表

指标	2022年实际 绝对额（亿元）	2022年实际 增速（%）	2023年预测 绝对额（亿元）	2023年预测 增速（%）	2024年预测 绝对额（亿元）	2024年预测 增速（%）
6. 金融机构人民币存款余额	48218	8.9	52400	8.7	56590	8.0
金融机构人民币贷款余额	49366	7.2	55380	8.6	60360	9.0
7. 城镇常住居民人均可支配收入（元）	45509	4.6	48150	5.8	51040	6.0
农村常住居民人均可支配收入（元）	19313	6.7	20820	7.8	22380	7.5
8. 城市居民消费价格指数	—	2.1	—	0.2	—	2.5
工业生产者出厂价格指数	—	2.4	—	-2.0	—	1.0

注：1. 地区生产总值及增加值的绝对值为现价，增速为可比价；
2. 固定资产投资增幅、社会消费品零售总额增幅未扣除价格因素；
3. 金融机构存贷款增长与上年同期比。

［重庆市综合经济研究院（重庆市经济信息中心）宏观经济研究课题组
主研：易小光　丁　瑶　余贵玲　罗丛生　张　超
　　　张　佳　施小兰　郑淑媛　杨　梅　陈　可
　　　贺诗倪　赵　飞　成秋明　夏梁颖
执笔：张　超　张　佳　施小兰　郑淑媛　杨　梅］

综合卷
比较篇

之一：2023年北京市经济运行分析及2024年展望

2023年是经济结构调整走向深入、新旧动能加速转换的关键之年，遭遇了美元加息冲击、全国房地产供需关系转变等挑战，但平稳实施"乙类乙管"后经济总体有序恢复，预计全年经济增长5%左右，略好于预期。2024年，国家进一步加大稳增长政策力度，特别国债等政策将有效缓解经济风险、提振市场信心，北京市制造业大项目集中兑现、一些大型商业体开业、AI+等新业态开始见量，同时基数效应逐步消退，近4年季度间经济大幅波动被熨平，经济稳定性将大幅提升，预计2024年经济增长4.5%左右，基本回归潜在增长水平。

一、2023年北京市经济运行特征

（一）经济运行总体情况

受美元加息、地缘政治等外部环境冲击，国内房地产市场供需关系转换、内债外债风险进一步显露，同时疫情后的"疤痕效应"、基数效应对2023年经济增速影响依然较大，北京市经济在波动中恢复，前三季度当季增速分别为3.1%、7.9%、4.5%，第四季度增速在基数推动下会略好于前三季度，年内呈低—高—低—高的"N"字形走势。在总量波动的同时，行业分化更为明显，随着防控政策的"平稳转段"，与居民消费关联紧密的需求快速释放，住宿餐饮、文体娱乐、交通客运等行业大幅反弹，但受发展信心不足影响，生产端恢复相对缓慢，商务、公共服务业增速不及预期，工业、批发零售、货运甚至还是负增长，金融、信息等优势产业总体稳定。运用多种模型测算，全年GDP增速预计在5%左右，略低于全国5.2%的水平。

1—9月，全国GDP增长5.2%，其中北京增长5.1%、列第14位（排名前13位的增速均高于全国），上海增长6%，广东增长4.5%。从产业端看，京沪粤工业增长普遍不及预期，规模以上工业增加值分别增长-0.7%、3%、3.1%，均位列全国20名以后。金融业、信息服务业均保持平稳增长，京沪粤三地金融业增加值增速分别为6.6%、5.3%、7.3%，信息传输、软件和信息技术服务业收入增速分别为16.6%、17.8%、13.4%。从需求端看，北京、广东社会消费品零售总额增长2.5%、5.4%，低于全国的6.8%，大幅落后于上海（16.1%）。京沪粤三地固定资产投资分别增长5.9%、25%、3.1%，高于全国（3.1%）水平。

表1 2023年前三季度全国及重点省市主要经济指标对比（%）

指标	全国	北京	上海	广东
GDP	5.2	5.1	6	4.5
规模以上工业增加值增速	4	-0.7	3	3.1
金融业增加值增速	7	6.6	5.3	7.3
规模以上信息传输、软件和信息技术服务业营业收入增速*	13.5	16.6	17.8	13.4

续表

指标	全国	北京	上海	广东
租赁和商务服务业增加值增速	9.5	3.8	11.9	—
批发和零售业增加值增速	—	-2.3	2.4	4.4
交通运输、仓储和邮政业增加值增速	7.5	19.6	12	7.3
住宿和餐饮业增加值增速	14.4	20.7	28.7	8.7
文化、体育和娱乐业收入增速	7.7	7.7	31.9	41.7
社会消费品零售总额增速	6.8	2.5	16.1	5.4
固定资产投资增速	3.1	5.9	25	3.1

注：*全国规模以上信息传输、软件和信息技术服务业营业收入增速数据为工业和信息化部发布的软件和信息技术服务业收入增速。

（二）投资消费情况

消费依然是支撑经济增长的主体，恢复速度慢于全国平均水平，与全国前三季度83.2%的增长贡献率相比还有一定差距，消费需求对于经济增长的拉动为3.4个百分点；投资继续发挥逆周期调节作用，前三季度固定资产投资增速快于上年同期，稳定支撑了北京市经济增长，对经济增长的拉动为1.7个百分点；北京市外需占比相对较小，基本可以忽略不计，三大需求合计支撑GDP5.1个百分点。

消费需求在疫情低基数因素影响下有所反弹，预计2023年全年总消费增长8%左右，高于上年12.9个百分点，相应的服务性消费与社会消费品零售总额分别增长10.5%和5%左右。其中，服务性消费实现两位数增长，前三季度服务性消费额在交通、文体娱乐领域带动下增长13.2%，占总消费的比重为55%左右，拉动市场总消费增长7.3个百分点，服务性消费数字化、高端化发展趋势凸显，是带动北京市消费规模扩大、消费结构升级的主要因素。商品消费由降转升，前三季度社会消费品零售总额增长2.5%，快于上年同期7个百分点，主要靠餐饮收入拉动，商品零售仅增长0.4%。其中，限额以上金银珠宝类、体育娱乐用品类、化妆品类商品零售额分别增长30.9%、22.8%和13.8%，汽车类商品零售额增长12.5%，新能源汽车增长45.6%。

投资增长总体平稳。2023年"牵一发而动全身"的大项目依然偏少，但在房地产领域和制造业领域续建项目支撑下，全年投资能够继续保持4%左右的增长。从年内看，北京市靠前调度投资，各季度呈前高后稳态势，第一季度、上半年、前三季度固定资产投资分别增长9.6%、13.6%、5.9%。分领域看，基础设施投资支撑减弱，前三季度同比下降0.1%，前几年基础设施投资主要靠冬奥会、地铁、轨道交通等项目支撑，2023年已陆续竣工，实物量大幅减少，新的基建项目普遍体量较小，基建投资整体呈快速回落发展趋势。房地产投资增长持续放缓，前三季度同比增长2.6%，较上年同期回落1.8个百分点。近年来北京市持续增加土地供应，带动房地产投资增长，但2023年受房地产市场低迷影响，开发企业拿地意愿不足，新开工面积同比下降28.1%。制造业投资调头下行，小米二期、小米汽车、理想汽车等项目过了投资高峰期，集成电路大项目因进口设备受限于欧美管制，影响实际投资，2023年前三季度制造业投资下降13.4%，与2021年、2022年同期增长64.5%、32%形成鲜明对比。

（三）产业运行情况

"乙类乙管"后北京市产业全面恢复，但各产业恢复幅度差异较大。服务业继续发挥经济增长的"稳定器"作用，工业对经济的拖累明显减弱，第二、第三产业对于经济增长的拉动分别从2022年的-2.1个、2.8个百分点变为2023年前三季度的-0.1个、5.1个百分点，第一产业占比较小，可以忽略不计。

工业生产稳步恢复，全年预计增长1.7%左右。2022年疫苗影响工业19.2个百分点，2023年预计影响2.5个百分点左右，剔除疫苗因素，全年预计增长4.2%左右，比上年提高1.7个百分点。从行业看，装备、电力、汽车行业前三季度分别增长12.7%、7.9%、7.5%，对工业增长形成多点支撑，受终端需求不足影响，电子产业下降4.4%，受基数扰动、集采降价影响，医药制造业下降26.6%。从产品看，高端或新兴领域产品生产势头较好，风力发电机组、液晶显示模组、3D打印设备、医疗仪器设备及器械前三季度产量分别增长65.2%、51.9%、33.2%和16.6%。

服务业总体平稳运行，全年预计增长7%以上。信息服务业、金融业两个优势行业分别由2022年的9.8%、6.4%上升至2023年前三季度的13.4%、6.6%，对服务业贡献了2.9个、1.5个百分点；交通运输、住宿餐饮、商务服务等接触型聚集型服务业分别由2022年的-4.6%、-13.7%、-1.3%恢复至2023年前三季度的19.6%、20.7%、3.8%，合计对服务业贡献了1个百分点；房地产从2022年的-1.2%回升至2023年前三季度的2%，对服务业贡献0.2个百分点；而批发零售业从2022年-1.1%的降幅进一步加深至2023年前三季度的-2.3%，下拉服务业0.2个百分点。

（四）经济效益情况

居民收入方面，在经济持续恢复带动下，前三季度北京市居民人均可支配收入61718元，实际增长4.7%，但受互联网企业、教培等行业战略收缩、降低人力成本影响，增速不及往年，与同期GDP增速相比也有0.4个百分点的差距。

财政收入方面，因上年实施大规模留抵退税的低基数推动，以及重点产业税收普遍增加，前三季度北京市一般公共预算收入累计完成4784.4亿元，同比增长11.7%，预计第四季度增速将回归常规水平，全年增长8%左右。

二、发展中的问题

（一）外部风险进一步加大

一是对外贸易与对外投资风险。近年来拜登政府着力引导高端制造业回流欧美、中低端转向越南等劳动力更廉价的地区，对北京市手机、PC、医药等有出口优势的产业形成打压和替代，出海企业小米印度工厂遭遇巨额罚款，TikTok频繁遭遇美国封禁，电商企业在印尼遭遇全面封杀。二是资金外流风险。美国通过急速加息、冲击汇率市场、下调我国企业信用评级等手段升级金融战，欧元区紧跟美国步伐，加速外资内资流向欧美，新兴经济体出于拉动增长的考虑，大多实施宽松货币政策，也在抛售美债规避风险，热钱更加频繁在国际上流动，我国第三季度直接投资负债减少118亿美元，是加入WTO后首次下降，北京市风险投资以及证券债券等金融产业出现下滑。三是产业链供应链海外风险。美西方国家更加频繁、更大范围对科技领域实施"小院高墙"政策，先进芯片和设备进口被阻断，北京市集成电路、人工智能等高技术制造业受到较大冲击。

（二）发展信心不足问题进一步凸显

一是居民消费信心恢复不稳固、增收压力加大，消费者信心指数、预期指数自第一季度高反弹（115.1、118）后，连续两个季度下滑（109、111.6），较2019年同期水平（118.1、118.9）差距加大；2020年以来北京市居民人均可支配收入年均增速约3.4%，较2019年以前年均6.6%的增速明显放缓。二是投资中一半左右为房地产投资，其先行指标房屋施工面积、新开工面积分别下降5%和28.1%，高技术制造业企业前三季度利润下降56.6%，受此影响，调研企业中仅有5%明确表示未来3年内有在京投资计划。三是外资加速萎缩,前三季度北京市实际利用外资109.2亿美元,同比大幅下滑35.6%。

(三)房地产市场面临"量价齐跌"风险

实施"认房不认贷"政策后,房地产市场成交短期冲高后逐步下降,10月新建住宅、二手住宅网签环比分别下降13%、24.8%,新房回收了部分优惠,二手房价格出现回调,新房表现总体好于二手房,不过新购房群体需求满足后,就要靠"卖旧买新"的需求来支撑,如果二手房持续低迷,新房的去化也会受到较大影响。14号文发布后,市场判断,保障性住房会冲击"老破小"以及小面积商品房,房价预期进一步转弱。供给方面,3/4左右的库存集中在郊区,与购房者区位诉求匹配度较低,特别是怀柔、平谷去化周期超过40个月,明显高于中心城区和平原新城20个月以下的水平。优质供给相对较少,北京市增量土地供应规模呈减少态势,前三季度住宅用地成交建筑规模同比下降5.3%,新房上市规模明显缩减,为近五年同期最低。

(四)企业经营仍面临诸多困难

一是效益普遍下滑。在订单减少、应收账款增加、财务费用上升等因素影响下,规模以上工业企业前三季度利润同比下降25.2%,37个工业大类中,20个行业利润下滑,电子、医药制造业下滑严重,降幅分别为85.6%、42.3%。服务业利润同样出现两位数下降,金融、商务服务业降幅分别为20.5%、55.2%。二是从业人员规模收缩。服务业从业人员前三季度同比下降3.2%,13个服务业门类中,11个行业人员规模下滑,广告业、互联网等优势行业延续上一年收缩态势,降幅加深至10%以上。

三、2024年经济展望

2024年,国家将实施万亿规模特别国债等更加积极的财政政策,以及更加宽松的货币政策,经济稳定发展的政策环境更加有利。北京市制造业大项目集中兑现、一些大型商业体开业、AI+等新业态开始见量,预计产业端能够回到4.6%左右的常态化潜在增长水平,需求侧将进一步恢复但慢于产业端,利用动态随机一般均衡模型预测,能够支撑GDP增长4.2%,综合产业、需求两方面因素,预计北京市2024年GDP能够实现4.5%左右的经济增长。

(一)需求支撑略有改善

1. 投资预计全年增长3%左右

从既往投资规律看,入库储备项目转化为投资需要一年多的时间,近两年大项目储备少,截至2023年10月底北京市办理立项项目总投资、规划许可证规模、施工许可合同价同比分别下降5.8%、17.5%和21.3%,入库项目总投资下降8.7%,2024年能够见到的投资量较小;续建项目方面,支撑2023年投资的既有项目在2024年贡献的投资进一步减少,预计投资增速放缓。主要投资板块支撑将进一步减弱,占比三成左右的基础设施投资新建大体量项目少,续建项目仅有城市副中心2个大型主题乐园(顶点公园和海昌海洋公园)进入建设高峰支撑,高速改扩建、市郊铁路等填补空白项目,学校分校、医院分院等民生改善项目支撑力度有限,预计2024年基础设施投资持续低位增长。占比超过五成的房地产投资有望保持平稳增长,一方面,城市更新、城中村改造、新型保障性住房体系持续推进,有望成为"接棒"房地产开发投资的新增长点;另一方面,随着房地产市场回暖,2024年开发企业拿地建设意愿将有所恢复。制造业投资预计持续负增长,进入产业周期的"小年期",2024年项目以产业链配套为主,形成投资量支撑有限。投资要素保障更加趋紧,减量发展背景下北京市经营性土地供应延续下降态势,2021年、2022年国有土地分别入市交易705.9万平方米、499.1万平方米。基础设施、公共服务领域民营企业获得银行贷款有限,北京市场投资回报预期不足，REITs 扩募和新发行困难，2023 年前三季度北京地区 PE/VC 投资案例投资总金额 590.3 亿元，同比下降 25.6%。根据重点领域初步预计 2024 年北京市固定资产投资增长 3%左右。

2. 消费回归常态化增长水平，预计总消费增长 6.5%左右

从消费趋势看，经过疫情管控放开后近一年消费习惯的修复和积压需求的释放，居民消费将逐步回归常态化水平，与疫情前相比，居民收入和就业预期仍然偏弱，同时，随着社会步入以极简主义消费观为主要特征的第四消费时代，居民更加追求实用性高、性价比高的商品和服务，精明消费、理性消费趋势越发凸显，整体消费能力和意愿仍显不足。从消费方式看，数字化零售改变了传统的购物方式和商业模式，抖音等短视频平台和美团等即时零售平台可通过直播、线上销售等多种方式为本地商业品牌引流，线上和实体在互补和融合中为消费者提供更加高效便捷的购物体验，助力百货、便利店、超市等实体业态加快恢复，网上零售额增速受头部企业行业竞争力下滑、流量红利见顶、线下消费恢复分流等因素影响，预计短期内难以扭转增长乏力态势。从商业布局看，2023 年北京市预计新建 16 个两万平方米以上的大型商业项目、完成 7 个更新改造项目，约为近四年新开商业面积之和，2024 年商业设施供给将进一步扩大，新商圈融合了体验类、科技类、艺术类、社交类等新场景、新业态，品牌首店陆续落地促进线下商业主体品质提升，将更好地满足多元化消费需求。从消费内容看，通信器材类、民生保障类、家居家装类等商品消费增长有望回升，汽车消费受政策性利好较少和高基数影响增长压力加大，信息、医疗等服务消费近年来积累形成较高规模，2024 年难以保持高速增长。初步判断，服务性消费在疫情低基数因素减退后将回归个位数增长，社会消费品零售总额增长 4%左右，总消费增长 6.5%左右。

（二）产业运行回归常态

在外部环境不确定、发展信心不足影响下，产业发展面临更大挑战，但另一方面，2024 年国家和北京市会进一步加大稳经济政策力度，北京市制造业新增长点形成有力支撑，与生产关联的接触型聚集型服务业仍有恢复空间，信息、金融等优势服务业持续稳定增长，预计 2024 年产业能够实现稳定增长。

1. 工业将实现 4%左右的增长

2023 年北京市工业已经度过疫苗基数的影响，在较大波动中逐步趋稳向好，预计 2024 年将回归常态化增长。一是市场需求在逐步恢复，制造业 PMI 基本保持在荣枯线以上，产销率持续上行，工业生产者购进价格指数 PPIRM、工业生产者出厂价格指数 PPI 下半年以来同比降幅不断收窄。二是重点行业普遍向好，理想、小米汽车两个项目将集中在 2024 年落地形成实物量支撑，汽车制造业将实现 10%以上快速增长，终端需求缓慢复苏有望带动电子产业止跌回升，预计增长 3%左右，医药产业彻底摆脱疫苗干扰，将进入 5%左右的正常增长区间，装备制造业延续上行态势，预计能够增长 8%左右，电力行业进入"运行小年"，增速有所回落，预计电力热力生产供应业增长 6%左右。根据上述重点行业走势及其在工业增加值中的比重粗略估算，2024 年北京市工业将恢复至 4%左右的常态化增长。

2. 服务业将实现 6.5%左右的稳定增长

服务业对北京市经济起到"稳定器"的作用，2024 年服务业运行将更加稳定，有望摆脱近年来的"跷跷板"效应，延续疫情前稳中趋缓发展态势。分行业看：

（1）金融业预计 2024 年增长 7%左右

定向降息、全面降准等一系列货币政策显效，货币供应更加充裕，银行业中长期贷款也在逐步恢复，贷款需求会持续增加，国家稳股市、稳汇市政策频繁，能够带来同业存款增量。受 IPO 放缓、交易量波动等因素影响，证券收入有不确定性，但北交所上市企业增加预计能够带来一些增量。

（2）信息服务业将延续两位数增长态势，预计增速在15%左右

平台企业总体稳定运行，抖音、腾讯等头部企业预计保持两位数较快增长。信息传输业主要靠流量费支撑，提速降费和应用场景拓展放缓，导致利润持续下滑，预计保持往年5%以内增长，软件业总体缓慢恢复，预计增速与2023年大致持平。

（3）房地产业在政策托底下2024年有望增长2%左右

调控政策转向后，换房需求集中入市、房企推盘节奏加快带动市场活跃度回升，2023年9月、10月新盘草签数据将在2024年转化为网签数据。北京市居民购房能力整体好于其他一线城市，人均月收入可购买0.13平方米房产，高于上海（0.11）、深圳（0.09），居民部门杠杆率69.3%，低于上海（79.7%）、深圳（94.7%），仍有一定的加杠杆空间。

（4）科技服务业有望扭转负增长

2020年以前科技服务业保持两位数增长，但2021年、2022年仅分别增长2.3%、1.8%，2023年前三季度增速转负，主要受工程技术服务业上游需求减少、基建工程类企业外地布局、企业研发投入放缓等因素拖累。2024年上游需求恢复后，科技服务业收入能够实现2%~3%的增长。

（5）2024年没有低基数效应推动，住餐、文体娱等生活性服务业将回归正常增长区间，对经济增长支撑将明显减弱

与生活性服务业相比，接触型聚集型服务业中的生产性服务业恢复滞后，随着经营主体信心修复、需求回暖，商务、批零、货运仍有较大上升空间。

根据重点行业走势及其在服务业增加值中的比重，初步判断，2024年北京市服务业将较2023年有所回落，预计服务业增加值增速为6.5%左右。

（三）CPI涨幅预计小幅提升

输入型通胀压力预期加大，2024年大宗商品总体处于新一轮补库存周期，预计价格偏强运行，EIA预测2024年布伦特原油现货价格约为95美元/桶，高于2023年83美元/桶（1—10月平均）的水平。但主要经济体通胀水平预计较2023年下降，IMF预测2024年全球通胀有望由2023年的5.9%回落至4.8%左右。总需求和货币因素对物价的推升作用不强。分类别看，食品价格小幅上行，生猪养殖行业产能向头部企业集中、去化速度缓慢，预计2024年生猪出栏量增幅较2023年小幅提升至26%，加之受冻肉库存充足、其他品类替代等因素影响，供大于求的格局仍将延续，预计猪肉价格低位运行、价格涨幅受基数下降影响将有小幅抬升；蔬菜价格主要受气候、季节、运输等因素影响，价格"大小年"特征明显，预计涨幅高于2023年。服务项目价格涨幅略有提升，旅游价格受交通、住宿等成本上升以及需求持续恢复影响涨幅较高，居住、生活、医疗、通信等服务价格总体温和上涨。总体来看，2024年CPI呈温和上涨态势，粗略估算，2024年北京市CPI翘尾因素约为0.5%，新涨价因素约为0.8%，CPI全年涨幅约为1.3%。

表2 2022—2024年北京市主要经济指标

指标	2022年		2023年				2024年预计	
			前三季度		全年预计			
	绝对额（亿元）	增速（%）	绝对额（亿元）	增速（%）	绝对额（亿元）	增速（%）	绝对额（亿元）	增速（%）
地区生产总值	41610.9	0.7	31723.1	5.1	44067	5.0	46515	4.5
#第一产业	111.5	-1.6	71.4	-4.2	70.7	-1.7	69.2	-3.0

续表

指标	2022年		2023年				2024年预计	
			前三季度		全年预计			
	绝对额（亿元）	增速（%）	绝对额（亿元）	增速（%）	绝对额（亿元）	增速（%）	绝对额（亿元）	增速（%）
#第二产业	6605.1	-11.4	4529.1	-0.1	6664	0.1	6966	3.5
##工业	5036.4	-14.6	3407.4	-0.8	5162	1.7	5428	4.0
#第三产业	34894.3	3.4	27122.7	6.1	37741	7.3	38369	6.5
全社会固定资产投资总额	—	3.6	—	5.9	—	4.0	—	3.0
总消费	—	-4.9	—	8.4	—	7.9	—	6.5
社会消费品零售总额	13794.2	-7.2	10471.5	2.5	14571	4.9	15321	4.0
地区进出口总额（亿美元）	36445.5	19.7	26810.7	1.3	38463	4.7	41412	6.6
居民消费价格总指数	—	101.8	—	100.6	—	100.5	—	101.3
城镇居民人均可支配收入（元）	84023	3.1	66755	4.6	88591	4.6	93771	4.8
农村居民人均可支配收入（元）	34754	4.4	29295	6.7	36888	5.3	39381	5.7

四、对策建议

（一）优化投资结构形成接续力量

在投资结构转型的关键阶段，要充分适应经济发展新需求、主动优化调整投资思路。一是投资重点更多倾向先进制造业，加快推动核心产业链供应链项目建设落地，聚焦优势、新兴领域研究谋划接续性大项目，不断提升制造业核心竞争力。二是基础设施建设要从抓传统向抓新基建转变，围绕数字经济标杆城市建设任务，加大对智能计算中心、新能源汽车充电桩、重大科技基础设施等领域的谋划建设。三是充分调动社会投资积极性，持续推进投资领域政务服务改革，提高投资便利化水平。积极做好社会资本投融资合作对接工作，充分发挥向民间资本推介项目长效机制作用，加强项目融资保障。推动基础设施领域不动产投资信托基金（REITs）健康发展，盘活存量资产，形成投资良性循环。

（二）以更多优质消费供给激发消费需求

随着收入水平提升、人口结构变化，消费结构正在加速转变，传统消费增长更加依赖争夺存量市场，科技消费在移动互联后没有同等体量的新技术消费接力，"一老一小"相关的刚性服务消费还没有走出成熟的商业路径。一是填补商业设施空缺，在大兴国际机场临空经济区、高校园区、重点产业园附近补充新的商业设施。二是推动科技消费提质升级，加速海外大模型产品商用，推动百度、抖音、科大讯飞、毫末智行等大模型对外开放服务，不断赋能终端科技产品。三是增加年轻消费供给，结合城市更新推动改造一批商圈与景区融合的消费新地标，针对"Z世代""00后"等年轻消费群体，增加话剧、密室逃脱、剧本杀等新形态演艺娱乐项目。四是以需求为导向，大力发展陪诊师、养老规划师、营养师等适老需求新业态，优化补充社区康养、托幼、家政等服务，满足"一老一小"消费需求。五是优化消费环境，借鉴上海等城市经验，适当放宽大型活动安保配比、演唱会人均场地面积等审批标准，建立重大活动审批的刚性服务消费。

（三）巩固培育产业发展优势与后备力量

筑牢先进制造业"压舱石"地位。当前工业出现增长乏力、比重下降趋势，需要从四大优势产业挖掘潜力、激发新增长点。一是紧抓市场机遇，推动工程用车、客运、环卫、公交等特定场景新能源汽车渗透率，加快构建新能源汽车产业集群，推动北汽联合理想、小米、百度、地平线合作，突破车载芯片、操作系统、自动驾驶等智能网联汽车产业关键技术。二是统筹医院、高校院所、创新药企、第三方服务企业等各方资源，打通新药研发周期长、入院难等卡点堵点，推动医药产业创新成果向现实生产力转化。三是提升电子信息产业链供应链安全韧性水平，把握国产替代带来的庞大市场，通过"让市场、给订单"促进电子产品消费提质升级。四是聚焦工业机器人、智能检测等方向，加快打造以智能制造为核心、特色优势装备多点支撑的新兴装备产业集群。五是前瞻培育未来产业，加快推进通用人工智能、量子技术、未来生命、前沿新材料等领域技术突破与成果转化，强化产业后备力量。

推动优势服务业发展迈上新台阶。一是积极对接国家稳股市、稳汇市政策举措，支持北交所承接主板市场IPO外溢需求，做好"专精特新"企业北交所上市辅导。二是发挥头部企业创新引领作用，锚定做强数字经济产业链，鼓励头部企业加速培育开源产业生态，积极参与数字新基建前瞻布局，以数字技术融合应用、全产业链创新激发产业生态活力。三是推动科技服务业实现新突破，壮大龙头企业，引导行业向高附加值延伸，建立研发资源开放共享机制，支持工程技术服务企业组团式"出海"，推动孵化载体向多元增值服务升级。四是推动交通、医疗、城市管理、政务服务等领域智慧应用场景开放，加大头部平台企业参与力度，鼓励企业拓展产品应用场景，促进新技术迭代更新和规模化应用。五是保障平台企业持续健康发展，不断完善平台企业合规评估体系，强化事前风险提示和合规指导，注重对新业态、新模式的包容审慎管理，着力推动平台企业落实合规管理主体责任，优化市场竞争生态，稳定市场秩序。

（四）持续扩大对外开放

欧美国家"小院高墙"策略不断挤压我国对外开放空间，未来扩大对外开放主要集中在"一带一路"国家。一是鼓励企业"出海"。支持制造业"链主"企业北汽、理想、小米等拓展"一带一路"沿线市场。近年来跨境电商、跨境支付等新兴市场迅速发展，平台企业协同生态链中小企业出海的潜力巨大，支持平台企业抖音、快手、京东、滴滴等海外布局，持续提升全球竞争力。二是提升城市影响力。北京是国际主场外交和重大国事活动主要承载地，有承办重大活动经验，集聚在京的国际组织100余家，目前"三平台"已经形成国际知名度，要发挥重大国际活动引资引智和重大项目合作的作用，进一步强化与"一带一路"沿线国家联系。

[北京市经济信息中心　张艺秋　司　彤　张　萌　马　陆]

之二：2023年天津市经济运行分析及2024年展望

2023年以来，天津市始终坚持完整、准确、全面贯彻新发展理念，笃定高质量发展不动摇，以深入推进京津冀协同发展为战略牵引，以实施推动高质量发展"十项行动"为重点抓手，以实现质的有效提升和量的合理增长为主要目标，以扎实开展主题教育为强大动力，精准有效强化经济运行、财税运行、重大项目、风险防范"四个条线"调度，千方百计盘活存量、培育增量、提升质量，经济社会发展稳中向好，质量效益稳步提升。

一、2023年天津市经济运行特征

前三季度，天津市实现地区生产总值12252.61亿元，按不变价格计算，同比增长4.6%，国民经济加快恢复，经济运行稳中向好。其中，第一产业增加值151.93亿元，同比增长4.4%；第二产业增加值4376.19亿元，同比增长2.8%；第三产业增加值7724.49亿元，同比增长5.5%。经济运行的主要特征如下。

（一）"十项行动"扎实推进

"十项行动"是全面对标党中央战略部署细化为天津战役战术战法的行动安排，是事关天津市高质量发展的关键之举，当前各项行动任务正扎实有力稳步推进。京津冀协同发展走深走实，市场化机制引进北京资源项目投资额1395亿元，累计签约和落地合作项目44个。滨海新区支撑引领作用显现，前三季度GDP同比增长4.9%，快于天津市0.3个百分点，规模以上工业增加值、限额以上批零销售额等主要指标增速均快于天津市。科教兴市人才强市加快推进，天津市发布科技成果437项，技术合同成交额1261亿元。港产城加快融合发展，天津港内外贸班轮航线数量达到145条，集装箱吞吐量完成1762.17万标准箱，同比增长6.5%。中心城区持续更新提升，新增亿元以上特色商务楼宇11座，各类总部企业26家。其他各项行动也在有序有力持续推动。

（二）新动能持续发展壮大

一是创新策源能力稳步增强。天开高教科创园入驻企业近800家，聚集金融机构超百家，带动重大创新平台建设蹄疾步稳，全国重点实验室数量达到15家，6家海河实验室入轨运行，首次实现从二氧化碳到糖的精准全合成。二是重点产业链稳定增长。12条重点产业链在链规模以上工业企业增加值增长4.0%，占规模以上工业比重超过80%。集成电路、车联网、高端装备、航空航天、汽车及新能源汽车产业链增加值分别增长24.2%、15.7%、13.5%、12.8%、6.6%，新能源汽车、服务机器人等新产品产量快速增长2.9倍、22.9%。三是新产业投资持续增长。高技术产业投资增长6.3%，其中高技术制造业投资增长3.1%，高技术服务业投资增长11.2%；战略性新兴产业投资占比达33.3%，比上半年提高0.8个百分点，新能源、生物产业投资快速增长27.1%、16.0%。

（三）消费市场保持活跃态势

一是文商旅展深度融合。前三季度，天津社会消费品零售总额同比增长6.9%，关于恢复和扩大消费的措施不断落实落细，新发放汽车消费券2000万元，拉动消费14.75亿元，带动汽车零售当月增长17%；杉杉奥莱等商业载体开业运营，国际汽车展现场销售和订单金额达28亿元。二是线上零售增势良好。限额以上网上零售额增长13.2%，比上半年加快3.2个百分点，连续7个月保持两位数增长，限额以上单位通过公共网络实现的商品零售额占限额以上社会消费品零售额的比重超过三成。三是升级类商品零售快速增长。限额以上商品中，新能源汽车、智能手机等绿色智能类商品零售额分别增长52.7%和39.1%；家用电器和音像器材类零售额增长24.4%，汽车类零售额增长9.6%。

（四）发展质量效益稳步提升

一是财税保持较快增长。前三季度，天津市一般公共预算收入增长14.8%，增速连续6个月保持在两位数以上；其中税收收入同比增长23.4%，占一般公共预算收入的比重为76.8%。二是企业利润继续向好。规模以上工业企业利润降幅持续收窄，1—8月降幅比上半年收窄6.6个百分点，降幅小于全国2.4个百分点；营业收入利润率逐月提高，1—8月升至6.7%，高于全国1.2个百分点。规模以上重点服务业企业利润由负转正，1—8月快速增长17.2%。三是民营经济活力增强。民营经济增加值增长5.4%，继续保持快于天津市的增速，民营企业税收、民营限额以上批零额等主要指标增速均好于天津市水平，民营经济的支撑作用进一步提升。

（五）发展积极因素持续累积

一是先行指标平稳向好。天津市制造业PMI连续3个月处于扩张区间，已6个月高于全国平均水平，生产量指数、新订单指数、新出口订单指数均处于荣枯线以上且环比上升；工业用电量（剔除线损）连续8个月增长。二是新入库项目较快增长。9月，新入库制造业项目增长53.2%，计划总投资增长1.1倍；新入库房地产开发项目增长6.5倍，计划总投资增长7.3倍。三是经营主体继续扩大。前三季度，天津市新登记经营主体23.62万户，同比增长14.1%，其中99.2%为民营主体；企业活动趋向活跃，缴纳养老保险企业23.03万户，同比增长8.7%。

（六）民生保障水平稳步提升

一是就业形势保持稳定。扎实推进高校毕业生、农民工等重点群体就业，前三季度城镇新增就业29.14万人，9月城镇调查失业率降至5.1%，为2022年以来月度最低值。二是居民收入持续增长。居民人均可支配收入增长4.6%，与经济增长保持同步，其中农村居民人均可支配收入增长6.1%，继续快于城镇居民，城乡差距持续缩小。三是物价水平低位运行。全力做好重点民生商品保供稳价工作，CPI累计上涨0.5%，总体保持在合理区间。

二、经济运行存在的问题

当前，天津市经济运行总体保持向好态势，但增速较上半年有所回落，企稳回升的基础仍不牢固，经济运行仍然面临一些困难和挑战。

（一）投资消费支撑乏力

投资下行趋势仍未扭转，基础设施领域资金投入不足，轨道交通在建项目减少，基础设施领域投资转向下行；商品房销售端的活跃未有效传导至投资端，房企资金到位困难，房地产开发投资仍处下跌区间。消费增长态势有所放缓，居民预防性储蓄持续增多，消费意愿不够强烈，大宗消费新的增长点尚未形成。

（二）外贸外资形势严峻

外贸形势不容乐观，全球经济持续低迷导致出口下行压力较大，前三季度出口下降3.0%，降幅比上半年扩大3.7个百分点，低于全国3.6个百分点。受美西方"脱钩断链"影响，外资企业订单持续转移，企业在津投资意愿不强，外资项目储备不足的问题较为突出。

（三）企业产销两端承压

成本高企叠加需求不足加重企业经营压力，区域产业配套不够完备，企业生产经营成本持续高位运行，规模以上工业每百元营业收入成本高于全国平均水平。同时，市场需求不足影响企业产能利用和销售回款，企业间拖欠现象仍未有效改善，工业应收账款6月以来增速呈上升趋势，平均回收期延长至近2个月。

三、2024年经济运行环境分析及预测

2024年经济发展环境仍然复杂严峻，世界经济的不稳定性不确定性持续存在，全球增长趋势偏向下行。我国经济仍将处在疫情后波浪式发展、曲折式前进的恢复过程中，具有巨大的发展韧性和潜力，长期向好的基本面没有改变。

（一）面临的挑战和不利因素

从面临的风险挑战来看，当前国际环境整体呈"增长较弱、风险较大、博弈加剧"的特点，不稳定性不确定性持续存在，复苏进程仍然缓慢且不均衡，全球增长趋势仍然偏向下行。国际货币基金组织（IMF）在2023年10月发布的《世界经济展望报告》中，预计2024年全球经济增速为2.9%，低于2023年0.1个百分点，这将会对我国经济发展造成不利影响。从天津面临的发展环境看，天津营商环境对标一流仍有差距，在破除隐性壁垒、优化企业投融资便利度等方面仍需继续加强；微观层面预期仍较脆弱，人口导入能力不强、项目储备不足等因素加大了房地产业增长难度；制造业企业、民间投资等受市场需求不足、自身盈利水平下降等因素影响，投资扩产能力和意愿不强。这些困难挑战将对天津经济持续恢复向好的发展态势造成一定影响。

（二）面临的机遇和积极因素

从面临的发展机遇来看，2024年经济运行也具有一定的支撑基础和有利条件，当前国内产需两端持续改善，市场需求逐步恢复，生产活动稳步加快，经济运行基础夯实稳固。从天津发展基础看，天津拥有京津冀协同发展重大战略机遇，京津"双城记"持续唱响唱好，高质量发展"十项行动"扎实推进，滨海新区以"二次创业"的奋斗姿态开创新局面，将成为天津高质量发展的新优势。天开高教科创园的创新要素加速聚集、创新成果加速转化，新质生产力正加快形成。主动对接国家重点发展产业链，"1+3+4"现代化工业体系发展成效显著。重点产业项目支撑后劲强劲，空客新总装线、南港乙烯及下游高端新材料集群、联想创新产业园等一批重大项目将落地建设投产；能源、水利、新基建、公共服务等领域投资需求旺盛，会展经济、旅游经济、航运金融、邮轮经济、文创经济等新产业新业态蓬勃发展，这些积极因素将成为未来天津经济高质量发展的新动能。

（三）2024年经济预测

结合当前国内外宏观经济发展态势以及天津经济运行的基础支撑，初步预计2024年天津市地区生产总值同比增长4%左右，规模以上工业增加值增长4%左右，社会消费品零售总额增长6%左右，一般公共预算收入增长5%左右，居民消费价格涨幅在2%左右，居民人均可支配收入涨幅略高于经济增速。

四、政策调控措施建议

为做好2024年经济发展各项工作，要深入贯彻党的二十大精神，把学习贯彻习近平新时代中国特色社会主义思想主题教育成效转化为推动事业发展的生动实践，把高质量发展"十项行动"转化为现实生产力，切实盘活存量、培育增量、提升质量，推动天津经济高质量发展不断取得新成效。

（一）聚焦区域协调发展，推动京津冀协同发展走深走实

一是更好地服务北京非首都功能疏解。完善承接载体建设，定点推动驻京央企总部及二三级子公司和创新业务板块来津布局，强化与雄安新区、北京城市副中心功能互补、错位承接。二是全面深化协同创新和产业协作。强化战略科技力量、战略人才力量共建，联合开展关键核心技术攻关，协同打造更多"国之重器"。健全科技成果转化供需对接清单机制，提高科技服务水平，推动天开高教科创园与北京科教资源对接合作。三是深化重点领域协同合作。加快建设城际高铁项目，深入实施京津出行便利化措施。强化与北京空港、陆港对接，打造世界级港口群、机场群。深化公共服务和社会政策协同，推动政务服务、文旅、交通等更多事项纳入社保卡"一卡通"服务范围。

（二）聚焦夯实实体经济根基，着力提升现代化产业能级

一是持续推进制造业高质量发展。建设多元开放的制造业创新体系，促进产业链创新链融合发展，构建"链长+链主"双牵引协同机制，打造若干先进制造业集群。二是推动生产性服务业提质扩容。重点打造科技服务业、信息服务业、航运服务业等生产性服务业产业链，实施服务业领域企业梯度培育计划，配套出台梯度培育政策措施；打造国家骨干冷链物流基地和国家物流枢纽，培育具有核心竞争力的冷链企业。三是促进数字经济和实体经济深度融合。落实落细数字经济"1+3"行动方案，以云服务、工业互联网、智能制造、"5G+"全面赋能，构建"云网智联用"数字化生态体系。加快工业互联网标识解析二级节点建设步伐，打造更多国家级工业互联网试点示范项目。

（三）聚焦盘活存量培育增量，加快重大项目谋划建设

一是抓好重点领域投资。稳步推进工业、基础设施、房地产等重点领域投资调度，持续推动工业制造业重大项目扩大投资，大力实施城中村改造和"平急两用"公共基础设施项目建设，推进实施更多中心城区盘活存量示范项目，推动空置楼宇、老旧厂房、低效土地等存量资源利用提质增效。二是强化项目要素保障。实行要素优保快保、联审联办，加强对项目用地、用海、用能和环境容量等要素服务保障，建立完善投融资合作对接机制，搭建常态化政、金、项对接平台，引导更多金融活水支持项目建设。三是抓好项目谋划储备。调整完善项目谋划工作思路和体系，强化产业项目招商引资，招引一批有效益、利长远的实体项目特别是制造业项目落地实施。

（四）聚焦民营经济高质量发展，持续释放民企发展活力

一是优化民营企业支持政策。落实落细国家和天津促进民营经济发展壮大的各项政策措施，持续推动各项惠企政策兑现到位，加大向民间投资推介项目的力度，为民营经济发展营造良好环境。二是改善民营企业营商环境。推动构建公平竞争的市场秩序和开放透明的市场规则，破除各种形式的准入壁垒。依法保障民营企业合法权益，把构建亲清政商关系落到实处，形成尊重民营企业家、支持民营企业发展的良好氛围。三是解决民营企业发展难题。用好"1+3"协调服务机制，将更多民营企业逐步纳入政企互通服务信息化平台，"一企一策"解决好人才用工结构性短缺、产业配套不完善、数字化转型慢等制约经营发展的突出问题。

（五）聚焦法治化营商环境建设，着力提升改革开放能级

一是深化市场化改革。加快全国统一大市场建设，争取要素市场化配置综合改革试点获批，推动高标准市场体系建设。突出"一企一策"服务引导，高标准建设世界一流企业。二是优化营商环境。落实好新版市场准入负面清单，按照"非禁即入"要求，推动各类经营主体依法平等进入清单之外的行业、领域、业务。三是提升外资利用能级。制定高水平对外开放实施意见和行动方案，争取天津自贸区落地"融资租赁+保税维修再制造"全产业链集成创新政策，在服务贸易、数据跨境、金融服务等领域开展先行先试。四是积极融入共建"一带一路"。拓展天津港共建"一带一路"国家港口航线，推进海铁联运发展，不断深化与共建"一带一路"国家的互联互通。

（六）聚焦兜牢民生保障底线，满足群众高品质生活新期待

一是提升绿色低碳发展能级。落实绿色低碳发展行动重点任务，推动重点排放企业开展碳排放权交易，高标准打好蓝天、碧水、净土保卫战。二是加快国家产教融合试点建设。推动滨海新区申报第二批国家产教融合试点城市，重点建设一批产教融合实训基地，加快建设培育产教融合型企业。三是提升医疗卫生综合服务能力。优化卫生健康资源布局，加快中国医学科技创新体系核心基地天津基地建设，稳步推进各医疗卫生项目建设。四是持续做好重要民生商品保供稳价工作。积极发挥重要民生商品价格调控机制作用，做好市场和价格监测、保障物资供应和流通畅通，全力保障重要民生商品量足价稳。

[天津市经济发展研究院　丁绪晨　魏泳博]

之三：2023年上海市经济运行分析及2024年展望

2023年以来，在市委、市政府坚强领导下，上海市深入学习贯彻习近平新时代中国特色社会主义思想和党的二十大精神，牢牢把握高质量发展首要任务，咬定目标稳增长，坚定信心抓发展，努力克服外部环境复杂严峻等不利影响，狠抓重大战略、重大政策、重大项目和重点民生工作落实落地，积极协调解决突出问题和企业困难。随着各项稳增长政策举措持续发力，上海市经济总体保持恢复向好态势，体现了较强的韧性与活力。展望2024年，国际环境仍然严峻复杂、有效需求仍显不足、部分行业企业仍面临不少困难，经济持续恢复的基础仍需巩固。

一、2023年上海市经济运行分析

2023年以来，面对复杂严峻的国际环境，上海市认真贯彻落实党中央、国务院决策部署和市委、市政府工作要求，坚持稳字当头、稳中求进，着力提信心、扩需求、促发展，生产供给稳步恢复，就业物价总体平稳，高水平改革开放和高质量发展有效推进。

（一）经济延续恢复态势

前三季度，上海市经济保持恢复性增长态势，实现地区生产总值（GDP）33019.23亿元，同比增长6.0%；两年平均增速2.2%，较上半年提升0.5个百分点。主要行业保持平稳增长，住宿餐饮业、建筑业、交通运输业、租赁和商务服务业、信息服务业保持两位数增长，前三季度分别同比增长28.7%、25.9%、12%、11.9%和11.7%。实物量指标同步增长，前三季度上海市用电量同比增长6.3%，其中工业、服务业用电量分别增长4.7%和15.6%。交通运输业恢复增长，前三季度上海港集装箱吞吐量、航空货运量分别增长3.7%和13.8%，铁路旅客发送量、机场旅客吞吐量分别增长2.2倍和2.5倍。整车货运流量指数8—9月持续回升，9月录得103.8，较上月提升3.7个点。

（二）产业新动能不断壮大

前三季度，工业战略性新兴产业总产值占规模以上工业总产值比重达到43.9%，新能源汽车、新能源和高端装备行业产值分别同比增长41.8%、35.0%和10.9%；半导体存储盘、新能源汽车、3D打印设备等新产品产量增速分别达到1.2倍、42.7%和29.4%。1—9月，上海市信息传输、软件和信息技术服务业营业收入同比增长17.8%，其中，互联网和相关服务在头部互联网生活服务平台强力带动下增长27.5%。1—9月，上海市租赁和商务服务业、科学研究和技术服务业营业收入分别同比增长14.6%、11.0%。

（三）消费投资较快增长

文旅消费升温引领消费市场恢复，前三季度社会消费品零售总额同比增长16.1%，会商旅文体联动释放消费潜力，文旅节庆活动促进商旅客流恢复，重点商圈、旅游景区、展会、演出等流量消费强劲复

苏。中秋国庆假期上海市累计接待游客2129.7万人次，35个重点商圈客流同比增长34.6%，旅游消费总额增长29.7%。前三季度，上海市固定资产投资同比增长25.0%。其中，信息传输、软件和信息技术服务业投资同比增长58.1%，科学研究和技术服务业投资增长49.3%，东方枢纽、小洋山北侧开发等重大工程加快建设。

（四）外贸外资保持韧性

前三季度，上海市外贸进出口总额同比增长2.7%，快于全国平均水平，新能源汽车、锂电池、太阳能电池"新三样"出口实现较快增长，分别同比增长91.8%、66%和21.7%。黄金和消费品进口增长较快，前三季度，黄金、消费品进口分别同比增长43.4%和9%。

（五）市场活力逐渐增强

前三季度，上海市新设企业35.3万户，日均新设企业1888户，同比增长42.0%；在沪跨国公司地区总部、外资研发中心分别新增49家和20家，累计分别达到940家和551家。先导性指标运行平稳，9月上海制造业采购经理指数（PMI）为49.1，其中生产指数为50.7，连续8个月处于扩张区间，新订单指数为49.8。

（六）居民收入稳步增长

前三季度，上海市居民人均可支配收入同比增长7.1%。其中，城镇常住居民人均可支配收入同比增长7.0%，农村常住居民人均可支配收入同比增长8.3%。城乡收入比为1.90，同比缩小0.02。居民消费倾向快速恢复，前三季度为62.8%，为2020年以来新高，接近疫情前水平（2019年为65.7%）。

二、2024年上海市经济运行的环境及因素分析

（一）国际环境：全球经济复杂程度与不平衡性加剧

总体看，2024年国际发展环境依然复杂严峻，地缘政治风险愈演愈烈、欧美"脱钩断链"影响持续显现、顽固通胀不断推迟降息时点，可能进一步冲击全球弱复苏的经济前景，稳住外资外贸继续面临较大压力：

一是全球经济增长疲弱，分化特征明显，不确定性仍然较大。国际经济还处于疫情、俄乌冲突等冲击后的复苏期，但增长仍然缓慢且不均衡，更多突发事件随时可能增添复苏波折。IMF的四次预测中先后对全球增速采取"两增两减"的调整，最新预测中预计全球增速将从2022年的3.5%放缓至2023年的3.0%和2024年的2.9%，2024年预测值相比2023年10月下调0.1个百分点，显示2024年国际经济增长动能仍然偏弱。发达经济体仍是主要拖累因素，2024年仍不能摆脱衰退风险。其中，主要经济体2024年增速走势有所分化，其中，美国在过去一年半的加息周期中呈现出超预期的经济韧性，随着超额储蓄逐渐释放完毕，失业率、销售额等主要指标见顶回落，货币政策收紧的负面影响或于2024年进一步显现，预计2024年经济增速将显著回落；欧洲经济增速则在2023年触底后，2024年有望出现小幅回升。先行指标走势同样反映出全球经济复苏动能不足，9月摩根大通全球制造业PMI为49.1，连续13个月位于荣枯线之下，服务业PMI已从5月高位下滑至荣枯线附近（50.8）。

表1 权威机构对2023年、2024年全球及主要经济体经济增长的预测（%）

机构名称	IMF		联合国		OECD		世界银行	
预测时间	2023年10月		2023年5月		2023年9月		2023年6月	
预测年度	2023	2024	2023	2024	2023	2024	2023	2024
世界	3.0-	2.9↓	2.3↑	2.5↓	3.0↑	2.7↓	2.1↓	2.4↓
美国	2.1↑	1.5↑	1.1↑	1.0↓	2.2↑	1.3↑	1.1↑	0.8↓
日本	2.0↑	1.0-	1.2↑	1.0↓	1.8↑	1.0↓	0.8↓	0.7-
欧元区	0.7↓	1.2↓	0.9↑	1.4↓	0.6↓	1.1↓	0.4↑	1.3↓
中国	5.0-	4.2↓	5.3↑	4.5-	5.1↑	4.6↓	5.6↑	4.6↑
印度	6.3↑	6.3-	5.8-	6.7-	6.3↑	6.0↓	6.3↑	6.4↑

注：箭头为较机构上一次预测值变动情况，"-"为与上次预测持平。

数据来源：IMF2023年10月《世界经济形势与展望》；联合国2023年5月《2023年世界经济形势与展望》；OECD 2023年9月《全球经济展望中期报告》；世界银行2023年6月《全球经济展望》。

二是货币紧缩周期即将结束，但高利率时代预计仍将持续，对经济的外溢紧缩效应或将持续显现。经过11次加息后，美国联邦基准利率已达到5.25%~5.5%高位，9月议息会议预测显示距离利率终端可能还有1~2次加息，加息周期正在接近尾声。考虑到2024年通胀下降过程仍将较为缓慢，尤其新一轮巴以冲突爆发，引发市场对能源安全的普遍担忧，能源价格波动将进一步固化核心通胀黏性，IMF预计2023年、2024年全球通胀率分别为6.9%和5.8%，较上次预测分别上调了0.1个、0.6个百分点，预计未来一段时间内美联储将维持较高利率水平以对抗持久通胀。同时，由于货币政策的影响存在滞后性和非线性的特点，货币紧缩造成的经济失速风险正在不断累积，过高的利率水平推升了相关风险，2024年美国经济是否能顺利实现"软着陆"还具有较大不确定性，不排除在通胀与高利率博弈中对经济造成更大损伤，进一步拖累全球经济表现。

三是全球贸易增速有望触底回升，但贸易保护、美元走强、地缘冲突等因素扰动有增无减。WTO预计全球商品贸易量在2023年触底后（0.8%）于2024年将有望回升至3.3%，高于过去12年2.6%的平均水平，但2024年仍有较大下行风险，高利率、高通胀、地缘冲突升级等因素仍对贸易复苏存在抑制作用。美元走强造成汇率出现较大波动，新兴经济体出口将持续承压。人民币对美元汇率自5月首次跌破"7"关口后，10月29日跌至7.3082，外汇流动性不断收紧，进出口汇兑风险明显上升，或进一步影响国内出口企业的业务开展与收入利润表现。

四是全球再工业化"军备竞赛"升级，全球产业链调整继续，跨境投资或将进一步萎缩。全球掀起再工业"军备竞赛"浪潮，中国制造业发展面临"掐头去尾"两面夹击。一方面，美国高举国家安全大旗推进制造业回流，英国、法国、日本等发达国家也在跟进效仿，欧美对中国技术封锁层层加码。欧洲《碳边境调节机制》修正案已于10月进入过渡期，2026年起正式实施，预计其影响可能覆盖钢铁、铝、化肥等行业，同时多国开展新能源车国内补贴，并于10月正式启动对中国的反补贴调查，未来可能进一步影响新能源产品出口动能。另一方面，印度、越南等发展中国家也加快产业项目的布局引进，制造业快速崛起，在劳动密集型、中低端科技制造业等领域与中国开展激烈竞争，部分跨国企业正加快推进产业链转移布局。此外，地缘政治紧张引发全球经济碎片化加剧，跨境资本和技术流动阻碍加大，继2022年全球FDI下降12%之后，2023年投资规模继续收缩，预计2024年也将保持低位运行。

但也要认识到，随着主要经济体增速触底，未来国际经济继续下行的空间有限，预计仍能保持3%左右的增长中枢，同时，在国际政治经济力量格局深化调整阶段，我们更要坚定信心、主动作为，善于危中寻机、转危为机，重点把握三方面的结构性机遇：一是新一轮科技产业革命机遇。科学范式深刻变革，新业态新产业快速成长，上海要继续在突破原创性引领性技术超前布局新赛道、抢占科技生产力制高点等领域代表中国深度参与国际竞争。二是新一轮能源结构改革。全球能源系统加速转型变革，国际能源署预计，到2030年全球电动汽车的数量将是现在的近10倍，可再生能源在全球电力结构中的份额将接近50%，能源领域蕴涵着巨大商业机会和投资潜力。三是中国推动和引领的新一轮全球化进程。中国倡导和推动的"一带一路"国际合作，顺应全球治理体系改革大势，也符合国际社会大多数成员的共同诉求期待，随着中国"朋友圈"逐步扩充成形，将推动世界各国在更大范围、更高层次内深化合作。

（二）国内形势：结构性支撑与风险考验并存

2023年以来，国内疫情防控平稳转段，需求收缩、供给冲击、预期转弱三重压力缓解，主要经济指标边际改善。前期积压需求集中释放，消费尤其是接触性消费显著回升，各项稳经济政策继续靠前发力，基建和制造业投资较快增长，新动能势头依然强劲，新产业新业态较快发展。前三季度全国GDP增速为5.2%，第三季度GDP同比增速达到4.9%，显著高于市场预期的4.3%~4.6%；同时环比增速回升至1.3%，基本回到往年季节性水平。从分项来看，出口实质性改善，工业生产表现偏强，投资端逐步企稳，消费增速回升，但内生动能减弱。9月，制造业采购经理指数（PMI）为50.2%，比上月上升0.5个百分点，重返扩张区间，生产指数、新订单指数均处于荣枯线以上。总体而言，2023年以来得益于新冠疫情接触防控措施的解除，中国经济有所反弹，但消费者心理脆弱性、房地产市场下调、出口需求疲软等问题都会在未来再次导致经济增速放缓。IMF在报告中将中国2023年增速从5.2%下调至5.0%，2024年由4.5%下调至4.2%。在经济延续恢复和政策性力量支撑的共同作用下，综合相关机构预测，预计2024年中国经济增速为4.7%（4.2%~5.1%），快于全球以及美、欧等主要经济体。

表2 国内外机构对2023年、2024年我国经济增长的预测（%）

	机构	2023年第四季度	2023年	2024年	预测时间
国际机构	IMF		5.0	4.2	2023年10月
	OECD		5.1	4.6	2023年9月
	联合国		5.3	4.5	2023年5月
	世界银行		5.1	4.4	2023年10月
国内机构	瑞银证券	5.0	5.2	4.4	2023年10月
	野村东方国际	4.7	5.1	3.9	2023年10月
	德邦证券	5.1	5.1	5.0	2023年10月
	国泰君安	5.3	5.2~5.3		2023年10月
	中信建投	5.6	5.4		2023年10月
	华西证券	5.5	5.3		2023年10月
	农银国际		5.3		2023年10月
	银河证券	5.2~5.4	5.2~5.3		2023年10月
	东吴证券	5.4	5.3		2023年10月

续表

	机构	2023年第四季度	2023年	2024年	预测时间
国内机构	广发证券		5.0~5.2		2023年10月
	中国银行	5.7	5.2		2023年10月
	兴业证券	5.1			2023年10月
	国联证券	5.4	5.2		2023年10月

2024年既有机遇也有挑战：

三大动力同频共振支撑中国经济持续回升向好。一是"内生动力"，疫情"疤痕"得到明显修复，供给、需求两端集中释放。从需求看，消费重新成为拉动经济增长的主动力，2023年前三季度最终消费支出对经济增长贡献率达到83.2%，内需对经济增长贡献率提升到113%，有效对冲了外需收缩的压力。从供给端看，创新对经济增长驱动作用增强，制造业结构加快升级，规模以上装备制造业、高技术制造业增加值占规模以上工业增加值比重分别达到32.9%，15.3%。二是"政策动力"，各项政策措施落实落细，持续提振市场信心。财政方面，财政支出力度可能边际加速，如近期中央增发国债并上调赤字，可以部分弥补当前地产投资低位所带来的资本形成缺口，有效助推基建投资，将对整体固定资产投资形成支撑，稳定总需求。货币方面，为配合特别国债增发，货币政策也有必要进一步加力，目前市场定价的利率水平已经持续低于政策利率水平，不排除央行在信贷周期紧缩压力下"顺势而为"，或微幅调降政策利率，释放稳增长信号。同时，央行可能通过结构性货币政策工具加大基础货币投放，用于地产去库存、保障性住房需求、战略性新兴产业、绿色金融等方面。此外，在地产方面，稳妥降低存量首套房贷利率、认房不认贷、因城施策调整限购限售、调整首付比例、分三类推进实施超大和特大城市城中村改造等新政密集出台，看房热度指标显著抬升，新房交易活跃度有所改善，预示着商品房销售的短期拐点已现，居民财富效应预期趋于稳定，将持续扩大国内有效需求。三是"转型动力"，新一轮科技革命与产业变革加速演进，全球科技创新的广度深度速度持续攀升。我国产业结构调整和转型升级也在此背景下持续推进，高附加值、高技术含量、高可靠性"三高"行业发展提速，高端化、智能化、绿色化"三化"步伐加速推进，新技术、新产品、新模式"三新"动能加快壮大，推动中国经济协调性和韧性不断增强。此外，在"自主创新"战略推动下，持续快速的高技术投入以及新发展格局所产生的新布局，特别是国产替代效应将产生系统性效果，持续、全面地提升内需。近期，国内大市场在进行超大规模的补链、提链和壮链，三年持续的高技术投入会产生较好的短期效应。

但也要清醒认识国内经济的结构性矛盾和周期性不利因素。一是传统过剩产能与新兴产业的矛盾。当前我国正处于一种结构性产能过剩的局面，产能过剩与不足的现象同时并存，一方面，地产及相关的传统制造业（如钢铁、建材等）、低端制造业等产能远超市场实际需求，加上国际市场需求波动的负面影响，更加剧了传统产能过剩困境。另一方面，高端制造（如芯片、生物科技等）等新兴产业则面临供给不足问题，尤其是在品质、技术、服务等多个方面不能满足市场升级后的新需求。与此同时，新能源汽车等新兴产业由于大量新增产能的涌入，局部区域产能过剩可能会产生扰动效应，大上快上或有一定后遗症风险。二是房产结构性短缺与结构性过剩的矛盾。本轮房地产市场的调整更多包含了人口老龄化加速、长期收入增速预期放缓、区域间产业布局倾斜、人口吸纳能力迥异等多项长期结构性原因。相关政策放松后，短期内住宅销售有所改善，但区域分化趋势延续，三、四线城市库存高企，购买力已经严重透支，给房企后续的销售回款、利润以及现金流都造成了极大压力。总体上能有多大的需求反弹的力度，又能持续多久，目前仍存在很大的不确定性。预计地产需求见底提前，而并非迅速V形反弹至正增长。

此外，头部企业能否快速完成债务重组，对于稳定房地产市场也是至关重要的。如果在债务问题上犹豫不决，房地产市场仍将面临严峻考验。三是地方财政流动性与债务拆解的矛盾。目前，一揽子化债方案正式启动，特殊再融资债券开始发行，化债方案的短期效果好，但中期内依然面临着一些不确定性。未来发更多的债、利息更低的债已经成为共识。隐债余额减少至零并非结束，而是刚刚开始，全口径债务管控难度更大（经营性债务增速和余额大幅上行，未来偿还能否按所谓市场化原则尚未可知）。隐债显性化必然带来当地债务率的上行，不仅影响重债地区再融资能力，政府中期重大项目投资能力也将削弱。随着地产下行，财政偿付能力下滑，财政收支紧平衡或将成为常态。

三、2024 年上海市经济趋势展望及主要指标预测

展望 2024 年，基于模型测算结果，综合考虑基数效应、"十四五"目标实现、外部环境和自身动能等方面因素，2024 年上海 GDP 增速很大概率落在 4%~5%区间。主要有五方面支撑点和三方面下拉因素。

（一）主要支撑点

消费持续恢复。居民收入持续增长，带动 2024 年消费从 2023 年的"口红经济"升级，汽车、地产相关消费或迎来机遇窗口，跨境流动常态化带动商务旅行的增量。文化旅游、住宿餐饮等接触型消费较快增长，例如，比斯特购物村前三季度客流和销售额均同比增长超过 50%，较 2019 年同期客流增长超过 20%，销售额增长 1.5 倍，人均客单价稳步增长。投资继续发力。企业利润逐步改善，贷款利率处于低位，叠加"五大新城"建设加快推进等，均利好投资。但需关注外资企业产能外移，新增投资和扩大再生产动力减弱的问题。金融低基数下反弹。虽然中美利差等不利因素依然存在，但预计 2024 年将有所改善，叠加 2023 年存贷款、资本市场的低基数，2024 年或取得较快增长。信息服务延续高速增长。数字化转型持续推进，数字经济持续发展，拉动信息服务业增长。统计核算应统尽统还有新增量。像抓工业一样抓服务业，随着统计核算的进一步规范，比如会计、律师、养老等产业推动应统尽统，或带来新增量。

（二）下拉因素

工业方面，企业补库、前期制造业投资产能释放、集成电路等国产替代领域等对工业或有拉动作用，但传统燃油汽车、电子信息行业、新能源汽车等优势领域支撑减弱及外资企业产能外移对工业造成较大压力。外贸方面，虽然"新三样"、船舶等优势产品或将继续保持较快增长，但全球经济低迷、美国"小院高墙"对外贸产生较大扰动。房地产方面，全国房地产市场仍在调整过程中，部分房企流动性压力仍大，同时，2023 年供应土地规划建筑面积较上年减少，或影响 2024 年增量空间。

四、政策调控措施建议

面对 2024 年经济下行压力，上海要稳住基本盘，加固增长点。在经济走向复苏企稳的过程中，仍要保持对工业、金融、外贸、消费、投资等优势长板领域的政策支持力度，持续锻造上海经济增长的定盘星。

（一）稳工业

注重龙头企业带动，围绕重点企业，做好保障服务，鼓励稳产增产，完善纾困、奖补措施，充分调动企业生产积极性。加大技改投资，聚焦高端化、智能化、绿色化，推动企业全流程和全生命周期改造升级。促进供需对接，鼓励搭建各类供需对接平台，开展工业品展销活动，积极开拓新消费渠道。

（二）稳外贸

稳住新亮点，加大对订单充足的新能源汽车、光伏、锂电池等外贸企业及产业链"链主"型企业要素保障力度，支持订单充足的企业合理扩大产能，更好匹配国际市场需求。培育新动能，落实跨境电商高质量发展行动方案，深化跨境电商综合试验区建设，培育一批跨境电商主体，推动海外仓综合服务平台上线。加快推进国际分拨、保税维修再制造等新业态发展，扩大保税油加注业务规模。全力强保障，积极应对贸易摩擦，推进企业合规体系建设，培育一批合规先行企业，提升合规竞争力。

（三）稳消费

聚焦重点品类加大政策支持力度，落实好国家新能源车减免政策，加大新能源车推广力度，稳定燃油车消费规模，提升二手车交易便利度。聚焦重点节庆活动营造促消费氛围，组织举办"暑期消费季""金秋购物旅游季""拥抱进博首发季""网络购物狂欢季""跨年迎新购物季"等主题消费季系列活动，进一步释放消费潜力。

（四）稳金融

金融资源更多配置到经济社会发展的重点领域和薄弱环节，着力解决好民营企业和小微企业融资难、融资贵问题，更好满足实体经济多样化金融需求。稳金融开放，加快重大金融平台建设，推动建设国家级大型场内贵金属储备仓库，支持全国性大宗商品仓单注册登记中心进一步提升功能，高标准建设再保险"国际板"；推动高效率金融市场互联互通，提高境外投资者参与上海金融市场的深度与广度；有序推进资本市场金融科技创新试点。

（五）稳投资

上海市进入城市化发展的新阶段，市政基础设施建设投资进入平台期，要聚焦未来产业与民生发展，把更多的资金投向企业，投向科技创新，投向民生改善，尤其是新型基础设施的投资，要加大推进新基建、新能源项目建设，支持引导各类资本加大相关领域投入力度。

[上海市发展改革研究院　马海倩　汪曾涛　徐惠妍]

之四：2023 年四川省经济运行分析及 2024 年展望

面对严峻复杂形势和多重困难挑战，四川省深入学习贯彻党的二十大精神和习近平总书记对四川工作系列重要指示精神，认真落实省委、省政府决策部署，坚持稳中求进工作总基调，完整、准确、全面贯彻新发展理念，大力实施"四化同步、城乡融合、五区共兴"发展战略，全力以赴拼经济、搞建设，四川省经济持续快速恢复，转型升级加快，发展动能增强，向好态势持续巩固，高质量发展稳步推进。

一、2023 年四川省经济运行分析

（一）总体情况

2023 年以来，四川省经济增速从第一季度低于全国，到上半年与全国持平，再到前三季度反超全国，经济运行整体呈逐季回升、稳中向好的态势。前三季度实现地区生产总值 43387.0 亿元，同比增长 6.5%，增速在全国前十经济大省中居第 1 位，比第一季度、上半年分别提高 2.7 个、1 个百分点。

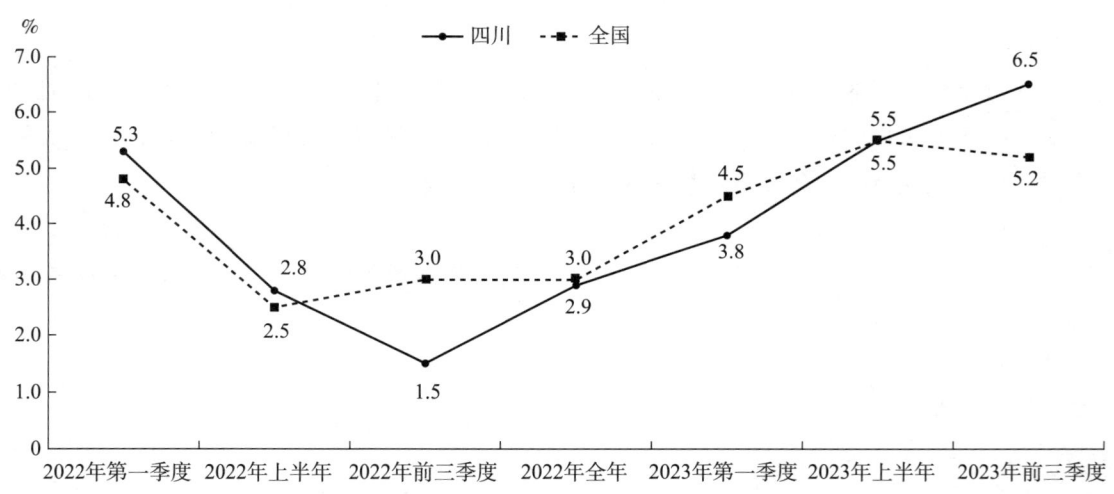

图 1　2022 年以来四川省与全国地区生产总值分季度同比增速

（二）生产供给保持较快增长

1. 农业生产形势稳定

2023 年前三季度，四川省第一产业增加值 4947.0 亿元，同比增长 3.8%，较上年同期提高 0.2 个百分点，较全国低 0.2 个百分点。夏粮产量 452.6 万吨，同比增长 3.7%，小春、大春粮食产量分别同比增长 3.7%、2.5%，粮食增产 6.45 亿公斤，预计全年粮食产量有望达到 357.5 亿公斤以上。畜禽生产保持稳定，生猪、牛、羊分别出栏 4790.8 万头、212.0 万头、1259.6 万头，同比分别增长 2.7%、1.4%、1.0%，家禽出栏 49210.7 万只，同比增长 0.7%。

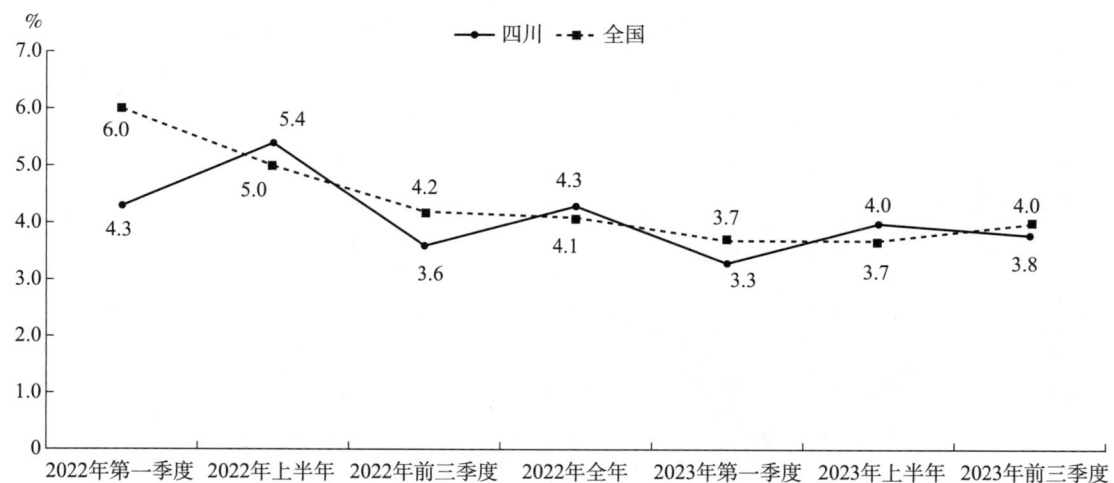

图2　2022年以来四川省与全国第一产业增加值分季度同比增速

2. 工业恢复势头强劲

2023年前三季度，四川省第二产业增加值15202.4亿元，同比增长5.8%，较上半年回升2.2个百分点，分别较上年同期、全国高3.8个、1.4个百分点。规模以上工业增加值同比增长6.8%，较上半年回升2.5个百分点，分别较上年同期、全国高4.4个、2.8个百分点。41个行业大类有25个实现正增长，行业增长面达到61%，较上半年扩大7.3个百分点。六大优势产业增加值同比增长7.3%，其中先进材料、医药健康、电子信息产业分别同比增长20.9%、10.3%、9.4%。绿色低碳优势产业加快发展，晶硅光伏、动力电池、钒钛产业增加值分别同比增长50.3%、23.3%、15.8%。

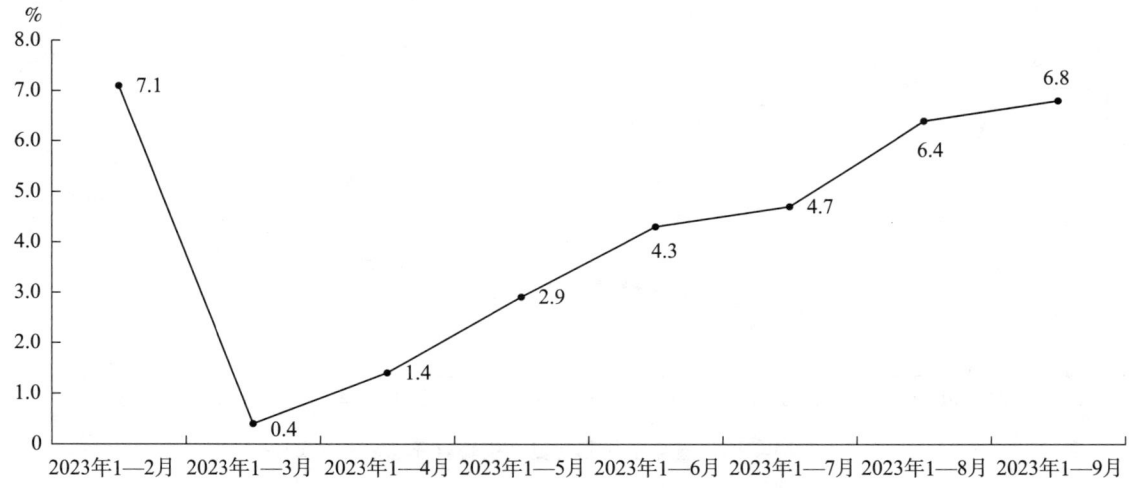

图3　2023年四川省规模以上工业增加值增速

3. 服务业加快增长

2023年前三季度，四川省第三产业增加值23237.6亿元，同比增长7.7%，较上半年回升0.7个百分点，分别较上年同期、全国高7个、1.7个百分点。重点行业快速提升，铁路、航空运输总周转量分别增长33.4%、87.1%，均超过疫情期间水平。交通运输仓储和邮政业、住宿和餐饮业、租赁和商务服务业增加值均保持两位数增长，分别增长11.2%、11.8%、12.2%。

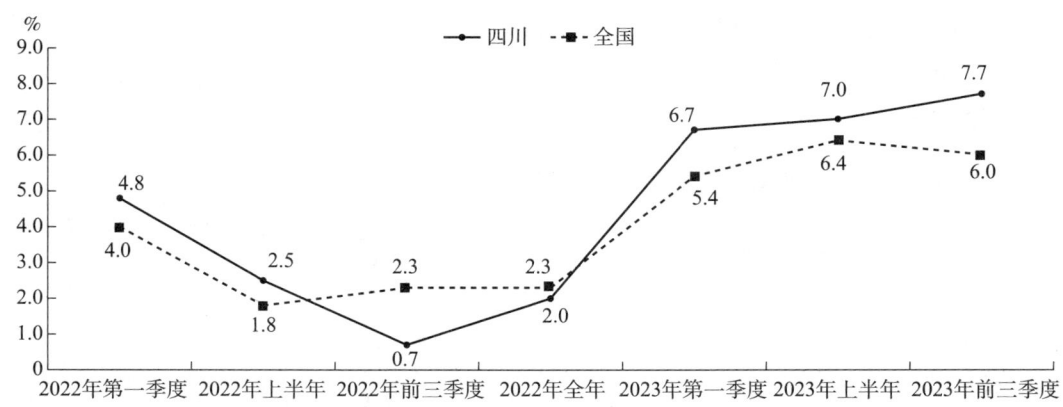

图 4　2022 年以来四川省与全国第三产业增加值分季度同比增速

（三）市场需求回暖速度加快

1. 固定资产投资持续回升

2023 年前三季度，四川省固定资产投资（不含农户）同比增长 3.2%，增速从第一季度落后全国 4 个百分点，逐月追赶至高于全国 0.1 个百分点，增速居全国第 17 位、前十经济大省第 6 位，较上半年提高 2 位。基础设施投资"压舱石"作用进一步凸显，产业投资高位增长，民生及社会事业投资持续向好，分别增长 12.7%、21.4%、6.1%，分别拉动四川省投资 3.8 个、4.7 个、0.9 个百分点。建安工程投资持续回升，同比增长 3.5%，较全国高 1.1 个百分点，拉动四川省投资 2.8 个百分点。

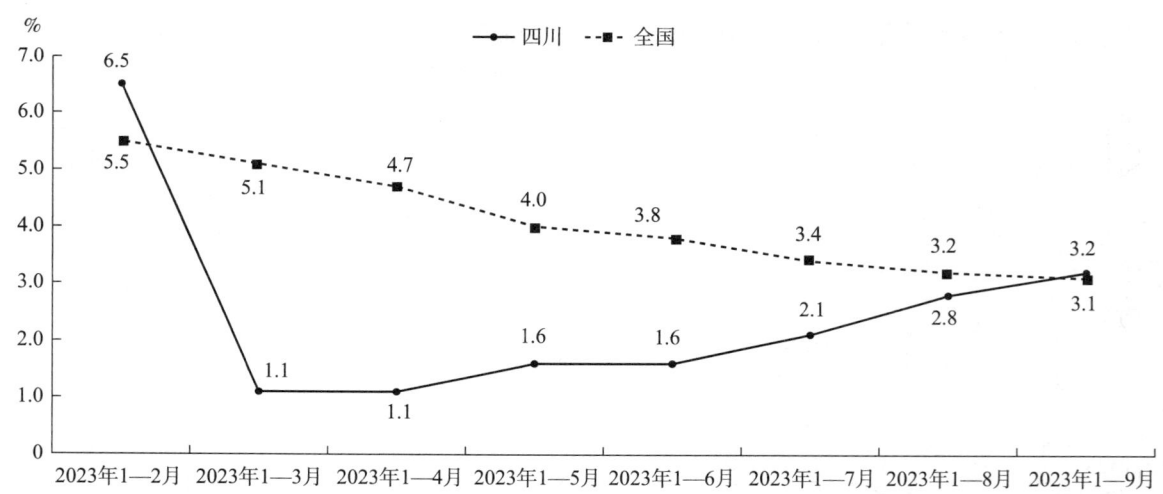

图 5　2023 年四川省与全国固定资产投资（不含农户）增速

2. 消费市场快速增长

2023 年前三季度，四川省实现社会消费品零售总额 18940.6 亿元，同比增长 9.2%，较上半年回升 1.6 个百分点，分别较上年同期、全国高 9.4 个、2.4 个百分点，其中 9 月当月创年内新高，同比增长 17.3%。升级类商品销售较好，金银珠宝类、汽车类消费分别增长 14.6%、9.5%。文旅消费强劲复苏，中秋国庆期间四川省接待游客人次、旅游消费分别增长 79.5%、116.1%，比 2019 年分别增长 11.2%、14.2%，超过全国平均增幅 7.1 个、12.7 个百分点，16 家 5A 级景区客流量、门票收入分别增长 523.1%、776.6%。

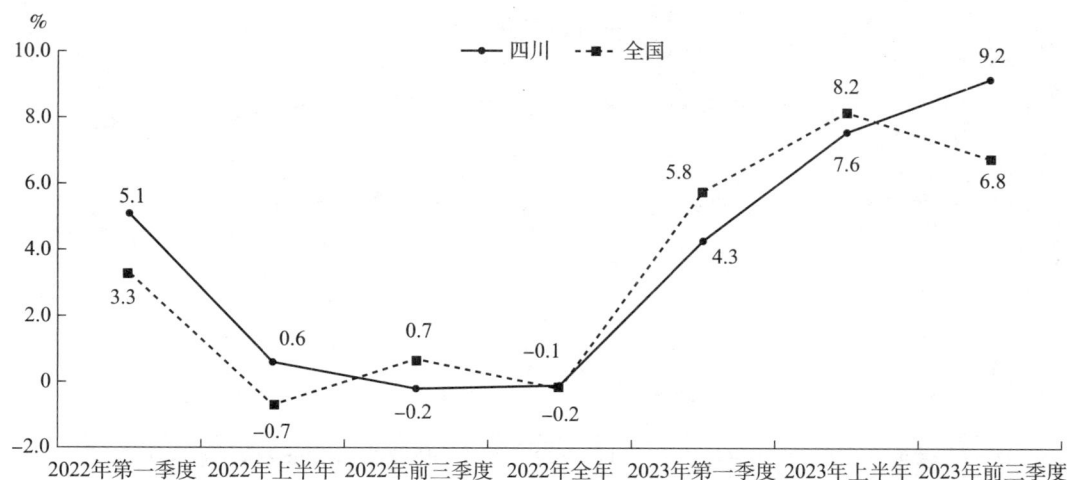

图6 2022年以来四川省与全国社会消费品零售总额分季度增速

3. 外贸结构持续优化

2023年前三季度，四川省外贸进出口总额6873.6亿元，规模居全国第8位。对"一带一路"沿线国家进出口总额2916.1亿元，同比增长5.4%，占四川省外贸总值的42.4%。民营企业进出口额3083.1亿元，同比增长26.1%，占四川省外贸总值的44.9%，同比提升11.4个百分点。电动载人汽车、太阳能电池、锂电池蓄电池等外贸"新三样"产品出口121.2亿元，同比增长60.9%，高出整体出口增速62.7个百分点，氢氧化锂、锂镍钴锰氧化物等锂电材料出口额分别同比增长1倍和20.7%。

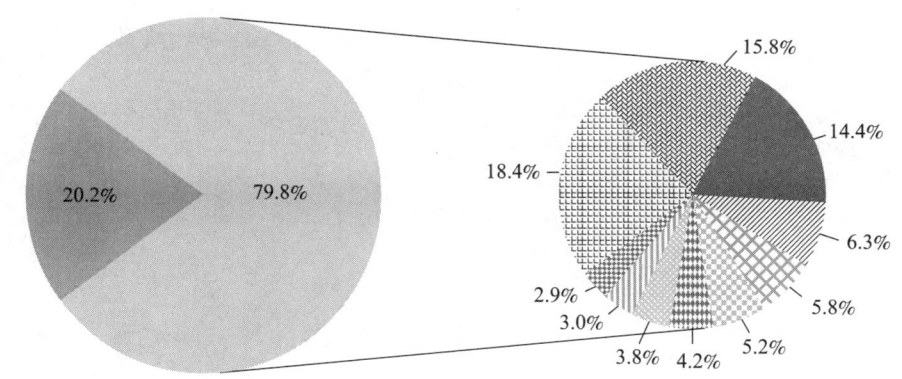

图7 2023年前三季度四川省主要贸易伙伴

（四）经济质量效益持续改善

1. 财政金融支撑有力

2023年前三季度，四川省一般公共预算收入4095.9亿元，同口径增长6.7%，同比高1.4个百分点。其中，税收收入2656.7亿元，同口径增长6.2%。9月末，金融机构本外币各项贷款余额10.4万亿元，同比增长14.3%，较全国高4.1个百分点，比年初增加1.1万亿元，同比多增1047亿元，增速连续13个月居全国前3，基础设施贷款、制造业中长期贷款和普惠小微贷款余额分别同比增长18.4%、34.6%、25.8%，均快于近5年同期平均增速。

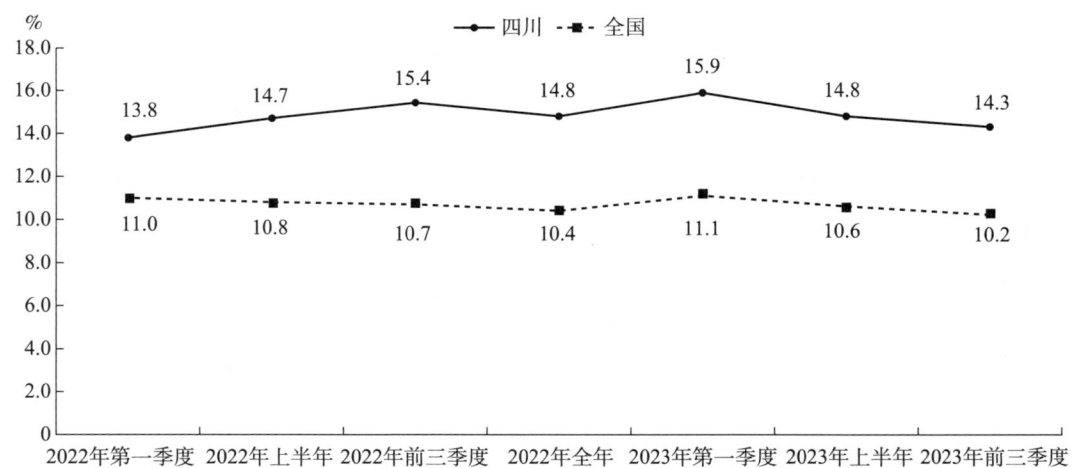

图8　2022年以来四川省与全国各项金融机构本外币贷款余额分季度增速

2. 税电指数处于景气区间

2023年前三季度,四川省企业开票销售收入、全社会用电量分别同比增长10.7%、6.6%,比上半年分别提高2.1个、0.7个百分点,其中工业企业开票销售收入、工业用电量分别增长6.2%、9.8%,较上半年分别提高1.1个、4.2个百分点。税电指数为106.1,分别较年初、上半年提高2个、0.9个百分点,经济活跃度逐步增强。

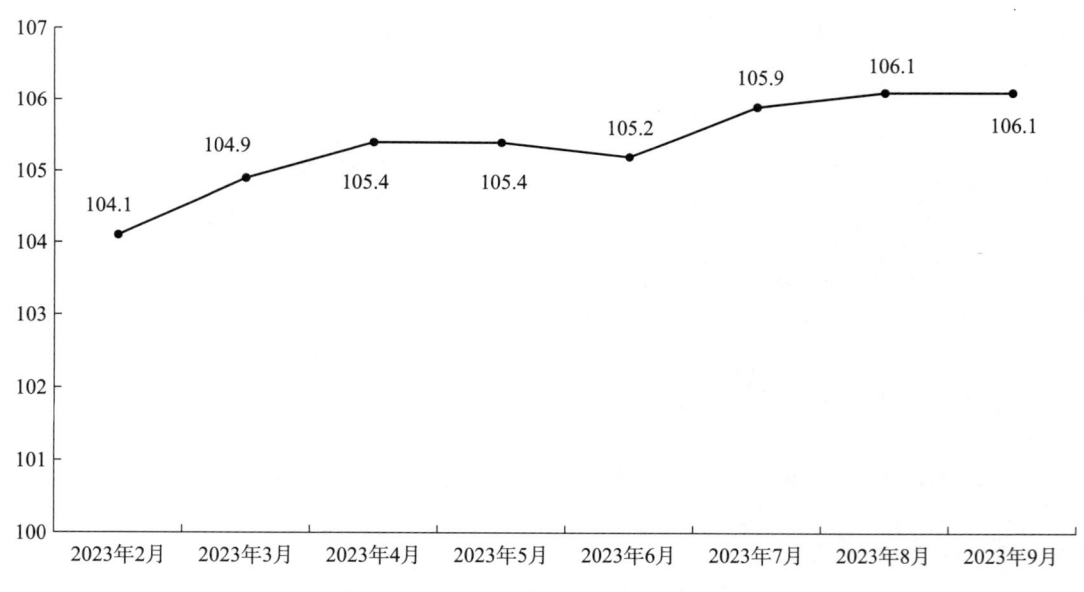

图9　2023年四川省经济景气度税电指数

（五）市（州）经济总体向好

2023年前三季度,12个市（州）地区生产总值增速高于四川省,19个市（州）高于全国,最高的绵阳市8.2%,较四川省高1.7个百分点。12个市（州）规模以上工业增加值增速高于四川省,宜宾市、凉山州、阿坝州、甘孜州4个市（州）实现两位数增长,最高的甘孜州15.4%,较四川省高8.6个百分点。13个市（州）固定资产投资增速高于四川省,最高的甘孜州14.2%,较四川省高9.1个百分点。13个市（州）社会消费品零售总额增速高于四川省,12个市（州）实现两位数增长,最高的绵阳市12.0%,较四川省高2.8个百分点。

二、当前经济运行存在的主要问题

(一)市场预期仍然偏弱

2023年以来,四川省制造业采购经理指数(PMI)除2月、3月、9月略高于临界点外,其余月份均处于荣枯线以下,工业生产者出厂价格(PPI)指数、购进价格指数(IPI)同比分别下降2.4%、2.6%,其中PPI连续9个月下降,1—8月规模以上工业企业利润总额下降4%,亏损面达23.1%,企业扩大生产意愿不强。居民收入增速放缓,前三季度农村居民人均可支配收入增速较上半年低0.6个百分点,城镇居民人均可支配收入较上年同期低0.8个百分点。同时居民预防性储蓄增加,消费预期减弱,9月末四川省住户本外币存款余额增长14.5%,影响消费潜力释放。

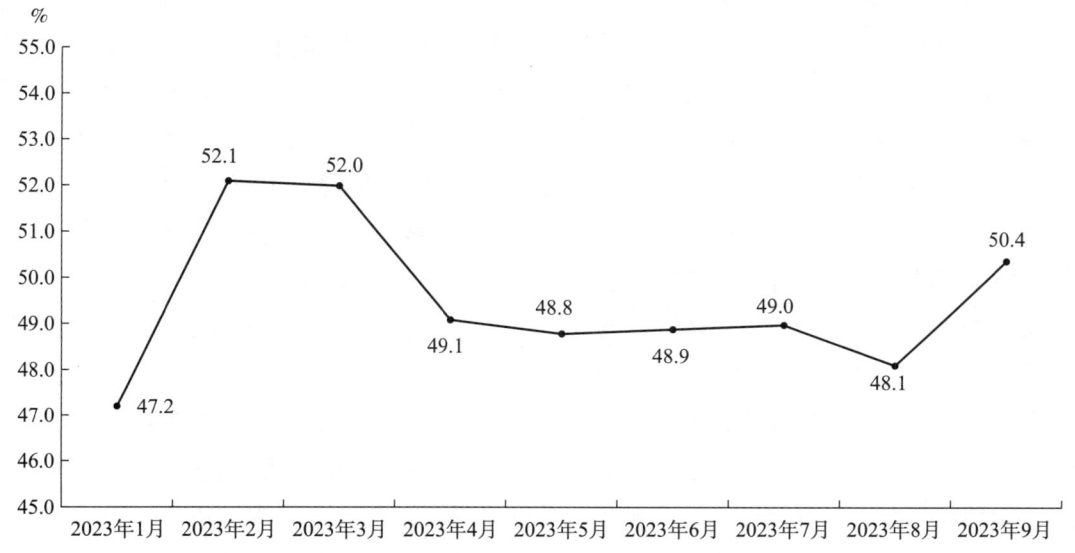

图10　2023年四川省制造业采购经理指数(PMI)

(二)重点领域问题较为突出

民间投资不振,民营企业投融资意愿不高,2023年前三季度四川省民间投资下降11.2%,连续7个月降幅超过两位数,降幅比全国多10.6个百分点,连续40个月低于四川省投资增速,拉低四川省投资4.9个百分点。房地产市场较为低迷,需求不足导致相关投资、生产和消费持续疲软,企业普遍拿地意愿不强,土地出让收入下降16.7%,四川省商品房销售面积下降2.8%,降幅比上半年扩大0.1个百分点。房地产开发投资21.3%,降幅比上半年扩大2.3个百分点,连续15个月负增长,拉低四川省投资6.1个百分点。进出口形势不容乐观,富士康、英特尔、戴尔等5家加工贸易龙头企业减量超过900亿元,四川省进出口下降6%,降幅比全国多5.8个百分点。同时,生猪价格仍然较低,养殖场(户)补栏积极性不高,后期稳产压力较大。

(三)发展分化较为明显

从行业看,与绿色低碳优势产业相关的电气机械和器材制造业、化学原料和化学制品制造业等行业保持两位数增长,但农副食品加工、计算机通信和其他电子设备制造等发展不及预期。从企业看,大中型工业企业保持较快发展,但小微企业经营承压增长乏力。从市(州)看,前三季度泸州、南充、巴中等6个市经济增速低于四川省,8个市规模以上工业增加值增速低于四川省,南充、泸州、资阳仅分别增

长0.2%、0.4%、2.4%。8个市社会消费品零售总额增速低于四川省，宜宾、眉山、资阳仅分别增长1.3%、1.8%、3%。8个市全社会固定资产投资增速低于四川省，巴中、资阳、成都仅分别增长0.8%、1%、1.8%。

三、2024年四川省经济运行环境分析及展望

从国际看，俄乌冲突、巴以冲突、逆全球化思潮等中长期因素正在持续加剧全球经济割裂，世界经济环境更趋复杂严峻、风险扰动持续增多，高通胀、高利率、高债务下世界经济增长动能明显不足，面临较大下行压力，IMF等国际机构最新预测全球经济增速2023年将放缓至3%，是2001年以来除全球金融危机和新冠疫情期间外的最低水平，2024年放缓至2.9%。从国内看，疫情防控平稳转段后，在党中央、国务院坚强领导下，我国经济恢复呈波浪式、曲折式前进，长期向好的基本面没有变，发展的趋势和主流仍然好于世界其他主要经济体，主要经济组织预测中国经济2023年增速将在5.0%~5.6%，高出2022年2.0~2.6个百分点。从四川省看，在国内经济持续向好背景下，随着一系列稳增长政策效应逐步显现，第四季度服务业和消费仍将保持良好复苏势头，工业和投资呈稳定恢复走势，进出口也有望实现边际改善，四川省经济将保持稳定增长，有望实现全年地区生产总值增长6%左右的既定目标。

展望2024年，"一带一路"建设、长江经济带发展、新时代西部大开发、黄河流域生态保护和高质量发展等国家重大战略在川交汇叠加，特别是党的二十大把成渝地区双城经济圈建设列为国家区域重大战略，将带来更为强劲的战略牵引力和政策带动力。聚焦六大优势产业提质倍增，大力实施新型工业化，电子信息、装备制造、先进材料、能源化工、食品轻纺、医药健康等产业有望陆续迈上万亿元台阶，清洁能源等绿色低碳产业具有独特优势，将为四川省高质量发展提供强劲动能。工业化率、城镇化率分别比全国低4.3个、6.9个百分点，总体正处于加速期，产业发展、城市建设还有较大空间，随着重大项目加快实施，将为四川省高质量发展奠定坚实基础。总的来说，四川省既有规模市场、清洁能源等独特优势，也有工业化、城镇化空间蕴含的巨大潜力，还有重大项目的带动效应，经济稳增长基础厚实、后劲十足、空间巨大，预计2024年经济增速仍将保持高于全国1个百分点。

四、对策建议

（一）多措并举扩大有效投资

密切跟踪国家政策动向和资金投向，抢抓国家增发国债和提前下达专项债券额度、启动新一轮中央投资等机遇，提前谋划储备一批中央预算内投资项目、地方政府专项债券项目。加快实施"十四五"规划102项重大工程和700个省重点项目，多渠道解决资金、土地、建材、用能等要素保障问题，力争形成更多实物工作量。持续发挥重大项目分级协调机制作用，优化项目投资"红黑榜"通报机制，用好用活"两书一函"，及时对投资运行异常波动的重点区域、重点行业采取"一对一""发点球"方式精准调度。全面落实国家促进民间投资"17条"，推动中央"民营经济31条"和四川省"1+2"支持政策直达经营主体，推动竞争性行业向民营企业全面开放，多渠道向民间资本推介项目，支持平等参与重点产业发展和重大项目建设，全力扭转民间投资下滑态势。

（二）持续扩大内需稳定外贸

深入实施"三品一创"消费提质扩容工程，持续培育"蜀里安逸"消费品牌，抓住文旅消费热点，推出一批精品旅游路线，加快建设一批夜间文旅消费集聚区。大力发展绿色消费，推进新能源汽车、绿

色智能家电下乡。研究制定省级促进房地产市场平稳健康发展的政策，撬动新市民、返乡农民工、多孩家庭等刚性和改善性住房需求。用好稳外贸奖励资金和专项政策性金融性信贷支持，"一户一策"最大限度稳住龙头企业订单和产能。深入实施"千户重点外贸企业培育计划"，大力推进"川行天下"国际市场拓展活动和扩大进口专项行动，加强与广东、浙江、福建等沿海省份供应链企业合作，打造特色进口商品集散基地。支持锂电、汽车、晶硅光伏产业扩大进出口，大力发展跨境电商、市场采购、海外仓等外贸新业态新模式。

（三）强化经济运行精准调度

加强经济运行监测分析，紧盯主要经济指标走势，分区分业开展经济运行调度，按季定期开展县域经济监测通报，及时研判经济运行中存在的苗头性、倾向性、潜在性问题。压紧压实行业部门主管责任、市（州）和县（市、区）主体责任，推动经济运行持续回升向好。推动进一步激发市场活力"19条"等政策措施落地见效，对标浙江持续优化营商环境，大力宣传经济运行向好态势，进一步提振市场信心。全面系统评估已出台的稳增长政策，调整优化部分政策，研究制定出台新的政策举措。

（四）坚决守住"四条底线"

严控新增隐性债务，推动平台公司控规模、优结构、延期限、降成本。抓好重要民生商品保供稳价。做好迎峰度冬能源电力保供。抓好长江经济带生态环境突出问题整改，打赢蓝天、碧水、净土保卫战。切实做好安全生产、森林草原防灭火等风险隐患排查和地震地灾监测预警，坚决杜绝重特大安全事故发生。

[四川省县域经济研究中心　程　娟　于文慧　吴　敏]

之五：2023年贵州省经济运行分析及2024年展望

2023年是全面贯彻落实党的二十大精神的开局之年，也是实施"十四五"规划承上启下的关键一年。随着疫情后经济社会全面恢复常态化运行，贵州省经济运行呈持续回升向好、逐季加快恢复、质量效益提升的良好态势，高质量发展稳步推进。展望2024年，随着国发〔2022〕2号文件政策加快细化落实、国家及省一揽子稳增长政策不断落地见效，经济内生增长动能有望进一步增强，将推动贵州省经济持续恢复向好。

一、2023年贵州省经济运行主要特征

2023年以来，面对复杂严峻的外部环境和多重困难压力，贵州省深入贯彻党的二十大精神和习近平总书记视察贵州重要讲话精神，坚持以高质量发展统揽全局，抢抓新国发2号文件重大机遇，紧紧围绕"四新"主攻"四化"，全力推动经济运行整体好转，贵州省经济保持持续回升的良好发展态势。

（一）经济增速逐季加快，与全国差距进一步缩小

面对一波三折的经济形势，贵州省精准施策稳定经济增长，全力推动经济运行整体好转，经济总体转向常态化增长轨道的趋势更加明显。第三季度贵州省地区生产总值同比增长4.8%，增速比上半年、第一季度分别加快0.4个、2.3个百分点，同时贵州省经济增速与全国的差距进一步缩小，差距由第一季度的2个百分点、上半年的1.1个百分点，缩短至第三季度的0.4个百分点。从三次产业看，第三季度增速比第一季度、上半年均有所加快，其中，第一产业增速比上半年加快0.5个百分点，第二产业增速加快0.1个百分点，第三产业增速加快0.7个百分点。经济增长"加快"和与全国差距"缩小"，体现了贵州省经济回升向好的明显态势。

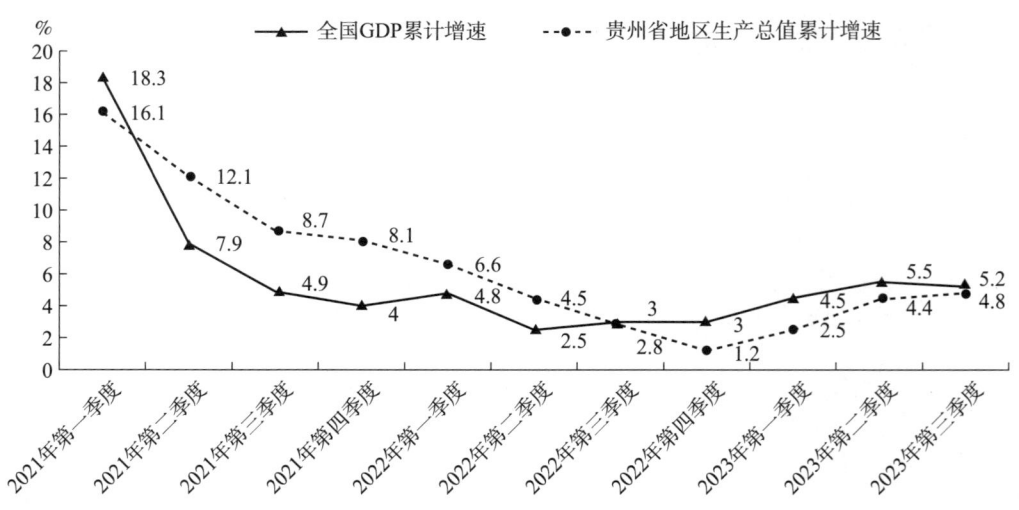

图1　2021—2023年全国和贵州省地区生产总值季度累计同比增速

（二）生产形势稳步恢复，产业发展动力提升

从农业看，前三季度，农林牧渔业总产值增速比上半年加快 0.4 个百分点。农畜产品供应充足，猪牛羊禽肉产量增速比上半年加快 1.1 个百分点，禽蛋、中药材、园林水果等产品产量达到两位数增长。秋粮收获快于上年，全年粮食产量有望实现丰收。从工业看，前三季度，规模以上工业增加值增速比上半年加快 1.0 个百分点；支柱行业稳定发力，"煤电烟酒"四大支柱行业增加值合计增长 8.1%，拉动贵州省规模以上工业增长 5.6 个百分点。民营工业经济恢复力度大，企业数量占比超八成的规模以上民营工业增加值合计增长 10.9%，比上半年加快 7 个百分点。从服务业看，前三季度，服务业增加值增速比上半年加快 0.7 个百分点，支撑经济增长作用进一步加强。1—8 月，规模以上服务业企业营业收入同比增长 14.4%，比 1—5 月加快 0.9 个百分点，互联网和相关服务，文化、体育和娱乐业，管道运输业营业收入均达到两位数增长。

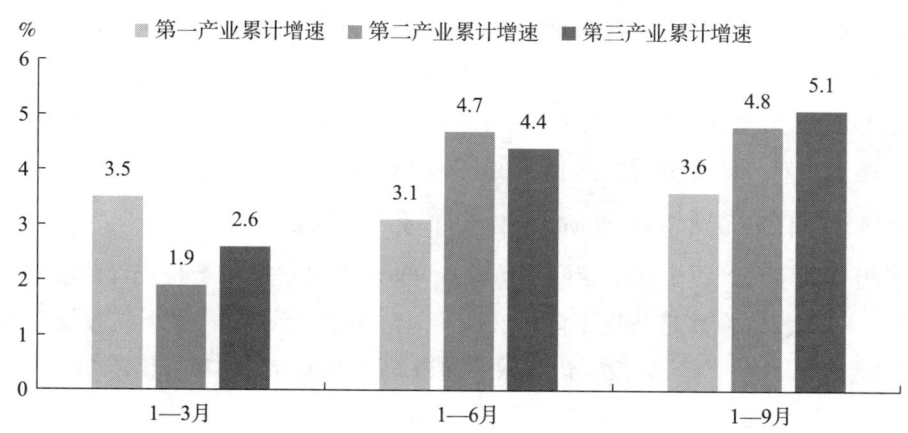

图 2　2023 年贵州省三次产业累计同比增速

（三）市场活力不断提升，消费信心有所恢复

经营主体方面，前三季度，新设立经营主体同比增长 16.6%，其中，新设立企业增长 36.3%。消费方面，前三季度，社会消费品零售总额同比增长 6.8%，比上半年加快 1.1 个百分点。交通运输方面，航空旅客和货邮吞吐量自 4 月以来持续增长 50% 以上，前三季度增速达到 78.4%；公路运输总周转量增速从第一季度的 0.9% 提升到第三季度的 9.3%。

（四）新兴产业快速发展，结构调整步伐加快

从规模以上工业看，前三季度，高技术制造业增加值同比增长 13.2%，高于规模以上工业增加值增速 5.9 个百分点，其中，医药制造业增加值当月增长 52.5%，累计增长 19.7%；从投资领域看，前三季度，高技术产业投资同比增长 17.1%，占贵州省投资比重 8.6%，占比较上年同期提高 1.6 个百分点。高技术制造业、高技术服务业投资均保持较快增长，其中，计算机及办公设备制造业投资增长 47.9%，电子及通信设备制造业投资增长 26.6%，信息服务投资增长 22.5%；从消费领域看，前三季度，限额以上企业单位通过公共网络实现的商品零售额同比增长 40.7%，新能源汽车商品零售额同比增长 74.7%，可穿戴智能设备同比增长 62.6%，智能手机同比增长 26.9%。

（五）民生保障持续改善，高质量发展成效显著

就业形势不断改善。前三季度，城镇新增就业 55.39 万人，失业人员实现再就业 13 万人，就业困难人员实现再就业 6.56 万人。居民收入保持增长。前三季度，城乡常住居民人均可支配收入分别名义增长

3.8%和7.8%。民生支出有力有效。前三季度，9项民生类重点支出同比增长8.6%，高于一般公共预算支出增速1.2个百分点，其中，教育支出同比增长10.8%，社会保障和就业支出同比增长10.1%，卫生健康支出同比增长6.3%。

二、存在的主要问题

贵州省经济运行持续恢复向好，内生动力不断增强，积极因素累积增多，高质量发展扎实推进。但同时也要看到，需求不足仍较突出，结构性问题仍然存在，经济回升的基础尚不牢固。

（一）工业行业稳中存忧，恢复基础尚需进一步巩固

工业经济仍面临市场有效需求不足、企业经营压力较大、利润下降等困难。一方面，市场有效需求不足。基建和房地产投资持续低迷，导致水泥、钢材等产品市场需求大幅下滑，企业产能利用率不足，前三季度，水泥、钢材产量分别同比下降6.8%、12%。另一方面，价格下行盈利承压。市场需求恢复不及预期，价格下行拖累企业生产效益。前三季度，贵州省工业生产者出厂价格比上年同期下降2.0%，1—8月贵州省规模以上工业企业利润总额557.4亿元，同比下降48.8%，亏损企业亏损额199.4亿元，同比增长19.1%，盈利困难导致企业特别是私营企业缺乏扩大投资的资金投入。

（二）投资增长面临瓶颈，扩投资稳增长难度仍然较大

前三季度，贵州省固定资产投资比上年同期下降4.9%，贵州省投资增长仍面临较多挑战，影响稳增长关键性作用发挥。一是投资乘数趋势性下降。在工业化、城镇化放缓背景下，投资已从过去拉动经济增长的"长变量"变成了"短变量"，投资边际效率递减，投资所带动的产业链趋短。二是房地产投资拉动效应下降。房地产市场供需两端信心不足，1—9月商品房施工面积、销售面积分别同比下降5.4%和3.3%。1—9月，房地产开发投资同比下降16.5%，低于全国7.4个百分点，是贵州省投资放缓的主要原因。三是民营企业投资信心不振。鉴于市场需求疲软、投资风险增大等担忧，民营企业投资意愿较低，1—9月，贵州省民间投资同比下降4.7%。

（三）社会消费预期总体偏弱，消费信心仍待提振

在基数较低影响下，贵州省消费实现了较快增长，但消费实现较快增长的基础尚不稳固。一方面，居民消费能力和消费信心依然不足。当前就业仍处于疫情后修补阶段，居民收入增长放缓、需求偏弱，前三季度贵州省居民人均可支配收入19814元，名义增长5.9%，增速较上年放缓1.4个百分点；贵州9月CPI同比下降1.3%，1—9月平均指数同比下降0.2%。同时，9月末贵州省住户存款余额近1.8万亿元，较2022年多增2043亿元，较2021年多增3838亿元，较2020年多增5182亿元，创有统计以来的新高。居民预防性存款居高不下，省内居民消费能力、消费信心依然不足，完全恢复仍需时日。另一方面，消费市场恢复基础不够牢固。需求端疫情放开，居民报复性消费逐步得到阶段性满足，在居民收入没有明显回升的情况下，消费逐步趋于理性，难有显著反弹。同时，由于供给端白酒库存积压、流通减弱、燃油车消费下滑、新能源车贡献较小等因素综合影响，贵州省消费恢复后劲不足，市场恢复的基础不够牢固。

（四）社会就业矛盾仍然存在，青年就业较为困难

青年就业对经济发展与稳定十分重要，且面临着一定的脆弱性，解决青年就业的阶段性困难迫在眉睫。一是就业总量压力上升。受经济形势、市场渠道、供需矛盾等因素影响，贵州省高校毕业生就业任务依然艰巨。2023年贵州省高校毕业生27.4万人，规模再创新高。如加上部分自考、函授的非全日制高

校毕业生，初、高中毕业生，以及上年离校未就业的毕业生，进入就业市场的青年数量将更庞大。二是实体经济就业吸纳能力减弱。制造业领域招聘需求下降、灵活就业的"蓄水池"作用减弱、市场供需不匹配，青年群体就业质量诉求提高等共同导致青年就业压力明显上升。

此外，影响贵州省经济稳定运行的两大风险因素也必须高度关注。一是债务风险，几乎涉及每个区县，前期网络上甚至出现贵州化债舆情。二是规模性返贫风险，在东部地区劳动力需求不振的情况下，部分原本脱贫基础不太稳定和返贫风险较大区域的农民稳收增收难度加大。

三、2024年经济运行环境分析及预测

2024年，贵州经济运行既迎来诸多发展新机遇和有利因素，也面临不少风险挑战，总体上机遇大于挑战，经济发展仍将保持总体平稳的态势。

（一）环境分析

1. 面临的机遇和积极因素

从国际看，一方面，全球经济稳定趋势明显。自从2020年新冠疫情席卷全球以来，许多国家都采取了强有力的救助措施来缓解经济危机。尽管疫情的不确定性仍然存在，但大部分国家已经开始逐步放松限制措施，经济活动逐渐恢复正道，这种稳定趋势将为经济增长提供良好的基础。另一方面，技术创新和数字化转型将持续推动经济增长。物联网、人工智能、大数据和区块链等新兴技术的应用将进一步推动生产效率和创新能力的提升。同时，数字化转型也将为企业提供更多发展机会，以适应不断变化的市场需求。这些技术和转型将为经济增长注入新的活力。

从国内看，我国经济尚处在内生动力培育壮大的阶段，基本面长期向好的态势不会改变，为应对内生动能培育的过程中面临的阶段性挑战，国家出台的稳增长政策超出市场预期，在货币政策、财政政策、扩大内需与地产政策等方面出台了一系列宏观政策"组合拳"。随着"组合拳"各项政策效果不断显现，下半年经济将在上半年持续恢复的基础上，保持稳定向好态势，这将为贵州经济发展营造有利环境。

从省内看，各方政策支持力度方面，国家政策工具箱不断充实完善，贵州争取国家部委支持事项、新国发2号文件省部联席会议明确的议定事项加快落地落实，经营主体将获得更多支持、极大提振信心，必将进一步增强贵州省发展动能和信心；经济活跃度方面，经济社会全面恢复常态化运行，人流物流等经济活动趋于活跃，生产需求加快恢复，市场预期将进一步改善；产业发展支撑方面，随着"六大产业基地"建设和世界级旅游目的地打造加快，重点产业发展支撑力不断增强；改革开放创新方面，政府投资基金、财政管理体制等改革不断深化，与高质量发展相适应的体制机制加快形成，向科技要产能专项行动促进新的增长动能加速形成，泛珠联席会议、生态文明论坛等活动成果加快落地转化，积极服务和融入国家战略，必将为贵州省高质量发展带来新的机遇、注入新的活力。

2. 面临的挑战和不利因素

从国际看，全球经济下行压力犹存。国际货币基金组织（IMF）10月发布最新一期《世界经济展望报告》，预计全球经济增速将从2022年的3.5%放缓至2023年的3.0%和2024年的2.9%，2024年预测值相比7月预测值下调了0.1个百分点，低于新冠疫情前20年3.8%的平均水平。在货币政策持续紧缩的大背景下，全球产业链恢复缓慢、核心通胀居高难下和金融条件收紧等因素将作用于全年，使得全球经济复苏仍旧艰难。外需萎缩、中美"脱钩断链"将对贵州电子产业、外贸形势稳定形成较大冲击。

从国内看，经济增长动能仍需巩固。近年来，我国经济增速逐渐放缓，2024年我国经济下行压力依

然较大，相关机构预测中国经济2023年和2024年预计将分别增长5.2%和5%。一方面，传统产业面临产能过剩、效益下降等问题，亟待转型升级；另一方面，新经济、新动能尚在培育之中，短期内难以完全弥补传统产业下滑带来的空缺。此外，我国人口老龄化问题日益凸显，劳动力供给减少，消费需求减弱，也将对经济增长产生制约，同时全球经济增长放缓也可能使外需持续承压。

从贵州发展形势看，受国内外形势多变影响，贵州市场需求仍显不足，经济持续恢复发展的基础尚不牢固，部分领域、部分行业、部分企业仍面临一定困难。

（二）2024年贵州经济预测

结合当前宏观经济背景、宏观政策化取向，以及贵州省经济运行面临的压力与动力，综合判断分析预计2024年贵州地区生产总值同比增长6%左右。第一、第二、第三产业分别增长3.9%、5.8%、5.9%左右；规模以上工业增加值增长7.9%左右；固定资产投资增长1%左右；社会消费品零售总额增长7.5%左右；城镇和农村常住居民人均可支配收入分别增长4.1%和7.9%左右，居民消费价格基本持平。

表1 2023—2024年贵州省主要宏观经济指标预测（%）

指标	2022年实际增速	2023年第一季度实际增速	2023年上半年实际增速	2023年前三季度实际增速	2023年增速预测	2024年增速预测
地区生产总值	1.2	2.5	4.4	4.8	5.1	6
第一产业	3.6	3.5	3.1	3.6	3.7	3.9
第二产业	0.5	1.9	4.7	4.8	5.1	5.8
第三产业	1	2.6	4.4	5.1	5.2	5.9
规模以上工业增加值	-0.5	1.4	6.3	7.3	7.6	7.9
固定资产投资	-5.1	1.2	3.9	-4.9	-3	1
社会消费品零售总额	-4.5	2.1	5.7	6.8	7	7.5
进出口总额	21.2	58	25.4	6.8	6	9
贵州省居民人均可支配收入	6.3	4.6	6	5.9	6.1	6.3
城镇居民人均可支配收入	4.8	2.7	3.9	3.8	4	4.1
农村居民人均可支配收入	6.6	6	8	7.8	7.7	7.9
居民消费价格指数	1.6	100.7	100.2	-0.2	-0.2	0.1
工业品出厂价格指数	5.7	99.3	98	-2	-2	-1

四、对策建议

下阶段，贵州省将坚决贯彻落实党中央、国务院决策部署和省委省政府工作要求，锚定全年目标任务和重点工作，稳运行、强链条、增动能、释潜力，努力推动经济实现质的有效提升和量的合理增长，谱写中国式现代化贵州实践新篇章。

（一）在增强动能上出实招，稳住工业增长"基本盘"

一是加快扩大工业经济总量。聚焦"六大产业基地"推动各市（州）主导产业优化布局、加快发展，深入梳理主导产业链图,聚焦强链补链延链的关键环节,大力推进产业招商和项目建设,着力拉长长板、锻造新板、补齐短板,推动传统产业转型升级、新兴产业发展壮大,做大工业总量和占比。二是做足做好精深加工文章。要抓"富矿精开",在精查探矿、精准配矿、精深加工、精细开发上发力,推动矿产资源勘查开发利用全过程全链条高质量发展,更好把资源优势转化为产业优势、经济优势。三是推进开发区提档升级。集中力量建设好以贵安新区为引领的"1+9"国家级开放创新平台,强化省级开发区"一园一特色"的规划布局,聚焦主导产业健全完善园区配套功能。深化开发区管理体制机制改革,提高运营水平,持续增强开发区抓产业、抓招商、抓服务的效能。四是推动工业发展绿色低碳转型。深入推进绿色制造专项行动,着力打造绿色工业园区、绿色工厂、绿色设计产品、绿色供应链。

(二) 在抓实项目上下功夫,紧抓有效投资"牛鼻子"

一是全力稳住和扩大有效投资。围绕扩大产业及其配套基础设施投资、新型城镇化和生态环保、民生领域投资等方面,不断优化投资结构、提升投资效益,推动贵州省投资稳中有进、稳中向好。二是全力推进重大项目建设。建立省级统筹、属地党委政府主责、实施单位具体推进、行业和保障部门靠前服务的项目推进机制,落实项目建设责任制。加快项目储备和前期工作,强化项目服务保障,提升项目谋划储备质量和落地转化率。三是拓宽资金来源渠道。进一步发挥政府性融资担保体系助力经营主体作用,加快征信体系建设,撬动更多金融资金、社会资本、民间资本,大力招引外来资金。四是提高投资质量效益。始终严格政府投资项目管理,落实政府投资项目管理办法,规范政府投资行为,坚决杜绝低效无效投资。积极盘活闲置低效资产,推动形成投资良性循环。

(三) 在深挖潜力上做文章,筑牢消费需求"压舱石"

一是促进重点领域消费。多渠道筹集资金,更大力度实施发放消费券、优质酱酒助力、契税返消费券等政策,全面促进新能源汽车、刚性和改善性住房、家具家装等大额消费,推进养老托幼、教育医疗、文化体育等服务消费。二是丰富和创新消费业态。持续在改善消费条件、创新消费场景上下功夫,城市领域重点推进商圈、步行街、一刻钟便民生活圈等消费载体建设,支持省会贵阳打造成为具有竞争力的区域消费中心城市,支持其余市州打造各具特色的消费商圈,一体化促进城市商业均衡发展、品质提升。三是狠抓"黔品"出山。持续狠抓电子商务发展"十百千万"工程,着力壮大省内电子商务主体,扩大电子商务发展规模,提升保障能力。充分挖掘开发一批以优质白酒为重点,其他老字号优势商品为主的特色"黔品",依托贵荟馆、跨境电商、电商直播等渠道模式快速实现对外输出,逐步实现由"黔货出山"到"黔品出山"升级转变,持续拉动消费增量。四是进一步释放农村消费需求。加快推进县域商业体系建设,着力加快补齐农村商业设施短板,健全县乡村物流配送体系,增加农村消费供给,创新发展农村消费业态,支撑农村消费协同发展。

(四) 在创新引领上做到位,链出稳定增长"动力源"

一是大力推进特色科技强省建设。一方面加强优势领域科技攻关,大力实施六大重大科技战略行动,在围绕"四新"主攻"四化"中锻造高质量发展"科技内核";另一方面加快科技成果转化应用,大力实施向科技要产能专项行动,汇聚省外科研资源,全领域、大力度推进科学技术成果转化应用。二是强化创新链、提升产业链。重点围绕"富矿精开"、六大产业基地、现代山地特色高效农业、现代服务业等布局和强化创新链,根据创新链选人才、建团队、兴创新,以此提升产业链,增强发展新动能。三是强化企业创新主体地位。坚持企业为基,推动企业成为创新决策、研发投入、科研组织和成果转化的主体,促进创新型人才、政策、服务向企业集聚。既要注重科技型领军企业和骨干企业的引进,也要注重科技中小型企业培育发展,优化科技创新环境,促进企业创新活力充分迸发。四是完善科技创新体制机制。

加大科研单位改革力度，建立完善开放式创新体系，构建充分体现知识、技术等创新要素价值的收益分配机制。

（五）在优化环境上求突破，勇啃营商环境"硬骨头"

一是完善优化营商环境的政策措施。持续优化营商环境，不断增强政策创新力度，夯实政策体系，推动营商环境进位跃升。建立健全统筹推进、督促落实优化营商环境工作机制和优化营商环境联席会议制度，及时协调、解决优化营商环境工作中的重大问题。二是全面提升服务效能。以经营主体需求为导向，持续深化简政放权、放管结合、优化服务改革，践行有求必应、无事不扰的服务理念，打造以企业为贵、以契约为贵、以效率为贵、以法治为贵的贵人服务品牌，营造稳定、公平、透明、可预期的营商环境。三是建立精准扎实的考评机制。建立以企业家获得感为导向的营商环境考核制度，优化营商环境评价指标体系。把营商环境优化考评重点交给企业，充分发挥考评机制的"指挥棒"作用，探索以考促改、以考促建、以考促优的坚强实践。

（六）在稳定就业上求实效，锚定民生福祉"定盘星"

一是强化就业优先政策。制定财政、货币、金融、产业等政策时，需充分考虑其对就业的影响，并将就业优先作为政策出台的重要依据和政策效果评价的重要标准。二是支持重点群体就业创业。聚焦高校毕业生、农民工、就业困难人员等重点群体，优化创业环境，提升创业创新能力，完善政策扶持和创业服务，支持更多重点群体投身创业活动。三是健全就业公共服务体系。坚持政府和市场同向发力，省内和省外双向联动，线上和线下优化服务，就业和培训紧密结合，平台和队伍齐抓共促，不断提升就业公共服务能力和水平。四是坚持维护劳动者权益。健全劳动法律法规，完善劳动关系协商协调机制，完善劳动者权益保障制度，加强灵活就业和新就业形态劳动者权益保障。

[贵州省信息中心　段　倩　秦海旭]

之六:2023 年云南省经济运行分析及 2024 年展望

2023 年以来,我国经济总体处于疫后修复期,但修复的斜率逐步趋缓,经济运行面临新的困难挑战,逆周期调节政策不断出台。世界经济复苏乏力,高通胀、高利率、高债务冲击下外需明显收缩,不同经济体之间发展分化加剧,贸易保护主义泛滥,全球经济碎片化内顾化趋势日益明显。面对复杂严峻的国内国外局势,省委、省政府在以习近平同志为核心的党中央坚强领导下,锚定"3815"战略发展目标,认真贯彻落实党中央、国务院决策部署,坚持稳中求进工作总基调,完整、准确、全面贯彻新发展理念,加快融入新发展格局,持续壮大"三大"经济,不断推进"六化"进程,着力推动经济转型升级和高质量发展。随着宏观调控组合政策发力显效,前三个季度经济持续恢复向好,高质量发展扎实推进,内生动力不断改善,社会大局保持稳定,主要经济指标呈企稳态势,预计全年 GDP 增长 4.2%左右。

一、2023 年云南省经济运行情况分析

根据地区生产总值统一核算结果,前三季度云南省地区生产总值 21746.05 亿元,按不变价格计算,同比增长 4.4%,比全国 5.2%的增速低 0.8 个百分点。分产业看,第一产业增加值 2399.22 亿元,同比增长 4.5%;受建筑业下行影响,第二产业增加值 7509.78 亿元,同比增长 2.6%;第三产业增加值 11837.05 亿元,同比增长 5.5%。

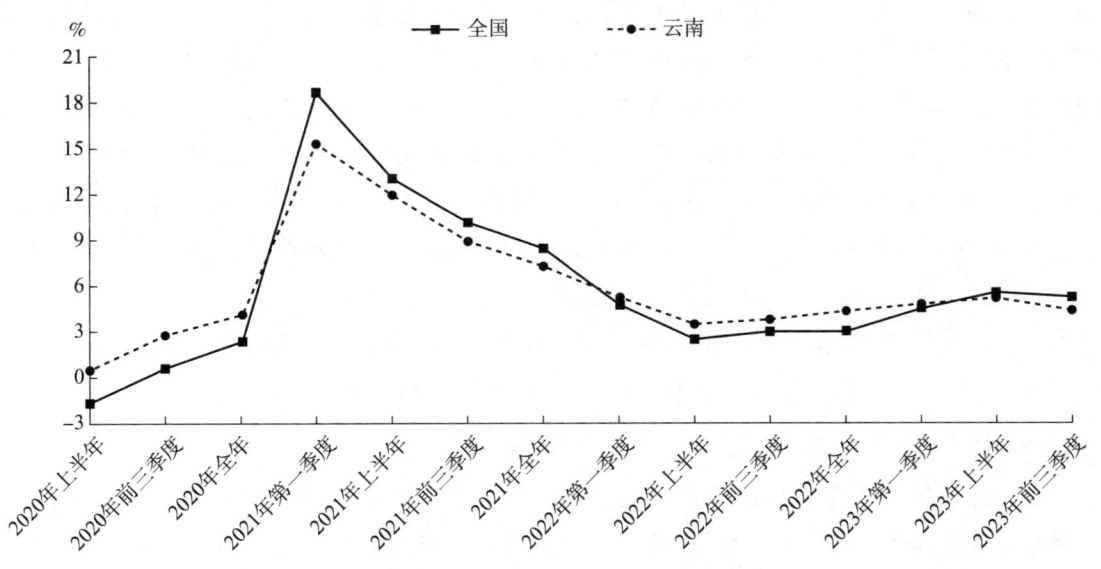

图 1 2020 年以来云南省与全国地区生产总值同比增速

(一)工业经济平稳增长,结构性优化趋势明显

前三季度,云南省规模以上工业增加值同比增长 5.7%,比上半年加快 0.7 个百分点,显著高于全国 4.0%的增速。分三大门类看,前三季度,制造业增加值同比增长 7.8%,其中高技术制造业增加值同比增

长 29.6%，装备制造业增加值同比增长 36.2%；电力、热力、燃气及水生产和供应业增加值同比增长 0.8%，比上半年回升 6.8 个百分点；采矿业增加值同比下降 2.5%。

能源工业持续回升。前三季度，能源工业增加值同比增长 3.6%，比上半年回升 5.6 个百分点。传统优势行业稳步增长。前三季度，烟草制品业增加值同比增长 5.2%；有色压延行业增加值同比增长 4.2%。

新动能蓄势聚力。新能源电池产业增加值同比增长 100.2%，硅光伏产业增加值同比增长 38.6%，单晶硅产量 25.99 万吨，多晶硅产量 5.33 万吨，分别同比增长 39.9%、79.5%。

高端制造持续快速增长。高技术制造业增加值同比增长 29.6%。其中，航空、航天器及设备制造业同比增长 65.3%，电子及通信设备制造业同比增长 36.9%，计算机及办公设备制造业同比增长 61.7%。

电子行业高速增长，计算机、通信和其他电子设备制造业增加值同比增长 38.5%。受光伏组件、风力发电机组等新能源产品带动，电气机械行业增加值同比增长 104.9%，比上半年加快 33.6 个百分点。

（二）服务业增势迅猛，接触型行业持续性改善

居民出行需求意愿增强，交通运输行业持续回暖，服务业经济增势迅猛。1—8 月，云南省规模以上服务业实现营业收入（错月指标）2025.87 亿元，同比增长 20.1%，远高于全国 8.1% 的增长水平。接触型聚集型行业持续回暖，居民服务、修理和其他服务业营业收入同比增长 23.3%；文化、体育和娱乐业营业收入同比增长 40.3%；租赁和商务服务业营业收入同比增长 16.5%。

服务业新兴领域发展向好，互联网、软件等相关行业增长新动能加快。互联网和相关服务营业收入同比增长 25.2%，科学研究和技术服务业企业订单量增加，营业收入同比增长 21.8%，产业升级发展态势明显。

旅游和出行需求持续释放，客运全面回暖，铁路、航空等中远距离出行增长迅猛，客运量大幅提升，行业发展持续向好。交通运输、仓储和邮政业营业收入同比增长 26.5%，2023 年以来均保持 20% 以上的增速。航空运输业、铁路运输业分别同比增长 106.2%、30.5%；多式联运和运输代理业营业收入同比增长 26.3%。

（三）消费市场保持活跃，居民人均消费增加

云南省消费市场延续恢复向好态势，升级类消费启动深度修复。前三季度，云南省社会消费品零售总额 8503.22 亿元，同比增长 7.0%，略高于全国 6.8% 水平。其中，餐饮消费快速增长。餐饮收入 1321.96 亿元，同比增长 19.1%，商品零售额 7181.27 亿元，同比增长 5.0%；大宗消费企稳回升。9 月，限额以上单位汽车类商品零售额同比增长 1.7%，其中新能源汽车同比增长 61.9%；升级类消费快速增长。限额以上单位与消费升级相关的化妆品类、体育娱乐用品类、金银珠宝类、通信器材类商品零售额分别同比增长 20.0%、18.6%、15.4%、12.5%。线上消费保持活跃，限额以上单位通过公共网络实现的商品零售额同比增长 44.6%。

前三季度，云南省居民人均消费支出 15455 元，同比增长 9.7%。分城乡看，城镇居民人均消费支出 21228 元，同比增长 7.2%；农村居民人均消费支出 10977 元，同比增长 12.3%。

（四）投资结构持续优化，产业投资不断增大

前三季度，云南省固定资产投资（不含农户）同比下降 8.8%；扣除房地产开发投资和交通投资后，其他行业投资合计增长 1.0%。分领域看，前三季度，基础设施投资同比下降 6.8%，制造业投资同比增长 16.8%，房地产开发投资同比下降 35.0%。分产业看，第一产业投资同比下降 5.2%，第二产业投资同比增长 25.2%，第三产业投资同比下降 18.9%。

产业投资增长迅速、占比升高，成为拉动投资增长、优化投资结构的主引擎。产业投资同比增长 13.9%，占全部投资比重达到 49.7%，占比较上年同期提升 9.9 个百分点，是稳投资的主要支撑。高技术产业投资同比增长 32.0%，其中高技术制造业和高技术服务业投资分别同比增长 57.5%、15.8%。数字经

济投资同比增长 15.3%。

工业投资、能源工业投资保持高速增长。工业投资同比增长 25.5%，占全部投资比重达到 27.6%，规模和增速继续保持重点行业投资首位。其中，能源工业投资同比增长 55.1%，2022 年以来连续保持 50% 以上的高增速。

产业民间投资保持活跃。民间投资同比下降 6.3%；扣除房地产开发投资，民间投资同比增长 9.7%，其中产业民间投资同比增长 12.0%。

（五）消费价格指数平稳，居民收入稳步增长

前三季度，云南省居民消费价格指数（CPI）同比上涨 0.5%，持续运行在合理区间。消费者物价稳步回升，是消费旺季影响和需求稳步复苏的体现。分类别看，食品烟酒价格同比上涨 1.8%，衣着价格同比上涨 0.5%，居住价格同比上涨 0.3%，生活用品及服务价格同比上涨 0.3%，交通通信价格同比下降 2.7%，教育文化娱乐价格同比上涨 2.3%，医疗保健价格同比上涨 0.7%，其他用品及服务价格同比上涨 3.1%。在食品烟酒价格中，猪肉价格同比下降 1.3%，鲜菜价格同比上涨 3.1%，粮食价格同比上涨 0.8%。扣除食品和能源价格后的核心 CPI 同比上涨 0.7%。

前三季度，云南省"四上"单位[①]较上年底净增数 2391 个；云南省城镇调查失业率平均值为 5.4%，就业形势总体稳定；云南省居民人均可支配收入 20367 元，同比名义增长 5.3%，扣除价格因素实际增长 4.8%。按常住地分，前三季度城镇居民人均可支配收入 32709 元，名义增长 3.1%，实际增长 2.4%；农村居民人均可支配收入 10793 元，名义增长 7.9%，实际增长 7.7%。从收入来源看，居民四项收入结构基本保持稳定，工资性收入保持稳增，经营净收入拉动作用增强。

二、2023 年云南省经济运行存在的问题

总的来看，随着政策组合拳效应逐步显现，云南省经济运行持续恢复，多数指标边际改善，积极因素累积增多，高质量发展扎实推进。但也要看到，国内外经济环境更趋复杂严峻，云南省经济恢复向好基础仍需巩固。以下两方面问题仍需加以关注和重视。

（一）固定资产投资连续回落将带来多元影响

受房地产市场深度调整、基础设施投资下降的影响，云南省前三季度固定资产投资（不含农户）同比下降 8.8%；相对于全国同比增长 3.1% 来讲，固定资产投资下降过快。尽管产业投资增长迅速，投资结构不断优化，经济内生动力正在改善，但房地产开发投资完成额同比下降 35.0%，土地购置费同比下降 26.0%，水利、环境与公共设施管理业投资同比下降 20.3%，交通投资同比下降 17.2%；房地产和基础设施对经济增长、就业、财税收入、居民财富、金融稳定都具有重大影响，这种大幅回落需要防范对后续经济发展与就业产生的多元影响。

（二）财政收支显著不平衡风险防范任务艰巨

前三季度，云南省地方一般公共预算收入（自然口径）1587.31 亿元，同比上升 15.8%；分级次看，省本级收入完成 300.7 亿元，同比下降 6.6%；州（市）、县（市、区）级收入完成 1286.6 亿元，同比增长 22.7%。云南省地方一般公共预算收入中的税收收入完成 1035.6 亿元，同比增长 25.9%；非税收入完成 551.7 亿元，同比增长 0.7%。前三季度，云南省地方一般公共预算支出 5113.60 亿元，同比降低

---

① "四上"单位：规模以上工业企业、有资质的建筑业及房地产开发经营企业、限额以上贸易业企业、规模以上服务业企业，统称为"四上"单位。

6.2%，其中交通运输支出降幅较大，同比下降 36.6%。虽然云南省地方一般公共预算收入显著增加，但财政收支不平衡的矛盾依然明显，财政赤字率仍居高不下，地方政府债务风险防控和基层财政困难问题仍然突出。防范房地产业引发系统性风险、防范化解地方政府债务风险任务艰巨。

三、2023 年云南省经济指标预测

目前，我国经济处在服务业修复的顺风和全球对制造业产品需求下降的逆风叠加影响时期。我国经济运行面临国内需求不足，重点领域风险隐患较多，外部环境复杂严峻等挑战；从近期政策变动情况看，地方专项债发行节奏加快，贷款市场报价利率（LPR）连续调降，全国一些核心城市陆续调整优化了房地产政策。随着这些政策调整效果的逐步显现，下半年我国经济有望呈企稳态势，预计全年 GDP 可能实现 5.1% 左右增长，可以实现全年经济增长目标。

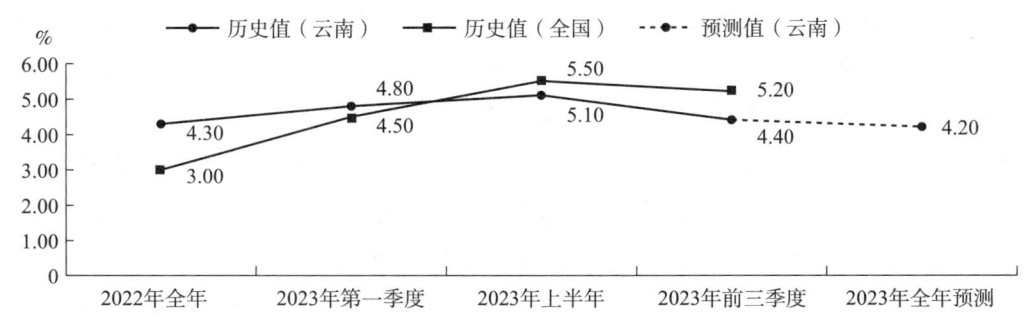

图 2　2022 年、2023 年云南省地区生产总值增速与预测

表 1　2023 年云南省地区生产总值、三大产业及居民人均可支配收入增速与预测（%）

指标	2022 年全年	2023 年第一季度	2023 年上半年	2023 年前三季度	2023 年预测
地区生产总值	4.30	4.80	5.10	4.40	4.20
第一产业增加值	4.90	4.10	4.50	4.50	4.69
第二产业增加值	6.00	3.70	2.90	2.60	3.17
第三产业增加值	3.10	5.60	6.60	5.50	5.10
全体居民人均可支配收入	5.00	4.50	5.50	5.30	5.15

在全国经济回稳的大趋势下，客观审视云南省前三季度经济数据，主要指标运行平稳，质量效益实现新的提升，内生动力、社会预期持续改善，产业主体数量不断增加。随着国家专债项目投资力度的加大加快，以及系列金融、房地产相关政策调整的落地实施，云南省经济将呈企稳态势。云南前三季度GDP 累计同比增速（不变价）分别为 4.8%、5.1%、4.4%。《云南省经济社会运行和高质量发展监测系统》显示，预计全年 GDP 增长 4.2% 左右，一产、二产、三产分别增长 4.69%、3.17%、5.10%，居民人均可支配收入增长 5.15%。

四、2024 年经济发展趋势展望

当前，全球经济增长进一步放缓，经济复苏仍然较为乏力，金融困境可能会在全球范围内扩大和加深，贸易摩擦、地缘政治紧张局势短期难有大的改观。2024 年，我国经济保持平稳恢复，但内生动力不强，有效需求不足，地产投资"失速"，土地财政"失锚"，发展动力转换与经济转型升级迫在眉睫而又任重道远。

云南省因其自身的产业资源与经济结构特点,疫后市场修复较快,旅游业大幅度回暖,社会消费快速增加。在产业强省战略的推动下,工业生产平稳增长,产业投资不断扩大,投资结构不断优化,新产业、新动能持续壮大,新型工业化步伐显著加快,为经济结构转型与持续健康发展蓄积了新动能。随着国家系列利好调控政策的不断落地与持续优化,云南的经济增长潜力将进一步释放,经济增速将稳步提升,预计2024年全年GDP增速6.2%左右。固定资产投资和进出口有望恢复性增长,房地产企业流动性危机有望得以缓解,基建、房地产和水利等领域的投资额有望止跌企稳;工业产业有望保持平稳增长,产业结构优化与转型升级加速,新能源、电子信息产业仍将快速发展。

五、政策措施建议

(一)做好应对经济社会长周期转型发展的准备

当前的发展形势,既是由国际地缘政治冲突和大国博弈加剧带来的影响,也是我国经济社会进入高质量发展阶段所必经的转型之痛、升级之需,在投资、消费和市场的倒逼下,我国的经济发展逻辑和经济发展格局将发生深度变革。土地财政、投资拉动、出口依赖等传统发展模式的弱化和扬弃,将进一步催生出以新型工业化为导向,以科技创新、市场消费、绿色发展为主要驱动力的新动力、新模式。而经济发展方式的转变,无疑需要一个长期的过程。在这个过程中,需要增强忧患意识、提高防控能力,把稳住经济大盘、促进市场消费、防范化解重大风险的各项政策落实到位,努力提振市场信心,着力提高供给质量、扩大有效需求,不断深化市场化改革、激发民营经济活力,持续扩增量稳存量提质量,激发释放经济发展的内生动力,坚持注重民生领域补短板,促进经济平稳健康可持续发展,保持经济运行在合理区间,保持社会大局稳定。

(二)构建经济结构转型与高质量发展的新动力

坚持工业立省、制造强省,坚持完整、准确、全面贯彻新发展理念,统筹发展和安全,把高质量发展的要求贯穿新型工业化全过程,坚持科技赋能、创新驱动,持续改造升级传统产业,巩固提升优势产业,培育壮大新兴产业,前瞻布局未来产业,促进数字技术和实体经济深度融合,一体推进资源经济、园区经济、口岸经济高质量发展,推动工业实现高端化、智能化、绿色化发展。加快培育一批"专精特新"企业,构建大中小企业相互依存、深度融合的良好产业生态,不断蓄积云南省健康发展新动能,着力形成创新发展新动力。

(三)优化科技创新发展格局打造高水平承载地

党的十八大以来,以习近平同志为核心的党中央坚持把科技创新摆在国家发展全局的核心位置,以前所未有的力度加强国家战略科技力量建设,推动国家创新体系整体效能显著提升。科技创新是推动云南省构建现代化产业体系,实现工业高端化、智能化、绿色化发展的关键,是云南加快建设面向南亚、东南亚辐射中心的重要支点。在与发达省份相比具有"基础弱""底子薄""投入不足"的客观条件下,宜依托中心城市、整合优势资源,集中打造高水平科技创新高地,搭建高层次科技创新平台、聚集高端创新要素,统筹布局大区域创新功能链,构建完善高效的区域创新生态系统,打造经济转型提质与产业升级育新的战略引擎。

[云南省经济信息中心 阚祥伟]

之七：2023年陕西省经济运行分析及2024年展望

2023年，面对复杂严峻的外部环境和艰巨繁重的改革发展任务，陕西省全面落实党的二十大和中央经济工作会议精神，深入学习贯彻习近平总书记在听取省委和省政府工作汇报时的重要讲话精神和历次来陕考察重要讲话、重要指示，着力构建"六个体系"、争做"六个示范"，全面落实陕西省"12346"总体部署，推动陕西经济向着基本保持平稳、培育新的动能方向发展。

一、2023年陕西省经济增长呈稳中趋缓态势

2023年，陕西省各季度生产总值累计增速分别为5.3%、3.7%、2.4%，较全国平均水平高0.8个、低1.8个、低2.8个百分点，增速连续两个季度低于全国均值。其中，第一产业和第三产业增加值与全国平均差距不大，第二产业增加值前三个季度较全国平均分别高0.8、低3.3个和低5.5个百分点，是经济增速回落的主要原因。

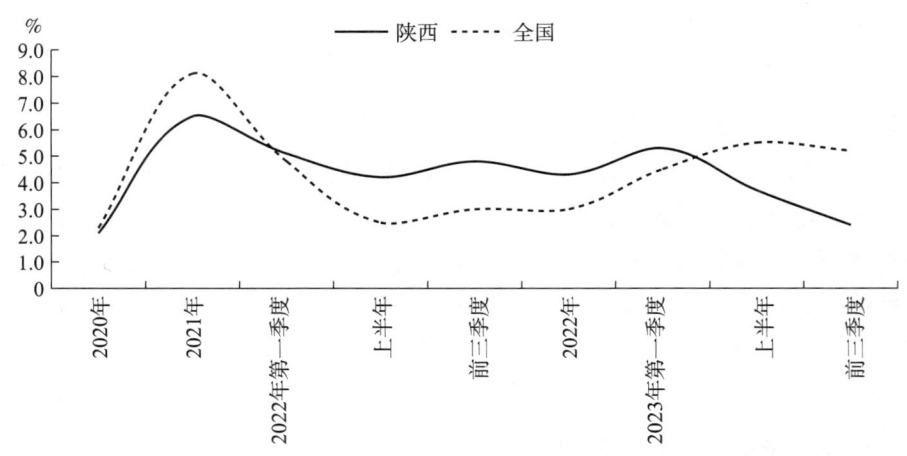

图1 2020年以来陕西省和全国生产总值累计增速

（一）农业生产平稳有序

制定出台托底收购方案，在陕西省范围启动不达标小麦托底收购工作，开展"夺秋粮丰收百日行动"。高标准农田已完成建成任务的90.9%。扎实推进现代农业全产业链建设，举办农业龙头企业招商恳谈活动，成功创建国家优势特色产业集群2个。前三季度，农林牧渔业增加值同比增长3.7%。农业产业同比增长3.6%。夏粮总产463.73万吨，处于2000年以来第三高。畜牧业支撑有力，产值同比增长3.4%。其中，猪牛羊禽肉产量和牛奶产量分别同比增长4.7%和2.2%。

（二）实体经济减速提质

2023年以来，规模以上工业增加值增速年内整体呈波动式回落，4月之后增速持续低于全国平均水平，7月之后出现负增长。在工业放缓调整期，陕西加快发展优势产业。适时制定《关于加快构建具有陕西特色的现代化产业体系推动高质量发展的意见》，围绕制造业重点产业链扎实开展延链补链强链工程，推动陕西

省24条重点产业链稳步提升,产业优势不断凸显,累计产值增速呈正增长。其中,汽车制造业、计算机通信设备制造业增加值分别以30%左右、15%左右的速度增长。基本型乘用车、载货汽车、太阳能电池、变压器、橡胶轮胎外胎、金属切削工具等产品产量保持两位数增长。同时,更加注重加速释放科技创新潜能。出台深入实施创新驱动发展战略加快建设科技强省的决定,编制西安"双中心"建设实施方案,转化医学国家重大科技基础设施(西安)项目开工建设。秦创原总窗口人才、资本、科技三大市场加快建设,新认定秦创原"科学家+工程师"队伍300支。"三项改革"成效进一步凸显,53205项科技成果单列管理,12973项成果正在实施转化。入库科技型中小企业14545家,是上年同期的1.39倍,占全年任务的72.7%;新增2家科创板过会企业,科创板上市企业共15家;技术合同成交额1952.45亿元,同比增长42.8%。

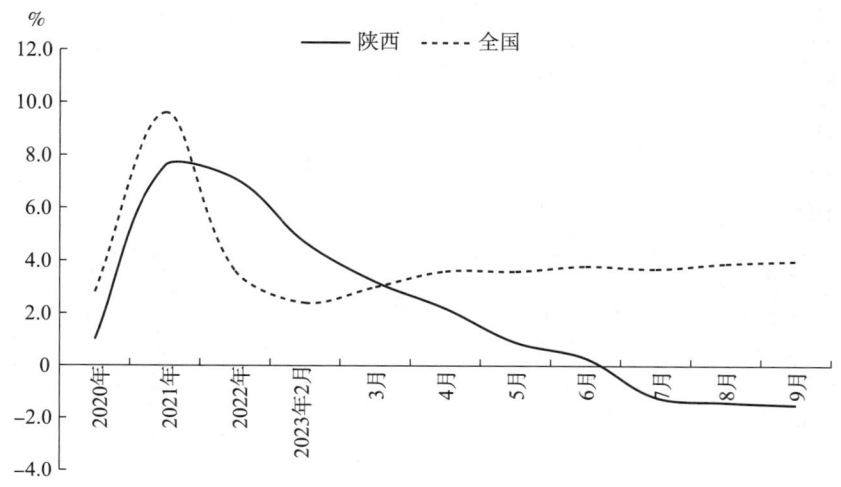

图2 2020年以来陕西省和全国规模以上工业增加值累计增速

(三)服务业较快发展

前三季度,陕西服务业增加值增速分别为6.5%、6.2%和5.4%,增长相对平稳。从服务业行业增长情况看,前三季度,住宿和餐饮业增加值同比增长13%,交通运输、仓储和邮政业增加值同比增长8.6%,金融业增加值同比增长8.1%,均保持较快增长。陕西持续强化"大文旅"理念,推出"三秦四季"等旅游主题活动,旅游、餐饮、交通等聚集性行业加快发展,发挥支撑经济增长的重要作用。

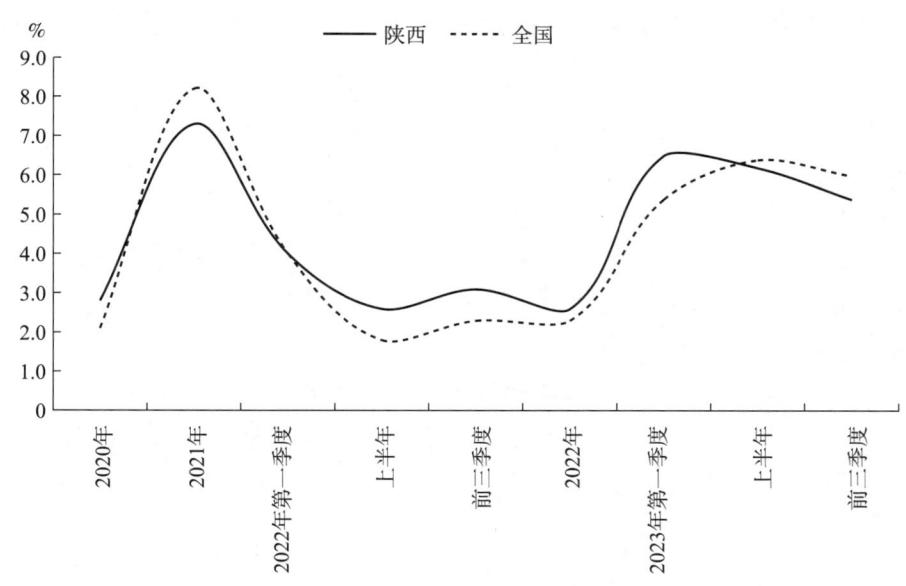

图3 2020年以来陕西省和全国服务业增加值累计增速

（四）投资增速逐渐回落

固定资产投资增速阶段式放缓，2—4月延续上年增长势头，累计增长8%~9%，5月降至5%，6月下滑至1.4%，7—9月出现负增长；6月开始累计增速低于全国平均水平。印发《促进下半年投资企稳回升22条举措》，重大项目建设步伐加快，前三季度643个省级重大项目完成投资3961.12亿元，占年度计划的83.7%；238个新开工项目已开工236个，开工率99.2%。民间投资支持力度加大，积极落实国家促进民间投资17条措施和陕西省10条措施，对符合条件的民间投资项目连续两年给予2个百分点贴息，盘活存量项目60个、资产总规模448亿元，推荐首批适合民间资本参与项目420个、总投资4467亿元。

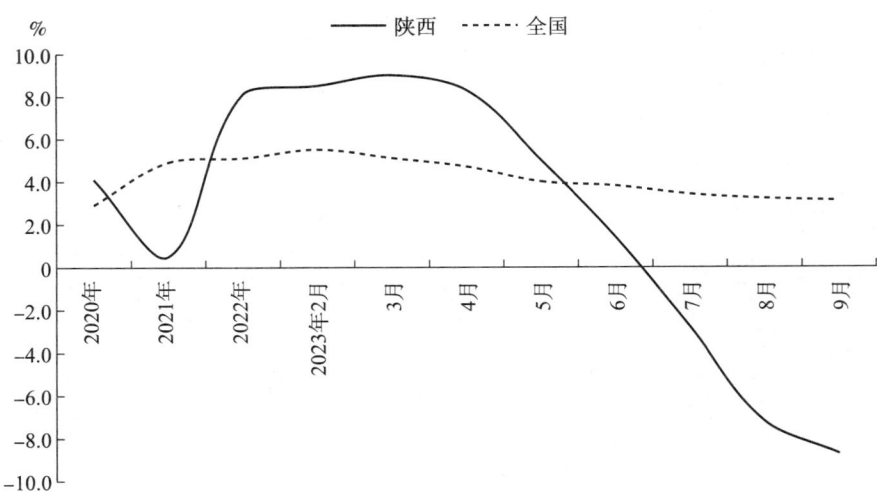

图4　2020年以来陕西省和全国固定资产投资增加值累计增速

（五）消费市场相对平稳

前三个季度，陕西社会消费品零售总额分别增长8.6%、6.7%、3.1%，较全国平均水平分别高2.8个、低1.5个、低3.7个百分点。限额以上消费品零售额中商品零售的23个大类中7类商品零售额保持正增长。出台促进消费增长23条措施，着力恢复和拓展消费场景，省市联动开展"2023年秦乐购消费促进年"等重点活动。9月，制定《西安市2023年促消费稳增长新能源汽车消费补贴发放工作实施细则》，多项促消费政策将逐步释放效拉动消费增长的积极效应。

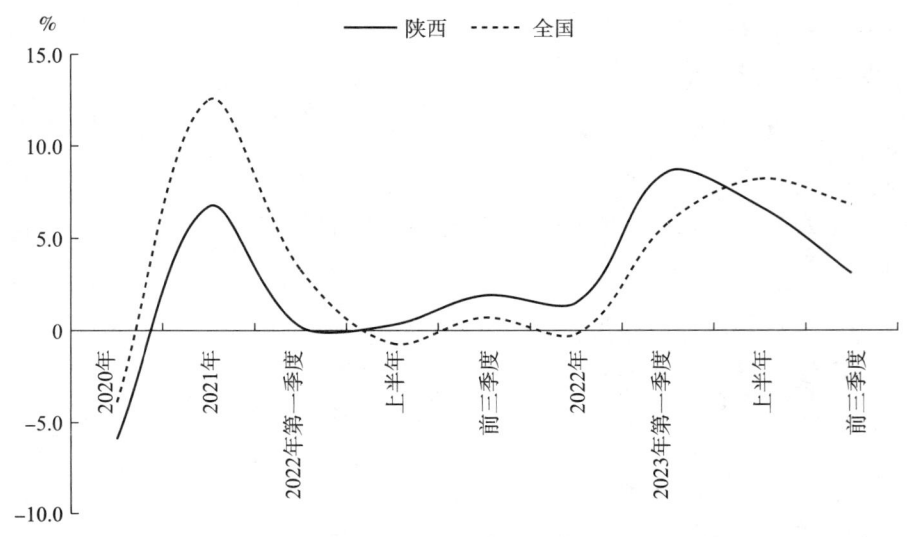

图5　2020年以来陕西省和全国社会消费品零售总额累计增速

（六）改革开放水平提升

着力推进营商环境突破年活动，推广两批86项优化营商环境典型经验做法，经营主体营商环境满意度达到94.14%，"陕企通"平台用户突破63万人。印发《陕西省国企改革深化提升行动实施方案（2023—2025年）》，加快推进水利等领域省属企业战略性重组。全方位高水平开放型经济加快发展，中国—中亚峰会涉陕成果加快落地，成功召开欧亚经济论坛、杨凌农高会、全球秦商大会，出台促进开放型经济高质量发展的实施意见，研究支持中欧班列（西安）和航空客货运高质量发展政策。西安国际港务区建设成效显著，引进"世界500强"企业31家、"中国500强"企业39家、"中国民营500强"企业15家；截至9月27日，中欧班列（西安）年内开行3946列，较上年同期增长29.7%，运送货物总重350万吨，较上年同期增长34.7%，开行量、货运量、重箱率等核心指标位居全国第一；西安国际港站已开通国际运输干线17条、"+西欧"线路达21条（年内增至24条），实现欧亚主要货源地全覆盖。

（七）经济下行压力较大

一是工业运行压力仍较大。5月以来，非能源工业增加值增速分别为－0.1%、－0.6%、－3.1%、－5.2%、－5.9%，其中，原材料制造业和消费品制造业增加值增速持续负增长，下拉非能源工业增加值增速；能源工业增速也处于低位，共同影响工业增加值增速回升。特别是中小微经营主体，受销售订单下降、用工成本上升、应收账款增多、融资难度较大等多不利因素影响，经营压力仍然比较大。另外，经营主体登记注册速度放缓，前三个季度经营主体登记注册同比分别增长33.7%、17%、16.5%，尤其是企业登记注册同比增速分别为63.7%、8.0%、－10.2%，放缓情况较为明显。

二是投资降幅有所扩大。企业投资意愿不足、地方债务管控趋紧、房地产市场低迷、PPP政策调整等因素影响持续显现，固定资产投资连续3个月负增长。从结构来看，基础设施投资明显减速，2月高企，增速接近30%；3—4月降至个位数增长；5—6月增速不足1%；7—9月呈负增长。房地产开发投资增速持续磨底，房地产市场疲软与经济下行相互作用，居民购房信心下降。民间投资增速承压，2022年12月至今呈负增长，且降幅扩大。

三是消费恢复速度放缓。在"疤痕效应"的影响下，居民预防式储蓄增加，购买意愿及消费能力减弱。23类大宗商品中，饮料类、服装鞋帽针纺织品类、化妆品类、日用品类、体育娱乐用品类、电子出版物及音像制品类、文化办公用品类、家具类、通信器材类、煤炭及制品类、石油及制品类、建筑及装潢材料类、机电产品及设备类、棉麻类等消费品零售额增速为负增长。

四是对外贸易年内负增长。2023年以来进出口增速均为负增长，低于年度预期目标23.3个百分点。全球半导体行业进入下行周期，集成电路进出口较上年同期减少332亿元，影响陕西省进出口增速10个百分点。

结合各大机构预计2023年中国经济5%左右的增速，综合考虑陕西前三季度数据与全国经济增速的相关关系，预计2023年陕西生产总值增速可能落在3%~4%的区间。规模以上工业增加值经过努力增速期望回归至正增长，固定资产投资增速降幅收窄，社会消费品零售总额增速力争超过4%。

表 1 各大机构对中国经济增速的预计（%）

机构	时间	2023年预计增速	2024年预计增速
国际货币基金组织（IMF）	1月	5.2	—
	4月	5.2	4.5
	7月	5.2	—
	10月	5	4.2
经合组织	3月	5.3	—
	6月	5.4	—
	9月	5.1	4.6
惠誉评级	6月	5.6	4.8
	9月	4.8	4.6
亚洲开发银行	4月	5	4.5
	9月	4.9	4.5
世界银行	1月	4.3	—
	4月	5.1	—
	6月	5.6	4.6
	7月	5.2	4.5
	10月	5.1	4.4

二、国内外环境分析

（一）全球经济可望初现复苏

2023年，在地缘政治持续紧张、俄乌冲突持续、巴以爆发大规模冲突，全球经济增长整体疲弱等多重挑战叠加共振的背景下，发达经济体面临抑制通胀效果不彰和增速放缓的双重挑战。新兴市场和发展中经济体积极采取措施应对发达经济体持续加息，主动把握世界经济格局调整、增长动力转换带来的机遇，不断加强国际政策协调和国际发展合作，呈坚韧增长态势。总的来看，全球经济可能会初现复苏动力。

（二）国内经济运行恢复向好

中国经济发展的基本面没有变，各方面发展优势没有变而且在持续提升，新动能在加快成长壮大，主要宏观指标已呈现边际改善。但仍存在经济结构性矛盾和周期性因素叠加，"三驾马车"拉动力减弱，外部需求疲软在短期内影响中国经济增长，地缘经济的紧张局势也限制中国获取关键技术等不利因素。总体而言，我国处于经济恢复和产业转型升级的关键期，要持续采取实质有力的政策措施，努力提振各方信心，促使国内经济在第四季度及至2024年步入复苏通道、逐渐恢复向好。

三、2024年主要指标预测及展望

针对部分宏观经济指标低增长或负增长的情况，陕西后半年密集出台了力促工业经济企稳回升、促进下半年投资企稳回升的22条举措等政策。前期出台的各类政策激励效果正逐步显现，9月当月规模以上工业增加值降幅有所收窄，比亚迪四期、奕斯伟一期等项目产能加快释放，汽车、电子等优势行业继续保持较快增长；近期煤炭市场价格略有回升，汽柴油、化工、有色金属等产品价格反弹，有利于能源及原材料行业稳定增长；西安二环以外取消限购，促进地产行业及上下游产业复苏；一批新增省市重大项目于第四季度开工，重大产业项目蓄积发展动能；旅游、餐饮、交通等聚集性行业加快发展，将有效支撑经济稳定恢复。只要用好政策、定向发力，促进需求持续扩大、生产供给稳定增长，将能够争取2023年经济社会发展取得更好的结果，为2024年经济发展奠定更好的基础。预计2024年生产总值增长将有所回升，主要指标增长好于2023年，生产总值增速向5%以上努力，规模以上工业增加值增长6%以上，固定资产投资和社会消费品零售总额增速在6%或更高。

四、确保经济稳健发展政策建议

（一）突出工业稳定生产

一是做好政策的制定推送和指导落实，充分发挥"陕企通"等服务平台作用，确保政策精准滴灌到具体平台、具体企业、具体项目上。强化政策的监督执行和评估反馈，健全企业诉求实时响应、迅速跟进、及时解决、限时反馈工作机制，确保各项举措落实见效。二是贯彻加快构建具有陕西特色的现代化产业体系推动高质量发展的意见，加快打造四个万亿级产业集群。出台加强产销对接助力企业拓展市场行动方案，持续开展钢铁水泥企业与建筑企业产销对接、整车与零部件企业配套对接活动。加紧出台稳煤扩油增气实施方案，加快推动延长石油中区北部17.8亿立方米/年天然气产能增能工程，榆能40万吨乙二醇项目建成，提升优质能源产业对工业的带动作用。

（二）突出项目扩大投资

一是抓好促进下半年投资企稳回升22条举措落地，着力提升项目全生命周期管理效能，推动建立竣工产业项目和产能释放对接机制。二是尽快研究提前下达部分2024年用于项目和产业发展的省级财政专项资金，促进产业类投资占比稳步提升。积极谋划以新基建、新能源、人工智能为引领的新兴产业项目，加大设备工器具购置及技术改造类投资项目投资力度。加快在建高铁工程建设进度，确保延榆高铁年底如期开工。三是积极推进建设配售型保障性住房，指导西安尽快启动一批城中村改造、"平急两用"基础设施建设项目。

（三）突出需求拉动消费

一是激发消费活力。举办第四季度省级24场、市级68场促销活动，支持各地聚焦汽车、家电、家居等重点消费，精准发放消费券。继续开展汽车消费补贴活动，鼓励汽车经销企业深入市（县、区）设立汽车综合卖场，开展汽车多品牌联合经营，建立健全城乡一体的汽车销售和售后服务网。开展"家居焕新消费季"活动。推动电商平台开设家居产品销售专场专区。二是积极谋划节假日文化旅游活动，吸引更多游客来陕。着力培育品牌展会，支持会展业内外贸一体化运作，推动会展业线上线下融合发展。三是鼓励各地出台政策支持陕货零售企业在电商平台开设店铺，对企业实际支出开店费用、运营和推广费用给予一定补助。依托"陕西省消费品行业数字直播电商基地"组织开展直播电商促消费，助力陕西传统产业电商化转型。

[陕西省信息中心　田静莉　江　果]

之八：2023年甘肃省经济运行分析及2024年展望

2023年以来，甘肃省以习近平新时代中国特色社会主义思想为指导，深入贯彻党的二十大精神，全面落实习近平总书记对甘肃重要讲话重要指示批示精神，按照省委经济工作会议、省委十四届三次全会安排部署，推动构建"一核三带"区域发展格局，大力实施"四强"行动，做深做细"五量"文章，全力以赴抓经济、千方百计促发展，加快培育高质量发展新动能，甘肃省经济运行呈稳中向好、进中提质、效速兼具的良好态势。

一、2023年甘肃省经济运行分析

前三季度，甘肃省地区生产总值8635.4亿元，同比增长6.6%。第一产业增加值1256.5亿元，同比增长5.8%；第二产业增加值2894.9亿元，同比增长6.3%；第三产业增加值4484亿元，同比增长6.9%。

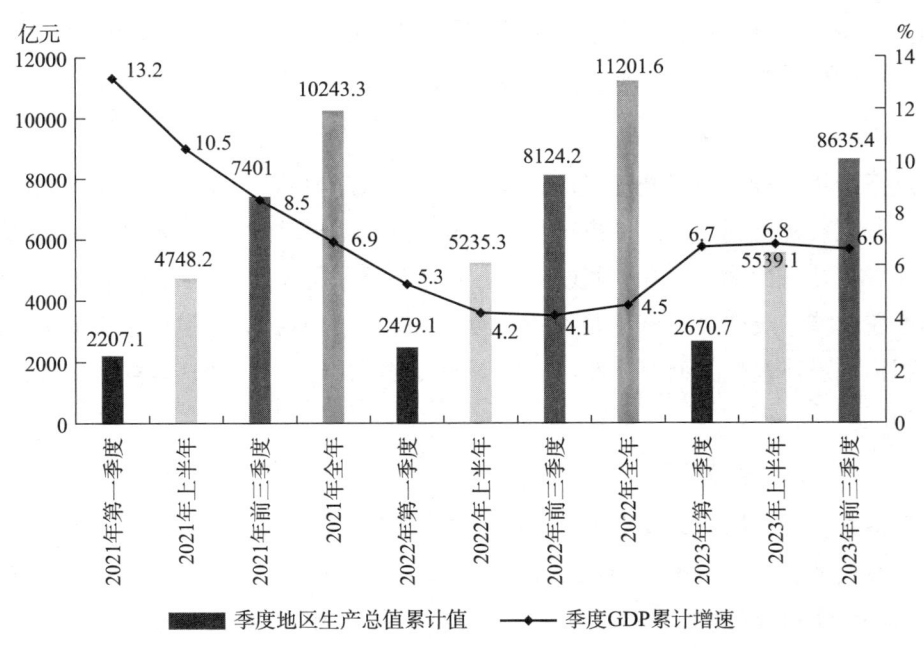

图1　2021年以来甘肃省GDP及增速

（一）农业强省建设稳步推进

1. 粮食生产安全根基不断巩固

甘肃省粮食播种面积稳定在4050万亩以上，夏粮喜获丰收，储备粮食超过国家核定规模。省政府办公厅印发了《甘肃省人民政府办公厅关于进一步加强高标准农田建设的意见》（甘政办发〔2023〕52号），2023年筹集中央和省级资金46.2亿元，计划建成高标准农田359万亩，加大撂荒地整治，安排中央预算内投资3.3亿元，实施大型灌区现代化改造等工程，稳定筑牢粮食安全根基。

2. 特色产业规模效益稳步提升

围绕"牛羊菜果薯药"六大特色产业，开展优势特色产业省级抓点示范行动，打造一批标志性的放心菜园、精品果园、道地药园和绿色标准化示范基地，形成绿色标准化种植基地1325个，获批创建苹果、马铃薯国家级优势特色产业集群。中药材人工种植面积全国第一，高原夏菜产量居全国第1位，马铃薯、苹果产量和牛、羊存栏量居全国前列。前三季度，甘肃省蔬菜产量1648万吨，同比增长7.4%；瓜果类产量401.1万吨，同比增长10%；猪牛羊禽肉产量111.8万吨，同比增长11.5%。2023年甘肃省农业特色产业增加值有望达到5700亿元。

3. 农业科技支撑能力持续增强

围绕优势特色产业集群、绿色高质高效创建、科技支撑等项目的实施，突出新优品种筛选、减肥减药、节水节地、省工省力、可控化智能化生产等关键领域，加快推进水肥一体化、有机肥替代化肥、病虫害生物物理防控、农艺农机融合等绿色高质高效生产技术的推广应用，加快新建戈壁设施农业，打造经济作物特色优势产业集群。制种业发展势头良好，预计全年玉米制种、蔬菜及其他制种面积均呈两位数增长，敦煌种业集团股份有限公司牵头的农业农村部机械化生产玉米品种创制重点实验室、酒泉奥凯种子机械股份有限公司牵头的农业农村部种子加工技术装备重点实验室等6家企业获批农业农村部企业重点实验室牵头建设单位。

（二）"强工业"行动扎实推进

1. 规模以上工业平稳增长

强工业行动有力促进工业经济平稳快速增长，前三季度，规模以上工业增加值同比增长7.5%，增速比全国高3.5个百分点。其中采矿业同比增长4.8%，制造业同比增长9.8%，电力、热力、燃气及水生产和供应业同比增长1.3%。行业大类中，电气机械和器材制造业增加值同比大幅增长77%，有色金属冶炼和压延加工业、石油和天然气开采业、烟草制品业分别同比增长19.3%、8%、10.1%。重点产品中，精炼铜、铅、电解铝产量同比增长超过20%，原煤、原油产量分别同比增长10.5%、7.4%。在甘央企工业增加值占甘肃省规模以上工业增加值的53%左右，是甘肃省经济发展的"主力军""排头兵"。积极打造新材料、数字经济、生物医药、先进装备制造等优势产业集群，前三季度规模以上工业装备制造业、战略性新兴产业增加值分别同比增长18.4%、9.6%。

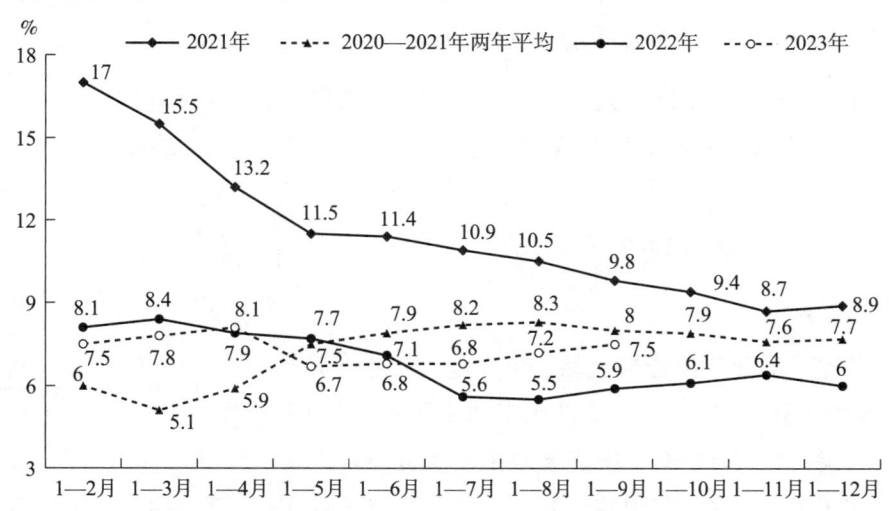

图2 甘肃省规模以上工业增加值增速

2. 工业发展后劲增强

前三季度，甘肃省工业固定资产投资同比增长33.6%，增速位居全国第三，工业用电872.38亿千瓦时，占比为72.35%，同比增长8.6%。工业产品产销率达到97.1%。巩固拓展国企改革三年行动成效，全面实施省属企业创建一流企业行动，前三季度省属企业工业总产值、营业收入分别同比增长11.5%、5.7%。坚持产业链精准招商，工业和信息化领域招商引资产业项目615项，签约总金额3244.4亿元。

3. 产业链链长制深度推进

深入推进"延链补链强链"，推动短板产业补链、优势产业延链、传统产业升链、新兴产业建链，促进全产业链发展。制定产业基础再造、产业安全等政策措施，稳步推进供应链"B计划"。传统产业做实"改旧"，加大石油化工、有色冶金、装备制造、煤炭清洁高效利用等产业改造力度。战略性新兴产业做实"培育"，加大生物医药、新材料、电子信息等产业培育力度。研究谋划未来产业上做实"增创"，全方位谋划发展同位素、凹凸棒、无线电、核产业、电子信息、电池、硅铁、氢能、储能、数字等产业。打造石油化工、有色冶金、数字智能、生物医药、新材料和相关融合产业等6个千亿级制造业产业集群，形成高端装备制造、精细化工、煤炭高效利用、医疗装备和新型建材等5个百亿级制造业产业集聚区。

（三）服务业持续加快恢复

1. 主要服务业全面恢复

前三季度，甘肃省服务业增加值同比增长6.9%。接触型聚集型服务业均呈两位数增长，其中，住宿和餐饮业增加值同比大幅增长22.6%，租赁和商务服务业、信息传输软件和信息技术服务业分别同比增长11.9%、12.3%，批发和零售业、科学研究和技术服务业分别同比增长6.9%、6.2%。1—8月，规模以上服务业企业实现营业收入1153.4亿元，同比增长16.4%。

2. 交通运输业增势良好

9月份，物流业景气指数（LPI）为56.13%，较上月回升3.69个百分点，业务总量、新订单、库存周转次数、设备利用率、从业人员等分项指数均有不同程度的回升。前三季度，交通运输仓储和邮政业增加值同比增长18.3%，铁路、公路、航空客货运增势明显，铁路客运量、公路客运量、航空旅客吞吐量分别同比增长1.2倍、43.9%和1.2倍，铁路货运量、公路货运量、航空货邮吞吐量分别同比增长14.2%、2.7%和13.4%。

3. 文化旅游业强劲恢复

大力开展旅游推广活动，甘肃旅游火出圈，机场车站人流井喷，旅游市场持续升温。前三季度，甘肃省共接待游客3.03亿人次，实现旅游收入1910亿元，同比增长161%、234.5%，恢复到2019年同期的100.3%、89%。

（四）固定资产投资平稳增长

1. 项目投资跑出加速度

前三季度，甘肃省固定资产投资同比增长6.7%，增速比全国高3.6个百分点。项目投资同比增长14%，成为稳投资拉动增长的关键引擎。287个省列重点项目累计完成投资2013.3亿元，年度计划投资完成率达到80.2%。甘肃省共实施新建、续建省外招商引资项目3961个，到位资金4938.86亿元，同比增长50.74%。截至2023年9月底，集中签约的276个央地合作项目已开工218个，开工率78.99%，其中投产64个，累计完成投资2206.38亿元。

2. 工业投资支撑有力

前三季度工业投资增速达到33.6%，高出全国水平24.6个百分点，持续高位增长，拉动甘肃省固定资产投资增长9.1个百分点。制造业投资同比增长11%，采矿业投资同比增长124.2%，电力、热力、煤气生产供应业投资同比增长39.7%。高技术产业投资同比增长21.6%，全年甘肃省实施工业和信息化项目共1296项，1231个项目已开工建设，1—9月完成投资1326.2亿元，投资进度完成率81.7%。计划实施"三化"改造项目300项，293个项目已开工建设，完成投资154.1亿元。

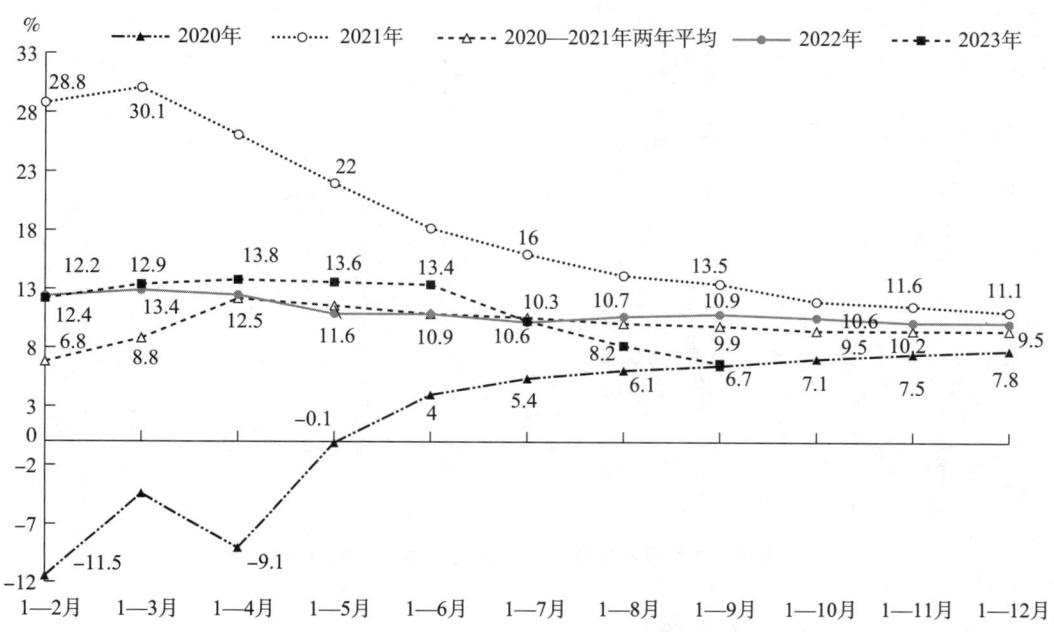

图3 甘肃省月度累计固定资产投资增速

3. 产业和地区之间投资呈分化趋势

从产业分析，第二产业投资同比增长33.8%，第一产业、第三产业投资分别同比下降8.6%、3%，民间投资持续同比下滑4.1%。从投资领域分析，基础设施投资同比增长1.7%，房地产开发投资同比下降14.3%。从中央和地方投资分析，中央投资同比增长44.9%，地方投资同比增长3.7%。从各市州分析，临夏州固定资产投资同比增长43.4%，武威市、金昌市投资同比增长高于20%，定西市、嘉峪关市、陇南市、酒泉市、庆阳市投资增速均在10%以上，甘南州、张掖市投资分别同比小幅增长2.7%、5.5%，天水市、平凉市投资分别同比下降5.6%、4.8%。

（五）消费市场加速回暖

1. 城乡消费加快修复

前三季度，甘肃省社会消费品零售总额3255.2亿元，同比增长9.2%。按经营单位所在地分，城镇消费品零售额2664.6亿元，同比增长9.1%，高于全国2.4个百分点；乡村消费品零售额590.6亿元，同比增长9.7%，高于全国2.7百分点。线下服务恢复叠加基数回落等因素推动消费复苏加快，但消费整体仍然处于弱复苏状态。

2. 接触型行业和网络消费同步加速反弹

限额以上住宿业营业额同比增长54.3%，限额以上餐饮业营业额同比增长30.7%，限额以上批发、零售、住宿和餐饮业通过公共网络实现零售额34.3亿元，同比增长29.1%。

3. 商品零售全面恢复

前三季度，限额以上单位商品零售 1029.4 亿元，同比增长 10%。大多数商品消费增速反弹，汽车、金银珠宝、家具类等耐用升级类消费品分别同比增长 11.2%、18.4%、8.3%。饮料、烟酒、服装、化妆品类等易耗消费品零售额分别同比增长 23.5%、17.2%、17.1%、6.2%。

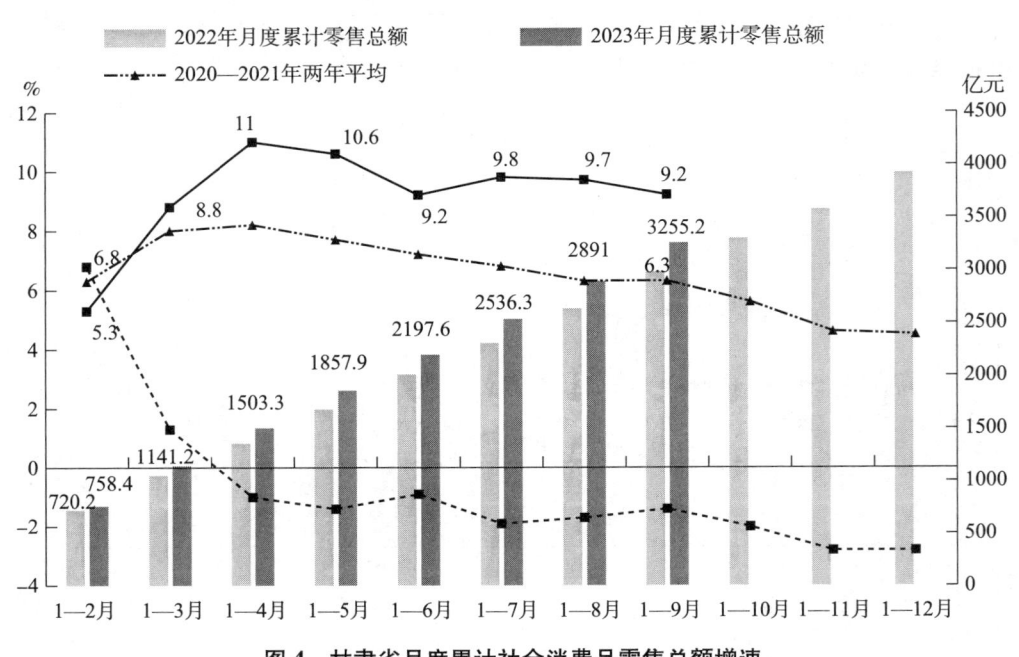

图 4　甘肃省月度累计社会消费品零售总额增速

（六）财政金融和物价总体平稳

1. 财政收入较快增长

前三季度，甘肃省一般公共预算收入 747.6 亿元，同比增长 12%。其中，税收收入 517.4 亿元，同比增长 24.3%；非税收入 230.2 亿元，同比下降 8.3%。一般公共预算支出 3388 亿元，同比增长 5.4%。11 类民生支出 2714 亿元，同比增长 6.7%。

2. 金融存贷平稳运行

9 月末，甘肃省金融机构本外币各项存款余额 26298.8 亿元，同比增长 5.8%；各项贷款余额 27407.7 亿元，同比增长 7.8%。

3. 居民消费价格温和上涨

前三季度，甘肃省居民消费价格同比上涨 0.7%。分类别看，食品烟酒价格同比上涨 1.4%，衣着价格同比上涨 0.2%，居住价格同比下降 0.4%，生活用品及服务价格持平，交通通信价格同比下降 1%，教育文化娱乐价格同比上涨 1.4%，医疗保健价格同比上涨 2.8%，其他用品及服务价格同比上涨 3.4%。9 月，居民消费价格同比上涨 0.2%，环比上涨 0.1%。

（七）民生福祉持续增进

1. 民生实事扎实推进

前三季度，11 类民生支出 2714 亿元，占一般公共预算支出的 80.1%，86 家县级医院重症救治能力提升项目、20 万名城乡妇女"两癌"检查项目已经完成。1 万公里村组通硬化路项目开工率 100%、完工率

86%，生态及地质灾害搬迁已入住27903户，完成计划的69.8%。

2. 就业形势总体稳定

组织开展"援企稳岗·服务千企行动"，推动各类优惠政策直达企业，加强与山东省、天津市对接合作，持续推动乡村就业工厂转型升级和规范管理，甘肃省乡村就业工厂（帮扶车间）累计达到2583个，共吸纳就业9.91万人。大力实施"订单式""嵌入式""项目制"培训，截至9月底，甘肃省开展政府补贴性职业技能培训38万人次，完成年度培训任务的95%。甘肃省城镇新增就业27.45万人，同比增长1.3%，完成年度任务的85.8%。输转城乡富余劳动力523.1万人，其中脱贫劳动力199.7万人，均超额完成年度任务。

3. 居民收入稳定增加

多渠道拓展居民收入来源，前三季度，全体居民人均工资性收入、经营净收入、财产净收入、转移净收入分别同比增长9.2%、3.9%、5.4%和6.5%。甘肃省全体居民人均可支配收入达到18003元，同比增长7.6%；城镇居民人均可支配收入29826元，同比增长6.1%；农村居民人均可支配收入8756元，同比增长7.9%。

（八）发展动能不断增强

1. 科技创新更加活跃

强科技行动扎实推进，新获批国家和省部级创新平台14个，建成甘肃省科技成果转化综合服务平台，争取国家自然科学基金立项704个，经费4.2亿元，均创历史新高。前三季度，甘肃省登记技术合同成交额409.8亿元，同比增长80.9%。

2. 新能源产业持续稳定发展

前三季度，甘肃省新能源装机规模达到4530万千瓦，占电力装机比重达58%，占比跃升至全国第2位，预计年内新能装机规模将超过5000万千瓦。陇电入鲁工程顺利推进，陇电入浙工程年内具备核准条件。6个抽水蓄能项目核准开工，数量排名全国第3位，总装机规模870万千瓦。新型储能装机规模达到215万千瓦，排名全国第4位。配套发展新能源装备制造产业，完成投资近300亿元，初步形成了风电、光伏、储能产业链。

3. 市场活力不断激发释放

深入开展"营商环境攻坚突破年"行动，加快"数字政府"建设，深化"标准地"和信用承诺制改革，前三季度，甘肃省新增经营主体25万户，同比增长10.2%，其中新增企业6.9万户，同比增长16.5%。新增个体工商户17.83万户，同比增长6.91%，甘肃省个体工商户累计达到157.15万户。积极开展"自转个""个转企"，截至9月底，甘肃省完成"自转个"17.8万户、实施"个转企"6371户。加强优质中小企业培育入库，新认定省级"专精特新"中小企业207户，累计达到462户。前三季度，甘肃省规模以上工业新入库企业377户，增加值同比增长1.9倍。

4. 外贸出口较快增长

出台支持外贸稳定发展、跨境电商、海外仓发展等政策举措，组织企业参加国际专业展会，兰州、白银、酒泉等12家企业实现自营出口"零的突破"。前三季度，甘肃省出口总值93.1亿元，同比增长5.3%；实现跨境电商交易额14.3亿元，同比增长21.2%。对共建"一带一路"国家进出口282.8亿元，占甘肃省进出口总值的74%。

二、面临的挑战和制约因素

固定资产投资增长压力较大。2023年以来，甘肃省固定资产投资增速呈回落态势，增速从1—4月的13.8%逐月下降，前三季度，固定资产投资同比增长6.7%，较增速高点下降7.6个百分点，下滑至预测值10%以内。其中房地产投资同比下降14.3%，导致民间投资同比下降4.1%；按隶属关系分析，地方投资乏力，缓慢同比增长3.7%。项目投资中，农林牧渔业、租赁和商务服务业、教育、文化体育娱乐业、呈负增长，交通运输仓储邮政业、水利环境和公共设施管理业增速分别同比缓慢增长0.3%、4.8%。房地产市场持续低迷。2023年以来，随着推动房地产健康发展力度持续加大，虽然甘肃省商品房销售面积转正增长，但受市场预期走弱和去库存压力，房地产开发投资仍处于负增长，降幅由1—2月的-4.9%持续扩大至前三季度的-14.3%。房地产企业拿地意愿不强，部分土地出让金大幅下降，加之财政刚性支出强、偿债压力大，财政运行处于紧平衡、难平衡的状态。工业运行压力较大。价格下跌挤压企业利润，尤其煤炭工业、石化工业、建材工业利润分别同比大幅下降13.4%、47.7%、44.9%，尽管工业生产者出厂价格有所反弹，降幅收窄，但仍处于-1.7%的下降趋势，1—8月规模以上工业企业实现利润总额373.7亿元，同比下降22.5%，低于全国10.8个百分点。经营主体对市场恢复信心不足，一些工业企业和招商引资项目投资进度放缓。成本价格倒挂叠加企业市场预期整体走弱，直接导致甘肃省主要工业企业原材料进口断崖式下降，外贸进出口总额不及预期，前三季度甘肃省进出口总值382.4亿元，同比下降12.2%，进口总值289.3亿元，同比大幅下降16.6%。就业难度有所增大。经营主体信心不足，吸纳就业能力明显下降。房地产市场持续低位运行，以建筑业为主的农民工就业岗位持续锐减。外需动力下降，叠加企业降本增效"机器换人"，东南沿海企业、工厂企业的用工需求不断收缩，甘肃省500多万城乡富余劳动力转移就业空间收窄，就业总量压力较大。产业结构持续调整，新能源及其装备制造、数字经济、现代化工等重点领域专业技术人才供给不足，同时面临科技领军人才、"卡脖子"技术攻关人才、高层次创新创业人才短缺和人才持续流失的困境。科技创新成果转化不足。企业研发平台不足、创新精神也不强，对技术创新成果需求疲软，积极寻求科技创新成果转化的动力较弱。同时科技创新成果中介服务机构数量匮乏、能力不足，严重制约了科技创新成果转化的速度与规模。新技术的创新，缺乏时间、资本、政策以及产业链支持，新技术落地难。科技创新成果与产业融合程度较低，科技创新成果很难有效率地转化为现实生产力。

综合分析，初步预计2023年甘肃省地区生产总值将超过1.2万亿元，经济增速在6.8%左右，规模以上工业增加值增速7.5%左右，固定资产投资增速10%左右，社会消费品零售总额在4000亿元以上，增速9%以上，外贸进出口总额达到500亿元，全年CPI保持在1%左右。

三、2024年经济运行环境分析

（一）世界经济增长动能呈走弱态势

总体来看，自从疫情以来，世界经济从下行压力当中没有完全恢复过来，复苏进程缓慢且不均衡。紧缩货币政策的负面影响越发明显，大多数国家的财政空间变得狭窄，融资成本上升，金融风险加大，债务负担严重。地缘政治冲突不断，俄乌冲突、巴以战争导致世界百年未有之大变局加速演进，叠加单边主义和贸易保护主义显著加剧，全球经济碎片化有增无减。国际货币基金组织（IMF）最新一期《世界经济展望》，预计2024年全球经济增速为2.9%，相比7月的预测下调了0.1个百分点。经合组织（OECD）预测2024年经济增长疲软、通胀持续，将2024年全球经济增速从2.9%下调至2.7%。世界银行基于大国矛盾加剧、全球供应链和能源危机，预计2024年全球经济增速持续放缓至3.1%。

（二）我国经济在全面刺激政策下稳定向好

我国经济总体回升向好，具有巨大的发展韧性和潜力，长期向好的基本面没有改变，各机构普遍预测，2024年中国经济增速在5.2%以上，经济增速仍将在主要经济体中名列前茅，继续成为世界经济增长的重要引擎和稳定力。我国正处于新旧动能加快转换的重要时期、推动高质量发展的关键时期，蕴含着巨大的发展机遇，在新一轮科技革命中，不再是"旁观者""局外人"，而是深处其中的"参与者""并跑者"，在有的领域甚至是"领跑者"。2023年前三季度，我国生产供给稳步回升，有效需求较快增长，物价水平逐步企稳，市场信心不断增强，质量效益持续提升，为2024年扩需求、强实体、防风险、保民生奠定了坚实基础。近期增发国债、规范实施政府和社会资本合作新机制、积极化解地方债务、优化房地产发展模式、加大免税降费力度、金融高质量发展等政策效果将逐渐显现，有力促进我国2024年经济发展加快恢复、企稳向好。

（三）甘肃省正处在爬坡过坎赶超进位的关键阶段

"一带一路"倡议、黄河流域生态保护和高质量发展、新一轮西部大开发、新型城镇化等战略机遇叠加并深入实施，甘肃省综合实力整体跃升，产业动能持续增强，基础支撑不断强化，乡村振兴全面推进，美丽甘肃展现新貌，民生福祉改善增进，甘肃省正在加快构建"一核三带"区域发展格局，深入实施强科技、强工业、强省会、强县域行动，文旅资源优势、地理区位优势、自然资源禀赋优势等拓展释放，现代产业体系加快构建。如今的甘肃，经济社会发展的方位和特征、基础和条件、氛围和态势已经发生明显变化，追赶进位是各族干部群众最迫切的愿望，新一届省委省政府牢牢扭住发展第一要务，锚定目标、矢志奋斗，立志在实现赶超进位上展示新作为。当下，甘肃省开展"三抓三促"行动，推动形成了比学赶超、争先进位的浓厚氛围，全面建设社会主义现代化幸福美好新甘肃前景广阔。

综合预测，2024年甘肃省地区生产总值将超过1.3万亿元，经济增速在6%左右，规模以上工业增加值增速7%以上，固定资产投资增速10%左右，社会消费品零售总额达到4500亿元左右，增速8%以上，外贸进出口总额达到600亿元，全年CPI保持在3%左右。

四、主要对策建议

（一）持续打造一流营商环境

1. 优化提升政务环境

坚持以数字政府建设为主攻点，加快"甘快办"品牌打造，持续擦亮"甘心服务"名片，推动企业和群众办事"最多跑一趟"向"一次不用跑"转变，提升政务服务便利化水平。以加快推进登记注册智能审批系统建设为重点，大力推进"一窗通办"，推动企业开办实现由2.5个工作日缩短至1个工作日，提升企业开办便利化水平。大力推行"多规合一+区域评估""用地清单制""多段式联合验收"等举措，精简"办理建筑许可"流程，实现由90个工作日缩短至60个工作日。深化"陇税雷锋"全员帮办服务机制，年纳税时间力争压减到80个小时以内，留抵退税平均审核时间压减到2个工作日以内。加强政府采购信息化和"政采贷"平台建设，切实提升政府采购便利化和招标投标便利化水平。

2. 强化攻坚法治环境

严格规范行政执法行为，严查逐利性执法行为，严打损害企业利益的违法犯罪活动，防止粗暴执法、选择性执法，树牢法治思维。各级领导干部切实增强诚信意识和契约精神，新官要理旧账，有承诺就要兑现，健全涉企历史遗留问题化解机制，以诚信换取企业主体的信心。畅通中小投资者权利救济渠道，切实保护中小投资者合法权益，提升执行合同效能，推动执行合同法定审限内结案率97%以上。进一步完善"监察+仲裁+司法"劳资纠纷预警服务联动机制，重点整治拖欠农民工工资问题，保障新兴领域就业主体权益，提高劳动力市场服务和监管水平。

3. 着力提升要素保障服务

加快实施金融供给扩大、产业金融发展、服务质效提升、融资渠道拓宽"四大工程"，推动金融机构建立敢贷、愿贷、能贷、会贷机制，突出民营企业、中小微企业和个体工商户，开发更多信用贷款、轻资产抵押、贸易链融资等金融产品。在保障电力要素上突破攻坚，持续推动用电报装提速，推进供电服务"一件事一次办"，多措并举推动工业用电成本不高于周边省市，在降低工业用电成本上取得实质性进展，增强甘肃省在西北地区工业发展的竞争力。推动水气报装系统与工程建设项目审批管理系统深度融合，大力推行市政报装"一站式"服务。

（二）积极主动融入双循环新发展格局

1. 加快推进重大项目建设

以重大项目建设带动有效投资，加快在建项目提速、储备项目开工、签约项目落地、投产项目达效，切实用好新增"一万亿国债""政府和社会资本合作新机制"，努力形成更多实物工作量。开工建设G1816乌玛高速兰州过境段（九州北至兰州南）、S35景礼高速景泰至靖远段，兰州南二环柳泉至河口段等项目；全面开工建设平庆铁路、兰张三四线武张段；加快建设兰合、西成、天陇铁路等续建项目，争取兰张三四线中武段完工；争取定西至平凉铁路早日获批实施；协调推进兰州铁路枢纽优化提质工程前期工作。加快兰州中川国际机场三期扩建工程全面竣工。力争白龙江引水工程尽早获批并开工建设；加快推进引哈济党工程前期工作；积极配合国家开展南水北调（西线）一期工程、黑山峡河段开发等重大水利工程前期论证工作。提前储备和谋划2024年专项债项目，做好项目建设前期工作。

2. 持续优化投资环境

坚持"要素跟着项目走"的原则，继续发挥"项目集中开工""标准地改革""区域评估""协同推进""四优先"等机制作用，优先支持基础设施领域、规划内和前期工作成熟的项目，着力破解要素保障问题。充分运用"甘肃省投资项目在线审批监管平台""国家重大建设项目库"等大数据手段，将"三个清单"、专项债券、中央投资等项目全部纳入调度范围，实行"周调度、月调度、季通报"制度，实时监控项目进展，形成项目闭环管理。紧盯基础设施等"大块头"领域，靠实"铁公基"、水利、能源、信息等行业投资任务。加快推动落实民间投资新政策举措，进一步优化民间投资环境、增强民间投资意愿、提升民间投资活力；不断扩大外商投资范围，加大外商投资支持力度。

3. 加快恢复并扩大消费

统筹推动消费提质扩容，开展商旅文体融合，加快餐饮企业数字化赋能，鼓励发展智慧商店，积极发展特色街区、特色商圈和夜间经济，培育消费升级载体。大力实施消费帮扶，培育一批消费帮扶示范企业和社会组织。推动大型综合生活超市进驻乡镇、中心村，释放农村消费潜力。持续推进"放心消费在陇原"示范创建活动，打造全国一流的消费环境。加大以稳经营主体为重点的结构性政策调整，改善消费预期，防止教育、医疗、养老等高端服务性消费外流。进一步放大甘肃省文化旅游消费优势，深度挖掘甘川陕毗邻地区文旅环线战略联盟发展潜力，不断创新旅游消费新模式新产品，加大向东向南宣传推介力度，吸引省外游客来甘休闲娱乐、研学体验，同时加大省内区域间互动游。

（三）不断深化产业融合发展新境界

1. 积极推动跨区域产业融合发展

推进跨区域产业融合发展，是发挥比较优势互补耦合功能，促进区域经济高质量发展的战略抉择。依据甘肃省构建"一核三带"区域发展格局，充分发挥不同区域比较优势、产业基础、政策环境等差异性，增强不同区域经济联系，促进省内跨区域创新活动、产业分工和产业协同，优化甘肃省"一核三带"区域产业分工、强化产业协同发展。同时，积极融入国家区域发展战略布局，紧抓黄河战略、城市群发展、"一带一路"建设等机遇，推动甘肃省与"一带一路"沿线、沿黄省份以及重点城市群产业融合发展，形成省内、省外跨区域产业融合发展格局。

2. 推动高新技术产业的渗透融合

围绕甘肃省亟须做大做强的特色优势产业，明确产业融合发展的主攻方向，积极推动大数据、生物技术、人工智能、高端装备等高新技术产业向甘肃省新能源、新材料、生物医药、文化旅游等重点行业的渗透融合，不断提升传统产业发展效能，促进形成产业新业态。将传统产业高端化智能化绿色化改造作为产业基础的重要抓手，以项目建设夯实经济发展基础，落实"引大引强引头部"行动，梳理确定重点单位，实施融合机制构建，着力向各市（州）及各重点产业领域拓展延伸，形成省、市联动的协同发展局面。

3. 推动甘肃省重点产业链融合发展

围绕甘肃省产业间的功能互补和延伸实现产业融合，通过赋予原有产业新的附加功能和更强的竞争力，形成融合型的产业新体系。积极推动金融、法律、管理、培训、研发、设计、客户服务、技术创新等现代服务业向第一产业和第二产业的延伸和渗透，不断推动和培育新型工业产业体系。同时，推动现代生产要素向第一产业的渗透，依靠甘肃省农业资源，面向全国乃至世界市场，集中并优化配置土地、资金、劳动力、技术等生产要素，形成优势农产品，实现农业生产、加工、销售、服务一体化经营体系。

（四）积极培育战略性新兴产业

1. 加力发展新能源及装备制造业

持续扩大河西特大型新能源基地规模，推进以沙漠、戈壁、荒漠为重点的大型风光电基地建设，推动河西千万千瓦级风电基地向亿万千瓦级迈进，通过规模化开发降低土地、基建、运维成本；多建快建抽水蓄能绿色"超级充电宝"，为实现新能源大规模安全可靠替代提供有力支撑。加快终端用能清洁替代，在工业、建筑、交通等领域推广再电气化，开展多技术路线示范，重点推动绿电制氢，提升电力外送和就地消纳能力，打造清洁能源生产和利用强省。规划设立若干新能源上下游产业聚集区，聚焦产业链关键环节，引入大型风机、光伏光热设备等装备制造项目，延长产业链条；立足国内，放眼全球，积极布局电化学储能等上游产业，在锂、镍、铜等关键矿产资源产业中寻求新的突破。

2. 持续做强做优做大数字经济

着力实施"东数西算"工程和甘肃"上云用数赋智"行动，积极承接京津冀、长三角、成渝等地区需后台加工、存储备份类等非实时算力需求服务，推进"AI+"关键领域算法突破升级，形成一批具有示范推广效应的算法产品，争取在"5G+""人工智能+"产业方面取得新突破，强化配套数字产业化基础设施。重点围绕新基建、数字经济招引或布局一批相关硬件制造企业、软件技术开发企业、大数据应用企业，加快推进智能制造、智慧能源、智慧农业、智慧城市等建设进程，打造千亿级数字智能产业链。

充分发挥甘肃省算力、人才优势，开展算力技术攻关和创新，推进各超算集群资源共联共享，形成高效的算力调度匹配、发放、运行保障能力。

3. 加快推动中医药传承创新发展

优化道地药材种植布局，扩大抗疫中草药种植面积，打造道地药材优势产区，确保甘肃省中药材种植面积达到500万亩。建立中药材收储制度，提升中药材仓储能力，支持定西、陇南、甘南等建设标准化、规模化中药材仓储物流基地，进一步扩大"南药北藏"集散地影响力。打造中药加工产业集群，引进一批中药龙头加工企业，培育一批中药企业集团，培植一批中药骨干企业，打造一批集供应链、产品链、创新链于一体的企业航母。提升省内中医药领域省部级以上重点实验室、技术创新中心和企业技术中心产品开发能力，依托甘肃中医药大学组建陇药产业创新研究院，解决甘肃省中医药产业领域新产品研发、中试和产业化等瓶颈问题。大力弘扬中医药文化，增强中医药文化自信，加强甘肃省中医药文化研究基地建设，系统挖掘和传承甘肃省人文始祖伏羲、医祖岐伯、针灸鼻祖皇甫谧、敦煌医学、武威汉代医简等中医药文化精华，强化中医名方制剂及传承技术开发，收集筛选和开发利用名中医经验处方、主要传承人的经验处方、民间中医药验方、秘方、技法。

（五）强化科技成果转化落地

1. 强化企业创新主体地位

实施高新技术企业梯次培育计划，构建龙头企业牵头、高校院所支撑、创新主体相互协同的创新联合体。鼓励国有企业加大研发投入，建立健全"链长制"科技支撑服务体系，靶向产业链上下游重点环节技术瓶颈，扶持"链主"企业。为"专精特新"中小企业建立"一户一档"成长档案，全面实施"一户一策"精准服务，积极引导甘肃省中小企业走"专精特新"发展之路。聚焦传统产业改造升级和新兴产业培育壮大，攻克一批产业化工程化关键技术。

2. 加快科技创新平台建设

加快推进兰白国家自主创新示范区、兰白科技创新改革试验区等创新园区建设，加强区域内创新资源配置和产业发展统筹。持续加大对兰州大学、中国科学院兰州分院、中央在甘单位等科研机构的资源投入，增强承担重大科技任务和服务甘肃省产业转型升级的能力。积极打造一批创新项目，在高校、科技园区等集聚高端要素，选取不同市（州）建设符合地方优势产业发展的科技成果转化示范区，建立高度集中的创新协调中心和创新连接点，突出技术开发中心、重点实验室、工程技术中心等平台，推进军民科技成果供需信息共享，促进科研优势向产业优势转化。

3. 落实科技成果转化激励政策

加大对促进科技成果转化法规政策的宣传执行力度，建立健全以创新能力、质量、实效、贡献为导向的科技人才评价体系。对做出重大贡献人才、引进的高层次、急需紧缺人才开展特殊人才评价。建立与科技成果转化能力挂钩的科研人员评价体系，使科研人员在成果转化中有获得感。在科技成果评比、绩效激励机制改革、人才服务保障改善等方面向一线和做出突出贡献的科研人员倾斜，构建充分体现知识、技术等创新要素价值的收入分配机制。

（六）巩固提升人才要素支撑

1. 稳定支持高层次科技人才

持续支持战略性科技人才担纲领衔重大科技任务，强化创新平台人才吸附功能，通过强平台优项目聚集高层次人才。优化科技领军人才发现机制和项目团队遴选机制，对领军人才实行人才梯队配套、科研条件配套、管理机制配套的特殊政策。实施更加精准的高层次科技人才支持政策，构建梯次衔接的战略科技人才、科技领军人才和创新团队、优秀青年科技人才等全链条人才成长机制。定向支持高层次人才和创新团队开展应用基础研究和产业化技术攻关。

2. 拓宽引才聚才渠道

深化与中国科学院、大型科研院所等科技"国家队"的合作，组建创新主体联合攻关，解决重大科学问题和工程技术难题。支持企业与省内外高校院所、企业等建立长期稳定的人才交流合作项目，柔性引进产业急需科技人才。搭建国际人才合作交流平台，高质量开展外国人才和专家工作。支持高校院所设立流动岗位，通过国际访问学者和博士后制度，加大国内外高端人才引进力度。对引进的高端人才及团队实行"一事一议"，给予多方位的配套政策支持。

3. 完善人才评价激励机制

完善人才分类评价标准，改进人才评价方式，开展科技人才分类评价试点，健全以创新能力、质量、实效、贡献为导向的人才评价体系和以信任为基础的人才使用机制。强化用人单位人才评价主体地位，落实人才职称评审政策。开展省属高校院所薪酬制度改革试点，落实和完善科研人员工资分配激励政策，积极构建充分体现知识、技术等创新要素价值的收益分配机制。实施技能人才激励政策，培养更多高质量的复合型科技技能人才。

[甘肃省经济研究院　马红祥　张　帆　李　丹　杨　永　张旭春　李丽莉]

之九：2023 年青海省经济运行分析及 2024 年展望

2023 年以来，宏观政策协同发力，青海省抢抓机遇促发展系列活动成效不断显现，生产供给稳步增长，消费需求持续回暖，就业、物价总体平稳，民生保障有力有效，经济运行呈回升向好态势。展望 2024 年，随着西部大开发形成新格局、黄河流域生态保护和高质量发展、对口支援和东西部协作等国家重大战略纵深推进，青海省在全国发展大局中的战略地位更加凸显，加之新能源、新材料等高技术产业贡献率不断提升，高原资源能源潜力加快释放，一系列稳增长接续政策持续发力显效，青海省经济有望步入常态化增长轨道。但同时，稳供给、扩内需、强预期等方面仍需加力改善，经济恢复基础有待进一步巩固。初步预计，2024 年青海省地区生产总值同比增长 5.0% 左右。

一、2023 年青海省经济运行分析及全年预测

（一）主要特征

1. 经济运行持续恢复

前三季度，在工业生产较快增长、服务业稳步恢复、消费市场加快回暖带动下，青海省地区生产总值同比增长 5.6%，增速较上年同期回升 3.0 个百分点，高于同期全国水平 0.4 个百分点，青海省经济总体恢复向好，经济运行呈"前低中高后稳"特征。分产业看，第一、第二产业分别增长 4.2%、5.2%，增速均较上年同期有所放缓；在交通运输、批发零售、住宿餐饮等行业快速增长拉动下，第三产业由上年同期的下降 1.6% 转为增长 6.2%，占 GDP 的比重较上年同期提升 1.4 个百分点，三次产业对 GDP 增长的贡献分别为 5.9%、37.8%、56.3%。

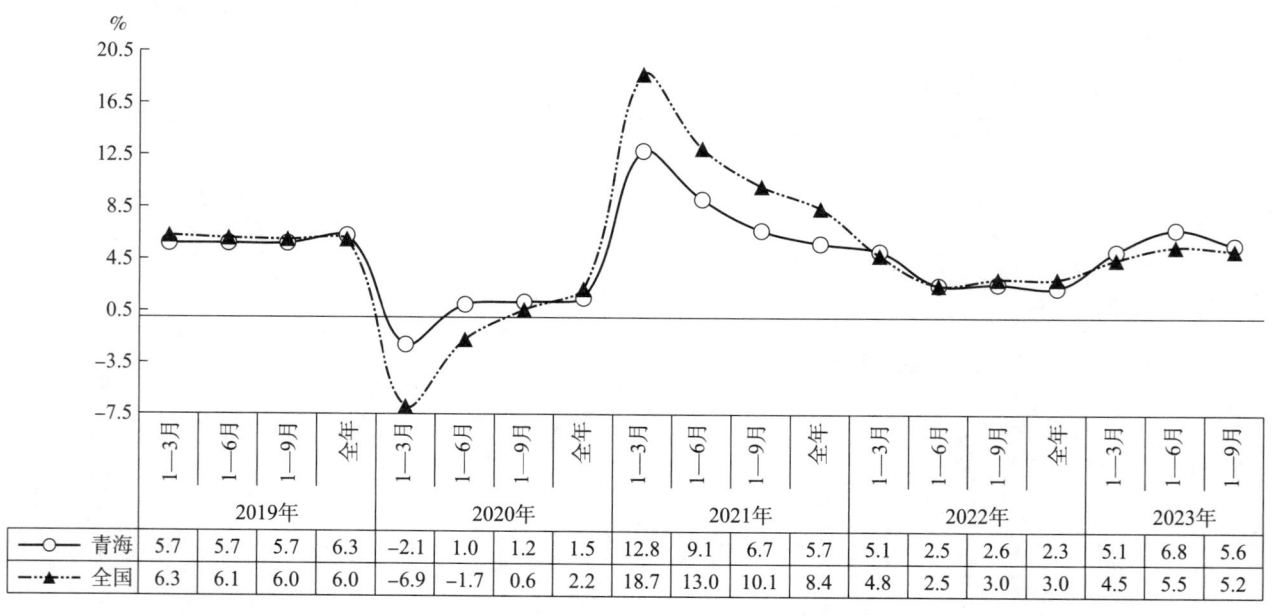

图 1　2019 年以来全国和青海省 GDP 季度累计同比增速变化情况

2. 生产供给稳步增加

工业保持较快增长。前三季度，青海省抢抓机遇促发展系列活动扎实开展，助力实体经济提质增效，规模以上工业增加值同比增长8.2%，延续2023年以来的稳定增长态势。优势行业彰显韧性，占比超七成的制造业增加值增长12.2%，是拉动工业增长的主要引擎。规模以上工业行业增长面较上半年提高5.9个百分点至47.1%，计算机通信、医药制造、非金属矿采等行业保持两位数增长。重点工业品产量较快增长，多晶硅、单晶硅、碳纤维、太阳能电池、碳酸锂分别增长3.0倍、1.5倍、1.2倍、71.9%、58.5%，工业经济压舱石作用持续发挥。

服务业稳步回暖。2023年以来，随着经济社会常态化运行，青海省服务业向好发展、活跃度持续回升，第三季度规模以上服务业企业景气指数为124.2，高于第二季度2.1个百分点；规模以上服务业企业抽样调查结果显示，第三季度经营状况环比好转的企业占比较第二季度提高8.5个百分点。生产性服务业支撑有力，金融业平稳运行，前三季度金融机构人民币存贷款余额分别增长9.8%、6.6%；交通运输业快速增长，货运量、客运量分别增长17.6%、1.0倍。生活性服务业强劲复苏，旅游人数、收入分别增长99.2%、1.7倍，住宿、餐饮业营业额分别增长31.4%、16.7%。

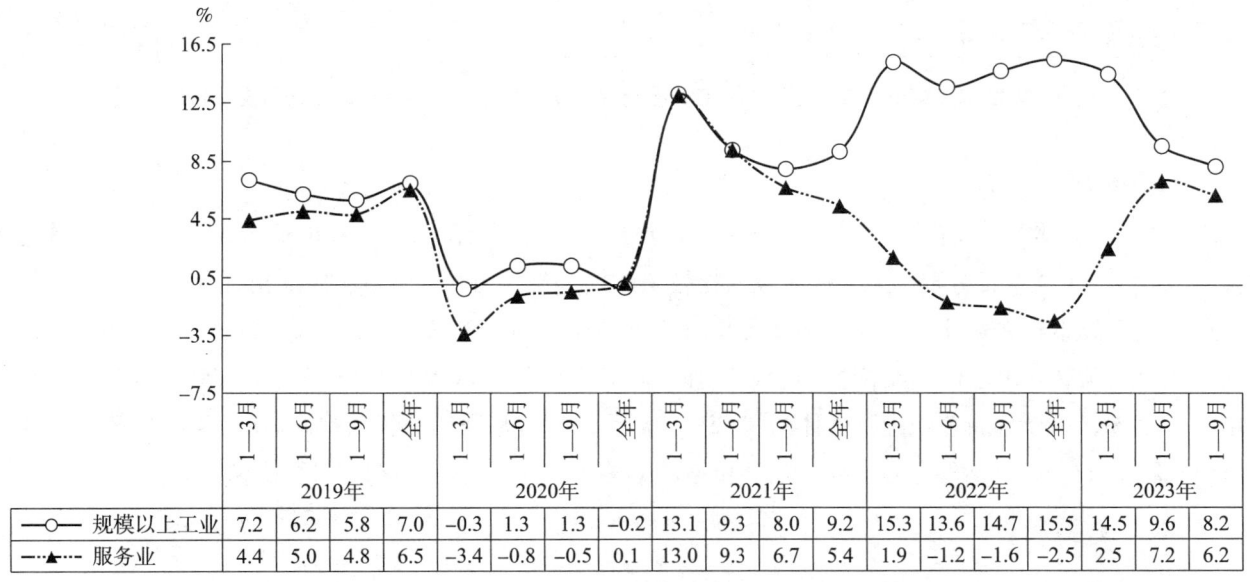

图2 2019年以来青海省规模以上工业、服务业增加值季度累计同比增速变化情况

3. 需求增长有所分化

投资延续下降态势。前三季度，青海省固定资产投资由上年同期的增长1.8%转为下降7.9%，降幅较上半年扩大2.7个百分点，投资增长压力持续加大。三次产业投资增长延续分化，第二产业投资增长10.7%，其中，占总投资比重近五成的工业投资增长10.7%，制造业投资增长18.9%；第一、第三产业投资延续上半年以来的下降态势。新开工大项目支撑增强，青海省亿元及以上新开工项目较上年同期增加10个，完成投资增长72.8%，计划总投资增长1.7倍，项目平均规模增长1.4倍。

消费市场加快恢复。前三季度，在消费场景修复、政策积极引导、消费环境改善等因素共同作用下，青海省社会消费品零售总额同比增长13.1%，增速较上半年加快0.3个百分点。在节假日和低基数效应带动下，8月、9月单月消费增长分别达13.3%、28.7%。重点领域消费支撑有力，批发、零售、住宿、餐饮业零售额分别增长8.9%、15.2%、13.0%、14.1%，实体店零售额增长16.0%，住宅销售面积、商品房销售额分别增长5.9%、1.5%。大宗商品消费需求持续释放，汽车、石油及制品类商品零售额分别增长27.0%、23.1%。

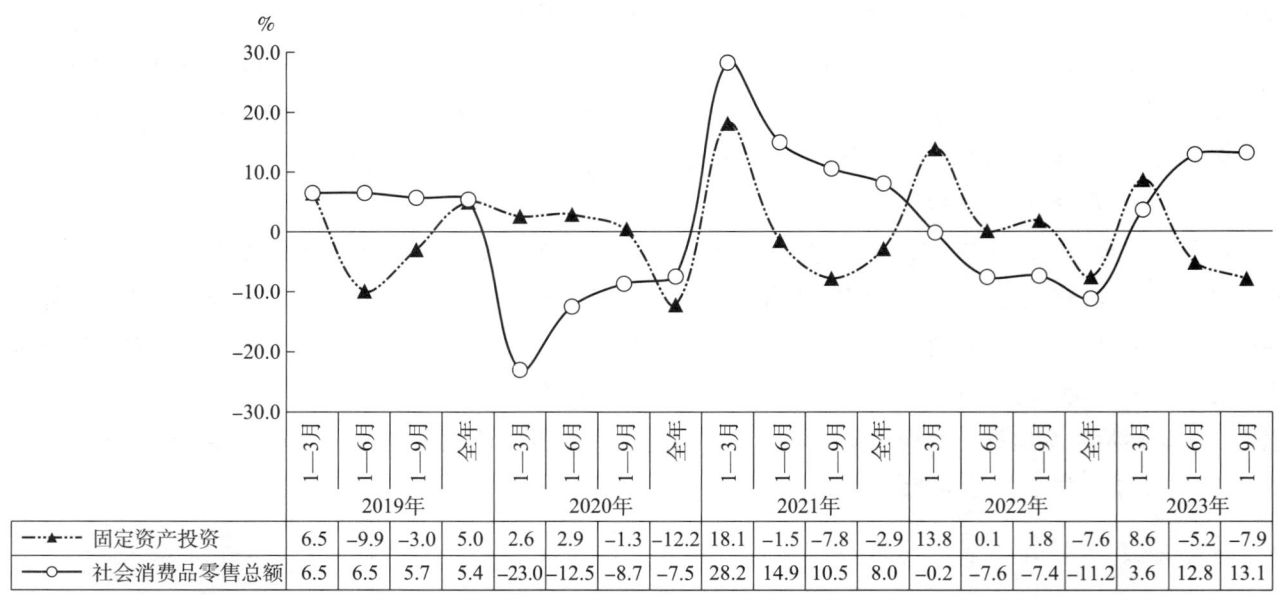

图3　2019年以来青海省固定资产投资、社会消费品零售总额季度累计同比增速变化情况

4. 民生保障有力有效

居民收入平稳增长，前三季度青海省城镇和农村居民人均可支配收入分别增长4.0%、7.8%，增速同比提升0.6个、1.7个百分点，城乡居民收入比较上年同期缩小0.1。民生领域支出加快，灾害防治、城乡社区、卫生健康、文化体育、住房保障支出分别增长45.2%、32.9%、26.6%、21.0%、11.3%，高于同期一般公共预算支出增速。经营主体活力增强，新设立各类经营主体增长13.6%，其中，民营经营主体增长14.0%，占全部新登记经营主体的97.3%。居民消费价格同比上涨0.6%，八大类商品及服务价格"七涨一降"，衣着、生活用品及服务、居住价格涨幅较小，交通通信价格呈下降态势。

（二）主要问题

1. 工业增速持续回落

前三季度青海省规模以上工业增加值增速较年初降低5.0个百分点，2—9月增速分别为13.2%、14.7%、8.6%、6.8%、2.4%、4.3%、6.8%、7.1%，工业增长总体呈波动性放缓态势。地区规模以上工业增长面不足三成，西宁拉动作用减弱，海西连续6个月负增长，其他市州新入库企业少。重点行业支撑不足，占比较大的煤炭、非金属、化学、电气机械制造业分别下降10.0%、11.1%、14.6%、27.4%。企业盈利能力下降，工业生产者出厂价格指数连续7个月在下降区间，15种重点监测产品价格"6升9降"，1—8月规模以上工业企业利润总额下降29.9%，降幅较1—7月扩大2.9个百分点。

2. 投资下行压力较大

青海省固定资产投资自6月以来当月增速已连续4个月处于负区间，投资波动明显、后劲不足、稳增长作用减弱。房地产市场持续低迷，房企资金融通堵点难点多，扩投资能力降低，房地产开发投资下降36.0%，增速自上半年转负以来降幅持续扩大。民营企业预期不稳、投资信心偏弱，占比四成左右的民间投资同比下降16.8%。受道路运输业投资下行影响，基础设施建设投资延续下降态势，对整体投资的支撑作用趋弱。

3. 消费增长动能放缓

前三季度青海省消费恢复性反弹，但三年平均增速为5.0%，低于2019年同期0.7个百分点，尚未恢复至疫情前水平。青海省居民当期收入增长缓慢、未来增收预期偏弱成为制约消费平稳增长的关键因素，前三季度全体居民人均可支配收入增长5.6%，低于同期全国水平0.7个百分点，收入增长缓慢显著影响消费增量，无力消费问题较为突出。疫后居民消费顾虑增多，消费偏向于保守谨慎，无心消费问题仍存，2023年以来住户存款余额增速保持在15.0%左右，居民储蓄意愿持续提升，消费意愿不高，消费内生动力不足。

4. 服务业恢复不均衡

2023年以来，青海省服务业在上年低基数影响下实现恢复性增长，但部分行业恢复不及预期，受铁路和公路运输周转量、航空旅客货邮吞吐量增速回落影响，交通运输业对GDP增长的拉动由上半年的1.3个百分点回落至0.8个百分点。旅游人数、收入恢复至2019年同期的88.3%、75.6%，住宿餐饮业营业额恢复至九成左右，文旅市场呈现"人流旺、消费低"的特征。批发业面临头部企业波动大、增量挖掘缺口大、结构调整难度大等困难，增速实现由负转正难度较大。占比近两成的非营利性服务业由于新增资因素不足，其增加值增速较上半年回落，对服务业的拉动作用减弱。

（三）全年主要指标预测

根据2023年以来青海省经济运行趋势，结合计量模型预测结果，预计2023年青海省地区生产总值同比增长5.3%左右，农牧业增长4.5%左右，规模以上工业增长7.5%左右，建筑业增长1.0%左右，服务业增长6.0%左右；固定资产投资降幅有望收窄，社会消费品零售总额增长12.0%左右；城镇和农村常住居民人均可支配收入分别增长4.2%、8.0%左右，居民消费价格涨幅在1.0%左右。

二、2024年青海省经济运行环境分析

（一）世界经济趋势性下行风险仍存

当前全球经济正在从过去几年的疫情冲击中持续复苏，但复苏进程缓慢且不均衡，国际环境呈现"增长较弱、风险加大、博弈加剧"的特征，IMF最新预测中将2024年全球经济增长预期从3.0%下调至2.9%，世界经济增长仍将较为疲软。从生产端看，全球制造业和工业生产偏低迷，截至2023年9月，全球制造业PMI指数已连续13个月处于荣枯线以下。从需求端看，2023年第三季度以来欧美国家服务需求明显下降，利率高企使得投资需求受到抑制，日益普遍的逆全球化趋势对全球贸易增长形成负面影响，全球经济增长供需两端均面临一定困难挑战。总体来看，当前世界主要央行对通胀走势及其潜在的反复风险保持警惕，预计短期内主要经济体仍将维持紧缩性货币政策，加之地缘政治局势日趋复杂、债务风险抬头，2024年全球经济增长压力不减。

（二）国内经济回归常态化增长水平

2023年是我国遭遇疫情冲击经济恢复的第一年，国民经济总体持续稳定恢复，特别是第三季度以来，我国经济恢复向好、总体回升的态势更趋明显。展望2024年，随着我国经济稳定回升的基础继续巩固，宏观政策持续发力显效，供需协同拉动更趋均衡，经济内生增长动能将有所增强，国内经济有望在常态化增长轨道上实现合理增长。但同时，2024年国内经济运行也面临一些挑战，居民收入预期不稳，消费恢复仍需时间；民间投资信心不足，部分企业经营困难，部分行业存在生产线外迁现象；房地产市场下

行压力依然较大,地方财政收支平衡压力加大等重点领域风险仍需加力化解。总体来看,经济恢复是一个波浪式发展、曲折式前进的过程,我国经济具有巨大的发展韧性和潜力,长期向好的基本面没有改变,国内宏观环境向好有利于青海省经济运行持续好转。

三、2024年青海省经济运行趋势展望及主要指标预测

(一)经济运行趋势展望

2024年,随着西部大开发形成新格局、黄河流域生态保护和高质量发展、对口支援和东西部协作等国家重大战略纵深推进,青海在全国发展大局中的战略地位更加凸显,加之新能源、新材料等高技术产业贡献率不断提升,高原资源能源潜力加快释放,一系列稳增长接续政策持续发力显效,青海省经济有望步入常态化增长轨道。供给方面,计算机设备制造、盐湖化工等重点行业增长的需求支撑短期内仍较稳定,重点地区和优势产业集聚效应继续发挥,青海省工业或延续平稳增长态势;住宿餐饮、交通运输、文化旅游等传统服务业和信息技术、商务服务等生产性服务业有望稳步增长,服务业细分行业增长趋于均衡。需求方面,积极的财政政策前置发力,基建投资稳增长作用将进一步发挥;青海省民营经济发展大会即将召开,稳定市场预期和信心,民间投资恢复增长可期,2024年青海省固定资产投资有望止跌回稳。消费市场由场景恢复阶段逐步转换至以居民收入修复为基础的内生增长阶段,各项扩内需促消费政策举措持续挖潜增效,消费需求有望继续扩大。但同时,供需协同拉动不均衡、部分行业企业生产经营难度不减、潜在财政金融风险逐步显现、内生增长动能不强等长短期问题仍较为突出,青海省经济恢复潜在增长水平尚需时日。根据2024年青海省三次产业预期增长情况,结合计量模型分析结果,初步预计,2024年青海省地区生产总值同比增长5.0%左右。

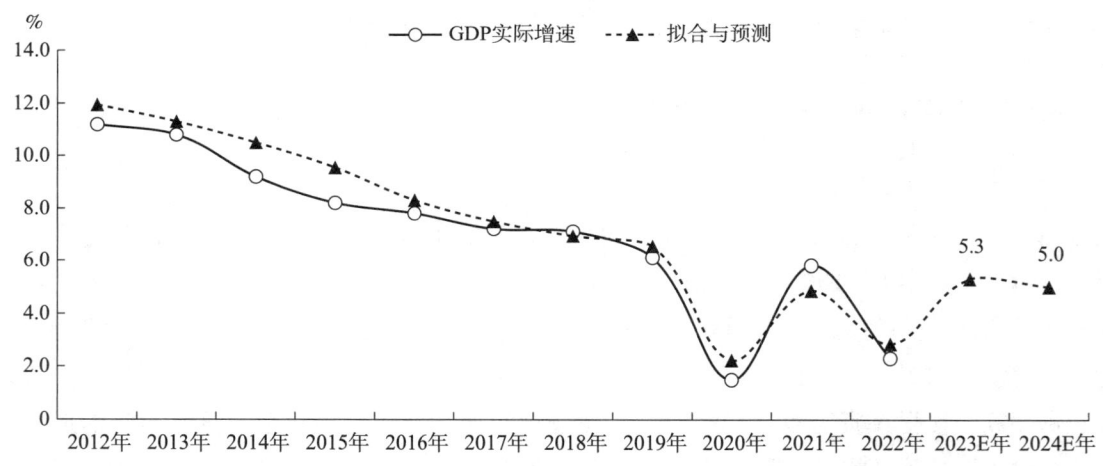

图4 2012—2024年青海省GDP同比增速、拟合与预测

(二)主要指标预测

工业方面,一是青海省新旧动能加快转化,发展新动能正在加速积聚,2023年前三季度制造业增速居西北首位,其中计算机通信设备制造业增长1.4倍,成为拉动青海工业增长新动力。二是新能源、新材料、生物医药、大数据等战略性新兴产业加快发展,高技术制造业、装备制造业分别增长78.9%、77.3%,高技术产业对规模以上工业贡献率达到158.4%,全国排名前10位的新能源制造企业落户6家,构建起光伏全产业链条。三是广袤土地、低电价、高比例绿电等比较优势日益彰显,绿电供给能力和价值稳步提升,十大创新平台加快建设,畅联西部陆海新通道、格库铁路扩能升级、连通中吉乌铁路的向

西向南开放大通道支撑有力，工业增长的比较优势日益厚植。但同时，重点工业品价格持续下跌，工业企业盈利能力趋于下降，占比较高的化学、煤炭、黑色、电力等部分重点行业生产或仍趋回落，加之招商引资压力较大、基数较高，2024年工业持续稳定增长仍有掣肘。初步预计，2024年青海省规模以上工业增加值同比增长6.0%左右。

投资方面，一是国家促投资政策靠前协同发力，2023年第四季度增发1万亿元国债工作加紧推进，部分新增地方政府债务限额提前下达，将有力推动投资回升。二是投资结构不断优化，2023年前三季度青海省高技术制造业投资增长17.8%，盐湖4万吨基础锂盐、10万吨金属镁一体化、天合光能30万吨工业硅、美霖光伏大基地等重点项目进展顺利，牦牛藏羊标准化养殖基地加快建设，生态旅游重点景区改造提升稳步实施，产业"四地"建设蹄疾步稳，新的投资机会不断涌现。三是促进民营经济，发展壮大各项政策加快落地，助企暖企行动常态化开展，政府投资和政策激励有效带动民间资本参与重点领域建设，民间投资潜力有望进一步激发。但同时，项目资金保障难度加大，重大项目支撑减弱，投资稳增长的要素基础仍待夯实，加之省内重点地区投资支撑作用弱化、投资效率下降，青海省投资止跌回升难度依然较大。初步预计，2024年青海省固定资产投资有望实现正增长。

消费方面，一是在就业形势总体稳定、灵活就业渠道不断拓宽、系列促消费政策不断发力显效背景下，消费稳步扩大具备较好基础。二是随着宏观环境向好发展，旅游市场恢复仍存一定空间，2024年青海省住宿餐饮、交通出行、文化旅游等服务消费潜力将持续释放。三是新能源汽车购置税减免政策继续延长，有助于释放社会购车需求；国家和省级进一步扩内需举措持续发力，绿色智能家电、绿色建材等商品适度补贴和贷款贴息政策或延续，部分耐用品消费趋于好转。但同时，房地产市场仍面临较大不确定性，房屋销售未出现明显好转，预计下年住房相关商品消费仍将承压；居民收入恢复较慢、住户存款增速处于高位、消费意愿依然不强，将制约下年消费增长力度。初步预计，2024年青海省社会消费品零售总额同比增长7.0%左右。

物价方面，一是国内经济延续复苏进程，微观预期不断改善，扩内需政策持续发力，加之2024年或步入新一轮补库存周期，需求贡献进一步扩大支撑物价上涨。二是旷日持久的俄乌冲突、突发的巴以冲突对国际能源和粮食市场形成冲击，输入性通胀压力仍存，国内整体物价具备一定上涨动力。三是在原油价格维持高位震荡态势、物流运输成本上升等因素影响下，省内非食品项实物消费价格仍将温和上涨。四是宏观环境向好带动交通、旅游等服务价格逐步回升。但同时，居民收入实质性改善仍需时日，总需求恢复力度或将有限，保供稳价工作有力有序，青海省物价上涨仍受一定抑制。初步预计，2024年青海省居民消费价格同比上涨2.0%左右。

四、政策建议

（一）加大工业调度，强化增长动能

持续加强工业经济运行调度，强化监测服务力度，提前分析研判计算机、化学、非金属等重点行业以及多晶硅、单晶硅、碳纤维太阳能电池，碳酸锂等重点产品增长态势，确保工业经济平稳运行。加大土地、资金、原材料等要素保障力度，及早开展煤电油气运协调服务相关工作。根据省内各地区资源比较优势和产业布局情况，积极谋划和培育工业经济新增长点，持续优化营商环境，加大重点产业招商力度，引进上下游优质"链主"企业，促进数字经济和实体经济深度融合，推动青海省工业经济高质量发展。

（二）扩大有效投资，提升增长后劲

积极落实中央关于坚持"两个毫不动摇"、促进民营经济发展壮大的方针政策，保护和调动民营企业扩大投资意愿，梳理吸引民间资本项目清单，鼓励和支持民营企业加大对新基建、新兴产业培育发展方面的投资力度，力促民间投资止跌企稳。针对项目存在的困难，强化要素保障和调度服务，抓实前期工作，加大项目对接力度，确保项目建设资金及时到位，加快在建项目建设进程，推动形成更多实物工作量。围绕国家重大战略方针，结合省情实际，积极谋划补短板、促转型、强动能的好项目，提升投资增长后劲。

（三）深挖消费潜力，激发内生动力

落实落细就业优先政策，支持发展吸纳就业能力强的企业，提高居民就业率，多渠道提高居民整体收入，尤其是中低收入群众收入水平，金融部门积极创新适应家庭财富管理需求的产品，增加居民财产性收入。落实国家系列促消费政策，通过发放消费券、补贴等方式，提振汽车、电子产品、家电、家居等大宗消费，推动体育休闲、文化旅游等服务消费。大力提升"家门口"经济活跃度，允许社区在公共场地、闲置空地等设置地摊、小型集市等特色市场，满足社区居民就近购物、餐饮等消费需求和日常生活服务需求。

（四）聚焦服务行业，加大挖潜力度

支持重点企业扩大电解铝、成品油、化工产品等销售额，加快补上批发业缺口。持续推进道路货运降本增效，优化高速公路差异化收费政策，支持公路运输企业扩大营业收入；加大铁路运输发展专项资金奖补力度，支持省内纯碱、煤炭、钾肥、PVC等产品外运，推动大宗物资"公转铁"，提高铁路货运周转量，多措并举推动缺口行业挖潜补欠。加力夯实服务业发展基础，加强商贸流通体系等基础设施建设，持续促进基本公共服务资源向基层延伸、向农村覆盖、向边远地区和生活困难群众倾斜，积极推动政府、社会、市场多元参与，扩大普惠性非基本公共服务供给。

［青海省信息中心　李秀阳　韩　锐］

之十：2023年宁夏回族自治区经济运行分析及2024年展望

2023年以来，宁夏回族自治区党委、政府坚决贯彻习近平总书记关于做好2023年经济工作的重要讲话指示精神，各地、各部门坚持稳中求进工作总基调，高效统筹发展和安全、发展和环保、发展和民生，狠抓稳经济一揽子政策和接续政策措施落地见效，精准施策、靠前发力，自治区前三季度经济运行呈总体平稳、稳中有进、进中向好的发展态势，积极因素累积增多，转型升级步伐加快，新动能加速蓄积，民生水平不断提高，高质量发展的基本面持续向好。

一、2023年宁夏回族自治区经济运行主要特征

（一）经济指标加快恢复，经济运行稳中向好

一是主要指标稳定增长。2023年前三季度，自治区实现地区生产总值3749.74亿元，同比增长6.4%，增速高于全国1.2个百分点，居全国第6位，其中第一产业增加值270.26亿元，同比增长7.3%，第二产业增加值1737.63亿元，同比增长8.0%，第三产业增加值1741.85亿元，同比增长4.9%，三次产业占比为7.2∶46.3∶46.5，分别拉动经济增长0.6个、3.4个、2.4个百分点；规模以上工业增加值同比增长9.6%，比1—8月加快0.8个百分点，居全国第3位，位分与上月持平，分轻重工业看，轻工业增加值同比增长13.4%，重工业增加值同比增长9.3%；固定资产投资同比增长7.2%，比1—8月加快0.7个百分点；地方财政一般预算收入完成385.70亿元，同比增长7.8%。二是先行指标稳步回升。9月，制造业采购经理指数（PMI）为51%，环比提高1.7个百分点，比全国高0.8个百分点，连续4个月回升。前三季度，全社会用电量1021.6亿千瓦时，同比增长9.7%，增速较1—8月上升1.2个百分点，增速居西北五省区第2位。其中，工业用电量同比增长9.7%，增速比1—8月加快1.3个百分点，六大制造业用电量同比增长10.8%，占全社会用电量的66.6%。

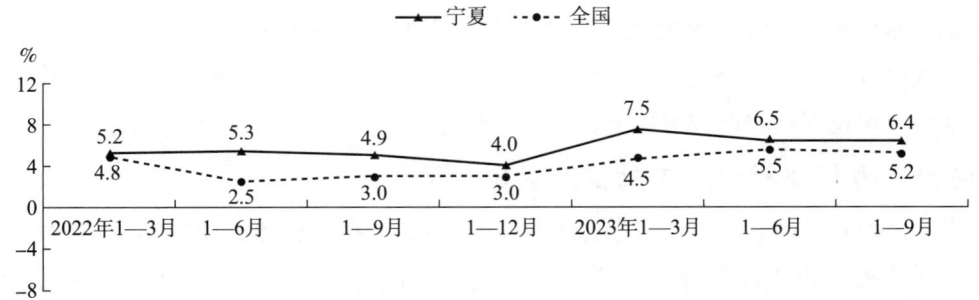

图1　2022年以来宁夏回族自治区季度累计GDP增速与全国对比

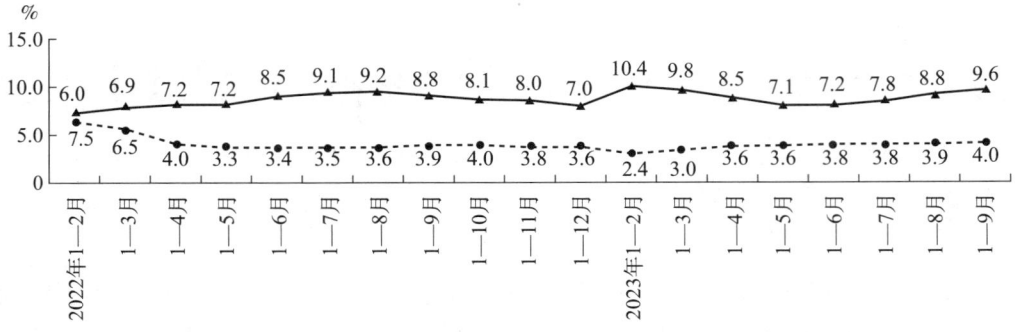

图 2　2022 年以来宁夏回族自治区规模以上工业月度累计增加值增速与全国对比

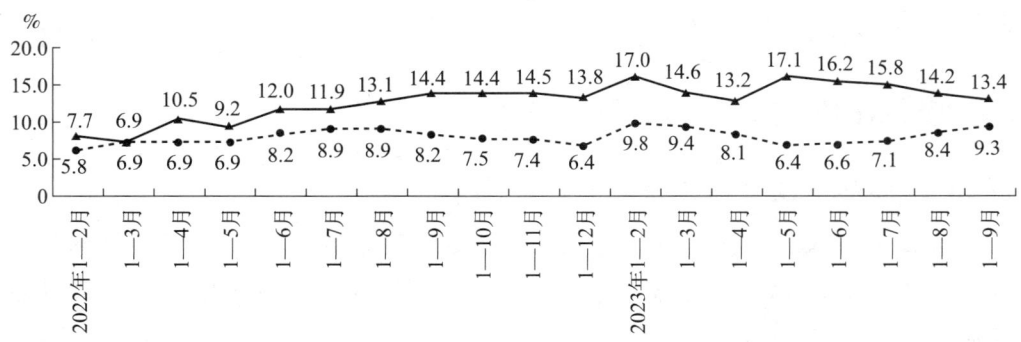

图 3　2022 年以来宁夏回族自治区规模以上工业中轻、重工业增加值月度累计增速对比

（二）重点产业支撑稳固，企业效益加速回稳

从生产端看，农业、工业经济压舱石作用持续发挥。2023 年以来，自治区各地、各部门精准施策，深入实施特色农业提质计划，推动农业智能化转型、现代化发展，开展实体经济、新型工业和制造强区联动计划，确保工业平稳增长。一是农业生产稳健发展。特色产业带动农业经济实现量增质提的良好发展态势。畜牧业加快增长，肉牛、羊、家禽出栏分别同比增长 16.5%、21.5%、14.7%。奶牛、肉牛、羊存栏分别同比增长 13.9%、2.6%、2.0%。牛奶实现产值 89.91 亿元，同比增长 19.0%，冷凉蔬菜实现农业产值 153.71 亿元，同比增长 8.7%，奶产业、蔬菜产业持续加速发展。二是工业生产持续加快。自治区工业延续了平稳快速增长的态势，规模效益不断提升，产业结构不断优化，表现出较强的发展韧性。前三季度，自治区规模以上工业制造业同比增长 11.3%，比 1—8 月加快 1.1 个百分点，其中电子、煤炭、石油石化等 6 个行业增速保持在两位数以上，行业支撑有力。

（三）内需潜力加快释放，工业拉动明显增强

自治区深入开展项目"五比"和"扩大有效投资巩固提升年"活动，坚定实施扩大内需战略、培育完整内需体系，加快推进重点项目建设。一是投资规模持续扩大。截至 9 月底，第一季度集中开工的 1313 个重大项目完成投资 1194 亿元，投资完成率 77.5%。前三季度，自治区固定资产投资同比增长 7.2%，比 1—8 月加快 0.7 个百分点。9 月，自治区固定资产投资同比增长 10.6%，比 8 月加快 9.8 个百分点。其中制造业投资增长 12.7%，比 1—8 月加快 7.8 个百分点；电力、热力、燃气及水生产和供应业投资增长 53.5%，工业投资拉动明显。而房地产市场预期逐步恢复，促进民间投资政策落地见效，民间投资增长 6.3%，增速比 1—8 月加快 4.1 个百分点。二是消费市场稳步复苏。深入实施消费需求促进年活

动，提振消费信心，释放消费潜力，促进消费加快回补，推动宁夏消费提档升级。9月，自治区限额以上消费品零售额同比增长2.0%，比8月加快8.0个百分点，实现由负转正。重点商品零售额加快增长，9月，自治区限额以上汽车类零售额同比增长11.5%，比8月加快11.6个百分点；粮油食品类增长9.4%，加快9.2个百分点；服装鞋帽针纺织品类增长16.3%，加快32.0个百分点；金银珠宝类增长26.3%，加快33.5个百分点；化妆品类增长12.9%，加快23.6个百分点；通信器材类增长43.8%，加快31.5个百分点。

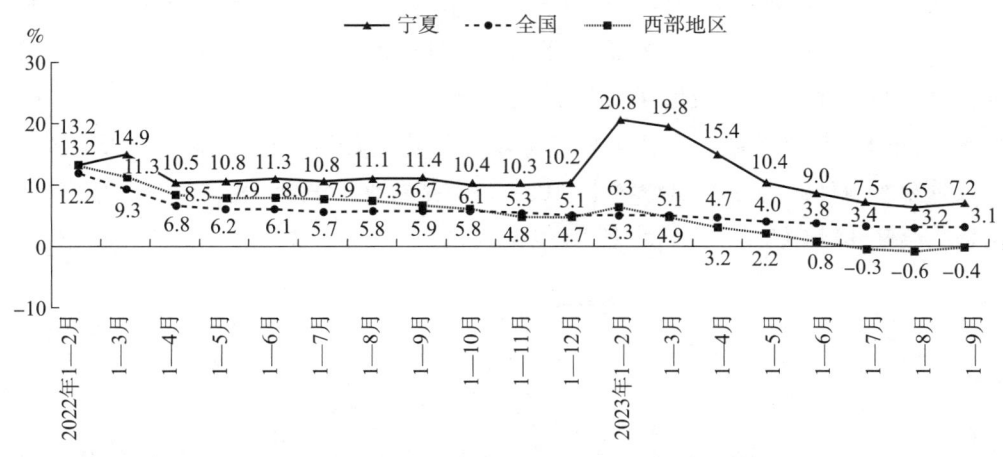

图4 2022年以来宁夏回族自治区固定资产投资增速与西部地区、全国对比

（四）动能转换加快突破，发展质量提档升级

前三季度，自治区聚焦重点领域、关键环节，推进商贸、能源、农业等传统领域和绿色低碳、数字经济、互联网医疗等产业链"强筋壮骨"，塑造新优势、培育新动能，不断完善具有宁夏特色的现代化产业体系。一是创新能力稳步提高。自治区积极持续推动"六新六特六优"产业要素集约、创新集成、企业集聚，积极开展科技型企业扩量提质行动，培育认定科技型中小企业、高新技术企业等。前三季度，自治区"六特"产业产值占农林牧渔业总产值比重73.5%，同比提高1.0个百分点；水电、风电、太阳能等可再生能源增长14.2%，工业发电量比重26.4%，同比提高2.6个百分点。自治区高技术产业投资同比增长50.2%，比1—8月加快11.9个百分点。其中，高技术制造业投资增长67.4%；装备制造业投资增长63.6%，比1—8月加快7.0个百分点。规模以上高技术制造业增加值增长41.0%，比1—8月加快2.4个百分点。二是绿色转型持续推进。重点实施产业结构调整、重点行业达峰、节能减排、绿色制造、数字降碳、科技降碳、新能源产业链建设和资源循环高效利用八大工程，单位工业增加值能耗同比下降1.2%，六大高耗能工业增加值占比较上年同期下降3.4个百分点。优良天数比例达到77.6%，$PM_{2.5}$平均浓度为27微克/米^3。紧抓新增中央投资窗口期，聚焦"三北"工程建设，谋划荒漠化综合防治项目11个，总投资32.1亿元。

（五）财政金融增势良好，政策支撑提质增效

各地、各部门积极落实宁夏金融服务实体经济提质扩量赋能增效行动要求，在优化信贷结构、支持新动能转换、提升金融供给适配性等方面持续发力，为实体经济提供更有力的支持，为经济回升提供适宜的货币金融环境。一是金融总量较快增长。前三季度，自治区新增人民币贷款759亿元，是上年全年增量的1.3倍。在总量上，宁夏存款持续高位增长。截至9月末，自治区本外币存款余额9245.54亿元，同比增长10.9%，其中，人民币存款余额9227.17亿元，同比增长10.9%，持续保持两位数增长。二是贷款增势表现强劲。人民币贷款持续保持较快增长，中长期贷款增多为稳投资提供

资金支持，贷款增量创历史新高。前三季度，自治区本外币贷款余额9659.86亿元，同比增长7.9%，其中，人民币贷款余额9644.83亿元，同比增长8.7%，较上年末加快1.4个百分点。其中，企业贷款特别是企业中长期贷款新增较多，为稳投资提供了较为充足的资金支持。普惠领域贷款增速较快，截至9月末，普惠小微贷款余额939.26亿元，同比增长18.7%，涉农贷款余额3159.21亿元，同比增长10.4%，分别高于各项贷款增速0.9个、10.0个和1.7个百分点，增强了民营、小微、涉农领域发展"韧劲"。房地产贷款持续恢复增长。截至9月末，自治区房地产贷款余额2083.92亿元，同比增长9.0%，较上年末回升0.2个百分点，有效满足了居民刚性和改善性住房资金需求。三是信贷结构持续优化。住户部门非住房类消费贷款新增49亿元，是上年同期增量的10.1倍，工业、基础设施行业贷款新增345亿元。同时，普惠领域、绿色金融贷款增速较快。普惠小微贷款余额939亿元，同比增长18.7%；涉农贷款余额3159亿元，同比增长10.4%；制造业中长期贷款余额900亿元，同比增长21.9%；绿色贷款余额1444亿元，同比增长24.2%。

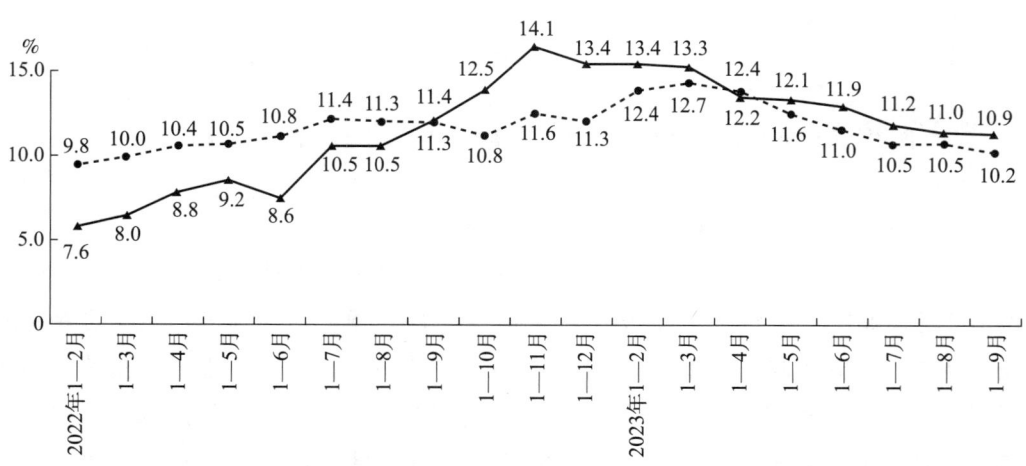

图5　2022年以来宁夏回族自治区金融机构人民币存款余额增速与全国对比

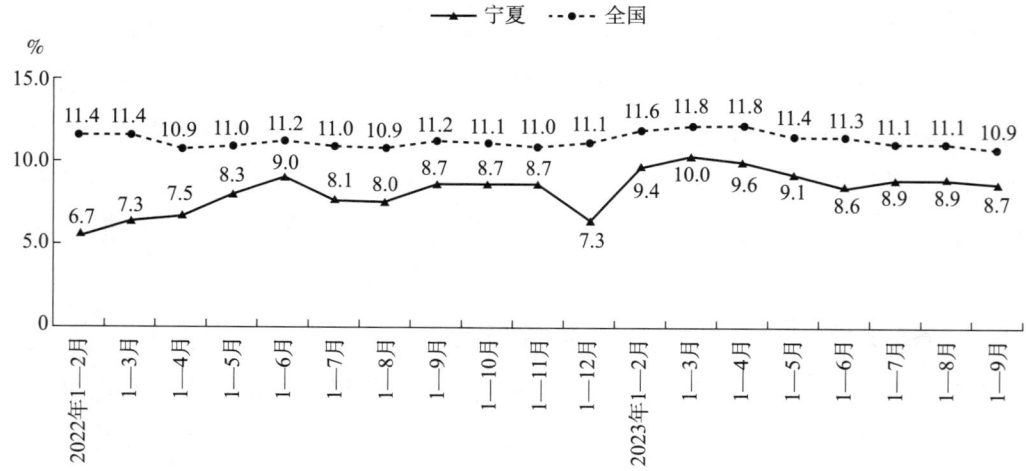

图6　2022年以来宁夏回族自治区金融机构人民币贷款余额增速与全国对比

（六）社会保障持续提升，民生基础不断兜牢

一是就业形势总体稳定。坚持优先稳就业惠民生，深入开展"就业创业促进年"活动，大力实施就

业创业优先工程，挖掘内需潜力，增加岗位供给。前三季度，自治区城镇新增就业 7.96 万人，完成全年目标任务的 99.6%；农村劳动力转移就业 82.77 万人，超额完成年度目标任务。区内企业开工建设 1313 个项目，实施以工代赈支持 55 个农村基础项目建设，带动就业 30 余万人；为 6.24 万家企业减缴社保费 52 亿元，发放稳岗返还等各类补贴资金 2.9 亿元，稳定 130.8 万名职工岗位。同时，开展"技能宁夏"行动，实施"金蓝领"培育计划，组织岗位技能提升、新型学徒制培训和以工代训、技能竞赛，促进企业以训稳岗、劳动者长技能、好就业，缓解"就业难""用工难"结构性矛盾。前三季度，开发城乡公益性岗位 1.35 万个，零就业家庭动态清零；开展补贴性职业技能培训 4.91 万人，培训后稳定就业 1.17 万人；向福建、江苏等地输出农村劳动力 12.96 万人。二是居民收入稳步增长。深入开展居民增收致富工程，健全工资合理增长和支付保障机制，着力提高城乡居民收入。第三季度自治区居民人均可支配收入 22181 元，同比增长 7.3%。其中，城镇常住居民人均可支配收入 30739 元，同比增长 6.2%；农村常住居民人均可支配收入 11368 元，同比增长 8.0%。

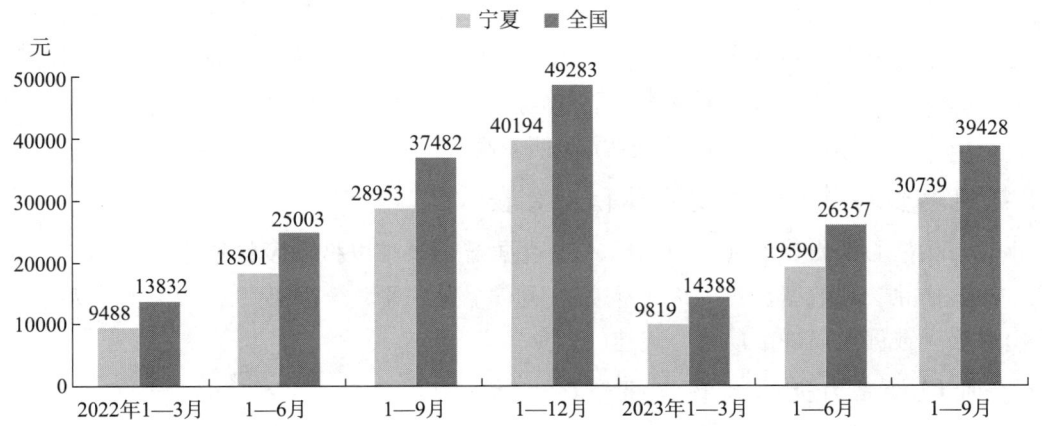

图 7　2022 年以来宁夏回族自治区季度累计城镇常住居民人均可支配收入与全国对比

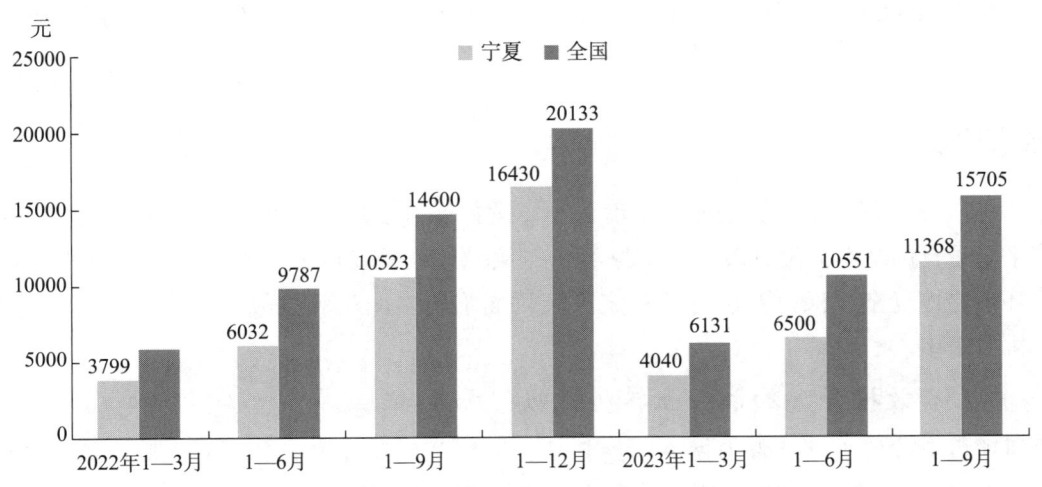

图 8　2022 年以来宁夏回族自治区季度累计农村常住居民人均可支配收入与全国对比

（七）重点项目建设提速加力，保持良好增长态势

着力扩大精准有效投资，全力推动自治区本级重点项目建设提速加力，重点项目建设呈质效提升、持续快速增长的良好态势，有力助推了自治区经济社会高质量发展，为当前稳增长、长远增后劲注入强劲动力。截至 9 月底，101 个自治区级重点建设项目已开复工 98 个，开工率为 97%，累计完成投资 640.7

亿元，年度投资完成率为 96%，较上年同期投资量增加 107 亿元，投资完成率提高 7 个百分点。52 个重点预备开工项目已开工建设 25 个，开工率为 48%，完成投资 30.5 亿元。51 个重点前期工作项目按计划加快推进。

二、经济运行存在的主要问题

当前，国内经济仍然处在深度调整期，自治区经济运行也面临着很多困难和挑战，存在多重因素冲击，面临较大不稳定、不确定性，冲刺全年目标任务压力较大，主要有以下问题。

（一）市场有效需求疲乏，社会预期不强

一是疫情三年的持续冲击，对就业、收入增长和未来预期等均有影响，1—9 月社会消费品零售总额增速为 -2.3%，不仅全国垫底，而且是唯一负增长的省区，力争年底实现由负转正仍然需要做大量努力。消费也主要以日常生活用品等刚性消费为主，大宗商品、金银珠宝等商品消费依然低迷，消费能力和消费热情不高。二是房地产需求疲软，上下游行业受波及，居民购房意愿持续下降。1—9 月自治区商品房销售面积下降 7.1 个百分点，商品房销售额下降 6.6 个百分点，其中银川市商品房销售面积降幅达两位数，同比下降 18.3%，较上半年大幅回落 4.2 个百分点，这会使得长期依赖房地产成长起来的诸多上下游行业受波及，完成全年目标任务的压力都转到了第四季度。

（二）微观感受存差异，微观主体信心欠佳

疫情三年对市场信心的影响深远，短期的宏观数据增长尚难以抵消疫情所带来的信心欠缺。即使经济数据乐观，但不排除宏观数据被规模以上企业及国有企业"平均"的现象，大多数微观主体仍持观望态度，所以出现宏观数据走高、市场信心欠佳的现象。

（三）企业经营压力大，利润空间受挤

市场需求不足、盈利水平下降等不利因素拖累经营主体产能恢复。连续三年疫情造成市场需求低迷，企业收入减少，经营成本不降反升，不少个体工商户和中小微企业仍面临关停风险。1—8 月规模以上工业企业利润总额下降 32.8%，同比回落 47 个百分点，企业亏损面达到 39.8%，前三季度企业停减产面达到 59.9%。

三、政策建议

2023 年以来，自治区上下奋勇争先，自治区经济运行保持了总体平稳、稳中有进、进中向好的良好态势，经济平稳运行的基本面没有改变，支撑经济持续向好的重要因素明显增加。同时我们看到，当前国内外经济环境错综复杂，保持经济持续稳定增长仍面临诸多困难和挑战，推动经济发展的压力更大、任务更重、挑战更多。

（一）扩大有效投资，加快产业转型升级

一是抢抓项目有效施工期，着力做好实地督导、视频调度和线上服务，努力形成更多实物工作量，确保投资尽快企稳回升。按照"能早则早、能多则多、能快则快"要求做好项目谋划储备工作，争取获得国家更大支持。二是加快投资结构调整。以制造业投资和基础设施投资为主攻方向，第四季度末，自治区制造业投资、基础设施投资继续保持高速增长。三是加大民间投资，进一步放宽民间投资准入门槛，让民间资本敢投、会投、能投。

（二）优化市场环境，增强企业主体信心

一是进一步优化市场环境。加强产权和知识产权保护，开展信用提升行动，探索承诺容缺、承诺免

查等信用修复模式，加大对拖欠中小企业账款的整治力度，机关、事业单位和国有企业要带头清欠、限期完成。二是进一步增强市场预期。高度重视预期管理和舆论引导，客观分析和解读经济运行变化情况，把承诺的事项兑现好，及时释放政策信号、回应各方关切，进一步增强社会各方面信心。三是提升企业质效。质量和效益是企业的生命力、竞争力和可持续力的根本保障，而企业的质效又决定生产质效、经济质效、发展质效。应加大力度支持企业加强制度创新、科技创新、管理创新、抢抓新机遇、开辟新赛道、塑造新优势。同时，要切实帮助企业解决突出问题，落实各项惠企举措，助力企业提质增效。

（三）挖掘消费潜力，扩大市场有效需求

一是持续拓展消费空间。抢抓"双11""双12"消费黄金季、窗口期，持续开展美食文化节、购物季等活动，开展新能源汽车、绿色智能家电下乡活动，加快推进成品油监管平台建设。加快农村地区、社区充电站、充电桩建设，鼓励各地实施购房补贴。二是鼓励消费场景创新。引导阅彩城、悠阅城、新华百货、金凤万达等商业综合体大胆借鉴先进商业理念，加快数字赋能、商旅文体融合，创新运营模式，丰富消费业态，不断打造消费新场景。三是丰富多层次、多元化商品和服务供给，进一步完善城乡不同层级的消费载体，不断优化完善消费环境，促进消费保持恢复性增长。

（四）抓好安全等关键环节，加强经济运行调度

一是有力有效抓好安全生产。要突出落实责任，特别突出落实企业主体责任，尤其是企业负责人和员工岗位责任。还要持续精准加大安全投入，2023年自治区已在安全工作上投入了90多亿元，是历史上最多的一年，抓好工程项目，特别是燃气"三件套"工程、生命护栏工程、幼儿园安全工程等，不断强化本质安全水平。二是抓好能源供应工作。增强煤炭、天然气等供给保障能力，加快能源供给和电力生产，加强发电企业及电网运行管控，加快机组及线路检修消缺，确保安全"迎峰度冬"。三是抓好市场秩序工作。加强市场供应和价格情况监测，着力做好重要民生商品保供稳价。实施"轻微处罚""首违不罚"，建立完善"审慎监管""包容免罚"容错纠错工作机制，为经营主体营造宽松的发展环境。

（五）加强环境保护，推动绿色低碳发展

一是加强冬季生态保护。要从政治的高度抓生态环保，深入整改中央生态环境保护督察反馈问题，加大力度整治冬季大气污染、企业环保数据造价、黄河保护治理等重点问题，全力推动自治区党委十三届五次全会精神和"1+4"系列文件落实落地。二是充分利用自治区全域被列入"三北"和"几字弯"攻坚战区域的难得机遇，突出抓好"几字弯"攻坚战，抢抓秋冬季造林关键期，完成全年任务，在种植结构上、品种选择上，可以更加多元多样，兼顾好生态效益和经济效益，拓宽思路和视野，加强创新和探索。三是加强节能管理。加快构建清洁低碳安全高效的能源体系，全面落实项目能耗强度分类准入政策，足额保障优质项目能耗指标，支持产业发展。加快违规"两高"项目整改。积极开展用能权改革，引导能源要素向优质项目、企业、产业流动和集聚。

［宁夏回族自治区发展和改革委员会信息中心　马冀平　靳　婧　杨晓庆］

之十一：2023年新疆维吾尔自治区经济运行分析及2024年展望

2023年以来，新疆维吾尔自治区深入开展学习贯彻习近平新时代中国特色社会主义思想主题教育，全面贯彻党的二十大精神，贯彻落实习近平总书记视察新疆和听取自治区、兵团工作汇报时的重要讲话、重要指示精神，完整准确全面贯彻新时代党的治疆方略，全面贯彻新发展理念，统筹发展和安全，着力推动高质量发展，全力巩固经济持续向好发展势头。前三季度，自治区农业生产稳定向好，工业生产稳定增长，服务业加快恢复，消费市场快速回升，投资规模不断扩大，经济运行呈稳中有进、进中向好的良好态势。

一、2023年新疆维吾尔自治区经济运行分析

（一）1—9月宏观经济运行特征

1. 经济运行稳中有进、进中向好

1—9月，新疆维吾尔自治区实现地区生产总值13552.49亿元，按不变价格计算，同比增长6.1%。其中，第一产业增加值1714.73亿元，同比增长6.2%；第二产业增加值5379.32亿元，同比增长6.0%；第三产业增加值6458.44亿元，同比增长6.1%。

2. 农业生产稳中向好，畜牧业较快增长

1—9月，新疆维吾尔自治区实现农林牧渔业总产值3725.21亿元，按可比价格计算，同比增长6.5%，增速比上半年提高0.8个百分点。其中，农业、林业、畜牧业、渔业和农林牧渔专业及辅助性活动产值分别同比增长6.3%、2.2%、7.6%、6.0%和8.5%。夏粮产量同比增长7.0%，秋粮长势良好，粮食生产再获丰收。

1—9月，新疆维吾尔自治区牛羊猪出栏3454.61万头，同比增长9.7%，增速比上半年提高2.7个百分点。其中：牛、羊、猪出栏分别同比增长10.8%、8.0%、17.4%；活禽出栏同比下降2.7%。牛羊猪禽肉产量147.17万吨，同比增长11.1%；牛奶产量169.21万吨，同比增长3.3%；禽蛋产量28.51万吨，同比增长4.8%。

3. 工业生产平稳增长，能源产品保供有力

1—9月，新疆维吾尔自治区规模以上工业增加值同比增长4.8%，增速高于全国（4.0%）0.8个百分点。其中，"八大产业集群"完成工业增加值增长4.6%，占规模以上工业增加值比重为88.1%。分轻重工业看，自治区轻工业实现营业收入1678.35亿元，同比增长7.2%；实现利润72.80亿元，同比增长46.1%。重工业实现营业收入11016.44亿元，同比下降6.0%；实现利润1435.29亿元，同比下降29.4%。分三大门类看，制造业、采矿业和电力热力燃气及水的生产供应业增加值分别同比增长3.7%、5.5%和6.8%。分经济类型看，国有控股企业增加值同比增长3.8%，股份制企业同比增长5.7%，私营企业同比增长8.5%。分行业看，煤炭开采和洗选业、纺织业、有色金属冶炼和压延加工业较快增长，增

速分别为16.6%、15.3%和12.4%；电力热力生产和供应业、黑色金属冶炼和压延加工业、石油煤炭及其他燃料加工业平稳增长，增速分别为6.5%、5.6%和4.9%。分产品产量看，原煤、原油、天然气和发电量分别同比增长8.4%、1.7%、2.5%和2.6%；布、多晶硅、纱和水泥分别同比增长41.2%、18.1%、14.8%和14.1%。

4. 投资规模不断扩大，工业投资持续加力

1—9月，新疆维吾尔自治区全社会固定资产投资总额（不含农户）同比增长9.1%，增速高于全国（3.1%）6.0个百分点。分产业看，第一产业投资同比增长4.4%，第二产业投资同比增长30.5%，第三产业投资同比下降5.3%。分领域看，工业投资同比增长30.6%，增速比上半年提高1.1个百分点。其中，电力热力燃气及水的生产和供应业、采矿业分别同比增长78.3%和27.1%。基础设施投资同比增长24.0%。风力光伏发电项目投资保持高速增长，同比增长1.6倍。

5. 消费市场快速回升，旅游业增势强劲

1—9月，新疆维吾尔自治区实现社会消费品零售总额2763.56亿元，同比增长12.9%，增速比上半年提高6.5个百分点，高于全国（6.8%）6.1个百分点。按经营单位所在地分，自治区城镇市场实现消费品零售总额2384.86亿元，同比增长13.1%；乡村实现消费品零售总额378.70亿元，同比增长11.8%，实现了城乡消费协同发展。按消费类型分，自治区实现商品零售总额2398.35亿元，同比增长12.9%；实现餐饮收入365.20亿元，同比增长13.0%。

1—9月，新疆维吾尔自治区限额以上单位实现社会消费品零售总额1389.46亿元，同比增长18.5%，比1—6月加快12.1个百分点，高于上年同期22个百分点。18类限额以上商品零售中，粮油食品和日用品等基本生活类商品零售额分别同比增长6.7%和6.6%，化妆品、金银珠宝和通信器材等升级类商品零售额分别同比增长18.8%、21.9%和24.5%，汽车类商品零售额同比增长25.5%，石油类商品零售额同比增长6.0%。限额以上住宿和餐饮业单位通过公共网络实现客房收入和餐费收入分别同比增长96.1%和29.5%；限额以上疆内批发零售企业实现网上销售额同比增长41.1%。

1—9月，新疆维吾尔自治区接待游客2.14亿人次，超过2019年同期水平，同比增长77.7%；实现旅游总收入2337.62亿元，同比增长1.6倍。旅客运输量同比增长44.8%，增速比上半年加快28.5个百分点。其中，铁路和民航客运量分别同比增长1.2倍和1.0倍。

6. 外贸活力持续走强，规模再创历史新高

1—9月，新疆维吾尔自治区外贸进出口总值2528.4亿元，同比增长47.3%。这是新疆外贸进出口总值首次突破2500亿元大关，超2022年外贸水平，创历史新高。其中，出口2133.8亿元，同比增长48.8%；进口394.6亿元，同比增长39.8%。自治区对前三大贸易伙伴哈萨克斯坦、吉尔吉斯斯坦、塔吉克斯坦分别进出口1011.9亿元、805.3亿元、147.6亿元，分别同比增长71.2%、32.5%、93%，分别占同期新疆外贸总值的（下同）40%、31.9%、5.8%。同期，新疆对共建"一带一路"国家进出口2382.2亿元，增长49.7%，占94.2%；对中亚五国进出口2030.2亿元，增长53.8%，占80.3%。进出口贸易方式仍以边境小额贸易、一般贸易为主，分别进出口1581.7亿元、621.3亿元，分别同比增长53.1%、26.3%。同期，新疆以保税物流、加工贸易方式分别进出口266亿元、34.5亿元，分别同比增长69.3%、43.4%。

7. 居民消费价格温和上涨

1—9月，新疆维吾尔自治区居民消费价格总指数（CPI）同比上涨0.6%，涨幅较上年下降0.8个百

分点。其中，城市上涨0.7%，农村涨0.2%。分类别看，食品烟酒价格同比上涨1.1%，衣着价格同比上涨2.3%，教育文化和娱乐价格同比上涨1.1%，医疗保健价格同比上涨0.1%，其他用品和服务价格同比上涨4.9%，生活用品及服务价格同比下降0.4%，交通和通信价格同比下降0.7%，居住价格同比下降0.1%。

1—9月，新疆维吾尔自治区工业生产者出厂价格指数（PPI）同比下降7.6%，降幅较上半年收窄0.2个百分点。工业生产者购进价格指数（PMI）同比下降7.2%，降幅高于全国平均水平3.6个百分点。

8. 财政收入高速增长，金融信贷运行平稳

1—9月，新疆维吾尔自治区一般公共预算收入完成1601.8亿元，同比增加226.2亿元，同比增长16.4%，居全国第五位。其中，税收收入完成1018.4亿元，同比增长10.8%；非税收入完成583.4亿元，同比增长27.7%。全疆一般公共预算支出完成4688.9亿元，同比增加306.1亿元，增幅7%。9月末，新疆金融机构本外币各项存款余额3.28万亿元，同比增长9.5%，其中，住户存款1.62万亿元，增长15.4%。金融机构本外币各项贷款余额3.03万亿元，增长9.3%。

9. 居民收入保持稳步增长，城乡居民收入差距继续缩小

1—9月，新疆维吾尔自治区居民人均可支配收入17614元，同比增长6.4%，比上半年加快0.5个百分点；扣除价格因素实际增长5.8%。分城乡看，城镇居民人均可支配收入30434元，同比名义增长5%，扣除价格因素实际增长4.3%，名义增速和实际增速比上半年分别加快0.4个和0.9个百分点；农村居民人均可支配收入5673元，同比名义增长8.6%，扣除价格因素实际增长8.4%，名义增速和实际增速比上半年分别加快0.7个和1个百分点。城乡居民人均可支配收入之比为5.4∶1，同比缩小0.1，城乡居民收入相对差距继续缩小。

（二）2023年新疆维吾尔自治区主要经济指标预测

总的来看，前三季度，新疆维吾尔自治区经济稳中有进、进中向好，高质量发展的基础进一步巩固，新疆"能力"提升、"活力"彰显，发展"潜力"持续释放。具体表现为：一是能源保供，粮食增产。围绕"八大产业集群"建设，积极落实产业政策，加快推进新时代国家"三基地一通道"建设，能源保供能力不断提升，"疆电外送""疆煤外运"与上年同期相比均实现增长。农牧业生产持续增长，夏粮面积、总产、单产实现"三增长"，农业农村经济总体良好。二是旅游火爆，外贸活跃。一方面积极打造全国旅游业高质量发展特色样板和世界重要旅游目的地，旅游业大幅增长；另一方面认真落实稳外贸稳外资各项政策措施，加快丝绸之路经济带核心区建设，推动外贸进出口快速增长，彰显新疆经济发展的活力。三是项目拉动，后劲十足。充分发挥投资拉动作用，强化投资项目建设三级联动调度，全面落实扩大有效投资"十大机制"和"六重清单"，常态化开展投资项目提质增效行动，加快交通、水利、电力等重大基础设施和产业重大项目建设，锻长板、补短板，增强新疆经济增长后劲。

但也要看到，部分指标因上年基数较低，仍是补偿性、恢复性的增长，经济运行中还面临一些困难。下阶段，自治区上下要忠诚捍卫"两个确立"、坚决做到"两个维护"，把思想和行动统一到以习近平同志为核心的党中央对经济工作的部署要求，统一到自治区党委对做好自治区经济工作的具体要求上来，聚焦年度目标任务，进一步转变发展理念，稳中求进、扬长补短，解放思想、真抓实干，推动经济实现质的有效提升和量的合理增长。初步预计，2023年新疆生产总值增长6%左右；规模以上工业增加值增长5.5%左右；固定资产投资增长10%左右；居民消费价格上涨控制在1%以内。

二、2024年新疆维吾尔自治区经济运行环境分析及主要指标预测

2024年国际环境不确定性风险依然较多。目前，全球经济仍处于周期性下行阶段，增长承压虽然阶段性地有所减轻，但前景仍不乐观。国际安全局势存在较大变数，地区局势出现"黑天鹅"事件风险的概率依然不小。国内环境也面临一些困难和矛盾。从经营主体看，虽然市场交易有所恢复，但企业特别是民营企业依然处于盈利低迷阶段，投资预期尚未实现根本性扭转，疫情对中小企业的冲击影响仍需进一步消化。从居民主体看，消费能力不足、未来预期不佳等内生增长动力问题再次成为制约消费持续复苏的关键因素。但从我国经济本身的"体质素质"看，产业体系规模庞大、门类齐全、人才红利丰富以及中国制造的集群化、网络化、数字化优势都是经济稳定发展的基本盘。

另外，以习近平同志为核心的党中央高度重视新疆工作。2023年8月26日习近平总书记在听取自治区党委和政府、新疆生产建设兵团工作汇报会上指出：构建新发展格局、推动高质量发展、推进中国式现代化，新疆面临新机遇，要有新作为。为新疆发展指明了前进方向、提供了根本遵循。新疆广大干部群众将牢记习近平总书记谆谆嘱托，在党中央的坚强领导下，在自治区党委的团结带领下，稳中求进、绵绵用力、久久为功，扎实推进高质量发展。初步预计，2024年新疆生产总值增长6.5%左右；规模以上工业增加值增长8%左右；固定资产投资完成额增长10%左右；居民消费价格上涨控制在2%以内。

三、政策措施建议

（一）加强科技创新，推进农业科学、绿色、规模化发展

一是推动现代农业科学化发展。注重以科技赋能，加强农业信息化基础设施建设，数字乡村建设，围绕特色优势农业产业延链、补链、强链，提升优化种植技术和品种，做大做强本地农产品品牌，促进农村一、二、三产业融合发展。二是推动现代农业绿色化发展。孕育乡村新产业新业态，发展一批特色绿色产业，注重农产品深加工，大力发展直播电商，做好招商引资，提高生态产业的附加值。三是推动现代农业规模化发展。持续完善共建共享的利益联结机制，打通高标准农田的建设、管理、运营等各环节，发挥村集体经济作用，调动农民种地积极性，带动产业发展，促进农民增收。

（二）立足资源禀赋，加快构建开放型特色产业体系

立足新疆资源禀赋、区位优势和产业基础，面向国内国际市场，发展壮大传统优势产业，聚焦特色优势产业创新发展，大力推进科技创新，加快产业结构优化升级，积极发展新兴产业。充分发挥能源和气候优势建设数据中心，积极参与国家"东数西算"工程建设，融入国家算力网络体系，打造国家算力枢纽节点。加快国际通信设施建设，面向中亚国家发展软件及信息技术服务业。"分产业、分类别、分重点"统筹推进制造业与服务业两业深度融合，着力推进工业化与信息化两化深度融合。深入推进延链补链强链，加快产业智能化、绿色化、高端化发展，构建以"八大产业集群"为主体，具有新疆特色和优势的现代化产业体系。大力发展旅游产业，深入实施旅游兴疆战略，打造"新疆是个好地方"文旅融合品牌，推动自治区由旅游资源大区向旅游经济强区转变。

（三）深挖消费潜能，促进消费加快向好回升

一是持续出台消费促进政策，提振消费信心。各地（州、市）结合地方实际，出台各类促消费政策措施，全力提振消费市场信心。二是聚焦重点消费领域，稳住消费大盘。从积极稳定汽车、家电和住房等大宗消费，扩大餐饮、旅游、文娱和康养服务消费，推动农村消费提质升级，逐步完善消费设施建设，

不断优化放心消费环境等五个方面，加速恢复和扩大消费。三是升级消费平台载体，改善消费条件。聚焦活跃城市消费，持续提升商圈吸引力，打造居民身边的消费圈、幸福圈。补齐乡村消费短板，推动品牌消费、品质消费进农村，促进农村商业加快发展。四是增强文旅消费动能，促进融合发展。深入实施旅游兴疆战略，推动商旅文深度融合，不断丰富业态产品，持续增强文旅消费动能。

（四）加快丝绸之路经济带核心区建设，推进高水平对外开放

发挥新疆维吾尔自治区"东联西出""西引东来"区位优势，坚定不移深化改革扩大开放，全力推进丝绸之路经济带核心区高质量发展，打造向西开放的桥头堡。以"一港""两区""口岸经济带"为抓手，稳步推进乌鲁木齐国际陆港区建设，提升乌鲁木齐在核心区建设中的引领作用；加快推动喀什、霍尔果斯经济开发区高质量发展，打造核心区的两个重要支点；推动口岸经济带联动发展，深化塔城重点开发开放试验区建设，发挥"口岸经济带"开放门户作用。聚焦"五大中心"建设，构建基础设施互联互通网络体系，健全内外联动、高效安全畅通的商贸物流体系，深化科技、教育、文化、医疗、金融等领域国际交流合作。

［新疆维吾尔自治区信息中心　马天平］

之十二：2023年内蒙古自治区经济运行分析及2024年展望

一、2023年内蒙古经济运行分析

（一）经济运行特征

1. 自治区经济运行回升向好，三次产业协同发力

2023年以来，内蒙古自治区经济在第一季度实现了良好开局，上半年稳中有进，到第三季度继续保持上升势头，呈现出"低位恢复—全面回升—持续向好"这样一个恢复过程。前三季度，自治区地区生产总值完成16882亿元，同比增速为7.2%，高于全国3个百分点，充分彰显了内蒙古自治区经济潜力大、韧性足的特点。分产业看，第一产业增加值823亿元，同比增长7.4%，拉动经济增长0.4个百分点；第二产业增加值8377亿元，同比增长8.2%，拉动经济增长3.6个百分点；第三产业增加值7682亿元，同比增长6.3%，拉动经济增长3.2个百分点。

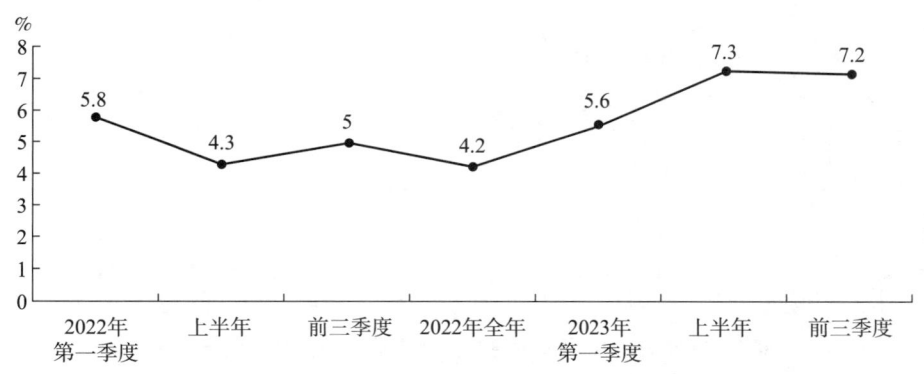

图1 2022年以来内蒙古自治区地区生产总值及累计增速

2. 固定资产投资快速增长，制造业和新能源产业投资势强劲足

自治区锚定发展目标不动摇，狠抓项目建设不松劲，围绕新能源、新材料、装备制造、农畜产品加工等重点领域深耕细作，推动强链延链补链重大项目落地开工建设。前三季度，自治区固定资产投资（不含农户）同比增长26.2%，其中，制造业投资同比增长55.6%，高于全部投资增速29.4个百分点，对自治区固定资产投资增长贡献率达到52.3%。充分发挥投资在自治区经济高质量发展中的关键作用。自治区新能源产业投资同比增长91.9%，拉动全部投资增长19.2个百分点。其中，风力发电项目投资同比增长39.6%，太阳能发电项目投资同比增长1.2倍。

3. 消费市场稳步恢复，消费结构逐步升级

前三季度，自治区社会消费品零售总额3781.1亿元，同比增长5.1%，增速较1—8月下降0.4个百分点，较上年同期提高3.7个百分点。伴随市场供给不断完善，居民消费结构逐步升级，绿色、环保、智能消费成为新的增长点。前三季度，自治区限额以上单位新能源汽车零售额实现倍增，同比增长

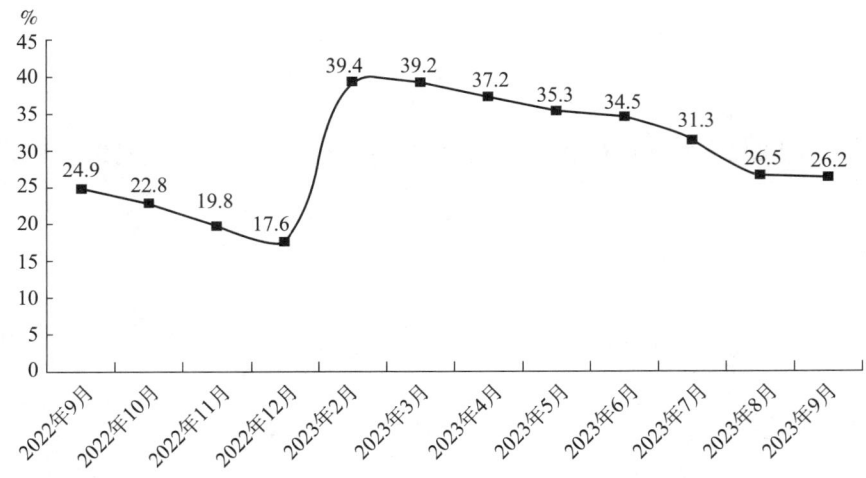

图 2　2022 年以来内蒙古自治区固定资产投资累计增速

139.7%，拉动限额以上汽车类商品零售额增长 12.0 个百分点。限额以上单位金银珠宝类商品零售额同比增长 12.8%，书报杂志类同比增长 12.6%，电子出版物及音像制品类同比增长 35.3%。

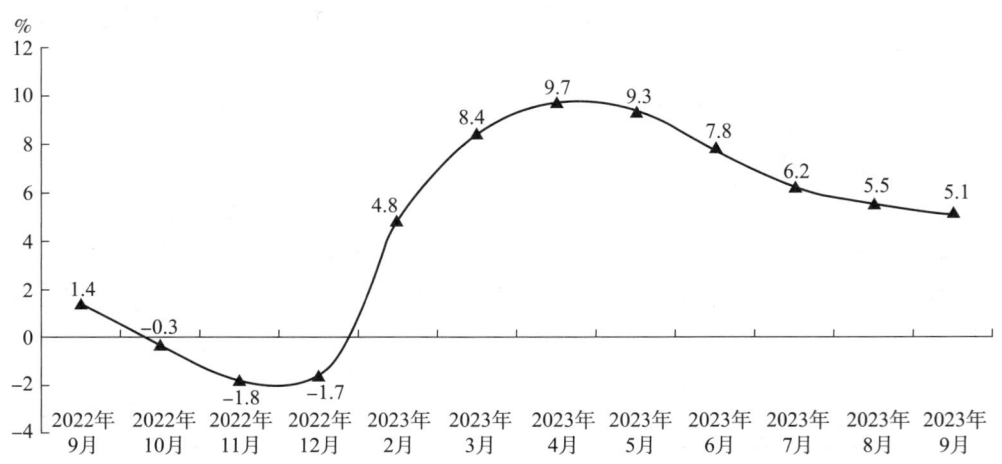

图 3　2022 年以来内蒙古自治区社会消费零售总额累计增速

4. 收入实现较快增长，城乡差距逐步减小

前三季度，居民收入稳步增长，城乡居民收入之比缩小。自治区全体居民人均可支配收入 28316 元，同比增长 6.1%。按常住地分，城镇常住居民人均可支配收入 37443 元，同比增长 5.2%；农村牧区常住居民人均可支配收入 13863 元，同比增长 7.6%。城乡居民收入之比为 2.70，同比缩小 0.06。

（二）存在的问题

1. 房地产市场持续低迷

在前期政策加持和积压需求释放的带动下，房地产市场回暖信号初显，销售面积和房企到位资金降幅收窄。但从整体来看，房企信心恢复不足，房地产开发投资和销售面积仍呈负增长趋势、新开工面积大幅下降、库存压力较大，尤其是新增房地产开发项目个数、规模齐降，房地产开发投资后劲不足，后续仍需多方发力，提振市场信心，促进房地产市场健康发展。

2. 就业形势依然严峻

一是就业市场供需矛盾突出。人力资源和社会保障部发布的"最缺工"的 100 个职业排行中，营销员、汽车生产线操作工、快递员、餐厅服务员、商品营业员、家政服务员、保洁员、保安员、包装工、车工位列前十。内蒙古在这些行业中也面临较大缺口。二是高校毕业生就业收入问题。高校毕业生就业率不高，但是又不愿意到基层工作，还有很多初次就业的高校毕业生，因企业工作环境、工作强度、工资福利待遇等未达到个人预期便跳槽，造成流动性较大，导致就业率不稳定。

3. 营商环境亟待优化

与经营主体期待相比，内蒙古的营商环境仍有较大的改善空间。一是市场环境不优。营商政策的法治化程度不高，企业权利的法治化保障程度不够，主要表现在民营企业的权利在营商活动中整体上处于弱势地位，不平等的现象依然存在。二是政务服务水平有待改善。服务意识不强，相关运行机制不够健全，"最多跑一次"还不能完全实现。三是惠企政策广度力度不足。内蒙古各类惠企政策公开形式多样化，但惠企政策不够具体明确，有的政策条款表述模糊笼统，相关工作人员与企业办事人员在理解上不一致，导致政策落实和具体操作上"磕磕绊绊"，并且兑现机制不够完善使得企业享受不到优惠政策。

（三）2023年全年预测

前三季度，内蒙古自治区经济持续恢复向好，高质量发展扎实推进，为实现全年发展目标打下坚实基础。随着存量政策与增量政策的叠加发力，积极因素不断增多，自治区经济将继续保持平稳健康发展的势头，加之上年第四季度低基数的因素，预计全年经济增速将保持在7.3%左右。

二、2024年内蒙古经济运行的环境及因素分析

（一）国际形势：下行压力加大

2023年世界经济充满韧性，但普遍出现疫情后经济的"疤痕效应"。IMF预测2023年、2024年两年世界经济分别增长3%、2.9%。除中国外的全球多个经济体2022年的通胀率达到了几十年来的高点，但多国通胀已见顶，基本实现软着陆且没有出现衰退。其他主要经济体系目前利率也基本上达到了最高水平，未来可能会逐渐走缓。但由于全要素生产率放缓，展望中长期全球经济增长将依然乏力。

（二）国内形势：持续恢复向好

我国经济顶住来自国外的风险挑战和国内多重因素交织叠加带来的下行压力，总体上持续恢复向好。尤其从前三季度情况看，经济恢复向好总体回升的态势更趋明显，多个领域、多项指标都出现了一些积极变化。在稳增长政策发力及经济内生修复动力共同作用下，前三季度国内生产总值913027亿元，同比增长5.2%，无论是第三季度同比增速还是前三季度累计增速，在国际主要经济体中都名列前茅。具体来看，全国就业形势在好转，前三季度，全国城镇调查失业率平均值为5.3%，比上年同期回落0.3个百分点；物价运行总体平稳，9月，CPI环比上涨0.2%，同比持平；虽然世界经济波动下行，外需总体收缩，但全国外贸好于预期，为经济的稳定恢复提供了重要支撑。展望未来，随着存量政策与增量政策叠加发力，政策效应不断累积，积极因素不断增多，我们完全有理由相信，我国经济将回升向好、长期向好。

（三）内蒙古形势：机遇挑战并存

随着我国经济的持续恢复，内蒙古的外部发展环境总体趋好。内蒙古盯紧"闯新路，进中游"目标，全力推动经济高质量发展。特别是随着落实国务院《关于推动内蒙古高质量发展奋力书写中国式现代化新篇章的意见》和2023年《推动产业高质量发展政策清单》的深入实施，内蒙古的政策环境更加利好，将对内蒙古的经济起到巨大的推动作用。当前内蒙古既有"一带一路"、新时代西部大开发、东北全面振

兴、黄河流域生态保护和高质量发展等国家战略的强力推动，又有跨周期宏观调控政策、构建新发展格局、强化对实体经济支持等政策的有力支撑，进一步对内蒙古形成利好。但也要看到，内蒙古还面临很多不确定不稳定因素，如国际地缘动荡、市场需求不足等叠加会带来大宗商品的波动，有可能会放大内蒙古产业结构性矛盾。如民生保障任务艰巨，经济增长尚未恢复到常态水平，经营主体吸纳就业能力不足，稳就业面临较大挑战。风险挑战增多，使内蒙古经济向上向好的基础不够巩固，需要进一步积蓄动能。

三、2024年趋势展望及主要指标预测

2023年，内蒙古主要宏观经济指标均处于正增长区间，且多数指标增速高于全国平均水平。考虑到全国经济不断恢复好转，IMF也认为中国经济仍是全球经济增长的最大引擎，将会继续高于全球增速。在这样的形势下，预判内蒙古的经济走势也有极大概率是向好的。预计2024年内蒙古经济继续保持增长态势，主要指标继续回升向好。现代农牧业和农畜产品精深加工带动农牧业经济发展加快；新能源、新动能继续带动工业投资和工业经济较快增长；文旅业带动服务业进一步恢复和发展；随着市场活力的全面恢复和线下消费场景的加快拓展，预计居民消费意愿将逐步增强，消费规模进一步扩大，带动整体经济运行持续向好发展。预计2024年内蒙古经济增长保持在7%左右。

四、政策调控措施建议

（一）提振工业经济，夯实实体经济根基

积极争取国家大型新能源制造业项目布局内蒙古，并在新型电力系统、新能源供给消纳技术体系建设等方面给予先行先试权限，加大储能、新材料、电网装备等领域重点项目招引力度，带动技术、人才、资金集聚，打造新能源装备制造基地。加大技术、工艺、系统、装备等研发应用力度，推进现役煤电机组灵活性改造，规划建设先进煤电机组，提高煤炭清洁高效利用水平。制定和实施项目建设贴息贴费、研发投入补贴、科技贷款利息补贴、重大科技创新成果奖励等政策，有效发挥自治区重点产业发展引导基金作用，推动先进制造业集群建设，促进生物制药、稀土、有色金属、农畜产品等优势特色产业链延链补链强链。

（二）扩大有效投资，增强经济发展后劲

积极扩大有效投资，加快推进"十四五"重大工程建设，加大现代能源经济、先进制造业、现代农牧业、现代服务业、区域中心城市、基础设施、公共服务等重点领域项目建设力度。深入研究和准确领会国家政策要求，加强与国家相关部门沟通对接，争取更多重点项目纳入国家"盘子"。研究好、运用好国家政策性开发性金融工具（基金）、专项债券、制造业中长期贷款、基础设施REITs等政策工具，建立推进重要项目协调机制，加大项目要素保障力度。

（三）重振消费信心，提升经济内生动力

加大对各地发放消费券、开展促销活动的奖补力度，带人气、升流量，促进餐饮、住宿、零售等行业恢复发展。以呼包鄂城市群为重点，规划建设一批消费基础设施，提升服务保障能力，推出高品质、多元化消费场景，积极发展首店经济、首发经济、后街经济、直播经济、品牌经济和夜间经济等。促进新型消费，加快线上线下消费有机融合，培育壮大智慧零售、智慧旅游、智慧医疗健康等消费新业态，积极拓展沉浸式、体验式、互动式消费新模式。将提高居民收入作为促进消费提质升级的根本与关键，

进一步完善收入分配制度，提高就业质量和收入水平，持续推进高校毕业生、技能型劳动者、农民工等重点群体收入水平，同时通过政府投资项目以工代赈促进群众增收，切实提升居民消费能力。

（四）促进集约发展，提升经济增长质效

继续深入推进"五个大起底"行动，在项目审批、资金使用、项目建设、土地供应等领域建立长效机制，杜绝资源要素利用低质低效、闲置浪费问题。以冶金、化工建材、煤化工等高耗能行业为重点，组织实施节能增效工程，全面开展节能诊断、能效评估和节能改造，提高重点行业达到能效标杆水平的比重。落实资源综合利用的税收优惠政策，指导企业有效利用自然资源部《矿产资源节约和综合利用先进适用技术目录》，开展以企业为主体、市场为导向、产学研相结合的技术创新，推广应用先进适用技术，不断提升矿产资源利用效率。

（五）优化发展环境，激发市场活力动力

落实《内蒙古自治区营商环境评估实施办法（试行）》，查找整改存在问题和薄弱环节，总结推广好经验好做法，并开展评估办法执行情况的跟踪反馈、后评估，及时调整完善。树立"人人都是营商环境、事事关系营商环境"思想，抓好营商环境"一把手"工程，推动优化营商环境3.0方案落地落实。深化政务服务改革，建立健全"好差评"评价、反馈、回访等工作机制，倒逼服务效能持续提升。营造"引得进、留得住"人才环境，对自治区产业链建设及医疗、教育等领域急需的"高精尖缺"人才，给予薪酬补贴、安家补贴，并布局建设高品质人才社区，为其提供医疗保健、子女入学等综合服务。

（六）加大招引力度，推动强链条壮集群

绘制描清重点产业链缺链图、招商图，以头部企业、群主企业、链主企业为重点招引目标，建设缺链环节目标企业库、招商项目库，提升招商引资工作的精准度和实效性。创新招商引资方式，搭建企业交流、银企对接、项目推荐综合招商服务平台，用好专业化招商机构、资产管理机构、基金管理机构、股权机构，综合解决项目和资金等要素问题。建立和落实专人专班、特事特办工作机制，主动高效服务企业解决困难问题，推动项目早落地、早建设、早投产。充分用好国内外重要展洽会平台，积极发挥各类行业协会、各地蒙商商会作用，组织实施重大投资促进活动和招商引资推荐会、洽谈会。

[内蒙古宏观经济研究中心　佟成元]

之十三：2023 年广西壮族自治区经济运行分析及 2024 年展望

2023 年以来，广西壮族自治区全力以赴拼经济，铆足干劲促发展，扎实开展壮大实体经济调研服务，全力实施工业提速增效、消费提质拓展、农业增产增收、交通水利重点投资、外贸外资提质扩量、稳主体促就业惠民生"六个攻坚行动"，推动各项政策措施提速增质见效，各领域运行总体保持平稳，经济增长动能逐步增强。

一、2023 年广西壮族自治区经济运行特征

（一）经济运行稳健有序，主要指标趋稳回升

2023 年第一季度，广西壮族自治区地区生产总值同比增长 4.9%，比上年全年（2.9%）高 2 个百分点，上半年同比增长 2.8%，与上年同期和上年全年增速基本持平，前三季度同比增长 3.9%，比上半年回升 1.1 个百分点，比上年同期（3.1%）提高 0.8 个百分点，总体保持平稳恢复态势。主要指标逐步趋稳回升，前三季度广西规模以上工业增加值同比增长 6.0%，比上半年提高 0.8 个百分点，比上年同期提高 0.5 个百分点；固定资产投资同比下降 13.2%，降幅比上半年收窄 7.9 个百分点，连续两个月保持回升态势；社会消费品零售总额同比增长 1.5%，同比提高 0.5 个百分点；外贸进出口总额 4981.48 亿元，同比增长 18.4%，比全国平均水平高 18.6 个百分点；一般公共预算收入同比增长 5.6%，同比提高 15.9 个百分点。

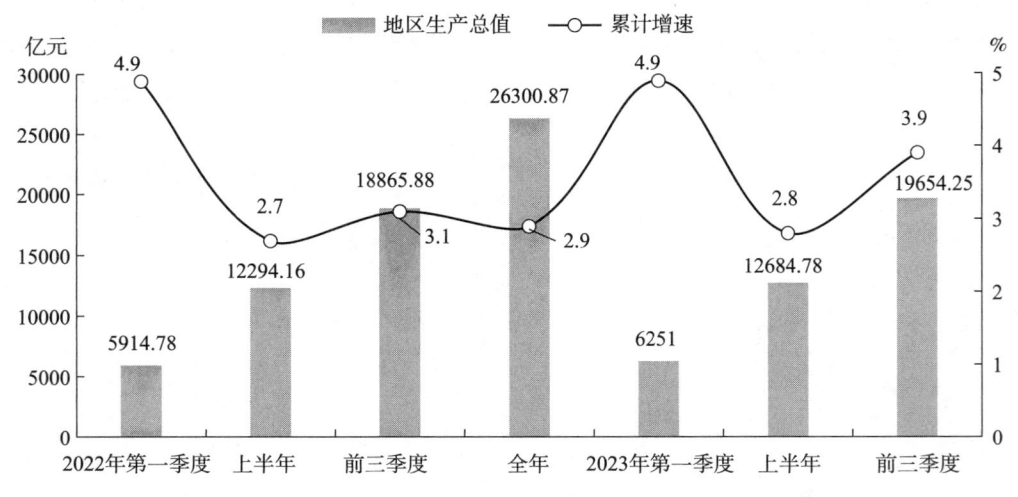

图 1　2022 年以来广西壮族自治区地区生产总值及累计增速

（二）农业生产保持平稳，食物供应量足质优

2023 年以来，广西壮族自治区加快推进落实乡村振兴建设，持续加大农业生产支持力度，一批特色鲜明、优势明显、链条完备的乡村特色产业蓬勃发展，农产品产销对接渠道逐步畅通，为农业增效、农民增收发挥了重要作用。2023 年前三季度，广西农林牧渔业增加值同比增长 4.6%，比上半年（4.4%）提高 0.2 个百分点，比上年同期（4.3%）提高 0.3 个百分点，比全国平均水平（4.1%）高 0.5 个百分

点。粮食产量增速保持全国前列，2023年广西夏粮播种面积180.15万亩，新增3.15万亩，增幅1.78%，居全国第8位；亩产160.95公斤，同比增长5.05公斤，增幅3.24%，增幅居全国第4位；总产量29万吨，增长1.4万吨，增幅5.07%，增幅居全国第6位，继续保持播种面积、单产、总产量"三增长"。

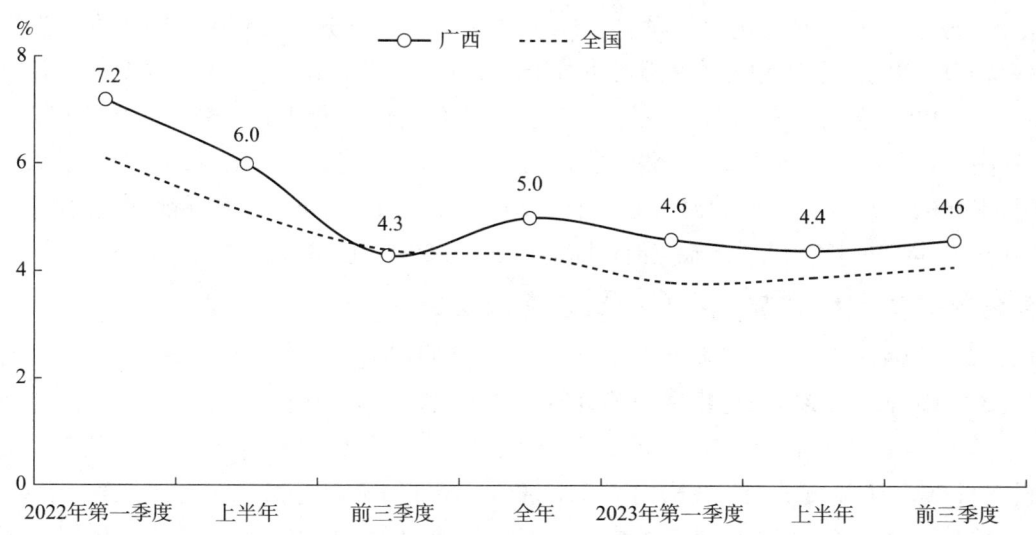

图2　2022年以来广西壮族自治区与全国农林牧渔业增加值增速对比

（三）工业生产稳步恢复，高质量体系加快构建

2023年以来，随着一系列服务实体经济政策措施落地生效，广西壮族自治区工业经济逐步恢复，前三季度全区规模以上工业增加值同比增长6.0%，比全国平均水平（4%）高2个百分点。高技术制造业对经济增长拉动作用显著，前三季度广西规模以上高技术制造业增加值同比增长9.2%，高于规模以上工业增加值3.2个百分点，其中电子及通信设备制造业、信息化学品制造业、医药制造业增加值分别同比增长18.6%、17.2%、4.0%。企业利润逐步好转，工业企业产品销售率为95.8%，比上半年提高1.9个百分点，增速为2023年以来累计产销率的最高点，产销衔接水平继续提高。特色优势行业加快恢复，前三季度广西电气机械和器材制造业增加值同比增长80.7%，有色金属、化工、黑色金属、电力等行业增加值分别同比增长26.4%、23.8%、15.8%、9.8%；特色工业产品增势良好，电解铝产量同比增长51.7%，十种有色金属产量同比增长35.0%。

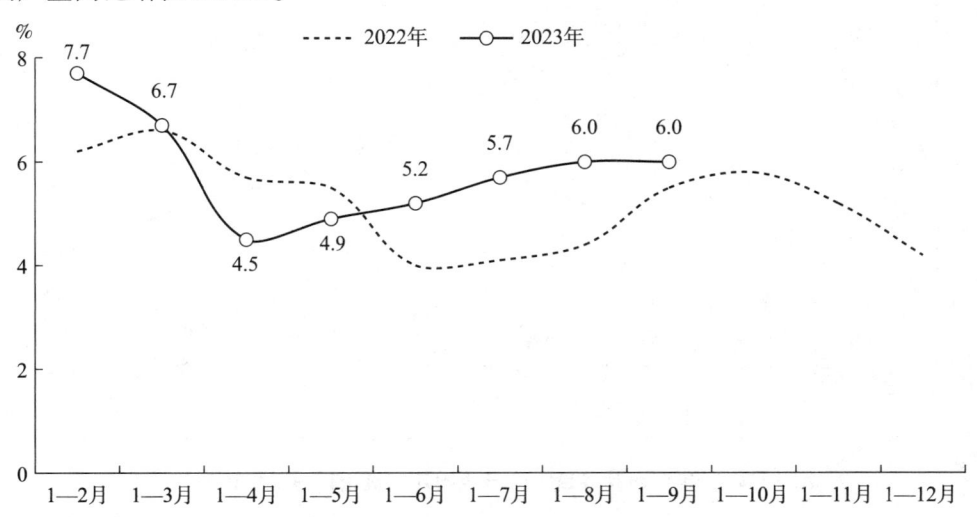

图3　2022—2023年广西壮族自治区规模以上工业增加值增速

（四）消费需求加快释放，重点领域逐步恢复

2023年以来，广西壮族自治区把恢复和扩大消费摆在优先位置，持续实施消费提质拓展攻坚行动，持续推出系列主题促消费活动，深入挖掘消费新动能，推动消费服务业加快恢复。前三季度，全区社会消费品零售总额同比增长1.5%，比上年同期（1%）提高0.5个百分点，其中新能源汽车零售额同比增长52.9%，限额以上单位石油及制品类商品零售额同比增长1.6%，比1—8月提高0.2个百分点。接触型、集聚型行业加快恢复，前三季度广西批发零售业、住宿餐饮业增加值分别同比增长6.2%、11.3%，均比上半年提高0.8个百分点，铁路、水路客货运输周转量分别增长25.6%、8.4%，航空旅客、货邮吞吐量分别增长130%、26.3%。文化旅游市场好于疫情前水平，前三季度广西接待国内游客人次同比增长55.5%，比2019年同期增长25.8%，旅游消费同比增长43.6%，比2019年同期增长5.6%。

（五）招商引资成效显著，部分领域投资加快回升

2023年以来，广西壮族自治区依托平陆运河、西部陆海新通道、产业升级等一批重大项目建设，深入实施重点投资攻坚行动，稳增长促投资相关政策持续显效。工业投资回升步伐加快，前三季度广西工业投资同比增长1.3%，比上半年提高8.2个百分点，其中造纸及纸制品业投资同比增长77.3%、汽车制造业同比增长19.7%、农副食品加工业同比增长11.0%。招商引资取得积极成效，广西主动对接粤港澳、长三角、京津冀等发达地区，积极引进一批成长性好、带动性强的项目，前三季度招商引资到位资金同比增长8.7%，新签约项目总投资同比增长3%，新引进强优企业125家。

（六）外需增长势头迅猛，北部湾港辐射作用增强

2023年以来，广西壮族自治区大力开展"千企开拓"外贸强基础工程，外贸企业积极抢订单、拓市场，对外开放合作成效显著。前三季度，广西外贸进出口总额同比增长18.4%，延续2023年以来的两位数较快增长态势，排全国第6位；其中，出口额2473.02亿元，同比增长13.1%，进口额2508.46亿元，同比增长24.2%。港口贸易延续快速增长势头，前三季度北部湾港完成货物吞吐量3.2亿吨，同比增长20%，增速排全国主要港口第1位；完成集装箱吞吐量575万标准箱，同比增长15.4%。西部陆海新通道辐射范围持续扩大，前三季度西部陆海新通道海铁联运班列开行量达6939列，同比增长6%，班列线路已覆盖中西部地区18个省（自治区、直辖市）69个市138个站点，运输集装箱货物63.3万标准箱，同比增长14%。

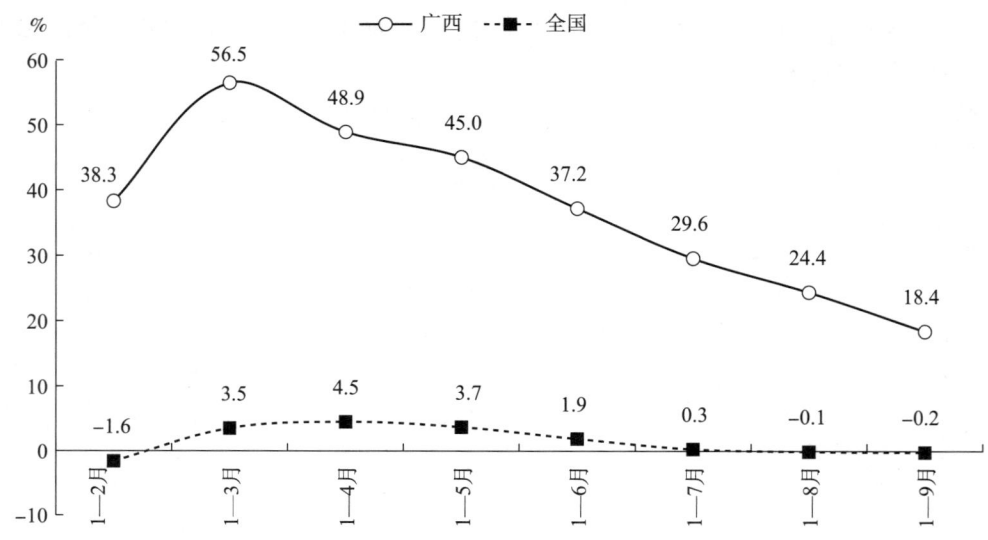

图4　2023年广西壮族自治区与全国外贸进出口总额增速对比

（七）民生保障稳健有序，居民收入持续提高

2023年以来，广西壮族自治区全力以赴兜牢民生底线，多渠道筹措资金，扎实推进稳就业保民生。前三季度，广西一般公共预算支出4633.30亿元，投入民生领域的支出占比达79%，比上半年提高0.5个百分点，其中最低生活保障、教育、卫生等领域支出分别同比增长6.8%、4.1%、13.0%；居民人均可支配收入21833元，扣除价格因素后，同比实际增长5.2%；其中城镇居民人均可支配收入同比实际增长4%，同比提高1.2个百分点，农村居民人均可支配收入同比实际增长6.2%。

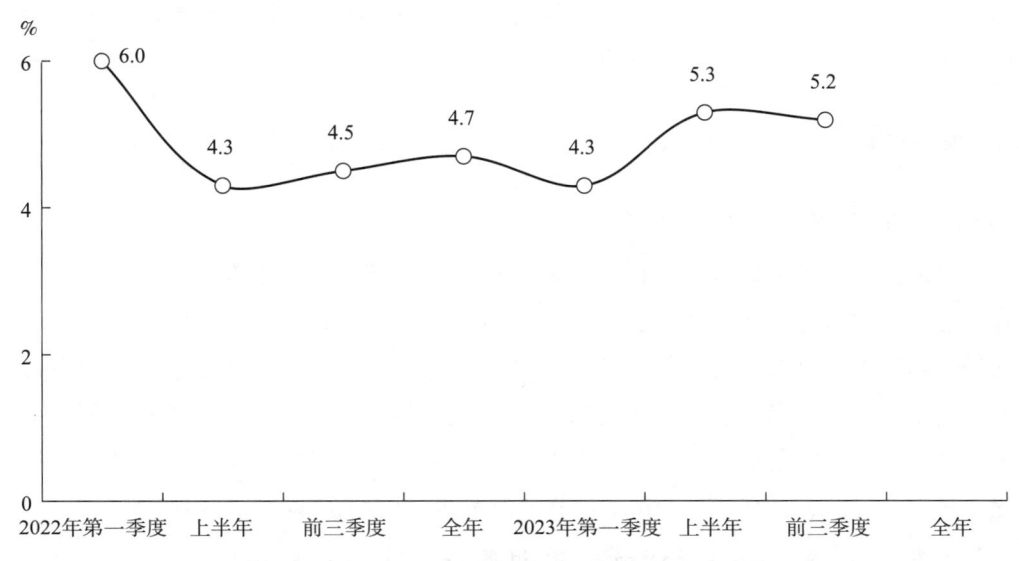

图5 2022年以来广西壮族自治区居民人均可支配收入增速

二、2024年广西壮族自治区经济运行的环境分析及主要指标预测

（一）国外形势：复杂多变环境仍为常态，对广西外向型经济产生较大影响

当前，国际环境复杂严峻，巴以冲突升级引发全球局势紧张，世界经济增长趋缓态势明显，西方国家保护主义政策导致贸易紧张局势加剧，欧美国家银行业的动荡加剧了金融条件紧缩并增加了不确定性，这对利率敏感行业中经济活动的拖累越来越明显。展望2024年，外部不稳定、不确定性因素仍然较多，全球金融体系的抗风险能力面临多重严峻考验，全球产业链恢复缓慢、核心通胀居高难下、货币政策紧缩等因素将持续影响世界经济整体复苏。受此影响，预计未来广西对外贸易仍将会受到多重限制性贸易措施的影响，外向型经济发展仍将面临较大不确定性，企业生产订单减少、经营利润收缩，外贸增速下滑，通胀压力持续等风险仍然存在。

（二）国内环境：稳增长政策效果加快显现，为广西高质量发展保驾护航

2023年以来，党中央、国务院聚焦推动高质量发展这一首要任务，密集出台一揽子重磅政策，促进消费、民营经济、房地产、外商投资等重点领域加快恢复。展望2024年，我国宏观政策将继续为经济复苏保驾护航，随着存量政策与增量政策叠加发力，政策效应不断累积，积极因素不断增多，国民经济持续恢复向好，内需动能在经过防疫政策优化后回升，国内消费者物价改善，核心物价增速持稳，中下游制造业生产成本压力将得到有效缓解。受此影响，预计未来广西供需两侧增长动力将逐步巩固，工业生产积极性逐步提升，消费和投资需求承压恢复。

（三）广西展望：困难挑战和重大机遇并存，经济有望保持稳中恢复态势

综合来看，尽管2023年以来广西经济保持平稳增长的态势，但复苏力量仍然较弱，部分领域增长势头有所放缓，经济恢复基础尚不稳固，经济发展仍然面临较大下行压力。展望2024年，随着广西各项稳增长政策措施落细落实，"六个攻坚行动"加快见效，各项政策措施将持续显效激发市场活力，有效对冲经济运行中不确定因素的影响，推动经济加快回稳向好，各领域回升迹象将逐步显现。初步预测，2024年广西地区生产总值同比增长5.5%左右，其中第一、二、三产业分别同比增长5%、5.5%、6%左右，规模以上工业增加值增长6.5%左右，固定资产投资增长3%左右，社会消费品零售总额增长5%左右，外贸进出口总额增长10%左右，CPI增长1.5%左右。

三、政策调控措施建议

（一）强化精准调度，着力夯实经济基本盘

加强对外部等风险事件冲击影响的预研预判，跟踪研究经济运行中的苗头性、倾向性问题。紧盯关键指标、核心指标、弱项指标，强化动态监测和分析研判，深入一线开展调研指导，扎实做好纾困解难。建立政策落地见效闭环工作机制，切实加强全过程全链条督查，全面宣讲政策，及时兑现政策，提振各方信心，全力以赴稳住经济大盘。抓好政策落实落细，进一步落实稳工业、扩投资、促服务、提振消费等一系列政策措施，狠抓针对重点行业重点企业的政策落实，努力提高产业链供应链上下游的稳定性和可靠性，强化原材料、能源、大宗商品等市场价格监测分析，协助企业提高抗风险能力。

（二）强化重点领域，加强产业链全周期服务

强化工业运行监测调度，分业施策稳住重点行业增长，坚持以重大工程为关键抓手，促进工业投资提质扩量。稳定重点行业运行，靠前解决企业订单不足、成本上升等问题，推动金属、汽车、机械、电子等行业加快恢复，助推有实力的企业针对东盟、"一带一路"沿线、RCEP等区域积极开拓新市场。支持工业项目加快投资，持续抓好"双百双新""千企技改"项目建设，强化项目谋划和精准招商，加强项目进度节点管理，以项目的快建成、快投产促进工业稳增长。结合广西特色优势产业集群特点，制定针对性的"链主"企业遴选标准、培育方式，建立"链主"企业候选库、培育库、示范库，从政策引导、财税优惠等方面支持"链主"企业开展核心技术攻关、产业链延伸、带动上中下游企业协同联动发展。强化重点园区建设，抓紧抓实中国—东盟产业合作区建设，完善园区基础设施和服务配套。

（三）深挖市场潜力，促进消费需求加快回暖

多措并举恢复和扩大消费，用好新能源汽车下乡、消费券等政策，持续开展购车、商超百货、智能家电家居、智能电子产品等促销活动。积极拓展消费新场景，探索推出"补贴+展销""汽车+成品油""商品房+家电"等活动，提振汽车、成品油、家居等大宗消费。支持消费新业态新模式健康发展，优化消费环境，大力开发驻场演艺、公园夜游和沉浸式夜生活体验项目，充分激发夜食、夜购、夜娱、夜展、夜秀、夜读、夜健等夜间消费业态活力，将其打造成为拉动消费新引擎。稳定商品房消费，持续优化房地产调控政策，落实"认房不认贷"等政策措施，扎实推进"保交楼"，更好满足居民刚性和改善性住房需求。

（四）狠抓招商引资，推动项目建设扩量提质

持续优化民营经济发展环境，加大对民营经济政策支持力度，建立民间资本参与重大工程、重点产业链项目建设以及公共服务和社会事业项目建设的长效机制，充分发挥政府投资的杠杆效应，带动民间

资本、社会资本、风险投资等参与重大项目建设。加快盘活一批存量规模较大、当前收益较好的基础设施项目资产和长期闲置但具有较大开发利用价值的项目资产，形成投资良性循环。大力开展粤港澳大湾区、长江经济带、京津冀地区常态化驻点招商，发挥"赛马榜""一把手招商动态"等通报机制激励作用。加强项目跟踪落实，强化项目督导力度，抓对接、促开工、抢进度，为重点大项目开辟快捷通道，确保项目顺利推进，早建成、早投产、早见效，实现新建企业早入库，发挥新增产能对经济的拉动力。

（五）深化对外开放，推动外贸外资稳中提质

持续挖掘外贸潜力，深化与新通道沿线省份合作，加强与船公司和北部湾港集团联系对接，支持重点外贸企业继续组团出海拼订单，多渠道加大外贸货源组织力度，保障新能源汽车、锂电池等重点产品出口。高水平共建西部陆海新通道，高质量高标准推进平陆运河建设，加快航道、码头、物流、信息、江海联运等一批基础设施建设，推进专业集装箱码头、大型散货码头、大型滚装码头、深水航道等建设，改造升级既有码头设施，持续提升北部湾港服务能力和水平。保持边境贸易增长势头，加大海运互市试点力度，提高进出口商品品种数量与货值。打造"跨境电商+产业带"，推进市场采购贸易方式试点，加快外贸新业态新模式发展。

[广西壮族自治区宏观经济研究院　李美莲　尚毛毛　蓝荣侯]

综合卷
专题篇

之一：2023年重庆市农村经济运行分析及2024年展望

2023年以来，重庆市聚焦守牢"确保粮食生产能力不降低、农民增收势头不逆转、农村稳定不出问题"三条底线，持续巩固脱贫攻坚成果，全面推进乡村振兴重点工作，加快推进农业农村现代化，农村经济运行总体平稳。预计2023年重庆市第一产业增加值约2100亿元，同比增长4.2%，农村常住居民人均可支配收入同比增长7.8%。

一、2023年重庆市农村经济运行分析

（一）总体情况

重庆市大力实施千万亩高标准农田改造提升、千亿级优势特色产业培育、千万农民城乡融合共富促进、千个宜居宜业和美乡村示范创建"四千行动"，巩固拓展脱贫攻坚成果同乡村振兴有效衔接成效明显，农村发展环境持续改善，农村经济运行平稳。1—9月，重庆市第一产业实现增加值1429.67亿元，同比增长4.3%，比全国平均水平高0.1个百分点；农村常住居民人均可支配收入15768元，同比增长7.1%，城乡收入比由上年同期的2.44缩小至2.37。

（二）主要特点

1. 乡村振兴稳步推进

随着乡村振兴战略深入实施，重庆农村高质量发展动能持续增强，脱贫群众收入水平持续增加，脱贫攻坚成果持续巩固。一是乡村内生发展动力持续增强。2023年，启动实施千亿级特色产业培育行动，持续落实支持脱贫地区特色产业发展"十条措施"，加快打造脆李、柠檬、三峡柑橘、榨菜等国家优势特色产业集群，衔接资金用于产业发展的比重保持在60%以上，累计打造产业帮扶基地5.6万个，脱贫地区特色产业覆盖90%以上脱贫户和监测户。启动实施千万农民城乡融合共富促进行动，通过脱贫人口小额贷款、"富民贷"、"渝快助农贷"等，千方百计帮助有劳动能力的脱贫群众就业创业，助力脱贫群众收入稳定增加。防止返贫监测范围由家庭人均纯收入低于7000元提高至8000元。二是和美乡村建设有序推进。启动实施千个宜居宜业和美乡村示范创建行动，永川、石柱、巴南、丰都上榜2023年国家乡村振兴示范县创建名单；涪陵大木乡武陵村、沙坪坝丰文街道三河村、南岸南山街道双龙村、綦江丛林镇绿水村等12个村入选2023年中国美丽休闲乡村，万州甘宁镇楠桥村、涪陵龙潭镇新乐村等107个村（社区）成功创建2023年度市级宜居宜业和美乡村示范村。

2. 农民收入持续增长

各项稳就业、助创业政策措施持续推进，乡村富民产业稳定发展，农村就业创业增收渠道不断拓宽，助推农民收入稳步增长。1—9月，重庆农村常住居民人均可支配收入15768元，居西部第2位，同比增长7.1%，增速比城镇居民快3.1个百分点。其中，工资性收入4541元，较上年同期增加281元，占农民收入比重为43.5%，仍是支撑农民收入增长的主要因素。经营净收入2848元，同比增长9%，比上年同

期快 2 个百分点，是农民收入四大项中增速最快的一项。转移净收入 2767 元，同比增长 5.4%，虽慢于上年同期增速（7.6%）和农民人均可支配收入增速，但占农民收入比重仍然达 26.5%。

3. 农村消费潜力不断释放

随着疫情防控平稳转段以及各项促消费政策持续发力，农村消费市场加速回暖，消费潜力持续释放。1—9 月重庆乡村消费品零售总额 1687.68 亿元，同比增长 12.2%，比城镇消费高 5.6 个百分点，基本恢复到疫情前的水平；农村常住居民人均消费支出 12203 元，同比增长 8.0%。从消费总额看，农村居民人均消费支出稳步上升，比上年同期增加 155.4 元，增幅较上年同期提高 8.4 个百分点。从消费结构看，与上年同期比较，1—9 月各项支出均呈上涨趋势，其中，食品烟酒、衣着、居住、生活用品及服务、交通和通信、教育文化娱乐、医疗保健、其他用品及服务分别增长 7.7%、7.1%、5.7%、9.1%、9.6%、9.8%、8.2%、10.1%；食品烟酒和居住消费占比较高，两者占总消费支出比重达到 50%。

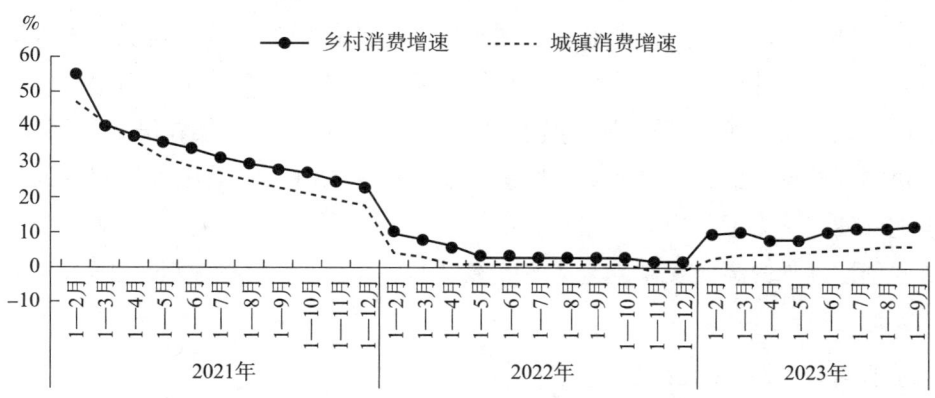

图 1　2021 年以来重庆城乡消费增速比较

4. 农业农村投资稳定增长

乡村振兴、乡村建设、巩固脱贫攻坚成果及三峡后扶等重点项目加快推进，助推重庆农业农村投资保持较快增长。1—9 月重庆第一产业投资同比增长 23.4%，比上年同期快 6.3 个百分点。其中，乡村振兴招商引资签约项目 176 个，签约金额 473.26 亿元，同比增长 255%。累计在建项目 296 个，计划投资 1002.27 亿元，同比增长 11.45%。累计发行地方政府专项债项目 51 个，金额 62.87 亿元。累计 72 个项目纳入农业农村部农业农村基础设施融资项目库，其中 17 个项目获得授信，授信规模 53 亿元。启动实施千万亩高标准农田改造提升行动，丘陵山区高标准农田改造提升示范项目加快推进，累计改造提升高标准农田 56 万亩。同时，随着民营小微金融服务模式持续创新，以及重点农业产业链金融链长制全面推广，针对食品及农产品加工产业、新型农业经营主体和脱贫地区的信贷投放力度不断加大，有效激发了经营主体投资"三农"的积极性。

5. 农村改革持续深化

随着巩固拓展脱贫攻坚成果同乡村振兴有效衔接工作深入开展，重庆农业农村改革持续深化，乡村发展活力不断增强。一是农村集体产权制度改革全面完成。目前，已建立完善的农村集体资产年度清查制度，9009 个村级集体经济组织完成法人登记，农村集体经济家底基本摸清。同时"三权"分置制度全面落实，农村承包土地经营权加快向农户、家庭农场、合作社等流转，流转率已超过 40%。二是农村"三变"改革持续深化。"三变"改革已覆盖 3913 个村，撬动社会资本投入近 20 亿元，盘活集体经营性资产近20亿元、闲置农房8000余套。如丰都三建乡通过"三变"改革唤醒"沉睡"的土地资源1.2万亩，大足完成集体经营性建设用地入市试点交易3000余亩，成交金额超过11亿元。三是强村富民改革加快实施。制定出台《重庆市推进强村富民综合改革实施方案》，有序部署"一统七改"措施，2735个村已陆续完成上半年集体经济收益分红，累计分红金额9713万元，同比增长104%；新型农村集体经营主体加快培育，已累计培育高素质农民28万人、家庭农场3.48万个、农民专业合作社3.7万家，农业生产社会化服务覆盖23%的小农户。

二、存在的主要问题

（一）农民持续稳定增收压力增大

受经济增速放缓、投资增长乏力、能源价格上涨等因素影响，农民工稳定就业增收压力不断增大。1—9月，农民人均可支配收入和农民工资性收入分别同比增长7.1%、6.6%，分别比全国平均水平低0.2个和1.6个百分点，农民人均可支配收入追赶全国平均水平的任务艰巨。一是农民收入增长结构仍较单一。从四大项收入看，工资性收入和经营净收入仍为主要增长动力，贡献率分别为41.7%和34.9%，其余两项尤其是财产净收入贡献率较低，缺乏促进农民增收的新模式。二是农民工资性收入增长压力大。由于房地产、基建等领域投资信心不足，实体经济就业吸纳能力减弱，农民务工就业的环境尚未完全恢复，促进农民工充分就业压力不断增大。三是农民经营性收入增长压力加大。化肥、农药等农资价格持续上涨，土地流转价格逐年升高，农业生产成本大幅增加，挤压农民经营净收入增长空间，促进农民持续稳定增收的压力增大。

（二）乡村消费环境亟待改善

近年来，以田园、健康、养生、休闲等为主题的乡村旅游日益受到大众追捧，重庆乡村市场需求持续增长与乡村消费环境建设滞后的矛盾不断显现。一是乡村消费配套服务及设施建设不足。农村商业和服务网点布局分散，商品品类供给有待丰富；公共厕所、充电桩等公共服务配套设施建设滞后，餐饮住宿规范化建设不够，高星级饭店、农家乐等培育不足，乡村消费服务体系不完善、旅游接待能力偏低，与乡村旅游持续升温的矛盾日益凸显。二是农村电商设施短板明显。双向畅通的农村寄递物流体系尚在建设中，"快递进村"尚未实现全覆盖，乡村网购消费需求的快速增长与尚不完善的农村快递物流体系之间的矛盾越来越突出。三是乡村消费质量安全意识不强。农村经营者素质不高、自律意识缺乏，导致农村市场商品质量普遍不高，加之农村消费"就近投诉、就地维权"机制尚未建立，农村消费环境质量亟待提升。

（三）农村发展仍面临较多困难

近年来，重庆市农业现代化步伐持续加快，农村发展环境不断改善，但同时仍面临较多困难和不足。一是农业提质增效步伐还需加快。重庆耕地质量相对偏低，六成以上耕地为中下等耕地，高标准农田建设、农业防灾减灾的任务艰巨，加之农业产业化龙头企业少，农业集约化、规模化、组织化程度不高，大项目、大企业、大基地带动能力和辐射效应不足，农业增产不增效的现象突出。二是农村集体经济实力不强，面临资产资源碎片化、低效化、组织机构不规范、带头人和经营人才缺乏等诸多问题，目前仅40%的村集体经济年经营性收入超过10万元，低于全国平均水平。

三、2024年发展趋势展望

（一）国际政经形势复杂将加剧农产品价格波动

受地缘政治博弈加深，全球经济持续低速增长，可能导致部分粮食品种需求增速放缓，进而加剧价格波动。国际货币基金组织（IMF）（10月）预计2024年全球经济增速为2.9%。全球贸易保护主义抬头，印度等多个国家宣布大米出口禁令，将加剧市场割裂、减缓全球贸易和投资流动，导致包括农产品在内的大宗商品价格离散度上涨。俄乌冲突持续，巴以冲突又起，俄罗斯已退出黑海协议，IMF预计由此可能会使全球粮食价格上涨10%~15%，目前黑海粮食协议已中断三个月，仍没有恢复执行迹象，对全球农产品流通和价格、农业生产原料供应的影响将持续。联合国粮农组织（FAO）最新《谷物供求简报》（10月）预测2023/2024年度世界谷物贸易量将比2022/2023年度减少1.7%。

（二）国家支持乡村全面振兴的政策将持续发力

2024年农业强国建设将由政策制定转向政策实施阶段，政策"组合拳"效应将加快显现，在农业农村优先发展导向下，我国巩固拓展脱贫攻坚成果同乡村振兴有效衔接政策也将持续发力。乡村基础设施建设将提速，政府投资的带动作用进一步发挥，包括农村新基建、农村交通、农村水利等在内的现代化基础设施体系建设将加快。脱贫攻坚成果持续巩固，将聚焦增强内生发展动力，指导各省区市积极探索强村富民有效路径，并引导更多资源力量向产业就业、创业兴业集中，守牢不发生规模性返贫风险底线。粮食和重要农产品供给保障投入增多，将聚焦高标准农田建设、设施农业发展，构建多元化食物供给体系，守牢粮食安全底线。和美乡村建设将持续推进，进一步补齐乡村基础设施、公共服务、人居环境、治理体系等方面的短板弱项。

（三）现代化新重庆建设下农村经济发展机遇增多

建设现代化新重庆，最艰巨最繁重的任务在以山区库区为主的农村地区，最大的潜力和后劲也在农村地区。2024年是实施"十四五"规划攻坚之年，随着社会主义现代化新重庆建设深入推进，农村强弱项补短板将全面提速。同时，《"一县一策"推动山区库区高质量发展的指导意见》《重庆市推进强村富民综合改革实施方案》等政策也将进入实施阶段，各区县加快探索高质量发展和强县富民现代化新路子，将聚焦优势特色产业培育、脱贫攻坚成果巩固、农村基础设施和公共服务等方面，继续加大资金、技术、人才等支持力度，推动一批补短板促振兴重点项目落地建设，有利于重庆加快完善乡村振兴薄弱环节，促进城乡区域协调发展。

（四）2024年趋势预测

2024年，重庆市"四千行动"将持续深化，特色产业加快培育，粮食和农产品供给保障能力显著增强，城乡差距持续缩小，宜居宜业和美乡村加快建设，乡村旅游、农村电商等新产业新业态提速发展，农业农村经济将延续平稳运行。运用《重庆市宏观经济预警系统》《重庆市宏观经济短期预测系统》测算，预计2024年全市第一产业增加值同比增长4.0%左右，农村常住居民人均可支配收入增速7.5%左右。

四、对策建议

（一）多举措拓宽农民增收渠道

持续落实各项稳就业创业政策，千方百计拓宽农民就业增收渠道，确保农民收入持续稳定增长。一是促进农民工就业增收。加强乡村振兴车间、以工代赈、公益性岗位开发，促进农民就地就近就业。发展壮大县域经济，积极承接东部发达地区劳动密集型产业，增强家政、养老、托育等服务业对低技能劳动者的吸纳能力，建立招商引资和就业联动激励机制。二是促进农民经营性收入增加。扶持发展家庭农场等适度规模经营户，持续扩大农业社会化服务，促进小农户与现代农业有机衔接，推动农业机械化、产业化生产，规模化、集约化经营，提高农业效率和质量。三是促进农民财产性收入增加。加快制定强村富民综合改革实施方案，推动"一统七改"，积极培育"强村公司"，促进集体资产保值增值，带动农民增加财产性收入。

（二）着力推动农业农村高质量发展

聚焦现代化新重庆全面推进乡村振兴目标任务，大力实施"四千行动"，加快推进农业农村现代化进程。一是推动乡村产业提质增效。立足现有特色优势资源，深入推进农业多种功能开发和乡村多元价值挖掘，积极引导农业规模化集群化发展。聚焦渝西地区、山区库区，特别是三峡库区等重点区域，研究制定区域农业农村一体化发展政策措施。深入实施食品及农产品加工能力提升工程，扎实推进加工示范园区创建，聚力培育"爆品"，创响一批知名品牌。二是强化农业基础设施建设。持续推进高标准农田建设，加强撂荒耕地复垦和利用。加强水利基础设施建设，优化重大水资源配置，加快中小型水库和引调水工程建设，强化病险水库除险加固。优化冷链物流集配中心布局，加快建设多品类冷链物流配套设施和配送体系。

（三）聚焦环境优化激发农村消费潜力

持续改善农村消费环境，不断提升农村居民及游客消费体验，更好地释放农村消费市场潜力。一是完善农村商业及配套设施布局。完善农村供水、供电、通信、公共厕所、停车场等设施建设，优化农村商业网点布局，鼓励城市资本下乡发展农家乐、乡村旅游、房车露营、农村电商等，丰富农村消费业态。二是健全农村快递物流体系。完善县乡村三级快递物流配送体系，推进乡村农贸市场等冷链仓储物流系统建设，推动邮政、快递、供销、电商等资源集约化利用，鼓励农村客运车辆代运邮件快件，加快建设村级寄递物流综合服务站，打通农村商品流通"最后一公里"，助推"快递进村"更加便捷。三是加强农村消费者权益保护。完善农村消费维权网点，以乡镇为单元设窗口、聘专人，开展农村消费维权，更好地服务农村消费者。加大农村经营主体监管和假冒伪劣产品打击力度。

（四）着力稳定农业生产

持续落实各项惠农政策，着力抓好粮食和重要农产品稳产保供。一是稳定粮食生产。加强秋粮中后期生产管理，有序推进晚秋粮食播栽工作，加强稻瘟病、玉米螟虫等病虫害的综合防治，加大暴雨防汛宣传，增强农户防范意识，最大限度减少灾害损失，确保全年粮食增产增收。二是稳定畜禽生产和市场供应。引导畜禽市场有序供应，加快生猪产业转型升级，高度关注家禽生产，加大家禽养殖政策扶持力度。加强对畜禽生产、流通、销售各环节的监测，及时发布畜禽产销变化和价格波动信息，加强预期管理和调节，防止生产供应和价格大起大落。三是调优蔬菜和水产品生产。优化蔬菜种植品种，提高蔬菜品质。推进高标准蔬菜生产示范基地建设，提高设施化水平和蔬菜生产能力。推广稻渔综合种养模式，推动水产品养殖绿色转型。

[重庆市综合经济研究院（重庆市经济信息中心）宏观经济研究课题组
主研：易小光　丁　瑶　余贵玲　苟文峰　赵炜科　邓吉敏
执笔：邓吉敏]

之二：2023 年重庆市工业经济运行分析及 2024 年展望

2023 年以来，全球政经形势错综复杂，世界经济复苏乏力。国内经济持续恢复向好，工业生产稳定增长，市场需求逐步改善，工业经济总体呈企稳回升态势。在此宏观背景下，重庆市工业经济总体逐步恢复，部分重点行业保持良好增势，工业经济创新能力不断提升，企业数字化转型步伐加快，发展动能有所增强。预计 2023 年重庆市全口径工业增加值同比增长 6.2% 左右。

一、2023 年重庆市工业经济基本情况和主要特点

（一）总体情况

2023 年以来，重庆市着力推动制造业高质量发展，构建 "33618" 现代制造业集群体系，工业经济总体呈逐步恢复态势。第一季度工业开局较好，规模以上工业增加值增速达到 6%，高于全国平均水平 3 个百分点；在经济和技术因素叠加影响下，4 月重庆市规模以上工业增速达到最低值，此后随着抓订单、抓调度、抓增量、抓服务工作成效的逐步显现，工业增速逐步回升，1—9 月重庆市规模以上工业增加值累计同比增长 5.7%，高于全国平均水平 1.7 个百分点，较上半年加快 2.2 个百分点，工业经济回稳向好的趋势基本形成。

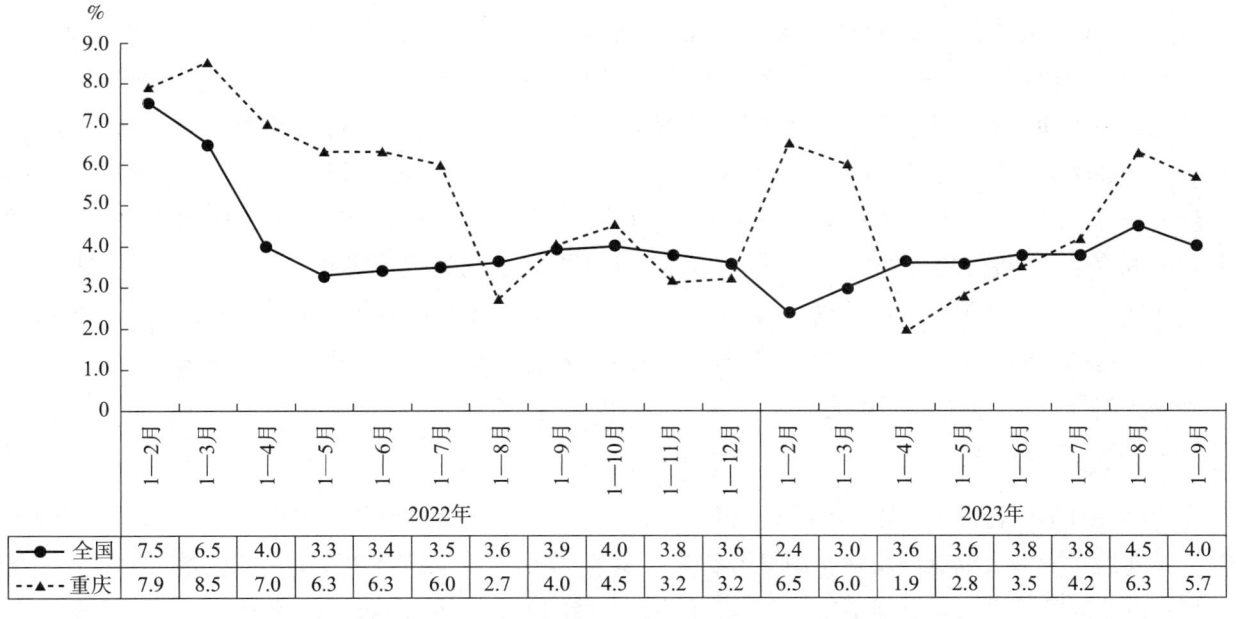

图 1　2022 年以来全国和重庆规模以上工业增加值累计增速对比

（二）主要特点

1. 重点行业走势分化

汽车、摩托车、材料、能源、消费品等行业保持良好增势，医药和电子产业继续下降。在问界新 M7

等一批中高端新能源车型上市热销的带动下，前三季度全市规模以上汽车产业增加值同比增长 5.9%；台铃、雅迪等新能源摩托车均于上年年底正式投产，新增产能带动全市摩托车产量同比大增 30.8%，支撑规模以上摩托车产业增加值同比增速高达 12.6%；得益于九龙万博等重点投达产项目支撑，规模以上材料行业增加值同比增长 10.3%；能源需求不断增长、页岩气价格上涨，推动能源工业保持 8.8% 的较快增长；梁平预制菜、奉节眼镜等特色消费品提速发展，带动消费品行业同比增长 6.8%。此外，装备制造业保持了 4.0% 的增长；高基数作用下医药产业增加值累计同比下降 8.1%；受智能终端和液晶显示等行业拖累，电子产业累计同比下降 0.8%。

表 1　2023 年重庆市工业支柱产业增加值增长情况（%）

产业	1—2月	1—3月	1—4月	1—5月	1—6月	1—7月	1—8月	1—9月
汽车	5.8	2.5	2.2	3.8	4.7	4.4	7.0	5.9
摩托车	7.2	5.0	6.2	4.7	8.6	9.8	14.3	12.6
电子	-8.9	-6.6	-8.9	-5.4	-3.9	-3.2	-0.6	-0.8
装备	3.7	5.8	-1.6	-0.7	-0.4	1.2	3.6	4.0
医药	-3.9	-3.6	-12.0	-14.7	-15.1	-15.4	-8.2	-8.1
材料	14.8	15.2	9.6	8.9	8.7	9.2	11.5	10.3
消费品	12.1	9.9	3.3	4.0	5.2	7.5	7.9	6.8
能源	13.1	11.4	9.0	9.9	10.0	9.5	8.1	8.8

2. 创新能力不断提升

围绕"416"科技创新战略布局，重庆持续加大创新投入，不断完善创新体系，工业经济创新成果丰硕。创新投入较快增长，1—9月，重庆市规模以上工业研发费用超过 350 亿元，同比增速高达 27.3%。创新平台体系更加完善，新增国家级创新型产业集群 5 个，新获批国家级科技企业孵化器 3 家。创新主体持续壮大，新增科技型企业 1.16 万家，累计超 5.46 万家，较 2022 年增长 27.1%；新增科创板上市企业 2 家，1366 家企业入选 2023 年度市级"专精特新"企业名单。通过实施数十项重点技术攻关项目，在智能网联新能源汽车、新材料、高端装备、集成电路、人工智能、生物健康等领域取得一批重大创新成果。其中，西南铝成功生产下线大型飞机所需铝合金铸锭打破了国外技术垄断，海装风电开发出世界最大风轮海上风电机组，解决了我国核心部件"卡脖子"技术难题，联合微电子中心有限责任公司首发的高集成三轴硅光陀螺填补了国内该领域空白。

3. 发展后劲有所增强

重庆围绕打造"33618"先进制造业集群体系，重点产业补链强链成效突出，重点工业项目加快投产放量，工业经济发展后劲有所增强。2023 年以来新签约 10 亿元以上项目 252 个，同比增长 31.2%，其中三安意法等 200 亿级重大补链强链项目 2 个、百亿级项目 17 个，补充了市内碳化硅、芯片、电动转向系统、电制动系统等产业链。在前三季度新增的 1366 家"专精特新"中小企业中，关键领域"补短板""填空白"的企业有 1083 家，占比达到 79.3%。重点工业项目建设有序推进，投达产项目加快释放新动能。1—9月，93 个计划开工项目开工 63 个，开工率为 67.7%；18 个市政府重点关注项目投资进度为 83.8%，海辰储能、长安渝北新工厂等 211 个重大建设项目投资进度达到 85.1%；196 个年产值亿元以上投达产项目合计新增产值 740 亿元。1—9月工业投资同比增长 12.2%，分别高于全国平均水平和重庆市全社会固定资产投资 3.2 个、8.6 个百分点，较 1—6 月加快 3.4 个百分点。

4. 企业数字化转型成效显现

重庆持续推动传统产业智能化改造升级，工业企业数字化转型渐入佳境。为支持企业数字化转型，重庆推出了"技改专项贷"，用于支持重点企业生产设备及软件购置、网络建设方面的技改投入。围绕汽车、电子、装备制造、化工、医药、材料等重点产业，以"产线、车间、工厂"作为单元梯度，推动"全要素、全流程、全生态"数字化转型。截至 9 月，重庆累计实施 6080 个智能化改造项目，累计建设 144 个智能工厂、958 个数字化车间、40 个创新示范工厂、40 个 5G 全连接工厂，示范项目生产效率平均提升近 60%。标杆企业数字转型亮点频现，其中，重庆红江机械建成多个精益化智能自动化单元柔性生产线，生产加工效率提升 63.54%，产品研制周期缩短 30% 以上；重庆华峰化工工厂关键设备联网率达到 100%，5G 融合网络联网率达到 80% 以上；泰山电缆等企业通过部署应用云服务、工业互联网等数字化技术，将数字化、智能化嵌入生产管理全链条，运营成本不断降低。

二、存在的主要问题

（一）市场需求总体疲软

全球经济形势依然严峻，国内经济恢复向好的基础仍不牢固，对工业品市场需求形成较大制约。从外部需求来看，受高利率、高通胀等因素影响，全球消费能力降低，对笔记本电脑、手机等耐用消费品的市场需求减弱，加之部分高技术产品出口限制的影响，1—9 月重庆机电产品出口下降 11.7%，笔记本电脑出口下降 19.3%，高新技术产品出口降幅高达 21.7%。从内部需求来看，国内房地产市场深度调整，冶金、建材、化工、家具家电等相关产品需求下滑，加之汽车消费逐渐饱和、排放标准进一步升级、汽车行业价格竞争激烈等诸多因素影响，全市工业品整体产销偏弱。1—9 月，重庆规模以上工业企业产品销售率为 96.4%，同比下降 1.3 个百分点。在内外市场需求持续偏弱的形势下，重庆市打印机、平板电脑、集成电路和微型计算机设备等产品产量累计同比分别下降 70.6%、68.6%、43.4% 和 15.0%。

（二）工业企业效益大幅下滑

受运营成本上升、企业营收减少、工业品价格持续下滑、回款周期较长等因素共同影响，工业企业效益持续大幅下降。1—8 月，重庆市规模以上工业企业实现利润总额累计同比下降 10.6%，连续 12 个月下降。一方面工业企业运营成本居高不下。部分工业企业反映用电综合成本同比提高 10%~20%，天然气价格同比上涨 13%~24%，据经信委初步测算用电用气成本上升吞噬工业利润约 60 亿元。另一方面，工业企业营业收入增长乏力。笔电、平板、桌显等需求尚未恢复，手机、汽车等市场竞争更趋激烈，主要工业品价格持续下降，1—9 月重庆市 PPI 同比下降 2.2%，连续 12 个月保持下降态势，导致规模以上工业企业营业收入持续下降。受到成本上涨、价格下降双重挤压，工业企业盈利空间缩小，1—9 月重庆市规模以上工业亏损面达到 22.2%，较上年底扩大 6.4 个百分点，亏损企业亏损额累计同比大幅增长 24.0%，企业应收账款回收期较上年底增加 6.9 天，进一步降低了企业资金周转效率。

（三）产业链供应链短板仍然存在

汽车、先进材料、装备等重点产业链供应链短板仍然存在，产业链供应链韧性和安全水平亟待进一步提升。汽车产业"三电"环节短板明显，处理器、硬盘、减速器、伺服电机、数控系统等关键零部件均依赖进口；先进材料领域部分高端材料被"卡脖子"，关键原材料及关键技术尚未完全掌握，轻合金产业氧化铝、铝加工"两端大"、原铝"中间小"，先进化工材料中烯烃、芳烃等基础原料缺乏本地配套；

机器人及智能装备、轨道交通装备、环保装备等新型装备规模较小，智能装备及智能制造业年产值50亿元以上企业仅1家；食品及农产品加工业关键原料供给存在瓶颈，粮油、肉制品等大宗加工行业所需原料90%以上需要市外采购；生物医药产业具备市场优势的大品种药品数量稀少，服务器产业、AI及机器人产业尚处在起步阶段。

三、2024年环境分析及趋势展望

（一）国际政治经济形势更加复杂严峻，工业经济发展面临的外部挑战增多

世界经济复苏动能不足，经济增长尚处于收缩阶段，外部环境更加复杂严峻，国内制造业发展面临的外部挑战增多。一是外部市场空间受限，制造业出口承压。高利率高通胀环境下，国际市场需求大幅减少，全球贸易增长乏力，同时以美国为首的西方发达国家采取提高关税、限制进口等一系列贸易保护措施，国内制造业发展面临着对外出口增速持续下滑的困境。二是发达国家加速与中国"脱钩"，外资制造业企业向外转移现象持续存在。全球主要国家均进入以抢夺制造业为主的经济竞争模式阶段，将培育和强化本国制造业体系作为国家发展战略的核心构成部分，美国等发达国家制造业回流效应逐步显现。同时，西方发达经济体针对中国制造业特别是高端制造业企业各种封锁和围堵，导致外资企业和台资企业纷纷向东南亚、印度等地区转移，也引发了国内对全球制造业加速与中国"脱钩"以及中国面临的全球市场空间受限等担忧。但在全球气候变化加剧、能源危机持续存在、新一代信息技术不断突破、人口老龄化加剧等环境下，节能环保、新能源、新材料、人工智能与机器学习、生物医药等行业领域发展均面临重大机遇，市内新能源汽车、先进材料、生物医药、人工智能、新能源及新型储能等产业发展环境向好。

（二）国内加快推进新型工业化，制造业国际竞争力将不断提升

国内以制造强国建设为重心，全力推动新型工业化建设，工业经济创新力和竞争力有望不断增强。一是工业经济创新能力将不断提升。我国积极主动适应和引领新一轮科技革命和产业变革，工业和信息化部印发《制造业技术创新体系建设和应用实施意见》（工信部科〔2023〕122号），提出第一阶段到2025年将基本建立涵盖制造业各门类重点产业典型产品的技术体系，为重庆利用全国创新资源，推动创新链产业链深度融合发展带来重大机遇。二是工业经济数字化智能化升级全面提速。我国着力将建设制造强国同发展数字经济、产业信息化等有机结合，5G、工业互联网、大数据、人工智能等重点领域新的应用场景将不断丰富拓展，赋能重庆工业经济铸造新优势。三是产业结构将进一步优化升级。工业和信息化部会同相关部门印发实施钢铁、有色、石化、化工、建材、机械、汽车、电力装备、轻工业、电子信息制造业十大重点行业稳增长方案，将从供需两侧发力，推动重点行业生产平稳增长、结构优化升级，为进一步提升重庆制造业在全国产业链中的战略地位提供了机遇。此外，按照全国新型工业化推进大会部署，相关政策措施即将出台，加之营商环境不断优化，工业企业发展环境将持续改善，发展信心将进一步增强。但当前制造业大国竞争不断加剧，国内产业链供应链韧性和安全水平还有待进一步提升，工业经济恢复向好的基础仍需巩固，新型工业化仍任重而道远。

（三）重庆着力打造"33618"现代制造业集群体系，工业经济高质量发展步伐加快

重庆加快打造国家重要先进制造业中心，工业经济高质量发展步伐将进一步加快。一是全市制造业将驶向新航道。新时代新征程新重庆建设背景下，全市将着力打造"33618"现代制造业集群体系，迭代升级制造业产业结构，将逐步在智能网联新能源汽车、新一代电子信息制造业、先进材料、智能装备及

智能制造、食品及农产品加工等领域逐步形成新优势。二是制造业高质量发展环境向好。《深入推进新时代新征程新重庆制造业高质量发展行动方案（2023—2027年）》等一系列政策文件正式印发实施，将推动制造业发展质量变革、效率变革、动力变革，同时重庆正加快建设具有全国影响力的科技创新中心，为制造业高质量发展蓄势赋能。三是工业经济新动力进一步增强。西洽会上重庆市在央地合作暨重点项目签约仪式上签约项目84个，同比增长27%，合同投资额2854.15亿元；智博会上重庆与国内外行业龙头企业达成系列重大合作，签约重大项目84个，正式合同额2138.6亿元。新项目将为重庆工业经济发展注入新动力。但在内外市场需求整体收缩、中低端电子产品和燃油汽车等需求步入下行周期的形势下，全市传统产业转型升级的困难仍然较多，工业经济稳增长压力仍然较大。

（四）2024年工业经济运行趋势展望

综合来看，2024年重庆工业经济发展政策环境向好，随着"33618"现代制造业集群体系加快构建，重庆工业经济新动能新优势将逐步形成，但也面临内外市场需求持续偏弱等困难和挑战，工业经济总体将继续保持平稳运行态势。预计2024年全市工业增加值同比增长6.8%左右；其中规模以上工业增加值同比增长7.0%左右。

四、对策建议

（一）多措并举帮助企业开拓市场

在内外市场需求偏弱的形势下，需强化工业品市场供需对接，多措并举帮助企业破解"市场难"。一是加强市场需求研究。鼓励企业通过深度访谈、调查问卷等方法对主要工业产品市场规模、结构、趋势、供给、需求、政策环境等情况的分析研判，制定合理的产品设计和定价方案。以"揭榜挂帅"等方式举办工业品设计应用大赛，为获奖产品提供融资、宣传推介等服务。二是强化工业新产品研发生产。以市场需求为导向，支持重点行业企业加大新产品研发力度，不断提升工业品附加值、竞争力和美誉度。推动市场前景好的新产品规模化生产，促进问界新M7、M9等热销新车型加速交付，推动启源A05、A06等车型加速上市。三是强化工业品市场供需对接。推出重点展会支持计划，组织有需求的企业参加国际国内重点展会活动。进一步优化完善"渝企零距离"平台功能，提供产品、原材料、零部件、科技、用工、物流等供需智能匹配对接服务。不定期组织线下对接会、商务洽谈会等活动，促进产业链上下游企业协作配套。

（二）着力推动工业企业降本增效

针对工业企业效益持续负增长的问题，需继续推动传统企业转型升级，帮助工业企业降本增效，促进制造业高质量发展。一是持续推动传统企业转型升级。积极争取国家制造业转型升级基金支持，充分运用"技改专项贷""绿易贷"再贷款等政策工具，支持工业企业进行全流程工艺技术更新、组织管理流程再造，不断提升数字化、智能化、绿色化水平。二是帮助企业降本减负。全面落实国家各项税收优惠政策，研究制定针对工业企业的减税新政，动态调整全市减负政策措施清单，进一步规范行政事务性涉企收费清单。强化原材料、能源等重点产品保供稳价，推动各项节水节能新技术应用，研究建立用水用气用电补贴机制。三是激励企业提质增效。加快推动制造业"亩均论英雄"改革，建立健全亩均效益综合评价体系，开展重点产业、重点园区数据归集和综合评价，强化分类激励约束，完善差别化用地、用能、金融、奖补等要素配置政策。

（三）逐步增强产业链供应链韧性

加快补齐产业链供应链短板，着力提升全市产业链供应链韧性和竞争力。一是加快推动已签约补链强链项目落地实施。打表推进新签约项目尽快落地开工，加快三安意法半导体项目、川渝合作新能源电池产业园项目、长安科技研发项目等重大补链强链项目建设进度，支持有条件的企业布局新领域、开展新业务。二是围绕产业链供应链短板加大招商引资力度。聚焦"33618"产业集群重点产业链，对标空白或发展不足领域，有针对性地优化招商引资政策，重点围绕汽车"三电"和处理器、数控系统、核心电子元器件等薄弱环节加大招商引资力度。三是强化创新对补链强链的支撑。不断完善支持技术创新的政策体系，构建"产学研"融合创新生态，搭建"政府+科研机构+企业"联合研发平台，着力推动技术工艺断点短板突破和"卡脖子"关键核心技术攻关，提升产业创新能力。

[重庆市综合经济研究院（重庆市经济信息中心）宏观经济研究课题组
主研：易小光　丁　瑶　余贵玲　陈　可　贺诗倪
执笔：贺诗倪]

之三：2023 年重庆市投资形势分析及 2024 年展望

2023 年以来，在国际政经形势复杂多变、国内强化稳增长宏观调控的背景下，重庆市积极落实各项稳投资政策举措，强力推进重大项目建设调度，制造业、基础设施、社会事业等重点领域投资稳步推进，带动固定资产投资实现恢复性增长。预计 2023 年重庆市固定资产投资将完成 12010 亿元，同比增速在 6.5%左右。

一、2023 年重庆市投资运行情况

（一）总体概况

随着"抓项目促投资"专项行动深入实施，重大项目加速形成实物量，重庆投资呈波动回升的恢复性增长态势。1—9 月，重庆市固定资产投资同比增长 3.6%，自 5 月跌入低点后逐月回升，分别高于上年同期及全国、西部地区同期 0.3 个、0.5 个和 4.0 个百分点；扣除房地产开发投资后，同比增长 12.0%，高于上年同期 0.2 个百分点。分领域看，基建、工业投资总体保持较快增长，合计拉动整体投资增长 6.1 个百分点，房地产开发投资降幅有所收窄。从重大项目看，市级重点项目完成投资 3584.0 亿元，投资进度（81.4%）快于预期目标 1.4 个百分点；共建成渝地区双城经济圈重大项目年度完成投资 2853.5 亿元，同比增长 72.2%。

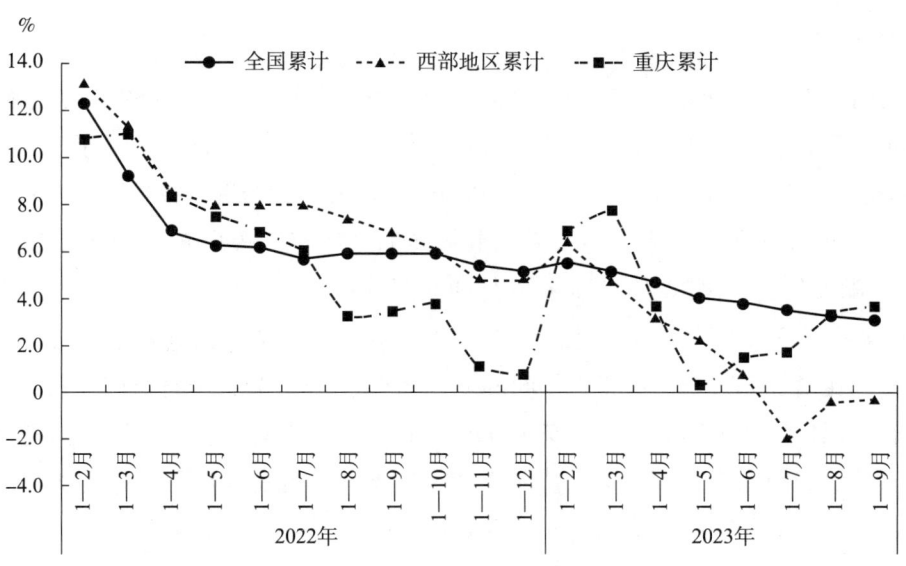

图 1　2022 年以来全国、西部地区及重庆市固定资产投资累计增速比较

（二）主要特点

1. 基建投资总体稳定

重庆市加快推进重大基础设施工程建设，持续强化资金、用地等要素保障，基建投资总体保持稳定增长。1—9月，重庆基建投资同比增长9.3%，分别较上年同期、全国同期高1.3个和3.1个百分点，对整体投资增长贡献率达到83.3%。分领域看，在成渝中线高铁、渝昆高铁、渝湘复线高速等重大项目带动下，交通领域投资同比增长5.3%，高于上年同期1.4个百分点；随着中心城区"两江四岸"治理提升、城镇老旧小区改造等加速推进，城建领域投资同比增长11.4%，高于上年同期0.8个百分点；农林水利领域投资同比增长23.9%，增速连续7个月保持在20%以上，其中渝西水资源配置工程、綦江藻渡水库等重大项目建设加快推进。

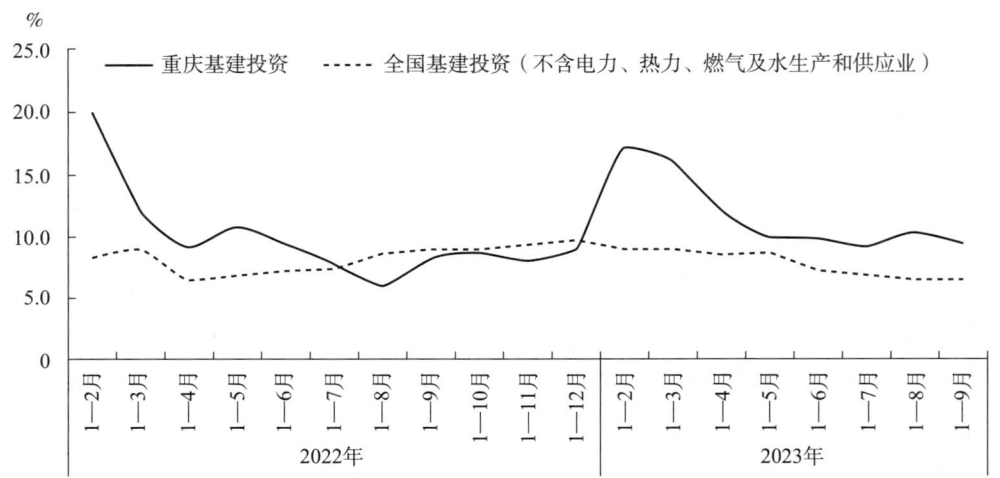

图2　2022年以来全国及重庆市基建投资累计增速比较

2. 工业投资稳步回升

重庆市聚焦打造"33618"现代制造业集群体系，加大招商引资力度，加快推动产业项目落地建设，工业投资保持稳步回升态势。1—9月，重庆市工业投资同比增长12.2%，分别高于上年同期、全国同期2.7个和3.2个百分点，对整体投资增长贡献率达到86.1%。其中，制造业投资同比增长11.4%，占整体投资比重达23.2%；受企业升级改造意愿不强、上年同期基数较高等影响，工业技改投资仅同比增长2.6%。分产业看，随着长安、比亚迪等车企在渝加速布局新能源汽车相关项目，汽车产业投资同比增长34.3%，较上年同期提升3.2个百分点，是工业投资增长主动力；在"疆电入渝"等大型能源项目带动下，能源工业投资同比增长27.7%，高于上年同期17.0个百分点；装备、材料产业投资在上年低基数作用下实现较快增长，同比增速分别达到16.1%和11.1%；随着巴南智睿生物、潼南碚圣药业等重点项目加快推进，医药产业投资同比增长13.9%，快于工业投资增速；但受大项目支撑乏力、企业投资意愿疲弱等多因素制约，电子（4.1%）、消费品（-5.0%）、摩托车（-15.1%）等产业投资增速均较上年同期不同程度回落。

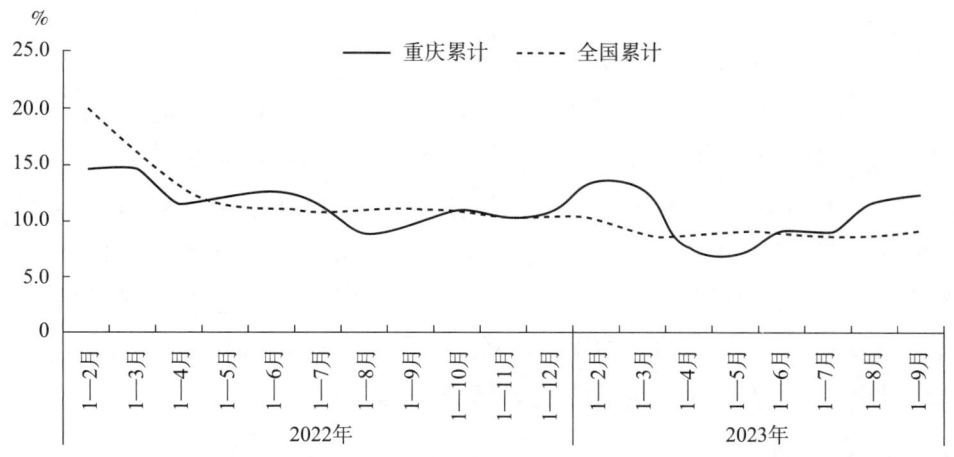

图3 2022年以来全国及重庆市工业投资累计增速比较

3. 房地产开发投资降幅收窄

随着"保交楼"及房地产优化政策效应持续释放,房地产开发投资降幅逐步收窄,但仍处低位。1—9月,重庆市房地产开发投资完成2239.8亿元,同比下降15.7%,降幅较上半年收窄6.2个百分点;仍分别低于上年同期和全国同期3.2个、6.6个百分点。从开发建设情况看,在"保交楼"工作稳步推进下,重庆商品房新开工面积、施工面积降幅收窄,分别同比下降10.7%、9.0%,高于上年同期42.4个、5.6个百分点;商品房竣工面积同比增长34.6%,年内增速持续保持在30%以上。

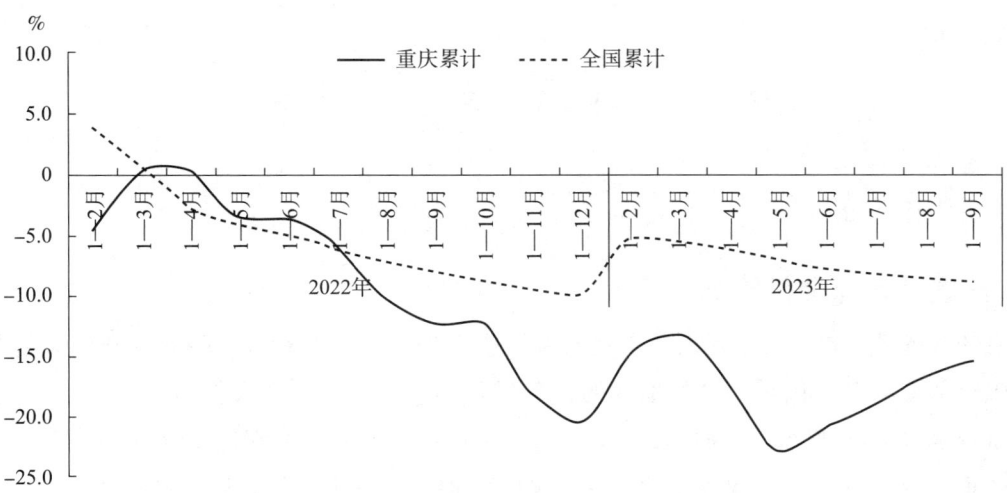

图4 2022年以来全国及重庆市房地产开发投资累计增速比较

4. 服务业投资增长放缓

受居民消费需求不足、企业经营效益走低等因素制约,服务业投资增长总体有所放缓,但新兴服务领域投资增长较好。1—9月,重庆市服务业投资同比下降0.1%,分别低于上年同期和全国同期0.7个、0.8个百分点。分产业看,由于市场需求恢复不及预期,企业普遍"增收不增利",传统服务行业投资意愿较为不足,1—9月重庆市批发零售业、交通运输业投资分别同比增长-4.1%和3.9%,低于上年同期4.2个、1.3个百分点;随着"满天星"行动计划等深入实施,软件信息、科学研究投资分别同比增长7.1%和55.6%,高于整体服务业投资7.2个、55.7个百分点,对产业转型升级形成有力支撑;民生服务领域补短板力度加大,教育、卫生、文体等投资分别同比增长9.2%、12.4%和18.1%,均高于整体服务业投资水平。

5. 民间投资有所好转

随着房地产政策优化调整以及民营经济支持政策效应逐步显现,民间投资降幅持续收窄。1—9月,重庆市民间投资同比下降4%,较上年同期收窄0.4个百分点;扣除房地产开发投资后,同比增长12.5%,分别高于整体投资同口径增速和全国同口径增速0.5个、3.4个百分点。从重点领域看,得益于政策支持及市场驱动,投向高技术产业领域的社会资本逐步增多,1—9月重庆市民间高技术制造业投资、民间高技术服务业投资分别同比增长9.7%和27.4%,均高于整体高技术制造业投资和服务业投资增速;在房地产政策优化调整带动下,民营房企加快项目开工建设,开发投资降幅逐步收窄;随着PPP项目规范清理力度加大,社会资本参与基础设施建设的进度有所放缓。

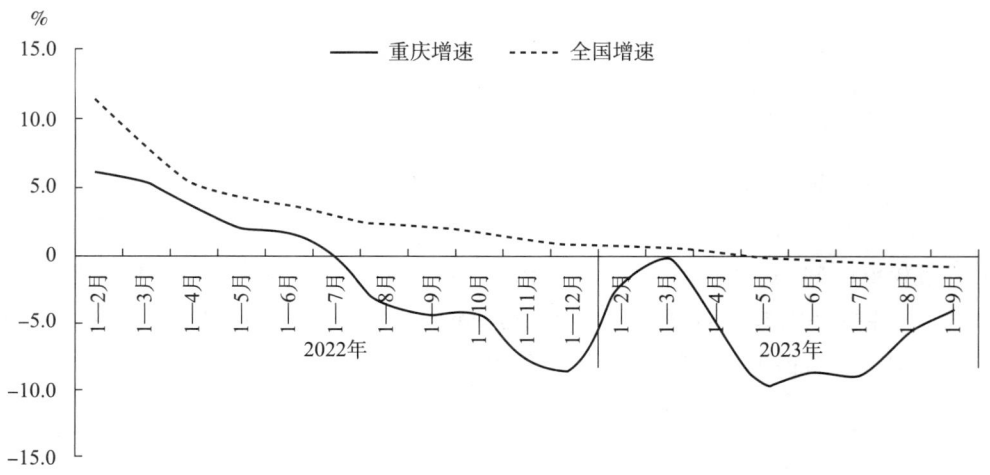

图5　2022年以来全国及重庆市民间投资运行情况

二、存在的主要问题

(一)基建投资资金保障压力凸显

地方政府债务约束、投融资模式创新不足对基建投资增长的制约较大。一是债务约束趋紧影响项目建设投资。国家部委着力强化对高风险地区的债务风险和金融管控,重庆作为全国债务压力较大区域,不仅在建项目资金保障难度增大,新增投资项目数量和规模也面临不同程度缩减压力。平台类国有企业隐性债务化解难度较大,2023年和2024年已迎来偿债高峰期,债务管控与开发投资的平衡压力凸显。二是政府投融资模式创新面临制约。PPP项目清理持续推进、专项债券审批趋严、基础设施REITs门槛较高,加之区县平台公司融资受到高负债制约,基建项目融资渠道拓展受阻。

(二)工业投资持续增长压力较大

由于大项目招引困难、企业投资意愿偏弱等制约,工业投资增长后劲较为不足。一是工业投资大项目偏少。国内省市围绕优质项目的招商引资竞争日趋激烈,体量大、影响广的增量工业项目引进尤为困难。1—9月重庆市在建百亿级大项目仅7个,远少于四川(30余个),不利于后续工业投资稳定增长。二是企业投资意愿较弱。在市场需求疲弱、要素成本上升等影响下,工业企业利润持续下滑,亏损面(22.4%)较上年同期扩大2.6个百分点,传导制约企业投资扩产意愿和能力。1—9月,重庆市工业新开工项目个数仅同比增长3.8%,低于上年同期2.5个百分点;技改在建项目数量也有所下滑。

（三）房地产开发投资仍较低迷

重庆市房地产市场信心和行业信用均处于修复阶段，开发投资回稳基础尚不牢固。一是市场需求恢复乏力影响投资信心。在居民收入预期较弱、新房烂尾风险较大等影响下，居民购房观望情绪较浓。1—9月重庆市商品房销售面积、销售额分别同比下降19.0%和20.4%，均自2022年以来持续负增长，对开发投资信心恢复的制约较大。二是企业到位资金紧张制约投资能力。房企贷款融资仍处历史低位，截至9月底，重庆房地产开发贷款余额为2593亿元，较2020年底少300多亿元，融资难叠加销售回款下降、周期拉长，导致房企到位资金紧张，1—9月重庆市房地产开发企业到位资金同比下降16.1%，已连续22个月负增长，对房企投资能力制约较大。

三、2024年运行环境及展望

（一）国际投资形势复杂严峻

地缘政治冲突、高通胀高利率以及引致的全球债务压力，将导致全球经济增长放缓，加之国际政经形势的复杂变化和高度不确定性，将显著影响国际资本流动。地缘政治风险加剧影响跨境资本流动。全球地缘政治动荡风险外溢，俄乌冲突、巴以冲突等地缘争端不断，美西方国家主导的大国博弈和对抗加剧，将进一步割裂全球化市场，导致跨境投资壁垒高筑，跨境资本流动性减缓。同时，美对华持续实施"脱钩断链"，力图推动产业链向印度等亚太地区转移，跨境投资格局将发生深刻调整，我国引进外资难度将有所加大。高通胀高利率导致全球投融资环境收紧。全球高利率环境仍将持续，跨境资本将继续向欧美发达国家回流，部分脆弱新兴经济体债务风险上升，叠加经济增长放缓、货币贬值等影响，吸引外资将受到诸多制约。美欧银行业流动性风险蔓延，将进一步冲击市场信心，导致避险情绪升温，跨境投资将更趋谨慎。此外，主要经济体全力抢占科技新赛道，节能环保、新能源、人工智能、生物医药等领域科技投资竞争更趋激烈，加大引进外资难度。

（二）国内投资形势有望好转

我国将坚持扩大内需和对外开放并举，继续加大宏观政策调控力度，稳步扩大有效投资，大力提振市场信心，推动投资对稳增长、调结构的关键性作用不断增强。基建投资逐步企稳。万亿国债增发、新增地方债限额提前下达、专项债使用持续优化等，将有力强化基础设施建设资金保障。新型基础设施建设适度超前部署、城市更新改造等领域投资加快，将推动基建投资实现增量提质。制造业投资韧性不断增强。我国聚焦产业链供应链安全，新型工业化进程将加快推进，新能源、新材料等战略性新兴产业以及类脑智能、量子信息等未来产业投资将获大力支持。国家全面取消制造业领域外资准入限制，也将带动制造业投资稳定放量。房地产开发投资有望回调。面对房地产市场供求关系发生重大变化的新形势，我国将继续适时调整优化房地产政策，"认房不认贷""放松限购""推动保障性住房建设"等政策举措逐步落地，将从供需两端助力稳地产、促转型，带动开发投资降幅继续收窄。民间投资信心持续修复。随着政府与民营企业、外资企业等常态化沟通交流机制逐步建立健全，以及"民营经济31条""吸引外商投资24条"等政策措施落地实施，民间投资有望持续改善。

（三）重庆投资增长仍有潜力

重庆市将继续贯彻落实国家及市委、市政府关于扩大内需的系列决策部署，以成渝地区双城经济圈、西部陆海新通道建设为牵引，深化"抓项目促投资"专项行动，着力疏通项目建设难点、堵点，扩大有效投资仍有潜力和空间。产业投资量质持续提升。围绕"33618"现代制造业集群体系建设，重庆市将加大招商引资力度，持续深化央地合作，精准引进产业链重点企业，推动重大工业项目接续发力。随着"技改九条""技改专项贷"等政策效应持续释放，企业设备更新和技术改造投入将持续扩大。基建投资增长有所承压。由于地方政府债务管控趋严，区县化债压力不断加大，加之地方综合财力提升较难，整体基建投资规模将有所缩减。房地产开发投资降幅有望收窄。重庆市细化落实差别化住房信贷政策等系列举措，全力推动建立房地产业转型发展新模式，将进一步提振居民购房信心、拓展房企开发建设空间，房地产开发投资降幅有望逐步收窄。民间投资活力将不断增强。重庆市将加快落实国家促进民间投资、外商投资的工作要求，细化出台相关支持政策，民间资本参与重大项目建设的范围进一步拓宽，外商投资环境持续改善，投资信心和活力将得到有效激发。

（四）2024年重庆投资预测

展望2024年，在国家扩大内需政策支持以及重庆"抓项目促投资"专项行动深入开展带动下，重庆市扩大有效投资有空间、有潜力，预计2024年固定资产投资同比增长3.0%左右。分领域看，在区县综合财力提升难、化债难度加大以及政府债务管控等影响下，基建投资将有所承压；随着"33618"现代制造业集群体系加快构建以及企业技改投资支持力度加大，工业投资将延续稳定增长态势；随着房地产市场政策利好不断释放、市场信心逐步恢复，房地产开发投资降幅将持续收窄，但仍将保持低位运行。

四、对策建议

（一）拓展基建投资资金来源

一是强化项目建设资金保障。对接特别国债、专项债、中央预算内投资等国家重点资金政策动向，结合重庆经济社会发展实际，前瞻性谋划推进综合交通、城市更新、城乡融合、社会民生等领域项目储备，积极争取国家政策资金支持。用足用好政策性、开发性金融工具，加强专项债项目督导，推动项目施工进度与资金到位节奏相匹配。二是持续深化多元化投融资改革。探索推广XOD、"专项债+基金"等投融资模式，扩大项目合规融资覆盖范围。研究制定交通项目周边土地综合开发专项规划，推广TOD投融资模式。综合运用基础设施REITs、产权规范交易等方式，推动高速公路、公租房和保障性租赁住房、轨道交通、闲置用地等存量资产或资源实现有效盘活，有序推进试点示范项目盘活并加以推广。

（二）强化工业投资项目支撑

一是加快推进项目招引及落地。聚焦打造"33618"现代制造业集群体系，大力实施重大产业化项目招商专项行动，通过产业链招商、以商招商等模式，加快引进一批以"链主"企业为核心的产业链重点项目。深化央地合作，积极争取央企总部在渝布局产业项目。着力强化项目建设用能、用地等要素保障，促进招商项目加快落地建设。二是强化企业技术改造投资支持。继续推动"技改九条""技改贷"以及"工业企业高端化智能化绿色化转型方案"等政策措施落地落实，支持企业加快推进高端化、智能化、绿色化技改投资，引导企业加大关键核心技术、智能化转型升级等重点领域投入。

（三）推动房地产开发投资稳步恢复

一是着力恢复居民购房信心。大力支持刚性和改善性住房需求，聚焦降低居民购房成本，进一步落实好个人住房贷款利率和首付比例下行、改善性住房换购税费减免、个人住房贷款"认房不认贷"等政策措施，同时推动"久建未完""久供未建"项目加快建设，提振市内外购房者信心。二是切实缓解房企资金压力。延续实施"保交楼"专项借款及配套融资、贷款支持计划等政策措施，加大优质房企流动性以及"保交楼"项目专项支持力度。探索设立房地产纾困基金，重点支持优质房企兼并收购困难房企优质项目。灵活运用债市、股市政策，支持"白名单"房企开展债权、股权融资，改善房企资金状况。

（四）着力提振市场投资信心

一是营造公平、便利的投资环境。贯彻落实促进民营经济发展的系列政策措施，促进公平准入、强化要素支持、加强法治保障、优化涉企服务、营造良好氛围，激发民间资本投资活力。持续推进投资项目审批制度改革，以数字重庆建设为契机，加快运用数字化手段，推动审批流程再造重塑，进一步提升企业投资便利度。二是支持民间资本参与重大项目建设。加大重点领域项目推介力度，鼓励民间资本积极参与交通、水利、清洁能源、新型基础设施、生态环保及先进制造业等符合国家战略导向的细分领域投资，同时及时更新并扩容民间投资推介项目清单。建议各级政府预算内投资、地方政府专项债在支持上述重点领域投资项目时，明确不低于一定比例用于支持民营资本控股的项目。

[重庆市综合经济研究院（重庆市经济信息中心）宏观经济研究课题组
主研：易小光　丁　瑶　余贵玲　罗丛生　张　佳　施小兰
执笔：施小兰]

之四：2023年重庆市消费商贸形势分析及2024年展望

2023年以来，全球政经形势更趋复杂，国内经济呈持续恢复向好态势，消费市场逐步好转，但仍面临消费信心改善有限、房地产相关消费疲软等问题。重庆市以培育建设国际消费中心城市为引领，积极实施"巴渝新消费"八大行动，消费市场逐步回升。预计2023年重庆市社会消费品零售总额约15120亿元，同比增长8.5%左右。

一、2023年重庆市消费商贸运行分析

（一）总体情况

随着促消费政策不断落地见效，重庆消费市场保持恢复性增长态势。前三季度，重庆市批发、零售、住宿、餐饮业均实现快速回升，分别同比增长12.7%、8.4%、16.3%、11.7%，较上年同期分别扩大2.1个、2.4个、14.2个、6.8个百分点，以住宿、餐饮为代表的接触型聚集型服务类消费改善明显。消费商贸对GDP的拉动作用不断提高，批发和零售业、住宿和餐饮业增加值分别同比增长8.8%、9.1%，增速领跑第三产业，共同拉动GDP增长约1.1个百分点，较上年同期扩大0.8个百分点。

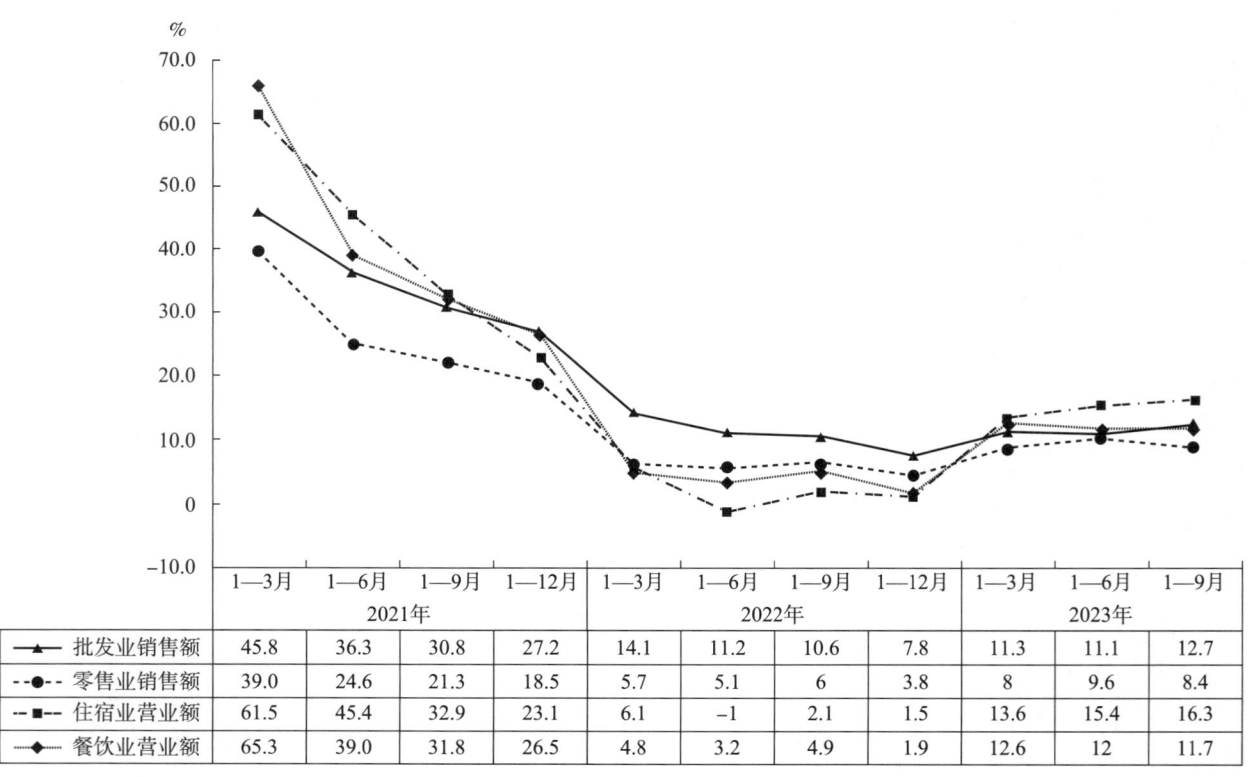

图1 2021年以来重庆市批发、零售、住宿、餐饮业季度增长情况（累计）

（二）主要特征

1. 消费市场逐步恢复，线上线下消费同步增长

2023年以来，在国家以及重庆促消费政策密集出台实施等作用下，重庆市居民消费活力有效激发，消费市场持续恢复。前三季度，重庆市实现社会消费品零售总额11227.7亿元，同比增长7.4%，达到2022年以来最高水平，年内首次超过全国平均增速，位居全国第18位、西部第8位。分季度看，重庆市社会消费品零售增速呈逐季回升态势。受补偿性消费拉动，第一季度重庆社会消费品零售增速较上年底显著回升，第二季度在以汽车促销为代表的各项稳增长、促消费政策作用下，社会消费品零售当季增速回升至7.7%；暑期旅游消费旺季叠加上年同期低基数效应，第三季度当季同比增长9.7%，比第一季度、第二季度分别提高5.0个、2.0个百分点。线上消费继续高增。在重点商贸企业数字化转型加快、线上线下促销与直播活动大力开展，以及通过阿里、京东等电商平台发放消费券等促进下，重庆市网络消费加快增长。1—9月，重庆市实物商品网上零售额同比增长15.2%，高于社会消费品零售总额增速7.8个百分点，其中限额以上批零单位通过互联网实现的商品零售额同比增长25.0%，高于全市限额以上单位商品零售额增速19.5个百分点。

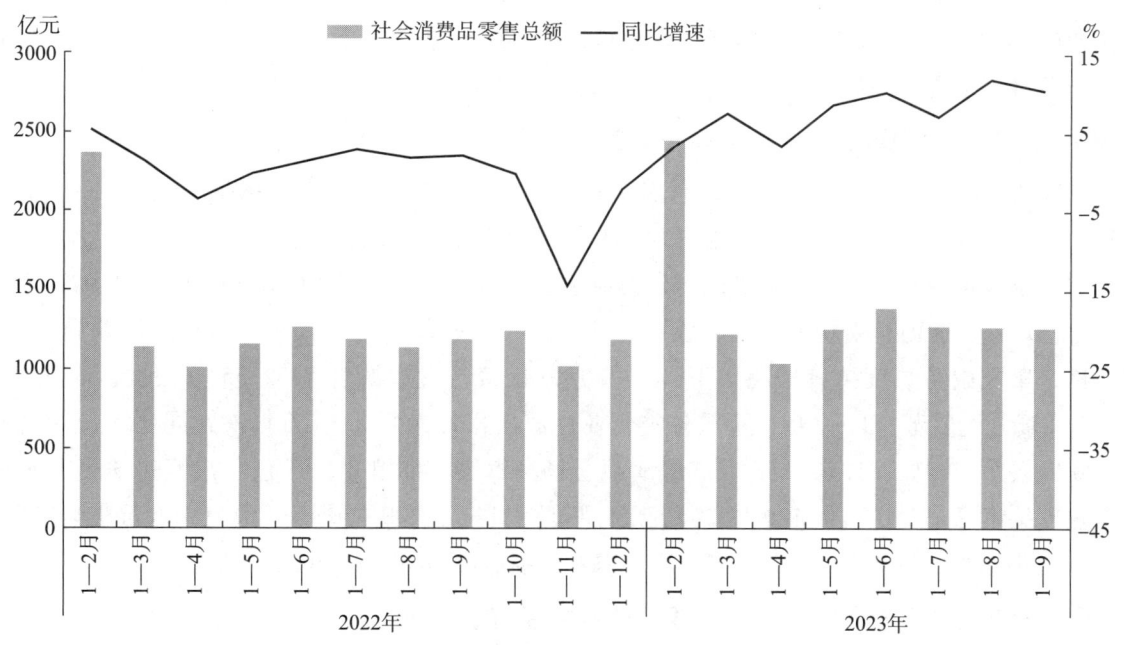

图2　2022年以来重庆社会消费品零售总额绝对量及增速

2. 城乡消费双双提速，区域消费亮点纷呈

重庆市从优化商贸服务体系和增强消费能力两方面入手，推动消费供需同步改善，城乡、区域消费潜力有序释放。城乡消费增速逐季加快。随着引导品牌商超下沉、城乡商贸载体改造提升，以及青年就业创业"十大行动"35项措施和千万农民增收致富促进行动等举措实施，前三季度重庆城镇、乡村市场零售额分别同比增长6.6%、12.2%，分别较上半年提升1.1个、1.6个百分点。各片区消费呈同步恢复态势，主城都市区、渝东北三峡库区城镇群、渝东南武陵山区城镇群社会消费品零售总额分别同比增长7.3%、7.6%、7.6%，增幅均较上半年有所扩大。主城都市区消费体量继续壮大，前三季度主城都市区社会消费品零售总额占全市比重为74.9%，较上年全年提高0.5个百分点。其中，渝中区着力打造"解放碑—朝天门—十八梯"消费主轴，江北区围绕重庆国际消费中心城市首选区目标挖掘"夜经济"潜能

丰富"24小时消费圈",渝中区社会消费品零售体量、江北区社会消费品零售增速分列全市第一。万开云同城化区域消费中心城市试点持续推进,旅游景区实现"一码通",三地消费体量领跑渝东北各区县,消费增速远超该片区平均水平。秀山依托"一脚踏三省"的区位优势和便捷的交通物流网络,对周边区域的辐射力不断增强,社会消费品零售总量及增速稳居渝东南片区第一。

3. 商品消费逐步改善,汽车消费支撑明显

消费场景全面放开叠加各类促消费政策与活动支撑,重庆实物消费稳定恢复。前三季度,重庆商品零售额同比增长5.5%,比上半年、上年同期分别提高0.9个、3.9个百分点。从限额以上单位销售情况看,重庆16个大类商品零售额同比增速呈"12增4降"态势,增长面为75.0%,比上半年提高18.7个百分点。分领域来看,各大类商品消费增速较上年同期总体有所改善。基本生活保障类必选消费增长良好。1—9月重庆粮油、食品类商品零售额同比增长9.4%,中西药品类商品零售额增长11.1%,分别拉动全市限额以上商品零售额增长1.6个、0.4个百分点。部分可选消费回暖。随着对巴渝文化、抗战文化等特色文化资源和博物馆馆藏文物IP的开发利用加快,如"百工传艺""造物空间""气味日记"等文创品牌层出不穷,文化办公用品类商品零售额大增36.4%,拉动全市限额以上商品零售额增长1.1个百分点。受汽车促销政策及活动持续加码带动,汽车及相关消费持续放量。1—9月汽车类、石油类商品零售额分别增长4.8%、3.9%,合计拉动全市限额以上单位商品零售额增长1.9个百分点,对消费支撑作用明显。其中,新能源汽车零售额同比增长69.8%,占全市汽车类零售额的比重达29.6%。

4. 服务消费需求持续释放,接触型消费快速增长

随着省际旅游、社交等居民出行活动全面恢复,重庆接触型、体验型、场景型服务消费需求快速释放,恢复势头持续好于商品消费。生活服务类消费"元气"加速恢复。上年低基数影响叠加消费场景全面恢复,前三季度重庆餐饮收入、限额以上住宿业单位客房收入分别同比增长18.9%、21.0%,均大幅高于商品零售额增速。旅游消费快速升温。依托"8D城市""轻轨穿楼"等极具辨识度和差异化的赛博朋克城市风格,重庆旅游热度持续居高不下。1—9月累计接待过夜游客7832.35万人次,同比大幅增长82%。演出市场强劲复苏。1—9月,重庆各类营业性演出累计达到2.13万场次,同比增长61.95%,观演超过200万人次。譬如,许巍、TF家族等演唱会场场爆满,扯馆儿、开心麻花等驻场演出人气十足。观影消费热度持续高企。在《流浪地球2》《孤注一掷》等电影热映带动下,前三季度重庆电影票房收入10.78亿元,同比增长63.1%,比上半年、第一季度分别加快26.8个、56.2个百分点。

5. 国际消费中心城市建设有序推进,消费载体及供给更趋丰富多元

重庆着力推动传统商业腾笼换鸟和迭代升级,消费新场景、新模式不断培育,国际消费中心城市综合承载力全面提升。消费载体扩容提质。"两江四岸"整体提升、中央商务区提档升级、寸滩国际新城高标准建设等工程继续开展,万象城北区、重庆印象城、十八梯传统风貌区D区等项目开业营运,中環万象城作为重庆首个百亿级高端商业综合体开工建设。"四首经济"蓬勃发展。1—9月,重庆市累计引进品牌首店超过200个,较上年同期大幅增长。其中,重庆万象城累计汇聚国际品牌700余个、首店200余家,重庆印象城汇集Galeries Lafayette老佛爷百货等69家首店。"行业首牌""品牌首秀""新品首发"百花齐放,玛丝菲尔(Marisfrolg)"让艺术抵达生活"三十周年文化艺术展全国首展、摘星小骑士Vioola(西南首展)等首展首秀纷纷落地。消费新场景、新模式和新IP不断涌现。沙坪坝区磁器口"古镇十二巷"新开"滋味"片区,打造特色美食新场景;大足区打造"霓裳羽衣舞""牧牛图动态演绎"等主题石刻行为艺术;涪陵区美心红酒小镇景区推出星空露营民宿、动力滑翔伞、屋顶漫步等热门网红新项目;荣昌区夏布小镇以"千年荣昌·品味巴蜀"为主题举办万人国风秀,沉浸式、交互式、智能化的消费体

验全面升级。

二、主要问题

（一）部分消费增长承压

尽管重庆消费市场延续恢复态势，但商品、服务消费增长仍存在不均衡的现象。一是房地产相关消费进一步趋冷。随着房地产市场深度调整，重庆市房地产相关消费持续疲软，其中限额以上家用电器和音像器材类、家具类、建筑及装潢材料类同比增速分别为-0.7%、1.1%、-4.7%，均呈逐季下滑之势，对消费负面影响进一步加深。二是部分可选消费表现疲软。受限于居民收入改善预期有限，部分升级类消费增长乏力，开年以来限额以上金银珠宝、体育娱乐用品零售额持续负增长，前三季度分别同比下降9.1%、24.9%，分别低于全国平均水平21.3个、33.2个百分点。三是文旅消费"流量"转化"留量"难。重庆市游客流量大但"变现"难，特别是2023年以来，文旅消费市场普遍呈现低欲望倾向，"特种兵"旅游、"打卡"不"刷卡"现象突出，导致主流景区普遍存在"人流旺、消费低"问题，如磁器口、洪崖洞等景区人均消费不足25元。同时，第三方调查显示，重庆人均旅游消费低于全国平均水平近百元。

（二）居民消费动能有待巩固

居民消费能力和消费意愿改善有限，重庆消费恢复向好的基础尚不牢固。一是居民增收放缓制约消费能力改善。前三季度，重庆全体居民人均可支配收入同比增长5.1%，不仅低于同期GDP增速0.5个百分点，也低于全国居民人均可支配收入平均水平1.2个百分点。居民收入增长有限对消费动力形成抑制，前三季度城乡居民消费支出分别低于全国平均水平4.7个、1.3个百分点，城镇居民消费支出增速较上年同期有所收窄。二是居民就业预期、财富增值预期偏低，对消费意愿形成抑制。重庆停产半停产企业数量仍处于高位，城镇调查失业率持续高于全国平均水平，就业压力对居民收入预期形成负面影响；此外，房地产市场低迷、股市持续下挫，居民财富增值预期不振，也对消费信心形成间接打压。第三季度重庆市储户问卷调查显示，仅1/4的居民倾向于更多消费，虽较上季度调查结果有所改善，但仍处于低位。三是预防性储蓄继续制约消费能力释放。新冠疫情的"疤痕效应"犹存，居民的预防性储蓄心态尚未发生根本性转变。2023年以来，重庆市人民币存款余额增速维持在8.6%左右的较高水平，超过居民收入增速3.5个百分点。

三、2024年环境分析及展望

（一）全球市场萎缩，外来消费增长有限

全球经济增长预期不稳，市场信心依然偏低，将继续制约消费动能改善。俄乌、巴以等局部冲突持续，通胀压力、金融市场动荡等风险因素加速集聚，世界政经局势更加严峻，将对国际人流、物流、资金流等要素流动形成更大阻碍，即跨境投资、跨境商务、跨境旅游等活动将受影响，进而不利于重庆争取国际会展赛事、引进国际品牌、发展入境旅游等。同时，美西方遏制打压加深，加之周边国家引资竞争加剧，重庆制造业仍将面临订单和产能转移加快的困境，不利于居民就业和增收，进而制约居民消费能力和消费意愿的改善。但以5G、人工智能、云计算、大数据等为代表的新一轮科技革命和产业革命方兴未艾，为重庆商贸经济数字化转型提供创新要素支撑；RCEP政策红利不断释放，促进重庆与东盟国家大宗商品贸易发展，为重庆消费市场提供了更多的优质消费品，也为重庆消费品牌崛起和"走出去"带来了更多机遇。

（二）国内经济将延续恢复向好势头，为重庆消费增长营造良好环境

随着各项稳增长政策加速落地见效，国内经济将延续恢复性增长态势，国内超大规模市场优势日益显现，重庆消费商贸业发展环境将继续优化。稳增长政策"组合拳"将持续发力，将为消费商贸业带来更多政策优势和发展机遇。为进一步巩固经济复苏基础，稳增长政策还将继续在恢复和扩大需求上着力，将继续聚焦汽车、家居等重点领域，发挥展会、节庆等促销平台作用，推动消费进一步恢复和扩大，消费商贸业面临的政策环境将继续向好；活跃资本市场政策实施将增强市场对股市的预期，进而产生财富效应，将有利于边际消费倾向改善；国家重视民营企业发展和营商环境优化，将为重庆加快培育壮大本地商贸龙头企业、打造行业品牌、扩大商贸影响力提供重要契机。国内经济企稳回升将促进居民就业和增收，进而激发消费动力。随着各项稳增长政策逐渐发力见效，我国经济将延续恢复性增长态势，进而带动就业容量持续扩大、居民收入继续增长，有利于助推国内消费动能整体提升。消费供给更趋多样化、多元化。商贸业数字化、网络化和智能化转型，将推动商贸业产品及模式创新，策展型零售、"后街经济""后备箱经济"等消费新业态、新模式持续涌现，为消费发展带来新活力。但经济恢复不平衡不充分、结构性失业突出等因素将对消费市场稳定增长形成一定压力。

（三）重庆将继续优化消费供给，增强消费市场发展活力和动力

重庆将继续以培育建设国际消费中心城市为引领，全面提升消费国际化水平，不断增强消费市场发展活力和动力。国际消费中心城市加快建设为商贸服务业带来更新发展动能。围绕打造具有全球影响力的国际消费中心城市，重庆将重点培育国际高端商业、商务平台载体，引进国内外知名品牌、商贸龙头企业。因此，重庆商贸业中高端供给将继续扩容提质，消费国际化水平、高端化水平得到有效提升，对全球及区域人流、消费流的集聚吸引能力有望得到实质性增强。内陆开放高地建设和物流枢纽优势将激发消费市场新活力。重庆作为全国唯一兼有港口型、陆港型、空港型、生产服务型、商贸服务型"五型"国家物流枢纽的城市，围绕内陆开放高地目标，将继续深入推进西部陆海新通道、中欧班列（渝新欧）等建设，有利于进一步丰富东盟特色农产品、工艺品及欧洲高端食品、服装、奢侈品等进口，更好满足重庆乃至周边省市对高端消费的需求，消费市场区域辐射力影响力将进一步提升。此外，"数字重庆"建设也将继续为拓展消费场景、创新消费模式和业态赋能。但房地产市场深度调整、居民老龄化程度偏高等因素将对消费稳增长形成一定压力。

（四）2024年全市消费商贸运行趋势展望及预测

2024年，在国际消费中心城市加快培育、稳消费政策持续发力、消费新业态新模式加快发展、消费环境继续优化等利好因素的带动下，重庆消费品市场将延续稳定修复态势，其中，汽车消费将继续保持稳定增长，住房相关消费有望低位回升，升级类消费也将趋于改善。综合分析重庆消费品市场的发展环境和发展趋势，预计2024年实现社会消费品零售总额约16180亿元，同比增长7.0%左右。

四、对策建议

（一）多措并举稳定收入，提振居民消费预期和信心

一是拓展重点群体就业渠道，稳定居民就业和收入预期。全面扩大"三支一扶计划""西部计划""志愿服务乡村振兴计划"等基层就业项目招募规模，加大科研助力岗位开发力度，提高高校毕业生签约率；加大公益性岗位安置力度，针对退役军人、残疾人、长期失业人员制定个性化援助方案，构建就业精准认定、精准帮扶机制。通过扩容就业岗位，提振居民就业和收入信心，进而稳定消费信心。二是定

期开展企业用工监测。对用工规模较大的企业进行网格化管理，及时掌握企业用工需求和缺工情况，对监测企业员工数量波动显著的，及时了解原因并提供招聘信息发布等用工服务，鼓励企业引人用人留人，改善居民收入预期。三是支持创新创业带动就业。构建孵化、服务、融资、培训"全链条"创业服务体系，以人才创新创业带动高质量充分就业。在不影响市容环卫、安全、道路通行和方便居民生活的前提下，允许居民利用城市空间有规划、有秩序地从事个体经营，支持自主创业和多渠道灵活就业，为居民增收营造更好条件。

（二）不断优化消费供给，提升重庆消费的辐射影响力

一是强化规划引领。紧扣国际消费中心城市培育建设定位，强化对中心城区各大商圈布局和定位的统一管理，着力推进各大商圈品质化、差异化、个性化发展。二是完善消费基础配套设施。构建便捷综合交通网络，增开更多国际直达航线，拓展中欧班列（渝新欧）功能，提高西部陆海新通道运营能力，提升市外人员来渝便利度和全球消费品中转集疏水平。整合各大商场停车位资源，打通地下空间，增设充电设施。三是继续壮大"四首"经济。在首店经济2.0政策基础上，对标北京、上海等城市的支持政策，继续优化政策举措、加大政策力度。动态更新完善商业品牌招引清单，通过市区（县）联动、政企互动、政策激励，加大国内外知名品牌招引力度，补齐品牌经济发展短板。四是完善城市营销体系。借助国家外事交流、大型专业展会、国际赛事等重大全球性活动，在国内外媒体上加强对重庆的宣传和推广，特别是加强对"一带一路"共建国家和地区、国际友好城市等开展针对性推介，提升重庆国际知名度和传播影响力。

（三）加大稳消费政策力度，进一步引导消费潜力释放

一是继续稳定和扩大汽车消费。延续新能源汽车免征购置税政策，全面落实新能源公交车购置补贴，推动公共领域车辆全面电动化，鼓励引导租赁车领域使用新能源汽车，持续开展新能源汽车下乡活动，鼓励新能源汽车生产企业抱团让利，全面挖掘新能源汽车消费潜力。二是扩大房地产相关消费。以绿色化、智能化、适老化为发力点，聚焦家电、家居、家装等领域，采取换新补贴、换新消费券、满减打折等方式刺激消费，为房地产相关消费的回补和潜力释放注入新动力。三是联动周边地区加大促销活动力度。围绕打造"富有巴蜀特色的国际消费目的地"和"巴蜀文化旅游走廊"，整合成渝两地优质资源，围绕文旅、购物、美食等领域，联动双城重点商文旅体企业、行业协会策划开展惠民促销活动。

[重庆市综合经济研究院（重庆市经济信息中心）宏观经济研究课题组
主研：易小光　丁　瑶　余贵玲　罗丛生　陈　可
执笔：陈　可]

之五：2023 年重庆市对外开放与区域合作情况及 2024 年展望

2023 年以来，在地缘政治冲突加剧、发达经济体通胀利率高企及调控改善等因素影响下，国际投资和贸易收缩态势明显，我国对外开放和区域合作形势总体较为严峻。重庆继续深化开放体制机制改革创新，努力培育开放新动能，对外进出口降幅收窄，呈企稳之势。预计 2023 年重庆市外贸进出口 7500 亿元左右，实际利用外资 5 亿美元左右。

一、2023 年重庆市对外开放与区域合作情况

（一）对外贸易降幅收窄，新动能增长势头强

受全球消费电子需求放缓、订单转移等因素影响，重庆对外贸易呈负增长态势，但出现积极变化。1—9 月实现进出口总值 5416.3 亿元，同比下降 12.5%，低于全国水平 13.1 个百分点，但降幅连续三个月收窄，单月增速实现年内首次转正。从出口看，受笔电等智能终端产品海外需求疲软影响，重庆出口持续负增长，1—9 月同比下降 9.5%；其中，笔记本电脑、手机出口值分别同比下降 15.5% 和 5.6%，合计下拉重庆出口增速 6.4 个百分点。但部分电子产品出口形势较好，如电子监控设备、液晶模组出口量分别同比增长 43.5% 和 1.2 倍。外贸新动能加速成长，"新三样"[①] 出口同比增长 1.2 倍，城口香菇、巫溪土鸡蛋等特色农副产品出口实现"零"突破。从进口看，随着大宗商品、关键零部件等需求减弱，进口同比下降 18.2%。其中，集成电路、金属矿砂分别同比下降 14.5% 和 17.7%，下拉重庆进口增速 7.2 个百分点。随着海外食品、化妆品等优势商品需求扩大，消费品进口同比增长 26.3%。

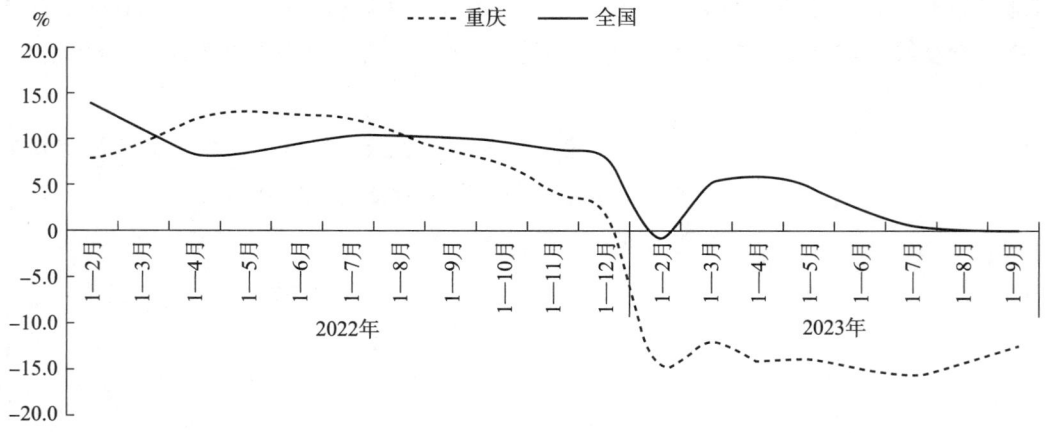

图 1　2022 年以来重庆及全国外贸进出口累计增长情况（人民币计价）

---

① 是指新能源汽车、锂电池、太阳能电池等出口产品。

（二）贸易结构持续优化，新兴市场加快拓展

随着汽车、手机等自主品牌崛起，重庆市一般贸易稳步发展。1—9月，在加工贸易、保税物流出口分别同比下降20.2%、2.5%的情况下，一般贸易出口展现出较强韧性，逆势同比增长5.5%。对外贸易协调性提高，一般贸易、加工贸易、保税物流占外贸进出口比重分别为40.4%、40.7%和18.6%，一般贸易、加工贸易两者占比之差较上年同期缩小8.6个百分点。面向新兴经济体出口形势向好，对俄罗斯、南非分别进出口119.4亿元、23.3亿元，分别增长57.8%、12.9%。得益于RCEP关税减免政策，重庆市对老挝、缅甸、新加坡等国家出口分别同比增长44.2%、22.6%和11.8%。但对主要经济体进出口呈下滑态势，1—9月重庆对东盟、欧盟、美国等进出口同比下降17.8%。

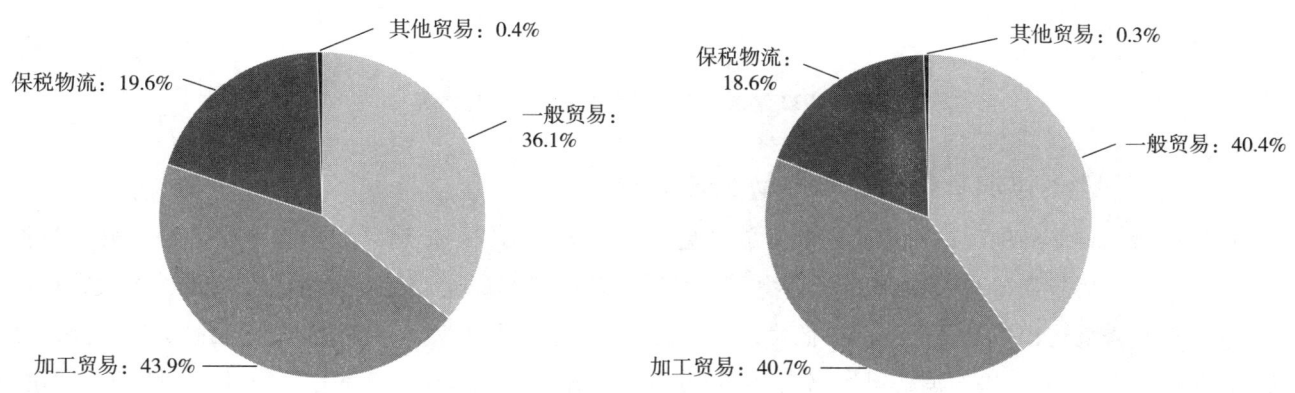

图2 2022年（左）与2023年1—9月（右）重庆市贸易方式占比情况

（三）通道平台支撑突出，新业态新模式兴起

重庆深入推进西部陆海新通道等对外开放大通道建设，通道对经贸带动作用较强。在西部陆海新通道纸浆专列、中欧班列平行汽车进口助推下，1—9月纸浆、汽车进口值分别同比增长90.6%、2.3倍，其中整车进口量居内陆铁路口岸首位。重点开放平台对进出口支撑作用突出，重庆综合保税区进出口3475.2亿元，占同期重庆外贸总值的64.2%；其中，西永综合保税区、两路果园港综合保税区占比达到95%左右。随着服务业扩大开放综合试点、跨境电商综合试验区建设、市场采购贸易试点等有序推进，尤其是"云签发"检验检疫证书、市场采购贸易线上结汇等数字赋能创举的作用下，重庆市服务贸易发展态势总体较好。1—9月跨境电商交易额达到295.8亿元，总体较为稳定。

（四）招商引资力度加大，"一带一路"投资热度高

在营商环境改善和招商引资"赛马比拼"激励作用下，重庆市招商引资成效较为明显。1—9月，到位资金3709亿元，同比增长17.9%，制造业和生产性服务业资金占比达58.8%。其中，新设外商投资企业183家，同比增长15.1%；合同签约金额97亿美元，同比增长551.5%。但受美西方限制对华投资、存量外资流失、招商竞争加剧等因素影响，重庆实际使用外资仅3.9亿美元，同比大幅下降68.0%。随着"一带一路"建设深入推进，重庆市企业在"一带一路"沿线国家非金融类直接投资明显加快，同比增长1.1倍，主要投向菲律宾、斯洛文尼亚和新加坡等国家。但由于国际地缘安全风险、国内实体企业经营困难等因素影响，企业"走出去"动力仍较疲软。1—9月，重庆市对外直接投资5.3亿美元，同比下降39.9%，对外承包工程新签合同额同比下降64.2%。

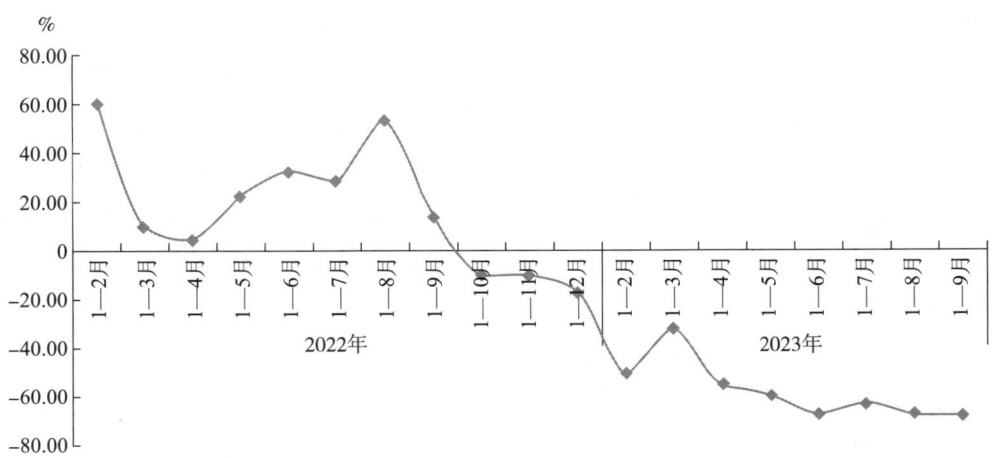

图3　2022年以来重庆实际使用外资增速情况

（五）区域合作不断深化，毗邻协作活力迸发

国内区域合作不断深化，对重庆内陆开放高地建设助推作用较强。跨区域合作水平不断提升，与长三角、京津冀、粤港澳等东部地区产业、物流、贸易等合作持续深化。其中，渝港经贸合作扩大，1—9月，重庆市与香港进出口总额达到391亿元，香港成为重庆第三大贸易伙伴。渝鲁对口帮扶力度增强，山东落户重庆企业75家，鲁渝消费协作完成13.85亿元。与毗邻区域协作持续深化，与贵州、陕西、四川、新疆等西部省市在物流通道建设、能源保障、旅游资源整合等方面合作，其中，在西部兄弟省市共同推动下，西部陆海新通道集装箱运输量同比增长19.0%；渝陕、渝疆等能源合作更加紧密，陕煤入渝超千万吨，占外购电煤比重超过60%；启动新疆哈密送重庆±800千伏特高压直流输电工程建设。成渝地区双城经济圈一体化加快推进，川渝300余个事项实现落地可办，通办办件总量超过1000万件。

二、面临的主要问题及困难

（一）出口稳定与升级压力较大

全球贸易版图深度调整，重庆对外贸易仍未能适应国际需求变化和跟上全国出口升级步伐。一是外贸企业外迁风险增大。随着广达、仁宝等笔电产业外迁，产业链转移和供应链分散对出口抑制作用显著，短期内将是重庆市进出口低迷的主要因素。1—9月，笔电出口对重庆出口增长的负面影响达57.1%。二是出口产品附加值较低。以中低端产品为主的外贸结构仍未扭转，笔记本电脑、汽车出口单价均低于全国水平。其中汽车出口单价仅8.8万元/台，低于全国平均水平（13.7万元/台）；笔电均价仅3010元/台，同比下降5.4%。三是外贸新动能培育滞后。"新三样"出口增长较快，但出口规模较小，对重庆进出口的支撑作用较弱，其中新能源汽车出口占全市出口比重仅5.9%，低于全国18.5个百分点。保税维修、跨境电商等新业态新模式培育打造较滞后，外贸发展活力不足。

（二）外资引进难度增大

美国强力加息令美元走强，对全球资本流动产生扰动，重庆外资利用面临更大挑战。一是外资新项目引进困难。受美国对华投资禁令、美元升值虹吸效应等因素影响，外商对制造业投资热情减弱。1—9月，重庆市高技术制造业利用外资仅1亿美元，低于往年同期水平。二是存量外资加速流失。在发达国家再工业化战略、东南亚地区低成本竞争、中美脱钩断链升级等背景下，重庆加工贸易产业及外资企业向

外转移苗头显现，通过存量项目挖掘外资增长潜力难度增大。三是区域招商竞争加剧。各地将招商引资作为推动跨越式发展、提升产业能级的重要途径，纷纷加大拼政策、拼优惠力度，招商引资竞争日趋激烈。但重庆产业生态营造尚不够，还难以适应新经济、新业态发展需要，在国内新一轮招商引资比拼中处于劣势。

（三）外贸企业经营困难

在国际需求不足、生产成本上升、国际市场风险凸显等挤压下，外贸企业经营压力持续增大。一是外贸订单量下滑较为明显。据调研，重庆外贸企业普遍反映在手订单减少、新签短单和小单占比较高，产业链外迁、订单外流加剧，对外贸企业影响较大，市场预期总体弱于往年。其中翌宝、旭硕等企业因订单下滑出口降幅均超过20%。二是外贸企业成本压力增大。重庆市高速公路收费高于四川毗邻区域20%以上，工业到户电价、燃气价格分别同比上涨10%、20%左右，在一定程度上增加了外贸企业生产经营成本，进而削弱了企业海外市场竞争力。三是对美国出口风险增大。前三季度，美国作为重庆最大单一出口市场，占全市出口比重的16.6%，随着美国对华贸易脱钩、贸易保护主义强化，对重庆对外贸易的影响较为突出。譬如，重庆除雪机、割草机等通机产品严重依赖北美市场，受美国"双反"调查等因素影响，隆鑫、宗申等通机企业面临退出美国市场风险。

三、2024年发展环境及展望

（一）全球政经形势复杂多变，国际投资贸易承压

受大国博弈、地缘政治冲突等因素影响，全球经济弱复苏动能不足，重庆市对外开放面临国际政经环境不确定性增大。IMF预测2024年世界经济同比增长2.9%，较2023年放缓0.1个百分点，全球贸易和投资增长宏观经济环境仍不乐观。一是全球服务贸易活跃度提升，但商品贸易动能仍旧不足。数字化赋能助推国际贸易升级，远程医疗、众包、数字文化等服务贸易新业态保持良好发展势头。随着欧美国家开启补库存周期，全球商品贸易将注入新动力。但在高利率、高债务、高物价等影响下，欧美经济体衰退风险增大，国际需求总体仍较疲软，重庆外贸面临外部需求偏弱的困境。二是国际投资呈现新动向，但下行压力仍较大。跨境资本回流美国逐步放缓，新兴经济体可能迎来资金回流潮。各国全力抢占新兴产业赛道，新能源、数字经济、集成电路等新兴产业、关键行业投资迎来爆发期。在全球流动性收缩、融资成本提高等因素影响下，全球外商直接投资下行压力较大。受全球经济复苏乏力、部分国家对外投资审查趋严、投资保护主义等影响，跨境投资仍面临较多阻碍，跨国公司产能扩张较为谨慎。三是大国博弈持续加剧，国际经贸合作遭遇阻力。在逆全球、保护主义等影响下，全球政策协调和要素流动难度增大，对国际投资和贸易带来负面影响。受美联储强力加息、大国博弈等扰动，重庆开展国际经贸合作将面临新挑战。

（二）国内全面扩大对外开放，新动能逐渐积蓄成势

我国将深入推进"一带一路"建设，继续扩大高水平对外开放，巩固对外贸易新优势，加快构建双循环新发展格局。一是对外贸易保持韧性，国际竞争新优势增强。随着"一带一路"、RCEP等国际市场不断拓展，我国对外贸易空间进一步扩大。新能源汽车、光伏、锂电池等"新三样"出口规模不断扩大，在提升对外贸易竞争新优势、稳定出口等方面作用更加突出。传统贸易数字化赋能加快，跨境电商、数字文化、服务外包等服务贸易规模不断扩大。在超大规模市场及消费市场升级等带动下，进口需求仍较为旺盛。二是外资开放力度加大，"走出去"水平将稳步提高。我国高水平制度型开放持续深化，全面取

消制造业领域外资准入限制等政策落实，金融、信息、医疗等服务业开放扩大，对全球先进制造业、总部经济、研发机构等高端外资吸引力增强。国内企业"走出去"步伐加快，更加注重全球销售网络、国际品牌等建设，将带动中国品牌、中国标准、中国技术"出海"。三是区域联动发展深入推进，开放活力不断增强。我国将强化国家级开发区、产业园区、综保区等开放引领作用，推动沿海与内陆自贸区、综保区的协同联动发展，引导加工贸易产业向中西部地区转移，更好地服务新发展格局。但在发达经济体对华脱钩断链、加工贸易产业转移等背景下，我国对外贸易形势仍较严峻，面临外资引进难和存量外资流失双重困境。

（三）市内加快建设内陆开放高地，开放经济迭代升级

重庆将发挥开放大通道、大平台、大枢纽集成优势，提升开放要素集聚辐射能力，推动开放型经济高质量发展。一是开放经济升级加快，对外贸易提质增效。随着新能源汽车、集成电路等外贸新动能快速崛起，将助推重庆加工贸易转型升级。重庆服务业扩大开放综合试点、重庆跨境电子商务示范区建设等深入推进，跨境电商、数字贸易等服务贸易新业态加速发展，对外贸易活力不断提升。国家先进制造业中心、国际消费中心城市等深入打造，大宗原材料、关键零部件、优质消费品进口稳步扩大。二是"一带一路"市场持续拓展，国际经贸合作空间扩大。随着西部陆海新通道、中欧班列等开放大通道建设走深走实，有助于重庆市深化与RCEP国家和中亚、东欧等区域经贸合作，促进跨境电商、保税物流、加工贸易等开放型产业发展。三是营商环境持续优化，外资吸引力显著增强。随着开放体制机制创新深化，营商环境市场化、法治化、国际化水平提升，国际资本、科技、人才等开放要素集聚能力增强。自贸试验区、中新示范项目等开放平台加速打造，将带动开放新业态、新模式发展。但在国际地缘政治格局加速演变、笔电产业加速外移等背景下，重庆开放经济发展将面临较大挑战。

（四）2024年运行趋势及展望

2024年，全球政经形势依然复杂严峻，国际投资、贸易恢复仍面临较多挑战；国内将全面扩大对外开放，加快壮大开放新动能，全力构建双循环新发展格局。重庆将高水平推动内陆开放高地建设，扩大国际开放合作，推动开放型经济迭代升级。预计2024年重庆市外贸进出口总值7880亿元左右，同比增长5.0%左右；实际利用外资10亿美元左右。

四、对策建议

（一）积极抢订单拓市场，促进外贸企稳回升

聚焦新市场开拓、新订单争取、新动能培育，促进外贸进出口稳量提质发展。一是加大外贸订单争取力度。鼓励加工贸易企业承接华为、小米等国内电子龙头企业订单，支持市内电子企业与整车制造企业深化对接，开展汽车电子生产业务合作。组织企业参加全球性展会活动，给予参展企业展位费、人员费等补贴支持。二是加强国际新兴市场开拓。深入实施"渝车出海"行动，支持长安、赛力斯等汽车品牌加大海外市场拓展力度。发挥西部陆海新通道、中欧班列等大通道优势，加快东南亚、非洲、东欧等新兴市场开拓，扩大沿线国家和地区产品进口。三是积极培育外贸新动能。发挥重庆"保税+物流"优势，大力推动保税加工、市场采购贸易、保税物流等外贸新业态发展，加快完善珞璜、万州、南彭、永川等综保区水果、粮食等口岸功能，扩大优质水果、粮食、矿石等进口，进一步释放外贸增长潜力。

（二）推动开放经济升级，提升内陆开放动力

积极推动开放型经济迭代升级，不断提升内陆开放水平。一是推动加工贸易转型升级。设立加工贸

易产品内销免税区，积极引进集成电路、医疗器械等高附加值加工贸易产业，培育壮大全球备件加工分拨、全球维修、再制造等加工贸易新业态，支持保税研发、保税仓储、保税物流、保税租赁、保税展销等服务贸易发展，推进加工贸易向服务型制造转型。二是加大自主品牌培育力度。着力提升产业创新发展能力，积极培育笔电、手机、显示器等本土整机企业，打造一批"搬不走、拆不散"的新兴产业。对企业注册和收购境外品牌、申请境内外发明专利等，给予资金支持。三是大力引进总部经济。以深化服务贸易创新试点为契机，加快建设现代物流、研发设计等现代服务业集群，引导笔电企业等在渝设立全球运营中心、票据处理中心、销售总部，推动"重庆制造"向"重庆服务"转型。

（三）全力开展招商引资，夯实内陆开放基础

积极承接沿海产业转移，提升区域产业协作水平。一是强化招商引资力度。围绕"33618"现代制造业集群体系，建立健全招商引资项目清单、产业链招商全景地图，精准开展产业链招商，争取优势产业项目及产业链条重要环节落户重庆，重塑重庆产业版图。二是积极承接沿海产业转移。紧抓国家大力支持加工贸易梯度转移的战略机遇，制定促进加工贸易产业集群发展的行动方案，加强与广东、浙江、江苏、上海等省市对接，积极承接长三角、京津冀地区的新能源产业集群，以及珠三角高端装备制造业集群，引导龙头企业带动产业集群加大在渝布局力度，不断填补跨国企业外迁产业空缺。三是加强区域产业发展合作。加强两江新区、西部科学城、自贸试验区等开放平台打造，提升开放经济承载力。在渝西地区建立承接产业转移试验区，逐步构建"产业迁出城市+重庆基地""产业迁出城市+重庆配套""产业迁出城市+重庆产业化""园中园"等合作共建模式，争取长三角、珠三角城市在重庆布局建设"飞地经济"，打造各具特色的加工贸易示范区。

（四）强化组合政策扶持，增强外贸企业信心

加强对外贸经营主体政策支持，助力企业提升国际竞争力。一是降低企业税收成本。加快出台针对加工贸易企业的税收优惠政策，积极争取国家支持，将加工增值超30%的货物内销免关税政策扩大至海关特殊监管区域外的重点园区试点实施。指导企业灵活运用原产地累积等RCEP规则，享受进出口税率优惠。二是降低企业用人、物流等生产成本。强化企业在国际市场网络建设、品牌打造、出国参展等方面政策支持，支持企业分阶段推进"智改数转"，大力支持智能工厂、"黑灯工厂"等建设，提升企业生产效率。持续发挥中欧班列（成渝）、西部陆海新通道等对经贸的促进作用，争取开展手机、智能短交通产品、智能机器人等含锂电池3C产品铁路运输，降低企业运输成本。三是持续优化营商环境。建立外贸企业市级协调机制，定期专题研究外向型企业生产、订单、物流及外贸相关问题。全面落实外商投资国民待遇和最惠国待遇，简化金融科技等市场准入标准与门槛，探索创新"智慧综保区"监管模式，加强知识产权保护，扩大信用保险在中小外贸企业应用，打造透明、稳定的政策环境。

[重庆市综合经济研究院（重庆市经济信息中心）宏观经济研究课题组
主研：易小光　丁　瑶　余贵玲　罗丛生　张　超
执笔：张　超]

之六：2023年重庆市财政金融运行分析及2024年展望

2023年以来，围绕稳增长、提信心、防风险，重庆深入落实各项稳经济政策举措，优化组合财政、金融政策工具，财政运行总体平稳有序，社会融资规模实现稳步增长，对关键领域、薄弱环节形成明显支撑，有力促进了经济持续恢复好转。预计2023年重庆市一般公共预算收、支分别同比增长12.0%、2.5%左右，金融机构人民币存、贷款余额分别同比增长8.7%、8.6%左右。

一、2023年重庆市财政金融运行分析

（一）财政运行特点和问题

2023年，重庆市财政收入保持恢复性增长态势，财政支出保持强度，但增速有所回落。1—9月，重庆市一般公共预算收入完成1681.9亿元，同比增长13.9%，增速连续5个月保持两位数增长，高于全国同期5.0个百分点。其中，税收收入保持较快增长，占一般公共预算收入比重由上年同期的61.6%提高至64.2%；非税收入有所放缓，完成601.6亿元，同比增长5.9%，低于上年同期6.8个百分点。一般公共预算支出同比增长2.2%，低于上年同期1.7个百分点。

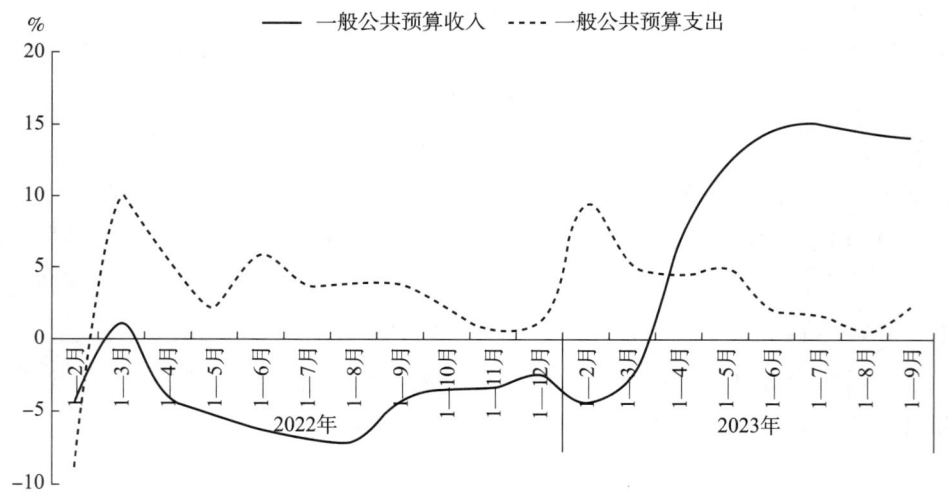

图1 2022年以来重庆市一般公共预算收支同比增速

1. 税收收入增长加快，增值税贡献突出

在经济恢复性增长以及上年留抵退税形成的低基数效应带动下，税收收入实现较快增长。1—9月，重庆市税收收入完成1080.3亿元，同比增长18.8%，连续6个月保持两位数增长，分别高于全国同期和上年同期6.9个、30.0个百分点。主体税种增收趋势相异。在工业运行稳步回升以及上年留抵退税低基数等作用下，增值税同比大幅增长71.6%，对税收增长贡献率达到111.7%，是税收增收的主要支撑。受制造业、房地产等行业经营效益下滑影响，企业所得税同比下降14.8%，已连续21个月负增长，并低于

上年同期5.1个百分点。由于居民收入增长放缓以及个税专项附加扣除标准提高，个人所得税同比增长0.3%，低于上年同期3.3个百分点。在房地产市场持续低迷影响下，契税同比下降4.8%，延续2022年2月以来的负增长态势。

2. 土地市场持续低迷，基金预算收入大幅下滑

由于房地产市场仍处于深度调整期，重庆土地市场表现整体疲软。2023年以来，重庆商品房施工面积、新开工面积、销售面积持续下行，政策端松动尚未明显修复市场预期。1—9月，重庆市房地产企业土地购置费同比下降35.4%，成交住宅用地数量仅分别为2022年、2021年同期的61.0%、22.1%，购地积极性明显不足。受此影响，重庆市土地出让收入大幅缩减，1—9月完成612.1亿元，同比下降24.6%，已连续23个月负增长；基金预算收入同步大幅减少，1—9月完成712.3亿元，同比下降20.9%，收入仅分别为2022年、2021年同期的79.1%、46.8%。

3. 财政支出有所放缓，地方债发行规模缩减

财政支出保持必要强度，但增速放缓。1—9月，重庆市一般公共预算支出完成3550.6亿元，同比增长2.2%，低于上年同期1.7个百分点，主要受到财政增收承压的较大制约。其中，教育、社保、卫生、科技、农林水等领域支出仍快于全市平均水平，"三保"支出和重点领域投入得到有效保障。由于基数因素导致专项债支出下降，1—9月重庆市基金预算支出完成1767.6亿元，同比下降8.7%，增速自年初总体放缓。财政助企纾困推进有力，1—9月重庆市落实各项税费支持政策近300亿元。专项债发行回归常规进度、规模有所缩减，1—9月重庆市新增专项债1213.5亿元，较2022年减少43.5亿元。

4. 需要关注的问题

财政收支矛盾加剧。重庆市经济恢复性增长的基础尚不牢固，税收稳定增长压力较大。1—9月，重庆市工业、商贸服务业税收增长放缓，房地产建筑业税收减少近半，土地出让收入仅完成年初预算的37.1%，资产处置变现也随着优质资产减少而难度加大。但财政支出规模持续增长，特别是教育、卫生、社保等民生领域刚性增支特征明显，压减腾退财力难以覆盖增支需求。1—9月，重庆市一般公共预算、政府性基金预算收支缺口分别达1868.7亿元、1055.3亿元，均处近年较高水平。

政府债务风险不容忽视。重庆作为全国债务压力较大区域，2023年至2024年迎来偿债高峰期，较高付息压力不仅挤占财政支出空间，新建政府投资项目也面临一定制约。特别是部分区县财政增收困难，自身化债能力较弱，加之违规上项目铺摊子，国有企业经营性债务风险加快向财政风险传导，导致综合债务率管控难度较大，债务管控与发展的平衡较难。

（二）金融运行特点和问题

2023年以来，央行实施2次降准和2次降息（LPR），并通过多次公开市场操作释放流动性。在市场资金面较为充裕的背景下，重庆市金融市场稳健运行，重点领域融资规模稳步增长。截至9月末，重庆市人民币存、贷款余额分别为5.2万亿元和5.5万亿元，同比分别增长8.8%和8.6%。

1. 信贷增速总体回升，短期贷款增长较快

截至9月末，重庆市人民币贷款余额同比增长8.6%，增速自年初以来总体回升，并高于上年同期0.8个百分点，与全国同期差距由年初的3.7个百分点缩小至2.3个百分点。从期限结构看，在个人短期消费贷快速增长的带动下，短期贷款余额同比增长18.4%，年内增速逐季走高，并高于上年同期15.3个百分点。随着制造业中长期贷款、固定资产贷款等投放加快，以及个人住房贷款降幅收窄，中长期贷款总体稳定，同比增长5.9%，高于上年同期0.8个百分点。

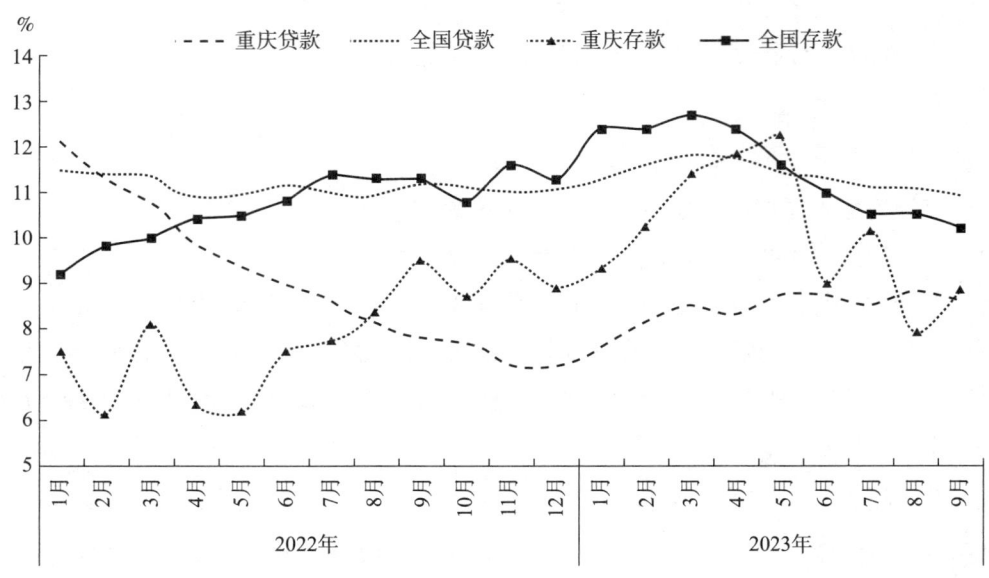

图 2　2022 年以来重庆市和全国人民币存、贷款余额同比增速比较

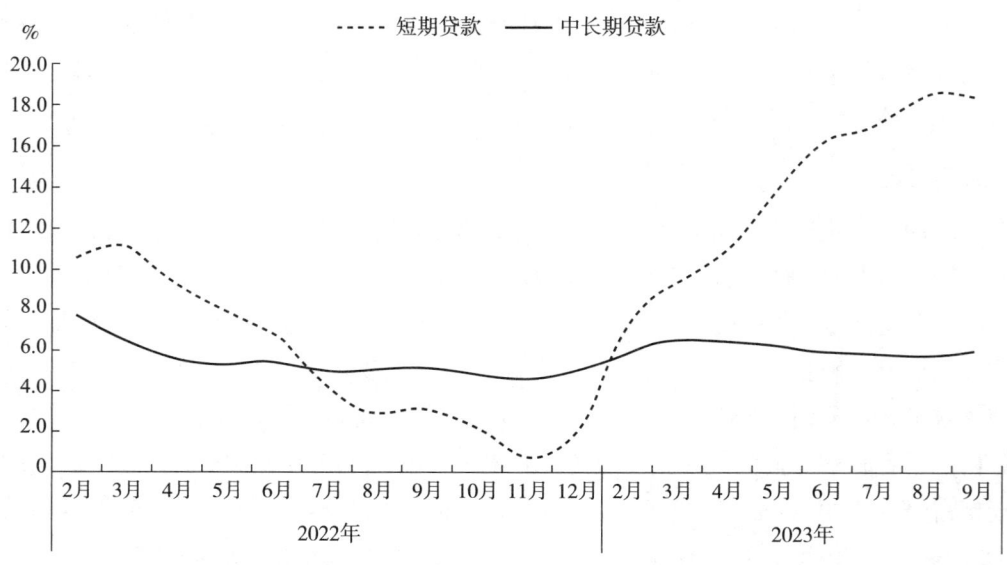

图 3　2022 年以来重庆市人民币短期贷款和中长期贷款余额同比增速比较

2. 存款增速有所放缓，居民存款增势较好

截至 9 月末，重庆市人民币存款余额同比增长 8.8%，增速自年初以来逐季放缓，并分别低于上年同期和全国水平 0.7 个、1.4 个百分点。分部门看，居民是存款增长的主要部门。随着存款利率逐步下调，居民存款定期化趋势明显，住户存款余额同比增长 15.3%，高于上年同期 2.8 个百分点。受总部归集、企业盈利减少等影响，重庆市非金融企业存款总体放缓，同比增长 5.6%，低于上年同期 6.4 个百分点。在地方债支出加快等因素影响下，政府存款余额同比下降 3.2%，明显低于各项存款平均增速。由于同业存款利率下降导致同业存款减少，重庆市非银行金融机构存款同比增长 0.5%，增速自年初逐季回落。

3. 直接融资规模扩大，金融改革创新深入推进

资本市场培育加快。截至 9 月底，重庆市 A 股上市公司新增 7 家，居西部第一，IPO 融资 101 亿元，同比增长 269%；新发各类企业债券融资工具 2275 亿元，同比增长 18.7%，保持稳步增长态势。金融改

革创新取得积极进展。成渝双城增信公司获批经营许可，科技要素交易中心完成重组，OTC"专精特新"专板实现开板，总规模200亿元的中新互联互通项目母基金成功签约，陆海新通道金融服务联合体成功组建并组织投放银团贷款超60亿元，信保白名单、陆海新通道"一单制"融资等一批跨境金融创新实现首笔首单。

4. 需要关注的问题

融资需求不足与融资难并存。重庆市制造企业普遍扩产增能意愿不强，技改投资、设备更新积极性不高，1—9月重庆市工业技改在建项目、新开工项目均为负增长，企业贷款需求多偏向日常资金周转，中长期贷款需求较弱。同时，宽松货币环境也未明显传导至贷款端，中小企业反映银行融资较往年有所收紧。据调研，目前市区两级政策性贷款风险补偿资金池较为散乱，对小微企业融资增信作用相对有限；银行信贷产品仍以抵押贷款为主、信用贷款规模远低于成都；创业担保贷款额度上限300万元，难以满足企业融资需求，知识价值信用贷款融资成本（超5%）远高于信用贷款平均成本。

直接融资渠道还需拓展。重庆市上市企业再融资规模较为有限，1—9月完成融资5.86亿元，仅为2022年同期的4.5%，规模远低于成都（29.7亿元）、武汉（82.0亿元）、西安（119.3亿元）等地。由于证监会IPO阶段性收紧、港股市场低迷等影响，多家企业上市进度不及预期，2023年尚无新增境外上市企业。同时，重庆市企业债券中城投债比重约占70%，民营企业发债占比较低；从债券品种看，科创债、绿色债等特色债券发行规模也相对偏低。

二、2024年运行环境及展望

（一）世界政经形势复杂多变，金融市场风险挑战增多

全球经济运行仍处下行通道，地缘政治冲突成为全球最不稳定不确定因素，叠加高利率高通胀等影响持续加深，全球金融市场将面临较大挑战。美欧经济前景预期转弱，利率高企引致的经济活动减弱、银行业危机仍将延续；日本经济面临日元贬值、通胀走高等困境，债务压力持续加重；亚太新兴经济体保持稳定复苏势头，但随着全球经济放缓和流动性收紧，新兴市场仍普遍面临资本外流、汇率贬值、外汇储备减少、债务成本上升等挑战，主权债务违约风险有所加大。全球地缘政治更趋复杂，俄乌冲突、巴以冲突等地缘局势的高度不确定性，正威胁全球安全和发展，将对跨境贸易投资、跨境资本流动、金融市场稳定造成较大冲击，原油、粮食等大宗商品供给和价格面临波动，加剧全球股市、债市、汇市、大宗商品市场震荡，高利率高通胀引致的美欧银行业危机也将向全球金融体系蔓延，导致金融市场陷入流动性危机。

（二）我国强化宏观经济调控，财政货币政策协同发力

我国经济将延续恢复性增长态势，但恢复基础尚不牢固，仍将加强财政政策和货币政策的联动协同，共同发力夯实经济基础、推动高质量发展。为扩内需、提信心、防风险，财政政策将继续加力提效，税费优惠政策将得到优化和延续，民生领域财政支出将进一步加大，地方政府债务化解加速推进，万亿国债增发、地方债额度提前下达、专项债使用扩围等，将助力加快地方投资步伐。货币政策将加强"总量+结构"调控，针对重点行业、民营企业、科技创新的信贷支持力度将持续增大，在金融资源要素投入、发挥多层次资本市场作用、便利跨境融资、强化政策激励和融资配套等方面将重点强化。国家金融监督管理总局、央行分支机构改革等纵深推进，将进一步完善我国金融监管体系，多层次资本市场改革将持续深入，更好赋能实体经济发展。金融业高水平双向开放持续推进，将进一步提升跨境贸易和投融资便

利化水平，推动人民币汇率总体稳定。

（三）重庆市加快推动高质量发展，资金需求较旺盛

重庆市加快推动成渝地区双城经济圈、西部陆海新通道建设，强化数字经济、科技创新、先进制造、现代服务、民营经济等领域发展，在推动经济恢复和产业迭代升级的关键时期，重点领域资金保障需求依然较大。产业方面，围绕"33618"现代制造业集群体系建设，产业项目招商、技改投资力度将持续加大，高新技术企业、"专精特新"企业等培育发展，均需要财政金融资源给予支持。创新方面，"链主企业+创新载体+领军人才+产业基金"科技创新生态加快构建，国家战略科技力量、高能级创新平台等引进集聚，以企业为主体推动"四链"融合发展，均需要财政金融给予倾斜支持。重大政策落地方面，成渝地区双城经济圈、西部陆海新通道、数字重庆建设走深走实，重大项目建设、重大改革事项，以及各项助企纾困政策细化落地，均需要财政和金融资本给予大力支持和方向引导。同时，重庆市资金供给保障仍较有力，随着金融科技、互联网贷款等领域金融功能性中心和分支机构引进入驻，金融机构总部资源向重庆倾斜，加之债务化解稳步推进，绿色金融、科技金融等金融生态不断完善，股权投资基金市场化运作加快，重庆市资金供给能力将进一步增强。

（四）2024年运行趋势及展望

财政收入增速回落，财政支出保持强度。2024年，重庆市经济持续恢复性增长将夯实税收增收基底，但随着留抵退税基数效应消退、各类减税缓税政策延续实施，一般公共预算财政收入增长将回归正常水平，增幅较2023年有所回落。房地产市场仍处于深度调整期，开发企业投资能力和投资信心仍较不足，预计土地市场仍将延续低迷态势，拖累政府性基金预算收入增长。财政支出方面，教育、医疗、卫生等民生领域支出仍将保持刚性增长，助企纾困、科技创新以及"三保"等领域支持将有所强化，地方政府债券保持发行规模，但受政府投资项目管控政策等因素影响，重大项目建设的资金保障难度将有所增加。预计2024年重庆市一般公共预算收、支分别同比增长3.0%和5.0%左右。

金融运行总体稳定，融资规模稳步扩大。2024年，重庆市将继续用好结构性货币融资工具，加大对普惠金融、科技创新、绿色发展等领域的精准滴灌支持，推动信贷规模实现质的有效提升和量的合理增长。绿色金融改革创新试验区建设深入推进，将助力吸引全国绿色金融集聚。企业上市"育苗"行动深入实施，政府引导基金、私募基金等加快发展，将助力科技型企业股权融资、拓展资本市场运作。中新金融合作深入，一批合作创新业务取得积极突破，将增强金融开放创新活力。预计2024年重庆市金融机构人民币存贷款余额分别同比增长8.0%和9.0%左右。

三、对策建议

（一）努力推动财政稳定增收

一是加强财政收入征管，加大工业、服务业领域重点税源、税源大户培育力度，在积极落实各项减税缓税政策基础上，最大限度稳定税收增长。二是积极引导房地产市场预期，着力推动国家和重庆系列房地产优化政策落地落实，进一步优化土地出让时序、供地结构，加大土地出让金拖欠追缴力度，切实稳定土地出让收入。三是加大国有存量资产清理力度，积极推动公租房、高速公路、轨道交通等优质资产盘活，争取中央各类转移支付资金支持，多渠道增加可支配财力。

（二）切实提高财政支出效益

一是调整优化财政支出结构，严控"三公"经费，大力压减非急需刚性支出，增强财政部门预算统

筹安排、资金统一分配能力，压实部门、区县主体责任，强化预算执行、绩效管理力度。二是合理优化一般债、专项债发行比例，扩大一般债券发行规模。全面梳理和整合市区两级政策性贷款风险补偿资金池，加强政府主导产业投资基金整合和管理，提高财政资金统筹使用效益。三是推进省以下财政体制改革，逐步规范市区两级收入划分和事权划分，增强市级统筹能力，提高基层财政保障能力。

（三）力促融资规模稳步扩大

一是抢抓北交所全面改革机遇，加大对科技型中小企业的上市辅导和培育力度。积极争取上交所、深交所支持，推动排队在审、辅导备案企业加快IPO进程。二是充分利用好政府产业投资母基金，积极吸引国内各类股权投资基金入渝投资，拓展科技型企业股权融资渠道。三是加大对"33618"制造业集群、基础设施以及小微企业等领域的信贷融资支持，持续优化知识价值信用贷款、创业担保贷款等融资产品，扩大企业信用贷款规模。

（四）强化债务风险化解防范

一是加强区县财政运行监测，动态排除区县基层"三保"运行风险。加强全口径债务风险监测，压实区县和企业化债主体责任，加强风险企业清单台账管理。二是细化落实"一区一策"债务化解降成本方案，推动区县与金融机构积极对接，做好政府债券发行、支付时序管理，力促区县平稳过渡还本付息周期。三是推动实施重点企业集团债务风险化解、地方法人机构风险防控处置措施，引导中小法人金融机构有序推进不良贷款处置。

[重庆市综合经济研究院（重庆市经济信息中心）宏观经济研究课题组
主研：易小光　丁　瑶　余贵玲　罗丛生　张　佳
执笔：张　佳]

之七：2023年重庆市社会事业发展情况及2024年展望

2023年以来，重庆市聚焦社会主义现代化新重庆建设的总体要求，以推动高质量发展更好支撑创造高品质生活，突出"惠民有感"工作导向，不断深化体制机制改革，滚动实施一批重点民生实事项目，人民生活品质不断提高，社会事业发展态势总体较好。

一、2023年重庆市社会事业发展现状

（一）教育事业发展提质增效明显

1—9月，重庆市一般公共预算支出中教育支出完成617.4亿元，同比增长3.9%，有力助推教育事业提质增效。一是基础教育改革向纵深推进。出台校内、校外培训减负提质具体方案和系列配套政策40余个，"双减"成效持续巩固，全市八成学生的睡眠和运动实践活动时间增加。普通高中"全面实施新课程、使用新教材"改革深入推进，截至9月全市已累计立项建设普通高中课程创新基地162个。川渝"新时代中小学名师名校长培养计划"启动实施，两地基础教育协同发展不断深入。二是职业教育发展水平不断提升。围绕"全国职业教育高质量发展引领区"建设目标，全市加快构建"职普融通、产教融合、科教融汇"现代职教体系。目前全市共有高职院校45所、中职129所，其中10所高职院校成为国家级"双高计划"项目建设单位，数量位居全国第六、西部第一。职业院校在校人数突破100万人，专业与支柱产业匹配度达到86%。组建了由院校、企业、科研机构、行业、社会组织等多方共同参与、覆盖全产业链条的职业教育集团82个。以永川国家高新区为基础，由重庆电子工程职业学院、长城汽车股份有限公司重庆分公司等为牵头单位的西部职教基地产教联合体正式挂牌成立。三是高等教育发展质量不断提升。在教育部第五轮学科评估中，重庆大学和西南大学两所高校5个学科进入国家新一轮"双一流"建设名单。其中，西南大学教育学填补了重庆市一流学科中人文社科领域的空白。截至2023年10月，重庆市有68个学科进入ESI世界学科排名前1%，较2020年增加一倍。其中，重庆大学、西南大学、重庆医科大学共6个学科进入ESI世界学科排名前1‰，重庆市一流学科建设成效显著。同时，重庆中医药学院正式开学招生，中医药优势学科建设迈出新步伐。

（二）医疗资源优化布局更趋完善

1—9月，重庆市一般公共预算支出中卫生健康支出完成376.7亿元，同比增长9.6%，保障了疫情防控平稳转段后医疗事业发展。一是医疗服务体系更加完善。重点推动优质医疗卫生资源均衡配置，城乡区域医疗服务体系不断健全。目前全市三甲医院增至44家，二甲医院实现区县全覆盖，"农村30分钟、城市15分钟"医疗服务圈基本建成。两江新区、永川、北碚、綦江4个国家区域医疗中心和万州、黔江、合川3个市级医疗中心建设加快推进；年内将新建三级医院90家，重点向渝东北三峡库区城镇群、渝东南武陵山区城镇群倾斜。由重医附二院、重医附属永川医院、市中医院3个医院牵头组建的紧密型城市医疗集团，在黔江、永川、南川3个区试点工作稳步推进，探索率先建立优质高效整合型医疗卫生服务体系。二是重点人群健康服务保障持续增强。健康中国重庆行动加快实施，重庆市第十三人民医院蔡家院

区（重庆市老年病医院）启动建设，二级以上综合医院设置老年科比例达到60%，老年医院和老年科室建设加速布局。婴幼儿托育民生实事项目加快推进，1—9月新增3岁以下婴幼儿托位3万个。三是医疗改革成效不断巩固。医疗服务价格改革持续深化，39种中选药品价格平均降幅56%，就医成本降低。基层首诊、全专结合、上下联动新型分级诊疗体系加速构建，基层医疗服务能力不断增强。

（三）文体旅惠民服务持续升级

1—9月，重庆市一般公共预算支出中文化旅游体育与传媒支出完成39.2亿元，同比增长0.1%，文化惠民经费保障有力。一是公共文化服务能力不断提升。公共文化服务示范乡镇（街道）创建成效凸显，图书馆、文化馆实现乡镇（街道）全覆盖。"城乡书房""文化驿站""文化礼堂"等社区新型文化空间建设提速，民众文化生活更加充实。二是文旅惠民不断升级。启动第八届重庆文化旅游惠民消费季活动，同程旅行、美团平台开设重庆文旅消费券专区，惠游重庆、中国银联云闪付、中国银行等各大OTA平台，积极开展文旅消费惠民活动。博物馆资源线上线下同步开发持续显效，流动博物馆、文博课堂、走进考古现场等275项活动顺利开展，文化惠民持续升温。川渝两地联合申报国家文化和旅游创新改革试验区工作稳步推进，推出"技炫巴蜀"和"川渝阅读一卡通"项目，川渝巴蜀文化旅游走廊新赛道布局持续完善。三是体育强市扎实推进。奥体中心综合馆、武隆仙女山国家体育综合基地等基础设施建设步伐加快，82个大型公共场馆实现免费、低收费开放。出台推动竞技体育发展的指导意见，竞技体育快速发展。

（四）就业创业政策红利持续释放

1—9月，重庆市一般公共预算支出中社保和就业支出完成778.2亿元，同比增长4.9%，就业优先政策落实更加有力。一是就业形势总体稳定。1—9月，全市城镇新增就业59.56万人，完成全年目标任务99.2%；城镇调查失业率平均值为5.4%，比上半年下降0.1个百分点，就业形势保持总体稳定。二是稳就业政策体系不断完善。出台《优化调整稳就业政策全力促发展惠民生若干措施》，促进高校毕业生等青年就业创业十大行动加快实施，新增城镇调查失业率、重点群体帮扶就业率等指标纳入"民生报表"，政策合力不断凝聚增强。"百万人才兴重庆"行动加快推进，首席数字运营官、大数据算法工程师等新兴人才供需对接效率持续提升。三是重点群体就业服务持续提升。1—9月，重庆市24.2万应届高校毕业生去向落实率较上年同期高14.5个百分点，就业态势总体较好。夜市经济、零工市场等户外新就业形态加快培育，城乡基础设施建设、以工代赈等公益性管护岗位深入挖掘，困难人员就业机会不断拓展。

（五）民生兜底保障水平快速提升

9月，全市上调四类社会救助保障标准，其中，城市低保标准、农村低保标准、特困人员基本生活标准分别同比增长2.5%、3.3%、2.5%，民生兜底保障水平稳步提升。一是社会救助体系不断健全。低保认定条件放宽至重庆以外户籍，低保受益人群覆盖面进一步扩大。残疾人等特殊群体创业就业相关税费优惠政策进一步落实落细，分层分类精准救助体系建设持续深化。二是社会保险扩面提质。全民参保计划深入推进，多层次社会保障体系持续完善，全市城乡养老保险、基本医保参保率保持在95%以上。"渝保渝快"惠民工程进一步实施，城乡居民养老保险缴费动态调整机制不断优化完善。三是"一老一小"服务兜底保障不断增强。"幸福颐养"行动、养老救助保障工程、普惠养老服务城企联动等项目稳步推进，社会办养老机构激励支持政策持续完善，普惠型养老服务供给能力增强。特殊困难老人家庭适老化改造加快推进，居家养老品质不断提升。"渝童守护"行动启动，机构集中供养孤儿基本生活标准提高23元，同比增长1.5%。

二、存在的问题

（一）稳定就业压力依然较大

一是重点行业就业吸纳能力减弱。国际国内市场需求持续不振削弱重点行业企业用工招聘预期，房地产市场持续深度调整影响建筑行业用工需求，加工贸易等劳动密集型产业链转移导致部分企业订单下滑或严重分流，笔电代工等企业用工规模缩减幅度较大，受此影响，前8月全市房地产、制造业、建筑业等行业招工岗位数合计减少35余万个。二是重点群体就业形势依然严峻。高校毕业生数量持续处于高位，受青年群体青睐、职业成长性强的新兴职业岗位供给严重不足。同时，随着老龄化程度加深，部分农民工群体技能提升难度增大，部分高校毕业生及青年群体专业技能储备与产业智能化升级匹配度低，难以适应新技术、新模式、新业态岗位需求，就业难度大与就业质量低问题并存。

（二）教育发展质量有待提升

一是学前教育资源优化配置有待提升。目前公立和普惠幼儿园供给总量持续增加，但城乡分布不均和区域结构性矛盾仍较突出，随着新生儿规模减小，亟须同步破解学前教育质量不优和资源结构性过剩难题，加快补齐前瞻精准引导学前教育资源优质均衡配置、鼓励民办特色园错位高质量发展的政策短板。二是"双减"政策落地协调性有待增强。中高考改革政策创新成效尚未全面显现，现有升学录取分数线单一衡量的标准导向依然较强，支撑"双减"政策落地的配合政策跟进相对滞后，补课隐形化、压力课后化、焦虑家庭化现象仍较突出，对冲"双减"的变相方式禁而不止。三是产教融合对接水平有待深化。部分高等院校和职业院校专业设置与产业发展需求错位矛盾突出，毕业生就业选择面窄、稳定性差，新兴专业设置、调整、建设工作推进缓慢，新工科、新医科、新农科等市场需求大、社会较紧缺的专业建设滞后、实力不强。

（三）医疗资源供给有待优化

一是区域医疗中心建设仍需加快。与推动成渝地区双城经济圈建设的战略要求相比，重庆作为国家中心城市承担区域医疗中心服务辐射职能的综合实力还不强，重点医学中心和特色医疗中心建设成效与群众期待还有不小差距，与四川特别是成都联动统筹优化优质医疗卫生资源布局的协调度还有待提升。二是医疗资源布局与城镇化发展的联动性有待增强。推进以区县城为重要载体的城镇化建设亟须补齐县城医疗资源供给短板，仍需顺应人口流动特征推动乡镇医疗资源优化调整，有效回应解决好群众就近就地看病难、难医好的紧迫诉求。三是顺应人口老龄化的老年专业服务供给总量不足。随着老龄化程度加深，老年人医养结合、康复护理等需求呈快速上升趋势，重庆市老年专业服务机构发展滞后问题进一步凸显，医养康养融合服务覆盖人群较为有限。目前全市仅1家市级老年病医院，城市和农村老年医学、照护人才数量均存在短板。

（四）文体服务效能仍需增强

一是文艺精品创新打造不足。受资金投入及体制机制影响，重庆市中高端文艺创作团队和人才培育引进滞后，文艺作品精品化、原创化创作打造推进较慢，品牌辨识度低，且与群众需求结合度不高，市场化接纳度较弱，价值转化水平较低。二是企业主体竞争力偏弱。重庆市文体规模以上企业、龙头企业数量偏少，国有文体企业发展活力释放仍有较大空间，民营文化企业成长缓慢，文体产品创新能力不强、持续盈利能力较弱，文化产业做大做强根基不稳。三是公共文体设施开发经营有待完善。中心城区体育场馆设施改造升级滞后，文体设施数量不足、质量不高、运营不善等多种因素叠加，难以满足市民休闲娱乐新需求。乡村地区设施分散档次较低，重点乡镇民众呼吁较高的球馆设施规划建设不足，基层传统民俗类文体活动开展频次较少，文化体育服务质量不高。

三、2024年发展环境及展望

（一）社会事业发展环境总体较好

2024年是全面建设社会主义现代化新重庆的重要一年，全市将进一步统筹经济发展和民生保障，不断夯实促进共同富裕、创造高品质生活的发展基础，但民生保障和社会事业发展也是机遇与挑战并存。

从国际看，俄乌、巴以等地缘政治冲突持续延宕，粮食、石油等国际大宗商品价格波动上行，输入型通胀压力依然较大，中低收入群体更易受到冲击；全球产业链深度调整，高精尖领域"脱钩断链"时有发生，东南亚、南亚等区域加速承接全球劳动密集型产业转移，加工贸易相关行业订单区域性分流明显，产业链迁出地规模性失业风险增大；欧美主要发达经济体通胀高企、多轮加息效应外溢影响明显，全球需求持续低迷与投资意愿下降相互影响，跨国企业降本增效和减员裁员现象增多，重庆经济外向度高，受产业链转移影响明显，稳就业促增收保民生外部挑战较大。

从国内看，经济将呈逐步复苏势头，为改善社会就业和保障民生领域财政投入提供一定支撑；《国务院关于促进民营经济发展壮大意见》《关于进一步支持小微企业和个体工商户发展有关税费政策》等稳增长促就业政策加快落地生效，民营经济及中小企业吸纳就业主力军作用将不断得到巩固提升；增发国债等积极财政政策持续显效，中央财政将持续加大对地方灾后重建、民生保障的转移支付力度，有利于弥补地方财政收支缺口和缓解民生领域支出压力，更好支撑各项利民惠民政策加快落地；促进共同富裕的民生托底保障政策进一步织密完善，中低收入群体的保障水平将稳步提升。重庆山区、库区等欠发达区域人口众多、城乡中低收入群体规模较大，通过推动自身加快发展和积极争取国家支持将进一步推动民生保障做深做实。

从市内看，重庆市经济将延续回升向好态势，产业结构持续优化有利于带动就业质量稳步提升，新型城镇化加速推进将促进县域经济就业容量有序扩大，就业优先落实力度不断增强；公共服务由"有"向"优"转变的政策引导更加有力，教育、医疗等公共服务与人口流动分布的匹配度和联动性不断增强，区域性公共资源配置均衡水平将进一步提升；随着《重庆市扩大中等收入群体提高低收入群体收入实施方案（2023—2027年）》《惠民暖心优服行动方案》等政策举措稳步落地，一批贴近群众生活的"小而美"重点民生实事加快滚动实施，增收致富、惠民有感的基础不断夯实；成渝地区双城经济圈建设公共服务一体化供给水平将不断提升，川渝共建民生项目清单稳步充实，"成渝通办"便利化水平将不断提升，数字重庆建设将引领数字惠民智能便民迈上新台阶。

（二）2024年社会事业发展展望

2024年，全市将持续强化惠民有感工作导向，聚焦重点民生领域补短板、强弱项、推改革，落实落细就业优先政策，高质量组织实施民生领域重点项目，推动社会民生持续改善。

分领域看：就业社保领域，就业优先政策导向将不断增强，"扩、促、兜"稳就业政策体系持续优化，就业形势将整体有所改善，但高校毕业生、老龄化低技能农民工等重点群体充分就业难度仍较大。城乡中低收入群体保障体系更趋完善、保障标准将稳步调整，分层分类的社会救助兜底保障网络也将更加健全。教育领域，人口结构变动将进一步引导教育资源优化调整，学前教育普惠优质发展将取得积极进展，城乡义务教育均衡发展水平进一步提升，高中阶段教育多元化高质量发展成效将更加明显，高等教育"双一流"建设将稳步推进显效。卫生健康领域，医疗领域改革持续深化、改革红利将加快释放，社会力量参与办医助养的积极性将不断增强，医养融合类服务将呈供需两旺势头，紧密型医共体建设持续推进，山区库区等偏远地区基层医疗服务水平将进一步提升。文体服务领域，市民娱乐休闲健身需求释放加快并更趋多元，全市文体公共场馆扩面提标将加速推进，文娱数字化、健身大众化、旅游全民化特征愈加明显，对文体服务新业态新体验需求旺盛。

四、对策建议

（一）持续夯实稳就业基础

一是壮大现代化产业体系，拓宽就业渠道。加快推进传统行业智能化升级改造，培育壮大"33618"现代制造业集群体系，大力发展数字经济，有效拓展新兴就业机会。因地制宜延伸农产品深加工产业链条，高效发展乡村旅游业，促进农村劳动力就地就近就业。二是加大培训力度，提升劳动者择业技能。大力引导高校因循新兴产业发展动态及时调整专业学科设置，增强人才培养与产业发展的联动性。围绕支柱产业、新兴行业和区县特色产业用工需求，积极推进"巴渝工匠"终身职业技能培训工程，有效提升高校毕业生、农民工等重点群体择业技能，促进产才融合高效匹配，动态化解结构性失业风险。三是提升创业带动就业政策效能。不断丰富完善常态化援企稳岗政策工具箱，深入实施"就在山城"重点群体就业帮扶。优化创业政策支持激励体系，促进创业资源开放共享，落实平台众包、网约服务、零工经济等新业态创业担保贷款及贴息政策，进一步降低创业成本。

（二）促进教育高质量发展

一是促进学前教育资源优化配置。统筹考虑城镇化建设和人口总量结构变动等因素，优化学前教育规划和用地保障，支持普惠性民办幼儿园通过差异化发展提升竞争力，为适龄儿童就近入学创造良好条件。二是持续巩固提升"双减"成效。用好教育评价"指挥棒"，推进多元评价体系改革，采取"请进来、走出去"等多种方式提升学校课后服务能力，增强在校课后服务有效性、吸引力，促进学生德智体美劳全面发展。三是高质量推进"双一流"建设。面向国家重大战略和重庆发展需求，发挥重庆大学和西南大学引领作用，合理布局"双一流"建设梯队，围绕前沿技术领域争创国家级研发平台，带动全市高等教育水平整体提升。四是持续深化职业教育改革。推进职普融通深化发展，创新组建分级分类多跨协同的市域产教联合体，构建师资队伍、教学资源、产业学院、实训基地供需对接模式，积极开展"4+1"职教本科、"3+2+2"中高本一体化等人才培养试点。

（三）提升卫生健康服务水平

一是加快建设国家区域医疗中心。促进优质医疗资源扩容和均衡布局，发挥重庆医疗资源优势，川渝联动加快推进国家职业病医学中心、国家妇产区域医疗中心、国家儿童区域（西南）医疗中心建设，加快打造"成渝卫生健康圈"。二是推进城乡医疗资源均衡布局。深化紧密型区县域医共体建设，促进优质医疗资源下沉，持续推进市级三甲医院对口帮扶县医院，推动每个区县重点办好1~2所综合性医院或中医院。三是健全医养康养融合市场机制。完善机构公建民营、民建公助政策支持包，推行"机构建中心带站点进家庭"运作模式，打造基本养老+预防保健、疾病诊治、康复护理、安宁疗护五位一体的医养结合服务完整链条。四是大力发展银发经济。发挥银发经济产业园示范带动效应，建立健全养老服务安全风险分级管控和隐患排查治理制度规范，针对不同年龄、地域、收入和健康状况推动多样化产品研发。五是完善公共卫生应急管理机制。建立健全疫情防控应急管理机制，建立精准、及时、高效的预警和多点触发机制，加快建设数字化应急管理基础设施，深入实施精准防控。

（四）增强文体服务供给能力

一是推动"品牌企业+重点赛事+精品工程"协同发展。结合重庆马拉松、中国国际山地户外运动公开赛（重庆·武隆）等赛事举办和文旅IP开发，支持本土文体旅企业做大做强做优，积极引进文旅创作营销团队和人才，挖掘开发本土文化资源，打造一批以红岩文化、三峡文化等为底蕴的优秀文化产品。二是完善文体服务供给模式。拓展公建民营、委托经营、政府购买服务等合作模式引导社会力量高效参与文体服务供给，大力支持比赛观赏性强、群众参与度高、经济社会效益好的文体项目发展。三是促进文体资源盘活利用。结合老旧小区、老旧厂区、城中村改造更新打造一批新型公共文化空间，推进社区文化"嵌入式"服务，引导老旧低效资源向文体活动新空间转变。四是优化城乡文体资源布局。合理布局城市公共文化设施，补齐薄弱地区短板，新建公共文化设施适当向人口集聚区倾斜，因地制宜推进乡村文化礼堂、文化广场、球类场馆等文体设施一体化建设。

（五）完善社会保障兜底体系

一是扩大社会保险覆盖面。持续推进全民参保计划扩面提质，推动灵活就业人员、新就业形态从业人员、适龄参保人员应保尽保，优化社保筹资机制，引导激励参保人员提高参保水平。二是加强社会救助动态监管。用好线上"救助通"系统和线下四级困难群众主动发现网络，强化对低收入人口动态监测、预警功能，加强低收入人口分层分类动态监测。三是完善工资收入增长机制。健全工资合理增长机制，强化工资分配指导，深化国企工资分配改革，完善事业单位工资制度，努力增加低收入者收入、扩大中等收入群体。

[重庆市综合经济研究院（重庆市经济信息中心）宏观经济研究课题组
主研：易小光 丁 瑶 苟文峰 赵 伦 曲 燕 孙茂曦 杨琇涵
执笔：赵 伦 杨琇涵 苟文峰]

之八：2023 年重庆市就业创业发展情况及 2024 年展望

2023 年以来，重庆坚持在推动高质量发展中强化就业优先导向，不断丰富和发展更加积极的就业优先政策，推动各项重点任务落实落细，援企稳岗政策红利加速释放，重点群体就业支持更加有力，劳动者技能素质持续提升，公共就业服务体系更加健全。预计 2023 年重庆市城镇新增就业将超过 65 万人，城镇调查失业率控制在 5.5% 左右。

一、2023 年重庆市就业创业发展情况

（一）总体情况

2023 年以来，重庆市全面强化就业优先政策导向，将城镇新增就业、城镇调查失业率、重点群体帮扶就业率等指标纳入"民生报表"范畴，定期晾晒比拼，推动经济发展中就业目标优先实现。1—9 月，重庆市城镇新增就业 59.56 万人，同比下降 1.5%，完成全年目标任务 99.3%。1—9 月城镇调查失业率平均值为 5.4%，与上年持平，保持在年度调控目标范围内，就业形势保持总体平稳。

表 1 2022 年以来重庆市主要就业指标

指标	2022 年				2023 年		
	1—3 月	1—6 月	1—9 月	1—12 月	1—3 月	1—6 月	1—9 月
城镇新增就业人员（万人）	19.46	40.07	60.46	70.67	16.14	40.98	59.56
同比增长（%）	0.37	-2.2	1.3	-5.9	-17.1	2.3	-1.5
城镇调查失业率（%）	2.94	5.4	5.4	5.4	5.6	5.5	5.4

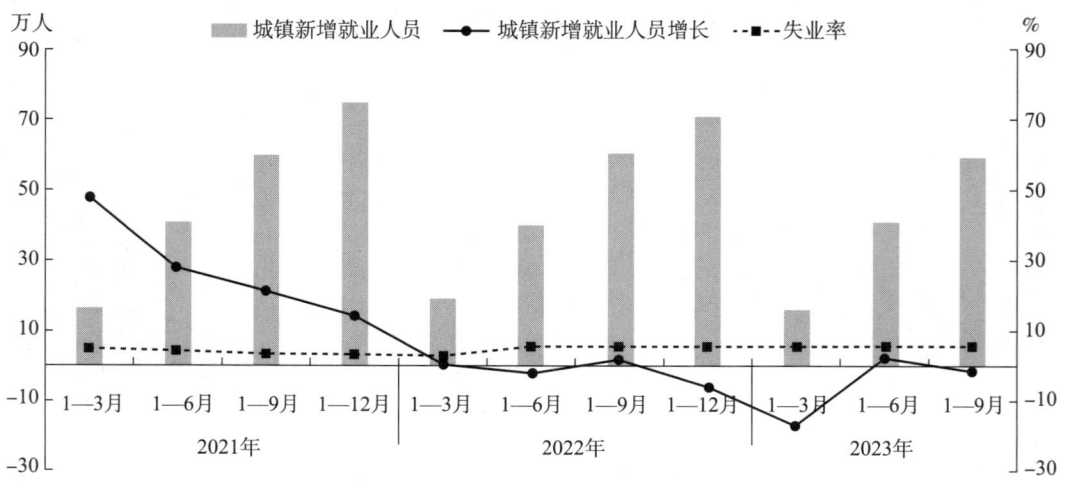

图 1 2021 年以来重庆市城镇新增就业、增长率及失业率

（二）主要特点

1. 援企稳岗政策持续落地见效

2023年以来，重庆市继续落实援企稳岗就业政策，保经营主体稳就业效果持续显现。一是稳经济保经营主体政策持续加码。出台36项"提信心、稳增长、强主体"政策文件，迭代升级形成"稳经济政策包"第三版和第四版，印发《重庆市进一步支持市场主体发展推动经济企稳恢复提振政策措施》，聚力激发经营主体活力。截至9月底，重庆经营主体总量达366.26万户，同比增长10.47%，经营主体吸纳就业主渠道作用进一步增强。二是社保减免等援企稳岗政策落实有力。推出"降、补、减、贷"政策包，降低30.45万户企业失业保险费23.61亿元，向8874家用人单位发放社保补贴、吸纳就业补贴、公益性岗位补贴等就业资金9.04亿元，减免2647户稳岗就业的中小微企业贷款利息1.1亿元，向2072家招用重点群体人数多的企业发放低利率"稳岗贷"31亿元，共计稳定就业岗位628万个。

2. 重点群体就业支持更加有力

聚焦高校毕业生、农民工、就业困难人员等重点群体，持续完善服务、强化帮扶，挖掘内需带动就业，重点群体就业稳步推进。一是高校毕业生等青年群体就业稳中有升。出台促进高校毕业生等青年就业创业工作方案，实施"十大行动"35项措施。"西部计划""乡村好青年"等基层就业项目持续加强，筹集政策性岗位超过8万个。1—9月，针对高校毕业生等青年群体举办了1.3万场招聘活动，组织10.5万家用人单位发布市场化就业岗位64.3万个。重庆高校毕业生就业率和就业人数与上年相比略有提升。二是农民工就业态势良好。实施"春暖农民工"服务行动，促进461万农民工返岗复工，实现应返尽返，其中市外返岗170万人，市内返岗291万人。农民工返乡创业园建设稳步推进，截至9月已建成66个市级返乡创业园区，吸纳返乡创业经营主体3680家。三是困难群体就业帮扶稳步开展。在"春风行动暨就业援助月"活动带动下，困难人群就业有所改善。累计帮扶困难人员就业12.67万人，同比增长9.4%，促进登记失业人员就业19.86万人，超额完成年度目标任务。

3. 创业带动就业效应不断显现

在政策、人才、融资、平台、生态等全链条全要素赋能助推下，"渝创渝新"品牌就业引领作用持续增强。1—9月，重庆新增创业主体49.65万户，同比增长16.05%。一是创业政策惠民度持续提升。降低创业担保贷款门槛，发放创业担保贷款35.09亿元，超额完成30亿元的目标任务，直接扶持1.83万人创业。引入信用担保机制，对优质创业项目免除反担保要求。建立创业导师梯度培育体系，培育认定1300余名创业导师，服务创业者12.7万人次。二是创业载体持续建强。充分发挥113家市级创业孵化基地（园区）作用，为入驻企业提供场地保障、政策落实、创业指导、事务代理、融资对接等服务，孵化企业5200余户。依托楼宇产业园和小企业创新创业基地，向大学生免费开放大学科技园、创业园等校内孵化平台，为重点群体创业者提供免费创业工位上万个。三是以赛促创效果良好。"创客中国"重庆市中小企业创新创业大赛影响力和知名度持续提升；举办第七届"渝创渝新"创业创新大赛，挖掘3000个创业项目，带动就业35.65万人。

4. 职业技能培训持续提质增效

围绕就业导向和产业发展需求，持续健全终身职业技能培训制度，职业技能培训供给能力和质量不断提升。一是"巴渝工匠"培训品牌建设成效凸显。实施"巴渝工匠"终身职业技能培训工程方案，以"巴渝工匠"为引领，以"渝家人""渝能人""渝丽人"等区县特色培训为基础的"1+N"培训品牌体系更具辨识度。上线"渝能人"在线培训平台，数字资源培训内容更加丰富。二是职业技能培训供给能力显著提升。1—9月，共争取3.9亿元中央财政资金，建设开州区公共实训基地等7个项目。建立3205人职业指导师队伍，深入开展职业指导师进校园、进社区、进园区活动，取得较好的社会反响。三是职业技能培训更加精准高效。发布急需紧缺职业技能培训工种目录，职业技能培训针对性持续增强，职业培训（工种）与重点产业匹配度达到85.4%。发放职业技能培训券，实现培训服务"推送到人"、培训信息"触手可得"，累计开展职业技能培训19.2万人次，同比增长9.1%。

5. 公共就业服务体系更加健全

以高效能服务保障高质量充分就业，着力打造更智能、更便捷、更高效的公共就业服务，人民群众获得感持续增强。一是公共就业服务更加智慧。依托智慧人社一体化平台，就业领域33项政策服务事项全部实现网上办理、网上反馈。就业智慧服务应用场景不断拓展，灵活就业一件事、农民工外出务工一件事、大学生创新创业一件事等25个服务事项实现"打包办""一键办"，办理时限压缩在1/3以上。二是公共就业服务更加便捷。通过整合改造现有基层公共就业服务平台，打造形成"15+5"[①]就业便民服务圈，就业服务不断向基层倾斜、向乡村延伸，打通就业服务"最后一公里"。建成零工市场74个，发布零工岗位信息6.9万条，服务灵活就业人员超过18万人次。三是公共就业服务机制更加完善。建立企业发单、就业联盟派单、"公共+市场"服务机构对接模式，协助智能终端产业招工9.7万人，其中重点电子企业招工6.8万人。开发"渝职聘"求职用工平台，迭代升级"一库四联盟"，推行"登记+共享""扫描+推送""电话+走访"等服务方式，实现就业服务69.7万人次。

二、存在的问题

（一）就业市场岗位供给动力不足

受外需收缩、融资难、成本上涨等因素影响，企业面临稳产难度增大和盈利能力减弱双重挑战，经济下行压力向就业领域传导的风险逐步显现。从经营主体来看，根据重庆企业用工监测系统显示，第三季度重庆注销经营主体多达8.06万家，同比增长22.10%，经营主体抗风险能力较上年同期有所下滑，企业缩招减员增多，城镇新增就业下滑风险加大。从用工行业来看，受房地产、建筑行业持续低迷，优质制造业项目投产不多等因素影响，部分劳动力容量较大的行业用工规模也呈收缩态势，1—9月房地产业、制造业、建筑业等行业招聘岗位同比分别减少24万个、9.7万个和4.7万个，分别下降48.5%、8.6%和54.4%，需要高度警惕行业性失业风险。

（二）青年群体就业压力依然较大

受近两年未就业高校毕业生持续积压、2023年度市内毕业生人数再创历史新高影响，青年就业压力进一步加剧。与青年群体的发展性、成长性需求相适应的新职业岗位供给不足。"智联招聘"在线招聘和投递简历数据显示，全国层面灵活就业人员规模约占总体就业人员规模的1/5。而重庆市新职业从业人数占比不到20%，低于成都（27.8%）和上海（34.5%），新职业青年就业"蓄水池"作用还未充分发挥。

（三）技能型人力资本仍较短缺

当前，重庆产业数字化智能化升级全面提速，产业转型升级对从业者技能要求也越来越高。企业用工监测调查显示，劳动者技能水平与经济结构调整和高质量发展的目标要求还有较大差距。例如，从人才类型看，支撑制造业发展的熟练型技能人才供给不足，上半年重庆人力资源市场中电工、操作工、模

---

① 指就业便民服务点城区步行15分钟可到达、乡村辐射周边5公里范围。

具工等技术工人缺口达11.6万人，技能型人才供不应求。从行业需求看，与网络普及应用和现代服务业发展高度相关的新技术、新模式、新业态岗位需求明显增加，软件和信息服务业、租赁商业服务业等行业求人倍率超过1.4，岗位数明显多于求职人数。而财务会计、行政管理、文员助理等职业的求职人员均过剩5万人以上，求职相对困难。

三、2024年发展环境及趋势展望

（一）全球经济增长乏力，就业市场改善缺乏外部支撑

2024年，世界政经环境仍然复杂多变。高利率高通胀、地缘政治博弈等影响持续加深，全球经济仍处于下行通道，就业市场改善缺乏外部支撑。IMF（10月）对2024年全球GDP增长预期从3%下调至2.9%，低于新冠疫情之前3.8%的平均水平。国际劳工组织预测2023年全球就业增速将从2022年的2%降至1%，并认为在2024年情况也不会有重大改善，预计增长将微升至1.1%。发达经济体与发展中国家劳动力市场复苏差距有所拉大。随着前期货币政策紧缩的效应持续显现，作为支撑上半年经济表现好于预期重要因素之一的美欧劳动力市场略有降温。在发展中国家，高通胀高利率以及债务困境风险不断增加阻碍劳动力市场复苏进程。国际劳工组织预计，发展中国家失业率难以恢复到疫情前的水平。西方国家对华投资限制，打压封锁我国高科技企业，也将对国内就业市场产生不利影响。

（二）国内强化宏观调控，各类政策措施持续显效发力

我国经济呈筑底回升的恢复性增长态势，随着各类政策的协调配合加强，稳就业政策显效发力，我国劳动力市场整体活跃度有望回升。一是各类稳增长政策加快落地见效有助于稳定扩大就业。瑞银预测中国2024年GDP增长将达到5.2%左右，围绕扩内需、提信心、防风险等清晰积极的宏观政策信号不断释放，将显著提振经营主体对增长前景的信心，有助于稳定扩大就业。二是人力资本质量提升有助于优化就业结构。我国加快建设现代化产业体系，大力发展先进制造业、战略性新兴产业和现代服务业，在需求侧加快实现就业市场量和质的转变，网络写手、视频主播、外卖员、网约车等灵活就业形式正成为新的就业"蓄水池"。教育改革全面发力，产业结构稳步升级，符合产业需求的高技能人才供给和需求稳步提升，将促进就业结构优化升级。三是区域协调发展有助于增强中西部就业机会和吸引力。国家区域政策将统筹发展大局，加强对中西部地区科技创新和成果转化、现代产业体系建设等方面的支持，有利于重庆等西部地区依托重要战略区位，争取国家更多战略性资源布局，引导更多高技能、高学历人才向西部地区分流。但长期的结构性就业矛盾依然不容忽视，短期的问题也在显现，国内劳动密集型制造业向外转移、高校毕业生持续积压，房地产、建筑等行业低迷对就业的影响仍在持续。

（三）现代化新重庆建设成势，就业向好积极因素持续积蓄

现代化新重庆建设走深走实，将激发经济发展的新动能和新活力，为就业向好提供有力支持。一是政策优势逐步放大。成渝地区双城经济圈建设走深走实，"一带一路"、长江经济带、西部陆海新通道等建设深入推进，国际消费中心城市、服务业扩大开放等方面持续先行先试，重庆要素集聚力和辐射带动力将逐步增强，区域就业活力和潜力将得到进一步释放。二是产业基础更趋夯实。重庆持续深耕科技创新、先进制造、现代服务、民营经济等领域发展，"33618"现代制造业集群加快构建，"416"科技创新战略布局得到明确，各类政策"工具箱"和"组合拳"落地见效，将凝聚起促进重庆经济恢复发展的强大合力。三是惠民导向更加彰显。重庆坚持"惠民有感"工作导向，着力保障和改善民生，出台扩大中等收入群体提高低收入群体收入实施方案，聚焦教育、医疗、养老、育幼等领域，持续滚动实施民生实

事，落实落细就业优先政策，着力实现稳定就业和促进增收同步发力。同时，也应看到，重庆市就业市场需求总体疲软，供需结构性矛盾依然突出，重点群体就业压力较大，稳就业、促就业仍面临较多挑战。

（四）2024年发展趋势及展望

2024年，外部环境更趋复杂严峻，我国加大宏观调控力度，积极释放各项政策红利。对标市委六届二次全会提出的"促进高质量充分就业"具体要求，重庆市全面融入共建"一带一路"、长江经济带发展、成渝地区双城经济圈建设等重大战略，经济发展动能不断增强，新型城镇化和乡村振兴全面推进，各项就业支持政策协同发力，就业大局稳定具备良好条件。综合分析上述因素，预计2024年，重庆市城镇新增就业人数将保持稳定，失业率稳中趋降，新增就业人数将保持在65万人左右，城镇调查失业率保持在5.5%左右。

四、相关建议

（一）增强经营主体岗位供给能力

以增强经营主体岗位供给能力为重点，不断稳定就业存量、扩大就业增量。一是推动传统产业优化升级，提高就业拉动能力。聚焦打造"33618"现代制造业集群体系，大力支持符合重庆产业发展导向、比较优势明显、就业容量大的产业项目发展，明确入驻项目带动就业目标，支持规模性开发岗位资源。二是支持综合零售、餐饮住宿、文旅娱乐等服务行业快速复苏，在养老、托幼、家政服务、社区服务、物流配送等领域加快培育一批示范领军企业，创造更多适合普通劳动者的就业岗位。三是加快发展以平台经济、零工经济、互联网经济为代表的新经济新业态新模式，拓宽就业新的增长点。针对平台企业发展面临的痛点堵点，在税收优惠、融资环境优化等方面制定更加精准的解决方案。提高平台发展层次，促进知识型、智力型、技术型新就业形态发展。

（二）推动青年群体就业精准匹配

促进高等教育和产业人才需求精准匹配，强化青年就业服务，提升就业能力。一是调整优化高校专业设置。加强服务国家战略性新兴产业和未来发展需要的基础学科、新兴学科、交叉学科建设，合理扩大招生规模；对于长期缺乏社会需求、就业率偏低的学科专业及时进行"关、停、并、转"，进一步提升人才培养质量。二是强化高校毕业生就业服务攻坚。梳理青年就业创业核心业务，打造促进青年在渝就业创业"一件事"多跨协同场景。建立市内高校的就业招聘信息常态化共享机制，共同发布就业岗位信息、组织创业就业政策宣讲，清除就业信息壁垒以及校际就业歧视。三是加大青年就业见习工作力度，继续实施青年见习计划，发布一批示范性岗位、创建一批高校毕业生就业见习示范单位，助力青年提升实践经验和就业能力。

（三）提升人才职业技能培养质量

健全职业教育培养体系，提升职业技能培训针对性和有效性。一是促进职业教育高质量发展，筑牢高素质技术技能人才培养基础。引导职业院校与产业园区共建产业学院，开展"一校一园"结对合作，输送高素质职业教育人才。积极建设培育一批产训结合型企业，鼓励企业设立高技能人才培训基地和技能大师工作室，促进企业生产和培训有效衔接。二是充分发挥企业培训主体作用，建立健全职工技能培训制度。深入推进企业新型学徒制培训试点，开展"产教评"一体的技能人才培养生态链建设，推行"岗位+培养"学徒就业新形式。三是大力开展新职业新业态培训。依托重庆"智能+技能"数字技能人才培养试验区建设，推动建立"智能+技能"人才孵化空间，不断丰富顺应数字经济、未来产业发展的前沿领域职业技能培训内容，提升职业技能培养质量。

（四）加快就业创业数智转型升级

加快推进系统集成、数字赋能，探索数字化助力就业创业新路径、新手段。一是提高劳动力市场匹配效能。迭代升级"一库四联盟"①，实现劳动力市场、用人单位、人力资源服务机构和政府就业管理服务部门、社会保障部门的数据集成，运用大数据手段为用人单位和求职者进行供求分析，实现用人单位和求职者有效对接，不断提升就业岗位匹配度和精准度。二是推动人力资源服务向用户端下沉。推进"零工市场"智能化建设，建立以单个求职者或群体为单位的求职人员档案管理系统，依托人力资源服务企业发布匹配求职需求，建立"即时快招"服务机制，为灵活就业人员提供精准就业信息服务。三是健全失业风险预警系统。密切跟踪重点行业、群体、区域的就业变化，改进青年失业率统计方法，加强企业用工监测和重大政策调整对就业的影响分析，全面提升对规模性失业的提前感知能力和应急处置能力。

[重庆市综合经济研究院（重庆市经济信息中心）宏观经济研究课题组
主研：易小光　丁　瑶　余贵玲　苟文峰　张　超　曲　燕
执笔：曲　燕]

---

① "一库"指重庆人力资源信息库；"四联盟"指就业服务联盟、人力资本联盟、创业联盟和培训联盟。

之九：2023年重庆市信息化发展情况及2024年展望

2023年，重庆市信息化建设全面发力，信息基础设施建设提速推进，信息产业平稳发展，各行业各领域信息化应用成效显著，信息化治理有力助推城市治理智能化，努力为新时代新征程新重庆建设增效助力。

一、2023年重庆市信息化发展情况

（一）信息基础设施建设提速推进

2023年，重庆市信息基础设施迎来快速发展，为全市基础设施数字化、智能化转型升级奠定基础。

一是网络连接基础设施加快建设。5G规模组网和应用推进加快，截至9月底，重庆市移动电话用户达4128.4万户，其中5G用户1722.1万户，同比增长43.82%，每万人拥有5G基站数超25个，乡镇5G网络通达率达100%，累计建成5G行业虚拟专网514个。"千兆光网"快速发展，制定实施《重庆市千兆光网发展"光耀山城 追光行动"计划（2023—2025年）》，截至上半年，千兆端口、千兆用户总数量分别达到33.8万个、150.8万户，江北区、渝北区、两江新区成功创建国家级"千兆城市"。工业互联网发展取得新突破，截至9月底，工业互联网标识解析国家顶级节点（重庆）已上线二级节点45个，累计标识注册量达到250.4亿个，累计标识解析量达到227.5亿次，接入企业节点2.2万余家，增速位于全国前列。

二是新型感知基础设施发展加速。城市感知设备接入持续增长，截至9月底，重庆市物联网终端用户为4009.71万户，同比增长40.74%，物联网终端接入流量累计达24175.18万G，为推进市数字化城市运行和治理中心建设统一的城市感知设备接入、管理、调度平台奠定了基础。智能网联汽车稳步推进，截至上半年，重庆（两江新区）国家级车联网先导区改造车路协同道路建设累计超过730公里，实现直联车辆1000余辆。

三是新型算力设施及基础数据库建设快速推进。全国一体化算力网络成渝国家枢纽节点（重庆）建设持续推进，西部（重庆）科学城先进数据中心2023年5月开始试运营；2023年7月中国移动成渝（重庆）江南数据中心正式启动建设；截至10月底，两江云计算数据中心二期工程基本完成，全市共设计建设15个超大型数据中心和11个大型数据中心。一体化智能化公共数据平台构建完成，建成五大基础数据库（法人库、自然人库、自然资源和空间地理库、电子证照库、信用库），开展国家政务数据直达基层试点，开创公共数据"聚通管"新局面，截至9月底，重庆市共享数据超1.2万类，开放数据突破5600类，数据开放水平位于全国第一梯队。

（二）信息产业平稳发展

2023年，重庆市信息产业在国际经济形势复杂严峻、国内经济加快恢复的环境下，电子信息制造业逐渐恢复向好趋势，软件及信息技术服务发展迅速。

一是电子信息制造业恢复向好。在全国电子信息制造业持续恢复向好的带动下，重庆市电子信息制

造业呈逐渐恢复趋势，电子信息制造业增加值同比增速从年初的-12.3%逐渐收窄至-3.6%。

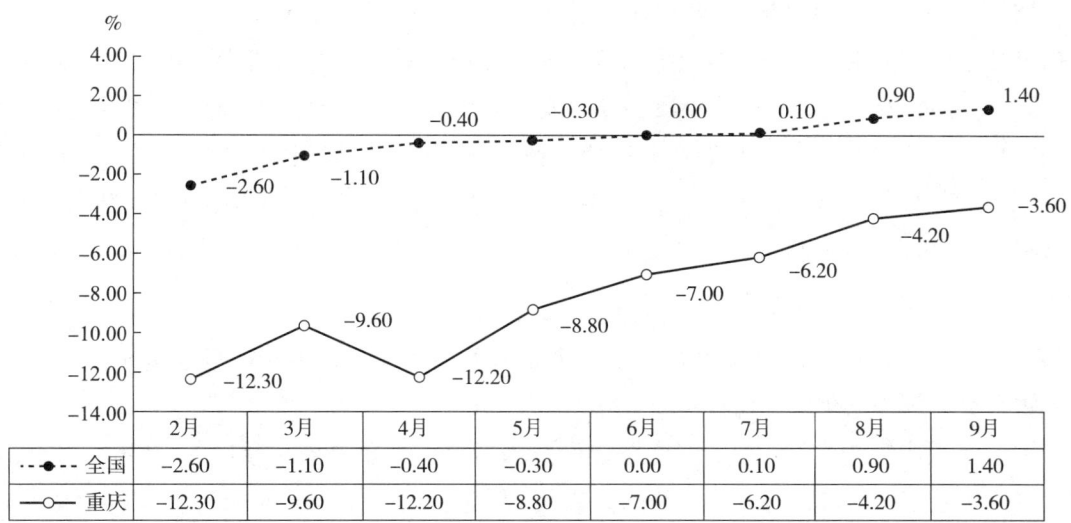

图1　2023年全国、重庆市规模以上电子信息制造业增加值同比增速

从企业运营主要经济指标来看，电子信息制造业企业整体处于下降通道，部分指标增减差异较大，1—8月，企业单位数552家，同比增长6.8%；总资产4321.35亿元，同比增长2.4%；营业利润累计111.87亿元，同比降低19.6%；人均营业收入220.8万元，同比增长11.7%。新一代电子信息制造业平台加快推进，国家首批数字经济创新发展试验区、国家新一代人工智能创新发展试验区、国家地方共建硅基混合集成创新中心、康佳光电技术研究院、中国电科芯片技术研究院等创新资源持续聚集。截至10月底，重庆市新一代电子信息制造业企业共783家，9月当月新增117家。

二是软件业发展迅速。1—9月，软件业务累计收入2405.1637亿元，同比增长14.1%，收入规模全国排名第八，比同期上升一位。延续自2019年以来，重庆市软件行业总收入逐年递增的良好态势。

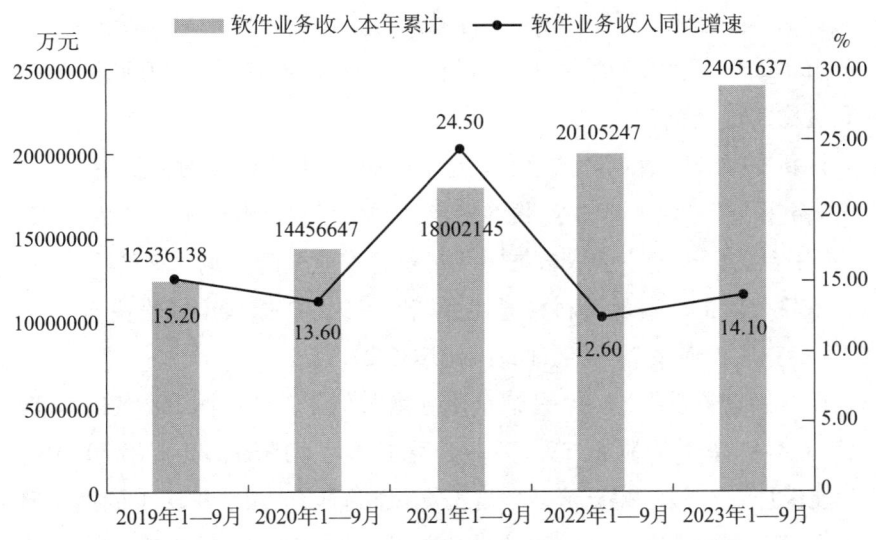

图2　2019—2023年1—9月软件业务累计收入与同比增速情况

从各个领域收入情况看，1—9月，软件产品累计收入602.057亿元，同比增长12.2%，信息技术服务累计收入1585.0268亿元，同比增长15.5%，信息安全累计收入56.4612亿元，同比增长14.3%，嵌入式系统软件累计收入161.6187亿元，同比增长8.4%。软件企业及专业人员纷纷入渝，1—9月累计新增软件企业9600余家，新增软件从业人员5.8万余人，新增中高端软件人才1.2万余人。"满天星"行动计划持续深化实施，1—9月，满天星计划应用场景发布581个，投资金额66.52亿元。

三是信息技术服务业稳步推进。截至9月底，西部数据交易中心数字资产（消费积分）平台已发行积分1100万，交易超8600笔，积分生态圈初步形成。新兴数字技术产业发展加快，区块链高质量发展位居全国前列，重庆入选"2023年度中国产业区块链城市10强"名单，渝中区获得"2023中国产业区块链城市核心聚集区"授牌；智联汽车软件发展加快，全市汽车软件与人工智能企业达90家，产业规模达83亿元，初步形成规模化发展格局。

（三）信息化应用成效显著

2023年，重庆市全面推进信息技术在社会各个领域的深入应用，电子政务、电子商务、智慧城市、智慧工厂、智慧交通等信息化应用场景不断打开。

一是以"数字重庆"为主线推进电子政务建设开创新局面。在"数字重庆""1361"顶层架构体系下，逐步形成三级数字化城市运行和治理中心，围绕六大应用系统，构建一体化基层智治体系。截至10月底，重庆市各类应用编目4888个，数据编目59314类，归集数据约40亿条；三级治理中心上线12个重点能力组件；六大应用系统累计72个应用纳入数字重庆建设应用"一本账"；全市1031个镇街全面建成基层智治体系，形成实战能力。

二是电子商务发展态势良好。知名电商在渝引领带动作用持续加强，重庆首家京东MALL签约九龙坡区杨家坪商圈，阿里巴巴国际站加大重庆投入力度助力"渝车出海"。消费新场景层出不穷，成功举办2023爱尚重庆·万物直播季和"2023重庆6·18电商节"。跨境电商规模继续扩大，上半年实现跨境电商交易额186亿元，同比增长10.7%。农村电商公共服务体系持续完善，截至9月，全市打造农村电商公共服务中心29个，村镇服务站点4745个。

三是新型智慧城市建设持续推进。智慧城市"智能中枢"基本成型，"数字重庆"上云率达100%，助力重庆步入全国新型智慧城市建设第一方阵；根据《2023中国省级移动政务服务报告》，渝快办"掌上好办"综合指数获评A类，获得"掌上明珠"称号。智能化创新应用取得新进展，渝中区升级城市运行管理服务平台，迈出了以数字化转型整体驱动治理方式变革的新步伐。"互联网+明厨亮灶"已经在重庆的学校和公立养老机构实现全覆盖。

四是智慧农业取得新成果。农业生产数字化转型进一步推进，在智博会上集中发布"农业产业数字化地图""生猪数字服务平台""农业产业互联网平台"3项智慧农业新成果。农业农村大数据建设持续加快，"三农"大数据平台已汇聚全市涉农数据超4亿条，农业生产信息化率达26.5%，居全国第13位。农村电子商务加快发展壮大，推动实现"村村通快递"，1—9月，重庆市农村快递业务量完成5161.33万件，同比增长23.53%；完成投递量2.18亿件，同比增长22.75%。

五是智慧工厂实现"智能制造"。1—9月，重庆新增智能工厂17个，数字化车间224个，生产效率平均提升56.8%，产品不良率平均降低39.6%，运营成本平均降低22.1%，单位生产能耗平均降低20.4%。国家级"智能工厂"建设取得新成效，赛力斯汽车有限公司、重庆美的通用制冷设备有限公司、华峰重庆氨纶有限公司等多家渝企入围工业和信息化部"2023年度智能制造示范工厂揭榜单位和优秀场景名单"，荣获国家级"智能制造示范工厂"称号。

六是智慧交通取得新突破。在公路领域，建成高速公路智慧运营系统、智慧高速云控平台和智慧养护数字化平台。在港航领域，搭建4G/5G实时通信网络及全国首个北斗高精度定位+航标协同信息服务平台。在民航领域，重庆机场采用定制式跨座式单轨的机场旅客捷运系统。在智能物流方面，綦江、巫山、巫溪"统仓共配+客货兼容"等3个品牌先后获评交通运输部农村物流服务品牌。在科技创新方面，重庆发布全球首个知行城市交通行业大模型，梁开高速公路采用无人摊铺技术。

七是智慧旅游实现转型升级。智慧旅游体系加快完善，启动打造智慧文旅系统，根据实时数据帮助游客比价避坑、规划线路。旅游数据中心建设加快推进，北碚区建成北碚文旅大数据中心、智慧管理平台、游客服务平台、运营服务平台"一中心三平台"，实现数据分析、行业管理、游客服务等功能。

（四）信息化治理提升保障水平

2023年，为进一步加速数字化转型，加大推进各领域智慧化升级，重庆市从制度建设、安全维护、人才集聚等信息化治理方面着力，提升保障水平。

一是系列政策措施及时出台，形成系统化政策体系。聚焦数字化、智能化，先后制定出台了《关于加快推动中小企业数字化转型工作的通知》《重庆市工业企业以数字化为引领深化技术改造促进产业高端化智能化绿色化转型升级行动方案（2023—2027年）》《重庆市以场景驱动人工智能产业高质量发展行动计划（2023—2025年）》等政策文件。聚焦商贸物流领域，先后制定出台了《重庆数字经贸高质量发展行动》《进一步加强跨境电子商务发展工作方案》《推动外贸高质量发展三年行动计划》等政策文件。聚焦数据领域，先后制定出台了《重庆市公共数据分类分级指南2.0（试行）》《工业数据治理规范》《工业数据分类分级导则》等政策文件。

二是信息安全进一步加强。2023"护网双城"成渝网络安全联合实战攻防演练在重庆成功举办，覆盖各领域37家单位的40个重要系统。国家网络安全产业园成渝地区（綦江）正式成立，同步试点运行数字重庆网络安全运营和服务中心，并接入77个单位，共发现3万条攻击成功告警，确认43起安全隐患。中国移动重庆公司、重庆航天信息有限公司、中国信息通信研究院西部分院三方签订战略合作协议，共同推进重庆商用密码应用与创新发展。

三是人才机制激发活力。通过搭建专业人才市场体系，以及产学研联合培养等方式，加大数字人才培养，并通过岗位动态匹配等方式精确使用人才。截至9月，中国重庆数字经济人才市场已举办数字经济人才专场（专区）引才活动94场，意向引进人才1.4万余人。搭建"1+10+N"数字经济人才市场体系，设立北碚、巴南、永川、两江新区4家区县数字经济人才市场。工业和信息化部智能汽车专精特新产业学院在渝北区揭牌，目前已入驻科研团队9个，科研师生有1000余人。

二、存在的主要问题

（一）数字基础设施发展不够平衡，新兴技术基础设施发展较缓

一是1000M速率以上互联网宽带（固定）用户接入量不高。截至9月底，重庆市互联网宽带接入用户达到1531.2万户，其中：FTTH/O用户1455.6万户，100M速率以上用户1427.5万户，1000M速率以上用户217.7万户，在全国排名20位。二是中新（重庆）国际超算中心建设稍慢，受疫情影响，根据科技部消息，科技部批准建设的14个国家超算中心中，除文昌航天超算中心、中新（重庆）国际超算中心（2020年开建）外，其余均已投入使用。

（二）数字产品产能不足，软件及信息服务业发展不平衡

一是传统优势电子产品产能不足，在国际环境、后疫情等多种因素影响下，优势产品产能严重不足，1—9月，笔记本计算机产量累计5360.3万台，同比下降7.3%，平板电脑产量累计仅251.58万台，同比下降68.6%，集成电路产量累计244821.46万块，同比下降43.4%。二是数据要素市场发展与兄弟省市差

距明显，从"2023数据要素发展大会"获悉，广州数据交易所累计交易金额突破21.8亿元；上海数据交易所累计挂牌数据产品近1500个，8月数据交易额已超1亿元；贵阳大数据交易所累计交易额超过18亿元；重庆累计引入数商260余家，数据交易金额仅3亿元。

（三）全社会信息化应用水平普遍不高，个别行业孤岛效应仍然存在

一是数字重庆建设作为系统工程，周期较长且涉及面广，在学习借鉴其他省市经验时，存在照抄照搬情况，导致结合重庆实际不够。二是重庆电子商务总体规模偏小、龙头企业偏少、新技术应用不足。其中，2022年重庆网络零售额为1688.1亿元，约占全国总额的1.2%，未进入前10位；《中国互联网企业综合实力指数（2023年）》显示，2023年中国互联网综合实力企业100强，重庆只有1家企业入选。三是新型智慧城市建设普遍以中心城区为重点，对农村地区和不发达区县重视不够。四是智慧农业对从业者的要求，与现有条件存在较大差距，且伴随城市化与老龄化的加剧，这种反差将会越来越大。五是对智慧工厂的认识还不够，部分企业仅简单地认为智慧工厂就是用机器代替人工，忽略了智慧工厂建设所涉及的管理、流程、技术等多方面因素。六是交通基础设施的数字化程度存在短板。交通行业具有的高安全、重资产、专业化及移动性等特点，导致其在与5G、云计算、大数据等数字技术融合发展过程中会面临更多的挑战。七是旅游企业在政府的参与和影响下被动接受居多，主动投入更多人力、物力资源进行智慧化改造的动力不强。

（四）数字经济的发展存在人才短板，特别是高端人才数量偏少

一是重庆所缺数字经济人才的范围较广，主要包括人工智能、大数据、云计算、物联网、区块链等领域，覆盖数字产品制造业、数字产品服务业、数字技术应用业、数字要素驱动业、数字化效率提升业等行业。二是重庆数字经济人才呈微流入趋势，人才引进流入速度跟不上重庆数字化发展速度，使其成为制约重庆市数字化转型升级的重要因素之一。三是重庆当前研发型人才岗位需求低于全国平均水平，而应用型人才岗位需求高于全国水平，人才结构不佳。《2022中国数字经济人才急需紧缺目录》显示，重庆研发型人才在全市数字经济急需紧缺岗位类型中占比为53%，其中，本科人才紧缺占比为72%，行业3~5年经验人群紧缺占比为41%。四是新一代信息技术和新技术创新融合为主的交叉专业人才培养不足，缺乏产业发展所需人才。

三、2024年重庆信息化发展环境及展望

（一）世界各国加快数字化转型

一是世界各国加快数字技术研发和应用。美国发布国家战略长期投资人工智能研发，近期将加大人工智能项目建设及运维资金投入。欧盟委员会发布关于Web4.0和虚拟世界发展的倡议，利用人工智能、物联网、可信的区块链交易、虚拟世界和XR功能，研发元宇宙。韩国计划2024年完成5G网络全国覆盖，抢占6G网络标准和专利。二是世界各国加快人工智能发展和立法。美国发布《国家人工智能研发战略计划》，发布AI"路线图"，抢占国际人工智能技术高地。欧洲议会通过《人工智能法案》，严格禁止"对人类安全造成不可接受风险的人工智能系统"，抢占全球人工智能监管先机。新加坡针对人工智能系统推出咨询指南，保护个人资料的收集和使用，制定人工智能治理和伦理指南等。三是数字经济成为推动全球经济增长的重要动力。根据世界经济论坛（WEF）发布的报告，到2025年，数字经济将为全球创造1330万个新的就业机会。2023全球数字经济大会发布的《全球数字经济白皮书》显示，美国等5个主要国家的数字经济占GDP比重近60%。

（二）国内数字化创新发展推进迅猛

一是数字中国建设将全面提速。进一步夯实数字基础设施，IPv6地址数量、互联网宽带接入、光缆线路长度等持续增长，5G+快速发展，北斗系统全面应用。初步建立数据要素管理机制，形成数据要素基础制度框架，逐步培育数据要素市场。加快完善数字经济治理体系，进一步健全相关法律法规和政策制度。二是制造业数字化转型会进一步加快。5G+、AI、数字孪生、工业互联网、物联网等技术不断发展，各项技术在设计、生产、运营领域的规模化应用，智能制造向设计创新、工艺提升、质量强化、市场拓展等制造全过程延伸。三是安全可信的数字产业体系逐步建立。国产芯片突破一系列关键技术，实现芯片从设计到制造的全产业链闭环，国产软硬件生态环境将逐步建立，信创产业链日趋完善，国产基础软硬件在政府、金融、教育等领域深入应用，并在其他行业推广应用。

（三）重庆信息化发展环境将得到进一步改善

一是信息化融合发展政策有望持续完善。将聚焦重庆信息化融合发展的短板弱项制定出台系列重要政策，比如围绕服务器产业集群高质量发展、智能网联新能源汽车零部件产业集群、食品及农产品加工产业数字化转型、数据要素改革等方面，出台一系列有针对性的政策措施。二是信息基础设施将会持续升级迭代。将稳步推进"双千兆"网络建设，建设成渝地区双城经济圈"千兆城市群"，推动构建"云、边、端"协同、"算、存、运"融合一体化的算力网络体系，深化工业互联网新型基础设施建设和"星火·链网"数字经济发展底座功能。三是人才发展环境将会进一步优化。随着数字重庆建设、"满天星"行动计划、制造业数字化转型深入推进，信息化专业人才需求旺盛。《重庆市工程技术网信专业职称申报条件》等文件的印发实施，为信息化专业人才提供新的职业发展通道。

（四）2024年重庆市信息化发展展望

2024年，在新一轮科技革命和产业变革加速演进以及中美摩擦和俄乌冲突的深远影响下，我国将把信息产业及科技发展放在更加重要的位置。重庆一是继续提速推进信息基础设施建设，加快网络设施、新型感知设施、新型算力设施的建设进度与力度；二是持续扩大信息产业规模，持续恢复电子信息制造业，提速软件业高质量发展，夯实信息资源开发与利用体系；三是进一步取得信息化应用成效，在"数字重庆"、电子商务、新型智慧城市、智慧农业、智慧工厂、智慧交通、智慧旅游等领域取得新突破；四是推进信息化治理再上新台阶，紧跟当前形势出台配套政策，提升信息安全保障水平，营造人才发展环境。预计2024年重庆市新一代电子信息制造业产值规模接近8000亿元，软件主营业务收入同比增长10%以上。

四、对策建议

（一）进一步加强数字基础设施建设

一是加强5G和千兆网协同发展，扩展5G应用场景，加大6G前期研究研发投入；加大老旧小区互联网设施设备改造，降低1000M速度以上互联网宽带接入费用，提高全市高速率带宽用户接入率。二是扩容提质国家级互联网骨干直联点、工业互联网标识解析国家顶级节点、域名F根镜像节点、国家"星火·链网"区块链超级节点，加大工业互联网及平台建设。三是加大大模型基础设施建设投入，培育大模型研究、研发企业，鼓励企业成立大模型联盟，践行"共建、共研、共创、共享"理念。

（二）加快推进信息产业生态发展

一是加快构建信息产业生态，围绕全链提升集成电路能级，突出特色工艺和化合物半导体方向，持续打造车规级芯片、功率半导体等拳头产品。推动创新链、产业链、资金链、人才链融合对接，加快构建完整的产业生态。二是加强培育优秀软件企业及软件人才，优化营商环境，引进国内外优秀软件企业入渝，出台优惠的税收政策，降低企业经营成本，提高企业利润，引导企业创新；加强政府、企业、高校三方合作培育高素质软件人才，推进软件人才"超级工厂"建设。三是加快推进要素市场发展，推进西部数据交易中心发展，鼓励政务部门、公共事业单位、社会主体数据合规合理上架进入交易市场；营造数据要素市场发展生态，引导和支持科研机构、高校、企业加强协同攻关，共同开展数据交易流通、数据基础前沿研究和关键共性技术研究，支持数据采集、处理、分析做大做强，带动大数据产业发展。

（三）探索提高应用水平的发展路径

一是数字重庆建设应避免应用先行、盲目对标、照搬其他省市的成熟应用，加强重庆核心业务梳理，强化政企合作，推动各领域工作的体系重构、流程再造、能力重塑。二是重庆电子商务继续发挥跨境电商的优势，带动整个电商企业做大、做优、做强。三是在智慧城市建设中应注重促进数字包容，推动智慧城市的覆盖面更广泛、更均衡，让更多人能从中受益。四是在推动智慧农业发展过程中，培养足够多的创新型人才是核心要领。五是制造企业应该加强对智慧工厂的认识和理解，从实际情况出发，制定符合自身发展的智慧工厂建设方案。六是加强全市主要交通基础设施运行监测覆盖率，全面形成交通设施装备运行感知网络。七是规范智慧旅游管理制度，建立有效的旅游信息管理体系，要加强政府引导，加强各部门沟通协调，实现旅游信息的共享与分配。

（四）提升引育数字经济人才的水平

一是重点依托全国首家也是目前唯一一家数字经济人才市场（即中国重庆数字经济人才市场），围绕数字经济人才"引、育、留、用、转"等关键环节，不断丰富完善与数字经济同频共振、协同发展的人力资源市场体系，为重庆数字经济人才、数字经济企业提供一站式人力资源服务。二是瞄准重庆数字经济人才急需紧缺目录，专门部署一批专项人才培养任务，将数字经济人才作为重要产出指标纳入重庆科技计划实施体系，并依托大工程、大项目开展人才培养实践，充分发挥引才、育才和留才的作用，打造出一支高素质、高效率、创新思维且拥有强烈归属感的数字经济人才队伍，为重庆数字经济的可持续发展提供有力保障。

[重庆市综合经济研究院（重庆市经济信息中心）信息化研究课题组
主研：易小光　丁　瑶　黄利军　熊　姝　裴　多
　　　黄建洪　张　亨　崔　艳　徐馨怡　崔　苗
执笔：裴　多　黄建洪　熊　姝]

之十：2023年重庆市生态绿色发展情况及2024年展望

2023年以来，重庆市坚持"在发展中保护，在保护中发展"，以更高水平建设山清水秀美丽之地为目标，深入推进污染防治，稳步推动"双碳"工作，持续开展川渝地区绿色发展领域合作，生态环境持续改善，绿色低碳经济稳步发展，长江上游重要生态屏障更加巩固，全市生态绿色发展底色更加鲜明。

一、2023年重庆市生态绿色发展概况

（一）生态环境质量稳定向好

生态保护修复深入推进。以筑牢长江上游生态屏障为目标，各项国土绿化工程稳步推进，石漠化、水土流失等生态问题得到有效遏制。城乡人居环境品质整体提升。强化生态保护红线监管，完成生态保护红线内人类活动本底调查，"绿盾"自然保护地强化监督发现问题整改完成率达99%。持续推进"两岸青山·千里林带"建设，以林业重点生态工程为抓手推进石漠化治理，岩溶地区第四次石漠化调查报告显示，重庆市石漠化面积累计减少超440万亩，石漠化治理取得显著成效。广阳岛生态城生态修复及景观提升等80余个生态环保类市级重大项目投资持续放量。生态绿色示范创优成效凸显。重庆市实行最严格水资源管理制度，第六次荣获国家级考核评价优秀等级。璧山区、铜梁区、荣昌区通过建设"城市微客厅"和"口袋"公园、盘活存量产业用地、实施废弃工矿用地生态修复综合整治等举措，成功入选全国首批"自然资源节约集约示范县"。国家生态园林城市创建进入冲刺阶段，城市绿道服务半径覆盖率等13项指标已完成。

环境污染防治稳步推进。水环境保持良好，长江干流重庆段水质保持为优。长江干流重庆段19个监测断面Ⅲ类水质率、全市纳入监测的48个县级城市集中式饮用水水源地水质达标率均为100%。1—9月，入河排污口排查整治全面开展，太平门泵站、鸡冠石污水处理厂项目已实现"旱季不溢流、雨季溢流有缓解"阶段性目标。全市首个污水处理领域标准化试点项目"城市污水处理及中水①综合利用试点示范项目"通过验收，水资源利用水平进一步提高。大气环境持续向好，"蓝天行动"监管执法等专项行动持续开展，大气污染防治工作深入推进，1—9月，全市空气质量优良天数245天。废物处理能力持续提升，"无废城市"建设全面推进，实施中心城区生活垃圾分类纠错等专项活动，全市累计建成园区、企业、社区、学校等"无废城市细胞"1500余个，完成3.7万个生活垃圾分类投放点升级改造。危险废物集中收集贮存转运试点运行良好，基本实现小微企业危险废物收集处置全覆盖，危险废物环境风险得到有效管控。

（二）"双碳"行动推进有序有效

低碳城市建设取得新成效。生态环境部《国家低碳城市试点工作进展评估报告》显示，重庆市在81

---

① 中水是指城市生活污水、工业废水等，经过适当处理达到一定水质指标，可代替自来水、地表天然水进行非饮用用途的有益使用水。

个低碳城市试点考核中排名前五，获评优秀。清洁能源项目积极推进。全市最大装机容量屋顶光伏项目"长安汽车光伏电站项目"正式投运，总装机容量达到 37 兆瓦，预计将节省标准煤 24 万吨，减少二氧化碳排放 67 万吨。作为西南地区首座大型抽水蓄能发电站，重庆蟠龙电站 500 千伏送出工程全线贯通，进入验收阶段。3 个"高速公路+光伏"发电站建成投用，实现高速路隧道口等基础设施电力供应，有效推动交通基础设施网与能源网有机融合。碳市场建设有序推进。全市首个国储林"碳惠通"项目"重庆巫溪县和城口县森林经营碳汇项目"通过审核备案，预计年均可减排 2 万余吨，推动生态产品价值变现。截至 9 月，重庆市碳市场累计成交量 4586 万吨，累计成交额超 10 亿元。

绿色金融发展取得积极进展。2023 年以来，政府、银行、企业等主体加大合作力度，深入推动全市绿色金融改革创新试验区建设，全市绿色贷款余额超 6200 亿元，预计将超额完成全年目标。绿色项目支持力度持续加大。两江燃机二期项目获得重庆首笔气候投融资贷款兑现金额 1.2 亿元。农业银行、国家开发银行等银行机构加大对"建筑垃圾再生利用"项目的贷款支持。平台建设取得阶段性成效。全国首个受环保部门监管的气候投融资平台"政银企"在两江新区上线运行，与长江"绿融通"绿色金融大数据综合服务平台实现信息互联互通，截至上半年，已注册企业 1.5 万家，筛选入库项目 400 个，融资意向超 3500 亿元。

（三）绿色低碳经济发展成效显著

产业绿色转型稳步推进。以新能源汽车为重点，制造业加快绿色低碳转型。1—9 月，重庆市新能源汽车产业增加值同比增长 10.2%，对全市规模以上工业增长的贡献率为 5.1%。重点项目加快落地，全球体量最大的固态电池生产项目"赣锋锂业固态电池生产基地"落地两江新区。重庆邮电大学获批建设西部唯一的国家级智能汽车专精特新产业学院，助推新能源汽车产业发展。绿色建筑推广西部领先。以发展装配式建筑和公共建筑绿色示范为重点推动建筑业绿色转型，2023 年以来全市新建建筑约 1/3 采用装配式技术，城镇新建建筑中绿色建筑占比等指标西部领先。储能、环保等绿色产业稳步发展。重庆最大新型储能电站——合川发电公司新型储能电站正式并网投入使用。中国石油西南储气中心建设积极推进，黄草峡储气库集注站注气系统建成投用，全市两大储气库累计注气量已达 11 亿立方米，可有效缓解冬季天然气供需矛盾。环保产业稳步回升，根据市环境保护产业协会问卷调查[①]，近 20%的被调查企业表示生产经营成本小幅下降，行业经济指标向好。

优势生态资源加快产业化步伐。农特产品加快提档升级。重庆积极推动绿色食品、有机农产品、特质农产品发展，上半年全市新认证绿色食品企业 219 家，产品 404 个，绿色食品企业和绿色产品总数量均居西部第 1 位。璧山葡萄等 8 个农产品入选 2023 年第一批全国名特优新农产品名录，特色农产品品牌价值进一步提升。生态资源加快转化。荣昌区寨子山生态旅游区、南川区三泉镇窑湾村等地区依托天然富硒土地资源，打造富硒富氧休闲养生度假地。巫山与市林业投资开发公司签订战略合作协议，共同规划建设 50 万亩国家储备林，推动林业全产业链发展。武隆等地生态旅游恢复较快，武隆天生三桥风景区、仙女山国家森林公园、龙水峡地缝成为"十一"假期预订最热门的景点。

（四）生态绿色治理能力加快提升

绿色发展制度体系不断完善。1—9 月，重庆生态保护和绿色发展领域共出台 10 余项政策规划。制度执行落实持续强化。对接生态环境部《新污染物治理行动方案》，发布重庆工作方案，对"十四五"期间

---

① 市环境保护产业协会受重庆市生态环境局委托，每季度，对全市部分环保企业进行了问卷调查。共回收有效问卷 112 份，调研样本规模、行业、所有制等特征与重庆市环保产业从业企业分布情况大体吻合，基本满足数据分析的信度和效度要求。

全市及成渝地区重点管控新污染物清单进行补充。落实新发展阶段生态文明建设要求，出台《重庆市减污降碳协同增效实施方案》，为推进减污降碳协同发展提供目标指引。关键性举措更加有力有效。围绕绿色商务发展、农村供水水质提升两方面，在全国率先出台《关于推动美丽重庆建设促进绿色商务发展的实施意见》《重庆市农村供水水质提升工作指导手册》。聚焦重庆建设绿色金融改革创新试验区出台实施细则，明确林业碳汇预期收益权和排污权抵（质）押贷款业务、绿色汽车供应链等业务指南。发布金融支持重庆工业绿色发展十条措施，真金白银支持工业绿色转型发展。

川渝两地持续深化生态绿色发展领域合作。生态环境保护协作持续强化。川渝两地构建起全国第一个跨省域的新污染物治理联防联控机制，印发了《川渝大气污染防治联动工作方案（2023—2025年）》《成渝地区双城经济圈生态环境标准编制规范》，深入推进两地大气污染联防联控和环保标准统一。两地聚焦污水处理厂、饮用水水源保护区等重点对象开展环境联合执法。川渝两地村落面貌修复加快推动，已建成重庆璧山区七塘镇喜观村等首批14个"巴蜀美丽庭院示范片"。产业绿色发展合作更加互惠。依托现有产业及资源优势，川渝两地12个园区共同签订《成渝地区双城经济圈静脉产业园区发展联盟合作框架协议》，共同推动川渝两地资源再生利用产业高质量发展。城口县与四川宣汉县、万源市等十余个区县市共同组建"大巴山药谷"中药产业联盟。川渝两地企业围绕氢产业和两轮电动车产业开展合作研讨，明确合作重点方向。第二届川渝气候经济发展大会召开，促进气候资源经济转化和品牌共建共用。

二、值得关注的问题

（一）大气污染防治压力依然较大

2023年1—9月，受气象条件相对不利和污染物排放量显著增加双重影响，全市空气质量优良天数为2020年以来最低值，同比减少6天。大气污染防治涉及范围广、治理难度大，在全市持续加大大气环境执法力度背景下，仍有不少企业无视环境保护法律法规要求，违法排污现象屡禁不止。特别是主城新区呈现$PM_{2.5}$和臭氧污染并存、工业污染和扬尘污染"双突出"特点。随着气温升高和经济生产活动的回暖，以及对经济下行压力的重视，部分企业将"稳经济指标"放在绝对高度，全市守护"重庆蓝"、大气污染防治攻坚任务艰巨。

（二）气候生态资源价值转化有待加强

重庆作为暑期高温城市，消费者季节性避暑需求明显。文化和旅游部数据中心对传统高温城市避暑旅游市场调查数据显示，2023年第三季度全国传统高温城市的整体出游意愿超过90%。虽然近年来全市森林资源较好、气候优势明显的城口、石柱、武隆、酉阳等地积极推广消夏康养季活动，但由于避暑旅游产品体系单一、旅游产品设计推广力度较弱、尚未形成品牌价值、周边省市竞争大等原因，全市气候生态旅游产业发展总体较为滞后。如四川已形成了"天然空调"达古冰川、"乐享夏天"雅安避暑游、"六度清凉"峨眉山等一批品牌支撑度高、资源整合力强的避暑旅游新业态。

（三）绿色低碳消费体制机制有待健全

虽然全市已经出台促进绿色消费的实施方案，但受相关体制机制不健全、政策体系不够完善等因素影响，绿色低碳消费蓬勃发展仍然面临一些制约因素。从供给端看，绿色低碳产品缺乏统一的标准和认证体系，导致市场上绿色低碳产品鱼龙混杂，消费者容易产生混淆；同时，政府对部分绿色产品产业链各环节的监管不到位，一些企业炒作"低碳"概念，违法成本低，容易影响企业生产积极性和消费者信心。从消费端看，目前全市绿色低碳产品消费激励性和约束性措施较为单一，对绿色建材推广使用、绿色产品采购等方面政策激励的方式、标准还需要进一步完善。部分绿色产品成本偏高，对年轻消费者的吸引力和购买力激发不足。

三、2024年发展环境及预测

（一）世界政经环境依然复杂多变将为绿色发展带来新挑战

后疫情时代，全球高利率高通胀、地缘政治博弈等影响持续加深，这些因素都将导致全球绿色复苏面临重大考验。一是多国能源危机持续加剧，应对气候变化的态度更加消极。世界气象组织发布的《2023年全球气候状况报告》显示，近8年是自1850年有记录以来最热的时期，气候变暖的趋势在持续加剧，干旱、洪水和热浪等极端天气影响了各大洲，造成了数十亿美元的损失，呼吁"国际社会需要在减缓气候变化和适应其影响方面采取更有力的行动"。但是在俄乌冲突导致全球能源紧张的背景下，全球能源低碳转型步伐持续受阻，以一直以来走在减碳世界前列的英国为例，2023年秋季重新开始发放已暂停的北海油气开发许可证。2024年预计将有更多的国家把能源安全放到首位，进一步加大化石能源的使用力度，影响全球能源低碳转型。二是全球环境问题政治化趋势加强，环境保护和绿色发展领域的合作将进一步受阻。随着全球经济增长放缓以及流动性持续收紧，将有更多的国家在复杂多变的国际环境中将经济刺激效果放在首位，将绿色成本视为阻碍经济增长的因素。特别是全球环境问题政治化有加强的趋势。个别国家出于政治化目的对日本核污染水排海事件采取放任态度，将严重影响环境保护领域的国际合作成效。

（二）我国推动经济社会发展绿色转型的战略导向持续增强

党的二十大报告再次重申我国要加快发展方式绿色转型，经济社会绿色化、低碳化发展是推动我国高质量发展的关键。一是"双碳"政策加快落地落实。国家层面积极推进工业、能源等重点领域"双碳"政策落实，随着《能源碳达峰碳中和标准化提升行动计划》等低碳发展政策的实施，将推动新兴技术和产业链碳减排相关技术标准制定，有利于建立起规范有序的产业转型流程，指导地方政府和行业部门准确把握"双碳"工作的目标任务和行业低碳转型。二是生产生活方式绿色低碳转型步伐加快。全国生态环境保护大会指出将坚定不移推进人与自然和谐共生的现代化，全国层面将加快推动经济社会发展全面绿色转型，大力发展清洁能源，引导全社会广泛形成绿色生产生活方式。加之极端性气候现象频发、新冠等大型公共卫生安全事件都增加了民众对绿色发展的需求。随着新能源汽车车辆购置税减免政策延长至2027年底等国家层面支持绿色消费的政策陆续出台，将持续推动民众加大绿色消费。

（三）重庆市将以更高水平建设山清水秀美丽之地

新时代新征程全面建设社会主义现代化新重庆，对生态绿色发展提出新要求，重庆将贯彻习近平生态文明思想，全面落实党中央决策部署，以"降碳减污"为总抓手，持续改善生态环境质量，积极探索生态优先、绿色发展新路子。一是重庆将贯彻落实习近平总书记在推动长江经济带高质量发展座谈会上的讲话精神，在高水平保护上下功夫。全市将进一步落实长江经济带高质量发展要求，继续坚持"共抓大保护、不搞大开发"，推动生态文明建设水平提升，持续筑牢长江上游重要生态屏障。坚持精准科学治污、依法治污，提升执法监管能力，提高执法水平。推动幸福河湖创建和全域"无废城市"建设，增强市民生态幸福获得感和幸福感。二是重庆以产业结构、能源结构、交通运输结构调整优化为重点，推动发展方式绿色转型。重庆将进一步落实"推动制造业高质量发展大会"精神，全面推动工业节能减碳，大力发展绿色低碳产业，加快建设绿色制造体系。充分利用中央预算内投资、绿色金融等各类资金，重点推动再生资源利用、清洁能源、新能源汽车、绿色建筑等产业发展。

（四）2024年生态绿色发展展望

2024年，全市将继续深入贯彻"生态优先、绿色发展"理念，全面稳步实施全市碳达峰行动方案，以减污降碳协同增效为重点，继续推动环境治理和生态修复工作，生态环境领域投资将保持稳中有增态势，生态环境质量将进一步改善。重庆市将继续加大生态环保领域的投资，生态环保产业发展环境将持续改善，预计2024年重庆市环境保护产业营业收入约1400亿元。

四、对策建议

（一）加大环境保护和污染治理力度

一是深入推进重庆市大气环境治理。结合2023年以来重庆市大气环境质量实际情况，针对柴油货车尾气污染、夏秋季臭氧污染、冬春季细颗粒物污染等当前大气污染防治的重难点，开展大气污染专项治理行动。进一步加强全市大气环境执法人员的培训，加强执法力度和大数据智能化工具的运用，提升执法水平。二是强化川渝合作。完善双方协商机制，加快构建完善信息交流平台，鼓励川渝两地公众参与，健全公民权利保障机制，明确公众参与跨区域环境污染治理协作范围，强化公众知情权与话语权。以川渝毗邻地区及传输通道开展城市大气污染防治联动为重点，加强细颗粒物和臭氧协同控制，加大跨区域联合环境保护执法力度。

（二）推动康养旅游产业高质量发展

一是支持"两群"地区聚焦打造气候康养度假旅游目的地。针对重庆市避暑旅游市场消费潜力巨大这一特征，支持资源禀赋条件较好的区县加快构建多元化多层次避暑旅游产品体系。如鼓励酉阳充分利用全国首个中国气候旅游县品牌资源，优化森林康养环境，补齐康养基地硬件设施短板，延伸"避暑+"产业链，以避暑旅游为导流，丰富保健养生、康复疗养、健康养老、休闲游憩等森林康养产品供给。二是鼓励主城都市区积极推广"避暑+研学"康养旅游模式。发挥主城都市区文化教育资源的集聚优势，加快教育、文化与气候旅游的融合发展。如鼓励北碚区缙云山国家级自然保护区充分利用全国首批国家林草科普基地这一品牌，抓住假期"研学旅行风"，推动自然研学教育等生态旅游新业态发展。

（三）加大绿色消费的政策支持力度

一是完善标准体系。加快出台统一的绿色低碳产品标准、认证、标识体系，对符合标准的绿色产品颁发证书、授权使用统一的低碳标识，让真正绿色低碳产品脱颖而出。二是强化对绿色企业的相关支持性政策措施。全面落实《关于推动美丽重庆建设促进绿色商务发展的实施意见》、重庆建设绿色金融改革创新试验区等现有政策。进一步提升政策区分度，为绿色企业提供更优的财政、税收、融资的支持，从而扩大低碳产品的供给、降低低碳产品的价格，使绿色低碳产品拥有更好的竞争力。三是完善绿色低碳产品消费激励措施。积极探索绿色积分奖励等方式，鼓励消费者购买绿色低碳产品。如充分利用重庆碳市场，在自愿碳减排交易平台"碳惠通"上增加更多绿色消费场景，通过绿色消费—获得渝碳信用积分—兑换各类碳普惠福利的方式来持续激励市民绿色消费。

[重庆市综合经济研究院（重庆市经济信息中心）宏观经济研究课题组
主研：易小光　丁　瑶　余贵玲　李　权　曲　燕　黎　慧
执笔：黎　慧]

之十一：2023年重庆市社会信用体系建设情况及2024年展望

2023年，重庆市深入贯彻党中央、国务院社会信用体系建设高质量发展总体部署，落实市委六届二次全会关于推进诚信体系建设的工作要求，聚焦"打造'信用重庆'升级版"重大改革任务，持续固本强基、推陈出新，扎实推动信用理念、信用制度、信用手段与国民经济体系各方面各环节深度融合，有力支撑了全市经济社会持续健康发展。

一、2023年重庆社会信用体系建设情况

（一）信用平台全面融入数字重庆改革大局

一是信用一体化智能化数字底座迭代升级基本完成。对照国家一体化建设，构建的"信用重庆"共享平台、网站以及微信公众号"三位一体"的信用信息基础设施，在国家信用网站平台评估考核中位于前列。按照数字重庆建设要求，完成市公共信用信息平台数据向市一体化公共数据平台的迁移，进一步完善"信用基础数据库"。依托全市统一的IRS系统，改造上线信用查询、信用评价、信用奖惩等能力组件，对接"渝快办""渝快政"应用，实现各部门相关业务系统融跨。

二是公共信用信息归集质量数量双提升。结合《关于归集共享5类行政管理信息的通知》《〈国家公共信用信息基础目录〉市内分工》等政策文件，完成市公共信用信息编目，累计涵盖58个单位、4971个事项。完善企业法人、个体工商户、自然人、事业单位、政府机构、社会团体等六类经营主体信用档案，新收录项目中标、被执行人、版权、公积金欠缴、涉农补贴、土地流转等信用信息，截至10月底，全市信用信息归集总量达7.79亿条。行政许可、行政处罚"双公示"数据合规率、迟报率分别达到100%、0.11%，在全国各省市"双公示"评估中排名第4位。

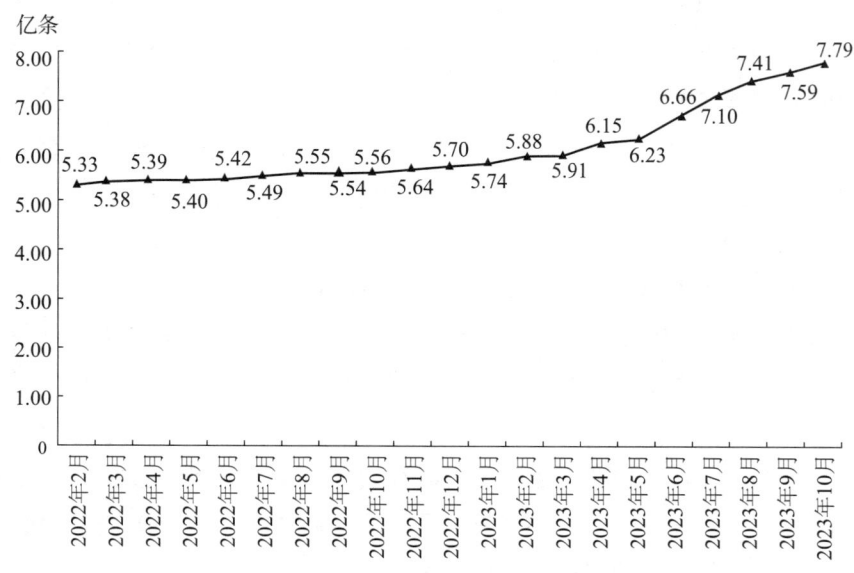

图1 2022年2月—2023年10月公共信用信息归集情况

三是信用平台数字化服务能力不断强化。截至9月，依托重庆市共享系统，市公共信用信息平台按照全市政务信息共享目录，依法依规向政务部门、信用服务机构、金融机构等单位开放信用信息超3.5亿条，有力支撑了"渝快办"、行业监管、融资服务、市场化服务等领域的应用场景创新，平台日均调用次数超1.7万次；以"信用中国（重庆）"网站为载体，依法依规公开经营主体信用信息（双公示、严重失信主体名单、守信激励名单、经营异常、信用承诺、信用评价、司法裁决、其他信息）共计842.94万条，公共信用报告下载11万次。

四是重点领域行业信用信息系统持续完善。生态环境部门将环评、排污许可、辐射安全许可等审批系统嵌入红黑名单查询服务，住建部门全方位打造建筑业信用管理系统，经信部门提质优化中小企业商业价值信用贷款平台，市场监管部门法人库二期建设项目已完成验收，城市管理部门制定《重庆市城市管理局行业信用信息平台建设方案》。

（二）信用监管全面重塑政务服务全流程

一是事前告知承诺覆盖面持续拓展。全面推进"证照分离"改革，新增涉企经营许可事项30项，告知承诺服务事项累计达到184项。在"渝快办"政务服务平台上线告知承诺服务专区，基本构建起告知承诺行政审批事项全线上触发、资格后台自动比对、事后待核查事件同步关联与反馈的闭环管理，截至9月底，重庆市累计办理告知承诺事项超23万件。同时，鼓励各类经营主体主动作出承诺、诚信经营，全市累计归集并公示经营主体信用承诺180万份。

二是事中信用综合评价及分级分类监管水平全面提升。印发《重庆市企业公共信用综合评价指标》，从遵纪守法、生产经营、社会责任、关联人员、守信激励等5个维度，每季度对全市110万余户企业法人开展信用综合评价，并将评价结果在市场监管、"互联网+监管"等领域的"双随机、一公开"检查中应用。印发《重庆市全面推广信用分级分类监管工作方案》，推动新增典当、消防等11个信用分级分类监管场景，累计监管场景突破60个，占全市行政监督执法事项比重超40%。

表1 重庆市公共信用综合评价指标及分布情况

评价等级	评分区间	等级说明	企业数量（家）	占比（%）
A	大于等于850	信用最高：未发现或存在极少量一般失信信息，且具有正常履行社会责任、守信激励等信息	159787	13.74
B	大于等于800 小于850	信用较高：未发现严重失信行为、信用记录，但存在较少的一般失信信息，或同时存在一般失信信息和守信激励信息	724334	62.30
C	大于等于750 小于800	信用较低：被列入异常经营名录等失信记录较多	207275	17.82
D	小于750	信用最低：被列入严重失信主体名单或失信信息特别多	71351	6.14

三是事后信用奖惩和信用修复工作扎实推进。启动全市失信惩戒措施补充清单编制工作，动态更新A级纳税人、失信被执行人等信用"红黑名单"信息10万余条，在行政审批、招标投标、政府采购等290个事项中，触发并实施信用奖惩60余万次，其中，2023年1—9月，重庆市共有600余人次因"严重失信"受到注册登记任职限制。创新智能短信信用修复提醒服务，建立"信用中国（重庆）"网站与国家企业信用信息公示系统信用修复互认机制，实现信用修复"一次办"，2023年1—9月，全市累计受理信用修复申请5889件，依法完成修复3076件。

（三）信用建设全面助力金融服务实体经济

一是建成全线上信用融资服务体系。"信易贷·渝惠融"平台依托重庆银保监局"金渝网"，实现全市72家中资商业银行、1000余个普惠金融专营分支行全部入驻，实现主要金融机构、网点全覆盖。截至2023年9月，在金融信贷产品方面，平台共发布73个特色产品和34个区域产品，围绕产业发展，开发了大足五金、军民融合、专精特新和"三农"服务专区，实现融资产品的多样化和特色化发展；在融资能力方面，1—9月，平台接受融资申请1.1万笔，授信通过率21.76%，成功授信近44亿元，发放贷款30.2亿元，其中信用贷款5.2亿元。

二是特色化信用融资服务水平持续提升。截至9月，市税务局"银税互动"平台协议银行达31家，上线产品41个，帮助小微企业投放贷款超600亿元。市科技局"知识价值信用贷款"平台落实"应延尽延"政策，实施减免服务费20%、无还本续贷、应急转贷等优惠政策，为企业减轻资金周转压力，累计帮助1万余家（次）科技型企业发放知识价值信用贷款近200亿元。市经信委"中小企业商业价值信用贷款平台"持续优化生产经营及要素运行数据指标，完善数据评价模型，累计为7511家企业成功预授信约94.5亿元。

三是涉农信用金融服务持续深化。率先在9个区县、16个乡镇的9类特色农产品中试点，已汇聚农业企业、农业合作社、家庭农场、种养大户、农户等5类农业经营主体，近4万户信用数据，涉及土地流转、土地确权、涉农补贴、人力资源补贴、农产品种植收入、畜牧养殖收入、果品种植收入等重点数据，共计15个大类60个子项。同时，开发"花椒贷""榨菜贷"等产业信贷产品，打破传统农业信贷对抵质押、担保的依赖模式，"三农专区"融资订单授信通过率从原不足1%提高到40%以上，该做法获国家发展改革委《发展改革情况通报》（地方"好经验、好做法、好建议"专刊）刊载推广。

（四）信用建设全面融入区域发展各层面

一是成渝信用协同稳步推进。对照《全国公共信用信息基础目录（2022年版）》，印发《川渝公共信用信息共享目录》，并通过省级政务信息共享交换平台和国家信用信息共享平台，实现行政审批、行政处罚、"红黑名单"等数据实时共享，截至9月，累计共享相关信息1470万条。严格落实《川渝联合奖惩工作技术方案》，市、区（县）有关部门在行政审批和公共服务中触发并实施联合奖惩4927次。全面落实"信用中国"网站行政处罚信用修复有关要求，及时受理并完成179家在渝四川籍经营主体开展信用修复。

二是信用示范创建成果显著。扎实开展"信用交通省"创建工作，重庆信用交通指数名列全国第2位。启动中新、中越等AEO（海关高级认证企业）互认试点，推进进出口通关便利化。涪陵、九龙坡、长寿、綦江、大足、璧山6区成功入选全国第四批社会信用体系建设示范区，累计示范区数量达到9个，居全国第5位、西部第1位。铜梁创新应用场景试点、武隆促进信用消费试点通过国家文旅部文化和旅游市场信用经济试点验收。全市累计评定信用乡镇115个、信用村1666个，中国人民银行农村信用信息基础数据库已采集552万农户、7.09万农村经济组织的相关信息。

三是失信突出问题专项治理重拳出击。围绕"切实解决执行难"问题，在全市推广失信被执行人专属铃声定制工作，并在开展失信被执行人涉政府机构专项治理基础上，建立政务诚信案件执行协调机制，实现涉政务执行案件动态清零。市级部门开展信用交通宣传月、"拉网式"药品安全风险隐患大排查大整治、存量高风险电话卡"断卡行动2.0""打猫行动"等，切实治理失信问题。持续开展新录用公务员信用查询，1—9月，查询357批，共15295人次。

四是信用宣传教育全面开展。深入开展《重庆市社会信用条例》、打造"信用重庆"升级版等专题宣讲，举办部门、行业或区域宣讲活动近百场。动态开展"3·15""6·14"、诚信交通宣传月、"诚信兴商月"等诚信宣传节会活动，引导广大市民知信、守信、用信。1—9月，"信用中国（重庆）"网站及微信公众号动态推送信用宣传文章1965篇。相关行业主管部门、区县在机关、企业、学校、社区、商圈、街区等重要点位，开展诚信经营、诚实做人等诚信宣传或公益广告近万场，投放宣传物料超百万份。

二、存在的主要问题

（一）全社会知信用信意识不足

重庆市公共信用信息查询使用有待扩面，政府部门用信不足，截至9月底，仅在招标投标、政府采购、政府补贴等领域使用信用报告3.2万份。企业和群众对信用产品认识了解还不够，对信用信息的公开渠道和使用不熟悉，"十四五"以来，公众通过"信用中国（重庆）"网站查询信用信息年均11.3万次，相比"信用中国"2亿次信用信息应用有待增强。

（二）信用监管机制有待完善

分级分类监管重文件轻落实，信用评价结果基本还处于只有结果而无应用的状态，未能与监管检查实现挂钩，导致一些经营主体正常生产经营活动仍受到不同程度的干扰，与全面实现"守信者少打扰、失信者强监管"还存在差距。

（三）信用惠企助农的作用尚未完全发挥

受理念、技术等限制，司法判决、海关进出口、信贷担保以及水电气信等数据还未完全归集，区县部门、街、镇等部分领域信用信息零散、记录缺失，公安、医保等个别部门数据尚未实现数据直接提取，利用大数据、人工智能等技术刻画企业、农户信用形象的水平有待进一步提高。

（四）信用数字化大脑能力有待提高

信用评价、联合奖惩、信用报告等工具组件尚待开发完善，智能信用画像、信用风险自动识别及预警、信用融资评估模型等智能化产品还不完善。信用大数据挖掘的需求不断增加，但海量结构化、非结构化数据处理能力不足，导致信用信息平台难以支撑快速发展的应用需求。

三、2024年社会信用发展环境及展望

（一）信用的国际影响力日益增强

全球新一轮技术革命、产业变革和应用场景重塑，对社会信用体系建设提出了更高的要求，经营主体守信履约、相互信任形成良好的信用链条，已成为维系错综复杂的市场交换关系和正常有序的市场秩序的必要条件。特别是受单边主义、地缘政治影响，近年来，美国、加拿大等西方国家不断打压、排挤我国高新技术企业进入国际市场，对我国主权信用评级、企业信誉度等提出了更高的要求。为适应这一形势变化，我国努力打造市场化、法治化、国际化的营商环境，围绕"走出去"战略需要，正在进一步加快社会信用体系建设，以高水平政务诚信打造一流政务服务，提升招商引资竞争力和国际多边治理话语权，不断健全诚信体系为我国企业跨出国门增信赋能，树立良好的国际形象、增强全球市场竞争力。

（二）国内社会信用体系建设法治化水平不断提升

在《法治政府建设实施纲要（2021—2025年）》为顶层设计文件的引导下，社会信用体系建设不断走向法治化、规范化。上海、浙江、湖北等地方性法规陆续出台，呈现以政府为主导、以信用奖惩为抓

手、以守信用信为目标的社会信用管理格局。同时，地方信用立法为开展信用建设奠定了坚实的实践基础，也为中央立法（社会信用法已被全国人大列入三类立法规划）提供了丰富的素材和经验的借鉴。社会信用立法正呈三大趋势：一是由单一的信用信息管理向社会信用整体性建设综合立法；二是更加注重信息主体的权益保护，信息主体的权益保护，关乎公民切身利益，也是地方社会信用立法与社会信用体系建设的重点，如《上海市社会信用条例》设置了经营主体知情权、异议权、失信信息有效期、信用修复以及行政复议等条款，《江苏省社会信用条例》明确处理信用信息的五大类禁止行为；三是部门职能分工逐渐明晰，几乎所有的法规中机构职责划分、与征信业的交叉、与政务数据的配合以及责任承担等条款均有所体现。

（三）2024年重庆社会信用体系发展展望

2024年，在改革和数字化转型的指导下，重庆可望进一步推动信用制度体系重塑、业务协同流程再造、数字化应用系统集成，"信用重庆"升级版重大改革将进一步深化。一是全面提升公共信用信息平台枢纽功能，进一步发挥好信用平台在社会治理、产业发展和服务民生中的基础作用。二是深入构建以信用为基础的新型监管机制，全面推广证明事项和涉企经营许可事项告知承诺制，推动在重点领域结合公共信用综合评价结果实施信用分级分类监管，依法依规开展信用奖惩和信用修复。三是强化"信用+"惠民便企服务，大力实施信用惠民便企"信易+"工程，全面强化以"信易贷"为重点抓手等信用惠民便企应用。四是持续优化诚信氛围，推动川渝信用一体化建设，持续推动国家、市、区县以及乡镇等信用示范点建设。

四、对策建议

（一）多措并举培育知信用信场景

一是拓展信用报告应用范围，推动各地各部门在政府采购、招标投标、行政审批、市场准入、资质审核、公共资源交易、政府补助、贯标示范创建、信用修复培训等事项广泛应用公共信用服务机构出具的信用报告。二是引导金融机构、企业和个人使用公共信用产品和服务，鼓励金融机构依据信用报告对守信经营主体给予金融服务优惠和便利。三是鼓励经营主体在合同签订、项目承包、投资合作、租赁等商业活动中主动查询信用信息。四是加大信用宣传力度，在机关、学校、园区、工厂等以"诚信行政""诚信做人""诚信经营"为主题，开展形式多样的诚信宣传活动，树好诚信典型，讲好诚信故事。

（二）深化以信用为基础的新型监管机制改革

一是逐步扩大告知承诺办理事项覆盖范围，鼓励、支持试点区县将告知承诺制推广至水、电、天然气、网络、教育等公共服务行业，替代公共服务机构所需要的证明材料，切实利企便民。二是全面推广信用分级分类监管方式，提升分级分类监管在行政监督检查事项中的比重，对守信主体"少打扰"，失信主体"强监管"。三是完善信用约束机制，依法依规按照失信惩戒措施清单对责任主体实施惩戒，发挥信用在人身健康、生命安全、市场经济秩序、社会管理秩序等方面的保障作用。

（三）大力完善信用惠企助农融资服务功能

一是提升融资服务平台的融跨能力，促进与政务服务系统、市内金融服务平台资源整合和应用，将"信易贷·渝惠融"平台打造成为市政府公共信用数据对接金融数据综合应用的节点和枢纽，实现各类主体精准画像，发挥金融机构和融资主体的金桥作用。二是完善"信易贷"重庆模式服务体系，为信用优良的经营主体建立"申请有额度、办理有时效、拒单有原因、服务有监管"的信用融资服务体系。三是积极开展"信易贷"示范区建设,依托产业园区、区域性产业集群等,打造一批"信易贷"试点示范区,提升"信易贷"产品推广水平,畅通经营主体快捷融资通道。

(四)深入实施信用体系数字化升级工程

一是深度融入全市 IRS 系统建设,落实"数字重庆"建设要求,高质量完成信用信息应用平台迁移工作,深度梳理业务需求,对标先进省市社会信用体系建设经验,统筹推进公共信用信息系统建设,加大信息平台开放力度,保持市公共信用平台市区两级信用部门用户覆盖率100%。二是充分运用数字化手段,创新"信易+"应用场景,培育信用助农、信用教育、信用旅游、信用商圈、信用招投标、信用医疗、信用就业、信用养老、信用家政、信用租房、信用二手车等若干激励守信、褒扬诚信的市场化应用场景。三是建立信用协同联动机制,充分发挥金融机构、协会商会、信用服务机构、企业等各类组织的作用,共同搭建多渠道、多元化的信用服务体系。

[重庆市综合经济研究院(重庆市经济信息中心)宏观经济研究课题组
主研:黄利军　张　峰　李雪梅　张　锐　张　睿　莫　平　燕　鹰
执笔:张　峰　莫　平]

之十二：2023 年重庆市物价形势分析及 2024 年展望

2023 年，国际环境更趋错综复杂，国内经济延续复苏态势，但"三重压力"犹存。经济增长压力下，内外需改善有限，对物价形成拖累，全国 CPI、PPI 持续低迷。在此背景下，重庆秉持"稳进增效、除险清患、改革求变、惠民有感"工作导向，强化经济运行调度，着力保供稳价，全市物价水平保持低位平稳态势。预计 2023 年重庆市城市居民消费价格指数（CPI）同比上涨 0.2%左右，工业生产者出厂价格指数（PPI）同比下降 2.0%左右。

一、2023 年重庆市物价运行情况

2023 年以来，重庆市价格总水平保持低位稳定，与全国趋势一致，通胀压力总体较小。其中，受终端需求改善有限、猪肉等消费品价格持续低位等因素影响，CPI 环比小幅波动、同比震荡走低；国内外市场需求偏弱拖累工业品价格，叠加翘尾因素影响，PPI 持续负增长，跌幅进一步加深。

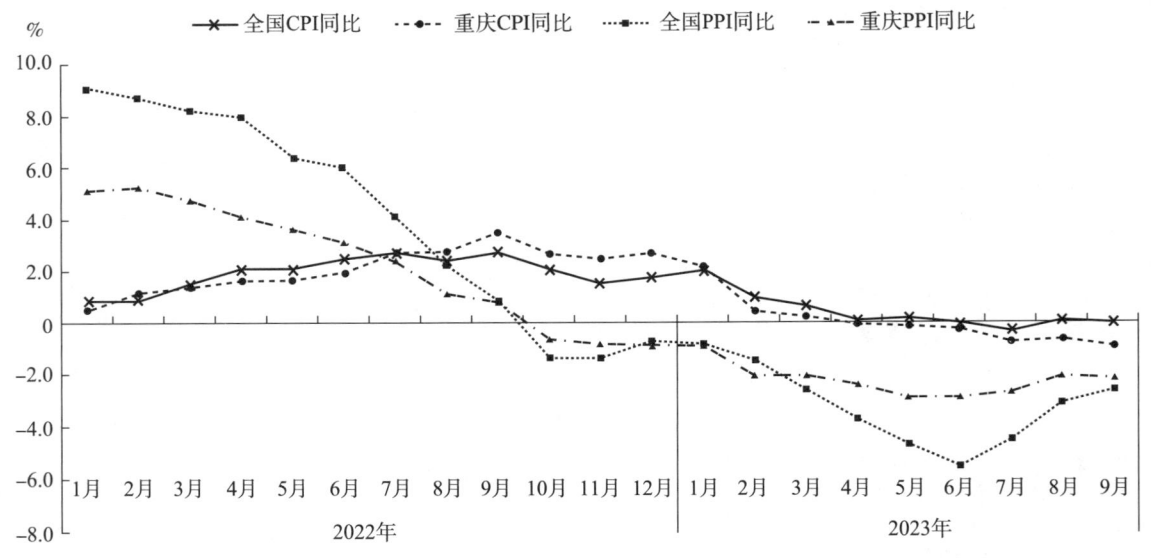

图 1　2022 年以来全国、重庆 CPI、PPI 指数月度同比变化趋势

（一）居民消费价格低位运行

受猪肉价格持续低位、交通及通信类价格跌幅较大等因素影响，1—9 月重庆市 CPI 同比持平，分别低于上年同期、全国平均水平 1.9 个、0.4 个百分点。全市 CPI 累计同比涨幅在全国 31 个省（自治区、直辖市）中列第 27 位，在西部 12 个省区市中列第 10 位，在毗邻 5 个省市中列第 4 位。从价格指数技术分析来看，翘尾因素影响约为 1.1 个百分点，新涨价因素影响约为-1.1 个百分点，新涨价因素是制约 CPI 回升的主因。

1. CPI 同比指数震荡下行

2023 年以来，重庆市 CPI 单月同比指数总体保持低位运行、震荡走低态势，与全国走势基本一致。具体看，第一、第二、第三季度 CPI 当季同比涨幅分别为 1.0%、-0.1% 和 -0.7%，涨幅逐季收窄，分别低于上年同期 0.1 个、1.9 个和 3.7 个百分点。单月同比增速持续回落。受经济下行压力较大、居民收入增长不及预期等因素影响，终端消费对 CPI 拉动乏力，其中猪肉、蔬菜等食品价格低位震荡，交通等商品价格持续低迷，影响 CPI 当月同比增速持续回落。具体来看，在翘尾因素支撑下，1 月 CPI 同比上涨 2.2%，为全年高点；随着翘尾因素逐步走低，叠加部分食品及消费品价格下行影响，2 月、3 月、4 月全市 CPI 当月同比涨幅持续收窄，5 月起进入负增长区间，9 月当月同比下行 0.9%，创近 31 个月新低。

单月环比增速变化具有季节性，总体低于历史平均水平，消费需求疲软现象明显。1 月处于春节期间，但环比与上月持平，低于历史平均水平约 0.5 个百分点；受节后消费收缩、部分商品和服务价格季节性回落等因素影响，2 月、3 月环比分别下降 0.7% 和 0.6%，跌幅远超历史同期；4 月、5 月环比持平；随着气温升高，水果、蔬菜大量入市拉低食品价格，6 月环比下降 0.3%；受暑期高温、生鲜生产及储运影响，猪肉、鲜菜等食品价格有所走高，拉动 7—9 月 CPI 环比分别上涨 0.3%、0.3% 和 0.2%，但较往年同期仍显疲软。

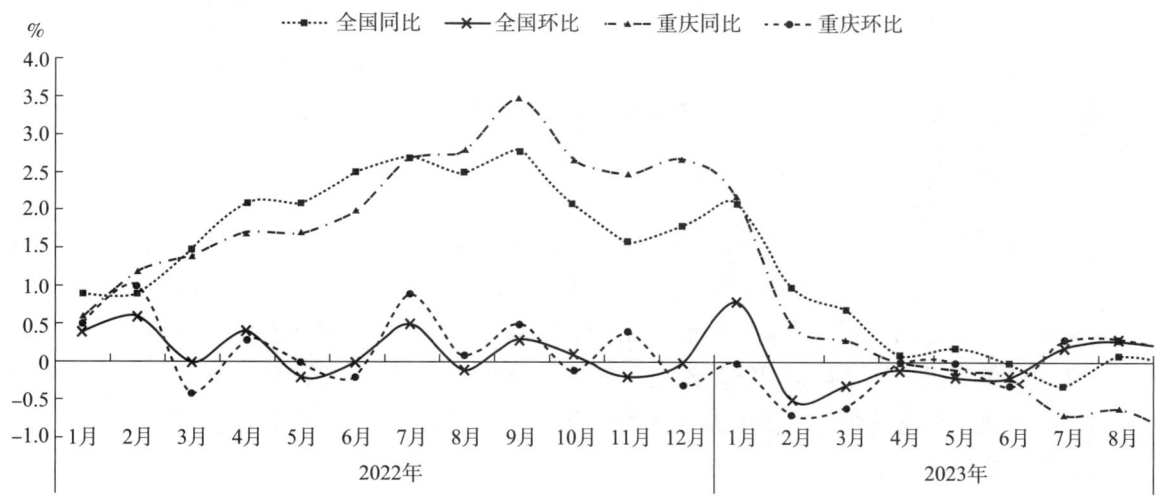

图 2　2022 年以来全国与重庆 CPI 指数月度同比、环比变化趋势

2. 八大类消费品同比价格呈现"3升1平4降"格局

1—9 月，重庆八大类商品和服务同比"3 涨 1 平 4 降"，上涨面较上年同期减少四项。其中，其他用品及服务、教育文化娱乐、衣着三类价格上涨，医疗保健与上年同期持平，交通通信、食品烟酒、居住、生活用品及服务价格分别有所下降。具体看，受金银饰品、美容美发洗浴等消费品和服务价格上涨带动，其他用品及服务价格同比上涨 2.5%；受大型演唱会等演艺活动增多、观影需求旺盛等带动，教育文化娱乐类价格同比上涨 1.6%；此外，衣着价格同比上涨 0.5%。在中药材价格上涨、批量采购推动西药价格下行的共同作用下，医疗保健价格与上年同期持平。受全国及全市生猪、能繁母猪存栏量持续较高影响，全市猪肉价格低位运行，累计同比下降 9.5%，加之在产品供应较充足而需求有限等因素影响下，鲜菜、水产品、蛋类等食品价格普遍低于上年同期，食品类价格累计同比下降 0.5%，影响食品烟酒类价格同比微降 0.1%。受房地产市场持续低迷和家用器具价格持续下行影响，居住、生活用品及服务类价格均同比下跌 0.1%。尽管汽柴油价格整体波动上行，但受新能源车冲击叠加经济增长不及预期，汽车行业整体竞争加剧，燃油车、新能源车价格均持续调降，推动交通和通信类价格累计同比下降 1.5%。

（二）工业生产者价格继续回落

受全球经济下行压力较大、需求改善不及预期等因素影响，9月，重庆市工业生产者出厂价格（PPI）、工业生产者购进价格（PPIRM）累计同比分别下降2.2%、2.8%，较上年同期分别回落5.9个和9.6个百分点。与全国水平相比，重庆PPI和PPIRM分别高1.0个和0.8个百分点，在全国31个省（自治区、直辖市）中分别排在第16位和第17位。

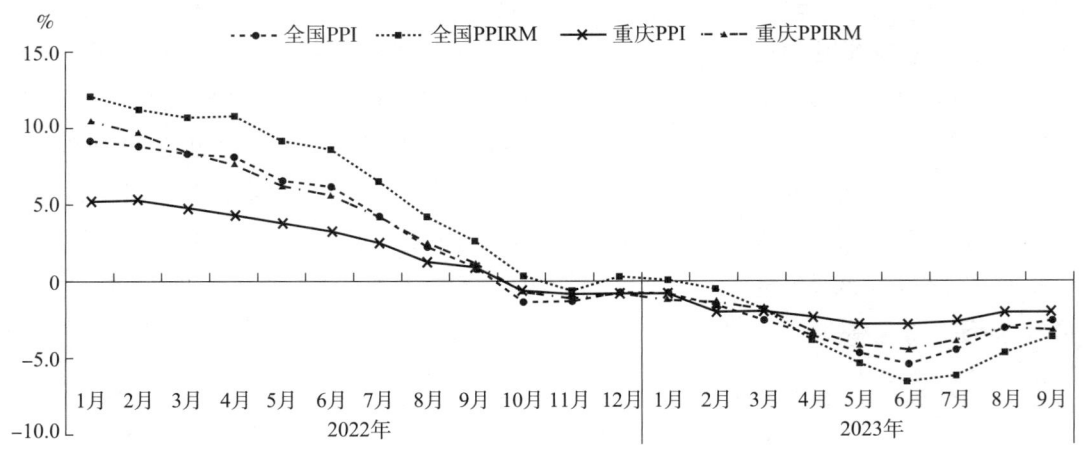

图3　2022年以来全国、重庆市PPI及PPIRM指数月度同比变化趋势

1. 生产资料类价格持续低位

受石油、煤炭等大宗商品价格继续回落及上年同期基数较高等因素影响，1—9月重庆市生产资料价格同比下降3.2%，低于上年同期7.8个百分点。其中，石油和天然气开采业价格持续低位，导致采掘业价格涨幅明显收窄，累计同比增长0.2%，低于上年同期2.5个百分点；由于石油、煤炭、部分化学原料价格下跌，原材料类价格同比下降2.9%，较上年同期回落10.8个百分点；汽车制造业、专用设备制造业、通用设备制造业价格持续低位，拖累加工类行业价格累计同比下跌3.3%，较上年同期回落7.4个百分点，跌至近7年低位。

2. 生活资料价格继续回落

受消费需求表现平淡影响，生活资料类价格同比涨幅回落至0.5%，较上半年和上年同期分别收窄0.1个、1.0个百分点。其中，受日常消费需求改善不及预期影响，衣着和一般日用品类价格同比分别下跌2.0%和0.1%，分别低于上年同期2.7个和2.5个百分点，是拖累生活资料价格走低的主要原因，反映居民日常消费需求改善预期偏黯淡。

二、需要关注的问题

（一）市场需求明显不足

2023年以来，全国及全市经济均保持恢复性增长态势，但需求收缩、供给冲击、预期转弱"三重压力"持续存在，制约需求改善幅度，影响价格指数持续处于低位。尽管重庆CPI运行趋势与全国一致，但重庆CPI连续5个月处于负增长区间，而全国仅7月为负增长，且重庆累计同比增幅较全国水平低0.3个百分点，反映重庆消费市场需求改善情况弱于全国，消费信心、投资信心不足的现象更为突出。

（二）畜肉价格走低

2023年以来，重庆市生猪产能持续处于较高水平，前三季度生猪出栏1419.8万头，同比增长4.0%，生猪供应持续保持充裕水平，但市场需求有限，截至9月底，重庆猪肉价格有19周处于过度下跌一级预警区间，全市猪粮比价为5.25∶1，生猪价格持续低位运行。同时，猪肉价格持续走低拉低牛、羊肉等替代品价格，1—9月畜肉类价格同比下跌4.1%。畜肉价格持续走低严重影响养殖信心，若不能扭转趋势，可能出现抛售、转产、空栏现象，既加大稳产保供压力，也影响畜牧业持续健康发展。

三、2024年形势及展望

（一）宏观环境分析

2024年，全球政经形势将更趋复杂严峻，外部环境不确定性、不稳定性更加突出，主要发达经济体"高利率、高通胀"态势明显，俄乌战争胶着、巴以冲突加剧，大宗商品价格剧烈波动，全球经济下行压力进一步增加。国内经济延续恢复性增长态势，但经济恢复的基础不够牢固、恢复的进程较为缓慢，需求不足、风险增多、预期转弱三重压力持续存在。全国及重庆以构建新发展格局为主导，对外坚持开放，对内加强和优化宏观调控，激发经营主体活力，经济恢复将带动需求继续回暖，物资供应保持充裕，物价将总体保持稳定运行态势，国内外宏观环境对重庆物价运行影响总体有限，有望保持平稳运行态势。一是价格运行基本面较为稳定。面对错综复杂的国际环境，中央将持续强化宏观经济调控，维持稳增长、稳就业、债务置换等积极财政政策力度，货币政策保持稳健宽松，市场信心将有所改善、经济形势总体有所好转，整体需求有望进一步改善，对物价将形成正面拉动；加之我国工农业生产体系完备，粮油、蔬菜、肉类、日用品等供给能力较强，价格保持平稳运行的基础较好。二是外部输入性通胀压力总体可控。欧美等发达经济体将保持高利率货币政策，美联储持续加息至5%以上，叠加全球经济增长形势黯淡，原油、有色金属、黑色金属等大宗商品价格明显承压，后期输入性通胀压力基本可控。但OPEC+组织持续削减原油产量推升国际原油价格、国内货币环境持续宽松等因素将对物价形成一定上涨压力。

（二）推动物价上行的因素

一是食品价格将震荡上行。全球极端天气增多、冲突导致供应链中断等都可能影响玉米、大豆、小麦等进口量较大农产品的供应，增大养殖场成本上涨压力，加之俄乌冲突持续导致钾肥等农资产品价格存在一定不确定性，肉类、蔬菜等部分农产品价格上涨压力仍存。二是原油价格将持续回升。OPEC+减产力度较强、需求端受中国经济复苏和美国经济韧性的支撑，叠加中东巴以冲突加剧影响，原油价格有望维持高位，汽柴油等价格随之调高将带动交通类价格明显上涨。三是消费需求有望继续恢复。存量房贷利率调整政策已落地，个税调整政策已出台，家庭可支配收入明显增加，有利于消费能力改善。四是CPI翘尾因素影响增大。2024年CPI翘尾因素影响约为1.1%，高于2023年0.3个百分点。五是货币环境流动性偏宽松。稳增长稳就业压力依然较大，本轮货币宽松周期预计将持续，市场流动性将持续保持较为充裕状态，将在一定程度上助推物价上行。

（三）抑制物价上行的因素

一是上游原材料价格上涨传导作用减弱。美欧等发达经济体加息周期将持续到2024年，将对大宗商品价格形成较大压力，国际大宗商品价格将震荡下行。在输入性通胀压力减轻叠加国家保供稳价政策支持下，煤炭、钢材、有色等原材料供应将有所增加，产业上游对下游的价格传导压力较小。二是工业生产者价格继续低位运行。2024年PPI翘尾因素影响仅为0.1%，对同比指数的支撑作用小，工业生产者价格将保持低位，工业生产者价格对居民消费价格的传导压力较低，有利于物价保持稳定。

（四）2024年主要趋势预测

2024年，重庆将深入实施成渝地区双城经济圈建设、西部陆海新通道建设等国家战略，加快落地各项稳经济大盘政策举措，经济内生发展动力将有所增强，但仍面临国内市场竞争激烈、内需增长动力不足、能源等要素保障难度较大等挑战。在此背景下，重庆价格运行将总体保持稳定可控，主要需关注猪肉等食品价格和汽柴油等能源产品价格波动对重庆居民消费价格的冲击；工业生产者价格方面，需关注原油等大宗商品价格波动及市场需求变化情况。

综合以上分析，在不发生较大灾害或重大事件的情况下，预计2024年重庆CPI将继续保持温和运行态势，全年同比上涨2.5%左右；工业生产者价格方面，预计2024年重庆PPI全年同比增长1.0%左右。

四、对策建议

（一）积极促进消费恢复，推动价格回归合理区间

在贸易保护主义威胁下，外部需求增长有限，需借此机会积极促进消费需求恢复和升级，一方面有助于改善内需，推动物价平稳运行，另一方面倒逼全市各产业加快转型升级，增强经济增长动能。一是继续大力推动城乡统筹发展，加快消除城乡区域间壁垒，释放农业转移人口消费潜力；同时合理引导城乡居民消费升级方向，如服务消费、信息消费、绿色消费和品质提升型消费等新热点，拓展新的消费增长空间，推动消费价格水平保持稳定增长。二是进一步做好对内对外开放发展，抓紧研究推进相关税制改革，扩大自贸区口岸进境免税实施范围，落实和完善境外旅客购物离境退税政策；同时进一步加强口岸进境免税店建设，合理扩大免税品种，增加一定数量的免税购物额，方便国内消费者在境内购买国外产品。三是加快推进网络消费等重点消费领域的引导工作。坚持市场竞争为主导，确保以新消费引领形成新的有效供给，通过消费环境的改善来创造新的发展空间，推动消费和投资的良性互动，最终实现消费升级和产业升级的协同推进。

（二）着力做好极端天气下农产品生产保供工作

在越来越多的极端天气威胁下，应进一步改善农业基础设施、加强食品供应链弹性，不断加大农产品生产保供工作力度。一是持续改善农业基础设施。做好蓄水防旱以及暴雨洪涝和地质灾害防御，暴雨前检修加固蔬菜生产设施设备、修补棚膜、挖好排水沟，雨后及时清沟排水、松土除草、摘除枯枝老叶，不断提高农业生产效益。二是进一步强化农产品供应链。重点抓住跨区域农产品批发市场和干线冷链物流，补齐农产品流通设施短板，打通农产品流通"大动脉"，完善农产品零售网点，不断提升农产品市场覆盖率。加强产地初加工设施设备建设，完善产区"最初一公里"商品化设施；不断完善供应链末端公益功能，加强智慧农贸市场建设，提升农贸市场、菜市场"最后一公里"惠民功能，畅通农产品流通"微循环"。

（三）加强价格监管，稳定市场物价预期

紧盯国际国内重点大宗商品和重要民生商品市场变化，加强供需和价格走势分析研判，及时采取针对性调控措施。一是要加强对粮油、蔬菜、水果等重点食品价格监测，积极组织和对接市内外货源，及时做好市场供应，降低物价上涨预期。二是适时启动社会救助和保障标准与物价上涨挂钩联动机制，确保困难群众基本生活水平不因价格上涨而降低，争取把价格波动对居民生活水平的影响降到最低。三是及时跟踪并发布各行业主要生产资料价格以及供需状况，防止出现重要品种的结构性短缺，确保市场供应和价格的基本稳定，增强行业生产经营对生产资料价格波动的应变能力。

[重庆市综合经济研究院（重庆市经济信息中心）宏观经济研究课题组
主研：易小光　丁　瑶　余贵玲　罗丛生　陈　可　赵　飞
执笔：赵　飞]

之十三:2023年重庆市民营经济发展情况及2024年展望

2023年以来,面对复杂的国内外政经形势,我国对促进民营经济发展壮大作出重大决策部署,多举措发力民营经济高质量发展。重庆市召开推动民营经济高质量发展大会,全面落实系列支持民营经济发展政策,推动民营经济规模持续扩大,发展韧性不断增强,"生力军"作用进一步凸显。预计2023年重庆民营经济增加值同比增长6.0%左右,民间投资同比下降2.0%左右。

一、2023年重庆市民营经济运行情况及特征

(一)民营经济保持稳定增长

2023年,随着民营经济发展支持政策加快细化落实,重庆民营经济发展活力持续增强。1—9月,重庆市民营经济实现增加值13162.8亿元,同比增长5.5%,增速分别高于上半年和上年同期0.3个、2.0个百分点;占GDP比重由上半年的58.8%提升至59.2%,对全市经济增长贡献率达到58.3%。民营工业运行好于全市,民营规模以上工业增加值(1—9月)、民营规模以上工业企业营业收入(1—8月)分别同比增长6.1%、0.5%,分别高于全市平均水平0.4个、0.5个百分点。

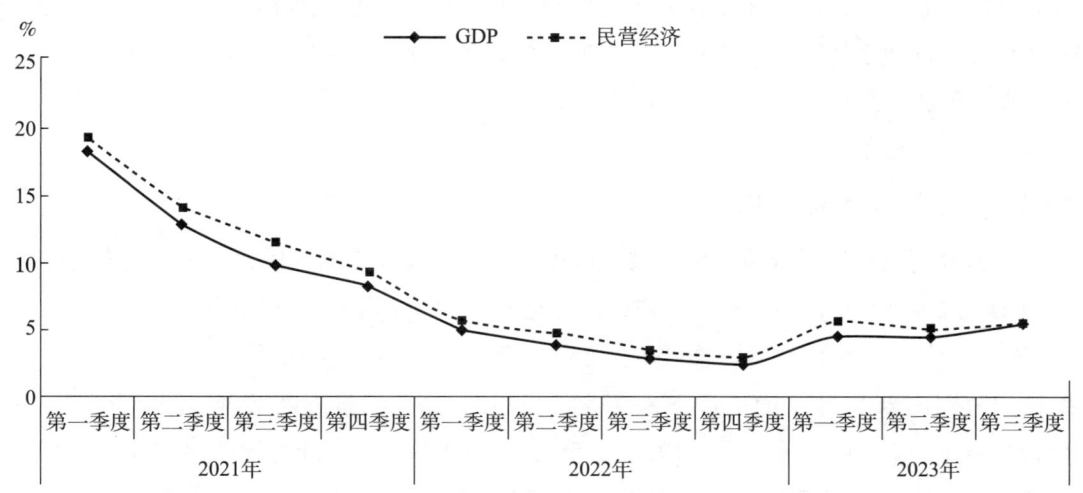

图1 2021年以来重庆市GDP及民营经济增加值累计增速

(二)民间投资降幅逐步收窄

在高技术产业投资加快、"保交楼"项目提速推进以及上年同期低基数效应等影响下,民间投资下滑幅度有所收窄。1—9月,重庆民间投资同比下降4.0%,降幅较上半年收窄4.6个百分点;扣除房地产开发投资后,同比增长12.5%,分别高于全市投资同口径增速和全国民间投资同口径增速0.5个、3.4个百分点。从主要领域看,随着民间资本加快投向新能源汽车、软件信息等产业领域,1—9月重庆民间高技术制造业投资、民间高技术服务业投资分别同比增长9.7%和27.4%,均高于整体高技术制造业投资和服

务业投资增速。在"保交楼"有序推进以及基数效应等因素带动下，民营房企加快项目开工建设，开发投资降幅有所收窄。

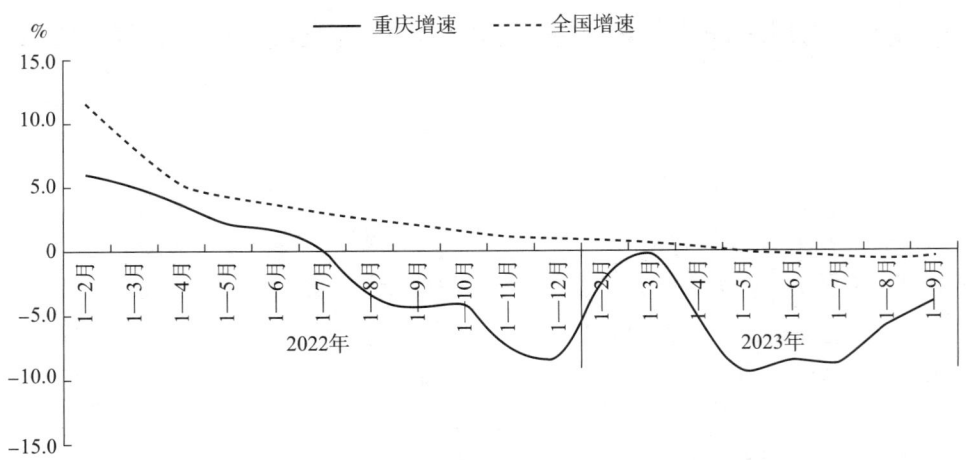

图2 2022年以来重庆市及全国民间投资累计增速

（三）民营外贸进出口有所好转

在汽车等优势产品出口带动下，民营企业外贸进出口降幅持续收窄。1—9月，重庆民营企业实现进出口2511.6亿元，同比下降9.2%，高于全市进出口增速3.3个百分点，占全市进出口总值比重由上年同期的45.3%提升至46.4%。具体来看，在汽车、蓄电池等优势产品出口带动下，1—9月民营企业出口实现1542.2亿元，降幅由上半年的12.0%收窄至9.5%，与全市出口降幅持平；其中，汽车出口同比增长50.3%，拉动出口总值增长2.0个百分点。受上游需求减少、国产替代等因素影响，1—9月民营企业实现进口681.3亿元，同比下降12.0%，高于全市进口6.2个百分点。此外，在西部陆海新通道、中欧班列（渝新欧）等国际开放大通道引领下，作为外贸进出口重要主体的民营企业对东盟进出口降幅有所收窄，对美国、欧盟进出口降幅加深。

（四）民营经营主体稳步增长

随着各项民营经济发展支持政策落地见效，市场信心得到有效提振，民营经营主体呈稳步增长态势。1—9月，重庆新设立民营经营主体49.2万户，同比增长16.0%；退出民营经营主体25.0万户，同比减少6.7%。截至9月底，民营经营主体总量达到357.6万户，比2022年末增长7.3%；其中，民营企业、民营个体工商户分别比2022年末增长6.6%、7.5%。科技型企业数量不断增多，截至9月底，重庆累计培育入库民营科技型企业54394家，同比增长32.5%，占全市科技型企业总数的99.6%。民企直接融资步伐加快，1—9月新增上市企业7家，居西部第1位；IPO融资100.7亿元，同比增长269%；民营企业发行资产支持证券235.5亿元，民营上市公司通过增发股份融资5.86亿元。

二、需要关注的问题

（一）民营工业经济动能不足

重庆民营工业恢复性增长势头较慢，规模以上民营企业工业增加值增速仍低于2020—2022年年均水平，主导产业带动不强、成本负担加重等问题较为突出。一是民营工业增长后劲不足。电子、汽车两大主导产业运行承压，1—9月汽车、微型计算机设备、集成电路产量持续下降，同比降幅分别为4.3%、

15.0%、43.4%，其中汽车产量增速连续7个月低于全国水平；新能源汽车产量占全市汽车产量比重为14.5%，低于全国15.3个百分点，先进材料、生物医药等新动能培育仍相对较慢。二是民营工业企业成本负担偏重。民营企业普遍反映2023年用电综合成本同比提高10%~20%、天然气价格同比上涨13%~24%；社保月缴费基数同比增长4.1%，也高于企业营收和利润增幅。民营企业还面临账款拖欠问题，停产、半停产企业数量处于高位，中小微企业生产经营难度加大。

（二）民间投资增长持续乏力

由于市场需求不足、投资回报走低，民营企业投资意愿和能力尚未明显改善。一是工业项目引进及转化落地持续承压。受市场需求低迷、工业利润下滑等影响，民间投资意愿偏弱，1—9月重庆新开工工业项目个数同比增长3.8%，低于上年同期2.5个百分点；部分产业链主项目招引不足，未来产业、高成长性产业领域落地项目有限，签约项目个数、合同签约额分别仅为"33618"产业签约量、签约额的15.3%和11.0%。二是房地产投资形势依然严峻。房地产市场仍处深度调整期，供需两端购置能力及信心仍较疲弱。1—9月重庆房地产开发投资同比下降15.7%，降幅较上半年收窄6.2个百分点，仍分别低于上年同期和全国同期3.2个、6.6个百分点；商品房施工面积同比下降9.0%，其中新开工面积占施工面积比重仅8.0%，建设体量明显萎缩。

（三）民营外贸进出口持续承压

随着全球贸易版图深度调整、国际市场竞争加剧，重庆民营外贸进出口持续下滑，仍低于全国平均水平。一是外贸企业市场预期偏弱。受终端需求不足、生产链转移和供应链分散等影响，重庆外贸民营企业反映在手市场订单减少、新签短单和小单占比较高，产业链外迁、订单外流加剧，市场预期信心总体弱于往年。二是重点产品进出口大幅下滑。受全球消费电子需求萎缩、发达经济体脱钩断链、笔电订单转移等影响，1—9月重庆笔记本电脑出口额同比下降15.5%，集成电路进口额同比下降14.5%，对重庆进出口形成明显拖累。受美国"双反"调查等因素影响，宗申等民营企业通机出口大幅下滑，传统出口产品竞争力也有所弱化。

三、2024年发展环境及展望

（一）国际形势复杂多变，民企拓展海外市场面临挑战

世界百年未有之大变局加速演进，地缘政治冲突、大国博弈对全球政经格局的不平衡性和分化态势更加凸显，民营企业海外市场发展预期的不确定性明显上升。一是投资贸易保护强化不利于民营企业拓展海外市场。全球地缘政治冲突趋于复杂，俄乌冲突、巴以冲突等局势动荡，将导致全球化加速碎片化、产业链供应链分割加剧，对全球贸易和投资流动造成极大阻碍，重庆市民营企业"走出去"开展国际产能合作、拓展国际市场难度将有所增大。同时，美西方发达国家加速对华"去风险""脱钩断链""技术封锁"，将持续影响民营企业开展国外先进适用技术、项目等合作和外资利用，制约民营企业转型升级。二是全球经济增长放缓、金融市场震荡对民营经济负面影响加深。在全球经济增长放缓趋势下，民营企业不仅面临外需偏弱困境，也将面临激烈的国际市场竞争。面对逆全球化和地缘政治动荡，全球金融市场脆弱性上升，大宗商品市场、汇率市场波动，将导致民营企业在大宗原材料进口成本、出口汇率风险损失等方面挑战增多。

（二）我国全力支持民营经济发展壮大，发展空间加快拓展

民营经济是推进中国式现代化的生力军，我国将以构建新发展格局为主导，加强和优化宏观调控，

着力优化民营经济发展环境，力促民营经济保持健康发展。一是建设全国统一大市场将拓展民营经济发展空间。我国加快建设全国统一大市场，实行统一的市场准入制度，将坚决破除所有制身份歧视，全面排查和系统清理各类显性和隐性壁垒，推动区域一体化发展，鼓励和吸引更多民间资本参与国家重大工程和补短板项目建设，将拓展民营经济市场新空间。二是国家对民营经济高质量发展支持力度加大。2023年以来，国家相继出台《关于促进民营经济发展壮大的意见》《关于进一步抓好抓实促进民间投资工作努力调动民间投资积极性的通知》等顶层设计文件，中央编办批复在国家发展改革委设立民营经济发展局，相关领域政策统筹协调力度加大，对提振民营企业信心和扩大民间投资的保障作用将进一步强化。同时，我国将继续优化和延续税费优惠政策，对民营企业的信贷支持、科技创新支持力度将持续增大，制造业领域外资准入限制全面取消，将更好激发民间资本投资活力。

（三）重庆持续优化发展环境，将有力提振民营经济信心

重庆着力打造西部地区营商环境排头兵、内陆地区民营经济健康发展新高地、全国民营企业家健康成长的示范城市，将推动民营经济政策效应加快显现、发展环境持续优化，促进民营经济高质量发展。一是民营经济发展新动能加速集聚。重庆提速打造"33618"现代制造业集群体系，央企重大生产力布局、产业招商项目陆续落地，将有力推动产业结构迭代升级，新能源汽车、电子核心部件等领域将得到大力支持，高新技术企业、"专精特新"企业将获得更多政策倾斜。"新房改"方案落实落地、保障性住房等领域获重点支持，将对民间投资形成一定带动。二是民营经济发展环境更加完善。重庆民营经济发展支持政策将持续细化实施，在拓宽民间资本参与重大项目细分领域、强化金融对民营企业支持等方面着重发力，民营经济发展活力将得到有效激发和释放。同时，"链主企业+创新载体+领军人才+产业基金"科技创新生态加快构建，将助力优质产业招商项目、高能级创新平台引进集聚，促进创新链与供应链、产业链、人才链融合发展，助推民营经济转型升级。数字重庆建设全面推进，将推动数字经济和实体经济深度融合，引导汽车、电子、装备制造、生物医药、消费品等产业向价值链中高端延伸，更好赋能重庆民营经济转型和提质增效。

（四）2024年重庆民营经济发展趋势及预测

展望2024年，适应加快构建新发展格局要求，重庆将加快推动成渝地区双城经济圈走深走实，推动西部陆海新通道建设，打造内陆地区民营经济健康发展新高地，随着民营经济发展政策支持力度不断加大，民营经济将保持稳定增长态势。2024年民营经济预计实现增加值同比增长5.8%左右，民间投资同比下降2.5%左右。

四、对策建议

（一）增强民营工业经济发展后劲

一是推动重点行业加快发展。支持问界新M7、问界M9等新能源汽车新品加快量产上市，推动车企将优质车型落地重庆生产。推动芯联12英寸、三安意法半导体项目加快建设，密切关注半导体设备海外采购管制，确保外购关键设备及时到位，尽快形成投资增量。支持电子企业加强与汽车企业供需对接，推动企业加快研发生产汽车芯片、车用软件、汽车电控等产品，拓展电子产品订单。二是降低企业生产经营成本。全面落实延续和优化实施的阶段性税费优惠政策，鼓励工业企业合理优化调整生产时序错峰用电，支持民营企业投资建设分布式光伏和分布式储能项目，综合降低用电成本。加强西部陆海新通道与中欧班列、长江黄金水道联动，继续实行"公转铁"增量补贴政策，提高大宗货物铁路运输比重，降

低企业运输成本。

（二）进一步激发民间投资活力

一是支持参与重点项目建设。支持民营企业参与成渝地区双城经济圈、西部陆海新通道建设和乡村振兴等国家战略，建立完善支持民间资本参与重大项目建设机制，支持民间资本参与具备一定收益水平、条件相对成熟的铁路、高速公路、水利、港口码头及相关站场等重点项目建设，鼓励民间资本参与充电桩、数据中心等新基建运营。二是支持参与国有资产盘活。鼓励和支持民间投资参与盘活国有存量资产、城市老旧资源，鼓励民营企业通过产权交易、并购重组、不良资产收购处置等方式加强存量资产优化整合，将盘活的存量资产转化为发展增量。三是推动房地产开发投资稳定恢复。落实落细国家房地产支持政策，加大房企纾困专项再贷款等政策执行力度，支持"白名单"房企开展债权、股权融资，提振民营房地产企业投资信心。同时，延续实施"保交楼"专项借款及配套融资、贷款支持计划等政策措施，促进房地产开发投资稳定运行。

（三）促进外贸进出口回稳提质

一是积极开拓国内外市场。组织民营企业参加全球性展会活动，参考成都等地区挖掘增量政策空间，给予参展企业展位费、人员费补贴等支持。瞄准东南亚、非洲等新兴市场，支持民营企业以合作或自建等方式，打造一批展示展销中心、集散配送分配中心、国际采购中心、售后服务网点和备件基地，畅通外贸产品外销渠道。二是稳定电子信息等产业发展。联合民营企业深入调研掌握细分市场产品潜在需求，精准撮合对接获取订单。加大对重点企业服务保障，健全电子制造企业外迁风险预警机制，稳定电子、汽车等重点产品出口。引导市内笔电、手机代工等民营企业承接游戏机、平板等高端电子产品订单，增加汽车芯片、车用软件、汽车电控等本土化采购。三是加快发展外贸新业态新模式。大力推进"跨境电商+产业带""保税+"服务贸易发展，释放民营企业外贸进出口发展动能。鼓励民营企业通过人民币跨境计价结算进行汇率避险，探索推广国际贸易"单一窗口"线上融资增信申请模式，对优质外贸民营企业试点批量主动授信。

（四）持续优化民营经济发展环境

一是持续破除市场准入壁垒。严格落实市场准入负面清单制度，促进"非禁即入"，杜绝"准入不准营"，打破"卷帘门""玻璃门""旋转门"等隐性壁垒。全面落实公平竞争审查制度，支持民营经济经营主体平等使用各类生产要素和公共服务资源，保障民营经济经营主体依法公平参与市场竞争。二是强化人才和用工需求保障。畅通人才向民营企业流动渠道，健全人事管理、档案管理、社会保障等接续的政策机制。建立民营经济领军人才"揭榜招贤"机制，发布民营企业急需紧缺人才目录，建设民营企业创新人才驿站。加快推动现代产业学院建设，探索建立普通高校、职业院校和民营企业联合培养人才创新机制。三是完善支持政策直达快享机制。加强直接面向民营企业和个体工商户的政策发布和解读引导，优化"企业服务专区""个体工商户服务直通车"，集中发布助企惠企"政策包"，实现政策"精准直达""免申即享"。加大涉企补贴资金公开力度，接受社会监督。

[重庆市综合经济研究院（重庆市经济信息中心）宏观经济研究课题组
主研：易小光　丁　瑶　余贵玲　罗丛生　张　佳　李　霞
执笔：李　霞]

之十四：2023年重庆市市场监管环境形势分析及2024年展望

2023年是全面贯彻党的二十大精神的开局之年，是全面建设社会主义现代化新重庆的起步之年。重庆市市场监管系统深学笃用习近平总书记关于市场监管工作重要论述，全面贯彻党的二十大战略部署和市委六届二次、三次全会精神，紧扣新重庆建设要求，以主题教育为动力，深入推进党建统领各项工作，坚持一手抓市场监管、一手抓服务发展，着力推动高质量发展、创造高品质生活、实现高效能治理。

一、2023年市场监管环境形势

（一）成渝地区双城经济圈市场一体化建设扎实推进

合作事项丰富拓展，联合市发展改革委牵头落实推动双城经济圈市场一体化建设行动方案，系统谋划、整体推进川渝7个全链条协作、成渝联动联建9项举措、渝广现代化同城化10项措施，指导川渝毗邻地区签订合作协议215项，形成"1+3+N"合作体系。合作机制有效运转，组织召开两省市局领导小组第四次会议、成渝双核联动联建第一次会议，坚持大思路、小切口，研究谋划一批最迫切、有基础、可突破的重大项目；分级分类、序时推进163项重点任务，均达到预期目标。合作成果更加丰硕，持续扩大市场准入、公平竞争、企业信用、市场监管等制度规则互信互认事项，推动川渝公平竞争审查交叉互评，开展联合执法20次、互移案件线索63条，市场准入异地同标、共建跨省公平竞争审查协作机制经验获全国推广。

（二）数字市场监管重点能力建设提速推进

体系架构日益完善，印发《数字市场监管建设工作方案（1.0版）》，迭代升级数字市场监管体系构架，系统梳理一级业务46个、二级业务164个，基本实现核心业务梳理全覆盖。驾驶舱同步建设，围绕"一码、一库、一图""多场景、多专区、多成果"的思路，规范统一驾驶舱设计，实现"数据一屏呈现、指标一屏分析、指挥一屏联动、场景一屏透视、治理一屏闭环"。应用场景破题呈现，完成法人基础数据库等3个系统迁移、企业开办等9项政务服务"一件事一次办"上线运行，实现"特种设备在线""餐饮安全在线"进入重庆市重大应用"一本账"，梯次谋划建设"小切口"重点应用，加快实用实战。

（三）安全稳定形势总体向好

制度机制迭代升级，市委常委会听取食品安全工作汇报，市食药安委召开全体（扩大）会议；全面完成包保数据校验入库和问题数据清理，指导江北、荣昌、武隆创建国家食品安全示范城市并通过国家评审；出台食品安全工作约谈办法，发布食用农产品批发市场食品安全经营管理规范、食品集中配送服务规范和特殊食品经营规范地方标准，制定产品质量监督抽查实施办法，创新特种设备赋码管理，修订完善《市场监管领域风险隐患排查事项清单（第八版）》，未发生重大及以上安全事故。风险隐患有效防范，深化"守查保"等专项行动，完成食品抽检8.55万批次，推动"你点我检"纳入重庆市主题教育民生实事项目、惠及群众30万人；开展药品安全巩固提升行动，查办的黔江生产销售假药案获公安部贺电表彰；开展重点工业产品监督抽查1.02万批次，专项整治城镇燃气油气，非法掺混二甲醚得到有效遏制；深入排查整治特种设备安全隐患，完成隐患整改9817条，万台特种设备事故死亡率与上年持平。应急处置及时稳妥，完善食品、特种设备应急预案，组织开展大型游乐设施、食品安全突发事件、LNG泄漏应急救援、川南渝西地区食品安全舆情处置等应急演练；持续抓好日常舆情的监测分析、报告处置，有效处置化解舆情1999条；汲取江西食品安全舆情事件教训，举一反三开展餐饮食品安全专项检查行动。

（四）推进统一大市场建设更加有力

公平竞争审查制度全面落实，推动出台《强化反垄断深入推进公平竞争政策实施行动方案》，联合市发展改革委贯彻落实《加快建设全国统一大市场的意见》；扎实开展政策措施集中清理工作，办结经营者集中反垄断审查案件76件，位居试点省市第二。信用监管赋能提质，新归集涉企信息822.67万条，加强信用风险分类监管，合理降低抽查比例和频次，推行"不见面"信用修复；制作"山城有信"联动"阳光餐饮"视频及图文解说，被市场监管总局纳入首批创新案例。平台经济监管常态化，牵头推进网络市场监管促发展保安全、优化平台协议规则专项行动，着力维护外卖骑手合法权益，监测网站（店）115.68万个次、移动端主体71.8万个次；指导綦江获评全国首批网络市场监管与服务示范区，相关做法被市场监管总局作为典型模式推广。综合执法更加公平公正，完成专利等地方性法规制修订，储备一批立法项目，法治市场监管建设得到中央依法治国办检查组积极评价；对违法行为实行"五个维度"综合研判、分类处置，试点开展涉案主体合规评估，查办各类案件2.37万件，同比增长5.63%。

（五）民营经济发展环境不断优化

市场准入提速增效，完成49项办事指南标准化编制，新增实行告知承诺涉企经营许可事项50项、市场监管领域地方涉企许可事项实现"清零"；食品生产经营许可、食品经营备案与营业执照实现同步注销，惠及经营主体7.3万户；上线证照分离涉企信息"双告知"推送程序，4.5万余条涉企信息实现精准到岗到人抄告；上线"渝港通"平台，涉港商事登记实现"全程网办""不见面"审批。经营主体量质齐升，1—10月重庆市新增经营主体53.81万户，经营主体总量367.96万户，其中民营企业109.94万户，较2022年底增长7.3%；经营主体新发展率15.75%，高于全年预期目标；完善注册登记监测预警闭环管理机制，加强异常情况分析研判和实地走访调查，发送警示信息5万条，加力推进经营主体高质量发展。助企政策协同发力，健全个体工商户分型分类培育政策体系，开展第二届个体工商户服务月活动，支持"个转企"5460户，个体工商户"简便"年报率74%；为13.59万户新开办企业节约印章成本8017万元，查出涉企违规收费金额830.52万元，价监竞争专项工作获市场监管总局表扬。

（六）消费环境加快改善

市场秩序大力规范，注重综合施策、标本兼治，扎实开展民生领域案件查办"铁拳"行动，大力推进医疗美容、校外培训、网络市场、粮食市场、假国企央企等专项整治，监测互联网广告119.05万条次，破解加油机计量"短斤少两"作弊经验获全国推广。消费者权益保护得到加强，建成放心消费创建示范单位5570个、12315消费维权服务站1909个，发展ODR单位913家；登记处理投诉举报19.5万件，为消费者挽回经济损失7380.59万元，获全国12315效能评估评价考核优秀等次。消费维权制度创新完善，支持260户经营者推行赔偿先付制度，率先在全国出台支持消费者集体诉讼工作规范地方标准，出台的跨省域消费民事公益诉讼工作规范获全国推广。

（七）推动质量变革成效明显

强市建设一体推进，联动建设质量强市、知识产权强市、标准强市，推动市委、市政府印发《质量强市建设实施方案》，在全国率先成立首批 7 支质量提升青年突击队，试点推出重庆市首款"质量贷"金融产品，试行优质服务标识承诺制度，指导中国汽研入选第五届中国质量奖提名奖候选名单；重庆市每万人口发明专利拥有量 19.2 件，提前完成重庆"十四五"规划目标。基础设施升级增效，发布地方计量技术规范 15 项，新建立社会公用计量标准 47 项；累计主导或参与制修订国际标准 75 项、国家和行业标准 2657 项（2023 年 239 项），发布地方标准 1818 项（2023 年 169 项）；深入开展"小微企业质量管理体系提升行动"，荣获进步最大的前 5 个省份之一，获市场监管总局通报表扬；新批筹 2 家市场产业计量测试中心，市计量质检院、市食药检院成功入选工信部第五批产业技术基础公共服务平台名单。服务产业发展积极有为，支持重庆小面工业化、火锅食材、生物医药、电梯等产业发展，牵头制定《重庆市检验检测服务业发展规划（2023—2027 年）》通过市政府常务会议审议。

二、市场监管环境形势分析

（一）市场监管面临的外部环境更加复杂严峻

全球经济回调风险加大，美联合盟友对我国围合打压领域与标准、计量、认证认可等工作紧密相关。俄乌冲突引发能源、原材料、粮食等大宗商品价格秩序波动。我国经济运行面临新的困难挑战，要求市场监管部门妥善处理发展和安全、活力和秩序的关系，在守住安全发展底线的同时，加快推动构建全国统一大市场，提高质量和服务水平，加强消费者权益保护，持续扩大内需，稳步扩大规则、规制、管理、标准等制度型开放，助力增强经济发展韧性和潜力。

（二）市场监管现代化建设具有多重有利条件

习近平总书记关于市场监管的重要论述，深刻阐明了新时代市场监管工作一系列重大理论和实践问题，必将指引市场监管工作稳步前进、行稳致远。党中央、国务院和市委、市政府围绕全国统一大市场、质量强国、知识产权强国、标准化、成渝地区双城经济圈建设等作出系列重大部署，市场监管在党和国家全局中的地位作用更加重要、舞台更加广阔，同时随着规划的深入实施，政策叠加牵引作用将进一步释放。新一轮科技革命、产业变革和数字化改革也为市场监管理念、方式、手段、能力变革带来新契机。

（三）市场监管新旧矛盾和各种风险挑战交织叠加

新一轮机构改革，在行政执法体制、基层综合执法体制机制等领域可能存在新的调整变化，市场监管部门需识变应变求变，进一步巩固基础，优化完善体制机制，加快完善市场监管体系。与此同时，市场安全形势仍然复杂严峻，数字市场监管建设存在差距，影响统一大市场建设情况时有发生，经营主体活力有待进一步激发，质量总体水平仍然滞后于经济社会发展，重点领域消费侵权现象依然存在，这些给市场监管也带来不确定性。

三、2024 年工作思路举措

（一）推动构建大抓党建工作格局

强化管党治党责任，完善政治铸魂体系，打造市场监管系统新时代"红岩先锋"变革型组织。完善抓党建带全局工作体系，持续落实党建统领重点任务，深入推进行风建设、清廉市场监管建设，加强干部队伍建设。

（二）全面落实双城经济圈合作重点任务

迭代升级川渝全方位全链条合作事项和"四张清单"，推进重庆成都都市圈市场监管联动联建重大项目、重大政策、重大改革、重大平台任务清单。加快食品药品检测基地、食品药品公共溯源平台、国家质检基地（二期）建设。

（三）加快推进数字市场监管建设

坚持点上突破、面上推进，上线运行一批重点领域"一件事"典型应用，谋划储备一批重点应用，加强重点领域全主体、全品种、全链条数字化监管。加快实施一批、准备启动一批、谋划储备一批，滚动推进重大改革项目，打造最佳实践案例。

（四）培育壮大经营主体

深化"照后减证""一照多址""一证多址"改革，新增一批涉企经营许可告知承诺制事项。细化实化促进民营经济发展举措，开展个体工商户分型分类精准帮扶，建立完善"个转企"政策体系。持续开展涉企收费专项整治。扎实推进"小个专"党建和市场服务行业社会组织党建工作。

（五）推动构建全国统一大市场

健全公平竞争审查机制，强化反垄断和反不正当竞争执法。完善消费者维权机制，实施平台经济常态化监管，强化重点监管，推进信用监管。加强综合行政执法，组织开展行政执法突出问题专项整治行动。

（六）夯实经济发展质量基础

全链条推动质量强市、知识产权强市、标准强市建设，深入实施"同线同标同质"工程。加快推进社会公用计量标准器具建设，完善量值传递溯源体系。持续推进小微企业质量管理体系认证提升行动，加强对检验检测服务业发展的规划引导和规范管理。

（七）防范化解重大风险

常态化开展风险隐患排查治理，强化闭环管理，守住不发生区域性、系统性风险底线。加强食品药品全链条安全监管，严格落实工业产品、特种设备安全"两个规定"。强化突发事件监测预警、快速响应、应急处置能力。

[重庆市市场监督管理局　周家鹏]

之十五：2023年重庆市自然资源开发利用分析及2024年展望

2023年以来，重庆市规划自然资源系统坚持以习近平新时代中国特色社会主义思想为指导，以全面贯彻落实党的二十大精神为主线，深入贯彻落实市委六届二次、三次全会精神，主动把各项工作放到重庆市大局中谋划推进，更加突出稳进增效、除险清患、改革求变、惠民有感工作导向，以成渝地区双城经济圈建设"一号工程"为总牵引，以数字赋能为手段，高效统筹发展和安全，高效推进高质量发展和高水平保护，各项重点工作推进有力有序有效，较好服务保障了重庆市经济社会发展。

一、2023年重点工作情况

（一）三峡库区危岩地灾防治取得较好成效

深入学习贯彻落实习近平总书记系列重要批示精神，突出抓好三峡库区危岩地灾防治工作专班办公室工作，建立多跨协同闭环管控工作机制，细化落实58项工作任务，分类治理危岩崩塌隐患，有序开展工程治理、避险搬迁工作。深化山洪和地质灾害成灾规律研究，初步建成小流域气象、山洪、地质灾害一体化监测预警体系。上线运行危岩地灾风险管控应用系统，初步实现威胁长江航道的50处危岩风险预警多跨协同管控重点能力。

（二）规划统筹引领机制不断完善

按照市委两次规划专题工作会议要求，深入查找当前规划统筹引领工作中存在的不足，研究制定《关于加强和完善国土空间规划统筹引领工作机制方案》，建立完善15项工作机制，加强党对规划工作的全面领导，强化规划统筹引领意识。充分发挥市规委会办公室整体统筹作用，统筹策划谋划重大规划、重大事项、重点项目22项。强化市级与区县属地党委条块融合协同统筹，加强对专业部门专项规划的统筹、指导和约束，持续迭代升级规划工作机制，增设两江四岸规划设计统筹专业委员会。

（三）国土空间规划持续深化

持续优化完善《成渝地区双城经济圈国土空间规划》《重庆市国土空间总体规划》，持续强化渝西八区区域协同战略引领和空间统筹，迭代升级渝西地区国土空间规划，编制形成临江枢纽新城规划方案。统筹把关两江四岸有关规划、城市设计和重要项目规划设计方案，分类有序推进39个"实施一批"项目。加快优化重庆站、科学城金凤城市中心等重点片区详细规划及城市设计。全面形成中心城区城市12个重点功能片区规划体系，构建50个中场景、100个小场景的开放体系。有序推进水资源、能源、固废、通信等专项规划编制工作。

（四）耕地保护工作切实得到加强

对照市委、市政府加强耕地保护工作专题会、守耕地保护红线警示约谈会、重庆市耕地保护和粮食安全电视电话会等会议精神，全面落实"市、区县、乡镇"三级耕地保护工作专班责任，加强耕地保护工作督导调度。足额分解、逐级下达2665万亩耕地保有量和2065万亩永久基本农田保护任务，全面压紧压实地方党委政府主体责任。会同市林业局统筹处理好耕地保护和林地管理的关系，全面落实耕地保护优先序。全力推进耕地恢复补足工作，加快开展永久基本农田中非耕地的核实处置。加强源头治理管控，积极开展自然资源违法违规问题专项整治行动。

（五）高质量发展资源要素保障有力

紧盯重大项目、重大平台落地，优化完善28条用地保障政策措施，简化用地审批流程。审批新增建设用地61.4平方千米，保障纳入2023年百项重点关注项目涉及用地项目，有效支撑了成渝中线、渝西、渝万高铁等重点项目用地。加大乡村振兴用地支持保障，审批农村第一、第二、第三产业及基础设施建设用地140.8万平方米，继续安排每个脱贫区县计划指标。提高矿产资源要素保障水平，页岩气、常规天然气产量态势良好。

（六）土地市场总体平稳

统筹调整住宅用地供需结构，实施精准供地，提高供地质量，出让住宅建筑面积521万平方米，成交价款182亿元。加快推进工业用地提质增效，全面推行工业项目标准地出让、"亩均论英雄"改革，保障意法半导体等重大产业项目快速落地。积极回应市场关切，优化"商改住"、停车配建标准等建筑规划政策。持续加大存量用地盘活力度，加快处置批而未供土地、闲置土地，提前完成年度闲置土地处置任务。加快划拨手续办理，形成土地划拨价款292亿元，显化存量国有资产价值63.5亿元。积极开展中心城区处置化解"已供未建"住宅项目。

（七）城乡风貌整体大美格局加快构建

围绕建设美丽中国先行区目标和构建城乡风貌整体大美格局工作要求，编制《重庆市城乡风貌整体大美规划》，制定《美丽重庆城乡风貌示范区创建活动实施方案》，绘制"新时代美丽重庆长江千里图示范区概览"图。扎实开展三峡库区腹心地带山水林田湖草沙一体化保护修复工程，134个具体项目有序开工。完成11个全域土地综合整治国家试点项目，历史遗留和关闭矿山生态修复360万平方米。重庆渝北铜锣山矿区和重庆广阳岛2个生态修复项目入选国家山水工程首批15个优秀典型案例。

（八）国土空间数字化能力持续提升

迭代形成两版《重庆市国土空间规划和自然资源数字化治理实施方案》，构建国土空间规划和自然资源数字化治理"4510"任务体系，将23项核心业务梳理集成为10项核心业务。加快建好"一库、一图、一箱"，形成1200个图层目录，已汇聚631项数据、700个空间图层，打造156个能力组件体系。上线运行危岩地灾风险管控、渝耕保等典型应用，正加快打造不动产登记、产业用地等"一批重大应用"。全面推进实景三维中国（重庆）建设，编制印发《实景三维中国（重庆）建设总体实施方案》。

（九）全面深化改革成效明显

"一窗受理""税费同缴"创新试点成效经验被国务院纳入全国复制推广。全面实现不动产双预告"带押过户"、二手房交易与水电气联动过户、涉企不动产登记、建设项目选址意见书和用地预审意见合并等"一件事一次办"改革。全面推进"一码管地"全生命周期管理改革，实现一码串联规划编制、土地供应、规划许可、竣工验收和不动产登记全过程。持续推进自然资源资产委托代理机制试点，初步建立"统一行使、分类实施、分级代理、权责对等"所有权委托代理机制。

二、发展中存在的问题

新时代新形势，对照市委、市政府的工作要求，规划自然资源工作还存在一些问题：一是规划统筹引领能力不足，规划战略性、基础性、前瞻性、引领性作用发挥有待加强；二是耕地保护责任有待进一步压实，顺利通过耕地保护和粮食安全责任首考并取得好成绩任务还较重；三是城市区域发展不平衡，节约集约利用土地意识有待提高，城市发展亟须由外延式扩张向内涵式发展转变；四是地质灾害防治工作任务繁重，三峡库区危岩地灾防治还需持续用力。

三、2024年重点工作

（一）更高水平提升规划统筹引领

加强和完善重庆市规划自然资源系统学思想、学规划、学标杆机制，定期安排全系统学习会，提高政治理论和科学理念的指导水平，提升国土空间规划统筹引领工作水平。完善市规划委员会办公室对重庆市规划的整体统筹谋划工作机制，加强对年度工作计划、重大规划、重大项目统筹引领，建立专业统筹、研究论证、协调督促、推动落实闭环工作机制。完善市级规划部门与区县属地党委条块融合协同统筹机制，加强与区县党委政府沟通对接，及时听取区县意见，有序指导推进区县各类规划完善和优化实施，推进解决区县党委、政府关心的重点难点问题。

（二）更高质量抓好重点规划工作

迭代升级渝西地区国土空间规划，深化完善临江枢纽新城规划方案。加快推进两江四岸整体规划实施工作，有序推进39个"实施一批"项目。抓紧优化江北嘴整体城市设计，突出体现整体协调风貌形象。推进渝西地区全域土地综合整治改革，在试点镇开展先行示范。按照高质量发展和节约集约用地要求，深化"亩均论英雄"改革。树牢城市经营理念，优化完善城市规划，整体性塑造城市风貌形象，统筹做好城市重要标志性功能规划设计，专项抓好优化产城融合的产业新城规划。

（三）更高站位守住耕地保护红线

牢记"国之大者"，全力做好耕地保护考核工作，进一步压实各级党委、政府和部门责任，坚持完成预定工作任务。加强"八张问题清单"反馈问题源头治理管控，用好问题复盘检视机制，分类有序推进违法违规占用耕地问题整改。全力推进耕地恢复补足，加快永久基本农田核实处置，加强原址整改和调整补划举证核实处置。积极配合开展存量"非粮化"分类处置，全面提速整改非粮化问题。

（四）更实举措强化要素资源保障

全力做好用地服务保障，紧盯"四个一批"，持续做好重大项目用地保障。积极优化土地供应结构，持续调整住宅用地供需结构，精准出让后续地块，积极配合税务部门加大土地欠款追收力度。全面推行工业项目标准地出让、"亩均论英雄"改革，推进城中村和低效用地再开发。深化落实新一轮找矿突破战略行动要求，抓好"净矿"出让制度改革，新启动一批锰矿、钡矿、铝土矿等战略性矿产勘查。

（五）更快进度推进总体规划报批实施

积极做好重庆市国土空间总体规划、成渝地区双城经济圈国土空间规划的报批及后续实施，出台重庆市国土空间总体规划实施工作方案。制定实施重庆市城镇开发边界调整细则，提前谋划、规范有序推进城镇开发边界局部优化工作。加强国土空间总体规划实施时序统筹，坚持节约集约用地，统筹增量和存量，强化土地利用计划管控约束。

（六）更准定位加快美丽重庆建设

全面开展城乡风貌整体大美工作，深化完善重庆市城乡风貌整体大美规划，指导开展城乡风貌示范区创建活动。推进生态保护修复重大项目实施，持续实施三峡库区腹心地带山水林田湖草沙一体化保护和修复工程。大力开展全域土地综合整治，稳步推进剩余国家试点及市级项目建设。持续推进全民所有自然资源资产清查深化试点，积极争取国有农用地配置试点。

（七）更大力度提升规划自然资源治理能力

迭代升级自然资源和空间地理基础数据一库、国土空间规划一张图、国土空间治理工具箱，上线用好渝耕保、危岩地灾风险管控等典型应用，开发完善国土空间治理大脑、国土空间规划监测网络等应用。加快推进测绘地理信息转型升级，全面推进实景三维中国（重庆）建设。持续深化规划用地"多审合一、多证合一"改革，持续推进政务服务标准化规范化便利化，加快推进国土空间"一码管地"改革。

（八）更强担当打好三峡库区危岩治理攻坚战

健全多跨协同管控机制，压实属事责任、属地责任，强化农村建房切坡、工程建设等领域地灾多发的源头防范机制。深化"点线面"一体化风险防控机制落实，强化隐患底数动态摸排，加密"四重"网格员汛期"三查"和降雨"三查"。深化气象、山洪、地质灾害共同作用规律研究，建立完善小流域预报预警体系，实现以小流域为单元精准预警。强化危岩地灾风险数智治理，加快危岩地灾风险管控应用场景建设，尽快形成重庆市危岩地灾多跨协同风险识别、监测预警、源头管控和综合治理能力。

[重庆市规划和自然资源局　张艺扬　吴长飞]

之十六：2023年重庆市城乡居民收入状况分析及2024年展望

2023年，重庆市坚决贯彻落实党中央、国务院决策部署，做好稳增长、稳就业工作，多渠道增加居民收入，着力恢复和扩大消费。随着国民经济持续恢复向好，就业形势总体改善，居民收入保持平稳增长态势。

一、2023年重庆市城乡居民收入增长特点

（一）城乡居民收入平稳增长，农村居民收入增速继续快于城镇居民

前三季度，重庆市居民人均可支配收入29241元，同比增加1414元，增长5.1%。其中，城镇居民人均可支配收入37298元，同比增加1435元，增长4.0%；农村居民人均可支配收入15768元，同比增加1040元，增长7.1%。农村居民人均可支配收入增长快于城镇居民3.1个百分点。

（二）重庆居民收入水平居全国中上游

前三季度，全国全体居民人均可支配收入29398元。重庆全体居民人均可支配收入绝对额在全国31个省（自治区、直辖市）排第9位，在西部12个省（自治区、直辖市）中排第1位。

前三季度，全国城镇居民人均可支配收入39428元。重庆城镇居民人均可支配收入绝对额在全国31个省（自治区、直辖市）排第11位，在西部12个省（自治区、直辖市）中排第3位。全国农村居民人均可支配收入15705元。重庆农村居民人均可支配收入绝对额在全国31个省（自治区、直辖市）排第11位，在西部12个省（自治区、直辖市）中排第1位。

（三）四项收入均保持增长

1. 工资性收入持续增长

前三季度，重庆出台多项政策稳定和扩大就业岗位，就业形势总体稳定，夯实居民工资性收入基础。重庆居民人均工资性收入15961元，同比增长5.2%，快于重庆居民收入增速0.1个百分点。分城乡看，城镇、农村居民人均工资性收入同比分别增长4.0%、7.9%。农村居民工资性收入增速快于城镇居民。据农民工监测调查数据推算，三季度末重庆农村转移劳动力总量812.6万人，同比增长0.7%。

2. 经营净收入保持增长

批发和零售业、住宿和餐饮业回暖带动经营净收入稳定增长。前三季度，重庆居民人均经营净收入4561元，同比增长5.1%。分城乡看，城镇、农村居民人均经营净收入同比分别增长3.8%、7.2%。

3. 财产净收入较快增长

随着经济加快恢复，外出务工人员交流更加频繁，城乡居民房屋出租收入实现较快增长，带动城乡居民财产净收入较快增长。此外，农村居民红利收入实现较快增长。前三季度，重庆居民人均财产净收入1778元，同比增长5.7%，快于重庆居民收入增速0.6个百分点。分城乡看，城镇、农村居民人均财产

净收入同比分别增长 4.2%、12.5%。

4. 转移净收入平稳增长

前三季度，重庆居民人均转移净收入 6940 元，同比增长 4.6%。分城乡看，城镇、农村居民人均转移净收入同比分别增长 4.0%、5.3%。其中，家庭外出从业人员寄回带回收入同比增长 16.4%。

（四）收入结构总体稳定，城乡收入比继续缩小

前三季度，重庆全体居民工资性收入、经营净收入、财产净收入和转移净收入占可支配收入的比重分别为 54.6%、15.6%、6.1% 和 23.7%，收入结构总体稳定。工资性收入占比超过五成，是居民增收的重要组成部分。城乡居民人均可支配收入比为 2.37，同比缩小 0.07，城乡居民收入相对差距继续缩小。

分城乡看，城镇居民工资性收入、经营净收入、财产净收入和转移净收入占可支配收入的比重分别为 58.0%、12.7%、6.9% 和 22.4%，收入结构保持稳定。农村居民工资性收入、经营净收入、财产净收入和转移净收入占可支配收入的比重分别为 41.2%、27.1%、2.7% 和 29.0%，工资性收入占比较上年同期提高 0.3 个百分点，收入结构基本稳定。

表 1 2022 年—2023 年前三季度重庆市全体居民人均可支配收入

指标	2023 年	2022 年	增加额（元）	同比增速（%）	占比（%）
人均可支配收入	29241	27826	1414	5.1	100.0
工资性收入	15961	15171	790	5.2	54.6
经营净收入	4561	4340	221	5.1	15.6
财产净收入	1778	1683	95	5.7	6.1
转移净收入	6940	6632	308	4.6	23.7

表 2 2022 年—2023 年前三季度重庆市城镇居民人均可支配收入

指标	2023 年	2022 年	增加额（元）	同比增速（%）	占比（%）
人均可支配收入	37298	35863	1435	4.0	100.0
工资性收入	21621	20784	837	4.0	58.0
经营净收入	4732	4557	175	3.8	12.7
财产净收入	2593	2489	104	4.2	6.9
转移净收入	8352	8033	318	4.0	22.4

表 3 2022 年—2023 年前三季度重庆市农村居民人均可支配收入

指标	2023 年	2022 年	增加额（元）	同比增速（%）	占比（%）
人均可支配收入	15768	14727	1040	7.1	100.0
工资性收入	6498	6023	474	7.9	41.2
经营净收入	4275	3987	288	7.2	27.1
财产净收入	414	368	46	12.5	2.7
转移净收入	4580	4348	232	5.3	29.0

二、2023年重庆市城乡居民收入增长原因分析

（一）稳就业扩岗位，全力促发展惠民生

前三季度，重庆市多措并举稳定和扩大就业岗位，夯实居民收入基础。一是印发《优化调整稳就业政策全力促发展惠民生若干措施》，发布19条举措，激发市场活力扩大就业容量，加强困难人员就业帮扶，全力促发展惠民生。截至9月底，重庆市经营主体总量366.3万户，同比增长10.5%，共计稳定就业岗位628万个。据人社局数据，1—9月，全市新增就业59.56万人。二是聚焦青年群体促就业。实施促进高校毕业生等青年就业创业"十大行动"35项措施，多渠道筹集市场化岗位66.1万个、政策性岗位9.2万个，结对帮扶困难毕业生、困难家庭青年就业3.6万人，全市高校毕业生等青年就业总体稳定。三是农村转移劳动力就业人数增长。据农民工监测调查数据推算，第三季度末重庆农村转移劳动力总量812.6万人，同比增长0.7%；其中乡内从业275.0万人，同比增长0.4%；乡外从业537.6万人，同比增长0.9%。

（二）激发市场活力，创造增收有利条件

前三季度，助企纾困系列政策持续发力，为居民增收创造有利条件。一是印发《促进民营经济高质量发展的实施意见》，着力化解民营经济发展困难问题，打造民营经济发展一流营商环境，完善民营经济发展服务保障机制，提振民营经济发展信心，推动民营经济成为现代化建设、高质量发展的主力军，促进居民增收。二是落实落细税费优惠政策，精准有效支持经营主体发展。落实小微企业和个体工商户所得税政策，对小型微利企业年应纳税所得额不超过100万元的部分，减按25%计入应纳税所得额，按20%的税率缴纳企业所得税；对个体工商户年应纳税所得额不超过100万元的部分，在现行优惠政策基础上，减半征收个人所得税。

（三）实施"四千行动"，强村富民促增收

前三季度，全市乡村振兴持续推进，为农村居民增收注入强大活力。一是实施千万农民增收致富促进行动。大力实施千万农民增收致富促进行动"五大计划"，指导区县分类制定防返贫保增收计划、农民收入追赶计划等政策措施。健全防止返贫动态监测和帮扶机制，将防止返贫监测范围提高到8000元，压紧压实工作责任，实现应纳尽纳、应帮尽帮。探索推进农村土地制度改革"五合一"模式，盘活村级集体经营性资产，不断增加农民财产性收入，拓宽农民增收渠道。在全国率先探索建立"巴渝工匠"乡村驿站，打造"边城秀娘""忠橙电商""宁河巧姐"等乡土技能人才品牌，培育"云阳面工""大足雕客"等特色劳务品牌，带动农民就地就近就业。二是做优做强食品及农产品加工产业。出台《重庆市人民政府关于大力度推进食品及农产品加工产业高质量发展的意见》《重庆市支持食品及农产品加工产业高质量发展十条政策》，支持农村一二三产业融合发展，支持巩固拓展脱贫攻坚成果同乡村振兴有效衔接。三是农业发展总体平稳助推农民增收。据统计，前三季度全市蔬菜产量1814.0万吨，同比增长4.5%。生猪出栏1419.8万头，同比增长4.0%。牛、羊出栏量分别为30.7万头、233.0万只，同比分别增长4.5%、0.8%。家禽出栏17321.1万只，同比增长2.8%。禽蛋产量37.1万吨，同比增长5.0%。

（四）上调基本养老金，筑牢民生保障网

前三季度，重庆出台2023年退休人员基本养老金调整方案，为转移净收入增长提供有力支撑。方案采取"定额调整、挂钩调整、适当倾斜"相结合的调整办法，7月底前兑现。定额调整，每人每月统一增加35元。挂钩调整，一是与本人缴费年限挂钩，缴费年限每满1年，每人每月增加2元，不足1年的按1

年计算，本人缴费年限低于15年的，统一按15年进行调整；二是与养老金水平挂钩，退休人员以本人2022年12月基本养老金为基数，每人每月增加0.67%。适当倾斜，在定额调整和挂钩调整基础上，对高龄退休人员、艰苦边远地区退休人员适当倾斜。

随着经济加快恢复，社会生产生活恢复常态化，外出务工更加频繁，城乡居民房屋出租收入实现较快增长，农村居民红利收入实现较快增长。

三、2024年重庆城乡居民收入增长形势展望

（一）有利因素

重庆奋力抓好扩内需稳增长，持续深化供给侧结构性改革，经济运行始终保持在合理区间，努力实现惠民有感。一是推动经济平稳运行、促进高质量发展，为居民收入持续增长奠定坚实基础。深入开展抓项目促投资专项行动，扩大基础设施投资，稳定房地产投资，抓好以制造业为重点的产业转型升级，加快构建现代化产业体系，鼓励支持民营经济发展壮大，营造一流营商环境。二是推动成渝地区双城经济圈建设取得更大突破性进展，为居民增收带来新机遇。制定实施新一轮各片区建设政策举措，突出特色发展，鼓励各区县因地制宜发展特色经济和支柱产业，加快补齐短板，促进城乡融合。三是奋力抓好乡村全面振兴，农村居民增收动力足。推进脱贫村产业提质增效和脱贫群众稳岗就业，推动乡村产业全链条升级，落实产业帮扶政策，做强特色产业。推进农村土地制度改革，发展新型农村集体经济，多渠道增加村集体经营性收入。四是抓好社会民生事业，增强居民增收内生动力。强化就业优先导向，持续做好援企稳岗扩就业工作，加强职业技能培训，拓宽高校毕业生、农民工、退役军人、困难群众等重点群体就业渠道，支持创业和灵活就业。

（二）不利因素

当前，外部不稳定不确定因素依然较多，经济运行压力较大，居民增收基础仍需巩固。一是企业经营承压影响居民工资性收入增长。前三季度全市规模以上工业企业利润总额同比下降10.6%，亏损总额同比增长24.0%。工业产品价格持续走低，1—9月重庆工业生产者出厂价格同比下降2.2%。房地产市场仍然承压。1—9月，全市房地产开发投资、商品房销售面积、销售额同比分别下降15.7%、19.0%、20.4%。二是就业总量压力和结构性问题依然存在。前三季度全市城镇调查失业率平均值为5.4%，高于全国水平0.1个百分点，高校毕业生等青年就业压力依然较大。三是生猪价格不稳，农业生产成本持续走高，不利于农民增收。前三季度活猪价格同比下降6.9%，价格处于低位。另外，豆粕、育肥猪饲料价格均有所上涨，加之人工、防疫成本走高，农业生产盈利空间压缩，不利于农民增收。

［国家统计局重庆调查总队　刘　航］

之十七：2023年重庆市创新发展情况及2024年展望

2023年，重庆市科技创新工作坚持以习近平新时代中国特色社会主义思想为指导，深入学习贯彻党的二十大精神，全面落实习近平总书记关于科技创新的重要论述和对重庆提出的重要指示要求，抢抓成渝地区双城经济圈建设战略机遇，认真落实市委六届二次、三次全会精神和重庆市科技创新和人才工作会议部署，坚持"四个面向"，聚焦加快建设具有全国影响力的科技创新中心目标，深刻把握创新制胜工作导向，全面实施科技创新和人才强市首位战略，科技创新保持持续向好势头，预计2023年研发投入强度在2.45左右，万人发明专利拥有量达到18.6件。

一、2023年重庆科技创新情况

（一）科创工作高位推动

科技部与重庆市举行新一轮部市工作会商会议，明确5个方面12个重点事项和6个具体支持事项。市委、市政府召开重庆市科技创新和人才工作大会，构建"416"科技创新战略布局，明确"1458"科技创新工作体系。袁家军书记亲自谋划国家战略资源中心等重大事项，多次调研企业、高校、院所科技创新，主持召开高校人才工作座谈会。胡衡华市长亲自推动工业高质量发展、智能制造产业发展、成渝协同创新等重点工作。市人大常委会审议《重庆市人民政府关于西部（重庆）科学城科技创新发展情况的报告》，市政协专题协商科技型企业培育体系。

（二）战略科技平台提速建设

一是打造具有重庆特色的高能级科创平台。加快推进国家实验室基地落地，重组形成全国重点实验室10个，国家生猪技术创新中心建成国内首个地方猪遗传资源活体库及冷冻保存库，在卫星互联网、人工智能等领域新认定17个重庆市技术创新中心。率先创建了西南地区首家国家级制造业创新中心，累计培育市级制造业创新中心10家。二是加快建设高水平大学。重庆大学国家卓越工程师学院正式揭牌，超瞬态实验装置等重大科技项目累计投资12355.2万元，完成全年投资进度的48.45%，新增9个学科进入全球ESI学科1%、2个学科进入排名前1‰，重庆高校入驻科学城项目27个。三是大力推动科研机构融合发展。开展"科研机构区县行"，推动31家科研机构与铜梁、江津等10个区90余家企业形成124项技术需求。编制形成《重庆市技术转移研究院建设方案（送审稿）》，探索产业技术研究院多元发展模式。推进市科技研究院、市中药研究院等院所改革。

（三）关键核心技术攻坚加快突破

一是加强重点基础研究。获批国家自然科学基金项目991项资助、直接经费4.33亿元，较上年同期增加30项、增长3.12%。与市教委、长安汽车、中国星网等共同设立市自然科学基金创新发展联合基金，接受社会力量捐赠500万元支持基础研究，立项资助市自然科学基金项目1411项、市财政经费6900万元。基础研究领域取得一批重大成果，比如西南大学利用家蚕丝腺合成重组人血清白蛋白，重庆大学开创界面调控新方法提升反式电池效率达到 24.6%。二是组织实施重大（重点）科技专项。采取部门协作、市与区县联动的形式，以定向委托、"揭榜挂帅""赛马"等方式，实施年度重点专项资助 92 项、经费 1.3 亿元，通过财政资金引导社会投入超 30 亿元。以重大项目为牵引，突破全球首创微核高频脉冲加热等关键核心技术，研发应用于 C919 的最大截面 7050 铝合金超宽超厚预拉伸板等一批新产品。三是大力发展民生科技。组织实施 AI+重大疾病精准诊疗关键技术等研究与应用项目 56 项，支持经费 8000 万元，大力推进卫生健康、生态环境、公共安全、文化保护等技术攻关和应用。选派 337 名国家"三区"科技人才、2470 名科技特派员，深入农村开展科技服务。

（四）创新链产业链加速融合

一是加快培育科技企业。深入实施高新技术企业和科技型企业"双倍增"行动计划，出台《重庆市进一步完善科技型企业培育体系若干举措》《重庆银行业保险业支持高新技术企业和科技型企业"双倍增"行动方案（2023—2027 年）》，与中国人民银行重庆市分行共同开发上线科企快贷平台，构建"纵向贯通、横向衔接、赛马比拼、多方联动、数字赋能"等工作推进机制，新培育科技型企业 11642 家，同比增长 92.45%，高新技术企业培育库新增企业 892 家。累计创建国家专精特新"小巨人"企业 288 家、国家单项冠军企业 13 家，新培育市级"专精特新"企业 1366 家，累计 3850 家。二是持续提升产业竞争力。高新区规模以上工业总产值预计达 8300 亿元，同比增长 7%，高新技术企业和科技型企业总量分别为 2182 家、11262 家，分别占重庆市的 34.3%、21.3%。国家新一代人工智能创新发展试验区加快建设，马上消费发布"天镜"系列人工智能大模型，云从科技发布了从容大模型。累计培育首台（套）重大技术装备 27 个、首版次软件 100 个。重庆市有研发机构、有研发活动的规模工业企业占比分别为 29.8%、42.2%，高于全国平均水平，规模工业新产品销售收入占营业收入比重的 25%，持续高于全国平均水平。三是加速科技成果转化和产业化。推动试点单位以"权益让渡""先使用后付费"等方式转化科技成果，探索高校职务科技成果单列管理改革，优化科技成果转化国有资产管理方式，建立改革试点尽职免责机制，着力建设金凤科创园，举办科技成果进区县专项行动，重庆文理学院研发的抗癌新药 PZ-1 片等成果实现高价转化，重庆市技术合同交易额达到 551.8 亿元，同比增长 162%。

（五）区域创新布局不断优化

一是高标准建设西部（重庆）科学城。加快建设成渝（金凤）综合性科学中心，国家健康战略资源中心（筹）揭牌运行，新投用重庆人工智能创新中心等科创平台 8 个、市级以上研发平台增至 330 个，累计建成新型研发机构 28 个，集聚卞修武、吴宜灿等院士 31 名。发布重庆市首个 AI 大模型"兆言"、国内首款多体智能软件"微著"等重大成果，2023 年以来新转化科技成果 616 项、合同成交额达 7.8 亿元。在重庆市率先试点企业创新积分制，累计向 31 家企业提供创新积分贷超过 1 亿元。二是高质量打造两江协同创新区。新增国家级科研平台 5 个、市级科研平台 24 个，累计分别达到 25 个、407 个，引进建设开放式国际化研发机构 50 家。成功举办"明月湖·π"全球创新大会，西部唯一综合性重大使能平台启动建设。举办 XbotMan-2023 明月湖硬科技创业者大赛，先后吸引了全球超 300 个硬科技创业团队报名。聚焦场景支持、融资保障和政策创新等方面，发布明月湖"特中特"专项政策。成立 5 亿元资金规模的"明月湖畔创业投资基金"，面向项目团队开展科创投资。三是高水平打造广阳湾智创生态城。启动建设广阳湾实验室，重庆脑与智能科学中心首批 10 个研究部已完成专家团队入驻，集聚各类研发平台 111 家。积极打造迎龙创新港，已入驻重庆脑与智能科学中心、重庆生态环境科技创新基地等重点项目，注册企业 800 余户，入驻华为（重庆）物联网创新中心、拓维信息全国物联网总部、爱思网安等企业 30 余家。四是高效能带动全域科技创新。安排市级引导区县资金 1 亿元，举办科技成果区县行、研发机构技术成果对接等系列活动，加快区县科技创新发展。长寿、涪陵合作共建长涪新材料产业协同创新区，丰都、石柱入选第二批全国创新型县。加快推进渝北农高区创建工作，武隆、梁平国家农业科技园区通过验收。

（六）科技创新人才加快集聚

一是加强科技人才自主培养。市自然科学基金项目资助博士后项目 240 项、支持企业引进人才承担博士"直通车"项目 36 项。新设立博士后科研工作站 46 个，新招收博士后 901 人，同比增长 21%。认定高层次人才、"鸿雁计划"人才共 519 人。举办全国首个卓越工程师大赛，开展数字技术工程师培训 1895 人。二是加大科技人才引进力度。开展外籍"高精尖缺"人才认定地方标准试点工作，发布急需紧缺人才"揭榜招贤"榜单 186 个、紧缺目录 679 个，已分别揭榜 126 个、356 个，揭榜比例达 56%。三是激发科技人才创新活力。印发《重庆市完善科技激励机制的若干举措》，深化开展"为科技工作者办实事、助科技工作者作贡献"和科研人员减负专项行动。新增发放重庆人才服务卡 3733 张，同比增长 147.22%。2023 年 1—9 月，重庆市高层次人才"一站式"服务平台提供人才线上线下服务 28.8 万人次，服务满意度达到 99.7%，实施人才安居工程，筹集人才公寓 4.7 万套。

（七）科技开放合作不断拓展

一是深化成渝地区协同创新。编制《川渝共建重点实验室建设方案》等，在大数据、创新药物、智慧农业等领域布局建设 3 个川渝共建重点实验室。川渝成立创新联盟 40 余个，共享科研仪器设备 1.2 万台（套），联合组织实施项目 14 项、经费 1750 万元。加快建设"万达开"协同创新示范区、"万达开"技术创新中心。二是扩大国际科技交流合作。高水平举办"一带一路"科技交流大会，习近平总书记亲致贺信，丁薛祥副总理出席大会并致辞，举办会、论、赛、展、行等系列活动，来自 80 多个国家和国际组织的近 1000 名国内外嘉宾参会。坚持"走出去、引进来"，支持企业和科研机构设立海外研发中心，吸引外资在渝投资设立研发机构。实施国家及省（市）级国际科技合作项目 580 余项，布局建设国家"一带一路"联合实验室 3 个、国际科技合作基地 109 家、引才引智基地 108 家，引进 10 余家知名高校在渝联合共建研发机构，30 余家企业在海外建立研发机构。与新加坡高校共建联合实验室等平台和研发机构，签署《渝港创新及科技合作备忘录》。

（八）一流创新生态加快形成

一是深化科技体制改革。形成《成渝地区双城经济圈优质科创资源共用共享机制改革方案》，研究制定"构建科技成果从'实验室'到'大市场'衔接机制""完善关键领域有组织科技创新机制""深化市属公益科研机构改革"等调研报告。二是强化科技金融支撑。截至 10 月底，促成合作银行累计为 11931 家（次）科技企业发放知识价值信用贷款 207.04 亿元，引导商业贷款 141.48 亿元，分别同比增长 16.96%、16.89%、17.65%。三是加强知识产权保护。《重庆市专利促进与保护条例》经市人大常委会通过并正式施行，大力培育和保护高价值专利，新增发明专利授权量 9680 件。四是营造创新文化氛围。深入渝东南 6 个区县举办 2023 年"科技列车渝东南行"活动，科技服务和科普宣传直接受众近 10 万人次。举办中国创新创业大赛（重庆赛区）决赛暨颁奖仪式，成立科学家精神宣讲团。

二、2024 年重点工作

下一步，中心将认真落实重庆市科技创新和人才工作会议精神，按照第六次部市工作会商的部署，全面实施科技创新和人才强市首位战略，系统重塑市域科技创新体系，在创新平台、创新效能、创新人才和创新生态上下功夫，着力打造数智科技、生命健康、新材料、绿色低碳四大科创高地，力争建设具有全国影响力的科创中心取得突破性进展。重点从五个体系加快推动科技创新能力整体提升。

（一）加快建设四大科创高地的创新平台体系

围绕"416"科技创新战略布局，着力打造"4+5+M+N"新的科创平台体系，逐渐构建成新的创新格局。"4"就是围绕四大科创高地，按照"成熟一个、启动一个"原则，加快建设金凤、嘉陵江、明月湖、广阳湾四大重庆实验室，着力打造具有重庆市标志性的科创平台核心载体。"5"就是加快推动高校交叉科技创新和科技研究，通过深化高校科技体制改革、加快人才引育，遴选重庆市重点高校建设前沿技术交叉研究院，推动高校跨学科跨领域多校多学科交叉研究，加快重庆市在前沿技术的战略布局和成果转化，为重庆市未来产业提供有效支撑。"M"就是重点打造100个国家级重大平台，"N"就是围绕着16个未来的前沿技术领域，重点打造1000个市级重大平台。

（二）加快推进"5+8"技术创新体系建设

实施人工智能、高端器件与芯片、智能网联新能源汽车、新材料和生物医药等5个重大专项，以及人口健康、新能源、现代种业等8个重点专项，一体化推进原始创新、技术创新和产业创新，充分发挥企业技术创新主体作用，推动产学研高效融通和协同创新，力争重庆市重点产业和关键领域突破一些核心技术和"卡脖子"难题，引领支撑重庆市制造业高质量发展。

（三）加快构建全周期、全链条、市场化的成果转移转化体系

深入开展高新技术企业和科技型企业"双倍增"行动，建设重庆高新技术产业研究院，加快打造一批科技企业高质量孵化载体，启动建设重庆市技术转移研究院、金凤科创园等重要的成果转移转化载体，大力推动科技成果转化和产业化，加快培育一批高质量的经营主体。同时，大力培育和引进一批战略性新兴产业和未来产业领域的企业，力争2027年重庆市高新技术企业和科技型企业分别突破1.28万家和8.6万余家，技术合同交易额达到1300亿元。

（四）加快形成高素质科技人才梯次引育体系

深入实施全球顶尖人才引进"渝跃行动"和新重庆引才计划，突出"顶尖、全职、海外、年轻"导向，引进一批自然科学、工程技术等领域的海内外高层次人才和急需紧缺人才，遴选支持一批杰出人才、科技创新创业领军人才和青年拔尖人才。同时，切实开展为青年人才和科技人才减负的专项行动，支持优秀的科技人才担当重任，鼓励尽职免责担当作为，完善创新创业"全周期"服务机制，激发科技人才创新活力和创新能力。

（五）加快营造协同高效、开放包容的创新生态体系

深入贯彻落实习近平总书记在第三届"一带一路"国际合作高峰论坛开幕式上的主旨演讲精神，高水平举办首届"一带一路"科技交流大会。深化成渝地区协同创新，促进优质科创资源共用共享。按照重庆市"三个一批"改革要求，纵深推动科技成果从"实验室"到"大市场"、关键领域有组织科技创新和科研机构改革，强化科技金融对科技创新的支撑，培育具有重庆特色的创新文化，形成更加浓厚的创新氛围。

［重庆生产力促进中心　杨　艳］

之十八：2023年重庆市知识产权发展情况及2024年展望

2023年，重庆市知识产权工作坚持以习近平新时代中国特色社会主义思想为指导，深入学习贯彻党的十九大和二十大精神以及习近平总书记关于知识产权工作的重要指示批示精神，认真落实国家知识产权局和市委、市政府部署要求，聚焦成渝地区双城经济圈、西部陆海新通道、数字重庆以及科技创新中心建设等重点任务，加快知识产权强市建设，引领重庆市经济高质量发展。

一、2023年工作情况

截至2023年8月，重庆市每万人口发明专利拥有量18.82件，较2018年增长107.3%；每万人口高价值发明专利拥有量6.27件。有效注册商标总量84.68万件、驰名商标162件、地理标志298件，较2018年分别增长125.4%、7.3%、21.1%。

（一）知识产权地方性法规建设更加完善

全力推动《重庆市专利促进与保护条例》颁布实施，经市六届人大常委会第三次会议表决通过，已于9月1日起施行。有序推进《重庆市知识产权保护条例》和《重庆市地理标志条例》制定工作。印发实施《重庆市知识产权强市建设纲要和"十四五"规划2023年推进计划》，完成知识产权"十四五"规划中期评估。深入开展知识产权强国建设试点示范工作，重庆市现有知识产权强国建设试点示范区县（园区）10个、国家知识产权优势示范企业340家，全国版权示范单位10个、全国版权示范园区（基地）4个。持续推进优化营商环境工作，积极推广首批创新试点经验，配合市发展改革委开展区县营商环境考核工作。

（二）知识产权创新创造助推高质量发展势头良好

建立企业上市知识产权伴随式辅导机制，助力重庆西山科技公司成为重庆市第二家在科创板成功上市的企业。深入实施高价值发明专利质量提升行动和知识产权"强企"行动，推动将每亿元研发投入高价值专利产出作为科技创新绩效评价的重要指标和高新技术企业、科技型企业"双倍增"行动计划的重要内容，与市经济信息委共同组织开展知识产权创新管理国际标准实施试点工作。实施2023年度高价值专利培育项目和企业技术创新专利导航项目，立项支持项目32个。启动首届重庆专利奖评选工作。支持重庆市区块链数字经济产业园等20家单位建设首批重庆市商标品牌指导站。重庆市专利密集型产业增加值达3200亿元（2022年值），占GDP比重11%。知识产权质押融资金额、知识价值信用贷款额累计分别达到66亿元、171亿元，惠及企业9978家。知识产权技术合同成交1319项、成交额481.65亿元。地理标志专用标志使用经营主体超2900家。

（三）知识产权保护力度持续加大

印发实施年度知识产权行政保护工作方案，深入开展"铁拳""蓝天"等知识产权行政保护专项行动，查办假冒专利和商标侵权案件656件，涉案金额905万元，罚没金额434万元。办理专利侵权纠纷案件659件。深化川渝知识产权协同发展，两地联合发布2022年川渝知识产权行政保护典型案例，共同开展"川渝制造"知识产权保护专项行动，聚焦新能源、新材料、高端装备制造等川渝优势制造业开展知识产权行政保护，打击侵权假冒行为。实施严格执行知识产权保护制度行动方案，组织开展知识产权风险预测预警和国家知识产权保护示范区遴选推荐工作。发布2022年重庆市知识产权行政保护典型案例，建立知识产权行政保护典型案例定期研讨机制。完善知识产权保护体系，获批建设国家海外知识产权纠纷应对指导地方分中心，持续推进重庆市知识产权保护中心建设。

（四）知识产权转化运用效益不断增强

重庆市专利转化专项计划实施成效通过国家知识产权局、财政部评估，获中央财政1亿元奖补资金，制定《实施中央专利转化专项计划项目资金管理细则》，规范奖补资金使用全流程闭环管理。重庆知识产权运营中心"1+5+7"运营服务模块全面上线，梳理形成可转化专利清单4.7万件。指导和支持中国银行、重庆科学城融资担保公司开发"知信贷"知识产权质押融资专属产品，知识产权质押融资金额、知识价值信用贷款金额累计分别达到66亿元、171亿元。会同市教委、市科技局启动实施"百校千项"高价值专利培育转化行动，指导重庆文理学院PZ-1一类新药专利技术作价4800万元，成功向本地企业转化。组织开展成渝地区先进技术供需对接，发布军民融合双向转移转化高价值专利清单184项。

（五）知识产权服务水平进一步提高

全力推进知识产权数字化系统"重庆知识产权在线"建设，初步形成重大需求清单、多跨场景清单、重大改革清单等"三张清单"。完成2项行政权力事项和2项公共服务事项在"渝快办"上线运行，推动"知识产权质押融资评估费后补助"等5个项目纳入中小企业政策兑现"一件事一次办"。在黔江区、两江新区、重庆高新区设立国家知识产权局商标业务受理窗口，提高边远地区、产业集聚区商标和地理标志注册便利度。持续规范知识产权代理行业秩序，严厉打击非正常专利申请和商标恶意注册行为，完成2023年第一批、第二批非正常专利申请2341件线索核查，协助9个省市核查非正常专利申请4504件，核查29家涉嫌非正常专利申请代理机构。有序推进人才培训工作，修订印发《重庆市知识产权局培训工作实施细则》，建成4家知识产权人才培训基地。2023年度全国专利代理师资格考试重庆考点参考通过率位列全国第二。

二、2024年工作重点

下一步，知识产权局将深入贯彻习近平总书记关于知识产权工作重要指示精神和对重庆提出的系列重要指示要求，按照党中央、国务院决策部署和市委、市政府工作要求，深入推进知识产权强市建设，为全面建设社会主义现代化新重庆提供有力支撑。

（一）强化知识产权法治保障

依法及时推动知识产权领域地方性法规、政府规章、规范性文件的立改废释。抓好新修订的《重庆市专利促进与保护条例》细化落实，加快推进《重庆市知识产权保护条例》和《重庆市地理标志条例》制定工作。探索开展著作权、商业秘密等传统领域和数据、人工智能、基因技术等新领域新业态知识产权保护地方立法研究，加快建成与高质量发展相适应的知识产权地方法规体系。

（二）推动高水平知识产权创造

引导支持创新要素向企业集聚，健全以企业为主体、市场为导向、产学研相结合的知识产权创造体系，强化高质量知识产权培育和前瞻布局，到2025年培育2000家以上国家和市级知识产权优势企业。深入实施高质量高价值专利培育计划，围绕"33618"现代制造业集群体系打造高价值专利培育全链条，在主要技术领域创造一批创新水平高、市场竞争力强、权利状态稳定的高价值专利和专利组合，力争到2025年每万人口高价值发明专利拥有量大幅提升。深入实施商标品牌战略，积极培育自主品牌，打造一批具有国际竞争力和影响力的知名品牌。

（三）全面加强知识产权保护

深化知识产权协同保护，健全知识产权行政执法、司法保护、仲裁调解、行业自律、信用监管等协同衔接机制。加强重点领域知识产权保护，围绕智能网联新能源汽车、新一代电子信息制造业等产业集群，设立300家以上重点企业知识产权综合保护联系点，支持1000家以上重点企业和商品市场开展知识产权风险预警及防控。加快推进国家级保护中心建设，支持有条件的区县建设知识产权综合保护平台。进一步完善非诉讼纠纷解决机制，降低知识产权维权成本。以争取成立知识产权专门法院为目标，高标准推进重庆知识产权法庭建设。

（四）提升知识产权转化运用效益

大力促进技术专利化、专利产业化，力争到2025年专利密集型产业增加值占GDP比重达到13%。推进国有知识产权归属和权益分配机制改革，扩大科研机构和高校知识产权处置自主权。发展和完善知识产权运营交易和技术交易市场，支持市场化机构建设知识产权运营中心。积极稳妥发展知识产权金融，深入推进知识产权质押融资、知识价值信用贷款工作，支持银行和担保机构创新知识产权金融产品，到2025年知识产权质押融资金额达到140亿元。积极推进知识产权证券化。

（五）加强知识产权人才队伍建设

完善知识产权人才激励政策，将知识产权高端人才纳入重庆市人才引进计划和各类人才工程。实施知识产权专项人才培养计划，推进国家级、市级知识产权培训基地建设，加强知识产权领域急需紧缺人才和实务人才培养。支持市内高校加强知识产权学科专业建设，探索建立产教融合、协同培养的应用型复合型人才培养模式。开展川渝两地知识产权教育培训合作，建立人才信息共享机制，推进人才双向流动。

[重庆市知识产权局　周建超　李　薇]

之十九：2023年重庆两江新区经济运行分析及2024年展望

2023年以来，面对严峻复杂的国际国内形势和经济下行压力，两江新区坚决贯彻党中央决策部署和市委、市政府工作要求，牢牢把握高质量发展这个首要任务，突出稳进增效、除险清患、改革求变、惠民有感的工作导向，唯实争先、积极作为，强化经济运行调度，推动经济运行持续恢复、稳中向好，为实现全年目标打下坚实基础。

一、2023年两江新区经济社会发展情况

前三季度，两江新区经济运行持续好转，主要经济指标逐步追上和接近重庆市的平均水平并向全年目标靠近，积极因素在不断地积累。新区全域GDP完成3424.73亿元，增长5%，直管区GDP达到1878.83亿元，增长5.7%，高于重庆市0.1个百分点。

（一）主要指标稳步回升

从晾晒指标看。新区政府性债务化解成效、社会消费品零售总额增速、制造业投资增速、高技术产业投资占比等4个指标居A档；税收收入增速居C档，较上半年提高6位；规模以上工业增加值增速、数字经济核心产业增加值增速、固定资产投资增速等指标位次未发生变化；招商签约100亿元以上、50亿~100亿元、20亿~50亿元项目签约数分别位于重庆市第1位、第3位、第1位。从经济指标看。前三季度，直管区规模以上工业增加值增长2.2%、固定资产投资增长1.7%、建筑业总产值增长20.8%，增速均较上半年有所提高。特别是一般公共预算收入增长8.7%，较上半年提高7.8个百分点，税收收入增长12.4%，较上半年提高10.1个百分点；限额以上法人企业商品销售额增长19.5%，较上半年提高5.2个百分点，增速显著加快。

（二）发展动能不断增强

新兴产业加快发展。新能源汽车产值、产量分别增长30.2%、30%，阿维塔12、睿蓝7等多款新车陆续上市，锂离子电池、液晶显示屏、智能手表和工业机器人等电子产品产量分别增长64.7%、23.2%、73.6%、13.4%。数字经济快速发展，新增53家市级重点软件企业，总量（4351家）位列重庆市第一。创新能力持续提升。强化企业创新主体地位，前三季度科技型企业新增1000家，累计5030家，国家级专精特新"小巨人"、市级"专精特新"企业分别达38家、444家，规模以上工业和服务业企业研发费用分别增长35%、15.7%。深化改革扎实推进。数字重庆建设进展有序，新区新一轮国资国企改革全面启动，"亩均论英雄"改革稳步实施，闲置产业用地、产业楼宇加快处置。招投标领域改革深入推进，新区公共资源交易监督管理工作进一步规范。推动链长制、招商引资机制体制优化调整，精简决策流程、整合资源力量，推动形成"全员招商"工作合力。

（三）市场预期逐渐回暖

消费市场加快恢复。社会消费品零售总额增长10.7%，高于重庆市平均3.3个百分点。其中，限额以

上新能源汽车零售增长88.8%，住宿业营业额增长33.8%，房地产销售面积降幅（-26.6%）较上半年收窄10.1个百分点。有效投资逐步放量。在财政紧平衡压力下，基础设施投资增长7.6%，较同期提高3.3个百分点，制造业投资、技改投资分别增长12%、27.1%。重大项目加快推进，仁宝智能制造基地、太蓝新能源二期等项目顺利开工，赛力斯三工厂、赣锋Pack厂等项目顺利投产。经营主体活力增强。新区新设立经营主体2.05万户，同比增长5.3%，总量达到14.2万户，同比增长11%。

（四）民生福祉稳步提升

社会民生总体平稳。城镇新增就业2.76万人，完成全年目标任务106%；新开工8所学校，建成5所学校；武汉协和重庆医院提速推进，纳入国家级紧密型城市医疗集团建设试点。城市功能加快完善。修补市政道路近8万平方米，新增停车位1288个，27个公园通过市场化改革预计引入资金39亿元，新区生活垃圾分类工作案例入选"全国生活垃圾分类示范案例"。平安稳定不断巩固。安全生产事故稳定下降，前三季度发生生产安全责任事故13起、死亡14人，分别下降23.5%、12.5%。"保交楼"工作进展顺利，按计划交付率100%，交付数量在重庆市排名前三。

二、需要关注的困难与挑战

（一）竞争压力日益增大

从全国范围看，我们面临前有标兵、后有追兵的夹击之势。前三季度，排位在前的上海浦东新区、天津滨海新区、青岛西海岸新区经济发展表现稳定，我们赶超可能性不大。后方紧追的四川天府新区前三季度GDP预计将超越我们，若这种态势延续到第四季度，则有可能在全年国家级新区GDP总量排名中对我们实现赶超，我们排位下滑风险较大。从重庆市面上看，新区地区生产总值增速排重庆市第24位，较上半年下降7位。前三季度经济报表晾晒的12个指标中，新区总分3分、D档、第29名，档位较上半年下降一档、排名后退4名，与新区作为重庆市高质量发展主战场主引擎的定位不相匹配，与市委、市政府的期望还有不小差距。从区级层面看，高新区前三季度发展势头迅猛、表现突出，并在重庆市一把手例会中作了交流发言，很多经验做法值得我们学习借鉴。前三季度，高新区直管区GDP增长8.6%（新区5.7%），第二产业增加值增长8.3%（新区仅3.3%）、第三产业增加值增长9.2%（新区7.8%），差距最突出的是固投增速，高新区增长19.4%（新区仅1.7%）。客观地讲，两江新区和高新区所处的经济大环境、所享有的政策条件都差不多，但我们很多工作和指标还不尽如人意，这些都值得我们反思和警醒，绝对不能躺在过往的功劳簿上睡大觉。

（二）有效投资仍在低位运行

固定资产投资进度滞后（前三季度增速1.7%），虽较上半年增加0.2个百分点，但比重庆市低1.9个百分点，距离全年增长11%的目标还有比较大的差距。五大国企中，两江投资集团（完成518.72亿元，增长1.3%）、悦来投资集团（完成59.9亿元，下降27.1%）未能完成前三季度固定资产投资既定目标，完成率分别为95.4%、73%。房地产投资仍然疲软。房地产投资下降21.7%，占固投比重已由峰值55%下降至32%，目前房地产供需矛盾突出、市场信心不足，直接制约后续投资增长。工业投资后劲不足。受市场需求低迷、工业利润下滑等因素影响，企业经营趋于保守，新开工项目个数同比下降32.5%，无50亿级新工业项目开工，在谈100亿级工业项目仅奕斯伟一个。基础设施投资有所放缓。受PPP政策调整、债务管控等政策收紧影响，以政府投资为主的基础设施投资增速（7.6%）较上半年放缓14.8个百分点。

（三）工业经济稳增长压力大

新区尚未形成产业多元化支撑格局，工业经济运行的韧性还不足。主导产业产量产值双减。汽车、电子两大支柱产业遭遇发展困难，电子产业产值从上年8月开始连续13个月负增长，仁宝、旭硕等企业产值降幅超过10%。汽车产业产量同比下降11.2%，单车12.5万以下产品占比达到70%。工业新动能带动有限。生物医药、智能装备、先进材料等为代表的新兴产业规模体量相对较小，对工业经济拉动作用不足。生物医药产值仅占工业总产值的2.6%，装备产业产值（占比7%）下降1.0%，仍未走出下降区间。工业企业亏损面持续扩大。受工业品价格低迷、成本上升等因素影响，汽车整车利润亏损27.05亿元，电子（-51.4%）、装备（-37.7%）等行业利润均大幅下滑。新区规模以上工业企业亏损面32.5%、较上年底（29.6%）提高2.9个百分点，受房地产低迷、市场价格大幅下滑等因素影响，建材、化工等材料行业尤为困难。

（四）外贸外资仍未止滑回升

在国际需求不足、市场竞争加剧等背景下，新区前三季度外贸进出口总值2051亿元，下降12.7%；实际使用外资1.75亿美元，下降37%。对外贸易结构不优。全球贸易版图深度调整，新区对外贸易仍处在适应国际贸易结构变化的震荡期，出口仍以中低端产品为主，笔记本电脑、汽车出口单价均低于全国水平。外贸企业预期较弱。当前，产业链外迁、订单外流等加剧。比如，翊宝明确将于第四季度逐步将平板电脑、智能笔电订单转移至深圳比亚迪生产，预计影响2024年外贸进出口80亿元。外贸企业发展形势仍然严峻，新区外贸企业普遍反映在手订单减少，新签短单、小单占比较高，市场预期总体弱于往年。外资引进后劲不足。受国际形势影响，近年落地重大外资项目锐减，前期积累的在谈外资项目不多，谋划储备外资项目不足。香港、新加坡是新区乃至重庆市利用外资主要来源地，渠道还比较单一。此外，受美元加息影响，境内外利差倒挂（境外存款无风险受益年化已达6%），企业到资意愿不断减弱，还存在资金外流风险。

（五）企业经营面临不少困难

受融资难、成本上涨等因素影响，企业经营压力较大。融资难依然突出。传统信贷融资模式难以满足企业多样化融资需求，据了解，目前银行信贷产品仍以抵押贷款为主，且以短贷、流贷、高息贷为主，有的年利率在12%~15%，创业担保贷款为一年一贷、上限为300万元，不仅难以满足企业融资需求，企业还款压力也较大。企业人力成本负担加重。2023年7月，重庆市将社保缴费基数下限提高到4118元，增长4.1%，增速远高于当前工业企业营收和利润增幅，企业人工成本负担持续加大，新区电子、装备制造等劳动密集型企业受到一定影响。用能成本涨幅较大。当前，重庆终端电价高于西部其他省份，企业生产成本较高（新区所执行的重庆工业气价由上年的2.5元/米^{3}上涨至3.08元/米^3，高于东部省市2.6~2.8元/米^3，高于四川1.6~1.8元/米^3；工业电价较四川高0.2元/千瓦时左右）。新区用能用电大户较多，这方面影响尤为明显。如上半年，京东方到户均价0.70元/千瓦时，较同期增长10.2%，莱宝到户均价0.67元/千瓦时，较同期增长11.0%，企业成本压力加大。

（六）风险防控还存在短板

突发舆情管控仍需加强。负面舆情事件数较上季度波动较大，第三季度突发2起网络舆情（一是礼嘉中学校长与同校女教师作风舆情；二是开州职校女学生实习被安排为异性服务舆情），另有2起未纳入重庆市第三季度网络舆情问题清单（华师中旭学校外教涉华不当言论事件、为明学校国庆庆祝活动事件）。这说明我们在信源管控、预警监测方面有待加强，舆情涉稳风险隐患排查不够深入。社会治安形势依然严峻。刑事案件发案仍处高位，案件下降幅度仍处于重庆市靠后位次，特别是电信诈骗犯罪数量依然居高不下，同比上升14.02%，仍处于高发态势。安全生产压力较大。年关将至，生产企业赶工期生产，生产经营活动增多，人员流动性增大，安全生产及火灾风险升高；同时，随着气温降低，居家取暖、熏制腊肉等行为将逐渐增多，居民火灾易发。信访矛盾量大面广。新区互联网小贷企业20家，可在全国范围内获客放贷小贷用户总量大，贷款金额多，占全国小额贷款公司贷款约1/5，金融风险较大；新区房地产开发项目高达90余个，重庆市占比大，项目交房、质量、民工工资矛盾交织叠加，信访压力较大。

三、2024年工作计划

（一）要在稳定工业经济上冲刺发力

加强工业运行调度，全力以赴稳存量、扩增量、增变量。一要推动重点行业产能释放。政企协同推动深蓝、赛力斯等新能源汽车新品上量上市，引导上汽红岩等重点企业加快新能源转型，推动紫光华智、锐石创芯、亚欧新能源、赣锋Pack厂等新投产项目尽快上量，推动新区笔电、手机代工等企业承接游戏机、平板等高端电子产品订单，增加汽车芯片、车用软件、汽车电控等本土化采购。积极对接华为、华硕、小米等电子终端品牌商，争取电子产品新订单落实落地。二要推动新兴产业加快成长。加快发展智能装备、生命健康、卫星互联网等产业，促进产业集群迭代升级。深化先进制造业与现代服务业融合，大力发展技术研发、工业设计、检验检测、现代物流、现代金融等生产性服务业，增强对行业企业的吸引力。加快推动两江协同创新区—明月湖迭代升级，全方位探索"科创+产业+人才+金融"发展路径，加快推动成为全国重要的技术创新和产业创新策源地，培育孵化更多科技型、高成长性企业。三是推动产业链招商提质增效。围绕"33511"现代制造业产业集群，强化"招落服"一体化，实行"链长制"招商，发挥"链主"企业带动作用，着眼延链补链强链升链，吸引产业链上下游、供应链各环节企业集聚，抓紧岁末年初企业定盘子的机遇，加强项目对接，力争引进10亿级以上重大项目，推动签约重大项目数领跑重庆市，完成2023年1400亿元招商引资目标。

（二）要在激发有效需求上冲刺发力

从需求端聚能发力，全面激发投资、消费、外贸"三驾马车"，坚决打好经济高质量发展收官战。一要持续扩大有效投资。积极抢抓政策机遇，主动向上对接，包装策划一批城市更新、"平急两用"、河湖管网厂等公共基础设施项目，争取更多新区项目纳入中央、重庆市项目资金盘子，推动重大项目建设持续放量。要充分用好技改支持政策，把政策送上门、落到位，推动企业技改投资加快回升。建立民间投资项目常态化沟通机制，加大重点领域项目、应用场景推介力度。抢抓当前施工"黄金期"，强化资金、用能、用地等要素保障，集中保障在建和拟实施的重大项目建设。此外，特别要重视保交楼和"两久"项目建设，全力推动房地产投资降幅收窄。二要全面激发消费活力。认真落实中央、市级等系列促消费政策，发挥光环、宜奥等品牌商圈带动作用，大力激发家装、家居、家电等领域消费，提升"吃住行游乐购"一体化配套服务，把更多"流量"转化为"消费量"。特别要重视房地产促销，用好房地产市场供给端和市场端的激励政策，促进房地产市场平稳健康发展。三要推动对外贸易止滑。落实重庆市贸易促进计划，加强中欧班列货源组织，强化本地笔电、整车等重点企业进出口保障，全力支持企业稳订单拓市场。切实发挥自贸试验区、保税港片区等平台功能，扩大智能网联新能源汽车、新型显示等产品出口，深入推广"跨境电商+产业带"模式，加快"保税+"服务贸易发展，力争降幅收窄到个位数，确保高于重庆市平均水平。积极引进培育外向型经营主体，大力发展港口型经济，提升新区外向型经济质量。

（三）要在服务企业上冲刺发力

常态化开展"三服务"，"一企一策"帮助做好市场开拓、降本增效和企业融资等工作，助力企业高质量发展。一要推动企业降本减负。聚焦企业对减税降费、稳岗就业、贷款贴息、促销奖补等方面的政策期盼，落实中央、市级等系列惠企政策，及时开展政策宣传解读，加快兑现新区"促进民营经济高质量发展20条"，大力促进既有政策免申即享、精准直达。二要持续优化营商环境。深化企业服务"双专员"联系机制，当好企业服务的"店小二"。常态化举办"企业家沙龙"活动，深入了解企业诉求。建好园区企业服务中心，深入推进企业全生命周期"一件事一次办"改革。用好"企业吹哨·部门报到"服务平台，做到有求必应、无事不扰。三要大力培育优质企业。大力支持企业发展，推动企业"出海"抢订单、拓市场，抢占更多国际市场份额，推动产供销深度对接，帮助企业降库存、促销售。积极培育创新主体，扎实落实科技型企业、高新技术企业"双倍增"计划，加快推动军工产业集团、欧菲斯集团等上市进程，力争全年实现新增入统200家企业。

（四）要在深化重点领域改革上冲刺发力

用好改革"快变量"，更好赋能推动新区高质量发展。一要加快推动国资国企改革。围绕主责主业，充分发挥功能性作用，建立完善法人治理结构，明确权责边界、强化绩效激励，探索市场化混合所有制改革，加快形成反应灵敏、运行高效、充满活力的市场化经营机制，全面激发国有企业内生动力活力。二要聚力推进园区改革。大力实施效率变革"增益"行动，建立健全"亩均效益"分级分类评价机制，精细化开展单位土地、楼宇、财政投入的产值、利税、能耗分类评价，充分提升低效工业用地和闲置用地利用效率，推进资源要素优化配置。加快推动龙盛新城规划建设，按照组团式发展、片区化推进新城建设，加快推进龙盛新城产城融合、三生协同，加快打造绿色低碳示范区。三要加快盘活"三资"改革。坚持"分类盘活，重点突破"原则，创新运用"资产包+工具包"，"一企一策"推动"三资"盘活，通过片区投融自平衡、公园市场化改革、账户资源利用等方式促进财政减投，通过推动物业资产、特许经营权、建成闲置空间市场化运营等方式增加财政收入，通过物业资产实施"三个一批"、加快开发建设已取得使用权土地、股权投资等方式回收资金，切实发挥资产效益的最大化。

（五）要在保障和改善民生上冲刺发力

坚持以人民为中心，在发展中更加注重保障和改善民生，补齐民生短板，增进民生福祉。一要促进就业增收。千方百计提高城乡居民收入，做好高校毕业生、农民工、"4050"等重点群体就业服务，精准实施低收入人口帮扶工作，积极开发公益性岗位，全力保障居民就业。大力发展夜市经济、平台经济，鼓励灵活就业和自主创业，促进实现更高质量就业。二要抓好民生保障工作。严格落实米袋子、菜篮子责任，确保市场供应量足价稳，保障群众日常生活需要。及时足额将养老金、失业金、低保、救助、慈善款等资金发放到群众手中，确保"应保尽保"。完善农民工欠薪预警机制，全面排查和处置欠薪隐患，建立健全根治欠薪长效治理机制。要抓好2023年确定的20件民生实事收官，确保件件落地、事事办好。三要做好安全稳定工作。始终保持"时时放心不下"的责任感，下大力气在保交楼、征地拆迁、企业劳资纠纷等方面盯紧盯实，严格落实安全生产责任制，打好防范化解地方债务风险攻坚战，不断夯实基层治理基石，切实维护社会和谐稳定。

[重庆两江新区管委会　欧阳建明]

之二十：2023年重庆市推进西部陆海新通道建设情况及2024年展望

2023年以来，重庆市全面贯彻党的二十大精神，按照市委六届二次全会和全市建设西部陆海新通道工作推进大会的部署，贯彻落实西部陆海新通道五年行动方案，与沿线省（区、市）合作共建力度持续增强，物流组织效率稳步提升，基础设施网络不断健全，通道辐射范围持续拓展，综合服务能力加快提升，贸易规则创新应用不断取得新进展，西部陆海新通道总体稳定运行。

一、2023年重庆市推进西部陆海新通道建设情况

（一）合作共建力度持续增强

在《重庆市加快推进西部陆海新通道建设五年行动方案（2023—2027年）》的部署和统领下，通道建设目标任务更加清晰，协商共建机制持续深化，共商共建共享合力日益彰显。一是省部际联席会议机制不断优化。在国家发展改革委牵头会同交通运输部等14个单位和5个省（自治区、直辖市）建立的省部际联席会议框架下，增设陆海新通道合作机制秘书处，国家层面通道建设的统筹推进力度不断增强。二是跨区域综合运营平台功能更强。在省际协商合作机制推动下，陆海新通道运营公司成功实现增资扩股，股东由8个增至13个，有效促进跨区域综合运营平台规模壮大，有力推动沿线省（区、市）融入共建西部陆海新通道。三是国际合作共建不断深化。成功承办外交部"驻华使节陆海新通道行"活动、中联部2023"一带一路"陆海联动发展论坛，与东盟国家共建通道智库联盟，设立国际交流合作中心，陆海新通道国际商务对接活动务实开展，沿线国家和地区积极参与国际合作持续共建走深走实。

（二）通道运行效能稳步提升

货物运输规模等主要指标持续向好，物流运营网络不断拓展，通道运行全面提质增效。一是通道运输规模持续扩大。1—9月，铁海联运班列、国际铁路班列、跨境公路班车三种运输组织方式共同发力，重庆经西部陆海新通道运输货物12.6万标准箱，同比增长19%，货值193.3亿元，占通道总运输量的27%左右，在沿线省份中持续领先。二是通道运营网络不断拓展。通道对内新增9个城市、22个铁路站点，辐射共计18个省区的69个城市、138个站点；对外新增1个国家和地区、80个港口，通达120个国家和地区的473个港口。新开行西部陆海新通道（武陵山）班列，延伸新开行重庆—瑞丽—缅甸跨境铁公联运班列、太平船务—西部陆海新通道江铁海联运非洲专列。三是通道经贸合作持续加强。RCEP开放红利不断释放，中国—东盟自贸区建设深入推进。1—9月，重庆市对东盟国家实际投资超8500万美元，同比增长近4倍。康宁科技公司等知名外企加大在渝产能布局，内蒙古、陕西的煤炭及广西的玻璃等经通道运至重庆，跨境跨区域产业链供应链加速构建。

（三）基础设施网络不断拓展

交通基础设施、物流枢纽网络等通道基础设施建设加快推进，通道发展支撑能力持续提升。一是交通基础设施建设快速推进。郑万高铁、重庆铁路枢纽东环线及机场支线已建成通车，渝湘高铁重庆至黔

江段、渝昆高铁建设进度过半，渝西高铁安康至重庆段、成渝中线高铁、渝万高铁、成达万高铁建设加快推进。渝黔高速扩能已建成通车，渝遂高速扩能、渝泸高速北线、合璧津高速建设有望年底完成。二是物流枢纽设施日益健全。商贸型国家物流枢纽成功获批，重庆成为全国首个"五型"国家物流枢纽城市。巴南成功获批第四批示范物流园区、国家骨干冷链物流基地。陆海新通道重庆无水港主体工程全部完成，涪陵龙头港二期工程、万州新田港二期工程加速建设，小南垭站海关监管场所、鱼嘴站南货场建成投用，物流枢纽支撑更加有力。三是口岸设施功能持续优化。万州机场航空口岸正式对外开放，果园港口岸获批设立进境肉类、粮食、水果综合性指定监管场地，重庆铁路口岸获批设立进境肉类指定监管场地，口岸功能不断拓展。货物存储、换装联运等配套设施日益完善。四是海外服务设施加快布局。已在中国香港、越南、泰国、新加坡、柬埔寨5个国家和地区设立8个海外仓，面积超过18万平方米；在越南、老挝、泰国等3个国家设立海外还箱点；在欧洲7国签约租用14个海外仓库，储存托盘数量超过3万个，持续推动通道物流降本增效。

（四）服务创新能力显著提升

国际陆上贸易规则、通关便利化、跨境金融等领域综合服务创新能力不断增强。一是国际陆上贸易规则创新应用持续增强。重庆协同沿线省（区、市）积极推动多式联运规则创新，推广"一单制"① 模式应用场景由铁海联运班列延伸到中老、中越国际铁路联运班列，由重庆扩大到湖南、甘肃、宁夏、新疆等省份。积极探索"一单制"数字提单试点，有效解决纸质提单传递效率低、易篡改等问题。二是货物快速通关取得新进展。"单一窗口"建设成效明显，截至9月底，重庆"单一窗口"累计申报量超1.85亿票。中老、中越"铁路快通"模式常态化运行，将整体通关时间压缩至1~2天。沿线地区海关合作持续加强，重庆与广西海关成立渝桂海关监管合作推进工作组，将"联运中转模式"推广运用于铁海联运，转关效率进一步提高。三是集装箱共享调拨公共服务平台加快打造。铁路箱下水、海运箱上岸、自备箱流转等国际海运箱共享调拨中心已在铁海联运中初步应用。同时，陆海新通道跨区域综合运营平台与北港、以星、太平等6家海船公司已实现集装箱管理系统对接，重庆无水港集装箱信息系统进入测试阶段。四是金融服务不断实现新突破。成立西部陆海新通道金融服务联合体，设立境内外服务网点4000余家，全面覆盖沿线国家和地区，跨境经贸投融资供需撮合及服务效率明显改善。

二、存在的问题

（一）基础设施支撑能力不足

受部分铁路干线等级低、运输能力小，以及相关物流配套设施成本较高等因素影响，通道基础设施建设仍存在短板。一是铁路干线基础设施瓶颈凸显。中线通道的渝黔线珞璜至贵州南段图定开行能力利用率已达90%、黔桂线龙里至柳州南段图定开行能力利用率超过70%，渝贵铁路客货并行且主要用于客运。东线通道的渝怀铁路也存在客货运共线、运能瓶颈逐步凸显的问题。二是集货网络还需进一步拓展。市内外物流分拨中心和货物集散中心建设较少，通道对渝东北、渝东南部分区县，以及甘肃、宁夏、陕西等周边省（区、市）的货源组织辐射带动作用不足。通道相关运营主体尚未在马来西亚、印度尼西亚等国建立海外物流分拨中心、海外仓，在东盟的货源组织集结能力还不足。三是铁路场站与港口衔接不畅。目前尚无直接延伸至钦州港口作业区的铁路专用线路，货物经铁路运输至钦州港东站后，需通过拖车转运至钦州港作业区，尚未打通铁路进港"最后一公里"。

---

① 指"一次委托、一次保险、一单到底、一次结算"的全程管控模式。

（二）跨区域数据共享亟待提升

西部陆海新通道对外联结 120 个国家和地区的 473 个港口，对内联结 69 个城市 138 个铁路站点，货源订单信息等数据共享需求巨大，但目前在信息共享、数据互传、单据互认等互联互通方面仍有诸多障碍和壁垒。一是国际数据信息互联共享机制仍未建立。东盟国家中，重庆仅与新加坡在数据互换共享等基础层面开展"单一窗口"国际合作，与其他东盟国家在货源信息、物流订单、储运业务、货物追踪等信息集成共享方面水平较低。二是通道各相关运营主体间信息交换与共享不畅。目前，陆海新通道跨区域综合运营平台系统与铁路、场站、港口、船公司等信息系统尚未实现有效对接，且存在铁路、水路运输信息化发展水平不一致、标准规范不一致等问题，铁路运输、海运数据信息交换共享水平较低。例如，港口仅能掌握货物铁路在途信息，无法掌握铁路装卸车、货站堆场等信息，物流接驳效率不高，影响货物运输时效。

（三）系统性政策支持合力不强

在全球外贸形势持续低迷、各向开放通道竞争日趋激烈的背景下，西部陆海新通道建设的相关政策支持尚未形成系统合力，政策的精准性、集中度和强度有待提高，持续吸引货源、促进经贸产业联动发展的难度有所加大。一是各地班列补贴政策竞争激烈。目前，国铁集团尚未出台覆盖全线的统一铁路运价下浮政策，各地为争夺市场加剧运价补贴政策"内卷"，导致沿线地区无序竞争、低效运营。同时，部分地区开行班列线路与重庆等国际物流枢纽开行班列线路重合，在一定程度上挤占了本已紧张的国际物流线路资源。二是通道政策协同支持力度不足。财政部、海关总署等国家部门尚未将重庆纳入陆路启运港退税试点，不利于重庆与陕西、广西等试点地区加强集聚发展、联动协同。通道国际供应链金融对上下游供应商赋能力度不够，对促进通道物流、贸易、产业联动发展的作用还不明显。

三、2024 年发展环境及展望

（一）世界政治经济形势复杂多变，共建西部陆海新通道机遇和挑战并存

世界正进入新的动荡变革期，全球经济复苏动力不足，大国博弈竞争加速升级，地缘政治紧张局势持续加剧，单边主义、保护主义日益突出，国际形势更加错综复杂。一是全球经济复苏仍不明朗，经贸投资合作持续承压。世界经济复苏动力有所减弱，IMF 预测全球经济增速将从 2022 年的 3.5% 放缓至 2023 年的 3%、2024 年的 2.9%，处于数十年来的最低水平，国际市场需求持续不振、发达经济体宏观政策调整的外溢效应将持续影响通道经贸产业合作发展。二是大国博弈竞争、地缘政治冲突越发激烈，对国际产业链供应链安全稳定造成威胁。中美大国博弈竞争不断加剧，美国以"脱钩断链""小院高墙"模式对我国实施经贸打压和技术封锁。国际地缘政治冲突日趋尖锐，俄乌冲突、巴以冲突导致部分东欧、西亚等国家政局不稳、毗邻国家间矛盾严重，国际运输安全风险加剧，通道合作共建项目变数较大。三是区域一体化进程增强通道辐射影响力。区域产业链分工体系正加速替代全球产业链分工体系，特别是以全面经济伙伴关系协定（RCEP）为代表的区域一体化深入发展，中国与东盟的贸易投资规模将不断扩大，推动西部陆海新通道成为串接超大规模国内市场和巨大东南亚市场的重要桥梁纽带，为稳定产业链供应链发展提供重要支撑。

（二）国内新发展格局加快构建，通道服务国际国内联动开放的效应更强

以国内大循环为主体、国内国际双循环相互促进的新发展格局加快构建，将推动西部陆海新通道服务国际国内联动开放驶入"快车道"。一是我国高水平扩大开放加快推进。我国将以制度型开放为导向，全面参与世界贸易组织改革和国际经贸规则调整加强，稳步扩大规则、规制、管理、标准等制度型开放，

助推西部陆海新通道更加深入畅联全球市场、服务全国更高水平对外开放。一系列稳外资稳外贸政策红利加速释放，将进一步激发进口潜力、放宽市场准入、推动多边和双边合作深入发展，有利于持续增强对外资吸引力，升级货物贸易，创新服务贸易。二是共建"一带一路"助推西部地区走向开放前沿。共建"一带一路"开启新的十年，我国以共建"一带一路"为引领加大西部开放力度，有利于以重庆为代表的西部地区依托通道"经济大动脉"，强化与"一带一路"沿线国家和地区的开放联动。三是成渝地区双城经济圈和长江经济带等重大发展战略加快释放发展潜力。成渝地区双城经济圈建设、长江经济带发展等国家重大战略叠加，加快推动区域经济发展释放新潜力，促进西部陆海新通道畅通资源要素跨区域流通新活力，强化通道对区域经济高质量发展的支撑和引领作用。

（三）现代化新重庆建设激发新动能，通道引领高水平开放的功能更强

新时代新征程全面建设社会主义现代化新重庆，对加快建设西部陆海新通道提出新要求，为打造内陆开放高地带来新机遇。一是通道经济新引擎加快形成。重庆将深入推进制造业高质量发展，打造"33618"现代制造业集群体系，加快推动新一代电子信息、智能网联新能源汽车、智能装备及智能制造等主导和支柱产业加速升级，有利于提高通道货运价值，强化先进技术和高端品牌的国际市场开拓，为通道经济发展注入新动力。二是更高水平开放平台体系加快构建。通道将引领带动重庆自贸试验区、中新互联互通项目、两江新区、重庆高新区等开放平台建设提档升级，促进全面经济伙伴关系协定（RCEP）经贸合作示范区加快建设，助推建设更高水平的开放平台体系，有利于推动西部陆海新通道与各类开放平台和开放试点深入融合，壮大开放动能。三是开放通道内畅外联水平加快提升。重庆将推动通道网络、枢纽、规则体系加快完善，以西部陆海新通道建设为牵引，扩容提质全市出海出境开放通道，促进西部陆海新通道与中欧班列、长江黄金水道等开放通道高效联动，加快推动中新、中老、中缅通道建设，增强对沿线国家和地区的辐射带动力。四是通道数字赋能将加速深化。数字重庆建设将为通道建设注入数字动能，推动建立跨境数据互联互通、共享共用机制，健全数字通道运营体系，提升通道数字化国际联通能级。

（四）2024年发展趋势及展望

2024年，在国家战略部署及全市奋力推进下，重庆将进一步发挥通道物流和运营组织中心作用，全面加快基础设施建设，协同推进体制机制创新，打造数字智慧通道，培育通道经济体系，深化国际交流，激发多领域协同合作活力，着力补齐运营组织、基础设施、数字化建设等短板问题，西部陆海新通道建设和运行将呈稳步增长态势。

四、对策建议

（一）完善统筹协调机制，增强共商共建合力

发挥重庆西部陆海新通道物流和运营组织中心作用，深化多元共建合作水平。一是完善统筹运营协同机制。会同沿线省（区、市）完善省际协商合作机制，健全省际联席会议制度。持续完善陆海新通道跨区域综合运营平台，探索成立四川、陕西、内蒙古等陆海新通道运营平台，推动沿线一体化运行，更好统筹整合沿线资源。二是建立西部陆海新通道经营主体联盟。鼓励支持陆海新通道跨区域综合运营平台与铁路、港口、航运、货代等经营主体加强合作，通过成立合资公司、组建运营机构、成立区域发展合作联盟等形式，加强物流资源整合，支持发展专业化、数字化、轻资产的多式联运经营主体。三是推动成渝铁海联运、铁铁联运协同发展。借鉴中欧班列（成渝号）与成渝跨境公路班车联盟等成渝合作模

式，探索建立西部陆海新通道成渝主枢纽联动机制，推动两地按照"统一品牌、统一规则、统一运作"模式运作，共享铁海联运、铁铁联运的品牌、班列、线路、仓储等铁路运输资源，形成成渝地区双城双枢纽合力。

（二）强化基础设施建设，提升通道支撑能级

完善基础设施网络，释放通道服务势能。一是加快铁路干线基础设施建设。支持尽快启动建设渝贵高铁，加快渝昆高铁、成渝中线高铁、渝遂高速、渝泸高速等重大基础设施项目建设，提高通道重要干线货物运输能力。二是加快提升物流枢纽集散分拨功能。依托国家境外经贸合作区建设、国际产能合作对接，以及跨境电商市场拓展，联合沿线省（区、市）参与东盟国家和地区物流分拨集散节点建设，支持增设海外仓、跨境电商公共"海外仓"。探索在甘肃、宁夏、陕西等周边省（区、市）建立物流集散中心，打造区域分拨网络，促进区域物流服务效率提升与运营网络下沉。三是打通铁海联运"最后一公里"。加快推进港口集疏运铁路项目建设，重点协调推动钦州港加快建设铁海货物直装作业的专用铁路设施，强化铁路场站、港口等物流枢纽间集疏运、多式联运的衔接联动，打通铁路进港"最后一公里"，实现铁海联运无缝对接。

（三）加强数字通道建设，推进通道整体智治

加快数字化赋能，搭建多跨协同的数字通道平台，促进通道数据信息衔接共享。一是支持多式联运"一单制"和数字提单的创新应用和试点推广。探索建立国际多式联运、陆海贸易规则、数字通道等标准规则体系，积极推广"一单制"和数字提单试点应用，加快推动物流、银行、保险等多方数据互认互信。二是支持探索开展跨境数据流动试点。以西部陆海新通道为载体，以中新（重庆）国际互联网数据专用通道为纽带，探索跨境数据流动安全管理机制，实现跨境物流、跨境金融、跨境贸易等数据安全、高效交互，促进通道跨境数据安全有序流动。三是加快建设覆盖通道全线的公共信息平台。加快推进西部陆海新通道公共信息平台建设，深入对接跨境电子商务、市场采购等信息系统，全面整合沿线地区海关、铁路、场站、港口、船公司等数据信息资源，推动各地海关、铁路局、港口以及运营平台公司之间信息共享、数据互传、单据互认，实现全域统筹、实时调度、可视可控的数字化发展格局。

（四）加大政策支持力度，保障通道提质扩容

构建协同有力、层次多元的政策支撑体系，集聚通道更大发展合力。一是完善项目建设资金支持和货运价格补贴政策。协同沿线省市设立西部陆海新通道建设专项资金，加大重大项目、重点示范等项目支持力度。完善国际货运价格补贴机制，推动放宽铁路运价下浮覆盖站点和货物品类限制，实行统一的去回程运价下浮政策。争取陆路启运港退税试点落户重庆，推动从铁路转关运输直达北部湾港离境货物，享受陆路启运港退税政策。二是强化物流贸易政策协同效能。聚焦重点领域和关键环节，优化整合并落实物流、贸易等多种政策举措，协同沿线省份加快出台通道建设的相关支持政策，进一步形成政策协同合力。三是提升金融服务支撑作用。依托省部际联席会议机制，协同沿线省份完善通道专项信贷支持政策，推动沿线配套设施、国际物流信息化平台等项目建设纳入支持范围享受低息贷款。发挥西部陆海新通道金融服务联合体效能，深化金融外汇改革创新试点，推广跨境金融区块链通道融资结算应用场景。

[重庆市综合经济研究院（重庆市经济信息中心）宏观经济研究课题组
  主研：易小光 丁 瑶 余贵玲 曲 燕 王春宇
  执笔：王春宇]

之二十一：2023年中新（重庆）战略性互联互通示范项目建设情况及2024年展望

2023年以来，重庆市围绕"现代互联互通和现代服务经济"主题，以共建"一带一路"为统领，高标准实施中新（重庆）战略性互联互通示范项目（简称中新互联互通项目），在金融服务、航空产业、交通物流、信息通信四大重点领域合作持续深化，科技创新、现代农业、医疗健康等领域合作不断拓展，对"一带一路"合作伙伴的辐射效应持续释放。随着中新两国关系不断深化，中新互联互通项目继续深耕重点领域、拓宽合作空间，加快推进改革创新实践，提升互联互通水平，推动区域合作更高质量发展。

一、2023年中新互联互通项目运行分析

渝新双方协同共进，不断深化重点领域合作和政企国际交流，中新互联互通项目取得明显成效。1—9月，签署政府和商业合作项目46个，合同金额3.9亿美元；中新互联互通项目成立以来，累计落地政府和商业合作项目280个，总金额256.5亿美元，项目累积效应持续增强。

（一）重点领域合作持续深化，示范引领作用不断彰显

金融服务合作走深走实。重庆以西部金融中心建设为契机，不断强化与新加坡的政策创新和项目合作，金融领域合作取得新突破。中新互联互通项目成立以来，累计落地金融服务项目259个，金额306.2亿美元；其中，1—9月，签署金融服务项目24个，合同金额14.9亿美元。交流平台功能持续壮大，成功举办第五届中新（重庆）战略性互联互通示范项目金融峰会，签约项目90个，合同金额1110亿元，其中，涉及中外资机构落地项目19个，合同金额392.3亿元。金融市场互联互通加速推进，新加坡凯万公司落户重庆，新加坡获批重庆QDLP额度企业增长至3家，巴南、开州、涪陵等区县多家企业在新交所挂牌人民币债券，总金额超28亿元。股权类合作取得重大进展，江北与中信投资、渝富集团以及新加坡麦博控股签订战略合作协议，推动总规模200亿元人民币的中新互联互通母基金设立；淡马锡、华侨银行正分别推进陆海新通道新型商业银行、重庆银行中新合资理财子公司设立。中新跨境融资延续较快增长态势，中新互联互通项目成立以来累计带动中西部10个省区赴新融资超过65亿美元，跨境人民币结算量突破3000亿元，保持中西部第1位；其中，2023年1—9月中新跨境融资11.2亿美元。

航空领域合作扩面提速。中新互联互通项目航空领域商业合作和制度创新持续深化拓展，并取得积极成效。渝新航线稳步恢复，直飞航班从年初的每周3班恢复至每周11班，达到疫情前水平的80%。中新机场合作加快，DFS集团11家独立品牌精品店入驻江北国际机场，江北国际机场成为国内首家齐聚DFS、DUFRY、LTR等三大世界重量级零售巨头的机场。中新航空产业园建设提速，普洛斯物流枢纽一期、复兴国药西南医药温控枢纽等加快推进，宝湾供应链中心建成投用，园区累计入驻物流企业超100家。新加坡航空（重庆）保税航材分拨中心稳步运行，分拨中心中国分拨点增至6个，企业航材保障运营成本降低20%以上。航空领域跨区域合作加快，川渝签订《加快建设成渝世界级机场群、打造空中陆海新通道战略合作协议》，助力重庆临空经济示范区、渝新航空双枢纽建设。

交通物流合作进展积极。陆海新通道国际合作持续深化，重点项目加快建设，通道畅通水平不断提升，交通物流综合效益加快显现。物流供应链持续加强，鱼嘴铁路货运站南货场建成投用；中新（重庆）多式联运示范基地已入驻企业10家，1—9月基地作业总量超1.8万标准箱、总流通货值超40亿元，分别同比增长17%、3.8倍。陆海新通道加快织线成网，新开辟重庆—万象—新加坡班列，辐射老挝、泰国、马来西亚等多个国家，截至2023年9月，陆海新通道物流网络覆盖全国18个省区市69个城市138个站点，通达全球120个国家和地区的473个港口；1—9月，西部陆海新通道铁海联运班列开行6107列、运输货物63.3万标准箱，分别同比增长5%、14%。跨境贸易多样化、便利化水平持续提升，重庆市市场采购贸易方式试点实现中老班列、江海联运双首发，西部陆海新通道发出首列新能源汽车铁海联运班列，通道经济发展加快。

信息通信合作不断拓展。聚焦平台建设、政策创新、项目合作等方面，中新互联互通项目信息通信领域合作成效凸显。政策创新探索力度不断加大，正在全力争取全国第四个全球性国际通信业务出入口局落地重庆，积极争取国家支持重庆开展中新数据跨境流动安全管理试点。平台功能持续强化，中新国际数据专用通道完成首次公有云链接测试；"中新数通"一站式云服务平台持续完善，上线企业857家，初步建成渝新信息通信企业合作需求库。重点项目合作加快，中新数字经济人才发展中心正式启动，将加大电子信息、人工智能等国际化人才培养；2023年陆海新通道智能关务平台等7个数字合作项目获得中新信息通信媒体联合创新发展资金支持。数字领域应用推广提速，2023中新国际数字合作论坛成功举办，签署15项合作协议；组织重庆企业参加新加坡亚洲科技大会峰会、2023年全球数字经济大会峰会，推动同炎数智在新设立海外创新合作中心，本地企业参与国际数字合作提速。

（二）新领域合作亮点纷呈，中新项目内涵不断丰富

现代农业、医疗健康、科技创新、文化旅游和人才交流等领域合作加快，中新互联互通项目合作广度和深度持续拓展。中新（重庆）农业合作计划有序开展，巫山脆李、潼南柠檬、奉节脐橙等特色农产品加快迈向国际市场；4月重庆农业企业赴新参加国际食品及酒店用品展览会，达成意向订单金额超过5000万元。医疗健康领域合作稳步推进，第一届中新（重庆）医院管理论坛、首届中新合作成渝屈光学术研讨会成功举办，中新（重庆）大健康产业运营中心揭牌，将引进国内外大健康、国际贸易等领域企业入驻。科技创新领域合作取得新突破，2023中国—新加坡国际科技交流与创新大会在渝成功举办，签约新能源智能网联汽车、高端人才培养及产学研合作等领域项目11个。文化旅游领域合作加快，璧山新加坡新世界酒店建成营业，重庆首家新加坡独资旅行社落地运营，重庆文旅首次组团亮相新加坡国际旅游展。人才交流合作取得积极进展，新加坡（重庆）青年人才驿站建设稳步推进，新加坡国立大学、南洋理工大学学生赴渝实习。

（三）国际交流广泛深入，引领带动作用进一步凸显

随着社会运转逐步回归常态，中新经贸和人员往来加速恢复，交流合作向更高层面、更宽领域深入推进。政府间交流持续深化，3月新加坡总理访问中国，双方把中新关系提升为全方位高质量的前瞻性伙伴关系，为两国合作指明战略方向；7月重庆市委书记率队访问新加坡，渝新双方就共同打造实体化合作平台、深化陆海新通道合作、拓展重点领域合作、探索数字化绿色化转型和第三方合作等方面凝聚共识，为中新互联互通项目下一步发展明确了方向、注入了活力。国际交流平台加快打造，渝新联合成功举办智博会、陆海新通道国际合作论坛、新加坡·重庆周等顺利召开，为政府机构、企业及商协会沟通合作搭建广泛的国际交流平台，推动经贸、通道、文化等领域交流合作持续深化。民间交流持续增进，新加坡丰益国际集团、新加坡国立大学等院企来渝交流合作，重庆企业、文化团体等赴新考察交流，双方往

来交流更加密切。国际合作成果丰硕，在中新互联互通项目引领带动下，1—9月重庆市实际使用新加坡外资1.61亿美元，同比增长36.7%，占全市实际使用外资的37.6%。

二、下一步应关注重点

（一）项目体制机制有待完善，制度型开放创新亟须突破

一是顶层设计和系统指导有待加强。中新互联互通项目为中新政府间项目，项目涉及较多中央事权，地方自主权不足，但目前顶层设计和系统指导较为缺乏，国家层面尚未出台指导性文件，部委赋予的先行先试政策较少，导致地方在跨境金融、数据规则等方面的改革创新受到较大制约。二是项目工作机制有待优化完善。虽然市级层面设立了中新互联互通项目管委会、专委会等组织机构，但目前常态化的运行机制仍未形成，监督考核手段仍较欠缺，管委会和专委会的统筹、协调、督促、促进作用尚未充分发挥。三是中新项目与市内其他平台联动创新能力有待增强。中新项目与自贸试验区等全市其他开放平台的互联互通性不足，尚未建立起平台间信息共享、制度共建、模式共创的联动协同机制，政策叠加效应不强。

（二）项目引进和建设力度不够，合作广度深度仍待拓展

一是招商引资压力持续加大。受招商引资竞争激烈[①]、区位和政策优势偏弱等因素影响，中新项目长期存在小、散问题，特别是2023年以来，在国际经贸合作不确定性不稳定性增强的大背景下，引进的项目规模显著偏小，政府和商业合作项目平均规模仅0.08亿美元/个，明显小于成立以来项目平均规模（约0.92亿美元/个）。二是部分项目推进滞后。中新互联互通项目没有物理边界，相关项目落地有赖于各个部门、区县等的协同推进，部分项目推进协调难度较大，对项目建设时序进度形成一定影响。据调研反映，部分区县在共建中新产业园过程中，存在楼宇购置出资比例、价格等方面意见不一致问题，导致项目推进缓慢。三是部分重点领域合作存在不平衡不充分问题。受数据跨境流动管制等制约，信息通信等合作推进仍较缓慢，落地项目较少。

（三）通道枢纽瓶颈制约明显，项目辐射带动能力有待增强

一是渝新通道枢纽联动效应仍待激发。作为中新互联互通项目和陆海新通道两大"运营中心"，重庆的运营组织能力有待增强，核心枢纽的规模化服务能力较弱。通道畅通水平有待提升，陆海新通道沿线国家基础设施建设水平不一，跨境铁路、公路等建设存在"断点""堵点"，目前在飞国际航线仅28条，明显低于成都（41条）等地，通道不畅制约中新互联互通项目合作的深化。二是中新互联互通项目对沿线经贸合作的拉动作用不明显。中新互联互通项目下陆海新通道国际合作进展缓慢，沿线国家经贸联系、产业发展、人文交流等联动发展不足，1—9月，重庆市对新加坡进出口63.6亿元，同比下降1.5%，但重庆市对东盟进出口增速降幅达15.0%，分别低于同期新加坡和全国13.5个、15.8个百分点，中新互联互通项目对辐射带动重庆与东南亚地区经贸合作的作用不明显。

三、2024年环境及展望

（一）国际形势更趋复杂严峻，国际合作机遇与挑战并存

在全球高利率高通胀、地缘政治博弈等持续加深影响下，全球政经形势更加错综复杂，中新互联

[①] 新加坡与各省市合作平台较多，例如，中新两国建有苏州工业园区、天津生态城和中新（重庆）战略性互联互通示范项目三大政府间合作项目，广州知识城国家级双边合作项目，新加坡与山东、四川、浙江、辽宁、天津、江苏、广东等7省市分别建有经贸合作机制，同上海市建有全面合作机制，同深圳建有智慧城市合作机制。

通项目深化合作挑战与机遇并存。从挑战方面看，美国"脱钩断链"、巴以冲突、俄乌战争等地缘政治风险加大，地区安全和经贸合作的不确定性明显提升，全球跨境贸易和投资活动将继续放缓，中新互联互通项目下引进跨境资本难度将持续加大；全球流动性环境持续收紧，金融市场波动加剧，将对中新跨境金融合作形成一定冲击。从机遇方面看，世界贸易组织改革持续深入、中国—东盟自贸区3.0版建设加快推进、RCEP对签署国全面生效，投资、贸易、数字经济、绿色经济等领域国际合作有望持续深化，有利于拓宽中新互联互通项目合作新空间，带动中新以东南亚国家为主的第三方合作。

（二）国内持续推动高水平对外开放，新发展格局加快构建

我国将建设更高水平开放型经济新体制，更加主动对接高标准国际经贸规则，稳步扩大规则、规制、管理、标准等制度型开放，推动开放合作提质增效。开放政策环境将持续优化，面对错综复杂的外部环境，国家将继续在拓展对外开放范围、提升投资经营便利化水平等方面持续加大支持力度，叠加前期稳外资稳外贸政策逐步落地见效，将为中新互联互通项目提供更多政策利好。国际合作将持续深化，特别是共建"一带一路"将继续高质量推进，政策沟通、设施联通、贸易畅通、资金融通、民心相通持续深化，合作领域不断拓展，将助力中新合作迈上新台阶。开放型制度体系将更加完善，自贸试验区、服务业扩大开放综合试点等将继续高水平推动制度型开放，有利于从制度层面为中新互联互通项目提供更多支撑。

（三）重庆不断积聚开放动能，开放发展水平持续提升

重庆持续推动高水平对外开放，大通道大平台不断做大做强，作为内陆开放高地的带动作用持续凸显。制度型开放创新稳步推进，中新理财通、中新基金互认、多式联运数字化单证机制、跨境联运规则、跨境数据分级分类流动管理制度等探索创新力度将持续加大，推动中新互联互通项目合作深化提质。平台通道支撑作用不断增强，西部陆海新通道建设、自贸试验区、综合保税区、西部金融中心等建设加快，开放、通道、金融等领域合作将持续深化，有利于发挥渝新"双枢纽"优势，带动通道沿线经贸和通道经济高质量发展。开放试点示范引领作用持续凸显，服务业扩大开放综合试点、跨境电商综合试验区等深入推进，有利于持续深化拓展数字贸易、现代服务业等领域合作。此外，成渝地区双城经济圈、数字重庆建设全面推进也将为中新互联互通项目合作赋能。

（四）2024年发展趋势及展望

2024年，俄乌战争、巴以冲突等叠加导致地缘政治更趋复杂，美对华投资限制、美日韩磋商、金砖国家扩员等将深刻影响国际政经格局，国际经贸合作仍面临较大不确定性。中国仍将积极推动高水平对外开放，主动参与国际经贸规则制定，推动国际合作扩面深化，促进开放型经济高质量发展。重庆将高水平建设西部陆海新通道，持续加强开放平台和通道联动发展，深度融入RCEP经贸网络，以渝新"点对点"合作促进中国西部地区与东盟及更广泛区域的"面对面"互联互通。在三级合作机制统领下，中新互联互通项目在金融、航空、物流、信息四大重点领域的合作将更加深入，绿色、医疗健康、现代农业、科技创新、人才教育等新合作领域将继续拓展，互联互通水平逐步提升，合作体制机制持续完善，国际交流交往继续加强，中新（重庆）枢纽港产业园和中新（重庆）生命科技城等重点项目有望加快落地。

四、对策建议

（一）持续优化项目合作机制，强化协同联动和制度创新

一是强化项目组织运营能力。充分发挥三级合作机制的统领作用，强化渝新双方常设机构的交流合

作，加大人员互派，促进信息互通、经验分享，聚焦渝新"双赢"，挖掘潜在合作机会，加大项目包装策划，由下至上促成项目合作。二是强化开发开放平台的协同联动。加大市级层面统筹，优化完善中新互联互通项目管委会和专委会工作机制、强化责任落实，在推动制度型创新、联动招商、政策和资源要素整合等方面加强协同联动。联合争取国家部委支持，形成一批契合中新合作需要、可行性强的创新政策清单，扩大开放政策叠加效应。三是加大重点领域制度创新。对接 RCEP、DEPA、CPTPP 等国际高标准经贸规则，聚焦多式联运数字化单证机制、跨境联运规则、数字供应链产业链等方面开展试点衔接。探索推动中新绿色与转型金融标准互认在重庆落地。

（二）加大重点领域招商引资，推动更多项目落实落地

一是加大优质项目引进和培育。充分发挥保税航材中心、中新国际数据通道、中新（重庆）多式联运示范基地等的作用，加快集聚一批保税航材、冷链物流、跨境电商、信息技术等上下游产业链企业，吸引跨国公司总部机构在重庆设立分支机构。加快推动渝新在陆海新通道沿线国家共建货物分拨中心、加工基地等三方合作项目。二是强化项目投融资服务。建立健全项目招商引资保障机制，积极探索创新跨境金融服务，引导金融机构提高跨境金融服务水平，加大对通道、物流、贸易和产业的资金支持，降低企业跨境金融服务成本。充分发挥中新互联互通项目母基金的引导作用，加大对数字经济、高端制造、新能源等产业的支持力度。三是促进项目加快落地。建立项目一体化推进工作机制，强化沟通协调和政策保障，完善项目建设配套服务，统筹协调资源配置，促进项目加快落实落地。

（三）着力推动"软硬联通"，促进通道经济高质量发展

一是持续优化通道网络布局。联合国内沿线省市共同争取设立通道建设专项资金，加大通道基础设施建设力度。发挥渝新"双枢纽"作用，加大跨区域联动，推进口岸铁路建设，实施口岸公路扩能改造，提升集疏运公路技术等级和通行能力。争取 RCEP 成员国客运航线全覆盖，高质量开行国际铁海联运、跨境公路运输、国际铁路联运班列/班车。二是提升物流贸易便利化水平。以推进中新"单一窗口"合作为牵引，加强与通道沿线境内外节点城市物流枢纽合作，共建物流集结分拨中心、海外仓等功能平台，共同探索构建物流、口岸、交通、市场及企业部门间信息交互共享、开放利用。三是推动通道与产业深度融合。全面梳理适宜通道运输的产业目录和产品清单，加快发展冷链物流、国际物流等产业集群。支持跨区域综合运营平台与电子信息、汽摩、装备制造等重点企业合作，建立协同研发、制造、销售、售后等全链条服务体系，扩大"通道+经贸+产业"联动效应。

[重庆市综合经济研究院（重庆市经济信息中心）宏观经济研究课题组
主研：易小光　丁　瑶　余贵玲　陈　可　杨　梅
执笔：杨　梅]

之二十二：2023年中国（重庆）自由贸易试验区建设情况及2024年展望

2023年以来，中国（重庆）自由贸易试验区（以下简称"重庆自贸试验区"）加快落实党的二十大提出的"自贸试验区提升战略"，围绕自贸试验区迭代升级和高质量发展，充分发挥改革开放综合试验平台的作用，积极作为、大胆探索，加快推动规则、规制、管理、标准等制度型开放，积极对标国际先进规则，复制上海等自贸试验区创新经验，孕育出一批可复制可推广的重要成果，自贸试验区成为重庆全面开放的"新引擎"、贯彻开放理念的"领头雁"和推动国内国际双循环的"主阵地"。

一、2023年重庆自贸试验区建设推进情况

重庆自贸试验区积极开展首创性、集成性、差异化探索，加快构建实施重庆自贸试验区提升战略的"四梁八柱"，在制度创新、投融资及贸易合作、协调联动发展、营商环境优化等方面取得了显著成效。

（一）制度创新不断取得新突破

制度型开放稳步推进，创新成果不断涌现。一是自主培育创新成果丰硕。培育重点制度创新成果118项，在重庆复制推广89项，在全国复制推广7项，在同批设立的自贸试验区中排名第5位。二是改革试点任务落实加快。总体方案确定的151项改革试点任务全面落实，国家部署的复制推广经验案例落实率超过93%。三是制度创新应用效果显著。在海关特殊监管区域创新实施货物进出区"四化"① 监管新模式，获海关总署创新举措备案，通关新模式为企业节约成本约22%，企业申报效率提高80%以上。

（二）投融资和贸易便利化改革创新成效显著

重庆自贸试验区通过打造服务业先行区、优化通关作业流程、探索融资租赁、发展陆空多式联运等创新性举措，不断提升投融资和贸易便利化水平，促进了开放经济发展环境的持续优化。一是投资便利度持续提升。重庆RCEP投资贸易服务中心顺利成立，跨境经贸投融资供需撮合及服务效率提高。成渝RCEP跨境贸易中心、西部陆海新通道立体产业园招商引资提速推进，跨境贸易产业链优质企业等集聚加快。1—9月，重庆自贸试验区新增经营主体1.5万户，同比增长8.9%，占全市新设企业比重的10.6%；实现进出口总值3416.6亿元，占重庆进出口总值的60%以上。二是跨境金融服务能力提高。中欧班列落地首单区块链电子提单融资业务，跨境物流单证物权凭证功能融资模式实现新突破。制定出台铁路运输单证金融服务试点工作方案，铁路运输单证金融服务直连平台搭建加快。组建陆海新通道金融服务联合体，初步形成覆盖通道全域的跨境金融服务网络体系。三是多式联运水平不断提升。陆空联运出口模式常态化运行，企业单车节省仓储成本和二次掏箱成本约2000元，通关时间节省约50%。多式联运单证实现无纸化放贷模式，进口单证办理时间从48小时缩短到4小时。1—9月，重庆经西部陆海新通道三种主要运输组织方式运输货物标准箱数量同比增长19.0%，通道辐射范围较2022年增加了9个城市、22个站

---

① "四化"：实行"精细化"通道管理、"差异化"卡口管理、"智能化"场站管理、"一体化"风险防控。

点，通道影响力持续扩大。

（三）协同联动发展持续纵深推进

深入推动自贸试验区合作，加快提升协同创新水平，自贸试验区发展合力不断增强。一是川渝协同发展水平有效提升。川渝两地共同出台《川渝自贸试验区协同开放示范区深化改革创新行动方案（2023—2025年）》，投资贸易、物流枢纽、产业发展、开放平台、营商环境5大领域改革深入推进，汽车、数字经济、高新技术、金融市场等川渝优势产业协同发展加快，形成了"'关银—KEY通'川渝一体化"监管创新、首创中欧班列跨省域共商共建共享合作机制等8个创新案例。二是重庆自贸试验区联动创新区建设加快。自贸试验区第二批联动创新区成功设立，重庆联动创新区数量达到25个，协同开放创新持续扩面深化。三是与中新互联互通项目联动合作深入。与新加坡探索开展符合条件的金融产品互认和双向投融资，债券、理财、基金等领域互联互通加快推进。

（四）营商环境全面优化升级

随着持续强化企业服务和司法服务，深化商事制度改革，一流营商环境营造取得积极进展。一是政务服务效能不断提高。重庆自贸试验区（两路果园港综保区）企业服务中心、西部陆海新通道数智算力中心正式成立，服务企业模式不断创新。中西部地区首家省级移民事务服务中心建设加快，外国人工作许可和工作类居留许可实现"一窗办理"，办结时限由30个工作日缩减至15个工作日。二是营商环境法治化水平提升。"1个知识产权法庭+9个巡回审判站"体系不断完善，知识产权纠纷诉讼、仲裁与调解多元共治平台建设提速，重庆国际物流枢纽园法官工作室揭牌成立，全方位、多层次的纠纷治理新格局构建加快。三是商事制度改革扎实推进。"多证合一""证照分离"改革和"基层注册官"制度全面实施，企业开办时间压缩至1个工作日以内。重庆自贸试验区渝中板块在重庆率先推出"证照联办"新模式，审批时间压减50%以上，审批流程持续优化。

二、存在的主要问题

（一）制度创新力度、深度仍需增强

重庆自贸试验区制度创新仍以碎片式、国家"自上而下"推动为主，在集成化创新、政策协同等方面突破较少。一是制度创新集成化水平不高、领域有限。目前，重庆自贸试验区在全国复制推广的7项改革试验案例，均为金融、贸易、法治等领域中某个环节的改革，多属于流程优化、时间压缩等"微创新""微改革"，缺乏针对全产业链条的跨部门、集成式的一揽子改革创新。同时，制度创新主要集中在通道物流及贸易方面，推动产业发展的创新成果较少。二是部分领域创新难度大、制约多。陆上贸易规则探索涉及物流、贸易、金融、法律等领域，存在多式联运提单市场应用接受度不高、金融作用不明显、保险体系不健全等问题。受跨境资本流动管理严格、地方金融创新自主权不足、国家部委对金融创新项目审批较为审慎等因素影响，重庆自贸试验区金融开放水平不高。三是政策协同创新力度不足。与中新互联互通项目政策联动力度不够，金融服务、航空产业、交通物流、信息通信四大领域协同创新成果较少。与服务业扩大开放试点示范、服务贸易创新发展试点等政策协同贯通不够。

（二）对开放型经济引领带动作用不足

重庆自贸试验区在产业发展、外商投资、通道建设等方面存在诸多制约，示范引领作用发挥不够。一是产业集聚能力和竞争力亟待增强。重庆自贸试验区各片区产业发展定位不聚焦，除电子信息产业外，尚未形成其他具有集聚效应的核心产业。同时，集成电路产业虽有一定竞争力，但体量不足百亿级，产

业链条仍待完善。二是新放宽外资准入领域投资增长乏力。重庆新增外商投资主要集中在加油站建设经营、汽车整车专用汽车制造等领域，其新增的外资经营主体占重庆新增各类外资经营主体比重仅为6.4%，其他大部分新开放领域因资源禀赋、产业结构、市场需求等原因未出现外商投资，新放宽的外资准入领域投资情况不理想。三是通道建设有待加强。跨运输方式、跨作业环节基础设施的统筹规划和建设协调不足，枢纽场站集疏运效率不高，联运衔接亟待增强，"通道+经贸+产业"效应发挥不充分。

（三）高端开放要素集聚能力不强

重庆自贸试验区在国际化配套服务、专业人才引进、税收优惠等方面仍待增强。一是国际化生活服务配套不健全。重庆涉外医疗、教育、保险等配套条件不足，国际学校、涉外医院较少，目前仅有11家涉外医疗服务定点医院、2家外籍人员子女学校，与国际接轨的涉外服务功能仍不完善。二是开放型经济人才较为匮乏。受国际人才培育引进体系不完善、人才引进政策吸引力不足等因素制约，引进精通国际经贸规则、视野和能力达到国际化水准的专业人才困难，导致对接国际经贸规则难度较大。三是税收优惠不足。重庆自贸试验区内企业主要享受西部大开发相关税收优惠政策，相较海南自贸港，在关税、所得税等方面优惠力度不够，影响外贸企业降本增效和高端人才引进。

三、2024年发展环境及展望

（一）全球政经形势复杂严峻，国际经贸合作挑战与机遇交织

全球经济复苏动力不足，国际贸易形势日益严峻。一是世界政经格局深度调整助推自贸试验区开放型经济高质量发展。当前，世界进入新的动荡变革期，俄乌、巴以冲突等加剧了地缘政治格局和国际利益的博弈，"脱钩断链"导致贸易保护主义、孤立主义、民粹主义等思潮蔓延发酵，美国制造业回流加快，全球生产力布局出现新变动，全球产业链、供应链加速重构，有助于重庆自贸试验区发挥开放高地作用，积极承接国内外产业转移，提升自贸区发展能级。二是国际经贸规则的新一轮变革重构将促进自贸试验区探索创新投资贸易制度体系。以美国为首的发达国家重构对其自身有利的全球贸易规则，以区域自由贸易协定为特征的国际贸易新秩序逐步形成。特别是随着美欧国家通过重要碳关税或碳边境调节机制法案，全球应对气候变化合作受到较大冲击，各国对国际低碳经贸规则的制定权争夺愈加激烈，有利于发挥自贸试验区改革试验田优势，深化投资、贸易、物流、金融等规则探索，推动更多中国标准、中国经验上升为国际规则标准，为我国在新一轮全球经贸格局重塑中争取更多主动权和话语权。三是区域经济一体化提速有助于扩大重庆自贸试验区经贸合作。区域全面经济伙伴关系协定全面生效实施，中国—东盟自贸区3.0版谈判稳步推进，将提高重庆自贸试验区与东盟国家经贸领域开放水平，数字经济、绿色经济以及供应链互联互通等新兴领域合作将有所深化。

（二）我国深化高水平开放，自贸试验区"头雁"效应持续增强

我国推行更高水平对外开放，自贸试验区制度创新动能将不断增强。一是高标准对接国际经贸规则将提升自贸试验区制度型开放水平。我国率先在上海、广东、天津、福建、北京等具备条件的自由贸易试验区和海南自由贸易港，试点对接相关国际高标准经贸规则，自贸试验区、自贸港将充分发挥改革试验平台作用，在货物贸易、服务贸易、商务人员临时入境、数字贸易、营商环境、风险防控等6个方面开展深入探索，为后续重庆等其他自贸试验区开展试点提供有益经验。二是持续放宽市场准入条件将为自贸试验区发展注入新动能。我国全面放开制造业领域外资准入，有助于自贸区在更广范围内引进外资，加快打造现代化产业集群。同时，将出台全国版和自贸试验区版跨境服务贸易负面清单，持续加大国家

服务贸易创新发展示范区建设，将增大自贸试验区在投资、服务贸易等领域的压力测试，进一步提升投资贸易自由化、便利化水平。三是自贸试验区联动发展将扩大自贸红利效应。全国21个自贸试验区提出《全国自由贸易试验区联动发展倡议》，将推动沿海与内陆自贸试验区发挥比较优势，实现制度创新协同性、特色产业布局、成果复制推广等方面的良性互动，有利于重庆与上海、浙江等地在产业协同布局、制度创新联动等方面加强合作。

（三）重庆贯彻落实自贸试验区提升战略，自贸试验区迭代升级加快

重庆加快落实自由贸易试验区提升战略，将持续推进制度创新、产业集聚及区域合作。一是高水平制度创新将取得新突破。重庆深入实施外贸高质量发展行动计划、RCEP行动计划，西部陆海新通道沿线贸易市场、双向投资进一步拓展，陆上贸易规则创新力度将持续加大，基于多式联运"一单制"的单证、金融、保险等服务不断完善。二是特色开放型产业集群将提速构建。《自贸试验区重点工作清单（2023—2025年）》明确了重庆自贸试验区差异化探索重点，电子信息和新能源汽车等先进制造业集群、重庆数据中心集群将加快形成，数字产品贸易、数字服务贸易、数字技术贸易、数据跨境交易等新业态将加快发展。三是区域合作与协同发展不断加强。重庆自贸试验区深入推进与中新互联互通项目合作交流，在国际贸易"单一窗口"、电子身份与数字证书互认等方面将深化合作探索。川渝两地自贸试验区将在贸易投资、物流枢纽、产业发展、开放平台、营商环境五大领域协同开放，共同打造区域合作新典范。重庆将适时出台《中国（重庆）自由贸易试验区联动创新区运行管理规定》，对联动创新区的运行调度、管理指导将持续加强，有助于释放市县内在动力、汇聚改革开放合力。重庆自贸试验区与综保区融合一体化水平提升，将为自贸区开放要素集聚、开放新业态新模式发展创造有利条件，助力自贸区做大做强。

（四）2024年发展展望

2024年，全球政经形势更加复杂严峻，我国将加快构建更高水平开放型经济新体制，推动自贸试验区在投资贸易便利化、金融开放创新、事中事后监管等方面开展先行先试。重庆自贸试验区将围绕"开放引领、改革赋能、以贸促产、以产兴区"，加快重大制度创新、重点发展产业、重要平台建设及重大项目等部署，强化自贸试验区各板块协调发展，深入推进川渝自贸试验区协同开放示范区建设，以更大力度谋划和推进重庆自贸试验区高质量发展。

四、对策建议

（一）加强重点领域制度创新，加快推动制度型开放

加大贸易、金融等领域首创性探索，不断拓展制度创新深度和广度。一是深化陆上贸易规则探索创新。深化多式联运规则、标准等探索，促进多式联运"一单制"等创新成果规模化应用。持续创新铁路提单、运单、仓单及配套规则，实现跨境铁路提单、运单等融资功能。二是提升金融创新水平。围绕西部陆海新通道、中欧班列等金融需求，创新融资租赁、保理等供应链金融产品，推动供应链融资、结算常态化和标准化。争取在自贸试验区设立跨境金融试验区，争取国家赋予更多外汇管理权限。三是强化制度创新集成。积极争取国家授权，在跨境投融资、海关监管等方面开展突破式创新。聚焦智能网联新能源汽车、新一代电子信息制造业等主导产业，强化制度、措施之间的协同和集成。

（二）强化区域协同融通，激发区域发展活力

推动自贸试验区与市内外各开放平台协同发展，促进信息沟通、资源共享、要素流动畅通。一是加强市内各开放平台协同联动。建立涵盖重庆自贸试验区、中新互联互通项目、综保区等开放平台的联席

会议制度，积极推动自贸试验区创新经验及成果在联动创新区推广应用，支持联动创新区在招商引资、新兴产业发展、新业态培育等方面开展个性化探索。二是深化与国内自贸试验区合作交流。以东部产业向西部梯度转移为契机，与上海、江苏、广东等地共建跨境电商、保税加工等产业基地。加强与国内其他自贸试验区在产业发展、政务服务、商事制度改革、司法服务等方面的制度创新经验的分享应用，推动改革创新经验双向共享共用。三是加强与RCEP国家合作联动。紧抓西部陆海新通道建设、服务业扩大开放试点等机遇，争取设立RCEP机制下的跨区域经贸合作组织、跨区域金融机构，拓展教育科研、健康养老、文化旅游、专业服务等现代服务业领域合作。

（三）增强产业集聚能力和通道建设水平，助推开放型经济发展

充分发挥自贸试验区集聚效应，加快开放型经济高地建设。一是加快打造产业集聚高地。进一步梳理自贸试验区各板块资源禀赋和功能定位，围绕国际物流枢纽建设、数字经济创新发展、保税经济转型升级、现代服务经济开放、先进制造业提质增效等方面，加快形成更具辨识度的引领性成果。二是加大外资引进及利用力度。进一步放宽汽车、交通、船舶制造等外资准入限制，着力扩大金融、文化、电信、教育、医疗等服务业领域对外开放。发布外资并购项目机会清单，支持外资参与公共服务、信息等领域投资，拓展外商投资空间。三是提升通关便利化、智慧化水平。参照大湾区"组合港"通关模式，建立成渝地区铁路、公路、航空等口岸间通关联动机制，深化川渝自贸区"单一窗口"建设。加快智慧口岸建设，加强科技、数字赋能，提升报关、检验检疫等通关全程智慧化水平。

（四）持续优化营商环境，打造资源集聚高地

加快提升国际化服务水平和高端要素集聚能力，不断激发市场活力、增强发展动力。一是增强国际化生产生活服务供给。推动建设成渝地区双城经济圈国际教育联盟等平台，围绕学科专业建设和优质教育资源引进，积极开展中外合作办学项目。鼓励外资和民间资本参与涉外医疗建设，支持大型三甲医院设立外宾医疗科或涉外医疗门诊部，提升国际化医疗服务水平。不断强化涉外法律、涉外咨询、涉外旅游等专业服务市场建设，加强外国人服务管理工作机构和人员配置。二是加大高端人才引进力度。探索建立外籍高层次人才永久居留推荐机制，给予外商企业高级管理人员、专家的随行家属与该专家相同的入境和临时停留期限。三是争取更具吸引力的税收政策。积极向国家争取，借鉴海南自贸港，享受加工增值超30%的货物内销免征进口关税政策，以及高端人才、紧缺人才免征个人所得税实际税负超过15%的部分等税收优惠，加快打造中西部加工贸易产业集聚地和人才高地。

[重庆市综合经济研究院（重庆市经济信息中心）宏观经济研究课题组
  主研：易小光 丁 瑶 余贵玲 张 超 郑淑媛
  执笔：郑淑媛]

产业卷
第一产业篇

之一：2023 年重庆市农业发展及 2024 年展望

2023 年，重庆市落实中央"一号文件"的决策部署，大力实施"四千行动"①，狠抓农业生产保供给，拓展农业新空间，延链融合兴乡产，农业发展总体平稳，农业农村现代化迈出坚实步伐。预计 2023 年重庆市农业增加值增长 4.2% 左右，粮食产量达到 1090 万吨以上。

一、2023 年农业经济运行分析

（一）总体情况

重庆市全面落实粮食安全党政同责，全力稳面积、稳产量、稳政策，着力保障"米袋子""菜篮子""肉盘子"量足价稳，大力做好"土特产"文章，围绕农业特色化发展，推动乡村产业规模化集群化发展，以融合化赋能培育新产业新业态。1—9 月，重庆市第一产业增加值 1429.67 亿元，同比增长 4.3%，增速比全国平均水平高 0.3 个百分点。

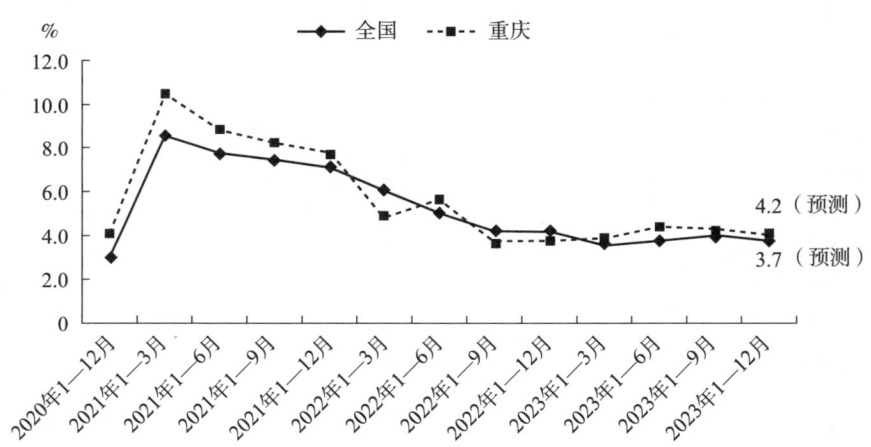

图 1　2020—2023 年重庆市与全国农业增加值增速对比

（二）主要特点

1. 粮食生产再获丰收

全力保障粮食生产，大力实施"稳粮扩油"工程，扎实推动小春田管、大春备耕、扩豆增油、稳产保供、防灾减灾、科技服务、农田改造等工作，全年粮食有望实现面积、产量"双增长"。夏粮实现"十六年增"。小春粮食播种面积 563.2 万亩，同比增长 0.6%，产量 124.0 万吨，增长 1.3%。其中，小麦种植面积保持在 28 万亩左右；油菜种植面积 445.4 万亩，增加 40.82 万亩，增长 10.1%，总产量超过 60 万

---

① 即千万亩高标准农田改造提升行动、千亿级优势特色产业培育行动、千个宜居宜业和美乡村示范创建行动、千万农民增收致富促进行动。

吨，高含油品种油菜占比提高到60%。秋粮生产保持稳定。秋粮播种面积2378.6万亩，增加4.3万亩，种子、化肥供给水平高于上年同期，优质品种加快推广，晚秋粮食作物长势良好。预计全年粮食播种面积3038万亩，产量将达1094万吨，分别超国家下达任务26万亩、13万吨。

表1　2018—2023年重庆市粮食生产情况

年份	粮食产量（万吨）	增幅（%）	播种面积（万亩）	增幅（%）	每公顷产量（公斤/亩）	增幅（%）
2018	1079.3	-7.52	3026.7	-9.90	356.6	2.62
2019	1075.0	-0.40	2998.5	-0.93	358.5	0.54
2020	1081.0	0.56	3004.5	0.20	359.8	0.40
2021	1092.8	1.11	3020.7	0.54	361.8	0.53
2022	1072.8	-1.83	3070.1	1.66	349.4	-3.44
2023	1095.9	2.15	3038.9	-1.01	360.6	3.19

注：2023年数据待国家统计局公布。

2. "菜篮子"产品稳定增产

科学有效应对不利天气影响，全力保障农业生产，压实各类农产品供给责任，果蔬、肉类均稳定增长。蔬菜生产持续向好。按照"调减大宗菜、增种错季菜、补充特色菜"思路，加快推进蔬菜产业结构调整，巩固提升保供和加工蔬菜产业基地，"菜篮子"供给能力显著增强、供给质量不断提升。1—9月，重庆市蔬菜播种面积940.67万亩，同比增长2.9%，产量1814.03万吨，同比增长4.5%。预计全年蔬菜产量有望达到2400万吨左右，同比增长约4%。畜禽水产平稳增长。加强非洲猪瘟、禽流感等重大动物疫病防控，加快推进标准化规模养殖场建设，助推畜禽水产健康发展，生猪产能较为充裕，牛羊禽肉水产全面增产。1—9月，重庆市生猪出栏1419.8万头，同比增长4.0%；牛出栏30.7万头，增长4.5%；羊出栏233.0万只，增长0.8%；家禽出栏17321.1万只，增长2.8%；水产品产量45万吨，增长3.5%。特色经济作物较快增长。大力拓展特色经济作物种植，品种更趋丰富，增产增效明显。1—9月，重庆市园林水果产量345.9万吨，增长6.5%；中草药材产量37.3万吨，增长6.7%；香料产量9.8万吨，增长5.2%。

3. 农产品市场运行总体平稳

持续加强本地生产指导、市场监测和物资调度，主要农产品价格没有大幅波动，市场运行总体平稳。粮油价格稳中小涨。上半年重庆粮油综合均价较上年同比上涨超5%，第三季度略有回落。其中，普通大米价格较为稳定，在4.9~5.1元/公斤波动；玉米价格从1月的3.16元/公斤逐月上涨至9月的3.49元/公斤；散装菜油价格逐步回落，但仍旧保持高位，在16.4~17.4元/公斤波动。猪肉价格持续走弱。开年以来猪肉价格持续下跌，从1月的30.66元/公斤跌至7月最低的23.84元/公斤，8月、9月略有反弹，恢复到27.37元/公斤，但重庆猪粮比始终在6∶1盈亏平衡线以下，最低下探到4.49∶1。蔬菜价格波动较小。蔬菜零售价格有所下降，零售价格从2月最高的8.17元/公斤跌至8月最低的7.3元/公斤，但跌幅不及上年，总体波动不大。环比来看，蔬菜产地价格逐季上涨，第三季度比第一季度高出约1元/公斤。水果均价环比略涨。第一季度水果零售均价在9元/公斤以上，第二季度突破10元/公斤，同比增长不大，环比小涨，第三季度小幅回落。其中，巫山、巫溪等地的脆李销售紧俏，高品质产品供不应求，销售情况好于上年，7月地产均价9.60元/公斤，与上年基本持平。水产价格弱势运行。第一季度产地综合价格在12.6元/公斤左右，第二、第三季度在13~14元/公斤波动；批发和零售价格波动不大，分别稳定在16~17.5元/公斤、19~20元/公斤，同比小幅下跌。

表2　2023年1—9月重庆市粮油零售价格变化情况

2023年	普通大米（元/公斤）	标准粉（元/公斤）	玉米（批发）（元/公斤）	散装菜油（元/公斤）	粮油综合均价环比（%）
1月	5.07	5.32	3.16	17.40	0.45
2月	5.05	5.33	3.20	17.28	0.75
3月	5.04	5.38	3.19	17.16	−0.47
4月	5.06	5.40	3.41	17.05	0.20
5月	5.03	5.33	3.29	17.31	0.30
6月	5.02	5.28	3.39	17.20	−0.13
7月	5.05	5.25	3.37	17.18	−0.38
8月	4.99	5.22	3.41	16.65	−2.09
9月	4.96	5.21	3.49	16.48	−0.75

数据来源：重庆市农业农村委员会。

表3　2023年1—9月重庆市猪肉价格和猪粮比变化情况

2023年	仔猪价格（元/公斤）	同比增减（%）	猪肉价格（元/公斤）	同比增减（%）	猪粮比
1月	32.70	20.80	30.66	−5.62	5.28
2月	30.44	19.37	27.19	4.38	4.73
3月	30.15	24.22	26.30	4.93	5.65
4月	30.11	24.18	24.75	6.76	4.78
5月	29.89	9.62	24.61	−13.61	4.67
6月	28.97	4.33	24.54	−16.82	4.62
7月	27.54	−11.96	23.84	−26.50	4.49
8月	29.35	−11.43	26.26	−21.97	5.27
9月	30.03	−13.27	27.37	−23.51	5.37

数据来源：重庆市农业农村委员会。

4. 农业"接二连三"发展

立足山地特色农业，大力推动第一、第二、第三产业融合发展，新产业新业态培育加快。食品及农产品加工发展提速。食品及农产品加工业纳入全市"33618"现代制造业集群体系，召开产业生态大会，出台"黄金十条"支持政策，设立百亿级产业生态基金，培育打造5000亿级产业集群。1—9月，重庆市食品及农产品加工产业规上企业实现工业产值1377.2亿元，同比增长4.3%，高于全市规上工业2.4个百分点。食品及农产品加工业规模化集群化品牌化发展。2023年新创建合川、永川2个国家现代农业产业园，麦制品、蔬菜2个全国优势特色产业集群，以及涪陵区珍溪镇、铜梁区大庙镇、綦江区安稳镇、石柱土家族自治县龙沙镇4个全国农业产业强镇。重庆资质认证有效期内绿色食品企业达到1250家，绿色食品3204个，居全国第五、西部第一。荣昌猪养殖系统、江津花椒栽培系统成功入选第七批中国重要农业文化遗产名单。乡村休闲旅游提速发展。累计推出乡村休闲旅游精品景点线路59条，认定市级休闲农业和乡村旅游示范镇30个、休闲农业和乡村旅游示范村85个。1—9月乡村休闲旅游接待游客2.59亿人次，经营收入1007.32亿元，同比分别增长13.1%和23.2%。

5. 农业数智化发展加快

大力实施"智慧农业·数字乡村"建设工程，重庆农业领域数智化发展进入快车道。农业信息化稳步提高。物联网、区块链、北斗导航等信息技术与农业生产加速融合，搭建油菜、柑橘等农作物产业数字化地图，"三农"大数据平台汇聚涉农数据资源超过4亿条，农业生产信息化率达26.5%。电商服务提质增效。公益性农产品交易智慧服务平台"农品慧"正式运行，截至7月末入驻企业1363家，覆盖种养殖户4662户，交易规模突破8.86亿元，开票规模达到3.76亿元。打造29个农村电商公共服务中心、4745个村镇服务站点，农村电商物流体系更加完善。智慧农业加快试点示范。按照"管理服务数字化""农业生产精准化""经营服务网络化""数字科技融合化"方向，加快建设数字种业、数字种植业、数字畜牧业、数字渔业等应用推广基地，建成市级智慧农业试验示范基地270个，西部"智慧农业·数字乡村"示范区初具雏形。

二、值得关注的问题

（一）生产效益"两头受压"

粮油种植和生猪养殖是重庆农民经营净收入的主要来源，但受制于成本增长和销售承压，农业生产净效益增长空间受限，对农民增收的支撑作用难以提高。一方面，受国际油价上涨、原材料价格提高等多重因素影响，柴油、化肥等农资价格维持在历史较高水平，叠加农村劳动力持续减少影响，农业用工成本不断上涨，导致农业生产经营总成本持续增加。另一方面，粮油价格运行相对平稳、涨幅较小，与此同时，生猪由于产能维持在较高水平，价格低位运行，2023年以来生猪养殖持续亏损，猪粮比一度跌到4.5∶1以下。这在一定程度上弱化了国家及全市各项支农惠农政策效应，对粮食安全和重要农产品有效供给也造成一定隐患和压力。

（二）设施装备仍待改善

近年来，重庆市大力推广高标准农田建设、农田宜机化改造等项目，农业基础设施得到一定改善，但由于地形地貌等自然原因，农业设施装备应用还有较大提高空间。一是仍然存在耕地质量不高、田块细碎化、水电配套弱等问题，导致耕作难度较大、成本较高，种植生产还难以产生规模效益。二是农机装备供给和应用不够，重庆农业机械化率低于全国平均水平约16个百分点，应用大多局限在粮食作物，柑橘、榨菜、茶叶、中药材等特色经济作物以及畜牧、水产领域的农机供给和应用较少。当前农业生产状况与农业现代化发展要求差距巨大，还需要加大资本和技术投入，以提高设施装备条件及农业综合生产力。

（三）农业灾害发生偏重

2023年，重庆市先后遭遇了较为严重的干旱、洪涝灾害和病虫害。上半年，重庆降水量较常年偏少一成，约两成土壤出现过干旱问题，水稻苗情偏差，作物主要病虫害、稻飞虱、稻纵卷叶螟发生面积分别增长15%、230%、913%。第三季度情况相反，雨水偏多，平均降水量达到上年同期的2.3倍。据市农业农村委农情调查，重庆因暴雨洪涝造成农作物受灾75.4万亩，同比增加58.4万亩，增长55%。与此同时，9月下旬出现的连阴雨天气对水稻、大豆收晒也带来不利影响。气象灾害和病虫害等，为农业生产带来较大不利影响，也对保供增产、农民增收造成一定经济损失。

三、2024年农业经济发展展望

（一）全球谷物供应形势整体较为宽松，贸易恢复程度较为有限

根据联合国粮农组织（FAO）最新发布的《谷物供求简报》，2023/2024年度世界谷物产量将较上年

增长 0.9%，至 28.15 亿吨，与 2021/2022 年的创纪录产量相当；世界谷物库存量为 8.78 亿吨，同比增加 2.2%，全球谷物库存量与消费量之比可能为 30.5%，全球谷物供应形势整体较为宽松。与此同时，各国谷物贸易禁令的时限与适用范围仍存在较大不确定性，厄尔尼诺现象也可能对亚洲国家造成产量影响，据此，粮农组织将 2023/2024 年度世界谷物贸易量的最新预报下调至 4.66 亿吨，较 2022/2023 年度调降 1.7%，全球谷物贸易较疫情前恢复程度有限。因此预计，国内保障粮食安全和其他重要农产品供给仍然不会有丝毫松懈。

（二）我国全方位提高粮食产能，乡村产业全链条升级加速

围绕建设供给保障强、科技装备强、经营体系强、产业韧性强、竞争能力强的农业强国目标，我国将牢牢守住粮食安全底线，以乡村产业全链条升级扎实推进乡村发展。一是粮食安全保障能力将进一步提升。2024 年，我国继续"实施新一轮千亿斤粮食产能提升行动""开展吨粮田创建""深入推进大豆和油料产能提升工程"等系列重要举措，相关目标任务将加快向各省份分解、落实，粮食单产提高和结构调整步伐将会进一步加快。二是乡村产业全链条升级加快。2024 年，全国将深入推动乡村产业高质量发展，"实施文化产业赋能乡村振兴计划""培育发展预制菜产业""实施'一县一业'强县富民工程"等政策举措加快落地，我国乡村产业将加快延链补链，升级发展活力将进一步迸发。各省份会抢抓政策机遇，因地制宜推进农产品加工流通业、现代乡村服务业、县域富民产业等全链化发展举措。

（三）重庆深入实施"四千行动"，农业机械化和数智化发展迈入快车道

重庆将深入实施"四千行动"，以科技创新和数字赋能为核心驱动力，推动农业农村现代化迈出坚实步伐。一是农业机械化有望快速提升。按照目标计划，到 2027 年改造提升农田 1000 万亩，并将农田宜机化率达到 100%作为改造目标之一，为农业机械应用提供了广阔"土壤"。重庆已颁布实施《重庆市农业机械化促进条例》等法规政策，设立市级丘陵山区智能农机装备技术创新专项，建成 7 个省部级创新平台，将农机装备作为全市 33 条重点产业链之一，农机装备制造企业已接近 200 家。随着宜机化农田的拓展和农机装备产业发展，重庆农业机械化水平有望提速。二是数字赋能作用将持续彰显。重庆先后出台《重庆市数字乡村发展行动计划》《重庆市智慧农业发展实施方案》《重庆市国家数字乡村建设试点工作实施方案》等政策文件，大力推进数字乡村建设，乡村数字基础设施持续改善，数字乡村发展总体水平达 43%，比全国高 3.9 个百分点，居西部第 1 位。随着农业农村数字应用场景不断拓展，数字化对农业农村发展的赋能作用将更加突出，经济效益和社会效益不断显现。

（四）2024 年趋势预测

综上分析，重庆在农业科技创新、制度创新、模式创新和数字赋能引领下，预计 2024 年农业增加值同比增长 4.0%左右，粮食播种面积和产量稳定在 3012.2 万亩、108.05 亿公斤以上，农业科技进步贡献率达到 63%，农作物耕种收综合机械化率超过 57%，累计改造提升高标准农田 400 万亩，特色优势产业规模进一步扩大，富民强村带动作用更加显现。

四、对策建议

（一）防灾扩种促进粮食增产

一是扩种秋冬作物挖掘增产潜力。指导"两季不足、一季有余"的地区努力扩大再生稻，因地制宜发展玉米、红薯等晚秋作物，增加秋粮种植面积。强化冬前镇压保墒等技术措施应用，培育壮苗越冬，奠定明年夏粮丰收基础。二是强化防灾减灾措施。针对西南地区常见的如极端高温干旱、暴雨泥石流、

病虫灾害等农业自然灾害，加强灾情监测调度和预警信息发布，增强物资储备和技术准备，落实防病治虫措施，提高防灾救灾能力。立足防大汛、抗大旱、救大灾，建立完善跨省协作机制。三是落实精细指导服务。建立专家工作组和科技小分队，实现区县全覆盖。在关键生长期和抗灾期，落实好相关领导和部门蹲点包片指导机制，指导抗灾减灾和增产技术推广，全力以赴夺取粮食丰收。

（二）加快先进农机研发推广

一是实施农机装备补短板行动。以破解"一大一小"农机装备卡点难点为重点，推动丘陵山地拖拉机、300马力级无级变速拖拉机、再生稻收获机、大豆玉米带状复合种植专用机械等研制推广取得突破。坚持研发制造、推广应用两端用力，生产主体、应用主体两头并重，全力推进农机提档升级。二是加快推广适用农机。基于重庆地形地貌多样现状，积极申报建设"一大一小"农机装备推广应用先导区，继续开展农机研发制造推广应用一体化试点。支持农机企业改造结合，保障大豆玉米带状复合种植、油菜移栽等重点用机需求。支持北斗智能监测终端及辅助驾驶系统集成应用。三是强化农机政策扶持。优化农机购置与应用补贴政策，探索与作业量挂钩的补贴办法。扩大农机报废更新补贴政策实施范围，加快淘汰老旧农机，鼓励本地研发的新型农机推广应用。

（三）着力稳定生猪全产业链

一是继续加强生产监测预警。紧盯能繁母猪存栏量等关键指标，根据月度变化情况，采取针对性调节措施，确保生猪产能保持在合理区间。引导养殖场户合理调减产能，科学安排生产，把握上市节奏。持续抓好非洲猪瘟常态化防控，加强"一户一策"疫病防控指导和监测。二是推动提质量降成本。依托国家生猪产业技术体系和各级畜牧兽医技术推广机构，开展节本增效实用技术培训和现场指导，提高饲养管理水平。在保护地方猪种的同时，加强育种繁育和营养控制，提升猪肉品质，推动猪业高质量发展。三是稳定生产扶持政策。重点稳定用地、环保、金融等基础性政策，在养殖亏损期间采取补贴、信贷、贴息等措施，稳定生猪生产。组织开展产销对接活动，完善储藏保鲜和肉类加工扶持政策。

（四）以产兴业助力农民增收

一是持续加力产业培育。抓好千亿级优势特色产业培育，着力打造具有重庆辨识度的"3+6+X"农业产业集群。深入实施食品及农产品加工能力提升工程，扎实推进加工示范园区创建，全力打造100家领军企业、100家高成长型企业、100家服务保障型企业。围绕见项目、见基地、见主体、见投资、建机制、见效益，推动区县"一主两辅"优势产业培育。加快建设数字农业电商直播产业园。推动乡村休闲旅游业高质量发展，打造精品旅游线路。二是全面促进农民增收。落实千万农民增收致富促进行动政策措施。及时足额兑付耕地地力保护补贴、种粮大户补贴等惠农资金。扩大以工代赈范围，加快农村基础设施和产业项目建设，带动农民就近就地就业。扎实推进"强村富民"综合改革，大力发展新型农村集体经济，因地制宜开发特色种养、产地加工、乡村服务业等增收项目。

[重庆市综合经济研究院（重庆市经济信息中心）产业经济研究课题组
主研：易小光　丁　瑶　余贵玲　赵炜科　邹於娟
执笔：邹於娟]

产业卷
第二产业篇

之一：2023年重庆市第二产业发展及2024年展望

2023年以来，重庆市深入实施成渝地区双城经济圈建设"一号"工程，认真落实重庆市制造业高质量发展大会精神，全力构建"33618"现代制造业集群体系，着力推动产业转型升级，促进新旧动能转换，重庆市工业和建筑业总体实现平稳增长。预计2023年重庆市第二产业增加值将达到12300亿元左右，同比增长6.7%左右；其中，工业增加值有望实现8740亿元左右，同比增长6.2%左右。

一、2023年重庆市第二产业运行情况

（一）总体运行情况

2023年以来，重庆市积极应对国内外市场需求不足、房地产下行等不利因素影响，及时出台《深入推进新时代新征程新重庆制造业高质量发展行动方案（2023—2027年）》等系列稳增长措施，全力抓订单、抓调度、抓增量、抓服务，加速推动工业领域、基础设施、城市更新等重大项目建设，全市第二产业总体保持平稳运行态势。1—9月，重庆市第二产业累计实现增加值8830.19亿元，同比增长6.1%，占地区生产总值的比重为39.7%，低于第三产业增加值比重14.2个百分点。其中，工业、建筑业分别实现增加值6267.99亿元、2562.20亿元，同比分别增长5.3%、8.1%，在地区生产总值中的比重分别为28.2%、11.5%。第二产业固定资产投资同比增长12.0%，占全市固定资产投资比重为29.7%。

（二）呈现出的主要特点

1. 工业经济实现稳步发展

工业经济波动回升。年初以来，在稳生产促发展等政策带动下，第一季度全市工业开局良好，规模以上工业增加值增速达到6%，第二季度受电子产品等需求疲软、出口不及预期等因素叠加影响，工业经济增长一度出现下滑，4月、5月增速明显下行（当月同比增速分别为-2.4%、+2.6%），之后随着一系列工业稳增长政策实施和结构优化升级持续推进，汽车、摩托车、材料、装备、消费品等支柱产业产能进一步释放，加之智能手机、液晶显示等外部需求逐步回暖，工业经济持续回升，1—9月，重庆市规模以上工业增加值同比增长5.7%，高于全国1.7个百分点，较上年同期快1.7个百分点。

重点产品生产走势分化。受市场需求变化影响，全市重点工业产品产量增长进一步分化。汽车、电子等产品产量均呈现负增长。1—9月，新能源汽车产量虽同比实现4.9%的增长，但在传统燃油汽车产量负增长的拖累下，全市汽车产量整体下降4.3%；智能手机、液晶显示屏等产量触底回升，分别同比增长16.9%、7.0%，但微型计算机设备、打印机、集成电路等电子产品产量大幅下滑，分别同比下降15.0%、70.6%、43.4%。摩托车、钢材等产品产量增长较快，分别同比增长30.8%、26.2%。1—9月，规模以上工业企业产品销售率为96.4%，同比降低1.3个百分点。

重点产业支撑作用明显。汽车、摩托车、装备、材料、消费品、能源等六大产业实现不同程度增长，电子、医药产业负增长，但降幅逐步收窄。汽车产业运行平稳。在长安汽车、赛力斯、长城汽车等头部

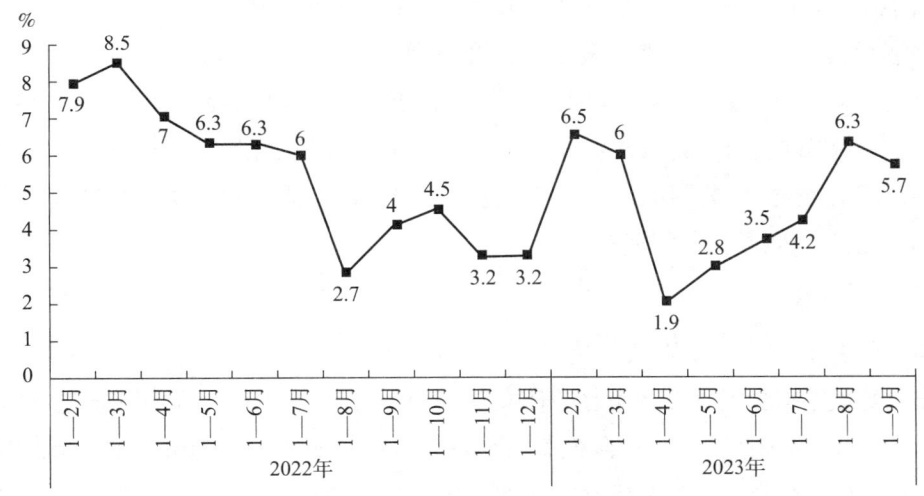

图1　2022—2023年重庆市规模以上工业增加值累计月度增速

企业产销增长带动下，全市汽车产业实现稳定增长。1—9月，重庆市汽车产业增加值同比增长5.9%，增速比第一季度、上半年分别提高3.4个、1.2个百分点，但较上年同期放缓4.9个百分点。电子产业降幅收窄。由于价格反弹盈利好转，纬创等部分重点电子企业订单增加，抓订单稳生产效果逐步显现。1—9月，重庆市电子产业增加值同比下降0.8%，降幅较第一季度、上半年分别收窄5.8个、3.1个百分点。细分行业中，智能消费设备、家电终端增加值分别同比增长22.7%、13.5%，保持较好增势。材料产业增长较快。受九龙万博等重点投达产项目支撑，材料产业保持较快增长，1—9月，重庆市材料产业增加值同比增长10.3%。消费品行业稳步增长。在烟草、轻工、农副食品加工、食品制造等行业稳步复苏的拉动下，1—9月重庆市消费品产业继续保持增长，增加值同比增长6.8%。生物医药产业发展放缓。受药品价格下降和疫情转段后核酸检测产品需求减少等因素影响，1—9月，重庆市医药产业增加值同比下滑8.1%。

2. 新质生产力培育取得积极进展

重庆市大力构建"33618"现代制造业集群体系，持续加大高技术和战略性新兴产业培育，部分新兴领域发展提速。1—9月，重庆市新能源汽车、先进材料增加值同比分别增长10.2%、10.3%，软件和信息服务业收入同比增长14.1%，轻合金、新能源及新型储能产业产值同比分别增长4.4%、9.3%，AI及机器人、智能家居等高成长性细分产业增势良好。新产品产量延续快速增长态势，太阳能工业用超白玻璃7123.67万平方米，服务机器人、智能手表、工业机器人分别同比增长94.8%、37.0%、18.6%，新能源汽车产量24.97万辆，同比增长4.9%，为全市工业转型升级注入新动力。

产业创新发展动力增强。战略性新兴产业加快培育，2023年全市认定两江新区新型显示、西部科学城重庆高新区集成电路、两江新区新能源汽车、璧山区新能源汽车、长寿区先进结构材料、涪陵区高性能复合材料、大渡口区生物医学工程、重庆经济技术开发区智能制造装备8个市级战略性新兴产业集群，推动全市战略性新兴产业加快实现集群化发展。科技投入和平台建设力度加大，1—9月，科技创新领域项目完成投资72亿元，投资进度达到102.3%，其中璧山先进计算产业创新中心GPU项目、川渝高竹新区科技创新基地等17个项目均已超额完成年度计划投资。新增3家国家级科技企业孵化器，中国科学院重庆科学中心项目完成整体进度88%，超瞬态实验装置、中子源科学装置等重大科技基础设施提速建设。

数字经济新增长点加快培育。围绕数字重庆建设，全市深入实施软件和信息服务业"满天星"行动计划，数字经济呈现蓬勃发展态势。1—9月，重庆市新增软件企业超过4600家，实现软件业务收入

2405.16亿元，同比增长14.1%，高于全国平均水平0.6个百分点。打造了首批市级"满天星"示范楼宇14个，新挂牌软件园区26个，认定市级重点软件产业园7个，重点园区收入占全市软件营收的80%以上。智能制造持续推动产业升级，目前全市已累计实施6080个智能化改造项目，建设144个智能工厂和958个数字车间。数字基础设施项目加快推进，开工建设数据存储及开发应用项目、中国电信科学城数字产业基地等项目，巴南腾龙5G公园项目配套设施主体建设全部完成，中科曙光先进数据中心和华为人工智能计算中心项目均已进入试运营阶段。

3. 建筑业承压趋稳运行

建筑业整体发展承压。2023年以来，受房地产市场下行影响，全市建筑业承压运行，但在基建稳增长、房地产保交楼等政策有力实施支撑下，总体实现平稳增长。1—9月，重庆市建筑业实现总产值6950亿元，同比增长5.9%，增速较上年同期降低2.4个百分点；实现增加值2562.20亿元，同比增长8.1%，增速较上年同期提高3.2个百分点。从细分行业看，房屋建筑业实现产值4501.9亿元，同比增长4.3%，占比持续领先，达到64.7%；土木工程产值达到1948.4亿元，同比增长12.5%，拉动作用明显；建筑安装、装饰及其他建筑业实现产值503.4亿元，同比下降3.5%。

建筑业转型发展成效明显。2023年以来，重庆市加快建筑业工业化、数字化、绿色化转型步伐，取得积极进展。现代建筑产业加快发展，已累计实施装配式建筑4700万平方米，上半年全市开工的建筑中装配式建筑应用比例达30%，被住建部批准为国家装配式建筑范例城市。建筑业数字化转型进展显著，建成统一云平台和行业大数据中心，数字化建造项目150余个。绿色建筑持续推动，出台系列绿色建筑相关政策文件，城镇新建建筑已全面执行绿色建筑标准，累计实施高星级绿色建筑近3500万平方米，发展绿色生态住宅小区超1亿平方米。

4. 行业投资保持持续增长

重庆市工业投资增长较快。在大力招引重大补链强链项目、主导产业集群建设力度加大等支撑下，重庆市工业投资保持稳定增长态势。1—9月，重庆市工业投资同比增长12.2%，高于全市固定资产投资8.6个百分点。其中，汽车、能源、装备、医药、材料、电子产业投资同比分别增长34.3%、27.7%、16.1%、13.9%、11.1%、4.1%；摩托车、消费品产业投资呈现负增长，同比分别下降15.1%、5.0%。重大项目奋力推进，新签约10亿元以上项目252个，其中三安意法半导体等200亿级重大补链强链项目2个、百亿级项目17个，海辰储能、长安渝北新工厂等211个重大建设项目投资进度达到85.1%，196个年产值亿元以上投达产项目合计新增产值740亿元。工业技改投资保持微增长，同比仅增长2.6%。

建筑业投资保持平稳增长。2023年以来，尽管房地产建设项目投资下滑，但在交通、能源、水利、城建等重大基础设施项目投资持续放量带动下，全市建筑业投资保持稳定增长。1—9月，重庆市建筑安装工程投资额同比增长5.8%，增速较上年同期降低4.1个百分点。基础设施投资增长较快，1—9月重庆市基础设施投资同比增长9.3%，比上年同期提高1.3个百分点，成渝中线等高铁、江北国际机场T3B航站楼、轨道交通、抽水蓄能电站、綦江藻渡水库等一批基础设施重点项目加快推进。

二、存在的主要问题

（一）工业经济效益下滑

受市场需求不足影响，叠加工业品价格低迷、成本上升等因素，全市工业企业效益下滑明显。一是外需下滑导致企业营收下降。1—9月，重庆市外贸出口总额3638.60亿元，同比下降9.5%，其中机电产品出口3129.68亿元，同比下降9.7%。在外需下滑影响下，1—8月，重庆市规模以上工业实现营业收入1.68万亿元，较上年同期下降0.04%。二是企业亏损面扩大。1—8月，重庆市亏损企业达到1722家，亏损面提高到22.2%，较上年同期扩大2.4个百分点；亏损企业亏损额为196.6亿元，同比增长24.0%。三是工业利润持续下滑。1—8月，重庆市规模以上工业利润总额仅为805亿元，同比下降10.6%，连续11个月负增长；工业企业营收利润率下滑至4.8%，同比下降1个百分点，与全国同期平均水平（5.62%）差距明显。

（二）工业发展后劲不足

重庆市工业发展新动能还不强，新增工业投资项目数量和投资规模总体较小，工业经济持续增长的支撑还不够。一是两大重点产业增长放缓。电子产业虽降幅收窄，但增加值已连续11个月负增长，且仁宝、旭硕等企业产值降幅超过10%。汽车产业增长速度尚不及预期，7月、8月汽车产量环比均呈现下降走势。二是新动能尚未完全形成。全市高技术和战略性新兴产业培育不足，智能网联新能源汽车、生物医药、先进材料等新兴产业发展规模还较小，新增长点还不多。1—9月，受笔电占比较大且外需减弱、产业转移等因素影响，全市高技术制造业和战略性新兴制造业增加值分别增长-3.5%和3.7%，分别低于规模以上工业9.2个和2.0个百分点。三是工业投资项目支撑力度不够。受市场需求低迷影响，加上企业利润受到挤压，工业企业投资意愿普遍不强，工业投资项目开工不足。1—8月，重庆市工业新开工项目个数同比下降2.6%。工业投资大项目较少，重庆在建百亿级大项目仅7个，与四川（30多个）相比差距较大。

（三）建筑业下行压力大

受全国及重庆房地产投资下行、房屋建筑需求总体减少以及本土建筑企业竞争力不强等影响，全市建筑业保持稳定增长的压力加大。一是建筑市场容量整体收缩。受经济下行压力影响，加上房地产投资持续回落，新开工建设项目较少，拖累全市本土建筑市场业务量大幅减少，建筑业稳增长难度加大。二是建筑企业经营压力增大。受低价抢标、无故弃标等影响，建筑企业内卷严重，市场经营环境恶化。同时，因房地产开发拖欠工程款项导致建筑施工企业生存困难，矛盾风险有扩大趋势。三是行业转型升级总体偏慢。全市建筑企业资质等级偏低，难以与市外建筑企业竞争。同时，装配式建筑、智能建造等推广应用力度仍然落后于东部沿海地区，亟须进一步加快工业化、数字化步伐。

三、2024年发展环境及展望

（一）全球经济复苏乏力，制造业和建筑业持续增长将受到较大影响

世纪疫情造成的"疤痕效应"影响深远，世界地缘政治更趋复杂，高利率高通胀仍将持续，全球经济仍处于下行通道，国际贸易投资将受到较大影响。制造业方面，受逆全球化、贸易保护主义加剧以及俄乌冲突、巴以冲突等地缘政治因素影响，全球制造业产业链供应链仍将朝着区域化、本土化等方向加速调整。世界各国纷纷抢占芯片等高科技领域制高点，大国围绕科技革命和产业分工的竞争更加激烈，特别是中美两国的博弈仍未根本缓解，全球产业链供应链的脱钩断链风险愈加突出。建筑业方面，绿色化、智能化、信息化仍是行业发展大趋势，随着全球人口持续增长、共建"一带一路"高质量发展加快推进，沿线国家基础设施需求将增加，全球建筑业市场规模将保持增长，但是在经济复苏乏力背景下，增速将会放缓。

（二）我国实施系列稳增长政策，第二产业总体发展环境将更优更好

我国连续出台系列稳增长政策，为工业和建筑业实现持续稳定增长提供有力保障。工业方面，中央

和各地支持制造业发展等系列政策加快出台实施，包括促进汽车消费、取消制造业领域外资准入限制等，特别是随着全国新型工业化推进大会的召开，鼓励各省市加快培育壮大战略性新兴产业、打造更多支柱产业，推动数字经济与先进制造业、现代服务业深度融合，推动制造业加快实现高质量发展，工业经济发展韧性将进一步增强。建筑业方面，随着国内居民对高品质生活的追求，老旧小区改造等城市更新、中西部地区基础设施建设仍将成为我国建筑业保持稳定发展的重要支撑。同时，装配式建筑、智能建造、绿色建筑将引领我国建筑业加快转型升级，促进我国建筑业实现高质量发展。此外，国务院发布《关于促进民营经济发展壮大的意见》，中小企业发展环境将持续优化，有利于以民营企业为主的工业和建筑业稳定发展。

（三）重庆深入落实国家战略，第二产业发展支撑动力较强

重庆持续推动成渝地区双城经济圈、西部陆海新通道建设，以制造业高质量发展、强化科技创新、民营经济发展等为重点，持续推动全市经济活力加快释放。制造业方面，随着软件和信息服务业"满天星"行动计划、渝西地区智能网联新能源汽车零部件产业发展倍增行动计划等重大行动（计划）的启动实施，加上产业投资母基金的成立、重大央地合作项目的推进、开发区（园区）优化整合等举措的出台，全市"33618"现代制造业集群体系将加快构建，将助推国家重要先进制造业中心目标实现。同时，随着促进民营经济高质量发展实施意见、支持经营主体发展若干政策措施等文件出台，加上全市科技创新和人才工作大会确立的"416"科技创新战略布局，全市产业发展的内生动力将进一步增强。建筑业方面，随着成渝地区双城经济圈建设走深走实，渝西地区一体化高质量发展以及新型城镇化建设加快推进，全市基础设施建设、产业项目建设、城市更新改造等仍有较大需求，加上全市推动建筑工业化、数字化、绿色化系列政策的实施，将支撑全市建筑业稳定发展。但在化解地方债务等影响下，项目新开工建设量或将减少，建筑业稳健发展面临一定挑战。

（四）2024年主要指标预测

2024年，在全球制造业增速持续放缓和我国制造业稳步回升的背景下，重庆市将继续实施系列行动计划，加快构建"33618"现代制造业集群体系，推动工业和建筑业高质量发展，重庆市第二产业仍将保持平稳增长趋势。预计2024年重庆第二产业增加值13220亿元左右，同比增长6.3%左右，其中工业增加值9440亿元左右，同比增长6.8%左右。

四、对策建议

（一）聚力培育壮大现代产业集群体系

一是强化关键领域布局。围绕"33618"现代制造业集群体系，重点抓好补链延链强链，强化高端产业技术创新平台建设，加快布局产业链关键核心环节，促进产业链和创新链深度融合，提升产业集群发展质效。同时，积极争创国家未来产业先导区，加快培育一批高成长性产业集群，尽快形成新增长点，进一步做大现代制造业发展规模。二是抓好产业转移承接。积极与东部沿海地区对接，做好汽车摩托车、电子、消费品等产业项目的转移落地工作。积极争取国家在成渝地区双城经济圈开展产业备份基地建设，进一步稳定产业链供应链。

（二）优化政策和服务助企纾困解难

一是优化支持政策。出台支持工业经济的细化政策措施，配合落实先进制造业企业进项税额加计5%扣除政策，动态调整重庆市减负政策措施清单。加快落实降成本有关政策，加大重点企业要素保障与政

策支持力度。加快"亩均论英雄"改革，完善企业综合评价，激励企业提质增效。二是帮助企业稳定订单。采取拓展国内外市场等方式，推动启源A05、A06等车型加速上市，支持问界新M7、M9等车型加速交付，促进蓝电等车型加大出口，积极稳住并争取新的笔电等终端产品订单，稳定汽车、电子等重点企业生产。三是做好企业服务工作。进一步落实服务企业专员制度，迭代升级"企业吹哨·部门报到"平台，促进大中小企业供需对接，支持中小企业数字化转型和专精特新企业上市，帮助企业解决发展中存在的问题。

（三）全力推动产业项目落地见效

一是强化项目投资调度。由市领导牵头按照每个月每个区县一对一进行调度，将工业项目投资相关指标纳入区县考核体系。二是优化项目服务机制。进一步完善项目服务机制，实施点对点贴近服务，帮助工业项目顺利建成投产。三是大力推进技术改造挖潜。搭建好平台，滚动实施五年技改项目库，指导规模以上企业加快实施一批技改项目，通过贷款贴息等方式，强化对工业技术改造项目的支持。四是强化产业集群招商。锚定"33618"产业集群标志性产业链，通过梳理产业链以及关键环节，有针对性地开展招商，持续生成和实施一批工业投资项目，不断做大产业集群。

（四）多措并举推动建筑业稳定发展

一是提升建筑企业综合实力。研究制定促进建筑企业健康发展的政策措施，进一步加大企业引育力度，提高优质企业本地化发展积极性，加大本地企业帮扶力度，引导企业向专精特新方向发展，加快走出去步伐，提高综合竞争能力。二是稳定建筑项目投资。深化"抓项目稳投资"专项行动，加强区域基础设施建设调度，持续投放重大建设工程项目，做大建筑业市场"总盘子"。三是防范化解各类风险。进一步压实属地政府责任，在做好"保交楼"工作的同时，统筹调度应急周转金、监管资金等各类资金，着力解决"欠薪旧账"，防范化解拖欠风险隐患。四是推动建筑业加快转型升级。进一步完善绿色建筑相关政策体系，创新推动既有建筑节能改造与运行管理，加强绿色建材产业培育与推广应用，全面推进新建建筑绿色低碳化发展。

[重庆市综合经济研究院（重庆市经济信息中心）产业经济研究课题组
主研：易小光　丁　瑶　余贵玲　李　权　王　利
执笔：李　权]

之二：2023年重庆市高技术、战略性新兴产业发展及2024年展望

2023年以来，全球经济增长总体乏力，我国加强宏观调控，经济呈明显恢复态势，在国家强力推进研发创新以及培育经济增长新动能等政策措施带动下，我国高技术制造业投资持续维持较强态势，经济发展向"新"逐"绿"特征更加明显，同时部分高技术产业、战略性新兴制造业面临外需拉动减弱和脱钩断链风险。重庆持续推进稳增长政策，高技术制造业和战略性新兴制造业有喜有忧，软件及信息服务业培育成效显著，预计2023年全市高技术制造业增加值同比下降2%、战略性新兴制造业同比增长5%。

一、2023年重庆市高技术、战略性新兴产业运行情况

（一）高技术制造业、战略性新兴制造业总体企稳回升，各细分行业分化发展

2023年以来，受占比较高的电子产品市场需求不足影响，重庆高技术制造业和战略性新兴制造业增速总体比上年减缓；从月度走势看，高技术制造业降幅逐步收窄、战略性新兴制造业呈逐步回升态势。1—9月，高技术制造业增加值同比下降3.5%，战略性新兴制造业增加值同比增长3.7%，分别低于规模以上工业9.2个和2.0个百分点。

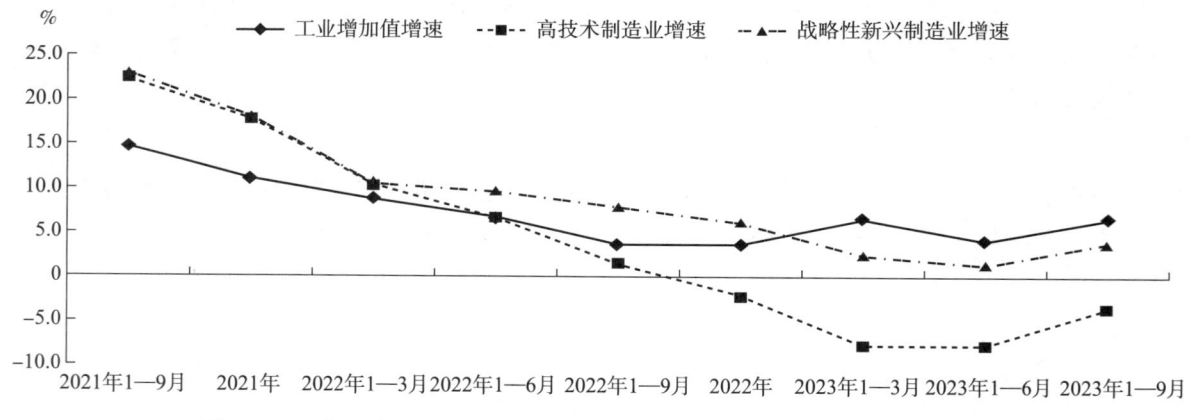

图1 2021年以来重庆市高技术制造业、战略性新兴制造业与工业增速比较

电子制造业发展逐步回升。近年来受终端消费品电子内外需减弱以及订单转移等不利因素影响，电子制造业增速明显降低。2023年以来，随着新冠疫情的消退带来消费回升，电子制造业增速逐月回升。1—9月，重庆市电子制造业增加值同比下降0.8%，降幅较上半年收窄3.1个百分点。一是细分行业发展喜忧参半。空调等家电新品热销，液晶面板、智能手机触底回升，1—9月，空调产量1730.3万台，同比增长8.92%；智能手机产量5827.26万台，同比增长16.9%，液晶显示屏产量2.25亿片，同比增长7.0%；以出口导向为主的笔记本电脑及芯片后续下滑风险仍然较大，1—9月，笔记本电脑产量4656.49万台，同比减少7.3%，集成电路产量24.48亿块，同比减少43.4%。二是产业投资保持稳定增长。1—9月，电子信息制造业固定资产投资同比增长4.1%，比上半年增速提高0.4个百分点。重大项目加快推进，

惠普（重庆）研发中心建成投用，新开工8英寸MEMS特色芯片IDM产业基地、斯达半导体重庆车规级模块生产基地、功率半导体封测项目、康宁重庆项目三期盖板玻璃熔炉生产线项目、6英寸IGBT功率半导体生产线、英能威森高端电子元器件制造等一批重大电子制造项目。

生物医药产业下降幅度逐步收窄。2023年以来，医改控费降费政策规范医药消费需求，加之疫情转段后相关制品需求大幅减少以及基数较高等原因，1—9月，重庆市医药产业增加值同比下滑8.1%，但降幅较上半年收窄7个百分点。重点项目支撑投资较快增长，成功引进迈威生物西部科学城生物药MAH集群项目，已启动建设投资超5亿元的西部（重庆）科学城生物药CDMO先进制造基地，1—9月，重庆市生物医药投资同比增长13.9%。协同推进跨区域发展中药产业，重庆万州区、开州区、城口县等16个毗邻县与陕西省紫阳等县、四川省宣汉等县成立"大巴山药谷"中药产业联盟。

智能网联新能源汽车稳步增长。随着新能源汽车配套设施及消费生态逐步完善，加之重庆新能源及智能网联企业发展基础优势，全市关键配套制造能力持续增强，智能网联新能源汽车实现稳步增长。在赛力斯问界新M7、深蓝、阿维塔等新能源车型产销快速增长的带动下，1—9月重庆市新能源汽车产量同比增长4.9%，在上年同期146%的高速增长基础上继续保持稳步增长。重点项目推进有力，赣锋新型锂电池等在建项目按时序推进，成功引进新能源汽车智能检测与装备研究院、汽车电子安全研究所、汽车智能制造及工业互联网研究所等200多个智能网联新能源汽车零部件制造及研发项目。产业生态进一步优化，智能网联应用场景增加，新公布了33条智能网联汽车开放道路测试与应用路段，包括城市普通道路、山地道路、内环快速路共计超过150千米的测试路段。

其他战略性新兴产业发展取得新进展。一是机器人产业实现快速发展。全市已经集聚广数、华数等重点机器人产业链上下游企业300余家和相关研发平台30余家，服务机器人和工业机器人均实现较快增长，1—9月分别增长94.8%、18.6%。二是新能源及新型储能产业加快发展。新能源开发稳步推进，开工建设奉节菜籽坝抽水蓄能电站、南川集中式储能电站、黔江金洞风储一体化等新能源开发项目，合计装机规模210万千瓦，总投资约113亿元。新型储能产业作为"33618"现代制造业集群体系中的6个千亿级特色优势产业集群之一，已聚集以海辰储能等龙头企业为代表的22家大中小企业。

（二）软件及信息服务业快速发展

2023年以来，重庆市深入实施软件及信息服务业"满天星"行动计划，着力打造智慧应用、数字应用场景链，推进软件产业快速发展。1—9月，重庆市实现软件业务收入2405.1亿元，同比增长14.1%。一是工业互联网深入推进。工业互联网标识解析国家顶级节点（重庆）标识注册量达到200亿，广泛应用于信息通信、设备制造、建材、汽车、医疗器械等19个垂直产业。忽米H-IIP、蓝卓supOS等平台加快打造，智能制造支撑能力进一步增强。二是软件集聚区加速打造。围绕汽车软件、工业软件、平台软件等新领域，引进华为、商汤科技等330多个重大项目运营，培育打造了赛力斯汽车软件产业园、中国电信制造云等软件集聚区。三是软件产业发展生态不断优化。金凤软件园致力重点发展人工智能、信创软件、汽车软件、工业软件等软件及信息服务领域，加快构筑重庆软件产业发展"生态圈"。璧山签约包括元宇宙、数字经济创新中心、网络与数据安全等22个数字经济项目，总投资逾100亿元。信通院西部分院已建成5G检测、智能硬件检测等公共服务平台，将持续助力全市数字经济发展。

（三）自主创新能力建设发力

重庆市不断加强创新平台载体建设，强化创新合作，推动自主创新能力不断提升。一是创新平台不断集聚。新增3家国家级科技企业孵化器，重庆市已孵化毕业企业4800余家，吸纳创业就业人员12万余人。新增服务器研发中心，填补重庆计算机产业链服务器研发空白。西部（国际）数字经济产业生态区先进计算研发基地项目9月整体完工。二是重大创新平台自主创新引领能力进一步增强。西部（重庆）科学城核心区已累计引育省部级以上创新平台330个，2023年以来转化科研成果290项。1—9月，西部（重庆）科学城核心区新增科技型企业965家，新入库高新技术企业98家。两江协同创新区基础研究和成果应用"双丰收"，多项基础研究在国际顶级学术期刊发表，哈尔滨工业大学重庆研究院先进陶瓷及智能制造研究中心的科研团队在柔性机器人3D打印上取得了突破；西北工业大学重庆科创中心成功制备出全片层TNM合金，解决了γ-TiAl合金领域世界性难题。三是创新合作不断深入。中国农科院与重庆院的合作持续深化，1013份优质水稻材料、47个水稻新品种等一批新材料新品种"安家"重庆。与四川省联合编制《成渝综合性科学中心建设方案》，强化协同创新，共建成渝综合性科学中心。《成渝地区共建"一带一路"科技创新合作区实施方案》发布，提出将在科技创新合作区、国际科技合作平台建设等方面取得突破。

二、当前值得关注的问题

（一）新兴产业引资后续发展动力不足

一是发达国家的"去风险"战略导致全市吸引外资产业转移项目难度进一步加大。美国、欧盟推动的"去风险"战略代替"脱钩"，将更可能加速构建排华的供应链和产业外迁，导致我国高科技领域受到更多打压。2023年8月美国启动设立对外投资审查机制，将进一步限制我国获取半导体、量子技术、人工智能等全球科技竞争关键领域的外商投资，我国在关键前沿技术的获取渠道将会受到压缩。二是跨国企业新增投资或将迁移布局。全球新冠疫情后时代的市场信心难以短期内快速恢复，跨国企业增强了供应链安全意识，发达国家高端产业回流步伐加快。加之战略性新兴项目多受欧美国家对中国投资限制的禁令，半导体、微电子和人工智能领域的项目难以落地。三是我国高新技术企业新增投资将更加谨慎。我国经济恢复基础仍不牢固，加上外需拉动减弱，芯片等关键零部件供给影响依然存在，企业新增投资面临资金等诸多压力。在此背景下，重庆要依靠引进大型项目提档升级新兴产业的发展路径将变得更加艰难。

（二）高新技术产品进出口严重下滑

受美国等部分发达国家提高市场准入门槛、外部需求减弱、订单转移等综合因素影响，重庆市以计算机与通信技术产品为主（约占85%）的高新技术产品出口严重下滑。1—9月，重庆市高新技术产品进出口总额3200.8亿元，同比下降21.9%，比上年同期下降22.7个百分点。出口方面，1—9月，重庆市高新技术产品出口总额2129.5亿元，同比下降19.2%，比上年同期下降17.6个百分点，其中笔记本电脑出口同比下降15.5%。进口方面，1—9月，重庆市高新技术产品进口总额1071.3亿元，同比下降26.5%，比上年同期下降32.1个百分点，其中集成电路进口同比下降14.5%。

（三）电子制造业面临增长瓶颈

重庆市电子制造业增长面临国际国内电子产业格局调整、市场需求变化等的多重挑战。一是从生产端看，电子制造生产端外迁趋势已较为明显。部分发达国家出于去风险考虑极力推进中低端电子制造项目向东南亚国家转移。重庆笔记本电脑制造业占比高，由于笔电制造产业及其本地化配套商的技术门槛比较低、产业转移相对容易，已有部分计算机等终端制造订单转移到其他地区。同时，本地配套企业由于产线和生产工艺限制，转型比较困难。二是电子消费端拉动作用减弱。美国与欧洲两大主要笔电消费市场的经济前景不明，国内整体消费需求收缩、经济增长动力不强，重庆电子制造业以消费电子外贸拉动为主，受此影响较大，进而影响电子产业增速。

三、2024年发展环境及趋势展望

（一）全球新兴产业竞争更加激烈

世界各国产业发展安全意识日益增强，产业发展关键环节争夺日益激烈。一是网络空间、新能源、关键矿产资源等基础领域的大国博弈日益凸显。网络空间及网络安全已成为大国博弈的新战场。美国政府于2023年首次发布《国家网络安全战略》《国家网络安全战略实施计划》以及首个《国家清洁氢能战略与路线图（草案）》，对未来全球网络空间及网络安全、数字生态系统以及清洁能源经济产生重要影响。美国和日本签署的关键矿产协议力争在电动汽车制造领域锁定关键矿物质供应链，以减少此类行业对中国的依赖。欧盟正力促已经通过的《人工智能法案》草案成为法律，或将引导产生全球人工智能标准。可喜的是，网络安全推动全球软件相关领域快速发展，全球信息技术咨询公司Gartner、集邦咨询分别预测2024年全球IT支出增长8%、全球笔电市场回温增长2%~5%。二是机器人及新能源汽车应用更加广泛。全球机器人技术与新一代信息技术深度融合，机器人行业应用更加多样，正处于产业变革跃升的临界点，北美、欧盟等发达经济体以及中国、东盟等新兴经济体装机量快速提升。国际能源署预测，各国新能源汽车政策支持力度持续加强，2023—2025年全球电动汽车销售有望进入繁荣时期。三是跨国公司加速全球供应链重构。苹果、戴尔等消费电子品牌商均要求其代工企业加快从中国大陆转移产能，全球终端消费品电子制造产业链将继续加速向东南亚、南亚等地区布局。

（二）我国力争在自主创新及未来先导产业取得突破

面对日益复杂严峻的国际外部环境，我国从原始创新投入、新兴产业扶持、创新主体培育等多层面加大政策支持力度。一是研发支持导向有利于高技术、战略性新兴产业发展。我国加快技术产业创新，推动6G、光通信、量子通信等关键核心技术加速突破，加大人工智能、区块链、数字孪生等前沿技术研发力度。《关于进一步鼓励外商投资设立研发中心的若干措施》《科技成果赋智中小企业专项行动（2023—2025年）》《国家知识产权局关于确定第一批国家知识产权保护示范区建设城市（地区）的通知》等政策的出台，将营造开放包容、大中小企业协同、成果转化服务体系完善的创新生态。二是新兴产业集群式发展推进步伐加快。2024年，我国将继续推进深入实施国家战略性新兴产业集群发展工程，推动建立国家未来产业先导区，超前谋划布局一批未来产业。将更新智能网联汽车标准，支持更高级别的自动驾驶功能商业化应用，支持新型储能项目在有条件的地区加速落地，这些都将加速相关新兴产业集群发展步伐。三是新型基础设施建设优势进一步夯实。我国将适度超前谋划和部署创新基础设施建设，促进数字基础设施体系化和规模化。工业和信息化部出台推动《算力基础设施高质量发展行动计划》，促进算力相关软硬件生态体系建设和算力产业发展。《关于进一步构建高质量充电基础设施体系的指导意见》出台，将推进"车—能—路—云"①融合发展的产业生态加快构建。工业互联网领域相关企业投融资也将获得更多支持，工业互联网平台建设也将加快。

（三）重庆力促完善创新智能生态

重庆强力推进成渝地区双城经济圈和科技创新能力建设，一批细分领域新兴产业和未来产业将获得

---

① 车能路云即是汽车和能源、汽车和路端、汽车和云端，涉及汽车、能源、交通、信息四大产业体系。是由车路协同关系拓展到车与三个生态的互动融合。

持续支持。一是更加强调创新基础能力建设和产业创新同步提高。根据《重庆市推动成渝地区双城经济圈建设行动方案（2023—2027年）》提出加快科技创新中心建设行动，推进创新平台、创新基础能力以及产业创新的全链条提质升级。重庆市科技创新和人才工作大会提出打造数智科技、生命健康、新材料、绿色低碳四大科创高地，积极发展人工智能、区块链、云计算、大数据等16个重要战略领域，将加速构建"416"科技创新战略布局。川渝共建重点实验室建设继续深入，以智能科技、生命科技、低碳科技等主攻方向为主，持续推动产业创新合作。"链主企业+创新载体+领军人才+产业基金"科技创新生态加快构建，将更加有利于全市高技术产业和战略性新兴产业发展。二是新兴产业引导更加精准细化。全市推动制造业高质量发展大会提出要着力打造"33618"现代制造业集群体系，规划布局一批未来产业先导区，打造卫星互联网等未来产业集群和AI及机器人等高成长性产业集群。《重庆市先进制造业发展"渝西跨越计划"（2023—2027年）》将推动渝西地区加快智能网联新能源汽车零部件产业、智能装备及智能制造、新一代电子信息制造业等一批千亿级新兴产业加快集聚。这些明确发展导向的政策文件出台，将有利于全市新兴产业加快集聚发展。三是数字经济发展氛围更加优化。重庆市全力推进数字重庆建设，加快形成算力存储"一朵云"、通信传输"一张网"、数据要素"一组库"、数字资源"一本账"；出台《重庆市以场景驱动人工智能产业高质量发展行动计划（2023—2025年）》，支持打造国家人工智能创新应用先导区；这些将有利于完善数据经济发展生态，推动经济社会发展质量、效率、动力变革。

（四）2024年重庆高技术产业、战略性新兴产业发展展望

综上所述，2024年，面对国际消费电子产能转移或将不可逆转，全市将强力推进现代制造业集群体系建设，加快实施"启明星""北斗星"方案助力软件产业发展，继续加大力度鼓励科技创新。预计2024年重庆市高技术产业和战略性新兴产业进一步集聚成势，发展态势回升向好，高技术制造业增加值实现正增长、战略性新兴制造业增加值增速约5%。

四、对策建议

（一）努力培育新兴产业应用场景

一是加强应用场景供需对接。推动全市人工智能场景应用加速涌现，建设一批5G智慧应用场景。鼓励在交通、医疗、教育、农业农村等重点行业深入挖掘人工智能技术应用场景，促进经济高端高效发展。二是加快培育壮大战略性"新星"产业集群。以培育高能级的"33618"现代制造业集群体系为目标，瞄准卫星互联网等未来产业集群、功率半导体及集成电路等高成长性产业集群领域，加强战略性"新星"产业的研究，积极推进项目储备及招商引资。加大力度推进电子制造、新能源汽车、生物医药等重点领域的新增投资，重点保障在建项目、签约项目建设进度。三是完善智能终端等本地配套体系。加强成渝协同，发挥龙头牵引力，持续做大区域产业规模，全力稳住重庆市智能终端产业基本盘。继续大力招商笔记本电脑核心配套产品厂商，进一步提升本地综合配套能力，提高供应链的吸附黏性，推动笔电产业在本地形成较强的根植性。

（二）努力拓展高新技术产品外贸韧性

一是加大国外市场开拓力度。积极在东南亚、非洲等地举办展会，大力推广"渝贸全球"品牌，推动重庆自主品牌"走出去"。加强中欧班列货源组织，强化本地笔电、整车等重点企业进出口保障。二是强化存量及增量外资服务保障。全面综合施策，全力稳住智能终端产业基本盘，全面摸排存量外资企业尤其是电子信息制造企业的增资意向，跟踪挖潜。做好外商投资经营全流程服务，细化外资招商"产业

链图谱",注重外资投资项目。三是积极推动外贸转型升级。鼓励加工贸易企业与外资高端企业开展合作,通过深加工结转和增加结转环节,实现由简单贴牌生产转向加工贸易自主品牌发展。做好外商投资经营全流程服务,营造便利化、高效化的要素集聚环境。支持外贸型电子信息制造企业积极融入我国新兴产业链,促进外贸智能终端产业转型发展。

(三)推进产业链、创新链、人才链、政策链"四链融合"

一是打造促进大中小企业产业融通创新发展能力。梳理重庆市产业链、创新链融合发展关键环节的堵点,重点面向材料、设备、系统等薄弱环节,倾斜支持培育一批国际级产业链龙头企业,提升大中小企业融通创新发展能力。二是发挥科技型骨干企业引领支撑作用。组织更多企业牵头和参与关键核心技术攻关,推动创新链产业链资金链人才链深度融合。延续实施优化企业创业投资环境、支持突破"卡脖子"问题等阶段性政策。努力推进与东部地区产业园区发展对接,增强产业承接能力。三是促进科技—产业—金融良性循环。充分利用 2023 年新成立的总规模达 2000 亿元的重庆产业投资母基金,围绕"33618"现代制造业集群体系发展方向,以"子基金+直投"模式促进新兴产业发展。

[重庆市综合经济研究院(重庆市经济信息中心)产业经济研究课题组
主研:易小光　丁　瑶　余贵玲　李　权　蒋安玲
执笔:蒋安玲]

之三：2023年重庆市汽车摩托车产业发展及2024年展望

2023年以来，面对复杂严峻的国际环境，在国家促进经济恢复发展的背景下，重庆市积极抢抓成渝地区双城经济圈、西部陆海新通道建设等战略机遇，坚持高端化、智能化、绿色化发展方向，着力打造高能级智能网联新能源汽车和摩托车产业集群，全市汽摩产业保持良好发展势头。预计2023年汽车产业、摩托车产业增加值分别同比增长7%、13%左右。

一、2023年重庆市汽摩产业运行分析

重庆紧扣"33618"现代制造业集群体系建设，加快汽摩产业强链补链延链，不断强化产业链上下游协同、产供销协调、大中小企业协作，大力推动产业转型升级、提质增效，汽摩产业总体保持增长态势。1—9月，重庆市汽车产业、摩托车产业增加值同比分别增长5.9%、12.6%；汽车产量达160.62万辆，居全国各省市第2位，仅次于广东，摩托车产量达428.2万辆，稳居全国前列。

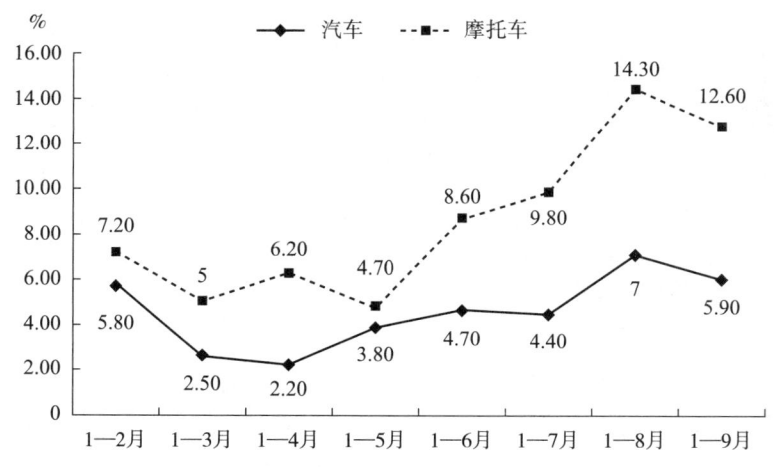

图1　2023年重庆汽车、摩托车产业增加值增速走势

（一）汽摩产业"增势"向好

在生产、投资、消费等政策同频刺激，以及长安、隆鑫等龙头车企有力带动下，重庆市汽摩产业保持良好发展态势。汽车产业稳步回升。1—9月，重庆市汽车产业增加值同比增长5.9%，较上半年提高1.2个百分点，低于上年同期4.9个百分点，拉动全市规模以上工业增长1个百分点。汽车投资拉动强劲。1—9月，重庆市汽车产业投资同比增长34.3%，分别快于全市工业投资、全国汽车产业投资增速22.1个、13.9个百分点，拉动全市制造业投资增长4.9个百分点。摩托车产业快速增长。1—9月，重庆市摩托车产业增加值同比增长12.6%，较上年同期高16.5个百分点；摩托车产量同比增长30.8%，较上年同期高27.5个百分点，快于全国22.7个百分点。

（二）新兴动能"增强"积蓄

在产业转型升级、新技术推广应用、配套设施建设等共同发力下，重庆市汽摩产业新兴动能持续增强。新能源汽车增长势头较好。1—9月，重庆市新能源汽车产业增加值同比增长10.2%，对全市规模以上工业增加值增长的贡献率达5.1%；新能源汽车零售额同比增长69.8%，拉动限额以上单位商品零售额增速3.8个百分点。智能网联水平持续提升。两江新区国家级车联网先导区加快建设，改造车路协同道路建设累计超过730公里，实现直联车辆突破1000辆。电动摩托车加快培育。1—9月，宗申、隆鑫电动摩托车分别以28.9万辆、3.5万辆的销量，同跻身于全国电动摩企销量前十。充换电设施不断完善。重庆市充电桩保有量超过15万个，高速公路快充网络辐射范围西部领先；累计推广换电车型超2万辆，在全国8个综合类换电模式推广应用示范城市中排第2名。

（三）产品提档"增质"显效

在产品更新、升级迭代、技术赋能等引领下，全市汽摩产品竞争力稳步提升。汽车新产品上量提效。长安深蓝、阿维塔等多款新版电动车型陆续上市，深蓝SL03新上市即单月交付量破万。赛力斯AITO问界实现15个月10万辆量产车下线，成为国内最快达成该里程碑的新能源品牌，新款问界M7上市首月订单突破6万辆。摩托车产品不断迭新。宗申赛科龙新推出的睿途RT3、高阶运动踏板RT1等高端车型备受消费者关注，隆鑫新无极CU525车型动力水平成功跻身国产500cc巡航车中第一梯队。技术赋能产品升级有力。长安汽车集成式自适应巡航、智能语音等100余项技术实现量产，宗申集团首次将元宇宙概念引入工厂，实现工厂数据、场景可视化。

（四）对外合作"增效"扩面

在成渝地区双城经济圈、西部陆海新通道等国家战略纵深推进，以及国内外市场不断拓展等带动下，重庆市汽摩产业对外合作持续增效。汽摩出口增长迅速。1—9月，重庆市汽车出口达到26.9万辆，货值达到236.6亿元，同比增长25.4%、50.3%；摩托车出口达到310.2万辆，货值达到122.3亿元，同比分别增长10.9%、13.3%，增速分别较全国高6.9个、13.5个百分点。川渝协作更加深入。成渝地区双城经济圈汽车产业链供需信息对接平台功能不断提升，两地自主配套率超过80%，成渝电走廊换电重卡项目启动建设。国内外合作成效显现。重庆与华为、吉利等达成协议打造智能网联电动汽车生态，长安与福特合资成立新公司布局发展新能源汽车，比亚迪动力电池全球总部、钱江摩托研发及制造西南基地等汽摩合作重大项目加快建设。

二、当前值得关注的问题

（一）产业整体增长承压"拖后腿"

受国内经济恢复基础欠牢、汽摩市场需求减弱、行业市场竞争加剧挤压，汽车产业转型内生动力不强、新兴动能培育滞后，长安福特、上汽红岩、赛力斯等车企产能收缩、库存积压、经营受困减产的拖累，以及摩托车项目投资放量减缓等多重因素叠加影响，全市汽摩产业部分运行指标处于下行，产业整体稳增长压力依然较大。一是汽车产量、利润齐降。1—9月，重庆市汽车产量同比下降4.3%，增速低于全国8.9个百分点，较上年同期低2个百分点；汽车产业利润额同比下降10.9%，降幅高于全市规模工业利润0.3个百分点。二是新能源汽车产量增长减缓。1—9月，重庆市新能源汽车产量增速从上年同期的146.1%陡降至4.9%，较上半年、全国分别低4.7个、21.8个百分点，远落后上海（42.7%）、陕西（42.1%）、四川（70%）等发达及毗邻省市增速。三是摩托车投资下滑。1—9月，重庆市摩托车产业投资同比下降15.1%，远低于工业投资12.2%、上年同期27.5%的增速。

（二）产业市场竞争不强"成软肋"

长安、赛力斯等本土龙头车企新能源产品开发不足、更新迭代不够、品牌力偏弱，华晨鑫源、庆铃、上汽红岩等新能源转型滞后，高端产品缺失、产品档次较低、附加值不高，车型外观设计、内饰配置、动力性能等缺陷犹存和"槽点"仍多，产品缺乏吸引力和竞争力，全市汽摩产业仍陷"大而不强"困境。一是新能源汽车规模仍小。1—9月，重庆市新能源汽车产量仅占全国（609万辆）的4%左右，只有广东的1/7、上海的1/15；占全市汽车产量仅15.5%，低于全国13.6个百分点。二是高端产品开发不足。重庆市新能源汽车售价30万元以上产品产销量占比仅13%，均不到全国平均水平的一半。长安汽车单车均价仅10万元左右，低于比亚迪（17万元）、一汽（16万元）等车企。三是品牌竞争力不强。1—9月，长安自主品牌（30.7万辆）、赛力斯新能源汽车（6.8万辆）销量不足比亚迪（207.9万辆）的1/6、1/25，宗申电动摩托车销量不及江苏雅迪（187.9万辆）的1/6。1—9月，全国轿车系列汽车销量排行榜10强中，重庆尚无车型入围；全市SUV车型中销量最高的长安CS75PLUS也仅18.3万辆，远不及特斯拉ModelY（32万辆）、比亚迪宋PLUS（27万辆）。

（三）关键部件原料受制"卡脖子"

重庆本土新能源车企大多是从传统车企转型而来，更擅长发动机、变速箱、底盘等传统三大件的开发，对汽车动力电池、电动机、电控制器、汽车芯片等新能源关键零部件技术的自主研发创新基础和能力薄弱，核心技术及原材料大多供给受制于国外，国产替代尚需时日，本土配套率低，加之当前欧美西方对我国高新技术封锁打压，汽车产业链供应链"断链"风险隐患仍然较多。一是核心零部件配套不足。全市汽车关键零部件对外依存度超过80%，新能源汽车零部件本地化配套率仅30%左右，相较特斯拉上海超级工厂高达95%以上的配套率差距甚大。二是汽车芯片自给率低。全市汽车芯片自给率不足10%、进口率超过90%，用于动力系统、底盘控制和ADAS等功能的关键芯片供应商大多来自国外的瑞萨电子、恩智浦、英飞凌等芯片巨头。比如，长安汽车不少车型搭载的芯片就来自日本厂商瑞萨电子。三是关键原料对外依赖大。全市汽车产业所需部分关键原材料受制于国外，如约65%的锂、90%以上的镍和钴依赖进口。

三、2024年重庆汽摩产业运行环境及展望

（一）全球汽摩产业"变局"演进步伐加速

全球汽摩产业正向电动化、智能化、网联化纵深演进，电动化技术和智能网联技术正加速重构全球汽摩产业链、供应链和价值链版图。从技术革新看，新能源、新材料和互联网、大数据、人工智能等变革性技术不断突破，正加速推动汽摩"硬件为主"的单纯交通工具向"软硬兼备"的移动智能终端、储能单元和数字空间转变。从区域布局看，美国、欧盟分别通过了通货膨胀削减法案、2035年欧洲新售燃油轿车和小货车零排放协议，全力扶持本土电动汽车制造业发展。特斯拉、大众、宝马、奔驰、斯特兰蒂斯、雷诺等欧美车企巨头纷纷加速向电动化汽车转型布局。从产业发展看，全球新能源汽车延续高速增长，年销量突破1000万辆，近三年年均销量增长超过60%；据国际能源署（IEA）分析，预计2023年全球新能源汽车销量将超过1400万辆。但当今世界变乱交织，全球经济复苏乏力，贸易区域化、小圈子化等逆全球化不断抬头，局部冲突和动荡频发，严重冲击全球产业链供应链稳定，将对我国及重庆汽摩产业融入国际大市场带来严峻挑战。

（二）我国汽摩产业"谋局"施策不断加码

我国经济持续恢复向好，生产需求逐步改善，汽摩产业发展积极因素累积增多，将有力推动汽摩产销效能全面释放。从顶层设计看，2023年以来，中共中央政治局两次会议对巩固和扩大新能源汽车发展优势、提振汽车消费等作出重要部署，为汽车产业稳定发展释放了积极信号。从政策引导看，国家陆续出台汽车行业稳增长、促消费等系列利好政策，大力支持扩大汽车消费、优化限购管理、降低购置成本，尤其是新提出鼓励因地制宜增加年度购车指标投放、将新能源汽车车辆购置税减免政策延长至2027年底等举措，将有利于创造良好汽车消费市场环境。从产业优势看，我国汽车、摩托车年产销总量长期稳居全球第1位，分别占全球比重超过30%、50%，其中新能源汽车产销连续8年位居全球第1，占全球比重超过60%，为我国汽摩产业巩固全球市场地位奠定了坚实基础。但当前我国经济回升向好仍需巩固、国内需求仍显不足，加之美欧国家对我国新能源汽车出口管制、反补贴调查等多重打压，将对我国及重庆汽摩产业形成诸多冲击。

（三）重庆汽摩产业"破局"转型持续加劲

重庆市经济恢复稳定，汽摩产业供给侧和需求侧利好因素增多，将带动汽摩产业加速转型升级。从统筹部署看，2023年以来，重庆市相继召开成渝地区双城经济圈建设、西部陆海新通道建设、制造业高质量发展等系列高规格大会，将汽车产业和摩托车产业分别作为主导产业和特色优势产业列入重庆市"33618"现代制造业集群体系，将带动汽摩产业转型创新、开放合作更加深入。从产业体系看，重庆市构建起"1+10+1000"①汽车产业集群和"9+3+5+30"②新能源汽车产业体系，集聚了长安、赛力斯、隆鑫、宗申等龙头汽摩整车及大批产业链企业，为汽摩产业转型发展提供了有力支撑。从创新能力看，重庆市汽车领域集聚科技型企业和高新技术企业超3100家，中国汽车工程研究院、中国科学院重庆汽车软件创新研究平台、隆鑫国家级摩托车技术中心等创新平台不断提效，国家级车联网先导区、国家电动汽车换电模式示范城市加快建设，将有效激发汽摩产业创新动能。从政策支持看，全市密集推出智能网联新能源汽车及零部件产业发展行动计划、促进汽车消费恢复发展、更新换代汽车消费补贴等系列政策措施，将有力带动汽车产销潜力释放。但也面临着产业链上游技术封锁"打压"、中游产业转型"承压"、下游市场竞争"挤压"，行业"卷产业链上下游、卷技术、卷产品、卷价格"等"内卷式"竞逐更趋激烈，加之比亚迪、特斯拉、蔚来、小鹏、理想等新能源巨头及新势力"围堵追赶"，将给重庆汽摩产业转型发展带来较大挑战。

（四）2024年重庆市汽摩产业发展趋势预测

充分考虑国内外更趋复杂严峻形势和汽摩市场发展环境，2024年我国稳增长政策仍会继续发力显效，国内经济有望持续保持向好态势，从而支撑汽摩市场需求稳定。重庆稳生产、稳投资、稳消费等政策将会接续加码，并在两江新区、渝北、九龙坡、沙坪坝、璧山、大足、铜梁等地一批市级重大汽摩整车及零部件项目陆续落地建设、投产达效的有力带动下，进一步促进汽摩产业转型、产能释放、产品提质；但汽摩市场不稳定性和不确定性因素仍多，外部挑战依然较大。总体看，2024年重庆市摩托车产业将会延续保持稳定增长态势，预计全年汽车、摩托车产业增加值同比分别增长8%和12%左右。

---

① "1+10+1000"，指长安系为龙头，赛力斯、上汽依维柯红岩等10多家整车企业为骨干，1000多家配套企业的优势产业集群。
② "9+3+5+30"，指长安汽车、长安福特、赛力斯等9家乘用车企业，恒通、五洲龙、穗通等3家客车企业，庆铃、瑞驰等5家专用车企业以及30余家相关配套企业。

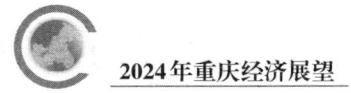

四、对策建议

（一）升级"生产端"，推动产业扩能

一是发展壮大智能网联新能源汽车。推动整车产能向优势企业集中、燃油汽车产能向新能源汽车产能切换，加快推进长安新能源工厂、赛力斯超级工厂等重大整车新项目建设，大力促进长安、赛力斯、长安福特等中高端新产品研发投放，积极引导华晨鑫源、庆铃、上汽红岩等发展新能源商用车，加快车型设计、配置、性能改造升级，提高产品档次和品牌竞争力，做大新能源整车规模。全面梳理产业链上下游产品和企业，"以整车找总成、以总成找部件"，积极引育车规级芯片、动力电池及原材料、氢燃料电池、电机、电控等核心零部件企业，引导传统底盘、车身等零部件企业转型生产新能源汽车关键零部件，布局建设重庆市汽车电子产业园。研究开展无人驾驶汽车商业化运营，争取工业和信息化部支持长安、赛力斯等汽车企业在渝开展全国首批智能网联汽车准入和通行试点。二是做强高端摩托车。加快推动宗申、隆鑫等头部摩托车企业向高端化、电动化、智能化及大排量转型，大力开发新能源摩托车及大排量巡航车、赛车、越野车等中高档产品。加快推进大足台铃新能源电动车产业园、铜梁爱玛西南制造基地、涪陵钱江摩托研发制造基地等项目建成投产放量，新策划和实施一批重大项目，全力稳定摩托车投资。

（二）突破"技术端"，增强创新动能

一是强化核心技术供给。推动整零协同、产学研合作，共同瞄准动力电池、驱动电机、电机控制器和电制动、电转向、电空调"大小三电"，以及车规芯片、汽摩电子等关键技术开展集中攻关，提升关键零部件本土配套率，增强产业链自主可控能力。研究编制重庆汽车半导体和关键原材料供需对接图谱，建立整车及零部件企业与国内外芯片、关键原材料厂商结对衔接关系，稳定汽车芯片、关键原材料供应链。二是建强技术创新平台。加快建设国家车联网信息安全技术创新中心、国家氢能动力工程研究中心等高能级创新平台，引导重点企业、高校、科研院所在车规芯片、汽车软件、智能网联等领域组建技术创新联合体，共同建设创新平台和新型研发机构，积极创建国家级重点（工程）实验室、产业创新中心、技术创新中心。推动汽摩整车及关键零部件检验检测、认证等公共服务和产业孵化平台建设，提升检验检测、性能评价、标准制修订与认证能力。

（三）拓展"市场端"，提升开放效能

一是深化川渝汽摩产业链合作。推动两地车企、院校、科研院所健全产学研用协同创新机制，聚焦汽摩产业重点领域联合建设共性技术联合攻关平台。建强成渝地区汽摩产业链供需信息对接平台、产教融合联盟，促进两地汽摩产业链、人才链无缝对接，共建汽摩零部件协同配套基地、技能人才培育基地、检测试验基地。推动重庆两江新区和成都经开区联合建设"成渝智行走廊"，率先打造区域合作样板。完善两地充换电基础设施，扩大"成渝氢走廊"示范应用规模。二是积极融入国内外汽摩大市场。积极对接长三角、京津冀、粤港澳大湾区等发达地区整车企业、汽车芯片及软件、"三电"、电池关键原料等核心零部件领域供应商、知名高校和科研机构，吸引来渝设立生产基地、区域总部或研发总部、研究院、营销中心，以联合出资、项目合作、技术支持等方式共建"飞地园区"。以"一带一路"沿线国家和地区为重点，引导整车、零部件企业以产能合作、建立战略联盟、海外并购、设立研发中心、投资建厂等方式"走出去"，深入研究分析国外市场需求、消费环境、购买能力，扩大汽摩产品出口。

（四）深挖"消费端"，释放需求潜能

一是创新消费业态及模式。推动企业开发具有科技感、个性、时尚、专属的定制化车型，培育汽摩

个性化IP，培育新的消费热点。大力发展"汽摩+"业态，推动与旅游地产、商务办公、文化体验、餐饮住宿、购物休闲等配套服务融合发展，建设汽摩主题公园、汽摩博物馆、汽车文化俱乐部。积极举办国际汽摩论坛、国际汽摩赛事等活动，集中展示及推介"重庆造"汽摩新技术、新产品、新工艺，吸引更多消费者看车、选车、买车。完善新能源汽摩物流、金融、保险、二手车交易、维修保养、零部件配送、装潢改装等后市场服务链。二是加大消费政策支持。全面落实国家及全市现有汽摩消费政策，研究新出台扩大汽车消费政策举措，重点加大对老旧汽车摩托车更新、新能源车置换、二手车交易和出口等方面支持力度，提振汽摩消费。全面落实国家延续和优化新能源汽车车辆购置税减免政策，持续举办汽摩消费节，深入开展新能源汽摩下乡活动，鼓励汽摩生产和流通企业配套让利优惠，引导金融机构下调购车首付比例及贷款利率、延长还款期限，活跃汽摩消费市场。

[重庆市综合经济研究院（重庆市经济信息中心）产业经济研究课题组
主研：易小光　丁　瑶　余贵玲　王　利　简华球
执笔：简华球]

之四：2023年重庆市电子信息产业发展及2024年展望

2023年以来，全球电子信息产业处于下行态势，我国电子信息产业呈现稳步恢复态势。面对国内外多重因素冲击，重庆市适时出台扩大投资、消费补贴、能源保障等协同政策，电子信息制造业呈现逐步恢复态势，软件和信息技术服务业保持平稳较快增长势头。预计2023年重庆市电子信息制造业增加值同比增长约1.5%，软件业务收入同比增长15%。

一、2023年重庆市电子信息产业运行情况

（一）总体运行情况

2023年以来，重庆市延续"六稳六保"经济政策，在现代制造业集群体系和数字重庆建设上持续发力，力促重庆电子信息制造业稳步恢复，力促软件和信息技术服务业加快发展，重庆市电子信息产业总体呈现平稳向好的发展态势。1—9月，重庆市电子信息制造业增加值同比增速从年初的-8.9%逐渐收窄至-0.8%，较上年同期放缓1.6个百分点；软件业务收入保持平稳较快增长态势，实现同比增长14.1%，较上年同期提高1.5个百分点。

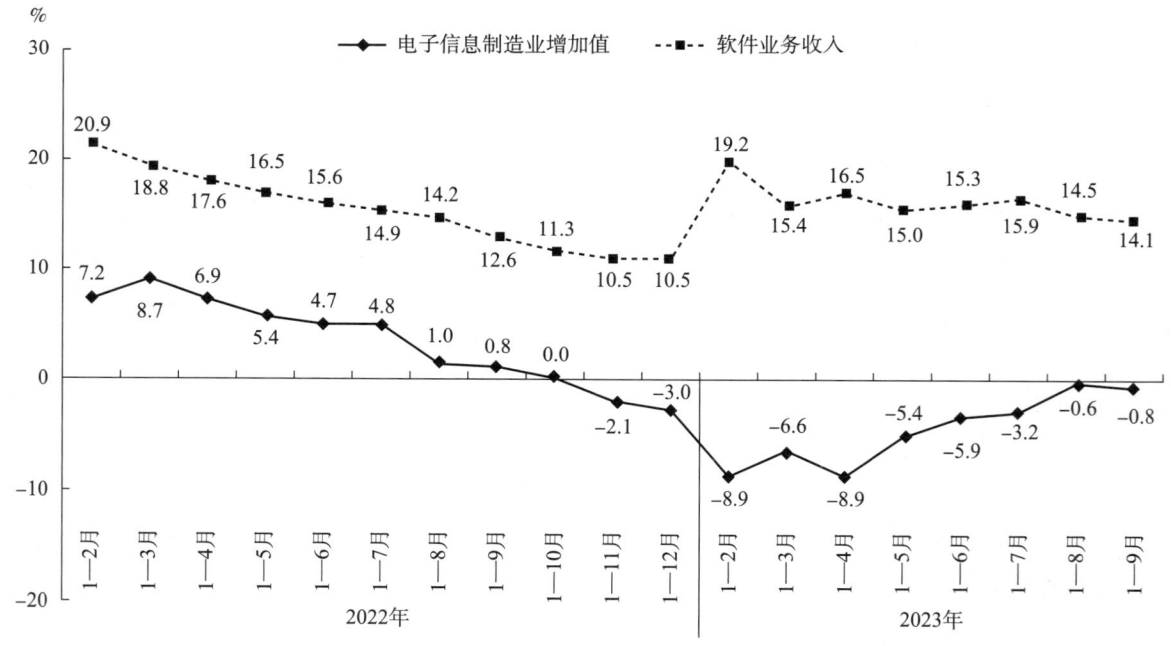

图1 2022年以来重庆市电子信息产业累计增速

（二）主要特点

1. 电子信息制造业呈现触底回升态势

全市电子制造业遭受市场需求衰退和国际订单转移双重压力，产业运行呈现触底回升态势。一是重

点产品增长差异大。笔记本电脑和集成电路处于下行态势，1—9月，笔电产量5360.3万台，同比减少7.3%，集成电路产量21.9亿块，同比减少26.4%。随着促进消费政策效果显现，智能手机产量逐步提升，1—9月生产5827.3万台，同比增长16.9%。在智能座舱、AR/VR等创新应用领域需求稳步增长以及国产化替代的带动下，液晶显示屏生产保持稳定增长，1—9月产量2.3亿片，同比增长7.0%。二是产业投资保持稳定增长。聚焦电子制造产业链补链强链，积极引导资本扩大有效投资，1—9月，电子信息制造业固定资产投资同比增长4.1%，比上半年提高0.4个百分点。成功引进三安意法半导体8英寸碳化硅（SiC）器件生产基地、亚信科技艾瑞数智全国总部等一批项目，新开工荣昌英能威森高端电子元器件制造、涪陵6英寸IGBT功率半导体生产线、康宁重庆项目（三期）、南岸第三代半导体和芯片激光高频切割设备等一批重大项目，奥特斯重庆四期半导体封装载板生产线扩建、华润微电子12英寸功率半导体晶圆生产等重大项目进展顺利，重庆电子电路产业园高智电子生产基地等项目顺利投产。三是外贸出口下滑比较严重。1—9月，重庆市电子相关产品①出口2009.9亿元，同比减少17.5%，占全市出口比重达到55.2%，仍是全市外贸出口的重要支撑。但受国际订单减少影响，主要商品出口额全线下滑，1—9月，自动数据处理设备及其零部件、手机、家电、电子元器件分别同比减少19.9%、5.6%、6.0%、13.7%。

2. 软件和信息技术服务业保持平稳较快发展势头

重庆深入实施软件和信息服务业"满天星"行动计划，加速引进软件企业，积极培育发展生态，软件产业发展规模和质量不断提升，软件产业发展基础进一步夯实。一是产业规模保持较快增长。在工业软件、汽车软件、信息网络安全服务、工业互联网服务的支撑下，1—9月，重庆市软件业务收入2405.2亿元，同比增长14.1%。分领域看，信息技术服务业收入1585.0亿元，同比增长15.5%；软件产品收入602.1亿元，同比增长12.2%②。分区域看，渝中区、沙坪坝区等重点区县软件业务收入同比增长超过20%。二是应用场景链不断丰富。全市把应用场景开放作为软件产业高质量发展的先手棋，加快打造智慧应用、数字应用、工业设计场景链。支持忽米H-IIP、蓝卓supOS等打造智能化赋能工业制造平台，推动瑧宝半导体、雅特力微控制器参与智能化民生项目应用。重庆入选2023年全球创意城市网络"设计之都"，成为中国第五个、西部第一个"设计之都"，并推出整车设计、人工智能大数据等83个应用场景清单。西部数据交易中心数字资产平台从2023年6月上线以来，逐步形成了消费积分、汽车数据、航旅出行、企业信用等数据交易生态。三是软件业核心竞争力加快培育。围绕新能源汽车软件、工业软件、平台软件等新领域，引进华为、商汤科技等330多个重大项目运营，培育打造了赛力斯汽车软件产业园、中国电信制造云等，不断塑造软件业发展新优势。四是软件人才规模逐步壮大。依托重点高校、特色化示范性软件学院、软件人才实习实训基地，重庆加快培育各类软件人才。2023年以来，全市新增软件从业人员5.8万余人、新增中高端软件人才1.2万余人、培训软件从业人员2.5万人，软件专场招聘5万人。五是软件企业加速集聚。全市大力实施优质软件企业培育计划，出台实施加快培育"启明星""北斗星"软件企业方案。2023年以来，新增软件企业超过4600家，推动成渝地区加快建设万亿级软件产业集群。

3. 产业创新力度持续加大

围绕打造万亿级新一代电子信息制造业集群，重庆着力推进创新平台建设，电子信息产业创新能力

---

① 包括自动数据处理设备及其零部件（笔电、平板电脑）、电子元件、手机、家用电器四大类。
② 数据来源：https：//www.miit.gov.cn/gxsj/tjfx/rjy/art/2023/art_225afee59adc427abe6bb4bdf2d21c75.html。

持续提升。一是重大科创平台加快聚集创新资源。西部（重庆）科学城科学谷一期等重点项目正式投用，新开工8英寸MEMS特色芯片IDM产业基地、斯达半导体重庆车规级模块生产基地、中国电信西部（重庆）科创城数字产业基地、剑涛智慧产业基地等项目，签约引进了中国航天科工集团"空间电磁频谱研究院及低轨卫星星座产业化"等项目。两江半导体产业园首批签约20余家高新技术企业、专精特新企业、国家级"小巨人"企业正式入驻，正着力打造西部半导体发展新引擎和重庆半导体产业创新示范基地。两江协同创新区明月湖全球数字科技创新高地已吸引哈尔滨工业大学重庆研究院、香港科技大学、中科摇橹船科技等创新团队，正在孵化智能视觉、Web3.0、工业创成设计服务云平台等前沿科技成果。卫星互联网产业园首批签约引进欧比特航空科技、赛微电子、北京星移科技发展有限公司等50余家企业落户。仙桃国际数据谷引进OPPO重庆（元时空智能科技）等一批项目。二是计算机研发创新生态加快培育。重庆以构建创新生态助力计算机产业高质量发展，惠普（重庆）研发中心投用，该中心将引入50家供应链企业开展协同创新，全面导入自动化、高精度、高可靠性的研发测试软件与设备，旨在建成业内领先的实验室。信维股份与英业达科技联合设立的顺维科技服务器研发中心在西永微电子产业园正式投用，填补了重庆计算机产业链在服务器研发领域的空白，力争成为面向云计算、边缘计算、人工智能、高性能计算等新兴领域开发高性能服务器的研发中心。三是特色产业集群培育取得新成效。2023年，渝北区北斗应用、璧山区光电显示两个电子信息领域产业集群被工业和信息化部认定为国家级中小企业特色产业集群。

4. 川渝协同共建电子信息先进制造集群步伐加快

2023年，重庆市把推动成渝地区双城经济圈建设列为一号工程，携手四川实施系列举措，推进成渝地区电子信息先进制造集群加快建设。一是共建世界级新型显示产业集群取得新进展。双方已签订《成渝地区双城经济圈推动新型显示高质量发展合作协议》，协同实施《川渝新型显示产业链供应链协作方案》，联合发布《成渝地区新型显示产业发展蓝皮书》，积极实施智能柔性显示、TFT-LCD材料等产业链关键环节补链强链。二是共建电子信息产业园区成效初显。2023年2月，工业和信息化部正式授牌国家网络安全产业园区（成渝地区），两地已集聚中国网安、奇安信、安恒信息等众多龙头企业及近百个创新平台，将在研发运营基地、智能制造、高端产业示范、人才培育等领域开展网络安全差异化协作。川渝共建的荣昌高新区重庆电子电路产业园已引进56家企业、投产37家企业，年产电路板600万平方米，年产值达到40亿元，基本形成印制电路板全产业生态链。三是联合研发核心产业技术有力推进。重庆公布了川渝联合实施重点研发项目，其中电子信息项目涉及三维激光雷达、智能数控机床技术、工业智能软件等领域；成都公布了首批成渝科技创新合作项目，其中电子信息项目涉及智能软件、工业互联网安全、智能计算等项目，两地围绕电子信息核心技术领域合作研发的力度不断加大。

二、存在的主要问题

（一）笔记本电脑制造面临订单外迁的严峻形势

在美国加快与我国电子制造业脱钩断链的背景下，重庆笔记本电脑制造出口量及货值连续两年下滑，产业持续发展受到挑战。1—9月，重庆笔记本电脑出口量3953万台，与2021年1—9月相比，减少了1854万台，出口货值减少223亿元。调研发现，受美国产业链供应链断链影响，台资笔电代工及配套企业已将60%的产能外迁越南、印度、泰国等国家，附加值较低的大部分订单已经实现转移，目前正在转移附加值较高的订单，全市笔电产业发展受到冲击。

表1　重庆市笔记本电脑出口情况

指标	2023年1—9月	2022年1—9月	2021年1—9月
出口数量（万台）	3953	4425	5807
出口额（亿元）	1190	1408	1413

数据来源：重庆海关。

（二）电子制造业升级难度大

受美国对高科技产品实施严格的出口管制、本地配套企业生产工艺和技术升级难等多重因素影响，全市电子制造业及其本地配套企业升级难度比较大。一是本地低附加值零部件配套制造升级难。重庆有不少企业生产笔记本壳体、散热器、连接线、元器件等产品价值低的配件，由于生产工艺受代工总装的标准限制，自我转型发展困难，经过数字车间改造虽可减少对人工的需求，但难以提高产品附加值。二是产业链核心环节引进难。美国进一步限制资本投向我国的高技术项目，重庆将很难引进微电子半导体、硬盘、中央处理器芯片等电子信息产业的高价值核心配套项目。三是产业配套完善难。在疫情冲击、市场需求持续衰退、地方政策红利减少的形势下，部分承受力较弱的台资、民营电子信息配套企业逐步外迁，重庆市电子信息产业配套愈加困难。

（三）产业创新投入能力弱

重庆市电子信息产业龙头企业、大型企业不多，研发投入能力弱。《2022年重庆市科技经费投入统计公报》显示，全市计算机通信及其他电子设备制造业规模以上企业R&D经费投入81.5亿元，投入强度仅为1.35%，远低于规模以上工业企业1.76%的平均水平。以高新区为例，区内规模以上电子信息企业中有研发活动的企业占比为57.4%，有研发机构的企业占比仅为29.8%，R&D经费平均投入不足主营业务收入的0.6%，广达等计算机制造龙头企业研发投入强度甚至低于0.4%。

三、2024年发展环境及趋势展望

（一）全球信息产业发展将进一步减缓

2024年，世界经济复苏乏力、贸易保护主义、地缘政治冲突、高通胀等复杂挑战并存，全球信息产业发展将会有所减缓。一是主要经济体恢复性增长放缓，电子产品消费和信息技术投资将持续调整。2024年高通胀仍将持续，全球经济将持续疲软，企业进行信息技术投资的力度或有所减弱，传统电子消费市场需求短期内难以实现大幅回升，但各国对网络安全将更加重视，或将带动笔电等IT产品保持一定幅度的增长。二是全球信息产业结构和布局深度调整，"泛安全"与韧性将持续推动全球产业链体系呈现区域化、多元化发展趋势。主要经济体持续推进产业链供应链安全战略和绿色低碳战略，东南亚、北美、欧洲三大区域正加快形成以计算机、智能手机、集成电路制造为核心的电子制造全产业链新体系。欧美国家将依赖新建立的全球电信联盟（GCOT）① 深入实施"泛安全化"产业政策，收紧人工智能、先进半导体等技术出口管制，全面遏制新兴技术竞争者，新兴市场国家角逐新一代信息技术领域受到一定限制。三是全球高端产业链国际贸易秩序进一步分裂。逆全球化思潮和贸易保护主义逆流横行，美国政府对中国实施投资限制，欧洲部分国家将全面停止我国通信设备在该国电信网络核心位置中的应用，正严重扰

---

① 2023年10月，美国、英国、加拿大、澳大利亚和日本成立新的全球电信联盟（GCOT），旨在增强通信网络韧性、加强电信安全、探索研发与推广合作等。该联盟成员将在电信供应链多元化、电信安全和弹性、电信技术、6G和未来电信等关键领域里建立更广泛的国际共识，并积极促进行业创新和成长机会。

乱全球先进半导体、微电子、人工智能、通信设备等高端产业链供应链稳定，将对信息产业国际贸易发展带来更大压力。

（二）我国将稳中求进力促电子信息产业持续恢复

我国将坚持稳中求进工作总基调，加快实施《电子信息制造业2023—2024年稳增长行动方案》《算力基础设施高质量发展行动计划》等系列政策，更好发挥电子信息产业在工业经济中的支撑、引领、赋能作用，保持电子信息产业运行在合理区间。一是产业技术应用创新将持续推进。为巩固我国在全球电子信息产业技术领域的地位，我国将加快完善集成电路产业生态，加大对7纳米制程半导体芯片技术商业化规模化应用，推动集成电路、工业母机等高端电子装备研发创新，培育壮大虚拟现实、视听产业、先进计算、北斗应用、新型显示、智能光伏、元宇宙等新增长点，鼓励建设电子信息制造业绿色工厂，支持高端化绿色化智能化重大项目投资，国内电子信息产业创新生态将进一步优化。二是产业消费政策将进一步优化。我国将坚定实施扩大内需战略，增强高端产品供给能力，从加强个人信息保护、扩大场景应用、提升国货魅力等方面完善5G通信终端、电子产品、绿色智能家电、智能体育、智慧健康等消费环境，培育壮大即时零售、直播电商、社交电商等新型消费，不断满足人民群众对高品质生活的需求。三是数字化转型将塑造高质量发展新优势。我国将继续做强做优做大数字经济，增强网络、算力等数字经济发展基础支撑能力，深化工业软件、工业互联网在制造业数字化转型中的应用，深入开展"专精特新"中小企业数字化赋能专项行动，积极拓展"北斗+""5G+"信息服务新模式新业态，培养工业大数据、数字贸易等新增长点。四是产业开放合作水平将进一步扩大。我国将进一步稳定出口市场，优化外商投资环境，健全外商投资权益保护机制，强化知识产权行政保护，放宽投资领域，积极吸引国际先进信息技术投资与合作，推进高水平的对外开放。同时，我国将积极应对美国政府对华投资限制带来的不利影响，增强产业链供应链安全性和韧性。这些政策将持续优化我国电子信息产业结构，不断推进区域产业集群建设，提升产业链供应链韧性和安全水平，为国民经济平稳发展提供有力支撑。

（三）重庆将积极打造万亿级电子信息制造业集群

重庆将全力建设"33618"现代制造业集群体系，着力优化产业政策，加快打造万亿级新一代电子信息制造业集群。一是产业投资和产业布局力度将加大。为完善重庆市电子信息产业链，重庆将积极吸引头部企业来渝投资光电子、先进制程芯片、能源电子、高性能服务器、数字制造、卫星互联网、5G融合创新等战略性、基础性产业，着力打造新能源汽车软件、智能计算大模型、元宇宙等具有辨识度影响力的特色软件园，构建产业新生态。二是电子制造产业链升级步伐将加快。为提升电子信息产业核心竞争力，重庆将围绕计算机制造、电子元器件制造、手机制造等重点产业链，落实《推进先进制造业企业增值税加计抵减政策》、深入开展绿色制造工厂和能效标杆示范、遴选制造业单项冠军和国家技术创新示范企业等产业政策，促进更多企业"上云用数赋智"，支持链主企业引入更多的配套企业开展协同创新，带动产业链升级。三是川渝电子信息产业高质量一体化发展将深入推进。川渝两地将聚焦新一代信息基础设施网络、先进特色产业集群、国家战略产业备份基地等领域，共同打造全国电子信息产业高质量发展的重要增长极和新的动力源，推动双城经济圈建设走深走实。四是对外开放合作将带动电子信息产业加快发展。重庆将实施更大范围、更宽领域、更深层次对外开放，积极打造"一带一路"战略枢纽，加快西部陆海新通道建设，提升开放平台能级，在跨境电商、数字贸易等领域扩大开放综合试点，推动信息通信合作形成新优势。同时，重庆也将抓住本轮电子信息产业国际转移带来的机遇，吸引高端产业资本入渝，推动海外产业布局，加快向产业链高端环节延伸，提升电子信息产业竞争力。

（四）2024年重庆市电子信息产业展望及主要指标预测

2024年重庆将按照全市制造业高质量发展大会精神，加快出台相关政策措施，积极推进电子信息产业平稳发展，着力打造全球性的万亿级产业基地，预计2024年全市电子信息制造业增加值增速和软件业收入增速将分别保持在3%和15%左右。

四、对策建议

（一）进一步扩大投资和拓展外贸市场

做好产业持续下行的风险应对，优化供需政策，稳定全行业产值，努力保持产业平稳运行。一是继续扩大投资需求。保障集成电路、新型显示、通信设备、智能硬件、新能源电池等重点项目开工建设，以智能制造改造来扩大对智能装备、仪器仪表、软件系统等的需求，培育壮大虚拟现实、视听产业、先进计算、北斗应用、新型显示、智能光伏等新增长点。二是积极拓展国际订单。助力笔记本计算机、手机、智能家电等总装企业稳定欧美市场，拓展亚非、南美等市场订单，力保产量稳定。

（二）进一步提升企业竞争力

着力实施稳增长行动方案和培育"满天星""启明星""北斗星"软件企业方案，优化提升企业竞争力。一是加强制造业创新能力建设。对制造企业，加快数字化智能化改造，提升制造效率，减少制造成本；加强研发设计，鼓励重点企业普遍建立市级及以上研发中心，推动笔记本电脑配套企业积极对接新能源汽车电子、医疗电子企业，促进产业链融合发展。二是加强软件业创新生态建设。对软件企业，聚焦基础软件、工业软件、汽车软件、卫星互联网、人工智能、开源生态等关键领域，支持软件企业深度参与市级"揭榜挂帅"项目，承担国家重大专项，开展关键技术、系统平台、行业标准制修订等创新升级。三是提升产业集群特色化水平。着力提升北斗应用、光电显示等国家级中小企业特色产业集群的核心竞争力，加快推动一批专精特新、行业"小巨人"企业上市，提升行业品牌影响力。四是强化制造工艺数字化改造。加快电子制造企业数字化升级，进一步提高生产效率、降低生产成本，积极培育能源电子、高端医疗电子、基础工业软件等新优势。

（三）进一步稳定产业链供应链

推进国内外产业合作，确保全市电子信息产业链供应链安全稳定。一是强化川渝协同打造电子产业备份基地。积极争取国家支持，按照川渝打造世界级电子信息产业集群路线图，围绕核心元器件、关键零部件、关键基础材料等产业链薄弱环节，协同引进和培育中高端企业，增强产业配套能力，共建集成电路、新型显示、高性能传感器、能源电子、关键电子材料、网络安全等产业备份基地，提高川渝两地电子信息产业链供应链稳定性。二是加强与东南亚国家供应链合作。抓住电子制造业向东南亚国家转移的机遇，利用好东南亚供应链资源，创建国际供应链中心，增强重庆供应链自主可控性。依托重庆跨境电商、跨境物流、跨境支付等政策优势，培育网红直播、电商优选等业态，向东南亚国家拓展跨境电商供应链功能。三是提升承接国内外中高端制造能力。积极争取国家支持，加快建设国家加工贸易产业园，积极承接国际及东部地区先进电子制造业转移，持续完善电子信息产业链供应链。

[重庆市综合经济研究院（重庆市经济信息中心）产业经济研究课题组
　　主研：易小光　丁　瑶　余贵玲　李　权　罗宇航
　　执笔：罗宇航]

之五：2023年重庆市装备制造业发展及2024年展望[①]

一、2023年重庆市装备制造业发展情况

（一）1—9月主要指标完成情况

1—9月1265户规模以上企业实现工业增加值同比增长4%（重庆市规模以上工业增长5.7%）；工业总产值1548亿元，同比增长2.4%（重庆市规模以上工业增长1.9%）；出口交货值126亿元，同比下降8.1%；利润95亿元，同比下降1.2%；亏损企业278户，亏损面为22%，同比降低2.1百分点；营业收入1594亿元，同比增长1.4%；资产2518亿元，同比增长5.3%；负债1472亿元，同比增长7.5%；应收账款、产成品同比分别增长6.7%和17.5%。

按国民经济行业分类相同口径，重庆市装备行业五个主要子行业中有两个工业增加值增幅高于全国，其中通用设备制造业增长7.1%（全国增长2.1%）、铁路、船舶、航空航天和其他运输设备制造业（含摩托车制造业）增长10.2%（全国增长5.9%）；有3个低于全国，其中金属制品业下降3.7%（全国增长1.9%）、专用设备制造业增长2.2%（全国增长3.9%）、电气机械和器材制造业增长9.5%（全国增长14.1%）。

表1　2023年1—9月装备行业增加值累计增幅对比

指标	规模以上工业	金属制品业	通用设备制造业	专用设备制造业	铁路、船舶、航空航天和其他运输设备制造业	电气机械及器材制造业
全国工业增加值增幅（%）	4.0	1.9	2.1	3.9	5.9	14.1
重庆市工业增加值增幅（%）	5.7	-3.7	7.1	2.2	10.2	9.5

注：表中"通用设备制造业"含文化办公用机械制造；"铁路、船舶、航空航天和其他运输设备制造业"含摩托车制造业；"电气机械及器材制造业"含电线电缆、电池、家用电力器具、照明器具制造业等；金属制品业含建筑安全用金属制品、搪瓷制品、金属制日用品制造；"专用设备制造业"含电子和电工机械专用设备制造、医疗仪器设备及器械制造。包含的这些行业数据不归入重庆市装备制造业总计。

主要产品中，累计生产上升的主要有：钢结构367.7万吨，同比增长11.7%；泵26万台，同比增长35%；气体压缩机420万台，同比增长9.4%；风机10.2万台，同比增长11.6%；塑料加工专用设备1.6万台，同比增长43%；机械化农业及园艺机具32.4万台，同比增长12.5%；民用钢质船舶15.1万载重吨，同比增长8.3%；环境污染防治专用设备3849台（套），同比增长16.4%；工业机器人7308套，同比增长18.6%；城市轨道车辆362辆，同比增长12.4%；变压器5488.3万千伏安，同比增长48.1%；铸铁件15.1万吨，同比增长4.9%。

累计生产下降的主要有：金属切削机床3545台，同比下降19.4%（其中数控金属切削机床2482台，

[①] 2023年产值等部分指标的同期数据基数有调整。

同比下降18%）；金属成形机床1728台，同比下降3.5%（其中数控金属成形机床849台，同比下降15.9%）；铸造机械1762台，同比下降16.4%；起重机1.4万吨，同比下降22.8%；电梯及升降机1.4万台，同比下降21.8%；阀门3.4万吨，同比下降6.4%；矿山专用设备5万吨，同比下降13.3%；建筑工程用机械（不含三一重机）701台，同比下降34.2%（其中装载机584台，同比下降38.1%）；炼油、化工生产专用设备4050吨，同比下降30.8%；模具25.7万套，同比下降1.2%；农产品初加工机械9881台，同比下降56.4%；发电机组29.3万千瓦，同比下降44%；电动机264.9万千瓦，同比下降2.6%；锻件11.3万吨，同比下降25.9%。

（二）区域发展情况

2023年1—9月主城区都市区1145户规模以上企业完成产值1483亿元，同比增长3.1%，产值占重庆市规模以上装备工业的95.8%（其中中心城区产值663亿元，增长2.3%；主城新区820亿元，增长3.8%）；渝东北三峡库区城镇群111户规模以上企业产值59亿元，同比下降11.1%，产值占重庆市规模以上装备工业的3.8%；渝东南武陵山区城镇群9户规模以上企业产值6亿元，同比下降17.6%，产值占重庆市规模以上装备工业的0.4%。38个区县中，1—9月产值最大的10个为江津、永川、九龙坡、渝北、铜梁、南岸、璧山、北碚、沙坪坝、巴南，均超过了50亿元。

（三）存在的主要问题

从短期来看，一是由于国内大基建投资减弱，工程机械、电梯、钢结构等相关板块市场萎缩；二是出口下降，2022年重庆市装备制造规模以上企业出口交货值同比下降6.8%、2023年1—9月下降8.1%，出口占行业销售产值比重8.4%，同比降低0.8个百分点，通用动力机械等产品下降较多。

从长期来看，重庆市装备制造工业较长时期存在龙头效应不强的问题，如果不算机电控股、中船重庆公司等管理性集团，2022年产值上50亿元的只有三一重机（重庆）有限公司1户、30多亿元有重庆美的通用制冷设备有限公司和重庆康明斯发动机有限公司2户，大企业少，易受某个市场环境等因素影响而缺乏持续性的带动。另外，高端装备不多（重型机械、大型成套设备等高端装备缺乏）、传统机械行业占比较高、同质竞争现象突出等问题也长期存在。

（四）2023年预测

预计2023年完成产值2140亿元，同比增长3.4%。

二、2024年趋势展望

初步判断，2024年重庆市装备制造业面临的国内外宏观环境和2023年基本相同，市场需求不足的情况仍将持续。预计2024年重庆市装备制造工业经济比2022年略有增长。

三、2024年调控措施

（一）努力形成一批较强的产业集群

一是重点在两江新区、九龙坡、北碚等地打造智能检测装备高地；二是在九龙坡、江津、巴南、高新区等地打造农机装备产业基地；三是在两江新区、九龙坡、江津、永川等地打造航空航天产业基地；四是在两江新区、铜梁、永川等地打造轨道交通装备产业基地；五是在丰都、涪陵、奉节、南岸等地加快船舶产业发展；六是在两江新区、永川、大足大力发展机器人产业；七是在九龙坡、万州、南岸、忠县、潼南、江津加快数控机床产业的发展；八是在江北、两江新区、高新区加大增材制造产业发展力度；

九是在南岸、江津、两江新区、巴南等地大力发展动力装备等。

（二）加强产业链的补链强链

一是加强招商引资，聚焦国家级农机装备产业基地建设，着力引进国际农机巨头及国内龙头企业来渝发展；着眼欧洲产业转移及沿海产业梯度转移及备份项目，力争在欧洲大型成套装备、产业备份项目上实现突破。二是推动链主企业提质增效，加大"专精特新""小巨人"及制造业单项冠军企业培育力度，围绕链主企业、领军企业实施"一企一策一方案"。三是助力培育行业性质的工业互联网平台，发挥龙头骨干企业吸引作用，将配套企业纳入供应链管理、质量管理、标准管理、合作研发管理等。四是支持中小零部件企业强化主攻方向与专业化生产能力，与行业龙头协同创新、产业链上下游协作配套，全力打造"专精特新"，协调形成一批创新案例和典型示范。

（三）抓典型应用场景推广

围绕智能制造装备、轨道交通装备、农机装备、电气装备、环保装备等重点领域，突出产品适用性，大力推动产品应用场景打造。重点工作方向：一是联合农业、科技部门共同打造智能山地农机应用场景；二是抓好工业和信息化部国产通用航空装备物流运输领域创新应用试点，以用带产，以产促用，推动无人机及通航装备产业发展；三是抓好"机器人+"典型应用场景推广，围绕制造业、农业、建筑、公共服务、特种应急等五大重点领域，以产品创新和场景推广为着力点，增强重庆市机器人市场竞争力。

（四）引导装备工业创新发展

一是发挥骨干企业的主导作用和高等院校、科研院所的支撑作用，加快工业机器人、智能机床、增材制造、通用航空、轨道交通、风力发电、智能制造关键装备等新兴产业领域的整机、关键零部件和关键技术的研发创新。二是抓好国产重大技术装备项目攻关，积极推动重庆市企业申报参加国家产业基础再造及高质量发展项目。三是进一步加强重庆市首台套重大技术装备推广应用目录修订及新产品认定，落实工业和信息化部、国家发展改革委和国务院国资委等《关于支持首台套重大技术装备平等参与企业招标投标活动的指导意见》，充分发挥该项政策对企业创新的引导鼓励作用。四是大力推广工业和信息化部《产业基础领域先进技术产品转化应用目录》，推进基础件装备产业创新，聚焦产业基础共性技术和关键产品短板，组织实施产业科技重大研发计划，支持大型企业由单机制造向成套设备集成发展。

[重庆市经济和信息化委员会　王　刚]

之六：2023年重庆市生物医药产业发展及2024年展望

生物医药产业是关系国计民生、经济发展和国家安全的战略性产业，是健康中国建设的重要基础。新一轮生物技术正在驱动医药产业全面提速，产业发展迎来爆发式增长的窗口期。重庆生物医药产业要抓住发展机遇，以产业平台为载体，打造产业发展新生态，加快创新驱动发展、推动产业链现代化，实现产业转型升级。

一、2023年重庆市生物医药产业运行基本情况与特征

（一）创新资源加快集聚

丹纳赫与植恩生物共建"丹纳赫中国西部中心"，打造集技术研发、人才培训、项目孵化、基金投资为一体的创新平台。智飞生物与中国科学院微生物所建立战略合作关系，优先承接中国科学院微生物所科研项目的成果转化。美莱德药物安全评价研究中心获得国家药监局GLP证书，可承接从小鼠到灵长类动物的研发、临床试验服务，填补市内空白。中元汇吉牵头组建的重庆高新医疗器械研究院，可为市内医疗器械企业提供生物样本使用、大型仪器共享、生产体系构建、产品注册指导等服务。精准生物成为西部首个获批生产许可的细胞治疗药物生产平台。

（二）企业培育卓有成效

智翔金泰、西山科技两家企业成功完成科创板上市。智飞生物与GSK达成战略合作，独家代理欣安力适（重组带状疱疹疫苗）。中元汇吉收购深圳传世生物，进军凝血检验领域，成为国内为数不多的产品线覆盖检验医学九大领域的企业。

（三）产品孵化取得突破

智翔金泰1类创新药赛力奇单抗进入上市许可审批阶段，精准生物pCAR-19B细胞自体回输制剂获准纳入"突破性治疗品种"，两款产品有望于2024年获批上市，填补重庆市在生物药领域的空白。

（四）持续深化区域交流合作

一是促进产业交流合作。成功举办2023年中国医学装备大会和2023年智博会制药产业数智化峰会等行业大会，促进产业上下游之间、东西部区域之间交流与合作。二是推动川渝医药园区融合发展。重庆国际生物城会同成都医学城获批第二批成渝地区双城经济圈产业合作示范园区，在GCP临床试验合作、共建绿色原料药飞地园区、建立产业优质资源库等方面不断加深合作。

二、2024年重庆市生物医药产业运行环境及因素分析

（一）医保控费政策方向不变，创新转型是趋势

2023年组织进行的第八、第九批国家集采，平均降价幅度为58%、56%，利润空间进一步被挤压。

未来，集采仍然会常态化进行，虽然趋于温和，但是传统企业保持成长就需要找到新的增长点，创新药和创新型医疗器械仍然是最具广阔市场空间的领域，研发能力和产品能力是企业价值最突出的标准。重庆医药要顺应产业发展趋势，围绕生物药、高端仿制药、体外诊断、高值耗材等产品的引进和培育，加快产品结构升级的同时，更要有勇气进入蓝海，布局双抗、ADC、Protac、mRNA、细胞治疗、基因编辑。

（二）政策推动产业扩容，医疗器械发展持续看好

医疗器械行业是国民经济发展的基础性行业，也是卫生体系建设的重要基础，具有高度的战略性、带动性和成长性。随着"十四五"规划的逐步铺开，医疗新基建、医疗设备贴息贷款等政策相继落地，都将促进各级医疗机构设备、耗材采购需求提升，并对国产品牌扩大影响力有积极作用。重庆医疗器械，尤其是体外诊断产业具有一定基础，围绕集群打造、企业培育、品种扩增，将体外诊断产业打造成优势产业是重庆市医药工业的一项重要工作。医疗器械企业要以具备自主可控和国产替代为发展逻辑，既要做大做强，也要做精做细，在激烈的竞争中脱颖而出。

（三）国际药品供应链重塑，加紧巩固原料药优势

国际市场"去中国化"影响原料药出口。全球经济低迷导致海外需求不足，加之美、日、印等国加快推动药品供应链"去中国化"，很多国外企业调整供应链，国际药品供应链重塑，原料药出现量价齐跌，上半年化学原料药出口额同比下降23.2%。重庆既要积极争取承接欧洲产业转移，也要支持药企"走出去"。重庆医药企业要加强供应链自我保障能力，加大对GLP、GCP等有本国政策壁垒领域的布局，培养"人无我有，人有我精"的竞争优势。

三、2024年趋势展望及主要指标预测

原材料价格上涨、能源供应紧张等不确定因素在2024年会仍然存在，情况甚至会更加严峻，创新环境的不断改善和产业链的持续补强转化为产业的持续增长仍然需要时间，重庆市生物医药产业发展仍然处于转型升级的爬坡阶段，维持产业稳定增长依然是目前最重要的任务。随着行业投资持续保持在高增长状态，产业结构有望得到进一步优化，发展后劲有望逐渐显现。

四、政策调控措施建议

（一）推动生物药产业前沿化、科技化发展

重点布局抗体、重组蛋白及多肽药物、疫苗、细胞治疗等领域，加大创新投入，推动一批重点产品获批上市，实现重庆市生物药产业跨越式发展。鼓励企业布局合成生物学、脑科学、柔性数字医学、再生医学、纳米抗体、新型佐剂和给药系统等精准医疗前沿细分领域，为产业发展持续提供创新动能。依托关键产业园区，加快建设大分子药物全流程技术平台、工艺验证平台，商业化规模生产设施，在全市构建生物反应器规模超5万升的大分子药物产能体系。

（二）推动化学药产业一体化、绿色化发展

巩固化学原料药产业基础优势，增加特色原料药品种数量，发展专利原料药及所需中间体合同生产业务，大力推广化学原料药绿色生产技术，推动化学原料药产业附加值提升。在化学药制剂领域，依托化学原料药基础，鼓励企业围绕重点品种进行产能升级，结合化工等上游产业，建设"化工原料+中间体+原料药+制剂"一体化生产体系，发展满足全国及海外市场需求的智能化大规模生产能力，形成市场成本竞争优势。支持特殊剂型制剂产品产业化项目建设，针对性引进和培育高质量纤维素、功能性辅料

等专用辅料和中硼硅玻璃产品、粉雾吸入装置、预灌封注射器等高端药用包材产业化项目，提升供应链配套能力。

（三）推动中药产业标准化、现代化发展

建立从中药材种植到临床应用全流程的质量标准管控体系，支持企业布局中药材生产基地，以信息技术完善中药材生产流通全过程质量管理并构建质量可追溯体系；支持企业参与行业国家标准制定，推动中药配方颗粒和传统饮片的规范化、标准化生产；支持企业加强数字化技术、智能制造在中药制药领域的应用；支持企业与中医机构合作发掘中药处方资源潜力，加强中药新药研发和经典名方产品开发；支持企业开展重点中药品种临床价值研究，推进中成药二次开发；鼓励药食同源药材在大健康领域应用，支持特殊医学配方食品产品的开发。

（四）推动医疗器械产业数字化、规模化发展

重点推动体外诊断试剂产业链发展，大力支持植（介）入耗材、数字医疗、保健康复装备产业建设，鼓励智慧医疗设备、应急医疗设备等高端诊疗设备产业发展。积极推进医工融合发展，构建集设计、研发、临床试验、工程转化、市场应用于一体的医疗器械创新发展支撑体系。建设全国一流的医疗器械检测审评平台，提升产品注册审批效率。

（五）推动创新平台体系化、商业化发展

全面加大监管部门检验检测、审评监测等技术支撑机构建设力度，打造药品、医疗器械国家重点实验室，重点推进疫苗批签发、国家食品药品检测基地、A类医疗器械检验检测机构等项目建设；争取国家级审评检查、技术咨询等医药产业服务资源平台落户重庆。依托重点单位对接国家生物医药科技创新战略性平台，加强前沿领域高水平基础研究，争取国家重大科技基础平台落地。持续引进培育模式动物培养平台、药物分析检测服务平台、新一代溶瘤病毒技术开发、高通量药物筛选平台、药效学评价平台、分子病理研究、药物非临床安全性评价、药物临床试验、高级别生物安全实验室等公共服务平台。支持龙头企业牵头整合优势研究力量，建设若干有行业带动力的基础研究机构。健全配套资金保障体系，组建MAH基金等金融平台，拓展创新项目投融资渠道。

[重庆市经济和信息化委员会　胡　睿　马改妮]

之七：2023年重庆市材料工业发展及2024年展望

材料产业是实体经济的根基，是支撑国民经济发展的基础性产业和赢得国际竞争优势的关键领域，是产业基础再造的主力军和工业绿色发展的主战场。目前，先进材料产业已成长为重庆市主导产业，形成了钢铁材料、有色金属材料、无机非金属材料等多个优势产业集群。

一、2023年重庆市材料工业发展情况

2023年，重庆市材料工业克服整体价格下跌、房地产市场疲软等不利影响，保持增长势头，前三季度，规模以上企业1242家，同比增长6.7%，实现规模以上产值3119.9亿元，同比增长3.4%，增加值占比16.5%，冶金、建材行业增加值分别累计增长15.7%、6.3%，对重庆市制造业增长贡献率超过1/3，达到33.5%。预计全年实现产值4229.9亿元，同比增长3.6%；增加值增长10%。

（一）主要发展成效

1. "33618"现代制造业集群体系加速构建

全力开展"33618"现代制造业集群体系构建各项工作，全面梳理建立先进材料、轻合金材料、纤维及复合材料统计体系，搭建成立工作专班，完善工作机制和顶层设计，着力打造万亿级先进材料产业集群、2000亿级轻合金材料产业集群、500亿级纤维及复合材料产业集群。草拟完成先进材料以及轻合金、纤维及复合材料、合成材料"1+3"产业集群高质量发展行动计划，先进材料、轻合金材料和纤维及复合材料三大产业集群发展态势良好，前三季度规模以上产值分别为4754.8亿元、1020.3亿元、157.4亿元，同比分别增长2.5%、4.4%、6.1%。

2. 行业继续保持稳健增长势头

克服整体价格下跌、房地产市场疲软等不利影响，紧盯龙头、把握重点，着力稳增长、稳预期，前三季度，实现规模以上产值3119.9亿元，增速3.4%，对重庆市制造业增长贡献率超过1/3，达到33.5%。九龙万博、重庆钢铁、金龙铜管等龙头企业产能释放，产值大幅增长，氧化铝、铜材、钢材、水泥、玻璃纤维、光伏玻璃等材料工业大多数主要产品产量同比实现大幅度增长。

3. 行业创新和新材料产业发展亮点频出

行业竞争力有力提升，新申报企业技术中心10个、建成市级制造业创新中心4家，西南铝、金世利航空材料、再升科技成为商飞材料供应商。鑫景玻璃生产的昆仑系列、秦岭系列高铝硅玻璃已经打破国外垄断并为国内大型手机生产商供货，生产的飞机风挡玻璃原片已提供中国商飞试用。涪陵卡莱年产300万件碳纤维复合材料零部件项目投产，填补了重庆市在碳纤维复合材料领域的空白。重庆钢铁无钒合金螺纹钢、不锈钢复合钢卷、Q355NH耐候钢板、钒氮铌复合微合金工艺高强度抗震钢筋、风电用钢等一批新产品研发试制成功。两江新区的钛合金产业解决了国家重点装备急需，金美新材料生产的复合铜箔进入国内电池巨头供应体系。中科润资和华陆新材料建成了气凝胶绝热毡生产线，实现了规模化生产。西

南铝生产的高端铝材、再升科技生产的微玻纤、金龙精密铜管、赛特刚玉生产的棕刚玉、华峰生产的己二酸成为各领域单项冠军产品。

4. 行业新动能不断培育壮大

先后赴北京、上海、福建、哈尔滨对接中国有色协会、中国建材规划院、中国水泥协会、东方希望总部、青山集团、哈工大，开展招商工作，前三季度新签约招商项目113个，总投资额1110.5亿元，东方希望永川百万吨玻璃纤维全产业链、博赛集团万州焦电铬一体化、丰都玻璃纤维及复合材料产业基地项目等百亿级补链强链项目签约落地，青拓300万吨不锈钢千亿级项目正在加紧招引。行业市级重点工业建设项目34个，总投资575亿元，年度计划投资86.3亿元。其中，博赛集团焦电铬一体化项目、九龙万博氧化铝智能化升级和产能置换项目已开工，正同步办理环评等手续，垫江新型节能环保墙体材料暨装配式建筑部品产业研发与制造基地目前投资进度达到98.4%，已建成投产。

5. 供给侧结构性改革深入推进

切实做好行业环保和迎峰度夏工作，坚决遏制"两高"项目盲目发展，开展水泥粉磨站生产能力调研，启动材料行业碳达峰实施方案编制，引导行业企业减碳降耗，推动氧化铝赤泥水泥窑协同处置，召开水泥超级排放改造现场推广会，推动忠县海螺、合川台泥、北碚富皇3家水泥企业和重庆钢铁、足航钢铁、永航钢铁3家钢铁企业进行超低排放改造，鼓励行业绿色低碳发展，引导水泥、钢铁等重点行业迎峰度夏用电削峰。召开川渝水泥错峰生产专题会议，修改完善差异化协同错峰政策，继续开展与四川协同部署水泥错峰生产，31家水泥企业46条生产线中44条开展错峰生产，计划错峰150天，1—9月共计实际错峰5585天，线均错峰126.9天，已完成全年错峰任务的84.6%。有序开展行业数智化赋能，新增数字化车间31个、智能化工厂1家。

6. 行业服务扎实开展

全年围绕行业稳增长、促投资和"33618"现代产业集群发展目标，加强对重点行业、企业和区县的帮扶力度。联动区县开展招商，推动信义玻璃与渝琥玻璃战略合作，先后两次赴福建青山集团、两次组织召开专题会议加快300万吨不锈钢项目招引。印发川渝铝产业链协同方案，川渝铝产业协同白名单企业，开展了川渝铝产业对接活动，建立了轻合金与汽车产业对接平台。专题协调支持三磊玻纤健康发展，开展玻璃纤维上游原料保障专题调研，调研报告获市领导批示，组织召开专题会议，协调国际复合与铜梁区合作解决玻纤原料供应。利用第六届新材料博览会契机，助力新材料企业扩大影响力，加强新材料推广，支持新材料首用，引导上下游共同发力推动气凝胶材料、部品部件等开拓新市场。深入摸排重点企业夏季用电排产情况，迎峰度夏期间加强调度，保障重点企业稳产稳增，多次对接国家电网，协调解决青拓300万吨不锈钢项目、攀华集团电力供应问题。对接工信部，争取光伏玻璃、水泥、钢铁等行业发展政策支持。通过轻合金产业联合党支部，开展铝产业链上下游协同服务，宣传党的创新理论，研究轻合金产业发展问题。

（二）存在的问题

1. 市场需求不足

房地产业持续疲软，未见扭转态势，2020—2022年，房地产新开工面积由22亿平方米降至12亿平方米，降幅为46%，2023年房地产新开工面积或不到10亿平方米，与房地产市场密切相关的建筑材料、装饰装修材料、家电家居都呈现收缩状态，同时，除餐饮、旅游消费提升较快外，汽车、通信器材、电器及音像器材等大宗消费仍然较弱，与之密切相关的金属材料市场增长乏力，从全国看，钢铁、电解铝、平板玻璃、水泥等主要材料产品需求已见顶，产能过剩情况较为严重，行业企业投资日趋谨慎。

2. 行业利润下滑

市场竞争加大，具有技术、原料优势的材料龙头企业在近几年加大扩能和产品种类扩张，造成大宗基础材料和通用材料的产能过剩，为了保运行、抢市场，导致低价、低效、低水平的不良竞争普遍存在，行业企业利润下滑严重，导致"有量无价低效益"情况出现，不利于行业整体良性发展，前三季度，重庆市材料工业利润同比下滑38.2%，营收利润率下降2.2个百分点至3.5%，较制造业平均利润率低1.3个百分点，企业资产负债率上升1.6个百分点至57.3%。

3. 要素成本上涨

材料工业作为高载能行业，由于行业整体产能过剩、市场需求进入平台期、价格相对低位运行，企业无法通过涨价来转移能源成本上涨的压力，近年来，用电、用气成本的上涨已成为材料工业存量企业稳生产和增量项目落地的关键制约，特别是重庆市大工业用户电价高企，国网经营区大工业用户综合电价已达到0.75~0.85元/千瓦时，已与东部发达地区基本持平，高于大部分中西部地区，不利于产业梯度转移。

二、2024年发展环境及因素分析

2024年，重庆市材料工业高质量发展面临的机遇和挑战并存。从机遇看，国内超大市场规模优势进一步发挥，新型城镇化、乡村振兴、农业现代化等基础设施建设加快推进，重庆市作为国家老工业基地，制造业是重庆的"家底"。2020年，《成渝地区双城经济圈建设规划纲要》要求重庆打造国家重要先进制造业中心、川渝共建全国重要的先进制造业基地，有效促进国内两大制造业基地生产要素资源合理流动、高效聚集、优化配置，为材料工业强化产业链韧性提供了基础支撑；2023年6月5日，市委、市政府高规格组织召开了重庆市推动制造业高质量发展大会，系统擘画了当前和未来五年重庆市制造业高质量发展，提出打造"33618"现代制造业集群体系，将先进材料作为三大主导产业集群之一重点打造，为材料工业未来高质量发展提供了广阔空间；依托"一带一路"和长江经济带，构建起西部陆海新通道、中欧班列、渝甬通道等国际贸易大通道，为材料工业要素集聚和产品输出提供了便利条件；新发展格局加快构建，新一轮科技革命和产业变革加速演进，为材料工业转型升级锻造新优势提供了强劲动力。从挑战看，国际政治经济形势日益复杂多变，对产业链供应链稳定提出了更高的要求；"双碳"以及"能耗双控"目标下，绿色低碳发展任务更加紧迫；房地产市场持续疲软和要素保障给行业发展和产业链安全带来了新的挑战；行业创新能力体系建设有待加强，新旧动能转化亟待加快，高端产品供给仍显不足；空间布局仍需完善，要素成本提升预期加强，重点产业链补链强链挑战依旧艰巨。

总体来看，当前重庆市材料工业已有一定基础，特别是在有色合金、高性能复合材料等方面具有比较优势，但仍客观存在一些问题和短板：大部分项目被视为"两高一低"项目，在项目引进、技改扩能方面受限较多，未来增长空间有限；铝产业电解铝规模较小，铝加工产业和本地支柱产业配套率低；镁产业缺乏原镁冶炼环节等，产业链短板也较为明显。2024年是重庆市材料工业稳存量、促增量、培优势、上台阶的关键时期，面对新形势、新要求，需保持战略定力，增强底线思维，紧紧抓住战略契机，积极应对挑战，加强统筹谋划，推进材料工业高质量发展，为重庆市建设国家重要先进制造业中心提供材料基础支撑。

三、2024 年趋势展望及主要指标预测

2024 年，重庆市材料工业将坚持以习近平新时代中国特色社会主义思想为指导，认真落实习近平总书记对重庆提出的重要指示要求，坚持稳中求进工作总基调，贯彻新发展理念、融入新发展格局、推动材料工业高质量发展，按照"33618"现代制造业集群体系工作部署，科学谋划并推动重庆市先进材料、轻合金材料、纤维及复合材料等产业集群新质生产力发展，有力支撑重庆市打造国家重要先进制造业中心。

到 2024 年底，重庆市材料工业高质量发展态势更加巩固，产业结构更加合理，绿色低碳发展水平明显提高，总量规模持续壮大，重点行业创新能力、产业基础能力和产业链水平明显提高，先进材料、轻合金、纤维及复合材料产业集群在全国竞争优势加速构建，打造国家重要轻合金、玻璃纤维及复合材料基地取得阶段性成果。预计 2024 年材料工业规模以上产值 4450 亿元，同比增长 5%。

四、政策调控措施建议

一是建议根据先进材料主导产业集群的定位，梳理清查并修改完善涉及先进材料集群的地方产业政策，在符合国家政策的前提下，减少重庆市原有地方产业、环保政策对先进材料产业项目市场准入、企业生产经营等方面的限制，破除材料就是"两高一低"项目的认识误区，为先进材料主导产业集群发展提供优良环境。

二是建议研究出台地方支持政策，大力推动城市有机更新、住宅装修翻新和新农村建设，引导重庆市房地产开发、基建领域加大冶金、建材、涂料等大宗原材料本地采购力度；鼓励本地汽车、电子、消费品等企业优先采购本地生产的轻合金、合成材料、涂料等原材料，建立上下游长期良性合作关系，提振重庆市材料产品消费，降低下游采购成本。

三是建议因地制宜降低企业用电成本，鼓励企业新建、共享光伏、储能等自发电、调峰设施，前瞻谋划核电项目，引导国网、地方电网、园区、企业多方合作共赢，采取园区热岛、增量配网等多种方式降低企业用电成本，提升电力本地化保障和安全冗余供应能力，增强招商引资吸引力。

四是建议引导金融机构创新贷款方式，降低贷款利率，针对材料工业特性，不将材料工业企业"一刀切"视为"两高"企业，同时不仅仅局限于传统抵押物贷款，针对钢铁、水泥、电解铝、平板玻璃等企业探索开展产能指标质押贷款（国家政策规定上述行业产能指标依附于设备可市场化交易变现），针对玻纤行业探索开展贵金属质押贷款（玻纤企业有大量依附于设备的铂铑合金漏板），真正做到敢贷愿贷能贷会贷，缓解材料工业企业特别是民营企业难贷、压贷和利率偏高问题，支持存量企业技改投资。

五是建议立足国家战略产业备份基地的地位，争取国家支持，政策性引导央企和行业龙头企业在重庆市布局建设电解铝、轻合金、特殊钢、不锈钢、新能源材料、前沿新材料等关键战略原材料项目和铁矿、铝土、煤炭、锰、锂、稀土等关键战略矿产储备基地，更好发挥重庆市保障全国产业链供应链安全稳定的战略备份作用。

[重庆市经济和信息化委员会　赵俊远]

之八：2023年重庆市消费品工业发展及2024年展望

2023年以来，重庆市消费品工业积极抢抓需求侧稳步复苏有利环境，应对国内外多风险因素冲击，聚力增品种、提品质、创品牌，扎实推进稳链补链强链，因地制宜培育特色产业链，全行业总体保持平稳发展。

一、2023年消费品行业经济运行情况

（一）运行特征

1. 呈现前高后稳走势

2023年第一季度，重庆市消费品工业抢抓元旦、春节期间消费活力恢复机遇，实现"开门红"，规模以上产值实现两位数增长；到9月底，累计产值增长1.4%，工业增加值累计贡献率19.6%，占比16.4%。

2. 行业发展后劲强

1—9月，行业完成工业投资378亿元，其中完成技改投资132亿元，同比增长6.8%。

3. 行业利润承压加大

1—9月，行业规模以上企业利润增长2.3%，规模超百亿元的子行业中农副食品加工业、造纸和纸制品业、印刷和记录媒介复制业利润总额分别下降5.6%、25.6%、5.8%。

（二）运行成效

1. 顶层设计精准指引

食品及农产品加工产业、轻纺产业纳入重庆市"33618"现代制造业集群体系重点发展方向。市政府成立工作专班，制定出台《关于大力度推进食品及农产品加工产业高质量发展的意见》和"十条政策"。围绕园区建设、数字化转型、品牌建设等领域形成6张产业项目清单和"3+2+1"工作方案。结合行业发展新阶段，制定《重庆市消费品工业平台培育工作方案（2023—2025年）》。

2. "三品"战略深入推进

市政府联合工业和信息化部在渝共同举办消费品工业"三品"战略峰会，同期举办首次"三品"战略示范城市主题成果展。发布重庆市消费品工业数字化制造指数。新增市级"水效领跑者"企业1家，双化协同示范工厂1家，企业技术中心11家，专精特新企业234家，数字化车间25个，智能化工厂2家，绿色工厂14家。登康口腔登陆深交所主板上市。

3. 补链强链坚定有力

承接产业转移和补链强链持续增强，1—9月，全行业累计新签约招商项目216个，20个重点项目建设有序推进，100万头生猪屠宰及肉制品加工项目、眼镜电镀车间项目等开工建设，废纸原料可替代技改

项目、10万吨调味品生产项目、重庆小面产业园中央工厂项目、特种纤维生产项目建成投产，为肉制品、预制菜、产业用纺织品、眼镜、纸制品等重点链条增强韧性。

4. 特色集群加速聚集

编制重庆小面、重庆火锅、涪陵榨菜、重庆烤鱼4个地方重点培育特色产业方案。梁平区预制菜产业园全产业链产值规模超200亿元；大渡口区重庆小面产业园聚集产业链上下游企业50余家；合川区火锅食材产业园创建市级研发平台11个，培育特色品牌70个；奉节县眼镜产业示范基地新引进产业项目49个。

5. 品牌效应持续释放

"渝见美品"重庆特色消费品品牌集合符号知名度不断增强。重庆国际时尚周、朝天门原创时装周、中国（成渝）美食工业博览会逐渐成为具有区域影响力的行业品牌活动。"重庆小面重庆造""教学家具看重庆"消费认知日益增强。"梅见"果酒品牌、"冷酸灵"抗敏感牙膏产品等在细分市场领域位居前列。

6. 产业生态日益完善

重庆食品及农产品加工产业生态联盟发起成立，发布首批12个"爆品"机会清单。建成重庆火锅食材产业研究院，已制定毛肚、牛油等团体标准12个。携手重庆电信搭建重庆消费品翼支付线上平台，拓展市场渠道。筹建服装产业数字化服务平台，助力企业增订单。联合国家行业协会达成共创共建个护美妆产业科创新生态战略合作。

（三）存在的主要问题

世界经济形势低迷，全球化遭遇逆流，有关国家对华"脱钩断链""去风险"，国际市场品牌订单投放量整体减少。疫情后存在一定的恢复期，消费能力出现一定下降。房地产市场不景气，导致家具等关联产业受到较大影响。快消品消费不强，也导致包装需求不稳定。同质化产品现象仍较为突出，适应新消费的产品开发有差距，传统产品市场竞争激烈。

二、2024年消费品工业经济运行环境及因素分析

从国际看，一方面，尽管美西方国家表态不寻求与我国"脱钩断链"，但后续措施仍待观察，加之欧盟启动对我国汽车出口补贴的调查，影响与之相关的塑料制品行业；同时受东南亚地区快速发展，国际服装订单量仍处于走弱趋势。另一方面，随着"一带一路"走深走实，"中蒙俄走廊"和中国—东盟经贸合作加强，为充分利用国外大宗物资提供有利条件。

从国内看，我国稳中向好、长期向好的基本面不会改变，随着城镇化快速推进，推动城乡区域协调发展，为我国经济开辟新的增长空间，刚性和改善性住房需求等大宗消费品市场需求还有较大提升空间。工业和信息化部等三部委发布的《轻工业稳增长工作方案（2023—2024年）》提供了顶层指引。"西部陆海新通道"建设全面提速，为重庆加快建设内陆开放高地、为重庆消费品借助"通道+经贸+产业"联动效应，引育平台型、带动性强的龙头企业提供机遇。

从市场看，伴随着消费群体结构的变化，催生出更多不同需求和市场空间，特别是安全、健康意识的增强，户外用品、健身器材、功能性服饰、健康食品、个护产品等产品将受到更多的关注；数字经济和实体经济的深度融合，为企业调整优化生产组织形式提供技术保障；在品牌效应影响消费购买的基础上，消费将更加理性，产品功能、性价比等因素更加明显，品牌营销模式更加个性化和多元化，线上+线下一体化运营加速，传统消费品竞争仍然较为激烈。

三、2024年趋势展望及主要指标预测

重庆打造"33618"现代制造业集群体系，对以食品及农产品加工产业、轻纺产业为主的消费品工业作出了新的发展部署。重庆消费品工业涉及经营主体较多，基本盘较为稳定。较强的生产加工能力，通江达海的通道基础，数字重庆建设、软件和信息服务业"满天星"行动计划、"设计之都"等协力推进，为重庆消费品工业可持续发展创造了良好的环境。

面对国际国内新形势，在增量培育方面，借力建设国家重要备份基地的新机遇，用好重庆市通道比较优势，在粮油、肉制品、塑料制品等大宗物资集散、加工、交易方面引进行业龙头企业，在休闲食品、预制菜、个护美妆、户外用品等领域，以及品牌孵化、产业运营等重点环节引进"小而美"企业，建链补链。在存在提升方面，推动骨干企业再投资，强链延链，加快重点建设投达产，扩面推进行业企业数字化、智能化转型，以设计赋能、跨界融合、成果产业化，加快重庆小面、重庆火锅等美食工业化进程，扩大新产品供给面和新品牌输出面，通过产业协同对接、新消费活动、平台牵引等方式，着力稳定造纸及纸制品、农副食品、家具、服装等细分行业规模。以完善产业生态为重要支撑，推动重庆市消费品工业高质量发展。力争2024年重庆市规模以上消费品工业企业实现产值同比增长8%左右。

四、政策调控措施建议

一是进一步提升通道能力。在加快通道硬件设施建设的基础上，更加注重国际对标，完善和增强通道"软实力"，为更多国际大宗物资来渝集散分拨提升便利化水平，为精深加工提供原料保障。二是提升经营主体能力和产业生态水平。统筹推进行业数字化、智能化转型，以标杆打造促进面上推广，增强企业适应市场需求中批量小、品类多、质量稳的供给能力；用好市场服务类资源，创新合作模式，构建低成本运营、高效率对接、多样化成果的全产业链生态机制。三是支持企业参与市场竞争。支持企业"走出去"，参加国内外专业展会，发挥有为政府作用，策划举办辨识度高的主题活动，抱团展示区域内重点产品，擦亮特色集群名片，提升市场占有率，形成供给侧和需求侧双方发力的良性格局。

[重庆市经济和信息化委员会　余　菲　柏　潇]

之九：2023年重庆市能源工业发展及2024年展望

2023年以来，全球政经形势复杂严峻，国际能源格局深度调整，国内能源发展加速转型，全国能源供需总体平稳有序。重庆市积极落实各项能源安全政策举措，推动能源供给保障能力稳步提升，能源工业发展韧性不断增强。预计2023年重庆市电力装机容量2910万千瓦，同比增长1.9%；发电量1100亿千瓦时，同比增长5.5%；天然气产量150亿立方米，同比增长6.3%。

一、2023年重庆市能源工业运行情况

（一）总体概况

随着能源工业发展支持政策加快细化落实，重庆能源供给能力总体稳定，能源工业经济总体保持平稳增长，呈现波动中趋缓态势。1—9月，重庆市能源工业增加值为504.0亿元，同比增长8.8%，较第一季度、上半年和上年同期分别下滑2.6个、1.2个和3.2个百分点。在"疆电入渝"等大型能源项目带动下，能源工业投资同比增长27.7%，分别较第一季度和上年同期提升10.6个、17.0个百分点。在储能、节电设施建设等能源需求侧管理下，能源供给能力总体稳定，规模以上工业企业发电量、天然气产量分别同比增长9.3%、6.9%，分别较上半年下降4.8个百分点、提升1.4个百分点。

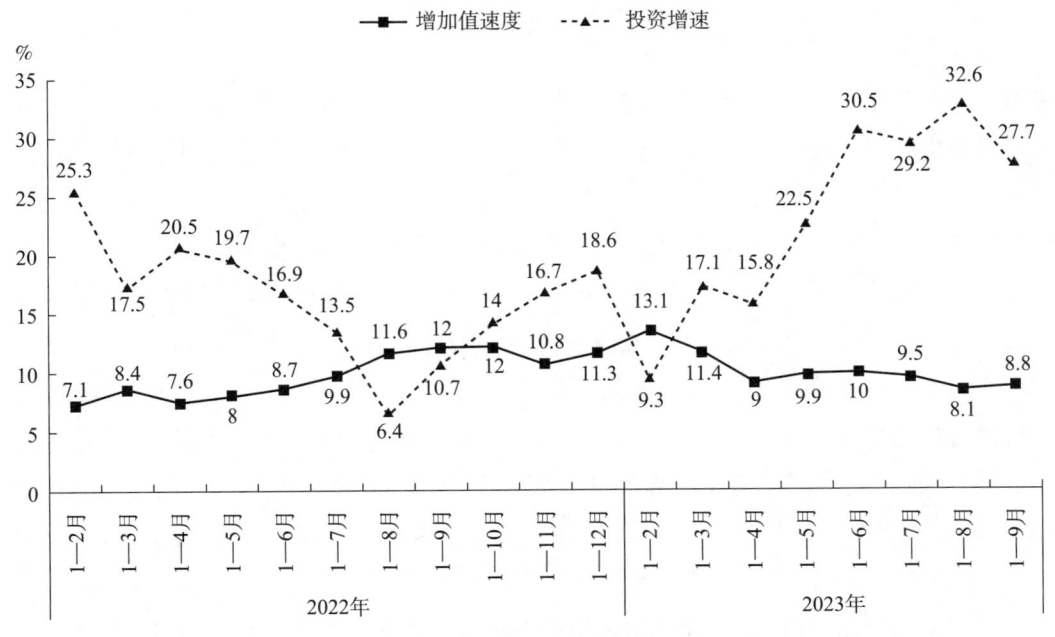

图1　2022年以来重庆市能源工业增加值和投资增速情况

（二）主要特点

1. 煤炭国内合作不断走实，电煤保障能力持续加强

电煤保障得力。随着渝陕能源战略合作走实走深、万州港新田储煤作业区建设加快，重庆市煤炭产供储销体系建设有序推进，电煤压实保供成效明显。1—9月，重庆市主力火电厂累计购煤2093.5万吨，同比增长26.9%，比上年同期高12.3个百分点。其中，陕煤1350.9万吨，占全市电煤供应的62.6%，在重庆能源保供中的地位作用进一步提升，同比增长50.6%；受国际煤价波动影响，海进江煤219.7万吨，同比降低16.7%；在公铁水多式联运日趋成熟带动下，疆煤达86.4万吨，同比增长193.8%。截至9月底，重庆主力电厂存煤416.5万吨，同比增长41.5%，较上年同期降低约8.5个百分点，仍为迎峰度冬期间电力供应提供较好保障。

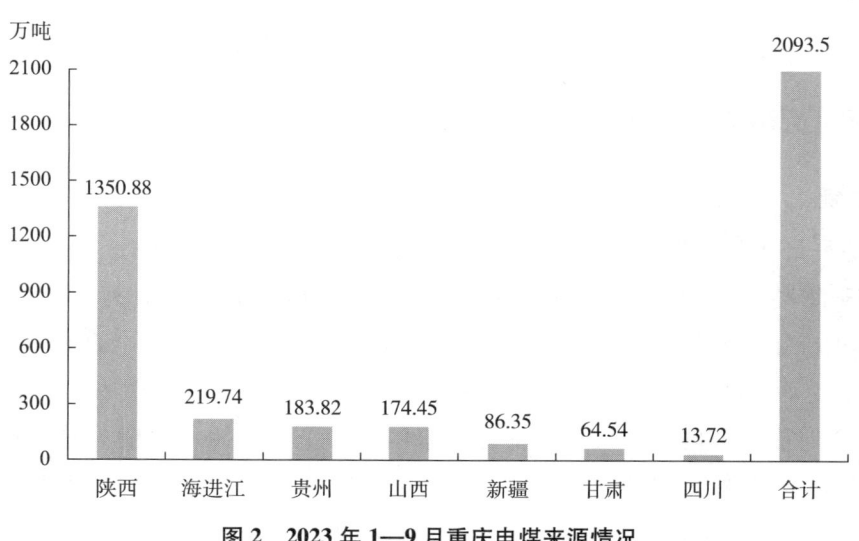

图2　2023年1—9月重庆电煤来源情况

2. 电力建设稳步推进，保障供应能力不断提升

统调发电量保持较快增长。随着能源电力安全保供各项决策部署落地落实，重庆通过市内挖潜和市外拓展并举，能源电力供应稳定有序。截至8月底，重庆市统调发电量[①]718亿千瓦时，同比增长8.1%，其中火电578亿千瓦时，同比增长17.2%，充分发挥兜底保供作用。受2023年以来长江流域降水持续偏少、上年同期高基数效应等影响，重庆水电发电量112.0亿千瓦时，同比下降23.4%，但降幅逐月收窄。由于风光资源等新能源发电受天气影响较大，风电保持较快增长，风电达到25.0亿千瓦时，同比增长15.1%；光伏发电持续下降，光伏发电3.0亿千瓦时，同比下降5.0%。同时，市外购电量149.1亿千瓦时，同比下降23.2%，较上半年下降11.4个百分点。

电源装机保持平稳增长。随着风电和光伏发电等新能源装机规模提升、重庆电厂环保搬迁项目完工投用，重庆电源装机呈现平稳增长态势。截至9月底，重庆公用发电机组装机容量达到2906万千瓦，同比增长7.6%。其中：火电在运主力电厂12座，总装机容量达到1261万千瓦，占比63.0%；水电在运主力水电站12个（10万千瓦以上），总装机容量达到536万千瓦，占比27.0%；在运风电场站达到26个，总装机容量达到132万千瓦，占比6.0%，主要集中在奉节、丰都、石柱、武隆、南川、黔江等区县；在运光伏发电装机规模86万千瓦，占比4%。

---

① 统计范围为规模以上工业法人单位，即年主营业务收入2000万元及以上的工业企业。

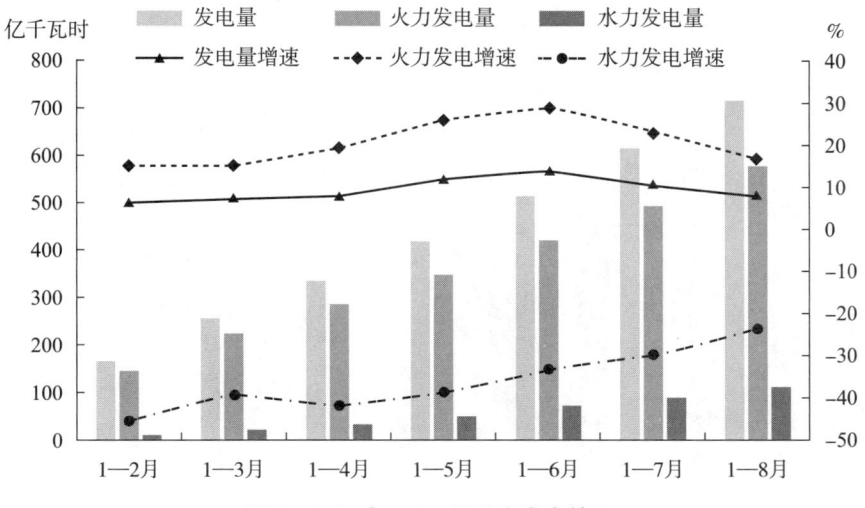

图3　2023年1—8月重庆发电情况

图4　2023年1—9月重庆电力装机结构情况

电网建设深入推进。在藏电、青电、滇黔电入渝基础上，重庆大力开展电力需求侧管理，推进储能、节电设施建设，加强发电机组运维，大力推动电网建设，以保证在高峰期实现顶峰出力。国网重庆电力全年开工铜梁特高压配套500千伏送出、万州区—五马500千伏线路、永川500千伏输变电等重点工程建成投运，川渝1000千伏特高压交流工程、哈密—重庆±800千伏特高压直流输电工程2条跨省特高压输电通道加速建设，两江燃机二期、合川电厂三期接入及疆渝直流500千伏送出等项目有序推进，重庆电网运行保障能力稳步提升。

3. 天然气供应稳中有升，页岩油开发取得新突破

随着页岩气产业化水平不断提高，重庆天然气供储销衔接有序。1—9月，重庆天然气供应量达106.4亿立方米，同比增长9.5%，较上年同期提升0.1个百分点。其中，中石油供应69.2亿立方米，同比增长3.4%；中石化供应37.2亿立方米，同比增长22.9%。页岩气开采取得新突破，截至9月底，累计产气量已突破600亿立方米，成为川气东送管道重要气源之一。其中，涪陵页岩气田累计探明储量近9000亿立方米，日产页岩气约2300万立方米；复兴区块页岩油生产形势良好，累计生产页岩油15212吨，同比增长182%，页岩油开发2年以来年产量首次突破15000吨。

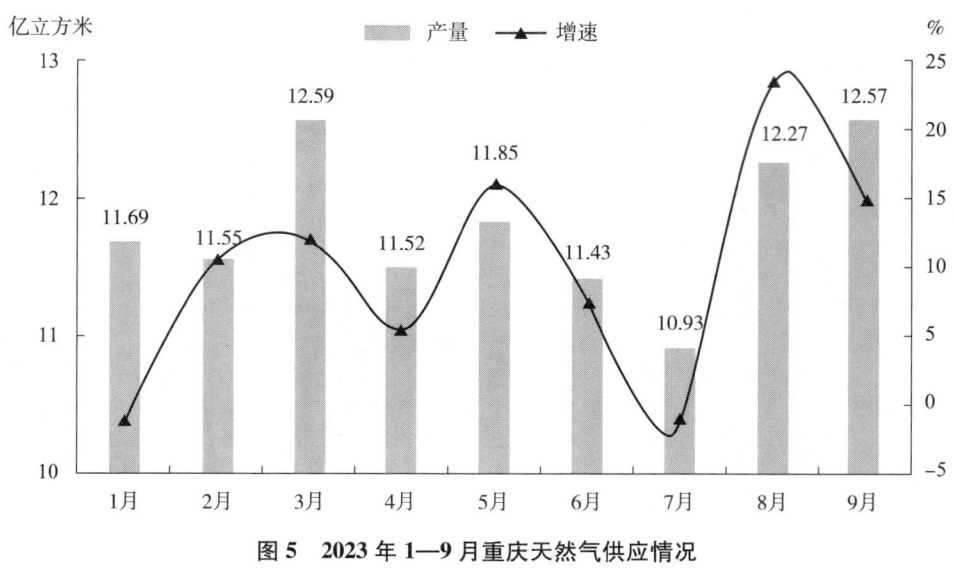

图 5　2023 年 1—9 月重庆天然气供应情况

4. 能源央地合作加速推进，助力重庆能源安全稳定供应

得益于重庆积极打造国家重要产业备份基地，新型能源开发利用场景丰富、潜力巨大等利好因素不断发酵，能源央地企业合作更加深化。1—9 月，重庆先后与国家电投集团、国家电网、中煤集团、中国大唐集团、国家石油天然气管网集团等央企签署战略合作框架协议，其中中煤集团将在重庆建设西南总部，有助于打造新时代央地合作新样板，为现代化新重庆建设提供充足、高效的能源安全保障。

二、存在的主要问题

（一）能源供给短板仍然突出

重庆是西部地区唯一能源净输入的省市，能源供给短板明显，能源供需平衡压力较大。一是煤炭受外购影响较大。目前，重庆煤炭供应只能靠外地购入，稳定输入渠道仅有陕煤一家，来源单一，且北煤入渝通道只有襄渝铁路和兰渝铁路两条线路，运力不畅。二是天然气无上游支撑力。天然气供气量由企业或地方政府与供气央企协调，重庆天然气资源富裕但无支配权、无上游控制力，存在舍近求远使用市外天然气的情况。三是电网协调压力大。1—9 月重庆统调最大负荷达到 2048 万千瓦，刷新最大负荷纪录，电网峰谷差率达 39.7%，特别是夏季受空调降温负荷占最大负荷比重超 50% 的影响，季节性短时电力紧缺问题凸显。同时，电力输入通道能力几近饱和，这些问题若不及时解决，将对电力保障造成较大冲击。

（二）电价成本高于周边地区

受资源禀赋约束，以火电为主的电源结构导致重庆电力价格总体偏高，工商业企业用电成本负担较重。部分工业企业反映高峰期用电成本甚至超过 1.1 元/千瓦时，用电综合成本同比提高 10%~20%，远高于周边省市平均水平，导致企业用电成本居高不下，挤压企业利润空间。数据显示，重庆工商业代理购电价格为 0.52 元/千瓦时，在已经公布数据的 28 个省市中排名第 7、西部第一，高于四川、贵州、陕西、云南等周边省份。

（三）天然气稳定增储上产难度加大

老气田是四川盆地天然气生产压舱石，但以川东石炭系为代表的主力气藏多数已跨入开发中后期，产量递减加快，气井稳产能力变差，老井维护难度加大，开发成本上升。四川盆地超深层天然气、深层页岩气资源丰富，是未来增储上产主阵地，但受地质条件、技术设备及经济性等因素制约，目前探明率较低，开发建设难度大、风险高。

三、2024年运行环境及展望

（一）国际能源合作深刻变革

随着地缘政治冲突、气候变化、汇率波动等趋于复杂，全球能源安全不确定性明显上升，将显著影响国际能源格局和合作深刻变革。地缘政治风险加剧影响国际能源安全。俄乌冲突、巴以冲突等地缘政治动荡，美西方国家主导的大国博弈和对抗加剧，将进一步加剧能源供需矛盾，导致国际能源价格波动频繁，国际能源合作途径将面临新一轮变革。同时，面对逆全球化趋势和地缘政治动荡，全球通胀高企、货币紧缩仍将延续，原油等大宗商品价格震荡，引发新一轮能源危机，能源进口成本将面临较大压力。能源安全目标下的全球能源绿色转型助力新能源快速发展。面对日益严峻的气候变化挑战，全球能源绿色转型和可持续发展将更加凸显，能源结构持续优化，清洁能源新技术新模式不断创新，低碳、清洁、可再生的新能源成为能源绿色转型发展的主流趋势。

（二）我国加快能源绿色低碳转型

我国将以构建新发展格局为主导，保持能源供需总体平稳，推动能源绿色低碳转型和高质量发展。建设全国统一大市场将拓展能源工业发展空间。我国将持续推进区域一体化发展，加快建设全国统一大市场，推动全国统一电力市场体系建设，提升市场化交易电量规模和供电质量，将有助于能源消费持续增长、能源供给保持较高水平、能源供需总体平稳。能源绿色低碳转型和高质量发展进入重要窗口期，能源结构持续优化，新型储能、新能源等建设加速推进，绿色发展方式和生活方式加快形成，将推动重庆能源工业提质增效。国家对能源工业经济稳定发展支持力度加大。2023年以来，统筹能源安全供应和绿色低碳发展，国家加大对能源工业政策支持力度，相继出台《关于促进炼油行业绿色创新高质量发展的指导意见》等顶层设计文件，加快构建清洁低碳、安全高效的能源体系，对重庆大力发展风电光伏等新能源、增加清洁电力供应提供有力支撑。

（三）重庆更加聚焦能源安全保供

重庆将全面落实落细能源工业支持政策，加快构建清洁低碳、安全高效的现代能源体系，提高能源供给保障能力，促进能源工业经济稳定发展。能源工业发展新动能加速集聚。随着共建"一带一路"、长江经济带、成渝地区双城经济圈、西部陆海新通道等重大战略推动实施，重庆提速打造"33618"现代制造业集群体系，将有力推动产业结构迭代升级，进一步释放能源需求潜能，风电、光伏等新能源领域将得到大力支持，对重庆能源工业发展形成良好支撑。同时，随着能源央企入渝深化战略合作，将极大增强重庆能源发展潜力。能源工业发展环境将进一步优化。《重庆市中心城区充换电基础设施专项规划（2023—2025年）》系列政策文件出台实施，重庆能源工业发展支持政策将持续细化实施，将在能源产供储销体系建设和储能设施、节电设施等方面着重发力，"疆电入渝""川电入渝"等能源重大项目建设加速推进，能源保供机制进一步优化，能源投资将迎来新的增长空间，有力促进重庆能源工业稳定发展。但也应看到，重庆能源供给面临诸多挑战，能源对外依存度仍较高，省际受电、运煤通道不足，将加大能源保供压力；常规水电资源殆尽、风光资源有限，将制约能源结构优化调整；能源储备和调峰能力不足，将加大对外资源协调与市内生产组织平衡难度。

（四）2024年重庆能源工业运行趋势及展望

综合考虑国内能源市场运行平稳、重庆能源企业产能稳步提升、能源国内外合作深入推进等因素，预计2024年，发电量1200亿千瓦时，同比增长9%；天然气产量达到160亿立方米，同比增长6.7%。

四、对策建议

（一）强化天然气勘探开发

一是加快天然气产区建设。精准高效挖潜两地老区老井，精细勘探、开发和管理工作，强化新工艺新技术试验评价、推广应用和效果跟踪，着力提高老气田采收率。二是推进页岩气产区建设。聚焦超深层常规天然气、深层页岩气和致密气，加大页岩气目标层系勘探力度，持续开拓规模增储新阵地，加强关键核心技术攻关，统筹做好勘探开发高效衔接，加快页岩气产能建设进度。三是完善天然气勘探开发利益共享机制。推进央（企）地共赢发展模式，组建合资合作公司加快推动资源就地转化、就地加工处理和综合利用。

（二）加强电力价格监测管理

一是稳步推进电力定价改革。按照"准确核定成本、科学确定利润、严格进行监管"的思路，以成本监审为基础，以科学定价机制为支柱，建立健全以"准许成本+合理收益"为核心的约束与激励相结合的电力行业定价制度，实现科学化、精细化、制度化、透明化监管。二是提升预警应对能力。借鉴四川经验，支持电网企业做好分时电价执行情况单独归集、单独反映和及时上报，加强对分时电价执行情况进行定期评估，适时对分时电价机制实施范围、时段、浮动比例等进行校核和动态调整。

（三）加强能源国内外合作

一是积极推进国内外产能合作和设施联通。坚持"开放、绿色、廉洁"和"高标准、惠民生、可持续"发展理念，深化国内能源基础设施互联互通，加快建设外电入渝通道。深化技术合作与政策协调，加强与国内在高效低成本新能源发电、清洁高效燃煤发电等方面的技术合作。二是提高全球资源治理能力。构建从供应国经通道国到消费国的供应链保障体系，加强与"一带一路"沿线国家能源合作，积极开拓非洲、拉美及周边国家市场，兼顾能源发达国家，全面融入国际资源经济新格局。

（四）完善能源治理体系

一是加强标准化建设。围绕能源转型变革需求，聚焦关键技术标准，强化标准制修订及实施，研究组建页岩气、电力气象应用、综合能源服务等领域标准化技术组织。研究推动标准化信息管理平台建设，着力提升标准化工作质量和效率。二是完善监管体系。加强对接国家能源规划、政策、重大项目，加大电力市场准入、电力调度、市场交易、价格成本、油气管网设施公平开放监管力度。三是持续优化能源工业发展环境。推进能源行业信用体系建设，探索构建以信用为基础的新型能源监管机制，严肃查处违法违规行为，有效维护市场秩序。

[重庆市综合经济研究院（重庆市经济信息中心）产业经济研究课题组
主研：易小光　丁　瑶　余贵玲　李　霞　陈　殊
执笔：陈　殊]

之十：2023 年重庆市建筑业发展及 2024 年展望

2023 年，面对复杂严峻的国内外环境，重庆以推进建筑业高质量发展为主线，大力推动工业化、数字化、绿色化转型发展，着力提升建筑业现代化水平，行业运行呈现稳中向好态势。预计 2023 年重庆市建筑业增加值同比增长 7.8% 左右。

一、2023 年重庆市建筑业运行情况

（一）总体情况

2023 年，在基建稳增长加力提效、城市更新提升与产业转型持续推进等带动下，重庆市建筑业整体运行平稳向好。1—9 月，重庆市建筑业实现总产值 6953.6 亿元，产值居全国第 13 位、西部第 2 位；同比增长 5.9%，快于上半年 1.7 个百分点，高于西部平均水平 1.4 个百分点；实现增加值达 2562.2 亿元，同比增长 8.1%，分别快于上半年及上年同期 2.3 个、3.2 个百分点，高于全国平均水平 0.9 个百分点。

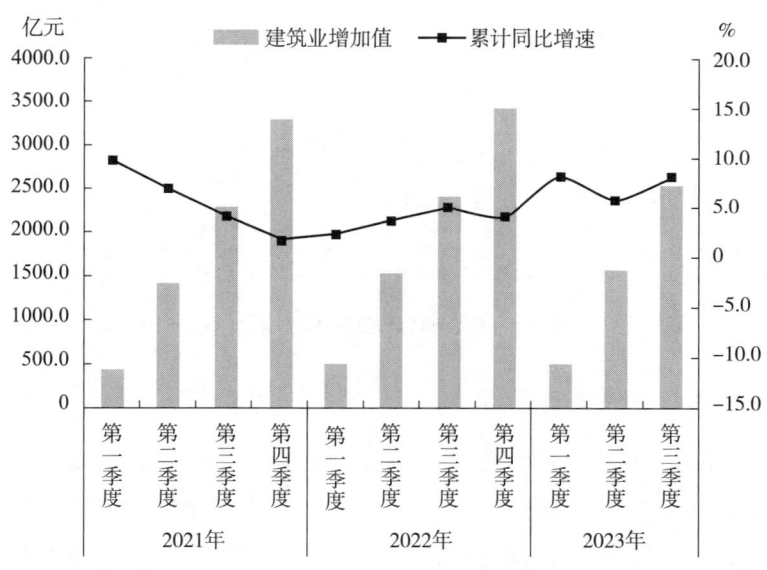

图 1　2021 年以来重庆市建筑业增加值及累计同比增速情况

（二）主要特点

1. 主要行业运行超稳

随着"保交楼"政策有力实施，以及在交通、水利、能源等基础设施建设工程加快推进带动下，重庆市建筑业主要行业运行稳中有进。1—9 月，房屋建筑业实现产值达 4501.9 亿元，占比达到 64.7%，稳居各行业首位，同比增长 4.3%，较上半年提高 2.1 个百分点；土木工程建筑业实现产值达 1948.4 亿元，同比增长 12.5%，较上半年提高 0.4 个百分点，保持较快增长势头，对建筑业整体增长拉动作用明显；建

筑安装、装饰及其他建筑业实现产值达503.4亿元，同比下降3.5%，降幅较上半年收窄1个百分点。

表1 2023年1—9月重庆市建筑业分行业类别产值情况

行业类别	产值（亿元）	产值占比（%）	同比增长（%）
房屋建筑业	4501.9	64.7	4.3
土木工程建筑业	1948.4	28.0	12.5
建筑安装、装饰及其他建筑业	503.4	7.3	-3.5
合计	6953.7	100.0	5.9

2. 建筑投资企稳回升

重庆努力克服房地产市场波动负面影响，加快推动建筑工程项目增补、落地建设，有效促进了建筑投资企稳回升。2023年以来，重庆建筑投资增速在第一季度达到7.6%的峰值后，受房地产投资下行拖累，增速一路滑至前5月的1.7%；但随后在基建项目加快建设的有力支撑下，建筑投资整体开始触底反弹、企稳回升。1—9月，重庆市建安工程投资同比增长5.8%，较上半年提高3.7个百分点，快于全市固定资产投资增速2.2个百分点，呈现恢复向上势头。

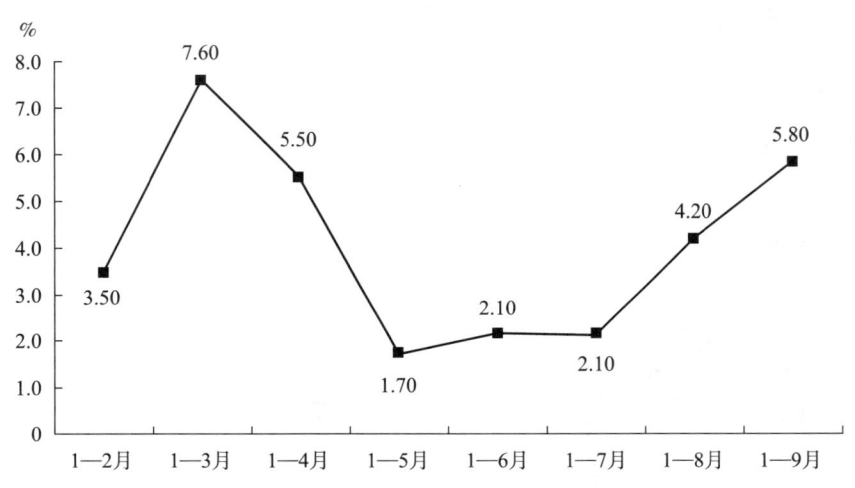

图2 2023年重庆市建筑安装工程投资增速情况

3. 重大建设项目推进有力

交通、能源、水利、城建等现代基础设施网络重点项目加快建设，有力促进了重庆建筑工程项目放量。1—9月，成渝中线、渝万、渝西、渝昆、成达万高铁、江北国际机场T3B航站楼及第四跑道、重庆东站交通枢纽等重点交通基础设施项目提速建设，轨道交通5号线一期、18号线等15个轨道交通重点项目加快推进，奉节菜籽坝抽水蓄能电站等17个能源基础设施重点项目、綦江藻渡水库等8个重点现代水网项目顺利开工建设，为建筑业稳增长提供了有力支撑。此外，"两江四岸"治理提升工程、2069个城镇老旧小区改造项目陆续有序开工实施，正加快形成新的建筑投资实物工作量。

4. 建筑业转型步伐加快

以装配式建筑为载体实施智能建造试点持续深入，重庆建筑业工业化、数字化、绿色化转型发展不断显效。装配式建筑持续扩容增效，重庆市累计实施装配式建筑超4700万平方米，培育装配式建筑国家级产业基地6家、市级产业基地30家、部品部件生产企业70余家，前三季度开工的建筑中装配式建筑应用比例达30%，建筑工业化水平稳居西部前列。智能建造试点成效显著，重庆已累计发展全过程BIM技术应用项目1500余个、智慧工地4000余个、数字化建造项目150余个。城镇新建建筑实现了全面执行绿色建筑标准，截至9月，累计实施高星级绿色建筑近3500万平方米，发展绿色生态住宅小区8596.9万平方米，集中连片可再生能源建筑应用1790万平方米。

二、存在的主要问题

（一）建筑业增长整体承压

一是建筑投资内生动力不足。重庆建筑业主要集中于房屋建筑领域，产值占比超过六成，目前房地产投资增速已连续5个季度降幅超过10%，降低了建筑市场需求，削弱了建筑投资增长动力。1—9月，重庆市建筑投资虽有所恢复，但增速仍分别低于第一季度（7.6%）、上年同期（8.9%）的1.8个、3.1个百分点。二是建筑市场需求减弱。受房地产市场需求收缩影响，房屋建筑开工量明显减少，导致建筑市场业务量下滑。1—9月，重庆市商品房施工面积和新开工面积分别同比下降9%、10.7%，拖累建筑业房屋建筑施工面积和新开工面积同比均下降10%以上，建筑企业签订合同额和本年新签合同额分别同比下降2.0%、5.2%。

（二）行业竞争力仍待提升

一是建筑业规模相对不大。1—9月，重庆市建筑业产值规模虽居西部前列，但相较先进地区仍有不小差距，不足江苏的1/3，仅为浙江和广东的2/5左右，也落后于湖北、山东、四川、福建等省份。二是企业实力仍然偏弱。重庆建筑企业资质等级总体偏低，特级资质企业只有13家、特级资质数量仅为16项，落后于全国大多数省（市）。铁路工程、水利水电、轨道交通等细分市场缺乏本土竞争优势，跨区域竞争力也不强。1—9月，重庆市建筑企业在外省完成产值只占建筑业总产值的26.9%，而同期全国建筑业外向度超过30%的省市有14个，其中北京、上海、天津占比在50%以上。

（三）企业经营压力依然较大

一是市场业务开拓难度增大。由于房地产市场持续低迷，加之低价抢标等问题仍较普遍，加剧市场恶性竞争，行业内卷程度加大，严重挤压建筑市场空间，致使企业经营受困。1—9月，重庆市建筑业从业人数和人均施工面积同比分别减少10%、10.8%。二是工程回款难问题犹存。重庆市房地产开发企业普遍面临较大资金压力，金科等本土大型房企仍陷流动性危机，拖欠工程款问题时有发生，部分房地产开发项目实行"挂旧账"政策，前期拖欠的工程款尚未得到根本解决，导致下游建筑施工企业回款难、资金紧张。

（四）建筑业新动能培育不足

一是装配式建筑市场拓展不足。由于建筑市场需求走弱，加之成本、技术、人才等短板依然明显，装配式建筑规模化推广受到一定制约。重庆混凝土预制构件、钢结构、装配式墙板等部品部件行业产能利用率均不足一半。二是智能建造发展滞缓。受资金来源限制、项目供给不足等因素综合影响，重庆智能建造场景挖掘受阻，限制了建筑机器人、智能化施工装备等产品与技术推广。全市具备建筑机器人和智能施工装备生产能力的企业仅3家，且多数产品处于研发中试阶段，产业化发展的基础相对薄弱。

三、2024年发展环境与展望

（一）建筑业宏观政策环境总体向好

当前我国经济持续恢复向好，稳增长政策举措接续加码，建筑业发展的宏观政策环境仍将趋好。国家加大对扩内需、提信心、防风险等宏观政策调控力度，不断加强重大基础设施及新型基础设施等重点领域投资，加快地方政府专项债发行和使用，将对建筑业发展发挥有力带动作用。稳健的货币政策进一步靠前发力，流动性保持合理充裕，为建筑项目建设创造了有利的资金环境。房市融资端多项利好政策频出，房地产行业回暖预期稳步改善，有利于带动建筑业市场需求释放。此外，随着共建"一带一路"国际合作不断深化，沿线国家和地区基础设施建设项目加速落地，将为建筑企业开拓海外市场、发展对外工程承包业务提供更广阔的空间。但同时，房地产复苏基础仍不牢固、地方政府债务风险化解压力较大等不利因素依然存在，将对建筑业稳定增长形成一定制约。

（二）建筑业转型升级动能不断积蓄

随着新技术、新装备、新工艺赋能加强，建筑业正加快向智慧化、数字化、工业化、绿色化方向转型升级，持续为建筑业高质量发展积蓄新动能。我国致力于加快转变建造方式，推动智能建造与建筑工业化协同发展，《关于推动智能建造与建筑工业化协同发展的指导意见》《"十四五"建筑业发展规划》等顶层政策设计持续发力，建筑业与工业化、信息化加深融合的趋势日益凸显，数字化设计、智能生产、智能施工、建筑产业互联网、建筑机器人等新业态正迎来快速发展机遇期。同时，在积极稳妥推进碳达峰碳中和的倒逼下，建筑业节能减排与绿色低碳转型步伐将提速，加之《零碳建筑技术标准》等国家标准和政策正加快制定出台，绿色建造推广将更加有力，进而带动装配式建筑、绿色设计、绿色建材等相关行业协同发展。

（三）重庆建筑业稳健发展内在支撑有力

随着成渝地区双城经济圈建设走深走实、新型城镇化与城乡融合发展加快推进、城市更新提升行动深入实施，一批基础设施、城镇老旧小区改造等重大建设项目将加快落地，将对重庆建筑业持续稳健发展形成有力支撑。同时，随着《重庆市城乡建设领域碳达峰实施方案》《重庆市现代建筑产业基地管理办法》《重庆市智能建造试点城市建设实施方案》等政策措施精准有力实施，将加速推动全市建筑工业化、数字化、绿色化融合发展，带动装配式建筑实施比例提升，促进BIM、建筑机器人等数字化、智能化技术在工程建造领域的广泛应用，持续扩大高星级绿色建筑、绿色生态住宅小区、可再生能源建筑应用规模等，为全市建筑业高质量发展注入新的动力。

（四）2024年发展环境与展望

展望2024年，重庆建筑业将继续围绕高质量发展目标，加快推动建筑业工业化、数字化、绿色化转型发展。总体看来，建筑业发展的宏观经济环境与政策环境稳步向好，房地产市场预期持续改善，建筑市场需求有望得到更加积极释放；但同时也将面临建筑业恢复基础仍不牢固、产业转型升级内生动力不足等方面挑战。预计2024年重庆建筑业整体保持稳定增长态势，增加值将达到3780亿元，同比增长5%左右。

四、对策建议

（一）大力提振建筑市场需求

一是全力稳住房屋建筑市场。健全完善工作机制，强化资金保障，继续做好保交楼工作，积极推动"久供未建"项目开工建设，"久建未完"项目复工建设，加快形成有效建筑投资量。用好供销两端房地产调控政策"组合拳"，增强优质房企经营"造血"能力，综合采取购房补贴、团购等方式，更好满足居民刚性和改善性住房需求，促进房地产市场平稳健康发展，带动房屋建筑项目投资放量，加快建筑市场需求释放，提升建筑业增长预期。二是加快推进基础设施建设。持续深化"抓项目稳投资"专项行动，加大交通、物流、城建、能源、水利、新型基础设施等重点领域投资力度,做好项目谋划储备与建设时序安排,完善项目分级分类调度机制,加快投放更多重大基础设施建设工程项目。搭配用好专项债及政策性金融工具,推动各类资金尽早投入项目建设,加快形成实物工作量。总结渝遂高速REITs成功发行经验,不断探索新型投融资模式,拓展基建投资资金来源。

(二)聚力提升行业竞争力

一是积极引育优质企业。大力支持骨干企业发展,培育和帮扶一批勘察、设计、施工等行业细分领域的本地龙头企业,支持企业资质升级增项。积极推动更多市外优质建筑企业入渝发展,尤其是引入大型建筑类央企来渝设立分公司。鼓励本地优势建筑企业加大同外地大型央企沟通联合力度,不断提升经营管理水平和市场应变能力。促进建筑业民营企业与央企、国企深化合作,通过联合、兼并、重组等形式拓展发展平台。二是大力拓展建筑市场。持续巩固本地市场,支持基建项目和公建项目扩大采用"联合体"投标方式,推动本地建筑业企业进军交通、水利、港口航道等高附加值基础设施建设领域,支持一定预算范围内的政府采购工程项目向中小建筑企业倾斜。积极拓展外埠建筑市场,做好企业"走出去"推介组织与在外经营的服务支撑工作,推动开拓更多省级新市场。引导重庆外建集团、重庆建工集团等大型外向型企业牵头建立"走出去"战略合作联盟,携手更多本地优秀企业联合开拓国际建筑市场。

(三)着力缓解企业经营压力

一是切实减少企业资金占压。进一步落实工程预付款制度,推动政府机关、事业单位、国有企业建设工程严格落实进度款支付要求。积极发展工程款支付担保,推行保函和保证保险替代现金缴纳投标、履约、工程质量和农民工工资保证金。压实属地政府责任,统筹调度应急周转金、监管资金等方式解决"欠薪旧账"问题。二是提升企业金融服务。进一步完善政银企合作机制,加强信用信息共享应用,鼓励银行业金融机构加强对有困难但管理规范、信用良好的建筑企业的信贷支持,支持建筑企业以工程施工合同、施工许可证等作为增信措施申请银行贷款,完善发债融资、设备融资、应收账款融资等金融服务体系。进一步创新绿色金融支持建筑行业绿色发展的体制机制,加大对绿色建筑、智能建造、装配式建筑等领域的金融支持力度。三是持续优化建筑市场环境。适时优化调整评标方式,落实国家最低评标价法的适用范围要求,限定应用情景,倡导优质优价。探索开展建筑企业信用评价工作,进一步完善"红名单"管理机制,支持信用评价在工程建设项目招投标领域的有效应用。持续优化行业管理服务,深化政务服务"一网通办"和工程建设项目审批改革。

(四)加快产业转型升级发展

一是拓展装配式建筑市场空间。加强技术推广与工程示范,稳步扩大装配式建筑实施规模,结合发展实际适度提高装配式建筑实施比例。加强项目谋划与组织实施,推动政府投资建筑工程严格执行装配式建筑实施要求,鼓励有条件的市政工程项目积极采用装配式建造方式。加快推进装配式建筑标准化进程,推动构件生产由"定制化"向"通用化"转变,助力降低成本增量。二是大力挖掘智能建造应用场景。以政府投资和国有资金投资项目为重点增加智能建造项目供给,发挥好两江新区、西部科学城重庆高新区、涪陵区、巴南区4个智能建造试点区县的示范带动作用,推动智能建造技术在房屋建筑、市政工程、轨道交通、水务工程等多领域多场景应用。强化创新引领,依托重庆现代建筑产业发展研究院、重庆智能建造研究院等协同创新平台,大力提升智能建造领域重大技术研发转化与集成应用水平。

[重庆市综合经济研究院(重庆市经济信息中心)产业经济研究课题组
  主研:易小光 丁 瑶 余贵玲 罗丛生 李 俊 简华球
  执笔:李 俊 罗丛生]

产业卷
第三产业篇

之一：2023 年重庆市第三产业发展及 2024 年展望

2023 年，全球政经形势更加复杂严峻，国内稳增长政策显效发力，全国服务经济整体呈现恢复态势。在此背景下，重庆服务经济延续恢复态势，数字服务、国际物流、科技服务等新动能持续发力，商贸文旅等行业稳步修复，但房地产等行业运行疲软、投资消费拉动效应释放不足等因素拖累服务业较快增长。预计 2023 年重庆第三产业将实现增加值约 16700 亿元，同比增长约 6%。

一、2023 年重庆市第三产业运行情况

（一）第三产业运行总体平稳，延续稳步恢复态势

2023 年以来，随着生产生活秩序全面恢复，第三产业运行总体好转，商贸文旅等产业需求明显回升，数字经济、科技服务等产业新动能持续增强，服务经济延续稳步恢复态势。1—9 月，第三产业增加值达到 11984.02 亿元，占全市 GDP 比重为 53.9%，对全市经济增长的贡献率达到 51.8%，拉动全市 GDP 增长 2.9 个百分点；同比增速达到 5.4%，较第一、第二季度分别提高 1.3、0.4 个百分点。企业经营效益稳步回升，1—9 月，全市规模以上服务业企业实现营业收入和营业利润分别达 4152.5 亿元、310.3 亿元，分别同比增长 6.4%、36.7%，规模以上服务业十大行业门类均实现盈利。服务业投资低位回升，1—9 月服务业固定资产投资同比下降 0.1%，降幅较上半年和第一季度分别收窄 2.0 和 5.1 个百分点；科技服务业投资增长突出，专业技术服务业、研究和试验进展投资同比分别增长 1.3 倍、89.1%。

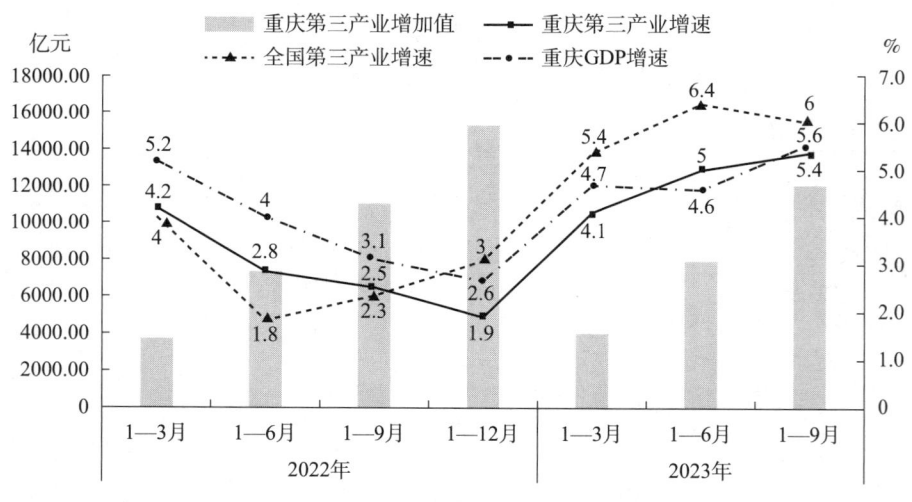

图 1　2022—2023 年重庆第三产业增加值情况

（二）服务业扩大开放试点成效显著，创新示范作用增强

服务业扩大开放综合试点、中新（重庆）战略性互联互通示范项目等重点任务持续深化，重庆服务业对外开放水平、改革创新成效不断提升。一是服务业扩大开放综合试点取得阶段性成效。重庆扩大服

务业开放总体方案确定的86项任务实施率超过80%，13项创新举措纳入全国最佳实践案例，中新（重庆）多式联运物流发展有限公司等三家企业[①]入选2023年度服务示范案例名单，创新示范作用增强。成渝RCEP跨境贸易中心启动，重庆外贸能级进一步提升。二是中新（重庆）战略性互联互通示范项目加快建设。1—9月，重庆、新加坡在中新互联互通项目框架下签署政府和商业合作项目46个，金额3.9亿美元，金融服务项目24个，金额14.9亿美元。中新（重庆）生命科技城、中新（重庆）枢纽港产业园等重点项目加快布局，推动示范项目实体化集聚发展。

（三）生产性服务业稳步增长，服务质量有效提升

数字服务业发展向好，新经济带动作用增强。在国家数字经济创新发展试验区加快建设、软件和信息服务业"满天星"计划深入实施等带动下，全市数字服务业增势较快。1—9月实现软件业务收入2405.2亿元，同比增长14.1%。1—8月，规模以上互联网和相关服务实现营业收入162.64亿元，同比增长17.5%；其中，规模以上互联网科技创新平台、互联网生活服务平台同比分别增长7.8倍、48.9%。一是数字新基建加快推进。开年以来累计新建5G基站超过6000个，全市5G基站数达到25.67个/万人，继续保持西部第1位。数据存储及开发应用项目、中国电信科学城数字产业基地等项目启动建设，西部（国际）数字经济产业生态区先进计算研发基地即将完工，数字经济平台载体持续扩容。二是软件产业集群加快培育。截至8月末，全市新增软件企业4600余家，累计达到3.9万家；建成首批市级"满天星"示范楼宇14个，新挂牌软件园区26个，认定市级重点软件产业园7个，重点园区收入占全市软件业务收入80%以上。三是数字化服务效能持续提升。制造业数字化领域，当前全市已累计实施6080个智能化改造项目，建设认定144个智能工厂、958个数字化车间，示范项目生产效率平均提升56.8%，运营成本平均降低22.1%。政务服务数字化领域，数字重庆"1361"整体构架加快构建，已形成共享数据超过1.2万类，数据开放水平位列全国第一梯队。数字产业化领域，西部数据交易中心成立以来累计交易额突破3亿元，上线运营全国首个数字资产交易平台，创新示范功能逐步凸显。

科技服务业加快发展，项目和主体持续增多。在西部（重庆）科学城、两江协同创新区等高能级创新平台项目带动下，重庆市科技服务水平不断提升。一是科技服务项目持续放量。1—9月，科技创新领域项目完成投资72亿元，投资进度达102.3%，率先完成年度计划投资目标；两江大地（国际）生命科学园、沙坪坝中电光谷科技城、川渝高竹新区科技创新基地、重庆大学科学中心项目等高能级创新平台提速建设。二是科技服务主体不断壮大。重庆市新获批国家级科技企业孵化器3家，累计达到29家，孵化载体新增在孵企业和团队1500余个，同比增长近10%。西部（重庆）科学城累计引进北京大学重庆大数据研究院、智能网联汽车创新中心等重大科创平台33个，获批全国首批国家应用数学中心、全市首个国家制造业创新中心。

金融业运行平稳，融通能力增强。在企业融资需求持续回暖，金融服务实体经济供给能力增强等带动下，全市金融业保持平稳运行态势。1—9月，新增社会融资规模5785.9亿元，同比多增859.7亿元；本外币存、贷款余额分别达5.34万亿元、5.57万亿元，同比增长7.5%、8.3%。一是金融支持实体经济持续发力。创新推出"技改专项贷""渝快助农贷"等专属信贷产品，制造业中长期贷款、普惠小微、涉农贷款分别增长29%、18%、11.2%。"长江渝融通""信易贷·渝惠融""渝普金链"等普惠小微线上融资服务平台全面推广，金融服务能力持续提升。二是资本市场持续壮大。开年以来新增境内上市企业7家，居西部第一和全国第九位，新发各类企业债券融资工具2047亿元，同比增长19.7%。三是特色金融

---

① 中新（重庆）多式联运物流发展有限公司、中冶赛迪信息技术（重庆）、重庆太极实业。

加快培育。跨境金融持续发力，1—9月跨境人民币实际收付金额合计2162.3亿元，其中货物贸易跨境人民币实际收付金额1779.1亿元，居中西部第一。绿色金融改革创新试验区加快建设，截至9月末，绿色贷款余额超过6300亿元，增速超过30%；碳市场累计成交量4586万吨，累计成交额突破10亿元。

物流业较快恢复，枢纽建设取得积极成效。在物流服务供给持续增加、铁公空等运输需求有效释放带动下，全市物流业恢复速度加快。1—9月，规模以上交通运输、仓储和邮政业实现营业收入1110.95亿元，同比增长11.7%，高于整体规上服务业营业收入5.3个百分点。一是物流枢纽稳健运营。成功创建商贸服务型国家物流枢纽，成为首个拥有"五型"国家物流枢纽的城市。1—8月，港口型、陆港型、生产服务型、商贸服务型国家物流枢纽货物吞吐量分别达到1814.3万吨、2372.4万吨、539.4万吨和554.9万吨，分别同比增长10.1%、11.7%、8%和5.3%。重庆公路物流基地入选国家示范物流园区名单，国货航重庆分公司落地空港枢纽，全市物流枢纽建设持续提档升级。二是国际通道建设持续发力。1—9月，全市经西部陆海新通道运输货物12.6万标准箱，同比增长19%，货值193.3亿元；去回程运量基本实现双向平衡，货物品类增至970种，网络辐射扩大至全国69个城市、全球473个港口。中欧班列（成渝）开行4100余列，发送货物近35万标准箱，同比增长均超6%，占全国中欧班列开行总量约30%。中欧班列（成渝）首趟重庆江津出口班列成功开行，成为全国所有中欧班列城市中唯一拥有三个到发站点的城市。

（四）生活性服务业全面恢复常态运营，市场供需稳步回升

商贸消费稳步复苏，新型消费快速发展。在促消费政策落地显效、线下消费加速回补等带动下，全市消费市场延续恢复态势。1—9月，重庆市实现社会消费品零售总额1.12万亿元，同比增长7.4%，达到2022年以来最高水平，由上半年低于全国平均水平2.0个百分点转为高于全国水平0.6个百分点。其中，商品零售额9525.68亿元，同比增长5.5%；餐饮收入1702.02亿元，同比增长18.9%。一是重点商圈人气商气加快复苏。解放碑日均客流55.8万人次，同比增长26%；销售额同比增长17.5%，商圈消费增速排支付宝消费观察数据榜全国前十。观音桥商圈日均人流量超50万人次，商圈热度指数位列全国前三。二是线上消费持续活跃。1—9月，全市实物商品网上零售额同比增长15.2%，高于社会消费品零售总额增速7.8个百分点。其中，限额以上批零单位商品网络零售额同比增长25.0%，高于全市限额以上单位商品零售额增速19.5个百分点，拉动全市限额以上单位商品零售额增长4.2个百分点；限额以上住餐单位餐饮网络收入增长25.2%，高于全市限额以上单位餐饮收入19.2个百分点，拉动全市限额以上单位餐费收入增长1.4个百分点。三是新型消费快速发展。"四首经济"[①]持续发力，开年以来累计引进品牌首店152个，增长141%。"夜间经济"品牌效应凸显，蝉联"中国十大夜经济影响力城市"榜首。"后街经济""尾箱经济"蓬勃兴起，休闲消费、新型消费加快发展。

文化旅游业快速回暖，品牌效应增强。在居民出游意愿提升、旅游消费需求加速释放等带动下，全市文旅市场复苏势头强劲。一是文旅消费恢复显著。旅游消费领域，1—9月重庆市接待过夜游客7832.35万人次，同比增长82%。"五一""端午""国庆"等假日过夜游客数分别恢复到2019年的102.1%、111.7%、114.8%。出入境旅游市场全面复苏，在全市境外文化交流和旅游推广计划积极带动下，重庆位列2023年暑期出入境客源地城市前十位[②]。文化消费领域，1—9月重庆市共审批营业性演出1729批次，同比增长约50%；电影票房收入10.78亿元，同比增长63.1%，各类剧场演艺消费热情明显上升。二是文旅业态持续创新。"慢体验"City walk、博物馆文化体验游、研学游、剧本杀娱乐、沉浸式互动演艺等

---

① 首店、首牌、首秀、首发。
② 数据来源：《2023年暑假出游市场报告》。

文旅新业态、新产品广受欢迎,剧本娱乐产业基地、元宇宙数字文旅产业示范园区等创新载体不断丰富。三是文旅品牌效应增强。入选 2023 亚太三大旅游节庆城市,成功入围"长城奖——文旅好品牌"年度省域及城市品牌优秀案例名单;据《2023 年全国旅游城市品牌影响力报告》显示,重庆凭借魔幻立体城市爆红网络,影响力排名稳居第一。

二、存在的主要问题

(一)服务业稳增长压力较大

受经济恢复基础不牢固、市场需求不足、服务业发展动能释放不充分等影响,服务业增长后劲仍显不够,恢复步伐不及全国平均水平。一是产业增加值增长较慢。1—9 月,重庆市第三产业增加值虽然实现了同比 5.4% 的恢复性增长,但增速分别低于全市 GDP、全国第三产业增速 0.2 个、0.6 个百分点。分行业来看,住宿和餐饮业、金融业增加值增速较全国分别低 5.3 个、1.8 个百分点。二是规模以上企业经济效益增长滞后。由于重庆高附加值服务业规模不大,高品质业态供给不足,规模以上服务业整体经营效益恢复情况不及全国平均水平。1—9 月,重庆市规模以上服务业企业营业收入增速低于全国 0.7 个百分点,7—8 月全市商贸消费相关行业销售收入同比下降 24.4%,截至 8 月末超过 2500 家限额以上商贸企业停业。三是服务业投资负增长。受服务业大项目接续不力、市场投资信心不足以及房地产投资持续下滑影响,1—9 月重庆市服务业投资负增长 0.1%,较同期全市固定资产投资、第一产业投资、第二产业投资增速分别低 3.7 个、23.5 个、12.1 个百分点,也低于全国 0.8 个百分点。其中,房地产开发投资下降 15.7%,降幅高于全国 6.6 个百分点。

(二)极化现象导致商贸消费恢复不及预期

重庆商贸消费市场呈现中低端消费无力、高端消费供给不足的格局,消费恢复不及预期。一是商品消费表现疲弱。1—9 月,在居民收入及消费预期不足等影响下,金银珠宝、体育娱乐用品等可选类商品零售额持续负增长;家电、建材等住房相关消费仍较低迷,零售额分别同比增长 -0.7%、-4.7%;14 种限额以上单位主要商品中,仅粮油食品(9.4%)、中西药品(11.1%)和文化办公用品(36.4%)零售额同比增速超过社会消费品零售总额。二是消费水平相对较低。2023 年前三季度,重庆人均可支配收入(29241 元)低于全国人均可支配收入(29398 元)157 元,本地居民消费能力相对较弱。景点"人流旺、消费低"现象持续存在,过夜游客占比仅 20.9%,购物、景区游乐占旅游消费比重仅为 18.1% 和 6.7%。三是高品质商业供给不足。全市集聚有国际品牌的高端购物中心仅 4 个,每个购物中心国际品牌 30 个左右,与国内同类型购物中心拥有上百个国际品牌差距较大。目前尚无一家 100 亿级的商业综合体,销售额最大的万象城(56 亿元)仅排全国第 27 位。上述原因导致高端消费外流,成都太古里高端消费中 10% 的顾客来自重庆[①]。四是电子商务发展能级不高。重庆实物商品网络零售额占全市社会消费品零售总额比重 7% 左右,低于全国和四川 20 个百分点和 11 个百分点,虽然发展速度较快但当前对消费支撑能力有限,本土龙头电商企业的全国竞争力和市场辐射力均较弱。

(三)服务业基础环境和政策支持有待提升

当前重庆服务业仍面临商贸、交通、文卫等基础环境不优,产业政策支持力度不强等突出问题,制约了全市服务业潜力释放。一是基础环境不够优。商圈配套功能有待加强,以 IFS(国金中心)等为代表

---

① 市商务委调研资料。

的商圈周边缺乏配套的高端餐饮品牌和休闲娱乐场所，商圈氛围不浓；观音桥、解放碑商圈等长期面临交通拥堵、停车难的问题。全市开通国际国内航线数量有限，常年旅客吞吐量不及发达地区和成都[①]。高铁营运里程数较少，全国排名整体靠后（第20位）。涉外医疗服务定点医院、外籍人员子女学校等外籍人士服务机构较少，公共场所双语标识设置不足，城市整体国际化水平不高。二是支持新业态、新模式发展的政策力度不强。以"四首经济"为例，重庆首店引进政策（补助100万元）与成都（最高奖励300万元）、北京（最高奖励500万元）等城市相比吸引力不足，首店数量仅为成都的41%、上海的46%、北京的70%。

三、2024年发展环境分析及预测

（一）全球经济仍处紧缩趋势，服务业发展不确定性因素增多

高利率高通胀、地缘政治博弈等影响持续加深，全球经济增速将持续放缓。IMF（7月）、世界银行（8月）预计2023年全球经济增速分别为3%、2.1%，远低于2022年水平，将对服务经济恢复发展形成较大制约。发达经济体通胀高位徘徊，美欧货币政策紧缩外溢效应突出，引发市场流动性持续收紧，社会融资成本抬高，全球金融市场延续动荡态势，将对服务需求和产业扩张产生抑制。经济逆全球化趋势加剧，美西方国家对我国高技术领域"脱钩断链"，加大技术垄断打压，严重破坏国际科技服务、商务经贸合作秩序。俄乌、巴以冲突导致国际运输成本抬升，抑制贸易流动，致使中欧班列欧洲业务萎缩，将对跨境物流、跨境电商等服务业造成冲击。上述诸多因素导致2024年全球服务业增长面临较大不确定性。

（二）国内强化稳增长调控，服务业在调整中持续恢复

国内稳增长宏观调控，以及供需双向发力的各项举措为服务业稳定恢复提供有利环境。一是宏观调控力度增强。财政政策加力提效，政策性开发性金融工具、专项债使用、地方政府债务化解提速将助力投资回升，企业纾困创新、个人消费迎来多项税费优惠政策利好。货币政策加强"总量+结构"调控，针对数字经济、民营企业等重点领域的信贷支持力度增大，房地产开发企业融资困境也有望得到一定缓解。就业政策在拓宽青年就业渠道、支持企业稳岗扩岗等方面将继续细化落实，对提振内需起到积极作用。二是供给侧结构性改革将持续深化。全国统一大市场构建、数字化改造升级、科技创新生态建设、房地产发展新模式培育、要素市场化配置等重点工作加快推进，服务业扩大开放、民营经济制度性改革等持续深化，服务经济循环将更加畅通。三是扩内需政策将持续发力。全国将继续围绕《扩大内需战略规划纲要（2022—2035年）》部署，强化全面促进消费，加快消费提质升级。同时，近日《关于恢复和扩大消费的措施》《关于完善促进消费体制机制进一步激发居民消费潜力的若干意见》等政策密集出台，消费潜力和活力将进一步释放。但同时，整体经济运行面临较大压力、服务业短板弱项支撑不足等因素仍给服务业稳定恢复带来较大挑战。

（三）重庆多措并举稳经济，服务业发展韧性将持续增强

重庆将围绕提振消费、扩大服务经济存量，深化开放创新、创造服务经济增量两个方向，持续推动服务业韧性增强、活力提升。一是国际消费中心城市建设加快。打造国际消费目的地工作已纳入市委"一号工程"十大行动，陆续出台促进服务业领域困难行业恢复发展56条、促进绿色智能家电消费12条等系列政策措施，并持续开展"爱尚重庆·渝悦消费"促进活动，将带动消费持续扩容。二是服务业新

[①] 2022年成都、上海、广州、北京、重庆年旅客吞吐量分别为3109万、2885万、2612万、2298万、2168万人次。

动能不断增强。服务业扩大开放综合试点、数字重庆建设、具有全国影响力的科技创新中心建设、西部金融中心建设等将深入推进，《重庆市元宇宙产业发展行动计划（2023—2025 年）》《重庆市加快建设西部陆海新通道五年行动方案（2023—2027 年）》等产业发展指导文件相继出台，相关领域改革创新及重点项目落地为服务业发展注入新活力。三是成渝地区双城经济圈建设持续提升服务业发展合力。双城经济圈规划重点项目清单发布，其中包括科技创新、国际消费目的地、公共服务在内的服务业相关项目 120 余项，总投资超过 2350 亿元，成渝地区双城经济圈十项行动加快实施，推动发展合力加快提升，市场需求进一步扩大。但同时重庆服务业仍面临市场信心不振、内外需收缩、高品质服务业业态供给不足等突出问题和挑战，对全年服务业加快增长形成较大压力。

（四）2024 年重庆市第三产业发展展望及主要指标预测

面对复杂严峻的国际环境，持续强化稳增长的国内宏观环境，重庆将立足新发展阶段、贯彻新发展理念、服务和融入新发展格局，以国际消费中心、科技创新中心、西部金融中心、数字经济创新发展试验区、西部陆海新通道等建设为抓手，加快国家级现代服务业经济中心建设。预计 2024 年全市第三产业将呈现波动性恢复增长，全年第三产业增加值将达到 17980 亿元左右，同比增长约 5%。

四、对策建议

（一）供需双向发力，促进消费持续回暖

一是强化消费载体建设。加强商圈规划布局和建设管理，突出培育中高端消费载体，推进各大商圈在地标建设、业态布局、品牌引入、商文旅融合等方面品质化、差异化建设。聚焦现有高端购物中心，加快补齐短板弱项，借鉴参考北京、成都等有益经验，统筹财政资金加大对国际商业品牌、优质经营主体培育及国际性展会活动的支持，大力鼓励"四首经济"发展壮大。二是支持消费促销活动。突出"爱尚重庆"品牌，坚持全域联动、政企互动，持续举办中国（重庆）国际消费节、成渝双城消费节、不夜重庆生活节等特色消费促进活动，适时策划发放消费券，激发消费活力。三是提升居民消费能力。促进青年群众和困难群体充分就业，促进居民就业创收。积极采取降税、贴息、优化普惠性医疗保险、增加普惠幼儿照护服务机构等多种方式减轻市民负担，提升有效消费能力。

（二）瞄定重点领域升级建设，持续扩大有效投资

一是加大项目招商。瞄准数字服务、科技服务、现代金融、国际物流、高端商贸文旅等重点领域，聚焦京津冀、长三角、粤港澳等重点区域，抢抓首都功能疏解央企外迁机遇，实施"一对一""点对点""巡回式"精准对接，实行"揭榜挂帅""赛马"等制度，招引一批"链主"型、总部型服务业重大项目落地，扩大服务业有效投资。二是积极争取专项资金支持。用好国家赋予重庆建设国际消费中心城市、服务业扩大开放综合试点城市、"五型"国家物流枢纽城市、西部金融中心等功能定位"名片"，接续梳理一批服务业细分领域重点项目，积极对接国家部委，争取更多服务业项目纳入中央预算内专项资金支持"总盘子"。三是着力稳定房地产开发投资。落实落细国家房地产支持政策，加大房企纾困专项再贷款等政策执行力度，强化"白名单"房企融资支持，提振房企投资信心。有序推进土地出让、"保交楼"等工作，促进房地产开发投资稳定运行。

（三）推动服务品质升级，增加优质服务供给

一是提高生产性服务业专业化水平。以数字经济创新发展试验区建设为抓手，积极发展智能化解决方案、系统性集成、流程再造等服务，提升工业设计、检验检测、工业互联网等高技术服务规模和水平。

统筹推进科创金融、多式联运等新兴服务模式建设，做大产业服务增量。二是促进生活性服务业品质升级。实施服务消费质量提升行动，加快升级消费质量标准，促进房屋租赁、家政服务等专业化、规范化发展。提升旅游管理和服务水平，规范旅游市场秩序，改善旅游消费体验。应对市场需求，增加品质化婴幼儿照护、健身养老、体育文娱等业态供给，培育优质服务品牌。三是强化服务质量保障体系建设。落实《质量强国建设纲要》，加快推进服务质量标准体系建设，鼓励主管政府部门、行业协会等完善服务标准制定、认证、标识等制度建设。加强服务质量检测评价能力建设，培育市场化、专业化第三方检测评价机构。

（四）完善基础发展环境，强化产业发展政策支持

一是构建便捷综合交通网络。增开更多国际直达航线，拓展中欧班列（渝新欧）功能，提高西部陆海新通道运营能力，提升市外人员来渝便利度和全球消费品中转集疏水平。加快完善商圈与周边区域联系，打通"毛细血管"，拉通支路配套路网。整合各大商场停车位资源，打通地下空间，新建停车场，促进消费空间与市政交通互联互通。二是优化服务业国际化发展环境。积极推动中西部国际交往中心建设，持续办好智博会、中新金融峰会等大型展会，积极申办系列高端国际会议及专业论坛，推动开展各类国际交往。持续推动公共场所外语标识标牌规范化设置，优化解放碑、化龙桥等国际社区建设，提升重庆国际化人文吸引力。三是强化产业发展政策支持。强化各类消费政策支持，加快制定《关于恢复和扩大消费的措施》的具体实施方案，持续优化购房、购车、文旅等现有政策。强化"四首经济"等新业态、新模式发展政策支持，借鉴北京、成都等有益经验，完善专属政策设计，抢抓新业态发展先机。针对电子商务发展短板，借鉴杭州经验，加快策划出台产业培育壮大专项规划文件，落实国内知名电商引进落户、本土电商扩规提质、本土实体经济触网升级等政策支持。

[重庆市综合经济研究院（重庆市经济信息中心）产业经济研究课题组
主研：易小光　丁　瑶　余贵玲　李　权　夏　月
执笔：夏　月]

之二：2023年重庆市金融业发展及2024年展望

2023年，世界经济复苏整体乏力，世界主要国家央行货币政策收紧，通胀回落但保持一定韧性；我国经济延续恢复增长态势，货币政策保持稳健。重庆市聚力打造西部金融中心，行业运行整体良好，金融业实力稳步增强。预计2023年重庆金融业增加值同比增长5.8%左右。

一、2023年重庆市金融业发展基本情况

（一）总体情况

2023年以来，重庆市加快推进西部金融中心建设，进一步健全现代金融体系，全面扩大金融开放，优化金融生态环境，全市金融业发展取得明显进步。行业规模持续扩大，截至9月末，金融资产规模达到8.3万亿元，同比增长6.2%；本外币存贷款余额均超过5万亿元。金融业增加值加速增长，1—9月，金融业增加值达2028.16亿元，同比增长5.2%，占GDP比重约9.1%，比全国平均水平高0.4个百分点，拉动全市服务业增加值0.9个百分点，金融业赋能重庆经济增长成效突出。

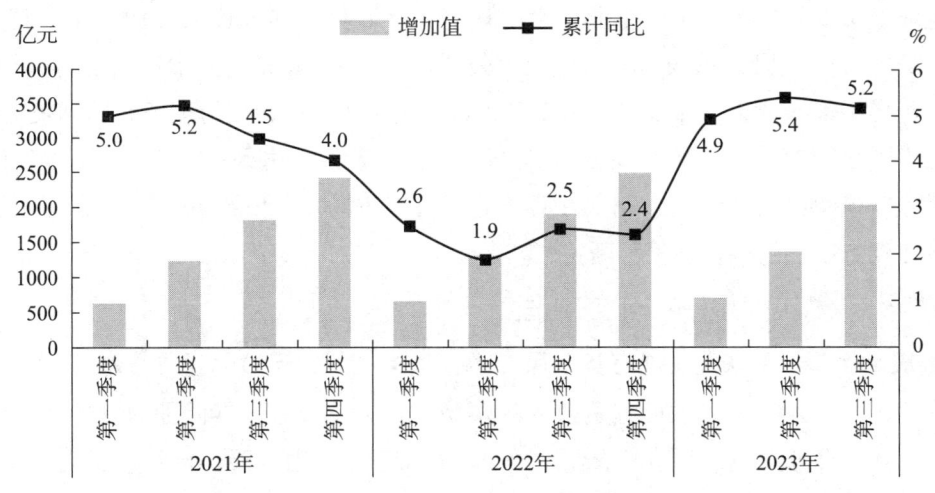

图1 2021年以来重庆市金融业增加值及累计同比增速变动情况

（二）主要特点

1. 金融机构体系持续壮大，区域辐射力不断增强

2023年，重庆市持续健全多层次金融机构体系，各类金融机构不断发展壮大，在中西部地区竞争力进一步增强。一是金融机构体系不断完善。截至9月末，各类金融机构和地方金融组织达到1900余家。其中，银证保金融机构为476家，地方金融组织达到630家，股权基金等机构为804家，实现银行、证券、保险、基金、信托和消费金融等20余类金融机构牌照全覆盖。二是金融组织体系区域辐射力持续增强。法人保险、外资银行和"A+H"股上市银行数量居西部第一，首贷续贷中心和金融服务港湾扩面增

量，"信易贷·渝惠融"创新模式获全国推广。网络小贷、消费金融等新型金融机构发展处于全国前列，"渝快保"保障人数位居全国第二，小微、"三农"担保余额居全国第5位。要素市场区域影响力不断扩大，12家地方交易所历年累计交易额近10万亿元。"科创资本通"平台上线运行，多层次的资本市场服务体系更加完善，区域辐射力、影响力不断增强。

2. 信贷规模总体稳步扩大，存款增长略显乏力

2023年，重庆市全力推进"走万企、提信心、优服务"融资专项服务，贷款总体保持增长势头，新增贷款近四成投向制造业、基础设施建设领域，但存款增长速度回落。一是信贷增速企稳回升。主要在个人短期消费贷款、单位中长期贷款放量增长支撑下，9月末人民币贷款余额为5.49万亿元，同比增长8.6%，较上年同期提高0.8个百分点。同样受消费信贷放量增长带动，短期贷款余额同比增速达到18.4%，较上年同期提高15.3个百分点；制造业、基建和保交楼等重点领域信贷需求回升，中长期贷款余额保持稳定增长。二是存款增长略有放缓。主要受财政性存款和非银行业金融机构存款少增影响，9月末人民币存款余额同比增长8.8%，较上年同期回落0.7个百分点。居民储蓄倾向较高，带动住户存款余额同比增长15.3%，较上年同期提高2.8个百分点；非银行金融机构存款余额同比增速触底回升。但受财政资金支出加快影响，政府存款余额同比增速较上年同期回落6.1个百分点；企业经营利润下滑，拖累非金融企业存款余额同比增速较上年同期回落6.4个百分点。

3. 上市企业数量创新高，直接融资规模稳步增长

2023年，重庆市大力实施企业上市"千里马"行动，股票和债券市场融资额稳定增长。一是企业上市扶持力度加大。出台《重庆市企业上市助推机制改革暨"千里马"行动实施方案（2023—2027年）》，构建市区两级企业上市专班机制，实施企业上市财税奖补等政策，加大优质企业上市支持力度。二是上市企业数量不断扩容。1—9月，重庆市境内外上市公司总数达到96家，其中境内上市公司76家且60%为制造业公司；新增7家A股上市企业，居西部第1位、全国第9位，创历史新高。三是直接融资规模稳步扩大。股票融资增长加快，1—9月重庆市首发股票融资规模达到100.7亿元，较上年同期增长368.7%；企业债券融资规模稳步扩大，各类主体通过银行间市场发行债券760.2亿元，同比增长40.1%，重庆市实体经济在资本市场的融资规模不断扩张。

4. 保险业运行保持稳健，风险保障功能日益增强

2023年，重庆市保险业呈恢复发展态势，保费增长势头良好，保险赔付支出稳步增长。一是保费收入稳定增长。1—9月，在财产险及寿险保费收入规模稳步扩大支撑下，保险业保费收入同比增长8.1%，较上年同期提高5.0个百分点。在车险和农业险放量增长带动下，财产险保费收入同比增速较上年同期提高4.5个百分点；寿险保费收入实现较快增长，带动人身险保费收入同比增速较上年同期提高5.1个百分点，人身险对全市保费收入支撑仍作用较强。二是保险赔付支出加快。人身险赔付支出加快，带动保险赔付支出达到322亿元，同比增长24.0%。寿险赔付支出大幅增长，带动人身险赔付支出实现32.4%的较高增长；受上年同期基数较高影响，健康险赔付支出同比增速为下降5.5%。此外，保险业风险保障功能持续增强，行业为全市经济社会发展提供风险保障突破2000万亿元，37个区县已完成巨灾保险承保，累计提供460亿元风险保障；出口信保为企业出口提供风险保障近80亿美元，为重庆对外贸易发展提供了有力风险保障。

5. 金融改革创新发展，行业开放能级稳步提升

西部金融中心建设提速，绿色金融改革创新试验区建设稳步推进，重庆的金融开放水平进一步提高。

一是西部金融中心建设全面发力。2023年重庆高位推进西部金融中心建设，稳步实施"智融惠畅"工程，在集聚辐射能力、服务实体经济质效、资本市场发展运用、川渝合作、金融生态等方面取得积极成效。二是绿色金融改革创新试验区建设取得实效。截至目前，重庆在绿色金融标准体系建设、参与绿色金融国际交流合作等方面均实现新突破，"长江绿融通"绿色金融大数据综合服务系统已累计采集1600余条绿色项目信息，融资支持超1200亿元。三是中新金融合作创新发展。陆海新通道金融服务联合体成功创立，服务网点超过3000家，初步形成覆盖西部陆海新通道全域的跨区域、跨境金融服务网络体系。四是跨境人民币业务增量扩面。重庆深入开展跨境人民币"首办户"专项行动，前三季度跨境人民币实际收付金额达到2162.3亿元，结算量居中西部前列，发生跨境人民币实际收付业务的企业数量达到2307家，较上年同期多392家，跨境人民币业务覆盖面明显扩大。

二、存在的主要问题

（一）融资规模扩张动力仍显不足

一方面，信贷融资增长动力不强。9月末重庆本外币贷款余额增速为7.5%，较同期全国平均水平低2.7个百分点，大幅低于四川、陕西等周边省市增速。据市级相关部门第三季度企业问卷调查结果显示，仅12.1%的制造业企业预计后期贷款需求同比回升，工业企业融资需求仍将偏弱；因政府投资项目管理要求调整，重庆交通、城建等领域新建项目有所减少，部分在建项目将停缓建，基建项目资金来源进一步收紧，基建相关配套融资规模增长将放缓；储户问卷调查结果同样表明，仅25.8%的居民愿意更多消费，居民端融资需求也将持续低迷。另一方面，直接融资规模仍偏小。1—9月，重庆市境内外上市企业新增股票融资额占全国比重仅为1.5%，同时，3A评级企业的发债规模小、品种创新不足，非城投国有企业在科创债、绿色债等特色债券方面发行规模均偏低。

（二）信贷融资平台系统集成建设滞后

目前，重庆市信贷融资平台主要由两类构成，一类是由市级部门主导的线上投融资综合服务平台，如市发展改革委打造的"信易贷·渝惠融"平台、市银保监局发起设立的"金渝网"以及人行重庆营管部打造的"长江渝融通"等系统；另一类则是由区县政府主导的线上投融资服务平台，如江北区的"小江都能办"、垫江县的"垫小二"等。虽然这些系统都具备融资对接、信息发布、数据分析、政策宣传等功能，但都存在单个融资服务平台影响力不足、项目无法精准匹配资金、增加企业使用负担、平台重复建设成本高、数据标准和统计口径不一等问题。由于在全市范围内暂无一站式的融资综合服务体系，无法实现跨行业、跨部门、跨系统的融资对接和资源共享，较大程度制约着全市融资平台的实施质效。

（三）西部金融中心建设仍有短板

一是金融机构组织体系区域辐射力仍需增强。重庆虽然已拥有了我国主要金融机构牌照，金融机构数量也较多，但在渝资金集中运营中心、金融科技研发应用中心等区域性功能总部仍较为缺乏，同时本土金融机构能级还需提升，本地金融机构与境外机构交流合作也相对较少，区域性辐射带动力仍不强。二是重庆尚无具有辐射力和影响力的金融基础设施。以促进金融市场交易为主的金融基础设施是保障金融体系健康运行的"压舱石"，但目前重庆金融基础设施建设仍处于起步阶段，这也是重庆建设西部金融中心的最大短板。三是区域金融一体化水平仍待提升。重庆金融业态主要集聚于渝中区和江北区，缺乏多点金融副中心的支撑，区域金融一体化发展仍需加力，金融业整体竞争力还需提升。

三、2024 年发展环境及展望

（一）全球政经形势复杂多变，国际金融环境持续趋紧

当前全球经济复苏仍然缓慢且不平衡，通胀回落至疫情前水平尚需时日，主要发达经济体货币政策延续收紧态势，紧缩货币政策将持续从生产端和需求端对全球经济增长带来压力，全球流动性收紧的风险也将进一步向新兴市场经济体溢出。同时，全球金融周期呈下行态势，高利率环境仍将持续，美国政府债务可持续性不确定加大，全球主权债务风险值得警惕，部分脆弱新兴经济体仍将面临较高的债务违约风险。美元指数维持强势，非美货币汇率稳定性将普遍承压。俄乌冲突持续、巴以冲突再起将推升全球地缘政治风险，并进一步导致全球避险情绪升温、加大全球金融市场不确定性。全球金融市场的动荡将加大中国及重庆金融业的平稳运行压力。

（二）我国货币政策保持稳健，金融业迈向高质量发展

中国经济将持续恢复，并在保持合理增速的基础上，迈向更高质量、更可持续的发展。稳健的货币政策将注重精准有力，更好发挥货币政策工具的总量和结构双重功能，发挥好金融在促消费、稳投资、扩内需中的积极作用，为经济实现质的有效提升和量的合理增长营造良好的货币金融环境。同时，我国将有序推动金融领域改革开放水平，持续加强区域跨境金融合作，有序推动人民币国际化，保持人民币汇率在合理均衡水平上基本稳定；大力推动绿色金融体系建设，稳步推进区域金融改革，持续完善现代金融监管框架。我国金融行业运行稳健，并不断向高质量发展迈进，将为重庆市金融业的稳定发展带来良好契机。

（三）重庆金融业将稳步运行，提速打造西部金融中心

重庆将继续落实好国家金融政策，持续加大对普惠小微、科技创新、乡村振兴、绿色发展等领域融资支持力度，不断提升经济社会薄弱环节融资服务水平。西部金融中心建设将全面推进，大力实施"智融惠畅"工程，围绕金融集聚辐射、金融数智创新、金融开放引领等领域，推动西部金融中心建设迈出更大步伐。同时，重庆还将持续深化金融领域改革创新，高水平推动绿色金融改革创新试验区建设，全面推广排污权抵质押融资、绿色汽车供应链等融资模式，推动经济绿色低碳转型发展；不断扩大金融开放水平，充分发挥西部陆海新通道金融服务联合体作用，积极争取更多跨境贸易投资便利化政策在渝落地实施，加快形成覆盖西部陆海新通道沿线地区和国家全域的市场交易网络和金融服务体系，增强全市金融业发展区域辐射力和带动力。

（四）2024 年重庆金融业运行展望

2024 年，重庆将积极打造西部金融中心，紧抓数字化发展大势，持续推进金融业改革创新，积极促进国际金融合作，不断提升行业开放水平，金融业对经济社会发展、实体经济发展的支撑作用将更加明显，融资可得性和便利性将不断提升。预计金融业增加值同比增长 6.5% 左右。

四、对策建议

（一）促进信贷稳定增长，畅通直接融资渠道

一是扩大信贷融资规模。围绕"33618"现代制造业集群及重点产业链，优化制造业中长期贷款白名单机制，支持"技改专项贷"扩大规模。完善民营企业融资增信支持体系，开展民营企业融资分析专项

服务，推动金融机构实施"一链一策一方案"服务，精准助企融资。支持金融机构实施新基建优惠利率信贷专项政策，鼓励民间资本和外资参与相关基础设施项目建设，稳定信贷融资规模。二是持续降低各类融资成本。引导金融机构将再贷款低成本资金优惠和LPR下调传导至贷款利率，切实规范融资各环节收费和管理，进一步降低企业融资和个人消费信贷成本。三是拓宽直接融资渠道。积极打造面向中西部地区的直接融资综合性服务窗口，争取直接融资产品创新试点。加强债券市场化机制改革，提高中小微企业特别是科技创新型企业债券融资便利程度。深入实施企业上市培育计划，深化企业上市"一件事"集成改革，引导上市企业实施再融资，支持优质企业赴境外发行股票融资。

（二）加快资源整合，打造金融综合服务平台

一是一体打造重庆金融综合服务平台。借鉴浙江省经验，依托"渝快办"作为全市一体化政务服务系统的优势，由市金融监管局牵头，会同市发展改革委、市大数据局等部门，将各部门、区县以及金融机构自有融资信息服务平台接入"渝快办"综合政务平台，整合各个平台融资服务功能，形成全市统一的涵盖丰富金融产品和增值服务一体化的"1+N"综合融资服务平台。二是完善金融服务平台功能。丰富金融综合服务平台信息共享、供需对接和业务支持等功能，通过多跨场景建设深化业务协同应用，促使金融服务流程线上化、标准化，创新数字金融产品和服务，不断提升金融服务效率。三是积极推进融资平台信息共享。大力推动现有金融服务系统后台数据向金融综合服务平台集成，鼓励各部门和区县结合实际依法依规扩大信息归集范围，拓展数据共享广度和深度，统筹解决数据共享开放、风险联防联治等问题，为中小微企业融资提供坚实的数据支撑。

（三）加快集聚发展，全力打造西部金融中心

一是加快完善金融机构组织体系。完善金融机构落户激励政策，积极培育法人金融机构，争取更多金融机构及其数据、运营、备份等功能性总部、区域性中心落地重庆，积极引进境内外金融机构在渝设立后台服务中心，构建更富竞争力、服务力和辐射带动能力的金融机构组织体系。二是积极布局金融基础设施。聚焦票据交易等领域，加快引进全国性金融基础设施业务分中心，积极争取本外币合一银行结算账户体系在渝试点，拓展商务服务、交通运输、文化旅游等领域移动支付应用场景，加快信用体系基础设施建设推进力度，加大融资信用信息归集、共享、开发和利用力度。三是优化金融中心空间布局。增强"江北嘴—解放碑—长嘉汇"金融要素集聚功能，支持金融资源向北延伸和纵深拓展，增强两江新区、渝北区金融集聚区的标识度和影响力。推进主城都市区金融特色化发展，大力发展供应链金融、产业链金融，高水平打造科创金融小镇。支持"两群"地区发展普惠金融、绿色金融，提高金融服务乡村振兴能力。

[重庆市综合经济研究院（重庆市经济信息中心）产业经济研究课题组
　主研：易小光　丁　瑶　余贵玲　赵炜科　成秋明
　执笔：成秋明]

之三：2023年重庆市物流业发展及2024年展望

2023年以来，受地缘政治冲突、全球经济增长放缓等因素影响，国际货物贸易量持续低迷，我国加强宏观经济调控，多举措助力物流业高质量发展。重庆市全面加强经济运行调度，落实落细系列支持物流业发展政策，加速打造内陆国际物流枢纽和开放高地，推动物流业积极向好、稳步发展。预计2023年重庆社会物流总额达到4.1万亿元左右，同比增长约7.0%；交通运输、仓储和邮政业增加值同比增长11.0%左右，占GDP比重约4.0%。

一、2023年重庆市物流业运行情况

（一）总体情况

2023年以来，随着社会经济全面恢复常态化运行，重庆物流服务供给能力提升，供应链各环节循环逐步畅通，物流需求整体呈现温和复苏，主要指标保持在较快增长区间。1—9月，重庆交通运输、仓储和邮政业实现增加值885.9亿元，同比增长8.4%，较上半年和上年同期分别提升2.0个、8.5个百分点；占全市GDP、第三产业增加值比重分别为4.0%、7.4%，较上年同期分别提升0.2个、0.3个百分点。

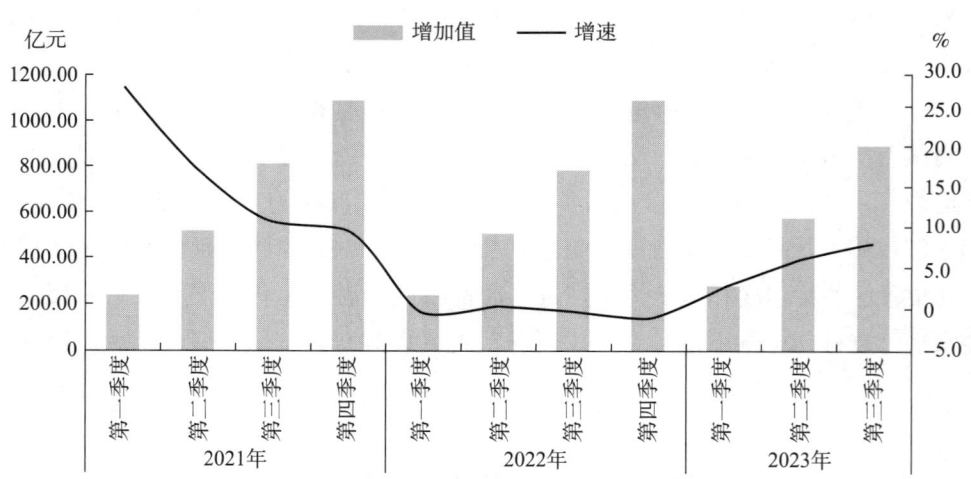

图1 2021年以来重庆市交通运输、仓储和邮政业增加值及增速（季度累计）

（二）呈现的主要特点

1. 物流需求逐步恢复，货运总量企稳回升

随着一系列稳增长政策加快细化落实，重庆物流需求总体保持平稳增长，支撑货运市场形势持续向好。1—9月，重庆货物运输总量同比增长2.7%，增速较上半年和上年同期分别提升2.0个、7.7个百分点。在大宗货物"公转铁"运量增势带动下，铁路货运量同比增长8.1%，高于货运总量增速5.4个百分点。在居民消费市场需求增加带动下，公路货运量同比增长3.6%，较上半年提高2.5个百分点，高速公

路货车日均开行辆次同比上涨7.0%。受重钢限产减产、钢材终端需求不足等因素影响，水路运输货源减少，货运量同比下降2.6%，与上半年基本持平。受笔电出口需求收窄拖累，航空货运量同比下降3.6%，较上半年提高0.8个百分点。

表1 2023年重庆市货物运输主要指标

指标	1—3月 绝对值（万吨）	1—3月 增速（%）	1—6月 绝对值（万吨）	1—6月 增速（%）	1—9月 绝对值（万吨）	1—9月 增速（%）
货物运输总量	30941.1	0.5	66916.6	0.7	103151.9	2.7
铁路	497.0	26.1	926.4	8.9	1409.6	8.1
公路	26203.1	0.4	56067.4	1.1	86603.1	3.6
水运	4238.1	-1.8	9916.7	-2.6	15129.7	-2.6
航空	3.0	-8.1	6.12	-4.4	9.6	-3.6
内河港口货物吞吐量	5076.7	7.9	10634.6	6.7	16489.86	8.9
空港吞吐量	8.4	-25.5	17.7	-21.3	28.1	-16.0
国际标准集装箱吞吐量（万标准箱）	37.97	22.6	81.36	13.2	142.4	14.1

2. 口岸物流稳健运行，开放能级持续提升

在内陆口岸高地建设纵深推进、国际物流枢纽功能加快拓展等带动下，重庆开放型经济竞争力不断增强。国际物流枢纽提能扩容。随着重庆公路物流基地成功获批，重庆成为全国首个港口型、陆港型、空港型、生产服务型、商贸服务型"五型"国家物流枢纽承载城市；已获批沙坪坝、巴南两个国家骨干冷链物流基地。开放通道建设提质增效。1—9月，重庆经西部陆海新通道三种主要运输组织方式共运输12.6万标准箱，同比增长19%，占沿线地区总量持续保持在27.0%左右，物流规模在沿线省区市中持续领先；中欧班列（渝新欧）累计运输货物超125万标准箱，运输货值超5000亿元，带动重庆外贸进出口额近8000亿元。

3. 物流结构持续优化，运输成本明显下降

在多式联运服务能力快速提升下，重庆货物运输结构进一步优化，综合运输效率明显提升，物流成本稳步下降。铁路货运量占比稳步提高。1—9月，铁路货运总量达到1409.6万吨，占重庆总货运量比重为1.4%，较上年同期提升0.1个百分点。多式联运水平明显提升。1—9月，重庆铁水联运量同比增长17.9%，水水中转量同比增长15.6%，经西部陆海新通道与中欧班列累计联运1.8万标准箱，与长江黄金水道累计联运14万标准箱。同时，重庆社会物流总费用与GDP比率约13.7%，较上年底下降0.3个百分点。

4. 智慧物流加快发展，服务能力不断增强

传统物流数字化转型升级逐步加快，智慧物流应用场景更加丰富，赋能现代物流提质增效降本。智慧物流枢纽加快打造，果园港建成投用智能闸口、智能理货、无纸化平台等信息化系统，与政府监管部门实现187个数据接口互联互通，协助港区整体作业效率提升30%以上。智慧通关系统加快建设，西部陆海新通道"单一窗口"平台建设完成，查验预约、调箱申请等操作全程网上办理，耗时由原来的1天以上缩短至10分钟内。数字物流金融加快发展，上线全国跨境金融服务平台，已累计为650余家企业提供

运费结算、贸易结算与融资超过253亿元。

二、存在的主要问题

（一）物流需求恢复仍面临较大压力

受内需不足和外需收缩影响，重庆社会物流需求恢复仍不充分，货源不足成为制约物流业发展的突出问题。一是水运市场基建相关货源减少。受房地产行业开工不足等因素影响，矿建、钢材等市场需求大幅收缩，水路运输货源持续减少。1—9月，重庆矿建材料港口吞吐量同比减少5.3%，与2019年相比减少56.6%，钢铁同比减少3.2%。二是航空货运供需两端承压。在笔电需求萎缩、订单转移等影响下，航空物流需求呈现明显下降趋势。同时，受产业链供应链本土化、区域化发展等因素影响，部分国际航线恢复和增加难度较大，对航空货源集结形成制约。三是铁路货源竞争加剧。由于欧洲市场需求疲软、欧美对俄制裁不断加码等，中欧班列的欧向货源减少、部分高货值货源流失等问题越发严重，国际班列货源挖掘难度持续加大。1—9月，中欧班列、西部陆海新通道、沿江班列等国际重点班列开行列数同比下降20.1%，中欧班列（渝新欧）回程降幅达44.3%。

（二）物流一体化建设水平仍需提升

重庆物流资源要素集约利用水平有待提高，标准化、信息化水平仍需提升，产业链供应链协同发展亟须深化。一是国家物流枢纽协同建设规划依然不足。重庆汇聚了"五型"国家物流枢纽，但全市层面的统筹整合力度不足，物流枢纽间的业务对接、标准协调和信息互联等建设仍处于起步阶段。二是港口一体化运输水平仍需提高。港口间危化品装卸、储存、运输环节的标准规范不统一，对危化品运输效率、成本形成制约，在普货市场运力过剩背景下，不利于港口拓展其他业务需求。三是多式联运体系建设有待加快。当前，重庆铁路与港口还未实现信息共享，车辆、仓储、管理软件等环节之间还未实现有效衔接，在作业过程中涉及的箱型标准、技术装备标准、货物分类标准、计价标准、电子单证标准等尚未统一。

（三）农村物流发展仍受到较多制约

当前，畅通农村物流、助力乡村振兴仍面临货源集结困难、物流信息共享不足、支持发展的政策标准不完善等问题。一是农村物流货源不稳定。目前重庆乡村农业生产经营大多以家庭为基本单位，分布地域广泛，物流服务对象分散且数量庞大。农村客流和货流的不稳定性导致农村客运班次无法固定，实载率较低，运营成本相对较高。二是农村物流信息化建设滞后。农村地区邮政、交通、供销等资源不少，但由于缺乏物流信息互联互通平台和共建共享机制，导致物流成本居高不下，企业参与的积极性不高。三是客货邮融合发展政策体系亟待完善。客货邮融合是破解快递进村的有效途径，但是其涉及多个领域的协同配合，需要进一步建立完善相关的法律法规支持。例如"以客带货"没有明确的车型标准，当前车长≤7.5米的其他客车及车长>7.5米的客车产品，由于不允许在后部设立封闭的载货空间而无法实现"客货混载"。

三、2024年发展环境及展望

（一）国际物流市场竞争更加激烈

世界政经形势复杂多变，大国博弈、地缘政治冲突等趋于复杂，国际物流需求依然趋于偏弱，物流业发展面临更加激烈的市场竞争。从国际贸易环境看，俄乌冲突、全球通胀、发达国家持续加息等影响持续存在，全球贸易增长乏力，国际物流需求趋弱。9月，经合组织将2024年全球经济增长预测从2.9%下调至2.7%，未来国际物流竞争或将进一步加剧。从全球供应链环境看，全球供应链呈现区域化、本土化、多元化趋势，部分生产需求将加快回流和转移，全球产业链供应链收缩将给全球投资、贸易带来极大阻碍，也将对物流业的韧性、灵活性发展提出挑战。但是，随着我国加快建设"两沿十廊"国际物流大通道，不断增强"一带一路"、西部陆海新通道等多元化国际物流通道辐射能力，也将为现代物流产业链供应链融合发展"走出去"带来新的机遇。

（二）我国加快推进现代物流高质量发展

我国将对外坚持开放，对内加强和优化宏观调控，着力推动产业向价值链中高端迈进，对物流业转型升级和高质量发展提出新要求。一是统筹国内国际"两个大局"要求强化物流业战略支撑引领能力。我国将以构建新发展格局为主导，要求物流业对内更好发挥串联生产、流通和消费的基础性、先导性功能，对外为推动新的国际经贸合作、培育国际竞争新优势提供有力保障，推动现代物流转型升级和高质量发展具有强大动能。二是实施扩大内需战略要求建立能够满足城乡居民消费升级的现代物流体系。积极实施扩大内需战略，要求进一步提升物流供给体系对内需的适配性，更好地满足城乡居民消费升级需要，并以高质量供给引领、创造和扩大新需求。三是建设现代产业体系要求物流业深度嵌入产业链供应链和提升价值创造能力。加快建设以实体经济为支撑的现代化产业体系发展战略，要求物流业进一步深度嵌入实体经济当中，以物流链整合要素链、提升产业链、优化供应链、创造价值链，推动现代化产业效能整体提升。

（三）重庆现代物流业发展面临较多有利条件

现代物流发展支持政策将加快落实落细，强化数字赋能物流业发展，重庆现代物流业将进入稳步发展阶段。一是多重战略利好叠加为物流业发展提供新机遇。新时代西部大开发、成渝地区双城经济圈、西部陆海新通道和"五型"国家物流枢纽、综合型流通战略支点城市建设等国家重大战略的实施，有利于重庆充分发挥内陆国际物流枢纽和口岸高地建设的战略作用，深度参与国际产业分工体系调整和全球产业链、供应链、价值链重塑，汇聚全球要素资源，构建形成更为合理的物流空间布局和便捷高效的现代物流体系。二是"33618"现代制造业集群体系打造提速为物流业增长提供新空间。央企重大生产力布局、产业招商项目陆续落地、产业结构迭代升级需要促进物流业与制造业深度融合，深化物流与商贸协同发展，构建形成服务国内、辐射国际的物流供应链体系，为重庆现代物流业发展拓展新空间。三是技术产业变革为现代物流业转型升级提供新动能。人工智能、区块链、云计算、大数据、5G、物联网等现代信息技术的广泛应用，为智能运输、智能仓储、电子单证、智慧供应链管理等智慧化应用场景的发展创造了条件，为物流资源高效利用、物流组织方式变革调整、物流业态模式创新提供新动力。

（四）2024年物流业发展趋势及展望

展望2024年，适应加快构建新发展格局要求，重庆市将加快推动成渝地区双城经济圈走深走实，推动西部陆海新通道建设，打造内陆国际物流枢纽和口岸高地，随着物流业发展政策支持力度不断加大，重庆市现代物流业将呈现平稳较快发展态势。预计2024年，重庆社会物流总额达到4.4万亿元左右，同比增长约6.0%，交通运输、仓储和邮政业增加值同比增长8.0%左右，占GDP比重约4.1%。

四、对策建议

（一）强化货运物流发展支撑保障

围绕水运通道建设、航空线路恢复、数字赋能物流建设等，大力推动政策措施再加码，强化重庆物流发展支撑保障。一是加快水运大通道扩能升级。积极推进宜宾至重庆段重点碍航水道整治、重庆至宜昌段4.5米水深航道建设，加大长江中游荆江航道"645"航道工程整治力度，尽快启动三峡水运新通道建设，持续推进长江黄金水道挖潜工作，提升航道航运水平。二是加快航空客货运航线恢复和开发。加快推动重庆至悉尼、奥克兰、马尼拉等客运直航航线恢复或新开，对接南航物流，开通重庆至洛杉矶、伦敦全货运航线，加大航空物流政策支持力度，协调落实缺口资金。三是数字赋能深挖通道物流潜力。以数字重庆建设为引领，加快推进数字班列创新，赋能中欧班列充分发挥先行先试、创新引领的重要作用，深挖分拨集散货物运输潜能。

（二）提高区域物流一体化建设水平

聚焦双循环发展新格局和高质量的发展要求，加快完善"通道+枢纽+网络"物流发展新格局，推动重庆率先构建一体化的区域物流体系。一是统筹发展"五型"国家物流枢纽。加快谋划国家枢纽间的协同研究，深化研究国家物流枢纽空间布局，在全市层面进行统一规划，推动国家枢纽建设形成合力。完善重庆"国家物流枢纽+物流园区（物流中心）"对外货运通道布局，打造联动全国主要城市群、联结"两洋"的便捷物流通道。二是提升"铁公水"衔接一体化水平。强化枢纽与通道、产业园区统筹衔接，合力共建国际物流分拨中心。加快改造建设港区内铁路、公路设施，畅通外部公路连接，增强快速灵活分拨中转能力，推进铁公水运输设备通用化、标准化。推进既有货运场站改扩建，实现不同运输方式之间的高效联通。鼓励航运、铁路、公路企业加强协作、信息互联、标准对接，推进多式联运高质量发展。

（三）加快推进农村客货邮融合发展

以推进农村客货邮融合发展为抓手，有效解决农村物流"最后一公里"难题。一是优化农村客货邮物流网络体系。充分利用客运站、农村公交首末站、农村综合服务中心、邮政所（站）等闲置资源，升级改造"多站合一"乡镇客货邮融合综合服务站，建设以共同配送功能为导向的农村物流中心。二是加强农村客货邮融合发展主体合作。推动网络货运等平台服务向农村物流领域延伸，提高车辆利用效率和全程信息可视化水平。建立完善农村物流基础设施、运力、装备、人员等资源共享机制，强化物流主体合作。三是强化客货邮融合发展政策支持。联合相关部门出台多产业融合发展相关政策，建立健全法律法规体系，明确农村客运车型标准，引导和支持客货邮融合的发展，为客货邮融合提供政策保障。

[重庆市综合经济研究院（重庆市经济信息中心）产业经济研究课题组
　主研：易小光　丁　瑶　余贵玲　李　霞　夏梁颖
　执笔：夏梁颖]

之四：2023年重庆市房地产业发展及2024年展望

2023年以来，世界经济增长整体乏力，国内经济呈现恢复态势，随着国家及重庆一系列稳定房地产市场的政策举措落地实施，重庆市房地产市场整体虽然仍延续低位运行态势，但下降态势有所收窄。预计全年重庆市房地产开发投资下降10%左右，商品房销售面积同比下降15%左右。

一、2023年重庆市房地产业运行情况

（一）总体情况

随着中央及重庆加快推动房地产业向新发展模式平稳过渡，促进房地产业从规模化向品质化转型升级，加之受宏观经济运行对市场预期的影响，全市房地产业发展继续呈收缩态势，但收缩幅度有所减小。1—9月，重庆市房地产业实现增加值1207.27亿元，同比下降2.9%，与上年（-3.2%）相比降幅收窄0.3个百分点；占全市地区生产总值的5.4%，比重较上年同期降低0.2个百分点，产业发展整体仍处于调整期。

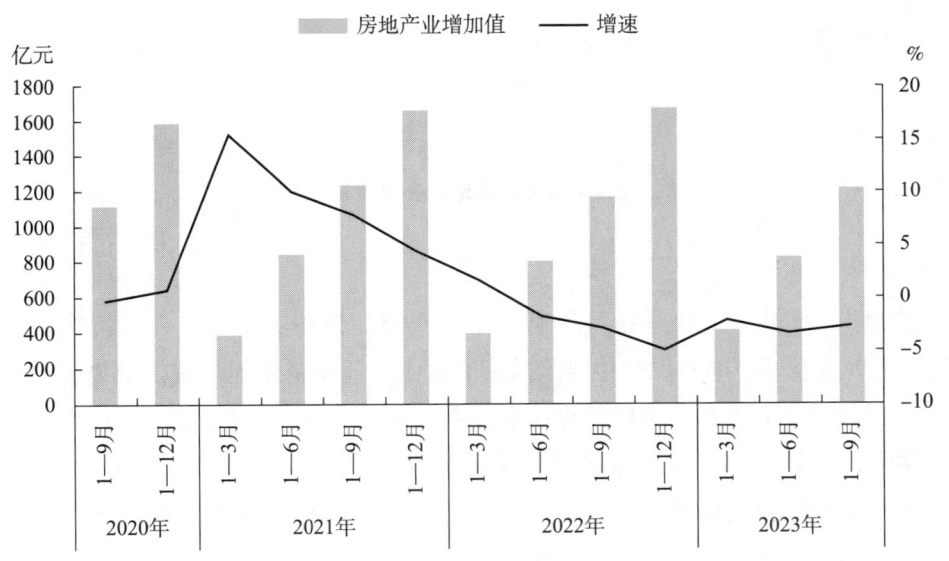

图1 近四年重庆市房地产业增加值变化情况

（二）主要特点

1. 开发投资呈波动性恢复

受市场销售低迷、预售回款缓慢等影响，开发企业新项目投资积极性仍较弱，但在"保交楼"政策带动下，开发投资降幅逐步收窄。1—9月，重庆市完成房地产开发投资2239.95亿元，同比下降15.7%，降幅较上年同期加深3.2个百分点，且大于全国平均水平（-9.1%）；但与1—5月最低点（-23.1%）相

比，已呈现连续 4 个月收窄态势。各类商品房投资持续下降。商品住宅、商业营业用房、办公楼投资降幅同比加深，1—9 月分别完成投资 1699.64 亿元、222.95 亿元、35.92 亿元，分别同比下降 15.1%、12.6%、31.4%，降幅较上年同期分别加深 3.3 个、2.4 个、18.0 个百分点，但相较 1—5 月，商品住宅、商业营业用房投资降幅收窄 8.3 个、3.5 个百分点，办公楼投资降幅加深 18.2 个百分点。各区域开发投资恢复趋势略有分化。中心城区 1—8 月投资降幅大于其他区域投资降幅，9 月秋交会及促销政策效应显现，带动投资逐步回升。1—9 月，中心城区开发投资同比下降 20.4%，降幅较上年同期收窄 0.2 个百分点；主城新区、山区库区开发投资同比分别下降 27.0%、20.6%，降幅较上年同期加深 29.8 个、10.2 个百分点。

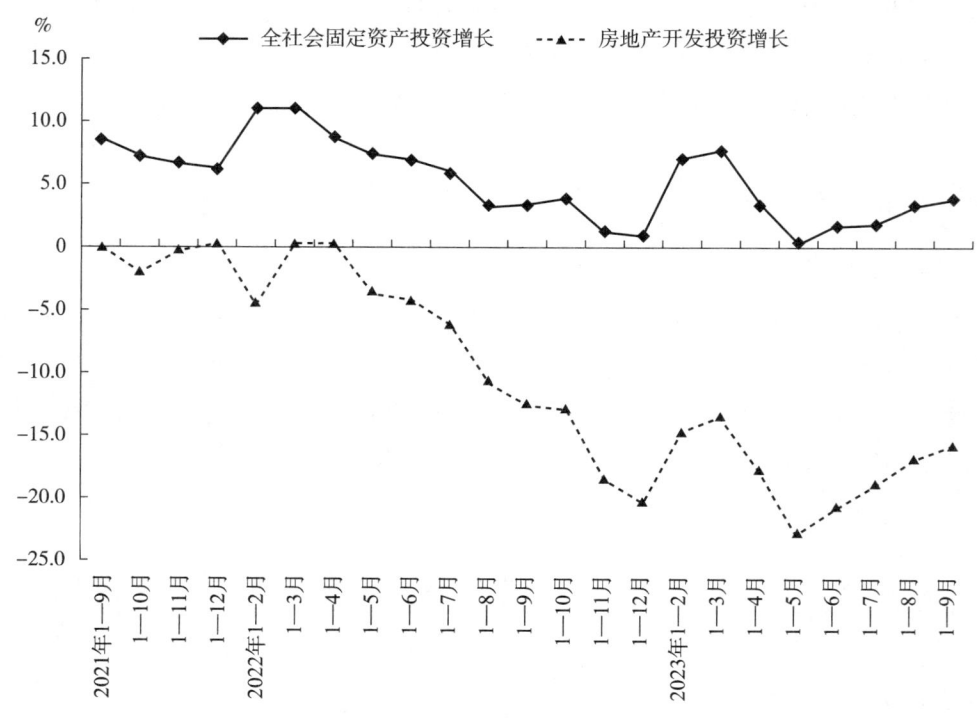

图 2　近三年重庆市房地产开发投资变化趋势

2. 商品房建设进度有所提升

在全国"保交楼"、政策"应松尽松"等背景下，企业加快竣工交房，启动新项目的积极性有所提高。"保交楼"实施进展良好。随着保交楼政策措施的落实，开发企业加快竣工交付进度，竣工面积大幅增长。1—9 月，全市竣工面积 2240.04 万平方米，由上年同期的大幅下降（-37.2%）转为大幅增长 34.6%。其中，住宅、办公楼、商业营业用房竣工面积分别同比增长 43.2%、94.9%、27.2%。截至 10 月初，全市 237 个保交楼项目已累计交付房屋 14.4 万套。新开工施工面积降幅收窄。由于新房市场销售不畅，企业新增开发项目减少，新开工和施工面积继续下降，但随着一系列稳定房地产政策举措的实施，开发企业积极性略有提高，带动新开工、施工面积降幅明显收窄。1—9 月，重庆市房屋施工面积 20223.59 万平方米，同比下降 9.0%，降幅较上年同期收窄 5.6 个百分点；新开工面积 1619.93 万平方米，同比下降 10.7%，降幅较上年同期收窄 42.4 个百分点。

3. 商品房销售市场显企稳迹象

新房市场销售降幅收窄。受需求支撑总体乏力以及居民对购买期房的交房风险顾虑影响，新房销售持续下降，但在近期密集的房地产市场利好政策及 9 月秋交会多重优惠作用下，降幅有所收窄。1—9 月，重庆市商品房销售 2859.51 万平方米，同比下降 19.0%，降幅较上年同期收窄 1.4 个百分点。住房销售降幅收窄,商业商务用房由增转降。1—9月,全市商品住房销售面积1597.05万平方米,同比下降19.8%,降幅较上年同期收窄15.8个百分点。受疫情后国内外宏观经济复苏不及预期影响,办公楼和商业营业用房市场未延续上年的增长行情,1—9月销售面积分别同比下降27.3%、12.7%。现房销售明显好于期房。1—9月,重庆市现房销售同比下降7.8%,其中住宅、办公楼销售分别同比增长6.8%、27.4%;期房销售同比下降23.7%,其中住宅、办公楼销售分别同比下降24.2%、65.4%。

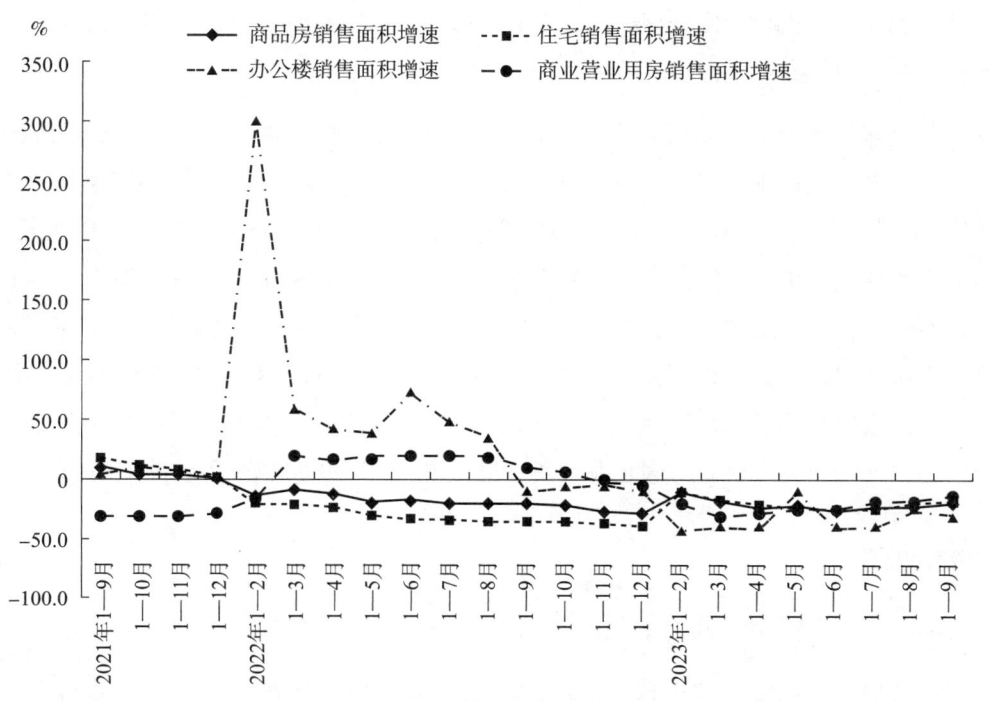

图3 近三年重庆市商品房销售面积与住宅销售面积增速

二手房市场表现好于新房市场。随着存量房时代的到来,二手房成交明显增长。1—9月,重庆市二手房成交2296万平方米,同比增长27.4%,其中,二手住房成交2045万平方米,同比增长26.1%;其中中心城区成交1218万平方米,同比增长31%,中心城区以外区县成交1077万平方米,同比增长23.6%。

各区域商品房市场走势略有差异,山区库区销售累计降幅更小,中心城区9月单月销售增长明显。从累计看,中心城区、主城新区各区销售均下降,山区库区中得益于酉阳、秀山、武隆3个区县销售略有增长,区域商品房销售降幅更小。1—9月,山区库区商品房销售663.54万平方米,同比下降17.9%;中心城区、主城新区商品房销售1264.37万平方米、931.59万平方米,分别同比下降25.2%、27.9%。从9月单月看,中心城区销售增长明显。在秋交会及较大力度优惠政策刺激下,9月重庆市商品住房网签成交环比增长29.6%、同比增长7.3%;其中,中心城区增长更为明显,9月环比、同比分别增长87.8%、33.1%。

市外人员购房占比持续提高。1—9月,在中心城区购房的人员来源中,中心城区的占47.3%,其他区县的占30.3%;随着成渝地区双城经济圈来渝购房支持性政策落地见效以及"三无"人员首套房房产税政策的优化,市外人员购房占中心城区购房人员比重增至22.4%,同比提高6.7个百分点。

4. 住房保障水平居全国前列

坚持以盘活存量为主、适当新建为辅,多渠道解决中低收入群体和新市民、青年人住房问题。一是公租房运营管理不断强化。1—9月,四次摇号配租共新增分配公租房3.5万套左右,惠及9万余人。重庆市公租房（含廉租房）累计筹集58.3万套，已分配56.4万套，分配率96.7%，惠及140余万住房困难群众，城镇中低收入住房困难家庭基本得到保障。二是保障性租赁住房工作走在全国前列。2023年以来，重庆市共筹集保障性租赁住房4.85万套（间），其中利用存量房盘活3.74万套（间）。截至目前，全市累计筹集保障性租赁住房22.88万套（间），已投用12万套（间），重钢集团大学毕业生保障性租赁住房、CCB建融家园—小龙坎等一批项目陆续投入运营，新市民、青年人住房困难持续得到有效缓解。中山四路83号项目作为全国仅有的2个保障性租赁住房示范项目之一，入选"奋进新时代"主题成就展中央综合展。

5. 本土开发企业经营分化明显

本土开发企业经营整体稳定，表现各有差异，经营稳健型企业总体较好，而前期扩张较快的企业目前面临较大压力。根据中国房地产业协会、上海易居房地产研究院联合发布的"2023房地产开发企业综合实力TOP500测评成果"，重庆共有9家本土开发企业上榜，比上年减少2家，其中龙湖升至第6位，连续3年入围世界500强名单；华宇集团、新鸥鹏地产（集团）、海成实业、融汇地产、俊豪实业、飞洋控股、渝开发、两江新区置业发展分别居第39位、第82位、第187位、第250位、第309位、第401位、第415位、第437位，渝开发重新回到榜单，金科、东原、中科、来新居等跌出榜单。同时，龙湖集团、华宇集团、中昂投资集团、新鸥鹏（企业）集团进入2023中国民企500强榜单。部分中小房地产开发企业或破产或退出，全市开发企业数量已从"十三五"末的2639家减至目前的2230家。

二、存在的问题

（一）商业商务用房库存仍然较大

当前房地产市场仍处于深度调整过程，市场信心和行业信用均处在修复阶段，商品房存量消化进展仍然较慢，特别是商业商务用房库存压力仍然较大。受"供需结构性失衡""地面违停现象普遍""租多购少"等因素影响，存量商业商务用房和车位销售去化缓慢，积压较大。截至9月底，全市空置一年以上商品房2228.97万平方米，商业商务用房占比83.5%，其中商业营业用房、其他（车库等配套用房）分别为498.08万平方米、1239.79万平方米，分别增长6.1%、2.0%。

（二）商品房供需结构矛盾持续凸显

自房地产市场发展以来，全国包括重庆商品房供给主要满足刚性需求，着力解决"有房住"的问题，90平方米以下的户型占比70%以上，目前中小户型累计规模较大，是刚毕业大中专毕业生、进城农民工等群体的刚需，但这部分群体购房能力明显不足，导致中小户型商品房面临供给过剩。当前，房地产市场进入改善型需求为主的阶段，要着力解决"住得好"问题，但目前供给数量和质量还未跟上需求变化，特别是满足三孩家庭户型需求和中高收入群体品质需求的商品房占比还较小，商品房供需结构性矛盾较以往更加凸显。

（三）开发企业持续运营能力较弱

由于市场未能延续回暖态势，开发企业盈利能力仍未显著改善，资金周转缓慢，现金流减少。此外，民营开发企业贷款仍然困难，加之销售回款降幅较大，拉低了开发企业整体到位资金水平，影响其投资意愿及能力。1—9月，重庆开发企业到位资金2238.07亿元，同比下降16.1%，其中定金及预收款同比下降20.0%。此外，由于部分楼盘背后银行、地产商和供应链之间的"三角债"问题尚未解决，商业银行出于风险考虑不愿作保交楼配套融资，部分停工项目盘活面临较大困难。

三、2024年发展环境及趋势展望

（一）国内外宏观经济环境承压影响购房意愿和能力

我国经济总体回升向好，高质量发展扎实推进，前三季度我国GDP同比增长5.2%，较上年同期加快2.2个百分点。但目前仍面临复杂严峻的外部环境，全球经济复苏乏力，IMF将2024年全球GDP增长预期从3%下调至2.9%，我国外贸出口和经济恢复面临诸多挑战，居民购房意愿总体不高，购房能力受到收入增长放缓等制约，对房地产市场带来较大压力。中国银行研究院《中国经济金融展望报告（2023年第4季度）》预测，在房地产市场运行逻辑发生深刻变化背景下，短期内行业企稳仍然存在较大难度，房地产信贷增速或将继续下探。全国房地产业总体仍处于调整期，9月一、二线城市新建商品住宅销售价格环比均下降0.2%，全国房地产开发景气指数为93.44点，创下近90个月新低。预计到2024年，全国房地产市场将继续呈现调整趋势。

（二）国家对房地产政策的调整优化有利于提振市场信心

国家以及各省市政府优化支持政策更加密集，政策"组合拳"力度空前。7月24日中共中央政治局会议指出，"要切实防范化解重点领域风险，适应我国房地产市场供求关系发生重大变化的新形势，适时调整优化房地产政策，因城施策用好政策工具箱，更好满足居民刚性和改善性住房需求，促进房地产市场平稳健康发展"。8月25日国务院常务会议审议通过《关于规划建设保障性住房的指导意见》（国发〔2023〕14号文），明确提出"用改革创新的办法，在大城市规划建设保障性住房""推动建立房地产业转型发展新模式"。多部门陆续出台降低购买首套住房首付比例和贷款利率、改善性住房换购税费减免、个人住房贷款"认房不用认贷"、降低存量首套住房贷款利率、延长保交楼贷款支持计划实施期限、有序推进城镇老旧小区改造计划、消费基础设施公募REITs等一系列国家层面的支持政策措施，对提振全国房地产市场信心、促进商品房消费将发挥积极作用。

（三）现代化新重庆加快建设有利于增强重庆吸引力

重庆市委六届二次全会提出建设社会主义现代化新重庆的目标，连续召开建设成渝地区双城经济圈工作推进大会、推动制造业高质量发展大会等一系列大会，为重庆经济社会发展明确了方向和路径。随着"33618"现代制造业集群体系加快构建、成渝地区双城经济圈建设加速与打造"七个之城"高品质目标等引领带动，重庆对外来人口的吸引力将不断增强。全市常住人口连续多年增长，城镇化率稳步提升，2023年全市常住人口城镇化率将达到71.5%左右，2027年城镇化率将达到75%左右。同时，重庆认真贯彻国家相关政策要求，并结合实际从供需两端系统优化调整房地产政策，相继发布了《关于优化房地产政策促进市场平稳健康发展的通知》《关于进一步支持刚性和改善性购房需求的通知》等政策文件，延续实施支持居民换购住房个人所得税、实施市级秋交会期间购房补贴、优化个人住房套数认定标准、调整优化差别化住房信贷、取消收取了7年的外地购房者"三无"税（即在重庆无户籍、无企业、无工作）等一系列政策实施，将对重庆房地产业稳定发展发挥较强支撑作用。

（四）2024年房地产业发展趋势展望

随着宏观经济持续恢复向好，房地产政策不断优化，市场信心逐步恢复，城市更新行动加快，商品房改善性需求将逐步增加，房地产整体下降态势将得到一定程度抑制，整体市场形势有望进一步企稳向好。预计2024年，重庆房地产开发投资、商品房交易量降幅将继续收窄，商品房价格有望保持稳定。

四、对策建议

（一）推动房地产向新发展模式过渡转型

一是推动政府调控方式从短期政策向长效机制转型。坚持"房子是用来住的、不是用来炒的"定位，加快建立多主体供给、多渠道保障、租购并举的住房制度。引导房地产企业转变高杠杆、高增长模式，坚持精准投资，针对需求提升投资质量。二是推动预售制向现房销售转型。稳妥开展现房销售试点，探索完善现房销售备案制度。加快推进市场化批量收购商品房用作租赁住房试点。三是从注重供给规模向供给品质转型。引导企业从追求规模化运营向高质量运营转变，要像造汽车一样造房子，把新设计、新建筑、新运维作为发力的核心点，建设高品质住宅小区。创新房屋全生命周期管理方式方法。积极发展科技住宅，推广AIOT（人工智能物联网）、BIM（建筑信息建模）、绿色低碳等技术，大力推进数字化变革，加快实施"城市大脑+现代社区"建设，引导开发企业转型发展。

（二）着力提振信心促进房地产市场消费

一是推动已有房地产政策落地实施。用好政策工具箱，进一步落实好个人住房房产税、公积金、项目资本金、教育道路配套以及降低购买首套住房首付比例和贷款利率、改善性住房换购税费减免、个人住房贷款"认房不用认贷"等政策措施，确保政策落地落实。全面推广存量房交易网签和资金交易服务，实施"带押交易过户"，促进一二手房市场良性循环。二是积极探索新的有效举措。结合城市更新，探索居民住房以旧换新，可以采用产权置换、货币补偿或者两者相结合等方式，由物业权利人自愿选择。三是大力实施促销行动。继续办好市级线上及区域性秋交会，组织参展企业、项目分时段、分阶段、分区域实时直播促销；持续指导区县举办好区域性房交会，制定出台契税补贴等优惠政策，支持刚性和改善性住房需求；引导企业稳价销售，维护市场良好秩序。推进国有企业批量收购商品房试点。四是强化政策宣传和市场预期引导。引导主流媒体，加强正面舆论宣传引导，同时与相关部门协同加强负面舆情管控，着力营造良好市场氛围，进一步稳定市场预期，提振市场信心。

（三）多措并举促进房地产投资恢复

一是持续做好保交楼工作。加大"两久"项目①处置力度，进一步摸清底数，尽快制定"一楼一策"，加快处置进度，稳步、有序化解风险。进一步压实责任、凝聚合力，推动风险项目加快建设交付，挖掘投资存量。建立预警机制，主动对接项目进展，多措并举缓解企业建设资金压力，推动在建项目加快建设，促进投资放量。二是稳妥加快推进城市更新。大力实施棚户区改造三年行动计划，同步推动城镇老旧小区改造和城市更新行动；配合做好城中村改造工作，促进投资扩量。三是促进企业销售回款。引导企业规范财务管理、加快销售回款，增加现金流。加大闲置商业商务用房盘活利用，促进车位销售利用，释放沉淀资金，促进市场循环。建议给予开发商更大的自主定价权，允许开发商以降价促销的方式展开自救，以尽快回笼资金。四是合理合规增强房地产金融支持。支持"白名单"开发企业融资，积极增信，落实央行关于存量融资合理展期等政策，支持开发企业用好"三支箭"（贷款、发债、股权融资）等改善资金状况。用好国家消费基础设施公募REITs政策，引导商业地产开发企业拓宽融资渠道。

[重庆市综合经济研究院（重庆市经济信息中心）产业经济研究课题组
  主研：易小光 丁 瑶 余贵玲 王 利 邹於娟
  执笔：王 利]

---

① "久供未建、久建未完"项目。

之五：2023年重庆市文化旅游产业发展及2024年展望

2023年，在消费提振政策下，国内文化和旅游产业恢复势头强劲。重庆市"网红城市"效应持续显现，特别是随着假日各类消费促销活动的深入开展，文化旅游消费快速复苏。预计2023年重庆市文化产业增加值将达到1230亿元左右，旅游产业增加值1220亿元左右，占GDP比重约为3.9%。

一、2023年重庆市文化旅游产业发展情况分析

（一）总体情况

2023年以来，重庆市以深化供给侧结构性改革为主线，推动文化和旅游深度融合，着力打造"主客共享、近悦远来"的国际旅游枢纽城市，加快建设文化强市和世界知名旅游目的地，文旅产业加快复苏、提质发展。1—9月，重庆市文化产业增加值851.07亿元，同比增长6.6%；旅游产业实现增加值856.05亿元，同比增加11.4%；接待入境过夜游客7832.35万人次，同比增长82%。其中，1—9月影院票房收入10.78亿元，同比增长63.1%。

表1　2019年以来重庆市文化和旅游产业主要指标

	指标	2019年	2020年	2021年	2022年	2023年1—9月
文化产业	文化产业增加值（亿元）	956.98	969.37	1057.11	1122	851.07
	文化产业增长率（%）	10	0.3	8.9	1.5	6.6
	增加值占GDP比重（%）	4.1	3.90	3.8	3.83	3.82
旅游产业	旅游产业增加值（亿元）	1029	979	1076	1063	856.05
	增加值占GDP比重（%）	3.9	3.9	3.7	3.7	3.8
	接待过夜游客人数（万人次）	—	6441	8835	5456	7832.35

（二）主要特点

1. 文旅消费复苏态势明显

全市多措并举扩大文旅内需、推动业态创新、深化国际合作，文化和旅游市场复苏回暖明显。节假日文旅市场活动丰富。节日期间全市博物馆、纪念馆均正常开放，并实行线上线下展览一体化，各区县举办了丰富多彩的民俗展演、庙会游园、民族踩山会等非遗民俗和主题活动。春节、"五一"、端午等假期，重庆市过夜游客接待人数分别同比增长38.4%、69.5%、35.8%，分别恢复到2019年的90.2%、102.1%、111.7%。入境文旅市场逐步复苏。自2月重庆试点恢复旅行社出境团队旅游以来，全市开展了全方位、多举措、创新性的海外营销，面向港澳、澳大利亚、英国、德国等重点客源市场举办多场宣传推广活动。世界旅游联盟等机构发布的《2023年上半年中国入境旅游市场景气报告》显示，2023年上半年相较2019年同期，中国各区域入境游的市场景气指数均呈上涨趋势，其中重庆成为快速崛起的入境游目的地。文旅产品新业态不断涌现。剧本娱乐作为文化新业态正与旅游、演艺等深度结合，成为多场景、

跨领域融合的大众娱乐，重庆密室门店数量已提升至全国第 4 位，剧本杀门店数量居全国第八位。"慢体验"的 City walk 和"快节奏"的"特种兵式旅游"等非标化、个性化的新兴文旅产品大受年轻人欢迎，9 月相关话题浏览量达到 3.1 亿人次，小红书等平台笔记超过 36 万篇。

2. 文化消费增量提质加快

重庆积极举办各类文化活动，丰富文化消费供给，满足不同年龄群体文化消费需求。文化艺术演出强劲复苏。博物馆、剧场、演艺新空间等文艺演出门类更趋丰富，市级专业艺术单位纷纷推出川剧、儿童剧、曲艺、杂技秀、音乐会等各类文化活动。华熙文化体育中心、国泰艺术中心等举办的大型演出一票难求。1—9 月，重庆共审批和举办营业性演出分别为 1729 批次和 1.67 万场次，同比增长约 50% 和 40%，取得了较好的社会和经济效益。新兴文化消费发展势头良好。中国文化娱乐行业协会为重庆授牌"剧本娱乐产业基地"，全市建成剧本杀、密室逃脱、桌游、沉浸式演出场馆等剧本娱乐经营场所达 500 余家。2023 年推出的新川剧《意中缘》、杂技秀《魔幻之都·极限快乐 SHOW》、曲艺文旅驻场晚会《记艺·山城》、方言话剧《十八梯》等新编剧目广受市场好评。沙坪坝区利用沙磁巷打造"元宇宙数字文旅产业示范园区"，数字文化产业新业态加快融合发展。

3. 夜间经济发展活力十足

"山水之城""魔幻之都""不夜之城"等城市名片更加闪亮，夜间经济成为重庆培育建设国际消费中心城市的新引擎。夜间经济载体加快打造。文体商旅融合发展的夜间经济格局基本形成，洪崖洞、九街、长嘉汇等一批夜间经济核心区持续提档升级，紫薇路、十八梯、山城巷、重庆天地等新兴夜间经济聚集区不断涌现。截至目前，重庆已获评国家级夜间文化和旅游消费集聚区 12 个，在全国前两批国家级夜间文化和旅游消费集聚区中，重庆与上海、浙江、江苏、山东一起位列数量第二①。夜间经济持续创新繁荣。依托解放碑中央演艺区、观音桥九街、光环购物中心等国际消费中心城市文化和旅游消费示范区，大力发展夜购、夜味、夜宿、夜玩、夜赏"五夜"生活形态，深度激发文旅融合新模式、新场景、新业态构建热潮。2023 年"不夜重庆生活节"开展超 200 场全域夜间消费活动，吸引 1.5 亿人次参与。重庆 4 年蝉联"中国十大夜经济影响力城市"榜首，凭借魔幻璀璨的都市夜景、活力十足的夜间经济，与澳大利亚悉尼、韩国统营共同入选"2023 亚太三大旅游节庆城市"。

4. 邮轮旅游经济蓄势待发

重庆内河旅游资源优势突出，都市两江夜景和长江三峡风光独特，长江邮轮运行达到 50 艘，尺寸及数量远大于莱茵河、多瑙河等国际内河邮轮，长江邮轮旅游经济发展潜力巨大。都市两江游加速回暖。1—9 月，两江游热度显著回升，累计接待游客 264.7 万人次，达到 2022 年同期的 3 倍，是 2019 年同期的 105.8%。尤其是 9 月，两江游日均接待量达到 9000 人次，国庆前三天日均接待量超过 3 万人次，市场复苏达到历史高峰。三峡游轮加快产品迭代升级。2023 年国家推出的 10 条长江主题国家级旅游线路中有 9 条覆盖重庆。"乌江画廊航线"和"重庆—宜昌三峡游"因自然景观和特色文化入选交通运输部 50 条"精品航线"。"世界是课本""快乐国潮季""古典音乐会"等主题研学游推陈出新，三峡游轮逐渐成为研学基地和载体。邮轮经济全产业链打造加快。朝天门游客集散中心和寸滩国际邮轮母港高品质客运港口提速建设，"邮轮+"产业链和新消费加快发展，全球内河邮轮大港和国际交往核心功能区加快打造，以三峡邮轮为代表的水上旅游正在成为又一极具重庆辨识度的"金字招牌"。

---

① 2021 年文化和旅游部发布《第一批国家级夜间文化和旅游消费集聚区名单》，2022 年发布第二批，截至目前全国共 243 个集聚区。

二、存在的主要问题

1. 文化旅游消费水平相对较低

重庆旅游人气虽旺,但接待过夜游客占比较低,旅游"流量"未能较好转化为消费"留量"。根据市文旅委数据,1—9月,重庆购物消费、景区游览消费、文化娱乐消费占旅游消费比重仅为18.06%、6.74%、3.28%,三项合计占比仅为20.08%,甚至低于呼和浩特市三项合计占比(37.93%)。第三方网络平台花呗显示,重庆一日游游客占比高达79.1%,过夜游客占比仅20.9%。主要原因在于,外地来渝游客仍偏重选择"都市网红"作为旅游目的地,重庆的温泉康养、乡村度假、长江三峡邮轮游等特色文旅业态由于宣传营销不到位、旅游基础设施有待完善、邮轮旅游线路不够丰富等因素影响,对外地游客的吸引力不够,旅游消费水平难以提升。

2. 文化旅游项目投资进度放缓

宏观层面,国内经济面临需求收缩、供给冲击、预期减弱三重压力,市场信心和活力不足,全社会项目投资积极性整体不高。产业层面,文旅项目具有"投入大、回报期长"特质,重庆文旅市场人流大于消费流的现象突出。企业层面,文旅企业在新冠疫情期间遭遇"重创",整体资金链较为紧张,无力改造升级和新建文旅项目。因此,尽管文旅产业发展前景较好,但企业对新增文旅项目投资仍然十分谨慎,文旅产业尤其是康养类、文化类、景区类等大型项目工程进度明显放缓。上半年,重庆市文旅产业固定资产投资仅为676.66亿元,同比下降7.2%,预计2023年投资形势不容乐观。

3. 文化旅游新业态监管漏洞尚存

剧本杀、电竞酒店、沉浸式演出、密室逃脱、VR体验馆等文化娱乐新业态备受年轻群体推崇,但此类娱乐经营场所还存在缺乏未成年人警示标识、涉及敏感内容、充斥血腥暴力的不良信息元素等问题。特别是未严格落实场所设置禁入标志、履行告知义务等,对未成年群体的告知和保护工作未落实到位。另外,此类新业态的文化场所通常选址在一些商业楼宇内,存在经营环境杂乱、应急设施缺乏、消防维护改造不规范、安全通道不畅等安全隐患问题。

4. 乡村旅游"千村一面"现象突出

当前各区县大力推出乡村旅游产品、发展民宿经济、开发古镇旅游资源,但缺乏对自身旅游文化底蕴的深度挖掘,旅游资源开发的本土化、特色化、精细化程度不够,部分古镇和乡村旅游点修建了大量同质化仿古建筑、商业街、美食街和劣质工艺品门店,商业氛围过浓。另外,乡村旅游容易出现劣质的抄袭和盲目的效仿,例如近些年风靡的以粉黛乱子草为特色的网红旅游打卡地引来乡村旅游点竞相模仿,但未能达到长期有效引流作用,形成对乡村旅游资源的浪费。

三、2024年发展环境及趋势展望

(一)全球文旅市场将缓慢复苏,亚太传统旅游目的地将被替代

国际文化和旅游交往缓慢恢复。根据世界旅游城市联合会发布的《世界旅游经济趋势报告(2023)》预测,2023年全球旅游总人次将达107.8亿人次,旅游总收入将达5.0万亿美元,仅分别恢复至2019年的74.4%和86.2%。受全球经济复苏乏力、地缘政治冲突、日本核污水排放等因素综合影响,以及各国签证政策差异等问题,全球文化和旅游市场复苏仍面临较大阻力和挑战,对重庆吸引境外文化旅游消费

带来不利影响。亚太地区传统出境游目的地将发生变化。之前亚太旅游市场严重依赖中国游客，但因为部分地区政局动荡、国际关系紧张、屡次爆出旅游安全负面新闻，东南亚、欧洲等传统出境游市场将面临巨大挑战。随着"一带一路"倡议的推进，"一带一路"共建国家和地区旅游和文化的联动增强，同程旅行调查数据显示，2024年中国大陆游客搜索热度最高的长线出境游国家或地区也已从日本、泰国等东南亚国家转移到埃及、沙特、迪拜等欧洲、中亚新线路。

（二）国内居民消费结构升级增强文旅消费动力，乡村旅游加速提质增效

消费提振政策将带动全国文旅消费持续恢复。2023年7月，国家发展改革委发布了恢复和扩大消费二十条措施，2024年我国将延续居民消费结构升级的大趋势，消费提振将按下"快进键"。国务院办公厅10月发布《关于释放旅游消费潜力，推动旅游业高质量发展的若干措施》，旨在加大优质旅游产品和服务供给、激发旅游消费需求、加强入境旅游工作、提升行业综合能力。以文化和旅游产业为主的生活服务性消费有望将成为中国经济增长的重要动力。文化和科技赋能乡村振兴，将带动特色化、个性化乡村文旅消费需求的增加。新技术、新手段、新场景的应用逐步广泛，推动乡村旅游产品开始向多样化、融合化和个性化方向发展，产品供给质量和主体经营效率效益有望提升。与此同时，"村BA""村超""村晚"等各具地方特色的文化和旅游创新活动在各地兴起开花，为乡村文旅振兴注入新动能。

（三）重庆文旅产业将以"国际化""数字化"为重点，加快国际消费中心城市建设

文旅融合发展助推国际消费中心城市建设。重庆结合文化强市和国际知名旅游目的地建设目标，在落实重大战略布局、推动业态创新、着力扩大内需等方面将重点推进文旅商体消费深度融合，持续助力重庆打造具有全球影响力的国际消费中心城市。将以加快建设巴蜀文化旅游走廊、世界知名都市旅游目的地、长江三峡国际黄金旅游带、渝东南武陵山区文旅融合发展示范区为重要抓手，增强文旅特色化、彰显重庆国际范儿，推动文旅产业迈上新台阶。数字重庆建设将助推特色文化和旅游产业升级发展。数字重庆建设全面深入推进，统筹全市文化旅游系统数字化建设，各区县也将加快推进文化旅游系统数据仓建设和打造重庆市数字出版产业基地等任务，大力提升全市文化旅游数字化水平，加大与国内游戏、动漫、网络视听等数字视听龙头企业合作，培育更多规模以上文化旅游经营主体。

（四）2024年重庆发展趋势及展望

展望2024年，全球文化和旅游交往将逐步扩大，我国文化旅游市场也会在有效需求扩大和消费刺激政策下，继续呈现快速回暖之势。重庆将着力与四川联动开展国家文化和旅游创新改革试验区创建。综上考虑，预计2024年重庆文化旅游产业将逐步实现恢复性增长，文化产业增加值将达到1330亿元左右，同比增长约8%；旅游产业增加值将达1340亿元左右，同比增长约10%。

四、对策建议

（一）丰富文旅消费产品供给，满足群众多元消费需求

一是培育新业态加快文旅产业多元融合度。培育打造一批研学旅行、文体旅融合、生态旅游示范基地，全力培育旅游新业态，增强旅游消费的综合带动和牵引拉动效应。加快释放邮轮旅游经济消费潜力，推动三峡邮轮、观光游船、水上穿梭巴士、游艇等多种邮轮旅游产品，增加邮轮经济与文化展演、戏剧表演等多种文化艺术形式的结合。二是设计开发全年龄段文旅产品。充分挖掘青年、老年消费主体潜力，释放新生代消费需求，针对不同消费群体开发针对性强、附加值高、多元化的文旅消费产品，以"旅游+康养""旅游+演唱会""旅游+免税"等多种形式打造消费新场景、新产品，带动传统文旅产业转型升

级，释放强大创新动能。

（二）推进数字文旅场景建设，加快重点工程项目建设进程

一是提高文旅消费场景数字化智能化应用水平。以数字化改造为重要方向推动文旅项目新建和改造，推动全市旅游集散中心、机场、车站、码头、宾馆民宿、乡村旅游等重点涉旅场所智能化设施建设应用。推动全市重点旅游景区、旅游度假区、旅游酒店、旅行社、温泉等涉旅企业客流数据统一接入市级云平台，做实精准营销，提供精准服务，提高文旅智慧化应用场景的数量。二是加快推进文旅重点工程建设。对比国际一流、国内领先的要求，强化规划引领，落实政策资金支持，推进华纳威秀等重大工程进度，积极争创国家5A级旅游景区、国家级旅游度假区、国家文化产业和旅游产业融合发展示范区、国家级文化和旅游消费示范城市。

（三）优化文旅产业发展环境，紧抓新兴业态监督管理

一是持续支持文旅经营主体企稳复苏。针对文旅企业吸引力弱、融资难、用人难等问题，完善政策措施，积极推动行业复苏，特别是针对文旅类民营企业和中小微企业，进一步优化营商环境，加强企业信用监管、质量监管，提升信息化监管水平。进一步做实做细、加快出台支持邮轮旅游经济发展、巴蜀文化旅游走廊建设等重大政策文件，支持重点领域、相关企业发展。二是加强相关部门对文旅经营场所的联动监管。市文旅委作为剧本娱乐、农村演出市场等经营场所的主要管理部门，应加强与公安、住建、市场监管、消防等部门的联动监管，加快推动新兴文化业态经营场所备案，严格文化娱乐市场的内容管理和消防、安全等设施条件监管，加强未成年人保护，落实场所设施禁入标志和履行告知义务。

（四）促进区域文旅协同发展，加强乡村旅游品牌营销

一是持续打造"大都市、大三峡、大武陵"文旅品牌。推动"人文之城"建设，结合"两江四岸"治理提升，推进"大三峡"文化旅游发展重点项目建设，推进渝东南武陵山区城镇群文旅融合发展，完善武陵山文旅发展联盟协同发展机制，加强与鄂湘黔川四省文旅互动。二是丰富乡村旅游产品类型。精心策划和打造观光旅游、田园休闲、山地景观、民俗风情、生态文化、农事体验等乡村旅游类型，以满足市民的不同需求。深度打造重庆本土特色的"村晚"、乡村艺术节、广场舞等乡村文化品牌。三是加大乡村休闲旅游品牌宣传营销。深入分析客群特征，联动抖音、小红书、携程等新媒体平台，发挥线上线下多矩阵营销作用。持续推动"巴蜀美丽庭院""特色古镇""美丽乡村"等各类乡村旅游品牌建设，加强精品旅游线路、旅游产品开发宣传，增强重庆乡村旅游品牌辨识度、全国影响力和美誉度。

[重庆市综合经济研究院（重庆市经济信息中心）产业经济研究课题组
　　主研：易小光　丁　瑶　余贵玲　邹於娟　孙茂曦
　　执笔：孙茂曦]

之六：2023年重庆市住宿和餐饮业发展及2024年展望

2023年以来，全球政经形势更趋复杂严峻，我国经济持续恢复性增长，文旅、商务、会展等活动显著回暖，住宿餐饮等消费市场强劲复苏。重庆市不断优化和丰富住餐行业支持政策，加快提升服务供给质量，大力培育和催生消费热点，住餐行业保持持续快速增长发展态势。预计2023年重庆市住宿和餐饮业营业额将达到2600亿元，同比增长超过10%，增加值占全市GDP比重约为2%。

一、2023年重庆市住宿和餐饮业总体运行情况

（一）总体情况

2023年，重庆市不断推动促消费政策持续发力，加快建设国际消费中心城市，旅游"网红"和消费"热土"效应持续显现，全市住宿餐饮业稳步复苏态势良好。1—9月，重庆市住宿餐饮行业增加值达到451.51亿元，同比增速达到9.1%，占全市GDP的比重回升到2%；住宿业和餐饮业营业额分别达到297.37亿元、1673.15亿元，在上年同期增速偏低情况下，同比增速分别达到16.3%、11.7%；餐饮收入同比增长18.9%，限额以上住宿业单位客房收入增长21.0%，恢复性发展态势强劲。

（二）主要特点

1. 行业集群化发展成效显著

以"重庆小面"、预制菜等为代表的住餐行业集群化建设逐步凸显，重庆"美食之都""重庆味道"国际影响力不断增强。《食品安全地方标准重庆小面》发布实施，通过标准规范保障小面产业长期、健康发展，重庆井谷元食品科技有限公司获得全国首张重庆小面食品生产许可证，重庆市小面产业园陆续推出电商产业园、中央工厂、生产中心等场所，更好地服务于重庆小面研发、生产、推广、销售等产业链各环节，促进小面产业更好集群发展。同时，抢抓预制菜产业发展新机遇，不断推动食品工业迭代升级，涪陵榨菜、有友食品、奇爽食品等6家重庆企业入选赛迪顾问发布的《2023预制菜企业竞争力100强》榜单，梁平区预制菜产业集群入选2023年度重庆市中小企业特色产业集群名单。

2. 节庆消费推动行业加快复苏

重庆紧紧把握节日消费热点，在春节、"五一"、国庆等消费需求高峰期，从供给侧发力，联动举办各类特色消费促进活动，促进节日住宿餐饮消费活力得到有效释放。春节期间，重庆餐饮行业围绕"家庭聚餐""筹备年夜饭"等主题，推出丰富多彩的餐饮活动，加快促进全市餐饮市场复苏，餐饮业销售收入比2022年春节假期增长7.1%。"五一"期间，"2023中国（重庆）国际消费节"开幕，推出超300场特色消费促进活动，助推全市重点零售和餐饮企业销售额同比增长20.1%，较2019年同期增长9.4%，观音桥商圈重点餐饮企业营业额同比增长超过30%，重庆市重点餐饮企业餐饮收入基本恢复至2019年同期水平。中秋国庆假期，包括重庆餐饮住宿在内的服务消费势能强劲，消费规模位居全国前五，餐饮行业营业额同比增长29.2%，较2019年同期增长13.4%。

3. 线上消费规模持续扩大

近年来，随着消费习惯线上化更加深入人心，重庆市住餐行业线上消费规模也随之持续扩大。针对当前消费者"快节奏""定制化"消费习惯，住宿和餐饮行业围绕满足消费者日益增长的"便捷化、多样化、个性化"需求，通过与第三方电商平台合作，依托大数据分析客户行为习惯和偏好，努力提升消费者满意度。前三季度全市限额以上住餐单位通过互联网实现的餐饮收入增长25.2%，高于全市限额以上单位餐饮收入19.2个百分点，线上消费对行业恢复发展的带动效应显著。飞猪数据显示，重庆高星级酒店订单量比2019年同期增长近四成，途家数据显示，"十一"假期重庆民宿预订量居全国第2位。

4. 绿色低碳转型步伐加快

重庆市通过政策引导促进住餐行业绿色低碳发展路径不断夯实，助力节约型低碳型社会扎实推进。《重庆市一次性用品目录清单管理办法》出台并明确规定，全市餐饮业、旅游住宿业，不得主动提供一次性用品，鼓励使用易降解、可回收再利用的绿色环保产品，政策执行以来美团、饿了么等外卖平台积极引导消费者减少使用一次性用品，加强引导行业自律，多方携手共同践行绿色低碳生活方式。首届重庆市酒店行业年度价值峰会围绕绿色消费推动酒店业绿色发展展开探讨，渝商国际大酒店、重庆万豪酒店等获评为重庆酒店行业绿色消费节首批亮点酒店。

5. 行业消费新场景持续呈现

住餐市场供给不断优化，适应人口老龄化、个性化和健康消费需求的新场景加快构建。顺应各个年龄段消费群体需求变化，住宿行业与旅游、健康、研学、电竞等关联行业加快融合，定制化住宿、智能化感知、多元化体验等新型住宿市场供给不断丰富，城市民宿、乡野民宿、主题酒店等逐步成为市场消费"宠儿"。为解决老年群体的实际需求，重庆采用"经营主体+社区食堂""中央工厂+中心厨房+社区食堂+家庭餐桌"等多种模式，大力建设社区老年食堂，在解决社会实际需求中，积极拓展行业新增长点，目前重庆所有区县均建设并运营社区老年食堂。为满足居民健康餐饮需求，努力提升全市餐饮行业营养健康服务水平，切实提高居民营养健康获得感，评选出首批93家营养健康食堂（餐厅），北碚区海悦西餐厅、开州区开府宴语餐厅等一批餐饮企业位列其中，助力餐饮业营养健康意识不断增强，服务水平进一步提升。

二、存在的主要问题

（一）消费恢复基础有待进一步巩固

一是住餐消费市场全面恢复态势不及预期。1—9月，重庆市住宿和餐饮业增加值增速为9.1%，低于全国同期14.4%的增速，远低于北京、上海20.7%、28.7%的水平，住餐行业"报复性"增长并未"如约而至"，恢复态势不及预期。二是住宿消费等级和层次明显偏低。艾普思咨询《2023中国线上酒店住宿业市场现状及消费洞察报告》数据显示，重庆线上酒店住宿门店价格位于200元以内的占比达到43%，与武汉、成都、长沙占比仅为32%、30%、24%相比，高品质需求和供给不足现象较为突出，行业高质量发展动力亟待提升。

（二）区域竞争能力不强

一是住餐行业限额以上住餐企业数量少，企业规模也较小。重庆限额以上住餐企业不足2000家，仅为四川、上海、北京、广东的42%、55%、58%、19%，限额以上住餐企业平均从业人员不足50人，低于四川、广东的57人、68人，远低于上海、北京的104人、100人。二是缺乏有影响力的住餐品牌。除在火锅等少数领域拥有较大影响力的品牌，在近期住餐市场的茶饮、健康餐、特色民宿等消费热点领域，均未开发出具有较高影响力的本地餐饮、住宿品牌，导致区域品牌市场号召力、资源整合力不足，连锁经营规模扩张困难。

（三）行业发展压力较大

一是创新意识不够。由于住餐企业创新意识不足，在服务内容开发、业态延展等方面创新不够、投入不足，导致产品品种单一、升级迭代较慢，行业同质化竞争依然突出。如疫情期间露营营地受到消费者追捧，短时间各类露营营地纷纷推出，服务形式和内容大量雷同，缺乏特色、创新不足，导致短时间市场供给过剩和资源闲置现象较为严重。二是恢复发展面临较多压力。当前住宿餐饮市场仍处于恢复发展阶段，企业物流及运营成本较大，导致全市住宿餐饮企业市场扩张意愿不足，住宿餐饮行业整体承压。

三、2024年发展环境及趋势展望

（一）世界政经形势复杂多变，住餐行业发展面临诸多挑战

当前全球地缘政治格局深刻重塑，经济潜在风险不断增多，世界经济增长动能减弱复苏乏力，我国吸引海外跨境投资难度增大，住餐行业经营主体资金约束趋紧将导致行业投融资放缓，对行业整体转型升级的影响陆续显现。同时，欧美、东亚等地等受高通胀、高利率等因素影响，导致消费支出面临的下行风险加剧，与住餐行业密切相关的旅游休闲消费，尤其是支出较高的跨境旅游面临进一步压缩，重庆住宿餐饮服务消费未来增长潜力受限。

（二）我国将延续恢复性增长态势，住餐消费恢复整体向好

我国加强宏观调控，推动扩内需、提信心、防风险举措扎实落地，激发市场活力，消费市场加速恢复，住餐行业长期向好的基本面得到进一步巩固。尤其是在《关于进一步释放消费潜力促进消费持续恢复的意见》《关于释放旅游消费潜力，推动旅游业高质量发展的若干措施》等一系列促进文化旅游及综合性消费发展的政策推动下，住宿餐饮服务消费持续扩大，线上线下融合发展的特征更为明显，消费市场稳步恢复的态势更加明显。同时，在全国统一大市场加快建设背景下，住宿餐饮行业安全监管力度更大、行业自律约束更强，行业整体标准化程度和信息化水平加快提升。

（三）重庆供需两端齐发力，助力住餐行业持续回暖

重庆将积极推动成渝地区双城经济圈建设，努力打造富有巴蜀特色的国际消费目的地，加快培育国际消费中心城市，增强经济增长动力，消费市场发展动能将快速集聚，住餐行业发展的基础将进一步夯实。一方面，随着重庆市稳经济政策包持续发力，特色消费品"翼支付"平台正式上线，各类文旅综合体进一步提档升级，住餐行业将持续引进和培育优质经营主体，进一步加大线上供给力度、提升线下服务质量，推动行业高质量发展。另一方面，伴随消费市场的稳步恢复，重庆旅游、会展等行业进入快速发展区间，对住餐行业的支撑效应将持续显现，叠加各类消费刺激政策的落实，积极培育和壮大住餐消费新增长点，从消费端发力刺激消费潜力持续释放，住餐业实现高质量发展的良好环境得到不断优化，住餐消费对经济的拉动力有望进一步增强。

（四）2024年发展趋势及展望

重庆市将继续围绕社会主义现代化新重庆建设各项任务目标，在科技创新、先进制造、现代服务、民营经济等领域持续用力、久久为功，不断积蓄高质量发展新动能。在住宿和餐饮领域，重庆将聚力培育壮大经营主体、优化发展环境，储备实施一揽子稳增长促消费政策，不断增强住餐行业发展动力活力。

预计全年住宿和餐饮行业将继续呈现恢复性增长态势，营业额达到2800亿元，同比增长约7%。

四、对策建议

（一）促进行业支持政策精准落实

一是抓好住餐行业政策细化落实，重点政策加力加码。全面贯彻落实中央关于恢复和扩大消费、优化营商环境等方面决策部署，抓好已出台政策落实显效，结合重庆住宿餐饮行业发展需求，在减税降费、金融信贷、财政扶持等政策上进一步细化实化，对促进消费、扩大投资、助企纾困等方面的政策适当加码，最大限度发挥政策撬动作用。二是实现政策靶向发力，提高政策实施的精准性。围绕住餐行业企业规模差距大，中小企业、规模以上企业等面临的问题差异大的情况，制定更有针对性、更有力度的财政、税收、金融、土地、人才等政策措施，营造公平高效的政务环境和优质有序的市场环境，助力企业降低经营成本，恢复发展活力，促进行业整体竞争力提升。三是供给需求协同发力，创新实现政策同频共振。加强政策预研储备，引导住餐行业供给端支持政策从着力稳定企业生产经营，促进行业恢复发展方面发力。引导需求端政策从加快释放消费潜力、扩大有效投资、提振市场信心等方面发力，在支持重点、支持方向、奖补措施上有机衔接、协调共振，充分发挥政策叠加效应。

（二）深入挖掘住餐行业增长潜力

一是紧抓重庆旅游热点扩大住餐消费热点规模。围绕重庆"夜经济""网红经济"，全面促进夜间美食示范区、江湖菜夜市街区品质提升，推动网红店、无人店、新奇特色店落地，结合传统文化、山水景观和现代元素，打造一批城市定制店、主题店、概念店、形象店、体验店，引导住餐门店从"千店一面"向"一店一品"转型，不断提高住餐供给与旅游发展高品质融合。二是围绕健康需求新趋势营造餐饮消费新热点。紧紧围绕消费者健康意识不断提升的背景，提高餐饮行业技术创新，推出更多具有减糖、低GI、低碳水、"多巴胺"等消费热门概念的健康标签产品，促进餐饮供给健康化、营养化、精细化，满足不同消费群体健康消费需求。三是探索发展多种形式银发餐厅，满足老年助餐需求。积极探索发展社区食堂、老年餐桌、长者食堂等多种形式的特色餐厅和居家养老配餐中心，根据银发族需求不断优化产品供给品质和助餐服务新模式，打造出"线上+线下"相结合的订餐方案，逐渐搭建银发族智慧助餐信息系统。

（三）大力推动住餐经营主体引育

一是持续引进国内外知名住餐企业。优化住餐企业招商引资支持政策并汇编发布，通过以商招商、"上门定制"招商、委托招商、线上"云招商"、以展招商等模式，开展专业精准高效招商，引进世界知名住餐企业品牌，增强住餐消费承载能力。建立完善招引企业信息库，主动对接重点外资、国内其他地区行业龙头餐饮企业，招引其来渝开设直营、连锁门店。二是支持本土优势餐饮品牌企业做大做强。支持本地火锅、小面、快餐、江湖菜等优势领域品牌企业通过兼并、收购、参股、控股等多种方式，形成一批具有国际竞争力的大型餐饮企业集团。引导企业完善产业链供应链体系，加速规模扩张，提升品牌化、现代化、产业化水平。积极谋划打造重庆餐饮全产业链产业园区，探索建设成为西部地区餐饮产业链企业上市孵化器。三是引导企业建立品牌培育体系。引导住餐企业注重以历史积淀和文化创新为基础，挖掘、培育、开发品牌文化内涵，打造具有特色的住餐品牌，引导企业注册和使用自主商标，争创服务品牌、中华餐饮名店、中华老字号、重庆老字号、钻级酒家、中国绿色饭店、星级农家乐（乡村酒店）等品牌。

（四）着力完善住餐服务质量标准

一是提高服务质量标准。促进各类标准化研究和服务机构、专业协会等中介组织针对住餐行业扩展服务范围，开展住宿和餐饮企业标准化服务活动。鼓励住餐龙头企业对标国内外先进标准，开展对标达标活动，进一步健全重庆住宿、餐饮服务标准体系，制定实施更为严格的内部服务标准，不断提升服务质量。鼓励住餐社会团体和企业制定、宣传、实施符合国际惯例、体现重庆餐饮水平的团体标准和企业标准。二是开展服务规范培训。建立完善政府、职业院校、行业协会、企业多方参与的多层次服务质量提升培训体系，进一步丰富和规范培训内容，创新培训形式，提高住餐行业从业人员素质，提升行业整体服务水平。组织开展住餐专业工种技能竞赛、开展具有行业影响力的优秀人才"奖、树、评"活动，培育一批具有优秀服务技能的大师、能工巧匠、服务能手和技术标兵。三是创新服务评价方式。加强与携程网、美团网等线上平台合作，打造重庆住餐领域综合服务平台，实现线上宣传推广、订单管理、点评分析，适时向政府、行业、社会公众发布餐饮业服务质量大数据。支持餐饮企业通过自建平台或依托第三方机构开展服务质量调查、评估、分类、公开等工作，促进服务质量持续提升。

[重庆市综合经济研究院（重庆市经济信息中心）产业经济研究课题组
主研：易小光　丁　瑶　余贵玲　李　林　邱　婧
执笔：邱　婧]

之七：2023年重庆市健康服务业发展及2024年展望

2023年以来，世界政治经济形势复杂多变，全球经济仍处于下行通道，我国经济在促消费政策影响下呈持续恢复态势。生育率持续下降、人口老龄化加剧、亚健康人群上升等问题日趋凸显，人民追求身心健康的要求更加迫切，健康服务新产业新业态新模式不断涌现。重庆市持续推进健康中国重庆行动，健康服务业的拓展领域、市场业态、融合模式持续创新。预计2023年重庆市健康服务业仍将继续呈现良好发展态势。

一、2023年重庆市健康服务业发展情况

（一）总体运行情况

2023年以来，重庆市继续深入实施《"健康重庆2030"规划》确定的各项任务，结合新冠疫情平稳转段后工作重点和市场发展机遇，紧扣新时代新征程新重庆使命任务，牢固树立"大卫生、大健康"理念，深入推进健康服务业与海量大数据等现代信息服务技术融合，智慧型、数字型健康服务业态持续推陈出新，重庆市健康服务业与关联产业高质量融合发展态势进一步巩固。

（二）主要特点

1. 医疗服务体系更加优质高效

以健康需求为导向，加快完善医疗卫生服务网络，全市医疗服务质效不断提升。一是国家区域医疗中心建设推进有序。持续深入推进国家区域医疗中心建设试点，4个国家区域医疗中心建设项目（其中第三批3家、第四批1家）纳入2023年市级重点项目名单，并作为百项重点关注项目强化"三张清单"管理；目前4个项目累计完成投资近9亿元，年度投资完成率达到75%。二是基层医疗卫生服务网底加快夯实。截至目前，基层医疗卫生机构达到国家能力建设推荐标准的占15.24%，基本标准的占64.07%。乡镇卫生院规范化建设达标率达到100%，基本实现每个行政村设置1个标准化村卫生室，每千人口基层医疗卫生机构卫生人员数达到3.31人。三是中医药服务体系加快完善。持续推进"巴渝岐黄工程"人才培养项目，15名中医药高端领军人才入选。重庆中医药学院正式揭牌，首批1200名学生正式入学。建成国家和市级名老中医药专家传承工作室达到43个。基层中医药服务能力显著提升，97.9%的社区卫生服务中心和乡镇卫生院设置有中医馆，99%以上社区卫生服务中心和乡镇卫生院，89%以上社区卫生服务站和村卫生室能开展中医药服务。

2. 产业跨界融合发展进一步加快

以抓好惠民实事为切入点，通过医养、医旅、康体等融合发展，形成上下协同、左右联动、智慧科学的健康产业融合发展格局，群众健康服务"新感受"不断提升。一是医养结合的养老模式更加完善。加快打造医养结合示范平台，医养结合示范区（县）建设显效，巴南创建全国医养结合示范区工作顺利通过市级审核，渝中区"十分钟幸福养老服务圈"、渝北区"医疗+机构+社区+居家"四级联动的"15分

钟养老服务圈"等居家社区医养结合服务圈加快建设。医养资源供给更加有力，目前全市每千人口医疗卫生机构床位数达到7.81张，康复医院达到17家，每千人口康复床位数达到0.31张，每10万人口康复医师数达到4.7人；建成老年护理院13家，二级以上综合性医院设立老年医学科的比例达60.4%。二是康养旅游融合更加深入。围绕打造"世界温泉之都"，深入实施温泉之都旅游提升工程，促进"温泉+康养旅游"融合发展，山水都市温泉旅游区、环城温泉休闲度假圈、渝东北长江三峡温泉旅游休闲带和渝东南乡村温泉休闲度假旅游带加快打造，目前累计建成温泉资源点224处。因地制宜发展"中医药+康养"等新业态，目前全市三级中医院设置康复科比例超过66%。三是健康体育产业发展更加迅速。通过资金引导、产业融合发展、试点示范等措施优化体育产业结构，健身休闲、体育康复等新兴业态加速发展。依托山域、水域、林域、空域和城域，四级（国际级、国家级、市级、区县级）、四季（春、夏、秋、冬）的特色户外运动赛事竞相发展；累计近300场各类户外运动赛事活动在重庆成功举行，各类赛事参与规模500多万人次。

3. 川渝健康服务合作持续加深

持续推进成渝地区双城经济圈建设"一号工程"走深走实，促进成渝地区卫生健康一体化，成渝地区健康服务体系加快构建。一是成渝医疗卫生健康圈建设加快。以毗邻区域联合开展日常120跨界服务和重大事件应急联动，促进医疗卫生领域协作发展，成渝医疗卫生健康圈建设有序推进。启动成渝两地血小板供者库融合共建，川渝共建国家区域医疗中心稳步推进。首批38家三级公立医院互认16项临床检验、41项医学影像检查项目结果互认扎实推进，累计建成远程医疗协作网287个、互联网医院206家。推进川渝共建感染性疾病中西医结合诊治重点实验室建设，正联合开展中医优势病种研究。二是文旅、康体等交流协作持续深化。以巴蜀文化为纽带，以文化旅游融合发展为突破，持续实施川陕苏区红军文化公园等系列文旅融合重大项目，成功举办川渝乐翻天戏剧曲艺交流展演、第二届巴蜀合唱节等系列活动，"成渝地·巴蜀情"区域文化活动品牌效应持续显现，影响力和参与度不断扩大。持续开展"川渝一家亲—景区惠民游"活动，资源共用、客源共享、市场共建机制不断完善。联合发布《成渝地区双城经济圈体育产业一体化高质量发展的实施意见》，携手实施体能、跑步、登高、篮球、瑜伽、铁人三项、沙滩排球、棋牌等康体融合项目，累计参与人数突破200万人次。三是川渝健康管理一体化水平不断提升。深入推进川渝两地健康管理资源"互联互通"，加快川渝卫生健康"川渝通办"、检查检验数字化结果互认、影像云平台、电子健康卡"一码通"等信息系统建设对接使用，两地健康信息档案、健康检测、健康干预、慢病管理、家庭医生、健康咨询、健康保险等信息互联互通体系加快形成。

二、存在的主要问题

（一）服务终端产品还不够丰富

重庆市健康服务的终端产品供给依然较为单一，多元化的健康服务和个性化健康订制服务较为缺乏。一是高品质健康服务供给不够。健康服务业经营主体多处于传统领域和传统模式，且规模小、分布零散、核心竞争力不强；对消费升级、健康升级和技术变革的新策略、新需求把握不够，与市场需求的对接不够紧密，导致人们对高品质健康服务和高质量健康产品的需求得不到满足。二是基层医疗服务水平不高。基层医疗资源布局不够优化，服务水平不高，部分区县域医共体建设不够紧密、优质医疗资源下沉不够、乡镇卫生院（社区卫生服务中心）和村卫生室布局不够优化、设施设备落后、就医环境较差。三是新兴健康服务业态培育滞缓。全市新兴健康服务、智能健康服务、健康全程管理等业态发育不足，"大数据+诊疗""可视化+服务"等市场需求得不到满足。

（二）产业整体链条依然不够长

重庆市健康服务上下游产业链融合、互补、协同的发展格局尚未形成，产业链整体竞争力不强。一是健康服务业仍以提供传统医疗服务和已病治疗为主，对于前端维持健康和后端促进健康的供给力度依然不足，特别是涉及未病干预、医养结合、健康管理和健康促进等领域发展较为滞后，覆盖高端健康服务的商业健康保险体系尚不成熟。二是"互联网+医疗"健康服务发展滞后，居民健康档案不规范，家庭医生签约服务不到位，基层医保管理水平不高，群众就医获得感不强。三是健康服务产业链上下游配套和供应链过于专注本地区域，市场化专业协作不够，自成体系、自我配套、自我循环等特征明显，产业链条短、重复投入多、同质化竞争现象突出。

（三）人才支撑产业发展力度不强

重庆市健康服务人才分布不均衡，培育力度不大，高端人才缺乏，是制约健康服务业高质量发展的重要因素。一是人才资源分布不均。从空间上看，约71%的卫生技术人员都集中在主城都市区，山区库区分别仅占22%和7%，山区库区人才匮乏问题没有得到根本缓解；从机构分布看，大部分卫生健康技术人员集中在医院，基层医疗卫生机构人才引进困难仍较大，医护人员工作负担重。在专业分布上，重症医学、精神卫生、康复、肿瘤、心血管等专业人才仍紧缺，公共卫生领域"引进人才难、留住人才难"比较突出。二是卫生人才培养质量有待提升。全市卫生技术人员学历总体不高，研究生学历占比仅为6.48%，低于全国平均水平7.1%；高层次人才较少，对比北京、上海、广东等省市差距不小，且驻地部队医院占比较高；优秀青年人才储备不足，全市卫生领域入选"重庆英才·青年拔尖人才"项目的仅28名，只占该项目入选对象的4.7%。三是高端服务人才缺乏。由于健康服务业仍然处于初级发展阶段，开放程度不高，懂技术、善管理、具有国际化视野的前瞻性复合型人才培育和引进力度不够，导致健康服务业高端国际化人才较为缺乏。

三、2024年发展环境分析及展望

（一）全球政经形势更趋复杂严峻，健康服务业发展机遇与挑战并存

世界形势整体呈现"增长较弱、风险加大、博弈加剧"的特点，全球经济仍处于下行通道，经济回调风险加大，国际主要经济体内需减弱，国际产业链供应链安全稳定受到威胁，将削弱公共卫生大数据、疾病快速诊断、远程医疗、识别诊断、康复治疗等健康服务领域的投资和消费增长意愿。与之同时，后疫情时代的全面修复、恢复经济稳定增长的迫切期望，在持续影响人们正常生活的同时，也催生和激发了更多的健康需求，健康消费将成为众多消费持续缩减下为数不多的"逆增长"领域。人工智能、基因组学、远程医疗和数字健康、虚拟现实和增强现实等技术将在医疗健康领域发挥重要作用，医疗服务、卫生干预、养生康体、健康旅游、体育休闲等健康服务业态发展势头强劲，融合发展态势更加明显。未病治疗、疫苗研发、基因测序、智能医疗等业态加快发展，将进一步拓展健康服务业发展空间和产业链条。

（二）国内经济呈恢复态势，健康服务业发展活力持续增强

2024年，我国仍将呈现恢复态势，虽然"需求不足、风险增多、预期转弱"等问题犹存，但经济韧性强、潜力大、活力足，长期向好的基本面没有改变。产业数字化、智能化发展趋势会更加明显，健康服务业及关联产业转型升级和创新融合的空间将逐步拓展。一是政策发展环境更为优化。2023年以来，为顺应新冠疫情平稳转段的变化，国家层面印发了《关于推进基本养老服务体系建设的意见》《关于进一

步完善医疗卫生服务体系的意见》《中医药振兴发展重大工程实施方案》等政策举措，将推动健康服务业高质量发展的政策环境和支撑体系更为完备。二是多业态融合方式更加多元。医疗卫生、体育健身等传统业态与未病干预、健康云存储等新业态"同台共演"，健康文旅、养老养心、休闲康体、健康大数据等多种健康服务方式竞相登场，健康服务场景将更趋丰富。三是健康服务业数字化发展态势更趋明显。随着大健康数字化深入演进，通过大数据和人工智能技术加持，个性化健康管理、移动医疗、互联网医疗、健康数据安全、健康数据存储等业态加速催生，将加速健康服务业数字化智能化创新发展步伐。

（三）重庆进入基础不断巩固、矛盾集中凸显、动能加快累积的战略攻坚期，健康服务业发展潜力不断释放

2024年，重庆市将全力推动成渝地区双城经济圈建设，加快建设主城都市区，推动山区库区特色化发展，健康服务业发展基础将进一步夯实、发展环境进一步优化，发展潜力将加速释放。一是围绕贯彻落实市委"一号工程"，健康服务业发展质效不断提升。聚焦市委推动成渝地区双城经济圈"十项行动"，双城经济圈建设成势见效，川渝两地发展要素流动更为频繁高效，成渝医疗卫生健康圈共建、文化体育一体化建设有序推进，将有利于重庆集聚资源优势，扩大健康服务辐射半径，提升产业发展质效。二是围绕实施健康中国重庆行动和建设全国大健康产业融合发展先行区，健康产业在服务业中的支柱地位不断夯实。"十四五"后半段，将继续围绕打造国家医学名城、西部医疗高地、国家重要医药基地和国际知名康养胜地等目标定位，通过优化产业结构和空间布局，进一步丰富服务供给，不断提升健康产业发展水平和在服务业中的比重。三是重庆人口老龄化问题依然严重，健康服务业市场需求持续释放。重庆市人口老龄化进入早、基数大、增长快、高龄多，达到22.2%，居全国第5位，65岁以上老年人占比18.3%，居全国第2位。老年人对基础医疗、养老护理、健康管理、康复护理等在内的健康服务需求将显著增长，进而带动健康服务业市场空间不断扩大。

（四）2024年健康服务业发展趋势及展望

2024年，重庆市健康服务业政策支撑环境将更为优化，在健康中国重庆行动深入实施、全国大健康产业融合发展先行区加快建设带动下，全市健康服务业创新活力、市场潜力、融合动力将进一步得到增强，产业发展新技术、新业态、新模式、新场景将加速涌现，整体将继续保持良好发展态势。

四、对策建议

（一）以产业融合催生新的发展业态

实施产业融合发展战略，促进医疗卫生与运动、文化、旅游、休闲、医药等跨领域融合发展，以产业融合催生健康服务业新的发展业态。一是提升健康服务产业发展水平，因地制宜培育房车露营、户外运动、健康疗养、医疗美容等消费引领性强、游客参与面广的项目和业态，着力打造国际知名康养胜地、全国户外运动首选目的地，做靓世界温泉之都品牌。二是围绕康养研究、养生大讲堂、未病管理、康养产品开发、医美产业等，建设国际康养服务中心。加快中药种植基地与乡村旅游融合，发展以中药养生为题材的休闲体验旅游和体育赛事等产业。推动发展康复疗养、"候鸟"养老、老年体育、老年教育、未病治疗等业态。加快文旅和健康消费融合，深度挖掘都市游、红色游、乡村游、特色游与健康产业融合创新结合点。三是加快互联网技术向健康服务领域延伸，推动现代信息技术和智能化技术与传统医药健康、健康养老等产业结合创新，整合防、治、养全产业链资源，拓展健康服务领域。

（二）培育壮大健康服务经营主体

实施经营主体壮大行动，推动健康服务经营主体高质量"引进来"和高水平"走出去"。一是落实好外资企业国民待遇，加大知识产权和外商投资合法权益的保护力度，努力在医疗服务、健康养老、健康信息、养生旅游、健康管理等领域，引进一批关联性较强的跨国企业、国内龙头企业和高成长性企业，积极打造西部地区健康服务业外商投资首选地、集聚地。谋划实施健康服务业外资招商专项行动，促进外商投资稳存量、扩增量。二是培育壮大龙头企业，落实国家和重庆市对龙头企业的各项优惠政策，在企业落地、经营机制、财税优惠等方面为龙头企业发展提供更加务实的政策支持和资金支持。推广健康服务行业新理念、新技术、新成果，鼓励更多企业通过转型升级、自主创新进入健康服务领域。三是以优质服务支持市内健康服务业企业开拓市外市场，加强与周边省市，甚至发达国家及"一带一路"国家和地区的健康服务合作，引导有实力的企业参加跨省级健康合作园区建设，推动优势产能在市外集群发展。

（三）推动双城经济圈健康服务产业协同互动

深化健康服务与双城经济圈战略的深度对接和合作，加快提升健康服务一体化发展水平。一是深化成渝地区健康服务业合作，聚焦川渝两地健康服务重点领域和关键环节，加强产业分工协作，突出一体规划布局，完善市场制度规则，共同打通要素"堵点"、消除机制"卡点"、攻克技术"难点"，优化分工合理、优势互补、各具特色的健康服务产业协调发展格局，打响"成渝健康服务"品牌。二是促进川渝优质医疗卫生资源协同发展，协同完善川渝公共卫生服务体系，大力促进川渝优质医疗卫生资源共建共享，持续提升区域整体医疗卫生服务能力。加快国家医学（医疗）中心建设，共同争取国家职业病医学中心、国家妇产区域医疗中心，持续推进国家儿童区域（西南）医疗中心建设，积极共创更多专业类别的国家区域医疗中心，为西南区域人民群众提供优质高效的医疗卫生服务。加强成渝地区双城经济圈临床重点专科内涵建设，共同建设国家临床重点专科群，推进跨区域专科联盟建设，持续深化川渝中医药科技创新协作。加强川渝卫生适宜技术推广和应用，共同推进优质医疗资源下沉，提升基层医疗卫生水平。三是加大健康服务市场开放力度，围绕共建"一带一路"倡议、长江经济带、西部陆海新通道等国家战略机遇，整合成渝地区健康服务业资源要素、区域品牌、发展载体等，合力扩大对外开放能级，联合推动两地在人才流动、产业合作、平台共建等领域与国际国内广泛合作，共同提升成渝地区健康服务业国际化发展水平。

（四）着力培育健康服务高层次人才队伍

外引内培、双管齐下，着力培育高层次健康服务人才队伍，打造健康服务人才高地。一是实施健康服务创新人才强基增效行动，培育一批健康领域的优秀科学家、创新领军人才、创业领军人才和创新创业示范团队，培养具有战略科学家潜质的高层次复合型人才。二是结合"百万英才兴重庆"系列引才活动，实施健康领域高层次人才引进计划，引入国内外一流科学家及团队。实施健康产业人才攻坚专项行动，壮大高水平工程师和高技能人才队伍，提高人才队伍与产业发展的融合度、匹配度。鼓励健康服务科技社团在青年人才培养中发挥积极作用，推动科技人才知识升级转型，积极选送优秀人才外出留学、访学和进修。

（五）推动基层医疗卫生服务信息化

围绕完善基层医疗卫生服务体系，推动医疗卫生与现代信息服务融合协同，持续提升基层医疗卫生信息化水平。一是构建区县域卫生健康综合数字化信息平台，加快推动人工智能辅助诊断在基层医疗卫生机构中的应用,推动医保、卫生专网等网络资源整合,依托一体化智能化公共数据平台实现全市范围内数据共享交换。二是大力推进"互联网+医疗健康"服务,加快推进以信息传输交互、临床业务、运营管理等为主要体系的智慧医院建设,以在线问诊、电子处方、用药咨询、诊后随访等为主要服务的互联网医院建设,以远程诊疗会诊、手术指导、教学培训、处方前置审核等为主要功能的"智慧医联体"建设。三是开展"智慧家医签约"服务,整合线下家庭医生签约服务和远程医疗服务网络,为签约居民在线提供慢病管理等服务。实施"智慧居家健康"管理,按照"一人一档一属地"原则,为全市居民建立覆盖全生命周期、动态更新、涵盖医疗和公共卫生等信息的电子健康档案,并逐步向居民个人开放,实现居民自我健康管理。

[重庆市综合经济研究院(重庆市经济信息中心)产业经济研究课题组
主研:易小光　丁　瑶　余贵玲　李　林　简华球
执笔:李　林]

区域卷
主城都市区篇

之一：2023年主城都市区经济运行分析及2024年展望

2023年，国际环境复杂严峻，全球经济增长乏力，国内经济总体稳中向好但压力犹存。重庆市主城都市区按照市委"一号工程"总体要求，大力实施"提升主城都市区极核引领行动"，推动渝西地区一体化高质量发展，聚力增强国家中心城市核心功能承载能力，建设具有国际影响力的活跃增长极和强劲动力源，经济总体延续恢复发展态势，预计2023年主城都市区GDP同比增速约为6.1%。

一、2023年主城都市区经济运行情况

（一）总体情况

2023年以来，主城都市区以建成高质量发展高品质生活新范例为统领，全面实施"十项行动"，不断推动中心城区强核提能级、主城新区扩容提品质，主城新区与中心城区功能互补和同城化发展水平显著提升，对库区山区带动能力和双城经济圈引领功能进一步增强，创新之城、开放之城、便捷之城、宜居之城、生态之城、智慧之城、人文之城建设取得积极进展，国际化、绿色化、智能化、人文化现代城市特征进一步凸显。1—9月，主城都市区地区生产总值同比增速约为5.5%。

（二）基本特点

1. 工业生产加速回升，整体运行分化显著

在稳生产促经营、上年同期高温限电导致基数较低等影响下，1—9月主城都市区规模以上工业增加值同比增长5.6%，增速高于上半年，呈逐步回升走势。一是工业经济分化运行。分产业来看，主城都市区材料、汽摩、消费品、能源等产业支撑较好，电子、医药产业受产业链转移和市场需求放缓等因素影响增速下降。分区域来看，主城新区在合川火锅食材、永川高端装备等较快增长支撑下，规模以上工业增加值同比增长8.7%。中心城区受部分大区工业增长承压影响，规模以上工业增加值增长仅2.3%，低于全市平均水平4个百分点。二是重点工业项目加快建设。1—9月，主城都市区新签约三安意法半导体等百亿级补链强链项目15个，九龙坡博世氢材料发动机、璧山先进计算产业创新中心等项目正式投产，铜梁·河北兴恒电池用铝箔、大足亚星海洋工程及船舶配套装备等项目开工建设。三是产业新动能集聚发力。主城都市区工业机器人、服务机器人、AI及机器人、纤维复合材料等产业实现较快增长，两江新区聚焦"科创+产业"，新能源汽车、卫星互联网等新动能逐步释放，战新产业产值同比增长3.4%。永川区"2515"先进制造业集群建设提速，1—9月规模以上工业增加值增长10.9%，居主城都市区首位。

2. 服务业发展稳步恢复，部分行业增长较快

聚焦构建高效服务业新体系，推动生活性服务业高品质、多样化升级，生产和消费循环不断加快，主城都市区服务业发展活力加速释放。1—9月，主城都市区服务业运行总体稳定，同比增速5.3%，金融、数字服务、文旅等服务业持续向好，产业恢复基础更加牢固。一是金融业平稳运行。新增社会融资规模稳步扩大，规模2000亿元产业投资母基金落户中心城区。"渝普金链"在两江新区上线，首批入驻

银行、保险、担保等金融机构96家。直接融资发展提速，前三季度新增境内上市企业6家，首发融资金额达到93.46亿元。二是数字服务业发展态势良好。1—9月软件业务收入突破2000亿元，"满天星"行动计划落地成势，江北区汇集相关经营主体2500余家，上半年规模以上信息服务业营收占全市1/3，西部数据交易中心累计交易额突破3亿元，整体发展质量进入"领跑方阵"。三是文旅市场回暖明显。1—9月，主城都市区接待过夜游客超7000万人次，同比实现近一倍增长，影院票房收入近10亿元，同比增长超60%。渝中区入选新华网"2023最负盛名国际旅游目的地"，中秋国庆期间接待游客超1200万人次，与上年同期相比增长50.6%，与2019年同期相比增长9.3%。

3. 投资增速低位回升，重大项目带动作用明显

2023年以来，在新开工项目支撑强劲、制造业投资增长加快、民生领域扩投资成效显著等要素拉动下，主城都市区投资增速自5月以来整体逐步回升，前三季度投资增速为1%，低于全市2.6个百分点。一是工业投资增长加快。1—9月，主城都市区工业投资增速达到11.7%，高于全国同期水平。其中汽车、能源产业投资增速超过30%。中心城区在中广核天然气发电、长安新能源等项目带动下增长势头强劲，大渡口区、渝北区1—9月工业投资增速均超过30%，分列主城都市区前两位。二是固定资产投资实现较快增长。受城建、农林水利、能源等领域项目带动，主城都市区基建投资同比增长12.3%，较全市平均水平高3个百分点，对整体投资增长贡献率达到99.4%。房地产开发投资同比下降16.7个百分点，降幅较上半年收窄。三是重大项目投资符合预期。基础设施建设进展顺利，成渝中线高铁、渝西水资源配置工程、江北国际机场T3B航站楼及第四跑道加快建设。工业项目投资进度达预期，海辰储能、长安渝北新工厂等市级重大项目投资进度跑出"加速度"。

4. 消费市场潜力稳步释放，消费复苏总体向好

随着各类支持消费市场复苏政策的巩固发力，1—9月，主城都市区社会消费品零售总额同比增长7.3%，高于全国平均水平0.5个百分点，消费市场繁荣有力。一是重点领域消费回升较快。汽车等消费品增长较快，带动内需消费稳步复苏。1—9月，主城都市区新能源汽车零售额增长90%以上，实现较上年同期两位数的增长；粮油食品、文化办公用品、中西药品消费增速超过社会消费品零售总额增速。二是消费活动频频发力。随着各大电商平台促销以及重庆双品网购节等活动深入开展，1—9月限额以上单位实物商品网络零售额同比快速增长。夜间消费活动丰富，成功举办2023不夜重庆生活节，解放碑、观音桥商圈跻身暑期全国夜间消费最火商圈前五强。三是新型消费方式持续活跃。主城都市区持续拓展消费新场景，新型消费亮点频出，城市文旅Citywalk、跨境电商、演出经济等新消费加快培育，消费热度持续升温。江北区加快推动服务业扩大开放综合试点，创新"保税展示+跨境电商""线上+线下"模式，1—9月社会消费品零售总额增速居全市首位。

5. 对外贸易降幅收窄，开放力度稳步加大

2023年，国际市场需求持续低迷，全球贸易市场竞争进一步加剧，在系列稳规模优结构政策措施促进下，1—9月，主城都市区外贸累计完成5000亿元左右，降幅同比收窄。其中，汽车出口增速较快，笔电出口从8月开始实现正增长。一是对外开放显著承压。在上游需求减少及国产替代等因素影响下，出口贸易降幅逐步收窄，进口同比下降近20%。对欧盟、美国、东盟等主要贸易国进出口持续下滑。1—9月主城都市区实际使用外资同比下降，吸引外资持续下滑，低于全国同期水平。二是通道枢纽提质增效。西部陆海新通道建设加速，中老、中缅、中越国际班列常态化运行，跨境公路班车运输货物价量齐升，截至9月底，经西部陆海新通道累计运输货物50万标准箱左右，货值约900亿元。中欧班列高质量运行，仅上半年中欧班列（成渝）发运超过2700列，占全国开行总量的30%左右。全国首个"五型"国家物流

枢纽落户主城都市区，西部陆海新通道重庆无水港通过竣工验收，成为重庆持续扩大开放的有力支撑。三是持续推出创新举措。中越、中老国际铁路联运班列开展"一单制"试点，中欧班列运邮项目成功入选商务部"国家服务业扩大开放综合试点示范最佳案例"。通过"定制班车"，为大型出口企业开行"一站式、一票制、一键管控"的"定制班车"，做到"随到随走，货不过夜"。越南、缅甸、老挝三条线路常态化开行"公共班车"，发车频率达到"天天班"。为中小微企业开行出口保税的"拼箱班车"，可一票直达越南河内保税仓，集装箱装载率提升约30%，企业物流成本降低约40%。

6. 城市能级持续提升，同城化水平显著提升

2023年以来，主城都市区城市品质不断提升，极核引领功能不断增强，以轨道交通引领的同城化发展格局更为凸显，城乡融合发展再上新台阶。一是城市功能品质全面提高。中心城区服务功能进一步优化、城市品质加快提升，长嘉汇、艺术湾等"两江四岸"城市功能名片加快建设，渝中区燕子岩—飞机码头、九龙坡区民主村等城市更新项目启动建设。主城新区产城融合、职住平衡、生态宜居、交通便利的现代化郊区新城加快建设，大足、荣昌、潼南、铜梁等郊区新城建设提速。二是城乡融合再获实效。主城新区国家城乡融合发展试验区重庆西部片区破题起势，新型工农城乡关系进一步完善。荣昌区、铜梁区全面放开放宽城市落户限制，推进户口便利迁移，加速人口集聚。璧山区城镇化率达到72.8%，城市对农村地区带动作用进一步增强，成功创建全国推进乡镇为农服务综合体建设试点区。三是一体化交通网络更加健全。围绕打造轨道上的都市区，梯次推动主城新区与中心城区功能互补和同城化发展，同城化通道建设进一步加快。轨道交通网络持续加密，轨道18号线、10号线二期南段、5号线一期中段力争年内通车运行，轨道4号线、15号线、24号线、27号线，市域铁路璧铜线建设加快推进，市郊铁路南川线获批。公路交通更加畅通，快速路六纵线南延伸段工程全线贯通，铜安高速等项目有望年内通车。

二、存在的主要问题

（一）工业增长面临较大压力

2023年，在全球市场需求萎缩、发达经济体脱钩断链，经济增速持续放缓影响下，主城都市区以汽车和电子为代表的主导产业支撑能力下降。汽车产业遭遇发展困难，产量和增加值增速均不及全国水平。电子信息产业受到较大冲击，增加值连续11个月负增长，产业链外迁倾向明显。同时，以先进材料、生物医药、数字经济等为代表的特色优势产业、未来产业规模偏小，对工业经济整体支撑能力有限。

（二）投资增长面临瓶颈制约

受房地产市场供需低迷影响，主城都市区房地产开发投资、商品房销售面积双双出现较大幅度下降，1—9月同比增长-16.7%、-20.9%。同时，在政府债务化解、专项债审批趋严背景下，地方化债压力加大，基建投资稳定增长受到制约。在工业投资领域，受市场需求低迷、工业利润下滑等影响，工业新开工项目计划总投资、项目平均规模出现下降，企业投资意愿偏弱，尤其是民营企业投资意愿较低，民间投资连续多个月出现负增长，投资增长面临较大挑战，前三季度工业技改投资增速仅0.4%，远低于全市2.6%的平均水平。

（三）消费恢复基础尚不牢固

主城都市区消费市场呈现中低端消费无力、高端消费供给不足的格局，居民消费能力及消费预期仍有待增强。1—9月，主城都市区人均可支配收入、人均消费支出均低于周边成都、西安等西部地区国家中心城市，居民消费能力不足。另外，作为国际消费中心城市主要承载地，商圈、景区等消费场景人流

回旺而消费降低的现象较为普遍，集聚有国际品牌的高端购物中心仅4个，每个购物中心国际品牌30个左右，数量明显偏少，对本地高端消费支撑力不足，高端消费外流较为突出。

（四）企业经营压力持续增大

主城都市区企业融资模式仍以抵押贷款为主，融资方式依然较为单一，企业多样化融资需求难以得到满足，融资难融资贵的问题依旧突出，企业经营压力仍然较大。工业地价、工业电价、物流成本普遍高于四川等周边地区，加之前三季度工业到户电价、燃气价格分别同比上涨10%、20%左右，涨幅较大，企业运营成本较高、市场竞争力下降。

三、2024年经济运行环境分析及展望

（一）国际国内环境分析

从国际来看，全球政经形势复杂严峻，货币流动性紧缩、金融风险积聚的影响加快显现蔓延，全球经济前景存在较大不确定性和增长不平衡性。IMF（10月）预计2024年全球经济增长2.9%，较7月预测值下调0.1个百分点，仍远低于疫情前水平。一是由于发达国家多个行业劳动力成本上涨，企业生产运营成本增加，对当地产业链、供应链稳定运行影响深远，为主城都市区发挥制造业优势，依托西部陆海新通道、中欧班列进一步扩大对外出口贸易带来一定增量空间。二是印太经济框架、芯片四方联盟等推动全球供应链"去中国化"，将加速全球投资贸易版图重构，大宗商品价格波动，外需萎缩、中美脱钩断链将对主城都市区汽车和电子信息等主导产业快速复苏以及承接国际产业转移、推动产业转型升级形成较大制约。

从国内来看，2024年我国将在更加复杂严峻的外部环境中，抢抓新一轮科技革命和产业变革机遇，围绕中国式现代化建设，持续实施区域重大战略，在重点领域优化政策供给，为提升主城都市区极核引领能力，加快形成具有国际影响力的活跃增长极和强劲动力源，提供了多重有利条件。一是共建"一带一路"纵深推进，以及推动长江经济带高质量发展和推动成渝地区双城经济圈建设走深走实，将强化区域间要素流转和产业承接转移，有助于主城都市区依托重庆重要战略区位，争取国家更多战略性资源布局，加快承接国家重大生产力布局和东部地区产业转移，在高水平对外开放中实现高质量发展。二是随着国家出台的稳定和扩大消费政策、稳定房地产行业政策、鼓励和支持民营经济发展政策、吸引外商投资政策等系列措施加速落地见效，有利于重庆主城都市区提升产业竞争力，推动城市发展由外延扩张向内涵提升转变，进一步发挥国家中心城市的主要承载地和新型城镇化、新型工业化的主战场功能，加快建成现代化国际大都市。

（二）市内环境及主城都市区环境分析

重庆着力推动成渝地区双城经济圈走深走实，加快西部陆海新通道建设，加快建设现代化都市圈，推动渝西地区一体化高质量发展和成渝中部地区崛起，为提升主城都市区发展能级和综合竞争力提供了重大机遇。一是随着重庆市委"一号工程"深入实施以及"十项行动""四张清单"迭代升级，中心城区将率先承接国家重大改革和开放试点，主城新区现代化郊区新城建设进一步加快，主城都市区的发展能级和综合竞争力将显著提升。二是在全市"33618"现代制造业集群体系提速建设背景下，作为全市制造业集中承载区，主城都市区制造业发展质量和能级将不断提升。中心城区将聚焦高端产业和价值链高端，渝西地区将建设世界级智能网联新能源汽车零部件特色产业基地和全市先进制造业集群重要承载区，国家中心城市产业强支撑进一步夯实。三是西部陆海新通道、数字重庆及西部（重庆）科学城建设等全

面推进，有利于主城都市区加快完善开放型经济体系，发展数字经济、智能产业、数字应用等业态，持续集聚国家战略科技力量、高能级创新平台，进一步释放产业引领、科技创新、门户枢纽等重点引领功能。

（三）2024年经济运行环境分析及展望

2024年，主城都市区将更加聚焦社会主义现代化新重庆建设和"一号工程"要求，推动主城都市区极核引领行动迭代升级，不断增强科技创新能力，健全高端化、集群化、智能化现代产业体系，统筹推动城市更新提升和城市空间拓展，高标准建设西部（重庆）科学城，加快打造国际消费目的地，建设具有国际影响力的活跃增长极和强劲动力源。预计2024年，主城都市区GDP同比增长5.4%左右。

四、对策建议

（一）着力强化制造业发展能级

突出新型工业化主战场地位，加大支柱产业支撑力度，大力承接产业转移，加快国家重要先进制造业中心建设。一是稳定电子信息产业发展。深入市场摸底，掌握细分市场需求，精准撮合对接获取订单。增加汽车芯片、车用软件、汽车电控等本土化采购。针对性解决企业短期运营难题，健全电子制造企业外迁风险预警机制。二是加大产业链招商引资力度。围绕"33618"现代制造业集群体系，找准产业链定位，瞄准"链主"企业，精准靶向发力链式招商，切实做长做强产业链，加快推进制造业集群建设。三是推进制造业"亩均论英雄"改革。分行业、分片区开展亩均效益评价，针对龙头企业实施"一企一策"，实施企业定点帮扶，带动整体产业链、供应链提质增效。四是强化能源要素保障。实施迎峰度夏电力电煤保障专项行动，统筹调度外购电资源及通道。加快推进疆电入渝、川渝电力一体化。

（二）着力提升服务业发展质效

聚焦服务消费新需求和新趋势，努力优化供给与扩大需求，加快内陆现代服务业发展先行区建设。一是继续推动生活性服务业高端化、多样化发展。夯实餐饮、文旅、住宿等服务业恢复基础。积极促进文化、娱乐、旅游产业发展，培育演艺经济、体验经济等新业态，强化对生活性服务业发展的拉动作用。二是加快建设推进西部金融中心。大力发展科创金融、普惠金融、绿色金融、消费金融、供应链金融等业态，持续挖掘和培育上市公司。三是推动物流业高水平发展。高质高效建设西部陆海新通道，扎实推进"五型"国际物流枢纽，加强与中欧班列、长江黄金水道联动，推动联运量持续增长。

（三）着力夯实有效投资支撑

加大项目设计和储备力度，千方百计增强项目资金保障能力，确保形成实物投资量。一是全力推进重大项目建设储备。加强资金、用能、用地等要素保障，积极推动在建、新开工、前期"三张清单"市级重点项目建设。加大合规项目储备力度，争取将更多城市燃气、供排水等城市更新项目纳入国家支持范围。二是激发民间投资活力。加快落实国家和全市促进民间投资政策措施，建立民间投资项目常态化沟通机制，拓宽民间资本参与重大项目细分领域，加大重点领域项目推介力度。三是着力稳定房地产开发投资。落实落细国家房地产支持政策，加大房企纾困专项再贷款等政策执行力度，强化"白名单"房企融资支持，提振房地产投资信心。

（四）着力释放消费增长潜力

加快建设国际消费中心城市，以新场景、新业态促进新消费，推动消费提档升级。一是多措并举促进消费。优化购房、购车、文旅等方面既有政策，增加消费券、现金券等补贴，提振可选类、出行类等重点商品消费。发展夜间经济，完善城市公园商业配套，营造良好消费氛围。二是培育做大新型消费模式。引入世界级顶奢酒店、高端餐厅等，吸引高收入人群消费。开发深度沉浸式旅游项目，推动高端商场引入美术馆、博物馆等体验式业态，满足个性化、多元化消费需求。三是提升消费载体能力。依托城市更新建设，注重优存量、提增量相结合，推动重庆印象城、三洞桥PARK商业综合体运营上量上轨道，加快推进观音桥中環万象城高端综合体建设，完善龙盛新城、九龙半岛、钓鱼嘴半岛文化消费功能。

（五）着力增强外贸发展韧性

着力扩大进出口规模，提升国际循环水平，扎实推进高水平对外开放。一是深入推动西部陆海新通道建设。加快以数字赋能推动内外资源整合，不断提升通道物流运输能力和通道服务效率，扩大通道贸易规模，推动通道沿线地区经济协同发展。二是扩大汽车出口。支持长安、赛力斯等本土汽车龙头"出海"，研发生产右舵车型，推动长安汽车建立海外营销体系、赛力斯在荷兰建立欧洲销售公司。三是加大国内外市场开拓力度。积极在东南亚、非洲等地推广"渝贸全球"品牌，推动自主品牌"走出去"。加强中欧班列货源组织，强化本地笔电、整车等重点企业进出口保障。

（六）着力促进同城化建设

围绕提升中心城区和主城新区同城化、一体化发展水平，统筹推进主城都市区和重庆都市圈建设，着力增强主城都市区发展能级。一是有序开展中心城区城市更新。加强老城区修复改造，重点实施城市更新试点示范项目，提升城市韧性和品质，增强国家中心城市承载力。二是高位推进渝西地区高质量一体化发展。紧扣一体化、高质量发展主题，推动产业与城市功能沿成渝综合运输通道集聚，加快建设郊区新城和川渝合作先行示范区，强化先进制造业备份、战略物资储备等功能承载，打造生态宜居田园城市，筑牢主城都市区高质量发展支撑。三是健全完善一体化交通网络。建成市郊铁路璧铜线，加快建设永川线、南川线、大足线，完善主城都市区道路网体系，实现区域内一小时、周边半小时可达，促进空间职住平衡调整，增强城市发展活力。

[重庆市综合经济研究院（重庆市经济信息中心）
重庆市推动成渝地区双城经济圈建设研究中心课题组
主研：易小光　丁　瑶　余贵玲　邓兰燕
　　　李　林　苏　凡
执笔：苏　凡]

之二：2023年渝中区经济运行分析及2024年展望

2023年，渝中区上下坚持以习近平新时代中国特色社会主义思想为指导，认真贯彻落实党中央、国务院和市委、市政府决策部署，突出"稳进增效、除险清患、改革求变、惠民有感"工作导向，全力以赴推动经济加快恢复提振，经济运行总体延续恢复发展势头。前三季度，实现地区生产总值1196.2亿元，同比增长4.4%，第一季度实现良好开局，第二季度延续恢复态势，第三季度加速稳定回升，整体经济运行趋势与全国、全市基本一致。固定资产投资完成158.6亿元，同比增长7.2%，增速居中心城区第1位。社会消费品零售总额1077亿元，同比增长6.3%，总量保持全市第1位。区级一般公共预算收入33.48亿元，同比增长13.3%。

一、2023年渝中区经济运行特点

（一）围绕中心全力服务大局，区域合作走深走实

一是持续推进成渝地区双城经济圈建设。重庆陆海国际中心、红岩文化公园等8个在区市级年度重大项目有序推进，年度区级成渝31个重大建设项目完成投资83亿元，占年度投资计划的77%。推进与成都青羊、金牛和雅安市等区域合作，签订合作协议17份，举办成渝千兆城市群等大型活动22场。渝中推动成渝地区双城经济圈建设走深走实，获《人民日报》报道。二是深度融入西部陆海新通道建设。核心载体项目建设提速，陆海国际中心裙楼重庆印象城开业迎宾，成功引进老佛爷百货等西南及城市首店、区域首店、最新形象店、城市旗舰店69家。推动陆海新通道国际消费中心迭代升级，e码头跨境新零售西南首店开业，在全市率先探索"保税展示+跨境电商"快速配送新零售模式试点。三是协同推进"一区两群"协调发展。深化对口巫溪协同发展，助力三峡巴蜀中学、三峡人和街小学建设，完成对口帮扶资金实物量4013万元。积极探索"飞地经济"合作模式，与武隆区召开产业协同发展联席会议，与潼南区对接达成战略合作意向。

（二）围绕经济加快复苏恢复，产业发展提质提效

一是金融稳定运行。重庆银保监局"五协会一中心"成功落户，入选全市首批绿色金融机构认定名单4家，绿色贷款余额、绿色债券余额分别增长42.1%和10.5%，金融业增加值、保费收入、绿色金融规模、跨境结算量均居全市第一。二是商贸加快复苏。举办解放碑国际消费节等大型节会活动30余场，新引进首店品牌122家，举办首发首展40余场，解放碑新华时尚城顺利封顶，龙湖时代天街通过市级步行街改造提升项目验收，全区批发业、零售业销售额分别增长5.2%、7.5%。三是软信高速增长。获评2023中国产业区块链城市核心聚集区，入选重庆软信企业综合竞争力50强5家，新落地软信重大项目21个，新增从业人员1.3万人、软信企业1510家，规模以上软件和信息技术服务业营业收入增长64.4%。四是文旅消费火爆。接待游客6363.7万人次，同比增长86%；旅游综合收入580.4亿元，同比增长88%，带动住宿业、餐饮业分别同比增长23%、12.7%，获评2023美丽中国首选旅游目的地、2023年国民休闲度假目的地、2023最负盛名国际旅游目的地。同时，其他服务业拉动作用明显，规模以上企业营业

收入同比增长8.9%，其中，规模以上租赁服务、文体娱乐服务业营业收入增长分别同比增长8.1%和14.2%。

（三）围绕更新提速项目建设，城市品质提升提档

一是城市更新试点推进。戴家巷城市更新项目入选住建部实施城市更新行动可复制经验做法清单（第一批），重庆天地、民乐村纳入重庆首批"现代社区"试点项目。老旧小区改造项目开工18个，完工158万平方米。二是基础设施加快完善。完成长滨路储朝段、菜储段等滨江岸线治理提升、珊瑚公园综合改造、嘉滨路洪崖洞段道路提档升级等完工。治理交通堵点6处，打造袁家岗游园等口袋公园4个、山城花境18处、花漾街区2条。三是山水底色精心守护。大力推进蓝天、碧水、净土保卫战，污染防治攻坚战任务顺利推进，总体达到时序进度。地表水水质达到Ⅱ类标准，制定集中式饮用水水源地突发环境事件应急预案，饮用水水源地水质达标率100%。成功申报市级首批气候投融资试点区，纳入市级气候投融资项目库项目3个。

（四）围绕创新赋能区域发展，改革开放见行见效

一是创新驱动赋能发展。新增市级专精特新企业30家，新入库科技型企业150家，上报市级评审认定高新技术企业99家。打造智慧超市、智慧社区、智慧校园、智慧医院等100余个。落实渝中人才"黄金十二条"，兑现岗位津贴、购房补助等各类资金780余万元。二是深化改革增添动力。开展区属国有企业"规范管理、提效增能"专项行动，渝中停车服务有限公司成功组建，渝中区城市无害化管理中心挂牌运行。深化投融资改革，制定渝中区政府投资项目成本控制标准、政府投资项目咨询及造价中介服务机构管理机制，提升财政性资金使用效率。三是推进试点扩大开放。探索"汇保通"汇率避险新模式入选全面深化服务贸易创新发展试点第三批"最佳实践案例"。服务业扩大开放试点成效评估居中心城区第1位。重庆（化龙桥）国际商务区获批重庆自贸试验区第二批联动创新区。新增外商投资企业及分支机构72家，同比增长28.5%。

（五）围绕企业优化营商环境，经营主体发展壮大

一是大力发展民营经济。制定促进民营经济高质量发展若干措施，开展"助企帮帮团"进园区进楼宇、企业接待日暨政企座谈交流会等活动，上榜2023重庆民营企业百强6家、重庆民营企业科技创新指数100强企业1家、重庆市优秀民营企业家4位、重庆市优秀民营企业2家。二是持续优化营商环境。推进营商环境创新试点、89项首批改革事项取得重要进展，评选渝中区优化营商环境十佳典型案例，试点建立渝中区营商环境观察员制度，选聘营商环境观察员30人。三是增强经营主体活力。率先开展"证照联办"改革，9个领域事项实现"一表申请""一件事一次办"。迭代产业政策，更新发布渝中区稳企惠企政策服务指南（3.0版），新增经营主体14960户，同比增长21.8%。四是推进稳商招商育商。发布楼宇经济招商地图，落地招大引强项目80个，实际资金到位额135.4亿元。梯次培育企业，新入库规模以上企业98家。

（六）围绕民需增进民生福祉，安全稳定抓常抓实

一是社会保障有序推进。成功入选全国实施2023年居家和社区基本养老服务提升行动项目地区，养老、医疗保险参保率保持在97%以上。开展春风行动暨就业援助月、民营企业招聘月、百日千万网络招聘等各类线上线下招聘活动，新增青年就业见习基地67家，带动渝中区新增就业4.76万人。二是社会事业扎实推进。完成创建义务教育优质均衡发展区申报，深化"行走的思政课"育人品牌全覆盖，获评全国儿童青少年近视防控改革试验区（全市唯二），获批全市首批中小学幼儿园校（园）长任期结束综合督

导评估试点区。市中医骨科医院获授"中医药大数据产学研实践基地",成为重庆中医药学院直属附属骨科医院,化龙桥院区建成投用,国药重庆长航医院正式挂牌。三是社会治理创新推进。成功创建全国市域社会治理现代化合格城市,"当好新时代'红岩卫士',探索立体化安保新路子"获评优秀创新经验。持续推进国家安全发展示范城市创建,未发生较大及以上生产安全事故、因灾伤亡和重大负面舆情,安全生产与自然灾害防治形势总体平稳可控。保交楼专项借款安全有效使用完毕,推动泛华大厦等加快完成改造。

二、2024 年发展展望

从国际看,世界百年未有之大变局加速演进,全球经济面临诸多风险和挑战,全球经济增长放缓,通货膨胀处于高位,国际金融市场风险加剧,特别是逆全球化浪潮和地缘政治摩擦,造成国际贸易壁垒增加,全球产业链供应链不稳定性加大。从全国看,我国发展进入战略机遇和风险挑战并存、不确定难预料因素增多的时期,正经历波浪式发展、曲折式前进,但经济运行持续好转,积极因素不断积累,发展的基本面没有变,各方面发展优势没有变而且在持续提升,新动能在加快成长壮大。从全市看,全市上下拼经济、促改革、优服务、保民生、防风险的氛围越来越浓,统筹推进经济社会发展的机制不断完善,经济持续回升向好,社会大局和谐稳定,高质量发展迈出坚实步伐,但综合实力和竞争力仍与东部发达地区存在较大差距。从渝中区看,高质量发展机遇挑战并存,国家相继赋予渝中城市更新试点、服务业扩大开放综合试点、儿童友好城市建设试点、区块链创新应用综合性试点等系列国家级试点,全市也明确渝中建设西部金融中心主承载区、国际消费中心城市核心区、中西部国际交往中心核心区等诸多定位,有助于渝中加快建设"四化"现代都市,打造"四区"首善之地,奋力谱写新时代新征程新重庆渝中发展新篇章。

三、2024 年重点工作

2024 年,渝中区将聚焦市委六届二次、三次全会提出的在新时代新征程全面建设社会主义现代化新重庆任务目标,全力推动经济实现质的有效提升和量的合理增长,持续提升渝中战略价值、区域板块价值、全域整体价值,加快建设国际化、绿色化、智能化、人文化现代城区,加快打造重庆现代服务业引领区、历史文化传承区、创新开放窗口区、美好城市示范区。

(一)聚焦重大战略抓机遇,全力推进一体协同合作

一是推进成渝地区双城经济圈建设。深化与成都锦江、青羊、金牛等中心城区常态化合作互动和经验互鉴,持续开展成渝双城消费节等活动。坚持高质量打造标志性成果,深化推进"四张清单",持续推动成渝地区双城经济圈建设走深走实走细。二是推进西部陆海新通道建设。以深度融入西部陆海新通道建设为牵引,抢抓中国—东盟自贸区 3.0 版建设重大机遇,深入实施"百团千企"国际市场开拓计划,加快建设物流贸易总部基地、国际消费中心、金融服务专业服务中心"一基地两中心"。三是推进一区两群协调发展。持续深化对口巫溪协同发展,持续开展党政代表团互访、产业协作园区共建、招商引资联动、人力资源市场对接。同时,持续深化与武隆、忠县、潼南等区县合作,探索"飞地经济"发展新模式。

(二)聚焦重大项目稳投资,全力提升城市品质能级

一是抓项目投资放量。重点关注"两江四岸"治理提升等在建项目,重点锁定黄花园现代服务业产业园等新开工项目，重点推进大鹅岭景区等前期项目。二是抓项目建设管理。完善渝中区项目管理平台建设，推动项目管理数字化、实时化、可视化。围绕新开工、在建、前期"三张清单"，实行清单管理、目标管理、进度管理，推动前期项目尽快转化为建设项目、在建项目尽快投资放量、计划新开工项目尽快开工。三是抓项目策划储备。做深做细项目前期研究、策划、设计等工作，同步推进项目招商，深入研究项目规划设计、产业定位、发展方向，吸引有实力的企业入驻投资。

（三）聚焦重大改革求突破，全力增强市场发展活力

一是推进数字化变革。在"1361"整体框架下，扎实推动数字重庆建设，深化区级智能中枢项目和区级数字化城市治理和运行中心建设。延伸数字应用，滚动发布软件应用场景清单、技术攻关"揭榜挂帅"项目，推动大数据智能化在各领域的深度应用和精细应用。二是打造一流营商环境。推进营商环境创新试点城市建设，聚焦打造"五个环境"，持续开展营商环境监督员和观察员活动，深化"企业诉求直通车"平台搭建，持续开展"助企帮帮团"进园区进楼宇。三是持续推进城市更新试点。紧抓全国首批城市更新试点机遇，对接落实积极稳步推进城中村改造要求，探索城市更新统筹谋划机制、可持续模式、配套制度政策，聚焦金银湾等五大片区十大重点项目开展整体策划，着力撬动社会资本和金融机构参与更新改造，加快建立政府引导、市场运作、多元投入的投融资机制。

（四）聚焦重大平台提能级，全力扩大渝中辐射影响

一是提升开放平台。一体推进自贸试验区、中新互联互通项目、国家服务业扩大开放综合试点，做实中新互联互通项目运营中心，发挥RCEP贸易促进中心作用，持续探索保税+实体零售新模式等，努力形成可复制可推广典型案例。二是创新科创平台。围绕"众创空间+孵化器+加速器"全链条孵化体系，进一步提升企业创新能力、推进创新平台培育、提质孵化载体建设、优化创新生态。三是搭建招商平台。以总部经济、楼宇经济为抓手，开展产业图谱招商，运用引导基金、股权投资、社会化企业联营合作等招商手段，全力抓好产业链招商、资本赋能招商、场景招商，切实提高合同履约率、资金到位率、项目开工率。

（五）聚焦重大政策助企业，全力推动产业转型升级

一是助推产业能级提升。聚焦"1+6+N"产业政策，持之以恒推动产业结构调整和升级迭代，带动实现职住结构、人口结构和消费结构优化。组织开展闲置载体盘活、老旧楼宇改造，继续支持行业重点龙头企业拓展业务、壮大总量。二是精准直达惠企政策。加强各类惠企助企政策与企业的有效匹配和精准推送，尽最大可能推动"免申即享""即申即享"，切实增强企业对政策的获得感和便捷度，持续提振经营主体信心，帮助企业恢复元气。三是常态走访服务企业。畅通政企常态化沟通渠道和交流机制，推动服务企业与解决难题相结合，深入了解重点行业、领域、企业所面临的新情况新问题，帮助存量企业解决问题，对接意向企业开展洽谈。

（六）聚焦重大民生兜底线，全力维护社会安全稳定

一是全力办好民生实事。面向社会各界公开征求2024年度民生实事项目，优先保障民生实事资金需求。同步做好民生项目测评和储备，选取近年来已实施的部分重点民生实事开展绩效评估。二是繁荣发展社会事业。促进教育优质均衡发展，全力推进全国义务教育优质均衡发展区和学前教育普及普惠区创建。持续提升医疗卫生服务能力，加快推进区人民医院（中医骨科医院）改扩建等项目建设。健全公共文化体育服务体系，高水平建设国家公共文化服务体系示范区。三是切实强化社会保障。强化综合救助，切实做好城市困难人员和低收入人群等重点群体的民生保障。全力稳岗拓岗，强化高校毕业生、退役军

人、家庭困难人员、农民工等群体就业。四是严守安全发展底线。压实安全生产主体责任，深化道路交通、建筑施工、消防等重点领域安全隐患排查整治专项行动，积极创建国家安全发展示范城市、国家食品安全示范城市。五是维护社会安全稳定。分类化解、妥善处置重点领域风险，全力推动"保交楼"项目按时保质保量交付。推动扫黑除恶常态化，严厉打击各类违法犯罪，确保社会安定有序、人民安居乐业。

[渝中区发展和改革委员会　薛　俨　王　轶　周泳滔]

之三：2023年江北区经济运行分析及2024年展望

一、2023年江北区发展现状

2023年，江北区坚持以习近平新时代中国特色社会主义思想为指导，全面贯彻党的二十大精神，牢牢把握"稳进增效、除险清患、改革求变、惠民有感"工作导向，坚持围着企业转、盯着项目干，勇挑大梁、奋勇争先，经济运行继续保持回升向好态势，主要经济指标增速持续高于全市平均水平，在现代化新重庆建设中扛起了江北担当、展现了江北作为。

（一）综合实力稳中有进

经济运行呈现"总量升、增速稳、质量进"良好态势，前三季度，江北区地区生产总值（GDP）实现1242.3亿元，同比增长6.2%，分别高于全国平均（5.2%）、全市平均（5.6%）1个、0.6个百分点，实现了"双高"目标，增速继续居中心城区第1位，总量继续居全市第3位；并实现本外币存贷款余额、商品销售总额、一般公共预算收入、全口径税收、区级税收、社会消费品零售总额增速，进出口增量"7个全市第一"。预计全区全年地区生产总值（GDP）将突破1700亿元，同比增长6%。

（二）"三区建设"夯实产业基础

一是提速建设先进制造业"集聚区"。把制造业高质量发展摆在突出位置，以打造江北特色的"22411"现代制造业集群服务全市"33618"产业集群体系，强化港城、鱼复"双核支撑"，稳步落实"亩均论英雄"改革，加快建设成为全市制造业高质量发展引领区。前三季度，江北区生产新能源汽车14.34万辆，占全市总量近六成，实现产值183.8亿元，同比增长23.4%，电子电器产业实现产值198.6亿元，同比增长14.5%；实现规模以上工业总产值1060.1亿元，同比增长10.8%，规模以上工业增加值同比增长10.5%，居中心城区第1位。泓宝科技建立成都研发中心，长安汽车和四川中自环保合作开展新材料研发，登康口腔与华西口腔医学院联合开发生物活性玻璃陶瓷材料，连芯光电与成都电子科技大学联合技术攻关，总投资超过43亿元的京东方光罩、奕斯伟等"专精特新"项目开工，新增国家"小巨人"企业2家、"专精特新"企业25家、智能工厂1个、数字化车间6个，制造业智能化、数字化转型明显加快。

二是提速建设国际消费中心城市"首选区"。中環万象城进入主体施工，长安国际商业街完成首宗土地出让，茂业天地、方圆LIVE等提档升级，小熊集市、九街夜市等成为全市夜间经济名片，举办"2023成渝双城消费节""6·18电商节""第八届淘宝造物节"等系列促销活动超600场，新引进区域品牌首店95家，开展首展首秀69场，观音桥商圈"双节"期间单日最高人流量近百万，前三季度江北区商品销售总额约占全市的1/5，限额以上住宿、餐饮营业额均实现两位数增长。文商旅融合持续深化，主动融入巴蜀文化旅游走廊建设，澜湄旅游城市合作联盟总部成功落户，年底举办全球旅行商大会、引入全市首家外商独资旅行社，观音桥商圈荣获第二批国家级旅游休闲街区，高规格承办第二届巴蜀合唱节、中国顶尖舞者成长计划全国训练营，匠心打造徐悲鸿艺术街区、洋炮局1862等精品项目，三洞桥风情街开街迎客，以十里江滩公园为核心的长江国家文化公园（重庆段）江北示范段率先启动建设，接待国内外

游客量、旅游收入均保持高速增长。

三是提速建设西部金融中心核心"承载区"。持续深化金融机构、功能、人才"三集聚",主动融入全市"智融惠畅"工程,落地总规模200亿元的中新互联互通母基金,新引进上海证券、开元证券等16个项目,新加坡捷元资本等4家公司获批全市QDLP试点资格,成功发行江北区首只QFLP基金,江北嘴金融中心顺利开工,投用西部金融法律服务中心升级拓展区,全市首家金融人力资源服务产业园在江北嘴落地运营;启动创建"上市公司高质量发展示范区",主办资本市场发展研讨会,成立"江北嘴上市服务联盟",新增上市及过会企业3家、江北区上市企业达到15家,上市公司数量、市值均居全市行政区第一;深化"金融服务港湾"建设,创新"登门式"融资对接模式,累计为经营主体授信80.45亿元,已发放贷款74.79亿元;成功举办中新金融峰会金融科技分论坛、第四届江北嘴新金融峰会;西部金融培训中心启动运营并与重庆银行等6家金融机构签署合作共建协议,第二期"金种子"培训计划圆满收官。

(三)"四大动能"接续培育发展

一是"科创动能"更加彰显。科技竞争力连续3年稳居全市前三;创新竞争力居全市第一梯队,位于成渝地区双城经济圈第四。出台了《江北区高企科企"双倍增"行动计划实施方案》,预计新增高新技术企业110家,入库科技型企业新增361家,总量超过2000家;拥有市级以上重点实验室6个、新型研发机构6个,推荐光子空间等3家孵化载体申报市级科技企业孵化器、众创空间,已建成科技孵化和众创空间载体35家,规模22万平方米,新启动建设强大科技园、交大科技园;规模以上工业企业研发投入超过30亿元,居全市行政区前三,推动长安汽车成为全市唯一一家以企业为主体的全国重点实验室;2023年江北区新增37家企业获得知识价值信用贷款2135万元,新增引导商业贷款3420万元。

二是"数字动能"持续增强。以数字重庆建设引领撬动全面深化改革,全面融入全市"1361"总体框架布局,实现三级数字化城市运行和治理中心业务贯通,以及1379个基层网格"全覆盖",揭牌数字重庆应用开发中心,"入学一件事"、"九小场所安全监管一件事"、村居法律顾问平台等应用获全市推广。深入实施"满天星"行动计划,举办"满天星"行动计划数字重庆建设生态企业集中签约仪式,签约项目71个,汇聚数字重庆建设生态企业41家,360西部总部在智博会期间落地,抖音集团懂车族全国总部完成注册,将集成120亿元营收净增量,新挂牌市、区两级"满天星"示范楼宇共5个,成立"满天星"行动计划帮扶联盟,组织专场招聘、创业沙龙、创业创新大赛等系列活动,满天繁星态势正在形成,"启明星""北斗星"加快涌现;江北区新增软信企业529家,累计2310家,新培育规模以上软信企业7家,累计28家,实现营业收入327.9亿元。

三是"市场动能"亮点纷呈。持续推进环境优区行动,"百千万"联系服务经营主体超10万余次,"小江都能办"一窗进驻870个事项,实现"一件事一次办",新设立"办不成事"窗口推行"首问首责",新增经营主体2.32万户,增长18.1%,成功入选全市唯一第二批全国商业秘密保护创新试点地区,营商环境测评蝉联全市第一、上榜中心城区唯一全市营商环境标杆城市。民营经济担当"主力军"的作用更大,畅通民营投资渠道方面,连续发布两版《江北区民间投资机会清单》,将江北区资源具化为100余项投资机会,7个重点项目获国家发展改革委向民间资本推介;畅通政策直达渠道方面,推出打造最优营商环境10条、促进民营经济高质量发展20条等系列政策措施,发放各类涉企政策宣传册6万余份,提供帮办代办1.5万件次;畅通融资服务渠道方面,常态化开展融资对接会176次,成功为7481户企业发放贷款69.24亿元,助推民营小微企业获得授信200亿元。

四是"开放动能"加速释放。积极融入西部陆海新通道建设,落地成渝RCEP跨境贸易中心、支持新加坡RCEP国际中心设立分支机构,高效运营中新(重庆)跨境电商产业园,推动果园港进境肉类、水果、粮食获批指定口岸功能，"威廉港—广州港—果园枢纽"中欧海铁联运快速班列开通，渝新欧新兴消费品全产业链园加快建设，助力建设全国首个省级进口疫苗检验检测机构，长安汽车获批全市首个集团加工贸易试点，上线全国首个汽车数据交易专区，在观音桥商圈落地全市首个"保税展示+跨境电商"新零售项目、打造内外贸一体化标杆，新增对外开放领域创新案例4个，累计27个，前三季度完成进出口额708.7亿元，同比增长3.8%，总量居全市第3位，增量全市第1位，跨境电商交易额占全市70%；加快建设中国外文局翻译院中西部分院，承办海外华文媒体中国行、全国重庆商会会长会议等人文交流活动，开展全国关键语种预备人才合作培养试点，推动"香港礼品"展示中心首店开馆，加快建设中西部国际交往中心核心承载区。

二、2024年发展思路和重点任务

2024年，江北区将深入学习贯彻习近平新时代中国特色社会主义思想和党的二十大精神，全面落实习近平总书记对重庆作出的重要讲话和系列重要指示批示精神，主动在中国式现代化宏大场景中谋划推进各项工作，突出"稳进增效、除险清患、改革求变、惠民有感"的工作导向，以落实推动成渝地区双城经济圈建设、加快建设西部陆海新通道等国家战略为牵引，以推进数字重庆建设塑造新优势，迭代优化金融、商贸、制造业等产业结构，进一步发挥"极核引领"作用，努力在新时代新征程新重庆建设中扛起江北担当、实现江北作为、作出江北贡献。

（一）在构建现代化产业体系中实现新突破

一是坚定不移担好"两副担子"，吸引更多总部机构落地、国际长期资本入区，完工运营金融地标江北嘴金融中心、打造中新金融峰会永久会址，举办第五届江北嘴新金融峰会等展会活动；加快建设中環万象城、空中连廊等"标志性"项目，推动商品销售总额早日跻身"万亿元俱乐部"，大力推进三洞桥风情街、徐悲鸿艺术街区创建4A级景区。二是坚定不移推动工业倍增，以更大决心、更大力度推进新型工业化建设，以智能网联新能源汽车和新一代电子信息制造2个主导产业集群为重点，加快建设先进制造业集聚区；抓好"亩均论英雄"改革，加快腾笼换鸟，有序腾退低效产能，不断提升产出效益。三是坚定不移做强数字经济，统筹抓好项目招引、楼宇打造、企业升规，定期发布、动态更新场景清单、企业能力清单，加快启动数据要素市场化改革试点，形成既有"满天星"，也有"北斗星""启明星"的发展态势。

（二）在推进高水平改革开放中实现新突破

一是坚持以数字化引领现代化，纵深推进数字重庆建设，加快开发一批江北创新、全市推广的特色应用，细化建立数字化城市运行和治理中心体系构架、明确工作板块，全力打造数字重庆先行示范区。二是持续推进打造营商环境最优区，加快建设西部领先的"一站式"政务服务中心，迭代升级"小江都能办"服务平台，深化"百千万"联系服务经营主体全覆盖机制，更新发布《民间投资机会清单》。三是统筹推进国资国企、财政体制、义务教育"双减"、医药卫生体制等改革，积极探索第三次分配方式，扎实推进政府职能转变，形成更多全局性、引领性、标志性改革成果。四是以建设西部陆海新通道为牵引，主动承接中新互联互通项目，全面深化服务业扩大开放综合试点和服务贸易创新发展试点，推动中西部国际交往中心核心承载区建设见行见效。

（三）在建设高能级现代都市中实现新突破

一是坚持产城融合、职住平衡，推动"一带双核五片区"建设走深走实，加快推进北滨路东、西延伸段生态综合修复工程，精心打造国际化滨水城市风貌展示带，提档升级观音桥商圈周边次支干道，统筹推进长安四工厂城市更新、长安文化国际商业街建设，加大寸滩国际新城土地出让力度，加快建设望江军工文旅生态谷配套基础设施，全力打造五宝生态运动小镇。二是强化存量思维，坚持"留改拆增"并举，统筹开展棚户区改造、老旧小区改造、城市更新，大力实施城中村改造，全面完成"保交楼"工作任务，努力让群众看到变化、得到实惠。三是提升城市治理能力，下足绣花功夫，用好数字化手段，加强智慧化管理，提高城市安全韧性，实现城市运行"一网统管"、政务服务"一网通办"、应急管理"一网调度"、基层服务"一网治理"。同时，把平安江北建设作为"一把手"工程，全力守护政治安全、社会稳定、社会治安、公共安全、网络安全、经济金融安全。

[江北区发展和改革委员会　李　兴]

之四：2023年沙坪坝区经济运行分析及2024年展望

2023年以来，沙坪坝区坚持以习近平新时代中国特色社会主义思想为指导，全面贯彻党的二十大精神，认真落实市委六届二次、三次全会精神，紧紧围绕"主阵地、示范区、排头兵、领头雁"目标定位，立足"守牢底线、有大变化"，以"四个示范区"建设为抓手，全力推进"四个重大"，突出"稳进增效、除险清患、改革求变、惠民有感"工作导向，持续巩固"潮涌嘉陵、风动歌乐"高质量发展态势。

一、2023年沙坪坝区发展现状

（一）应对复杂形势，着力抓好经济企稳回升

全力抓项目扩投资。以重兵保重点，不断完善"周研判、旬调度、月通报、季晒比"等项目调度工作机制，内环高速拓宽工程、陆海新通道重庆无水港、中电光谷科技城等20个项目完工投用，有力保障成渝中线高铁、渝西高铁等市级重大项目建设用地，城市能级加快提升。全力促消费增信心。大力营造消费新场景，打造城市后巷经济，结合建设"青春之城"，谋划十大场景、100个项目，推出十大场景、100余个项目，磁器口古镇十二巷"后浪""滋味""潮起"片区开街，川外小铁路、公交记忆、沙正街建筑巷等特色街区焕新呈现，沙坪坝区接待游客增长79%，旅游综合收入增长90%，城市美誉度影响力不断提升。全力壮大经营主体。坚持举旗招商、精准招商、产业链招商、专班招商，前三季度招商引资签约项目186个，金额745亿元，其中50亿级项目2个，20亿至50亿级项目4个。"一企一专班"帮助赛力斯、西南药业、重庆水泵厂等企业扩产能、抢订单、拓市场，前三季度助企融资116.4亿元、新增订单192亿元，降成本30.6亿元，营商环境受到市政府表彰激励。

（二）强化担纲担责，加快打造具有辨识度的标志性成果

加快建设成渝地区双城经济圈主阵地。围绕提升"六大能级"，全面铺开西部（重庆）科学城沙坪坝片区、井双嘉陵湾"两大作业面"，完成科学城沙坪坝片区管理制度改革，"一带一路"核心区、井双嘉陵湾、大学城北拓区等百亿级项目稳步推进。加强战略对接、任务承接、项目衔接，两地高频互访60余次，联合武侯区发布150个城市发展机会清单，川渝污染控制与资源化利用技术实验室等联建项目成功落地，成功举办第二届中国高校（成渝）校友经济高峰论坛等活动，办理"跨省通办"业务超过16万件。全面融入西部陆海新通道建设。全面提速国际物流城"一枢纽三中心"建设，健全通道体系，新开2条线路，首开新能源整车出口对欧专列，新设德国汉堡海外仓，投运集装箱共享调拨中心，四向班列开行4375列，口岸通关货值约85亿美元；提升枢纽能级，综保区预计年底获批，投运陆海新通道无水港、肉类口岸、铁路口岸综合管理平台；发展开放经济，引进中老大宗贸易等7个海外项目，落地海丰国际等头部物流企业4家，国通（西南）智慧冷链产业园等重点项目投运，完成整车进出口1.4万辆；强化制度创新，创新跨境铁路循环共享运载模式，铁路快通实现常态化运行，落地首笔中欧班列区块链电子提单融资业务。

（三）坚持系统重塑，在推进高质量发展上再上新台阶

大力实施"星耀沙磁"计划。坚持一切工作向"多打粮食"聚焦，赛力斯新款问界M7成功发布，旺成科技成功上市，集聚拓普、文灿、立中、快联等57个智能网联新能源汽车产业项目；落地西南药业迁建扩能、欧林生物、器官生物工程研究中心等生命健康引领项目；博张机电、吉芯科技、水泵厂扩能等一批重点项目加快建设；引进佳都科技、舜云互联、达梦数据库等软信头部企业，新招引建筑设计企业5家、汽车设计企业12家。加快提升自主创新能力。加快打造"4+N"产业创新园区，创客港·未来科技园落地植恩医学等项目28个；拾光格·数字软件园新签约飞象星球等项目15个；华宇城·生命科技园建成投用，上桥·高性能医疗器械产业园启动改造，环大学创新生态圈实现产值增长25%，创新报表保持全市前列。

（四）紧盯群众期待，在推进高品质生活上呈现新作为

推动城市有机更新。下大力气治堵、治乱、治危、补短，轨道9号线新桥段、15号线沙区段、27号线沙区段分别完成工程总量52%、15%、26%，完工13条主次支道路、11个堵乱点综合治理、5条步道建设、1500余个停车泊位；稳步推进特钢厂、凤凰山等12个城市更新试点示范项目，62个152万平方米老旧小区加快实施，大河沟D级危房拆除案例入选住建部城市更新经验清单；深化"四周四沿"整治，提质医院周边、创新平台周边、过境沿线绿地面积约47万平方米，完成"开放之路"、沙滨路等绿化示范提质，群众家门口的风景可望可即。推动乡村全面振兴。深化农村人居环境"一化两改三不见""五园共治"等专项行动，新建"四好农村路"30千米、入户道路20千米、污水治理设施3座、供水管网24千米，栽种花卉果木10万平方米，整治农房风貌150栋。统筹打造中梁—歌乐、缙云山麓乡村振兴示范带，三河村艺术家村落火热出圈，建成灿若湖耕读研学休闲基地一期，乡村游人数增长20%，村集体经营性收入增长10%，现代都市中的"诗意田园"加快呈现。加快建设美丽沙坪坝。深化污染防治攻坚，压实河长制、林长制责任，新改建排水管网20.4千米，投用"两江四岸"治理提升磁器口滨江片区、沙田污水处理厂一期，西永、土主污水处理厂扩建分别完成总工程量的86%、93%，嘉陵江水质稳定达到Ⅱ类，完成气体压缩机厂污染地块治理修复，完成森林抚育2万亩，生态报表全市领先。

（五）突出共治共享，在推进高效能治理上取得新成效

加强和创新社会治理。全域深化"党建扎桩·治理结网"，以数字化推动工作体系重构、流程再造、机制重塑，纵深推进"一中心四板块一网格"基层智治体系建设，改革经验获全市推广。投用区数字化城市运行和治理中心，建成全国首个内涝点水位监测信息与交通信号灯实时联动系统，数字防汛决策指挥系统、工贸行业安全生产管理系统、营商环境智慧监管平台等实用实战应用全市推广。持续提升公共服务水平。解决赛力斯等重点企业用工7200余人，发放创业担保贷款3798万元。推进新时代优质学校集群化发展，新改建中小学5所，新增公办幼儿园2所，高质量完成义务教育优质均衡市级实地督导评估，教育工作连续两年获市政府督查激励。区人民医院成功晋级三级医院，区疾控中心、妇幼保健院迁建项目主体封顶。发放城乡低保金5677.4万元，完成适老化改造845户。防范化解重点领域风险。深入开展"十项全面清理"，累计新增资产97亿元，压减项目和"三公"支出10.7亿元、化解隐债105亿元，牢牢守住财政"三保"和债务不"爆雷"底线。扎实做好"保交楼"，突出抓好"久供未建""久建未完"项目。深入践行新时代"枫桥经验"，"一人一策"抓好重点群体矛盾纠纷调处、化解率达到97.5%，纠纷类警情下降30.6%，未发生"民转刑"案件。沙坪坝区安全生产与自然灾害防治形势总体平稳可控。

二、2024 年发展思路和重点任务

（一）加快成渝地区双城经济圈主阵地建设，更好服务国家区域发展大局

做强做优重大平台。围绕"两大作业面"，高标准建设青凤科创城、国际物流城、嘉陵湾区，深化央地、市区合作，以大格局、大视野深入推进城市综合开发，策划推动成渝中线科学城站产城融合项目、"一带一路"核心区产城融合提质升级、大学城北拓区片区开发等标志性项目，推动磁器口、凤凰山、重庆炮校等特色亮点城市更新项目，多渠道争取政策、资金支持，牵引"双城圈"建设出形象、出效果。提升内畅外联水平。充分发挥重庆战略向西的桥头堡作用，加快建设国际性综合交通枢纽，更好促进"双循环"联通，提速成渝中线高铁、渝西高铁以及轨道 7 号线、9 号线新桥段、15 号线、27 号线、大学城复线隧道等重大项目建设，推动西永隧道开工。加密提质内部路网，续建沙磁、上新等 29 条道路。深化双核联动共建。完善常态化会商、互访机制，持续推进与武侯区合作搭建新材料产业协同发展平台，与成都传媒集团共建磁器口古镇"十二巷"等双核联建重点任务落实，深挖创新、开放、教育、卫生、文化、旅游等资源优势合作共建、转化变现，形成一批有影响力的成果。

（二）高水平建设西部陆海新通道，加快打造国家陆港枢纽经济示范区

提升开放通道带动力。持续拓展"4+N"通道功能，新开行 1 条国际班列线路，设立海外分拨仓 1~2 个，常态化开行新能源汽车专列、冷链班列，促进"一条路"向"一张网"转变。加快数字通道建设，打造数字平台、数字枢纽，做大国际班列"一站式"公共订舱平台，订舱量达到 5 万标准箱以上，提升中欧班列与西部陆海新通道联运水平。加快建设沿山货运通道、西井干道等 11 条外联通道，畅通集疏运"最后一公里"。提升开放型经济竞争力。围绕打造国家陆港枢纽经济示范区，加快综合保税区规划建设和产业导入，申报进境粮食等指定监管场地，启动智慧口岸二期建设，打造整车及零部件等 6 类分拨中心，完善首次药品进口口岸功能。大力发展出口导向型产业，持续壮大现代物流、国际贸易、跨境电商、供应链金融等枢纽经济，引进东盟企业 10 家以上，落地 50 亿级重大项目 1 个、20 亿级重大项目 2 个、海外招商项目或机构不少于 10 个，大力开拓东盟、"一带一路"沿线国家等新兴市场，推动"渝车出海"，加快重药进出口、整车展示展销中心、国际贸易产业园等项目建设，依托厦门国贸、浙江中拓等龙头持续集聚大宗贸易等上下游企业。提升开放环境吸引力。紧贴经营主体推进降本增效，推进国际通道联运箱量超 1 万标准箱，扩大多式联运"一单制"功能及应用范围，实现铁路运输单证信用证年结算金额 1 亿元，提单数 3000 单，多式联运"一单制"提单 2800 票，加快货运价格量大从优机制创新，探索建立新能源汽车国际铁路运输标准。构建供应链金融生态圈，联合中国物流集团加快推动物流交易中心筹建，建设陆海新通道国际法律服务港，打造涉外法律服务区。深化国际交往合作，大力引进东盟国家商业协会设立经贸文化交流中心。

（三）全力构建特色优势产业体系，系统重塑高质量发展新动能

推动先进制造业集群化发展。以"北斗星"计划做大智能网联新能源汽车、生命健康等主导产业，强化赛力斯等企业龙头带动作用，持续延链、补链、强链，推动拓普、文灿、立中等重大配套项目尽快建成投产，全力构建 1000 亿级智能网联新能源汽车产业集群；加快国药太极西南药业新基地、器官智能生物制造工程研究中心等项目建设，着力打造 200 亿级生物医药产业集群。以"启明星"计划壮大集成电路、高端装备等战略性新兴产业，推动水泵厂、博张机电扩能升级，建成奥普提研发制造中心、吉芯科技研发基地，加快布局生物制造、节能环保、新材料等高成长性细分产业，鼓励青凤高科创新孵化中

心等推行差异化产业招商，黄金湾·智谷投运5个项目，新落地10个项目，中电光谷投运5个项目，新落地5个项目，联动U谷投运9个项目，新落地9个项目。以"满天星"计划集聚软件设计、检验检测等楼宇产业，推动数字经济和实体经济融合发展，打造更多"满天星"示范楼宇，支持佳都科技、达梦数据等企业发展壮大，加快打造1491未来设计创意中心，推动"星耀天地"软件科技园引进10家以上软信企业。全面推进制造业"亩均论英雄"改革，建立健全亩均效益评价体系，完成青凤高科产业园二期平场，大力盘活老校区、老厂区等低效闲置资源，推动利用东部存量工业用地探索实施"工业上楼"，为产业发展提供坚实的空间支撑。推动现代服务业品质化发展。全面融入国际消费中心城市建设，大力发展后巷经济，结合新区开发、城市更新、"青春之城"打造，持续丰富业态、优化环境，加快建设磁器口"古镇十二巷"等消费新场景，盘活提升石井坡大河沟、互助湾、双碑大桥至渝怀铁路段等空间利用质效，以"后巷经济"赋能消费升级。持续推动三峡广场、佛罗伦萨小镇等商圈提档升级，持续开展房地产、汽车、家电等促销活动。全力推动歌乐山·磁器口5A级旅游景区创建，加快建设巴蜀文化旅游走廊。围绕"星耀沙磁"计划加大中长期贷款投放，支持"技改专项贷"扩大规模，支持万普隆上市。做大规模以上其他服务业企业总量。推动招商引资提质增效。坚持深耕细作、做优存量，别开生面、做大增量，以我为主、举旗招商、精准招商，强化"招引落服"一体化，努力在重大项目招引落地上有新突破。

（四）全面实施科技创新和人才强区首位战略，更大力度赋能实体经济发展

围绕主导产业建设环大学创新生态圈。坚持以产业为导向建设"4+N"创新园区，创客港·未来科技园突出重庆大学国家大学科技园带动作用，打造重庆大学师生创新创业和校友企业集聚区；拾光格·数字软件园瞄准数字中台、区块链、数据服务，建成全市数字中台、区块链、数据服务应用示范区；华宇城·生命科技园推动重庆大学医工交叉创新中心等落地；上桥·高性能医疗器械产业园启动园区改造，推进新桥医院血细胞智能分离机等项目落地；建成智能器官生物制造工程研究中心，推动重庆大学高性能齿轮装备研究院、高端仪器装备研究院落地，加快重庆大学精准医学研究院建设。推动创新链产业链深度融合。强化企业创新主体地位，有机衔接"星耀沙磁"行动计划，以突破关键核心技术为主攻方向，着力打造三大科技创新高地、推动十项产业技术创新，培育科技型企业1000家、高新技术企业64家以上。建成区高能级企业梯度培育智慧平台，构建"初创企业—科技型中小企业—高新技术企业—上市企业"梯度培育体系。打造科技成果转化首选地，推进概念验证中心、中试平台建设，先期建设智能科技概念验证中心和高性能医疗器械中心，构建"1个中心+1只基金+1个服务体系"，打通"成果甄选+成果评价+小试熟化+项目投资+加速发展"全链条。持续培育卓越创新生态。围绕争创知识产权保护示范区，建强区知识产权服务中心，探索构建"行政保护、司法保护、社会共治"的一体化协同保护机制，打造西部知识产权保护高地。深入推进"沙磁菁英"等四项行动，加快产业、创新、人才联盟"三盟合一"，做强5个创新产业（人才）联盟，新建生物医药领域院士工作站，建好校友经济产业园等人才创业平台，提档升级科普基地。

（五）以数字化变革引领全面深化改革，加快重大改革项目场景化呈现

纵深推进数字重庆建设。充分发挥数字重庆建设总抓手作用，纵深推进"一中心四板块一网格"基层智治体系建设，推动党政机关、事业单位、国企民企、社会团体等积极参与数字化变革，建实区级指挥中心，精心打造"城市大脑"。突出实战管用，聚焦改革发展急需、群众和企业反映强烈的问题，维护社会平安稳定，梳理完善核心业务，编制数字重庆建设"三张清单"。突出基层好用，按照迭代、迁移、开发、谋划"四个一批"要求，上线一批典型应用，深化防汛决策指挥系统、营商环境智慧监管平台、工贸安全在线等特色应用建设。突出群众受用，紧扣群众、企业所需所盼，细化党的建设、经济发展、民生服务、平安法治"四板块"，找准小切口、推动大破题。深化重点领域改革。持续推进开发园区改革，聚焦主责主业，持续优化开发区"管委会+运营公司"模式，建立开发区高质量发展评价制度，推动开发区集成优势、放大功能。稳步推进新一轮国企改革深化提升行动，加快国企实体化、市场化转型，分类整合分散资源、有效盘活国有资产。营造卓越营商环境。坚持做有为政府、诚信政府，常态化落实"三服务"机制，走好"三个一公里"，切实兑现政策支持、招商承诺，构建"亲""清"政商关系。实施民营企业"龙头引领"行动，打造"红岩沙商"队伍。

（六）统筹抓好城市更新和乡村振兴，加快打造高品质国际化现代都市

推动城市更新。下足"绣花功夫"补齐功能品质短板，新增山城步道10公里、公共停车位1000个，完工2023年152万平方米老旧小区续建项目，新开工2024年223万平方米项目。深化"四周四沿"整治提升，布局"五小"功能设施，完工滨江贯通工程（滴水岩至磁器口段），提质街头绿地3万平方米、建成绿道2.5公里以上、"坡坎崖"绿化美化2万平方米以上，建设口袋公园3个，整治违建50万平方米，迭代升级智慧城管，精心打造"群众家门口的风景"。

推进乡村振兴。探索"千万工程"经验沙坪坝实践，统筹打造中梁—歌乐、缙云山麓乡村振兴示范带，建设灿若湖耕读研学休闲基地等现代都市农业项目，新改建省道及农村公路30公里、建成茅山峡公路桥，投用中梁龙泉村、新发村乡村会客厅，发动群众共建宜居宜业和美乡村。筑牢生态屏障。深入实施生态系统保护，坚持山水林田湖草沙一体化保护和系统治理，深化实施河长制、林长制，高标准规划建设嘉陵滨江生态长廊，建好梁滩河"百里生态画廊"，强化中梁山、缙云山保护提升，筑牢长江上游重要生态屏障。持续开展污染治理修复，深化打好蓝天、碧水、净土保卫战，实施"清水绿岸"治理提升、梁滩河支流龙凤河水环境综合整治等重点项目，推进生活污水集中处理设施新、改、扩建，实施交通、扬尘、工业、生活污染控制行动，完成磨床厂、庆铃汽车三分厂地块等土壤污染修复治理，持续巩固"散乱污"企业整治成效。打造青春之城。迭代升级青年发展政策体系，推动青年高质量发展和城市高质量发展相互促进。发挥重庆大学、四川美术学院的城市设计、管网设计、园林设计等优势，壮大"青年沙磁推荐官""城市改造师""乡村星创客"等特色青年队伍，充分发挥青年在城市更新、消费新场景打造中的创造力和活力，打造一批充满青春气息、具有鲜明标识的社区、小区、小巷。引导青年积极融入环大学创新生态圈等建设，建设配套齐全、充满活力、具有品质的创新园区，培育100家青年初创型企业。

（七）持续增进民生福祉，不断增强人民群众的获得感、幸福感、安全感和认同感

实施惠民暖心优服行动。强化就业优先导向，加强高校毕业生、困难群众等重点群体就业支持，动态发布急需紧缺职业（工种），多渠道增加城乡居民收入，新增就业3万人以上。推动教育优质均衡发展，投用联芳规划小学、西藏中学改扩建工程（一期），开工南渝中学物流园校区，统筹推进24个国家级、市级改革试点项目，建成全国义务教育优质均衡先行区。实施健康中国沙坪坝行动，投用区疾控中心、妇幼保健院新院区，推进陈家桥医院二期、区中医院、精卫中心及小龙坎等社服中心提质扩容，实施应对人口老龄化、妇幼健康关爱行动，完工沙滨全民健身中心。用心用情办好民生实事，实施"小而美"民生项目，让群众看到变化、得到实惠。实施区域文化保护传承行动。践行社会主义核心价值观，深入开展"冠红岩之名、铸红岩之魂"实践活动，持续擦亮"红岩志愿"服务品牌，加快塑造以红岩精神为核心的城市精神。深化文化惠民，创建重庆市公共文化服务示范镇街1个，完工大学城文化宣教综合服务中心，打造"小而美"的新型公共阅读和艺术空间，在13个轨道交通站点布局智慧化自助图书借阅设施，做亮"青春合唱团"品牌。深化文化传承，完成成渝古驿道文博融合项目，因地制宜打造一批文化街区、文化地标和历史步道，让城市留住历史根脉。实施防范化解重大风险行动。保持谨慎心、增强预见性，努力实现本质安全、基础平安。全力化解政府债务风险，打好化存控增、增收节支、壮士断腕、精准拆弹"组合拳"，确保如期完成"脱红"目标。常态化开展安全稳定风险隐患大排查大起底大整治，强化防灾减灾体系和能力建设，实施6个综合管道老化更新改造工程，健全安全生产责任体系和联动长效机制，努力建设更高水平的平安沙坪坝。

[沙坪坝区发展和改革委员会　邓　赟　林　宽]

之五：2023年南岸区经济运行分析及2024年展望

一、2023年南岸区发展现状

（一）生产供给持续改善，两大产业稳中有升

工业经济稳步回升，重点企业支撑有力。前三季度，规模以上工业增加值同比增长5.2%，环比上半年提高1.8个百分点，排中心城区第2位，从工业产值看，规模以上工业企业完成总产值692.4亿元，同比增长3.5%，增速环比上半年提高2.2个百分点。分行业看，七大行业呈"六升一降"趋势，其中，医药行业同比增长8.7%，装备同比增长8.4%，材料同比增长1.9%，电子同比增长2.8%，摩托车同比增长4.2%，消费品同比增长0.9%，汽车受迪马改装车业务及燃油车产销量减少影响，同比下降5.1%。龙头企业拉动工业增长，14户"双百企业"完成产值507.7亿元，同比增长5.3%，高于南岸区平均增速2个百分点；占南岸区规模以上工业比重达73.3%，拉动工业增长3.7个百分点。转型升级加快推进，新增会凌电子、博森电气2家国家级"小巨人"企业，美的制冷等2个国家级绿色工厂，美的通用等9个数字化车间，累计建成4个智能工厂、35个数字化车间，生产效率提升20%以上，运营成本降低23%以上，能源利用率提升18%以上。

服务业稳进提质，金融业担当增长主动力。前三季度，服务业增加值完成457.7亿元，同比增长5.6%，排中心城区第3位，环比上半年提高3个百分点，占GDP比重达63.9%。金融业高速发展，金融业增加值完成91.6亿元，同比增长17.4%，拉动GDP增长约2.2个百分点，金融机构本外币存贷款余额完成6837.7亿元，同比增长36.2%，环比上半年提高0.6个百分点，排全市第1位，月平均增长26.8%。其中，存款余额2493.3亿元，同比增长25.7%，居全市第1位，贷款余额4344.4亿元，同比增长43%，居全市第1位，太保财险南岸支公司入选全市首批绿色金融机构，为南岸区金融业发展提供重要支撑。新业态发展态势向好，深入实施"满天星"行动，收储楼宇8.6万平方米，新增软信企业800余家，从业人员突破4万人，规模以上软件信息服务业营业收入同比增长11.8%，环比上半年提高10.6个百分点，高于全市平均增速16个百分点，重庆软件园A区、数字内容·渝入选首批"满天星"市级示范楼宇，中移物联网、西南集成、信科通信、城投金卡等4家企业荣登全市软件信息服务业企业综合竞争力50强。

（二）社会需求总体平稳，三驾马车协同发展

投资增长压力较大。受化债等多重因素影响，前三季度，南岸区固定资产投资完成261.6亿元，同比下降7.3%，面对严峻的投资形势，南岸区精准调度、综合施策，全力促进建安投资放量，为GDP增长提供有力支撑。前三季度，建筑安装工程投资完成183.9亿元，同比增长7.7%，占南岸区投资比重达70.3%。分类别看，基础设施完成投资142.9亿元，同比增长5.7%，工业投资完成16.3亿元，同比增长24.5%，房地产完成投资76.4亿元，同比下降24.8%，其他社会事业类完成投资26亿元，同比下降19.6%。重点项目提质增效，重点项目完成投资220.4亿元，同比增长11%，完成年度计划投资62.4%，国瑞·长嘉外滩、保亿数字经济总部城、卓越天元等项目加快推进，希尔顿惠庭酒店、康莱德文旅升级改造等项目年内建成投用。政府投资项目管控有保有压，按照全市政府投资项目管控统一要求，扎实开

展"三个一批"，根据项目性质、轻重缓急梳理资金缺口，制定保障方案，全力调度资金保障市五院迁建、江南立交等重点项目建设；优化压减呼归路等重点企业配套项目，南坪中心广场更新工程等高建设进度项目及110中学段排危整治点等应急工程，尽力寻求资金来源、弥合资金缺口；坚决停建缓建炮台山步道工程、南山林相改造及道路两侧绿化美化工程、横五路改造段工程等一批低效项目，严控新增债务。积极争取资金支持，前三季度共争取上级资金63亿元，完成全年计划的74.2%。

消费市场持续复苏。前三季度，社会消费品零售总额完成499.8亿元，同比增长6%，环比上半年提高1.9个百分点，排中心城区第7位。分行业看，除住宿业外，其他行业在中心城区排位偏后，其中，住宿业营业额完成17.5亿元，同比增长27.3%，排中心城区第2位；批发业销售额完成1090.8亿元，同比增长13.5%，排中心城区第5位；零售业销售额完成348.3亿元，同比增长5.7%，排中心城区第7位；餐饮业营业额完成51.2亿元，同比增长11.3%，排中心城区第8位。消费场景日渐丰富，京东生态企业实现销售额48亿元，同比增长14.5%，环比上半年提高7.7个百分点，南山街道双龙村入选中国美丽休闲乡村，万达广场时尚楼启动改造，龙湖TOD加快建设，开埠遗址公园正式开园，龙门浩老街·下浩里全域开放，金隅五洲皇冠酒店开业运营，弥补茶园片区首家五星级标准酒店空白。节庆消费稳步恢复，中秋、国庆期间接待游客344.1万人，同比增长26.6%，其中，过夜游客37.7万人，同比增长144.6%，万豪、凯宾斯基、喜来登等酒店入住率达100%，南岸区社会消费品零售总额达到14.9亿元，同比增长16.2%。

对外开放纵深推进。前三季度，南岸区外贸进出口总额完成57.8亿元，同比增长7.3%，排中心城区第1，其中，出口48.6亿元，进口9.2亿元；实际使用外资预计完成4718万美元。服务贸易创新发展试点顺利通过终期评估，服务业扩大开放综合试点圆满完成市级试点任务，南岸自贸板块新增注册企业124家，注册资本金13.9亿元，重楼中药数字化营销服务基地、北京星云智能超充站、赣锋新能源等103个项目成功引入，正式合同金额495.4亿元，资金到位额192亿元，同比增长10%，投资转化率达到38.7%，同比提高约3个百分点。

（三）经济效益向稳向好，发展质效稳步提高

财政收入稳健可控。前三季度，南岸区一般公共预算收入完成41.1亿元，同比增长5.8%，其中，税收收入完成31.2亿元，同比增长4.7%，环比上半年提高6.7个百分点，税收占比达75.9%，高于全市平均水平11.7个百分点。大力盘活行政事业单位低效运转、闲置房屋、车辆、停车位等资产，全力提高国有资产利用效率，非税收入完成9.9亿元，同比增长9.6%。着力防范化解风险，稳妥完成债务化解任务，政府性债务化解成效达17.2%，排中心城区第4位。一般公共预算支出重点保障民生领域，其中，节能环保支出、卫生健康支出、公共安全支出、社会保障和就业支出分别增长82.9%、56.1%、32.5%、10.7%、5.3%。

居民生活持续改善。前三季度，常住居民人均可支配收入完成40481元，同比增长3.9%。持续实施青年就业促进行动、"就在山城"重点群体就业扶持行动，城镇新增就业4.2万人，同比增长12.4%，城镇调查失业率控制在5.5%以内，统筹城乡养老保险、医疗保险参保覆盖率均达到95%以上。

二、当前工作中需关注的问题

（一）主要指标保位压力较大

前三季度，南岸区经济较快增长，除金融业保持高速增长、房地产降幅收窄等因素外，主要得益于工业经济的快速恢复，但与中心城区其他工业大区相比，优势并不明显。从第三季度全市工业运行情况

看，主导行业正加速恢复，汽车行业增加值同比增长5.9%，较上半年加快0.7个百分点，电子行业增加值增速较上半年提高3.1个百分点，随着问界M9、阿维塔12等新车型的上市，以及新华三等订单在渝加快生产，全市汽车、电子等主要工业行业将提速回升，与此关联的渝北区、沙坪坝区、九龙坡区等区县必将在第四季度迎来强势反弹，对南岸区经济增速排位带来较大的下降风险。

（二）招商质量差距较大

前三季度，全市重大产业项目招商签约2027个，其中，200亿元以上项目4个，100亿~200亿元项目18个，50亿~100亿元项目40个。从中心城区看，200亿元以上项目高新区1个，100亿~200亿元以上项目两江新区3个、江北区2个、高新区1个、九龙坡区1个。受载体不足等因素影响，南岸区2023年50亿元以上新签约项目尚未实现突破，20亿元级项目也仅有2个（万友尊达汽车服务基地、佩莱西南总部基地，签约金额均为20亿元），将加大南岸区2024年以及今后一段时间经济发展的预期压力。

（三）投资形势依然严峻

2023年以来，南岸区上下树立抓项目就是抓发展理念，全力抓项目促投资，但受政府投资项目管控影响，固投增速依然呈现下降态势。一是房地产投资持续下滑。全年424亿元目标投资中，房地产、工业、基础设施目标投资分别为120亿元、24.3亿元、279.7亿元，分别占28.3%、5.7%、66%。但前三季度房地产投资连续负增长且降幅逐月扩大到-24.8%，仅完成目标投资的63.7%，直接拉低南岸区投资2.7个百分点，成为南岸区投资下滑的主要原因。目前南岸区仅32个房地产项目可报投资，其中仅四公里TOD、中建壹品南滨星光城2个项目约9.5亿元土地费可报且不能一次性入统，如全年无土地出让，房地产投资形势将持续严峻，工业和基础设施难以弥补其下降缺口。二是市级平台公司项目未按计划推进。前三季度，市级平台公司在区完成投资96.3亿元，完成年度计划的73.8%，滞后进度1.2个百分点，其中城投集团年度计划投资9亿元，前三季度仅完成1.4亿元，完成年度计划的15.6%，滞后进度计划59.4个百分点，鸡冠石污水处理厂四期、鹿角隧道等项目土地费未及时填报，是南岸区投资下滑的因素之一。三是化债及政府投资项目管控影响严重。全年新开工重点项目54个，截至9月仅开工28个，开工率仅51.9%，广阳湾片区市政道路、东港汽车产业园等13个项目开工延期，减少投资9.5亿元；43个续建重点项目完成投资86.7亿元，完成年度计划的67.3%，江南立交改造工程、广阳大道生态修复及景观提升工程、茶园B标准分区秉文路等28个政府投资项目进度滞后，减少投资28.4亿元。

三、2024年主要工作

为实现2024年第一季度开门红，要及早谋划南岸区发展思路、主要目标和重点任务，提前做好项目策划和项目储备，重点抓好几件大事。

（一）产业发展方面

工业要以先进汽车电子产业园建设为重心，深化与长安、赛力斯等企业合作，新引进一批汽车电子、汽车软件、新能源电源等项目，全力打造智能网联新能源汽车基础设施绿色能源示范区；金融业要力争实现个人征信牌照、互联网保险牌照、国际贸易交易结算平台落地，搭建起蚂蚁消金、万维征信、阿尔山等核心金融企业架构，形成消费金融、互联网保险、征信、跨境结算等特色金融体系；软件信息业要发挥南岸区成熟载体优势，加快闲置楼宇收储改造及专业化运行，聚焦游戏、动漫、影音等新赛道，引育一批行业龙头企业，推动产业发展"集点成片"，打造在全国具有影响力的重庆数字创意战略性新兴产业集群。

（二）投资增长方面

要聚焦重点片区建设发展，带动社会投资补齐政府投资缺口，大南坪区域要加快推动上海城商业综合体升级改造、重庆游乐园、西南兵工、万达坊等项目开工建设，带动周边地块调规、收储、再出让，同时加大存量闲置厂房、楼宇招商力度，形成新的投资增长点；南山区域要着力补齐配套设施建设短板，改善提升农村人居环境和自然生态环境，推动泉山金竹城中村改造、南山矿山公园建设；长嘉汇区域要协调市规资局和市地产集团，2023年内落实长嘉汇金融中心片区内各项目开发建设条件，2024年力争地产集团4、6、7号地块，雷士地块，碳金中心等启动建设；同时，要运用好各类政策包，力促国瑞龙门里、江湾国际等"已供未建"，阳光100、武夷滨江、川江国际等"久建未完"项目开工、复工，强化与社会资本合作，利用REITs、片区开发等模式，整合零星用地、边角用地和闲置用地，撬动社会资本参与投资，力争实现莲花石龙城中村改造、重庆人家、一天门旅游基础设施工程等项目开工建设。

（三）消费提升方面

要聚焦国际消费中心城市核心区建设，提速南滨路转型升级，推进南坪商圈有机更新，发展南山特色生态文旅产业，完善茶园城市副中心商业配套，培育繁荣"四首"经济、数字消费等新业态，依托重马消费节、双城电影节等重大节庆活动，带动消费能级整体提升。

（四）招商引资方面

要重点围绕重庆东站枢纽新城建设，聚焦总部经济、数字经济、服务经济、"新星"经济等符合规划导向的重点产业方面，盯准世界500强、央企等资源，着重引进一批立竿见影、利于长远发展、对指标形成支撑的招商项目。

〔南岸区发展和改革委员会　潘湘麟　罗永杰　谭光宇　李少龙　罗　熙　罗　琦〕

之六：2023年九龙坡区经济运行分析及2024年展望

2023年以来，面对严峻复杂的国际环境和艰巨繁重的改革发展稳定任务，九龙坡区坚持以习近平新时代中国特色社会主义思想为指导，坚决贯彻落实党中央、国务院决策部署及市委、市政府工作安排，突出"稳进增效、除险清患、改革求变、惠民有感"的工作导向，大力落实"12345"发展思路，着力推动年度工作和主题教育相结合，以务实的工作举措应对超预期的挑战。九龙坡区经济克服同期基数较高（上年前三季度增速高于重庆市1.1个百分点）、外需持续回落等不利因素影响，"八张报表"总分居重庆市（41区）第2位，排名与上半年持平，经济运行呈现出承压前行、克难求进态势。前三季度，九龙坡区地区生产总值实现1332.9亿元，同比增长4.6%，总量继续保持重庆市第2位，增速居中心城区第3位。

一、2023年九龙坡区经济运行总体情况

（一）三次产业恢复不一，工业经济贡献不及预期

一是农业经济稳定增长。第一产业增加值5.1亿元，增长3.5%，居中心城区第8位，增速低于重庆市水平0.8个百分点，增速与上半年持平。从主要产品看，蔬菜产量5.5万吨，同比增长3.5%；出栏生猪1.2万头，同比增长14.4%；出栏家禽16.3万只，同比下降4.7%。二是工业生产增速放缓。规模以上工业增加值增长2.7%，居中心城区第4位，增速低于重庆市水平3个百分点，较上半年上升0.3个百分点。规模以上工业总产值1068.5亿元，下降1.0%。从主要产业看，四大支柱产业产值"两增两降"，其中，汽摩产业产值296.4亿元，同比增长9.0%；装备产业产值102.4元，同比增长2.4%；电子信息产业产值95.2亿元，同比下降5.9%；材料产业产值415.0亿元，同比下降6.6%。三是建筑业走势较稳。建筑业增加值135.8亿元，同比增长6.7%，低于重庆市水平1.4个百分点。注册地建筑业总产值359.5亿元，同比增长10%，居中心城区第4位，高于重庆市水平4.1个百分点。四是服务业支撑较好。服务业增加值877.1亿元，同比增长5.1%，居中心城区第6位，增速低于重庆市水平0.3个百分点，较上半年上升0.2个百分点。从主要产业看，六大分类全部增长，其中，其他服务业同比增长3.4%；批发和零售业同比增长9.3%；住宿和餐饮业同比增长8.0%；金融业同比增长5.8%；交通运输、仓储和邮政业同比增长4.1%；房地产业同比增长1.0%。五是市场预期逐步改善。匹配性指标稳步向好，工业用能较快增长，规模以上工业用电量同比增长1.4%，较上半年提升3.4个百分点；交通运输指标回暖，公路运输业总周转量同比增长3.1%，较上半年提升3.6个百分点；本外币存贷款规模稳步增长，达到5510.2亿元，同比增长9.7%。

（二）"三驾马车"合力不足，投资稳盘作用更加明显

一是有效投资持续回升。固定资产投资完成470.0亿元，增长6.1%，居中心城区第3位，增速高于重庆市水平2.5个百分点，较上半年提升3.4个百分点，完成年度投资计划79.7%；民间投资（不含房地产）增长12.6%；建安投资增长2.1%。39个市级重大项目完成投资82.7亿元，完成年度投资任务123%；111个区级重点项目完成投资232.6亿元，完成年度投资计划80.2%。争取资金成效凸显，共争取到上级资金76.1亿元，其中，中央预算内资金4.7亿元、市级补助资金21.1亿元、专项债券资金48

亿元、一般债券资金2.3亿元。招商引资形势较好,累计签约招商引资项目141个,项目合同额1050亿元,正式合同额565.6亿元,资金到位额175.8亿元,同比增长19.2%。二是消费市场稳定恢复。社会消费品零售总额684.5亿元,同比增长6.7%,增速居中心城区第5位,低于重庆市水平0.7个百分点,较上半年提升1.5个百分点;线上销售高速增长,限额以上网络商品零售额增长24.6%,超过同期社会消费品零售增速17.9个百分点。批发销售额增长13.8%,零售销售额增长10.0%,住宿营业额增长16.5%,餐饮营业额增长13.5%。房地产市场预期回升,9月单月完成销售面积27.8万平方米,环比增长217.5%。旅游消费逐步恢复,接待游客4170.2万人次,同比增长18.4%,旅游综合收入145.2亿元,同比增长5.8%。三是进出口降幅收窄。进出口总值125.5亿元,同比下降8.9%,居中心城区第5位,增速高于重庆市水平3.6个百分点,较上半年回升9.6个百分点。其中,出口114.9亿元,同比下降4.5%;进口10.6亿元,同比下降39.3%。

(三)三个口袋有盈有亏,企业利润增速低位运行

一是居民收入缓步回升。全体居民人均可支配收入41644元,同比增长4.3%,居中心城区第4位,较上半年回落0.1个百分点。从城镇和乡村看,城镇居民人均可支配收入42757元,同比增长4.1%;农村居民人均可支配收入23647元,同比增长6.7%。城乡居民收入比为1.81∶1,较上年同期缩小0.04。二是财税增速有所放缓。一般公共预算收入完成48.3亿元,同比增长11.4%,居中心城区第3位,增速较上半年回落6个百分点。其中,税收收入完成31.5亿元,同比增长13.1%,居中心城区第3位,非税收入完成16.7亿元;税收收入占一般公共预算收入比重65.3%,较上半年下降7.6个百分点。一般公共预算支出增长3.2%,其中社保就业、卫生健康支出分别增长5.0%、13.4%。三是企业利润低位回升。规模以上工业企业利润下降11.5%,低于重庆市水平0.9个百分点,较上半年回升16.4个百分点。

(四)改革创新持续深化,区域发展动能持续增强

一是重点领域改革深入推进。20项国家级改革试点有序推进。区属国有经济规模稳步增长,9月末,资产总额达到1580.0亿元,较上年末增加199.1亿元,增长14.4%;经营质效稳步增长,营业收入实现52.3亿元,增长16.5%;上缴税费7.8亿元,增长104.1%。营商环境持续优化,市场化、法治化、国际化的一流营商环境加快建设,"九久满意·亲清联盟"平台加快打造,新登记经营主体(不含高新区直管园)2.9万户,总量达到21.9万户,总量居重庆市第1位;中小企业商业价值信用贷款授信额重庆市第一。二是创新动能持续增强。实现战新企业产值556亿元,占规模以上工业总产值比重52%,较上半年提升2.4个百分点。实施科企、高企"双倍增"计划,新增科技型企业830家,累计3284家(不含高新区直管园),居重庆市第3位,高新技术企业累计591家,居重庆市第1位,累计建成市级以上创新平台386个,居重庆市前列。新增专利授权3084件,万人发明专利拥有量32.5件,同比增长18.7%。技术合同登记成交额36.5亿元,同比增长7.2%。数据产出持续提升,落实数字中国、数字重庆建设部署安排,"星耀龙珠"行动计划深入实施,新认定数字化车间3个,数字经济核心产业增加值增长9.3%。

(五)民生事业稳步推进,群众幸福指数持续提升

一是民生实事加力推进。"四大家"领导合力推进,区人代会票决10件民生实事及14件区级重点民生实事项目有序推进,"城市绿荫工程"等3项区级重点民生实事提前完成,"民主村片区(一期)城市更新"等6项区级民生项目完成年度建设目标。个人全生命周期"一件事一次办"满意度100%;城镇老旧小区改造开工率100%;小微停车场建设完成率313%。二是就业形势总体稳定。"双本就业"深入推进,打造"家门口就业驿站""菁英创谷""零工驿站"等就业服务平台173个,发放保障就业补助资金5916.5万元,新增就业3万人,完成年度预期目标93.8%,超时序进度18.8个百分点。应届高校毕业生

综合就业率90%以上。三是社会保障持续完善。九龙坡区养老保险参保51.2万人，基本养老保险扩面计划完成率100%，医保参保人数94.2万人，参保率稳定在96%以上，支付医保待遇14.8亿元；发放低保金5440.2万元，特困人员供养金497.7万元，临时救助资金356.3万元，新增家庭养老照护床位176张。四是文教事业全面发展。育才实验学校华岩分校、巴国城小学等11所学校建设有序推进，高新实验一小、彩云湖小学麦子山校区等8所学校建成投用，"集团化"办学实现基础教育全覆盖，学前教育普惠率达90%以上，公办园在园幼儿占比达55%，校外教育培训机构监管运营率100%，区县公共图书馆和文化馆免费开放效能100%，乡镇（街道）综合文化服务中心免费开放效能100%。五是健康服务优质高效。打造名科、名医、名方（技）、名院"四名工程"，区人民医院迁建项目加快推进，区疾控中心项目完成建设，区妇幼保健院新院区成功开业，区中医院通过三甲复审。养老服务高质量发展，养老机构护理型床位占比100%、养老机构床位总数增长15%，养老机构入住率增长8%。新增体育场地面积28.8万平方米，人均体育场地面积2.6平方米，均居重庆市前列。六是环境质量持续改善。在重庆市率先建成数字生态监测监管一体化平台，建成"数智蓝天"等10个核心业务应用。空气质量优良天数244天，排名保持中心城区第1。整治入江入河排口372个，整治完成率100%，长江和尚山成为主城都市区唯一连续4个月保持Ⅰ类水质的国考断面。安全处置污染土壤2.6万立方米，提供修复后净地面积11.6万平方米，重点建设用地安全利用率持续保持100%。

二、经济运行存在的主要问题

（一）工业经济增长乏力

价值链水平偏低，高端化、智能化、绿色化发展不够充分，汽摩、装备制造等传统制造业迈向先进制造业的步伐还不够快，材料产业占比大，亟须寻求新的工业增长点，以氢能为重点的新能源产业还在培育壮大、氢能产值尚未放量；工业投资仍显不足，技改占比工业投资比重持续走低。企业效益尚未改善，受电、气等生产要素波动影响，规模以上工业企业利润下降幅度仍超过两位数。存量企业培育服务不够，对于"量大面广"的存量企业关注不高、服务不够，部分存量企业增资扩产外流。

（二）消费市场复苏缓慢

居民消费意愿不足，居民预防性储蓄持续增加，住户人民币存款余额增速仍高于贷款余额增速。受居民收入增速放缓、市场预期不足等因素影响，服装鞋帽针纺织品类零售额下降18.1%，受地产周期下行拖累，家用电器和音响器材类零售额下降7.8%。大宗消费不及预期，铝材、钢材价格出现较大程度下滑，汽车销售恢复不及预期，对九龙坡区消费市场影响较大。

（三）外贸外资形势严峻

境外需求仍显不足，受全球经济衰退、上年境外客户备货库存量较高等因素影响，部分重点企业订单量下降，虽然部分企业开拓新兴国际市场初见成效，但要转化为实际出口订单尚需时间，金茂联合电子公司2023年因资金链断链停产导致出口减少16亿元。外商投资持续低迷，发达经济体持续加息对跨境资金产生虹吸效应，目前，存量外资企业基本无到资计划，之前，九龙坡区占优势的投资型再投资项目如博世、山姆等已不再纳入外资统计口径。

（四）房产市场企稳困难

受房地产市场供求关系发生重大变化影响，九龙坡区房地产市场恢复不明显，居民大多处于观望状态，置业意愿较弱，项目冷热不均，部分项目去化率已超过70%，但部分项目去化率不足30%，虽然近期已陆续出台房地产系列政策，但落地尚需时日，房地产行业短期企稳仍显困难，持续传递影响住建各业平稳发展。

三、2024年重点工作

（一）全力以赴抓好工业经济

全力优服务、拓市场，用好服务专员制度，全面做好用能、用工、融资、物流等保障，动态监测存量规模以上企业的生产状况；加快兑现稳岗补贴、稳增长奖励、产业扶持以及租赁柴油发电机保生产补贴等惠企政策。全力强引建扩增量，挂图打表加快推进市级、区级重大工业项目，加快推动西南铝系列扩量项目等项目建设。全力抓改革促转型，加快出台区级制造业亩均效益综合评价实施方案，推荐康辉、戴卡等企业纳入市级拟上市后备库，推进"星耀龙珠"行动计划，聚焦数字经济产业链创新链关键环节，加快推动数字经济"黄金十条"政策落实落地。

（二）全力以赴抓好投资放量

深入实施"抓项目促投资"专项行动，深化重点项目新开工、在建、前期"三张清单"管理模式，逐一明确节点任务、时序进度、挂图作战，全力攻坚卡点、堵点事项。加快建设科学大道（九龙坡区段）、陶家隧道、白市驿隧道等基础设施项目，积极推进城中村改造、城市更新项目和"平急两用"公共基础设施等建设，加快"保交楼"项目建设交付进度。全力抓好招商引资，引进一批投资大、带动强的项目，全力推动项目签约、履约投资、开工建设、投产达效。

（三）全力以赴抓好消费提振

加快国际消费中心城市核心区试点申报，对接落实"巴渝新消费"八大行动，全面提升城市商业环境和消费水平，打造若干引领消费潮流的风向标，促进消费提质扩容。巩固升级房地产、汽车、电子产品、家居等传统消费，加大建川博物馆、周贡植故居、华岩旅游区等景区宣传力度，依托五洲世纪文化创意中心、九龙意库等平台载体，招引特色文旅项目进驻推动文旅消费。大力发展新兴消费模式，支持重点生产企业通过第三方零售平台开展数字化营销打造，多维度彰显九龙坡特色消费魅力。

（四）全力以赴抓好外贸外资

推动外贸规模持续增长，加强隆鑫通用、西南铝、华世丹机械等重点外贸企业服务，协调解决出口相关问题，稳住外贸基本盘。出台政策支持企业赴境外参加展会、开展境外营销推广、利用跨境电商获取订单等，积极拓展国际市场，抢抓订单。加快外资项目落地，联动重庆高新区推动在谈外资项目尽快落地到位注册资本金。

（五）全力以赴抓好民生保障

争创全国公共就业创业服务示范城市，大力深化"双就近"就业服务机制建设，全面推广数字就业平台，持续开展就业困难人员帮扶，全力抓好高校毕业生就业服务攻坚行动。认真落实促进房地产市场平稳健康发展有关要求，结合九龙坡区实际适时调整优化房地产政策，扎实做好"保交楼"有关工作。务实推进教育、医疗、出行、住房、养老、育幼等各类民生实事，健全完善分层分类的社会救助体系。高标准打好碧水、蓝天、净土保卫战，高效能推动生态环境保护和修复。深入开展安全生产大排查、大整治、大执法，抓好油气管道、消防安全等重点行业领域安全生产，严防重特大事故发生。

[九龙坡区发展和改革委员会　董　超　何　坯]

之七：2023年大渡口区经济运行分析及2024年展望

2023年，大渡口区坚持以习近平新时代中国特色社会主义思想为指导，认真贯彻落实党中央、国务院决策部署、市委市政府工作要求，加密经济运行调度，压实经济工作责任，加强经营主体服务，积极因素增多、经济恢复稳定、动能升级加快，高质量发展扎实推进。

一、2023年大渡口区经济运行情况

（一）经济运行基本特征

1—9月，大渡口区实现地区生产总值248亿元，同比增长0.1%。其中，第一产业增加值实现0.9亿元，同比增长5.9%，增速居重庆市第1位；第二产业增加值实现122.9亿元，同比下降6.2%；第三产业增加值实现124.3亿元，同比增长7.3%，增速居中心城区、主城都市区、重庆市第2位、第3位、第5位。

1. 工业生产总体稳定，五大百亿级产业加快集聚

1—9月，大渡口区实现规模以上工业产值230.6亿元，同比下降16.9%，增加值同比下降15.6%。除中元汇吉及配套企业、海康威视以外，其余81家规模以上工业企业产值同比增长13.8%。新兴产业加快成长，海康威视三期、萤石智能家居生产基地项目加快建设，中元汇吉生物科技园开工建设，生物医学工程产业集群纳入首批市级战略性新兴产业集群；三峰环境新离子公司飞灰项目运营投产、新动力项目公司落户注册，国际复合玻纤智能制造生产线项目、F02线冷修技改项目点火投产；重庆小面制品纳入工业和信息化部等11个部委的重点地方特色食品产业集群，麦制品产业集群纳入2023年全国农业产业融合发展项目优势特色产业集群。1—9月，实现工业技改投资5.1亿元，同比增长109%，增速居重庆市第3位；战略性新兴制造业占规模以上工业总产值的比重为56.5%。

2. 重大项目加快建设，工业和基础设施投资快速增长

出台大渡口区抓项目促投资专项行动方案，严格落实"五个一"工作机制，打表推进"三张清单"管理，加强项目红黄圆展示督办，大渡口区34个项目纳入市级重大建设项目库，1—9月新开工宝武西南总部、虹龙研发生产基地等项目75个，总投资154亿元，竣工投用重庆市小面产业园、大渡口I59地块小学等31个项目；工业投资、基础设施投资分别增长54.5%、42.1%。健全政府与社会资本合作机制，发布"城市机会清单"项目五大类89条，总投资801亿元。

3. 城建经济稳中有进，商品房销售逐步复苏

1—9月，大渡口区建筑业产值实现228亿元，同比增长8.2%，增速居中心城区、主城都市区、重庆市第5位、第11位、第22位。建安投资同比增长21.2%。大渡口区新建商品房累计销售117.2万平方米，同比下降11.9%，增速居中心城区、主城都市区、重庆市第2位、第7位、第20位。

4. 服务业稳步增长，消费新动能持续增强

1—9月，大渡口区实现社会消费品零售总额54亿元，同比增长7.9%，增速居中心城区、主城都市区、重庆市第4位、第10位、第18位。批发业、零售业销售额，住宿业、餐饮业营业额分别同比增长8.4%、13.4%、18.6%、10.7%。其他服务业方面，与GDP核算关联的6个行业规模以上服务业企业营业收入同比增长2.7%，与GDP核算关联的9个行业工资总额同比增长18.5%。9月末金融机构本外币存贷款余额1682.7亿元，同比增长5.68%。

5. 经济新增长点不断涌现，发展活力持续释放

创新动能持续增强，新增科技型企业75家，累计达519家，推荐77家企业申报2023年度国家高新技术企业，中元汇吉被认定为国家企业技术中心，全社会研发投入占GDP比重继续保持重庆市前列。健全"1+7+X"招商干部队伍体制机制，配齐"5+2"产业发展办人员，1—9月招商签约项目34个，签约投资额298.23亿元，到位资金71.25亿元，签约项目开工率达73%。营商环境持续优化，出台打造一流营商环境十五项行动方案，开展"渡易办"政务服务品牌创建行动、企业开办流程提速行动等15项行动。推进重庆市医疗器械政务服务改革先行试点，承接第一类医疗器械产品备案和监管事权。经营主体健康发展，9月末，大渡口区经营主体总量41098户，新设立各类经营主体5425户，增速14.03%；民营经济经营主体总量40339户，民营经济经营主体新增5369户，增速14.16%。

6. 织密扎牢民生保障网，群众满意度不断提高

1—9月，区级一般公共预算收入完成16.6亿元，同比增长47.8%，增速居中心城区、主城都市区、重庆市第1位、第1位、第3位。一般公共预算支出完成26.2亿元，同比增长3.5%。全体居民人均可支配收入38492元，增长3.8%。15件、52项区级重点民生实事有序推进。城市基础设施加快建设，M36、I03、I59地块等新建学校建成，李雪芮运动学校加快主体施工，西大附中新建学校启动建设；重医附属康复医院一期投入运营，区美术馆获评"全国最美乡村公共文化空间"。

（二）经济运行中存在的主要问题

1. 经济运行结构性矛盾依然突出

辖区工业经济产业链、生态圈尚未完全形成，"一业一龙头"的结构性矛盾短期内难以弥补，龙头企业对经济贡献起决定性作用，大数据智能化、大健康生物医药、新材料产业内单个龙头企业的营收占整个产业比重均超过70%，存在结构性风险。

2. 企业扩产扩能意愿不强

当前市场不确定性因素增加、需求不足，企业发展信心不足，多数企业经营策略趋于紧缩、保守，特别是民营企业、中小企业生产经营压力增大、扩产扩能动力不足。部分工业企业反映人力、水电气等要素成本高企，利润下滑，经营绩效提升面临困难。

3. 服务业支撑作用有待提高

现代服务业发展水平不高，规模以上限上企业数量较少、规模较小，缺乏引领性平台企业支撑，贡献作用较弱。房地产市场整体疲软，影响投资、建筑业、金融与其他服务业等上下游产业发展。

（三）2023年主要经济指标预测

初步预测：2023年大渡口区GDP同比增长0.5%左右；固定资产投资同比增长1%左右；规模以上工业总产值同比下降18%左右；社会消费品零售总额同比增长8%左右；金融机构本外币存贷款余额同比增

长7%左右;一般公共预算收入同比增长6.5%左右。

二、2024年经济运行环境分析及趋势展望

从国际看,当前及今后一段时期,外部环境不稳定不确定因素增加,国际秩序加速调整,单边主义和贸易保护主义抬头,世界经济在深度调整中曲折复苏。但也要看到,全球经济正处于新旧动能转换和结构调整关键期,新一轮科技革命和产业变革从导入期转向拓展期,为我国打开进入全球前沿科技、解决"卡脖子"问题的机会窗口,数字经济、智能化成为重塑各国竞争力的重要因素,为我国抢抓发展新赛道带来新机会。

从国内看,当前,"需求收缩、供给冲击、预期转弱"三大压力依然存在,但我国市场规模大、产业链供应链完整、科技创新发展较快,经济长期向好的基本面没有改变。"一带一路"建设、西部大开发、长江经济带发展、成渝地区双城经济圈建设、建设西部陆海新通道等重大战略纵深推进,供给侧结构性改革、扩大内需战略、促进民营经济发展壮大等一系列政策措施落地生效,将为重庆市经济发展注入新动力。

从重庆市看,全市正聚焦打造"33618"现代制造业集群体系,推动产业链与创新链、资金链、人才链深度耦合,促进制造业与服务业有效融合,强化数字经济对发展的赋能引领,为推动高质量发展、建设现代化新重庆提供有力支撑。重庆市正在深入推进以数字化变革为引领的全面深化改革,推动数字重庆建设,将有力推动经济社会发展和治理能力质量变革、效率变革、动力变革,激发发展新活力。全市正加快推动中新示范项目、重庆自贸试验区等开放平台建设,深化服务业扩大开放综合试点等改革示范,有利于免税经济、保税加工、跨境电商等开放经济新业态、新模式发展,对外开放对发展的引领支撑作用增强。

从大渡口区看,大渡口正处于"三期叠加"(历史机遇期、战略黄金期、转型关键期)、"三区融合"(战略重点区、功能核心区、高新拓展区)的最好发展时期,承担南部人文之城核心区建设的历史使命,正加快打造国家产业转型升级示范区、国家双创示范基地等金字招牌,发展基础将更加夯实;正聚力建设"公园大渡口、多彩艺术湾",将有力提升大渡口的区位价值和区位优势,为大渡口加快融入新发展格局、开启新发展阶段、实现高质量发展创造更为有利的条件。

三、下一步工作重点

(一)突出挖潜增效,力促工业回暖

紧扣重庆市"33618"现代制造业集群体系细分领域,结合"5+2"产业基础,加大招商引资力度,扎实推进建链补链、延链强链。全力抓好重点企业投达增产,围绕萤石智能家居、风渡新材料、国际复合技改等重点企业、重点项目,开展专班服务,狠抓企业升规行动,促进工业企业稳增长。大力发展数字经济,深入推进"满天星"行动计划,加快启动重庆华韶智算中心等项目,做大做强软件产业园。积极推动重庆市现代产业链服务中心项目,做好平台入驻推广及应用市场拓展。加快制造业"亩均论英雄"改革,完善重点企业绩效评价方式,激励企业提质增效。

(二)突出项目带动,力促投资增长

扎实推进"抓项目促投资"专项行动,强化"三张清单"管理,着力实现项目审批提速、开工提速、建设提速。发挥工业投资和基础设施投资带动作用,推动陶家隧道、嘉南线连接道、新袁茄路南段等在

建项目提速放存量，全力争取中梁山 EOD、春风动力等重大项目尽快开工。加大"保交楼"工作力度，推动龙湖焕城等项目提速建设，加强土地宣传推介。围绕国家政策导向和支持方向，加紧策划储备 2024 年地方政府专项债和中央预算内资金项目。创新投融资模式，运用好"城市项目机会清单"，拓宽社会资本投资渠道。

（三）突出消费支撑，力促三产提质

深入开展现代服务业提质发展专项行动，强化现代服务业招商和升规培育。提质发展商贸服务业，加快龙湖剑崂天街、新景天中心广场等项目建设，推动大渡口公园、爱情公园、心湖公园等打造"公园+"商业新场景，做多做实季节性消费购物活动。培育发展文旅产业，大力引进"音乐影视+"产业经营主体，加大对肆号众联影视基地培育扶持力度；做靓音乐产业，争取更多演出经纪落地。依托天安产业园、重庆移动互联网产业园、微企梦工场等楼宇资源，加快发展软信产业。提质发展现代物流业，推进万吨商旅融合总部基地项目、龙文专业市场钢材深加工项目建设，壮大百亿级专业市场。做大做优金融业，加大普惠型小微企业贷款、高新技术企业贷款、绿色信贷等投放，推动诚信贷扩面增量。促进房地产市场健康发展，宣传落实《大渡口区房地产市场平稳健康发展措施（试点）》等政策，激活市场有效需求。

（四）突出改革赋能，力促开放创新

推动重点领域环节改革，完成国有企业改革重点任务，加快推进以数字化变革为引领的全面深化改革，推动数字重庆建设各项任务落实。抓好营商环境创新试点工作，启动信用示范城市建设，加快推进 50 项"一件事一次办"改革，提升企业群众"好差评"满意率。强化经营主体减负纾困，持续推动各级助企纾困政策、行业发展政策落地见效。贯彻落实《关于促进民营经济发展壮大的意见》31 条措施，完善领导联系重点民营企业制度，常态化收集解决民营企业问题期盼，促进民营经济健康发展。增强科技创新能力，落实高新技术企业、科技型企业"双倍增"计划。发挥大渡口自贸试验区联动创新区市级平台联动作用，提升开放能级水平。

（五）突出保障民生，力促群众满意

贯彻落实党政机关过"紧日子"要求，落实"三公"经费只减不增，强化债务风险管控。围绕"一旧一危""一老一小""一堵一安""一生一困"，认真办好民生实事。提速李雪芮运动学校、H13 地块（西大附中）、D9 地块新建学校等在建学校项目进度。推动三甲公立医院二期工程、重医附属康复医院二期尽快开工。全面落实就业优先政策，促进高校毕业生、农村劳动力等重点群体就业。加强粮油、肉类、蔬菜等重要商品价格监测分析，保障市场供应。加强困难群众基本生活保障。

[大渡口区发展和改革委员会　王　文]

之八：2023年北碚区经济运行分析及2024年展望

一、2023年北碚区经济运行分析

（一）运行特征

2023年以来，面对严峻复杂的国际环境和艰巨繁重的改革发展稳定任务，在区委、区政府的坚强领导下，北碚区上下坚持以习近平新时代中国特色社会主义思想为指导，突出"稳进增效、除险清患、改革求变、惠民有感"工作导向，对照全年目标任务，加密加大经济运行调度频次和力度，全力以赴推动北碚区经济加快恢复，经济运行呈整体好转、回升向好态势。

1—9月，完成地区生产总值558.70亿元，同比增长3.5%，增速较上半年提高3.4个百分点。完成固定资产投资306.68亿元，同比下降21.9%，降幅较上半年收窄15.5个百分点。规模以上工业总产值、规模以上工业增加值增速由负转正（分别为1.8%、1.3%），较上半年分别提高7.2个、6.8个百分点。实现社会消费品零售总额151.56亿元，同比增长6.0%，较上半年加快1.3个百分点，居中心城区第7位。商品房销售面积同比下降66.6%，降幅较上半年收窄8.4个百分点。主要呈现六个特点。

一是四篇文章亮点纷呈。按照区第十三次党代会工作部署，紧紧聚焦"两大定位"，认真做好"四篇文章"。生态人文成为亮丽名片，生态文明建设成效突出，获国务院办公厅督查激励，入选重庆市生态产品价值实现机制试点区县，缙云山北碚片区生态环境综合整治入选重庆市首届生态保护修复十大案例。科技创新成为增量动能，成功举行首届卓越工程师大赛决赛暨卓越工程师半岛签约仪式，市级科技型企业累计达到3283家（含水土），排名重庆市第5位。民营经济成为金字招牌，顺利召开民营经济高质量发展大会，北碚系列经验做法获国家发展改革委单篇刊载、人民日报专题报道、市委深改委专刊印发，新增民营经营主体12313户，其中民营企业4219户，同比增长5.05%。城乡融合成为重庆市示范，北碚江东城乡融合示范片区成功入选重庆市2023年城乡融合发展示范工程，城乡收入比进一步缩小至1.92。

二是区域合作走深走实。成渝地区双城经济圈建设成势见效，对口协同工作扎实推进。区委书记亲率党政代表团赴四川省巴中市、绵阳市、天府新区，促成与天府新区围绕协同招商引资、共建西部科学城、联动科技创业投资等签订合作协议，成立绵碚工业互联网创新发展联盟，绵碚合作设立首只双GP产业引导基金（"西部延和基金"），基金总规模2亿元。坚持项目化、清单化、责任化推进"一号工程"，出台印发《北碚区推动成渝地区双城经济圈建设行动方案（2023—2027年）》（北碚府发〔2023〕28号），梳理策划2023年重大项目198项、重大政策51项、重大改革38项、重大平台35项。制定《2023年度对口协同发展工作协议》，采用"规定清单+自选菜单"方式，共落实对口协同资金1591万元，累计帮助巫山销售农特产品1279万元。

三是产业升级有序推进。三次产业结构比由2022年的2.6∶53∶44.4调整为2.6∶51.1∶46.3，产业结构持续优化。主动融入重庆市"33618"现代制造业集群体系，加快建设"1+2+4+X"产业体系，材料、医药、装备、汽车、能源产业产值同比分别增长53.4%、18.3%、11.1%、9.5%、3.4%。新增79家市级专精特新企业（水土园区39家），8家企业新认定为第五批专精特新"小巨人"企业，2家企业通过第二批专精特新"小巨人"企业复审。服务业增加值同比增长7.8%，增幅居重庆市第4位，成功创建1个市级软信"满天星"示范楼宇。消费市场持续活跃，批发、零售、住宿、餐饮四大行业分别同比增长14.7%、4.8%、16.3%、12.9%，蔡家星空夜市入选2023年市级夜间经济示范区项目，接待过夜游客146.9万人次，同比增长9.46%，实现旅游总收入161.87亿元，同比增长8.83%。

　　四是改革开放务实推进。对照数字重庆"1361"整体构架，加快推动数字化变革，17个镇街上线运行一体化治理智治平台。扎实推进开发区园区改革，多轮、逐一对区属国有平台公司开展专项调研，编制完成《北碚区深化开发区管理制度改革实施方案》，进一步激发园区活力。深化国资国企改革，开展区属国有企业盘活存量资产专项行动，区属国有企业实现营业收入22.4亿元、净利润2.6亿元，完成全民所有制企业改制工作。主动融入西部陆海新通道建设，加快推进东阳陆港物流园项目，壳牌西南区总部项目入驻自贸区北碚板块，佳惠玖联供应链总部项目签约落地，中新（重庆）大健康产业运营中心签约揭牌。自贸区北碚板块新增注册企业27家，注册资金3741万元。实现进出口158.7亿元，总量排名重庆市第5位，实际使用外资6324亿美元，同比增长16.05%，总量和增幅分别排名重庆市第3位和第8位。

　　五是民生保障持续改善。14件市级重点民生实事和9件区人大代表票决重点民生实事有序推进，中心城区轨道站点步行便捷性提升、"劳动者港湾"示范点建设、小微停车场建设等3件提前完成，中山路小学、澄江污水处理厂等项目建设加快推进，民生报表重庆市排名A档。就业形势总体稳定，城镇新增就业人数达到1.79万人，其中，登记失业人员就业6185人、就业困难人员实现就业2915人。居民收入持续稳增，全体居民人均可支配收入达到37917元，同比增长4.0%。

　　六是平安稳定总体可控。全力化解收支矛盾，加强财政资源统筹，强化政府债务管控，切实筑牢债务风险底线。安全生产和自然灾害防治形势总体平稳可控，积极稳妥应对特大暴雨灾害，嘉陵江北碚段入汛以来最大洪峰顺利过境，深入开展安全生产专项整治，严格监管执法，未发生较大及以上生产安全事故，无因灾死亡人员。打好"保交楼"攻坚战，6个市级保交楼项目已销号2个项目，交付3463套，超额完成年度总体任务交付率。全力维护金融稳定，非法集资存量案件结案率达到91.4%，5年以上陈案全部结案，完成市打非办全年目标。常态化推进扫黑除恶，社会大局保持和谐稳定。

（二）存在的问题

　　总体来看，北碚区经济运行回升向好的趋势正在逐步显现，但与重庆市平均水平仍有较大差距，实现北碚区发展预期目标需要克服的困难挑战依然较多。

　　一是产业结构有待进一步优化。工业是北碚区经济发展的核心支撑（占GDP比重达到45.9%），其中，工业内部电子信息产业产值占比近六成。尽管服务业增势良好（2022年服务业增加值增速9.5%，居重庆市第1位），但体量较小、支撑作用还不够，拉动经济增长的程度还有待进一步提高。

　　二是企业经营仍面临较大困难。2023年以来，受市场环境、要素成本等因素影响，北碚区规模以上工业企业利润持续下滑，尽管降幅持续收窄（北碚区规模以上工业企业利润增速由1—3月的-60.9%逐月收窄至1—8月的-31.6%），但距离重庆市平均水平仍有很大差距（1—8月，北碚区规模以上工业企业利润增速低于重庆市21个百分点）。

　　三是有效投资增长后劲不足。京东方等超大型工业项目建设收尾，目前尚无重大项目接续，招商引资质效有待进一步提升。房地产市场整体形势低迷，民营企业投资意愿和能力尚未明显改观，基础设施投资受政府投资项目管控政策影响，部分项目推进有所放缓，北碚区固定资产投资下行压力较大。

二、经济与社会发展形势预测

（一）2023年主要指标预测

预计2023年，随着高基数效应逐渐减退以及各行业恢复发展，北碚区经济发展将呈"V"形复苏趋势，全年增速有望与重庆市差距进一步缩小，实现赶超进位。预计全年全区地区生产总值增长3%左右。

（二）2024年经济发展环境及趋势预测

2024年，宏观环境存在新的不确定性，全球经济滞胀风险抬升、地缘政治冲突加剧、中美战略博弈成为常态，重庆市发展面临的矛盾问题仍较为突出，将对北碚区经济持续恢复发展带来较大挑战。但同时也要看到，以习近平同志为核心的党中央高度重视重庆发展，多次亲临重庆考察，作出重要讲话重要指示批示，现代化新重庆建设坚实起步，为现代化美丽北碚建设带来千载难逢的重大机遇和政策红利。北碚区将紧抓成渝地区双城经济圈建设、西部陆海新通道建设、"33618"现代制造业集群体系建设、数字重庆建设、美丽重庆建设等战略机遇，赛马比拼、唯实争先，预计2024年北碚区将进一步巩固回升向好势头，力争各项主要经济指标达到重庆市平均水平、排名重庆市前列。

三、2024年工作重点

下一步，北碚区将坚持以习近平新时代中国特色社会主义思想为指导，全面贯彻党的二十大、二十届二中全会精神，按照市委六届二次、三次全会部署要求，聚焦生态田园都市区、人文科技创新城"两大定位"，做好生态人文、科技创新、民营经济、城乡融合"四篇文章"，以成渝地区双城经济圈建设为总抓手总牵引，坚持目标导向、问题导向，保持拼的干劲、实的作风、敢的担当，积极应对国内外形势变化和经济下行压力，切实解决当前发展存在的突出问题，奋力交出经济社会发展高分报表。

（一）坚持发展优先，以更大力度推动经济企稳回升

全力抓项目促投资，坚持"1+4+9+N"招商工作体系和"招、建、管、服"一体化工作模式，扎实做好增发国债、专项债券、中央预算内投资等资金争取，强化重点项目分级分类统筹调度、综合保障、协同推进工作机制，确保基础设施、工业等领域投资持续放量。全力促消费增信心，对接落实"巴渝新消费"八大行动，办好"爱尚北碚 碚有味道"美食节、不夜生活节等系列消费活动，优化提升吾悦广场、万达广场、金刚碑历史文化街区等美食、购物、文化旅游消费地标，以培育商文旅体融合发展试点示范城市为引领，大力挖掘消费潜力。全力稳外贸稳外资，全面融入西部陆海新通道建设，深化自贸区北碚板块建设，加快推进国家外贸转型升级基地（仪器仪表）建设。积极参与"百团千企"国际市场开拓计划，加快实施东阳陆港物流枢纽园区、物流配送中心等标志性重大项目，争取保税展销、跨境电商等政策创新试点。

（二）坚持战略引领，以更大力度推动成渝地区双城经济圈建设

加快推进成渝地区双城经济圈建设，全面实施《重庆市北碚区推动成渝地区双城经济圈建设方案（2023—2027年）》，探索推动与四川天府新区等双核联动，深化与绵阳市、巴中市、广安市等多层级多领域交流合作，加快推进成渝工业互联网一体化示范项目及工业互联网企业服务平台、民营经济协同发展示范区等建设。深入推进跨区域协同合作，深度融入重庆主城都市区"一日生活圈""一小时通勤圈"，建立完善与两江新区、重庆高新区及其他主城都市区常态化合作交流机制，落实对口协同发展任务，携手铜梁、巫山充分挖掘协作潜力，确保取得更大成效。推动园城联动发展，蔡家智慧新城大力发展智能

网联新能源汽车产业，西部（重庆）科学城北碚园区高标准建设市级重点关键产业园和特色产业基地，水土高新技术产业园聚焦新型显示等重点领域，城市中心区着力建设特色文化街区，缙云山片区深度打造"一中心、四片区"，嘉陵江以东片区集中连片推动农文旅融合发展。

（三）坚持科技创新，以更大力度推动科教兴区、人才强区建设

打造高端创新平台，高标准建设西部（重庆）科学城北碚园区创新主平台，加快打造"科学自然里"特色片区，支持优势企业与高校、科研院所深化合作，共建国家级、市级重点实验室、工程研究中心及博士后工作站等创新平台。强化企业科技创新主体地位，深入实施高新技术企业和科技型企业"双倍增"行动计划，强化北碚国家大学科技园、科技企业孵化器、众创空间等创新平台对科技中小微企业孵化成长支持力度，推动创新主体提质增量。开展关键核心技术攻坚，大力推进大数据、智能化、移动互联网、云计算、物联网等新一代信息技术与制造业融合发展。打造一流创新生态，强化环西南大学创新生态圈功能作用，构建"苗圃—孵化器—加速器—产业拓展"全链条孵化体系及"种子基金—天使基金—产业基金"引导体系，完善科技型企业知识产权纠纷多元化解机制，实施"缙云英才"计划和"新时代三千名流"行动，加快建设重庆人才发展现代化先行区。

（四）坚持产业升级，以更大力度推动现代化产业体系构建

围绕重庆市"33618"现代制造业集群体系建设，加快培育"1+2+4+X"现代制造业集群体系，积极探索新型显示技术，发展壮大显示器、显示触控模组等下游产业，全力打造主导产业集群；以同兴工业园区市级汽车新智造试点和西部（重庆）科学城北碚园区为焦点，聚力打造支柱产业集群；以生物医药、高端摩托车、通用机械、先进材料等产业为重点，奋力打造特色产业集群；以卫星互联网、未来能源、元宇宙等高成长性产业为锚点，着力打造"新星"产业集群。优化升级现代服务业，深入实施软件和信息服务业"满天星"行动计划，建立服务业重点产业招商项目清单，持续优化现代金融业服务体系，设立私募股权投资基金审批备案"绿色通道"，支持配合西部金融中心北碚板块相关设施建设和区域产科金服务平台建设。

（五）坚持数字变革，以更大力度推动新时代数字重庆建设

加快培育壮大数字经济，积极发展数字新技术、新产业、新业态，用好重庆市首个数字经济人力资源服务产业园平台，持续推进顺多利等"小网生态"试点项目，加快实施重庆市智慧湾区工业互联网半岛项目，争创市级工业互联网赋能中小企业数字化转型升级示范区。强化数字基础设施支撑，推进现有基础设施数字化改造，对照"千兆城市"创建指标，全力开展补短板行动，加快布局工业互联网、物联网等新型基础设施建设。全面推进数字政府建设，强化党建统领、整体智治，深化"八张问题清单""八张报表""五项机制"等重点场景应用，持续完善数字重庆北碚云平台等智能集约基础支撑平台，统筹推进政务服务"一网通办"，探索城市运行"一网统管"、社会管理"一网共治"，以数字化变革引领全面深化改革，统筹推进财税金融、投融资体制等重点领域和关键环节改革，加快智慧城市建设步伐。

（六）坚持改革增能，以更大力度推动重点领域改革

深化民营经济综合改革示范试点，深入实施"培优育强""招引提质"两大行动，强化企业全生命周期服务，优化完善服务民企"直通车"制度，持续开展领导干部联系走访服务民营企业工作，全面落实延续、优化实施助企纾困政策。进一步深化政务服务改革，推进清廉市场建设，不断优化提升营商环境。大力弘扬卢作孚企业家精神，发挥全国民营经济人士理想信念教育基地作用，办好卢作孚民营经济学院，培养造就一批优秀企业家。持续推动国资国企高质量发展，优化完善"1+2+3"架构，加快存量资产盘活利用，深化经营性国有资产集中统一监管，推动国企做强做优做大。扎实推进开发区（园区）改革，切实破解园区发展瓶颈问题，为北碚区发展增势蓄能。加快实施制造业"亩均论英雄"改革，通过推进亩均效益综合评价、实施资源要素差别化配置等举措，提升北碚区制造业发展质效。

（七）坚持城乡融合，以更大力度推动新型城镇化和乡村振兴

加快城市更新品质提升，深化"大城三管"，实施城市新区扩容提质行动，协同推进产业园区、生活社区、商贸街区、文旅景区建设，加快停车场、充电桩、市政道路等配套基础设施建设及污水管网、架空线下地和智慧排水系统等城市地下综合管廊建设，确保人均公园绿地面积、建成区绿地率等指标走在重庆市前列。全力推进乡村振兴，持续巩固拓展脱贫攻坚成果，积极推进市级农村改革试验区建设，实施高标准农田改造提升行动，推进市级现代农业产业园（花木）建设，高质量推进"四好农村路"改（扩）建，抓好农村人居环境整治改善，积极争创市级美丽宜居乡村。推动城乡融合发展，健全重庆市民化政策配套体系，持续强化"三村"书记驻村帮扶机制，实施乡村人才"虹吸"工程、农村本土人才回引培养计划及农业科技特派员制度，不断创新完善城乡要素双向流动机制，高标准打造江东城乡融合示范片区。

（八）坚持生态筑本，以更大力度推动山清水秀美丽北碚建设

高质量做好缙云山"后半篇文章"，加快修复缙云山受损森林生态，深入推进缙云山"一心四片"整体改造提升工程，加快打造文、旅、康、体产业集群，力争东西南北四个片区主导产业招商取得突破，西南局红色研学产业形成品牌。持续改善生态环境质量，推进"两岸青山·千里林带"建设，整体谋划嘉陵江北碚段流域绿色生态廊道建设，持续实施梁滩河、马鞍溪重点流域水生态修复及综合治理，高质量推进壁北河（北碚段）、黛湖水库两个首批市级幸福河湖建设，强化土壤污染、噪声污染防治，力争空气质量优良天数排名中心城区前列。提升绿色低碳发展水平，强化"1+5+N"政策保障，有计划分步骤实施碳达峰行动。深度参与重庆市碳排放权交易市场建设，大力发展绿色金融。探索生态产品价值实现路径，健全能源绿色低碳体系，倡导绿色消费，加快推动产业结构、能源结构、交通运输结构等调整优化。

（九）坚持守牢底线，以更大力度推动高品质生活宜居地、平安北碚建设

强化就业优先政策，实施"就在北碚"就业促进计划，加强重点群体就业兜底帮扶。持续改善城乡薄弱学校办学条件，争创国家学前教育普及普惠区和国家义务教育优质均衡发展区。健全"三位一体"疾病预防控制网络体系，加快推进国家区域医疗中心（广州中医药大学第一附属医院重庆医院）建设。提升"一老一小"公共服务供给，推进社区居家养老服务设施全覆盖，加快北碚区公立综合性示范托育服务中心项目建设。切实防范化解重大风险，坚决打好债务风险防范化解攻坚战，按照"1+1+12"一揽子化债方案，严格落实"631"偿债机制。打好"保交楼"攻坚战，推动房地产市场平稳健康发展。健全金融风险监测、预警、处置、问责机制，依法严厉打击非法金融活动。建立健全大安全大应急体系，开展安全生产风险专项整治，强化应急救援力量建设，有效防范和坚决遏制重特大安全事故发生。

[北碚区发展和改革委员会　李　俊　张　红　刘妍艺]

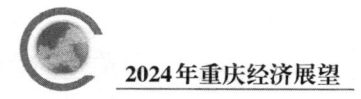

之九：2023年渝北区经济运行分析及2024年展望

2023年以来，面对复杂严峻的国内外形势和艰巨繁重的发展任务，渝北区坚持以习近平新时代中国特色社会主义思想为指导，认真学习贯彻党的二十大精神，深化落实市委六届二次、三次全会精神，着力抓项目促投资、抓服务强企业、抓招商增后劲，渝北区经济总体持续恢复。

一、2023年渝北区经济运行分析

（一）经济运行主要特点

前三季度，渝北区实现地区生产总值1771.68亿元，同比增长3.4%，经济总量保持全市第一。其中，第一产业增加值21.3亿元，同比增长4.8%；第二产业增加值602亿元，同比增长0.1%；第三产业增加值1148.38亿元，同比增长5.2%。总体呈现以下4个特点。

1. 三次产业稳中有升

农业稳步发展。农业总产值同比增长5.2%，高于全市0.6个百分点。蔬菜、水果产量分别同比增长4.3%、9.7%。生猪、牛出栏数分别同比增长5.2%、9.3%。工业持续回升。实现工业增加值523.63亿元，降幅由第一季度的-7.7%收窄至-0.3%。其中高技术新兴产品产量增势良好，传感器同比增长167.0%，服务机器人同比增长102.5%，智能手表同比增长58.3%。服务业恢复加快。交通运输业强势复苏，铁路、航空运输周转量分别同比增长100%和78.8%。商贸业持续恢复，批发、零售业销售额和住宿、餐饮业营业额均保持两位数增长。房地产市场信心有所恢复，中央公园成交楼面价时隔两年破万元，达到10300元，商品房销售面积降幅收窄至-20.5%。

2. 三大需求有效改善

消费市场加速回暖。实现社会消费品零售总额865.27亿元，同比增长8.6%。其中，生活必需品零售额增长明显，限额以上粮油食品、日用品零售额分别同比增长23.7%、40.6%；升级类商品销售加速增长，限额以上金银珠宝、汽车零售额分别同比增长19.6%、16.8%。文旅消费加快恢复，旅游接待人数达到3260万人，同比增长16%；实现旅游接待收入147.52亿元，同比增长23%。有效投资承压运行。固定资产投资完成947.7亿元，同比增长0.3%。其中，工业投资同比增长39.8%。房地产投资同比减少17.9%，基础设施投资同比增长10.4%，外贸外资有所改善。实现进出口总额1236.2亿元，总量排名全市第2位。其中，汽车、摩托车出口增势显著，分别同比增长130%、46.7%。实际使用外资1.15亿美元，总量排名全市第1位。

3. 增长动能不断积累

重点项目加快推进。市级重点项目完成投资75.2亿元，同比增长40.1%，投资完成率85.1%；区级重点项目完成投资348亿元，同比增长28.8%，投资完成率87.3%。招商引资成效明显。新签约项目46个，正式合同额657亿元。其中50亿~100亿元项目4个，20亿~50亿元项目12个。新入库科技型企业

587家，累计2474家。新增经营主体超过3万户，总量突破19.5万户，增长11.7%。

4. 社会事业持续发展

渝北区31项民生实事（63个子项）有序推进，其中有17个子项已完成。城镇新增就业4.24万人，完成年度目标任务84.8%。全体居民人均可支配收入40527元，同比增长4.9%。其中，城镇居民收入42732元，同比增长4.6%；农村居民收入20689元，同比增长7%。

（二）存在的主要问题

一是工业增长乏力。燃油车市场持续缩减，智能终端设备需求疲软，重点燃油车企、笔电代工企业产值下滑。二是特色消费不足。缺乏有吸引力的消费新场景、新业态、新产品，本地消费市场吸附力不足。三是投资增长乏力。房地产市场信心恢复仍需时间，开发投资持续下行。四是外贸进出口订单减少。外需萎缩、中美脱钩断链等因素导致保税港区进出口大幅下降，短期难改善。

随着全国宏观经济向好，以及全市稳经济系列政策举措显效，渝北区经济持续回升积极因素不断增多，加上第四季度长安新能源等项目投产，航空运输、商贸消费等持续发力，全年GDP有望增长4%左右，固定资产投资增长4%，社会消费品零售总额增长8%。

二、2024年经济运行的环境及因素分析

2024年，世界经济仍处于深度调整之中，复苏动力不足，地缘政治风险加大，不确定、不稳定因素增多，将对我国的外部经济环境产生不利影响。国内经济下行压力依然较大，传统产业面临产能过剩、效益下降等问题，亟待转型升级；新经济、新动能尚在培育之中，短期内难以完全弥补传统产业下滑带来的空缺。但直面挑战的同时，更要看到机遇。从全国看，我国经济具有巨大的发展韧性和潜力，长期向好的基本面没有改变。2024年，财政政策更加精准有力，减税降费举措进一步优化完善，将为科技创新、实体经济和中小微企业发展营造有利环境；积极扩大国内需求，有利于提振汽车、电子产品、家居等大宗消费；加快地方政府专项债券发行和使用，促进民间投资的政策措施显效，将有力促进投资稳定增长；积极推动城中村改造和"平急两用"公共基础设施建设，盘活改造各类闲置房产，有利于改善民生、扩大内需。从全市看，加快推动成渝地区双城经济圈建设走深走实，推动先进制造、民营经济等领域高质量发展，经济动能不断增强；数字重庆建设全面推进，将赋能经济转型和提质增效；"33618"现代制造业集群体系打造提速，央企重大生产力布局和"链主"企业集聚，将有力提升制造业竞争力；全市促进民营经济高质量发展的配套举措落地实施，将明显提振民营企业发展信心。

从渝北区看，区委十五届五次全会全面系统谋划了新时代新征程新渝北的宏伟蓝图，为渝北区经济社会发展指明了方向和路径，极大激发了广大党员干部群众干事创业的动力与热情。随着产业结构调整进一步深入、重点项目提质上量、营商环境持续优化、服务两江新区水平不断提高，叠加助企纾困政策的支持，市场活力和社会创造力将进一步增强，渝北区经济将持续回升。

三、2024年趋势展望及主要指标预测

立足渝北发展实际，综合考虑当前面临的外部环境，预计2024年：在长安新能源投产放量的带动下，规模以上工业增加值有望加快恢复，支撑渝北区经济运行保持在合理区间，经济增长与全国、全市趋势同向；固定资产投资规模总体稳定，社会消费品零售总额合理增长，外贸进出口总额、实际利用外资持续回升，城乡居民收入增长速度快于经济增长速度。

四、措施建议

2024年，渝北区深入学习贯彻习近平新时代中国特色社会主义思想和党的二十大精神，认真落实中央、全市经济工作会议等系列工作部署，着力抓好各项重点工作，全力推动渝北区高质量发展。

（一）精准施策优产业提质效

加快打造智能网联新能源汽车、新一代电子信息两大主导产业集群。发挥长安、北斗等企业技术基础，重点在智能网联核心技术、车载智能装备、车用系统软件等关键环节上发力，推动技术研发、企业总部、高价值产品不断集聚。支持OPPO、传音等龙头企业建设手机新技术研发联盟，鼓励配套企业在各自领域加大技术研发力度，在"芯屏器核网"上找准市场紧缺性、技术薄弱点，研发和生产新一代智能终端设施设备。加快打造数字经济创新策源地。坚持以创新深化为战略核心，以仙桃数据谷为核心，实施创新策源工程，促进院企深度合作与交流，促进成果就地转化。搭建数字化改造供需平台，支持区内软信企业与制造业企业就近服务、组队合作，推动在区制造业企业智能化、数字化程度持续提升。加快打造现代都市农业新高地。持续推进国家农高区申建工作，推动"七大科技支撑能力平台"建设，促进人才、高新企业、创新平台等集聚，培育形成一批带动性强的农业高新技术产业集群。

（二）千方百计抓项目促投资

落实好"五年策划、三年前期、年度开工"的重大项目策划储备机制，做实重点项目策划专班"1+10"工作小组，围绕"2335"先进制造业集群体系和"5311"现代服务业体系，持续滚动策划一批优质产业项目。依托高质量项目储备、推介，联动渝北区"招大商、招优商"工作，积极引入央企和优质社会资本集聚，推动一批重点产业项目落地开工。坚持"周调度、月通报"，持续跟踪、打表推进，全力加快推动重点产业项目建成投产。创新投融资模式，强化社会资本招引，全面清理可盘活、可利用的存量资产，梳理包装拟向民间资本推介的项目清单，定期组织召开重点项目推介会，积极撬动民间资本投资渝北。

（三）多措并举抓消费提信心

突出国际化、高端化、智能化、体验化，加快建设中央公园商圈，抓好核心购物中心培育以及周边配套设施完善提升，扩容提质嘉州商圈、两路空港商圈。依托嘉州商圈向外辐射，推广紫薇路模式，支持老旧街区、厂房等打造商旅文等多业态融合的特色街区、网红街区，提升消费能级和档次。整合优质文旅资源，策划一批有渝北特色的"乡村游""短途周边游"路线，打造一批主题鲜明、风格多样化的露营基地。大力发展赛事经济、演艺经济，依托龙兴足球场、全民健身中心等现有场馆，积极申办各级各类高端赛事和大型演出。推动"会展+"融合发展，发挥悦来国际会展城引流作用，推动形成"会展+设计+文旅"会展全产业链生态圈。

（四）全心全意优环境促发展

持续深化政务服务改革，加快推广应用"渝快办"政务服务平台和"渝快政"协同办公平台，深化"一窗综办"改革。深化"周六不打烊""签约即供地""拿地即开工""交地即交证"等举措，进一步缩短项目全流程审批时限。强化"互联网+监管"，依法保护各类经营主体产权和合法权益。深化"双随机、一公开"监管，完善执法人员数据库和监管对象数据库。进一步做好知识产权保护。全面落实市场准入负面清单制度，贯彻落实反垄断反不正当竞争规则。深化商事登记、工程项目审批、投融资机制等改革，提升企业全生命周期行政审批便利度。落实企业科技创新奖励政策，支持建立"一企一技术"研发平台，

鼓励企业开展校企多元化合作。

（五）全力以赴促民生保稳定

着力强化就业优先政策，用好"一库四联盟"就业服务资源，深化"15+5"便民服务圈打造，培育壮大劳务经纪人、职业指导师、创业导师队伍，为劳动者提供精准就业服务。细化完善应届毕业生"一生一档、一人一策"结对帮扶方案，强化农民工、退役军人、就业困难人员等重点群体帮扶，严格落实低保特困等救助政策。持续完善兜底性养老服务，提升普惠性养老床位数量。增强基础教育资源供给，通过加大力度回购、督促移交、加快改扩建等方式，提高公办幼儿园占比和普惠率。推动"集团化"办学提质扩面，巩固扩大义务教育"双减"成果。增强医疗卫生资源供给，加快推进区妇幼保健院迁建、区第二人民医院扩建项目，加速双凤桥、龙塔社区卫生服务中心建设。以区人民医院、区中医院、区妇幼保健院为龙头，组建区域医疗中心、精神卫生联合体、妇幼健康联合体，建设完善基层医疗机构慢病管理、中医养生、妇幼健康、特色专科服务部等。

[渝北区发展和改革委员会　沈迎春　何　毅　蒲晓霞　周川杰]

之十：2023年巴南区经济运行分析及2024年展望

2023年以来，世界经济波动下行，外部环境更趋复杂。巴南区坚决贯彻落实党中央、国务院和市委、市政府决策部署，坚持稳中求进工作总基调，牢牢把握高质量发展这个首要任务，以市委"一号工程"成渝地区双城经济圈建设为总抓手总牵引，以"稳进增效、除险清患、改革求变、惠民有感"为工作导向，强化目标、问题、项目、结果四个管理，以"下钻""细算""实干"举措，加快建设"一区五城"和五个产业集群，全力提升产业能级，做强实体经济，推进党的二十大和市委六届二次全会、市委经济工作会议精神在巴南落地见效。

一、2023年经济运行情况

（一）经济爬坡过坎、增速逐季提高

前三季度，巴南完成地区生产总值（GDP）772.6亿元，总量居全市第10位，同比增长4%，增速较2023年第一、第二季度分别提高0.4个、0.3个百分点，呈逐季回升趋势。分产业看，第一产业实现增加值43.4亿元，居中心城区第1位；第二产业对GDP贡献最大，实现增加值343.1亿元，居中心城区第3位；第三产业发展滞后，对GDP支撑作用不足，实现增加值386.1亿元，居中心城区第7位。

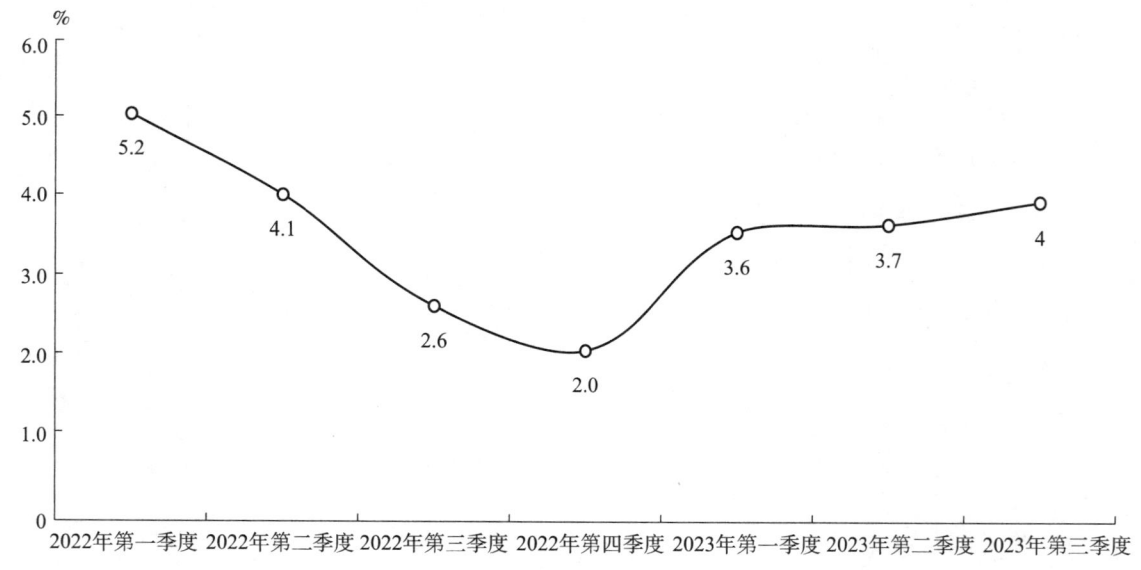

图1 2022年以来巴南区GDP季度累计增长情况

（二）动力持续增强、投资好于全市

前三季度，累计完成固定资产投资506.4亿元，同比增长6.3%，增速较上半年高3.7个百分点、较全市平均高2.7个百分点，居中心城区第2位，其中工业投资高速增长，同比增长19.8%，增速较上半年

高13.8个百分点，较全市平均高7.6个百分点，居中心城区第4位。10亿元以上制造业及亿元以上生产性服务业项目签约数53个、开工数34个，均居全市第1位。

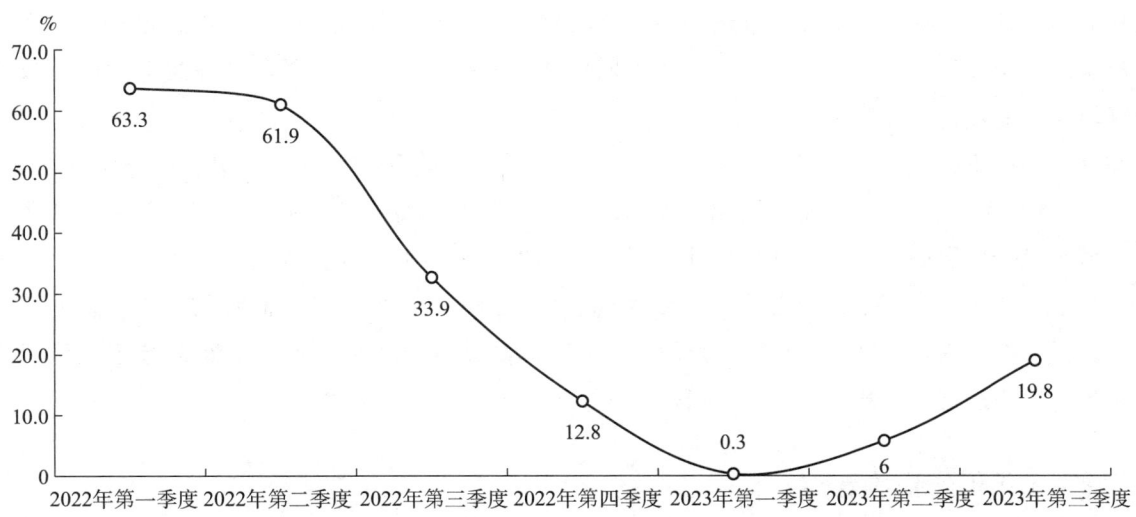

图2　2022年以来巴南区工业投资季度累计增长情况

（三）发展韧性增强、结构持续优化

三次产业比由第一季度的3.8∶41.8∶54.4调整至前三季度的5.6∶44.4∶50.0。房地产业增加值在经济中比重进一步下降至8.6%。工业增加值占地区生产总值的比重提高至27.6%，战略性新兴产业、高技术制造业产值占规模以上工业产值的比重分别提高至39.7%、27.4%，技改投资占工业投资的比重提高至41.8%，结构持续优化。

（四）动能转换提速，产业稳中加固

科技创新提速，前三季度新增入库科技型企业834家，总量达到5335家，居全市第1位，"培育壮大创新主体"获2022年市政府督查激励。工业经济加快升级，新增上市企业2家，新培育"专精特新"中小企业49家、"小巨人"企业2家，先进动力装备产业集群入选工业和信息化部2023年度中小企业特色产业集群名单。前三季度，摩托车、材料行业年内首次实现正增长，分别从第二季度下降0.7%、4.6%，转为增长7.2%、2.7%；医药、汽车、能源等行业保持较快增长，增速分别为35.5%、9.2%、10.9%，较上半年加快14.5个、3.7个、1.9个百分点。

（五）发展质效提升，效益提升明显

企业效益恢复明显，规模以上工业企业利润增速年内首次同比转正，增长23.2%，环比上涨27.7个百分点，高出全市33.6个百分点，规模工业企业亏损面连续2个季度收窄。经营主体持续活跃，经营主体新发展率15.3%，较上半年提高5个百分点；美利信科技等12家企业入围全市制造业民营企业100强，居全市第1位；落地全国首个"企业硬科技培育基地"。税收收入态势良好，区级税收收入完成19.7亿元，增长24.6%，高出全市5.8个百分点，增幅连续2个季度提升，居中心城区第1位。

（六）民生福祉增强，群众获得感提升

前三季度，民生支出48.7亿元，同比增长3.4%，切实兜牢民生保障底线。新增城镇就业22948人，城镇、农村居民人均可支配收入分别增长4.2%、6.8%，居中心城区第3位和第2位。全力打好保交楼惠民生攻坚战，23个保交楼项目已销号14个，交付比例72.6%。

二、2024年经济运行环境分析及趋势展望

总体看,巴南区经济恢复仍处在疫情防控平稳转段后的波浪式发展、曲折式前进过程中,必须客观看待、沉着应对当前经济社会发展中存在的短板弱项和问题挑战。如生物医药产业集群达产见效还需要时间,新增长点的培育力度还不够大。

当前,巴南区正在全面学习把握落实党的二十大精神,持续深入贯彻党中央、国务院部署和市委、市政府工作要求,以成渝地区双城经济圈建设为总抓手总牵引,发挥中心城区"主力部队"作用,谋划实施国家城乡融合发展试验区、重庆国际生物城、环樵坪山数智城、滨江人文城、大江科创城、重庆高职城"一区五城"发展布局,培育壮大"生物医药、数智经济、高端装备、商贸物流、生态创新"五大产业集群,扎实推进工业强区、科技强区建设,不断巩固高质量发展态势,预计2024年巴南区经济运行总体上将保持平稳运行的态势,主要经济指标增速预计不低于全市平均水平。

三、2024年工作措施建议

坚持以习近平新时代中国特色社会主义思想为指导,深入贯彻党的十九大和十九届历次全会精神,全面贯彻党的二十大精神,坚持稳中求进工作总基调,立足新发展阶段,贯彻新发展理念,融入新发展格局,统筹发展和安全,努力推进巴南经济高质量发展。

(一)加快推动产业升级

构建"1246"现代制造业集群体系,实施产业跃升"六大工程"(产业协同发展、科技创新发展、数字赋能转型、绿色低碳转型、企业培育锻造、产业生态优化),聚力打造生物医药1个主导产业集群,升级打造新型显示、汽车摩托车2个支柱产业集群,创新打造智能装备及智能制造、轻纺、智能家居、食品与农产品加工4个特色优势产业集群,培育壮大软件信息服务、光电子、航空航天、医疗器械、农机装备、氢能源6个战略性"新星"产业集群。培育壮大现代物流企业,推广应用物流联合体,持续发展集中仓储、共同配送、仓配一体等消费物流模式。推动先进制造业和现代服务业融合发展,大力发展服务型制造业,促进文体旅商多业态融合发展。

(二)持续扩大有效投资

紧盯一、二、三产和数字经济等新兴产业领域,全覆盖抓招商创增量,推动"制造业招商"攻坚行动和"拿地即开工"专项行动,最大限度激发民间投资活力和潜能。以三年滚动规划项目清单、三张融资清单为抓手,抓好项目策划储备,跟踪项目申报进度,督促项目资金使用,逐步实现"项目池"和"资金池"有效对接。强化利用国际金融组织贷款备选项目储备,推进高水平对外开放、高质量利用外资。强化项目建设全过程管理,多措并举稳房地产投资,多模式、多渠道积极推进土地出让。依法合规全力保障在建及新开工政府投资项目建设,严禁形成"半拉子"工程。

(三)促进消费恢复回暖

培育经济新增长点,推进华熙项目,推动更多外来"演出流量"沉淀为本地"消费增量"。推动火锅食材产业高质量发展,加强本土特色住宿餐饮品牌宣传推介,打造巴南区特色住餐品牌,促进住宿餐饮行业提质发展。开展"陆海之约·2024畅享巴南"主题活动季消费促进活动,全力营造良好消费环境,促进汽车消费,提升住房家居消费,提质发展新型消费,拓展文化旅游消费,落实市级恢复和扩大消费若干措施。

（四）深化内陆开放高地建设

推进《区西部陆海新通道建设五年行动方案》落地实施，用好商贸服务型国家物流枢纽等金字招牌，打造西部陆海新通道跨境公路班车品牌，提升物流基地"软实力"。加快推进佛耳岩海关监管场所、新发地东盟国际食品产业园、西部木材贸易港等项目建设，夯实通道产业基础。积极发展外向型产业，依托阿里巴巴跨境电商服务中心、重庆RCEP投资贸易服务中心等平台，赋能巴南区外贸转型基地建设，推动巴南企业、巴南产品、巴南品牌"走出去"。围绕打造二手车出口基地，孵化培育二手车出口龙头企业，聚焦供应链金融、检验检测等方面，着力完善服务生态圈。

（五）大力推进乡村振兴

持续巩固拓展脱贫攻坚成果同乡村振兴有效衔接。加快国家城乡融合发展试验区建设，扩面推进城乡融合改革，及时分析提炼重点改革工作经验，培育城乡融合典型实践案例。全面推进乡村"五大振兴"，大力推动农业"接二连三"，做大做强农产品加工业，做优做精农文旅融合。全面实施"强镇带村"工程，突出"一镇一特色"建设。持续整治提升农村人居环境，扎实推进厕所革命，推进农村生活垃圾治理，以"巴适小院"创建为载体，突出院落"微治理"，建设宜居宜业和美乡村。

（六）营造优商亲商环境

全面深化政务服务改革，落实"三服务"机制，推进涉企服务全生命周期"一件事一次办"，抓好营商环境创新试点改革举措复制推广，推进信易+合同履约信用监管机制，推进招投标监管改革，大力推动远程异地评标，以政府有为推动市场有效、企业有利、百姓受益。建好用好"巴实办"政务服务新平台，全面实施容缺受理、告知承诺等"减证便民"行动，打响擦亮"巴实办"政务服务品牌。

[巴南区发展和改革委员会　李　萍　余柏松　郝成磊]

之十一：2023年涪陵区经济运行分析及2024年展望

2023年以来，面对复杂严峻的国际环境和艰巨繁重的发展改革任务，涪陵区上下坚持以习近平新时代中国特色社会主义思想为指导，突出"稳进增效、除险清患、改革求变、惠民有感"工作导向，推动经济加快恢复发展，主要经济指标总体向好，高质量发展动力持续增强，前三季度GDP完成1159.8亿元，同比增长7.6%。

一、2023年涪陵区经济运行情况

（一）工业经济保持较快增长，支柱产业支撑有力，新兴产业加快回升

1—9月，涪陵区规模以上工业增加值同比增长10.8%，较上半年加快2个百分点，较重庆市高5.1个百分点，居重庆市区县第4位、主城都市区第2位。规模以上工业产值实现1818.1亿元，同比增长4.2%，总量居重庆市区县第2位。2个千亿级主导产业集群、3个五百亿级支柱产业集群、4个百亿级特色优势产业集群分别同比增长1.7%、11.5%、1.4%，9个"新星"产业集群规模以上工业产值同比下降1.7%。高新区发展态势持续向好，产值同比增长1%，较上半年提高6.2个百分点，白涛新材料科技城、临港经济区产值分别同比增长6.5%、13.6%。高性能复合材料产业成功入选重庆市首批8个战略性新兴产业集群之一，战略性新兴产业产值同比增长5.7%，较上半年提高10.2个百分点。企业培育成效显著，万达薄板、攀华板材上榜2023中国制造业企业500强，华峰化工等11家企业上榜2023重庆制造业民营企业100强、重庆市第二，美心翼申、新铝时代分别在北交所和深交所过会，蓬威石化PTA成功复产。

（二）服务业稳中有升，金融业增长态势良好，交通物流加快发展

1—9月，涪陵区服务业增加值同比增长4.3%，较上半年提高0.5个百分点。金融业增加值同比增长7.1%，较上半年提高1.1个百分点，本外币存款、贷款余额分别同比增长13.8%、14.7%，较重庆市分别高6.3个、6.4个百分点。获批全国粮食物流核心枢纽承载城市（港口型），重庆水运口岸扩大开放龙头港区进入国家审理程序，港口货物吞吐量同比增长17.9%，邮政业务总量增长1.8倍。其他服务业增加值同比增长3.3%，与上半年基本持平，五大行业营业收入"三升两降"，八大行业工资增速有6个高于重庆市平均水平。

（三）消费市场持续稳步恢复，批发、零售逐步回暖，旅游消费保持活跃

1—9月，涪陵区社会消费品零售总额同比增长6.7%，较上半年提高1.6个百分点。批发、零售销售额分别同比增长10.6%、8.9%，分别较上半年提高4.8个、0.7个百分点。大宗商品、升级类商品消费持续回暖，汽车、金银珠宝销售额分别同比增长4.4%、3.8%，分别较上半年提高5.3个、4.3个百分点。1—9月接待游客人次、旅游收入分别同比增长19.1%、16.2%。中秋、国庆假期接待游客220万人次，实现旅游收入19.5亿元，分别较2019年同期增长14.3%、41%。

（四）固定资产投资扭负为正，工业投资增长较快，基础设施投资、房地产开发投资低位运行

1—9月，涪陵区固定资产投资同比增长0.2%，较上半年提高10个百分点，扣除房地产的建设项目投资同比增长4.4%。工业投资同比增长14.2%，较上半年提高7.5个百分点，较重庆市高2个百分点，技改投资占工业投资比重41.3%。基础设施投资同比下降3%，降幅较上半年收窄22.4个百分点。房地产投资同比下降29.1%，降幅较上半年扩大4.8个百分点。113个区级重点项目完成投资214.4亿元，投资进度80.5%，高于时序进度5.5个百分点，前三季度集中开竣工项目43个，总投资超73亿元，集中签约项目24个，总投资173.5亿元。

（五）农业生产稳定向好，主要农产品稳中有增，特色产业加快发展

1—9月，涪陵区农业增加值同比增长4.2%，较上半年提高0.1个百分点。生猪、牛、羊出栏量分别同比增长4.7%、3.5%、1.5%，果品产量同比增长10.1%，蔬菜产量同比增长9.4%，江苏立华4000万羽肉鸡、攀华预制菜等成功落户，中粮、中储粮等项目加快建设。涪陵榨菜、涪陵青菜头分别居2022中国地理标志农产品（蔬菜）品牌声誉的第1位、第59位。食品及农产品加工业产值达224.4亿元，占重庆市11.7%，同比增长6.3%，农产品网络零售额同比增长20%。大木乡获评全国第二批乡村旅游重点乡、2023年中国美丽休闲乡村。

（六）财政收入平稳运行，工业、服务业税收增长乏力，重点支出保障有力

1—9月，涪陵区一般公共预算收入实现54.2亿元，同比增长14.1%，其中税收收入39.3亿元，同比增长2.4%。税收收入占比72.5%，较重庆市高8.3个百分点。工业税收同比下降0.6%，较上半年回落0.7个百分点，服务业税收同比增长1.2%，较上半年回落19个百分点。一般公共预算支出同比增长1%，其中卫生健康、农林水、社会保障支出分别同比增长11.8%、25.7%、7.8%。

（七）匹配性指标持续改善，助企纾困政策落地见效，增长新动能不断积累

1—9月，涪陵区规模以上工业用气量、用电量分别同比增长9.4%、13.6%，制造业、普惠小微、涉农贷款余额均高于平均贷款增速，货运量、货运周转量分别同比增长4%、10.2%，较上半年分别提高4.3个、18.5个百分点。出台民营经济健康发展16条等措施，迭代升级服务业高质量发展支持政策，新增减税降费15.3亿元。创新力量持续壮大，新增市级以上研发机构11户，新培育科技型企业465家，新申报高新技术企业123家，规模以上工业研发费用同比增长11.6%，15家企业获重庆市企业创新奖、居重庆市区县第一。累计签约市外项目54个，招商项目协议资金、到位资金分别同比增长20.3%、21.7%。1—9月新发展经营主体11172户，较上年同期多172户，其中新增企业2723户，较上年同期多47户。

（八）民生实事扎实推进，稳就业促增收形势较好，重点风险有效防范

年度重点民生实事扎实推进，轴线公园等7项提前完成全年目标任务。涪陵区城镇新增就业18489人，完成年度目标的92.4%，全体居民人均可支配收入同比增长5.1%，居主城都市区第5位。落实"1+13"方案，政府性债务化解工作稳步推进。"保交楼"提前完成目标任务。银行业不良贷款率0.62%，同比下降0.01个百分点。中央生态环保督察问题清单整改全面完成。安全生产形势总体可控，社会大局平安稳定。

二、2023年经济指标预测

综合研判宏观经济发展形势和涪陵区实际情况，初步预计涪陵区全年GDP同比增长8%左右，总量

1600亿元左右，一、二、三产业增加值分别同比增长5%左右、10%左右和5%左右；投资、社会消费品零售总额预计分别同比增长7%左右、8%左右；一般公共预算收入同比增长16%左右；全体居民人均可支配收入同比增长8%左右。经济加快恢复提振，主要经济指标总体向好，高质量发展动力持续增强。

三、2024年经济运行环境分析和展望

从宏观看，虽然国际政治经济环境依旧纷繁复杂，但我国发展韧性强劲、市场活力充沛、社会大局稳定，有力支撑经济长期高质量稳定向好发展。从涪陵区看，成渝地区双城经济圈战略机遇、"一区两群"协调发展机遇、产业转型升级机遇等多重机遇叠加，涪陵战略支点城市区位优势独特、制造业基本盘稳定、战略性新兴产业持续发力，高质量发展势头依然强劲。初步预测2024年涪陵区经济增长6.5%左右。

四、2024年重点工作

（一）着力推动制造业能级提升，以实体经济为支撑加快构建现代化产业体系

强化制造业引擎作用。深入实施"十百千万"工程、五大行动和四个专项，推动制造业向产业链高端延伸，力争规模以上工业产值达2600亿元。持续壮大新一代动力电池、汽车轻量化部件等领域，加快打造重庆市最大、西南第二动力电池生产基地。推进制造业"亩均论英雄"。落实重庆市推进制造业"亩均论英雄"指导意见，强化亩均效益评估结果运用，持续优化调整完善制造业发展支持政策。加快发展数字经济。强化长江软件园、人工智能与数字经济产业园等平台建设，加速引育集聚软件信息、数字创意等一批数字经济企业，力争数字经济核心产业增加值增长10%以上。推动先进制造业和现代服务业融合发展。以服务先进制造为核心，加快发展现代物流、金融服务、工业设计、科学技术服务业等生产性服务业。

（二）着力强化教育、科技、人才支撑，提升创新体系整体效能

建设高质量教育体系。优化整合城乡学前教育资源，组建城乡义务教育办学共同体。推动医药卫校、职教中心创全国"双优"中职学校。提升科技创新能力。持之以恒推动高新区升级建设国家级高新区。推进慧谷湖科创小镇建设，加快打造高端研发机构、科研企业集聚区和产业创新策源地。优化科技创新生态。支持龙头企业建立技术创新联合体、产业技术创新联盟，加快构建多元化科技攻关支持体系。落实科技创新政策，引导企业加大研发投入，力争规模以上工业企业研发费用同比增长10%以上。落实落细"百千万"人才计划，高标准建设公共实训中心，力争引育高技能人才500人。

（三）着力落实扩大内需战略，加快释放市场需求潜力

积极扩大有效投资。深入实施"抓项目促投资"专项行动，积极举办项目集中开竣工仪式等活动，推动形成更多有效投资量。抢抓国家新增万亿国债机遇，加强项目谋划储备。促进消费恢复提振。策划开展购物季等一批名片式重大消费活动。壮大文旅消费，推进武陵山大裂谷创5A、完善景区景点配套设施、丰富观光游玩体验，让更多旅客"过境游"变"过夜游"。着力稳定外资外贸。积极参展进博会、智博会、西洽会等品牌展会，支持和帮助企业拓展"一带一路"和RCEP市场、抢抓订单。推动综保区功能升级，加快海外仓建设，培育壮大跨境电商、加工贸易等外贸新业态，申建市级跨境电商示范园。

（四）着力深化改革扩大开放，增强高质量发展内生动力

积极推进数字变革。一体推进落实数字重庆"1361"整体构架部署，全面融入重庆市"一朵云""一

张网""一组库",加快形成数字资源"一本账"。深化重点领域改革。实施新一轮国企国资改革专项行动,推进区属国有企业战略性重组和专业性整合。全面完成开发区管理体制改革,积极探索赋予开发区更多经济社会管理权限。巩固全国社会信用体系建设示范区创建成果,加强"信用+"应用推广。打造更优的营商环境。深入实施"百千万"联系服务经营主体全覆盖机制,力争新发展经营主体1.3万户。提升开放型经济水平。开工建设渝宜高铁等项目,加快建设渝万高铁等项目,建成投用龙头港铁路专用线及12、13号泊位。深化与四川省成都市、宜宾市、达州市等战略合作,加强与武隆在产业、交通、旅游、生态等领域合作。

(五)着力统筹城乡区域协调发展,持续优化城乡功能品质

持续提升城市品质。高标准实施国土空间规划,稳步有序推进老城更新改造、新区品质提升,加快巴兴巷等7个老旧小区改造,争创市级生态园林城市。增强城市文化底蕴。高标准做好榨菜、易理、三线等文化保护传承利用,建成文峰塔修缮等项目,创建市级文化生态保护区。加强文体惠民,建设国家文旅产业融合发展示范区,争创国家级文化产业示范基地。大力发展现代农业。升级打造"1+2+X"产业体系,持续扩大榨菜全产业链规模,力争规模以上农产品加工业产值达340亿元。全面推进乡村振兴。深入开展"四千行动",建成武陵山角帮寨村市级传统村落保护发展、武陵山乡美丽宜居示范乡镇等项目。

(六)着力推动低碳绿色发展,打造生态和谐美丽宜居涪陵

加强生态系统保护修复。加强水土流失综合治理、消落区的保护修复和生物多样性、古树名木保护,实施北山、大梁山林区植被保护修复工程。深入推进环境污染治理。深化臭氧、颗粒物溯源精准防控,实施入河排污口整治工程,开展典型污染地块土壤和地下水风险管控和修复治理,加强农业废弃物资源化利用。加快发展方式绿色转型。加强节能降碳技术研发和推广应用,有序发展天然气、光伏、可再生能源等低碳清洁能源,培育一批绿色工厂、绿色园区、绿色供应链。

(七)着力在发展中改善民生福祉,更好满足居民美好生活需要

做好稳就业保就业工作。健全公共就业服务制度体系,落实落细稳岗惠民系列政策,持续开展大规模多层次职业技能培训,确保就业总体平稳。推进健康涪陵建设。推动优质医疗资源扩容升级,加快区域妇幼保健中心建设,继续培育一批具有区域影响力的特色医学专科,争取创成全国基层中医药工作示范县,加快建设市级卫生健康高质量发展区。健全社会保障体系。深入实施全民参保计划,推动"一老一小"事业发展,实施敬老院适老化改造提升,创建一批三星级以上养老机构,加快北山坪原动力亲子乐园建设,深入开展"莎姐守未""守护童心"等行动,争创全国未成年人保护示范区。

(八)着力统筹发展和安全,保障经济社会运行安全有序

提升粮食能源安全保障能力。实施粮食单产攻关行动,高标准建设粮食物流枢纽承载城市(港口型),加快建设中储粮60万吨建仓、中粮粮谷80万吨粮食加工、太和抽水蓄能、100万千瓦煤电、白涛燃气热电联产、2024年页岩气产能建设等粮食、能源项目。主动防范化解重点风险。严格落实安全监管"十五条硬措施",强化道路交通、建筑施工、非煤矿山、危化品、森林防火、防汛抗旱、地质灾害等重点领域安全风险隐患排查整治,启动国家安全示范城市创建。推进治理能力现代化。持续推进法治涪陵建设,打造行政复议中心,争创全国法治政府建设示范区,优化城乡社区治理模式,持续开展矛盾纠纷大排查大化解,常态化开展扫黑除恶斗争,维护社会安全稳定。

[涪陵区发展和改革委员会 彭任重 戴大文 蒲 鹏]

之十二：2023年长寿区经济运行分析及2024年展望

2023年是全面贯彻党的二十大精神开局之年，是全面推进现代化新重庆建设的开局之年，也是全力推进"两地一城"建设的奋进之年、成势之年，我们强化党建统领，坚决落实市委"稳进增效、除险清患、改革求变、惠民有感"工作导向，以成渝地区双城经济圈建设为总抓手总牵引，全面贯彻落实市委、市政府战略部署和区委、区政府工作要求，全力推动经济社会高质量发展，2023年预计长寿区GDP增长6%以上，力争实现更好结果，规模以上工业增加值增长8%，全社会固定资产投资增长10%。

一、2023年长寿区经济运行分析

（一）经济规模有序增长，产业结构保持稳定

前三季度，长寿区GDP完成697.6亿元，距离千亿目标还有302.4亿元的缺口，总量在全市继续保持第14位，与2022年排名一致。长寿区GDP占全市的比重为3.1%，占比与2022年保持一致。前三季度GDP增长7.6%，增速居全市第4位（第一季度增长7%，增速居全市第1位；上半年增长6.1%，增速居全市第3位）。三次产业结构比为7：61：32，与2022年底保持一致，其中工业贡献度继续稳定在52%，是长寿区经济的绝对支撑；第三产业占GDP比重为32%，比全市平均低22个百分点。三次产业增加值增速分别排全市第19位、第12位、第10位，相比其他区县，权重占比高的工业经济位居全市前列，经济运行没有明显的结构性短板，实现"产业支撑均衡、工业带动领跑"的发展好势头。

（二）工业经济运行稳健，发展动能不断增强

规模以上工业增加值增长9.2%，比全市高3.5个百分点，排全市第10位。规模以上工业总产值完成1163亿元，同比增长7.4%，其中新材料、钢铁冶金产业分别增长8.6%、21.7%。着力补链强链，签约工业项目55个，引进十亿级工业项目8个，合同引资额323.5亿元。狠抓绿色转型升级，技改投资完成28.4亿元，占比20%，新认定智能工厂1家，新增数字化车间11个，带动工业投资完成141.9亿元，同比增长11.4%。狠抓要素支持，保障规模以上工业企业用能增长5.9%，其中工业用电增长13.6%，新增出让工业用地400亩。

（三）有效投资不断扩大，投资预期稳中有升

大力实施"3113"项目攻坚行动计划，固定资产投资完成270.5亿元，同比增长10.8%，比市高7.2个百分点。龙头项目带动更强，220个年度重大建设项目完成投资203亿元，37个市级重大项目完成投资85.3亿元，前三季度新备案社会投资项目338个，意向投资540亿元。民间投资完成107.6亿元，同比增长12.2%，中润新材料、恩捷锂离子电池微孔隔膜、望变智能成套电气设备、坤煌（长寿）食品产业园等重点项目超额完成年度投资计划。

（四）农业生产形势稳定，农副产品供给无忧

第一产业增加值实现47.8亿元，同比增长4.4%，增速高出全市0.1个百分点。播种粮食面积90.75

万亩，产粮 33.06 万吨，同比增长 5%，蔬菜产量同比增长 4%，水果产量同比增长 6%，水产同比增长 3%，生猪出栏同比增长 4%，家禽出栏同比增长 6%，禽蛋产量同比增长 9%。6.5 万亩高标准农田建设和 2 万亩丘陵山区高标准农田改造工程分别完成 85%、80%。

（五）市场消费稳步提振，服务业加快提质发展

长寿区第三产业增加值完成 223.2 亿元，增长 6.3%，比全市高 0.9 个百分点，排全市第 10 位。义乌商城集团全球数贸中心、阿里巴巴菜鸟产地上行仓等项目加快落地，批发业销售总额同比增长 10.2%，公路、水路运输总周转量分别同比增长 6.4%、18.1%。大力提振生活性服务业，接待游客和旅游综合收入分别同比增长 14.4%、12.8%，住宿、餐饮等行业保持两位数增长，社会消费品零售总额同比增长 8.8%，排全市第 7 位。新增经营主体 9250 户，新升规企业 42 家，全年预计新增规模以上企业 100 户。

（六）营商环境不断优化，财税金融稳效提质

全面落实税费政策红利，减免税费 8.8 亿元。城镇新增就业 15097 人，全体居民人均可支配收入 30167 元，同比增长 4.8%。不断强化金融支撑，存贷款余额均同比增长 10%，其中制造业中长期贷款同比增长 32.5%、普惠小微贷款同比增长 18%。获批第四批全国社会信用体系建设示范区，"政务承诺+信用履约"机制获评 2023 年全国信用承诺优秀案例并向全国推介。前三季度，长寿区一般公共预算收入 35.1 亿元，同比增长 0.1%，其中税收收入同比增长 6.8%。

在肯定成绩的同时，也应清醒地看到面临的困难挑战。长寿区经济恢复向好的基础还不牢固，消费恢复提振偏慢，民间投资意愿减弱，经营主体特别是中小微企业和个体工商户发展面临较多困难，稳就业压力较大。产业转型升级有待加快，房地产、金融、安全生产等领域还存在不少风险隐患。城市更新和老旧小区改造任务繁重，城市治理能力有待增强，居民收入增长不及预期，社会民生事业还有不少短板。这些情况都对 2024 年的经济运行发展提出了新要求。

二、2024 年长寿区经济运行环境分析

2024 年，长寿区将高举习近平新时代中国特色社会主义思想伟大旗帜，坚定不移贯彻落实党的二十大精神和习近平总书记对重庆所作重要讲话和重要指示批示精神，认真贯彻市委六届二次、三次全会部署，以成渝地区双城经济圈建设"一号工程"作为长寿区各项工作的总牵引总抓手，以建成高质量发展高品质生活新范例为统领，以建设国际化绿色化智能化人文化中国长寿城为愿景，实施党建统领"八张问题清单"管控，推进"3113"项目攻坚行动计划，追求卓越、争创一流，聚精会神、脚踏实地，加快建设具有全球影响力的新材料高地、世界级运动康养旅游目的地、中国长寿生命科学城，以"八张高分报表"奋力书写新时代新征程新重庆长寿华章。

三、2024 年发展趋势展望

根据全国、全市以及长寿区前三季度主要指标情况，结合产业发展和企业运行实际，同步叠加同期非常高的统计基数，预判 2024 年长寿区经济运行工作压力不小，要保持较高增速的压力和困难比较大。但更要看到，长寿区上下全力应对超预期因素冲击，全力落实惠企政策，积极推进常态化"三服务"工作，以及近期国家出台的特别国债等一批重大政策在第四季度集中实施，经济企稳回升的内在动力将持续增强。经过初步匡算，2024 年长寿区主要经济指标预计将达到并适当高于全市平均水平，预计有部分的分项指标可以位居全市发展前列。

四、重点工作计划

2024年,长寿区将以贯彻党的二十大精神为主线,认真落实党中央、国务院决策部署和市委、市政府工作安排,努力完成全年经济社会发展目标任务,全力保持经济运行在合理区间。

(一)聚焦更好融入和服务新发展格局,奋力推动重大战略部署成势见效

积极推进成渝地区双城经济圈建设,推动合广长协同发展示范区、明月山绿色发展示范带走深走实,加快推进明月山绿色经济带碳中和产业区等13个年度川渝合作共建项目建设。织密内联外畅交通圈,加快广涪柳铁路、合广长高速、城宣大邻高速前期工作,新建、改造大洪湖片区旅游通道等。深度融入西部陆海新通道,大力发展通道物流经济,力争数字物流交易中心项目、重庆港水运口岸扩大开放至长寿港区项目落户长寿港区,争创国家首批物流枢纽经济示范区。持续优化码头规划功能,依托长航集团深化码头泊位整合,启动西部陆海新通道化工新材料分拨中心建设,积极创建保税物流中心(B型),常态开行明月山绿色发展示范带陆海新通道班列,打造江海联运中转枢纽、东西联动对外开放桥头堡。

(二)聚焦建设具有全球影响力的新材料高地,积极参与全市"33618"先进制造集群产业分工

积极抢占产业发展新赛道,突出巴斯夫、恩捷等龙头企业带动,深耕天然气化工、新能源新材料及装备等"两主四特"产业细分领域,全力推进川维化工BDO一体化、国际复合电子级细砂、渝化新材天然气化工氟化硅材料3个百亿级项目落地,主动承接全市天然气化工新材料产业重点项目布局。深入推进"亩均论英雄"改革,全面推行制造业新增工业用地按标准地出让,科学开展亩均效益综合评价,推动企业转型增效。突出创新核心地位,持续优化科技企业引育体系,培育科技型企业150家以上、高新技术企业40家以上。扩大产业用地供给,新一轮国土空间规划中工业用地不低于城市建设用地30%的比例配置。积极争取甘肃"绿电"入区,加强电力、天然气高峰时期保供稳价。

(三)聚焦建设世界级运动康养旅游目的地,稳步推进农文旅城融合发展

做优做强特色文旅产业,实施文旅项目建设突破行动,加快推进长寿湖文化产业园、长寿山文化公园、大洪湖零碳康养旅游度假地等特别重大项目建设,打造长寿地标文旅IP。加快长寿奥体中心、文化艺术中心等重要场馆建设,积极举办承办更多国际国内高水平赛事,做大赛会经济流量。争创国家现代农业产业园,实施"一田多收"高标准农田改造提升示范工程,建设高标准农田3万亩,稳定粮油种植面积和产量。大力发展农产品精深加工,推动全产业链提档升级,村均集体经济经营性收入突破10万元。启动自主品牌种鸡培育,建设百万只数字蛋鸡示范基地,优化"两湖"水产养殖经营模式,改造大洪湖水上休闲渔业设施,实现智能化水面管理10万亩以上。深化美丽乡村建设,坚持数字赋能乡村建设,全面投用阿里巴巴数字乡村生态实验室,上线运行"智慧农经"。推进农村人居环境改善,卫生厕所普及率、生活污水得到治理农户覆盖率、生活污水治理率分别达到90%、75%、60%以上。

(四)聚焦建设中国长寿生命科学城,主动抢占打造中国西部数谷新赛道

大力发展数字经济,完成数字底座及场景开发运行,建立数字健康、数字能源主题库,加快推进5G智能网联配套基础设施、城市数字停车、交信物联换电重卡首站等数字基础重点项目。成立数字健康产业引导基金,组建数字产业备选招商数据库,培育发展云计算、工业App等数据应用类下游产业,力争新增亿元以上产值企业5家、千万元以上产值企业10家,数字经济核心产业增加值增长10%以上。完善

智慧治理体系，依托"渝快政"一体化数字政务平台，科学梳理归集长寿区政务数据资源，全面承接市级下沉数据，推进"一件事一次办"政务服务改革。加快建设村社智治平台，围绕社保、就业等领域推出数字化应用场景15个以上。提升城市功能品质，全力推进国家方志馆长江分馆、幸福长寿科学馆等城市品质提升重点项目，全面打通城市断头路，推动杏林路等一批公共停车场建成投用。新建城市景观绿道4.7公里、口袋公园2个，串联滨河步道打造"望江、看山、观城、游林"城市景观文化廊道体系。

（五）聚焦稳定预期提振信心，全力推动经济运行持续回升

刺激消费持续复苏，把恢复和扩大消费摆在优先位置，聚焦汽车、家电、餐饮、家居四大消费支柱，出台促进消费提振政策措施。优化提升消费场景，加大横店电影城、麦当劳等名品名店引进力度，推动爱琴海购物公园商业综合体开业运行，打造示范性和特色消费场景。做大做强夜间经济，推动长寿古镇创成国家级夜间文化和旅游消费集聚区，推动夜间经济点位扩面提质，探索打造夜间经济街区。促进有效投资放量，紧握招商引资"生命线"，聚焦链长、链主企业，力争合同引资750亿元以上。坚持扩大工业投资、发力基建投资、稳住房地产投资，确保固定资产投资增速高于经济增速、产业投资增速高于固定资产投资增速。加快培育经营主体，深入实施培育服务经营主体五年计划，全年新增经营主体1万户以上。持续释放改革活力，贯彻落实全市集中统一部署，不折不扣推进开发区管理体制改革。

（六）聚焦创建幸福长寿示范区城市品牌，聚力打造高品质生活宜居地

完善就业社保体系，坚持就业优先战略，用好数治就业智慧平台，突出抓好高校毕业生等重点人群就业，防范化解规模性失业风险，有效应对隐性失业，新增城镇就业1.5万人以上。提高教育医疗质量，加快推进区疾控中心迁建等医疗卫生重大项目，争创三级甲等中医院，创建市级临床重点专科2个、区级临床重点专科3个。坚持"五育"并举，加强幸福学校建设，完成全国学前普及普惠区验收，争创义务教育优质均衡区。构建全龄友好社会，加快国家级肿瘤防治中心、慢病管理中心和健康宣教中心建设，完成慢病综合防控示范区复评审。加强普惠养老服务城企联动，推动社区居家养老服务全覆盖。

[长寿区发展和改革委员会　董　龙]

之十三：2023年江津区经济运行分析及2024年展望

2023年以来，面对严峻复杂的国际环境和艰巨繁重的改革发展稳定任务，江津区坚持以习近平新时代中国特色社会主义思想为指导，全面贯彻党的二十大精神，深入落实市委六届二次、三次全会精神和市委经济工作会议精神，按照区委十五届四次全会和区政府工作报告安排，突出"稳进增效、除险清患、改革求变、惠民有感"工作导向，提前、密集、精准调度部署经济工作，全力推动产业发展、项目建设，认真落实推动经济企稳恢复提振36条等系列措施，江津区经济总体延续了恢复性增长态势。

一、2023年江津区经济运行分析

（一）前三季度经济运行特点

1—9月，江津区实现地区生产总值1029.5亿元，同比增长7%，分别高于全市、全国1.4个、1.8个百分点。

1. 三次产业协同发展

一是工业经济稳步增长，重点产业支撑有力。1—9月，江津区实现规模以上工业总产值1410亿元，同比增长7.7%；规模以上工业增加值同比增长8.5%，较全市、全国分别高2.8个、4.3个百分点。材料产业持续发力，产值增长17.3%，其中武骏、和友、龙煜铜管等企业保持较快增速。装备产业降幅收窄，同比下降0.2%，较上半年回升4.6个百分点，其中中冶赛迪、江电电力等企业持续正增长，发挥重要带动作用。消费品、汽摩产业保持较快增速，同比分别增长9.3%和7.4%。抓"倍增行动"实施，确定150家"倍增"企业，"一企一策"扶持推动，完成697家工业企业分级评价。新增年度升规企业35家，月度升规企业5家，"专精特新"企业74家。二是服务业增长较快，消费持续回暖。全力恢复和扩大消费，打造江津本土夜经济市集遗爱池"莲花市集"等夜经济新聚集区，举办农产品产销对接消费节等促销活动200余场，万达广场、吾悦广场等商业主体抢抓节假日消费热点，累计带动消费超过10亿元。1—9月，江津区实现服务业增加值345.7亿元，同比增长6.5%。实现社会消费品零售总额334.9亿元，同比增长9%，批发业、零售业商品销售额同比分别增长15.3%、10.9%。全力扩大文旅消费，接待游客1670万人次，同比增长19.7%；实现旅游综合收入91.6亿元，同比增长22.6%。创新电商经济模式，引进抖来集团新媒体数字经济电商项目，打造支坪滨江路电商产业园，江津区电商交易额实现180亿元，同比增长17.3%。三是农业生产总体稳定，富硒产业增长较快。1—9月，江津区实现第一产业增加值105亿元，同比增长3.3%，实现农业总产值148亿元，同比增长3.6%。全力做好稳粮保供，全年粮食播种面积145.33万亩，产量64.36万吨，同比增长2.5%。蔬菜产量同比增长5.3%，水果产量同比增长5.9%，家禽出栏同比增长5.9%，中草药材同比增长13.5%，生猪出栏同比增长3%。全力抓好特色产业，实现富硒产值117.3亿元，同比增长12.9%。江津青花椒种植基地上榜"全国美食地图"，鲜花椒产量28.5万吨，产值52亿元，江津花椒品牌价值达到63.7亿元；"江津枳壳""江津甜橙"纳入全国名特优新农产品名录。大力发展农产品加工产业，新增农产品加工规模以上企业9家，入选市级农产品加工业百强领军企业 10 家、百强成长性企业 8 家，入选数量居全市第 1 位，食品及农产品加工产业规模以上产值 188.1 亿元，同比增长 16.2%。推进农业高质量发展、深入开展乡村治理等 2 项工作获得市政府激励。

2. 全力融入成渝地区双城经济圈建设

印发《泸永江融合发展示范区三年行动计划（2023—2025 年）》。在经济金融合作上，泸永江三地签订金融协同发展战略合作协议，重点推动完善金融机构组织体系、打造一体化金融市场、争取金融改革创新试点等工作；建立规模 10 亿元的成渝地区双城经济圈第一只产业基金——成渝团结湖战略新兴产业投资基金；举办成渝地区双城经济圈首届"专精特新"创新赋能大赛启动仪式、成渝地区双城经济圈高质量发展论坛、首届巴蜀非遗酿造技艺旅游创新发展大会等活动；完成江津郫都首例跨省远程异地评标项目；挂牌泸永江税费争议调解中心；江津至泸州、宜宾成渝地区双城经济圈水上穿梭巴士常态化开行，1—9 月累计开行 129 航次；成渝地区双城经济圈货运班列（江津—青白江）获评 2022 年度成渝地区协同发展创新案例。在人才合作上，成立泸永江融合发展示范区技术经纪人创新联盟，开展技术经纪人培训，促进产业链、创新链、人才链深度融合。

3. 西部陆海新通道江津班列成倍增长

珞璜港建成港区铁路作业线 16 条、重载道路 1 条，实现港口货场与铁路、公路无缝衔接，被国家发展改革委、交通运输部列入国家第四批多式联运示范工程。小南垭海关监管作业场所建成投用，小南垭铁路物流中心已形成 2000 万吨、60 万标准箱的年运能。珞璜港进境粮食中转码头、兰家沱进境粮食（大豆）中转码头建成投用。陆海新通道跨境铁公联运班列（重庆—瑞丽—缅甸）在江津首发，创新开行西部陆海新通道成渝出口专列、泰国进口纸浆专列、中老泰冷链（成渝）班列、进口榴莲专列。1—9 月，开行西部陆海新通道江津班列 788 列，同比增长 151.8%；运输 39467 标准箱，同比增长 151.5%；运输货值 19.5 亿元，同比增长 152.4%。

4. 固定资产投资保持两位数增长

持续推进"抓项目促投资"专项行动，促进重点项目建设，定期召开江津区重点项目调度会议，强化用地、用能、用工要素保障，深化"三张清单"管理。1—9 月，江津区固定资产投资 372.4 亿元，同比增长 10%，高于全市 6.4 个百分点。其中，工业投资同比增长 13.7%，房地产开发投资同比增长 6.4%。重点项目推进较好，142 个区级重点项目完成投资 240.4 亿元，超序时进度 2.9 个百分点。中诚信建筑劳务集团国家级建筑劳务产业园基地项目、重庆江津李市 110kV 输变电工程等 10 个项目已完工；重庆江津至泸州北线高速项目、市郊铁路跳磴至江津线（圣泉寺至鼎山段）工程、义利北冰洋重庆基地、重汽轻型汽车 F 平台技术改造、年产 8 吉瓦光伏封装材料及制品等项目加快推进。第四季度计划开工项目 20 个，其中，渝昆高铁江津北站综合交通枢纽配套基础设施项目已开工；西部（重庆）科学城江津园区 A 区基础设施综合提升项目——怡云农贸市场项目、江津喜来登酒店等 8 个项目已确定施工单位，均能按原计划开工；江津公路长江大桥防船舶碰撞工程、江津公路长江大桥防船舶碰撞工程等 6 个项目处于招标、中标公示阶段；大唐江津燃机项目、文峰塔工程等 5 个项目正在进行招标前期工作准备。

5. 发展动能不断积蓄壮大

招商引资成效明显，携手渝富集团等组建 30 亿元联动基金，引进投资 72 亿元的巨湾超充电池生产基地、投资 56 亿元的拓博尔轨道智能维保装备总部基地等产业类项目 86 个，协议引资 822 亿元，实到资金超 245 亿元。其中，签约 20 亿~50 亿元项目 5 个、50 亿~100 亿元项目 5 个。积极培育经营主体，1—9 月，新增经营主体 13923 万户，同比增长 9.6%，其中内资企业 3903 户，同比增长 14.9%。强化用地保障，取得建设用地批复32件6484亩，出让国有建设用地96宗3648亩。金融支撑作用增强，本外币贷款余额同比增长10.3%，新发放贷款加权平均利率4.2%，同比下降50个基点。新增本土上市企业1家——威马农机股份有限公司。

6. 民生福祉持续增进

截至9月末，25件重点民生实事实际投入资金2.82亿元，市郊铁路江跳线轨道站点便捷性提升、"劳动者港湾"示范点建设等12件重点民生实事已完成，建设城市公园、适龄学生免费接种HPV疫苗等13件重点民生实事加快推进。居民收入稳步增长，1—9月，全体居民人均可支配收入31932元，同比增长5.2%，高于全市0.1个百分点，其中城镇居民人均可支配收入38443元，同比增长4%，农村居民人均可支配收入21307元，同比增长7%。落实提高城乡低保标准，特困人员救助供养标准，孤儿、事实无人抚养儿童基本生活保障与补贴标准，救助机构流浪乞讨人员基本生活保障标准政策。发放低保金1.75亿元，供养金和慰问金1.39亿元，特困人员供养对象照料护理补贴1049万元，救助金1452万元。

（二）经济运行中存在的困难和问题

1. 财政收支平衡压力持续加大

从收入看，1—9月，江津区一般公共预算收入完成41.5亿元，同比下降5.4%，低于全市19.3个百分点。其中，税收完成26.4亿元，同比增长15.1%，低于全市3.7个百分点；非税完成15.1亿元，同比下降28%。土地出让收入持续低位运行，土地收入仅完成7亿元，同比下降36.3%。从支出看，1—9月，江津区一般公共预算支出实现79.5亿元，同比增长6.3%。"三保"、政府债务化解压力以及社保、医疗、教育等各类民生政策刚性支出保持增长，财政正常运转压力加大。

2. 部分企业经营困难

受订单持续下滑、原材料价格上涨、能耗及资金成本上涨、产品价格下降、市场需求不足等因素影响，电子、装备制造产值同比分别下降6.3%、0.2%；1—9月，江津区141户规模以上工业企业产值负增长（不含停产企业），负增长面24.1%，下拉江津区规模以上工业产值增长7.7个百分点。市"双百企业"中，群光电子、冀东水泥均负增长10%以上。

3. 有效投资增长乏力

受土地、资金等要素制约，招商项目落地难度大，近3年签约市外项目开工率57.7%，低于全市平均水平2.6个百分点。引进大项目偏少，全市签约重大项目179个，江津区仅10个，与经济大区还不相匹配，投资增长后劲不足。1—9月，应开未开的21个项目中，3个项目因前期手续办理、资金来源未落实等因素影响，开工时间延后。18个项目因企业投资意愿变更、用地手续未完善、资金未落实等因素，年内无法实施。

4. 房地产市场仍处于深度调整期

群众购买期房意愿不强，房地产企业对房地产市场恢复信心不足，观望情绪上升，房地产市场整体仍处于深度调整期。2023年以来，江津区仅新增1家房地产项目，商品房销售以存量销售为主，1—9月，商品房销售面积136.5万平方米，同比下降20.9%，低于全市1.9个百分点。与房地产关联度较高的建材、家居、装饰等行业下滑明显。同时，建筑业产值流失较多，2023年新办施工许可项目中，区外建筑企业承接江津区建设项目面积145.75万平方米，占比75.3%，建筑产值流失区外35.9亿元。

5. 外贸外资下滑明显

一是因疫情期间海外市场大量囤货，目前尚未完全消耗，加之国际形势复杂，市场需求不振，造成企业出口订单普遍下滑。1—9月,江津区进出口总值同比下降16.7%,降幅较全市高4.2个百分点。二是受汇率波动、政策吸引力不足、文化差异等因素影响,外资企业到资积极性不高,1—9月,外商直接投资仅到位193万美元,下降89.9%。

(三)2023年江津区主要经济指标预计

综合分析前三季度经济运行基本态势和支撑江津经济增长的主要因素,预计2023年江津区地区生产总值增长7%左右;规模以上工业总产值增长8.5%左右;固定资产投资增长10%左右;一般公共预算收入增长0.2%左右;社会消费品零售总额增长8%左右,批发业销售额增长15%左右,零售业销售额增长10%左右。

二、2024年经济运行环境及主要指标预测

展望2024年,从全国看,国民经济有望延续恢复向好态势,生产供给稳步增加,市场需求持续扩大,就业物价总体改善,发展质量稳步提升,积极因素累积增多,经济发展韧性持续显现。同时,需求收缩、供给冲击、预期转弱三重压力持续显现,下行压力较大。从全市看,经济恢复稳定、结构持续优化、动能升级加快,高质量发展态势良好,但也面临增长的内生动力不强、法制环境充满不确定性、经济稳定恢复性增长的基础还不牢、重点领域风险需高度关注。从江津区看,"五地一城"建设走深走实,高质量打造同城化发展先行区进程加快,叠加成渝地区双城经济圈、西部陆海新通道建设等机遇,为江津经济社会高质量发展奠定坚实基础。同时,还需高度关注财政收支平衡、部分企业经营困难、有效投资增长乏力、外资外贸下滑、房地产市场仍处于深度调整期、民生领域还有不少短板等突出问题。

预计2024年江津区地区生产总值增长6.5%左右,农业增加值增长4%左右,服务业增加值增长6%左右;规模以上工业增加值增长7.5%左右;固定资产投资增长6.5%左右;社会消费品零售总额增长8%左右,批发业销售额增长15%左右,零售业销售额增长12%左右。

[江津区发展和改革委员会　彭远华　王晓洪　陈　欣]

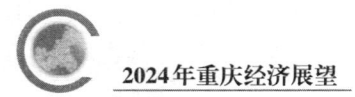

之十四：2023年合川区经济运行分析及2024年展望

2023年以来，合川区坚持以习近平新时代中国特色社会主义思想为指导，全面贯彻落实中央、市委决策部署，坚持"稳进增效、除险清患、改革求变、惠民有感"工作导向，落实党建统领"三项重点任务"工作要求，紧扣"6810"年度目标，扎实开展推动经济恢复提振"四项行动"，大力实施增强经济动力活力"四项计划"，全力推动经济发展实现质的有效提升和量的合理增长。

一、2023年合川区经济运行分析

1—9月，合川区GDP完成759.06亿元，同比增长4.7%，一、二、三产业增加值分别同比增长4.7%、3.3%、5.5%。

（一）工业经济稳定增长，重点产业支撑有力

深入实施工业倍增计划，全力推动工业提档升级，工业经济恢复态势良好，1—9月实现规模以上工业增加值同比增长10.8%，较上半年提高1个百分点，居全市第5位。新增规模以上工业企业6家，总数达到269家，实现规模以上工业总产值367.3亿元，同比增长6.6%。重点产业支撑作用逐步显现。"两主四特"实现产值220.9亿元，占规模以上总产值的60.1%。其中，智能网联新能源汽车零部件实现产值85.7亿元，同比增长11.3%；重庆火锅食材实现产值52.4亿元，同比增长35.9%；摩托车实现产值28.5亿元，同比增长21.7%；现代中药实现产值24.2亿元，同比增长13.4%；日用玻璃实现产值15.3亿元，同比增长7.7%；信创与网络安全实现产值14.8亿元，同比下降7.7%，降幅较上月收窄5个百分点。工业组团支撑有力。1—9月，高新区累计实现产值224.4亿元，同比增长5.1%，占合川区工业总产值的61.1%。能源产业发展迅速。新型储能项目建成投用，天然气勘探开采、全域综合智慧零碳电厂、风电光伏新能源项目等提速推进，疆电入渝、金上—湖北等电力通道项目开工建设。

（二）发展新动能持续增强，经济增长动力更足

新动能发展态势向好。1—9月，高技术产业实现工业总产值44.1亿元，同比增长9.1%，较上半年提高13.3个百分点；战略性新兴产业实现工业总产值47.9亿元，同比增长8.1%，较上半年提高7.9个百分点；数字经济核心产业实现工业总产值14.9亿元，同比增长0.3%，较上半年提高24.6个百分点。创新力量持续壮大。成功创建合川区首个市级技术创新中心，43家企业申报高新技术企业并通过专家评审；规模以上工业研发费用同比增长23.3%；新增科技型企业393家、累计1409家，较2022年底增长38.7%。招商引资成绩良好。1—9月，新签招商引资项目79个（其中10亿级3个、20亿级4个），协议资金282.7亿元，完成全年目标任务的62.8%；到位资金（含续建项目）81.5亿元，完成全年目标任务的74.1%，其中工业项目到位资金46.2亿元，占比57%。项目"招落建投"落实有力，新能源汽车关键零部件暨工装模具产业园等39个项目实现开工，汽车保险杠智能制造等2个项目建成投产。

（三）匹配性指标持续向好，市场预期逐步改善

先行指标增势良好。工业用能较快增长，1—9月合川区工业用电13.9亿千瓦时，同比增长11.9%，

其中9月当月工业用电1.8亿千瓦时,同比增长17.3%;合川区工业用气1.5亿立方米,同比增长14.5%,其中9月当月工业用气1832.8万立方米,增长17.3%。工业用电、用气连续3个季度增速持续提升。经营主体信心提升。1—9月,新增各类经营主体11690户,经营主体新发展率13.8%,同比增加2548户,增长27.9%;涉税经营主体3.5万户,同比增长6.3%。净增长经营主体3861户,累计达到88499户。新增"四上"企业71家,同比增加43家,在库"四上"企业达到701家,同比净增60家。

(四)固定资产投资持续回升,重大项目加快建设

扎实开展重点项目攻坚行动,实施项目建设"赛马比拼"。固定资产投资逐月恢复。1—9月,固定资产投资同比增长3.9%,较上半年提高2.5个百分点。其中,民间投资(不含房地产)占固定资产投资比重为50.9%,高于全市24.3个百分点。工业和房地产业投资仍然承压。实现工业投资同比增长6%,较上半年提高4.8个百分点,其中制造业投资同比增长7.5%,较上半年提高6.9个百分点。房地产投资同比下降27.7%,降幅较上半年收窄22个百分点。工业投资从2022年第三季度开始连续保持增长态势,2023年第二季度出现波动,第三季度恢复增长;房地产投资受房地产市场低迷影响波动较大。重点建设项目有序推进。区级重点项目完成投资140亿元,占年度投资计划的66.5%,其中新型储能等27个项目建成投用,花果中学等91个项目开工建设,136个前期项目正有序推进。市级重点项目完成投资42.2亿元,完成年度投资任务的73.4%,超计划进度22%,其中重庆对外经贸学院新校区建成投用,体育中心主体结构工程完工,渝武复线、钱双、西环高速分别完成总工程量的71%、32%、17%。

(五)消费市场加快恢复,房地产业降幅收窄

消费市场日益活跃。1—9月,合川区社会消费品零售总额268.7亿元,同比增长7.8%。分行业看,批发业实现销售额431亿元,同比增长12.8%;零售业实现销售额163.9亿元,同比增长8.3%;住宿业实现营业额13.5亿元,同比增长12.4%;餐饮业实现营业额49.6亿元,同比增长15.5%。旅游消费保持高速增长,1—9月,接待游客1988万人次,同比增长26.5%;旅游综合接待收入112.1亿元,同比增长62.8%。房地产业降幅收窄。1—9月,合川区商品房销售面积65.5万平方米,同比下降33.7%,降幅较上半年收窄0.1个百分点;房地产项目开工12.8万平方米,同比增长52.2%,竣工83.9万平方米,同比下降41.6%,降幅较上半年收窄11.2个百分点。建筑业企业数量增加,运行态势略微回升,截至9月底合川区共有资质建筑企业167家,同比增长7.1%;完成建筑业总产值195.5亿元,同比下降8.1%,降幅较上半年收窄6.9个百分点。其他服务业保持增长态势。实现其他服务业增加值同比增长12%,较上半年提高2个百分点。规模以上其他服务业企业营业收入同比增长2.1%,其中:软件和信息技术服务业、居民服务修理和其他服务业、文化体育和娱乐业等3个行业营业收入保持较高增速,分别同比增长24%、17.2%和18.6%;租赁和商务服务业、科学研究和技术服务业营业收入分别同比增长0.1%和4.9%,五大行业均实现正增长。

(六)进出口短期承压,部分行业出口首现下降态势

1—9月,合川区进出口总值16.8亿元,同比下降2%,进出口总额居全市第19位,增幅居全市第18位。出口呈现行业分化。完成出口总值16亿元,同比下降0.2%,其中,通用机械行业出口同比增长20%,占进出口总额的24%,鼎工机电成功开拓俄罗斯、尼日利亚等国际市场,实现出口额3亿元,同比增长69%。汽摩行业出口首现下降态势,以国昱科技、津沙摩托、富川古圣等为代表的汽摩企业出口呈现负增长,国昱科技预计全年出口减少3亿元,成为拉低合川区进出口总额的主要原因。进口呈持续下降态势,完成进口总值0.8亿元,同比下降27.9%。

（七）农业生产稳定向好，乡村产业快速发展

以"两园两区"（重庆火锅食材产业园、国家现代农业产业园、国家农业绿色发展先行区、国家农业现代化示范区）和"四千行动"为抓手，加快发展火锅食材、生态畜禽、粮油综合利用"一主两辅"产业。农业质效稳步提升。1—9月合川区实现农业总产值123.4亿元，同比增长5%，居全市第5位，较上半年提高0.2个百分点；实现农业增加值82.5亿元，同比增长4.7%，总量居全市第3位、增速全市第9位；实现农产品加工产值101.3亿元，同比增长25.7%。粮食和重要农产品供给稳定。粮食播种面积168.1万亩；粮食产量69.8万吨，同比增长2.1%；蔬菜种植面积38.8万亩、产量79万吨，分别同比增长3.5%、5.4%；水果产量11.6万吨，同比增长10.9%；水产养殖面积7.1万亩，产量4.4万吨，同比增长4.9%。合川区生猪存栏73.6万头，出栏生猪87万头，同比增长3%；家禽存栏921.3万只，出栏1110.3万只，同比增长2.8%。

二、存在的困难和问题

（一）稳增长压力较大

从经济报表晾晒结果看，反映出合川区虽然经济总量较大，但存在结构不优、质量不高、后劲不足等问题。

（二）产业发展支撑不足

工业方面，虽然工业保持恢复态势，但特色产业中信创与网络安全仍呈持续下降态势，同时重点工业企业支撑不足。农业方面，设施农业水平依然不高，存在规模较小、管理水平不高、投入力度不强等问题。商贸方面，汽车、房地产等大宗消费恢复缓慢，居民消费潜力未能完全发挥。

（三）投资增长后劲乏力

房地产市场持续低迷，购房群体、房地产企业对房地产市场恢复预期信心不足，房地产投资缺乏增量支撑，房地产投资下滑严重。

三、2024年工作计划

（一）加强经济运行调度

加强经济运行"形"与"势"深度分析，紧盯规模以上工业、投资、税收、居民收入等重点指标，实行周监测、旬分析、月调度，做到以月保季、以季保年。深入研判消化、加强对接中央政治局会议释放的政策举措，紧盯国家、市委推动渝西地区一体化高质量发展机遇，积极争取于合川有利的功能定位、项目布局，进一步提振发展预期和信心。

（二）全力推进重点项目建设

坚持以专项债券资金、中央预算内资金、市区重点项目为主抓手，强化专班推进、节点调度、一线会办和定期通报，着力打通堵点卡点，切实提高项目建设进度和资金支付进度，强化投资拉动。紧跟上级各种利好政策，做深做实项目前期工作，积极谋划债券项目和各类专项，用好用够多种政策金融工具，增强投资后劲。紧紧围绕主导产业开展精准招商，扎实推进"招、落、建、投"一体化服务和"四个一批"滚动实施，培育投资支撑。

（三）持续推动产业转型升级

强化工业主体地位。进一步巩固回升态势，三措并举，挖存量、引增量、提质量，加力助推"两主四特"产业集群发展，推动新能源汽车零部件暨工装模具产业园等重点项目升规，支持梅香园、希尔安优质企业技改扩能，引导兴渝湘等存量企业稳定产能，支持顺博合金增发再融资，推动平伟汽车、普莱克摩托等重点项目投产放量。促进农业稳产保供。全力稳定粮油、生猪、蔬菜三大保供产业，确保粮食总产量、生猪出栏量、水产品产量继续保持全市第一。以国家现代农业产业园建设为抓手，全力抓好三个百亿级产业链培育和农业品牌建设。加速提振消费信心。进一步推进汽车家电等大宗消费，加快三江火锅汇等网红新地标的打造，积极发展直播带货、短视频引流等消费新模式，不断增加有效供给、培育热点消费。

（四）继续做好争资引项

积极对接市级部门，密切关注政策变化与重点扶持领域，提前做好2024年争资准备和项目储备，提前策划，进一步推动项目前期做深、做实；对上级资金已下达项目倒排建设工期，加强调度，定期督查，确保如期保质保量完工投用。

（五）坚持抓好民生保障

办好重点民生实事。做好资金保障，加强施工组织，确保民生实事如期建成显效。着力发展优质教育，深化基础教育品质提升工程；提升医疗卫生服务水平，加快建设区域医疗中心；强化社会保障服务，做好资助困难群众参保工作。做好价格监测工作，全力确保年末岁初各类商品特别是食品价格保持稳定。全力做好粮食安全工作。

[合川区发展和改革委员会　粟榆涵]

之十五：2023年永川区经济运行分析及2024年展望

2023年，永川区坚持以习近平新时代中国特色社会主义思想为指导，深入贯彻党的二十大精神，落实市委六届二次、三次全会精神，贯彻"一三五"总体发展思路，坚持稳中求进工作总基调，突出稳进增效、除险清患、改革求变、惠民有感工作导向，着力科学施策、精准调度，经济持续恢复向好。

一、2023年永川区经济运行分析

1—9月，永川区地区生产总值实现936亿元，同比增长8%，高于全市（5.6%）2.4个百分点。第一产业增加值实现63.5亿元，同比增长4.4%。第二产业增加值实现513.5亿元，同比增长10%，其中：工业增加值实现397.4亿元，同比增长10.2%，建筑业增加值实现116.1亿元，同比增长9.4%。第三产业增加值实现359.1亿元，同比增长5.8%。

（一）三次产业回升向好，发展基础进一步夯实

农业生产基本稳定。1—9月，第一产业增加值实现63.5亿元，同比增长4.4%，较上半年（3.8%）提高0.6个百分点。基础农产品供给进一步保障，种粮面积同比增长3.5%，粮食作物、油菜产量同比分别增长1.3%、5%。特色产业稳步增长，茶叶、食用菌、蔬菜产值同比分别增长3.5%、6%、12%。畜禽产业发展稳定，永川区生猪、家禽、肉牛出栏同比分别增长4.5%、5.1%、4.6%。

工业经济增长迅速。1—9月，规模以上工业增加值同比增长10.9%，较上半年（6.8%）提高4.1个百分点，高于全市（5.7%）5.2个百分点；规模以上工业总产值实现1220.2亿元，同比增长9.8%，较上半年（4.9%）提高4.9个百分点。支柱产业优化调整，制定《永川区推进制造业高质量发展行动方案（2023—2027年）》，明确现代制造业"2515"集群体系，智能网联新能源汽车、先进材料分别同比增长4.2%、5.7%；电子信息、新能源摩托车、消费品、高端装备、生物医药及大健康分别同比增长11%、135.8%、2.7%、21.9%、16.6%。产业数字化、绿色化转型步伐加快，完成企业智能化改造30家，培育数字化车间7家、智能工厂1家，新培育市级"专精特新"企业36家，精诚工科、雅迪科技等6家企业成功创建市级绿色工厂。

服务业持续恢复。1—9月，永川区第三产业增加值实现359.1亿元，同比增长5.8%，高于全市（5.4%）0.4个百分点。金融业保持稳中向好，华夏银行永川支行试营业，推动组建渝富天使基金、永图产业基金，与优秀基金管理公司开展合作设立基金9只，基金规模共计67.8亿元。9月末，金融机构人民币存、贷款余额同比分别增长9.1%、10.4%。交通运输总体平稳，交通运输、仓储和邮政业增加值同比增长12.8%；"双节"期间，公路客运车辆运送旅客同比增长29.5%，经停永川东站的列车班次同比增长46.1%，累计到发旅客18.3万人次，创历史新高。文旅消费提速恢复，"双节"期间茶山竹海、乐和乐都、松溉古镇等景区举办多场活动，接待游客人次、旅游收入分别同比增长25.6%和23.4%。

数字经济发展态势良好。培育数字经济"13767"发展体系，大数据产业园完成营收180亿元，同比增长18.5%。数字文创产业繁荣发展，挂牌成立"重庆影视拍摄基地"和重庆影视拍摄一站式服务平台，

多个影视文娱项目落地永川拍摄制作,达瓦科技成功申报工信部虚拟现实先锋应用案例。自动驾驶产业走在前列,成功举办2023智博会智能汽车应用场景挑战赛暨智能网联汽车产业合作论坛,百度"萝卜快跑"常态化运营车辆超50台,测试里程超210万公里,京东无人物流正式商业化运营。服务外包产业提质扩容,新落地运营腾讯、华为云能力中心、八戒金融等品牌企业,新增座席1000席,座席规模突破1.4万席。

建筑业和房地产业企稳发力。建筑业增加值由负转正,同比增长9.4%,较上半年(-2.1%)提高11.5个百分点。建筑业注册地总产值同比增长9.5%,较上半年(2.9%)提高6.6个百分点,高于全市平均(6%)3.5个百分点。建筑安装投资同比增长8.2%,较上半年(-9.8%)提高18个百分点。房地产行业筑底回升,成功举办秋季房交会,房地产业增加值同比下降2.8%,较上半年(-10.3%)收窄7.5个百分点,商品房销售面积降幅较上半年(-39%)收窄26.5个百分点,二手住宅成交面积同比增加34.1%。

(二)三大需求逐步扩大,发展动能进一步增强

投资增速超过预期。1—9月,永川区固定资产投资同比增长10.4%,较上半年(5.3%)提高5.1个百分点,高于全市(3.6%)6.8个百分点。其中,工业投资同比增长12.8%,高于全市(12.2%)0.6个百分点,连续5个月保持两位数以上增长;房地产开发投资由负转正,同比增长5.8%,较上半年(-31.4%)提高37.2个百分点,高于全市(-15.7%)21.5个百分点;民间投资同比增长16.5%,较上半年(-12.1%)提高28.6个百分点,高于全市(-4%)20.5个百分点。"抓项目促投资"行动深入实施,举办第三季度重大项目集中开工暨投产活动,加速推动实现项目管理数字化,提高项目管理效率。1—9月,150个区级重点项目累计完成投资164.3亿元,26个市级重点项目完成投资59亿元,占年度计划78.5%。迭代更新项目储备,策划包装永川区"一三五"总体发展思路重大项目清单,包含31个重大项目,总投资4565.7亿元。成功争取18个中央预算内投资项目,到位补助资金6.1亿元,同比增长23.7%。积极谋划储备2024年中央投资项目,已向上报送项目62个,2024年新增中央投资需求57.8亿元。

消费潜力进一步释放。1—9月,社会消费品零售总额同比增长8.6%,较上半年(6.5%)提高2.1个百分点,高于全市(7.4%)1.2个百分点。其中,批发业销售额、零售业销售额、住宿业营业额、餐饮业营业额分别实现1028.3亿元、227.4亿元、6.5亿元、49.5亿元,同比分别增长10.8%、9.1%、17.9%、11.7%。消费载体进一步丰富,爱情广场正式运营,前三季度新引进渝西首店45家、永川首店69家。消费活动亮点纷呈,开展"2023成渝消费季"等特色促销活动,新发放政府消费券154万元,"双节"期间永川区实现零售额17.7亿元,同比增长14.3%。

进出口增速稳中趋缓。综合保税区启动栏杆滩海关监管作业场所建设,提早实现国际班列始发及集装箱装卸作业;试点进出区货物"批次进出、集中申报",完成全国首批KD汽车零部件集货出口。1—9月,永川区进出口总额实现60.1亿元,同比增长2.6%,较上半年(9.2%)下滑6.6个百分点,高于全市(-12.5%)15.1个百分点。其中,进口总额实现20.4亿元,同比下降5.7%,较上半年(4.2%)下滑9.9个百分点,高于全市(-18.2%)12.5个百分点;出口总额实现39.7亿元,同比增长7.2%,较上半年(12.3%)下滑5.1个百分点,高于全市(-9.5%)16.7个百分点。

(三)收入指标稳步增长,发展效益进一步提升

财税收入保持稳定。1—9月,永川区一般公共预算收入实现34.2亿元,同比增长10.6%,较上半年(6.7%)提高3.9个百分点。其中,税收收入实现25.8亿元,同比增长12.9%,较上半年(8.7%)提高4.2个百分点。税收占一般公共预算收入的比重达到75.4%,高于全市(64.2%)11.2个百分点。

企业效益进一步提升。1—8月,规模以上工业企业利润总额实现112亿元(不含跨区),同比增长

16.1%，较上半年（0.4%）提高15.7个百分点。永川区每百元营业收入中的成本为82.1元，较上年同期（82.9元）减少0.8元，低于全市平均（86.7元）4.6元。规模以上工业企业亏损面10.9%，较上半年（11.5%）下降0.6个百分点，低于全市（22.2%）11.3个百分点。

城乡居民人均可支配收入逐步回暖。1—9月，永川区居民人均可支配收入实现33099亿元，同比增长4.2%，较上半年（3.9%）提高0.3个百分点。其中，城镇常住居民人均可支配收入实现37900亿元，同比增长3.4%，较上半年（3.2%）提高0.2个百分点；农村常住居民人均可支配收入实现20968亿元，同比增长6.5%，较上半年（5.4%）提高1.1个百分点。城乡收入比为1.81∶1，排全市第3位，较上年同期缩小0.05。

（四）数字重庆加快建设，全力打造营商环境最优区

数字重庆建设步伐加快。建成政务数据资源共享交换平台，成功申请市区两级政务数据协同试点。加快"两端"推广运用，"渝快政"注册用户、日活率均居全市首位。基层智治平台日常数据维护和事件流转处置已实现常态化运行，智能报表与数字化台账系统为基层减轻负担70%以上。全面建设六大系统，编制"一图两清单""三张清单"，谋划"一件事"应用27个，纳入市级名录库10个。

科技赋能成效显现。创新主体提质升级，新增科技型企业419家，总量1620家，年度目标完成率140%；高新技术企业净增53家，总量达到282家；研发投入为19.4亿元，同比增长21.5%。重庆云谷•大数据产业园科技企业孵化器被评为国家级科技企业孵化器，重庆市茶叶技术创新中心获批2023年重庆市技术创新中心，分别实现永川区国家级科技企业孵化器、市级技术创新中心零的突破。加快推动科技成果转化，永川成为全市成功争取2023年"火炬科技成果直通车"的三个区县之一，永川区登记技术合同170项，技术合同交易额达3.3亿元，为2022年全年数据的4倍。发放知识价值信用贷款1.9亿元，当年新增贷款额全市排名第1。

营商环境进一步优化。全面完成政务服务事项情形颗粒化梳理工作，在全市率先推出"残疾人办证一件事"，企业简易注销实现全程无纸化办理，推动311项"川渝通办"事项落地。印发《"优化营商环境提升涉企审执质效"专项任务清单》，在"永企惠"平台开发了永川区"双随机、一公开"联合监管信息平台，打造"法护永商"特色品牌。1—8月，办理增值税留抵退税4亿元；9月末，运用人民银行"长江渝融通"普惠小微线上融资服务平台发放贷款13.7亿元，23家"1+5+N金融服务港湾"已累计发放贷款42.7亿元；发放央行再贷款、再贴现资金16.3亿元，同比增长14.4%，惠及2695户经营主体。主动走访企业444家，办结问题59个。永川区首个不见面开标项目挂网招标。化解拖欠中小企业款项78项、清欠金额1030万元。1—9月，新增经营主体1.2万户，同比增长11.1%，较上半年（7.7%）提高3.4个百分点。

（五）就业形势基本稳定，社会民生保障持续增强

稳就业工作扎实推进。落实重点群体就业帮扶机制和"一人一策"援助计划，举办"双线"招聘会49场次，提供就业岗位6.5万个。开展职业技能培训5309人，其中急需紧缺职业技能培训1250人。落实单位社保补贴、就业见习补贴、一次性吸纳就业补贴等资金1898万元；发放在校求职创业补贴1万人、797.5万元，稳定岗位9.5万余个；发放失业金1.1万人次、4717.6万元；发放创业担保贷款8382万元，扶持创业主体426人，带动就业800余人。永川区城镇新增就业2.3万人、城镇失业人员再就业6261人、就业困难人员就业4713人，分别完成市级目标任务的105.5%、118.1%、138.6%。

民生实事有序推进。15件区级重点民生实事已开工14件，开工率93.3%，"群众身边的体育设施建设"项目预计10月开工。1—9月，共完成投资5.6亿元，占年度计划投资的79%。承接市级民生实事任

务14件，1—9月完成投资1亿元，占年度计划投资的102%。

（六）匹配性指标协同发力，招商引资稳中蓄势

能耗指标进一步协调。1—9月，全社会用电量同比增长8%。其中，工业用电量同比增长17.4%，较上半年（13.6%）提高3.8个百分点。全社会用气量同比下降6.5%，较上半年（-7.9%）提高1.4个百分点。其中，工业用气量同比下降1.9%，较上半年（-4.2%）提高2.3个百分点。

招商引资持续发力。1—9月，永川区引进项目93个，正式合同额736亿元，同比增长24.7%；其中签约市外项目72个，正式合同额694.3亿元，同比增长27.1%；100亿级项目1个，50亿级项目1个，10亿级项目22个。近三年引进招商项目2023年新开工61个，开工率60.8%，较上半年（59%）提高近2个百分点；实现到位资金251.3亿元，同比增长16.9%。

（七）风险防控能力不断增强，安全稳定大局全面保持

全力抓好财政金融安全工作。制定防范化解地方债务风险"1+1+11"工作方案，稳步推进隐性债务化解，牢牢守住不发生区域性系统性风险底线。严厉打击非法金融活动，核实处置非法金融活动线索18条，切实防范处置非法集资。能源保供取得新成效。港桥"上大压小"热电联产项目顺利点火运行，松溉储能电站建成投运。1—9月，永川区新增产气井12口，新增建设井23口，目前产气井69口，建设井83口，拟建井35口，累计产气4.1亿立方米。17家企业分布式屋顶光伏项目已并网运行，2023年已累计发电630万千瓦时，占企业总用电量16.8%，节约电费约98万元。全力抓好安全生产。深入推进重大事故隐患排查、火灾除险清患、城镇燃气油气安全等专项整治行动，前三季度安全生产事故起数、死亡人数实现"双下降"，重点矛盾纠纷化解率达100%。全力抓好"保交楼"工作。督促指导企业按期交房6130套，总体交付率达到78%。

必须要看到的是，当前经济恢复仍处在疫情防控平稳转段后的波浪式发展、曲折式前进过程中，需要客观看待当前经济形势，前三季度部分经济指标是在较低基数上实现的较大幅度增长，经济运行好转主要是恢复性的，增长的内生动力还不强，发展环境充满不确定性，经济稳定恢复性增长的基础还不牢固，内需外需收缩、要素成本高企等问题较为突出，各类经营主体发展信心还有待进一步增强，要顺利实现全年经济社会发展目标还需全面发力、久久为功。

二、下一步工作措施

（一）扎实推动双城经济圈建设

深入实施"十大系列工程"和四张清单。推进渝昆高铁永川段、长城汽车生产效率提升技改、智能网联汽车政策先行区建设等重大项目。推进永川综保区、永川科技创新中心等重大开放平台高质量发展，努力形成更多可视化标志性成果。统筹完成永川区推动成渝地区双城经济圈建设2023年重点工作年度目标任务。深化川渝合作。推动召开泸永江融合发展示范区2023年常务副市（区）长协调会、泸永江融合发展示范区建设领导小组会议。联合印发《川南渝西融合发展试验区发展规划》，落实《泸永江融合发展示范区三年行动计划（2023年—2025年）》，探索经济区与行政区适度分离改革，推进泸县和永川在新材料、农业领域深度合作。协调推动渝宜（宾）铁路纳入国家规划研究。

（二）深入推进产业优化升级

着力建设现代制造业基地。引导支持重点企业加快转型，力争全年指导企业实施50个智能化改造项目，建成7个数字化车间、1个智能工厂，创建市级绿色工厂8家。加大产业招商力度，围绕"2515"先

进制造业集群发展体系，大力引进上下游优质企业。推进落实"企业吹哨·部门报到"和服务企业专员等工作制度，强化煤电气等能源要素保障，切实帮助企业解决困难。大力发展数字经济。规划建设永川科技片场二期，加快构建起"摄录演、采编播、服化道、音美造"12个环节的影视拍摄一站式服务平台，推动自动驾驶"全域开放、全城运营、全场景覆盖"，力争软件信息服务业席位总量突破1.8万席。全力打造区域消费中心城市。提档升级华茂风情街等重点商圈，加强特色民宿、演艺活动、度假区娱乐活动等消费场景创新，引导商家开展惠民促销特色主题活动，充分用好会展、赛事活动，持续释放消费潜力。

（三）持续扩大有效投资

全力推进重大项目建设。优化调整年度重大项目，抢抓当前施工"黄金期"，主动靠前服务，强化资金、用能、用地等要素保障，加快推动在建、新开工、前期"三张清单"建设。高质量抓好项目储备。及时跟进国家投资政策，高质量谋划储备一批打基础、利长远、优结构、增后劲的重大项目，并积极争取更多项目纳入国家支持范围。创新开展政府投融资多元化改革，集中培育永发展、永高新两家基础设施投融资企业，盘活公租房、土地等存量资产。激发民间投资活力。落实好国家和全市促进民间投资工作、努力调动民间投资积极性的政策措施，健全深度吸引民间投资的合作机制，向上报送一批支持民间投资参与的重点项目，鼓励和吸引更多民间资本参与交通、水利等细分领域项目建设。着力稳定房地产开发投资。落实落细国家和全市房地产支持政策，强化"白名单"房企融资支持，提振房企投资信心。

（四）纵深推进改革开放

持续优化营商环境。深入推进营商环境创新试点改革，深化"双随机、一公开"联合执法检查，大力促进既有政策免申即享、精准直达，促进企业减负提质增效。提升政务服务满意度，构建15分钟政务服务圈，争取到年底"一件事"网上办理50项以上。探索形成适用于全市的、具体可操作的清廉市场建设模式。全面深化重大改革。持续推进数字重庆建设，加快制定并全面落实核心业务梳理、"三张清单"编制、应用论证审查、应用开发管理、专项资金管理、应用评价管理等系列制度规范，谋划具有永川特色的应用。加大科技创新力度。围绕科技创新"1356"工作体系，加快建设区域创新高地和成渝地区具有影响力的人才中心。实施企业创新主体提升、科技创新平台重塑等工程，力争全年新增市级以上研发平台10个以上。继续探索"揭榜挂帅""工业科技特派员"等引才借智新模式，形成良好创新生态。着力稳外贸引外资。落实外贸新业态新模式、内外贸一体化等新型方式，打造外综服务企业，指导内贸食品企业出口RCEP国家，力争跨境电商企业从0到1。

（五）更好统筹发展和安全

防范化解债务风险。全面落实永川区"1+1+11"化债方案，积极争取化债政策，加强债务风险动态监测预警，实现稳减存量、严防爆雷。防范金融风险常态化。认真落实《防范和处置非法集资条例》，继续推进积案化解，力争实现挂牌督办案件"清零"。促进房地产开发投资稳定运行。强化市场预期引导，有序推进土地出让等工作，保速保质推进保交楼项目建设交付。全力确保粮食能源安全。压实"粮食安全"和"耕地保护"两个党政同责，实施粮油高产示范和单产攻关行动。着力提升能源保障能力，加快推动长城天然气分布式项目和屋顶分布式光伏项目年底开工建设，全年页岩气日产量突破400万立方米。全力确保安全生产。开展安全生产风险隐患排查整治，加强重点行业、重点领域安全监管，有效防范重特大安全事故发生。建立健全大安全大应急体系。全面提升安全生产保障能力和防灾减灾救灾能力，加快打造区域性应急救援中心，坚决遏制较大及以上安全事故和自然灾害发生。

[永川区发展和改革委员会　樊　怡　马寒卿]

之十六：2023年南川区经济运行分析及2024年展望

2023年，面对复杂严峻的国际环境和艰巨繁重的国内改革发展稳定任务，南川区坚持以习近平新时代中国特色社会主义思想为指导，全面贯彻落实党的二十大精神，深入贯彻执行市委六届二次、三次全会和区委十五届四次、五次全会部署，以成渝地区双城经济圈建设为总抓手总牵引，坚持稳中求进工作总基调，突出"稳进增效、除险清患、改革求变、惠民有感"工作导向，着力推动高质量发展，南川区经济保持企稳回升态势，预计全年实现地区生产总值440亿元，同比增长5%左右。

一、2023年南川区经济运行特征

1—9月，南川区实现地区生产总值313.88亿元，同比增长5%，增速较第一季度和上半年分别加快0.2个、0.3个百分点，经济运行保持企稳回升态势。

（一）产业转型升级

一是工业承压增长。规模以上工业增加值同比增长1.1%，较上半年放缓0.6个百分点。全力克服氧化铝退出影响，加快培育"332"制造业集群，新能源汽车配套、页岩气产业增加值同比分别增长28.3%、30.4%，中医药产业增加值同比增长2.3倍。加快改造升级步伐，新培育"专精特新"中小企业36家，新认定数字化车间3个、绿色工厂1个，战略性新兴产业、数字经济增加值同比分别增长17.4%、5.6%，规模以上工业利润总额同比增长60.9%。二是农业稳定生产。实现第一产业增加值41.2亿元，同比增长4%，较上半年放缓0.7个百分点。全年粮食播种面积73.65万亩，预计产量31万吨，超额完成市级下达任务。生猪、蔬菜、家禽产量同比分别增长3.8%、4.9%和6.3%，重要农产品供应充足。"一主两辅"产业加快发展，"南川米"助农增收经验做法获中央办公厅、国务院办公厅肯定性通报。三是服务业加快恢复。实现第三产业增加值150.35亿元，同比增长6.3%，较上半年放缓0.2个百分点。分行业看，其他服务业、批发零售业、金融业同比分别增长9.4%、7.3%和6.7%，较上半年分别加快1.3个、0.8个和0.3个百分点；住宿餐饮业、房地产业同比分别增长3.7%、1%，较上半年分别放缓1.1个、5.1个百分点；交通运输仓储和邮政业由负转正增长1.1%，较上半年提高3.6个百分点。

（二）需求释放潜力

一是有效投资扩大。完成固投158.38亿元，同比增长8.2%，较上半年加快3.1个百分点。分领域看，工业、房地产、基础设施投资同比分别增长2.3%、0.7%和4.8%，较上半年分别放缓1.8个和加快2.7个、8.6个百分点。从结构看，制造业投资同比增长11%，投资结构不断优化。二是消费加速回暖。实现社会消费品零售总额174.14亿元，同比增长8.5%，较上半年加快0.7个百分点。举办"大金佛山178环山趣驾""首届露营民宿冰雪欢乐节"系列节会赛事，助力批发、零售、住宿、餐饮销售（营业）额同比分别增长9.4%、8.3%、9.6%、10.5%。策划推出"绿色消费季"等促销活动，大宗消费加快恢复，家居、建材、汽车销售额同比分别增长11.8%、19.1%、3.1%，商品房销售面积同比下降10.3%，较上半年收窄7.2个百分点。三是外贸市场拓展。实现进出口总额17.5亿元，同比下降0.5%，较上半年

收窄0.4个百分点。"金山红"茶叶、食用菌等特色产品销往新加坡及东南亚市场，方竹笋出口韩国，经西部陆海新通道运输货物461.5标准箱，实现出口额2466万元。

（三）财税兜牢底线

一是财税收支紧平衡。完成一般公共预算收入16.04亿元，同比增长4.6%，较上半年放缓9.8个百分点，其中，税收收入增长2.6%，较上半年放缓5.6个百分点。二是金融运行稳健。辖区金融机构本外币存贷款余额1084.44亿元，同比增长9.5%，较6月末加快2.5个百分点，其中，贷款余额578.32亿元，同比增长11.2%。制造业中长期贷款、普惠小微企业贷款同比分别增长35.6%、20.7%，绿色贷款同比增长44.2%，居全市前列。三是惠企保障有力。"真金白银"助企纾困，汇集形成150条"惠企政策包"，实现"免申即享、直达快享"，累计惠及经营主体2万户次，减税降费2.26亿元。

（四）动能不断蓄积

一是改革动力激发。突出改革求变导向，承接国家级改革试点26个、市级改革试点54个，国资国企、开发区、"亩均论英雄"等重点改革有序实施。专班推进数字重庆建设，镇街一体化治理智治平台全面覆盖，露营管理等6个"一件事"纳入全市名录库。深化农业农村改革，入选国家深化农村集体经营性建设用地入市试点地区，完成首宗交易。二是创新生态向好。市级高新区创建指标全部达标。规模以上企业研发经费投入3.45亿元，同比增长49.2%。国家知识产权优势企业、专精特新"小巨人"企业实现"零的突破"，国家高新技术企业、市级科技型企业分别达到63家、746家，"培育壮大创新主体"专项获市政府激励支持。三是营商环境优化。纵深推进政务服务改革，做实"一窗综办"，深化"川渝通办""跨省通办"，99.6%的事项实现最多跑一次，施工许可分段办理等62项市级改革任务顺利完成，"开办企业一件事"获广泛好评，新设经营主体9239户，新发展率14.1%，总量达到69769户，较上年底增长6.6%。

（五）民生持续改善

一是就业形势稳定。全面落实"国家15条""市级19条"稳就业政策措施，城镇新增就业7769人，完成目标任务的97.1%，城镇调查失业率控制在5.5%以内。保障重点群体就业，失业人员就业4019人，困难人员就业2830人，超额完成目标任务。开展"渝创渝新·创响南川"活动，推进市级创业担保贷款秒办试点，新增返乡创业实体1243户，带动就业3597人。城乡居民人均可支配收入同比分别增长3.9%、6.8%。二是民生福祉增进。深入开展惠民暖心优服行动，19件重点民生实事完成投资14.12亿元，为年计划的80.7%，应急水源工程等8件提前兑现。打造9所全市智慧校园建设示范校，新增2所公办幼儿园。扎实开展"救助通"试点，发放各类救助资金1.2亿元。养老、医疗保险参保率分别稳定在96%、95%以上。7个保交楼项目累计交付房屋6871套，保障性租赁住房建设超额完成年度任务，人才公寓满足园区总需求。城区空气质量优良率91.6%，5个出境断面水质均优于目标1个档次。三是风险有效化解。坚决打好地方政府隐性债务和国有企业债务防范化解攻坚战，制定"1+11"工作方案，化解隐性债务2.8亿元，清偿政府拖欠企业账款3.2亿元。压实安全生产责任，生产安全事故死亡人数下降16.7%，未发生因灾亡人事件。深化平安南川建设，矛盾纠纷化解率达99%，治安类警情下降19.5%。建立法治观测点、法治观察员制度，被中央依法治国办作为典型案例推广。社区"法律诊所"入围中央政法委"枫桥经验"基层实践典型案例。未成年人保护工作纳入全市最佳实践案例。

二、存在的主要问题

总体来看，2023年南川区围绕高质量发展，全力抓经济、促改革、惠民生、防风险，经济运行呈现企稳回升态势，但恢复基础仍不牢固。

（一）经济运行承压

1—9月，全国经济持续恢复向好，GDP增长5.2%，在主要经济体中名列前茅。全市经济向上向好，GDP、规模以上工业、建筑业、固定资产投资、社会消费品零售总额等主要指标增速均超过全国。南川区恢复势头相较不足，19个主要经济指标中，13个指标增速低于全市。

（二）工业经济不景气

受市场行情影响，142家规模以上工业企业中，部分企业订单下滑、经营困难。从用能看，82家低于同期，下降面57.7%。从产值看，66家减少，其中49家呈双位数下降，建材行业尤为突出，下降面61%。从利润看，17个行业下降，占比65.4%；亏损企业28家，同比增长33.3%。同时，尚无新升规纳统企业。

（三）投资增长乏力

因资金短缺、市场疲软等原因，33个项目未如期开工，其中：超群轮毂二期、镁基合金等项目，业主已表示暂缓实施或调整生产方向，云山郡等3个房地产项目处于停滞状态，传导民间投资下降7.3%；政府投资项目和平台项目管控趋严，传导基础设施投资等低位运行。

（四）财税承压突出

区属平台公司还本付息压力大，资产变现能力较弱，资金平衡压力突出，存在较大违约风险。受存量企业经营困难、土地出让收入减少等影响，前三季度财税收入仅完成预算的50%，叠加"脱红"刚性要求，财政收支平衡压力巨大。

三、2024年形势分析

总体判断，2024年南川区经济运行的内外环境依然复杂严峻，机遇与挑战并存，但机遇大于挑战。

（一）挑战不容忽视

一是宏观形势更严峻。百年未有之大变局加速演进，俄乌、中东等地区硝烟弥漫，全球地缘政治更趋复杂，数字经济等战略"制高点"竞争激烈，经济不确定性因素明显上升，发展的外部环境依然严峻。二是资源集聚不充分。川渝联合印发《推动川南渝西地区融合发展总体方案》，重庆出台《先进制造业发展"渝西跨越计划"》，聚焦聚力渝西片区推动成渝地区双城经济圈建设走深走实，势必聚集高端产业、高端要素、高端人才等，南川区在政策、产业、项目等资源配置上不占优势，需靠自身加倍努力。三是增长动能待培育。南川区以氧化铝、煤炭为主的资源驱动力消退，以平台为主的投资拉动力减弱，以房地产为主的产业支撑力"降温"，供需两端动能衰减，叠加以先进制造业、文旅康养产业、现代特色农业为主的新增长极尚未形成，新旧动能转换的"阵痛期"还将持续。

（二）机遇大于挑战

一是中国式现代化新征程强势启航带来新机遇。在中国式现代化宏大背景下，我国体制优势、需求优势、供给优势、人才优势更加凸显，经济发展的内生动力、韧性、潜力更加强劲，经济长期向好的基本面没有变，势必出台一系列稳增长、促改革、惠民生、防风险的重大政策，为地方经济带来新动力、新机遇。二是新时代新征程新重庆砥砺前行催生新机遇。市委六届二次全会擘画了新重庆建设的宏伟蓝图，成渝地区双城经济圈、西部陆海新通道建设等国家战略走深走实，"33618"先进制造业集群、数字重庆、美丽重庆等重大部署落地见效，将催生更多政策红利和发展机遇，南川区打造全市现代化郊区新城，拥有"四个良好"基础条件，在产业外溢、功能外扩、人口外疏等方面具备优先承接的比较优势。三是现代化郊区新城建设拉开帷幕迎来新机遇。区委"1343"战略部署重磅推出，为南川区高质量发展统一了思想、提供了遵循、指明了方向，更加凝聚人心、提振信心、增强决心，必将激发各级各部门干事创业激情，聚焦"一张蓝图"不动摇，在现代化郊区新城新赛道上跑出加速度、彰显新担当。

四、2024年重点工作

南川区将全面贯彻党的二十大精神，深入落实市委新部署新要求，以成渝地区双城经济圈建设为总牵引总抓手，以党建统领三项重点任务为"牛鼻子"，坚持稳进增效、除险清患、改革求变、惠民有感工作导向，按照"1343"总体思路，锚定"现代化郊区新城"总定位，唯实争先、奋力前进，开创高质量、跨越式发展新境界，书写现代化新重庆建设的"南川篇章"。重点抓好以下七个方面工作：

（一）狠抓产业培育，打造经济"增长极"

一是做强先进制造业。树立"大抓工业、首抓制造业"的鲜明导向，加快打造"332"集群体系，建设全市先进制造业基地。聚力培育智能网联新能源汽车及配套、绿色建材、新能源及新型储能三大主导产业集群，开工超群轮毂二期等项目，投产铝器时代二期等项目，推动鸿路钢构等企业达产达效，加快页岩气、风电开发利用，全力打造重庆智能网联新能源汽车特色产业园区、现代建筑产业基地、清洁能源基地。聚力培育现代中医药、先进材料、食品及农产品加工三大特色产业集群，开工上药慧远二期、御本堂等项目，建设预制菜、火锅底料以及方竹笋、蓝莓等食品和农产品加工生产线，全力打造重庆中药制造基地、农产品加工业示范园区，巩固特色化工园区牌子。聚力培育电子信息制造及软件信息服务、生物技术两大战略性"新星"产业集群，深入实施"满天星"行动计划，加快引育数字经济、智能制造、生物医药、3D打印等优质企业，补齐行业短板。推动数字化、绿色化、智能化转型升级，实施一批智能化改造项目，新培育一批数字化车间、智能工厂，新认定一批"专精特新"企业。二是做靓文旅康养产业。聚焦"一山一片一环多点"格局，推动景区景点游、民宿露营游、农旅融合游、康养避暑游全链条升级，争创全国文旅融合发展先行区、国家级旅游度假区，打造国际知名旅游目的地。擦亮金佛山"金字招牌"，高水平办好金佛山冰雪季、国际登山赛等大型节会和国际赛事，深挖文化底蕴，增强品质内涵，全面提升游客体验感、获得感、认同感。加快山王坪片区开发，配套医药康养、森林康养、避暑康养元素，植入"养生、养心、养老"内涵，做响中高端康养"名片"，做实主城康养旅居首选地。打造"大金佛山178环山趣驾"品牌，大力开发户外运动、山地运动、民宿露营、纳凉避暑等业态，构建"近悦远来"新场景。统筹推进大观、乐村、神龙峡、黎香湖等组团建设，围绕山水田园特色，因地制宜开发特色产品。三是做精现代农业。抓牢抓实稳产保供，建成高标准农田4.5万亩，启动建设8.2万亩，粮食种植面积稳定在73万亩以上。积极融入全市"四千行动"，大力发展现代山地特色高效农业和都市休闲农业，培优做强优质稻、古树茶、蓝莓"一主两辅"特色产业，培育一批农业龙头企业，打造一批示范种植基地，建设一批加工生产线，推动现代农业全产业链发展，提升国家农业现代化示范区质效，创建国家农村产业融合发展示范园。

（二）狠抓重点项目，夯实发展"硬支撑"

一是扩大有效投资。深化"抓项目促投资"专项行动，突出专班抓重点导向，坚持"一个项目、一个区领导、一个专班、一抓到底"工作机制，聚焦新开工、竣工、前期"三张清单"，强化土地、资金、审批"三个保障"，推动重点项目加快放量，开工重庆工职院、对外经贸学院南川校区等标志性项目，加快山王坪等大块头项目建设，竣工白杨坪风电、华润三九等重点项目，支撑固投增速高于全市水平。二是精准向上争资。围绕国家投向和区情实际，做精"531"项目储备池，形成动态更新、滚动推进、年度实施工作机制。坚持"项目等资金"理念，常态化开展"项目储备月"活动，借智中介机构专业化水平，形成年度"争资单"，健全前期工作经费资金池管理制度，最大限度争取中央预算内以及国债、专项债等各类资金。三是全力招商引资。把招商引资作为做强实体经济的"主引擎"，全面理顺体制机制，优化完善评价体系，整合重塑招商力量，营造大抓招商、精准招商的浓厚氛围。聚焦"332"产业体系，坚持"招大引强"与"补链成群"双管齐下，布局引进核心技术企业、产业链上下游配套企业，全力引进紫金矿业、中医药文化产业园等重大项目，助推制造业集群发展。依托市级承接产业转移示范园区，积极承接中心城区产业转移，加强与两江新区、渝西地区协作，探索"飞地模式""跨园合作"，拓宽招商渠道。配套全过程"保姆式"服务，提高项目签约率、开工率、投产达产率，提升招商引资质效。

（三）狠抓消费升级，激发市场"新活力"

一是活跃日常消费。以"相约金佛山·惠享福南川"为主题，依托万达、明润、南商、东街等城市商圈和特色街区，常态化举办"惠民消费季""不夜生活节"等促销活动，丰富"夜间岛屿""跳蚤市场"等消费场景，打造"吃喝玩乐游购娱"新业态，全面激发人气商气烟火气。二是巩固大宗消费。抓牢国家稳步恢复和扩大大宗消费的政策机遇，以汽贸城、家居建材市场为主要载体，策划推出展销促销活动，细化落实汽车、家电、家居等产品信贷支持政策和激励措施，加快释放大宗消费潜力，确保社会消费品零售增速高于全市水平。三是培育新兴消费。顺应假日消费趋势，围绕"178"环线，布局建设一批精品民宿、精致露营地，丰富旅游消费场景，打造文旅消费增长点。顺应线上消费热潮，投用区域电商运营中心，发展壮大丰必达等电商主体，打造"大金佛山178环山时令风物"电商品牌。顺应青年群体消费特点，大力引进"四首经济"，培育时尚消费业态，减少虹吸效应。

（四）狠抓协调发展，巩固城乡"基本面"

一是推动城市提升。持续优化住房供给，开工33个老旧小区改造，推进7个安居工程建设，启动氮肥厂等地块开发，筹集1000套保障性租赁住房，保交楼项目全部交付。接续更新城市"里子"，实施管网改造提升工程，新（改）建供水管网55千米、燃气管网53千米、排水管网3千米。提升城市功能品质，完工东街故城项目，建成投用景城大道，推进滨江全民健身中心建设，新增一批运动、健身场地。深化大城细管、大城众管、大城智管，常态化开展"四化"管理，上线城市"运管服"平台。二是推进乡村振兴。持续推动巩固拓展脱贫攻坚成果同乡村振兴有效衔接，落实好动态监测、产业扶持、就业增收等措施，确保不出现规模性返贫。深化"三变"改革、"三社"融合，推动农村集体经营性建设用地入市，推进水江"强镇带村"试点，确保村集体经济组织年经营性收入全部高于5万元。大力实施乡村建设行动，改造提升国省干道20千米、景区连接道24千米，完工金佛山水利工程，加快洪塘水库等建设。持续改善农村人居环境，新（改）建卫生厕所900户，力争创成市级乡村振兴示范镇村1个、宜居宜业和美乡村3个以上。

（五）狠抓改革求变，厚植发展"动力源"

一是深化改革攻坚。加快数字重庆建设，推进公共数据全量编目，建设数据仓、前置库，开发一批特色应用，投运城市运行和治理中心、基层治理中心，融入市级平台，实现三级贯通。以数字化变革为引领，加快国资国企、"亩均论英雄"、全生命周期"一件事"等重点领域改革，高质量完成开发区改革。持续优化营商环境，深化"区级领导+部门+园区"三级服务体系，落实"企呼我应"机制，提供"一对一"全天候服务，推动"办事不出园区"改革，营造重商亲商爱商护商浓厚氛围。二是突出创新驱动。以创建国家高新区为目标，持续厚植创新生态，围绕"332"产业，高标准建设一批科创平台，高质量转化一批创新成果，投用页岩气科研中心、中医药研发中心等，启动道地中药材数字化种植关键技术研究与应用。培育壮大创新主体，深入实施"双倍增"行动计划，新培育高新技术企业10家、重庆市科技型企业80家，全社会研发投入增长10%以上。强化金融服务保障，及时兑现奖补政策资金，投放知识价值信用贷款1亿元。三是提升开放能级。以建设西部陆海新通道节点城市为统领，构建"通道带物流、物流带贸易、贸易带产业"发展新格局。竣工渝湘高速复线、西环高速，加快渝湘高铁建设。提速建设昌达、大方向智慧物流园，建成投用水江货运物流集散中心、快递物流中心等，常态化开行跨境公路班车，着力打造分拨运营基地、货运物流枢纽。大力引育外贸企业，积极拓展海外市场，推动方竹笋、中医药、轻量化汽车轮毂等特色产品出口。深化与四川地区、黔北地区合作，联动武隆协同发展，重点围绕文旅康养、能源矿产等领域，达成一批合作事项，落地一批共建项目。

（六）狠抓惠民有感，织牢民生"幸福网"

一是促进就业增收。落实好"就在山城""渝创渝新"等就业创业政策，推进万名青年就业促进计划，开展"巴渝工匠"终身职业技能培训，加大以工代赈、托底安置、公益性岗位等帮扶力度，完善公共就业服务体系，保障大学生、农民工、困难群体等重点人群充分就业，城镇新增就业7000人以上。二是增进民生福祉。聚焦解决群众急难愁盼问题，深入开展惠民暖心优服行动，滚动实施一批民生实事项目。健全多层次社会保障体系，医疗、养老保险参保率稳定在95%以上。落实低收入人口动态监测和救助帮扶机制，兜牢困难群众基本生活。优化教育、医疗、养老、托育、文化体育等资源供给，推进基本公共服务均等化，打造"一刻钟便民生活圈"。三是改善环境质量。深入实施美丽重庆建设南川行动，迭代升级"九治"方案，打造人与自然和谐共生现代化的区域范例。全力打好蓝天碧水净土保卫战，确保城区空气优良天数达到344天，考核断面水质稳定在Ⅲ类及以上。持续修复生态环境，加强生物多样性保护，扎实开展国土绿化，森林覆盖率稳定在56%以上，争创国家森林城市，筑牢长江上游重要生态屏障。稳妥推进"双碳"行动，大力发展绿色低碳产业，加快无废城市建设，争创市级"两山"实践创新基地，推进国家生态文明建设示范区创建。

（七）狠抓除险清患，构建安全"新格局"

一是防范化解重大风险。防范化解政府债务风险，遏增量、化存量、优结构，加大税源培植和资产变现力度，稳步降低风险水平。防范化解金融风险，健全金融风险监测、评估、预警和处置体系，依法严厉打击非法金融活动。防范化解房地产风险，扎实做好保交楼各项工作，持续整治规范房地产市场秩序，维护住房消费者合法权益。二是严防安全事故。狠抓安全生产和自然灾害防治工作，建立健全大安全大应急体系，用好大数据智能化手段，推进安全生产标准化建设，加强防灾备灾体系和能力建设，扎实开展重点领域安全专项整治，持续提升防灾减灾救灾和重大突发公共事件处置保障能力，坚决杜绝较大及以上安全生产事故和群伤事故。三是维护社会大局稳定。深入推进基层治理体系和治理能力现代化建设，构建平安南川"七大体系""七项机制"，实现三级综治中心标准化建设、实体化运作，加强社会治安防控，确保群众安全感保持在98%以上。深化"枫桥经验"重庆实践，坚持和发展新时代"浦江经验"，健全自治、法治、德治相结合的城乡社区治理体系，推进平安乡镇（街道）、平安村（社）创建，持续深化信访突出问题化解三年攻坚战、社会矛盾纠纷化解处置攻坚战，把各种不稳定因素化解在基层、化解在萌芽状态，确保人民安居乐业、社会安定有序。

[南川区发展和改革委员会　唐　正　熊　波　罗　益]

之十七：2023年綦江区经济运行分析及2024年展望

2023年，面对复杂严峻的国际环境和艰巨繁重的国内改革发展稳定任务，綦江区坚持稳中求进工作总基调，突出稳进增效、除险清患、改革求变、惠民有感工作导向，坚持战略引领、科学调度、精准施策，以超常规举措沉着应对超预期因素挑战，推动产业转型、城乡融合、教育提质、医疗提速"四个轮子"一起转，经济运行呈现逐季递增、持续向好的良好态势。

一、2023年綦江区经济运行情况

1—9月，綦江区地区生产总值同比增长6.5%；固定资产投资同比增长14.1%；规模以上工业增加值同比增长8.7%；社会消费品零售总额同比增长6%；全体居民人均可支配收入同比增长4.8%；一般公共预算收入同比增长32.9%。

（一）工业经济企稳回升

主导产业支撑有力，綦江区"两主四特"产业规模以上工业总产值同比增长2.5%，其中天然气化工、火锅食材及预制食品、信息安全分别同比增长46.1%、9.5%、221.4%。"五大行动"扎实推进，积极盘活闲置土地510亩、厂房11.9万平方米；新升嘉升包装、金美新材料等5家企业，新引进四川巨龙电气等46家企业；开工建设恒发铝业、益财钢结构等25个项目，竣工投产森玛汽车、泓綦生态等18个项目，赛之源齿轮、炙焱动力等12个项目完成技改扩能，拉动工业投资增长14%。创新发展动能提升，完成智能化改造和工业互联网赋能项目15个、数字化车间和智能工厂2个，新增科技型企业31个、专精特新企业11个、创新型中小企业12个、市级以上研发机构6个，1—9月数字经济核心产业增加值同比增长20.6%。园区改革稳步推进，率先在全市开展开发区（园区）改革，进一步理顺园区管理体制，增强工业经济高质量发展新动能。

（二）有效投资持续扩大

重大项目带动有力，扎实开展重大项目百日攻坚行动，蟠龙抽水蓄能电站、江苏省人民医院重庆医院等17个项目超节点完成投资计划，拉动前三季度固定资产投资增长14.1%。基础设施投资稳步增长，福林水库、通组公路等加快推进，1—9月基础设施投资同比增长63.4%。房地产投资降幅收窄，1—9月房地产投资同比下降9.7%。高技术产业投资逐步上升，新视通LED显示屏核心生产基地、电信云数据中心等项目有序推进，1—9月高技术产业投资同比增长8.8%。民间投资加快聚力，綦江摩托车产业园等项目进度较好，民间投资（不含房地产）同比增长11.9%，占固定资产投资比重达到35.4%。精准招商有新成效，新引进项目58个。

（三）消费市场逐步恢复

传统消费有序复苏，启动綦江夜猫街二期项目建设，千山天域金街招商完成96%，发动企业举办消费促销、电商促销活动70余场，拉动批发、零售、住宿、餐饮销售额（营业额）分别同比增长13.2%、

8.7%、14.4%、9.9%。新兴消费平稳增长，电商集聚区入驻企业30家。旅游消费稳步恢复，1—9月共接待921.8万人次，同比增长23.3%。房地产市场持续改善，交付康德城市花园三期、千山半岛三期等2个项目，商品房销售面积同比增长38%。

（四）农业生产稳中向好

特色产业加快发展，第三季度蔬菜产量增长6.4%。201个村实现经营性收入超过5万元。1—9月农业增加值同比增长4%。畜禽发展态势良好，50万头生猪养殖项目加速推进，綦江区生猪、羊出栏量分别同比增长3.3%、9.2%。农产品加工业和农村电商提速发展，新增重庆市农产品加工业"百强领军企业"3家、"百强成长性企业"2家。农业项目稳步推进，高标准农田改造提升项目有序推进，启动3000亩受污染耕地安全利用示范项目建设。

（五）服务业稳中有升

1—9月，綦江区服务业同比增长5.8%。成功引进国家能源集团重庆铁路运输公司落户綦江，三江物流基地（二期）完成仓储用房租赁并启动改造，推动物流业快速发展。引进奇安信、岷能汽车、连芯等3家现代服务业科技型企业，规模以上科学研究和技术服务业同比增长26.5%。现代服务业加速发展，綦江区其他服务业规模以上企业营业收入同比增长6.4%，较上半年增幅提高5.5个百分点。

（六）社会民生持续改善

创业就业基本稳定，1—9月，綦江区新发展经营主体6454户。开展补贴性职业技能培训4848人，新增城镇就业9755人，城镇调查失业率保持在5.4%。教育医疗提质增速，重庆移通学院（二期）教学楼、宿舍建成投用，重庆经贸职业学院綦江校区主体完成；江苏省人民医院重庆医院完成桩基础施工，中医院二期即将投用。重要农产品和重点民生商品供应量足价稳。

（七）对外合作提速提效

统筹推进新能源汽车轻量化配套产业园等5个涉綦成渝地区双城经济圈项目。开展"綦出海外·产品雄綦"重点产品出海系列活动，牵头执行市"百团千企"团组计划3个；新增外贸进出口实绩企业2家，新增外资企业4家。1—9月，綦江区实际使用外资同比增长57%，进出口总额同比增长50%。

二、存在的主要问题

一是经济总量不大，产业结构不优，现代服务业和农业现代化水平不高。二是消费仍处于弱复苏状态，居民消费信心仍处于修复阶段，部分景点、商场人流旺、消费低。三是要素保障难度加大，财政收支持续处于紧平衡，对在建项目的资金保障难度加大。

三、2024年重点工作

（一）抓工业经济提质增效

全力推进工业"五大行动"。强化运行监测，密切关注50家重点企业的生产经营状况，及时帮助企业解决资金需求、物流运输、招工用工等要素保障方面存在的问题。强化项目建设，全力助推能投新材料等在建项目如期建成投产。强化招商引资，特别在战新制造业、高技术制造业方面招大引强，加大制造业项目储备力度。深化园区改革，加快推动园区改革试点工作取得实效，争取形成可复制可推广的改革经验。

（二）抓投资有效放量

聚焦前期、开工、在建"三张清单"，强化项目日常调度和督办考核，做好要素保障，尽快形成投资放量。实行"5个1"工作推进机制，挂起"时间表"、制定"作战图"、晒出"进展图"，通过"周调度、月通报、季评比"，高位推进项目建设。提前谋划2024年项目储备，抢抓各级、各类"十四五"规划中期评估调整的窗口期，加大平急两用项目储备。

（三）抓经营主体培育

落实稳企政策，持续优化民营经济发展环境，全力服务和支持民营企业发展。开展常态化"三服务"工作，扎实开展"千人进千企"，落实服务企业专员制度，"一企一策"帮助重点企业更好应对成本高、物流贵、融资难等问题。积极支持企业保订单、保份额、保运行，帮扶企业稳定生产经营。

（四）抓重点领域改革

推进新一轮国资国企改革，服务战略性新兴产业培育、重大项目引进和重大科技创新。全力推进以县城为重要载体的城镇化建设，深入开展"强镇带村"试点改革，加快建设市级城乡融合发展先行示范区。持续优化营商环境。持续推进"信用+模拟审批""拿地即开工""承诺制信任审批"等改革，持续推广"川渝跨省通办"，不断提升政务服务效能。

（五）抓好民生保障工作

加大就业扶持，全面推广以工代赈政策，带动群众就近就地就业，促进群众增收致富。健全落实常态化防贫返贫动态监测机制，坚决守住不发生规模性返贫的底线。积极谋划下一年区级民心工程建设，有效促进教育、医疗、体育、养老等公共服务均衡发展。

（六）抓好重大风险防范化解

更好统筹发展和安全，着力防范化解各类重大风险挑战。扎实做好重要民生用品及能源保供稳价，坚决守住粮食安全底线。严格政府债务风险管控，健全金融风险预防预警体系，"一楼一策"分类化解房地产风险隐患，确保不发生系统性风险。

（七）抓好经济运行调度

坚持"日监测、周调度、月分析"机制，对苗头性、趋势性问题早发现、早分析，确保主要经济指标运行处于合理区间。用好"赛马比拼"工作机制，压紧压实主要经济指标涉及部门的工作责任，以"跳一跳、够得着"的真抓实干精神持续巩固经济回升向好势头。

[綦江区发展和改革委员会　张元静]

之十八：2023年大足区经济运行分析及2024年展望

2023年以来，大足区坚持以习近平新时代中国特色社会主义思想为指导，深入学习宣传贯彻党的二十大精神，全面落实习近平总书记对重庆作出的重要讲话和系列重要指示批示精神，坚持稳中求进工作总基调，完整、准确、全面贯彻新发展理念，加快构建新发展格局，着力推动高质量发展，把落实成渝地区双城经济圈建设任务作为大足区工作总抓手，全力做好"国际文旅名城、特色产业高地、城乡融合示范"三篇大文章，高效统筹疫情防控和经济社会发展。大足区经济持续恢复，生产需求稳中有升，民生保障有力有效，发展韧性不断显现。

一、2023年大足区经济运行情况

前三季度，面对严峻复杂的国内外环境，大足区上下坚持以"稳进增效、除险清患、改革求变、惠民有感"为工作导向，确保经济运行总体平稳，主要指标符合预期并高于全国、全市水平。大足区地区生产总值完成625.5亿元，同比增长6.5%，分别高于全国1.3个、全市0.9个百分点，居全市第11位、主城都市区第8位、桥头堡城市第2位。第一、第二、第三产业增加值分别完成50.2亿元、300.0亿元、275.3亿元，分别增长4.3%、9.4%、3.9%。三次产业大足区经济增长的贡献率分别为5.2%、64.2%和30.7%，分别拉动GDP增长0.3个、4.2个和2.0个百分点。

（一）运行特征

1. 农业生产保持平稳

大足区实现农林牧渔业总产值73.3亿元，同比增长4.6%。粮食播种面积93.9万亩，产量42.4万吨；油菜播种面积25.3万亩，产量3.6万吨；蔬菜收获面积27.1万亩，产量42.8万吨。特色农业发展势头良好，发展"稻+"产业2.4万亩，采收油菜苔75万公斤，收割大足冬菜3.2万亩。出栏生猪39.0万头、大足黑山羊12.1万只、家禽665.2万羽，分别同比增长2.7%、11.1%和2.3%。

2. 工业经济支撑有力

大足区实现工业增加值210.2亿元，占GDP比重33.6%，同比增长7.1%，分别高于全国、全市3.2个、1.8个百分点，对经济增长的贡献率为30.0%，拉动GDP增长1.9个百分点。五金、汽摩、静脉、智能、锶盐、文创六大特色产业完成规模以上工业产值258.1亿元，同比增长4.1%，占全部工业产值的85.5%。新兴产业发展加快，战略性新兴产业工业企业29家，完成产值59.9亿元，同比增长16.5%，增速高于大足区平均11.3个百分点；数字经济核心产业工业企业29家，完成产值48.5亿元，同比增长7.9%。50户重点企业完成产值151.7亿元，同比增长11.8%，盛泰光电、足航钢铁、壬顺金属、双钱集团等4家10亿元以上重点企业完成产值80.6亿元，同比增长16.6%。

3. 商贸消费加速复苏

大足区完成社会消费品零售总额248.4亿元，同比增长4.7%，增速较上半年提高2.5个百分点。其中限额以上批发业实现销售额78.0亿元,同比增长23.7%;限额以上零售业实现销售额8.4亿元,同比增长3.9%;限额以上住宿业实现营业额0.6亿元,同比增长5.9%;限额以上餐饮业实现营业额3.5亿元,同比增长2.2%。大足区接待游客2782.15万人次,同比增长15.7%;旅游总收入155.78亿元,同比增长28.1%;过夜游客64.1万人次,同比增长53.6%。其中,大足石刻景区接待游客82.5万人次,同比增长270.4%;门票收入6523.3万元,同比增长325.8%。持续开展跨省旅游推广等活动,大足文旅走进杭州、南京、眉山等地推介引流。开展"川渝一家亲景区惠民游""资足常乐·惠游美好大足"等旅游惠民活动。统筹办好"迎新惠民消费季""爱尚重庆·乐购全球活力消费季""爱尚大足·趣玩盛夏夏日游乐季"三大主题活动,牵头举办第二届大足忠县协同发展特色产品展销会、第九届大足汽车博览会线上展、中国·重庆第八届大足黑山羊节、第九届中国(重庆)大足国际五金博览会等大型展会20余场次。

4. 项目投资稳步推进

紧盯"三张清单"项目年度目标任务,坚持一月一调度,聚焦项目建设投资进度,精细管理,打表推进。大足区固定资产投资完成66.54亿元,同比增长12.4%,增速列全市第12位、主城都市区第3位、桥头堡城市第1位。406个建设项目完成投资231.94亿元,完成年计划投资的57.7%。百项重点建设项目完成投资152.83亿元,完成年计划投资的59.95%。26个市级重点建设项目完成投资68.12亿元,完成年度计划投资的90.14%,其中台铃新能源电动车产业园一期、浙江保利电梯导轨研发生产项目、金若TPEP新型环保管道生产项目(扩建)、园林科学研究院污泥处置中心、华锋高端汽摩部件项目、顺博铝灰综合利用项目、嘉耀整体家居生产、生旺不锈钢玻璃杯生产等8个项目已竣工投产。

5. 民生保障持续改善

着力拓展就业岗位,实现城镇新增就业10546人;在全市率先举办人社局长面对面促就业活动,开展线下"六进校园"和线上隔空送岗活动7场,送岗7714个,帮助2300名青年实现稳定就业;举办专场招聘会100场,助力"就在山城"重点群体就业。稳步推进教育事业。加快学前教育普及普惠发展,大足区普惠幼儿园在园幼儿占比达到98.5%;保障困难学生群体公平接受教育,完成2023年秋季773名适龄残疾儿童少年义务教育入学安置,对不能到校学习的244名适龄儿童开展送教上门服务。提高公共卫生水平。认真开展妇幼健康项目工作,大足区无孕产妇死亡发生,孕产妇系统管理率95.21%,7岁以下儿童健康管理率93.42%,3岁以下儿童系统管理率93.21%;加强慢性病综合防控,国家慢病综合防控示范区顺利通过国家复评审,创建成果得到持续巩固和提升;开展城市癌症早诊早治项目工作,完成城癌问卷筛查5266例,临床筛查856例。切实做好"一老一小"工作。实施2023年特殊困难老年人居家适老化改造项目,推进中敖特困供养服务机构建设,建成社区老年人食堂8个;兜底保障儿童福利,为511名困境儿童发放基本生活费(补贴)388.12万元、助学金16.32万元。加大社会救助力度,累计发放城乡低保1.55亿元、临时救助金0.13亿元、特困供养金0.42亿元、残疾人补贴0.17亿元;构建"物质+服务"社会救助新模式,提供线上服务21.23万余次,线下服务2.1万余次,出动紧急救助16次。

(二)存在的问题

随着经济社会全面恢复常态化运行,宏观政策显效发力,国民经济回升向好,高质量发展稳步推进。但经济持续恢复发展的基础仍不稳固,面临诸多困难和挑战。一是投资增长压力加大。受投资增长政策、市场、资金、土地等制约因素影响,项目推进较为缓慢,特别是在政府债务化解、专项债审批趋严等背景下,部分在建及年内计划启动的基建项目受到影响,大足区投资增长后续动力支撑不足。二是工业增长面临制约。受市场影响,汽车、电子信息、再生资源等行业面临价格下降、订单减少等问题,导致企业利润空间被压缩,加之部分产业链供应链不够完善,缺乏龙头企业引领发展,企业竞争力偏弱、产业

规模较小、创新活力不足、抗风险能力弱,产品结构单一、附加值低,工业企业发展受到一定制约。三是商贸恢复压力较大。前三季度,大足区社会消费品零售总额增速为4.7%,连续3个季度低于预期。加之大足区重点商贸企业下滑严重且缺乏新增长点,导致商贸恢复增长后劲不足。四是财税收支平衡压力较大。收入增量与支出需求增长矛盾尖锐,资金调度困难。一般公共预算收入结构不优,税收占比处于全市靠后水平。由于未"脱红"、金融政策收紧等原因,筹资较为困难,偿还债务本息压力较大。

二、2024年经济运行环境及因素分析

从国际看,当今世界百年未有之大变局加速演进,俄乌冲突、巴以冲突、中美贸易战等不确定性事件频发,国际经贸规则重构,新一轮科技革命和产业变革深入发展,外部环境更加复杂,不确定性和挑战性因素增多。从国内看,我国发展进入充满挑战的重要战略机遇期,经济长期向好的基本面没有变,高质量发展扎实推进,正向着第二个百年奋斗目标勇毅迈进。从全市看,共建"一带一路"、推动长江经济带发展、新时代西部大开发、推动成渝地区双城经济圈建设等国家战略的叠加,为重庆发展注入了强大动力、拓展了广阔空间。从大足区看,随着成渝地区双城经济圈建设和全市"一区两群"协调发展等战略的深入实施,成渝中线高铁、璧山至大足市域铁路(C3线)等重大项目的落地,作为成渝相向发展战略腹地和重庆主城都市区桥头堡城市,大足将迎来大有可为的"黄金发展期","国际文旅名城、特色产业高地、城乡融合示范"三篇大文章的加快推进,也将推动大足稳定长远发展。

三、2024年政策调控措施建议

2024年,大足区坚持以习近平新时代中国特色社会主义思想为指导,全面贯彻党的二十大精神,深度融入成渝地区双城经济圈建设和全市"一区两群"协调发展,做靓享誉世界的文化会客厅、建强链接成渝的"两高"桥头堡,为全面建设社会主义现代化新大足而团结奋斗。

(一)加强经济运行调度

围绕年度各项目标任务,抓住重点指标、重要领域,强化监测分析、调度评比,传导压实责任。坚持专班运作,注重政策叠加,统筹抓好向上争资立项、有效除险清患、提振市场消费、扩大外贸出口份额等重点工作,不断推动大足区经济运行持续好转、内生动力持续增强、社会预期持续改善、风险隐患持续化解。积极做好企业升规入统工作,充分挖掘潜力,通过"培育增量"有效增强经济发展的内生动力。

(二)抓好重大项目稳投资

严格按照"三张清单"加强项目调度,强化项目统筹力度,督促相关单位严格按照确定的预期目标任务,序时推进重点项目建设。做好项目储备,聚焦数字经济、产业转型升级、基础设施、社会民生等重点领域,深入谋划一批需求程度高的重大项目,做深、做实项目前期工作,提升项目成熟度,为争取上级资金、地方政府专项债券等支持做好准备。鼓励民间资本参与重大基础设施建设,激发民间投资活力,着力稳住房地产、制造业等重点领域。

(三)统筹推进成渝地区双城经济圈建设

强化统筹协调,督促各单位按照年度工作计划持续抓好任务落实。已签订协议务实推进,确保合作事项走深走实。积极推进川渝共建项目,加快推进资阳大足文旅融合发展示范区、川南渝西融合发展试验区等平台建设。

（四）推动制造业高质量发展

深入推进"亩均论英雄"改革，建立健全"亩均效益"综合评价、资源要素优化配置、新增工业项目"标准地"出让等机制，深化制造业"揭榜挂帅""增品种、提品质、创品牌"等专项行动。迭代升级助企纾困政策措施，用足用好减税、降费、补助、减租、贴息、稳岗等综合手段，加快实现企业难题"一站式"解决、政策兑现"一揽子"帮扶。扎实推进数字经济产业园建设，鼓励企业参与数据中心、物联网等数字基础设施建设，加快推进"机器换人、设备换芯、生产换线"，着力打造一批无人车间、柔性工厂、未来工厂，推动企业生产、流通、经营、管理等全产业链数字化改造。

（五）促进商贸消费提质扩容

进一步加强商文旅体融合发展城市培育建设，持续打造"爱尚大足"五金博览会"汽车博览会"等本地消费品牌并扩大影响力。精心编制区内特色商业街区培育实施方案，加快启动德福街、足中小吃街等特色街区改造提升，提档升级区域消费载体，加快镇域商贸中心改扩建工作，不断改善乡镇农贸市场环境，着力优化镇村两级消费供给，全面营造消费氛围、激发消费潜力、释放消费需求。加大外贸市场集聚力度，组建五金产业招商专班，不断壮大工具五金、家居五金、农机五金、建筑五金等优势产业，加快打造集零售体验、批发交易、新型电商、品牌展示、跨境直播等功能于一体的复合型市场采购贸易园。

（六）切实保障和改善民生

落实就业优先政策。鼓励创业带动就业，加大公益性岗位开发力度，促进高校毕业生、脱贫人员、农民工等重点人群就业，确保就业形势总体稳定。不断提升教育质量。大力推进学前教育普及普惠发展，学前三年毛入园率达到95%；推动义务教育优质均衡发展，深入落实"双减"政策，进一步提升课后延时服务质量；加快建设荷棠小学、双桥中学、五星学校等项目；推进基于"互联网+教育"的人才培养模式变革，大力发展智慧教育，打造智慧教育新品牌。稳步提高公共卫生水平。持续深化医共体"三通"建设，推进经开区人民医院医共体一体化改革；深化医药卫生体制改革，巩固拓展成渝双城经济圈卫生健康领域合作；扎实推进医药领域腐败问题集中整治工作走深走实。持续完善社会保障体系。优化"一老一小"服务，加快特困供养服务机构建设，实现养老服务设施全覆盖，加强养老服务人才队伍建设，鼓励养老机构从业人员参加养老护理员培训，强化"益童筑梦""莎姐守未"品牌效应，推动未成年人关爱保护工作，健全三级未成年人保护工作体系，支持社会力量开展托育服务；推进全民参保扩面提质，积极引导城镇新业态就业人员、灵活就业人员、农民工等重点群体参加养老和医疗保险，城乡居民养老、医疗保险参保率持续巩固在95%以上。

[大足区发展和改革委员会　翟伟杰]

之十九：2023年璧山区经济运行分析及2024年展望

2023年以来，璧山区深入学习宣传贯彻党的二十大精神，全面落实党中央、国务院决策部署和市委、市政府工作安排，牢牢把握高质量发展这个首要任务，完整、准确、全面贯彻新发展理念，积极服务和融入新发展格局，坚定信心、拼搏实干，推动经济运行稳中有进，产业发展提质增效，高质量发展态势更加巩固。

一、2023年璧山区经济运行分析

（一）运行特征

前三季度，璧山区地区生产总值完成713.5亿元，同比增长7%。规模以上工业增加值、固定资产投资、社会消费品零售总额同比分别增长9.3%、13.9%、8.4%。在区县委书记和部门一把手2023年第三季度例会晾晒的主要经济指标中，璧山区总积分居全市第1位，多数指标为A档。

1. 工业经济加快回升，重点产业支撑有力

规模以上工业增加值同比增长8.6%，高于全市2.9个百分点。规模以上工业企业利润快速回升，同比增长46.4%，大幅领跑渝西地区。智能网联新能源汽车产业持续发力，产值同比增长16.9%，拉动规模以上工业总产值增长8.7个百分点，占规模以上工业总产值比重达到55.3%。智能装备产业保持较高增速，产值增长30.7%。大健康产业保持平稳，产值同比增长4.1%。签约万贯、蔚蓝创造等项目95个，投资额589.8亿元，同比增长21.4%。开工宏玮电子等项目48个，投产新能源汽车驱动电机及控制系统生产项目等25个，资金到位额125.4亿元。

2. 固定资产投资增速加快，重点项目推进有力

固定资产投资增长13.9%，高于全市10.3个百分点。基础设施投资增速逐月提升，同比增长45%，高于全市35.7个百分点。工业投资保持平稳，同比增长12.4%。房地产开发投资降幅进一步收窄，同比下降7%，较上半年收窄6.6个百分点。民间投资、高技术产业投资占投资比重分别为44%、16.9%，分别高于全市17.4个、7.1个百分点。32个市级重大项目完成投资超序时进度13.2%。14个片区开发重点项目有序推进，撬动社会资本272.8亿元。

3. 服务业保持较快增长，消费市场稳定恢复

第三产业增加值同比增长6.6%，高于全市1.2个百分点。规模以上服务业营业收入同比增长47.2%，高于全市40.1个百分点。社会消费品零售总额同比增长8.4%，高于全市1个百分点。进出口总额同比增长62.8%，居全市第3位。批发、零售、住宿、餐饮四大行业限上营销额同比分别增长15.4%、11.8%、17.1%、9%。通过发放消费券810万元，直接拉动消费1.5亿元。实施新能源汽车促销补贴，汽车消费同比增长29.7%。随着政策利好和市场预期恢复，商品房销售状况有所改善。商品房销售面积和销售额降幅较上半年分别收窄2个、2.5个百分点。中秋、国庆假日期间，接待游客105.7万人次，同比

增长51%；实现旅游收入7.4亿元，同比增长284.5%。

4. 农业生产总体平稳，乡村产业快速发展

第一产业增加值同比增长4.5%，高于全市0.2个百分点。高标准农田改造提升项目全面进场施工，市级反馈的疑似撂荒耕地已全部复耕复种。粮食、蔬菜、水果、水产品产量同比分别增长2.7%、5.7%、10.1%、5%，生猪出栏量同比增长3%。"璧山番茄"荣获全国名特优新农产品称号，农村供水管理有关创新做法获全市巩固拓展脱贫攻坚成果同乡村振兴有效衔接典型案例"一等奖"。消费帮扶任务完成率达到85.4%。"云雾花洞"11个子项目已全部启动，"万亩梯田"核心区等4个子项目已建成。

5. 财政收入较快增长，居民收入稳步增长

一般公共预算收入同比增长9.4%。其中，税收收入同比增长81.7%，居全市第3位（得益于上年同期大规模留抵退税形成的低基数效应）。"八大资金池"累计助企获贷1449笔、72.2亿元，本外币各项贷款余额、普惠小微贷款余额、涉农贷款余额同比分别增长15%、22.7%、11%。全体居民人均可支配收入34990元，居全市第10位，城镇和农村居民人均可支配收入分别居全市第8位、第3位，城乡居民人均可支配收入之比1.89，居全市第12位。

6. 重点民生实事加快推进，就业形势总体稳定

民生报表提升至A档。15件年度重点民生实事总体进展顺利，其中，城镇老旧小区改造和社区服务提升等9项已提前完成全年目标任务或超额完成序时进度。特殊困难老年人家庭适老化改造等3项主题教育民生项目有序推进，适龄儿童免疫规划疫苗接种率达到95%。城镇新增就业1.8万余人，完成全年目标任务的123.1%，就业困难人员就业2000余人，完成全年目标任务的123%，城镇调查失业率5.2%，为全市最优。

7. 除险清患工作扎实推进，重点领域风险有效防控

完善地方债务风险防范化解"1+12"方案，探索建立应急周转"资金池"，璧山区政府性债务化解工作稳步推进。累计偿还政府隐性债务本息14.3亿元，政府性债务化解28.6%，居全市第3位。全力做好"保交楼"工作，新增交付11662套，交房套数居全市第2位。稳妥处置单体企业、单体金融机构风险，非法集资陈案结案率已提前完成年度目标，银行业不良贷款率0.59%，低于全市0.52个百分点。全力做好"迎峰度夏"电力保供，未出现超负荷导致的拉闸限电事故，有力保障企业生产放量。

（二）存在问题

当前，璧山区经济稳定恢复性增长的基础还不够牢固。制造业投资低于全市增速，数字经济核心产业增加值增长缓慢，少数指标增速仍低于全年目标，全面实现全年经济社会发展目标仍存在压力。

1. 工业经济仍然承压

受市场环境、生产成本、产品价格等因素影响，工业企业仍面临较大压力。一是部分企业盈利能力偏弱。规模以上工业企业利润整体虽大幅增长，但主要依靠弗迪电池拉动。利润下降的规模以上工业企业仍有226家，数量占比47.9%。大型规模以上工业企业利润出现下降，微型规模以上工业企业利润大幅下降86.9%。二是重点企业产值下滑。出现产值下滑的规模以上工业企业149家，部分重点企业产值降幅超过两位数。

2. 有效投资增长面临隐患

从目前看，虽然固定资产投资完成全年10%的增长目标问题不大，但仍存在隐忧。一是技改投资下滑。技改在建项目、新开工项目不足，技改投资占工业投资和固投比重分别下降13.8个、6.6个百分点。二是房地产开发投资仍未恢复。新开工项目较少，在建项目已由高峰期的61个下降至41个。景气调查显示，前三季度仅14%的企业新开工面积较上年同期增加。三是基础设施投资增长动力预计将减弱。受政府投资项目管控政策影响，政府投资占比较大的基础设施新建项目将减少，叠加部分基础设施新建项目停缓建，新入库项目增长乏力。四是部分单位投资完成率仍然较低。7家部门和镇街投资增速下降超过两位数，9家部门和镇街投资完成率未达序时进度，少数单位主要依赖政府投资项目完成投资，吸引社会资本和增加企业投资项目的主动性不强、办法不多。

3. 财政预算平衡难度较大

受土地市场不景气等原因影响，挖潜增收难度较大，叠加民生政策和刚性增支等因素，支出压减难度不断增大。一是政府性基金收支矛盾突出。政府性基金预算本级收入50.5亿元，同比下降42.6%，政府性基金预算本级支出56.3亿元，已超支5.8亿元。二是专项债券管理成效不佳。专项债券项目推进缓慢，9月末支出进度63.5%，居全市第32位，实际末端支付进度仅为17.5%，第三季度仅新增末端支出0.5亿元，9月专项债券项目管理成效居全市第31位。

二、2024年璧山区经济运行的环境及因素分析

世界百年未有之大变局加速演进，世界进入新的动荡变革期，我国发展进入战略机遇和风险挑战并存、不确定难预料因素增多的时期，必须坚定战略自信，增强机遇意识和风险意识，全力抓机遇、促发展、增实力，更好应对各类风险挑战，奋力交出璧山经济社会高质量发展靓丽答卷。

（一）国际国内形势影响

世界经济发展内生性、结构性矛盾日益显现，国际产业链供应链安全面临较多不确定性，美联合盟友对我国打压遏制不断升级，保持经济持续平稳运行压力较大。但我国经济发展韧性强、潜力大、活力足，稳中向好、长期向好的基本面不会改变。对璧山而言，要对当前严峻形势保持高度警醒，牢牢把握新旧动能接续转换、经济转型升级的战略机遇期，着力推动经济下行之危转变为高质量发展之机。

（二）区域发展环境影响

市委六届二次全会吹响了"全面建设社会主义现代化新重庆"冲锋号，恰逢成渝地区双城经济圈、西部陆海新通道建设、"一带一路"和长江经济带等重大战略叠加赋能，重庆市在国家发展全局中的战略地位进一步凸显。对璧山而言，要承担好成渝地区双城经济圈重要节点城市功能，抢抓西部陆海新通道建设、渝西地区一体化高质量发展等机遇，乘势而上，勇挑重担，为新时代新征程新重庆建设作出璧山贡献。

（三）本土发展基础优势

璧山毗邻重庆中心城区，地处成渝地区双城经济圈发展主轴，是"双城经济圈"最具发展潜力的区域和推动成渝地区中部崛起、渝西地区一体化高质量发展的重要空间载体，区位优势、生态优势、开放优势突出。产业结构深度契合国家和重庆市的政策导向、发展重点，初步形成智能网联新能源汽车、电子信息、智能装备、大健康四大产业集群，其中，智能网联新能源汽车产业集群年产值已突破500亿元，力争2025年迈过千亿元大关，服务川渝万亿级战略。2024年璧山将充分发挥优势，抓住机遇利好，锚定前行路径，在战略上布好局、于关键处落好子，奋力谱写中国式现代化璧山新篇章。

三、政策调控措施建议

（一）更大力度增强经营主体信心

2023年以来，各级各部门密集发布系列"提信心、稳增长、强主体"政策措施，大力激发经营主体活力，提振市场信心，稳定市场预期，推动国民经济持续改善。为巩固经济发展向好态势，建议延续优化完善小微企业和个体工商户减征所得税、普惠小微贷款、先进制造业增值税加计抵减、提高企业研发费用加计扣除比例等系列优惠政策，持续减轻经营主体负担，促进产业结构升级。

（二）更大力度支持政府债务化解

近年来，在市委、市政府的坚强领导下，璧山区严格执行政府债务管控政策，加大地方政府债务管控力度，严控增量、积极化解存量，政府债务风险总体可控。但短期内，璧山区仍然存在收入下行、还本付息压力大等实际问题，统筹做好政府化债和发展建设难度较大。为此，建议支持地方通过银行贷款展期置换、公开市场债券借新还旧以及扩大长期限、低利率金融产品投放等方式，降低债务利息负担、有序缓释债务风险。

（三）更大力度支持渝西地区一体化高质量发展

渝西地区地处重庆、成都两个都市圈相向发展的主轴上，区位优势、战略优势、发展优势显著。推动渝西地区一体化高质量发展，有利于加快现代化新重庆建设，支撑成渝地区双城经济圈建设走深走实。目前，渝西地区仍面临碎片化规划、内卷式竞争等问题短板。建议统筹指导渝西地区建立协同招商机制，共建跨行政区产业园区，在用地、用能、资金等要素保障方面给予更多支持。抢抓全国优化经济布局的机遇，争取引导东部沿海地区产业链关键企业在渝西建设生产基地。

[璧山区发展和改革委员会　韩　艳　游翎鸥]

之二十：2023年铜梁区经济运行分析及2024年展望

2023年以来，铜梁区牢记习近平总书记殷殷嘱托，深入开展学习贯彻习近平新时代中国特色社会主义思想主题教育，认真落实家军书记来铜指示精神，切实扛起大区担当、履行大区责任，坚定不移大抓发展、大抓产业，经济社会保持稳中有进向上向好的良好态势。

一、2023年铜梁区经济运行分析

（一）运行特征

1. 工业经济承压前行，创新驱动产业升级趋势明显

工业生产仍需稳固，规模以上工业增加值同比增长1%，较上半年提升0.5个百分点，规模以上工业总产值同比下降2.9%，降幅较上半年收窄0.4个百分点。两大主导产业"一升一降"，新型储能、智能网联新能源汽车零部件和摩托车产值分别同比增长13.4%、-3.8%；四大特色产业"一升三降"，机电设备、智能家居、合成材料、冷链食品产值分别同比增长-3.4%、0.6%、-10.4%、-1.4%。创新驱动发展动能持续增强，建成市级企业技术中心7个，新增科技型企业165家，通过第一批高新技术企业评审57家，规模以上工业企业研发投入同比增长12.5%。发展新动能持续成长，聚焦储能赛道不动摇，招引厚生、兴恒等储能产业链项目9个，协议引资额189亿元；新型储能产业集群成功上榜2023年重庆市中小企业特色产业集群名单。

2. 固定资产投资持续向优，重点项目筑牢发展基础

投资运行增势良好，铜梁区固定资产投资同比增长10.5%，较全市高6.9个百分点。工业投资支撑有力，同比增长18.4%。投资结构不断优化，民间投资同比增长13.8%。房地产投资逐步企稳，同比减少6.8%，较2022年全年回升9.9个百分点。重点项目推进有力，第三季度集中开竣工项目16个，总投资125亿元，其中投资50亿元以上的项目1个；199个区级重点项目完成投资367.9亿元，同比增长38.1%。华雄智能制造产业园、集中式储能电站、东方迅达、诚川数控、巨伦通用配件、华旗线缆西南总部基地一阶段、精鸿益智能终端配套项目（二期）等22个项目建成投用。海辰储能一期一阶段正进行生产工艺机电安装施工；一期二阶段基础施工有序推进。

3. 消费市场逐步改善，文旅消费持续升温

服务增加值同比增长8.4%，居考核圈第1位。消费市场有所恢复，铜梁区社会消费品零售总额实现233.7亿元，同比增长7.4%，较上半年提高1.9个百分点。限额以上批发、零售、住宿、餐饮营业额（销售额）分别同比增长-2.2%、14.4%、8.1%、5.5%。成功举办2023年秋季房交会，销售商品房4.26万平方米，9月当月新发放个人住房贷款1.65亿元，环比增加0.96亿元。文旅消费持续火热，承办中国足协中乙联赛主场赛事，铜梁龙足球队以中乙联赛冠军身份提前三轮冲甲成功。实施赛事节会扩面行动，升级"一镇一主题"乡村节会，铜梁区接待游客1464.9万人次，同比增长14.5%，实现旅游综合收入

95.05亿元，同比增长16.8%。

4. 农业生产总体稳定，农村产业加快融合

农业产业稳步发展，第一产业增加值同比增长4.3%。秋粮作物丰收在望，产量达到34.27万吨，同比增长3.8%。蔬菜、水产品生产形势较好，产量分别同比增长4.5%、3%。畜禽出栏稳中有升，生猪、家禽、肉兔出栏量分别同比增长5.9%、3.0%、24.7%。"巴岳农庄""六统一分"经营模式成效初显，西南研发中心专家楼及设施蔬菜科技园二期建设如期完成，农业科技创新中心、围龙桥亭水云居、露营基地等重点项目有序推进，侣俸"巴岳农庄"4个试点村实现群众增收1223万元。新型农村集体经济快速发展，集体经营性收入超过10万元的村占比达到89.57%。农业产业链加快延伸，规模以上农产品加工企业达60家，乡村休闲旅游接待游客人次同比增长31.7%。

5. 财政金融快速增长，先行指标逐步向好

财政税收回升明显，铜梁区一般公共预算收入实现32.09亿元，同比增长36.7%，其中税收收入11.96亿元，同比增长26.4%。金融机构本外币存、贷款余额分别同比增长11.3%、11.5%。辖区工业贷款、普惠小微贷款余额分别同比增长20.56%、18.61%，均高于各项贷款平均增速。企业贷款加权平均利率为4.39%，同比下降0.55个百分点，2023年以来持续降低。先行指标回升向好，工业用电量同比增长12.95%，较上半年提高4.82个百分点；公路运输周转量同比增长3.5%，居考核圈第10位；取得各类建设用地指标、出让工业用地5225亩、3041亩，分别同比增长97.16%、127.05%。

6. 经营主体蓬勃发展，社会民生持续改善

经营主体快速增长，新登记经营主体11450户，同比增长47.15%，经营主体总量达到69711户，较上年底净增长7336户，净增长率11.76%。就业创业保障得力，新增城镇就业、发放创业担保贷款分别同比增长1.42%、137.9%。多层次社会救助体系不断完善，城镇、农村低保标准分别同比增长2.5%、3.3%，累计发放低保、特困等救助补助资金1.63亿元。全体居民可支配收入同比增长5.3%，居考核圈第1位。25件区级民生实事进展顺利、成效明显，其中老旧小区改造、提质改造城市暗盲区路灯等10件已提前完成全年目标任务，场镇基础设施补短板、农村道路建设等15件顺利完成序时进度。

（二）存在的问题

一是工业经济增长乏力。笔电市场尚未恢复，电子信息产业产值仅同比增长0.6%（较上年同期增速下滑10.1个百分点），重点企业中精鸿益科技、杰尔精密、嘉技科技分别同比下降46.7%、59.6%、66.3%。工业新动能培育滞后，数字经济产值占工业总产值比重仅为15.4%。企业用能成本上升，工业用电到户电价同比提高11.5%，天然气价格上涨20.7%。企业利润率持续降低，规模以上工业企业利润总额同比下降5.6%。

二是商贸服务业恢复仍需提振。存量重点商贸单位增长动力不足，限额以上社会消费品零售排名前20位的商贸企业实现零售额22.85亿元，同比增长2.7%，仅占铜梁区限额以上单位零售额的33.2%。居民大宗消费不及预期，区内重点监测企业数据显示，家居建材类零售额较上年同期下降6.2%，拉低限额以上社会消费品零售总额1.1个百分点，严重影响限额以上商贸单位持续稳定增长。

三是投资增长后劲偏弱。大项目引领支撑不足，计划总投资5000万元以上项目实现投资148.02亿元，占固定资产投资比重49%左右，低于全市平均水平。房地产回稳转正仍需时日，房地产市场呈现积极变化，但仍在持续下行，也依旧面临支撑不足的困难，房地产竣工备案面积和房地产开发投资分别同比下降20%、6.8%。制造业投资增长趋于平缓，制造业投资同比增长10.6%，工业新开工项目数量下降

22.7%，计划投资规模下降18.2%。

（三）2023年主要经济指标预测

综合分析2023年前三季度经济运行的基本态势，预计全年GDP增长6.5%左右，其中工业增加值增长5.2%左右；农业增加值增长6.5%左右；固定资产投资增长11%左右；社会消费品零售总额增长8.5%左右；一般公共预算收入增长10%左右；城镇新增就业人口1.25万人以上；全体居民人均可支配收入增长5.5%左右。

二、2024年经济运行环境分析及趋势展望

当今世界政经环境依然复杂多变，高利率高通胀、地缘政治博弈等影响持续加深，全球经济仍处于下行通道。但随着新发展理念的践行、新发展格局的构建、高质量发展要求的落实，我国仍处于重要战略机遇期，全市正开启育新机、开新局的新篇章。铜梁区将主动扛起大区担当、展现大区作为，全力抢抓长江经济带发展、成渝地区双城经济圈建设、渝西地区一体化发展等重要战略机遇，预计2024年铜梁区经济将保持稳中有进、持续高质量发展的态势。

三、2024年工作措施与建议

（一）加快融入成渝地区双城经济圈和西部陆海新通道建设

一是狠抓项目建设。提速推进成渝中线高铁、城轨快线璧铜线、渝遂复线高速等外联通道建设，谋划布局重庆铁路西环线、铜梁至重庆第二机场高速、团结村—铜梁—成都货运铁路等新通道，建设区域性综合交通枢纽。加快建设川渝1000千伏特高压交流工程和川气东送二线天然气管道工程，强化页岩气综合利用，实施燃气热电联供项目，打造成渝中部地区能源洼地。二是建强支撑平台。深化与重庆自贸区、西部（重庆）科学城、川渝毗邻地区等合作，建设国家高新区、科创新城、龙城天街商圈等开放窗口，打造中新（重庆）战略性互联互通示范项目重要承接地、中国（重庆）自由贸易试验区铜梁联动创新区，共建川渝产业合作示范园、巴蜀文化旅游走廊。三是推进互助合作。深化政务服务"川渝通办"，开展教育、医疗、养老等跨区域共建协作和人才交流，联合开展涪江、琼江、小安溪跨界水体环境综合治理，让合作成果更多惠及人民群众。

（二）加快构建现代产业体系

一是迭代升级"2+4"产业集群。锚定新型储能赛道不动摇，科学规划新型储能产业园，推动海辰储能年内投产放量、第三基地落户铜梁，加强储能应用场景推广建设，加快建设储能产业示范区。聚力打造智能网联新能源汽车零部件和摩托车主导产业，推动爱玛、庆兰等传统汽车零部件企业向新能源化、高端化转型，笔电配套企业向汽车电子、智能家居配套转型，同步发展机电设备、智能家居、合成材料、冷链食品等四大特色产业。二是培育壮大特色高效现代农业。围绕"3+6"农业产业体系，培育壮大蔬菜、生猪、黑鸡"一主两辅"特色产业，做大做优铜梁莲藕、白羊咸菜等"龙乡水土生"品牌，大力推进"巴岳农庄"扩面建设，创建国家级现代农业产业园。三是大力发展活力经济。持续繁荣龙城天街商圈业态，打造巴岳天街、淮远河岸夜间经济集聚区等特色街区，争创国际消费中心城市试点示范城市。实施"周末到铜梁"品牌提升行动，办好铜梁龙足球主场赛事、《追梦·铜梁龙》非遗山水实景演出，建设"活力龙乡·美好铜梁"。

（三）持续强化改革创新和人才支撑

一是深化重点领域改革攻坚。坚持"小切口、大场景"，按照"三个一批"（加快实施一批、准备启动一批、谋划储备一批）工作机制，突出抓好国资国企、"亩均论英雄"等54项重点改革项目，打造一批具有铜梁辨识度的改革品牌。二是推进创新型城市建设。落实科技成果导入三年行动和研发投入提升专项行动，做实新型储能产业技术研究院、中国农科院蔬菜花卉研究所西南研发中心、重庆（鹿客）生物智能安防技术创新中心"三大平台"，推行科技型企业"创新积分贷"，用好科技创新信息平台，推动制造业单项冠军、专精特新"小巨人"、高新技术企业和科技型企业实现"四个倍增"。三是打造创新人才重要集聚地。深入实施"龙乡英才"集聚、培育、激励、暖心"四项工程"，建立以产业为主导的"1+N"人才政策体系，支持企业自主认定引育人才，完善"智铜微服"人才服务数字化平台功能，打造"铜创未来、诚邀梁才"工作品牌。

（四）突出抓好数字化发展

一是培育数字经济。实施加快数字化发展三年行动，建立完善数字产业图谱，规划建设数字经济产业园，积极引育一批数字产业"领军"企业和重点项目。实施中小企业数字化赋能工程，拓展"5G+工业互联网"融合应用，打造一批数字化车间、智能工厂，助推企业"上云用数赋智"。二是推进数字化建设。对标落实数字重庆"1361"建设部署要求，依托市级一体化智能化公共数据平台，打造区级智慧化平台底座，加快建设区镇两级数字化城市运行和治理中心。三是促进数字化应用。围绕数字党建、数字政务、数字经济、数字社会、数字文化、数字法治"六大应用系统"，不断丰富数字化应用场景，推动数字化改革全面融入经济社会发展。

（五）扎实推进平安铜梁建设

一是坚决维护政治安全。落实政治安全重大敏感案事件请示报告制度，深入开展涉恐风险隐患排查，深入推进抵御境外宗教渗透和反邪教斗争。全面落实意识形态责任制，认真落实舆情、媒情、社情"三情"联动机制，及时主动应对突发舆情。二是全力保障经济金融安全。切实打好保交楼惠民生、政府隐性债务和国有企业债务风险化解等攻坚战，确保政府性债务风险总体可控。三是严格落实安全生产责任。全面落实安全生产"十五条硬措施"，深入排查整治道路交通、建设施工、燃气、校园、危化品等重点行业领域安全隐患，抓好地质灾害防治，坚决遏制重特大安全事故发生。

（六）切实保障和改善民生

一是牢牢守住民生底线。坚决遏制耕地"非农化"、防止基本农田"非粮化"，牢牢守住耕地保护红线，切实抓好粮食安全工作，确保重要农产品保供稳价。持续推进巩固拓展脱贫攻坚成果同乡村振兴有效衔接，不断拓宽群众增收致富途径。二是大抓实体和惠民服务。始终把支持企业发展的事放在第一位，认真落实促进经济高质量发展系列政策措施，用好党政亲商恳谈会、企业服务直通车等制度机制，"一企一策"帮助企业解决现实问题，打造"最宠企业"的营商环境。三是打造美丽重庆建设铜梁样板。坚持生态优先、绿色发展，迭代升级治水、治气、治土、治废、治塑、治山、治岸、治城、治乡等生态环境治理体系，一体推进减污降碳扩绿增长，加快建设"宜居美地"。持续优化城乡环境，加快老城提质更新和新区组团建设，持续推进场镇改造，深入开展农村人居环境整治，建设宜居宜业宜游的美丽城镇、和美乡村。坚持问题导向，集中力量尽快抓好大气污染、污水偷排漏排、矿山野蛮开采等群众反映强烈的突出环保问题整治，高质量高标准完成第三轮中央生态环境保护督察各项工作任务。

[铜梁区发展和改革委员会　叶忠莉]

之二十一：2023年潼南区经济运行分析及2024年展望

一、2023年潼南区发展现状

2023年以来，潼南区坚持以习近平新时代中国特色社会主义思想为指导，全面贯彻党的二十大和中央经济工作会议精神，认真落实市委六届二次、三次全会和市委经济工作会议部署，坚定突出"稳进增效、除险清患、改革求变、惠民有感"工作导向，全力推动党建统领"三项重点任务"提质提效，以推动成渝地区双城经济圈建设为总抓手和总牵引，主动构建新发展格局，稳预期、提信心、扩内需、抓改革、促开放，社会大局总体平稳，经济发展呈现稳中加固、稳中提质的向好态势，高质量发展取得积极成效。预计全年GDP增长7%左右。

（一）聚焦"一号工程"抓谋划、促联动，平台建设乘势而上

1. "双圈"建设全面提速

细化落实市委"一号工程""十项行动"，围绕基础设施、产业发展、生态环保、公共服务等重点领域，谋划实施标志性事项20件，储备包装项目76个，涉及投资1300余亿元。全面融入重庆都市圈，与渝中区开展战略合作，推进两地"飞地园区"加快建设。携手崇州、南充、资阳联动发展，签订《联合推动崇潼制造业高质量发展协议》，促成潼南华电燃机等10个亿级项目顺利签约潼南。渝西水资源配置工程开工建设，潼南双江航电枢纽提前完成总工程量60%，铜安高速控制性工程基本完工，潼荣高速（铜梁至玉蕉枢纽段）建成通车，渝遂绵城际铁路、市郊铁路璧潼线、渝遂高速扩能（潼南段）、重庆中心城区至潼南快捷物流通道等项目前期工作稳步推进。

2. 遂潼合作迈开新步

构建遂潼半小时通勤圈，渝遂铁路定制列车增至5对、班次45趟。共同举办中大型招商推介活动，促成签约项目3个，投资总额185亿元；开放运营遂潼涪江创新创业创造中心，引入国家级科技企业孵化器1家、国家级众创空间3家，共享科研仪器8400余台（套）；共建锂电及新材料产业联盟，携手打造锂电及新材料产业示范区；协同打造高效特色农业带，建成遂潼优质蔬菜示范基地5万亩；共建巴蜀文化旅游走廊，推出跨区域精品旅游线路6条，联合举办国际柠檬节、龙舟赛等节会活动10余个。建成投用遂潼川渝毗邻地区人力资源服务产业园，重症医学等医疗专科联盟增至24个，"遂潼社保卡一卡通一码通受央视报道"通过市改革办品牌显示度认证，遂潼税费征管一体化相关工作获《重庆日报》报道。

3. 对口协同走深走实

成功签订潼南·彭水2023年对口协同发展合作协议，提速建设"潼南·彭水飞地园区"，推动乌江非遗文旅、亿源粮油加工等项目落地彭水3个、到位资金3480万元。顺利举办2023"爱尚重庆·仲夏消费季""潼南·彭水消费帮扶展暨618电商节"，帮助销售彭水农特产品786.2万元。助力打造蔬菜示范基地，向彭水县引入蔬菜种苗1.8万株，惠及蔬菜种植大户20余户，预期产值40余万元。建立教育联席

会议制度,缔结友好学校10所,常态化开展交流活动40余次。互派交流锻炼干部人才6名,联合开展一区两群协同发展技能培训班,培训干部51人。

(二)聚焦扩大内需抓进度、促服务,"双轮驱动"积势蓄能

1. 有效投资持续扩大

聚焦国家重大战略和政策导向,结合本区国土空间规划、财政承受力度等实际情况,谋划推进前期项目90个,估算总投资992.12亿元,储备项目88个,涉及总投资557亿元。建立对上争取资金台账,精准对接宏观政策动向和资金投向,持续加大"跑争抢"力度,超额实现计划目标、完成资金争取48.24亿元。深入开展"抓项目促投资"专项行动,制定扩大有效投资十八条工作措施,实行"赛马比拼"项目拉练机制,项目建设全力推进。截至10月底,潼南区已开工项目139个,开工率95.86%;带动固投增速达到12.1%,高于全市8.5个百分点,全市排名第13位。

2. 居民消费升级扩容

打造"郊游潼南"文旅新地标,发展"巴渝新消费",举办迎新年货节、美食文化暨农特产品展、欢乐消费季等活动,提升潼南特色美食的知名度和影响力。建设隆鑫美食街、嘉年华购物公园、时代广场、子同街四个夜间经济聚集区,推出隆鑫阳光夜市,发展"集装箱"经济,打造涪江天街,点亮潼南消费"新夜态",带动夜间人流量上升约20%,日均销售额达到5万元。强化电商主体培养,加快发展农村电子商务和直播带货,支持鼓励传统企业线上线下深度融合。1—9月,潼南区电子商务交易额51.23亿元,同比增长15.4%,网络零售额达到9.57亿元,同比增长16.2%;实现社会消费品零售总额同比增长8.2%,高于全市0.8个百分点。

3. 经营主体稳中有进

精准聚焦经营主体急难愁盼问题,接续发布"助企纾困政策汇编(186条)"等政策,减税降费、退税缓税1.45亿元,助力企业"轻装上阵"。创新开展"民企夜话""问计涪江""青竹荟",建立区级领导及"特派员"联系服务重点企业制度,深化"企业吹哨·部门报到",调用"点对点"助企纾困特派员186人,协调解决问题60条,为小微企业和"三农"主体提供低费率融资担保贷款6495.5万元,经营主体获得感显著增强。1—9月潼南区新增经营主体8263户,经营主体总量超过6.5万户,同比增长7.7%。

(三)聚焦实体经济抓场景、促转型,"三次产业"提质提效

1. 现代农业量质并举

深化建设国家农业现代化先行区,建成标准化制种基地3000亩、蔬菜标准园29个,蔬菜产业成功纳入2023年全国优势特色产业(蔬菜)集群建设名单。引进国信现代生态设施农业产业园等项目18个,成功对接巨星楼层生猪养殖项目,成渝"中央1号厨房"全产业链加速构建。启动建设长江上游种质创制(油菜)大科学中心中试基地等重点项目,单杨院士创新团队科技成功落户潼南。高质量筹办第五届全国农民教育培训发展论坛暨2023中国·潼南柠檬产业发展大会,举行潼南柠檬南亚贸易暨全产业链签约活动,2023年潼南柠檬产业链产值成功突破75亿元。

2. 工业提振质效齐升

迭代建设"3+3+N"高能级现代制造业集群,深入实施企业主体培育攻坚突破行动,新增规模以上工业企业7家,市级"专精特新"企业29家,获批重庆市中小企业特色产业集群3个。实施数字化转型

攻坚突破行动，推进工业互联网二级节点建设，实施智能化改造项目36个，建成数字化车间15个、市级创新平台54个，新增中小企业技术研发中心企业3家，入选重庆市"双百企业"5家。全力培育示范标杆，弘喜汽车获评汽车产品生产者责任延伸试点企业，檬泰生物获批柑橘类精深加工重点实验室，成渝（潼南）中央厨房产业园纳入示范园区创建，潼南果蔬制品纳入全市"5+5"预制菜特色产业集群示范园建设。持续创建国家高新区，积极推动重庆（潼南）农科城建设，打造种质创制大科学中心潼南分中心、重庆（潼南）农科城产业科技研究院等创新平台，获批重庆市柑橘技术创新中心。

3. 服务业恢复速效双提

稳固打造区域消费中心，生活性服务业持续恢复性增长，批发和零售业增加值同比增长9%，住宿和餐饮业增加值同比增长7.5%。抢抓融资环境相对宽松"窗口期"，用好政策性银行新增信贷额度，金融机构存贷款余额同比分别增长12.2%、17.3%。大力推进交通物流发展，加快物流平台建设，交通运输、仓储和邮政业同比增长7.1%。深度融入西部陆海新通道发展，加速开拓RCEP大市场，成功申报中国（重庆）自由贸易试验区潼南联动创新区创建建设，新增出口备案基地0.55万亩，柠檬出口额突破1.3万吨，全国市场占有率42%左右。

（四）聚焦重点领域抓创新、促改革，发展后劲不断夯实

1. 改革活力持续释放

出台《2023年重庆市潼南区全面深化改革重点任务推进方案》，按"三个一批"梯次滚动推进76项改革项目。开展区属国有重点企业"合规体系建设强化年"专项行动，实现国企"人、财、物、事"全链条信息化监管。全域推进农村"三变"改革，村集体收益分红实现全覆盖，累计参与农民11万余人，村组集体经营性资产折价入股2095.7万元，实现入股分红850万元。中央广播电视总台单条报道潼南区联合四川省资阳市、安岳县解决跨界河流治理难题做法。《经济日报》单篇报道潼南区推进油菜一二三产业融合发展经验做法；双江镇在农村改革镇村"抱团"发展新型集体经济方面改革探索获向东副市长肯定性批示。

2. 创新动能不断提升

实施高新技术企业、科技型企业"双倍增"行动计划，新增科技型企业240家，同比增长89%。高效运营氪空间潼南创新中心，引进初创企业31家。开放运营遂潼涪江创新创业创造中心，入驻企业9家、储备入孵企业16家。推动南昌大学重庆研究院市级引进类高端研发机构建设，成立南昌大学重庆校友会潼南科创投资基金，承担市自然科学基金等项目28项。培育高价值发明专利25件，同比增长11%。完成登记科技成果30项，技术合同交易额1.52亿元。选派国家"三区"科技人才19人、市级科技特派员27人。获批市级科普基地2个，川渝两地游客参观科普基地10万余人次。

3. 营商环境持续优化

稳步推进营商环境创新试点，"一照多址""一证多址"等78个改革事项落地见效。推广应用"渝快办"平台，上线"潼易办"小程序，办理依申请类政务服务事项1492项，140项"跨省通办"、311项"川渝通办"事项，累计线上办理2.75万件次，现场服务2.1万余件次。数字赋能营商环境迭代升级，投用智慧政务平台，累计办件量80余万件次，群众整体满意率99.5%以上。推行轻微违法"免罚清单"，评优激励守信企业302家，不处罚、减轻处罚300余件。《潼南区开展行政许可案卷评查试点改革推动营商环境持续优化》入选《2023年经济领域改革典型案例（第一批）》，获市委领导批示推广。

（五）聚焦城乡建设抓协同、促融合，一体化发展不断夯实

1. 城市形象蝶变跃升

开展城市更新提升专项行动，完成老旧小区改造项目续建38个，碉楼坡片区城市更新方案纳入重庆市城市更新项目库。聚力构建"15分钟"便民生活服务圈，完成市政道路建设项目8个，新增小微停车泊位1585个。建成口袋公园2个、文化公园1个，建成区绿地率达37.4%。加快构建海绵城市，实施雨污管网新建31.53千米，新增达标排水分区2个。深入推进城区生活垃圾分类投放点改造，城市生活垃圾回收利用率41.4%，农村生活垃圾市级示范村覆盖率达88.4%。率先在全市推行便民地图APP，开展商业综合体、重大事故隐患等专项整治6次、常态化安全执法检查96次，问题、隐患整改率达到100%。

2. 乡村振兴提质赋能

围绕"三落实一巩固"接续发力，完成农村低收入群体等重点对象危房改造354户，"两不愁三保障"及饮水安全问题动态清零。持续开展"五清理一活动"，农村厕所革命完成年度施工任务约86%，安装路灯和庭院灯700盏，创建国家和市级卫生镇12个。加快补齐气讯基础设施短板，完成燃气管网安装20公里，惠及居民3000余户。全覆盖推广乡村治理"清单制"，推广应用"积分制"行政村（社区）196个。"巴蜀美丽庭院示范片"项目完成建设，《综合施治"治靓"乡村颜值》获2022年巩固拓展脱贫攻坚成果同乡村振兴有效衔接典型经验一等奖。

3. 城乡融合履坚质高

加码国家城乡融合发展试验区建设，探索实施"五进城"机制，城镇落户限制全面取消，户口迁移、新生儿落户等实现"跨省通办""一站式"办理，新增农村转移人口4195人，回引返乡创业就业4984余人。成功获批农村集体经营性建设用地入市试点，聚力破除"人""地""钱""权"壁垒，加快推动大佛坝集体性经营性建设用地16亩入市交易。指导镇街差异化发展，完成桂林蔬菜、柏梓柠檬、玉溪白酒特色小镇建设方案编制。围绕解决"三类人"、盘活"三块地"，推动各项改革在大佛坝集成，潼南区大佛坝新农城成功纳入《2023年重庆市新型城镇化和城乡融合重点任务》重大示范工程第一项。

（六）聚焦绿色低碳抓监管、促整治，生态环境不断改善

1. "双碳"工作有序推进

实施制造业绿色转型升级行动，出台《潼南区工业高质量发展绿色转型升级实施方案》，新增进入市级绿色工厂培育名单企业20家，景裕电子获批2023年度重庆市绿色制造体系示范单位，潼南高新区成功纳入全国园区环境污染第三方治理试点名单，被认定为近零碳试点园区。积极发展清洁能源，新增充电桩142台，新建成并网分布式光伏项目3个，新增光伏装机容量1800千瓦，华电潼南燃机项目成功取得核准、容量电价、新能源资源开发和能评批复。持续开展能耗挖潜工作，挖掘存量项目能耗空间18.49万吨标准煤，为"十四五"新增项目提供能耗指标支持。

2. 环境保卫成效显著

加大污染治理力度，实现城区和工业园区燃煤锅炉清零。开展常态化规范化巡查河3.6万余公里，联合执法15次，涪江水质类别为Ⅱ类，琼江水质类别为Ⅲ类。强化饮用水源保护，城区集中式饮用水源地水质达标率、城市生活污水集中处理率均为100%，潼南区20个镇污水集中处理率96%。推进固废处理基础设施建设，完成潼南区医疗废物处置设施工程建设，5个重点建设用地土壤安全利用率100%。实施"无废城市"建设，创建无废细胞10个，远达环保废脱硝催化剂"点对点"利用项目获重庆市2023年

"无废城市"建设典型案例。

3. 生态修复实绩突出

实施流域水生态修复，完成水生态修复项目5个，河道生态基质修复7千米，建成污水处理厂尾水湿地4500平方米，河道生态湿地60000平方米。琼江示范河流创建完成初步验收，《潼南区鹭鸶河和平滩河中小河流治理实施方案》通过市级审查。全面落实林长制，开展常态化巡林，完成潼南区"两岸青山·千里林带"营造林2.76万亩，完成率为80%。开展野生动物场所疫源疫病监测2次，成功撤销"松材线虫病疫区"。完成历史遗留和关闭矿山生态修复销号2个，完工生态修复验收待销号项目2个。

（七）聚焦社会事业抓服务、促稳定，惠民有感更加浓烈

1. 就业形势总体稳定

做靓"就创潼城""安薪潼城"品牌，实施促进就业四大专项行动、开展根治欠薪"春防"行动，潼南春节返岗复工获人民网、重庆电视台等多家媒体报道。推动创业担保贷款、一次性创业补助等政策落地，发放创业担保贷款4032万元，惠及企业228家，带动就业1100余人。聚焦脱贫人口全面就业，建成就业帮扶车间10个，助力有就业意愿的脱贫劳动力实现就业。1—9月，实现城镇新增就业8266人，完成考核97.25%，城镇调查失业率保持在5.5%左右，就业基本盘切实稳住。

2. 公共服务保障有力

扎实办理27件市区两级民生实事，民生支出17.6亿元，增长5%。重庆电力高专潼南校区建成招生，教师进修校顺利升院，青石小学、东安小学完工投用，学前教育普惠率达到99.3%。新增甲级镇卫生院2个，区人民医院"三甲"创建一期院区、区精神卫生中心二期项目投用。建成镇街养老服务中心22个、社区养老服务站94个、村级互助养老点144个，养老服务设施实现全覆盖。发放城乡低保金8774.8万元、特困供养金5118.4万元、临时救助金773.1万元，共惠及5万余人。成功获批建设市级社会保险公共服务标准化基地和市级社会化管理示范社区。

3. 社会大局安全稳定

深化重大事故隐患专项排查整治2023行动，累计排查隐患1.2万余条，生产安全事故和亡人事故起数同比下降28%。稳妥化解政府存量债务，坚决遏制新增隐性债务，政府债务绿色可控。督促国企建立偿债资金"631"机制，坚决守住不爆雷的底线。全力化解信访矛盾纠纷，中央信访联席办交办信访积案上报化解率100%，全量库录入事件整改率100%。开展节假日等重要时期市场巡查和日常价格监测，重要民生商品价格基本稳定。成功应对"7·28"百年一遇特大洪灾，实现人员零伤亡目标，获得家军书记"领导有力，处置及时"肯定性批示。

二、2024年发展思路和重点任务

2024年是全面贯彻落实党的二十大精神的关键之年，是新时代新征程全面建设社会主义现代化新重庆的深化之年，是潼南全面实施"十四五"规划的攻坚之年。潼南将坚持以习近平新时代中国特色社会主义思想为指导，深入贯彻党的二十大精神，全面落实习近平总书记对重庆作出的重要讲话和系列重要指示批示精神，立足新发展阶段，坚持和加强党的全面领导，更好统筹发展和安全，完整、准确、全面贯彻新发展理念，融入和服务新发展格局，坚持稳中求进工作总基调，以推动高质量发展为主题，久久为功。提振信心、扩大内需、深化供给侧结构性改革，推动经济社会稳定向好、高质量发展扎实推进，为新时代新征程全面建设社会主义现代化新重庆开好局、起好步作出新的更大贡献。

（一）以"一号工程"之"势"促经济发展之"进"

坚持把双城经济圈建设作为潼南区"一号工程"和潼南区工作总抓手总牵引，接续推动"二十项标志性事项"落地落实，加快打造更多具有潼南辨识度的标志性成果，争创成渝中部地区崛起现代化示范区。

1. 推动重大项目提速建设

聚焦构建"一环六射多联线"对外大通道，加快推进渝潼遂绵、泸大汉城际铁路、市郊铁路璧潼线等项目前期工作，启动潼南火车站升级改造工程。加快推进璧山经潼南安居至大英高速（潼南段）、武胜经潼南至安居高速（潼南段）前期工作，推动渝潼安高速年底建成通车，2024年计划争取上级资金9373万元，交通重点项目投资11.67亿元，实施交通建设项目16个。推进涪江干流梯级渠化双江航电枢纽工程，2024年计划完成投资5亿元。合力推动涪江右岸水资源配置、长征渠引水、涪江大灌区等工程，提速建设铜车坝水库等项目。

2. 推动平台建设联动联建

聚力建设遂潼一体化发展先行区，加快明确遂潼涪江创新产业园区发展定位，着力构建"一心两带五组团"空间格局，推动毗邻地区村连片规划，策划包装一批乡村振兴、农文旅融合项目，共同打造"川渝粮仓""川渝农文旅融合示范带"。加快推进"农科城""新农城"建设，协力打造成渝现代高效特色农业带。建设"三化"农村产权流转交易平台，畅通城乡要素流动。全面深化与崇州合作层级和领域，聚焦"1+6"合作协议，共同谋划实施一批带动性较强的项目。加快推动潼南彭水"一区两群"对口协作，共建"飞地园区"，打造区域协作的高水平样板。

3. 推动改革政策破题见效

持续探索毗邻地区经济区与行政区适度分离改革，建立健全项目建设协同投入机制，合理确定跨区域共建的重大基础设施、重大公共服务等项目资本金比例及分摊比例。建立利益分享机制，探索遂潼涪江创新产业园区按照"存量不变、增量分享"原则开展税收分成试点。加强遂潼涪江创新产业园区用地保障，争取川渝两省市新增建设用地指标向园区倾斜。探索推动水、电、天然气等要素价格协同，有序开展跨行政区服务试点示范。

（二）以政策发力之"准"强经济发展之"基"

自觉担负起稳住经济大盘、有效扩大内需的政治责任，精准把握政策取向，确保在"稳"的基础上提质竞进。

1. 用心用力服务企业

持续深化"服务企业专员"制度，嵌套"企业吹哨·部门报到"平台，形成"线上+线下"服务机制，全力解决企业生产经营存在的订单、用能、物流、要素保障等突出问题，全力以赴帮助企业提升发展质效。持续增强要素保障能力，提升城镇电网供电能力，新建（或改造）电力线路200公里，配变台区80台；新建柏梓101井配气站1座，敷设燃气管网10千米，新建5G基站200个以上，全力保障企业生产要素需求。加快畅通政银企对接渠道，大力推广"渝快融""渝企金服""信易贷·渝惠融"等平台，丰富融资产品，降低融资成本。

2. 全力以赴带动投资

结合"万企兴万村"行动，积极拓宽招商渠道，开展精准招商、以商招商、产业招商。围绕"重点区域招商组+重点产业招商专班"新模式，研究制定招商引资项目落地推进服务流程，力争完成招商引资正式合同额 1000 亿元、到位资金 200 亿元、新签约亿元级项目 100 个（其中，10 亿元级项目 20 个，20 亿~50 亿元级项目 5 个，50 亿~100 亿元级项目 2 个，100 亿元级项目 1 个）。持续深化与中垦基金、渝富基金合作，大力开展基金招商，助推智能网联新能源汽车、食品及农产品加工等主导特色产业集群化发展。

3. 千方百计拉动内需

培塑"郊游潼南"旅游新地标，丰富涪江夜游、巴蜀夜宴等夜间消费场景，做大做强"周末经济"，争创国家文化和旅游消费试点城市。抓好国庆节、春节等大型节假日重要节点，会同房地产协会加大宣传、刺激市民购房，加快促进房地产市场回暖。构建"一圈三区"城市消费空间布局，建设以隆鑫中央大街、中骏世界城为核心的江北商圈，推动凉风垭片区、接龙桥片区、八角庙片区消费集聚区建设，构建集时尚购物、大型百货、影院、休闲娱乐、家庭天地于一体的全方位消费体验中心，打造高水平消费核心区。

（三）以强链补链之"实"壮经济发展之"本"

加快构建特色优势现代产业体系，优先发展农业农村，加快传统产业转型升级，提质发展现代服务业，推动全产业链质量效益同步提升。

1. 全面推动农业农村现代化

加快推进"农科城"、"新农城"、全国柠檬优势产业集群核心区、渝遂绵优质蔬菜生产带建设，协力打造成渝现代高效特色农业带，加快建设 5 万亩柠檬、10 万亩蔬菜标准化生产示范基地和出口备案基地。打造潼南安岳大足优质柠檬产区、遂潼涪江蔬菜现代农业产业园，加快建设成渝（潼南）中央厨房产业园、中国西部绿色原料药基地等产业平台，深入推进蔬菜、柠檬双百亿级产业集群培育计划，发展壮大水产、中药材、花椒、经果等特色产业，全力打响"潼南造"品牌、做强"潼南绿"名片。

2. 全面实施"工业强区"战略

以全市"33618"现代制造业集群体系建设为引领，全力实施"涪江奔腾"计划，打造"3+3+N"千亿级现代制造业集群，优化产业生态，形成产业集群化发展新格局。建立优质企业培育库，重点培育 400 亿级新材料和 200 亿级装备制造、特色消费品产业集群，持续壮大绿色建筑建材、节能环保两个 100 亿级产业集群。推动化工新材料产业集群迭代升级，高标准建设以再制造、氢能源、静脉产业、模具产业等为主导的成渝中部战略性新兴产业示范基地，全力打造智能网联新能源汽车、绿色原料药等一批具有较高辨识度和标志性的重点产业园区。力争 2024 年工业增加值增长 9%、规模以上工业产值增长 12%，新增规模工业企业 15 户。

3. 全面促进服务业健康发展

深入开展服务业扩大开放综合试点。提质发展现代服务业，完善冷链设施层级和网络布局，争创国家骨干冷链物流基地，做大做强金融服务业，突出文化旅游、现代物流、金融服务、健康养生等现代服务业，创建国家涪江休闲旅游度假区，建成智慧物流园区，支持金融业健康发展，协力打造特色康养基地。提升精细化工企业产品链，积极组织农业企业参加中新（重庆）农业"双百"合作计划，建立海外仓，构建企业国际营销体系，巩固拓展新加坡、印尼等东盟市场，带动辐射 RCEP 成员国市场。增强大数据产业招商引资力度，做大做优软件信息服务业。

（四）以创新驱动之"强"激经济发展之"能"

接续实施创新引领行动，落实科技创新"1+4+3"政策措施，用科技创新为经济赋能，奋力打造成渝中部新兴产业集聚区。

1. 持续争创国家高新区

以升促建推动高新区高质量发展，高标准建设南昌大学重庆研究院，积极融入成渝科创大走廊，强化科技创新和产业承接合作，提速涪江流域科技创新走廊建设。力争 2024 年完成昇之云大数据产业园建设，积极发展智能终端、区块链、物联网、大数据、云计算等数字产业集群，建设一批数字化车间、智能化工厂和创新示范工厂，建设成渝中部数字经济新兴高地。支持种质创制大科学中心潼南分中心、重庆（潼南）农科城产业科技研究院、电力高专等在潼科研院所、高校创新发展，2024 年力争新增市级研发平台 4 个，建设一批具有潼南地域、产业等特色的科普示范基地。

2. 培育壮大创新主体

实施高新技术企业和科技型企业"双倍增"行动计划和龙头企业培育计划，引导中小企业成长为"专精特新""小巨人"企业。提质建设氪空间潼南创新中心等创新创业孵化平台。以数字化变革引领科技工作体系重塑，努力打造国际太空生态园、涪江智能网联无人驾驶示范线等一批具有潼南辨识度的科创成果。2024 年力争新增市级"专精特新"中小企业 10 家以上、高新技术企业 20 家、科技型企业 120 家，新登记科技成果 50 项，技术合同交易额达到 2 亿元以上，全社会研发经费投入增长 20%，推动有研发机构、有研发活动的规模以上工业占比分别提高至 25%、40%。

3. 努力营造良好创新生态

大力实施"英才潼行"工程，培养创新创业领军人才、优秀创新团队。完善突出质量、实效、贡献导向的人才评价体系，R&D 人员总量突破 4000 人，选派科技特派员 100 名以上，深入推进科技特派员制度，发展壮大科技特派员队伍，组建跨领域、跨部门的科技特派团。与西部科学城重庆高新区探索共建联合实验室、技术创新中心等科创基地，持续推动遂潼 10 项科技合作落地见效。持续用好科技创新"1+4+3"政策措施，举办创新创业大赛、科普讲解大赛，加大"最美科技工作者"宣传力度，努力形成人人参与创新、支持创新、推动创新的生动局面。

（五）以营商环境之"优"保经济发展之"畅"

坚定不移推进市场化改革，推动构建一流营商环境，切实提高人民群众和经营主体获得感，激发高质量发展活力。

1. 纵深推进重点改革

坚持市场化改革和分类改革方向，加快推进国有企业资产资本化，不断提升国有资本的运作能力，促进国有资产保值增值。加强债务化解和压降，打好债务风险防范化解攻坚战，牢牢守住不发生系统性风险的底线。以新农城、农科城建设为契机，持续深化农村土地制度改革，探索解决承包地碎片化有效路径，结合高标准农田改造提升行动，有序开展"小田变大田"试点，提高土地流转收益。推进农村"三变"改革覆盖 50% 以上行政村，带动农村居民可支配收入年均增长 10% 以上。全面推进"亩均论英雄"和"标准地"改革，建立实施亩均效益综合评价体系，提升工业用地产出水平，集中力量培育具有潼南辨识度、全国影响力的强村富民综合改革典型经验。

2. 持续优化营商环境

常态化开展政策惠企服务专项行动，打造"民企夜话""问计涪江"特色品牌，用好"企业吹哨·部门报到"线上问题办理平台和"三服务"线下服务工作机制。严格落实市场准入负面清单制度，加快推动政务服务数字化转型，打造"潼服务·家温度"政务服务品牌，深入推进"一窗综办""一网通办""一件事一次办""证照分离"改革，着力破解"准入不准营"问题。加快推广应用"渝快办"，健全完善"双随机、一公开"监管，强化"互联网+监管"，营造重商、亲商、护商、安商良好氛围。

3. 努力扩大外向经济

全面融入西部陆海新通道建设，深化中国（重庆）自由贸易试验区联动创新区建设，争取建设市级智慧物流中心。落实外商投资准入前国民待遇加负面清单制度，实施"优质外企进潼南"计划，吸引优质外企落户。持续实施"外资进潼、产品出海"专项行动，组织"百团千企"海外"抢"单，全力巩固开拓新加坡、马来西亚等东盟国家市场。持续开展国家外贸转型升级基地建设，加大柠檬、蔬菜出口基地备案，抓实抓细特色农产品出口创汇，切实推动西部陆海新通道农产品进出口降本增效。

（六）以城乡融合之"力"强二元突破之"变"

坚持农业农村优先发展，统筹乡村振兴和城市提升，建设国家城乡融合发展试验区。

1. 持续推进城市提升行动

紧扣城市提质行动，有序推进 2024 年新开工 11 个老旧小区改造项目，实施棚户区（城中村）改造 469 户。持续推进城区生活垃圾分类投放点升级改造，升级改造村镇一级垃圾分类投放点，确保城乡垃圾收运设施整体提升。加快推进本区生活垃圾焚烧发电项目建设。加强城区停车秩序、环境卫生、渣土运输、市容秩序、违法建筑 5 大专项整治。以"三张清单"为抓手，积极探索道桥安全、城市智慧停车、照明保障、渣土运输、城市运行安全风险治单等多跨协同场景应用。加快推动智慧停车管理区级平台迭代升级，构建潼南区智慧停车"一张网"。

2. 大力实施乡村振兴战略

持续巩固拓展脱贫攻坚成果，深入推进返贫动态监测和帮扶，确保"两不愁三保障"。高标准建设柏梓柠檬特色小镇，推动桂林蔬菜小镇、玉溪白酒小镇纳入全国特色小镇名录。接续推进农村人居环境整治提升行动，加快健全农村生活污水和生活垃圾治理基础设施，持续推进农村"厕所革命"，深入开展"村庄清洁行动""五清理一活动""千村宜居"创建活动。健全完善分层分类的社会救助体系，加快"救助通"推广应用，全面实行低保、特困、临时救助线上申请。探索"渝康家园"可持续服务模式，探索形成具有潼南辨识度的工作经验。

3. 稳妥推进城乡融合发展

用好国土空间分区规划，推动城区规模扩大至 38 平方公里，深化实施"五进城"工作机制，引导农村人口转移进城，力争到 2024 年底常住人口城镇化率达到 63%，推动城乡要素双向流动。聚焦解决"三类人"，盘活"三块地"，加快推动大佛坝新农城城乡融合发展示范建设，巩固提升农村集体产权制度改革成果，带动农村居民可支配收入年均增长 10% 以上。建设"旭日东升"等一批农旅综合体，建成国家农村产业融合发展示范园，着力培育一批特色强镇，促进"强镇带村"一体发展。

（七）以生态保护之"效"提绿色发展之"质"

深入贯彻习近平生态文明思想，精准、科学、依法治污，扎实推进碳达峰碳中和，建设宜居智慧低碳有尺度的滨江新城。

1. 打好污染防治攻坚战

重点打好蓝天、碧水和净土保卫战，巩固非法采砂综合整治成果，常态化开展入河排污口排查整治，开展农业面源污染治理，加强涉固体废物及水体底泥等重金属污染整治。加快建设工业危险废物综合处置场、医疗废物集中处置中心，建成投用垃圾填埋场防渗系统，建设"无废城市"。推动产业绿色低碳转型，提升企业清洁生产水平，推进产业绿色化、绿色产业化，2024年新增市级绿色工厂3家，加快推进近零碳园区试点园区、绿色园区建设，规模以上工业企业单位增加值能耗下降4.5%以上。抓好重点领域减污降碳，构建清洁低碳安全高效能源体系，积极稳妥推进"双碳"任务。

2. 实施流域生态修复

严格落实河长制，加快涪江流域水环境综合治理PPP项目建设，筑牢上游生态屏障，推动琼江创建市级示范河流。对标全市幸福河湖"百千行动"，全面启动涪江潼南段幸福河湖建设，严格落实林长制，持续开展国土绿化行动，2024年建设"两岸青山·千里林带"0.7万亩，深入开展森林资源"四乱"整治，提升生态系统碳汇能力，创建国家森林城市。深入实施山水林田湖草系统修复工程，逐步提升生态系统多样性、稳定性、持续性。实施跨界流域污染治理、生态修复协同，推动"遂潼生态绿色一体化发展先行示范片区"试点建设。

3. 推动绿色低碳发展

持续推进传统产业逐步转型，推动传统产业"绿色化"、绿色产业"规模化"，大力实施制造业绿色低碳转型行动，鼓励引导企业运用先进技术及装备开展绿色化改造，深入推进绿色工厂、绿色园区建设。落实碳排放总量和强度"双控"制度，推进工业、建筑、交通等领域清洁低碳转型，促进碳排放权市场化交易。培育壮大装备制造、化工新材料、特色消费品、节能环保等主导产业，建设西部绿色原料药基地和静脉产业园，不断推行绿色生产生活方式，建设低碳发展示范城市。2024年新增市级绿色工厂3家，加快推进近零碳园区试点园区、绿色园区建设，规模以上工业企业单位增加值能耗下降4.5%以上。

（八）以民生福祉之"实"显社会发展之"效"

尽力办好民生工程，防范化解重大风险，切实增强人民幸福感获得感，加快建设重庆都市圈人文康养宜居区。

1. 均衡公共服务供给

深入推进国家学前教育普及普惠区创建，迁建古溪、塘坝幼儿园，确保学前三年毛入园率保持93%以上。加快实现义务教育学校建设标准化、城乡教育一体化、师资配备均衡化，义务教育巩固率保持99%以上。持续推进中小学"双减"工作。引进和扩大优质高等教育资源在潼发展，序时推进重庆电力高专二期项目建设。实施区疾控能力提升工程，建设卫生应急指挥中心，建设完善"区—镇—村"三级疾控网络体系。创新开展"拯救老屋"行动，开办潼南非遗文化连锁超市，加快建设区群众文化体育中心、潼南历史博物馆，改造一批镇村综合文化服务中心，不断丰富群众文化生活。

2. 兜牢基本民生底线

深化实施"渝创渝新""就创潼城""涪江工匠"三大工程，加强产业工人队伍建设，城镇调查失业率控制在5.5%以内。持续推进全面参保计划，落实困难群众基本生活保障扩围增效政策，将基本养老保险参保率巩固在97%以上。加快桂林中心养老院改扩建工程和失能人员养老及照护中心2个中央投资项目建设，新增1个市级示范性托育机构、2个市级老年友善医疗机构。健全高龄老人津贴制度，进一步推广助餐助浴服务，建立老年食堂补贴基金，推动镇街老年食堂全覆盖。

3. 稳妥有序化解风险

扎实做好保交楼、保民生、保稳定各项工作，强化政府兜底思维，落实属地责任。加强区属国有企业经营性债务管控，健全隐性债务问责闭环管理体系，坚决守住新增隐性债务的"红线"。坚定维护国家政权安全、制度安全、意识形态安全，做好民族宗教领域平安稳定工作。统筹推进潼南区应急救援力量建设，做好区级500万、镇街50万应急救援物资装备配备，推进林直Ⅱ型森林航空护林站建设，争取建设森林防火隔离工程70公里。优化完善"枫桥经验+社会治安防控体系"治理模式，常态化开展扫黑除恶，依法严惩各类违法犯罪活动。加快三级综治中心标准化建设，深入推进党建统领"双网共治"专项行动。

[潼南区发展和改革委员会　吴书涛　龙　旭　罗雅兰　蓝羞月]

之二十二：2023年荣昌区经济运行分析及2024年展望

2023年以来，国际地区环境复杂演变，国内改革发展稳定任务更趋艰巨繁重，荣昌区着力强化"稳进增效、除险清患、改革求变、惠民有感"工作导向，紧紧抓住成渝地区双城经济圈建设、西部陆海新通道建设和渝西地区一体化高质量发展等重大战略机遇，深入实施市委"一号工程"，努力推动高质量发展、创造高品质生活，推动落实稳经济一揽子政策措施，经济运行保持稳定恢复态势。

一、2023年荣昌区经济运行情况

（一）经济运行主要特点

1—9月，荣昌区完成地区生产总值619.74亿元，同比增长5.6%。第一产业增加值43.60亿元，同比增长4.3%，第二产业增加值338.68亿元，同比增长7.0%，第三产业增加值237.46亿元，同比增长4.1%。

1. 工业经济稳定增长

大力实施制造业高质量发展专项行动，加快推进新型工业化，优化构建"2335"先进制造业集群体系。1—9月，荣昌区规模以上工业总产值增长7.5%，工业投资增长12.5%，工业税收、工业用电、用气分别增长84.7%、22.5%、8.0%。预计全年规模以上工业总产值增长11%，规模以上工业增加值增长7.5%左右。新增市级"专精特新"企业37家，累计达到111家；新增国家级"小巨人"企业2家，累计达4家。建成市级特色产业示范园1个，市级特色产业基地4个，陶瓷产业获批重庆市中小企业特色产业集群，入选工业和信息化部消费品工业"三品"战略示范城市名单。荣昌高新区获批重庆市承接智能网联新能源汽车零部件产业转移示范园区。培育数字经济新动能。实施智能化改造项目58个，新认定数字化车间10个。发起成立成渝双圈数智农牧产业联盟，启动建设"农数谷"。数字经济核心产业增加值增长4.7%，现有数字经济企业54家。

2. 推动民营经济高质量发展

大力实施民营经济发展壮大专项行动，出台各类惠企政策措施25项，持续叫响做亮"123456"营商环境品牌。开展为企业"解难题、办实事"专项活动，圆满承办首届成渝地区双城经济圈民营经济高质量发展合作峰会，将每年11月1日所在周设立为"民营经济高质量发展活动周"。新增民营经营主体9000多户，总量达到7.4万户，民营经济税收占荣昌区税收总额的80%。

3. 固定资产投资加快增长

1—9月，荣昌区固定资产投资增长11.6%，在"赛马比拼"中位于A档。大力实施抓项目促投资专项行动，190个区级重点项目完成投资169.2亿元。安纳杰汽车、传化"公路港"（二期）等78个产业项目开工建设，37个项目竣工投产。区人民医院迁建、重庆城市管理职业学院荣昌校区等重点项目加快推进建设。争取专项债券资金22亿元。预计全年固定资产投资增长11%以上。

4. 消费市场加快恢复

1—9月，荣昌区实现社会消费品零售总额234.8亿元，同比增长5.6%。批发、零售业销售额、住宿、餐饮业营业额分别增长13.7%、9.9%、15.3%、10.7%。举办"五一"消费季、千年荣昌历史文化周等系列促消费活动，持续发放消费券，推动打造康宁商圈夜市等4个特色夜色街区。获批第二批中国（重庆）自由贸易试验区荣昌联动创新区。1—9月，网络零售额28亿元，同比增长8%，支持企业开展直播带货，销售血橙等农产品超10万公斤。文旅消费加快复苏，预计全年接待游客1446万人次，同比增长8.8%，旅游综合收入80亿元，同比增长19.7%。

5. 招商引资稳步推进

大力实施招商引资突破专项行动，开展产业链招商、资本招商、以商招商，强化市区联动招商。新签约市外项目67个、合同额542.7亿元。引进华派生物、小刀新能源、遂川电子等20亿元以上重大项目7个，200亿级项目1个。加快打造电子电路特色招商市区共建示范区。

6. 农业经济保持稳定

1—9月，第一产业增加值增长4.3%。粮油、蔬菜生产形势稳定，粮食产量29万吨，较上年增长2.4%。蔬菜和家禽产量分别增长3.0%、3.8%。生猪产能持续恢复，养殖行情逐渐趋好，价格涨势明显。1—9月，生猪出栏47.8万头，同比增长4.3%。"荣昌猪"全产业链入选农业农村部第一批农业高质量发展标准化示范项目创建名单，建成投产存栏2400头荣昌猪双河扩繁场、年出栏2.5万头荣昌猪育肥场。村集体经济实现经营性收入6500万元。

7. 成渝地区双城经济圈建设加快推进

深入实施市委"一号工程"，加快渝西地区一体化高质量发展，全面推进双城经济圈建设走深走实。推动产业协同创新发展。联合印发《内江荣昌现代农业高新技术产业示范区建设实施方案》，编制完成《荣昌隆昌产业合作示范园区产业发展规划》。双昌产业大道、电子电路产业园等4个川渝重大合作项目加快建设，双昌产业园智慧养猪场建成投用。推动交通设施互联互通。成渝高速扩能荣昌段、安荣合高速、永荣自高速、荣昌环线高速等项目前期工作加快推进，G348南迁广顺至安富段、G348安富至四川界段、S303城区至双河段、S546吴家至盘龙段等项目建设稳步推进。推动公共服务共建共享。深化川南渝西教育共同体建设，推进与成都中医药大学、华西二院、重庆中医药学院等合作办医。开展大清流河联合巡河，举办第二届川渝毗邻地区群众体育荟、双昌农业园中国农民丰收节。

8. 创新活力不断释放

坚持以科技创新支撑引领高质量发展，大力实施科技创新提质专项行动，推动产业链、创新链、资金链、人才链深度融合，加速科技成果转化和产业化。加快创新平台建设。以国家畜牧科技城为统揽，加快建设国家级生猪大数据中心、国家生猪技术创新中心，聚力打造双城经济圈科创中心、高新技术产业研究院、火炬云创、重牧硅谷"四大创新平台"。加速推进国家级（荣昌）生猪区域性种业创新基地建设。成功举办第十届中国畜牧科技论坛。加快创新主体培育，预计2023年底国家高新技术企业累计达到200家，新增市级科技型企业239家，达到1512家。新发放知识价值信用贷款1.3亿元。

9. 民生福祉持续改善

聚焦民生诉求办好10件重点民生实事，民生支出占财政支出比例稳定在80%以上。教育品质提升工程、"一老一小"保障工程、反诈专项行动、城镇老旧小区改造、农村人居环境提质、数字惠民等民生实事有序推进。区中医院新院区、区疾控中心迁建项目建成投用，区人民医院创三甲加快推进，重庆城市管理职业学院荣昌校区加快建设。举办"千年荣昌·历史文化周"、成渝双城铁人三项赛等重大活动，荣昌历史文化展览馆、邓在军电视艺术馆落成开馆，加快建设中国非遗旅游名城。

（二）经济运行中存在的主要问题

一是经济下行压力较大，实体经济仍面临较大困难。工业方面，规模以上工业企业关停较多，新增规模以上企业少，拉动力不足。企业生产成本增加，工业用气、用电价格均比2022年同期上涨，用工成本增加、原材料价格波动、订单减少，企业利润较2022年同期下降。消费市场处于弱复苏通道，受房地产市场低迷和传统汽车向新能源汽车转型等因素影响，限额以上建材、家电、燃油车等零售企业业绩下滑，房地产投资、商品房销售面积下降。二是项目投资预期下降。工业投资高增速低占比，影响投资增长。群众购房需求逐渐饱和，企业拿地动力不足，房地产投资下降。受全国地方政府债务化解、政府与社会资本合作（PPP）模式清理整顿、政府投资项目管控等政策因素影响，政府投资项目投资体量已在逐步紧缩，增速可能进一步放缓。三是财政收支平衡压力大。部分重点行业税收下行趋势尚未根本扭转，经济恢复基础尚不牢固，财政增收难度增大，刚性支出不断增加，可支配财力严重不足，财政从"紧平衡"变为"难平衡"的趋势越显突出。四是城市建设、乡村振兴、社会民生等领域仍存在不少短板弱项，基础设施有欠账，与高品质生活需求有差距，教育、医疗、养老、老旧小区改造等民生保障工作仍需加强。

二、2024年荣昌区经济运行环境分析

从重庆市和荣昌区自身看，重庆深入贯彻落实国家重大发展战略，加快推动成渝地区双城经济圈、西部陆海新通道建设，持续深耕科技创新、先进制造、现代服务、民营经济等领域发展，强化政策"工具箱"和"组合拳"落地见效，经济活力不断释放。荣昌作为主城都市区"桥头堡"城市，作为新型城镇化、新型工业化的主战场，在重庆西拓、成都东进"相向发展"中面临重大战略利好、政策利好。近年来，荣昌坚定不移抓工业，工业发展成效明显。成渝地区双城经济圈建设、川南渝西融合发展试验区、渝西地区一体化高质量发展、国家畜牧科技城等重大战略持续推进实施，市级给予了荣昌区更多更有力的支持和指导，荣昌的发展前景必将更加广阔。

三、2024年荣昌区经济运行趋势展望及主要指标预测

（一）经济运行趋势展望

2024年，荣昌区国家高新区建设持续发力，国家畜牧科技城、国家生猪技术创新中心、川南渝西融合发展试验区、国家城乡融合发展试验区加快建设，一批招商引资项目将逐步落地转化，一批重大项目和民生实事将逐步实施，实体经济的发展、市场化法治化国际化营商环境逐渐形成，高质量经营主体持续增长，这些都将为经济增长注入强劲动力。

（二）主要指标预测

初步预计，2024年荣昌区地区生产总值增长7%左右。规模以上工业增加值增长7%左右，固定资产投资增长11%，社会消费品零售总额增长6%左右。

四、措施建议

坚持以习近平新时代中国特色社会主义思想为指导，全面贯彻落实党的二十大精神和党中央、国务

院关于做好经济工作的决策部署，坚持稳中求进工作总基调，完整、准确、全面贯彻新发展理念，积极服务和融入新发展格局，着力推动高质量发展，更好统筹发展和安全，持续提振信心，持续扩大内需。发扬"拼尽全力、抢抓机遇、真抓实干"的状态和干劲，推动落实一系列稳经济政策措施，围绕年度计划任务，进一步挖掘增长潜力，拓展发展空间，全力推动经济平稳健康发展。

（一）加快推动产业转型升级

加快建设现代产业体系，坚持工业立区、工业兴区、工业强区不动摇，全力打造"2335"先进制造业集群体系，坚持高端化、绿色化、智能化方向，一手抓传统产业转型升级，一手抓战略性新兴产业发展壮大。推动制造业高质量发展。发展壮大新能源汽车零部件及智能制造、食品及农产品加工支柱产业，做强电子信息、生物医药、新材料、陶瓷、服饰等特色优势产业，加大承接产业转移力度，大力发展关联产业和配套产业，加快推进重庆电子电路产业园、重庆休闲食品产业园等5个市级特色产业园建设。建立"专精特新"企业培育库，力争新增规模以上工业企业20家、"专精特新"企业10家。推动规模以上工业增加值增长8%，工业投资增长12%以上，战略性新兴产业产值占比达23%以上。建好农牧特色国家高新区，加速百强国家高新区建设，新开工工业项目100个以上，建成投产工业项目50个以上。加快发展现代服务业。大力引进培育研发设计、检验检测、数字经济、电子商务等服务机构，加快推进公用型保税仓、川南渝西综合物流园、传化"公路港"等重点项目建设，加大A级物流企业培育力度。大力发展数字经济。推进产业数字化、数字产业化，加快制造业数字化转型。推动"5G+工业互联网"试点示范，实施智能化改造项目50个，新增数字化车间和智能工厂3个。

（二）突出抓好项目建设，增强经济发展后劲

抢抓转型窗口期、政策机遇期，加强项目策划包装调度，创新实施TOD、EOD等各类片区综合开发投资模式。推动荣昌龙湖天街、区人民医院新院区、重庆城市管理职业学院荣昌校区等项目加快形成更多实物量。强力推进工业项目建设，做到快签约、快落地、早开工、早投产。着重围绕发展先进制造业集群、新型城镇化、新基建、交通水利等"两新一重"项目以及公共服务领域项目等，编制2024年度重点项目清单，全年实施重点项目150个以上，推动2024年固定资产投资增长11%。深化投融资领域改革。强化新机制下政府与社会资本合作（PPP）模式的项目包装策划，鼓励和引导社会资本、民营资本投资参与交通、水利、能源、环保等领域项目建设，特别是在高新区科创中心片区、东湖片区综合开发、黄金坡新区运营、农业数字经济谷等综合项目上，合理规划项目，科学有序推进，充分运用片区开发、PPP等多种模式推动项目实施。

（三）推动招商引资攻坚

坚持产业链招商、专业招商、精准招商，着力招大引强、补链延链、聚链成群。新签约市外项目合同额500亿元以上，力争在50亿级以上项目、上市公司、链主企业等方面实现重大突破。围绕打造全市智能网联新能源汽车零部件产业发展"顶梁柱"，深化市区协同招商示范基地建设。

（四）持续强化科技创新引领

抓创新平台建设。加快国家畜牧科技城、国家生猪技术创新中心、国家级生猪大数据中心等重大平台建设，建好"火炬云创""重牧硅谷"等重要科技孵化载体。大力发展研究院经济，鼓励支持名院名所名企创办联合研发中心，加快高新技术产业研究院建设。抓创新主体培育。实施科技型企业成长工程，推进高新技术企业和科技型企业"双倍增"，引导支持规模以上企业建立研发机构、开展研发活动、增加研发投入。力争国家高新技术企业达到230家，市级科技型企业达到1750家。新增创新平台15个，研发

投入强度在 2.2% 以上。

（五）大力推动成渝地区双城经济圈建设

加快推动平台共建。高质量推进内荣农高区、川南渝西融合发展试验区建设，积极探索经济区与行政区适度分离改革。主动对接川南渝西融合发展试验区发展规划编制，争取更多项目纳入。做实荣昌隆昌"双昌"产业合作示范园，创新走出全面融合、高效协同的区域协调发展新路子。加快推动产业共兴。提速双昌产业大道、电子电路产业园、国家级生猪大数据中心、双昌农业产业合作园 4 个川渝重大合作项目建设。加快实施渝西地区智能网联新能源汽车零部件产业发展倍增行动。加快推动交通互联。开工建设成渝高速扩能、荣昌环线高速，G348 南迁广顺至安富段建成通车。积极争取铁路二环线、市郊铁路 C4 线（永川—荣昌段）等项目规划建设。加快推动公共服务共享。争创首批成渝地区城乡义务教育一体化发展试验区，深化与成都中医药大学、重庆中医药学院合作，建立生态环境执法联防联控工作机制和信息数据共享机制。

（六）全力打造一流发展环境

持续优化营商环境，落实《优化营商环境条例》，深化政务服务改革，推动更深层次、更大力度简政放权，推进"一窗综办""一网通办"和"互联网+政务服务"，全面做亮"123456"营商环境品牌。依法保护经营主体合法权益，促进民营经济发展壮大，全年新增经营主体 8000 户以上。严格落实好减税降费各项政策，进一步降低企业用能、物流、融资、管理等成本。主动服务、靠前服务、精准服务，加快构建"亲""清"新型政商关系。

（七）切实抓好民生保障和改善

聚焦民生诉求办好一批重点民生实事，统筹推进城市提升和乡村振兴，大力发展教育文化、医疗卫生、养老育幼等民生事业，全力抓好污染防治、兜底保障、安全生产等各项工作，全力营造安全稳定社会环境。

[荣昌区发展和改革委员会　陈　荣]

之二十三：2023年万盛经济技术开发区经济运行分析及2024年展望

一、2023年万盛经济技术开发区经济运行分析

2023年，万盛经济技术开发区（以下简称"万盛经开区"）深入贯彻习近平总书记重要讲话和重要指示批示精神，全面贯彻党的二十大精神，坚决服从服务国家重大战略布局，突出"稳进增效、除险清患、改革求变、惠民有感"工作导向，以超常规工作举措应对超预期挑战并取得明显成效。前三季度，实现GDP183.72亿元，同比增长6.8%。

（一）从生产端看，产业发展综合实力稳步提升

1. 工业发展走在前列

聚焦全市"33618"现代制造业集群体系，扎实开展万盛制造业高质量发展三年攻坚行动，规模以上工业增加值增长12.3%，"1+3"主导产业产值贡献率达84.8%。大力实施以大数据智能化为引领的创新驱动发展战略行动计划，不断增强企业发展活力，规模以上工业企业利润总额增长140.5%。

2. 服务业稳步恢复

持续压实责任、创新举措、补短强弱，建立实施其他服务业"1+2+9+N"工作机制，推动服务业增加值增长2.8%，连续2个季度回升。社会消费品零售总额增长4.9%，商品房销售面积增长13.4%，金融机构存贷款余额增长10.3%。

3. 农业生产保持稳定

加快农业农村现代化步伐，积极推动农旅融合，持续拓宽农民增收渠道，农业增加值增长4.7%，实现乡村旅游营业收入31.65亿元，同比增长10.93%，农村集体经济经营性收入10万元、5万元以上的村占75%。

（二）从需求端看，拉动经济增长的动能稳步提升

1. 项目加快建设

创新实施重点建设项目晾晒比拼工作机制，突出重点项目"三张清单"管理，提速建设重点项目。兼顾财政可承受、项目有价值，持续更新项目储备库，现有项目600余个，投资2300亿元，系统谋划2024年重点项目100余个，投资超100亿元。

2. 投资释放潜力

启动抓项目促投资"百日攻坚"行动，固定资产投资增长10.5%。召开万盛经开区制造业与民营经济高质量发展暨科技创新和人才工作大会，激发提振企业发展信心，民间投资增速持续收窄。全力推动一批涉及民生保障、产业平台的项目，政府投资增长12.6%。

3. 消费持续恢复

成功创建重庆自贸区万盛经开区联动创新区，开展"悦动盛城·乐享消费"、电商直播等促销活动，带动消费 2600 万元。中国旅游景区协会第七届景区创新发展大会、2023 新能源产业链磁性材料应用高峰论坛在万盛召开。成功举办第二十三届苗族踩山会、巴蜀非遗英雄会、全国"四季村晚"夏季示范展示等文旅活动 30 余场，接待游客 2423.9 万人次，实现旅游综合收入 192.79 亿元。

（三）从收入端看，支撑高质量发展的基础稳步提升

1. 财政收入总体平稳

防范化解经济领域风险取得阶段性成效，财政运行基本平稳，政府性债务化解成效稳步提升。前三季度，一般公共预算收入增长 75.3%，税收收入增长 124.9%，均居全市前列。

2. 融资渠道不断拓宽

编制《万盛投融资多元化改革工作方案》，加快构建渠道多元、权责清晰、长期稳定的投融资体系。加快推进"三资"清理，全面摸清资产资源情况，分类提出盘活建议，预计盘活金额超过 150 亿元。

3. 金融贷款规模扩大

帮助企业纾困解难，促进与金融机构对接，增强企业造血功能，新增风险补偿基金支持企业 15 家，放贷 1695 万元，前三季度金融机构人民币贷款余额增长 12.77%。

4. 争上招引稳中提质

争取上级资金 24.11 亿元，其中中央预算内资金超过 4 亿元。狠抓补链成群、衍链成圈、迭代升级，签约招商引资项目 32 个，协议引资 507.5 亿元。

（四）从开放端看，改革发展的活力稳步提升

1. 改革事项稳步推进

加快推进园区改革，明确"115"工作思路，提升园区运行质效。持续推进国企改革，用好政企协同机制，推动国企经营性收入增长 152%。建成投用国资国企大数据监管及市场化转型发展服务平台，进一步提升监管智能化水平。加快信用体系建设，推动信息数据在公共信用信息平台全面归集。

2. 营商环境不断优化

扎实开展营商环境攻坚突破年行动，项目攻坚、政务服务攻坚等"六大专项行动"取得阶段性成效，"一把手走流程"活动推动流程再造、制度优化、服务提升，涉企问题闭环处理机制不断完善，跨部门联合执法成功试点。

3. 区域合作持续深化

坚持以市委"一号工程"为引领，稳步实施推动成渝地区双城经济圈建设"十项行动"。加快融入川南渝西融合发展，共建川南渝西融合发展试验区。推动"一区两群"对口协同开州走深走实，完成两地高层互访，"产业合作库"入库企业超 200 余家，合作项目到位资金 1.9 亿元。

（五）从社会端看，民生保障能力稳步提升

1. 就业形势保持稳定

强化就业优先政策，打造"互联网+市场"公共就业服务模式，提供就业岗位 8730 个次，开展职业技能培训 1253 人次，发放各类奖补资金 4250 余万元，全体居民人均可支配收入增长 4.3%。

2. 民生实事打表推进

从万盛经开区人民最关心、最直接、最现实的利益问题入手，稳步推进20件重点民生实事，涵盖教育、养老、交通、住房保障等领域。

3. 经营主体加速回补

深入落实各类助企纾困政策措施，减免各类税费4.1亿元，新增经营主体2280家。扎实开展"四上"企业培育攻坚行动，配套出台支持"四上"企业发展政策措施，兑现奖补资金300余万元，培育"四上"经营主体40家。

二、2024年万盛经济技术开发区经济运行环境及因素分析

（一）经济活力不断释放

随着全国金融工作会、中央经济工作会等重点会议的召开，一系列促经济的政策措施将密集出台，万盛将持续深耕科技创新、先进制造、现代服务、民营经济等领域发展，强化政策"工具箱"和"组合拳"落地见效。

（二）发展机遇不断叠加

西部陆海新通道、成渝地区双城经济圈建设等众多国家战略和全市推动主城都市区建设、"一区两群"协调发展、綦江—万盛协同发展等深度叠加，为万盛带来更多的投资和发展机遇。

（三）发展基础持续夯实

万盛首口页岩气试获日产页岩气53万立方米，重庆电厂环保迁建项目全面投产，天星水库顺利开工，关赶铁路通车运行，内陆无水港低碳产业园刷新了产业平台项目建设"万盛速度"，一批重大项目纳入市级重大项目名单予以统筹推进，包装策划5个投融资项目包，深受社会投资人青睐、初步达成投资意向。

（四）发展成效逐步显现

一批重大事项、重大项目压茬推进，地区生产总值增速排位连续突破历史最好成绩，工业经济保持全市领先地位，转型经验在国家级会议上交流发言，"全域旅游·活力万盛"品牌走出国门，能源保障基地建设取得突破性进展，农业农村现代化建设斩获多项荣誉，万盛经开区上下干事创业氛围更浓、精气神更足，必将汇聚起推动高质量发展的磅礴力量，推动万盛高质量发展道路越走越宽广。

三、2024年万盛经济技术开发区经济趋势展望及主要指标预测

展望2024年，发展积极因素不断积聚，万盛经开区经济将延续恢复发展势头。在全面分析当前经济形势，对比全市及毗邻地区发展趋势，结合万盛发展实际和可行性，充分考虑年度衔接的基础上，预计地区生产总值能实现"全年增速高于全市平均水平"的目标。

四、万盛经济技术开发区下一步工作计划

（一）以动能增动力，保持经济增长态势

1. 持续扩大有效投资

及时关注国家部委近期出台的政策措施，紧密对接、提前谋划、主动承接。强化专人、专业、专案

招商，坚持项目为王、"亩产论英雄"，提升招商项目开工率、资金到位额和投资转化率。加大财政资源统筹力度，提速"三资"清理，加快赋能国企，力促有效投资稳定增长。

2. 着力释放消费需求

落实好恢复和扩大消费政策措施，培育一批富有万盛元素、特色鲜明的活动品牌和消费热点，用好微万盛、菜天下等电商平台，丰富服务类型，充分发挥平台对消费带动作用。抢抓年关消费旺季，瞄准居民个性化、多元化消费需求，增加优质消费供给。

3. 大干快上重点项目

动态更新万盛经开区"531"项目储备库，科学谋划2024年重点建设项目和政府性投资项目，全力争取国家和市级政策、资金支持。持续抓项目促投资，建立常态化要素保障机制，强化"一站式"服务，让企业少跑腿、项目快建设。

（二）以特色见特效，不断提升产业能级

1. 提级加力创新驱动

全力创建市级高新区，布局建设一批高能级的研发平台、创新服务平台、研发中心，推动创新链、产业链、资金链、人才链深度融合。实施高新技术企业和科技型企业"双倍增"行动计划，不断强化科技引领作用。加快新型智慧城市建设，以大数据智能化提升城市公共服务水平。

2. 提速聚集优势产业

结合园区改革，开展"腾笼换鸟"行动，提升园区亩均产值。强力推进制造业高质量发展三年攻坚行动，依托福耀玻璃、冠宇电池等行业龙头企业，培育打造多个百亿级全产业链条。加快市级新能源（储能）特色产业基地、市级智能网联新能源汽车特色产业园、循环经济产业园要素集聚，促进产业集群发展。

3. 提质增效经营主体

延续、优化、完善并落实好减税降费政策，助力企业降本增效、扩产承压。用好其他服务业"1+2+9+N"工作机制，扎实开展"四上"企业培育攻坚行动。支持企业加大技术改造力度，强化上下游衔接关联，推动企业提升发展质量效益和竞争力。

（三）以先行争先进，迸发改革开放活力

1. 纵深推进重点改革

持续提升国企改革效能，增加国企造血功能，助力"国企脱困"。稳慎开展财税体制改革，打好化存控增、增收节支、盘活资产组合拳，努力推动"财政脱红"。持续深化投融资体制改革，多路径、多组合筹集资金保障项目建设。深化推进园区改革、"亩均论英雄"改革，在数字化改革、城镇化建设等方面积极探索，形成更多具有万盛辨识度的标志性成果。

2. 提升对外开放水平

深度融入成渝地区双城经济圈建设，积极参与川南渝西融合发展示范区等市级合作平台建设，推动相关战略合作协议取得新成效。加速推动全市"一区两群"协调发展，努力承接中心城区功能外溢和产业转移，加快重庆（万盛）内陆无水港建设，更好释放主城都市区南向支点城市作用。建好中国（重庆）自贸区万盛联动创新区，促进产业集聚、人口吸附、城市功能提升。

3. 全面优化营商环境

构建"高效率"政务服务体系、"快推进"项目服务体系、"低成本"要素保障体系、"强有力"专项整治力度、"系统化"法治保障体系,为优化营商环境"加码"。聚焦提信心、催欠账、优环境等民营企业当下亟须解决的问题,常态化开展"三服务",营造"亲""清"政商关系。做好信用信息归集,加强信用信息应用,营造良好信用环境。提升行政审批效率,加强市场准入规范管理,创新和完善信用监管,增强市场监管的精准性和靶向性。

(四)以民生聚民心,全面增进人民福祉

1. 推动城乡融合发展

加大文体、卫生、市政等公共服务配套设施建设,推进城市棚户区、老旧小区改造,推动"产、城、景"融合发展。深入实施乡村建设行动,做好巩固拓展脱贫攻坚成果同乡村振兴有效衔接,打造共同富裕乡村振兴样板。统筹开展城乡融合示范试点,推动全国休闲农业和乡村旅游示范区、全国农村人居环境整治激励区建设,构建城乡融合基础设施一体化、公共服务均等化格局。

2. 优化公共服务

加强就业创业指导服务,加强用工推介,多措并举促进居民就业创业。扩大保障性租赁住房供给,解决好新市民、青年人等群体住房难题。持续优化教育、医疗、养老等公共服务,积极创建"三甲"医院。全力办好20件群众可期可感的重点民生实事,提升群众幸福感、获得感。

3. 着力防控风险

加强财政预算管理,坚决遏制隐性债务增长,全力化解存量债务,守住经济金融领域风险防范底线。持续打好污染防治攻坚战,统筹推进"碳达峰、碳中和",守好生态环境底线。严格履行粮食安全监管责任,切实保障能源安全,落实安全生产隐患排查整治,坚决防范各类安全事故发生,守好社会和谐底线。

[万盛经济技术开发区发展改革局　刘小东　彭　越　马春雪　李正琴]

区域卷
渝东北三峡库区城镇群篇

之一：2023年渝东北三峡库区城镇群经济运行分析及2024年展望

2023年以来，面对复杂严峻的国内外经济环境，渝东北三峡库区城镇群（以下简称"渝东北城镇群"）坚持共抓大保护、不搞大开发，坚持生态优先、绿色发展，统筹推进生态环境保护和经济社会发展，深度融入成渝地区双城经济圈建设和长江经济带高质量发展，企稳回升基础不断筑牢、经济运行总体保持稳定恢复，预计全年地区生产总值增长6.3%。

一、2023年渝东北三峡库区城镇群总体情况

（一）总体情况

2023年以来，渝东北城镇群加快培育壮大绿色产业，增强经济发展内生动力，发展质量稳步提升，发展态势日趋向好，经济保持稳健增长。1—9月，完成地区生产总值3885.5亿元，占全市比重的17.5%，同比增长5.6%，高出主城都市区0.1个百分点，与全市增长水平持平。分区县来看，忠县、万州、垫江分别以6.6%、6.5%、6.4%的增速居渝东北城镇群前三位。

（二）主要特点

1. 工业经济恢复较快

各区县抓项目拼经济促投产，"赛马比拼"交出工业生产高分报表。1—9月，渝东北城镇群第二产业增加值达到1460.4亿元，同比增长6.8%，高于全市0.7个百分点。一是规模以上工业增长强劲。"三峡制造"品牌效应初显，万州、垫江工业增长居渝东北前2位。1—9月，万州规模以上工业增加值增长25.8%，连续9个月居全市第一。垫江医药制造、汽车制造实现48.2%、27.5%的高速增长。巫山规模以上工业企业利润增长353.9%，居全市第1位。二是工业投资快速增长。在工业技改、产业投资、项目招商带动下，渝东北城镇群工业投资增长态势良好，同比增长21.3%，高于全市9.1个百分点。其中，梁平、城口增长63.3%、76.9%，居渝东北前2位。巫山制造业、忠县通用设备和废弃资源综合利用等产业投资增长300%以上。开州工业技改投资以256.1%的增速居全市第1位。产业项目招商落地放量增长，万州万博特铝、万州鲁渝协作中药材（柑橘）加工产业园、中储粮重庆万州直属库建仓项目、垫江新能源光伏玻璃、康赛特高端阀门、PET新材料加工等项目签约落地开工建设。

2. 特色农业蓬勃发展

各地聚焦"一主两辅"加快特色农业提质增效，1—9月，渝东北城镇群第一产业增加值达470.37亿元，占全市比重的32.9%，同比增长4.1%。一是粮食生产高质高效。高标准农田建设和耕种收机械化改造加快推进，粮食综合生产力稳步提高。丰都推进"物联网+高标准农田建设"项目，新建成数字化高标准农田3万亩。垫江加快打造农产品主产功能区，建成油菜生产及制种基地3万亩。梁平加强农业生产机械化建设，全区水稻耕种收综合机械化率达到90.56%，居全市第1位。开州农业产业化、机械化程度大幅提升，水稻机播面积同比增加80%。二是农业集群化规模持续壮大。现代农业集聚平台更加丰富，奉

节成功创建国家现代农业产业园、梁平成功创建国家农业科技园区，"万达开"川渝统筹发展"巴蜀粮仓"全产业链绿色粮油示范区等加快建设。三峡柑橘、巫山脆李、中药材等产业带初具规模，脆李种植面积近100万亩，柑橘、中药材种植面积分别达到218.6万亩和183.6万亩，中药材加工、预制菜等产业集群规模达100亿级。三是农业品牌示范效应初步显现。打造形成"三峡柑橘""巫山脆李"等区域公用品牌。丰都"丰都牛肉"成为全国农业区域公用品牌，"乡姑榨菜"获国家金质农产品奖项。梁平发布全国首批陆海优品"中华老字号"产品19个，位居2023预制菜产业基地百强榜首。"奉节脐橙"品牌价值位居全国橙类品牌第一方阵，"巫山脆李"品牌估值4年蝉联全国李品类第一，开州春橙、云阳红橙品牌价值均达20亿元以上，忠县派森百橙汁跻身全国水果类TOP10龙头品牌。

3. 现代服务业加快复苏

各区县抓消费、活市场，推动消费潜力加速释放，1—9月，渝东北城镇群第三产业增加值达1954.73亿元，同比增长5.2%，规模以上服务业企业营业收入同比增长14.52%，高于全市7.41个百分点。一是商贸业逐步提振恢复。消费市场持续复苏，1—9月，渝东北城镇群社会消费品零售总额达2113.39亿元，同比增长7.6%，高于全市0.2个百分点，零售、批发、住宿、餐饮业营业额分别实现11.2%、7.8%、13.8%、11.4%的增速。其中，万州、垫江、开州、云阳、巫山等地批发业销售额增长15%以上，住宿业、餐饮业营业额增长10%以上。二是文旅消费持续复苏。五一、十一黄金周期间，渝东北城镇群主要景区接待游客大幅增长，奉节白帝城·瞿塘峡、巫山小三峡等景区接待游客均超10万人次，同比增长50%以上。乡村文旅蓬勃兴起，"人文牌""生态牌""乡村牌"等众多新业态、新IP带动乡村旅游"火"起来。三是生产性服务业加快发展。现代金融发展较快，1—9月，渝东北城镇群金融业存贷款余额同比分别增长10.3%和8.2%。开州拓展支农支小、碳减排、科技创新等政策性开发性金融工具为实体企业引"活水"，2023年以来支农贷款额增长20%以上。万州建立转型金融项目库和企业碳账户平台，在能源、化工、船舶运输等领域制定形成一批区级转型金融标准。现代物流业蓬勃发展，"达万""蓉万"等物流通道常态化运行，万州经西部陆海新通道的货运量、货运值均同比增长300%以上。

4. 基础设施大幅改善

各区县加快畅通经济循环基础支撑，基础设施保障能力和互联互通水平稳步提升，产业载体进一步夯实。一是交通物流设施持续完善。成达万高铁、渝西高铁、万达直线高速、开城高速、巫云开高速公路等标志性工程加快建设，万州机场T2航站楼、开州港标准化岸电等工程建成投用。万州新田港二期工程完成进度超过80%，新田港铁路集疏运中心建成投运并实现首单"铁水联运"作业。二是保障性设施及公共服务设施加快建设。水利、能源、重大公共服务设施不断完善，云阳青杉水库电站建成并网发电，云奉巫天然气管道复线项目基本建成，库区腹地告别"有气无力"的日子。三峡文化艺术中心、三峡移民纪念馆二期等区域性优质公共服务项目加快建设。三是产业基础设施逐步完善。万达开智能制造示范区开州智慧园区5G融合创新运用项目完成进度的70%。开州浦里新区成功创建市级高新区、电商产业园建成投用。梁平西部陆海新通道预制菜集散中心揭牌成立。万州综保区（二期）加快建设，中储粮粮食仓储物流项目建成投用。

5. 绿色本底更加厚实

加强生态共建共管，绿色生态本底进一步夯实。一是加大生态保护力度。各区县加强长江干支流水体保护，严格落实长江"十年禁渔"，三峡水库干流监测断面水质持续保持为优。生物多样性持续发展，阴条岭国家级自然保护区发现"三峡白前""巫溪马铃苣苔"2个植物新种，长江支流小江回水区鱼类产卵规模持续增长。巫溪、开州等共同签订《渝东北六区县环境执法暨应急处置联防联控合作协议》，以法

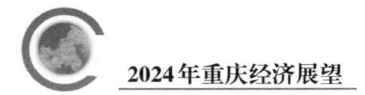

治化保护生态环境合力进一步增强。二是绿色发展亮点纷呈。万州培育形成生态环保服务重点企业35家，总营收超12亿元，规模以上高能耗工业企业占比下降0.05个百分点。梁平累计建成400余个典型小微湿地，"小微湿地+"成为全国湿地生态保护样板。云阳将33公里消落带建成环湖绿道旅游景区，入选全市首批生态产品价值实现典型案例。城口扎实推进30.8公顷矿山修复治理，已完成超出年度修复治理任务的300%。奉节成功举办第二届川渝气候经济发展大会，深化气候生态品牌建设与利用。

二、需关注的主要问题

（一）市场活力有待进一步提升

受宏观经济恢复较慢、需求不旺、预期减弱等因素影响，渝东北城镇群对外开放、科技创新、民营经济发展活力持续不足，居民收入增长放缓也将制约消费市场进一步复苏。一是对外开放和科技创新仍较滞后。目前，渝东北城镇群正式开放口岸仅1个，货运铁路、铁路专用线等通道建设滞后，仅有万州新田港1条进港铁路，联运功能较弱，外贸进出口额不足全市的1%。科技创新能力不足，11个区县全社会研发投入强度尚未达到1%，远低于全国、全市投入强度。二是部分企业尤其是民营中小企业生产经营困难增多。2023年初针对中小企业助企纾困政策效果的网上问卷调查显示，2022年以来，超70%的中小企业生产经营收入、利润出现不同程度下滑。小微企业、个体工商户收入下滑现象更加普遍，超40%的微企、个体户收入下滑一半以上，企业生产经营状况的改善尚需时日，经济提振措施有待巩固加强。三是居民收入增长放缓导致消费能力和消费信心不足。1—9月，渝东北城镇群各区县居民人均可支配收入增速较上年同期下滑3个百分点以上。购房意愿不足，1—9月，渝东北城镇群房地产开发投资同比下降10.5%，商品房销售面积同比下降15.4%，家居建材等关联性商品消费乏力。文旅消费以观光游、过境游为主，虽然接待游客数量恢复到疫情前水平，但文旅消费创收、创税不足。1—9月，渝东北城镇群零售、批发、住宿、餐饮业营业额增长率分别低于全市1.5个、0.6个、2.5个和0.2个百分点。

（二）特色产业链群发展缓慢

受交通区位条件、自然资源禀赋等因素制约，各区县工业规模小、链条短，多数为加工型中小企业，集群化发展不足、产业竞争力不强等问题仍较突出。一是特色优势产业培育不足。渝东北城镇群绝大部分工业单体产业产值不足50亿元。链主企业和龙头企业严重缺乏，年营收超20亿元的龙头企业仅8家，约40%的工业企业年营收不足1亿元，产业带动能力弱。农产品加工发展缓慢，国家现代农业园区仅3个，农产品加工业产值与农业总产值比值仅0.61∶1，远低于渝西地区的2.15∶1。文旅产业亟待壮大，仅奉节、丰都旅游综合收入超百亿元。二是区位条件改善不够。东西向公铁水通道分布大多集中在沿长江一线，南北向铁路通道、高速公路通道严重缺乏，城口、巫溪、忠县等区县尚未通铁路。受三峡船闸常态化拥堵、通过能力不足、普通船舶平均待闸时间超200小时的影响，库区黄金水道水运综合优势被削弱。三是生产物流成本相对较高。电力、天然气成本较高，工商业电价平均分别比四川、陕西、贵州高出11.7%、19%、11.4%。部分区县管道燃气覆盖不足，天然气供应价格高于毗邻的四川区县。用地成本较高，城镇产业适宜连片建设的用地少，工业项目供地批地难与闲置低效用地并存现象普遍存在。物流运输成本较高，综合运输成本高出全国平均水平0.19元/吨公里。

（三）资源价值挖掘转化不足

渝东北城镇群拥有的独特生态、能源、产业资源优势尚未形成有效的价值转化能力。一是能源矿产资源开发利用不足。贫煤、无油特征突出，水能、风能、太阳能等清洁能源开发不足，整体仍是能源净输入地。工矿资源开发不足，秀山锰矿、城口钡矿等开采水平不高、转化能力不足，环境约束较大。二是农业农村资源开发利用不足。农产品"种出来就卖、养大后就销"，脐橙、脆李等农产品以销售初级产品、鲜果为主，缺乏带动性强的农产品加工龙头企业布局，价值提升环节普遍缺乏。中药材、榨菜、蔬果等特色产品缺乏统一标准，质量参差不齐、品牌效应不明显。乡村休闲、旅游康养等新兴业态培育不足，特别是农村土地、房屋、宅基地闲置严重、利用率普遍较低。

三、2024年经济运行环境及展望

（一）国际国内环境分析

国内外宏观经济环境复杂严峻，全球安全和经济发展预期不确定性加大。国际方面，全球地缘政治紧张加剧，全球化、碎片化导致产业链供应链割裂的风险增加，俄乌冲突持续，巴以冲突、印巴冲突再起，日本福岛核污水排海影响扩大，全球投资、贸易受到极大阻碍。全球经济仍处于相对紧缩状态，增长格局更加不平衡，美国、欧盟等主要发达经济体通胀高企，多数新兴经济体仍受外需不足、全球流动性趋紧、贸易投资流动减弱、债务高企等制约，经济发展困难增加，资本外流压力加大。极端气候风险、资源民族主义以及俄罗斯退出黑海粮食出口协议等因素，导致国际农产品价格区间抬升，大宗商品以及资产价格的宽幅波动。外部环境的严峻以及全球贸易保护主义风潮持续对我国出口造成不小压力，尤其是对处在西部地区的渝东北城镇群招商引资、对外开放形成较大挑战。国内方面，我国加快中国式现代化建设，在复杂严峻的外部环境中不断寻求突破，把握发展主动权，各地深入贯彻党的二十大精神，稳步推进各项政策叠加发力，经济复苏长期向好，经济韧性将进一步增强。国家进一步推动长江经济带高质量发展，支持都市圈、城市群建设，支持特殊困难地区发展，加强横向产业协同布局，将为渝东北城镇群加强与长江中游地区、长三角发达地区对接合作、大力承接产业转移提供良好条件。与此同时，中央精准有力实施宏观调控，加强逆周期调节和政策储备，实施积极财政政策和稳健的货币政策，延续优化完善落实好减税降费政策，大力支持科技创新、实体经济和中小微企业发展，把恢复和扩大消费摆在优先位置，持续加大地产政策宽松力度、活跃资本市场，将为渝东北城镇群加快发展民营经济、培育内生动力提供新的契机。此外，我国正推进建设更高水平开放型经济新体制，加快建设全国统一大市场，对标高标准国际经贸规则推进贸易自由化、便利化，大力发展跨境电商、数字贸易等新业态新模式，全面取消制造业领域外资准入限制措施，加之高铁、三峡新通道等重大基础设施项目加快建设布局，有助于渝东北城镇群更好发挥长江黄金水道优势，更好融入"一带一路"、西部陆海新通道沿线国家和地区产业链供应链，实现更多优势产品"走出去"。

（二）市内及渝东北城镇群环境分析

随着重庆市深入贯彻党的二十大精神，全面落实市委六届二次全会、三次全会精神，聚焦成渝地区双城经济圈、西部陆海新通道建设，落实"十项行动"，着力促消费、扩内需、抓项目、稳投资、畅循环、增动能，高质量发展要求将落实到经济社会发展各层面和全过程，现代化新重庆建设将展现新面貌。其中，全方位推进、全市域融入双城经济圈建设将使渝东北城镇群东向开放合作重要门户的地位更加凸显。按照全市《深入推进新时代新征程新重庆制造业高质量发展行动方案（2023—2027年）》的要求，渝东北城镇群担当制造业高质量发展重任，努力建设全市现代产业的重要承载地、现代化新重庆建设的战略腹地。重庆市加快建设"1361"数字重庆建设整体架构，数字化将加速覆盖渝东北城镇群，为区域产业变革、科技变革带来重要机遇。全市加快"一县一策"推动山区库区强县富民，将为渝东北城镇群带来更多产业，投资政策红利、项目红利，促进渝东北加强区域协调、城乡融合、乡村振兴和共同富裕。

与此同时，随着渝西高铁、成达万高铁、银百高速等重大交通建设加快，万州新田港二期工程逐步完善，万州机场加快国际航站楼航空口岸开放基础设施改造，三峡水运新通道加快前期工作，渝东北城镇群区位条件和发展环境将大幅改善，形成开放新优势。随着万达开地区统筹发展、明月山绿色发展示范带以及城宣万革命老区振兴发展示范区等毗邻合作平台建设的深入推进，"万开云"同城化等重点板块加快发展，以县城为重要载体的城镇化建设深入推进，"两岸青山·千里林带"生态保护效益的显现，绿色制造、清洁能源等产业加快发展，渝东北城镇群绿色发展动力与活力将进一步增强。

（三）2024年经济运行趋势展望

2024年，渝东北城镇群经济将进一步恢复，呈稳步增长态势，但经济韧性、内生动能仍需增强。在高铁等大容量交通运输对消费及产业发展带动下，以及高铁、高速公路等基建、大型产业项目投资的发力下，通过深入推进绿色发展、创新发展，探索更广生态价值转化之路，深度融入国内国际双循环新发展格局，经济高质量发展的良好态势将进一步呈现。预计2024年，渝东北城镇群GDP同比增长5.7%左右。

四、对策建议

（一）持续推进扩内需促消费稳增长

抢抓扩内需促投资重要发展机遇，充分做好政策项目储备，推动渝东北投资消费持续增长。一是推动基础设施投资落地见效。加大政策性金融工具对基础设施和公共服务建设领域支持力度，扩大低息贷款范围。启动万州机场国际航站楼航空口岸开放基础设施改造、小江航道能力提升、开州港二期工程，加快成达万高铁、渝西高铁、渝万高铁、新田港二期、巫云开高速、开城高速、云阳幸福水库等重大项目建设，持续完善5G网络等新基建设施，增强基础投资拉动作用。二是加大产业项目投资稳步增长。大力推动"走出去""请进来"，加强驻点招商、靶向招商、"敲门招商"，推进欧美日韩俄和东盟"出境招商"，深化"赛马比拼"，力争推动万州智能制造、数字经济产业，开州家居建材、电子信息，云阳食品及农产品加工、新能源及新型储能，梁平集成电路、预制菜等领域新落地一批重大项目。三是推动消费加速恢复回暖。加强万州、奉节、巫山等区域消费中心培育发展，推动商文旅体融合发展试点示范，拓展万州、开州等地夜间经济示范区。推动城镇健康、文体、养老、托育、家政等服务消费扩容提质，大力培育避暑、冰雪、近郊游等文旅消费热点。扩大县乡、线上、外来消费，进一步聚集商气人气。四是着力优化企业服务。加大对制造业转型高质量发展、未来产业培育、流动性困难企业的助企政策支持，降低外贸出口、商贸物流、文旅服务、农产品加工等企业信贷条件。实施"分级挂钩企业服务机制"，充分发挥行业协会商会桥梁纽带作用，支持民营企业健康发展。

（二）加快绿色产业链群培育壮大

根据各区县资源禀赋、产业基础和功能定位，一县一策分类精准施策，推动各地协同承接产业转移、培育优势主业。一是持续推动特色工业集群培育壮大。推动万州先进材料、开州绿色建材、垫江装配式建筑、梁平集成电路、奉节清洁能源等产业集群发展壮大，支持重点企业做大做强。加强创新载体建设，打造万达开技术创新中心，建成中管万铭万州国家标识解析二级节点，建强垫江数字化智能产业园、奉节数字经济产业园等平台，协作共建"产业飞地"，打造一批毗邻地区产业合作示范园区和承接产业转移示范园区。二是加快发展特色农产品加工业。聚焦"一主两辅"推动现代农业园区、农产品产地加工、农产品精深加工建设同步发力。加快开州、云阳、垫江等国家现代农业园创建，聚焦"粮头食尾""农头工尾"培育垫江粮油、忠县柑橘加工产业集群,争取"巴味渝珍""三峡柑橘"系列品牌授权。优化农超、农企、农批等农商对接模式,推动"数商兴农"和"互联网+"农产品出村进城,协同办好三峡柑橘国际交易会等展会。三是加快现代新兴服务业培育壮大。加快巫峡·神女、丰都名山等5A创建,打造大巴山国际旅游度假区,推动景区景点串珠成链。推动忠县、万州、奉节等发展邮轮游艇旅游,创新避暑避寒、运动休闲等多业态融合型产品,做强山珍"食养"、中医"医养"、民宿"住养"等康养新业态,打造乡村旅游"生态观光""康养旅居""休闲避暑"三大产品体系。稳步发展电商物流、供应链物流。培育一批特色节会展会品牌,办好中国长江三峡国际旅游节。

(三)加强特色优势资源价值转化利用

大力挖掘各区县特色资源市场潜力和发展空间,促进绿色生态产业加快发展。一是推动生态资源价值转化利用。推动巫溪、城口等地深入探索生态价值实现机制,不断形成优质生态资源资产项目包,着力开展生态产品质量认证、生态标识等建设,推动一批绿色生态产业项目纳入"碳惠通"平台。完善流域、森林等横向生态保护补偿机制,争取提高各区县公益林补偿标准,巩固提升"绿水青山就是金山银山"实践创新基地和国家生态文明建设示范区创建成果。二是加强农村特色资源盘活利用。依托特色资源加强技术技艺、产权商标、民族风俗、文化遗产、自然风光、生态资源等价值实现形式探索,扩面深化"三变"改革和"三社"融合发展,依托村集体经济发展在各区县积极开展闲置宅基地和闲置农房盘活试点。加强丰都涂溪湖、奉节三峡原乡、梁平双桂田园等田园综合体和乡村旅游综合体建设,不断丰富山水人文、乡村民宿、文化和自然遗产展演等乡村旅游产品供给。

(四)稳步推进区域协调绿色发展

推动各区县深度融入成渝地区双城经济圈建设,协调推进新型城镇化和乡村振兴,加强全域生态绿色发展。一是稳步推进城乡融合发展。实施"小县大城、强镇带村"新型城镇化建设,加强城镇老旧小区改造和人居环境综合整治,建设一批口袋公园、小微绿地,打造一刻钟便民生活圈,增强城市发展韧性,提升城市"民生温度""幸福厚度"。大力推进中心镇、重点镇设施、服务、产业、品质、治理全面提升,带动宜居宜业和美乡村建设,加强特色村庄分类发展,打造一批"数智乡村"。二是提升对外开放和协同合作水平。加快明月山绿色发展示范带、城宣万革命老区振兴发展示范区等平台建设,深入推进万达开一体化、万开云同城化,构建万开云半小时通勤圈,扩大毗邻地区公共服务共建共享,加快万达开云新兴产业合作示范建设。依托西部陆海新通道完善渝东北物流、保税等开放功能,支持万州、忠县等有条件区县创建国家外贸转型升级基地。推动奉节、巫山等地融入RCEP产业链供应链,加快柑橘、脆李等农副产品走出去。三是加强全域绿色生态发展。推进长江干支流生态廊道建设,合力实施"两岸青山·千里林带"生态工程,加强消落带及危岩治理。加强跨界河流联保共治,积极开展小江流域水环境综合治理与可持续发展试点,保持三峡库区良好水环境。推动巫溪县、云阳县参与国家生态文明建设示范区建设,开州环汉丰湖片区、忠县三峡橘乡田园综合体参与国家"绿水青山就是金山银山"实践创新基地建设,厚植生态环境优势。

[重庆市综合经济研究院(重庆市经济信息中心)
重庆市推动成渝地区双城经济圈建设研究中心课题组
主研:易小光 丁 瑶 邓兰燕 李 林 王志军
执笔:王志军]

之二：2023年万州区经济运行分析及2024年展望

2023年以来，万州区深入贯彻落实习近平新时代中国特色社会主义思想，全面落实党的二十大精神，认真落实中央、市委经济工作会议要求，坚持"稳进增效、除险清患、改革求变、惠民有感"工作导向，经济恢复向好态势持续巩固。

一、2023年万州区经济运行情况

（一）经济运行的主要特征

面对严峻复杂的国际环境和艰巨繁重的改革发展稳定任务，全区上下抓发展、拼经济，经济运行实现了第一季度"开门红"、第二季度"继续好"、第三季度"持续优"。前三季度，万州区完成地区生产总值855.11亿元，同比增长6.5%，经济运行整体呈"稳中向好"态势。

1. 重点产业支撑有力，发展基础打牢夯实

一是工业经济快速增长。完成规模以上工业产值465.1亿元，同比增长25.3%，其中，先进材料、食品加工等五大重点产业完成产值442.2亿元，同比增长26.3%。万州经开区主战场主阵地作用稳步发挥，规模以上工业产值占全区比重提升至86.6%。九龙万博氧化铝智能化升级和产能置换等32个项目开工建设，鑫宝佳集成电路板等21个项目竣工投产，实施智能化改造项目35个，工业投资同比增长4.9%，其中，技改投资同比增长26%。二是农业生产恢复向好。完成第一产业增加值84亿元，同比增长4.6%。蔬菜、水果产量同比分别增长4.7%、9.3%；出栏生猪、家禽同比分别增长7%、7.7%。四川德康50万吨饲料厂等项目建成投产，完成农产品加工业产值同比增长5.8%。"万县胭脂鱼"产品纳入全国名特优新农产品名录，新增巴味渝珍授权产品4个、重庆名牌农产品10个、重庆老字号1个。成功举办第五届三峡柑橘国际交易会，带动库区销售柑橘45万吨，实现交易额27亿元。三是服务业加快提振。批发业销售额、零售业销售额、住宿业营业额、餐饮业营业额同比分别增长13.1%、6.7%、15.7%、15.2%。转型金融万州试点实现多个首次突破，建成重庆市首个企业碳账户平台，落地重庆市首批转型项目"碳挂钩"金融产品，首批到位转型金融贷款超4亿元；金融机构本外币存款余额同比增长12.4%，本外币贷款余额同比增长3.8%。

2. 消费投资招商稳定增长，发展动力巩固增强

一是消费市场总体稳定，开展"爱尚重庆·迎新消费季"等系列促销活动70余次；成功举办2023三峡美食文化节暨万州烤鱼节等展会活动23场次，实现交易额超40亿元，完成社会消费品零售总额348亿元，同比增长8.4%。二是完成固定资产投资186.1亿元，同比增长10.2%，56个市级重点项目完成投资52.7亿元，月度计划投资完成率达到131.9%，182个"一区一枢纽两中心"重大项目完成投资99.3亿元，月度计划投资完成率达102.9%。三是签约引进招商项目110个，正式合同额314.7亿元，同比增长139%，其中亿元以上项目36个、20亿元以上项目5个。

3. 三大收入平稳增长，发展效益稳步提升

一是财政挖潜增收成效显著。全区一般公共预算收入同比增长 10.7%，其中税收收入同比增长 15.8%，税收占一般公共预算收入比重达到 65%。二是城乡居民收入平稳增长。全体居民人均可支配收入达到 33176 元，同比增长 4.7%；其中，城镇居民人均可支配收入达到 40137 元，同比增长 3.8%，农村居民人均可支配收入达到 16932 元，同比增长 7.8%。三是工业企业利润保持高速增长。1—8 月，全区规模以上工业企业利润总额同比增长 34.4%。

（二）存在的困难问题

1. 房地产业持续下滑，关联产业承压严重

受房地产市场深度调整、期房忧虑等影响，房地产消费持续下滑，前三季度，商品房销售面积同比下降 10%；开发端受企业投资意愿减弱、企业资金压力较大等影响，房地产开发投资同比下降 20%。关联产业承压明显，建材企业产值同比下降 10.3%。

2. 部分商品消费疲软，居民消费趋于谨慎

大宗商品消费需求下降，限额以上汽车类、限额以上建筑及装潢材料类零售额分别下降 4.8%、14.1%。受当前就业、收入等因素影响，居民预防性存款持续增多，消费趋于谨慎保守，升级类消费持续收缩，限额以上金银珠宝类商品零售额同比下降 14.3%；文化旅游"人流"没"人留"，过夜游客数量仅占游客总量的 13.3%。

3. 财政收支平衡压力突出，预算收入差口较大

受土地出让收入未达预期，留抵退税以及"三保"、债务付息等刚性支出规模增加影响，全区财政收支矛盾持续扩大。若土地收入和一次性非税收入出现大幅度短收，完成隐性债务年度化解任务和控制综合债务率压力较大。

（三）2023 年经济形势

当前，经济运行还处于疫情防控平稳转段后的波浪式、曲折式前进过程中，外部环境还存在较多不确定性。为有效应对经济运行中不确定性因素带来的冲击，万州区将会加强经济运行调度，提升现代化产业发展质效，全力稳固经济运行向好势头，力争 2023 年 GDP 增长 6.5%。

二、2024 年经济运行环境及因素分析

从国际形势来看，俄乌冲突、巴以冲突仍面临一定失控风险，地缘政治扰动可能将持续；中国"一带一路"及发展中国家贸易占比不断上升，船舶、工程机械、家电等优势出口产业的市场占有率持续提高，进出口增速或将企稳回升。从国内形势来看，虽然房地产风险和地方政府债务风险化解仍承压，但随着中国高端制造、智能产品、新能源汽车等新兴产业对经济发展的带动力进一步提高，限购政策逐步放开、存量房贷利率降低、城中村改造推进等政策推动，房地产投资降幅可能收窄，消费增速将逐步常态回归，经济增长潜力有望进一步释放。从全区运行趋势来看，虽然外部环境仍然充满不确定性，但全区经济运行的整体趋势是向好的，经济稳定恢复向好的基础条件较多，特别是随着重庆市数字建设加快推进、园区（开发区）改革不断深化、国企战略性重组和专业化整合加快实施，经济发展韧性将进一步增强。同时，万州现代化产业体系提速构建，13 个重点产业链进一步延链、补链、强链，"一区一枢纽两中心"项目加快推进，支持服务业高质量发展等政策效应逐渐显现，营商环境持续优化升级，万州发展

后劲将进一步夯实，经济将继续回稳向好，预计2024年经济增速预期在6%左右。

三、2024年重点工作

2024年，万州区将深入贯彻落实党的二十大精神，全面落实市委、市政府工作部署，抢抓成渝地区双城经济圈建设等重大战略机遇，加快建设"一区一枢纽两中心"，全面推动经济社会高质量发展。

（一）聚力构建现代化产业体系，培育壮大实体经济

1. 做大做强现代化工业

深耕"5+10+X"现代化工业体系精准发力，开工建设20万吨电池级纯碱等项目，竣工智能制造产业园等项目，进一步夯实工业增长后劲。加快实施技术改造专项行动，开工建设渝万船厂功能提升及自动化建设等技改项目，加快推进九龙万博氧化铝智能化升级和产能置换等技改项目，竣工联碱装置绿色固碳升级改造等技改项目，力争技改投资占工业投资比重达到35%。以推进数字重庆建设为契机，实施中小企业数字化转型专项行动，新培育智能工厂和数字化车间5个。用好用活碳排放交易政策，充分发挥绿色智造赋能中心作用，推动工业绿色化、低碳化转型。

2. 做精做深现代化服务业

充分发挥支持服务业高质量发展若干措施政策效应，加快构建"4+4+2"现代化服务业体系。持续推进高笋塘核心商圈有机更新、瀼渡河巴蜀文化旅游示范区等项目建设，开工建设万州火车站西综合能源示范等重点项目。新增限额以上商贸服务单位40家以上。鼓励本土物流企业进行资源优化整合，提升综合服务能力，力争培育3A级以上物流企业5家，物流业总收入125亿元以上。持续推动绿色金融改革创新试验区核心区建设，引导金融机构打造多层次转型金融服务体系，推广"碳挂钩"贷款等创新产品运用；举办拟上市重点企业"沙龙"活动，持续推动三峡银行、金龙集团等企业上市挂牌工作。

3. 提质发展现代化农业

围绕构建"7+5"现代化农业体系，促进农业稳产增产、农产品优质优价。严守粮食安全底线，确保粮食播种面积和产量分别稳定在150万亩、50万吨，蔬菜播种面积和产量分别稳定在76万亩、140万吨。开展新品种、新技术引进示范和推广7000亩以上，发展林下中药材生态种植基地2000亩。延伸拓展农业产业链条，开工建设农用微生物菌剂研发生产基地等项目，加快推进柑橘及中药材加工等项目。全力推进13个区域为农服务中心建设，确保已建成的5个区域为农服务中心实质性运营。强化品牌培育提升，确保全区有效期内绿色优质农产品120个。分别培育区级、市级龙头企业15家、7家，力争村集体经济年经营性收入5万元以上、10万元以上的村占比分别达到100%、70%。筹备办好第六届三峡柑橘国际交易会、"三峡天丛"茶叶公用品牌宣传等推介活动。

（二）扩大投资促进消费，加速释放内需潜力

1. 持续扩大有效投资水平

紧盯国家重大战略部署、政策投资导向，围绕产业补链建群、基础设施巩固和防灾减灾能力提升等重点领域，策划储备一批大项目、好项目。探索建设重大项目数字化管理系统，动态监控重大项目资源要素保障情况、项目推进情况。深入开展重大项目全生命周期服务，及时化解项目落地过程中的困难问题。加快推进"一区一枢纽两中心"重大项目建设，年度完成投资200亿元以上。大力实施产业链招商、精准招商、以商招商，接续办好全国知名企业万州行等招商活动，争取签约落地一批项目。

2. 加快推动消费扩容提质

引导万达广场、鸿鸥广场等大型商业综合体提档升级，加快打造北滨路酒吧一条街，推动天生城文旅街区创建市级美食街区，规范发展江滩夜市等夜间消费。积极发展区域首店、新品首发等"四首"经济。组织商贸企业围绕汽车、家电、家居等开展系列促销活动，持续举办三峡美食文化节暨万州烤鱼节等会展活动。深化打造万州艺术街区、红花地码头文化街区、南浦剧场等文旅IP，办好横渡长江、环湖马拉松等系列赛事活动。

（三）提质建设开放平台，不断扩大开放水平

1. 持续提升开放平台能级

加快推进机场航空口岸开放基础设施等项目前期工作，探索在达州、黔江等支线机场内执行"串飞"，力争国内航线达到34条、旅客吞吐量达到120万人次。围绕生产服务型国家物流枢纽万州核心承载区，加快推进中储粮二期、新田港二期等重点项目；积极跟踪重庆港水运口岸扩大开放新田港区审批进展，争取早日获得国务院批复。充分发挥综合保税区平台优势，推动已签约13个项目早日落地、跟踪洽谈19个项目早日签约。加快自贸试验区联动创新区建设步伐，推进改革创新任务落地生效。

2. 持续提高通道运行效率

全面融入西部陆海新通道，积极参与共建西部陆海新通道重庆区域运营平台，稳定开行至越南、泰国等东盟国家的江铁海联运班轮（列）、跨境东盟班车，力争全年经西部陆海新通道货运量、货运值增速均在15%以上。加强与长江黄金水道有机协同，同宁波舟山等地开行集装箱及大宗散货直达航线，高效运行沪渝直达快线万州班轮，加密"水水中转"班轮。巩固拓展铁水联运通道，做优做强"北粮南运西进"等铁水联运示范线路，力争通道大宗物资年运量1000万吨以上。

3. 持续推进区域合作协作

提质建设万达开新兴产业合作示范区等功能载体，联合打造万达开云工业信息化协同平台；高效运营万州两江现代产业投资基金，推动实现更多项目投资。持续推进万开云毗邻地区学校义务教育就近跨区招生等工作，提出一批万达开特色通办事项。联合达州、开州等，协同建设区域共性技术公共服务平台，合力共建山区粮油作物逆境生物学重点实验室等特色创新平台；高效运营好两江新区万州企业研发中心。与开州"一山同策"推进铁峰山国家森林公园生态整治，与云阳、石柱签订实施第二轮磨刀溪横向生态补偿协议。深化中央单位定点帮扶、对口支援和东西部协作，打造鲁渝协作乡村振兴示范村镇4个以上。

（四）优化升级营商环境，充分激发主体活力

1. 全面提升政务服务效能

持续深化政务服务改革，落实新出让宗地项目用地规划许可证"免申即领"政策，加快推进"签约即供地""交地即交证"等优化营商环境3.0版举措。推动企业开办到退出等50项以上"一件事"全流程网上办理，推动实现"一事跑多窗"向"一窗办多事"转变。加快推进"减证便民"，全面取消无法律法规依据的证明事项。持续深化"帮办代办"和"周六不打烊"服务，推行"保姆式"专班服务。

2. 落地落实惠企助企政策

强化工业发展、服务业发展、建筑业发展等惠企助企政策落地，确保应享尽享、直达快享。进一步拓宽经营主体融资渠道，充分发挥普惠金融发展风险补偿资金作用，推动更多碳减排工具、科技创新再

贷款、交通物流专项再贷款落地，健全"万惠担"风险分担机制，持续深化与市级政府性融资担保公司合作。

3. 系统增强要素保障能力

持续压减水电气报装时间，加快推动"水电气"线上联动报装。做好重大项目用地报批和征地拆迁工作，力争供应国有建设用地5000亩以上。助力企业降本增效，提升水、天然气、电力供应保障能力，推动企业网络资费降低10%。

（五）加快补齐民生短板，不断增进民生福祉

1. 持续提升医疗卫生服务

加快推进三峡医学中心等重点项目建设，积极建设市级临床重点专科和特色专科，不断提升医疗卫生供给质量。深化医药卫生体制改革，加快推动疾控体系改革，持续推进"县聘乡用""乡聘村用"改革，深入推动公立医院薪酬制度和人员总量备案管理改革，加快推进"小医联体"和区县域医疗卫生次中心建设。加快创建国家卫生区，新增健康企业2家，实现中小微企业职业病危害专项治理完成率80%以上。高水平推进医院医疗数智化，推动二级公立医院尽快建成"智慧医院"。

2. 接续推动教育均衡发展

启动新一轮学前教育行动计划，加快建设上海幼儿园等项目建设，力争公办园在园占比达到54%。继续实施城区扩容工程，加快推进万州中学附属小学等项目建设，全面扩大城区学校学位供给。继续实施普通高中发展促进计划，及时将普通高中富余资源调整为中等职业教育或义务教育资源。稳步推动教育综合改革，深入推进集团化办学改革。持续做好青少年儿童近视综合防控工作。继续推动教育信息化和装备标准化建设，继续推进"中小学心理咨询服务一件事"。

3. 守好托稳"一老一小"幸福

按照广覆盖、保基本、可持续原则，继续推动老年人助餐点建设。开展居家和社区养老服务环境提升工程，支持鼓励养老服务设施、老年人家庭、老旧小区进行适老化改造服务。积极创建全国生育友好城市，推进优化生育政策全面落地实施。完成1000个婴幼儿照护服务托位建设，促进3岁以下婴幼儿照护服务发展。

4. 织密织牢社会保障网

加强防止返贫人口监测帮扶，"一户一策"落实开发式帮扶措施或兜底保障政策措施。开发设置非全日制公益性岗位5550个、全日制公益性岗位140个，新建帮扶车间10个以上，兜底性解决脱贫人口就业。持续做好灵活就业人员、新业态从业人员等重点群体参保工作，确保城乡养老保险参保率巩固在95%以上。用好渝东北大学生就业创业联盟、对口支援协作等机制，确保贫困劳动力就业数稳定在5万人以上，城镇调查失业率低于5.5%。

（六）防范化解重大风险，维护社会安全稳定

扎实做好重点领域、重点行业、重点企业、重点区域的风险防范化解和隐患排查治理。联合万达开共同开展非法集资风险排查整治专项行动，加强对投资类企业、电子商务公司等重点行业企业的监测预警，做到早发现、早控制、早处置。全力保障财政平稳运行，以"三保"工作为重点，着力抓收入、控支出、防风险。聚焦"保交楼"、农民工欠薪、征地拆迁等重点领域，强化矛盾纠纷排查化解，有效管控社会矛盾风险。

四、政策措施建议

一是建议加大政策引导力度,进一步改善社会预期和提振消费信心。在科技创新、创业投资、政府采购等方面给予民营企业倾斜,出台更多减税降费、促进消费政策措施,增强经营主体发展信心。

二是建议市级在优化全区产业布局时充分考虑两群地区受区位、交通、财力等因素限制引育绿色产业项目较为困难,将政府主导且符合绿色发展要求的市级重大产业项目向"两群"地区倾斜布局。

三是两群地区在教育、医疗、文化等领域与主城都市区相比差距还比较大,建议市级在政策制定、资金拨付、项目建设等方面充分考虑两群地区实际情况并予以倾斜。

四是进一步厘清完善万达开区域合作协作机制,将万达开、万开云等区域重大项目事项纳入川渝两省市专项规划中,高位推动万达开川渝统筹发展示范区建设。

[万州区发展和改革委员会　张大兵　黎　璐　周传俊]

之三：2023年开州区经济运行分析及2024年展望

2023年，开州区深入贯彻落实党中央、国务院决策部署和市委、市政府工作安排，坚持稳中求进工作总基调，突出"稳进增效、除险清患、改革求变、惠民有感"工作导向，紧盯"一极两大三区"现代化新开州和年度目标，开州区经济形势总体承压前行、回升向好、达到预期。1—9月，开州区地区生产总值达到506.74亿元，同比增长6%，增速排名全市第18、渝东北第5位。预计全年地区生产总值增长6.5%左右。

一、2023年开州区经济运行分析

（一）运行特征

1. 投资拉动持续向好

1—9月，开州区固定资产投资183.6亿元，同比增长16.3%，增速较上半年收窄0.2个百分点，较全国、全市分别高13.1个、12.7个百分点，排名全市第6位、渝东北第2位，较上半年分别上升2位、下降1位。细分指标中，工业投资同比增长27%，较上半年提高18.6个百分点；制造业投资增长14%，较上半年提高28.57个百分点；民间投资增长5.2%，较上半年提高17.8个百分点。

2. 农业产业稳定向好

1—9月，开州区农业增加值68.03亿元，同比增长4.3%，增速较上半年下降1个百分点，较全国高0.3个百分点、与全市持平，排名全市第21位、渝东北第4位；拉动GDP增长0.63个百分点，较上半年下降0.07个百分点，比全市0.3个百分点高0.33。2个指标持续领跑全市，粮食播种面积172.59万亩、生猪出栏90.9万头，均居全市第1位。

3. 工业经济止跌向好

1—9月，开州区全部工业增加值97.14亿元，同比增长1.2%，扭转16个月负增长态势，较上半年提高5.2个百分点；拉动GDP增长0.24个百分点，较上半年提高0.71个百分点，比全市1.5个百分点低1.26。细分指标中，规模以上工业利润同比增长4.4%，较上半年提高27.2个百分点；战略性新兴产业产值同比增长5%，较上半年提高16.9个百分点；高技术产业产值增长3.3%，较上半年提高30.8个百分点。

4. 建筑行业支撑向好

1—9月，开州区建筑业增加值增长13.8%，较上半年下降0.9个百分点，较全市高5.7个百分点；拉动GDP增长2.32个百分点，与上半年基本持平，比全市0.9个百分点高1.42，继续发挥极大支撑作用。

5. 第三产业回暖向好

1—9月，开州区第三产业增加值245.74亿元，同比增长5.8%，较上半年提高0.8个百分点，排名全市第 14 位、渝东北第 4 位；拉动 GDP 增长 2.81 个百分点，较上半年提高 0.3 个百分点，比全市 2.9 个百分点低 0.09。社会消费品零售总额同比增长 8.7%，较上半年提高 1.1 个百分点，较全国、全市分别高 1.9 个、1.3 个百分点。

6. 财税金融突破向好

1—9 月，开州区一般公共预算收入完成 22.89 亿元，同比增长 9.1%，较上半年提高 8 个百分点，排名全市第 27 位、渝东北第 7 位，完成全年目标的 72.1%；其中税收收入 9.86 亿元，同比增长 15.4%，较上半年提高 5.8 个百分点，完成全年目标的 62.4%。当季新增化解政府债务 4.13 亿元，化债成效达到 10.3%，较上半年提高 4 个百分点。金融机构存贷款余额 1523.87 亿元，同比增长 11.6%，较上半年下降 2.21 个百分点。实现保费收入 18.3 亿元，同比增长 5.3%，较上半年提高 0.7 个百分点。

（二）存在问题

1. 工业经济持续承压

一是主导、支柱等主要支撑产业增长缓慢，特色优势产业呈负增长趋势，对规模工业总量的贡献不足。二是受房地产市场下滑影响，区内关联建材产业持续低位运行，重点企业开州水泥大幅度下降，星星套装门已破产清算。三是工业迭代升级较慢，新兴产业发展较慢，企业规模较小，对工业经济后续支撑作用有限。

2. 建筑业后劲乏力

前三季度，建筑业成为开州区经济发展的最强支撑，但土地出让、新项目开工较慢，后续固定资产投资和商品房销售支撑不足，下行压力逐步加大。

3. 第三产业贡献不够

第三产业对 GDP 的拉动力高于第一产业、第二产业，但低于全市平均水平，仍有较大提升空间。从 7 个细分行业增加值看，开州区批零、住餐、交通运输 3 个行业对 GDP 的拉动力均低于全市。

（三）全年预测

预计地区生产总值增长 6.5% 左右，第一产业增长 5.0%，第二产业增长 7.0%、其中工业增长 1.5%，第三产业增长 6.5%，固定资产投资增长 13%，建筑业增长 13.5%，社会消费品零售总额增长 8%，居民人均可支配收入增长 6% 以上。

二、2024 年经济运行的环境及因素分析

2024 年，地缘政治冲突趋于复杂，全球发展预期不确定性明显上升，加之全球经济仍处于相对紧缩状态，增长格局的不平衡性和分化态势将更加凸显，经济下行压力更加突出。党的二十大作出关于经济高质量发展部署，为开州指明了方向，开州将着力提升产业链供应链韧性和安全水平，着力推进城乡融合和区域协调发展，推动经济实现质的有效提升和量的合理增长。

三、2024 年趋势展望及主要指标预测

（一）狠抓 2024 年重点工作

1. 抓项目管理，持续扩大有效投资

深化开州区重点项目全生命周期管理服务，抢抓国家政策机遇，持续做好上级政策梳理、信息归集，

优化开州区项目储备库,畅通争资项目审批通道,做到"项目跟着投向谋、前期跟着要求走"。科学编制2024年区级重点项目计划和未来三年滚动规划,做到既符合政府投资项目管控原则,又支撑经济社会高质量发展。合理制定年度目标、细化落实节点任务、全力加强要素保障、有效维护建设环境、协调调度堵点卡点。

2. 抓消费市场,促进消费持续回暖

迭代升级"四色"旅游、"四季歌"、汉丰映秀等特色品牌,抓牢假日游、周末游等节点和水上游、高山游等热点,在红色研学、水上运动、避暑消夏、夜市街区等领域挖掘"爆款爆品爆点",增强消费吸引力。持续发展电子商务、直播带货、地摊经济等新业态,加力引进万达、红星美凯龙等商业龙头,引导房地产、文化旅游、新能源汽车等大额消费,增强消费承载力。着力稳就业、促创业,有效提高居民收入,增强中低收入群体边际消费意向。

3. 抓产业发展,增强经济发展动力

持续打造"一主两辅三优多特"产业体系,推动"开县春橙""开州香肠"等优势品牌价值持续提升,加快打造百亿级食品及农产品加工示范园。纵深推进"大抓工业、大抓招商"活动,推动招引项目加快落地达产、投产项目加快数字化智能化绿色化改造,梯度培育一批创新性、"专精特新"、"小巨人"企业,不断健全"1234"现代制造业集群体系,打造三峡库区"智造重镇",积极参与川渝产业备份。紧盯批发零售、住宿餐饮、交通运输等贡献率、拉动力低于全市平均水平的行业,全面落实好恢复和扩大消费系列措施,尽快补齐差口、实现提升。

4. 抓服务指导,提升经营主体活力

梳理既有经营主体发展状况,积极发动、有序组织经营主体注册,科学谋划各行业"四上"经营主体发展目标,提前抓好升规升限指导培育工作。全面融入市级"企业吹哨·部门报到"重大应用,利用现代信息手段和数字化理念推动服务效能提升,完成服务机制迭代升级,加大知识产权保护力度,引导金融机构支持企业融资贷款,加快兑现各级优惠政策,及时解决企业发展堵点、难点问题,确保企业进得来、留得住,以"政府有为"促进"市场有效"。

5. 抓财税金融,筑牢财政收入基础

加强非税收入管理,优化调整支出结构,全力压减一般性支出。持续推进"三资"盘活,着力清缴土地出让欠款,发挥资源资产资金最大效益。严格落实政府债务管控系列举措,防范化解债务风险。守住烟草、天然气、房地产、建安、金融等税收支柱行业,加大"两违"清理、耕地占用、增值税等欠税清缴力度,着力培育千万级税收"小巨人"企业。加快推进国有企业改革提效增能行动,推动公司重组、债务重构,持续推动国有资本向重点领域、基础设施建设领域聚集,提升战略保供和服务能级水平。持续深化债务风险防控"631"机制,加强监督调度,定量监测、稳妥化解重点企业债务风险。

6. 抓运行调度,提高经济发展质效

持续加强经济指标运行情况分析预警,针对重点行业、重点企业、重点项目调研走访和集中座谈,全面摸清其生产经营及建设推进情况,及时发现经济运行中的趋势性、苗头性问题,综合分析不利因素,制定切实可行的对策。

(二)主要指标预测

预计地区生产总值增长6.5%以上,第一产业增长5%,第二产业增长7%,其中工业增长3.5%,第三产业增长6.5%,固定资产投资增长11%,社会消费品零售总额增长4.5%,金融机构存贷款余额增长

13%，居民人均可支配收入增长6.5%。

四、政策调控措施建议

建议市上加强政策调控，大力支持实体经济发展，出台更多减税降费措施，强力推进三峡电入渝降电价、"专精特新"贷款等政策。恢复执行困难企业社保优惠政策，着力降低企业用工成本。推动银行健全"敢贷、愿贷、能贷"的考核激励机制，通过政府性融资担保降低企业融资成本。进一步优化营商环境，加大助企纾困力度，延长企业中长期贷款、设备更新贴息期限等。

[开州区发展和改革委员会　邓林飞]

之四：2023年梁平区经济运行分析及2024年展望

2023年以来，梁平区委、区政府带领梁平区干部坚持强化高位统筹、专班推进、靠前服务、多跨协同、政策保障，以超常规的工作举措应对超预期挑战，前三季度实现GDP增长2.3%，较上半年提高7.1个百分点，增幅全市第一，梁平区经济在爬坡过坎中持续恢复、不断向上向好，呈稳步复苏态势。

一、2023年梁平区经济运行分析

（一）经济运行总体情况

根据市发展改革委"经济报表"通报情况，梁平区前三季度"经济报表"总体位列D档，全市排名第30位，主要经济指标取得4个A档（税收收入增速、政府性债务化解成效、固定资产投资增速、制造业投资增速）、1个B档（高技术投资占比）、3个C档（GDP增速、社会消费品零售总额增速、民间投资占固投比重）、3个D档（规模以上工业企业利润增速、规模以上工业增加值增速、数字经济核心产业增加值增速）。

1. GDP触底反弹

1—9月GDP实现413.4亿元，居渝东北第4位、全市第22位，增长2.3%，实现由负转正，较上半年提高7.1个百分点，是全市增速提升最多区县。一是第二产业持续回暖。1—9月，实现增加值198.5亿元，减少0.1%，较上半年提高6.6个百分点。分行业来看，建筑业增加值增长12.8%，较1—6月提高8.2个百分点，较全市高4.7个百分点，对GDP贡献率达到132%。全口径工业增加值减少7%，较1—6月提高5.2个百分点。二是服务业低位反弹。1—9月，服务业增加值增长4.6%，对GDP贡献率达到83%。其中，批发零售业增加值较1—6月提高13.2个百分点，住宿餐饮业增加值较1—6月提高21.2个百分点。房地产业增加值较1—6月提高5.6个百分点。金融业增加值增长8.3%。其他服务业增加值增长9.2%，较1—6月提高9.2个百分点，金融机构本外币存贷款余额增速突出，增长8.1%，旅客周转量增长53.9%，较1—6月提高37.2个百分点，较全市高32.8个百分点。

2. 农业经济亮点纷呈

实现农业增加值38亿元，同比增长4.1%。实施耕地恢复补足，完成土地整治2.8万亩。主要农产品供给稳定，秋粮产量增长0.56万吨，蔬菜、水果、水产品产量分别增长4.8%、10.5%、7.8%。生猪出栏51.9万头，同比增长4%。成功举办全国第二届印迹乡村创意设计大赛总决赛，稳慎推动农村土地制度改革，盘活利用1058宗4万平方米的闲置农村宅基地，统筹推进农村宅基地制度改革试点、农村乱占耕地建房专项整治试点。《打造全流程数字化平台　提升社会化服务效能》入选农业农村部2023年全国农业社会化服务典型案例，促进乡村产业振兴、改善农村人居环境等乡村振兴重点工作获国务院督查激励，正在有序筹备全市和美乡村建设现场会，梁平《小微湿地大能量》专题片获央视《焦点访谈》15分钟专题报道，中国小微湿地创新联盟秘书处落地梁平。鱼菜共生数字工厂投产运行，高标准农田、明月山农产品集散中心等重点项目加快建设。

3. 工业经济蓄势发力

高质量举办第二届西部预制菜产业发展大会暨2023西部预制菜博览会等系列活动，预制菜产业园纳入全市特色产业基地创建名单，平伟实业获评"重庆市双化协同示范工厂"。1—9月，"232"现代制造业完成规模以上工业产值61.9亿元，占规模以上工业产值的86.7%，其中预制菜占比31.1%。规模以上工业增加值增长-15.9%，较1—6月提高6.3个百分点。工业税收增长64.2%，较全市高62.5个百分点。工业用电增长1.9%、工业用气增长11%，分别较1—6月提高3.2个、8.2个百分点。突出拓增量、保存量、挖潜量，汇聚全区之力培育壮大经营主体，有效培育"四上"企业对象179户，已入库56户，新增限额以上个体120户；新发展经营主体1.5万户，增速20.7%，居全市第4位。新发展工业企业335户、预制菜产业经营主体5857户。技改投资增长32.2%，较1—6月提升85.4个百分点，较全市高29.6个百分点。

4. 有效投资快速增长

固定资产投资增长13.3%，高于全市全年目标（10%）和当期水平（3.6%）。在全市排位从上半年的第27位提升到第11位，进位幅度居全市第2位。其中房地产开发投资延续高位运行态势，增长23.1%，居全市第1位，较全市高38.8个百分点。工业投资增长63.3%，呈逐月快速上升态势，居全市第2位；制造业投资增长204.8%，环比提升153个百分点，增幅居全市第2位。开工建设市级重大项目12个，开工率80%，投资完成率82%。龙溪河PPP项目基本完工进入运营阶段，龙象寺水库、都梁大剧院、职教中心新城校区等重大项目加快主体施工。

5. 消费需求加速释放

社会消费品零售总额1—9月增长4.1%，较1—6月提高9.2个百分点，增幅居全市第1位。商品房销售面积降幅持续收窄，减少11.6%，较1—6月提高13.4个百分点。二手房成交面积增长30.5%，较去年同期提高45.5个百分点。开展美食嘉年华、梁娃食尚夜市等各类展销活动百余场，高质量举办"爱尚梁平·金秋有礼"消费季活动，用"真金白银"搭建多元化促销平台，累计发放惠民消费券1400余万元，拉动消费增长10亿元以上。

6. 惠民富民成效明显

全体居民人均可支配收入增长5.5%，居全市第3位。其中，农村人均可支配收入增长7.7%，居全市第3位。城镇新增就业完成年度目标的96.4%，城镇调查失业率5.5%。15件重点民生实事开工14件，完工4件。政府性债务化解成效达到21.5%，较全市高5个百分点。亿元地区生产总值生产安全事故死亡率2.7%，较1—6月下降0.6个百分点。空气优良天数254天，占比93%，居全市重点区域第4位。个人全生命周期"一件事一次办"办理8388件。城镇老旧小区改造开工率、小微停车场建设完成率分别达到100%、344%。

7. 开放合作持续深化

明月山绿色发展示范带建设走深走实。成功举办第二届明月山生态旅游文化节系列活动，成立明月山绿色发展示范带医保联盟，高质量举办首届"明月山杯"创业创新大赛，深化铜钵河、新盛河联防共治，共享办理"川渝通办"9062件，梁平至开江高速、现代高效特色农业带合作示范园等川渝合作重大项目取得新进展。紧密对接西部陆海新通道建设。挂牌成立全国首个西部陆海新通道预制菜集散中心，成功举办中国西部预制菜之都陆海新通道预制菜首发车仪式，落地建设西部陆海新通道预制菜产业园，组织参加第三届日本国际食品展、香港美食博览会等国际性会展，积极拓展国际市场，进出口总额近1.5亿元。与璧山区"一区两群"协同发展稳步有序。

8. 财政金融健康运行

完成一般公共预算收入18.9亿元，增长6.9%；其中，税收收入11.8亿元，增长28.3%。积极向上争资，争取到位转移支付35.8亿元、中央预算内资金7.1亿元，新增政府债券26.6亿元。教育、社保、医疗等民生支出25亿元，增长13.2%。持续深化国企改革，国企资产规模达到1180亿元，增长51.5%；资产负债率33.5%，下降8.4个百分点；市场化融资55.68亿元，增长3.5%。实现市场化营业收入14亿元，贡献税费5亿元。

（二）经济运行中需要关注的问题

GDP增速未达到全市水平（5.6%），与同为大区大县的永川（8%）、璧山（7%）、山区库区的石柱（8.3%）、忠县（6.6%）等差距明显，实现全年既定目标（6%）任重道远。在推动经济恢复增长过程中面临不少困难挑战。

1. 农业增速不及预期

前三季度农业仅增长4.1%，低于上半年0.4个百分点，低于全市0.2个百分点。主要原因是占比近30%的生猪产业缺大项目带动，加上猪肉价格波动等客观因素，生猪出栏量仅增长4.1%，生猪产值仅增长1%，导致大养殖产业增长承压，仅增长1.6%。

2. 工业经济动能不足

因制造业规模体量较小，抗风险能力较弱，支柱行业下滑严重，28个行业大类下降面达85.7%，产值较高的农副产品加工业、非金属矿物制品业、食品制造业分别下降26.7%、45.1%、85.2%。招商成效不明显，资金到位额仅62.3%，低于全市水平（79.8%）。

3. 企业生存经营困难较多

企业所得税减少13.6%，较上半年降幅扩大4.1个百分点。行业订单下滑明显，调查显示订单不足企业达到40%，订单较上半年环比减少的企业超过25%。经营成本持续上涨，如竹笋、豆粕、食用油成本分别上涨28.6%、18.2%、8.9%，导致企业利润减少65.6%。

4. 投资维持增长制约因素较多

投资结构不优，工业投资占比仅23%，较全市水平低5个百分点，与璧山、长寿等工业大区50%以上的占比差距较大。基础设施投资减少8.4%，较全市低17.7个百分点，较上半年下降6.8个百分点，连续3个月呈下行走势。随着政府投资类项目管控、PPP项目清理、专项债审批趋严，2024年投资保持高速增长压力很大。

（三）主要经济指标全年预测

初步判断，梁平区全年GDP增长6%以上、工业增加值实现正增长、固定资产投资增长12%以上、社会消费品零售总额增长6%以上、一般公共预算收入增长20%以上、税收收入增长16%以上。

二、2024年梁平区经济运行的环境及因素分析

总体上，梁平区经济总量仍然不大，辐射力带动力仍然不强，发展不平衡不充分问题仍然突出，与满足人民群众美好生活的需求还有一定差距。特别是梁平区自2015年以来持续呈人口净流出态势，城镇化率提升压力较大，是新型城镇化建设的最大挑战；物流成本及效率的短板明显，对高新区招商以及预制菜企业引入等均有直接制约性影响，是新型工业化的最大障碍；全社会数字化仍较滞后，是推动系统重塑、

整体智治的最大瓶颈。但也要看到，未来五年，梁平区生态资源优势与全国生态价值转化发展机遇高度契合，将迎来生态资源转化为长期优势的"起步期"；西南唯一国际湿地城市的特色优势与全市打造具有辨识度的城乡融合品牌机遇相得益彰，将迎来抢抓机遇实现湿地城市品质提升的"高效期"；山区库区三产融合优势与高品质生活的市场需求升级机遇相辅相成，将迎来提速实现三产融合跨越发展的"风口期"；城乡拓展空间相对集中连片，高新区建设持续推进，将迎来承接产业转移和产业备份项目引育的"机遇期"。

三、2024年主要指标预测

初步预计，2024年GDP增长6%以上、工业增加值增长8%以上、固定资产投资增长10%以上、社会消费品零售总额增长6%以上。

四、2024年重点工作

2024年，梁平区将全面贯彻落实党中央决策部署和市委工作要求，牢牢把握高质量发展首要任务，全力以赴推动各项工作提质提效、争先进位，重点抓好以下几方面的工作：

一是坚持巩固好农业基本盘。主要农产品供给稳定，大力推进粮食种植，确保全年粮食播种面积达到98.9万亩，产量36万吨以上。其中水稻种植面积43.6万亩，产量22.5万吨以上。新建高标准农田6万亩，改造提升高标准农田9万亩。全力推动净菜加工落地建设，加快实施现代粮油产业园、东方希望聚奎育肥场等重点项目。

二是坚持提升工业经济质效。加快园区开发区改革，大力提高"亩均效益"。抓好数字转型，以智能化改造、数字化转型推动提升制造业供给质量和运营效率。抓创新引领培育，提升企业技术水平和新品上量速度。充分发挥"1458"招商专班作用，做好"232"现代制造业集群体系链长、链主企业招商引资，努力在招引50亿、100亿大项目上取得新的突破。抓好招商企业和项目落地转化，高效解决签约项目融资、用地、用能等问题。落实好企业"三服务"制度，深化"一对一"走访联系，帮助企业解难纾困，坚决兑现政府承诺，做好企业清欠，实行柔性执法，让企业在梁平安心舒心发展。

三是坚持抓好有效投资放量。提速预制菜产业园二期、城市矿产及废旧锂电池资源化绿色循环利用等74个项目前期，确保尽早开工。提速预制菜生产基地及配套设施建设、职教中心新城校区等54个在建项目建设，加快投资放量。加快推动新材料孵化园及配套设施建设、高新区集成电路产业园污水处理厂、双桂田园景区康养项目等60个项目全面竣工投用。

四是坚持促进消费提质扩容。认真落实恢复和扩大消费20条措施，办好柚博会、预制菜年货节、房交会等促销活动，盘强住房、汽车、家电等大宗消费，抓好文旅融合，推动批零住餐消费快速做大增量。

五是坚持深化改革攻坚克难。深入实施"数字化突破主题年"行动，持续深化国资国企改革和农村"三块地""三变"等重点领域改革，努力向改革要效益。以纳入全市"小县大城"试点为契机，加速推动以人为核心、具有国际湿地城市特色的新型城镇化建设。

六是坚持切实增进民生福祉。做好重点群体就业工作，加快补齐教育、医疗、"一老一小"等民生服务短板。

七是坚持防范化解重大风险。扎实做好市安委办暗访督查反馈问题整改"后半篇文章"，闭环、逐项消除各类安全隐患和盲点。守住财政金融风险防控底线，积极稳妥处置政府债务。

[梁平区发展和改革委员会　冉　磊]

之五：2023年城口县经济运行分析及2024年展望

2023年以来，面对严峻复杂的国际国内环境和艰巨繁重的改革发展稳定任务，在以习近平同志为核心的党中央坚强领导下，在重庆市委、市政府和城口县委的安排部署下，城口县深入学习贯彻党的二十大精神，突出"稳进增效、除险清患、改革求变、惠民有感"的工作导向，全力推进"三县一城一枢纽"建设，坚定高质量发展方向不动摇，进一步加大加密经济运行调度力度和频次，竭尽全力抓项目、促发展、强保障，全力推动经济平稳健康运行。

一、2023年城口县经济运行情况分析

1—9月，城口县经济延续恢复增长态势，各方面发展优势保持不变并且持续提升，实现地区生产总值49.6亿元，同比增长5.8%，增速分别高于全国0.6个百分点、全市0.2个百分点。分产业看，第一产业实现增加值8.78亿元，同比增长4.0%；第二产业实现增加值10.5亿元，同比增长7.2%；第三产业实现增加值27.49亿元，同比增长5.9%。

（一）经济运行特征

1. 经济指标持续向好，发展信心不断提升

2023年前三个季度的GDP增速分别为4%、3.6%、5.8%，上半年的3.6%跟2022年同期8%基数较高有关，总体来看，前三季度GDP增速呈阶梯式增长，逐月逐季增长提升，主要经济指标均正向增长，且明显快于上半年，呈持续恢复、稳步向好的良好态势。

2. 产业结构持续优化，发展活力不断释放

随着2023年以来工业的快速扩张，第二产业在经济总量中的占比有所提高，1—9月，城口县三次产业结构比为18.5∶22.5∶59，上年同期为18.8∶20.8∶60.4，同上年同期相比，第二产业在经济增长中的作用持续增强，产业结构不断优化，经济质量效益不断提升。

3. 主要支撑维持较好，发展韧劲不断稳固

在前三季度统计数据中，不论是维持经济增长的三次产业，还是支撑产业发展的各个行业，都呈稳定增长的良好态势。第一产业、第二产业、第三产业持续增长，对经济增长的拉动力分别为0.75、1.59、3.46，促进经济回升向好。主要行业中，得益于非营利性服务业工资总额的有效调度，其他服务业增加值同比增长4.8%，拉动GDP增长1.5个百分点；以货币存贷款为主的金融业增加值同比增长12.4%，拉动GDP增长1.4个百分点。

4. 新的动能不断涌现，发展潜力不断激发

与结构优化并行的，是新动能的增长。随着制造业高质量发展的推动，"1+3+N"产业体系逐步成型，2023年以来工业经济持续企稳回升，1—9月实现规模以上制造业产值5.18亿元，同比增长8.6%，在规模以上工业总产值中占比51.3%，对工业的支撑作用不断增强。提供出口业务指导，协助6家企业完成出口资质

办理，1—9月累计实现出口5万余元，虽然数量不多，但真正打破外贸壁垒，实现进出口"零的突破"。

5. 投资消费持续恢复，市场需求不断回暖

第三季度以来，城口县推动项目全过程提速，不断扩大有效投资，1—9月实现固定资产投资27.5亿元，同比增长14.2%，增速实现由负转正，并快速增长。在这个背景下，建安投资增长16.6%，带动建筑业增加值转正，拉动地区生产总值0.75个百分点。狠抓样本单位，对在库的限下样本单位进行摸底，并加强限额以上、限额以下样本单位的指导，确保真实反映消费情况。1—9月城口县社会消费品零售总额同比增长4.0%，增速较第一季度提高15.2个百分点，较上半年提高2.3个百分点。

6. 经济效益稳步提升，运行质量显著提高

持续强化收入征管，优化支出结构，1—9月一般公共预算收入同比增长28.5%（其中税收收入同比增长53.7%），一般公共预算支出同比增长15.8%，均持续保持两位数较快增长。提高居民收入水平，1—9月全体居民人均可支配收入17505元，同比增长5.3%，城镇、农村居民人均可支配收入分别达到27120元、10466元，同比分别增长3.5%、7.2%。持续优化企业服务，落细落实惠企政策，1—9月新发展经营主体2340户，新发展率9.76%。

7. 重点民生实事加快推进，居民收入稳步提高

1—9月，15件重点民生实事提前完成7件，超序时进度4件，序时推进4件，累计完成投资3.94亿元。城口育才中学加快建设，县人民医院、县妇幼保健院、咸宜镇卫生院、巴山镇卫生院等项目有序推进。利用对口协同、人力资源市场等平台，为转移就业人员提供岗位信息，随着稳就业政策持续释放，1—9月城口县城镇新增就业1542人，完成年度目标任务的103%。

8. 除险清患工作扎实推进，重点领域风险有效防控

建立债务风险管控机制，系统推进政府隐性债务"存量增量"双控，实现隐性债务不增加，到期债务不违约，偿债资金不断链。强化"迎峰度夏"电力保障，1—9月规模以上工业企业用电量同比增长4.8%，未出现拉闸限电，有力保障企业生产放量。深入推进安全专项整治，生产安全亡人事故、死亡人数同比分别与上年同期持平、下降25%，连续14年未发生较大及以上生产安全事故。

（二）经济运行过程中存在的问题

1. 投资结构不够优化

当前投资虽然保持增长，但从均衡的角度来看，对基础设施建设的依赖较大，农业投资、工业投资基数低占比小，国有资产投资也占据主导地位，单一的投资结构造成城口县投资增长的不稳定性和不可持续性。

2. 消费恢复不及预期

城口县消费信心仍处于修复阶段，不愿消费、谨慎消费问题尚未明显解决，居民消费集中在粮油食品、中西药品等基本民生保障，而服装、化妆品、汽车等中高端消费仍然低迷。再加上旅游市场没有实现预期的增长，且没有相应的文旅消费产品供给，旅游"流量"没有充分转化为消费"留量"，总体来看消费恢复还未达到预期。

3. 工业增长支撑作用还不够

2023年以来工业保持高位增长态势，但是是在2022年工业萎缩导致基数较低的情况下产生的，总体仍处于恢复性增长。且"1+3+N"产业体系中的主导产业（中药材）受市场行情波动等因素影响，产能

未得到充分释放，特色产业工业增长的支撑作用也还不够，多元支撑的产业模式还没有形成，牵一发而动全身的情况仍然存在。

4. 企业生产经营压力较大

传统信贷融资模式难以满足企业多样化融资需求，目前银行信贷产品仍以抵押贷款为主，不仅难以满足企业融资需求，还导致企业还款压力较大。随着困难企业及小微企业社保费优惠政策的取消以及社保缴纳基数的调整，企业人工成本负担持续加大，再加上用电、用气、物流的消耗成本也高于外地，企业负担仍然较大。

（三）2023年城口县全年经济指标预测

从经济形势新变化看，第三季度以来经济运行逐渐好转，工业和服务业生产不断恢复、政府投资加速、消费有所好转，经济回暖的积极因素不断积累，为全年经济增长打下坚实基础。综合预测，城口县2023年地区生产总值预计实现70亿元，同比增长7%左右；农业生产总值增加值同比增长7%左右，规模以上工业企业增加值同比增长15%左右，财政一般公共预算收入同比增长7%左右；固定资产投资增长12%左右；社会消费品零售总额增长7%左右。

二、2024年经济运行的环境分析及主要指标预测

（一）经济运行环境分析

从国际层面看，当前世界经济正处于深度调整之中，复苏动力不足，地缘政治风险加大，不确定、不稳定因素增多，全球经济增长放缓。从全国层面看，随着全球经济一体化的发展，我国经济与世界经济的联系日益紧密，在复杂的形势下，国家正在进行稳增长政策的预调微调，整个经济增长止跌企稳迹象越来越明显，随着经济的逐渐复苏和科技创新的推动，未来经济发展将迎来新的增长点和变化，经济形势逐渐稳固，经济预期出现好转。从市级层面看，重庆加快推动成渝地区双城经济圈、西部陆海新通道建设，持续深耕科技创新、先进制造、现代服务、民营经济等领域发展，强化政策"工具箱"和"组合拳"落地见效。随着"33618"现代制造业集群体系、科技创新生态、数字重庆逐渐成形，民营经济发展支持政策加快落地见效，全市经济活力将不断释放。从县级层面看，重庆市推动成渝地区双城经济圈建设、数字重庆建设为城口经济高质量发展注入强劲动力，国家乡村振兴重点帮扶县"一县一策"、以县城为重要载体的城镇化建设推动城口城乡发展向前迈进，突出的资源优势和一直以来坚持的生态优先绿色发展道路为城口带来可持续的发展潜力，随着各项政策措施持续显效、转型升级潜力持续释放、经营主体动力持续增强，城口县经济将持续稳定回升向好。

（二）主要指标预测

初步预测，城口县2024年地区生产总值增长6%，城乡居民收入增长与经济社会发展同步，生态环境质量持续改善，单位生产总值能耗、主要污染物排放等约束性指标将完成市级下达目标任务。

三、政策调控措施建议

2024年是贯彻落实推动成渝地区双城经济圈、西部陆海新通道建设，深入推进新重庆建设的开局起步期，是城口县着力推动"三县一城一枢纽"建设的关键突破期。城口县将以习近平新时代中国特色社会主义思想为指导，深入贯彻党的二十大精神，认真落实市第六次党代会，市委六届二次、三次全会和县第十四次党代会，县委十四届五次全会精神，坚持稳中求进工作总基调，瞄准现代化目标要求，全面融

入成渝地区双城经济圈和西部陆海新通道，加快建设"三县一城一枢纽"，努力保持经济平稳健康运行。

（一）在巩固衔接上作出新示范，全面推动乡村振兴

聚焦"两高于、一底线，两缩小、一消除"目标，全面落实"三落实一巩固"要求，动态消除返贫致贫风险。坚持农业农村优先发展不动摇，围绕抓重点、补短板、强弱项，扎实推动"五个振兴"，稳妥有序推进乡村产业、乡村建设、乡村治理，深化农村改革，建设宜居宜业和美乡村。

（二）在融入成渝地区双城经济圈建设上迈出新步伐，增强县域经济发展新动力

抢抓政策机遇，密切关注、跟踪上级重大政策走向，紧密联系市级相关部门，力争将城口县更多政策需求和重点项目挤进国家和市级盘子，统筹抓好交通、水利、能源、电力、通信等基础设施建设。大力发展"交通+"产业，推进交通与物流、交通与旅游融合发展，带动人流、物流、资金流、信息流集聚，推动通道创造经济价值、提升经济效益。

（三）在建设山清水秀美丽之地上迈上新台阶，增强县域经济发展竞争力

坚持把保护生态作为最大的责任，守住发展和生态两条底线，筑牢长江上游重要生态屏障，加快建设山清水秀美丽城口。持续打好污染防治攻坚战，加强联防联治，深入落实"河长制""林长制""路长制"，推广互联网、大数据、智能化等技术在生态环保领域的应用，增强生态环境保护协同性、有效性。

（四）在产业绿色发展上探索新路子，增强县域经济发展支撑力

坚持把发展经济的着力点放在实体经济上，立足资源禀赋和现实条件，提质发展山地特色效益农业，加快培育绿色低碳新兴产业，因地制宜发展乡村旅游、休闲农业，迭代升级产业发展思路，专班推进文旅康养、中药、老腊肉、大木漆等特色产业，加快构建"1+3+N"制造业产业体系，培育壮大食品及农产品加工、绿色建材及新材料、现代中药、清洁能源主导产业，推动农业"接二连三"、融合发展，扎实推进山区库区强县富民和现代化。

（五）在统筹城乡融合发展上展现新面貌，增强县域经济发展内生动力

完善城市功能，实施老旧小区改造、城市绿化等重点工程，推进生活社区、商贸街区、文旅景区建设，提升城市经济品质、人文品质、生态品质、生活品质，高标准建设东部新区，加快建设宜居宜业宜游的大巴山生态康养城。统筹整合国家、市级城镇化建设政策，加快激活城乡要素资源，打造"小县大城""强镇带村"试点示范，增强承接县城、辐射乡村的能力。

（六）在全面深化改革创新上厚植新优势，增强县域经济发展驱动力

推进以数字化变革为引领的全面深化改革，建设数字政府，培育数字社会，加速县域治理体系和经济社会发展数字化变革，更好地让数字化为经济赋能、为生活添彩。持续实施以大数据智能化为引领的创新驱动发展战略，加大科技创新突破攻坚，为高质量发展提供强大科技支撑。持续优化营商环境，推进政务服务改革，统筹提升政务环境、法治环境、市场环境、创新环境和要素保障环境，增强经营主体获得感和满意度。

（七）在保障和改善民生上取得新成效，增强县域经济发展聚合力

继续坚持每年集中人力、物力、财力，聚焦托幼、上学、就医、养老等民生短板、弱项，新办一批民生实事，确保办好、办实、办到群众心坎上，实现幼有善育、学有优教、劳有厚得、病有良医、老有颐养、住有宜居、弱有所扶、家有关爱。加快落实稳就业政策，大力培育壮大劳务经纪人、创业致富带头人，做好高校毕业生、农民工等重点群体就业服务，继续实施人才培训，不断改善就业结构。

[城口县发展和改革委员会　李　先]

之六：2023年丰都县经济运行分析及2024年展望

2023年以来，丰都县以习近平新时代中国特色社会主义思想为指导，全面贯彻党的二十大精神，深入落实重庆市第六次党代会和市委六届二次、三次全会精神，围绕"打造先进材料产业新城、世界文化旅游名城"目标，将成渝地区双城经济圈建设作为"一号工程"，坚持想好了再干、看准了大干，突出"稳进增效、除险清患、改革求变、惠民有感"工作导向，团结带领党员干部群众答好"丰都八问"，现代化的美丽丰都建设取得新进展新成效。

一、2023年丰都县经济运行情况

（一）从发展指标看，经济社会运行企稳向好

1—9月，丰都县实现地区生产总值292.2亿元，同比增长5.7%，增速居渝东北第7位、全市第22位。其中，第一产业增加值39.2亿元，同比增长3.9%；第二产业增加值112亿元，同比增长6.4%；第三产业增加值141亿元，同比增长5.6%，三次产业结构优化调整为13.4∶38.3∶48.3。固定资产投资113.8亿元，同比增长11%；农林牧渔业总产值60.9亿元，同比增长4.2%；建筑业总产值229.5亿元，同比增长13%；社会消费品零售总额178.6亿元，同比增长8.9%；金融机构本外币存贷款余额同比增长13%；城镇居民人均可支配收入34138元，同比增长3.7%；农村居民人均可支配收入15105元，同比增长7.4%。

（二）从发展基础看，三次产业高质量协同发展

一是乡村振兴成果丰硕。丰都县入选国家农产品质量安全县，牛肉年精深加工能力达到15万吨、年加工销售麻辣鸡200万只、藠头年加工2500吨、三和实业榨菜单个企业出口量保持全市第一。构建"新农人+村集体+农户"利益联结机制，培育新农人3924人，联结农户4.38万户、12.68万人。构建"1+5+X"共富产业体系，发展肉牛养殖、蔬菜种植等共富农场165个，飞地共建香葱共富农场2000余亩。建设高标准农田41.37万亩，新增撂荒地复耕复种4461亩。脱贫人口小额信贷累计发放2.04万户次、9.37亿元，获贷率104.44%，居全市第一。二是工业发展基础更牢。签约投资200亿元的东方希望玻璃纤维及复合材料、投资105亿元的埃普诺硅碳负极材料2个百亿级大项目。东方希望固废处置中心建成投产，绿岛源绿色矿山、金籁电子、龙璟高档生活用纸等项目即将投产。建成110千伏输变电站2座、220千伏变电站1座，与中石油西南油气田达成年供6亿立方米工业用气合作协议，推动境内页岩气年开采1800万立方米，工业经济要素保障更加完备。三是文旅产业亮点纷呈。时隔三年恢复举办丰都庙会，吸引中外游客约150万人，名山景区时隔26年游客人数再次突破100万人。精心筹办首届丰都祈福文化节、中元节，持续举办南天湖冰雪旅游季、啤酒露营音乐狂欢季等文旅活动，高质量承办全国大学生篮球联赛等体育赛事。1—9月，接待游客2681.88万人次、实现旅游综合收入127.47亿元，同比分别增长19.6%、4.3%。

（三）从发展态势看，经济三驾马车合力增长

一是投资拉动效果明显。横五路、培元中学、十直水库、丰都港升级改造等一批重点项目序时推进，育才中学、观音岩水库、名山景区亮化提升等项目竣工投用，渝万高铁、垫丰武高速、栗子湾抽水蓄能电站、飞龙水库等项目提速推进，玻璃纤维、红心柚深加工等招商引资项目签约落地，重大项目投资超95亿元，社会投资占比达到65%。二是消费活力持续释放。开展"有福同享"万人牛肉火锅宴等大型促销活动10余场，实现会展收入3150余万元。组织90余家企业参加西洽会、跨交会、南充啤酒节等活动，实现展销收入超过300万元。推动区域性国际消费中心城市建设试点，四方田美食街火爆营业，龙城天街整体交房，市民消费场景日趋完善。打造8个乡镇电商直播基地，实现农产品网络零售额14.86亿元，带动物流进出港总量2142.16万件。三是对外贸易增长迅速。抢抓RCEP等贸易机遇，组织外贸企业参加墨西哥经贸对接活动、香港美食博览会、巴西经贸对接活动，现场确定8200余万美元订单。深化通关便利化改革，自由贸易试验区联动创新区平台项目获批落地丰都，建成"两群"地区首个冷链公用型保税仓库，在全市首创保税进口模式，9月首次实现保税业务。

（四）从发展格局看，区域协调发展持续进步

一是"一号工程"有声有色。乡村建设和乡村治理融合试点、现代畜禽产业基地、南天湖旅游度假区提档升级等6个市级重大事项均已完成年度目标。持续加强与四川省信息互通、工作协同，安置四川籍随迁适龄子女56人，实现"零条件"就近入学；向四川籍游客提供5折"双城票"优惠，推出"景区门票+酒店"联合优惠政策，覆盖四川省约2000家旅行社；召开4次知识产权保护协作电视电话会议，与南充、德阳等地开展4起跨省远程异地开评标；开设"川渝通办"专窗，公安、民政、税务等部门311项事项实现"异地受理、两地可办"。二是协同发展互利共赢。与巴南、荣昌完成协作招商引资项目2个，到位资金7500万元。推动6家优质企业建立合作关系，举办展销会3场，销售丰都农特产品2400万元。开展就业培训340人，提供就业岗位1.5万个。安排对口帮扶项目14个、资金2223万元，重点支持乡镇产业基础配套设施建设。三是城乡融合发展加快。以"小县大城"试点工作为主线，推进以县城为重要载体的新型城镇化建设，摸底栗子湾抽水蓄能电站、竹田湾水库、陈家沟水库及地质灾害隐患点需搬迁农户1486人，结合打造"未来社区"积极谋划搬迁安置政策。实施农村低收入群体动态新增危房改造139户，保障性住房配租3624套，实现30个镇乡街廉租住房全覆盖。实施74个老旧小区改造96.87万平方米，惠及1.68万户。完成城市绿地改造提升7万余平方米，新建城区公厕15座，新增小微停车位1611个、路内停车位125个。

（五）从发展动能看，改革创新活力不断激发

一是数字化转型成效初显。成立数字重庆建设领导小组和7个专题组，红岩先锋丰都智慧党建、"法治·丰羽童行"2个特色应用即将上线。推动"信易贷·渝惠融"平台为377个经营主体授信3788.6万元。依托"渝快办"深化政务服务"一网通办"，行政审批环节压缩76%，行政许可事项全程网办占比超过90%，"一窗综办"网上受理政务服务事项4.64万件，按时办结率100%。二是政务服务改革持续发力。创新搭建"1号茶叙日"政企交流平台，建立涉企问题闭环管理机制，开展茶叙活动8次，收集诉求建议159个，问题办结107个，办结率67.3%。着力打造法治化营商环境，设置"企业宁静日"，税务、市场监管、城市管理等五大行业领域行政处罚"首违不罚""轻微免罚"事项158项。建立领导干部联系民营企业机制，出台《丰都县深化服务民营经济十项措施》，开展规模以上民营企业调研走访82家、解决问题47个，帮助35家企业成功修复信用。三是基层治理成效明显。深入推行以党建"三开"促治理"三互"，全面开展党员干部登记注册报到，细化网格颗粒度，确保矛盾化解在基层、扼杀在萌芽。坚持

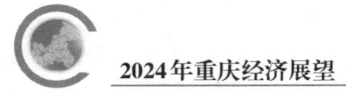

"党建为魂、家庭为根、组织为本",迭代升级家庭教育互助会41个,联结家庭3254个、未成年人4685人,经验做法获重庆市委书记肯定性批示。

(六)从发展方式看,绿色低碳创新迈出坚实步伐

一是环境质量持续向好。成立碧溪河流域污染治理指挥部,将碧溪河沿线污水处理厂(站)、工业企业、榨菜加工户等污染源纳入视频监控范围。依托东方希望水泥窑4号线协同处置固废项目,建立污染土壤处置监管体系。开展水环境、大气污染防治等10项专项行动,前三季度空气优良天数达到261天,居渝东北第4位。二是新能源体系建设蹄疾步稳。完成装机42万千瓦风力发电项目,1—9月发电6.51亿千瓦时。栗子湾抽水蓄能电站替代水源吕家沟水库完成工程量70%,完成投资4.1亿元。新建成0.23万千瓦沼气发电项目和0.23万千瓦光伏发电项目,装机1万千瓦的垃圾焚烧发电项目完工50%。三是创新驱动能量更足。获批建设国家创新型县,设立博士后科研工作站,与西南大学、市农科院等高校院所建立合作关系,开展技术指导1300余次,调研产业1574次,解决技术难题150余项,推进市县级重点科技项目3个。高新技术企业发展迅猛,新增科技型企业110家,规模以上企业研发经费投入达到2.05亿元,同比增长111%。

(七)从发展成效看,社会民生事业稳步向前

一是教育水平逐步提升。引进重庆育才中学合作办学,重庆谢家湾丰都幸福小学办学实践获新华社专刊报道,举办首届科学教育高质量发展高峰论坛,高中阶段教育毛入学率达到97%,中职毕业生双证获取率、就业率均达99%以上。二是卫生事业长足进步。县人民医院肿瘤放疗中心主体完工,县中医院住院综合楼建成投用,建成基层标准发热门诊(室)30个,龙河、社坛两个区域医疗次中心获市级批准,免费"两癌"筛查宫颈癌12000人、乳腺癌8026人,为适龄女性免费接种HPV疫苗3125剂次。三是用心用情促进就业。丰都县零工市场建成投用,建成3家"渝馨家园"残疾人就业中心,发放创业担保贷款6080万元,实施就业技能培训3430人次,实现脱贫人口务工就业3.6万人,城镇新增就业5193人。四是创新做好养老服务。整合养老服务中心、村(社区)养老服务站等资源,构建"1+N"老年全覆盖助餐服务体系,132个老年食堂投入运营。

二、2024年经济运行环境分析及主要指标预测

从全球看,俄乌战争仍在持续,巴以冲突硝烟再起,对全球大宗商品市场带来较大冲击。同时,美国联邦政府财政赤字呈现爆炸式增长,已突破33万亿美元,相当于其国内生产总值的122%,给世界经济带来更大的不确定性。国际货币基金组织预计2024年全球经济增长率为2.9%,远低于2000—2019年3.8%的历史平均水平,全球经济仍将蹒跚前行。从全国看,人口老龄化问题日益严重,国内需求不足,重点领域风险隐患较多,特别是房地产市场连续3年处于下行周期,经济运行面临新的困难挑战。但是,随着我国陆续在5G、半导体和新能源汽车等领域取得突破,高新技术产业正逐步成为引领经济高质量发展的重要引擎,产业结构优化升级的趋势不可逆转,国民经济持续恢复向好态势明显。从全市看,站在"新时代、新征程、新重庆"的起点,市委、市政府将建设成渝地区双城经济圈确立为市委"一号工程",以数字化变革为总牵引,加快建设西部陆海新通道,着力构建"33618"现代制造业集群体系,先后出台一系列重大举措,新能源汽车和新材料产业作为重庆制造业"新名片"在国内外市场产销两旺、表现亮眼,经济发展活力潜力持续释放。从丰都县看,通过新农人、共富农场、新丰书院三大抓手破题乡村振兴,以畜禽养殖为重点的现代山地特色高效农业前景广阔。投资200亿元的东方希望玻璃纤维及复合材料、投资105亿元的埃普诺硅碳负极材料2个百亿级大项目成功签约,东方希望固废处置中心、金籁电

子、龙璟高档生活用纸等一批重点工业项目陆续建成投产，将成为工业经济新的增长引擎。"丰都文化研究"重大课题成功结项，鬼城文化走出纠结、走向未来，南天湖国际旅游度假区日新月异，文旅产业发展基础日益牢固。

综合分析各方面因素，2024年丰都县经济将保持稳定增长态势，预计地区生产总值同比增长6%左右。

三、2024年政策调控措施建议

（一）夯实产业基础，稳住经济增长基本盘

一是持续壮大山区特色农业。重点支持领军型企业10家、成长型企业10家，新发展市级龙头企业2家、国家级龙头企业1家，推动恒都公司打造"百亿恒都"并加快A股上市。筹建新农人专项资金，力争新培育新农人4000人。以深化农村"三变"改革、"三社"融合发展为重点，推动村集体经济组织年经营性收入10万元以上的村达到100%。二是加快建设现代工业体系。坚持把工业作为"举旗产业"，着力构建"3+2"新型工业产业体系。强化能源、原材料等要素供给，推动玻璃纤维、硅碳负极2个百亿级大项目按期开工，促进龙璟高档生活用纸、绿岛源绿色矿山等项目如期竣工投产。三是打造世界知名旅游目的地。持续举办丰都庙会、祈福文化节等重大节会活动，擦亮"来世界的丰都·看丰都的世界"金名片。打造"旅游+体育""旅游+农业"等融合发展新业态，加快智能微轨、夜游南天湖、探险主题公园等项目建设，推动南天湖国际旅游度假区提质升级，构建以露营、民宿、夜游经济等新业态为支撑的城市近郊游体系。

（二）提升发展动能，激发市场需求活力

一是推进项目投资提质放量。深入开展"抓项目促投资"专项行动，及时解决要素保障、政策落实等关键问题，完成渝宜高铁丰都段方案设计，建成丰彭二级路，开工建设游轮辅港至南天湖高速，全线推进渝万高铁丰都段和垫丰武高速建设。二是大力营造消费氛围。开展四季购物节等系列促销活动，举办四季乡村旅游活动，召开恒都牛肉和丰都麻辣鸡推介会。持续探索"数商兴农"模式，引导农民深度参与产业链上下游，深化产销对接，推动农产品向价值链高端延伸。三是持续深化对外开放。用好保税仓库、自贸试验区联动创新区等平台，帮助外贸企业降本增效。巩固传统日韩市场，深化墨西哥等"友城"合作，支持企业深入东盟、东南亚及美洲抢订单、拓市场，持续做大"开放经济"。

（三）全面深化改革，营造法治化市场环境

一是做好经营主体服务。完善领导干部联系企业制度，常态化开展"1号茶叙日"，对企业"一对一服务""点对点投送"，协调解决企业急难愁盼问题。探索行政执法清单制和申报制改革，严防多头检查、重复检查，推行柔性执法，落实"包容审慎"监管，营造良好法治环境。二是实施"亩均论英雄"改革。建立标准统一、管理规范、跟踪问效的标准地出让管理制度和不低于全市标准的工业项目建设用地控制指标体系，强化土地指标供应、用地履约监管、低效用地处置、集约用地评价等过程监管。推行分期供地、混合产业转换供地、多层厂房和地下空间高效供地等方式，提高土地配置效率。三是深化数字变革。用好"信易贷·渝惠融""渝企金服""长江渝融通"等线上融资服务平台，实现金融机构和企业融资信息高效互通。鼓励企业上"云"，促进中小企业数字化转型。延长数字经济核心产业链条，大力培育数字经济核心产业"四上"企业。

（四）保障民生供给，着力提升群众"四感"

一是构建现代化医疗体系。建立以电子病历和电子健康档案为基础的区域卫生信息系统，实现数据

共享交换。全面推进人民医院、中医院三级医院创建，大力推进乡镇卫生院甲级医院创建，加快感染控制中心等配套项目建设。二是书写质量强教新篇章。建成培元中学、专门学校，全面消除大校额、大班额问题。完善乡镇（街道）小学寄宿制配套功能，完善"一校多区"集团化办学机制，扩大优质教育资源共享面。三是用心服务群众就业。围绕软件和信息服务业、养老托育等重点行业及急需紧缺工种谋划就业培训课程，提高训后就业转化率。城镇新增就业4500人，应届高校毕业生年底就业率不低于90%，开展职业培训4000人次，发放创业担保贷款5000万元。四是用心服务"一老一小"。启动丰都县托育服务中心建设，加强社区托育服务设施与社区服务中心的功能衔接，推进托育服务进社区、进家庭、进机构。提高乡镇（街道）"中心带站"水平，引进专业社工和志愿者，为老年人提供文化娱乐、休闲健身、精神慰藉等服务，提高养老服务设施利用率。

[丰都县发展和改革委员会　朱　忠　陈　玲　皮雪锋　帅　麟]

之七：2023 年垫江县经济运行分析及 2024 年展望

2023 年以来，垫江县深入贯彻落实党的二十大和市委六届二次、三次全会精神，坚持稳中求进工作总基调，按照"稳进增效、除险清患、改革求变、惠民有感"工作导向，突出做好稳增长、稳就业、稳物价工作，加力推动产业突破发展，促进经济恢复增长。1—9 月，垫江县经济企稳回升、持续向好。预计全年地区生产总值增长 6.5% 以上，基本完成全年 GDP 增长 7% 的计划目标。

一、2023 年垫江县经济运行情况

（一）主要指标整体回升，运行态势向上向好，稳的基础不断加固

着力强化经济监测，加密运行调度，疏解堵点断点，促进经济合理增长。经济运行企稳回暖。1—9 月，垫江县地区生产总值 406.3 亿元，同比增长 6.4%，增速高于全国、全市 1.2 个、0.8 个百分点，高出第一季度和上半年 1.2 个、1.4 个百分点，排渝东北第 3 位，分别较第一季度、上半年上升 2 位、1 位，与完成全年 7% 的经济增长目标差距进一步缩小。财税金融平稳增长。一般公共预算收入 18.2 亿元，同比增长 28%，其中，税收收入 9.4 亿元，同比增长 19.9%；一般公共预算支出 47.9 亿元，同比增长 4.3%。各项存款余额 544.1 亿元，同比增长 11.6%；各项贷款余额 343 亿元，同比增长 7.3%，贷款增速高于上半年 0.5 个百分点。经营主体持续壮大。新净增经营主体 1.4 万户，同比增长 78.3%，其中，内资企业 2815 户，同比增长 64.2%，经营主体新发展率排渝东北第 2 位，累计培育"个转企"176 户，经营主体总量 7.7 万户，同比增长 24.4%。居民收入稳定增长。全体居民人均可支配收入 27575 元，同比增长 5.4%，其中，城镇居民人均可支配收入 36970 元，同比增长 3.7%，农村居民人均可支配收入 17773 元，同比增长 7.2%，农村居民收入增速高于城镇，城乡收入结构加速优化。

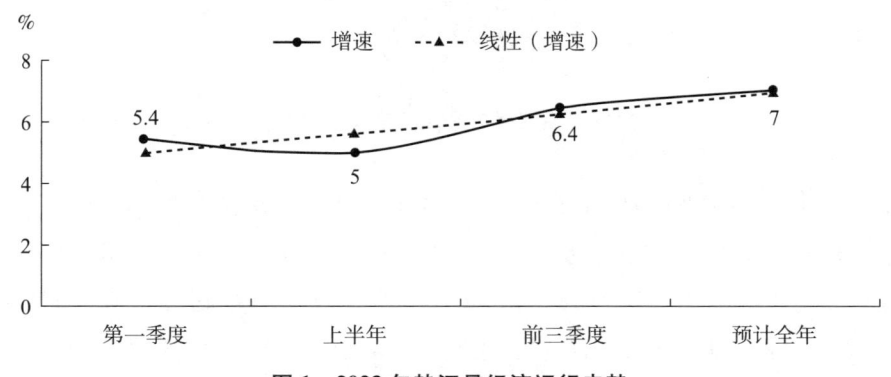

图 1　2023 年垫江县经济运行走势

（二）产业基础有力夯实，主导产业持续发力，进的支撑不断强化

实施产业发展突破年行动，积极应对工业经济下行压力，持续做大主导产业、做强战略性新兴产业、做精特色优势产业，全力提升产业核心竞争力。现代农业稳步发展。1—9 月，实现农业增加值 49.8 亿

元，增长3.9%。粮食果蔬喜获丰收，收获粮食41.1万吨，增长1.7%，蔬菜66.3万吨，增长3.5%，水果8.1万吨，增长11.9%，水果产量大幅增长，粮食年度生产目标任务超额完成。畜禽养殖稳步增长，生猪存、出栏分别达45.8万头、53.8万头，分别增长0.7%、6%；家禽存、出栏分别达465.8万只、513.6万只，分别增长7.4%、1.2%，带动牧业产值增长3.6%。工业经济平稳运行。规模以上工业增加值增长4.2%，规模以上工业企业累计实现税收3.1亿元，增长26.7%，工业企业用电、用气分别增长13%、11.4%。"2+1"主导支柱产业有力支撑，先进材料、汽摩装备分别实现产值98.2亿元、29.1亿元，分别增长8%、7.6%。新兴行业增长明显，垫江县新能源材料产值增长12.5%，财合新材料项目升规入库，拉动金属材料行业增长66.4%。工业投资大幅增长，累计完成工业投资68亿元，增长21%，增速较上半年提升3.9个百分点，排全市第14位，较上半年提升3位，其中，技改投资15.5亿元，增长13.6%。市级高新区"以认促建"任务即将完成（达标85%）。建筑业贡献突出。实现建筑业总产值316.8亿元，增长13.2%，排全市第9位、渝东北第2位。行业税收大幅增长，建筑业（含房地产）税收6.8亿元，增长162.9%，其中，县内税收6.4亿元，增长189.5%，县外回税4.4亿元，增长11.9%。建筑业对经济发展贡献度40.9%，拉动经济增长2.6个百分点。企业规模高位突破，累计新办、迁入建筑施工企业105家，升级一级专业承包企业7家，二级总承包企业10家，垫江县建筑施工企业达967家、建筑经营主体达到1001家。第三产业提质增效。实现三产增加值181.4亿元，增长5.3%，分别较第一季度和上半年提升2.9个、2.3个百分点。商贸平台加速拓展，中农联·渝东国际农贸城二期项目开工、垫江爱琴海购物公园项目复工，明月山网货研发加工营销基地加快建设。物流通道畅联畅通，垫丰武高速公路开工动建，G350连接道有序推进，交通邮政健康运转，客运周转量1.6亿人公里，增长6.7%，货运周转量16.4亿吨公里，增长4.9%；邮政业务总量1.9亿元，增长5.4%，业务收入增长13.5%；快递业务量601.8万件，增长24.2%，快递业务收入增长25.1%。

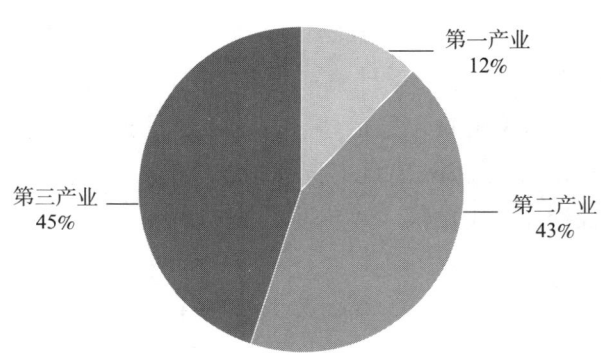

图2　2023年前三季度垫江县三次产业结构分布

（三）投资消费同向拉动，内需市场陆续升温，增的态势不断延续

统筹实施抓项目促投资和扩内需促消费专项行动，强化发展供给，提振市场信心，稳定消费预期，激发经济活力。投资动能接续积攒。1—9月，完成固定资产投资183.5亿元，增长11.7%，增速排全市第14位、渝东北第6位。做优有效投资结构量，民间投资增长6.2%，较上半年提升0.1个百分点，民间投资占比79.5%，较上半年提升1个百分点；第二产业投资占比35.5%，较上半年提升2.1个百分点。抓好重点项目建设量，29个市级建设项目开工在建18个，完工6个，完成投资29亿元，占年度计划投资的59.3%。184个县级年度重点建设项目开工在建108个、完工26个，完成投资64.5亿元，占年度计划投资的50.3%。做实重点项目提量，截至目前，已连续三次报送2024年度中央投资项目137个、总投资

191.4亿元，中央资金需求89.4亿元，投资信心不断增强，投资基础夯实牢固。消费潜能不断激发。实现社会消费品零售总额224.5亿元，增长9.2%，较上半年提升1.3个百分点，排全市第2位、渝东北第1位。批发住宿增能，批发业增长17.3%，较上半年提升1.3个百分点，排渝东北第2位；住宿业增长16.7%，较上半年提升0.6个百分点，排渝东北第1位。线上消费赋能，赵牛肉、川久蒸鸭、鹅莱福等26家经营主体"触网"发展，重庆千粉西施电子商务公司、大厨海泽农业等6家电商企业入驻垫江，实现电子商务交易额108.1亿元，增长18.4%，网络零售额4.9亿元，增长25.2%。主题消费扩能，围绕家居、家电、新能源汽车等大宗商品，实现绿色智能家电补贴10.9万元、新能源汽车置换补贴7.9万元。组织开展各类促销活动32场次，实现销售金额7.4亿元，组织30余家重点商贸企业，大力开展"爱尚重庆·渝悦消费"等系列活动，促销6.9亿元。文旅消费提能，牡丹水乡、房车露营基地、峰门驿站等标志性项目加快推进，接待国内外游客772.1万人，过夜游客35.2万人，旅游综合收入50.2亿元，分别增长25.1%、14.7%、25%。

（四）重点改革取得突破，开放合作互利共赢，新的动能不断集成

深入落实全国重大战略和区域协调发展战略，加快建设全国统一大市场，全要素推动经济恢复增长。"亩均论英雄"改革高效实施。按照《垫江县工业企业高质量发展评价办法（试行）》，对高新区内116家工业企业开展高质量发展质效评价，并结合评价结果，开展"七清理六落实一兑现"专项行动，全面清理低效用地及闲置资源，以二次招商等方式盘活利用闲置资源，全面提高土地利用效率。初步核算，高新区亩均产值达408.5万元，亩均税收达6.6万元，分别较上年同期提升34.3万元、0.4万元。"一号工程"扎实推进。联合举办明月山绿色发展示范带党政联席会第五次会议，签订落实《共建西部陆海新通道战略合作协议》等"1+3"文件。优化完善垫江县推动融入成渝地区双城经济圈建设领导小组组织架构，出台《垫江县推动成渝地区双城经济圈建设行动方案（2023—2027）》，细化安排未来五年垫江县"双城"工作思路和目标任务。纳入全市推动成渝地区双城经济圈建设"十项行动"的晶芯频控生产项目完成年度投资1.3亿元，明月山绿色装配式建筑产业基地等4个重庆市2023年度重点项目加快推进，成渝地区双城经济圈建设取得新成效。对外开放不断深化。外资外贸承压上扬，重庆和业运输有限公司、重庆吉牛物流有限公司取得国际道路运输资质，垫江县成为全市首个拥有2家国际道路货物运输企业的区县。垫江县西部陆海新通道货运量达287标准箱，高出上年全年249标准箱，实现进出口总额2.4亿元人民币，增长1.2%。招商引资成效明显，围绕"2+1"产业体系，精准招大引强，着力补链延链强链。累计签约招商项目59个，协议金额183亿元，其中，20亿元级以上项目2个。到位资金60亿元，完成年度任务92.3%。招引"垫商回归"项目56个，合同引资71亿元，投产项目5个，开工在建项目9个。

（五）城乡统筹协调发展，社会民生兜牢兜稳，好的局面不断呈现

聚焦城乡"两个基本面"，坚持城乡协同、民生优先，树立底线思维，全力筑牢经济安全发展底板。城乡建设协同推进。东部新区三合湖文化活动中心投用、城市博览中心和旅游集散中心即将竣工。明月山乡村振兴示范带提速建设，天香路附属工程提档升级，明月山房车露营基地等一批标志性项目即将建成，完成"四好农村路"建设87公里，超时序进度23个百分点。民生实事加快完成。年度20件重点民生实事提前完成15件，累计完成投资3亿元，占年度投资计划的88.4%，其他5件序时推进。普通高考重本上线率高于全市平均水平，清华北大录取3人。垫江县城乡养老、失业、工伤保险参保人数分别完成全年任务的102.6%、108.8%、93%。社会就业有力保障。发放创业担保贷款2.4亿元，完成率242.7%，开展创业指导服务281次，提供免费创业工位90个，新认定县级创业孵化基地1家，举办招聘活动43场，达成就业意向6608人。垫江县新增城镇就业5321人，完成全年目标任务95%。稳定脱贫人口就业

9751人，超年度考核目标任务810人。粮食物价安全稳定。完成储备粮轮换2万余吨，新增粮食应急供应网点4个，新增1.2万吨县级储备粮，全年稳定储粮12万吨以上。积极做好重点民生商品价格调控，居民消费价格增长0.1%，居民消费价格指数稳控在3%以内。

二、存在的主要困难和问题

1—9月，垫江县经济恢复增长的内生动力和长期向好的基础还不稳定，发展的环境充满不确定性，经济发展的周期性和结构性矛盾交织叠加，仍面临着一些困难和问题。

（一）农业经济持续下滑

受生猪疫病和市场价格波动影响，1—9月生猪存出栏较上半年双双回落，粮食、蔬菜小幅增长，第一产业投资增速下降14.6%，降幅较上半年扩大10.3个百分点。第一产业增加值增长3.8%，增速分别较第一季度和上半年下降1.2个、0.7个百分点，对经济的贡献度由上半年10.2%下降到7.7%。

（二）工业经济增长动能不足

受工业产业转移、企业销售订单下滑等因素影响，工业经济增速放缓。经济贡献度减弱。规模以上工业增加值仅增长4.2%，低于全市1.5个百分点，分别较第一季度、上半年下降4.3个、0.3个百分点，工业对经济的贡献度仅有13.5%。存量企业增长乏力。目前，垫江县153家规模以上工业企业中已停报29家，累计产值负增长企业22家，其中，兴发金冠累计实现产值下降4.3亿元，任丙科技下降0.8亿元。新增规模以上企业不足。工业企业升规培育不及预期，1—9月累计培育升规企业仅4家（实现产值4.9亿元），原计划升规的信华新材料、三峰新能源等企业主营业务收入未达标而"搁置"，预计全年新培育规模以上工业企业10家，较年初计划相差5家。

（三）市场消费潜力激发不够

受市场信心不足、预期转弱等因素影响，消费对经济的拉动仍有差距。大宗消费活力不足。1—9月，汽车零售额增速9.6%，分别较第一季度和上半年下降2.5个、0.6个百分点；家电零售额增速16.8%，较第一季度下降2.4个百分点，较上半年仅增0.7个百分点。房地产复苏缓慢。受房地产深度调整以及恒大、类恒大事件负面影响，居民购房意愿不强，开发商销售回款缓慢，资金周转受阻，拿地热情降低。1—9月垫江县商品房销售面积66.7万平方米，下降19.6%，降幅排全市第27位、渝东北第8位，完成房地产投资27.5亿元，下降3.4%。红星爱琴海三期、长安天樾二期、集美牡丹湖天麓等项目仍面临"保交楼"风险。商贸主体面临压力。上半年商贸主体下限退库50余家，文体娱乐企业注销148家，1—9月零售业增长9.2%，较上半年回落3.1个百分点；餐饮业增长11.4%，较上半年回落2.8个百分点。

（四）有效投资高位拉动回落

受国家投资政策、地方债务管控政策和垫江县重点项目放量不足等因素影响，投资持续增长面临压力。高位增长有回落。1—9月，垫江县固定资产投资增速11.7%，较第一季度（18.2%）下滑6.5个百分点，保持两位数高位增长存在压力。项目建设有差距。1—9月，29个市级建设项目未开工3个，暂停2个，投资欠序时进度15.7个百分点；184个县级年度重点建设项目未开工32个，暂停18个，投资欠序时进度24.7个百分点。资金保障有隐忧。受地方债务管控影响，全市对政府投资项目进行严格清理管控，对资金保障不足的18个项目（总投资19.3亿元）建设"叫停"，同时，随着2024年地方债务化解任务加重、专项债券投资政策收紧，垫江县项目建设资金保障不确定性因素增加。

三、经济运行环境分析及2024年展望

2024年经济形势复杂性挑战性可能会更加突出。国际市场需求不确定性较大，美国等西方国家持续对我国遏制打压，国内经济周期性、结构性矛盾交织，企业恢复、结构优化、动能转换需要一个过程，但机遇和挑战并存，机遇大于挑战。我们能清醒地看到，经济恢复是一个波浪式发展、曲折性前进的过程，全国、全市、垫江县经济稳中向好、长期向好的基本面没有变，经济发展的韧性和潜力俱在，良好的产业支撑俱在，投资消费、创新开放的动力活力俱在。一是党中央、国务院出台经济金融"政策包"。2023年10月30日，中央金融工作会议召开，为明年经济工作提供了有力的金融政策支持；2023年10月24日十四届全国人大常委会第六次会议审议增发1万亿国债，支持灾后恢复重建和提升防灾减灾救灾能力，撬动地方专项债2.75万亿，将加力市场信心恢复，拉动宏观经济恢复增长，保障2024年经济质的有效提升和量的合理增长。二是全市完善经济调节政策"工具箱"。全市党建统领五项机制、八张问题清单、八张报表工作有力有效推进实施；全市"一县一策"推动山区库区高质量发展、推进以区县城为重要载体的城镇化建设方案、推进制造业"亩均论英雄"改革的指导意见、全市2023年优化营商环境激发市场活力重点任务清单等一系列政策文件集成放量，为做好2024年全市经济工作提供有力的政策保障。三是重庆市委、市政府赋予垫江"新定位"。2023年10月18日至20日，市委书记袁家军调研垫江，要求"垫江按照主城的卫星城（郊区新城）纳入主城都市区一体发展，与涪陵、长寿等区县融合发展，并毫不动摇抓好工业经济和现代品牌农业"。为垫江当前和今后一段时间，加力推动经济高质量发展，提速融入主城都市区，打造产业新高地指明了前进方向、提供了根本遵循、增加了强劲动能。四是夯实经济发展"压舱石"。大力实施"一号工程"，推动融入成渝地区双城经济圈建设，将明月山装配式建筑产业基地（三期）等5个跨区联动重点项目（总投资90余亿元）申报纳入全市2024年重点项目清单赋能推进，着力在开放融合中增强内生发展动力。同时，紧扣县十五次党代会发展定位，加力构建"三个功能区"，加速建设"四大工程"，精准谋划2024年年度重点建设项目140个左右，总投资800余亿元，年度计划投资100亿元左右，支撑固定资产投资增长6%以上，努力通过重点领域突破带动县域经济全面发展。

展望2024年，垫江县经济将延续稳中有进、稳中向好的恢复增长态势，有信心能够实现增速"高于全国全市水平"目标，预计全年GDP增长6%左右，规模以上工业增加值增长8%左右，农业增加值增长4.5%左右，固定资产投资增长8%左右，社会消费品零售总额增长8.5%左右，一般公共预算收入增长8%左右，城镇新增就业6500人以上，全体居民人均可支配收入增长7.5%左右。

四、主要工作思路和举措

2024年，垫江县将深入贯彻落实党的二十大，市委六届二次、三次全会精神，坚持稳中求进工作总基调，按照"稳进增效、除险清患、改革求变、惠民有感"工作导向，持续推动国务院、重庆市委、市政府助推经济恢复增长一揽子政策落地。在充分考虑宏观经济走势、区域发展位势、垫江县"十四五"规划后半程发展目标、县十五次党代会发展蓝图推进等因素基础上，重点抓好七个方面工作。

（一）落实重大战略，全力"促转化"

坚持把贯彻落实党的二十大精神和市委六届二次、三次全会精神充分结合起来，打通贯通、一体推进，并按照县十五届四次、五次全会工作部署，按照"十四五"规划"后半程"发展目标任务，着力在战略上布好局，关键处落好子，提速构建"三个功能区"，加快实施"四大工程"，努力实现"五大跃升"目标，提速融入主城都市区，打造产业新高地，加快建设生态美、经济强、百姓富现代化新垫江，

加快推动把一系列重大战略部署、规划安排尽快转化为垫江现代化建设的强大动力和生动实践。

（二）围绕目标任务，聚力"强调度"

一是抓经济运行调度。围绕年初政府工作报告、计划报告确定的目标任务，周监测、月调度、季分析，常态化抓好经济运行调度，压实工作责任，努力推动年度各项工作任务顺利推进、圆满成色。二是抓经济报表工作。深入落实重庆市委、市政府党建统领五项制度，坚持把做好经济报表工作作为推动垫江县经济高质量发展的重要切入点和突破口，按照经济报表四大类40项指标要求，落实落细任务、压紧压实责任、精准指标调度，合力交出2024年垫江县经济高分报表。三是抓"市对县"考核。坚持目标导向、过程导向、结果导向相统一，积极对接争取，认真梳理考核任务，研究出台考核细则，全过程确保垫江县"市对县"考核成绩升位进位。

（三）做实重点项目，稳定"投资量"

一是策划重点项目。围绕2024年发展目标、重点任务以及垫江县发展短板、民生需求，加快梳理完善项目单子，扎实策划一批具有代表性、示范性、可行性的重点项目，为2024年工作打好基础。二是争取项目资金。抢抓2023年1万亿元国债、2.7万亿专项债券和2024年中央预算内项目申报的"窗口期"，横向通力合作，纵向精准对接，确保申报项目成功审核入库、获得更多支持。三是加力项目建设。紧扣年度重点建设项目，建立健全重点项目日监测、月调度和县长周例会机制，进一步强化重点项目红黄绿"三色评价"，清单化、台账化、责任化推动年度重点项目建设放量，确保全年固定资产投资增长8.5%左右。

（四）做强工业实体，培育"增长点"

一是实施工业"小培优"行动计划。挂图作战，按月调度，动态建立更新工业企业"小培优"清单，打表推进"小培优"工作计划，确保全年新培育规模以上工业企业10家，力争全年新培育规模以上工业企业15家，全面夯实工业经济基础。二是深化"垫小二"助企行动。坚持问题导向，强化服务意识，聚焦问题解决，提升"垫小二"服务企业质效，分类梳理形成企业问题清单与工作台账，每周进行通报更新，确保发现问题精准解决、全部销号。三是提速项目招商落地。根据项目成熟度和土地供应现状，专班推进澄溪工业储备地及标准化厂房新地块、腾盛地块、国瑞三期等地块征地、拆迁、平场工作，按照能快则快尽量快的原则，全力保障招商引资项目落地建设。

（五）提振市场信心，激发"新活力"

一是千方百计育主体。持续推进"一件事一次办"和小切口服务经营主体便民改革措施落实，全力支持"高精尖"经营主体发展，引导支持"个转企、小升规、股上市"，形成梯次培育机制，不断壮大经营主体规模、提高经营主体质量。二是多措并举促消费。加快推动中农联·渝东国际农贸城、明月竹乡、峰门驿站等一批消费热点项目建设，不断为市民提供消费"好去处"。靠前落实全市支持经营主体发展推动经济企稳恢复提振政策举措，大力发展网络销售、直播带货等新业态，有效依托24届中国重庆（垫江）牡丹文化旅游节、2024年牡丹花节等节庆活动，深入挖掘主题消费潜力，开展家居、建材、汽车等大宗消费促进活动，全面提振内需市场消费活力。三是全力以赴保就业。坚持通过稳就业增收入来提升市场消费能力和水平，持续推动惠企纾困政策直达快达企业，及时兑现助企惠民补贴，稳步扩大就业岗位，确保全年新增城镇就业6500人以上，全力稳住居民收入，夯实市场消费基础。

（六）深化区域合作，画好"同心圆"

一是加快开放通道建设。大力实施交通物流枢纽建设工程，提速垫丰武高速公路和G350连接线道路工程建设，加快推动长垫梁货运铁路、高新产业大道、东部快速通道等项目前期工作，持续构建"铁公联运"交通网络体系。二是联合唱好"双城记"。依托明月山绿色发展示范带平台，清单化、项目化、责任化推动"行动方案"十项任务落地。联合毗邻区县推动垫江县"1+4""双城"重点项目建设，尽快形成一批可视化多、标志性强、辨识度高的合作成果。三是促进城乡融合发展。积极配合市发展改革委开展全国新型城镇化示范县建设成效督导评估，争取"小县大城""强镇带村"工作试点，"一县一策"推动城乡一体协调发展。

（七）夯实发展底板，织密"安全网"

一是稳控地方债务风险。细化 2024 年化债计划，推动银行展期置换尽快落地，加快融资对接，做好应急周转，有力有序化解政府债务，确保债务红线不突破。二是保障粮食能源安全。健全粮食收储机制，开展粮食购销定期巡察，确保全年各类储粮 10 万吨以上。落实国家"双碳"政策，推动整县光伏发电试点项目建设，推广分布式光伏能源应用，保障天然气长输管网安全，稳定能源供给。三是全力确保安全生产。扎实做好"保交楼"工作，促进房地产市场平稳健康发展。严格落实常态化安全生产"15 条硬措施"，推进企业标准化建设，开展道路交通、建设施工、危化品、消防等领域安全生产专项整治和防灾减灾救灾工作，坚决杜绝较大及以上生产安全事故和自然灾害责任事故。

［垫江县发展和改革委员会　刘成富　王　印　谭　立］

之八：2023年忠县经济运行分析及2024年展望

2023年，忠县全面贯彻党的二十大及二十届二中全会精神，坚持以习近平新时代中国特色社会主义思想为指导，坚持稳中求进工作总基调，完整、准确、全面贯彻新发展理念，积极服务和融入新发展格局，着力推动高质量发展，认真落实市委六届二次、三次全会精神及县委十五届二次、三次、四次全会精神，准确把握"1116"总体工作思路，努力实现"稳进增效、除险清患、改革求变、惠民有感"，加快建设三峡库区特色中等城市特色产业集群县域样板，确保新时代新征程全面建设社会主义现代化新忠县开好局、起好步。

一、2023年忠县经济运行分析

（一）经济运行特点

前三季度，忠县实现地区生产总值390.65亿元，同比增长6.6%，增速分别高于全国、全市1.4个、1.0个百分点，在全市和渝东北片区分别排第10位和第1位。其中，第一产业实现增加值46.54亿元，同比增长3.6%；第二产业增加值174.14亿元，同比增长9.0%；第三产业增加值169.98亿元，同比增长5.2%。

1. 抓项目促投资对稳定忠县经济增长作用明显

在"四专周赋色、月推季考核"机制运行下，重点项目建设进度持续加快，推动前三季度忠县完成固定资产投资总额209.56亿元，同比增长13.1%，增速同比提高3.2个百分点，比全市高9.5个百分点；忠县注册地资质建筑业总产值达到136.34亿元，同比增长12.1%。固定资产投资和建筑业产值合力支撑建筑业实现增加值92.68亿元，同比增长12.0%，在GDP中占比持续提升到23.7%，连续保持忠县经济增长第一支柱，拉动GDP增长2.5个百分点。

2. 工业经济运行总体稳定

前三季度，忠县规模以上工业增加值达到51.58亿元，同比增长6.6%，比全市增速高0.9个百分点，比全口径工业增加值增速高0.6个百分点，规模以上工业占全口径工业的比重达到63.3%；忠县全口径工业增加值达到81.46亿元，同比增长6.0%，较上半年提高1.7个百分点，拉动GDP增长1.3个百分点。尤其是战略性新兴产业、高新技术产业持续发展壮大，规模以上工业中战略性新兴制造业实现产值79.07亿元，同比增长5.2%，占规模以上工业产值的比重达到49.4%；高新技术产业实现产值93.87亿元，增长9.0%，比规模以上工业产值增速快1.5个百分点。

3. 农业生产形势总体较好

实现农林牧渔业总产值71.66亿元，同比增长3.8%。秋收粮食恢复性增长，实现产量36.44万吨，同比增长2.1%。蔬菜及食用菌产量29.07万吨，同比增长4.4%；水果产量47.02万吨，同比增长3.3%。畜禽养殖稳步发展，生猪出栏51.82万头，同比增长3.2%；牛出栏1.26万头，同比增长6.4%；羊出栏5.91万只，同比增长1.7%；家禽出栏332.37万只，同比下降5.8%。

4. 消费市场恢复提振

居民消费能力和消费意愿缓步提升,加之各地促销活动、旅游消费刺激,文旅、商贸消费市场活跃,忠县实现社会消费品零售总额195.23亿元,增长7.6%。成功举办"忠州八景新景开·忠义之城请您来"活动,忠县旅游接待1192.4万人次,实现旅游综合收入72.4亿元,分别增长22%、25.6%。

5. 财税金融总体向好

忠县财政一般公共预算收入17.31亿元,同比增长4.5%,其中税收收入9.64亿元,同比增长18.9%。忠县一般公共预算支出54.80亿元,增长4.3%。金融业稳定发力,增加值增长6.6%,较上半年提高0.2个百分点;9月末,忠县金融机构人民币存款余额662亿元,同比增长10.1%;贷款余额385.32亿元,同比增长7.5%,增速快于整体,经济活力不断释放。

6. 民生保障持续有力

前三季度,忠县全体居民人均可支配收入27178元,同比增长5.1%;9月末,忠县城镇新增就业5606人,城镇调查失业率为5.5%,重点人群帮扶就业率98.6%;城镇职工医保参保7.6万人、城乡居民医保参保73.77万人、失业保险参保3.35万人;享受低保人数1.69万人,支出低保金额8521.4万元。农村公路生命安全防护工程等13件年度重点民生实事提前完成,重庆一中忠县分校于9月顺利开学、重庆数字产业职业技术学院通过教育部备案,成功创建国家级"绿水青山就是金山银山"实践创新基地。

7. 改革动能提速释放

坚持"三个一批",以推进数字重庆建设为引领,加快推进亩均效益改革、强村富民综合改革等十大重点改革。前三季度,新增市级科技型企业129家,新增高新技术企业5家,新增市级"专精特新"企业10家;规模以上工业企业研发费用投入3.16亿元,同比增长1.64倍;实现互联网电子商务交易额34.52亿元,增长15.2%,"柑橘网"交易额累计突破100亿元。

8. 成渝地区双城经济圈建设有序推进

积极融入成渝地区双城经济圈和西部陆海新通道建设,计划总投资1784.5亿元、年度投资42.47亿元,梁忠疏港铁路、梁忠石高速公路前期工作推进有序,双城经济圈市级重点平台省部共建柑橘产地市场建设稳步推进,54个子项目推进良好。与达州、广安、渠县、成都高新区等地开展交通设施、旅游、产业发展、科技创新、飞地建园、商贸往来、人才交流等合作事宜。

(二)经济运行中存在的困难和问题

1. 经济综合实力偏弱

一是经济下行压力较大,第三季度GDP增速6.6%,横向比较差距小,优势并不明显;纵向比较难以达到全年GDP增速7%的预定目标,人均GDP低于全市平均水平。二是产业能级不高,目前尚无产值50亿元级企业,工业增加值仅占全市的1.3%,亩均税收仅有2.46万元,低于全市和渝东北平均水平。三是产业结构不优,农业占比较高,高于全国和全市4个百分点以上,生物医药、智能装备等新兴产业发展较慢,战略性新兴产业占比不高。

2. 科技创新能力不足

一是创新平台规模小、实力弱,忠县仅有研发平台23家,市级众创空间2家,尚无高水平新型研发机构,创新平台与产业、企业对接不紧,承载力和服务功能有待提升。二是企业自主创新层次不高,研发投入不足,忠县研发经费投入强度仅为0.44%,不足国家和全市的1/5,多数企业缺乏自主知识产权的核心技术和关键技术，产品附加值不高、竞争力不强，市场话语权弱。三是创新型人才资源供给不足，人才供需结构性矛盾突出，存在高层次科技人才缺乏、高学历科技人才比例低、青年科技人才比例低、新兴产业科技人才比重小等突出问题。

3. 对外开放水平较低

一是对外大通道不畅，首条铁路渝万高铁至少要2026年才能通车，货运铁路均处于前期规划阶段，港口带动作用发挥不充分，铁公水多式联运格局尚未形成。二是开放平台能级亟待提升，乌杨工业园区企业集聚度不高，临港新城有港无城，电竞小镇"三区六园"亟待完善，三峡橘乡田园综合体还需高质量运营。三是外向型经济体量偏弱，出口产品附加值较低，产业链条尚不完整，仅有12家出口资质企业有实绩，年货物进出口贸易总额不足1亿元。忠县物流企业呈现"小散弱"特征，目前尚无A级资质物流企业。

4. 城乡融合发展任务艰巨

一是城镇化水平不高，2022年常住人口城镇化率50.72%，较全市平均水平低20.24个百分点，也低于渝东北平均水平，且增速缓慢。二是城市承载能力有待提升，忠州老城按"三原"原则，环境、配套设施不到位，市政公用设施发展水平亟待提高，城市内涝、拥堵时有发生。公共服务短板较多，城区学校规模大、班额大，文化体育设施不足。三是城乡发展差距大，发展不平衡问题依然突出，城乡居民收入比处于2.22∶1的高位水平，乡村基础设施还不完善，与建设宜居宜业和美乡村的要求还有较大差距。四是乡村发展活力弱，主要体现在"三多三少"，即"农村人口多、愿意留在农村的少""经营主体多、参与乡村建设的少""农村闲置资源多、开发利用的少"，实现乡村全面振兴任重道远。

（三）2023年主要经济指标预测

综合分析前三季度忠县经济运行态势和支撑忠县经济增长的主要因素，预计忠县全年GDP增长6%左右，规模以上工业增加值增长10%，固定资产投资增长12%；社会消费品零售总额增长10%，全体居民可支配收入增长6%以上。

二、2024年经济运行环境分析

党的二十大后，中央实施积极的财政政策、稳健的货币政策，创新宏观调控，保持经济运行在合理区间，密集出台的相关政策为持续增加有效投资、优化经济结构、培育新动能提供了良好的宏观环境。随着"一带一路"和长江经济带、成渝地区双城经济圈建设、西部陆海新通道等重大战略深入实施，为西部地区协同发展，实现更高水平开放，有效融入全球产业链、供应链和价值链带来新的机遇。忠县四大特色产业集群"四梁八柱"基本形成，为经济发展带来有力支持；"一江两岸四片区"城市骨架全面拉开，乡村振兴大力实施，生态环境逐步改善，民生民利持续保障，也为经济稳健发展提供了良好基础。但是忠县地处三峡库区腹心，肩负着筑牢长江上游生态屏障重任，忠县经济发展面临的土地、水、能源等资源要素瓶颈制约日益凸显，节能减排、环境保护、风险防控压力持续增大，特色产业发展也面临更严的产业准入、更高的评价标准。

三、2024年经济运行趋势展望及下一步工作措施

（一）抓产业经济提质增效

一是狠抓工业。实施工业高质量发展"八个一"工作机制，始终盯住工业干、围着企业转、抓住项

目办,着力建设千亿工业、千亿园区、市级高新区,以工业经济高质量发展支撑强县富民。稳住骨干企业产能,激发新投产企业抓紧放能,强力推进在建工业项目建设。二是狠抓农业。积极发展现代山地特色高效农业,加快高标准农田建设,坚持亩均"产值上万、收益五千",巩固柑橘、笋竹、生猪等特色优势产业,推进省部共建国家级柑橘产地市场,发展"强村公司",探索强村富民现代化新路子。三是激发消费活力。持续繁荣忠州商圈业态,落实好国家、全市、忠县激发消费活力政策,开展好"诗意山水·千年忠橙"等系列促销活动,促进汽车、家电、家居、餐饮等领域消费。用好"忠州八景"等文旅资源,精心策划临江公园开园、磨子湖开湖、李湾开湾等活动,强力推动万达广场、五洲国际、智慧农批等大型市场,积极筹办长江三峡国际马拉松、王者荣耀城市赛暨长江三峡电子竞技大赛等赛事活动,推动文旅消费。四是狠抓房地产业。抓住国家保交楼政策和调整房地产业政策契机,积极推动城镇老旧小区和城中村改造,以及"平急两用"公共基础设施建设,促进忠县房地产市场平稳健康发展。

(二)抓项目投资落地落实

一是促进项目投资放量。深入实施"八个一批"和"四专周赋色、月推季考核"工作机制,加快推进渝万高铁忠县段、忠石路二三期、万顺场储气库、中石油页岩气开发、LNG新能源加注站等项目建设,确保万达广场按时开业。二是加强项目策划包装。持续有效推动十大领域重大项目包中的策划类项目早落地,积极筹备爱谱华顿等一批重大项目集中开工活动,做好长忠万高速、G50复线高速、黔忠万高铁、梁忠黔铁路、广垫忠黔铁路等项目前期工作,力争梁忠石高速和两河水库2024年开工、香山水库2025年开工。三是加强项目谋划。做好部委专项、中央预算内、三峡后续等资金项目前期工作,大力申报争取上级资金支持,充分发挥政府投资的带动作用;运用好"三长一专"招商机制,持续提升招商引资质和量,招引更多大项目,尤其是工业项目落地签约,以弥补政府投资不足。四是抓实招商引资。落实"七链协同""三长一专员"等机制,发扬"四千精神",围绕四大特色产业集群招大商、招大项目,培育壮大链主、链长企业,推动新兴际华等企业加大在忠投入,持续延链补链强链。

(三)抓改革开放走深走实

一是抓重点领域改革。深入落实"三个一批"抓改革机制,加快推进"十大重点改革",努力争取更多国家改革试点。加快推进数字重庆建设,按照"1261"整体框架布局,结合基层智治体系建设,深入推进数字重庆忠县实践。加快推进制造业"亩均论英雄"和国企改革,统筹抓好探索强村富民综合改革等重点改革事项。二是抓营商环境优化。抓好全市营商环境创新试点100项方案落实,推行"三会三员,两评两督"工作机制,打造市场化、法治化、国际化一流营商环境。用好新政务服务中心大厅,倾力打造"忠易办"品牌,深化审批制度改革,推行政务服务流程再造。三是抓开放水平提升。扎实推进对外大通道建设,强力推进渝万高铁、站场枢纽、对外连接线等工程建设。提速完善独珠江村文旅融合基础设施,加快忠石旅游公路等项目建设,推动农文旅融合发展。

(四)抓民生民利增强"三感"

一是保基本民生。聚焦民生诉求办好一批重点民生实事,深入落实网上民生实事"七办"机制,用心用情解决网民的急难愁盼,保证网民反映事项有回应、有落实、有效果,统筹抓好就业、教育、医疗、社会保障等民生事项,做好重庆数字产业职业技术学院挂牌和县人民医院争创三甲。二是保居民就业。加大援企稳岗力度,稳定企业吸纳就业能力,促进高校毕业生、退役军人等重点群体充分就业。三是保平安稳定。以"十百工程""示范社区"为总抓手,统筹推进党建统领基层治理等工作,发挥乡村振兴、深化文明城市创建、基层治理等多功能叠加效应。持续打好污染防治攻坚战,全力抓好农民工工资清欠、城乡低收入群体帮扶等工作。

（五）加快建设特色中等城市

一是加快提升城市能级。完善城市交通"双环四轴"主动脉，大力实施城市更新提升行动，加快国家新型城镇化融合发展示范建设，加强城市文化遗产保护、传承和利用，保护修缮"三峡留城·忠州巷子"。二是强化城市治理创新。推动城市环境综合治理，大力提升城市品质，推动常态化城市体检，加快"智慧城管"建设，推动市容市貌常态化、精细化管理，持续开展违法搭建、占道经营等专项整治。三是深入推进强镇带村。探索山区库区新型城镇化发展新道路，加快补齐乡镇产业配套、市政公用、社会保障等基础短板，打造特色小镇建设，创建一批农业产业强镇，增强镇级产业承接能力。

（六）全面推进乡村振兴

一是坚决守住"三条底线"。切实巩固拓展脱贫攻坚成果，蔬菜、肉类等重要农产品供给能力稳步提高，加强耕地用途管制，解决耕地撂荒问题。二是发展现代山地特色高效农业。全链条发展柑橘、笋竹、生猪三大优势产业，提升产业发展标准化水平，构建忠县农产品品牌体系。三是推进宜居宜业和美乡村建设。提升基础设施完备度，健全抗旱水源工程体系，实施数字乡村工程，提高公共服务便利度，发展城乡教育联合体，健全城乡医疗卫生服务体系。四是多渠道增加农民收入。落实千万农民增收行动，深化"三变"改革、"三社"融合发展，健全农业社会化服务体系，多渠道增加村集体经济组织经营性收入。

（七）促进经济社会绿色转型

一是深入打好污染防治攻坚战。深入打好蓝天、碧水、净土保卫战，全面落实"河长制"，加强白石水库、汝溪河、黄金河、渠溪河等重点流域水环境治理，加大城乡生活污水收集和处置设施建设。二是加强生态保护与修复。实施长江生态环境系统性保护修复，提质建设"两岸青山·千里林带"，健全耕地休耕轮作制度，因地制宜开展水土流失综合防治，加强生物多样性保护和林地用途管制。三是积极稳妥推进碳达峰碳中和。推动产业结构、能源结构、交通运输结构等调整优化，构建废旧物资循环利用体系，提升改造支柱产业和传统优势产业，发展清洁高效能源。

[忠县发展和改革委员会　黄　星　江　涛]

之九：2023年云阳县经济运行分析及2024年展望

2023年以来，云阳县坚持以习近平新时代中国特色社会主义思想为指导，全面贯彻党的二十大精神，按照市委六届二次、三次全会精神，突出"稳进增效、除险清患、改革求变、惠民有感"工作导向，深入落实家军书记调研云阳指示精神，聚焦探索山区库区强县富民现代化新路子，全力以赴拼经济、奋勇争先挑大梁，有力应对超预期的挑战，云阳县经济运行总体平稳。1—9月，云阳县完成地区生产总值421.1亿元，同比增长5.3%，固定资产投资增长11.2%，社会消费品零售总额增长9.1%，居民人均可支配收入增长5.4%。

一、2023年云阳县经济运行情况

（一）现代化产业体系加快构建，发展韧性持续彰显

"十链产业·千亿制造"高质量发展深入推进。印发《云阳县"十链产业·千亿制造"制造业高质量发展行动方案（2023—2027年）》，开展十条产业链"赛马比拼"活动，1—9月，云阳县实现工业增加值71.6亿元。新投产万力中药饮片研发及体验中心、鑫鸿再生塑料及造粒等项目25个，实施盐化脱硫超低排放改造等工业技改项目27个，工业投资同比增长28.5%。深入实施高技术企业"双倍增"计划，新培育市级"专精特新"企业12家，金田塑业成为国家级专精特新"小巨人"企业。工业园区成功创建重庆市承接产业转移示范园区。农业生产稳中向好。开展"促春耕、抓生产"和"非农化""非粮化"专项整治行动，1682亩撂荒地复耕复种全面完成，新建和改造提升高标准农田1万亩，夏粮收获面积、产量同比分别增长0.3%、0.8%。蔬菜、水果产量分别同比增长4.7%、5.9%。推进良种引进，建成华西牛市级种牛场，实施畜禽规模场贷款贴息，生猪、牛、羊出栏量分别同比增长2.4%、1.2%、1.9%。1—9月，实现农业增加值51.6亿元，同比增长4.4%。云海药业、宏霖食品成功创建市级农产品加工业百强领军企业，"云阳红橙"正式获得国家地理标志证明商标，三峡阳菊获得中国良好农业规范（GAP）认证。现代服务业稳步增长。1—9月，云阳县服务业增加值同比增长5.6%。出台《云阳县建设绿色金融改革创新试验区实施方案》，落地首笔碳减排支持工具，进一步加大涉农、小微企业贷款力度，实现贷款12.3亿元，金融机构本外币存贷款余额分别同比增长8.4%、9.0%。交通运输持续恢复，云阳县铁路运输共到发旅客189.1万人，水路运输总周转量同比增长15.2%，公路运输总周转量同比增长1.3%。圆满完成"保交楼"任务2512套，商品房销售面积62.6万平方米，渝东北排第4位。

（二）消费市场持续恢复，旅游业加快复苏

稳步推进商业中心建设，云阳天地"星城夜市"开市，彩云梯步行街、城中城商圈持续提能，初步形成了"1+7"商圈发展格局。成功举办"天生云阳"金秋节、"五美"美好生活消费季等系列活动，实施新能源汽车置换补贴、绿色智能家电消费补贴等系列政策，批发、零售业销售额分别同比增长13.2%、10.8%，住宿、餐饮业营业额分别同比增长9%、13.9%。1—9月，云阳县社会消费品零售总额完成325.1亿元，同比增长9.1%。举办沙滩飞盘、网球等大型赛事活动11场，推出系列商旅、景区联动优惠

活动。持续推进"100星100A"工程，云阳县共有星级饭店14家、43颗星，星级酒店总量及"星"的颗数均居全市第2位。1—9月，云阳县接待游客、旅游综合收入分别同比增长3.7%、6.2%。积极融入西部陆海新通道建设，举办西部陆海新通道万达开云铁海联运及跨境班车发车仪式，开展"百团千企"国际市场开拓工作，新增联宇电子等4家自营出口企业，1—9月，实现进出口总额1.1亿元，同比增长65%。

（三）重点项目有序推进，固定资产投资快速增长

扎实开展"抓项目促投资"专项行动和项目储备、开工放量、完工投产、达产见效"四比拼"行动，1—9月，云阳县重点项目完成投资206.8亿元，同比增长28.8%，完成年度目标任务的80.3%。严格落实重大项目"旬调度"机制，打表推进在建、新开工、前期"三张清单"，上线"三朵云"重点项目全生命周期服务应用，新开工项目83个，竣工项目29个，世界恐龙化石基地研学旅行中心配套工程等6个项目提前竣工。江龙高速公路一期（南溪快速通道）建成通车，青杉水库电站投产发电，建全抽水蓄能电站进入主体工程施工阶段，"中国复眼"项目二期低场坪工程完成90%以上。1—9月，云阳县完成固定资产投资同比增长11.2%，连续11个季度保持两位数增长。成功争取中央预算内投资、政府债券等各类资金41.1亿元。

（四）成渝地区双城经济圈建设走深走实，重点领域改革取得新突破

节点作用持续发挥。印发《云阳县发挥节点作用推动成渝地区双城经济圈建设走深走实的实施意见》，构建"1+10+4"工作体系，打表推进重大项目、重大政策、重大改革、重大平台"四张清单"，95项年度标志性任务扎实推进。抽水蓄能电站成功纳入共建成渝地区双城经济圈重大项目库，抽水蓄能电站、向阳水库、恐龙地质公园项目分别完成总投资的9.8%、15.5%、75.2%。深度融入川渝万达开地区统筹发展，加快推进万开云同城化发展，以"观察员"身份首次参加川渝万达开地区统筹发展党政联席会议，签订《"万达开云"长江柑橘经济带战略合作协议》，联合打造万达开云锂钾资源产业链，成功组建万达开云职业教育联盟、"大三峡·大巴山"体育产业发展联盟。深入实施成渝地区双城经济圈便捷生活行动，办理"川渝通办"事项超过2900件。重点领域改革有序推进。组建云发展公司，打造专业化国有资本投资运营平台。成立农高水资源管理公司、提级管理胜禹公司，培育新的融资主体，云阳县国有资产达到640.4亿元。积极探索"投融建管营"一体化发展新模式，研究探索以投融资改革方式促进载体项目建设，推进东部新城发展。全面启动开发区（园区）改革，印发《云阳县开发区（园区）管理体制改革实施方案》。推进"停车一件事"改革，推进"四街四镇"公交一体化改革。

（五）营商环境不断优化，经营主体较快增长

聚力推进营商环境数字化改革。编制营商环境数据字典8部，成功创建2023年重庆市优化营商环境标杆城市。创新打造"入学一件事"，首创工程建设项目招标文件"在线检"应用，举办首个"交房即交证"试点项目。上线"三农"信易贷产品"惠农e贷"（农行）和"裕农快贷"，"信用画像助力农户融资"获评2023年"信易+"应用典型案例。深入开展"我为企业找政策"大比武活动。迭代发布《云阳县稳经济政策汇编》，严格落实支持商贸服务业发展等若干政策，建立"企业吹哨·部门报到"工作专班，通过"云上·企业·家"平台对企业提供全周期保姆式服务，1—9月云阳县兑现各类政策资金2.8亿元。云阳县新增经营主体14070户，同比增长1.9%，其中净增8525户，完成年度目标的85.3%。经营主体总量达到11.2万户，同比增长11.2%。实施农工商"小巨人"培育计划，培育工业23家、商贸业72家、农业22家、服务业21家。

（六）就业物价形势总体稳定，民生保障有力有效

迭代升级"家门口就业"小程序，新增1个线上线下零工市场、10个区域性零工驿站，组织线上线下招聘197场次，1—9月云阳县城镇新增就业7983人。重点群体就业持续稳定，脱贫人口务工6.4万人，重点群体帮扶就业率99.8%。重要民生商品总体供应充足，粮食、猪肉、蔬菜均价分别同比下降1.7%、15.8%、19.7%。有效落实困难群众保障，发送城乡低保资金1.9亿元、临时救助金126.1万元。25件重点民生实事持续推进，城镇老旧小区改造、建设城市公园等11件提前完成全年目标任务。新增开通县城至凤鸣镇、水口镇公交线路，实现"四街四镇"公交一体化运营服务。严格落实安全生产责任，重点领域风险有效防范，政府债务化解成效连续三个季度A档，牢牢守住不发生系统性风险底线。

二、存在的主要问题

（一）工业发展面临制约

云阳县工业企业主要还是劳动密集型行业，依赖于低成本、大规模的生产模式，随着经济的转型和升级，叠加订单减少、物流、用工、用能等成本上升，持续挤压云阳县工业企业产值，云阳县规模以上工业增加值增速同比下降3.5%。

（二）房地产市场持续低迷

房地产市场仍处于深度调整期，回暖不及预期。房地产企业拿地意愿不强，2023年以来云阳县无新增居住用地出让，房地产项目投资持续下滑。居民购房意愿低，销售疲软未改善。

（三）财政收支压力凸显

经济下行叠加减税降费，财政收入工作形势严峻，一般公共预算收入增长放缓，企业所得税和个人所得税同比均下降，但保基本民生、保工资、保运转等刚性支出持续增长，财政收支矛盾持续加剧。

三、2024年经济运行的环境分析及趋势展望

2024年是贯彻落实党的二十大精神的关键之年，是深入实施"十四五"规划的攻坚之年。经济恢复仍处在疫情防控平稳转段后的波浪式发展、曲折式前进过程中，需要客观看待当前经济形势。从国际国内看，国际环境复杂严峻，全球化逆潮和中美经贸斗争持续演化升级，地缘政治局势依旧紧张，全球经济环境的不确定性和挑战仍然存在。同时我国经济恢复的基础尚不牢固，需求收缩、供给冲击、预期转弱"三重压力"仍然较大，但我国经济韧性强、潜力大、活力足，中央对扩大内需、加快建设现代化产业体系等作出明确部署，将有力促进重庆在更大空间、更深层次、更高水平参与和服务构建新发展格局。从全市来看，成渝地区双城经济圈建设、建设西部陆海新通道、战略大后方等国家战略叠加的重庆战略地位更显、战略空间更广、战略潜能更大，带来诸多政策利好、投资利好、项目利好，加之数字重庆、制造业强市、美丽重庆、平安重庆等重点工作提速推进，将进一步提振市场预期、社会预期，充分释放全市高质量发展巨大潜能。从云阳县来看，随着成渝地区双城经济圈、西部陆海新通道等重大战略的落地实施，万开云同城化按下快进键，作为成渝地区双城经济圈联系长江中游城市群、长三角地区的重要门户节点城市，云阳县区位优势进一步凸显，发展潜能进一步释放。围绕"稳进增效、除险清患、改革求变、惠民有感"工作导向，按照"1124"工作体系，聚焦探索山区库区强县富民现代化新路子，进一步发展壮大"十链产业·千亿制造"，不断细化目标体系、工作体系、政策体系、评价体系，提能升级、实干争先，全面建设社会主义现代化新云阳，预计2024年云阳县经济增长7%左右。

四、2024年工作措施

（一）加快推动成渝地区双城经济圈建设，区域协调发展走深走实

持续推进万达开云互融互促。联合印发《万达开云制造业高质量协同发展规划》，协同打造"3+3"现代制造业体系，加快共建万达开云国货精品展览馆、万达开云工业互联网平台，稳定运行西部陆海新通道万达开云跨境公路班车。加快组建万达开云医联体，持续优化万达开云职业教育联盟，共同谋划申办全国性体育、文化赛事活动。组织万开云党政联席会议第三次会议，联合制定《2024年万开云同城化发展工作要点》《2024年万开云同城化发展九大产业合作事项》，加快巫云开高速、江龙高速、万云快速路建设，探索与万州、开州自贸区联动创新区创新措施共享联动机制，与万州携手打造万云平湖游旅游路线。进一步强化与"双核"协同融合。深化与金堂县结对合作，建立部门、园区间的全方位、常态化对接机制，在新能源产业、现代职业教育等领域共同谋划实施一批具有引领性、带动性、标志性的合作项目、事项。拟定《渝北云阳对口协同发展2024年度工作协议》，提质提速"飞地建园"，共同建好"渝北对口协同云阳产业园"和"渝北云阳产业协作孵化园"，将云阳职教中心纳入渝北区组建的市域产教融合联合体成员单位，联手谋划一批旅游推介促销、精品路线推广活动以及购房置业优惠活动。

（二）加快推动现代化产业体系建设，夯实经济发展支撑

发展壮大"3+10+X"产业体系。全面对标市委"33618"现代制造业集群体系，深入实施"链群、质量、科技"三大赋能工程，坚持税收、主体、创新、招商、就业"四增一稳"工作导向，加快推进"十链产业·千亿制造"补链成群。抢抓沿海向内地产业转移机遇，不断创新招商方式，发挥以商招商、全员招商效用，努力招引全产业链项目。全力推进EPS再生颗粒及塑料制品生产项目、手机及智能穿戴设备生产项目等重点项目投产放量。抓技改扩能做大存量，实施金田双向拉伸聚丙烯薄膜、采纳功能型包装薄膜生产等技改扩能项目。积极培育创建国家级、市级绿色工厂。实施"百户规下工业企业成长计划"，大力培育工业经营主体。推动服务业高质量发展。推动北部新区商圈、城中城商圈、三国印巷文化商业街等商圈提质扩容，打造1"核心"7"支撑"的"1+7"商圈发展格局。持续开展好"嗨购云阳"消费季、"美好生活消费季"等系列促销活动。实施城区农贸市场改善、乡镇商贸中心提升等项目10个以上，争创全国县域商业体系建设"领跑县"，争创开展商文旅体融合发展示范城市培育建设试点。推动张飞庙景区创建5A级旅游景区，打造以普安恐龙、龙缸5A、天文小镇为重点的南部旅游大环线，加快创建世界地质公园。更新发布全域旅游机会清单，推进龙角天文小镇、磐石城大遗址等项目建设。

（三）加快推进现代化城市建设，提升城镇化发展水平

加快推进"五城同建"。建设高铁门户，推进县医院黄石分院、现代农业综合服务产业园、智慧交通枢纽、汽车产业园等项目建设，提速鸭蛋溪流域综合整治、天池公园开发建设。加快推进东部新城建设，以"伴城伴乡"建设模式推动龙溪、杨沙片区城乡融合试点，探索城市建设和投融资改革创新，加快推进土地整治与乡村振兴结合项目、杨沙组团生态修复工程等项目。完善水口数智森林小镇科技孵化器、人才公寓、商业、交通、停车等配套设施建设。加快落实小江科创城科技孵化中心项目、环湖绿道、总部创客中心前期进度，全面完成配套道路建设，启动周边绿化、人行便道等基础设施建设。加快推进清水康养城污水管网建设、农贸市场建设、综合商场引进和旅游步道建设等市政基础设施完善，开工清水岐山康养社区、清水乡建兴村2024年度水库移民美丽家园市级示范项目。加快以县城为载体的新型城镇化建设。构建完善的公园城市建设目标体系、工作体系、政策体系和评价体系，开展公园式单位、公园

式学校、公园式医院、公园式企业、公园式村庄创建。实施老旧小区改造项目23个。开展"小县大城""强镇带村"市级试点。促进农业转移人口市民化，创新农民搬迁进城政策，完善市政交通网络以加速人力、商品、信息等要素流动，推动农业转移人口充分就业，健全进城农民工随迁子女入学保障机制，扩大普惠性养老托幼服务供给。

（四）加快推进现代化农业农村发展，共筑美丽乡村

推动农业现代化。坚决守好国家粮食安全底线，抓好撂荒地核查和复耕复种，确保完成全年粮食播种任务。完成高标准农田建设5.4万亩，争取实施市级粮油单产提升攻关项目。提能升级枇杷、柑橘、蔬菜等特色农业产业，联合万州打造"沿江百里水果长廊"，建设水果销售储运基地和水果集散中心。加强农业品牌认证，充实天生云阳品牌内容，完成绿色食品、有机产品、名特优新等市级以上品牌认证15个以上。提升优化云阳—龙缸、云阳—栖霞等10条乡村旅游精品线路。推动农村现代化。探索第三轮农村土地延包试点工作。持续扩面深化农村"三变"改革试点，实现农村"三变"改革试点覆盖80%以上。扎实推进"通道环境综合整治""厕所革命""垃圾革命""污水革命"，持续开展村庄清洁行动、"五清理一活动"等专项活动。深入开展移风易俗重点领域突出问题专项治理，积极创建一批全国、全市乡村治理示范镇村。2024年创建宜居宜业和美乡村20个。推动农民增收致富。实行农民收入追赶计划，强村富民综合改革。运用好农村集体三资监管平台，规范集体资产管理和农村财务管理，落实收益分配制度。进一步促进农村资源要素流动，实现云阳县集体经营性收入突破1.3亿元。引导支持农户以资金、土地、房屋、自有设备等资产参与企业经营，以"保底收益+按股分红"等方式获得收益。积极培育云阳面工等特色劳务品牌，探索建立"企业+就业帮扶车间"运营机制，增强就业能力。优化完善就业创业帮扶政策，加强公益性岗位规范化管理，在乡村建设等项目中加大以工代赈实施力度，促进更多脱贫群众务工就业。

（五）加快推进基层治理体系和治理能力现代化，建设更高水平平安云阳

全面提升公共服务供给水平。启动北城小学附设幼儿园、盘龙街道龙安幼儿园建设，完成南溪镇水市小学附属幼儿园、江口二小和二小附设幼儿园主体建设。深入推进药品耗材招标采购和医药价格改革，加快推动县乡村"三级"医疗保障公共服务标准化、规范化建设，持续做好"互联网+医保"服务。优化异地就医直接结算流程，扩大异地就医直接结算范围。继续深入实施全民参保计划，开展"扩面提质"专项行动，确保养老保险参保率稳定在97%以上。高质量推进"一库四联盟"建设，优化"家门口就业""云阳县公益性岗位管理""灵活就业社保补贴监管"等小程序，打造"15+5"人社便民服务圈，构建全方位就业服务体系。加快构建基层社会治理体系。深入开展"治理强基""阳光村务"等行动，探索推进城乡社区综合服务体建设。持续推动社区社会组织参与基层治理，深化社会工作三级服务体系建设，打造"五社联动"示范点2个以上。持续完善"1+42+X"三级养老服务和未成年人保护体系，大力推进社区食堂建设，规划布局建设35家社区食堂。实施好"福康工程"项目，深入推进"精康融合"行动。防范化解经济金融领域风险。切实做好各类防范非法集资宣传活动，强化社会面的金融风险防范。推动云阳县融资平台债务置换、利率下降等工作，争取金融机构政策支持。落实隐性债务资金筹集计划，科学编制政府投资项目资金平衡方案和融资方案。继续做好"保交楼"工作，落实房地产市场平稳健康发展的政策举措。

（六）加快推进重点领域改革，加快推进数字重庆建设

推动重点改革取得新突破。探索投贷联动、股权融资、片区开发等模式，多领域主体共同实施项目投资、建设和运营。盘活资产资源，加快无证资产确权。加速清理"两金""两非"，持续开展对标世界

一流企业价值创造行动。全面完成开发区（园区）管理体制改革，推动"亩产论英雄"改革，推动"标准地"土地出让形式改革，提高"标准地"出让比例，全年"标准地"出让比例不低于80%。推进数智赋能取得新突破。聚焦数字重庆建设，梳理完善核心业务，跨部门策划一件事，进行特色应用开发建设。推动自建应用向县级数字化城市运行和治理中心集成，提升数字化城市运行和治理中心综合能力。争取获批1个数字市场，监管"一件事"事项纳入数字场景试点建设。推动"自然资源监管一件事""农村不动产登记一件事"落地。持续优化营商环境自评自查自改月活动，迭代升级云上营商数字化治理平台，加强"云上会议"载体运用。围绕行政审批、公共资源交易、税务、交通、文旅、住房租赁等重点领域联合实施"信易+"应用，争取新增信用惠民便企服务场景2个以上。

[云阳县发展和改革委员会　田秋香　张呈秋　刘琼英]

之十：2023年奉节县经济运行分析及2024年展望

2023年，全球政经形势更趋复杂严峻，外部环境不确定性、不稳定性更加突出，全国、全市经济呈波浪式恢复态势，改革发展任务繁重艰巨。奉节县坚决落实"稳进增效、除险清患、改革求变、惠民有感"工作导向，坚持科学调度、精准施策，经济总体呈恢复态势，经济基本面稳中有进，但个别领域增速较缓，发展不平衡。1—9月，奉节县实现地区生产总值287.2亿元，同比增长5.2%，低于全市0.4个百分点，排名渝东北第10位、全市第30位。

一、2023年奉节县经济运行情况

（一）经济运行的主要特点

1. 重点项目建设进度放缓，投资增长的压力持续加大

1—9月，奉节县重点项目累计完成投资85.9亿元，同比增长8.6%，其中，政府投资类项目完成投资25.9亿元，完成率86%，主要集中在交通、水利、城市更新等板块；社会投资类项目完成投资60亿元，完成率59.3%，主要集中在能源、产品加工等板块。投资完成率虽较上年保持增长，但与年初预计、发展所需还有很大差距，仅完成年度计划投资的48%。特别是在第三季度投资放量的黄金周期，环比第二季度仅增长38.5%，增速明显放缓。固定资产投资同比增长10.1%，高于全市6.5个百分点，但建安工程投资同比下降17%，对地区生产总值增长贡献较低。政府投资受化债制约，社会投资意愿低迷，投资增长压力持续加大。

2. 招商项目开工率提升较大，招大引强和资金到位仍存在差距

1—9月，奉节县新增签约项目252个，合同额217亿元（含框架投资协议9个，合同额42亿元），分别完成年度任务的78.8%、67.9%。新增开工项目154个，投资额137.4亿元，近两年签约项目开工率56.8%。重点产业招商有所突破，眼镜全产业链、食品及农产品加工、清洁能源、大数据产业招引项目合同额分别达到25.7亿元、13.2亿元、35.8亿元、10.3亿元，但签约项目投资规模偏低，行业龙头企业、产业链核心项目和关键配套项目较少，奉节县引入亿元以上投资项目仅40个，占比16.1%，20亿元以上项目仅2个，与先进区县差距明显。受市场预期不足影响，项目建设周期拉长，资金到位不及时，到位资金额约24.4亿元，资金到位额偏低。

3. 农业生产总体稳定，工业经济出现较大回落

粮食种植面积稳定在115万亩。出栏生猪51万头，同比增长1.3%；1000万只肉兔全产业链项目加速推进，出栏肉兔57万只，实现产值2000余万元；收购烟叶4.0万亩、9.3万担，实现产值1.6亿元、上税3500万元，达到历年最高水平。实现第一产业增加值37.8亿元，同比增长3.4%。受重点行业下行、重点企业停产等影响，工业经济，特别是规模以上工业呈下滑趋势。1—9月，实现工业增加值40亿元，同比增长3.7%，占GDP比重13.9%；规模以上工业产值42亿元，同比下降4.7%，低于全市6.6个百分

点；规模以上工业增加值增速4.1%，低于全市1.6个百分点。

4. 房地产业逐步复苏，文旅消费较快回暖，消费市场呈恢复态势

房地产市场信心回升，1—9月，成交土地3宗202亩，新增开发项目3个；新开工商品房27.6万平方米，同比增长75%；竣工商品房27.4万平方米，同比增长265%；实现商品房销售面积22.2万平方米，同比增长19.6%，其中住宅销售21.2万平方米，同比增长6.4%。旅游消费稳步恢复，奉节县累计接待游客2572.3万人次，同比增长23.9%，其中，景点购票人数146.4万人次，同比增长40.6%，接待过夜游客161.3万人次，同比增长18.4%；旅游综合收入149.8亿元，同比增长30.5%。消费市场逐步恢复，主要旅馆宾馆酒店入住人次同比增长10.7%；电商上行销售额26.8亿元，同比增长60.7%；县内汽车销售6625辆，同比下降17.4%。

5. 财政收入较快增长，金融业保持稳定增长趋势

1—9月，奉节县一般公共预算收入完成12.7亿元，为年初预算数的68.6%，同比增长24.4%，同口径上升3.6%，其中税收收入完成6.9亿元，为年初预算数的63.0%，同比增长95.3%，同口径上升23.6%，税收收入占一般公共预算收入54.7%。截至9月底，奉节县金融业增加值15.4亿元，同比增长8.5%，高于全市平均水平3个百分点；存贷款余额861.5亿元，同比增长13.4%，其中，存款余额449.8亿元，同比增长13.4%；贷款余额411.7亿元，同比增长13.4%。

6. 就业创业形势较为稳定，重点民生较好保障

22件民生实事加快推进，城市公园建设、农村公路生命安全防护工程、婴幼儿照护服务等9件已完成。县中医院新院区整体投用。三江初级中学新校区招生开学。城镇新增就业7459人，同比增长30.4%，完成市级下达目标的140.7%；农村劳动力转移就业33.8万人，同比减少5.2%；开发公益性岗位5635个，同比减少10.6%；新增发放创业担保贷款8768万元，同比增长21.5%；减免农民工工资保证金3785.6万元，同比增长439%。重要民生商品价格与上年同期基本持平。空气质量优良天数达到267天，长江干流奉节段水质持续稳定达到Ⅱ类。

（二）存在的主要问题

1. 投资持续增长压力加大

资金、土地、生态环保等要素制约更加突出，招商引资招引难的问题更加凸显，落地难的问题仍未得到有效化解，2021年以来已签约未开工项目达到95个。国家对工程建设资金到位和金融机构贷款管控更加严格，拖欠企业工程款现象仍比较突出，社会投资意愿下降，导致部分项目投资完成率偏低，重点项目建设总体进展不快，离既定目标有较大差距。年初计划实施的301个续建、新建、前期项目，实施过程中取消或者暂缓实施40个；实质推进的261个项目1—9月完成投资85.9亿元，仅占年度计划投资的48%，时间已过3/4而完成率不足一半。

2. 支撑发展需求还有差距

经营主体发展质量欠佳，产业结构调整缓慢，经营主体小、散、弱，生命周期短，龙头企业、规模以上企业数量少、能级小，行业带动力不足；新业态新品牌培育缓慢，新兴经营主体缺乏，创新能力不足。区位优势不明显、工资待遇不占优，辖区内尚无高等院校、高职院校，人才培养难、引进难、留住难现象普遍存在。

3. 城乡居民就业不充分

受国际国内市场影响，企业订单普遍"缩水"，县内用工主体数量少、规模小、就业岗位有限，加之灵活就业、季节性就业人数较多，县内就业不充分、不稳定的现象较为普遍。前三季度，农村劳动力转移就业人数下降5.24%，农村劳动力县内就业人数下降17.9%，公益性岗位下降10.6%，大中专毕业生以及其他就业困难群体就业问题形势严峻，在年末岁尾需要高度关注。

（三）全年经济运行预测

综合分析当前全国、全市经济形势，结合奉节县经济特点和前三季度经济运行基本特征，初步预测全年地区生产总值同比增长6%左右，固定资产投资同比增长20%左右，规模以上工业增加值同比增长4%左右，社会消费品零售总额同比增长6.2%左右。

二、2024年经济运行环境及因素分析

2023年，世界政经环境依然复杂多变。一方面，高利率高通胀、地缘政治博弈等影响持续加深，全球地缘政治更趋复杂，经济仍处于下行通道。美对华投资限制、美日韩磋商、金砖国家扩员等将深刻影响国际政经格局，市场割裂减缓全球贸易和投资流动性。另一方面，国家围绕扩内需、提信心、防风险加大宏观调控力度，国内经济筑底回升，但仍然面临需求不足、内生动力不强、企业经营困难仍较多、重点领域风险显现等问题。2024年是夯实复苏基础、推进结构转型、挖掘发展潜力的重要节点，是总量持续企稳、结构持续调整、风险持续释放的关键阶段。积极发力的财政政策配合稳健精准的货币政策有望夯实经济复苏基础，新一轮科技革命和产业变革则有望释放经济内生潜能，技术突破创"新"与产业升级增"质"将共同塑造新质生产力，为中国经济高质量发展提供新动力。

三、2024年趋势展望及主要指标预测

2024年，奉节县将深入贯彻党中央、国务院系列决策部署，落实市委、市政府推动高质量发展各项工作安排，坚持稳字当头、稳中求进工作总基调，切实贯彻新发展理念、融入新发展格局，进一步突出"稳进增效、除险清患、改革求变、惠民有感"工作导向，围绕市委"885"指挥棒，紧扣县委"1239"工作思路，突出抓好政策落地、投资增效、产业提质、招商引资、经营主体、城市提升、债务化解、民生保障、安全稳定等重点工作，持续推动经济恢复向好，不断开创"兴业兴城、强县富民"新局面。预计2024年GDP同比增长7%左右，规模以上工业增加值、固定资产投资、社会消费品零售总额分别同比增长8%、15%、7%左右，一般公共预算收入同比增长（同口径）9%以上，全体居民人均可支配收入同比增长8%左右。

四、政策调控措施建议

（一）全力抓好项目投资放量

深入开展抓项目促投资行动。紧盯国家重点投向，补充策划一批跨区域、跨乡镇的重大基础设施和产业项目，充实拓展政府投资项目三年滚动库。用好用活前期工作平台，扎实推进项目前期工作，做好承接资金和政策的项目储备。严把项目上马关口，合理评估、分类处置在建工程项目，扎实推进项目建设提速。深化投融资体制改革，完善民间投资支持政策，发挥产业引导基金、政府性融资担保机构撬动作用，鼓励和吸引更多民间资本参与重大产业、基础设施补短板和科技创新项目建设。

（二）全力提振消费市场信心

深入贯彻全市《恢复和扩大消费的若干措施》，进一步细化配套支持政策措施，全力推进夜间经济、

数字经济、会展经济发展，全面激发消费活力。建立房地产项目前期审批绿色通道，进一步缩短拿地、开工、销售全流程时间，督促加快项目建设，加大遗留问题处置力度，切实稳住房地产市场。加快建设奉节万达广场，打造夔门印象夜间消费集聚区，大力发展区域首店经济，组织"爱尚奉节"系列消费活动，全面提升消费品质品牌。依托京东（奉节）数字经济产业园加力发展数字电商，拓展脐橙、眼镜、腊肉等本地产品消费渠道。加快建设白马物流园区、甘溪沟寄递物流区域节点，推动汇源集团招商项目落地实施，健全冷链仓储物流和县、乡、村三级物流体系。

（三）全力推进特色产业提质

持续开展生态工业提速行动。聚力打造眼镜制造、食品及农产品加工两大主导产业，清洁能源、环保建材两大支柱产业，加快培育壮大生物医药、装备制造、数字信息等战略性新兴产业集群。持续推动现代农业提质增效。守牢81.3万亩耕地红线，稳定脐橙种植面积37万亩，新建油茶种植基地2万亩，加快推进禾丰1000万只肉兔全产业链项目。持续实施文旅融合发展行动。有序推进兴隆国家级旅游度假区建设，办好诗歌节、橙博会等节会赛事活动，深挖成渝、郑渝等地重点客源市场，持续加大全民营销力度，加快创建商文旅体融合发展试点城市。

（四）全员共抓招商引资增效

持续完善"6+4+15+33"招商体系，坚持精准招商、以商招商，县领导带头招商，压实全员招商责任，提升招商整体合力。聚焦"现代农业、生态工业、现代服务业、数字经济、文旅大健康"五大重点方向精准招商，不断优化产业结构。坚持招大引强，重点突破新能源组配件、汽车配件、医药制造、农机制造、预制菜、装配式建筑等支撑性产业招商。落实招商项目"洽谈、签约、开工、投产"全程跟踪和企业全生命周期服务，提升项目落地效率。

（五）全力推动经营主体升级

持续深化国资国企改革，加大国有闲置资产清理盘活力度，推动县属国企市场化转型发展。全面系统清理落实支持民营经济发展系列政策，建立梯度培育机制，加快培育一批消费品工业、农产品加工等行业龙头企业和纳税大户。持续完善民营企业全周期全方位服务机制，用好"96018"民营经济服务热线，常态化开展干部联系帮促经营主体。紧盯全国、全市稳经济、促消费系列政策措施，研究出台一揽子助企惠企政策，以更大力度、更优举措抓好政策落实，切实为广大经营主体减负担、解难题，进一步提振发展信心、激发市场活力。

（六）全力保障和改善民生

全力稳就业保就业。聚焦高校毕业生、就业困难人员、临时务工人员等就业重点群体，加大就业培训力度，全面落实推进青年技能提升和就业促进各项工作。大力实施夔州英才集聚工程，加快打造"1+7+N"返乡入乡创业园，积极回引返乡创业就业。全面深化教育改革，优化教育资源配置，提升教育整体水平。加快推进医疗基础设施建设，加强高端人才引进培养，强化"医共体"三通建设，依托兴隆镇等中心场镇打造农村区域医疗中心，逐步缩小城乡差距。持续推进养老机构公建民营，开展示范养老服务中心（站）创建活动。全力抓好重点民事实事，及时解决群众最关心的问题，提升居民获得感、幸福感。

[奉节县发展和改革委员会　刘　诚　胡小林]

之十一：2023年巫山县经济运行分析及2024年展望

2023年以来，巫山县坚持以习近平新时代中国特色社会主义思想为主导，全面贯彻落实党的二十大精神，认真落实市委六届二次、三次全会精神和县委十五届四次、五次全会精神，不断强化"稳进增效、除险清患、改革求变、惠民有感"工作导向，着力扩大内需、提振信心、防范风险，经济恢复稳定、结构持续优化、发展质效提升、民生保障有力。

一、2023年巫山县经济运行情况

（一）经济运行基本特征

前三季度，巫山县实现地区生产总值170.85亿元，同比增长6.3%，增速较全国同期、全市同期、上年同期、上半年分别高1.1个、0.7个、2.6个、1.3个百分点，在全市和渝东北分别排第15位和第4位。其中，第一产业实现增加值29.78亿元，同比增长4.9%，增速在全市和渝东北分别排第6位和第1位；第二产业实现增加值49.92亿元，同比增长6.8%，增速在全市和渝东北分别排第22位和第6位；第三产业实现增加值91.14亿元，同比增长6.5%，增速在全市和渝东北分别排第8位和第2位。

1. 农业生产提质增效，脆李备受市场青睐

前三季度，巫山县实现农林牧渔业总产值46.19亿元，同比增长5.1%。粮食安全保障有力。实施"玉米单产提升整建制推进县"项目，盘活利用撂荒耕地710.1亩，建成高标准农田面积4.5万亩。稳定粮食种植面积84.57万亩，产量21.8万吨。巫山脆李喜获丰收。产值突破18.0亿元，同比增长16.2%，成功创建巫山脆李国家标准化示范区，2023年国家市场监督管理总局将巫山脆李列为第二批国家农业农村标准化示范典型案例推介。品牌建设富有成效。"巫山龙骨坡大米"荣获"全国名特优新农产品"称号，巫山县被农业农村部评定为2022年全国休闲农业重点县，巫山县双龙镇白坪村被农业农村部评定为2023年中国美丽休闲乡村。

2. 工业经济态势良好，重点行业支撑有力

前三季度，巫山县实现工业增加值11.55亿元，同比增长6.4%。规模以上工业企业利润、规模以上工业增加值、制造业投资增速分别为120.6%、10.2%、33.3%，均位于经济报表A档。绿色建材较快增长，中胜矿业成除供电公司外巫山县最大工业企业，华润水泥通过市级"绿色矿山"验收，江昱建材升规入统。前三季度，10家规模以上建材企业实现产值7.7亿元，同比增长33.0%。清洁能源持续增长，工业园区3.6兆瓦屋顶光伏项目以及两坪、三溪光伏项目首批80兆瓦发电单元并网发电，前三季度清洁能源实现产值1.76亿元，同比增长11.5%。能源保供能力持续增强，积极推进云奉巫天然气长输管道复线建设，完成全部18公里管道铺设，预计实现年输气量约2.5亿立方米。

3. 服务业加快回升，消费市场持续恢复

第三产业增加值增速高于上年同期、上半年3个百分点；实现社会消费品零售总额90.26亿元，同比

增长6.0%。商贸业拉动有力。前三季度，商贸业拉动经济增长1个百分点。其中，批发业、零售业销售额分别增长26.5%、8.1%，增速在渝东北分别排第1位、第6位；住宿业、餐饮业营业额分别增长15.0%、12.3%，增速在渝东北分别排第5位、第3位。生态旅游加快恢复。小三峡·小小三峡景区、五里坡自然保护区、竹贤乡下庄村入选长江主题"国家级十大旅游线路"。2023年，实现景区购票139.41万人次，同比增长126.4%；接待过夜游客54.71万人次，同比增长26.32%。金融较快增长。9月末，巫山县人民币存贷款余额591.90亿元，同比增长11.8%。其中，存款余额293.29亿元，同比增长14.71%；贷款余额298.61亿元，同比增长9.06%。

4. 投资增速扭负转正，招商引资成效明显

印发巫山县"抓项目促投资"攻坚行动方案，明确工作举措和具体任务。制定实施投资领域五色图赛马细则，督促项目加码放量，形成抓项目促投资良好氛围。坚持月中梳理项目指导入库，月底强化预警督促报统，月初实时监测确保应统尽统。前三季度，固定资产投资增长0.1%，较1—8月增长2.2个百分点。深入开展招商引资攻坚行动，前三季度签约项目19个，完成年度目标任务项目的91.23%，1亿~10亿元以上项目7个，10亿元以上项目5个。

5. 改革创新深入推进，发展新动能加快集聚

数字重庆建设进展顺利。承接市级"一件事"试点4个、重大应用试点7个，8个"一件事"事项纳入市级"一件事"名录库。实行高新技术企业和科技型企业"双倍增"行动计划，第三季度科技型企业新增14家，达到112家，"双倍增"完成率300%。营商环境持续优化。实施"抓营商环境提升"攻坚行动，政务服务事项承诺时限平均缩减到78.74%，全程网办事项占比提升到78.83%，"渝快办"办件满意率99.99%。前三季度，巫山县新设立经营主体6456户，新增率为12.17%；新增市级科技型企业33家，较年初增长41.7%。国企改革提速推进，巫山县全民所有制企业公司制改革任务97家，完成97家，完成率100%。认真落实债务风险防范化解"631"机制，未发生债务违约风险。

6. 惠民富民成效明显，群众获得感不断增强

就业形势稳中向好。在农业农村基础设施领域积极推广以工代赈方式实施项目54个，公益性岗位共安置吸纳5078人。前三季度，城镇新增就业2365人，调查失业率控制在5.5%以内。居民收入稳步增长。前三季度，全体居民人均可支配收入20541元，同比增长5.9%，增速在全市排第1位，连续三季度领跑全市。城乡收入差距逐步缩小，城乡居民收入比调整为2.71，比上年同期缩小0.1。民生福祉不断增强。15件重点民生实事有序推进，适龄儿童免疫规划疫苗接种率96.8%。新（改扩）建学校20所，新增学位550个。县人民医院早阳分院一期建成投用，县人民医院成功晋级三级综合医院。

（二）存在的问题

1. 产业发展动能不强

生态农业方面。机械化程度低，生产成本高；产业链条不长，以初级产品为主，缺乏精深加工，附加值不高。生态工业方面。虽然增速较快，但整体量小质弱，对经济拉动不强。园区存在鞋服产业持续发展难、食品加工起步晚、中药材产业链条短等不足；边贸中心商贸企业零散，合力不足，缺乏农贸龙头企业和供应链体系。服务业方面。文旅产业支撑不足，上半年，文化产业增加值、旅游产业增加值占GDP比重分别为2%、3.4%；新兴产业发展基础薄弱，在核算规模以上营业收入的六大行业中，互联网和相关服务业、软件和信息技术服务业、居民服务修理和其他服务业、科学研究和技术服务业4个行业无规模以上企业。

2. 投资增长形势严峻

受政府投资管控、市场行情和资金筹措等制约，增长动力不足。一是政府投资受限。在当前化债背景下，政府投资管控严格，总体要求量力而行，在建项目无资金来源原则停缓建，审慎上马新开工项目，无资金保障的一律不予开工。二是民间资本信心不足。民间资本对经济下行压力感受强烈，不敢投、不愿投、不扩投、没钱投等多种情况，使民营企业普遍存在等待观望心态，扩投资动力不足。三是招商引资难。巫山县产业基础薄弱、聚集程度不高，对外来资本的吸引力低，难以形成产业链条和产业集群，缺乏关联的上下游企业。

3. 消费预期偏弱

一是文旅消费空间小。具有巫山特色、质优价廉、便于携带的旅游商品不够丰富，没有固定的旅游商品卖场。一日游、"打卡"游多，旅游"流量"难以转化为消费"留量"。二是大宗消费支撑不足。房地产开发项目逐年递减，房地产市场政策利好传导到消费端仍需时间，短期购房需求改善不明显，住房消费对消费贡献逐步减弱。三是居民消费预期偏弱。居民储蓄动机增强，不愿消费谨慎消费问题尚未明显解决。城乡居民收入绝对额较小、城乡收入差距较大，消费能力有待提升。

4. 经营主体活力不足

一是自身抗风险能力不强。规模小，个体工商户占比高，缺少具有竞争力的龙头企业和领军企业，竞争力弱，淘汰率高。二是受外部冲击较大。受经济环境及市场波动影响，产品市场需求大幅收缩，企业经营受到较大冲击。鞋服行业整体订单较上年同期相比下降50%，巫峡粉丝原材料价格较上年同期相比上涨25%。三是要素配套不优。融资难、融资贵现象仍然突出，用地困境有效化解难，标准厂房体量偏小。

（三）2023年主要经济指标预测

综合分析全国、全市2023年经济形势，并结合巫山县2023年前三季度经济运行特征及经济增长支撑因素，巫山县全年经济企稳向好，预计全年GDP同比增长6.5%以上。

二、2024年经济运行环境分析及主要指标预测

（一）国际国内形势

从国际层面来看，俄乌冲突、巴以冲突、缅北内战等地缘政治博弈影响持续加深。全球化遭遇逆流，保护主义升温导致贸易摩擦加剧，全球经济下行压力大，复苏进程缓慢且不均衡。从全国层面看，国家将精准有力实施宏观调控，扎实做好预期引导，推动各类稳经济政策措施加快落地见效。财政政策将加力提效，货币政策将加强"总量+结构"调控，产业政策将提升企业自主创新能力，区域政策将加强对中西部地区现代产业体系建设的支持，有利于重庆市争取更多战略资源布局。从全市层面来看，西部科学城、成渝地区双城经济圈、西部陆海新通道建设等国家战略深入推进，数字重庆建设全面推进，"33618"现代制造业集群体系加快形成，经济活力不断释放。从巫山县来看，"两件大事"、打造"四张名片"的深入推进，"铁公水空"多式联运立体交通网络区位优势全面形成，"一县一策"精准实施，将有助于巫山县挖掘潜力优势，增强内生发展能力和实力。

（二）主要指标预测

综合分析外部环境及巫山县发展条件，2024年，预计巫山县GDP同比增长7%左右。

三、2024年政策调控措施建议

（一）聚焦结构优化，推动现代产业体系加快构建

一是稳住农业压舱石。毫不放松抓好粮食生产，持续巩固"1+3+2"为主的100万亩特色种植和以生猪、蛋鸡、肉牛为主的100万头特色养殖规模，加快建设重庆、成都等6个巫山农产品城市前置仓或销地仓，多渠道开展巫山脆李、早中熟柑橘等农特产品营销。二是提升工业支撑力。要围绕"2+2+X"主攻方向，狠抓链主企业、龙头企业引育，深化"亩均论英雄"改革，加大"专精特新"企业培育力度，不断做大规模、做强链条、做优品牌。提速早阳标准厂房、边贸中心多功能厂房二期、重庆烤鱼产业园等项目建设，全力构建"一主两辅"食品及农产品加工产业集聚区。强化用能、用工、融资、用地等要素供给，助力企业稳产促销。三是培育服务业增长点。紧盯文旅、电脑技术服务、劳务外包、技能培训、汽车修理、家庭护理等领域，完善潜力企业台账，加大培育力度，有针对性地培育规模以上企业。立足科学研究和技术服务业、信息传输、软件和信息技术服务业等行业，适时引进招商，加快培育其他服务业新的增长点。

（二）聚焦扩大需求，推动经济活力加速释放

一是着力缓解投资增长压力。做好项目前期工作，围绕中央预算和专项债券等资金领域，推进项目前期工作达到初设深度，做好承接政策的准备。深入开展抓项目促投资行动，推动前期项目加快落地，在建项目加快进度，投产项目加快达效。推动激发民间投资活力，加快落实国家和全市促进民间投资政策措施，建立民间投资项目常态化沟通机制，拓宽民间资本参与重大项目细分领域，加大重点领域项目推介力度。二是大力激发消费潜能。创新举办好红叶节等节庆活动，促进特色商业街区、夜间经济集聚区、两江四岸滨江休闲街区提档升级，把更多游客"流量"转化为消费"留量"。精准迭代消费政策，聚焦家装、家居、家电等领域，持续办好房交会等系列促销展销活动，释放更大消费潜力。三是持续做好招商引资。进一步聚焦巫山县主导产业，大力开展"走出去""请进来"。力争全年招商签约资金300亿元以上，到位资金50亿元以上，新签约项目开工率60%以上。

（三）聚焦改革创新，推动发展动能加快转化

一是要加快推进国企改革。找准、止住国企"出血点"，加大"两非""两资"清退力度，开展亏损企业专项治理，推动亏损面和亏损额实现双降。要提升国企监管效能，健全完善现代企业制度和市场化经营机制，强化市场化考核导向，推动形成以市场为主导的主要业务和利润来源。二是强化经营主体培育。建立拟培育"四上"企业动态库，"一对一"方式培育扶持。引导中小企业主动融入龙头企业供应链，深化协作配套和专业化分工。落实好《巫山县领导干部联系重点民营企业》制度，推动更多惠企政策免申即享、直达快享、应享尽享。三是持续优化营商环境。深化政务服务改革，对多部门重复审批进行整治清理，切实提高行政审批效率。简化企业用水、用电、用气办事流程，提供一站式服务，让企业全程网办，降低企业发展成本。

（四）聚焦除险清患，推动安全发展底线更加牢固

一是着力防范化解债务风险。综合运用盘活存量资产、争取中央和市级专项资金、借新还旧、展期、置换、调整利率等方式缓释，牢牢守住国企债务"不爆雷"底线。严格落实国家"政府过紧日子""压减非急需非刚性支出"等要求，兜牢兜实基层"三保"底线，坚决遏制新增隐性债务。二是促进房地产市场平稳健康。扎实做好"保交楼、保民生、保稳定"工作，积极筹措项目资金，高质高效完成基础设施

配套建设，按期完成交付销号任务。要引导企业打造高品质住房，更好促进房地产市场健康发展。三是牢牢守住粮食安全底线。持续实施"玉米单产提升整建制推进县"项目，确保"米袋子""菜篮子"货足价稳。统筹利用好撂荒耕地，最大程度挖掘耕地潜力，确保粮食和重要农产品稳产保供。

（五）聚焦民生改善，推动群众获得感不断增强

一是持续巩固脱贫攻坚成果。紧盯防止返贫动态监测和帮扶、"两不愁三保障"及饮水安全持续巩固提升、全面提升群众收入水平，牢牢守住不发生规模性返贫的底线。二是积极促进城乡居民就业。持续推广以工代赈方式实施涉农项目，培育特色劳务品牌，促进农民工就近就业。开展就业援助月、春风行动等专题帮扶活动，加强职业指导、技能培训和岗位推荐，促进其转岗就业或灵活就业。三是加强公共服务供给。围绕教育医疗、养老托育、交通出行、城市管理、文化惠民等方面，谋划办好2024年重点民生实事，扩大普惠性、基础性公共服务供给。

[巫山县发展和改革委员会　吕　岱　何　姣]

之十二：2023年巫溪县经济运行分析及2024年展望

2023年以来，巫溪县坚持以习近平新时代中国特色社会主义思想为指导，全面贯彻党的二十大精神，深入开展学习贯彻习近平新时代中国特色社会主义思想主题教育，落实落细市委六届二次、三次全会以及市委经济工作会议、区县部门一把手季度例会精神，突出"稳进增效、除险清患、改革求变、惠民有感"工作导向，对照全年经济增长目标任务，积极向上对接争取，强化经济运行调度，扎实推动县域经济高质量发展。

一、2023年巫溪县经济运行分析

（一）经济运行情况

前三季度，巫溪县地区生产总值实现92.3亿元，同比增长5.7%，增速在全市、渝东北分别排第22位、第7位。前三个季度GDP分别累计增长3.5%、5.0%、5.7%，上半年和前三季度的增速均高于全市平均水平。一、二、三产业增加值增速分别为3.7%、11.9%、4.0%，三次产业结构比为19.6∶25.3∶55.1，对经济增长的贡献率分别为14.2%、47.2%、38.6%，分别拉动经济增长0.8个、2.7个、2.2个百分点。

1. 农业产业略有下滑，粮油果蔬禽蛋平稳增长，特经畜禽小幅减量

前三季度，巫溪县农业实现增加值18.1亿元，同比增长3.7%。主要农产品产量平稳增长，其中，小春粮食产量、油菜产量、水果产量、蔬菜产量分别增长1.9%、6%、10.6%、4.8%。中药材产量下降2.6%。出栏生猪、牛分别增长3.4%、8.3%，出栏羊下降1.3%，禽蛋产量增长45.2%。

2. 第二产业稳中有升，工业生产持续回升，建筑业稳步增长

前三季度，巫溪县第二产业实现增加值23.3亿元，同比增长11.9%。其中，工业实现增加值5.8亿元，同比增长4.2%。巫溪县规模以上工业分三大门类看，采矿业，制造业，电热力、燃气及水生产和供应业分别增长4.2%、1.0%、6.0%。建筑业实现增加值17.5亿元，同比增长14.7%。巫溪县83家有资质建筑企业实现产值34.4亿元，同比增长15.2%。建筑业对经济增长的贡献率为42.7%，拉动经济增长2.4个百分点。

3. 第三产业持续趋缓，商贸行业增长乏力，其他服务业稳定增长

前三季度，巫溪县第三产业实现增加值50.8亿元，同比增长4.0%。实现社会消费品零售总额50.8亿元，同比增长4.1%。其中，限额以上单位网络零售额同比下降8.2%，批发业商品销售额同比下降0.6%，零售业商品销售额同比下降0.7%，住宿业营业额同比增长12.1%，餐饮业营业额同比增长3.2%。其他服务业实现增加值26.1亿元，同比增长6.3%。商品房销售面积15.5万平方米，同比下降41.2%。

4. 固定资产投资持续增长，重大项目支撑不够，项目推进急需发力

前三季度，巫溪县固定资产投资同比增长22.1%。分季度看，第一、第二、第三季度分别同比增长16.3%、31.6%、22.1%，均保持高速增长。分板块看，基础设施投资、工业投资、房地产投资、民间投

资分别增长 25.1%、36.3%、0.8%、12.7%。从项目实物量投资看，205 个重点项目完成实物量投资 72.25 亿元，占年度计划的 52.8%。

5. 财政收入增速回落，收支差距进一步扩大，金融信贷运行平稳

前三季度，巫溪县一般公共预算收入完成 9.5 亿元，同比增长 82.5%。其中，税收收入完成 3.0 亿元，同比增长 18.8%；非税收入完成 6.5 亿元，同比增长 141.0%。一般公共预算支出完成 34.8 亿元，同比下降 5.7%。前三季度，一般公共预算收入低于一般公共预算支出 25.3 亿元，较上半年差距扩大 7.5 亿元。9 月末，巫溪县金融机构人民币各项存款余额 274.0 亿元，同比增长 14.8%；各项贷款余额 204.6 亿元，同比增长 8.7%。

6. 居民收入与全市差距依然较大，城乡收入比逐渐缩小，就业形势总体稳定

前三季度，巫溪县全体居民人均可支配收入 16715 元，同比增长 5.3%；低于全市全体居民人均可支配收入 12526 元。分城乡看，城镇居民人均可支配收入 25815 元，同比增长 3.5%；农村居民人均可支配收入 10275 元，同比增长 7.2%。城乡居民收入比为 2.51∶1，比上年同期缩小 0.09。巫溪县城镇新增就业 3439 人，登记失业人员就业 1715 人，困难人员就业 1587 人，提前完成市级下达目标，就业形势总体稳定。

（二）存在的问题

1. 工业增长后劲不足，开工达产企业严重偏少，产业链供应链尚未形成

工业生产虽企稳回升，但工业主要增长点依旧是水电行业，前三季度水电发电量占总发电量的 77%，同比增长 67.0%。

2. 房地产市场依然疲软，建筑业增长压力增大，商品房销售严重下降

房地产业实现增加值 5.1 亿元，同比下降 5.5%，拉低经济增长 0.37 个百分点。商品房销售面积仅为 15.5 万平方米，同比下降 41.2%，加上房地产业工资下降 5.4%，共同拉低经济增速 0.6 个百分点。

3. 商贸行业增长乏力，消费活力仍然不足，限额以上企业发展壮大困难

巫溪县社会消费品零售总额增速较上半年有所提高，但批发业、零售业、住宿业仍呈负增长，餐饮业增长缓慢，消费活力仍然不足。全口径批发和零售业拉低 GDP 增速 0.03 个百分点，较同期拉动力下降 0.36 个百分点。

（三）2023 年全年主要经济指标预测

综合分析 2023 年前三季度经济形势、宏观政策取向和经济增长支撑因素，预计全年地区生产总值同比增长 6.0% 左右，农业增加值同比增长 6.0%，规模以上工业总产值增长 18.0%，建筑业增加值增长 15.0%，固定资产投资同比增长 20.0%。

二、2024 年经济运行的环境及因素分析

（一）重大机遇

从国家层面看，习近平总书记对中国式现代化进行系统论述，为科学谋划未来五年乃至更长时期党和国家事业发展的目标任务和大政方针，提出了一系列新思路、新战略、新举措，为巫溪做好各方面工作提供了总遵循、总抓手。成渝地区双城经济圈建设等重大战略和共建"一带一路"的深入推进，有利于巫溪在积极融入国内国际双循环新发展格局中展现新作为。数字经济和实体经济深度融合发展，有利

于巫溪提升产业链供应链现代化水平、推动经济社会向智能化转型。

从市级层面看，习近平总书记对重庆作出重要指示批示，要求重庆坚持"两点"定位，实现"两地""两高"目标，发挥"三个作用"，推动成渝地区双城经济圈建设，为重庆提供了政治指引、根本遵循、动力之源，也为巫溪带来更多的政策支持。市委六届二次、三次全会更是全面系统谋划了新时代新征程新重庆的美好愿景，对全面建设社会主义现代化新重庆的目标任务、途径举措、体制机制等作出全面部署，为巫溪现代化建设提供了方向指引和重要契机。

从巫溪县层面看，渝陕鄂川、奉巫巫区域协作和功能互补更趋紧密，国家乡村振兴重点帮扶县、"一县一策"推动山区库区高质量发展更为聚焦，将在更深程度上巩固放大国家和市级战略任务、叠加政策优势。随着安张铁路、达开巫襄等铁路，以及巫镇高速、巫云开等高速公路开工通车，交通互联互通将成为必然趋势，巫溪立足渝陕鄂川边区、畅通大西北大西南物流大通道的区位交通优势将进一步凸显，巫溪集聚人流、物流、商流、信息流的效应将进一步得到增强。

（二）困难挑战

当前，巫溪县发展的内外部环境更加深刻复杂多变，仍然面临一系列老难题和新挑战。从外部环境看，一是国家持续加强地方政府债务管理，市级对投资项目的审批更加严格，投资方在投融资方面将更加谨慎；二是消费市场复苏缓慢、就业形势依然严峻，企业的销售收入降低，巫溪县的财政收入将下降。从内部环境来看，巫溪县经济总量偏小、经济结构不优、发展后劲偏弱，产业链供应链销售链尚处于中低端水平，基本公共服务供给不足、人民生活质量不高等问题仍突出，严重制约巫溪县在新时代新征程奋力实现巫溪绿色崛起总目标。

2024年，巫溪县将更加深刻把握中华民族伟大复兴战略全局，深刻把握中国式现代化的中国特色和本质要求，增强机遇意识和风险意识，认识和把握发展规律，准确识变、科学应变、主动求变，抢抓机遇、应对挑战、趋利避害，确保巫溪在竞争激烈的区域发展中提速进位、突围崛起。

三、2024年趋势展望及主要指标预测

2024年，巫溪县处于交通区位加速突破期、乡村振兴纵深推进期、特色产业加快培育期、城乡融合建设提质期、绿色发展转型关键期。巫溪县将坚持以习近平新时代中国特色社会主义思想为指导，立足新发展阶段，完整、准确、全面贯彻新发展理念，服务和融入新发展格局，认真贯彻市委、市政府各项决策部署，围绕巫溪县"1246"总体思路和"1235"奋斗目标，深入推进"十四五"规划纲要高质量实施后半程，全力以赴推动经济社会高质量发展。力争经济增长保持在6.5%左右，固定资产投资同比增长13%，规模以上工业总产值同比增长15%，社会消费品零售总额同比增长9%，一般公共预算收入同比增长6%，城乡居民收入增长与经济社会发展同步，生态环境质量持续改善，单位生产总值能耗、主要污染物排放等约束性指标完成市级下达目标任务。

四、政策调控措施建议

（一）以打造渝陕鄂川边区综合交通枢纽为突破，加快完善现代化基础设施网络

抢抓成渝地区双城经济圈和交通强市战略机遇，全力推动公铁水空"四网"一体化发展，全力打造"124交通出行圈"，构建渝陕鄂川边区"四高一铁一水"综合交通枢纽。突破对外交通瓶颈，全力争取巫溪至奉节铁路开建，积极开展达开巫襄、万巫十、达开巫兴、渝东北环线等铁路研究。加快建成巫镇、

巫云开、两巫高速，启动建设巫城万、巫奉利高速，积极开展巫开宣、巫十（襄阳）高速前期工作，着力构建"一环八射"高速公路网络。

（二）以培育生态旅游第一支柱产业为牵引，加快构建绿色现代化产业体系

做靓生态旅游业，实施全域旅游创建行动，推进"全域生态化、景区品牌化、城市景区化、乡镇景点化、乡村田园化"，唱响"天地灵气·逍遥巫溪"品牌。做大绿色工业经济，大力发展"一主两辅"主导产业，全力打造绿色食品加工、中药材加工、重要清洁能源等产业基地，构建高效、清洁、低碳、循环、智能的绿色工业体系。发展现代山地特色高效农业，全面融入全市预制菜、柑橘、中药材三个五百亿级产业集群建设，加快形成一批连片布局、规模发展、标准统一的千亩示范基地。

（三）以建设"小县大城"山区库区新型城镇化县域样板为载体，加快推进以县城为重要载体的城镇化建设

推进以人为核心的新型城镇化，立足"一城三组团"空间分布和功能定位，建设"美得自然、建得从容、过得幸福"的"森林之城、宁静之城、灵动之城"。按照"唤醒老城、激活新城、建设水城"思路，着力建设宜居宜业宜游的全国样板。持续推进全域城市创建，巩固拓展全国文明城市、国家卫生县城、国家园林县城创建成果。

（四）以巩固"国家乡村振兴重点帮扶县"为契机，加快建设渝陕鄂川边区乡村振兴示范标杆

抢抓"国家乡村振兴重点帮扶县"重大历史机遇，全面落实巩固脱贫攻坚成果同乡村振兴有效衔接，用足用活国家支持政策和"一县一策"等市级帮扶措施，拓宽农民增收致富渠道，实施农民城乡融合共富促进行动和产业就业提质增效行动。推进宜居宜业和美乡村建设，深化农村人居环境整治，开展美丽庭院、宜居村庄、"百村千户"评比，打造生态宜居美丽乡村。加快城乡融合发展，以"三变"改革和"三社"融合发展为抓手壮大新型农村集体经济，促进城乡产业协同发展。

（五）以改革开放创新为动力，加快建设成渝地区双城经济圈东向北向开放门户

立足"渝陕鄂川"对外门户定位，聚焦重点领域改革，打造一流营商环境，深入推进"一网、一门、一次"改革和"证照分离"改革，建立政务环境双向评级制度。深入推进对外开放合作，主动融入新时代西部大开发、共建"一带一路"、长江经济带发展、西部陆海新通道和成渝双城经济圈建设，抢抓东部地区产业转移机遇，加快打造承接东部产业转移高地。大力推动科技创新成果转化应用，实施高新技术企业和科技型企业"双倍增"行动计划，推动中小企业"专精特新"发展。

（六）以增进民生福祉为根本，加快建设高品质生活宜居地

坚持在高质量发展中增进民生福祉，落实川渝关于公共服务相互衔接的有关政策，深化"渝创渝新"创业促进行动，注重提高产业发展、重大项目、重点民生工程等吸纳就业的能力，推进渝陕鄂川边区就业市场一体化建设。推进渝陕鄂川边区教育高地建设，深化教育综合改革，适应县域人口变化，全面优化基本公共教育布局结构和资源配置，推动基础教育优质均衡发展，加快推进教育现代化建设。打造渝陕鄂川边区医疗卫生高地，用好千县工程、乡村振兴对口帮扶、东西部医疗卫生协作资源，深化与渝中区医疗卫生协作，大力发展医联体、医共体，扩大优质医疗资源供给。

[巫溪县发展和改革委员会　杜光青　姚正明　罗　洋]

区域卷
渝东南武陵山区城镇群篇

之一：2023年渝东南武陵山区城镇群经济运行分析及2024年展望

2023年以来，面对更趋复杂严峻的全球政经形势和艰巨繁重的改革发展稳定任务，渝东南武陵山区城镇群（简称渝东南城镇群）坚持生态富民、强县富民的发展导向，积极融入和服务成渝地区双城经济圈和西部陆海新通道建设，打造库区山区现代化样板，经济恢复性增长态势进一步巩固，高质量发展趋势良好，预计全年地区生产总值同比增长6.8%。

一、2023年渝东南城镇群经济运行情况分析

（一）总体情况

渝东南城镇群推动文旅融合、城乡协同发展，丰富拓展生态康养新业态，加快建设国家文化产业和旅游融合发展示范区、世界知名民俗生态旅游目的地，经济保持恢复性增长。1—9月实现GDP 1245.59亿元，占全市比重5.6%，较2022年同期提高0.1个百分点，同比增长6.5%，分别高出全市、主城都市区、渝东北三峡库区城镇群0.9个、1个、0.9个百分点。分区县来看，石柱、彭水、黔江分别以8.3%、8.3%、6.3%的增速占据渝东南城镇群前三位，保持较快增长态势。

（二）主要特点

1. 农业农村经济运行稳定

渝东南城镇群大力发展现代山地特色高效农业，"武陵农家"品牌影响力加速提升，农业农村经济发展态势良好。1—9月实现第一产业增加值150.18亿元，同比增长4.8%，增速高出全市平均水平0.5个百分点。一是重要农产品生产形势稳定向好。粮食生产总体稳定，1—9月武隆、石柱粮食产量达19.2万吨、22.5万吨，分别同比增长2.4%、1.6%。蔬菜、水果产量稳中有增，1—9月黔江、石柱蔬菜及食用菌产量为24.17万吨、41.1万吨，分别同比增长5.2%、5.6%。畜牧业生产形势良好，生猪出栏数量占全市比重约17%。二是农业发展基础支撑不断增强。新增国家农业产业强镇1个，5家企业入选重庆市农产品加工业100户领军企业名单，18家企业入选重庆市农产品加工业100户成长型企业名单。三是地标产品竞争力持续提升。酉阳创建"酉阳800"区域公用品牌，制定了全市首个油茶地方标准。优质特色农产品"走出去"步伐加快，黔江开通"黔江脆红李"航空专线，黔江羊肚菌首次出口进入国际高端食用菌市场，武隆借助航空优势实现脆桃等农产品10小时空运至广州。

2. 绿色工业持续发展壮大

渝东南城镇群立足突出特色资源优势、找准优势产业定位，持续培育壮大绿色工业，加快提升产业绿色化发展质量和水平。一是工业经济运行稳定。清洁能源、绿色建材、特色消费品、生物医药等产业初具规模，1—9月渝东南城镇群规模以上工业增加值同比增长7.4%，高出全市1.7个百分点。其中，黔江铝材、玻璃纤维纱、卷烟等主要工业产品实现较快增长，带动规模以上工业增加值同比增长10.3%，增速领跑渝东南城镇群。二是产业主体和平台支撑能力加快提升。新增重庆市"专精特新"中小企业43

家、重庆市创新型中小企业27家、重庆市工业设计赋能中小企业公共服务平台2家。黔江正阳工业园区、秀山高新区、石柱工业园区成功入选重庆市承接产业转移示范园区。创新平台不断完善，新增市级企业技术中心2家。三是工业智能化绿色化转型加快推进。数字工厂建设持续推进，绿色制造业体系加快完善，新增黔江年产12万吨高性能玻璃纤维熔制数字化车间、秀山塑料玩具生产数字化车间等数字化车间4个，新增黔江三磊玻纤股份有限公司、秀山西南水泥有限公司2家绿色工厂。

3. 以文旅引领的服务业恢复态势明显

渝东南城镇群文旅产业逐步复苏、物流业取得新突破、电商产业蓬勃发展，带动服务业持续恢复向好。1—9月实现服务业增加值695.87亿元，同比增长6%，增速分别高出主城都市区、渝东北三峡库区城镇群0.7个、0.8个百分点。一是文旅经济加速恢复。文旅与农业、节庆、数字等融合发展取得积极成效，秀山土家织锦和"边城韵"茶旅融合、武隆油菜花乡村旅游节入选全国首批"一县一品"特色文化艺术典型案例，武隆后坪苗族土家族乡文凤村入选2023年中国美丽休闲乡村名单，黔江成功举办2023中国武陵文旅峰会，酉阳围绕"数字桃花源"启动打造100个网红打卡点。旅游资源提档升级，彭水入选2023年全国县域旅游综合实力百强县名单，石柱创建国家级旅游度假区、武隆旅游国际化试点建设稳步推进，黔江启动国家文化产业和旅游产业融合发展示范区创建。旅游业逐步恢复至疫情前水平，武隆喀斯特景区接待游客人次增速排名居重点监测的全市120家旅游景区第二位，1—9月石柱接待游客人次、旅游综合收入分别同比增长28.7%、22.7%。二是现代物流业取得新突破。建成直发国际班列新站点（秀山站），西部陆海新通道武陵山班车正式首发。截至目前，秀山已开行西部陆海新通道武陵山班列、东盟跨境公路班车、17条武陵物流专线，快递分拨中心覆盖周边14个区，完成西部陆海新通道运量75标准箱、货值3024万元，绝对值、增速均居渝东南城镇群第一。三是电商产业蓬勃发展。实现电子商务进农村综合示范区县（升级版）全覆盖，新增数字农业电商产业直播产区分拨中心1个、农副产品直播基地10家。1—9月秀山电商交易额突破150亿元，快递上行量超过2450万件；武隆实现电子商务交易额同比增长超6%。

4. 投资消费继续回升向好

渝东南城镇群扎实推进稳投资、扩内需各项政策举措，固定资产投资和消费市场回升向好。一是固定资产投资增长较快。渝东南城镇群精准施策、强化重点项目调度，1—9月实现固定资产投资同比增长16.4%，其中工业投资同比增长26%、基础设施投资同比增长24.4%，均高出全市平均水平。渝湘高铁武隆南站综合交通枢纽、乌江白马杭电枢纽工程等重点项目建设跑出"加速度"，带动武隆固定资产投资同比增长24.2%，增速居全市首位。二是消费市场持续回暖。随着系列消费政策持续发力，文旅产业稳步复苏，渝东南城镇群消费市场整体回暖向好，1—9月实现社会消费品零售总额704.95亿元，同比增长7.6%，增速高出全市平均水平0.2个百分点。其中，秀山举办消费节、房交会等促销活动20余场次，爱琴海商业综合体开业运营，1—9月实现社会消费品零售总额同比增长8.9%，增速居渝东南城镇群首位；酉阳、彭水等区县文旅产业有力带动"夜间经济""美食经济"等业态发展，住宿、餐饮、文娱消费逐渐回暖，社会消费品零售总额增速均在8.5%以上。

5. 城乡发展面貌持续改善

渝东南城镇群统筹抓好以人为核心的新型城镇化和乡村振兴，城乡共美新画卷正徐徐展开。一是城镇功能品质不断提升。以区县城为重要载体的城镇化建设稳步推进，黔江、武隆、石柱、酉阳、彭水、秀山深入实施"文化+""旅游+""康养+"战略，加快培育专业功能区县城。黔江获评全国市域社会治理现代化试点首批合格城市，彭水成功创建国家级节水型社会建设达标县，武隆创建全国文明城区、国家食品安全示范城市稳步推进。二是乡村全面振兴加快推进。渝东南城镇群6个乡镇18个村成功入选第三批市级乡村治理示范镇村，石柱入选2023年国家乡村振兴示范县。彭水绍庆街道阿依河社区胡家湾等4个村落入选2023年传统村落保护发展项目清单。秀山培育新型农业经营主体2000余户、龙头企业161家。黔江创新实施"零工市场"建设，促进农民就近就地就业，农民收入持续增长。三是城乡融合发展稳步推进。武隆推进"三社"深度融合，已培育国家级示范农民合作社27个、市级示范合作社32个，建立完善"三社"融合发展示范点4个。黔江依托6个国家级双创平台、5个市级创业孵化基地，实施一次性创业补助、创业担保贷款、高校未就业求职创业补贴等扶持政策吸引人才返乡创业。

6. 高质量发展底色更绿

渝东南城镇群统筹推进山水林田湖草沙一体化保护和系统治理，不断夯实生态本底，生态环境持续优化。一是生态环境质量居全市前列。精准"治气""治水""治土"取得积极成效，1—9月空气质量优良天数在260天以上，城市集中式生活饮用水水源水质稳定达标，建制镇生活垃圾无害化处理率达100%。1—9月彭水、武隆、黔江、酉阳、秀山水环境质量居全市前十位。黔江小南海、彭水郁江入选2022年重庆市美丽河湖优秀案例名单。二是生态保护和修复扎实推进。稳步实施重点河岸防洪护岸和水土流失综合治理工程，"两岸青山·千里林带"等营造林工程、自然保护地建设及野生动植物保护工程加快推进，森林覆盖率超60%。三是绿色发展稳步推进。成功举办以"推动绿色产业发展，共促绿色消费未来"为主题的2023第五届中国·重庆绿色发展实践论坛、中国·重庆（石柱）第七届康养大会等绿色展会活动。武隆开展GEP核算，生态系统生产总值超2000亿元，成功入选全市首批生态产品价值实现机制试点区县。

二、存在的主要问题

（一）投资增长面临瓶颈制约

渝东南城镇群投资增长仍面临较多挑战，稳增长关键性功能尚未充分释放。一是房地产开发投资缺乏后劲。房地产市场供、需两端信心不足，1—9月商品房销售面积同比下滑1.9%，房地产投资同比下滑7.3%。其中，石柱商品房销售面积降幅最大，同比下降8.4%；秀山房地产开发投资降幅最大，同比下降23.9%。二是基建投资增长仍存隐忧。在区县财政紧张、债务空间见顶、PPP类项目规范清理、政府化债等影响下，基建投资资金保障难度较大，部分在建及年内计划启动的基建项目受到一定影响，黔江、秀山、彭水基础设施投资增速低于全市平均水平。三是工业投资后劲不足。受市场低迷、企业利润下滑等因素影响，企业投资意愿减弱，加之招商引资难、项目落地难、项目储备少等因素影响，后续工业投资稳定增长面临较大压力。1—9月武隆、彭水工业投资增速较上半年分别下降7.5个、53.3个百分点，酉阳工业投资同比下降2.1%。

（二）消费稳步复苏压力犹存

居民消费能力减弱、重点行业恢复不及预期，渝东南城镇群消费市场复苏仍面临较大压力。一是居民消费能力有所下降。部分群体、行业结构性失业矛盾较大，居民收入增长乏力，1—9月渝东南城镇群城镇居民可支配收入增长低于全市平均水平。黔江、武隆、石柱、秀山、酉阳、彭水全体居民人均可支配收入增长较上年同期分别放缓了2.4个、2.1个、2.8个、2个、2.1个、2.3个百分点。二是重点领域消费依然较弱。住宿业恢复不及预期，1—9月渝东南城镇群住宿业营业额同比增长12.9%，增速低于全市3.4个百分点。部分区县餐饮、零售、批发等消费复苏较慢，石柱限额以上餐饮业营业收入、黔江零售业销售额、酉阳批发业销售额分别仅同比增长1.8%、1.4%、0.9%。三是消费增长点和消费新场景培育不足。商业及配套设施建设滞后，优质商品和服务供给不足，制约消费意愿的释放。"夜间经济"等消费新业态新模式、"沉浸式"文旅消费新场景培育不足。

（三）产业高质量发展压力较大

渝东南城镇群在新兴产业、绿色工业发展方面仍面临诸多制约。一是新兴产业发展不足。数字经济尚处于起步培育阶段，1—9月规模以上数字经济核心产业服务业增加值6.65亿元，仅占全市的2.4%。数字化赋能工业转型升级缓慢，数字化车间、智能工厂在全市占比较低。二是绿色工业支撑不强。工业集中在初级制造环节，规模能级不高，缺乏具有带动整体产业发展的"航母"型龙头企业，1—9月第二产业增加值占全市比重仅为4.5%。同时，由于产业支撑较为单一，部分区县工业经济运行韧性不足，1—9月武隆、彭水规模以上工业增加值较上半年均下降0.1个百分点。三是要素保障不充分。人才、技术、资金、政策等要素保障不足，产业创新平台、创新主体较少，难以满足产业新模式新业态发展需求。科技研发投入强度不足0.5%，新增市级"专精特新"小企业数量仅占全市的3.1%。

三、2024年经济运行环境分析和展望

（一）国际和国内环境分析

从国际来看，国际环境呈现"增长较弱、风险加大、博弈加剧"的特点，新一轮科技革命和产业变革深入发展，渝东南城镇群发展挑战与机遇并存。一是国际形势更趋复杂严峻，世纪疫情造成的"疤痕效应"影响深远，美国拉动盟友建立排华供应链，在高端技术产品上"卡脖子"，我国产业链"断供"、外迁风险加大，导致渝东南城镇群在承接国际国内产业转移、推动产业转型升级、维持产业链供应链安全稳定等方面面临较大挑战。同时，全球地缘政治紧张，俄乌冲突持续、巴以冲突再起等促使全球能源、原材料、粮食等大宗商品价格大幅波动，渝东南城镇群稳步发展面临高成本发展挑战。二是受国际航线恢复和疫情冲击后跨境旅游产业链复苏缓慢，以及地缘政治冲突等因素影响，我国入境旅游市场恢复不及预期，2023年上半年我国入境旅游人次约1800万人次，仅恢复至2019年同期的12%。在此背景下，渝东南城镇群入境旅游市场恢复道阻且长。三是全球科技创新空前活跃，为我国不断开辟发展新领域新赛道、塑造发展新动能新优势带来了难得的历史机遇，有利于渝东南城镇群推动产业转型升级，增强产业协作配套能力。

从国内来看，我国加快推进中国式现代化建设，健全经济稳增长政策体系，为渝东南城镇群高质量发展带来更多机遇。一是随着共建"一带一路"纵深推进，我国与俄罗斯、中亚、东南亚、拉美等国家和地区的经贸合作更加紧密，有利于渝东南城镇群发挥"一带一路"和长江经济带联结点的优势，积极融入西部陆海新通道建设，加快实现更广范围、更深层次、更高水平对外开放，在开放中实现高质量发展。二是随着稳经济一揽子政策和接续措施全面落地实施，国家将加大稳经济调控力度，提振经营主体发展信心，有利于渝东南城镇群进一步优化营商环境，培育壮大特色优势产业，推动产业化、智能化、数字化转型发展，高效承接主城都市区和东部地区产业转移。

（二）市内及渝东南城镇群环境分析

从全市来看，成渝地区双城经济圈建设、西部陆海新通道建设稳步实施，现代制造业集群体系逐步完善，库区山区强县富民扎实推进，为渝东南城镇群高质量发展带来诸多利好。一是随着市委"一号工程"和"十项行动"深入实施，有利于渝东南城镇群发挥腹地优势，借力成渝地区重点平台，加快融入

双城经济圈产业体系、开放体系、创新体系，推动高质量发展。二是西部陆海新通道已成为现代化新重庆最具辨识度的标志性成果，西部陆海新通道武陵班列稳定运行，跨境公路班车（武陵山）开通运行，为渝东南城镇群加快融入全球经济体系打开了新空间、拓展了新渠道。三是重庆推动全市制造业形成上下游协作、高中低端协同的融合集群发展，培育高能级的"33618"现代制造业集群体系，有助于渝东南城镇群依托工业基础和资源优势，壮大食品及农产品加工等优势产业，提升汽车、电子信息、先进材料、智能装备等产业配套能力。四是重庆"一县一策"推进山区库区强县富民，为渝东南城镇群现代化建设提供了政策和项目支持，有利于渝东南城镇群持续巩固拓展脱贫攻坚成果同乡村振兴有效衔接，不断拓宽城乡居民增收渠道，增强经济发展内生动能，实现高质量发展。

从渝东南城镇群来看，各区县抢抓成渝地区双城经济圈建设重大机遇，充分发挥战略腹地优势，积极融入双城经济圈建设，将推动渝东南城镇群拓展战略空间、释放战略潜能，共享双城经济圈建设成果。西部陆海新通道武陵山班列、东盟跨境公路班车相继开行，渝湘高铁重庆至黔江段加快建设，仙女山机场、黔江机场航线拓展，乌江航道逐步提能，将极大改善渝东南城镇群区域交通格局，带动武陵山片区文旅融合和商贸物流发展，促进"武陵加工"产品、特色农副产品"走出去"。同时，渝东南城镇群生态保护任务重，产业发展、城镇建设面临建设用地不足、环境承载力较弱等问题制约。

（三）2024年经济运行环境分析及展望

2024年，渝东南城镇群发展总体利好，融入成渝地区双城经济圈和西部陆海新通道建设的动能更强，政策支持和项目支撑更足，现代化产业体系、通道基础设施网络更趋完善，文旅融合、城乡协同发展更加深入，开放发展潜力逐步提升，经济将延续恢复性增长态势，预计2024年渝东南城镇群GDP增长5.9%左右。

四、对策建议

（一）发挥项目牵引作用，促进投资稳定增长

深入实施"抓项目促投资"专项行动，加快推进项目落地实施，强化项目要素保障，促进投资稳定增长。一是稳定房地产开发投资。用足用好"保交楼"专项借款、"保交楼"贷款支持计划等政策工具，加大房企纾困专项再贷款等政策执行力度，重点支持优质房企兼并收购困难房企优质项目。二是推进项目落地实施。聚焦年度项目投资计划，强化在建项目的统筹管理，推动项目早日建成投用、达产增效。持续跟踪招商引资签约项目，及时增补重大前期谋划项目，统筹安排好项目可行性论证、环保、用地等前期工作，确保项目按时开工建设。三是强化项目建设资金保障。加强专项债项目督导，推动项目施工进度与资金到位节奏相匹配，加快专项债剩余额度发行，争取中央预算内投资、特别国债等国家资金支持，探索运用REITs等创新模式盘活存量资产。

（二）深入挖掘消费需求，持续增强消费动力

围绕扩大内需，打造消费新场景，培育消费新业态，加大消费促进力度，激发消费市场活力。一是积极提振文旅消费。加强区县合作，共同丰富旅游业态、培育旅游品牌、打造旅游线路，联合发放文旅消费券，激发文旅消费市场。积极打造"沉浸式"文旅消费新场景，成为吸引游客的新"打卡点"。二是大力促进本地消费。继续开展地产及家装、家电、家具、汽车等行业联动促销活动，引导商圈联合经营商户举办品鉴、教学、沙龙等潮流主题消费活动，拓宽消费体验场景。支持商贸企业开展特色外摆，打造户外特色集市、夜市，延长营业时间。三是提升居民消费意愿。多渠道增加中低收入群众的要素收入

和城乡居民的财产性收入,推动居民收入增长与经济增长基本同步,提高居民消费能力。

(三)壮大特色优势产业,筑牢经济发展根基

坚持生态优先、绿色发展,培育壮大优势产业,增强产业对经济发展的支撑作用。一是推动文旅深度融合发展。深挖民俗文化、红色文化等资源,发展红色主题游、非遗主题游、苗乡养心游、民俗风情游、人文历史游、乡村休闲游等精品旅游线路。积极谋划举办特色文旅活动、展会节事活动,依托仙女山等景区培育冰雪运动、马术、低空运动、攀岩等体育旅游业态。促进文旅与科技融合,探索云平台、全息影像、VR虚拟现实等在文旅产品中的运用。二是推动山地特色高效农业提质增效。加强区县间产业协作,联合打造中药材、茶叶、烤烟、蚕桑、特色经果林、特色粮油、果蔬、中蜂等特色产业全产业链,共同培育区域公用品牌。加大农产品精深加工企业招引和规模以上企业培育力度,积极培育国家农业产业园区、农业产业强镇。三是推动绿色工业提档升级。加大农产品加工、新材料、电子信息、生物医药、清洁能源等产业招商引资力度,促进工业产业成链成群。明确区县重点产业发展方向,聚焦"一县一策",在招商引资方面给予相关区县适当倾斜帮扶。瞄准主城都市区智能、汽摩、装备等制造业,大力发展优势配套产业。

(四)改善企业发展环境,提振经营主体信心

针对企业生产经营中的痛点难点,切实改善企业发展环境,强化企业发展的要素保障,激发企业发展活力。一是加强对企业融资支持。推动金融机构提升信用贷款融资占比,加大知识产权质押融资支持力度,破解企业"无抵押物"融资难题。鼓励、引导金融机构将新增、盘活的信贷资源向渝东南地区民营企业倾斜,提高小微企业和"专精特新"企业的融资需求满足度。二是助力企业招工引才。完善人才招引政策,鼓励毕业生到渝东南地区就业并给予学费补偿或国家助学贷款代偿。做好返乡农民工稳岗就业组织引导,保障重点企业、重点项目用工。支持行业龙头企业、产业园区与高层次人才团队、科研机构联合组建工程中心和企业技术中心等创新载体。三是强化企业用地用能保障。优化审批流程,解决建设用地审批难、周期长、费用高等问题。优化土地资源配置,制定重点项目用地支持政策,探索闲置土地盘活利用的有效途径。加大对重点工业企业用能补贴力度,降低企业用能成本。

[重庆市综合经济研究院(重庆市经济信息中心)
重庆市推动成渝地区双圈经济圈建设研究中心课题组
主研:易小光　丁　瑶　邓兰燕　李　林　郑秋霞
执笔:邓兰燕　郑秋霞]

之二：2023年黔江区经济运行分析及2024年展望

2023年，黔江区坚持以习近平新时代中国特色社会主义思想为指导，全面贯彻中央、市委决策部署，坚持"稳进增效、除险清患、改革求变、惠民有感"工作导向，着力扩大内需、提振信心、防范风险，经济持续恢复向好，高质量发展态势良好。

一、2023年黔江区经济运行情况

1—9月，黔江区实现地区生产总值215.8亿元，同比增长6.3%，较上半年加快0.8个百分点。三次产业结构占比为11.2∶38.4∶50.4，分别拉动GDP增长0.6个、3.6个、2.1个百分点，对GDP增长贡献率分别达10.2%、56.9%、32.9%。

（一）工业经济支撑有力

规模以上工业增加值同比增长10.3%，较上半年加快2.9个百分点。主导产业稳步发展，实现规模以上工业总产值127.7亿元，同比增长14.1%，较上半年加快5.8个百分点。其中，新材料、消费品产值分别增长41.7%、19.1%。重点企业运行良好，13家规模以上工业企业产值同比增速超过20%，主要产品中铝材、玻纤产量同比分别增长225%、95.7%。三磊玻纤获批市级数字化车间和绿色工厂，衡生胶囊被认定为市级中小企业研发中心。年产30万吨石英砂项目进入试生产，烟厂易地技改、年产30万吨再生铝、金洞风电场等重点项目加快推进，积极打造交通工具零部件轻量化产业园。

（二）服务业恢复缓慢

实现第三产业增加值108.9亿元，同比增长4.1%，较上半年加快0.1个百分点。规模以上服务业企业营业收入同比增长3.9%，较上半年回落8.2个百分点。9月末金融机构本外币存贷款余额842.4亿元，同比增长12.1%，较6月末加快3.8个百分点。其中：存款余额增长11.1%，贷款余额增长12.8%。1—8月保费收入11.6亿元，同比增长10.4%。完成航班起降2212架次，同比增长27.6%，空港旅客、货邮吞吐量同比分别增长60%、108.5%，较上半年分别加快8.2个、164.5个百分点。公路运输总周转量同比增长7.9%，较上半年加快1.2个百分点。

（三）农业生产总体平稳

实现第一产业增加值24.1亿元，同比增长5.2%，较上半年回落0.3个百分点。粮食产量23.4万吨，同比增长1.3%。油菜、蔬菜播种面积同比分别增长10.9%、3.5%，产量同比分别增长10.4%、5.2%。持续实施生猪产业"11152"工程、牛产业"十百千万"工程，出栏生猪55.4万头、肉牛1.5万头，同比分别增长4.9%、14.8%。烤烟收购有序开展，羊肚菌亩产值突破3万元，特色水果、茶叶、中药材、水产品产量同比分别增长6.8%、4.8%、15.4%、11.3%。

（四）投资增长明显放缓

完成固定资产投资56.1亿元，同比增长6.9%，较上半年回落7.9个百分点。从重点领域看，基础设施及其他领域下降1.6%，较上半年回落22.9个百分点，工业领域增长17.6%，房地产开发领域增长14.7%。纳入市级重点项目清单的15个项目完成投资12亿元，占年度计划的51.2%，其中7个续建项目完成投资11.2亿元。纳入黔江区重点项目建设和政府投资计划的208个项目完成投资39.4亿元，其中61个续建项目完成投资30亿元，占年度计划的66.5%。渝湘高铁黔江段工程形象进度达67%，麒麟风电场全网并网发电。申报中央预算内资金20批次、48个项目，推送专项债券2批次、38个项目，争取到位项目建设资金16.8亿元。

（五）消费市场稳步复苏

促消费政策持续发力，实现社会消费品零售总额121.1亿元，同比增长4.9%，较上半年加快1.8个百分点。在重点企业、新企业带动下，限额以上批发、住宿、餐饮业企业销售（营业）额同比分别增长45.4%、10.7%、29.3%。推动黔江羊肚菌远销加拿大，实现茶叶首次出口柬埔寨。策划推出百万市民游武陵等特色旅游线路20条，爱莉丝庄园露营基地等6项新业态产品投入使用。A级旅游景区实现购票人数112.8万人次，同比增长54.3%，门票及二销收入1.8亿元，同比增长71.4%。高水平承办2023武陵文旅大会，相关报道曝光超1.45亿次，掀起"大武陵"文化旅游新热潮。成功举办中心城市推介暨秋季房交会，在一揽子优惠政策刺激下，完成商品房销售30万平方米，同比下降4.6%，较上半年收窄14.7个百分点。

（六）开放创新持续深化

推动与四川广安、南充等签署7份合作协议，双河丝绸、海通丝绸与四川自贡、绵阳合作建成蚕桑基地1万余亩，四川大学华西医院指导规划建设市级区域医疗中心。全面推进高新区对口协同发展21项年度重点任务，大唐集团绿色能源开发及运用一体化等10个共建项目加快建设，推动20余家上下游企业联动合作。联合忠县、万州委托中铁规划研究院完成万黔高铁研究方案并通过专家审查，争取纳入《国家中长期铁路网规划（修编）》。新培育科技型企业128家，组织38家企业申报高新技术企业。打造"1+2+3+N"孵化平台服务体系，新增市级企业技术中心2家、区级企业技术中心3家。深化科技金融服务，发放知识价值信用贷款41笔5674万元。完善招商目标体系，开展招商工作常态化督导，组织集中签约活动4次，推动新签约项目54个，同比增加32个，正式合同额102.8亿元，到位资金13.1亿元。

（七）发展质效稳步提升

财政收入稳定增长，一般公共预算收入完成25.2亿元，同比增长29.2%，较上半年加快11.6个百分点。其中，税收收入13.8亿元，同比增长18.1%，非税收入11.4亿元，同比增长45.7%。居民收入稳步增长，全体居民人均可支配收入同比增长5.2%。其中，城镇居民增长3.9%，农村居民增长7.6%。经营主体提质增量，兑现培育奖励扶持资金653万元，发放"黔惠通"服务卡80张，新增经营主体7826户、"四上"企业31家。

（八）民生保障有力有效

15件重点民生实事完成投资2亿元，占年度计划的45.6%。其中，城镇老旧小区改造和社区服务提升等7件推进有力，提前完成年度任务；发展普惠性学校教育等5件达到序时进度，可望完成年度任务；公立医院服务能力提升等3件受选址、资金等影响进度滞后，亟待加快工作力度。转移农村劳动力就业13.5万人，引导脱贫人口务工就业2.3万人，开展职业技能培训4690人次，发放创业担保贷款1.2亿元，实现城镇新增就业14254人。推动医共体内资源共享"五大中心"建设，应急医院和疾病预防控制体系现代建设项目完工投用，中心医院"三合一"项目完成总工程量的96%。人民小学教学综合楼等项目完工投用，武陵中学运动场等项目有序推进。开展流动文化进基层380余场，举办全民健身赛事活动2200余场次。

总体来看，黔江区经济运行主要指标加快回升，多领域积极因素累积增多。受宏观经济下行压力以及自身动力不足等因素影响，经济回升向好基础仍需巩固。恢复基础尚不牢固，近半规模以上工业企业产值同比下降，规模以上工业企业利润总额同比下降26.5%。服务业短板效应愈加明显，现有企业经营项目单一，市场拓宽能力和竞争能力偏弱。投资增长支撑乏力，国有投资增速较上半年回落29.9个百分点。企业投资意愿弱，新落地的产业项目少且体量小，第三产业投资增速较上半年回落13.4个百分点。居民消费释放不充分，储蓄意愿仍然较强，住户存款较年初增长29.9%。汽车销售持续下滑，房地产市场供需两端信心不足，居民观望情绪较浓。

初步预计，2023年全年地区生产总值增长6%左右，规模以上工业增加值增长10%左右，固定资产投资增长10%左右，社会消费品零售总额增长6%左右，一般公共预算收入增长20%左右，全体、农村常住居民人均可支配收入分别增长6%左右、8%左右。

二、2024年经济运行环境及因素分析

全球经济处于复苏的状态，但复苏过程缓慢且不均衡。地缘政治紧张，贸易壁垒不断增加。在政治、经济、社会等多重力量影响下，全球风险格局更加复杂。从全国层面看，经济增速放缓和人口老龄化问题将会成为影响中国经济发展的重要因素，外部需求不足，中国的出口市场将受到一定限制。随着国内劳动力市场供需关系的变化，劳动力成本将不断上升，环保压力的增大将导致部分高污染、高能耗产业的转型升级。同时，中国拥有庞大的消费市场，这将为经济的发展提供强有力的支撑。制造业实力得到显著提升，具备较强的国际竞争力，数字经济的迅速发展也为中国的经济增长注入新的动力。从市级层面看，重庆加快推动成渝地区双城经济圈建设走深走实，推动西部陆海新通道建设，深化先进制造、民营经济等领域高质量发展，全市经济将继续保持稳中向好态势。从区级层面看，主要面临国家加大稳经济调控力度的政策、"一区两群"优化发展带来的机遇等"多重机遇"和保运转、防风险等"多重压力"。

三、2024年趋势展望及主要指标预测

随着生产和需求的循环更加顺畅，经济恢复的基础将不断巩固，居民消费意愿和信心有望进一步稳定和提升，经济运行保持在合理区间，与全市趋势基本同向。初步预计，2024年地区生产总值增长6%左右，规模以上工业增加值增长10%左右，固定资产投资增长10%左右，社会消费品零售总额增长6%左右，一般公共预算收入增长10%左右，全体人均可支配收入、农村常住居民人均可支配收入分别增长6%左右、8%左右。

四、政策调控措施建议

（一）推进产业转型升级

一是培育特色工业产业集群。建好用好高新区发展运营公司，提升高新区平台能级，强化产业发展主战场地位，提高工业用地利用率。培育"链主"企业，重点推进烟厂易地技改项目建成投用，30万吨再生铝项目投产达产，建设交通工具零部件和建筑工程轻量化产业园。培育发展战略性新兴产业，加快数字产业化和产业数字化，推动数字经济与实体经济融合发展。二是提档升级现代服务业。加快发展仓储物流、金融、会展等生产性服务业，推动健康、养老、家政等生活性服务业向高品质和多样化升级。升级打造核心商圈，建设区域消费中心。增强金融服务实体经济能力，推动小微企业贷款投放增量、扩面、优化结构。大力发展现代物流业，推动450万吨铁路货场建设，积极发展多式联运。三是壮大山地特

色高效农业。以保障粮食安全为底线，持续构建以"粮油桑猪牛"为主导、"烟果渔菌药"为特色的产业体系，加快推进国家数字畜牧业创新应用基地、仰头山市级现代农业产业园项目、武陵黑猪产业园等项目建设，提速建设10亿级"黔江鸡杂"全产业链，打造百亿级农产品加工园区。

（二）着力扩大有效投资

一是扩大民间投资。准确把握当前我国投资结构调整的大趋势，把有效扩大民间投资作为2024年投资工作的主要抓手。紧盯制造业、高技术服务业等领域，围绕重点产业延链补链强链。积极推介收益较好的国有投资项目，吸引民间投资参与基础设施建设。二是谋划项目储备。统筹考虑财政承受能力和防范化解政府隐性债务风险，按照"量力而行、尽力而为"的工作思路，注重集中资源办大事、办关键事，以有效投资为导向，坚持调结构、增效益、控新增、压存量、远近结合、系统谋划，提出一批经济效益和社会效益较好的重大基础设施项目纳入政府投资项目三年滚动规划。三是创新投融资模式。加强各类政策资源，支持区属国有基础设施投融资企业依法获取相关领域的特许经营权。探索开展通过混合所有制改革、引入战略投资人和专业运营团队等方式，吸引社会资本参与国有存量资产盘活，做好产业园区、保障性租赁住房、文化旅游等领域的基础设施REITs项目储备，鼓励推行项目投融运建一体化。

（三）持续优化营商环境

一是落实闭环管理机制。围绕解决企业困难问题、反馈意见建议办理等，建立闭环管理机制，落实专班专人负责收集企业反馈问题形成工作闭环，做到"一个口子进出"。二是加强涉企问题办理。对企业反馈涉企诉求办理中不及时、不满意等情况，将采取督办、通报等多种形式跟踪问效。三是深化学习交流。加强沟通研究，抓好学习对接，主动与全市靠前区县学习交流，主动找准差距，找深问题，举一反三，整改落实。

（四）抓好惠企政策落实

一是优服务，确保政策应知尽享。夯实对内业务培训、抓实对外宣传辅导，对符合政策享受主体精准识别、主动联系、上门服务，确保经营主体"知政策、快享受、会办理"，开展申报指导和后续服务，拓展丰富惠企政策直达经营主体渠道。二是强联动，加大部门统筹协作。强调资源共用、优势互补、工作协同，确保压实各成员单位责任，推动工作组织有力、协调顺畅、落实高效，确保经营主体充分享受国市区政策红利。加大"四上"企业培育和挖潜力度，深化联系服务走访工作机制，确保应统尽统。三是严问效，及时掌握落实情况。探索绩效考评和追踪问效机制，梳理政策落实过程中亮点经验和做法，收集企业的反馈意见和建议，聚焦解决政策落实过程中存在的突出问题，让各类惠企政策实实在在地见到效果、发挥作用。

（五）着力保障基本民生

一是抓好民生实事办理。强化上下联动，牵头谋划制订2024年重点民生实事清单。健全完善重点民生实事"月调度、季通报"制度，每月向区政府做好进展情况报告。二是抓好能源安全保障。加快推进天然气利用工程，保障成品油市场供应。大力推进五福岭二期、金洞风储一体化示范项目，探索"新能源+天然气指标"合作模式。三是抓好价格监测认定。加强重要民生商品价格监测，增强储备调节能力，确保价格平稳运行。做好天然气配气价格、农村道路客运、殡葬收费成本监审工作，适时适度疏导天然气销售价格、农村客运价格矛盾。

[黔江区发展和改革委员会　武伯容]

之三：2023年武隆区经济运行分析及2024年展望

一、2023年武隆区发展情况

（一）"三次创业"不断深入

2023年，武隆区预计接待游客4400万人次，旅游综合收入217亿元，均同比增长5%。一是文旅产业链业态不断成熟。印发《六大产业链2023年工作要点》，产业链项目加快打造，中国·武隆喀斯特世界自然遗产博物馆、仙女山·树顶漫步自然教育营地综合开发等项目加快推进，羊角温泉不夜城等项目前期工作有序推进。二是品牌活动亮点纷呈。策划举办仙女山冰雪季、2023年第十四届仙女山国际露营音乐季、国际蜂疗大会、中国·重庆（武隆）绿色发展实践论坛暨国际旅游装备及消费品博览会等系列品牌节庆活动。三是服务品质进一步提升。旅游迎峰度夏有力有效，动员公安、交通、医疗、电力、供水等力量全员参与，提供全方位服务，强化旅游安全管理，规范景区购物市场，优化景区服务，快捷处理投诉纠纷，迎峰度夏期间景区游客峰值3万人/天，度假区旅居客群峰值27万人/天。

（二）内需潜力持续释放

一是有效投资持续扩大。武隆区前三季度完成固定资产投资83.4亿元，同比增长24.2%，高出全市平均增速20.6个百分点，增速居全市第1位，已连续8个月保持2位数增长，经验做法获市发展改革委推送至《重庆日报》等市级主流媒体表扬报道3次。市区级重点项目建设加快推进，2023年前三季度，武隆区牵头的30个市级重点项目完成投资15.9亿元，占季度计划的151.6%；104个区级重点项目完成投资55.6亿元，占季度计划的108%。二是消费潜力持续释放。印发《重庆市武隆区国际消费中心城市培育建设首批试点区县奖励资金使用方案》，兑现资金103万元。联动金融机构发放住餐零售电子消费券30万元。组织武隆220种生态工业产品、农特产品、文创产品参加西洽会"武隆展厅"展示展销，举办特色年货节、第四届家博会、"4.26"电商节、水果采摘季等系列消费促进活动60场，带动消费6.36亿元。

（三）产业发展加快转型

一是生态工业提档升级。重点工业项目有序推进，滕际智能高低压柜、新金联扩建生产线等一大批项目建成投产。数字化产业加快发展，电商产业园公共服务中心建成投用，数字化城市运行和治理中心等项目有序推进。二是现代服务业创新发展。电商物流提档升级，出台电商提质增效扶持政策10条，仓储物流集散中心加快建设，快递物流分拨园项目完工交付，全面完成2022年县域商业建设行动目标任务，顺利通过商务部、市商务委第三方审计组绩效评价。三是山地特色农业稳步发展。特色产业加快培育，"一主两辅多元"特色产业格局初步显现，番茄种植面积2.1787万亩，山羊新增213组，乡村旅游预计接待游客1600万人次、综合收入32亿元，均同比增长6%，市级农业产业化龙头企业累计达到24家。

（四）改革开放不断深化

一是数字重庆加快建设。全面贯彻落实全市数字重庆建设推进会精神，召开武隆区推进数字重庆建设推进会，全面承接落实各项工作任务，全覆盖完成首轮核心业务梳理，形成核心业务463项、业务事项2233项。二是营商环境持续优化。全面贯彻落实《重庆市优化营商环境条例》，对标一流改革举措，深入推进政务服务改革，入选2023年重庆市优化营商环境标杆城市，前三季度武隆区新增经营主体4853户，同比增长13.75%。三是重点领域改革不断深化。国资国企改革深入推进，完成区属国有企业整合重组，武隆区80户企业优化整合为50户。启动武隆区开发区（园区）改革，武隆区现有的6个开发区（园区）、4个管理机构再次迭代升级。"亩均论英雄"改革有序推进，完成制造业企业基础数据摸排核实。以工代赈模式有效推行，仙女山街道荆竹村乡村振兴以工代赈示范工程纳入市级示范工程。四是开放水平不断提升。与新加坡鑫航集团开展合作，推动投资共建国际旅行社，吸引新方游客来武度假康养、研学旅游。

（五）创新驱动不断增强

一是"双倍增"计划成效明显。出台《武隆区高新技术企业和科技型企业"双倍增"行动计划（2023—2027）》，1—9月新增科技型企业98家，累计282家，目标完成率213.0%；新增高新技术企业3家、累计10家，目标完成率达100%。二是创新平台加速建设。成功创建重庆武隆国家农业科技园区，通过科技部验收。重庆武隆能源装备安全野外科学观测站建设按序时进度推进。"青创·武隆"科技成果产业孵化器成功投入运营。三是科技人才加快引进。选派国家"三区"科技人才20人、市级科技特派员28人，武隆区184个行政村和农业产业实现科技帮扶全覆盖。

（六）区域协同走向深入

一是成渝地区双城经济圈建设不断深化。召开2023年武隆区推进成渝地区双城经济圈建设暨"双招双引"攻坚年大会，制定"四重清单"193项任务以及2023年度与四川地区重点合作事项43项任务工作台账，打表推进各项工作，与四川各地累计签订合作协议45项，2023年新签约合作协议4项。二是西部陆海新通道建设加快融入。召开武隆区西部陆海新通道建设推进大会，印发武隆区西部陆海新通道建设5年行动计划及2023年工作要点，顺利争取鸭江火车货运站拟纳入全市西部陆海新通道物流枢纽节点"一盘棋"项目支持。三是与周边地区合作持续强化。建立与涪陵、南川高层互访、联席会议、定期协商、信息通报等协同对接机制，签署两地文化旅游对口协同发展合作协议、2023年对口协同发展年度协议。

（七）城乡融合展现新貌

一是城市功能品质有效提升。城市门户片区更新加快推进，高速路下道片区品质提升工程、柏杨坪示范街区项目完工投用。城镇排水能力不断提升，完成城区3个合流制管网改造、11个排污口和51个雨污混接点及15个污水管网结构缺陷、城乡结合部管网改造。二是乡村振兴深入实施。常态化开展走访排查、比对筛查、预警核查，防贫底线持续筑牢。挂牌运营武隆区农村产权流转服务中心，完成交易5534.3万元，农村资源性资产、经营性资产、公益性资产得到有效盘活。加快建立"一中心四板块一网格"党建统领基层治理体系，沧沟乡成功入选全国"枫桥式工作法"单位。

（八）生态本底持续筑牢

一是生态保护持续强化。印发《武隆区2023年生态环境保护重点目标任务》，1—9月辖区空气质量优良天数259天，境内5个国控水质监测断面和2个市控水质监测断面地表水水质优良（达到或优于Ⅲ类）比例达100%。二是绿色发展不断提速。深入推动长江经济带高质量发展，持续抓好生态环境污染治理"4+1"工程，一体推进治水、治气、治土、治废、治塑、治山、治岸、治城、治乡，环境质量居全市前列。完成武隆区生态系统生产总值（GEP）核算，成功纳入全市首批生态产品价值实现机制试点5个区县之一，进一步明确以单位能耗产出效益为导向的节能审查制度。

（九）民生保障有力有效

一是民生实事完成有力。截至10月底市区级民生实事总体顺利推进，已完成投资3.06亿元，占年度计划投资的77.7%。10个竞争性民生项目累计完成投资1778万元，投资完成率99%。二是就业优先政策落实有力。多措并举促进各类群体就业，举办招聘会23场，提供岗位1.13万个，一对一常态化职业指导6133人次，成功介绍入职1812人次。三是群众增收促进有力。制定《农民增收致富促进行动方案》，武隆区185个村集体经济经营性收入累计达到10010.8万元、村均收入54.1万元。四是公共服务水平提升有力。学前教育普及普惠率达98.3%，区妇幼保健院儿科大楼建设等项目有序推进，城乡养老保险参保率持续稳定保持在95%以上，累计开展送流动文化进基层645场。五是重大风险防范有力。金融、债务、房地产等领域风险持续化解，重点领域风险总体可控。

二、2024年发展思路和重点任务

（一）加快打造世界知名旅游目的地

加快推进仙女山天文馆、仙女山科学营、仙女山·树顶漫步自然教育营地综合开发、龙山体育公园改扩建、桐梓登山步道、"喀斯特星球元宇宙"体验中心、华谊启明东方暖城市文化产业集群、羊角温泉不夜城、仙女山医疗服务能力提升等产业链重点项目。完善产业链发展扶持政策措施，开辟企业投资绿色通道，大力培育引进企业和项目，丰富沉浸体验、文艺演出、非遗传习、文创销售和艺术民宿等业态，力争新增规模以上文旅企业5家。

（二）推动现代产业高效发展

一是提质增效生态工业。加快壮大"2332"制造业产业集群，推动康旅房车、新型绿色节能建筑墙材生产加工等项目投产达产，开工建设傲得航空器、页岩气压裂返排液等项目。二是培育壮大现代服务业。培育丰富商贸服务业态，优化调整商业街区布局，引进品牌名店，丰富消费新场景，加快仙女天街等特色商业街区扩容提质。三是发展壮大现代山地特色高效农业。进一步落实"一主两辅多元"战略，加快推进番茄、山羊、乡村旅游等重点主导产业发展。

（三）增强经济发展内生动能

一是持续强化项目投资"高引擎"。持续开展重点项目"赛马"比拼，加快推动重点项目建设和投资放量。加强用地保障和资金保障，优化重点项目投资结构，鼓励引导社会资本参与旅游、文化、工业、教育、医疗、养老等重点领域投资、建设、运营。二是不断夯实实体经济"压舱石"。进一步推进国有企业市场化转型，持续优化民营经济发展环境、完善服务保障机制、支持民营企业改革创新，加强惠企政策落地，切实解决企业问题诉求，2024年新增民营经营主体5000户，其中民营企业1000户。

（四）持续深化改革创新

一是大力推进数字重庆建设。持续深化核心业务梳理，进一步摸清各行业、系统业务数字化转型家底，形成数字化转型的业务应用体系、数据资源体系。二是不断优化营商环境。持续优化提升政务环境、法治环境、市场环境、创新环境、要素保障环境，打造市场化法治化国际化便利化营商环境。三是全面深化重点领域改革。全面深入落实《新一轮深化国有企业改革实施方案》，持续打表推进开发区（园区）改革。四是加快推动科技创新。持续落实《武隆区高新技术企业和科技型企业"双倍增"行动计划》，大力培育科技型企业、高新技术企业，鼓励自建或联建研发中心。

（五）全面推动对外开放合作

一是全面融入区域协同发展新格局。持续推动落实《成渝地区双城经济圈建设规划纲要》及"十项行动"。持续联动渝东南及周边区县打造大武陵、乌江画廊等品牌。深化涪陵、南川对口协同发展，高水平拓展协同发展新合作领域。二是大力提升对外开放水平。持续提升对外经贸水平，加快鸭江货运站、鸭江—凤来物流产业园区建设，大力打造全市西部陆海新通道物流枢纽重要节点。

（六）加快城乡深度融合发展

一是加快建设精品旅游城市。持续聚焦补齐城镇化建设过程中的短板弱项，积极争取将武隆区纳入全市"小县大城""强镇带村"试点，不断增强城乡人口吸引吸附能力，持续推进重点生态功能区作用发挥、国际精品旅游城市建设取得明显成效。二是深入实施乡村振兴战略。全力巩固提升"两不愁三保障"及饮水安全成果，坚决守住返贫致贫底线。全力推进农村基础设施"五网"建设，加快推进农文旅融合发展重点项目，加快推进市级乡村治理示范乡镇建设。三是大力推动群众增收促进共同富裕。持续落实就业优先政策，完善高校毕业生、退役军人、就业困难人员等重点群体就业支持体系。落实"一主两辅多元"发展规划，推动乡村产业发展，大力培养乡土人才，鼓励脱贫群众发展乡村旅游、农业产业。四是加快推动城乡融合发展。持续建立城乡融合发展体制机制，加快推进市级城乡融合发展先行示范区建设取得新的实质性进展。

（七）全面提升生态环境质量

一是持续巩固污染防治成果。加快实施《关于全面推进美丽武隆建设的实施意见》，持续加强集中饮用水源、非煤矿山、页岩气钻探开采等重点领域日常监管，切实加强景区生态环境保护。二是不断筑牢生态保护屏障。统筹山水林田湖草系统治理，深化国土绿化行动，强化生物多样性保护修复，优化自然保护地空间布局。严守生态环境保护红线，强化自然保护区管控，全面落实"河长制""林长制"，严格落实长江"十年禁渔"。三是加快推进绿色创新发展。加快生态产品价值实现机制试点，积极探索 GEP 核算成果运用，努力实现青山绿水等生态资源的价值转化。

（八）努力创造高品质生活

一是扎实办好民生实事。全面完成 2024 年重点民生实事，高质量推进竞争性民生项目，切实解决群众急难愁盼问题，为群众营造高品质生活环境。二是持续提升公共服务水平。力争芙蓉西路幼儿园建设项目全面完工，建成投用区妇幼保健院儿科大楼、福康医院，全力推进石桥乡、后坪乡国家卫生乡镇创建。三是兜牢民生保障底线。统筹做好社会保障工作，进一步深化养老服务体系建设，启动武隆区基本养老服务目录清单制订，推动社区居家养老服务全覆盖，加强价格调控和监测，保持粮食、肉类、水果、蔬菜、日常药品等民生商品价格的基本稳定。四是夯实安全稳定根基。切实加强重大风险预警处置，坚决守住不发生系统性风险底线，确保安全生产、耕地保护、财政、金融、信访等关键领域安全可控。

[武隆区发展和改革委员会　李奉杨]

之四：2023年石柱土家族自治县经济运行分析及2024年展望

一、2023年石柱土家族自治县经济社会发展状况

2023年以来，石柱土家族自治县（以下简称"石柱县"）深入贯彻党的二十大精神，扎实开展学习贯彻习近平新时代中国特色社会主义思想主题教育，全面落实市委、市政府工作要求，始终突出"稳进增效、除险清患、改革求变、惠民有感"的工作导向，坚持党建统领"三项重点任务"，坚持稳中求进工作总基调，积极融入和服务成渝地区双城经济圈建设和市域"一区两群"协调发展，聚焦"全域康养、绿色崛起"发展主题，牢记嘱托、创新实干，全力打好乡村振兴、产业升级、动能提升、城市更新、绿色转型主动仗，石柱县上下强产业、增动能、防风险、惠民生的"赛马比拼"氛围更为浓厚，经济运行呈稳中有进、恢复向好、量质并进的良好态势。

（一）经济发展主要特征

1. 经济运行稳中有进

前三季度，石柱县实现地区生产总值165.6亿元，同比增加8.3%，增速位于全市第2位、渝东南第1位。其中第一、二、三产业分别实现增加值30.1亿元、46.9亿元、88.6亿元，分别同比增长5.4%、11.1%、7.9%；完成全社会固定资产投资109.4亿元，同比增长20.4%；实现社会消费品零售总额78.6亿元，同比增长7.5%；一般公共预算收入同比增长23.3%，税收收入同比增长16.3%。

2. 发展质效稳步提升

前三季度，三次产业结构逐步优化，由上年同期19.9∶22.9∶57.2调整为18.2∶28.3∶53.5，第二产业占比提高了5.4个百分点。全体居民人均可支配收入25274元，同比增长4.8%。其中，农村居民人均可支配收入14487元，同比增长7.6%，增速居全市第3位、渝东南第1位。经营主体活力提升，前三季度新增经营主体5669户，新发展率达12.89%，超全年目标任务0.39个百分点。

3. 民生福祉有效增进

前三季度，28件重点民生实事已完成16件，群众获得感不断提升。就业环境持续改善，累计为412名创业人员发放担保贷款6706万元。新增城镇就业人员3490人，就业困难人员实现就业1807人。生活环境更加美好，石柱县空气优良率96%以上。社会保障持续稳定，城乡居民养老保险、医疗保险参保率均稳定在95%以上。

（二）重点行业领域运行情况

1. 固定资产投资持续发力

前三季度，石柱县完成固定资产投资总额109.4亿元，同比增长20.4%，增速排全市第3位。其中，政府投资56.5亿元，同比增长28.1%，占总投资51.7%；建安投资92.3亿元，同比增长21%。一是重大项目支撑有力。100个县级重点项目实现开复工85个，完成投资60.8亿元，占石柱县全社会固定资产投资的55.6%；石柱县12个市级重大建设项目开复工7个，完成投资13.2亿元。二是重点领域投资加快放量。能源项目建设有序推进，5个能源项目完成投资5.8亿元，同比增长20.8%，"全市清洁能源基地"雏形初显。民间资本活跃度持续提升，完成民间投资（不含房地产）25.6亿元，同比增长10.2%，较上半年提升8个百分点。三是要素保障持续完善。围绕城市品质提升补短板、强弱项，召开专项债券协调培训会5次，共策划储备2023年地方政府专项债券项目45个，估算总投资147.5亿元，年度专项债券资金需求51.2亿元。累计争取地方专项债券资金23.64亿元，带动石柱县立项争资完成62.3亿元，完成年度目标的95.8%。

2. 农业农村稳中向好

前三季度，实现第一产业增加值30.1亿元，同比增长5.4%；农村居民人均可支配收入14487元，同比增长7.6%，增速排渝东南第1位、全市第3位。一是乡村振兴成效显著。聚焦产业、就业、兜底强化帮扶，牢牢守住不发生规模性返贫底线。整合涉农资金1.73亿元，安排产业项目97个，增强农户增收产业支撑，中益乡、三河镇被认定为首批国家农业产业强镇。优化县乡村三级就业监测帮扶机制，有就业意愿的2.5万名脱贫人口全部实现转移就业。9月12日，石柱县被农业农村部纳入2023年国家乡村振兴示范县创建名单。二是农业经济平稳增长。全力维护粮食安全，收获粮食65万亩，产量22.4万吨，同比增长1.6%。"三色"经济持续提质扩面，新种植前胡、黄精等草本中药材3.7万亩，建设示范基地42个，中药材产量同比增长11.1%；打造辣椒千亩以上的示范基地3个、千亩级莼田2个，调味品、绿色果蔬产业种植面积分别达到10万亩、24万亩以上，带动水果产量同比增长11.4%、蔬菜产量同比增长5.6%。三是产业融合水平逐步提升。新增"二品一标"农产品31个，有效期内总数达87个。武陵山研究院研发的"石辣7号"入选"全国辣椒十大新优品种"，中药材加工企业泰尔森制药获批全市农产品加工业100强领军企业。

3. 工业经济有序壮大

前三季度，实现工业增加值29.6亿元，同比增长11.1%，占第二产业增加值比重63.2%，较上半年提升0.4个百分点。一是制造业稳步发展。精密铸造件、电子科技产业园二期、道路再生材料等36个项目加快推进，完成制造业投资9.8亿元，同比增长15.2%，带动工业投资同比增长43.8%，排全市第4位。二是产业质效逐步提升。累计完成工业入库税金1.77亿元，其中规模以上工业企业入库税金1.43亿元，同比增长45.9%。工业技改投资同比增长33.9%，占工业投资比重29.9%。企业效益日益增强，1—8月石柱县规模以上工业企业利润同比增长63.8%。三是创新能力持续增强。大力推进"双倍增"计划，累计新增科技型企业116家、"专精特新"企业6家，总量分别达353家、18家。万力联兴、海庆新材料2家工业企业获得重庆市2023年企业创新奖。

4. 服务业发展平稳运行

前三季度，实现服务业增加值88.6亿元，同比增长7.9%。一是消费市场持续回暖。批发业、零售业商品销售额分别同比增长26.2%、5.3%，住宿业、餐饮业营业收入分别同比增长15.4%、14.2%。二是文旅发展取得新进展。新增太阳湖国家级4A景区，石柱县4A景区增至5个。消夏、假日旅游热度不减，第三季度单季接待游客1465.25万人次，创旅游综合收入101.7亿元，带动前三季度接待游客2265.96万人次，同比增长28.7%，创旅游综合收入161.37亿元，同比增长22.6%。三是其他服务业增长迅速。4类其他服务业行业的规模以上营业收入均保持两位数增长。规模以上文化、体育和娱乐业营业收入同比增长31%，规模以上居民服务、修理和其他服务业营业收入同比增长18.2%，规模以上科学研究和技术服务业营业收入同比增长46.7%，规模以上租赁和商务服务业营业收入同比增长23.1%。

5. 改革创新不断深化

一是"清廉市场"示范试点建设稳步推进。围绕市场准入和招投标领域，严格执行全国统一市场准入负面清单制度，许可准入措施网办率从90.5%提高到92%，即办率从50.52%提高到58.6%；建立标前体检、动态监管、标后评价全过程监控管理机制，有效防范廉政风险。前三季度，累计公开招标政府投资项目59个，公开招标率100%，招标合同金额10.3亿元，低于招标最高限价0.48亿元，节资率4.4%。二是国有企业改革深入推进。加快市场化经营转型发展，稳步推进房地产领域开发投资，积极加入农特品牌建设及科研成果转化推广，深度参与特许经营权项目经营。前三季度，国有企业实现营业收入7.7亿元，同比增长88.9%。严格债务风险防范，规范企业融资审批，持续强化"政银企"对接，严控新融资成本上限，融资平均成本由6.21%降至6%。

6. 社会民生稳定和谐

一是民生保障增强有力。就业环境持续改善，为412名创业人员发放担保贷款6706万元。新增城镇就业人员3490人，就业困难人员实现就业1807人。新增经营主体5669户，经营主体新发展率达12.89%。28件民生实事扎实推进，11件市级重点民生实事、5件县级民生实事全面完成。二是社会环境安全可靠。石柱县空气优良率96%以上。前三季度，未发生较大及以上生产安全事故和自然灾害责任事故；发生火灾159起，同比下降34.8%，未发生较大及以上火灾事故；"打非行动"强劲有力，未发生非法金融活动及群体性事件。

（三）存在的问题

当前国际国内环境依然复杂严峻，供给制约、需求不足等问题交织，经济运行呈波浪式发展、曲折式前进状态，需求收缩、供给冲击、预期转弱三重压力仍然存在。石柱县经济社会发展仍然面临着产业项目落地进度相对较慢、经济效益有待持续提升、经济社会发展的实体基础仍需进一步夯实等困难和挑战。

1. "四上"单位质量不高，产业底子仍不牢固

一是规模以上工业企业培育缓慢。石柱县仅有49家规模以上企业，其中渝鲁发纺织、永昌鞋业、五岗饲料、量劲科技4家已停产且将退库。2023年拟培育的4家规模以上工业企业暂无一家完成入库纳统工作。二是限额以上商贸业单位支撑不强。石柱县在库限额以上单位共200家，其中6家企业、6户个体存在退库风险；限额以上单位整体质量不高，限额以上社会消费品零售总额占全部社会消费品零售总额比重不到40%。三是资质类建筑企业运行不佳。在库企业55家中，17家企业产值较上年前三季度呈负增长；企业外部市场开拓能力较弱，县外产值占石柱县注册地建筑业产值比重仅21%。四是规模以上其他服务业民营企业实力不强。石柱县在库共32家企业，多为三大平台公司旗下企业，民营企业活力不足。

2. 工业指标稳中有忧，制造业质效亟待增强

一是规模以上企业运行不佳。规模以上企业中，制造业企业共35家，占比达71.4%，4家停产企业全部为制造业企业。受摩擦性失业和市场需求不足影响，企业"招工难"、利润增长较慢等问题较为突出，在产企业中有21家产值呈下滑趋势。二是行业效益整体偏低。石柱县工业整体水平较低，受产业链上下游企业影响较大，抗市场冲击能力弱。高技术产业投资仅占固定资产投资总额的2.3%，规模以上工业亩均税收仅1.5万元，在全市排位靠后。9月单月工业税收同比下降34.8%，制造业七大行业中4类行业单月税收负增长，其中纺织服装及制鞋业、医药制造业税收分别同比下降61%、30.6%。石柱县前五十名民营纳税"大户"中，工业企业占比仅30%左右，贡献县级税收超500万元的工业企业仅3家。

3. 签约项目落地缓慢，招商引资成效不高

一是成果转化效率较低。前三季度，石柱县合同引资191.1亿元，到位资金33亿元，仅占合同引资额的17.3%。新签约的54个项目中，仅7个投产、运营。制造业项目方面，37个工业项目中仅4个项目建成投产；20个泵阀类项目中，仅10家企业完成工商注册，另外10家企业表示在2023年或短期内暂无法落地。二是重点招商项目进度滞后。石柱·冷水国际森林疗愈度假区项目因企业法人变更问题，仍未签订正式框架协议；西沱绿色新型材料产业园已挂网招标，但受砂石市场影响，部分意向企业放弃投资，目前仍在与中电建、中铁等企业洽谈，项目签约落地进度不及时序要求。

（四）全年主要经济指标预测情况

从目前经济社会发展形势来看，石柱县全面贯彻落实党的二十大精神，深入落实党建统领"三项重点任务"工作要求，石柱县上下齐心协力谋增长、"赛马比拼"促发展的工作氛围愈加浓厚。固定资产投资高速增长，石柱县经济社会发展后劲更为有力，清洁能源、装备制造等重点产业招商引资项目落地效率持续提高，康养文旅产业服务水平显著提升，预计2023年石柱县地区生产总值同比增长8%以上、固定资产投资同比增长20%左右、社会消费品零售总额同比增长8%左右、全体居民人均可支配收入同比增长7%以上、一般公共预算收入同比增长11.7%左右。

二、2024年经济运行环境及因素分析

从宏观形势来看，国际形势依然不容乐观，百年未有之大变局加快演进，巴以冲突、俄乌战争对全国外贸经济、粮食安全、能源安全产生深刻影响，统筹发展和安全仍需加大力度。同时，中美元首会晤以及APEC第三十次领导人非正式会议的召开，将有力推动各国加强经济合作、加快世界经济回暖复苏，预计2024年全国经济较2023年提振态势更为明显。

从全市形势来看，党建统领"三项重点任务"全面激发全市各区县谋发展、惠民生、防风险、求改革的干劲和动力，成渝地区双城经济圈建设深入推进，"33618"现代制造业集群体系建设持续加快，工业支撑作用将进一步强化，制造业发展质效逐步提升，预计全市经济形势较2023年更为明朗。

从石柱经济形势来看，清洁能源、装备制造、康养消费品、新型材料"四大产业集群"相关项目加快签约和落地，农业生产持续稳定，黄水国家级旅游度假区有望于2024年成功创建，石柱县产业底子更为牢固、经济增长支撑更为有力。

三、2024年趋势展望及主要指标预测

2023年，在县委、县政府的正确领导和科学决策下，石柱县各级各部门紧紧围绕打好"五大主动仗"，全力以赴谋发展、添措施、补短板，石柱县经济社会发展内生动力显著增长，为2024年石柱县经济社会发展打下坚实基础。2024年，力争石柱县地区生产总值增长7.5%左右、固定资产投资增长20%以上、社会消费品零售总额增长8%左右、全体居民人均可支配收入增长7%左右。

（一）投资拉动经济增长作用更为突出

2023年以来，石柱县全面贯彻落实"四个一批"工作机制，"以商招商""资源招商""产业链招商"的招商引资思路成效初显，重点项目调度工作扎实开展，人大代表、政协委员等各方力量共同督促重点项目加快实物量建设，重点项目"赛马比拼"机制为投资放量提供有力动能。石柱县共策划储备2024年新开工项目271个，项目估算总投资483亿元，随着方斗山绿色建材产业园、中核汇能风电光伏等重大项

目相继开工建设，2024年石柱县固定资产投资将继续保持高速增长。

（二）农业生产规模和效益稳步提升

随着深调产业的"开花结果"，水果、蔬菜等种植农产品将保持稳健增长。高标准农田加快建设，耕地红线保护有力有效，粮食生产依然稳定。随着肉兔养殖、生态蛋鸡标准化养殖等项目建成投产，养殖业较2023年将有一定幅度回升。黄连左金胶囊临床试验稳步推进，"二品一标"农产品品牌创建，千亩级莼田、千亩级辣椒示范基地、中药材示范基地的创建将有力保障石柱县"三色经济"提质扩面，石柱县现代山地特色高效农业将保持2023年稳中向好的生产态势。

（三）"四大产业集群"发展推动工业快速增长

围绕康养消费品、装备制造、新型材料、清洁能源"四大产业集群"建设，初步构建了以风电为主的100亿级风、光、储产业链和以核工业相关配套产业为主的100亿级泵阀、仪器仪表、传感器产业链。泵阀产业招商、清洁能源招商取得积极成效，为石柱县工业持续注入"新鲜血液"，截至2023年9月，石柱县工业投资连续7个季度增速超30%。制造业、能源、技改等重点领域投资均保持较快增长，万力联兴、西南水泥等县内工业龙头企业技术改造全面完成。2024年，泵阀产业项目相继建设投产，抽水蓄能电站、国能风电等清洁能源项目前期工作加快推进，科技型企业"双倍增"计划深入实施，国家创新型县创建为石柱县科技赋能提供有力保障，工业经济预计将保持相对高速发展。

（四）现代服务业回暖态势更为明显

黄水国家级旅游度假区创建工作已通过市级初审，正等待国家有关部门进行验收。同时，九居林宿·森林休闲避暑度假区、金花田园康养民宿度假综合体等民宿项目加快建设，预计2024年冷黄片区避暑旅游将保持火热状态，桥头镇、中益民宿观光、思政研学等旅游路线有较大提升潜力，康养旅游业将带动石柱县批发、零售、住宿、餐饮等行业继续回升，持续刺激居民消费，石柱县第三产业发展态势形势向好。

[石柱土家族自治县发展和改革委员会　哈　文　雷　勇　戴帛男]

之五：2023年秀山土家族苗族自治县经济运行分析及2024年展望

一、2023年秀山土家族苗族自治县经济运行情况

2023年以来，秀山土家族苗族自治县（以下简称"秀山县"）坚定不移抓发展、拼经济，前三季度主要经济指标运行在合理区间，实现地区生产总值276.4亿元，同比增长6.2%，增速排名全市第16位、组内第4位。第一产业、第二产业、第三产业增加值分别为24.0亿元、84.2亿元、168.2亿元，同比分别增长4.9%、7.9%、5.6%。完成一般公共预算收入11.8亿元，同比增长10.9%。

（一）工业转型步伐加快

1—9月完成规模以上工业总产值102.2亿元，同比增长7.8%，中医药、电子信息、汽配、新材料产值同比分别增长17.2%、5.0%、88.6%、25.8%。规模以上工业企业数量81家，实现利润16.5亿元，同比增长19.5%。签约落地外贸服饰生产、金域医学实验室等项目29个，完成20亿元以上招商项目1个，协议引资111.6亿元，到位资金53.2亿元，年度目标任务提前完成。新增"专精特新"企业18家，培育科技型企业242家、高新技术企业12家，科技创新能力不断增强。

（二）项目投资稳定增长

落实重点项目"1+7+N"工作推进机制，分级化、精准化、周期化调度重点项目，前三季度集中开工重点项目131个，完成固定资产投资144.3亿元，同比增长10.9%。工业投资同比增长26.8%，完成建筑安装投资126.6亿元，同比增长10.1%。供应土地22宗，成交面积897亩，成交价款9.8亿元，其中，面向市场出让10宗345亩，成交价款4.1亿元。紧盯专项债项目"大盘"，双通过项目50个，资金需求56亿元，已发行22.5亿元。向上争资46.9亿元，提前完成年度目标任务。

（三）商旅消费加快复苏

充分发挥消费基础作用，社会消费品零售总额182.3亿元，同比增长8.9%，零售业、批发业分别同比增长12.6%、5.8%。成立国有平台公司运营通道，实现外贸同比增长241.2%。精心耕耘电商品牌，新入驻电商企业102家，快递上下行量分别完成2278万件、1650万件，同比分别增长4%、15.3%。文旅产业提质增效，洪安游客服务中心进入收尾阶段，三省风情街商业街主体完工，黑洞河大桥即将合龙，成功举办川河盖星空音乐节、"桌山"文化旅游节，接待游客、旅游综合收入稳定增长。

（四）乡村振兴全面推进

压实耕地保护责任，4万亩高标准农田建设加快推进。狠抓"粮袋子""菜篮子"生产，粮食、油菜产量同比分别增长2.6%、11.2%，蔬菜定植面积20.5万亩，猪、牛、羊、禽出栏同比分别增长4.8%、4.6%、7.2%、2.6%。中药材、茶叶、油茶综合产值同比分别增长7.5%、22.0%、5.0%，水果仓储加工能力加快提升，特色产业发展提质增效。守住了不发生规模性返贫底线，新识别监测对象120户468人，消除风险27户98人。完成改厕5451座，农村人居环境持续改善。

（五）城市建设协调发展

开展城区详细规划暨城市设计方案国际征集，高效推进龙凤坝镇大寨村全市村规划示范试点编制，城乡规划更加完善。有序实施城市更新，建设海绵城市 0.3 平方千米，新建污水管网 25.8 千米、改造雨污合流管网 5.5 千米，建设、凤凰和凤栖社区城市更新项目加快推进，新增小微停车位 1454 个，拆除违法建筑 152 栋，超过 1 万平方米，改造棚户区 194 户。南环高速完成可研行业审查，黔吉高铁开展可研编制，水源村至洪安公路工程开工建设。马西水库、桐梓水库序时推进，完成平邑水库勘察设计招标，红岩水库取得可研批复。

（六）民生福祉持续增进

全面启动"五经普"，调查统计工作稳步开展。15 件民生实事务实推进，城镇新增就业 4060 人，超额完成目标人数的 135.3%，就业形势总体稳定。优质教育提质扩容，秀山一中扩建工程教学楼进行主体施工，3 所公办幼儿园竣工开园，南部新城小学秋季如期投用招生。县人民医院通过二甲周期性评审和三级晋升市级现场评审。23 个锰渣场加快治理，环境质量持续改善。进京访形势加快好转，电信网络诈骗案件立案率同比下降 14.1%，社会大局和谐稳定。

二、存在的问题

（一）产业转型问题多

工业受中医药、电子等产业原材料价格和燃油、天然气等能源价格大幅上涨影响，企业利润空间进一步收窄，部分企业订单减少，未能达产达效。农业品牌价值不高、加工链条不长、带动能力不强、产出效益不好的局面仍然没有扭转。商贸上半年活跃度高，对经济增长贡献接近上限，第三季度开始出现颓势。文旅管理、业态、配套、营销等短板依然存在。

（二）项目推进进度慢

对比年初制定的计划，还有 50 个项目进度未达预期。18 个项目滞后，其中，12 个项目仅实施场平、项目部搭建等附属工程；32 个项目无进展，其中，15 个上半年应开工项目未实质性开工，16 个计划第三季度新开工项目未如期开工。16 个项目存在风险。受政策变化、用地许可、资金缺口等因素制约，黔吉高铁（秀山段）、南环高速、新型智慧城市、三省风情水世界主题乐园等 16 个项目存在第四季度不能如期开工的风险。

（三）经济环境不景气

融资环境方面，2023 年以来国家两次降准，但县内国企负债高、项目不优，民企信用等级不高、固定资产不多，融资依旧困难。投资环境方面，政府投资受限于债务控制难以实现大规模增长，秀印高速大投资项目搁置，房地产开发投资降幅还在扩大。本地贷款短期现金流需求旺盛、长期投资需求减弱。引资环境方面，全国各地招商引资内卷严重，优质项目成为稀缺资源，打"价格战""政策战"转向常态，有的企业要求政府匹配项目，引资要求更高、难度更大。

三、2024 年工作措施

（一）聚力激活内需潜力，全力畅通经济循环

持续扩大有效投资。加强交通基础设施建设，建成国道 G242 邓阳至梅江段等项目，开工秀山至印江

高速公路,启动秀山北综合客运枢纽建设,力争开工南环高速。加快推动黔江至吉首高铁前期工作,力争完成秀山通用机场规划选址。全力推动桐梓水库等在建项目加快放量,完工马西水库、县城防洪护岸二期等项目,力争完成平邑水库可研审批,加快花垣河等中小河流治理前期工作。开展平邑大灌区、桐梓中型灌区等项目研究论证。扩大清洁能源供给,加快膏田风电项目、龙凤坝光伏发电项目建设,科学有序开发其他新能源项目。加快完善5G基站等通信网络基础设施。优化完善重大项目推进机制,强化资金、用地等支撑保障。加大中央预算内投资、特别国债、地方政务专项债券争取规模,积极吸引民间资本投入。

促进消费提质扩容。全面推进区域消费中心城市创建,加快核心商圈提档升级,丰富爱琴海、凤凰外滩等新商圈消费业态,持续引进国内外名品名店入驻,打造消费"新地标"。举办武陵山商品交易博览会、"爱尚重庆·渝悦消费"等节会活动。提档升级十大专业市场,支持入驻企业做大做强,加快推进福广建材、华南生鲜、汽博中心、中药材等批发市场剩余项目建设。加强夜间经济规划布局,提质发展朝阳路等夜间经济集聚区。加快完善以县为中心、乡镇为重点、村为基础的农村商业体系,充分挖掘乡镇消费潜力。强化"电商+"产业深度融合,大力发展跨境电商、直播电商,加大与阿里、京东等龙头企业对接,争取落地1~2个头部项目。

(二)聚力振兴实体经济,不断夯实经济发展根基

提质扩能绿色工业。抓好标准厂房建设和工业用地供应,建成投产立弘时代负极材料、汽配产业园、国泰康宁等项目。帮助企业拓市场、抢订单,促进海王生物、蒙霸建材、众鑫电子等企业增产增效。引导企业转型发展,开工嘉源矿业工业硅、三润矿业转型植物油加工等项目。加快5个中小企业集聚区建设,全面盘活闲置工业用地。抓好高新技术企业培育引进、市级以上创新平台数量建设、企业研发费用投入、知识产权培育、技术成果转化等工作,确保高新技术企业总数达到65家以上,研发经费支出占高新区地区生产总值的比重达3%以上。

发展壮大特色农业。大力实施"稳粮扩油"工程,新建高标准农田改造提升示范4万亩,确保粮食播种面积稳定在79万亩、产量30万吨以上。建成投产德康集团100万头生猪屠宰加工一体化项目。持续抓好茶叶、中药材标准化基地建设,创建标准化示范茶园5个、标准化示范药园5个,新(改)建中药材加工厂5座、茶叶加工厂5座,高质量完成茶叶国家现代农业全产业链标准化示范基地市级验收。实施新型农业经营主体培育工程,新培育国家级龙头企业2家、市级龙头企业5家、县级龙头企业15家,创建市级以上农民合作社示范社3家。

大力发展服务业。加大"书中边城·画里秀山"品牌宣传营销,提升秀山文化旅游知名度、美誉度。建成三省风情街、边城会客厅,推动香樟书林、王家坪游客中心等旅游重点工程建设。启动川河盖国家级旅游度假区创建,推进洪安边城申创国家5A级景区,创成西街国家级旅游休闲街区。争取邮政分拨中心项目落地,进一步降低并稳定快递价格。加快建筑业经营主体培育,力争培育一级建筑企业1家以上。推动健康、养老、家政等生活性服务业发展,争取落户商业银行1家以上。

(三)聚力城乡融合发展,加快建设"小县大城"

持续提升城市功能品质。提升城市规划水平,完成国土空间总体规划、乡镇级国土空间规划成果报批。加快城市更新改造,实施老旧小区改造、棚户区改造。加快锦华府等楼盘建设,积极引进优质房地产开发企业,建设一批高品质楼盘。加大市政实施建设和改造,提升市政设施和市容环境品质,建设人行天桥,改造滨江公园步道、城区音乐喷泉。升级改造凤凰公园、滨江公园北区,加快创建市级生态园林城市。提升城市治理水平,深化占道经营、夜市摊点等专项整治,互联互通"秀山县数字城管"系统,

建立问题派发处理及"人防+技防"联控机制。持续推进住宅小区违法建筑查处，坚决"遏新增、去存量"。

扎实推进乡村振兴。严格落实产业增收、稳岗就业各项政策，守好不发生规模性返贫底线，实现农村常住居民人均可支配收入增长9%以上。持续完善农村基础设施，完工官庄街道、龙池镇等7个集镇基础设施改造项目，升级改造12个乡镇商贸中心，建成通车水源头至洪安、邓阳至梅江段，王家坪至太平坝段等公路，加快龙凤坝镇大寨村、官庄街道柏香村等传统村落集中连片保护利用示范项目建设。推进城乡供水一体化，建成投用马西水厂、龙池水厂，加快推进清溪片区水网建设。建设宜居宜业和美乡村，创成市级示范村5个。

（四）聚力深化改革开放，持续增强发展内生动力

深化重点领域改革。全力推进"小县大城"试点，稳步提升政务服务质效，促进线上"一网通办"和线下"一窗综办"协同融合，深化"全渝通办""川渝通办"，分批次承接落地87项"一件事一次办"，争取全市第三批次"服务一件事"试点。全域推进农村"三变"改革，积极探索新型经营模式，实现所有村级集体经济组织年经营性收入达到5万元。深化"三农"信用体系建设试点，推动农业银行"惠农网贷"产品在秀山县全面投放，助力金融惠农。全面推行远程异地评标工作和工程建设项目不见面开标，减少人为干扰。

提高对外开放水平。加快提升开放平台能级，完成武陵山保税物流中心（B型）、多式联运示范工程申报，积极争取新增秀山商贸服务型国家物流枢纽。引进落地多式联运、冷链物流等头部物流企业2家以上，粮食、木材、冰鲜冻品、中药材等加工贸易头部企业3家以上。积极发展进出口贸易和跨境电商，争取全年开行武陵山班列30列、跨境公路班车50车次以上，完成通道运量5000标准箱、货值3亿元以上，实现进出口总额3亿元以上。

（五）聚力绿色低碳发展，切实筑牢生态安全屏障

强化生态保护修复。统筹山水林田湖草系统治理，大力开展国土绿化，实施营造林建设10万亩以上。加强自然保护地管理，持续开展病虫害防治，扎实抓好卫片执法工作，严厉打击各种破坏森林资源、违法开采等犯罪行为。完成县城防洪护岸（二期）、溶溪河综合治理等项目，提升防汛抗洪能力。加大关闭和遗留矿山生态修复力度，加强生产矿山保护和修复监管。

深入打好污染防治攻坚战。深入打好碧水保卫战，持续加强重点水环境综合治理，加强集中式饮用水水源地保护，确保国控市控断面水质稳定达标，城市、乡镇集中式饮用水水源地水质达标率保持在100%。深入打好蓝天保卫战，深化工业废气、交通、扬尘、生活等重点领域污染控制，确保城区空气质量优良天数稳定在347天以上。深入打好净土保卫战。严格建设用地土壤污染风险管控和修复，开展化肥农药减量行动，确保受污染耕地安全利用率92%以上。加强渣场环境风险管控和电解锰厂遗留地块污染整治。

积极推进绿色低碳转型。对标碳达峰碳中和目标任务，严格落实"三线一单"分区管控和能耗双控措施。以国家储备林建设为载体，大力推动林药、林粮、林菌等特色林下经济。完善企业环境信用评价制度，探索用能权、用水权交易。开展生态产品价值实现试点，推动"两山"价值转化。开展低碳城市、低碳社区建设，深入推进绿色生活创建行动，倡导简约适度、绿色低碳的生活方式，鼓励引导市民绿色出行、绿色消费。

（六）聚力保障和改善民生，着力推进发展成果共享

大力提升公共服务。推动教育一体化发展，建成投用秀山致臻中学、凤凰中学新校区、高新区小学，

新建公办幼儿园3所，完成职教中心扩建，创成国家学前教育普及普惠县、全国义务教育优质均衡县。加快推进县人民医院"三甲"医院创建，启动县中医院、县妇幼保健院"三级"医院创建和县疾控中心"二甲"疾控机构、精神卫生中心"二甲"专科医院创建。充分发挥秀山县零工市场作用，强化技能培训，促进重点群体就业创业。加快构建多层次养老服务体系，持续推进养老机构公建民营，引进专业化品牌公司托管运营。加快柏香村康养示范基地建设，试点打造运营10个以上标准化老年食堂。建成投用凤凰片区全民健身中心，完成体育馆排危修缮改造。

着力防范化解风险。积极稳妥化解存量隐性债务，严格遏制新增隐性债务，坚决杜绝违法违规融资担保行为。稳步推进"保交楼"项目建设，确保黔龙阳光御园三期、中昂·新天地、碧桂园·江山樾3个"保交楼"项目如期交付。聚焦道路交通、建设施工、燃气、危险化学品、消防、有限空间作业、食品等重点行业领域，持续开展专项整治，及时防范化解各类风险隐患。强化食品药品安全监管，全力创建国家级食品安全示范县。扎实开展"八五"普法。聚力攻坚电信网络诈骗和禁毒关注地区整治，有效遏制各类违法犯罪活动。

[秀山土家族苗族自治县发展和改革委员会　林　森]

之六：2023年酉阳土家族苗族自治县经济运行分析及2024年展望

2023年以来，酉阳土家族苗族自治县（以下简称"酉阳县"）深入学习贯彻落实党的二十大精神和市委六届三次全会精神、市委经济工作会议精神以及县委十五届五次全会精神，打好"三张牌"，加快打造"三新"酉阳，坚持稳中求进工作总基调，在稳进增效、除险清患、改革求变、惠民有感、提升干部能力上展现新作为，坚持战略引领、科学调度、精准施策，不断巩固县域经济发展。

一、2023年经济社会发展情况

（一）提质量、强实力，经济运行健康平稳

2023年，酉阳县第一、第二季度经济恢复性增长，主要指标总体持续向好，保持良好的发展势头，前三季度酉阳县实现地区生产总值173.69亿元，同比增长5.9%，其中第一产业增加值28.2亿元，同比增长4.6%；第二产业增加值25.6亿元，同比增长8.7%；第三产业增加值119.9亿元，同比增长5.7%，三次产业结构比为16.2∶14.7∶69.1，对经济增长的贡献率分别为13.6%、20.0%、66.4%，分别拉动经济增长0.8个、1.2个、3.9个百分点。第三产业激发市场活力，撑起GDP"大半江山"，1—9月酉阳县商品房销售面积达到11.14万平方米，同比增长13.5%，增速位于考核圈首位；社会消费品零售总额74.80亿元，增长8.7%；出口总额受企业营业收入下滑影响而持续负增长，1—9月同比下降29.6%，短时间内难以扭负为正。财政金融持续保持良好增长势头，1—9月，酉阳县存贷款余额、贷款余额、保费收入分别增长15.0%、12.3%、13.0%，有力支撑金融业增加值增长10.0%；一般公共预算收入12.6亿元，同比增长84.8%，增幅位居全市第一，税收收入同比增长26.1%。居民收入平稳增长，1—9月实现全体居民人均可支配收入17893元，增长5.5%，增速居全市第3位，渝东南首位。按常住地分，城镇居民人均可支配收入26556元，同比增长3.6%；农村居民人均可支配收入11085元，同比增长7.6%。

（二）增效益、添动力，产业结构持续优化

酉阳县学好用好"两山论"，走深走实"两化路"，推动山地农业、生态工业、文化旅游业融合发展，加快构建竞争力强、可持续的现代产业体系。一是山地农业稳步提升。擦亮"高山生态有机"金名片，制定《"酉阳800"品牌建设实施方案》，用好平均海拔800米的生态价值和资源优势，重点打造"茶米油蜜青蒿酵素"六大主导产品，初选标准化直供基地22个3.03万亩，开发"酉阳800"系列高山优质农产品33大类133款，基地产品平均溢价率超40%。1—9月，酉阳土家族苗族自治县粮食生产稳定增收，大牲畜生产能力不断增强，酉阳土家族苗族自治县农业经济保持平稳增长势头，粮食产量增长1.7%，蔬菜产量增长5.3%，中药材产量增长8.6%，水果产量增长8.8%；畜牧业出栏保持稳定。生猪出栏增长4.4%，牛出栏增长6.1%，羊出栏减少1.8%，禽出栏增长2.5%。二是生态工业快速发展。工业大企业拉动力显著增强，工业生产稳步增长。在九鑫水泥、万博再生资源、酉州油茶等亿元以上企业拉动和水电企业恢复生产等因素影响下，1—9月规模以上工业产值实现22.11亿元，同比增长4.9%，规模以上工业增加值增速8.3%，居全市第16位，渝东南第3位。全口径工业增加值增速为6.7%，高于GDP增速

0.8个百分点。三是文旅产业加速融合。找准节会品牌价值，常态化举办四大类38个活动，龚滩写生艺术季、菖蒲文旅艺术季、桃花源研学季等渐成品牌，酉阳景区在携程口碑榜重庆排名高居第一。新增花田梯田、酉水河湾国家4A级旅游景区等国家级旅游品牌6类16个，累计达到20类76个。前三季度，接待游客2457万人次，实现旅游综合收入122亿元，分别同比增长36.8%、53.6%。中秋、国庆双节期间，接待游客141万人次，购票游客45万人次，实现旅游综合收入7.2亿元，同比分别增长58%、87%、132%。

（三）强调度、抓投资，项目建设推进有力

2023年以来，酉阳县持续深化"抓项目促投资"专项行动，抢抓施工建设"黄金期"，确保投资提质增效，推动形成更多实物量。一是固定资产加快放量。1—9月，酉阳县新增入库项目110个，涉及投资64.87亿元；固定资产投资完成76.76亿元，同比增长17.6%，高于全市14个百分点，高于全国14.4个百分点，居全市第5位，其中桃源北岸人居环境建设、楠木湾美丽乡村旅游项目、观音阁至龙洞连接线工程、铜鼓至花田公路路面改造工程等项目投资拉动效果明显。二是重大项目加快推进。渝湘高铁黔江至吉首段项目前期工作取得实质性进展，已完成预可研编制工作，待国铁集团审查；荆竹坝风电项目已开工建设，其余风电项目正在推进开工准备工作；酉永高速小坝至花田段、酉彭高速顺利推进。

（四）抓建设、强管理，城乡面貌不断改善

一是城市更新加快推进。把握"优化""特色""优势"三个关键词，聚焦生态之城、智慧之城、人文之城目标，打造"未来桃花源"智慧城市体系。征地拆迁接近扫尾，完成征收协议签订5139户，达到98.3%。同步开展招商引资，能够滚动出让土地7000亩，2023年计划出让260亩，实现收入4.5亿元。坚持拆建并举，统筹推进35个项目建设。二是基础设施能级跃升。渝湘高铁黔江至吉首段进入预可研审查，力争2024年第一季度动工，酉彭高速进入扫尾，入城大道、环城大道元旦通车，加快形成多维度开放通道体系。三是环境质量持续向好。持续打好蓝天、碧水、净土保卫战，一体推进"九治"，提质建设"两岸青山·千里林带"，加快推进"无废城市"建设，农村生活垃圾收集率和无害化处理率达100%。前三季度，酉阳县空气质量优良天数居全市第1位。

（五）抓改革、促创新，发展活力有效释放

坚持创新驱动、改革推动，拥抱数字化变革，构建新发展格局，聚焦重点领域、关键环节深化改革，主动融入成渝地区双城经济圈建设，加强科技创新，加快集聚发展新动能。一是营商环境不断优化。擦亮"酉服务""酉诉即办""七大专项整治"三大品牌，开通960444服务经营主体专线，2023年以来新增经营主体5491户，同比增长10.8%。成立县公共资源交易分中心，与重庆联交所集团开展战略合作，推进市场化管理。二是数字化建设加速推进。深化数字重庆酉阳实践，推动一体化政务服务平台，个人全生命周期"一件事一次办"便捷度好评率100%。创新开办干部夜校，全面梳理核心业务，加快编制"三张清单"，高山农产品云认养、村民缺水处置等12个"一件事"事项纳入区县应用名录库。新增国家高新技术企业2家、纳入培育库3家，市级"专精特新"企业5家、科技型企业51家，高新技术企业"双倍增"目标完成率达到300%。三是国企改革做深做实。稳妥推进桃花源旅投集团改制上市，"一企一策"推进18家县属企业实体化、市场化转型，前三季度实现营业收入22.69亿元，增长32.7%。

（六）补短板、惠民生，社会事业繁荣发展

酉阳县着力保基本、兜底线、促公平，持续用力、精准发力，不断满足群众对幸福美好生活的期待。一是不断推进重点实事。2023年重点民生实事14件，截至9月底，14件民生实事已全部开工，开工率

100%；累计完成投资9375万元，投资完成率95.94%；已到位资金10390万元，资金到位率106.32%。其中，城市绿荫工程、地下有限空间安全监测整治、城市公园项目和小微停车场建设等5件提前完成全年目标任务。二是不断提升公共服务水平。前三季度新增城镇就业完成全年任务数90.27%。打造西部教育强县，高品质规划桃花源新城"七小三初两高"，人民教育出版社课程教材研究所实验基地落户酉阳，争创学前教育普及普惠县、义务教育优质均衡发展县，高考成绩特殊资格线上线1806人，居渝东南第一。推动县人民医院、县中医院创建"三甲"医院。

（七）巩成果、抓示范，乡村振兴有序开展

统筹抓好巩固拓展脱贫攻坚成果与乡村振兴有效衔接，守牢不发生规模性返贫底线。一是巩固脱贫攻坚成果。完善防止返贫动态监测和精准帮扶机制，开展"大走访大排查大整改"三大行动，对酉阳土家族苗族自治县33866户145205名脱贫群众收入状况全面摸底，对2248户8380名监测对象"一对一"精准帮扶，对"两不愁三保障"和饮水安全问题动态清零，坚决守住不发生规模性返贫底线。第三季度监测对象人均纯收入3883.5元，同比增长36.8%。二是扎实推进乡村振兴。实施产业帮扶，中央衔接资金用于产业发展2.85亿元，占比达到60.04%，"一县一策"73项支持政策全部启动，前三季度酉阳县村集体经济经营性收入同比增长38.49%。实施就业帮扶，深入开展"三回三讲三干""三百进村"行动，稳定脱贫人口务工6.3万人，开发公益性岗位1.5万个，27个帮扶车间带动就业516人。实施精准产销对接，超额完成年度任务。实施金融帮扶，小额信贷新增连续3个月居全市第1位。

二、2023年经济运行主要问题

2023年，酉阳县发展的基础在夯实，市场潜力在释放，动能转换在加快，发展活力在增强。经济发展基本实现触底反弹，但仍处于爬坡上坎阶段，面临不少矛盾和困难：一是投资动能减弱。1—9月，入库完成率仅14.3%，在库可调度余额项目匮乏，民间投资在库项目仅占17.2%。14个乡镇土地整治项目、酉阳县G319小坝城区过境段改建工程等项目前期工作深度不足。二是工业经济支撑不足。工业企业附加值不高，市场议价能力较弱，2023年以来受原材料价格上涨、市场销售价格下跌双重因素影响，工业硅、电解锌、对苯二酚等工业材料销售价格下跌30%~40%，企业利润空间进一步缩小。三是房地产外贸恢复缓慢。酉阳县新开工的房地产项目较少，目前在售商品房空间严重不足。酉阳县外贸经营主体量少，在中老贸易示范园项目未落地的情况下，新的外贸通道未打通，2023年以来进出口总额受企业营业收入下滑影响而持续负增长，短时间内难以扭负为正。四是经营主体培育差距较大。1—9月新增经营主体数仅完成全年目标任务的一半，"四上"企业培育乏力，3—9月入库"四上"企业仅完成全年目标任务的16%，同时退库企业达到17家，责任部门和乡镇（街道）在统筹推进企业升规入库上还有明显差距，政策激励作用发挥有限，难以形成新的经济支撑点。

三、2024年态势分析及重点工作

下一阶段，酉阳县深入贯彻落实市委六届二次、三次全会和全市两会精神，认真落实市委袁家军书记参加酉阳代表团审议讲话和调研酉阳指示要求，坚持从全局谋划一域、以一域服务全局，打好生态、乡村、文旅三张牌，放大优势、形成胜势，加快打造山清水秀美丽之地新样板、全国乡村振兴新示范、世界知名旅游新胜地，在稳进增效、除险清患、改革求变、惠民有感、提升干部能力上展现新作为，全面建设社会主义现代化新酉阳，着力做好以下六方面工作。

（一）构建现代特色产业集群，夯实经济发展基础

一是加快建设山地特色农业。全力打造"酉阳800"区域公用品牌，加快完善农业产业发展标准，持续打造酉阳油茶、酉阳贡米等一系列拳头产品，构建以油茶产业为主导的"1+9+X"山地农业产业体系，立足山地特色资源禀赋，因地制宜发展九大优势特色产业，建设特色农业示范基地。二是加快打造生态工业。围绕全市"33618"先进制造业体系，坚定不移走绿色化、智能化、高端化发展道路，聚焦产业链发展短板，加快壮大绿色食品、医药健康、新型材料、时尚服装、清洁能源等五大产业，建设生态工业集群。三是构建高效服务体系。加大消费帮扶力度，强化商旅联动，通过高质量办好各类消费活动拉动经济增长；继续推进创A增星，提振消费信心，实现商贸经济指标的快速增长。加快乡镇商贸中心建设、农贸市场和大型超市升级改造、乡村物流配送网点建设，完善乡镇、农村消费市场载体。

（二）推进新型城镇化建设，推动城乡协调发展

一是加速推进桃花源新城建设。全力推进10平方千米桃花源新城建设，坚持"一尊重、五统筹"，以建成高质量发展高品质生活新范例为引领，优化桃花源新城功能布局、集成集聚门户枢纽、康养基地、5A级旅游景区旅游县城、综合服务等核心功能，增强城市发展能级和综合竞争力，打造中国知名旅游县城。二是推进老城区升级改造。改造提升城镇老旧小区，完善基础配套设施，加大燃气管网改造力度，深入推进"一网一门一次"改革，开展电网、通信升级改造，推动必要的路面电网及通信网架空线入地，加强市政管网项目审批服务，实施县城老旧供水管网改造。三是加快城市有机更新。培育完善城市新城区、老城区、景区、林区"四合一"城市功能，完善同城化体制机制，形成城景大环线、景点直连线，推动水电通信、生活污水收集、垃圾分类、排水设施等市政配套基础设施升级，有效提升城市风貌。

（三）深化体制机制改革，加速经济发展动能

一是推进开发区改革。按照"3+5+4"工作思路推进开发区（园区）体制机制改革，厘清行政审批、财政税收、社会事务、人事薪酬、开发运营等五大关系，以园区管理制度改革、发展模式创新为主线，加快建设权责清晰、规范高效的现代园区管理制度，更好发挥园区促进实体经济高质量发展的主力军作用。二是深化国有企业改革。鼓励国有企业发挥集中资源优势加快布局战略性新兴产业领域，加快创新资源集聚；明确国资发展方向，推动国资向现代服务业、重大功能性项目、民生保障等关键领域聚焦，推进国有企业业务整合重组、要素资源集中，优化国有资本布局，盘活长期闲置存量资产。三是促进民营经济高质量发展。持续优化营商环境，深化政务服务改革，推行"企业开办"多点办理延伸服务；做实服务企业"马上办"效应，做精做细"涉建一件事"改革，擦亮"酉服务""酉诉即办"品牌，打造近悦远来的投资环境。全面落实《重庆市关于促进民营经济高质量发展的实施意见》，加强民间投资融资支持，加大民营经济金融财税方面支持力度，探索民营经济高质量发展"最优解"，支持民营企业绿色化、智能化转型，全力支持民营企业发展壮大。

（四）聚焦有效投资项目建设，增强经济发展后劲

一是加快在建项目投资放量。抢抓施工"黄金期"，做好项目精准调度，打足人力、物力。做好资金等要素保障，重点针对投资进度滞后的项目，加强施工建设保障，加快投资放量。二是做好项目入库储备。坚持"谋早、谋深、做细、做实"，提升项目储备工作质效，储备一批有支撑、能落地、可见效、成熟度高的重点项目，对条件成熟的项目提前研究下达项目计划。三是全力争取资金保障。激发融资活力，优化投融资模式，争取中市资金、专项债券、政策性开发性金融工具、金融机构等资金，拓宽资金来源，保障项目建设资金需求。

（五）补齐社会公共服务短板，保障改善社会民生

一是保障群众充分就业。做好高校毕业生、农民工、退役军人等重点群体就业工作，搭建线上职业推介载体平台，大力推进酉阳县创新创业孵化基地建设，进一步增强创业带动就业能力。二是加强社会公共服务建设。构建优质均衡的基本公共教育服务体系，落实基础教育公平优质、职业教育提质领跑、教育改革集成攻坚专项行动。健全养老服务体系，抓好儿童福利工作，落实孤儿保障标准自然增长机制，建立完善农村留守儿童和困境儿童动态监测机制。持续推进医保监管体系完善，不断强化酉阳县医保基金监管力度，保障基金安全、维护基金安全。三是夯实社会保障基础。聚焦社会关注和群众期盼，持续强弱项、补短板，谋划实施民生实事。完善社会福利体系，提升社会群体服务水平，健全住房保障体系，抓好城乡住房保障，加强社会治理，统筹推进市域社会治理现代化建设。

（六）防范化解社会发展风险，筑牢安全稳定屏障

一是防范化解债务风险。落实政府债务限额管理措施，加快化解债务存量，遏制债务增量，做好县域债务全口径清理和债务风险评估、预警工作，跟进化债一揽子方案，争取隐性债务置换试点，稳妥有序化解地方政府债务风险。二是打好"保交楼"攻坚战。继续做好逾期交付风险项目处置，按时保质保量完成"保交楼"任务，及时化解房地产领域突出问题，妥善处理房地产市场纠纷，持续整治规范房地产市场秩序，促进房地产领域平稳健康发展。三是防范经济金融风险。妥善处置重点企业风险，持续打击非法集资、虚拟货币、网络传销，整治乱办金融行为、非法贷款中介，健全跨市场、跨业态、跨行业的金融风险监测预警处理机制，实施投融资领域风险隐患集中排查治理，促进各类金融风险持续收敛。

[酉阳土家族苗族自治县发展和改革委员会　王雪梅　张紫涵]

之七：2023年彭水苗族土家族自治县经济运行分析及2024年展望

一、2023年经济运行分析

（一）运行特征

2023年1—9月，彭水苗族土家族自治县（以下简称"彭水县"）经济运行保持在合理区间，总体呈经济总量稳中有增、经济质效逐步向好、发展动力持续增强的态势。1—9月彭水县实现地区生产总值216.38亿元，同比增长8.3%，增速高于全国3.1个百分点、全市2.7个百分点，增速居全市区县第1位。

1. 从供给侧看，三次产业总体平稳

农业经济保持平稳，1—9月收获水稻6.93万吨、玉米14.35万吨、蔬菜31.9万吨，采收中药材4800吨，出栏生猪43.5万头、肉牛3万头、羊6.2万只、家禽156.3万只，蜂蜜产量919.83吨、水产品产量465吨，实现农业增加值23.66亿元，同比增长4.5%。工业产值低位增长，能源工业总体呈正增长态势，同比增长18.35%，民帆、九燃等能源企业拉动明显，同比分别增长467.73%、68.95%，第三季度实现规模以上工业总产值42.02亿元，同比增长4.1%。文旅产业快速增长，1—9月彭水县接待游客1910.47万人次，同比增长61.51%，实现旅游综合收入99.02亿元，同比增长63.82%。

2. 从需求端看，"三驾马车"平稳增长

消费市场持续活跃，国庆中秋双节促进居民消费活力进一步增强，1—9月实现社会消费品零售总额119.52亿元，同比增长8.6%。其中，批发零售业销售额189.29亿元，同比增长9.7%；住宿餐饮业营业额22.18亿元，同比增长13%。投资增速稳步提高，深入落实"抓项目促投资"专项行动，切实推动有效投资提质扩量增效，重点项目开工89个，开工率达到75%，1—9月完成固定资产投资72.9亿元，同比增长20%。外贸保持回升态势，大力发展跨境电商，支持彭水县外贸企业开拓国内国际市场，1—9月实现外贸进出口额246万元，同比增长26.5%。

3. 从质量效益看，财税金融总体平衡

财政收入快幅增长，1—9月彭水县实现一般公共预算收入14.76亿元，同比增长35.1%，增速排渝东南第3位、全市第6位。全力抓税收征管，1—9月实现税收收入8.05亿元，同比增长37.1%，增速排渝东南第1位，全市区县第7位。金融市场稳健运行，1—9月彭水县金融机构各项存款余额300.3亿元，同比增长5.1%；金融机构各项贷款余额324.1亿元，同比增长9.7%。

4. 从发展后劲看，相关指标支撑有力

积极培育经营主体，坚定不移发展实体经济，各类型经营主体达到4.95万户，规模以上经营主体395户，其中企业304户，大个体91户。实施积极的就业政策，彭水县零就业家庭动态清零，1—9月实现城镇新增就业4507人，城镇调查失业率控制在5.5%内。大抓招商引资，全面推行"招落一体"机制，近两年签约项目完成投资14.4亿元，同比增长7.04%，投资转化率19.2%；近两年签约项目开工31个，开工率68.9%。

(二)存在问题

1. 工业经济压力较大

工业经济仍然依赖大唐水电,2023年以来大唐电站产值回落,导致规模以上工业增加值增速下滑,彭水县规模以上工业增加值第一季度增长1%,第二季度增长0.1%,第三季度下降1.3%。规模以上工业企业利润持续下降,规模以上工业企业利润第一季度下降29.3%,第二季度下降34.2%,第三季度下降38.4%,工业经济未能发挥对彭水县经济的支撑作用。

2. 宏观政策影响投资

国家和市级对政府投资项目提出新要求,要求在建继续实施项目全额保障资金来源,未开工项目将投资规模压减至争资融资到位资金额度内。因国家政策调整,彭水县被市级审核纳入停缓建项目14个、总投资106.9亿元,压缩投资规模并按程序报审后再实施项目29个、压减投资68.7亿元,累计削减投资175.6亿元。

3. 经济质效仍需提升

第三季度彭水县经济总量实现216.38亿元,仅占全市经济总量的0.98%,居全市第31位,经济实力相对较弱。第三季度彭水县三次产业结构比为10.9∶35.6∶53.5,非农产业占比仍然较重,工业经济占比较低,仅为地区生产总值的13.16%。经营主体总量偏少,彭水县共有经营主体49510户,居渝东南第4位,与渝东南排名第一的秀山县相差11623户。

(三)全年预测

根据前三季度彭水县经济社会发展情况,预计全年实现地区生产总值307亿元,同比增长7%左右。规模以上工业增加值同比增长1%;固定资产投资同比增长20%;社会消费品零售总额156亿元,同比增长9%;一般公共预算收入22亿元,同比增长49%;税收收入10.5亿元,同比增长25%;城镇常住居民人均可支配收入38709元,同比增长4%;农村常住居民人均可支配收入17153元,同比增长8%;城镇调查失业率小于5.5%。

二、2024年经济运行环境与因素分析

从国内看,我国正处于全面建成社会主义现代化国家新阶段,外部环境和基础条件发生深刻变化,但我国经济长期向好基本面没有改变。我国经济产业门类齐、国内市场空间广阔,韧性强、潜力大,经济高质量发展阶段将为西部地区充分发挥资源、产业、市场等方面优势提供广阔空间,但受世界经济下行压力和国内房地产市场影响,经济增长依然呈疲软态势,主要表现为就业压力持续增大、社会投资持续萎缩、实体经济发展压力陡增、经济内生动力不足,全方位、深层次、贯通性的深度改革仍需持续,新的经济"助推器""发动机"亟须发掘和培育。

从全市看,国家重大战略、重大布局、重大政策等在重庆交汇叠加,有长江经济带发展、西部大开发战略、西部陆海新通道等国家重大战略和"一带一路"倡议作支柱,成渝地区双城经济圈上升到国家战略;有"三个作用"与"两点"定位、"两地""两高"目标这一国家战略全局中的定位和方位作支撑;有脱贫攻坚、革命老区、民族地区、宏观政策逆周期调节、县城城镇化补短板强弱项等国家重大政策作支持。重庆市以系列支持政策为依托,充分发挥区位优势、资源优势、产业优势,将持续推动经济高质量发展,有效解决面临的诸多难题。

从彭水县看。在国家和市级重大战略机遇的引领下，彭水县将迎来大好发展机遇期。大生态机遇。随着践行"两山"理论持续深化，"两化"道路不断走深走实，依托生态环境和自然资源禀赋，努力实现彭水的"高颜值""好气质"。大交通机遇。随着渝湘高铁、渝湘高速扩能、务彭石高速、彭丰高速等项目陆续推进，彭水对外通道将彻底打开，区位优势将全面彰显。国际知名旅游城市机遇。立足得天独厚旅游资源和民族特色资源，加快促进文旅融合，形成新的经济增长点。多元化机遇。紧抓互联网+、云计算、5G等技术推广应用契机，转变发展思路，转换发展动能，打破行业桎梏，推进资源整合、产业融合和业态创新，实现彭水多元化发展。绿色低碳发展机遇。应对气候变化已作为国家战略，纳入生态文明建设整体布局和经济社会发展全局，彭水水电资源丰富，森林碳汇能力强，为有效降低能源消耗、加快调整能源结构、推动绿色转型奠定坚实基础。

三、2024年趋势展望及主要指标预测

当前全球经济稳定趋势明显，2024年经济发展将进一步加速，并呈积极趋势，宏观经济形势好于2023年。投资方面，国家增发国债，城镇化补短板强弱项特许经营项目等序时推进，带动固定资产投资增长；消费方面，存款和贷款利率处于较低水平，促进消费的政策将继续出台有利于居民消费，带动社会消费品零售总额增长。工业方面，大唐电站产值回升以及基数效应，规模以上工业增加值将快速增长；建筑业方面，加快推进新城建设和高铁片区开发，2023年预计新入库资质以上建筑企业30家以上，建筑业总产值有望大幅增长；房地产业方面，房贷利率下行，居民房贷压力减轻，房地产市场销售降幅有望收窄。综合分析彭水县经济发展态势，预计2024年地区生产总值增长7.5%左右，规模以上工业增加值增长10%，固定资产投资增长12%，社会消费品零售总额增长10%，一般公共预算收入增长14%，税收收入增长9%，城镇常住居民人均可支配收入增长8%，农村常住居民人均可支配收入增长8.5%，城镇调查失业率小于5.5%。

四、政策调控措施建议

按照"三四六"工作思路，坚持稳中求进工作总基调，以推动高质量发展为主题，以深化供给侧结构性改革为主线，以改革创新为根本动力，努力实现稳进增效、除险清患、改革求变、惠民有感，确保实现年初人民代表大会确定的各项目标任务。

（一）抓农业经济稳定发展

深入落实"藏粮于地、藏粮于技"战略，坚持最严格的耕地保护制度，坚决遏制耕地"非农化"、防止"非粮化"，持续推进高标准农田建设工程，不断提升粮食生产能力。大力发展红薯、烤烟、畜禽养殖及中药材等现代山地特色高效农业，推动农产品加工向工业园区集聚，培育农产品精深加工产业链条。大力发展乡村旅游、休闲农业、农事体验等新产业新业态，积极发展农产品加工业，加快农村电子商务发展，推动农业"接二连三"。

（二）抓工业经济提质增效

加强工业生产要素协调调度，确保煤、电、油、气、运、资等生产要素保障供给，及时解决企业生产困难，保障重点企业稳产运行。加大在建工业项目建设进度，落实专人跟进，及时解决问题，促成工业企业早日投产增效。加大企业走访力度，提升中小微企业服务质量，积极从规下成长型企业中抓好升规培育，形成良好的产业发展层级。

（三）抓文旅产业融合发展

加快乌江画廊旅游示范带、武陵山民俗风情生态旅游示范区建设，全面提升蚩尤九黎城、阿依河、摩围山、乌江画廊等景区品质及品牌效应。持续办好办优"一节一赛"和渝东南生态民族旅游文化节，开发一批彰显苗族特色的文创产品，推动旅游资源与节日庆典、体育赛事、民族文化有机结合。加快构建快旅慢游服务体系，提高接待能力和管理水平，提升彭水旅游的美誉度和吸引力。旅游年接待游客量突破2400万人次，旅游综合收入突破130亿元。

（四）抓有效投资加力提速

提速年度重点项目建设进度，全力推进高铁站基础设施、九黎城公租房、妇幼保健院等专项债券项目，现代物流园、城区供水保障工程等基金项目，以及燃气管网等老化更新改造、排水防涝、以工代赈等中央预算内投资项目建设进度，尽快实现债券资金、中央预算内投资、基金和配套贷款全额支付使用，力争全年固定资产投资增长12%以上。

（五）抓居民消费升级扩容

推动商贸转型升级，围绕"九苗"为代表的特色文化载体，打造一批"彭水礼物"，做实"苗乡菜谱"，推动"老字号"创新发展。加快新型消费发展，持续打造"彭水赶场"本土电商平台，开展常态消费活动，释放消费潜力，力争全年社会消费品零售总额达到171亿元，同比增长10%以上。

（六）抓房地产市场健康发展

强化项目资本金、预售资金和农民工工资保障金监管，全面贯彻落实惠企政策，不断化解房地产市场风险矛盾，大力推进"久供未建"和"久建未完"项目处置，确保完成"保交楼"任务。推广存量房交易网签和资金服务，实施"带押交易过户"，促进一二手房市场良性循环，实现商品房销售面积增长2%。

［彭水苗族土家族自治县发展和改革委员会　曹　燕］